中国老龄工作年鉴

（2003—2005）

全国老龄工作委员会办公室
中　国　老　龄　协　会　编

华龄出版社

责任编辑：王文湛
封面设计：刘苗苗
责任印制：李浩玉

图书在版编目（CIP）数据

中国老龄工作年鉴. 2003～2005/全国老龄工作委员会办公室，中国老龄协会编. —北京：华龄出版社，2006.12

ISBN 978-7-80178-449-0

Ⅰ. 中… Ⅱ. ①全…②中… Ⅲ. 老年人—工作—中国—2003～2005—年鉴 Ⅳ. D669.6-54

中国版本图书馆 CIP 数据核字（2007）第 010628 号

书　　名： 中国老龄工作年鉴（2003—2005）
作　　者： 全国老龄工作委员会办公室、中国老龄协会　编
出版发行： 华龄出版社（北京西城区鼓楼西大街 41 号，邮编：100009）
印　　刷： 三河科达彩色印装有限公司
版　　次： 2006 年 12 月第 1 版　　2006 年 12 月第 1 次印刷
开　　本： 787×1092　1/16　　**印　张：** 44.5　　**彩插：** 104 页
定　　价： 260.00 元　　**印　数：** 1～3000

珍奥集团股份有限公司对本书的出版给予了大力支持，特此鸣谢！

中国老龄工作年鉴（2003－2005）
编　委　会

2003年9月20日，回良玉副总理出席全国青少年敬老爱老助老主题教育活动启动仪式暨《中国敬老故事精华》首发式。

2004年10月20日，回良玉副总理与各族各界老年人观看“红叶风采”文艺晚会，并与演职员合影。

2005年10月9日下午，回良玉副总理一行亲切看望正在进行康复治疗的74岁李泉如老人，祝愿他早日康复。

2005年1月8日，全国敬老爱老助老主题教育活动组委会在人民大会堂举行仪式，原中央军委副主席、国务委员兼国防部长迟浩田向珍奥集团陈玉松董事长授旗，充分肯定了珍奥集团在参与并支持全国敬老爱老助老主题教育活动的开展过程中发挥的积极作用。

2003年9月27日，民政部部长、全国老龄办主任李学举和时任民政部副部长、全国老龄办常务副主任李宝库出席全国老龄办举行的欢迎老英模宴会，赞扬老英模们是时代的丰碑，希望他们继续发扬艰苦奋斗、无私奉献的精神，为西部地区更加灿烂的明天贡献力量。

2005年1月，民政部党组成员、全国老龄工作委员会办公室常务副主任李本公在湖南湘西苗族土家族自治州慰问基层贫困老年人。

2004年元月，在广州珠江宾馆文化活动中心春节迎春晚会上，中共中央政治局委员、广东省委书记张德江向演员和老同志拜年

全国人大常委会副委员长、全国妇联主席顾秀莲出席首都“夕阳·巾帼”书画工艺美术作品展

国家民委系统老干部工作会议

重庆市委常委、副市长、市老龄委主任陈光国（左），重庆市市长助理、市老龄委副主任项玉章（右）2004年春节前夕深入到百岁老人家中看望慰问，与老人亲切交谈，带去了党和人民的温暖

2003年10月，四川省委副书记、常务副省长、省老龄委主任蒋巨峰出席重阳节庆祝活动，与省老领导解杰亲切交谈

湖北省委常委、常务副省长、省老龄委主任周坚卫在武汉市领导的陪同下，看望百岁老人

福建省副省长、省老龄委主任陈芸深入基层看望老年人

2004年老年节，陕西省副省长、省老龄委主任张伟看望贫困老年人

江西省委副书记、省老龄委主任彭宏松（左三）在省老龄委全体会议上发表讲话

广西壮族自治区副主席孙瑜会见“银龄行动”中援桂的老专家

2005年8月15日，新疆生产建设兵团党委常委、副政委、老龄工作委员会主任买买提明·阿不都热依木主持召开兵团老龄工作委员会全体会议，总结老龄工作和布置“老人节”活动

第一部分

特　载

目　录

第一部分：特　载

第二部分：老龄事业发展综述

第三部分：老龄工作

第四部分：老龄法规政策

第五部分：老龄科学研究

第六部分：老龄统计资料

第七部分：大事记

李岚清同志在全国老龄工作委员会第五次全体会议上的讲话

（2003年2月13日）

今天我们召开全国老龄工作委员会第五次全体会议，总结3年来老龄工作的主要成绩和基本经验，研究部署2003年的工作。刚才，多吉才让同志作了工作报告，讲得很全面；劳动保障部、卫生部、文化部、建设部、民政部、新闻出版总署及解放军总政治部等部门的负责同志分别就2002年为老年人办实事及做好2003年的工作作了很好的发言，我都同意。下面，我讲几点意见。

一、三年来老龄工作的主要成绩和基本经验

自1999年10月全国老龄工作委员会成立以来，在党中央、国务院的领导下，在各级党政部门的高度重视和社会各界的大力支持下，通过广大老龄工作者的辛勤努力和老年人的广泛参与，我国老龄事业不断取得新进展。概括起来，主要有以下几个方面：

（一）确定了老龄工作的方针、目标和任务。党中央、国务院高度重视老龄工作，先后下发了《中共中央、国务院关于加强老龄工作的决定》（中发〔2000〕13号，以下简称《决定》）、《国务院关于印发中国老龄事业发展“十五”计划纲要的通知》（国发〔2001〕26号）。为贯彻落实中央《决定》精神，先后召开了全国老龄工作会议和四次全国老龄委全体会议，还分别就老年社会保障、老年福利服务设施建设、老年文化教育、老年权益保障、健全老龄工作机构等重大事项作出决策和部署。各成员单位按照老龄委的部署，制订了为老年人办实事计划并狠抓落实。老龄事业开始进入健康发展的新阶段。

（二）老年社会保障体系的改革和建设成效明显。随着我国社会保障体系的基本建立，老年社会保险、生活和健康保障等方面的建设也得到加强。特别是近几年，各级政府加大财政投入，增加离退休费，确保了离退休人员养老金的按时足额发放，其中企业离退休金的社会化发放率达到99.3%。在城市，应该享受低保政策的老年人全部纳入了低保范围，做到了应保尽保。老年福利事业取得长足发展，“星光计划”实施以来，大中城市建设了一大批适合老年人特点的老年福利服务设施。卫生部门的“光明行动”和新的农村合作医疗制度开始启动。同时，基本养老保险、企业补充养老保险、老年医疗保险以及商业养老保险等有了较大发展。

（三）老年文化教育事业有了很大发展，部分老年人精神文化生活日益丰富。各地积极为老年人开辟学习和活动场所，因地制宜地开展生动活泼、形式多样、健康有益的文体活动，丰富了老年人的精神文化生活。城市老年教育得到迅速发展，老年大学（学校）从1999年的1.5万所，发展到目前的1.96万所；在校学员由130万人，增加到181万人。2002年开展的全国老年文艺调演活动，有几百万老年人参加，极大地推动了全国老年群众文化活动的开展，对倡导科学、健康、文明的生活方式，加强社会主义精神文明建设发挥了积极的作用。

（四）加强了社区和基层老龄工作，改善了对老年人的社会化服务和管理。2001年，我在全国老龄委第三次全体会议上提出，老龄工作的重点在社区、在基层。两年来，各地区和有关部门在建设老年服务设施、培育老年服务中介组织、建立老年志愿者队伍、组织老年人开展健康有益的活动等方面做了大量工作。财政部、税务总局印发了《关于对老年服务机构有关税收政策问题的通知》。建设部、民政部、全国老龄办联合制定了《老年人建筑设计规范》。有的地方在社区建设了一批适用、方便的老年人活动场所和服务设施，形成了设施比较配套、功能比较完善、管理比较规范的社区老年服务网络体系。为加强对老年人的法律服务，保护老年人合法权益，司法行政部门在社区和基层加强了法律援助工作。

（五）老龄工作机构基本理顺，初步形成了从中央到地方的工作网络。全国老龄委成立后，各级党委和政府进一步加强了对老龄工作的领导。经过3年多的努力，全国省（自治区、直辖市）老龄工作机构已全部理顺。绝大多数地（市）和70%以上的县（市、区）的老龄工作机构也已理顺。

（六）老龄工作的国际交流与合作取得进展。我们十分重视并积极参与联合国及国际老龄事务和老龄学术交流活动。目前，我国已同90多个国家和地区建立了老龄工作联系，积极开展了多边和双边的交流活动。我国老龄事业的发展受到国际社会的赞誉，为世界老龄事业的发展作出了应有的贡献。

3年多的工作实践，积累了宝贵经验，其中最基本的有五条：第一，只有紧紧围绕党和政府的中心工作，服从服务于大局，才能履行好老龄工作职责。第二，只有坚持“党政主导、社会参与、全民关怀”的方针，才能不断开创老龄工作的新局面。我有个观点，在社会主义市场经济条件下，老龄问题不应由政府包办解决，必须坚持老龄事业与老龄产业两个轮子一起转。老龄事业主要由政府来推动；老龄产业可在政府指导下，通过市场运作有序发展。当前，老年公寓建设、老年人健身、老年人旅游等都是颇有市场前景的产业。我建议，下届全国老龄委可吸收国家旅游局为成员单位。第三，只有把重点放在社区、基层，才能把老龄工作的各项方针政策落到实处。第四，只有坚持为老年人多办实事、解决实际问题，才能得到广大老年人和人民群众的支持、拥护。第五，只有坚持引导老年人积极参与，老龄事业才有生命力。

当然也应当清醒地看到，我国人口老龄化形势仍然十分严峻。目前老年人口已达1.34亿，预计到2020年将增加到2.6亿。老龄工作还存在一些问题和困难，比如：有些地方政府领导对加强老龄工作的重要性认识不足；老龄事业的宣传工作比较薄弱；老龄工作机构、人员、经费、工作方式等还不能适应形势的需要。这些问题和困难，地方各级政府应予高度重视，采取有力措施加以解决。

二、全面贯彻落实十六大精神，进一步推进老龄事业的发展

党的十六大确立了全面建设小康社会的奋斗目标，为新世纪老龄事业的发展指明了方向，对新阶段的老龄工作提出了更高的要求。2003年，老龄工作的主要任务是，全面贯彻落实党的十六大精神，以“三个代表”重要思想为指导，深刻认识老龄事业在国民经济和社会发展中的地位和作用，进一步解放思想，按照十六大关于发展要有新思路、改革要有新突破、开放要有新局面、各项工作要有新举措的要求，把老龄事业推向一个新的发展阶段。

做好老龄工作，是实践“三个代表”重要思想的具体体现。老年人为新中国的建立、建设和发展作出了贡献，我们今天的物质文明和精神文明成果蕴涵着他们的智慧和劳动，凝结着他们的辛勤汗水。尊重老年人，关心老年人，帮助他们解决实际困难，满足他们日益增长的物质和文化生活需要，使他们与全国人民一道共享小康社会建设的新成果，是维护和实现最广大人民根本利益的具体体现。

做好老龄工作，是全面建设小康社会的必然要求。全面的小康社会是发展老龄事业的强大物质基础，而发展老龄事业，实现健康老龄化，使老年人在有保障、有尊严、能为社会继续作贡献下生活，保持社会稳定，有利于推进全面建设小康社会的进程。没有老年人参与、没有老年人同步进入的小康社会，是一个不全面、不完善和水平不高的小康社会。党的十六大深刻分析了当前和今后一个时期我国的人口形势和老龄人口问题，指出：人口总量继续增加，老龄人口比重上升，就业和社会保障压力增大；生态环境、自然资源和经济社会发展的矛盾日益突出。老年人口的快速增长，高龄老人比重的增加必将给经济、社会、政治、文化等带来一系列影响。随着现代化和城镇化进程的加快，老龄人口的数量和结构将发生比较大的变化，农村老龄问题更加突出，人口与经济、社会、资源、环境之间的矛盾将变得十分尖锐。这个问题如果处理不好，将给家庭和社会带来沉重的负担，影响全面建设小康社会和推进社会主义现代化的进程。同时，我们也要看到，目前对老年人和老龄工作还存在一些片面的乃至错误的认识，如有的同志把老年人主要看成是现有的离退休干部，这是不全面的，今后老龄群体中大多数是新中国成立后出生、成长起来的中青年人；还有的同志把关心老年人的困难看成是老龄工作的全部，把老龄工作看成是“抢险”，这也是不够的。老龄工作重在“防洪”。老龄工作的基础建设都是为将来出现更多的老年人和高龄老年人做好各项应对准备，这些准备需要经过长期的努力和经验积累。因此，各地区、各部门必须高度重视老龄工作，进一步端正和深化对老龄工作重要性和紧迫性的认识。

三、突出重点，狠抓落实，不断创新

老龄工作的方针、目标、任务已经确定，关键是狠抓落实。当前，要重点抓好以下几项工作：

（一）积极探索企业退休人员社会化管理的有效办法，大力推进企业退休人员社会化管理的进程。我国原有的企业退休人员管理制度存在许多弊端，不能适应建立现代企业制度的需要。企业退休人员的社会化管理已成为社会发展的必然趋势。随着改革的不断深入和社会保障体系的建立和完善，实现企业退休人员社会化管理的条件已逐步成熟。各地应结合城市社区建设，积极探索企业退休人员社会化管理的有效办法，把对企业退休人员的“单位管理”变为“社会管理”，使企业退休人员由原来的“单位人”变为“社会人”。这样做有利于现代企业制度的建立，有利于社会保障体系的进一步完善，既可以保证养老金按时足额发放，确保老年人的切身利益不被侵犯，又可以充分利用社区优势，实现老有所养、老有所医、老有所乐、老有所为、老有所教、老有所学，促进老年人共享经济和社会发展的成果。2002 年底我国企业退休职工社会化管理率已达到 35%。人事部、劳动保障部及其他有关部门要总结推广大连、上海、杭州等城市把所有退休人员纳入社区管理的经验和做法。各地区、各部门要加强协调，密切配合，采取有效措施，大力推进退休人员社会化管理的进程。

（二）坚持把工作重点放在社区、基层，重在办实事、抓落实。老年人绝大多数生活在农村、社区，受家庭观念的影响，地缘文化的吸引和街坊邻里的情感维系，老年人普遍对其长期居住的地方有很强的认同感和依赖性。因此，老龄工作的重点应当放在社区、基层。在城市，各级政府要把老龄工作纳入城市化建设进程，依托社区发展老年服务业，加快社区老年服务设施和服务网络建设，形成设施配套、功能完善、管理规范的社区老年服务体系；财政、税务部门要抓好已出台的建设老年福利设施优惠政策的落实，为老年服务设施的建设和完善创造条件；文化部门要在统筹规划的基础上，办好老年学校，组织老年人开展丰富多彩的文化活动；体育部门要做好群众性体育工作，广泛开展老年体育健身活动；卫生部门要完善社区老年医疗保健服务网络，加大医疗改革力度，为老年人提供优质的医疗保健服务。在农村，要按照十六大精神，在有条件的地方积极探索建立农村养老、医疗保险和最低生活保障制度，重点做好特困老年人的救助帮扶工作；要采取有效措施，强化家庭养老照料功能；结合创建文明村镇、文明家庭、敬老模范村等活动，弘扬敬老风尚，巩固家庭养老，促进社会稳定。同时，要积极探索建立老年人自我管理、自我服务、自我教育、自我完善的老龄群众组织。加强对老年人的思想政治工作，防止一切不健康思想和封建迷信的侵蚀。发挥老年群众组织和老年人在老龄事业发展中的作用，提倡老年人之间建立互助关系，参与社会公益事业和村镇、社区精神文明建设活动。为进一步推动基层老龄工作，全国老龄委可在 2003 年适时表彰一批老龄工作先进县（市、区）。具体时间待新一届全国老龄委成立后再决定。我建议，一是老龄工作先进县（市、区）不宜搞终身制，应实施动态管理；二是表彰会可与现场会结合起来召开。

（三）加强老年教育，丰富老年人精神文化生活。老年教育、老年文化活动是社会主义精神文明建设的重要组成部分。党的十六大提出了“全民学习、终身学习”的要求。地方各级政府要高度重视老年教育和老年文化活动的开展，切实加强领导，增加投入。文化部要尽快制定老年大学（学校）管理办法，支持、引导社会各界力量，大力兴办老年大学（学校），发展老年教育事业。办好老年大学必须注意三个问题：一是防止不法分子利用这个阵地进行诈骗活动；二是防止别有用心者利用这个阵地传播不健康的思想；三是切实提高办学质量。要大力推动基层老年文化活动。各地要根据当地实际，建立适合老年人特点和需要的老年文化体育活动组织，支持、引导他们开展健康有益的文化体育活动，倡导科学、健康、文明的生活方式。2002 年全国老年文艺调演活动很成功，在社会上引起了很大反响，收到了很好的效果。全国老龄办准备组建业余“中国老年艺术团”，这种形式很好。各地可借鉴这种做法，因地制宜建立本地区的老年业余文化艺术团体，积极开展活动，充分展示广大老年人与时俱进、乐观向上的精神风貌，弘扬中华民族尊老敬老的传统美德，促进代际和谐、老少共融社会风尚的形成。

（四）切实维护老年人合法权益，加强尊老敬老传统美德教育。维护老年人的合法权益是老龄工作的一项重要任务。地方各级政府、国务院有关部门和社会各界都应当高度重视，认真做好这方面的工作。首先要加大尊老敬老的宣传力度。要面向全社会特别是青少年开展宣传教育活动。教育部要考虑把敬老、爱老、助老纳入中小学思想道德教育课程，从小培养青少年敬老、助老的思想品德。二是要加大执法力度。依法制裁侵犯老年人合法权益的不法分子，坚决打击、制止勒索、诈骗、侮辱、虐待、伤害、遗弃老年人的违法行为。各级司法行政部门要继续健全和完善法律援助制度，加强老年人法律服务工作，发展老年法律维权组织，使老年人能够就地、就近、及时地得到优质的法律服务。三是要加大对特困老年人的救助力度。地方各级政府和老龄工作机构要十分重视解决特困老年人的生活问题。有条件的地方可采取政府补贴一点、社会捐助一点的方法，加大对特困老年人的救助力度。四是要制定和完善服务老年人的法规政策。人生步入老年，生活多有不便，特别需要关注、关爱。建设、交通、卫生、文化等有关部门在制定行业规范时，要增加满足老年人生活需要的内容。有条件的大中城市可以考虑建立带有示范性的老年病医院，以提高老年病的防治水平。各省、自治区、直辖市要继续制定、完善老年优惠政策，切实做好老年优待工作。

四、加强领导，齐抓共管，创造性地开展老龄工作

老龄问题是一个十分重要的社会问题。老龄工作是党和政府的一项重要工作。地方各级政府和国务院有关部门要从贯彻十六大精神、实践“三个代表”重要思想的高度，深刻认识全面建设小康社会与发展老龄事业的密切关系，从改革开放和保持社会稳定的大局出发，将老龄事业纳入全面建设小康社会的各项规划，把老龄工作纳入重要议事日程，抓住机遇，锐意改革，促进老龄事业与全面建设小康社会的协调发展。我过去多次强调，老龄工作的重点在社区、在基层，老龄工作只能加强，不能削弱。现在看来，县（市、区）老龄工作机构还存在一些问题，主要是机构不健全，经费不落实。地方各级政府必须高度重视，力争在2003年上半年把这个问题解决好。老龄工作涉及党、政、军、群等诸多方面，必须齐抓共管，形成合力。2003年，全国老龄委成员单位及相关部门要在调查研究的基础上，把工作重点放在制定具体的政策措施上，同时，要继续抓好为老年人办好事、办实事的重要项目，如民政部开展的“星光计划”，卫生部开展的“光明行动”，全国老龄委办公室、教育部、科技部等联合组织老年人才智力援助西部的“银龄行动”，团中央组织开展的“金晖行动”等。总之，要想方设法给老年人带来更多的实惠，充分体现党和政府对老年人的关怀。

各级老龄委要加强自身建设，切实提高干部队伍素质，为老龄工作发展提供组织保障。政治路线确定之后，干部就是决定的因素。实现“十五”老龄工作的总体要求和奋斗目标，圆满完成老龄工作各项任务，推动老龄事业发展，关键取决于我们的干部队伍建设。必须从思想上、组织上、作风上全面提高干部队伍素质，建设一支政治强、业务精、作风实、讲奉献的老龄干部队伍。各级老龄委的领导同志要带头学习和实践“三个代表”重要思想，全面提高老龄干部队伍的政治理论水平；要切实转变工作作风，进一步增强为老年人服务的意识，深入基层，深入实际，发现新情况，研究新问题，拓展老龄工作服务领域，改进工作方式，进一步提高服务水平和质量。

同志们，党的十六大为我国经济社会发展描绘出了宏伟蓝图，也对老龄工作提出了更高要求，老龄工作和老龄事业的发展任重而道远。希望同志们紧密团结在以胡锦涛同志为总书记的党中央周围，以高度的政治责任感和历史使命感，振奋精神，开拓进取，锐意创新，扎扎实实做好老龄工作，为我国的老龄事业发展作出新的贡献！

回良玉同志在全国老龄工作委员会第六次全体会议上的讲话

（2004年1月12日）

今天召开的这次会议，是全国老龄工作委员会成立以来的第六次全体会议，也是本届政府成立后相应调整全国老龄工作委员会成员以来召开的第一次全体会议。这次会议的主要任务是：回顾总结2003年的老龄工作，分析研究面临的形势，安排部署2004年的工作。刚才，民政部部长李学举总结了2003年的老龄工作，提出了2004年工作安排意见。中组部、民政部、司法部、财政部、人事部、全国妇联等成员单位的负责同志作了发言，讲得都很好。大家原则上通过了李学举同志的工作报告。会后，请全国老龄委办公室根据大家的意见对报告作进一步修改后下发。

上一届全国老龄委在李岚清和司马义·艾买提同志的领导下，高举邓小平理论和“三个代表”重要思想的伟大旗帜，确立了老龄工作的大政方针，扎扎实实地开展工作，取得了显著成绩，为老龄事业的进一步发展打下了坚实的基础。我们要认真学习上一届全国老龄委创造的好经验、好做法，与时俱进，开拓创新，努力使老龄工作再上新台阶。

下面，我讲几点意见：

一、进一步认清我国人口老龄化发展趋势，切实增强做好老龄工作的责任感和使命感

我国是一个人口大国，在今后相当长的时期内，将始终面对巨大的人口压力。特别是近20年来，我国在控制人口增长的同时出现了人口老龄化问题，使我们不得不应对人口增长与人口老龄化的双重挑战。目前，我国60岁以上老年人口为1.34亿，占总人口的10%以上；65岁以上老年人口超过9400万，占总人口的7%以上。按照国际通行标准，我国人口年龄结构已经开始进入老年型。未来20年，我国老年人口还将以年均超过3%的速度递增。到2020年，60岁以上老年人口将达到2.4亿，占总人口的16%左右。老龄人口如此快的增长速度，在世界人口发展史上是罕见的。人口老龄化，既是经济发展、人民生活水平提高的结果，同时也会给经济社会发展带来一系列影响。我们一定要高度重视人口老龄化的发展趋势，采取有效措施，加大工作力度，努力解决人口老龄化带来的各种问题，为促进经济和社会发展，维护社会稳定发挥积极作用。

党中央、国务院高度重视老龄工作。近年来先后下发了《中共中央、国务院关于加强老龄工作的决定》(中发〔2000〕13号)和《国务院关于印发中国老龄事业发展“十五”计划纲要的通知》(国发〔2001〕26号)。各地、各成员单位认真贯彻党的十六大精神，努力践行“三个代表”重要思想，按照全国老龄委第五次全体会议的部署，做了大量卓有成效的工作。老年保障制度逐步完善，老年福利服务设施建设进展较快，基层、社区老龄工作逐步深入，企业退休人员社会化管理工作明显加快，老年人权益保障工作得到加强，创建老龄工作先进县(市、区)活动初见成效，尊老、爱老、助老的社会氛围日渐浓厚，老年文化、教育、卫生、体育、科研、对外交流与合作等各个方面的工作都有了明显的进步。在此，我谨代表国务院向各成员单位，向全国老龄工作战线广大干部职工，向所有关心、支持老龄事业的社会各界，表示真挚的感谢!

老龄群体是社会的重要组成部分，老龄工作是一项长期、艰巨和复杂的系统工作，做好老龄工作事关改革发展稳定大局。我们要站在战略的高度，从经济和社会发展的全局出发，充分认识加强老龄工作的重要意义。

第一，做好老龄工作，是践行“三个代表”重要思想，维护老年人根本权益的具体体现。胡锦涛总书记明确指出：坚持立党为公、执政为民，必须落实到党和国家制定和实施方针政策的工作中去，落实到各级领导干部的思想和行动中去，落实到关心群众生产生活的工作中去。我国现在的老年人是为人民解放和国家建设作出过巨大贡献的一代人，是党和国家的宝贵财富。但是，从总体上看，他们的生活水平不高，个人积累不多，经济依赖性较强，在市场经济条件下，很容易受到社会变革和利益调整的影响。因此，做好老龄工作，关心、爱护老年人，认真解决关系他们切身利益的实际问题，切实保障他们的合法权益，是党的全心全意为人民服务宗旨和立党为公、执政为民本质的要求，是践行“三个代表”重要思想的具体体现。

第二，做好老龄工作，是促进经济和社会协调发展，全面建设小康社会的必然要求。人口老龄化问题，从一定意义上讲是社会发展问题。老年人口的快速增长，特别是高龄老人比重增加，将给经济、社会、政治、文化等方面带来一系列影响，并将加剧人口与经济、社会、资源、环境之间的矛盾。这个问题如果处理不好，不仅会给家庭和社会带来负担，而且也会对全面建设小康社会和推进社会主义现代化带来影响，因此，我们必须把它纳入国家经济和社会发展的全局中去考虑和谋划。老年人是一个庞大的社会群体，他们既是小康社会的建设者，也是小康社会的共享者，没有老年人参与、没有老年人同步进入的小康社会，是一个不全面、不完善和水平不高的小康社会。做好老龄工作，使老年人在有保障、有尊严、有安全的社会条件下生活，有利于推进全面建设小康社会的进程，有利于促进经济社会的协调发展和人的全面发展。

第三，做好老龄工作，是维护改革发展稳定大局的客观需要。老年人群是社会稳定的重要因素。一方面，在经济转轨和社会转型的变革中，认真解决老年人生活中的实际问题，深入细致地做好他们的思想工作，妥善处理涉及他们切身利益的各种矛盾，不仅能够保证老年人的生活、思想稳定，还可维系家庭稳定，解除在职人员的后顾之忧。另一方面，老年人积极参与基层社区、农村的社会治安、交通维护、家庭调解等工作，在维护社会稳定等方面发挥着重要作用，是一支不可忽视的力量。因此，做好老龄工作，对于维护改革发展稳定大局具有十分重要的意义。

第四，做好老龄工作，是加强社会主义精神文明建设的重要内容。老年人既是社会主义精神文明建设的参与者，也是社会主义精神文明建设成果的受益者。尊老敬老是中华民族的传统美德，是《公民道德建设实施纲要》的重要内容。弘扬中华民族敬老美德，提高全体公民道德水准，促进代际和谐，形成老少共融的社会风气，是社会和谐与文明的重要标志。在精神文明建设中，老年人一方面得到全社会的关心、爱护与帮助，另一方面，老年人在帮助年轻人树立正确的人生观、价值观，建立良好的社会公德以及创建文明城市、文明村镇等方面，也发挥着不可替代的作用。

总之，老龄工作是党和政府的一项重要工作，是全社会的共同责任。做好当前的老龄工作，既是为现在的老年人谋利益，也是为将来更多的老年人和高龄老年人的出现做准备。各地区、各部门要进一步认清我国人口老龄化发展趋势，切实增强做好老龄工作的责任感和使命感。

二、突出重点，狠抓落实，推动老龄工作再上新台阶

当前和今后一个时期，老龄工作要以邓小平理论和“三个代表”重要思想为指导，贯彻落实党的十六大和十六届三中全会精神，围绕党和国家的中心工作，坚持“党政主导、社会参与、全民关怀”的工作方针，协调成员单位、调动各方面的积极性为老年人多办实事，加大维护老年人合法权益的力度，全面推进社区基层老龄工作，重视和加强农村老龄工作，抓好城乡老年文化活动的开展，健全老龄工作机构，整体推动老龄事业的健康发展。关于2004年的老龄工作，李学举同志已经代表全国老龄委作了具体部署。下面，我再强调几点：

（一）认真解决关系老年人切身利益问题。

第一，切实解决贫困老年人“养”和“医”的问题。目前，我国有近千万贫困老人，他们大多生活在农村，尤其是西部地区，不少鳏寡孤独和“五保户”老年人成为特困老人。城市的一些单位、企业拖欠老年人医疗费，农村老年人缺医少药情况更为严重。对此我们务必高度重视，加大对特困老人的救助力度。各地要加大医疗改革力度，完善社区老年医疗保健服务网络，推进农村新型合作医疗试点，保证老年人得到优质的医疗保健服务。

第二，认真落实老年人优待政策。近年来，各地陆续出台了一些老年人福利、优待政策，如参观、游览、交通、就医、生活补贴等，要进一步充实、完善，逐步规范化、制度化。对已经出台的优待政策要狠抓落实，使各项优待政策在老年人身上得到充分体现。

第三，广泛开展老年文体活动。要根据当地实际，立足社区，继续因地制宜地兴建适用、方便的老年文化体育设施。组织出版发行老年人喜闻乐见的图书、电子读物及音像作品。逐步建立适合老年人特点和需要的老年文化体育活动组织，支持、引导他们积极开展形式多样、内容丰富、健康有益的文化娱乐和体育健身活动，倡导科学、健康、文明的生活方式，丰富老年人精神文化生活。

第四，认真做好维护老年人合法权益的工作。地方各级政府、有关部门和社会各界要高度重视老年维权工作，切实解决老年人在生活、医疗、赡养、权益保障等方面存在的突出问题。一是要加大尊老敬老的宣传力度，积极营造敬老爱老助老的社会氛围。继续开展尊老敬老主题教育活动，树立新时期敬老新风。二是要健全相关法律制度。有关部门要根据《中华人民共和国老年人权益保障法》，在养老保障、赡养、医疗等方面加强研究，不断健全和完善维护老年人权益的政策法规。三是要加大执法力度。依法制裁严重侵犯老年人合法权益的不法分子，坚决打击勒索、诈骗、侮辱、虐待、伤害、遗弃老年人的违法行为。要继续健全和完善法律援助制度，加强老年人法律服务工作，使老年人能够就地、就近、及时得到优质的法律援助和服务。

（二）坚持把老龄工作的重点放在基层社区和农村。

加强基层社区和农村的老龄工作是今后一个时期老龄工作的重点。地方各级政府和老龄工作机构要深入基层，倾听老年人呼声，扎扎实实地为老年人办实事、办好事。在城市，要把老龄工作纳入城市化进程，依托社区发展老年服务业，逐步形成设施配套、功能完善、管理规范的社区老年服务体系，不断提升社区养老功能。在农村，要采取有效措施，巩固家庭养老功能，采取社会保障与家庭养老相结合的办法解决农村养老问题。要结合创建文明村镇、文明家庭、敬老模范村等活动，弘扬敬老风尚，巩固家庭养老，促进社会稳定。我国自上个世纪90年代初开始尝试建立基层老年群众组织，目前全国基层老年协会已有42.5万个，其中城镇5.2万个，占城镇居委会的66%；农村37.3万个，占行政村的56%。这些基层老年群众组织在促进经济发展、保持社会稳定、调解涉老纠纷、维护自身权益、推进计划生育、活跃老年人生活、关心教育下一代等各个方面都发挥了积极作用，为加强基层政权建设作出了贡献。今后要继续推进基层老年协会建设，充分发挥其作用，使之成为深入开展基层老龄工作的重要力量。

（三）进一步健全完善老龄工作法规、政策。

胡锦涛同志明确指出，对于人口老龄化“这样一个重大的社会问题，全国上下都要充分地认识，并积极研究制定相应的政策”。党的十六届三中全会提出要“重视人口老龄化趋势等因素对社会供求的影响”。各地区、各有关部门要切实加强老龄工作研究，建立健全与人口老龄化形势和经济社会发展水平相适应的老龄工作法规、政策体系，制定与《中共中央、国务院关于加强老龄工作的决定》精神配套的具体政策措施。一是要努力构建养老社会保障政策体系。完善和建立养老金筹集发放、养老保险、老年医疗保险、老年福利、老年生活救助、老年参观、游览、交通、就医、补助优待等政策，用政策和制度保证老年人的政治、经济、文化、社会、生活等基本权益。尽快完善企业职工基本养老保险制度。农村养老保障要以家庭为主，同社区保障、国家救济相结合。有条件的地方探索建立农村最低生活保障制度。二是要制定老龄产业政策，大力扶持老龄产业发展。李岚清同志在全国老龄委第五次全体会议上提出，老年福利事业和老龄产业要两个轮子一起转。我国老龄产业目前已经有了一定程度的发展，但总体来说还处于起步阶段。老龄产业发展得不到应有的重视，缺乏政策扶持，非公有制经济兴办老龄产业的渠道不通畅。这些观念、体制和政策障碍制约了老龄产业的发展。地方各级政府和有关部门要进一步解放思想，切实转变职能，改变过去对老年福利事业大包大揽的做法，转向制定总体规划，加强宏观调控、政策引导和监督管理。同时，要重视人口老龄化趋势等因素对社会供求的影响，积极研究老龄产业发展趋势，制定出台相关政策，引导非公有制资金进入老龄消费产业。有关部门还应制定老年设施、产品和服务的质量标准以及行业规范，加强检查和监督，搞好市场管理。

（四）以改革创新的精神开展老龄工作。

在发展社会主义市场经济的条件下，老龄工作也面临着一些新情况、新问题。要按照十六届三中全会的要求，以改革的精神探索实现"六个老有"工作目标的有效途径，以创新的精神开展老龄工作。要尊重群众的首创精神，注意总结基层的成功实践。江苏、上海、浙江、广东等一些经济发达地区已开始进行老年服务业市场化、产业化的探索，出现了一些新的经营模式，取得了良好的社会效益和经济效益。各地组织老年人旅游也有许多成功做法。对这些探索和尝试，应当给予肯定。要积极鼓励社会力量参与养老服务。随着老年人口的快速增长，单靠国家兴办福利性养老服务机构已不能满足老年人的生活需求。只有调动社会各方面力量参与养老服务，才能给老年人提供更多选择服务的机会。天津市民办养老服务机构拥有的床位数占全市养老机构床位数的85.5%，使老年人得到了就近、较好的照料和服务。要研究国家出资兴办的福利性养老服务机构如何充分发挥作用，实现效益最大化。可以考虑借鉴国有企业改革的思路，将管理职能和出资人职能分离，逐步引导老年福利向社会化过渡。各级老龄工作机构要勇于探索，大胆创新，深入基层，善于发现典型，总结经验，提出政策建议，推动老龄事业的发展再上新台阶。

三、加强领导，求真务实，确保各项工作任务的落实

做好老龄工作，发展老龄事业，关键在领导。各级政府和有关部门要切实把老龄工作纳入重要议事日程，采取有力措施，求真务实，狠抓工作落实。

（一）加大落实《中共中央、国务院关于加强老龄工作的决定》和《国务院关于印发中国老龄事业发展"十五"计划纲要的通知》的力度。在全面建设小康社会的进程中，各地区、各有关部门要始终把老龄工作摆在重要位置，采取切实可行的措施，推进老龄工作的深入开展。要经常分析形势，研究解决老龄工作中的重大问题，明确有关部门的具体任务，做到有部署，有检查。老龄事业"十五"计划纲要已经执行3年了，今年进入第四年，要继续采取措施狠抓落实，务必按期完成"十五"计划纲要的各项任务。今年适当时候要组织力量对纲要落实情况进行督促检查。同时，要加强老龄事业发展规划研究，着手拟订老龄事业发展"十一五"计划。要把老龄事业发展规划纳入国家和地方中长期发展规划。

（二）切实加强机构建设和经费投入。做好老龄工作必须有可靠的组织保证。特别是要保证基层老龄机构的精干、高效。如果基层老龄工作机构薄弱，加强老龄工作就成了一句空话。现在还有部分地、县级老龄工作机构不健全，影响了老龄工作的开展。地方各级政府负责同志务必引起重视。要从有利于工作出发，切实加强机构建设，形成上下贯通，管理有序的老龄工作体制。建立正常的老龄事业经费投入机制，保证老龄事业发展经费和必要的工作经费。

（三）成员单位要各司其职，密切协作。全国老龄工作委员会由25个涉老部门组成，这既表明中央对老龄工作的高度重视，也说明老龄工作涉及面广，需要有关部门齐心协力。为此，全国老龄委在召开第一次全体会议时，就明确了各成员单位的工作职责。充分履行好这些职责，关系亿万老年人的切身利益，关系党和政府老龄工作目标的实现。各成员单位一定要认真履行职责，真正发挥职能作用，把老龄工作当作一件大事来抓。从一定意义上讲，老龄工作的好坏、老龄事业发展的快慢，很大程度上取决于成员单位职能作用的发挥。各成员单位要提高思想认识，认真做好各自职责范围内的老龄工作，并积极配合其他部门努力完成综合性的老龄工作任务，形成协调配合、分工合作、齐抓共管的工作局面。

（四）老龄委办公室要发挥综合协调、督促检查和参谋助手作用。各级老龄委办公室是各级老龄委的办事机构。老龄委决定的许多事项要靠办公室去推动和落实。对上，老龄委办公室要当好参谋助手，牢固树立全局意识，深入实际调查研究，了解掌握实际情况。要及时报送高质量的调研报告、工作情况、综合信息和合理建议，为老龄工作委员会的决策提供可靠依据。对成员单位，要在了解各部门、各地工作情况的基础上，进行综合分析，从宏观上把握老龄工作的整体情况，并协调各涉老部门之间的关系，使各涉老部门在工作上相互配合和支持，形成合力，共同推进老龄工作。对下，老龄委办公室要加大督促检查力度，对《中华人民共和国老年人权益保障法》和《中共中央、国务院关于加强老龄工作的决定》以及《国务院关于印发中国老龄事业发展"十五"计划纲要的通知》的实施、有关老龄政策法规的贯彻落实等情况进行指导、跟踪、督查督办。要重视和加强老龄工作队伍的培训，不断提高老龄工作队伍的素质。

老龄工作的大政方针已经确定，目标任务已经明确。国务院今年还将召开第二次全国老龄工作会议，分析形势，研究问题，部署工作，表彰先进。希望大家高度重视，认真准备，确保会议圆满成功。让我们紧密团结在以胡锦涛同志为总书记的党中央周围，以邓小平理论和“三个代表”重要思想为指导，开拓进取，扎实工作，努力完成各项老龄工作任务，不断开创老龄工作新局面。

今天是元月12日，腊月廿一，还有9天就是猴年的春节了。在这新年刚过、春节将至之时，我们也向在座的同志们，并通过各位，向辛勤工作在老龄战线上的所有同志拜年，祝大家工作顺达，事业有成！祝大家身体健康，阖家幸福！

回良玉同志在全国老龄工作委员会第七次全体会议上的讲话

（2005年2月22日）

这次全国老龄工作委员会全体会议，是在全党开展以实践“三个代表”重要思想为主要内容的保持共产党员先进性教育的新形势下召开的，是以科学发展观为指导，按照构建社会主义和谐社会的要求，与时俱进地总结和安排老龄工作的一次重要会议。刚才，李学举同志总结了2004年的老龄工作，提出了2005年工作安排意见，李本公同志介绍了评选表彰工作的有关情况，大家进行了认真讨论，发表了很好的意见和建议。会后，请办公室根据大家的意见对工作报告作进一步修改后按程序报批并尽快下发。

过去的一年，各部门和单位认真贯彻落实党中央、国务院关于老龄工作的决策和部署，按照全国老龄委第六次全体会议的要求，开拓进取，各项工作抓得很有成效，取得了显著成绩。在此，我代表国务院和全国老龄委，向全国老龄工作战线广大干部职工，向所有关心支持老龄事业的同志们，表示亲切的问候和衷心的感谢！

2005年是全面完成“十五”计划、为“十一五”发展打好基础的关键一年。我们要以科学发展观为指导，扎扎实实地做好老龄工作，努力开创老龄事业新局面。下面，我讲几点意见。

一、认清形势，切实增强做好老龄工作的责任感和紧迫感

改革开放以来，我国经济社会结构发生了巨大变化。从人口结构看，我国人口再生产的类型已从“高出生率、低死亡率、高增长率”转变为“低出生率、低死亡率、低增长率”，人口自然增长率降到7‰以下，平均预期寿命接近73岁。我国人口老龄化问题不仅来得早，而且我国还是人口老龄化发展最快的国家之一。据国家统计局统计，到2003年末，全国60岁以上老年人达1.4亿，占总人口的10.98%。今后一个时期，老龄人口还将以较快速度增长，将直接导致劳动年龄人口比重下降，社会供养系数上升，家庭功能下降，社会负担加重，对经济、政治、社会、文化等都将产生重要影响。人口老龄化已经并将进一步成为影响我国经济社会发展的重大战略问题。尊老敬老是中华民族的传统美德，在推进社会主义现代化的新的发展阶段，进一步做好老龄工作，使之更好地适应全面建设小康社会的大局，既是我们长期都要面临的重大任务，又是我们当前就要应对的紧迫课题。做好老龄工作，既要认识和把握老龄工作自身的特点和规律，又要立足经济和社会发展全局，认清面临的新形势和新任务。

做好老龄工作，是贯彻落实科学发展观、坚持以人为本的具体体现。坚持以人为本、执政为民，用科学发展观统领经济社会发展全局，是中央根据新形势新任务提出的重要指导思想和基本理念，必须落实到各项工作中。老年群体是最值得尊敬、爱戴的群体之一，也是最需要关心和帮助的群体之一。坚持以人为本，必须维护包括老年人在内的广大人民群众的根本利益，使经济社会发展成果惠及包括老年人在内的全体人民，促进人的全面发展。实现全面协调可持续发展，要求在经济转轨、社会转型过程中，在制定和实施发展战略、规划时，必须统筹兼顾，注重调动一切积极因素，妥善处理人口老龄化问题，切实处理好促进经济社会发展与保障老年人享受发展成果的关系。因此，做好老龄工作，尊重老年人、关心老年人，保障老年人享受经济和社会发展的成果，是贯彻落实科学发展观、坚持以人为本的内在要求。

做好老龄工作，是构建社会主义和谐社会的重要内容。建设一个民主法治、公平正义、诚信友爱、充满活力、安定有序、人与自然和谐相处的社会主义和谐社会，就是要使人们的聪明才智和创造力得到充分发挥，使改革和发展所创造的社会财富为全体人民所共享，使党和政府同人民群众的关系更加密切，使安定团结的局面更加巩固。实现这一任务，与全国亿万老年人息息相关，必然要求我们大力发展老龄事业，促进代际关系的和谐，促进老年群体与其他群体之间的和谐。中华民族素有敬老、尊老的传统，随着经济社会的发展，老年人的生活和工作出现了许多新的情况，他们的生活安排和权益保障面临着许多新的问题，处理不好，可能直接影响家庭和社会的稳定和谐。我们在做各项工作时，都要正确反映和兼顾社会各群体的利益，认真解决老年人生活中的实际问题，妥善处理涉及他们切身利益的各种矛盾，切实保障他们的合法权益。这是建设社会主义和谐社会的重要内容，是社会文明进步的重要标志。

做好老龄工作，是应对我国老龄群体发展变化的迫切需要。随着人口老龄化和经济社会的发展，老年人的群体结构和需求情况都在逐渐发生变化。在当代老年人中，经济收入相对比较稳定、文化知识水平较高的人口不断增多，他们追求更加殷实的小康生活，讲究生活质量，精神文化需求日趋多样化，他们思想活跃，大多数身体较好，有继续参与现代化建设的热情和愿望。因此，我们必须认真研究老年群体的新特点、新变化，与时俱进，用新的眼光来分析、研究老年人的各种需求，用创新的精神拓展老龄工作领域，采取新的举措处理老年群体中出现的新问题。同时也要看到，我国是目前世界上唯一以较低收入进入老龄化社会的人口大国，老年人口规模大，呈现“未富先老”的特点。老年人的健康水平同发达国家相比还有较大差距，突出表现在高龄老人少，如百岁老人只有日本的一半，但日本人口总数只有我国的1/10。我国的老龄化问题还呈现明显的地区和城乡差异。目前我国70%的老年人居住在农村，仍然主要依靠家庭养老，农村养老保障制度还处于探索和发展的初始阶段，农村老年人特别是贫困地区老年人的养老问题还面临很多问题和困难。随着城乡劳动力流动和城镇化进程的加快，农村家庭养老资源逐渐减少，空巢家庭和无人照料的老人逐渐增多。这对农村发展和农村老龄工作提出了新的要求，需要我们把解决农村老年人的问题作为更为突出的任务，采取更加积极有效的措施，保障农村老年人的基本生活。

总之，老龄工作事关改革发展稳定的大局，事关全面建设小康社会目标的实现。我们必须进一步提高认识，认真把握老龄工作面临的新形势、新任务和新要求，切实增强做好老龄工作的责任感和使命感，脚踏实地地做好工作，促进老龄事业同经济和社会的协调发展。

二、进一步完善政策措施，切实做好新形势下的老龄工作

做好老龄工作，要以邓小平理论和“三个代表”重要思想为指导，认真贯彻党的十六大和十六届三中、四中全会精神，全面落实科学发展观，紧紧围绕党和国家中心工作，继续坚持“党政主导、社会参与、全民关怀”的方针，调动各方面积极性，多为老年人办实事办好事，切实维护老年人的权益，进一步加大社区和农村老龄工作力度，推动老龄事业全面发展。要重点抓好以下几项工作：

（一）完善有关制度和政策，切实保障老年人基本生活。近年来，党中央、国务院在健全社会保障制度，解决老年人的养老、医疗等问题上采取了一系列政策措施，取得很大成绩，老年人的生活保障水平不断提高。各有关部门要按照中央的部署和要求，继续认真落实有关政策措施，加大工作力度，进一步健全城镇基本养老保险制度，加快推进城镇医疗保险制度改革，不断完善城市最低生活保障制度，建立健全社会救助制度，进一步确保离退休人员和城镇老年人的生活，并使他们共享经济和社会发展成果。要按照统筹城乡发展的要求，把关心农村老年人的生活提到重要议事日程上来，摆到突出位置，投入更大的精力。目前农村“五保”对象是农村最困难、最需要特殊照顾的群体，要认真研究农村税费改革后出现的新情况，以改革创新的精神，切实做好新形势下的“五保供养”工作。要积极探索建立农村养老保障制度，鼓励有条件的地区探索建立农村最低生活保障制度和农村贫困老年人救助制度，切实解决农民老有所养问题。要推进农村新型合作医疗制度建设，探索建立农村贫困老年人医疗救助制度，逐步解决农民老有所医问题。要切实维护农村老年人合法权益，大力倡导尊老、敬老、养老、助老的良好社会风尚，实实在在解决关系农村老年人切身利益的问题。

（二）大力发展老龄产业，满足老年人的特殊需求。老年人作为特殊消费群体，在卫生保健、生活照料、文化娱乐、精神慰藉等方面都有特殊需求。随着人民生活水平的提高和老年人对养老服务需求的增长，包括社区老年服务、托老服务、护理服务、心理咨询、临终关怀等老年服务业的发展前景十分广阔。要进一步加大改革力度，加强内部管理，切实办好现有养老服务机构，充分发挥现有养老福利设施的作用，提高服务质量和服务水平。同时，要健全和完善老年福利服务体系，健全社区老年福利服务网络，抓好老年活动场所建设。要抓紧研究制定相关政策措施，降低市场准入门槛，消除体制障碍，吸引社会资本进入养老服务产业，鼓励、支持社会力量兴办老年服务设施和服务机构。这不仅可以为广大老年人提供更加丰富和优质的服务，还可以促进就业，拉动经济增长，是一举多得的好事。

在满足老年人不断增长的物质需要的同时，还要重视老年人的精神文化生活。各有关部门要加强对老年文化体育活动的指导，积极引导广大老年人选择科学、文明、健康的生活方式。文化、教育等部门要把老年文化、教育工作列入重要日程，作为一项长期而重要的任务来抓。要办好各类老年大学和老年学校，加强城市社区老年人活动场所的建设和管理，有组织、有计划地开展有益于老年人身心健康的各种文体活动，不断满足老年人日益增长的精神文化需求。

（三）发挥老年人作用，鼓励老年人继续参与经济社会发展。老年人的知识、智慧和经验是国家和社会的宝贵财富。充分发挥老年人才的优势，鼓励、支持和引导他们继续为社会作出贡献，是老龄工作的一项重要任务。要根据新形势、新情况，研究和探索发挥老年人才作用的有效途径和方式，创造适当的环境，积极进行引导和示范。近年来，各地开展的老年知识分子援助西部大开发的“银龄行动”试点工作，取得了良好社会效益，要及时总结、推广。同时，还要鼓励老年人积极参与有利于社会稳定、经济发展的社会公益活动。近年来，一些基层老年群众组织在关心教育下一代、志愿服务、调解纠纷、维护稳定等方面发挥了积极作用，要及时给予引导和支持。

三、加强领导，密切配合，不断提高做好老龄工作的能力和水平

老龄事业是一项文明而崇高的事业，老龄工作是党和政府的一项重要工作。各地区、各部门一定要从党和国家大局出发，高度重视老龄工作，切实将老龄工作摆上重要位置。

要加强老龄工作特点和规律的研究。当前，老龄工作所处的环境、担负的任务都在不断发生变化，要组织力量，加强老龄科学理论研究和政策研究，密切关注人口老龄化发展趋势，科学分析老年人生活状况，充分认识和把握市场经济条件下老龄问题的特点和规律。要积极探索和创新新形势下老龄工作的措施和办法，学习借鉴国外应对人口老龄化的做法和发展老年人事业的措施，不断提高老龄工作水平。

要探索建立科学、协调、高效的工作机制。老龄委要充分发挥作用，切实把各方面力量调动起来，形成推动工作的整体合力。要在各成员单位之间建立健全情况通报制度，加强业务交流，促进有关政策措施的衔接配套。办公室要切实履行职能，搞好组织联络，积极提建议、当参谋，推动各项工作任务的落实。

2005年是老龄事业发展“十五”计划纲要执行的最后一年，各有关部门要对落实情况进行一次全面检查和评估。同时，办公室要组织力量，深入调研论证，抓紧拟订老龄事业发展“十一五”计划纲要。要认真做好第二次全国老龄工作会议的准备工作，请办公室抓紧落实，有关部门要给予积极支持和配合。

生命无价，从这个意义上来说，没有比长寿更令人类振奋和欢喜的事情。但是，如何让不断延长的生命保持较高的质量，如何让承载人类生命的社会不被长寿的负担压垮，这的确是一个需要我们认真思考和积极应对的严峻挑战。让我们紧密团结在以胡锦涛同志为总书记的党中央周围，高举邓小平理论和“三个代表”重要思想伟大旗帜，振奋精神，开拓进取，扎实工作，不断把老龄工作推向新阶段。

司马义·艾买提同志在全国敬老爱老助老主题教育活动表彰大会上的讲话

（2005年1月8日）

同志们：

由全国老龄委办公室、中宣部、教育部、共青团中央和全国妇联联合主办，由中国老龄事业发展基金会承办的全国青少年敬老爱老助老主题教育活动，自2003年9月启动以来，取得了显著成绩。这次评选出的10名“中华孝亲敬老楷模”、4名“中华孝亲敬老楷模特别奖”、50名“中华孝亲敬老楷模提名奖”、2000多名“孝亲敬老之星”、90多篇“敬老好文章”和39个“优秀组织者”，就是对我们所取得成绩的一次检阅。在此，我向获奖的单位和个人表示热烈的祝贺！向敬老爱老助老主题教育活动一年多来所取得的成绩表示热烈的祝贺！

全国敬老爱老助老主题教育活动的开展，是认真贯彻落实中共中央关于《公民道德建设实施纲要》和《关于未成年人思想道德建设若干意见》的重要举措，也是加强社会主义精神文明建设、加强对青少年思想道德教育、贯彻执行《老年人权益保障法》的具体体现。一年多来的实践表明，这项活动不但在广大青少年中引起了热烈反响，在广大中老年中和社会各界也受到广泛欢迎，产生了很好的社会影响。

我们中华民族有着五千多年的文明史。我们的祖先不但创造了丰富的物质文明，也创造了灿烂的精神文明。孝亲敬老这一传承几千年的传统美德，是人伦道德的基石，是人的真善美的表现，是我们中华民族在世界民族之林中引以自豪的宝贵财富。今天，在我们全面建设小康社会的进程中，把这一传统美德纳入先进文化的范畴，把开展敬老爱老助老主题教育活动提升到促进代际和谐、加强精神文明建设和构建社会主义和谐社会的高度来倡导，是非常必要，很有意义的。

在我们民族的历史中，孝亲敬老的典型人物层出不穷，孝亲敬老的动人事迹广为流传。今天，我们又评出了当代的孝亲敬老楷模和明星。据我了解，你们的事迹非常突出，非常感人，令人起敬。扶贫济困，助人为乐，毫不利己，专门利人，先天下之忧而忧，后天下之乐而乐的这些崇高的精神，在你们的身上得到了很好的体现。你们是老龄工作和社会主义精神文明建设中涌现出来的灿烂群星。榜样的力量是无穷的。通过今天的表彰和宣传，敬老爱老助老主题教育活动一定会继续深入开展，敬老爱老助老的社会风尚一定会发扬光大，它必将对调节人际关系，化解家庭和社会矛盾，促进社会稳定，对构建社会主义和谐社会，产生积极影响。

同志们，这次活动仅仅是开头，今后还要继续开展。这次表彰大会之后，宣传部门要大力宣传这次大会表彰的先进单位、先进人物的感人事迹，用鲜活的典型和动人的事迹教育人、激励人、感染人，使这项活动更加生动具体，深入人心。教育部门要把敬老爱老助老主题教育活动纳入中小学思想道德课程，用青少年喜闻乐见、生动活泼的形式来加强他们的思想道德教育。共青团、妇联组织要热情鼓励和引导青少年，积极参与敬老爱老助老的社会实践，从自身做起，从小事做起，孝敬父母、长辈，关爱社会老人。要组织和壮大为老服务的志愿者队伍，为老年人办好事，办实事，排忧解难。各级老龄工作部门更要发扬扎实工作、精心组织、周密安排、加强协调的精神，为主题教育活动的深入开展做好牵头人。老龄工作的其他部门也要高度重视，统一认识，协调行动，把敬老爱老助老主题教育活动融入自己的工作之中，使中华民族敬老爱老助老这一优秀传统发扬光大、世代相传，使敬老爱老助老在全社会蔚然成风。我也真挚地希望今天受到表彰的先进单位和个人，保持荣誉，不骄不躁，脚踏实地，继续前进，在生动活泼的敬老爱老助老主题教育活动中不断有所创造，建立新的功绩。让我们在以胡锦涛同志为总书记的党中央的领导下，团结奋斗，努力工作，弘扬中华民族的传统美德，加强社会主义精神文明建设，为全面建设小康社会，为实现中华民族的伟大复兴贡献自己的力量！

多吉才让同志在全国老龄工作委员会第五次全体会议上的报告

（2003 年 2 月 13 日）

各位主任、各位委员：

我受岚清和司马义同志的委托，向全体会议报告 2002 年全国老龄工作情况和 2003 年的安排意见：

一、2002 年全国老龄工作的基本情况

2002 年，各地区、各部门坚持以邓小平理论和“三个代表”重要思想为指导，继续深入贯彻《中共中央、国务院关于加强老龄工作的决定》（以下简称《决定》）和“党政主导、社会参与、全民关怀”的工作方针，按照全国老龄委第四次全体会议的要求，与时俱进，开拓创新，老龄事业取得了新进展。

（一）各成员单位积极发挥职能作用，努力为老年人办实事。

全国老龄委各成员单位按照第四次全体会议的要求，制订了为老年人办实事计划，并采取措施抓落实。民政部狠抓城市居民最低生活保障制度的落实，将特困老年人纳入城市“低保”范围，基本做到了应保尽保；积极实施“星光计划”，使首批以省会城市为重点的 6821 个“星光老年之家”建成并投入使用，第二批 1.1 万个“星光老年之家”项目正在全国 600 多个中小城市顺利实施。国家体育总局投入 1.5 亿元资金，用于社区健身路径工程建设。共青团中央与全国老龄办联合开展的“志愿者为老服务金晖行动”已初见成效。建立为老服务站 1.15 万个，服务基地 1.79 万个；结成“一助一”对子 84.5 万对；青年志愿者 327.8 万余人，其中注册人数达到 120 万人。卫生部、国务院扶贫办、全国妇联、全国老龄办、国家广电总局联合主办的“关爱西部健康行动”已正式启动。中组部、劳动保障部、财政部积极安排中央财政对地方养老保险的补助，发放补助资金 408 亿元，并按季拨付到位，确保了企业离退休人员基本养老金按时足额发放。人事部会同中组部，就解决新中国成立初期参加革命工作的退休干部待遇偏低问题，制定了相关政策。全国总工会积极参与了与退休职工切身利益相关的法律法规的研究制定，并加强了对执行情况的检查监督。国家计生委启动了“农村独生子女、双女户家庭养老保障政策研究”课题。国家民委就少数民族地区老年人问题开展了专项调查研究，并已着手研究制定对策。建设部会同民政部制定了《老年人居住建筑设计标准》，会同民政部、全国老龄办制定了《城市和村镇老龄设施规划设计规范》，会同民政部、中国残联、全国老龄办召开了首次“全国无障碍设施建设”电视电话会议，对城市无障碍设施建设及老年人建筑设计规范执行情况进行了检查，推动了无障碍设施建设工作在全国范围的开展。文化部加强了对老年大学的管理，在 10 个县进行了老年大学办学情况试点，并着手制定《老年大学（学校）管理办法》。司法部和全国老龄办正抓紧就老年维权法律援助问题进行研究。全国妇联成立了老龄工作协调委员会，对各地开展老龄妇女工作进行指导督查，建立健全了全国老年妇女组织网络，成立了老干部艺术团。解放军总政治部建立了军队离退休干部大病统筹制度，落实了医疗经费。所有这一切，充分体现了党和政府对老年人的关怀。

（二）各地区、各部门认真落实有关政策，保障老年人的基本生活。

一是采取了一系列措施，解决养老金被克扣、挪用和拖欠问题，基本做到了养老金按时足额发放。同时，为方便老年人，很多地方大力推进养老金社会化发放。二是医疗保险改革正在顺利进行，广东、云南等地还建立了医疗救助制度，积极推进了老有所医工作。三是建立、完善了城市低保和农村“五保”供养制度。四是探索建立农村“低保”制度。浙江、江苏、广东、上海、北京等省（直辖市）已在农村推行“低保”制度，解决贫困老年人的生活问题。五是山东、浙江、广东、云南等一些有条件的地方，探索建立了农村养老保险和多种形式的退养、生活补贴制度，保障老年人的基本生活。目前，全国农村已有 6000 万人参加了农村社会养老保险，积累资金 216 亿元，有 108 万农民领取了养老保险金。

（三）各地采取有效措施，维护老年人的合法权益。

地方各级老龄办通过开展对贫困老年人状况和老年人基本情况调查，协调有关部门制定了多方面的优待政策，并狠抓落实，维护老年人的合法权益。山东在全省税费改革中作出减免老年人税费的决定。湖北作出对农村男60岁、女55岁以上的老年人在各项公益事业中免除筹资筹劳的优待规定。江苏、山东、云南等地农村推行签订家庭赡养协议书制度，保障农村老年人受赡养扶助的合法权益。为体现党和政府对高龄老人的关爱，全国多数地区对百岁老人按月发放生活补贴。与此同时，老年权益司法保障和法律服务体系也在各地逐步建立。一些地区制定了法律援助管理办法，建立了法律援助工作队伍，形成了从市县到乡镇（街道）的法律援助与服务网络。各级老龄办加强了老年人来信来访接待工作，积极协调有关部门解决信访中反映的问题，基本做到了件件有回音，事事有结果。侵害老年人权益的案件比往年明显减少。

（四）老年人思想政治工作得到加强，部分老年人精神文化生活日益丰富。

江泽民同志“七一”重要讲话和党的十六大报告发表后，一些老同志的思想比较活跃。各地区、各部门认真组织老同志深入学习领会江泽民同志重要讲话精神，加强思想教育工作，用“三个代表”重要思想统一认识，使广大老同志在思想上政治上始终保持了同党中央的高度一致。为贯彻落实全国老龄委第四次全体会议精神和李岚清、司马义·艾买提同志的指示，丰富广大老年人的精神文化生活，推动基层社区老年文化活动的开展，展示新世纪老年人的精神风貌，抵制“法轮功”邪教的侵袭，全国老龄办、中组部、文化部、国家广电总局、解放军总政治部和北京市人民政府成功举办了“全国老年文艺调演”活动。这次调演，规模大、参与人数多、节目质量高，共评出金、银、铜奖414个。2002年10月12日，胡锦涛、贾庆林、曾庆红、司马义·艾买提等党和国家领导人出席观看了来京优秀节目汇报演山，并与演员代表合影留念。李岚清、司马义·艾买提同志对这次文艺调演活动作了重要批示，给予了充分旨定。重阳节期间，各地普遍开展了规模浩大、内容丰富的老年文化娱乐活动。广大老年人的文化生活更加活跃。

（五）积极探索加强基层老龄工作的有效途径，社区老龄工作试点取得一定成效。

为认真贯彻落实李岚清同志关于“老龄工作的重点在社区、在基层”的指示精神，探索加强基层老龄工作的有效途径，全国老龄办在北京、上海、天津、辽宁、黑龙江、山东、江苏、福建、湖北、云南10个省（直辖市）进行试点。各地对试点工作高度重视，认真探索，摸清了当前社区老龄工作的基本情况、存在的问题和困难；进一步提高了对在新时期加强社区老龄工作重要意义的认识，增强了贯彻“党政主导、社会参与、全民关怀”工作方针的自觉性。同时，初步理出了基层社区老龄工作的思路，即以中央《决定》和《中国老龄事业发展“十五”计划纲要》为依据，以党支部领导下的村（居）民自治活动为基础，以老年活动场所为阵地，以老年群众组织为抓手，以落实“六个老有”为内容，以提高农村、社区老年人的生活质量为目的，完善工作体系，推动基层老龄工作持续健康快速发展。

（六）地县级老龄工作机构建设取得一定进展。

为认真贯彻全国老龄委第四次全体会议精神和李岚清同志关于“老龄工作机构只能加强，不能削弱”的指示，2002年全国老龄办把理顺地县级老龄工作机构作为一项重要工作，积极推进，下发了《关于抓紧理顺地县级老龄工作机构的通知》，提出了明确要求。各省、自治区、直辖市老龄办采取了一系列措施，加强协调督查推动工作。目前，北京、上海、天津、重庆、辽宁、内蒙古、河北、山东、河南、江苏、福建、湖南、广东、广西、海南、四川、云南、陕西、甘肃、西藏20个省、自治区、直辖市的地市级老龄工作机构已全部理顺，吉林、黑龙江、浙江、贵州、青海5个省基本理顺，其余省区已经理顺了2/3以上。据统计，全国88.78%的地（市）和70%以上的县（市）都成立了老龄委和老龄办，并已开展工作。

（七）老龄理论研究取得一批成果。

为贯彻李岚清同志的批示精神，全国老龄办于2002年6月在北京成功举办了“提高老年人生活质量对策研讨会”。司马义·艾买提同志出席会议并致辞。世界卫生组织、联合国人口基金会派代表出席会议。会议通过并发布了《提高老年人生活质量行动建议》。各地有关人士积极参与，会议收到500余篇高质量的论文。许多代表认为，这次会议是老龄理论研究领域一次质量比较高的会议，成果多，社会反映好。同时，中国老年学学会在桂林召开了“提高老年人生活和生命质量学术研讨会”，收到论文500余篇。一些大专院校和科研院所在加强基础理论研究的基础上，积极开展老龄理论应用研究，取得了一批学术成果。

（八）老龄工作国际交流与合作取得较大进展。

2002年4月，我国派出政府、非政府和老年学术三个代表团，参加了联合国在西班牙马德里召开的第二届世界老龄大会。司马义·艾买提同志代表中国政府在大会上发言，介绍了中国老龄事业所取得的巨大成就，阐明了我国政府应对老龄问题的基本立场，得到国际社会的广泛好评，树立了良好的国际形象。会上，我们还成功地举办了“中国老年问题论坛”和“中国老年艺术展”，展示了我国老年人多姿多彩的生活，体现了我国政府对老龄事业的高度重视和对老年人的亲切关怀。为回应第二届世界老龄大会，全国老龄办与联合国亚太经社会在上海联合举办了第二届世界老龄大会亚太地区后续行动会议，司马义·艾买提同志再次出席会议并致辞，充分表明了中国政府对落实第二届世界老龄大会各项决议的高度重视。由于我国老龄人口数量为世界之首，改革开放以来我国老龄事业取得了巨大成就，我国老龄工作在世界老龄事业中已占据举足轻重的地位。在此背景下，我国老龄领域的双边和多边国际交流进一步活跃，与国际社会的合作进一步加强。

上述成绩的取得，主要原因有三：一是党政领导的高度重视。胡锦涛等党和国家领导人亲自出席观看全国老年文艺调演汇报演出，李岚清、司马义·艾买提同志多次就老龄工作的有关问题作出重要指示，司马义·艾买提同志多次出席老龄工作重要会议；许多地方党政领导对老龄工作予以高度重视，解决了不少实际问题。二是有关部门的密切配合。各成员单位认真贯彻全国老龄委第四次全体会议精神，各司其职，各负其责，齐抓共管，配合默契；各单位联络员、信息员及时汇报工作，沟通情况，发挥了积极作用。三是抓住重点，推动全局。全国老龄办把参加第二届世界老龄大会、推动各成员单位办实事、召开提高老年人生活质量对策研讨会和开展全国老年文艺调演，作为2002年工作的重点，有力地推动了其他各项工作的开展。

2002年全国老龄工作虽然取得了较大成绩，但也存在一些不容忽视的问题和困难：一是思想认识还不够到位。一些地方对加强老龄工作重要性的认识不足，对贯彻中央《决定》实际行动少，工作力度不大，解决问题不多，对办公室工作指导不力，抓得不紧。二是老龄工作机构不健全。许多地方反映，中央关于加强老龄工作的决策是完全正确的，李岚清同志关于“老龄工作机构只能加强，不能削弱”的指示很重要。但有些县（市、区）至今尚未按中央《决定》要求，理顺工作体制，建立办事机构。从总体上看，各地老龄办的工作力量比较薄弱，经费不足，办公室工作还不能适应老龄工作形势发展的要求。三是各级老龄办的工作方式、工作作风还不能完全适应工作需要。不少老龄办习惯于老一套的工作方法，在深入实际、调查研究、发现典型、总结经验、开拓创新等方面做得不够。四是农村老龄工作基础薄弱，贫困老人的生活问题亟待研究解决。我国老年人口的大头在农村，占70%。由于一些地方经济欠发达，中青年人进城打工，不少老年人生活困难，日常生活得不到很好照料。同时，一些侵害老年人权益的案件也时有发生，老年人的基本生活和其他权益得不到保障。这些问题，应当引起我们的高度重视。

二、2003年全国老龄工作的安排意见

2003年，是贯彻落实党的十六大精神，全面建设小康社会，开创中国特色社会主义事业新局面极为重要的一年。今年老龄工作的总体思路是：以邓小平理论和“三个代表”重要思想为指导，认真贯彻十六大精神，坚持“党政主导、社会参与、全民关怀”的工作方针，围绕全面建设小康社会的奋斗目标，深入开展调查研究，找准当前老龄工作中存在的突出问题，抓基层，抓重点，办实事，整合各方面力量，与时俱进，开拓创新，整体推动老龄事业的发展。

在上述总体思路的指导下，2003年拟重点做好以下几项工作：

（一）认真贯彻落实十六大精神，努力开创老龄工作新局面。要把学习贯彻落实十六大精神，与贯彻《老年人权益保障法》、中央《决定》和《中国老龄事业发展“十五”计划纲要》紧密结合起来，从实践“三个代表”重要思想的高度，从改革、发展和稳定的大局出发，将老龄事业纳入全面建设小康社会的各项规划和工作中，使老年人的养老、医疗水平进一步提高，精神文化生活更加丰富，参与社会的渠道更加畅通，代际关系更加和谐。特别要重视农村的老龄工作，使农村广大老年人充分享受经济社会发展的成果。要按照十六大关于“发展要有新思路，改革要有新突破，开放要有新局面，各项工作要有新举措”的要求，从中国国情和各地实际出发，借鉴国外的先进经验，创新工作思路，明确工作重点，采取有力措施，努力开创老龄工作新局面。各成员单位要发挥职能作用，把老龄工作重点放在为老年人办好事、办实事上，制定工作计划，认真落实。要继续抓好2002年已经启动的老龄工作项目。各地要加大对老龄事业的投入，把为老年人办实事纳入各级政府“民心工程”计划，统筹安排。

（二）建立健全各项社会保障制度，切实保障老年人的基本生活。要认真落实离退休干部的政治和生活待遇，建立和完善离退休干部“三个机制”（离休费、医药费保障机制和财政支持机制）。在城市，要完善城镇职工基本养老保险和基本医疗保险制度，完善最低生活保障制度，同时，进一步做好为60岁以上老年人配备“急救生命卡”工作，开展对老年人的医疗救助。在农村，要切实做好“五保户”供养工作，有条件的地方要逐步探索建立农村养老保险和最低生活保障制度。要积极组织引导农民建立以大病统筹为主的新型农村合作医疗制度，并对“五保户”和

贫困农民家庭实行医疗救助。要继续开展“光明行动”，按计划3年完成12万例白内障复明手术。各地要抓好老年基金会的自身建设，加大对贫困老年人的救助力度，体现党和政府对老年人的关怀。要继续推动各地出台老年人在乘坐公交车、游览公园、就医挂号等方面的优待政策，并抓好落实。要在深化农村改革的各项工作中，注意保障老年人的基本生活。

（三）积极发挥有关方面的作用，维护老年人的合法权益。全国老龄办要协商司法部、公安部尽快下发《关于加强维护老年人合法权益工作的意见》，并认真贯彻落实。教育部、全国老龄办要从青少年的思想道德教育抓起，把敬老、爱老、助老列入中小学德育教育的范畴，通过读敬老书、讲敬老故事、做敬老志愿者等多种教育形式，增强青少年的敬老意识。团中央要继续开展“金晖助老”行动、“中学生辉映夕阳红”行动和“红领巾为老送温暖”活动，弘扬中华民族的传统美德，使助老成为广大青少年的自觉行动。司法部要继续广泛深入地开展老年法律服务，为老年人提供及时、便利和有效的法律援助，切实解决老年人“打官司难”的问题。建设部要加强对老年人在居住和参与社会活动方面特殊需求的调查研究，完善老年住宅、老年公寓、养老院、护理院、托老所等标准规范，使老年设施的建设有标可控，有据可依。各地要从实际出发，继续推行签订家庭赡养协议书制度，不断完善协议书的内容，保障农村老年人的合法权益。

（四）加强老年人思想政治工作，丰富老年人精神文化生活。要建立和完善社区党支部和居民委员会，进一步创新工作方法，加强老年人的思想政治工作，坚决抵制“法轮功”邪教的侵袭。采取多种形式，组织广大老年人学习十六大精神，让他们了解“三个代表”重要思想和全面建设小康社会的宏伟目标，使他们跟上时代前进的步伐。在老年人中倡导科学、文明、健康的生活方式，引导他们积极参与社区精神文明建设。文化部要进一步做好老年教育的指导和推动工作。总结老年教育工作经验，发现和推广典型，组织编写教材，召开老年教育工作经验交流会，努力构建老年教育体系，继续推动老年教育健康发展。同时做好第五届老年合唱节的组织工作。各地要积极开展丰富多彩的老年文体活动。全国老龄办要商有关部门组建业余中国老年艺术团，各地也要结合当地实际建立适合老年人特点和需要的老年业余文化活动组织，推动社区老年文化活动广泛深入地开展。

（五）重视老年人才的价值，推动老年人参与社会。据有关部门统计，目前全国离退休科技工作者有500多万。其中，70岁以下，具有高中级职称，身体健康、愿为社会作贡献的约占70%。这些老知识分子，对党和国家有着深厚的感情，是一笔巨大的财富。重视他们的价值，为他们参与社会创造条件，具有重要意义。要认真贯彻岚清副总理的指示精神，会同有关部门积极开展“老年知识分子智力援助西部行动”的试点，总结经验，逐步推开。逐步建立全国老年人才信息服务网络。同时，要鼓励和引导低龄健康的老年人融入社会，加入老年志愿者行列，为农村、社区两个文明建设作贡献。

（六）与时俱进，积极探索老年群体社会化管理和服务的有效形式。各地要适应深化经济体制改革和社会进一步转型的需要，把老龄工作的重心下移到基层、社区。有条件的地方，要在基层社区进行试点，积极探索老年群体社会化管理和服务的有效形式。各级老龄办要以落实“六个老有”为目标，以优化配置为老服务资源为基础，注意与社区党支部和居民委员会建设、“星光计划”、基层老年群众组织的有机结合，抓好老年群体社会化管理和服务的典型。

（七）重点推进县级老龄机构建设，加强基层社区老龄工作。要严格按照中央《决定》的要求和李岚清同志关于“老龄工作机构，在机构改革中只能加强，不能削弱”的指示精神，理顺县级老龄工作体制，建立办事机构，保证工作经费。街道和乡镇一级的老龄工作要做到有专（兼）职工作人员，确保老龄工作体制上下贯通，各项方针政策能够落到实处。要重视发挥老年群众组织在基层老龄工作中的基础性作用，积极推广10省市社区老龄工作试点经验，在村（居）党支部、村（居）委会领导下，成立自我管理、自我教育、自我服务的老年群众组织，并按照“六个老有”的目标开展工作。要加强对基层老年群众组织的规范和管理，做到章程规范化、管理制度化、活动经常化。在适当时候召开基层老龄工作经验交流会。

（八）建立激励机制，整体推进老龄工作。要建立老龄工作的评估体系，探索整体推动老龄事业发展的运行机制。建议全国老龄委在适当时候表彰一批老龄工作先进单位，树立一批在保障老年人基本生活、维护老年人合法权益、丰富老年人精神文化生活、促进老年人参与社会和加强老龄工作机构、保证工作经费等方面的先进典型。各省、自治区、直辖市要在本地区开展创建“敬老模范社区（村）”活动。通过表彰活动，从整体上推动老龄工作的健康快速发展。

（九）加强老龄干部队伍自身建设，提高综合业务素质。要用十六大精神和“三个代表”重要思想指导老龄系统干部队伍建设。转变工作作风，发扬创新精神。深入实际，调查研究，发现典型，推动工作。

通过举办培训班等多种形式，提高老龄干部在理论、政策、方法等方面的业务素养。通过加强信息化、自动化建设，掌握现代化办公技能，提高工作效率。

（十）继续加强老龄领域国际交往，进一步扩大国际影响力。要认真履行联合国第二届世界老龄大会决议，做好各项落实工作。进一步加强老龄领域的国际交流与合作，特别是加强与联合国有关组织的合作。积极做好2004年在中国召开的国际第三年龄大学协会二十二届代表大会的各项前期准备工作。

以上报告，请全会审议。

李学举同志在全国省级老龄工作委员会办公室主任会议上的讲话

（2003年4月11日）

同志们：

2003年全国老龄办主任会议的主要任务是：传达学习全国老龄工作委员会第五次全体会议精神，总结去年的工作，部署今年的任务。

一、关于去年工作的回顾

2002年，各级老龄办认真贯彻全国老龄委四次会议精神，充分发挥综合协调、督促检查和参谋助手作用，整体推进了老龄工作的全面发展。主要表现在以下8个方面：

（一）推动成员单位办实事取得成效，综合协调作用明显加强。

全国老龄办积极推动成员单位为老年人办实事，取得明显效果：民政部重点落实城市老年人最低生活保障制度，实现了应保尽保，继续实施“星光计划”第二期工程，目前已建成“星光老年之家”17000多个。国家体育总局投入1.5亿元资金，用于社区健身设施建设。卫生部把老年人列为城乡基层卫生服务重点对象，实施为中西部老年人开展白内障治疗的“光明行动”。建设部出台了老年设施标准规范，推动了方便老年人的无障碍设施建设。全国总工会推广“退休职工住院补充医疗互助保险计划”，减轻了退休职工医疗费负担。共青团中央作为去年新增的成员单位，与全国老龄办联合开展了志愿者为老服务“金晖行动”。中组部、中宣部、财政部、劳动和社会保障部、广电总局等成员单位从各自的职能出发，为老年人做了大量实事。

地方老龄办协调成员单位为老年人办实事也取得显著成效。福建省财政厅筹措专项资金60万元支持老龄工作，民政厅用社会福利基金购置了170多台彩电赠给基层老年活动室，建设厅在将老年活动场所建设纳入全省城镇建设规划的基础上，组织了无障碍设施建设大检查。浙江省老龄办协调成员单位两年为老年人办了8件实事，得到了吕祖善省长批示表扬。北京、上海、山东、湖北、吉林等省市也都为老年人办了大量的好事、实事，得到了党委、政府和老年人的普遍称赞。

在涉老部门为老年人办实事的过程中，各级老龄办主动与成员单位联系沟通，通报情况，召开会议，研究工作，解决问题，综合协调作用日益明显。

（二）社区老龄工作试点进展顺利，基层老龄工作逐步加强。

去年，全国老龄办在北京、山东等10省、市各选择1个城区和1个县（市）进行试点，取得了积极进展：一是社区老年设施建设成绩明显。试点单位普遍加大了资金投入，老年服务和活动设施短缺的局面得到改变。福州市鼓楼区以政府投入带动社会和个人捐资，仅上半年就筹集资金1300万元，目前共建成活动中心近百个、活动室216个。青岛市、区、街三级老年人活动场所初步建成，区级老年活动中心面积达1000多平方米。二是老年协会的合法化和规范化迈出可喜的步伐。上海、天津把老年协会设在街道，在社区设立分会，实行会员制，并按照社团管理规定对老年协会进行登记，较好地解决了多年悬而未决的问题。福建省对老年协会进行了统一规范，把老年体协、老年学校、关心下一代协会作为老年协会的下设机构，并修订了章程，使全省老年群众组织规范化建设上了一个新台阶。山东省老龄办与民政厅联合下文，将基层老年协会改建为村（居）委会下的老年人工作委员会，有力地加强了基层老年群众组织建设。三是社区为老服务明显加强。试点单位坚持以老年人为本，针对老年人的困难和需求，普遍增加了服务项目，扩大了服务范围，使老年人感受到社区的温暖。哈尔滨市老龄办投资200万元建立了市、区、街、社区四级和343家企事业单位联网的信息和物流服务系统，为老年人带来了极大方便。四是社区老年文化活动更加活跃和经常化，增强了社区对老年人的凝聚力。总的来看，社区老龄工作试点为整体推动社区老龄工作起到了示范和引路作用。

除试点省市外，其他地方也加强了对社区老龄工作的探索。浙江省在杭州上城区召开了现场经验交流会，辽宁省鞍山市出台了《社区老龄工作暂行办法》，这些都有力地加强了基层社区老龄工作。

（三）全国老年文艺调演取得圆满成功，有力带动了基层老年文化活动的开展。

去年，全国老龄办与中组部、文化部、广电总局、解放军总政治部、北京市政府联合举办了全国首次老年文艺调演，获得了圆满成功。各地在层层选拔的基础上，推荐到北京汇演的节目近500个，不仅题材新颖、内容健康，而且具有较高的艺术水准，经过认真评选，评出金、银、铜奖414个。重阳节期间在北京向胡锦涛、贾庆林、曾庆红等党和国家领导人进行了汇报演出，获得高度评价，产生了广泛的社会影响。

这次全国老年文艺调演极大地推动了基层老年文化活动的开展，调动了老年人参与文化活动的积极性。在城市，各地把文艺调演与文化艺术节有机地结合在一起，重点放在社区和文化广场，突出群众参与和老少同乐。在农村，各地把文艺调演和“九九”重阳节结合起来，广泛开展老年文化、旅游、体育、健身等丰富多彩的活动。吉林就有1万多名老年文艺骨干演出300多场，观众达到20多万人次。这些活动的广泛开展，进一步丰富了老年人的精神文化生活。

（四）老年维权工作逐步深入，贫困老年人救助力度加大。

维护老年人合法权益工作取得了新的进展：一是司法审判和司法行政部门加大了对老年人维权的力度。辽宁省推广基层法院设立老年维权法庭的经验，涉老案件实行优先审理、从速结案、重点执行的办法。浙江省大力开展老年法律援助服务，全省司法行政部门管理的456家律师事务所、90家公证处、70家法律援助中心建立了老年法律服务窗口，通过发放“家庭律师卡”、“法律援助卡”等形式，一年来为老年人提供了4600多件法律援助服务。二是老龄办加强维权检查和执法力度。青岛组织市、区两级老龄办干部参加执法资格考试，为合格者办理了执法证，还在乡镇、街道建立法律援助联络站，村、居委会设立联络员，为老年人筑起了一条法律援助通道。三是农村老年维权工作得到重视。江苏、山东、安徽、陕西、四川、吉林、辽宁等地为切实维护老年人的被赡养权，对有赡养纠纷的家庭实行签订《家庭赡养协议书》制度，签约率达85%。江西、湖北、山西等地农村注意发挥老年协会作用，调解家庭代际矛盾，成功率达95%。

各地针对老年贫困问题日渐突出的实际，加大对贫困老年人的救助力度，采取了一系列措施。吉林省老龄办组织有关部门开展了“救助万名特困老年人”活动，共捐款700多万元，有72000多特困老年人受益，产生了良好的影响。江苏省建立城乡老年人最低生活保障制度和特困老年人社会救助制度，对低于保障线的特困老人提高保障标准20%到30%。

（五）老年人优待政策工作越来越实，探索减免农村老年人负担工作取得突破。

各地把出台、落实老年人优待政策，作为老龄办长期的重点工作来抓，目前北京、天津等16个省市区制定了单独的优待规定。浙江、安徽、云南3省通过老年法实施细则对优待老年人提出了具体要求。山东省根据社会经济的发展，经过反复协调和修改，在全省出台了新的优待老年人规定，扩大了优待范围，提高了优待标准。各地的优待政策给老年人带来了明显的实惠，受到广大老年人由衷的欢迎。

在农村税费改革中探索减免老年人负担，是新形势下老龄工作的一个新课题。山东省老龄办与农业厅、财政厅等部门及时总结税费改革试点单位减免老年人负担的做法，积极向省委、省政府提出保持优待老年人政策连续性的建议，450多万老年人免除了新增加的农业税3.18亿元，547万老年人免除了公益事业金1.16亿元，748万老年人免除了出资出劳金2.43亿元，三项合计达6.77亿元。湖北、浙江等地也十分关注在农村税费改革中减轻老年人负担问题，积极进行了调查论证。

（六）老龄工作机构基本理顺，老龄办自身建设得到加强。

目前，全国省（自治区、直辖市）老龄工作机构已全部理顺，绝大多数地（市）和70%以上的县（市、区）老龄工作机构也已理顺。山东、湖南、云南、海南、西藏等省（自治区）县以上机构基本理顺。在理顺机构中，河北、宁夏、四川等地出台文件，对老龄办的性质、职责、编制、领导职数、机构规格作了统一规定。天津、上海、湖南、河南等省（市）老龄干部已经列入或参照公务员进行管理。山东、福建、吉林等省对老龄干部进行了政治和业务培训。全国老龄办投资200万元，建立了机关信息网络平台，初步实现了网络化、无纸化办公。许多省级老龄办实现了和民政部门信息平台联网办公。

（七）老龄宣传工作逐步加强，理论研究和专题调查工作取得可喜成果。

去年8月，召开了全国老龄宣传工作座谈会，中宣部、新闻出版总署、广电总局有关领导和70多家老年媒体参加了会议。会议总结交流了老龄宣传工作的经验，建立了全国老龄宣传工作协作网。老龄宣传协作网的建立，促进了老龄部门与媒体之间的联系，整合了老龄宣传资源。目前，新闻媒体对老龄问题越来越关注，同老龄部门联系越来越主动，宣传的力度越来越大，涌现了一批有影响、有潜力的老年节目和报刊。全国老龄办创办的《老龄工作导刊》，经过一年的实践，对老龄工作的指导作用不断增强，受到各地的普遍欢迎。各级老龄办的工作简报、信息也发挥了重要的作用。

老龄问题的理论研究取得积极成果。去年6月份召开的“提高老年人生活质量对策研讨会”，在短短4个月内就收到论文500多篇，有相当一部分质量很高，体现了老龄科研队伍的实力和水平。全国老年人贫困状况调查进展顺利，各地的普查和抽查工作已经结束，基本摸清了贫困老年人的状况。目前全国老龄办正在抓紧研究汇总，争取尽快出台总报告。最近，全国老龄办进行的优秀调研报告评选，收到各地的调研报告120多篇，经过评委会认真评选，评出一等奖5篇，二等奖10篇，三等奖20篇。这些报告不仅为党政部门提供了决策的依据，而且反映了老龄办调研水平的日益提高。

（八）成功出席世界老龄大会，国际交流与合作日益加强。

去年4月，我国派出政府、非政府和学术三个代表团分别参加了在西班牙举行的联合国第二届世界老龄大会及非政府组织论坛和老年学论坛，取得了圆满成功。司马义同志代表中国政府在大会发言，阐述了中国面对人口老龄化的立场、观点和采取的对策，介绍了中国老龄事业的发展，受到国际社会的广泛关注和好评。9月，全国老龄办与联合国亚太经社会合作在上海召开了第二届世界老龄大会亚太地区后续行动会议，通过了《上海实施战略》，进一步扩大了中国老龄工作的国际影响。同时，我国老龄领域的双边和多边国际交流也十分活跃，组织了包括各地老龄办和成员单位参加的代表团18个，出访国家20多个。接待安排了来自5大洲18个国家的老龄代表团到北京、广东、内蒙古、上海、浙江、湖南、四川、陕西等地参观访问。通过这些往来与交流，我国老龄工作的国际影响日益扩大。

同志们，2002年的老龄工作是在探索中前进的一年，是取得丰硕成果的一年。我们取得上述成绩的主要原因有四个：一是各级党政领导对老龄工作的重视。胡锦涛等党和国家领导人出席观看全国老年文艺调演汇报演出，李岚清、司马义同志多次就老龄工作的有关问题作出重要指示。许多地方党政领导关心支持老龄工作，帮助解决了许多实际问题。二是涉老部门的密切配合，成员单位各司其职，齐抓共管，形成合力。三是坚持突出重点，狠抓落实。全国老龄办把参加第二届世界老龄大会、推动各成员单位办实事、召开提高老年人生活质量对策研讨会、开展全国老年文艺调演作为工作重点，各地围绕重点工作，紧密结合实际，抓落实、办实事，有力地推动了老龄工作的不断深入。四是各级老龄办的辛勤工作。大家在人员编制少、任务繁重、办公条件差的情况下，兢兢业业地工作，为老龄事业的发展作出了贡献。

我们在看到成绩的同时，也要看到存在的一些突出问题。主要是：有的地方对老龄工作的重视程度还不够，老龄工作还没有真正列入党政工作的议事日程；有的地方开拓创新意识不强，开展老龄工作的新思路、新举措不多，行动不快，工作一般化；有的地方工作作风不扎实，深入调查研究不够，对基层情况若明若暗。这些问题，应当引起我们的高度重视，在今年的工作中努力加以克服。

二、关于新形势下的老龄工作

目前，我国社会主义现代化建设进入了一个崭新的历史新时期。2002年11月8日，江泽民同志在党的十六大报告中宣布：“我国要在本世纪头20年，集中力量，全面建设惠及十几亿人口的更高水平的小康社会。”岚清同志在全国老龄工作委员会第五次全体会议上，深刻论述了老龄工作在全面建设小康社会中的重要地位和作用。这对于我们认清形势，把握全局，明确任务，做好今后的工作，具有重要的指导意义。深入学习领会岚清同志的讲话精神，我认为应该从以下四个方面提高对老龄工作的认识：

首先，全面建设小康社会需要老年人生活水平的同步提高。

全面建设小康社会的根本目的，就是全面提高广大人民群众的生活质量。老年人是人民群众的重要组成部分，他们为新中国的建立、建设和发展都作出了不可磨灭的贡献，我们今天的物质文明和精神文明的创造，蕴含着他们的智慧结晶和劳动成果。尊重老年人，关心老年人，帮助他们解决实际困难，满足他们的物质和文化需求，不断提高他们的生活质量，使他们共享全面小康社会的丰硕成果，是实现和维护人民群众根本利益的具体体现，也是全面建设小康社会的目标所在。正如岚清同志所说，“没有老年人同步进入的小康社会，是一个不全面、不完善和水平不高的小康社会”，老年人能否同步进入全面小康社会，关键是贫困老年人。到去年年底，我国城乡贫困人口总计大约为5000万人，按10%的比例估算，我国处于贫困状态的老年人不少于500万，而且大部分在农村。整体上讲，老年人是弱势群体，贫困老年人是弱势群体中的弱势。全面实现小康社会，老年人是一个难点，贫困老年人则是难点中的难点。因此，切实解决贫困老年人的生活困难，提高他们的生活保障水平，是全面建设小康的一项十分艰巨的任务，也是老龄工作应该长期关注的焦点问题。我们要从“三个代表”的高度，充分认识提高老年人生活质量的重要意义，努力做好各方面工作，特别是贫困老年人的工作，确保到2020年广大老年人同全国人民一道同步进入小康社会。

其次，全面建设小康社会需要老年人的积极参与。十六大报告指出，全面建设小康社会必须“最广泛、最充分地调动一切积极因素”。“一切积极因素”自然包括老年人的积极性和创造性。据第五次全国人口普查显示，我国60岁以上老年人口1.3亿，占总人口的10.46%，其中70岁以下的低龄老年人7648万，占老年人总数的59%，他们大都身体较好，经验丰富，有的老年人还有一技之长，是全面建设小康社会的不可忽视的重要力量。特别是具有中、高级技术职称，身体健康、愿意为社会继续作贡献的离退休知识分子，这部分人大约有350多万，他们在促进科技发展、传播先进文化、关心教育下一代等方面具有不可替代的作用。我们要以积极老龄化的思维观念，把老年人看成财富而不是包袱，进一步加大宣传力度，积极倡导“老有所为”，通过政策引导、典型示范、舆论宣传、资金支持等多种手段，为老年人在“两个文明”建设中发挥作用创造有利条件，使老年人的智慧和经验融入到全面建设小康社会的洪流之中。

第三，全面建设小康社会需要代际和谐的良好社会环境。十六大指出：完成全面建设小康社会的历史任务，“必须保持长期和谐稳定的社会环境”。良好的社会环境是全面建设小康社会的重要保证。代际和谐是良好社会环境的一个重要基础。实现代际和谐需要老年人和青少年的共同努力。一方面青少年要尊重老年人的经历、智慧和创造，正确看待过去、现在和未来，把每一代人都看作社会发展链条上不可缺少的一环，时刻用“家家有老人，人人都要老，关爱今天的老年人就是关爱明天的自己”来警示自己，自觉树立敬老、爱老、助老的意识，使全社会形成自觉维护老年人合法权益的风尚；另一方面，老年人也要不断调适自己的心理，更多地以宽容和体谅的态度看待社会，看待家庭，看待人生。要活到老，学到老，不断学习新的知识，不断提高和丰富自己，做到与时俱进，跟上时代前进的步伐。无论是老年人还是青少年，其言行既要站在自己的立场上，又要替他人着想；既要为家庭着想，也要为社会着想。这样尊老爱幼、代际和谐、祥和安定的社会环境才能够真正形成。因此，加强老年思想政治工作，大力发展老年教育，开展多种形式的老少联谊活动，促进代际和谐，对全面建设小康社会具有重要的意义。

第四，全面建设小康社会需要老年福利事业和老龄产业协调发展。我国全面建设小康社会将面临着一个人口老龄化日益突出的发展过程，与此同时，老龄问题将越来越严重。解决好老龄问题，既是满足老年人的需求问题，又是经济社会可持续发展问题。岚清同志在五次会议上把发展老年福利事业和老龄产业比作推动我国老龄事业前进的两个轮子，一方面政府要担负起推动发展老年福利事业的责任，通过财政转移支付、政策倾斜等方式，加大对老年福利事业的投入力度；另一方面，要通过政府引导，市场运作，中介服务，大力发展老龄产业，特别是老年公寓、老年照料、老年健身、老年旅游等老年人急需的、具有发展前景的老龄产业。这两个方面必须协调发展，不可偏枯偏荣，同时还要与整个社会经济协调发展，只有做到“两个协调发展”才能真正解决好全面建设小康社会条件下的可持续发展问题。

由此可见，老龄工作在全面建设小康社会进程中具有举足轻重的地位，做好老龄工作是全面建设小康社会的必然要求。岚清同志在五次会议上指出：把老龄工作看成“抢险”是不够的，老龄工作重在“防洪”。我认为，他是从战略的高度对老龄工作提出的新要求，告诫我们要正视我国未来人口老龄化高峰的挑战，未雨绸缪。根据预测，到2020年，我国老年人口将达到2.4亿；到2050年，达到4.4亿左右，占总人口的1/4。从2020年到2050年，是我国老年人口占总人口比例增长最快的时期，也是我国面临人口老龄化高峰挑战的关键时期，我们所做的一切工作，都要着眼于“防洪”。我们要充分利用2020年前，劳动力资源比较丰富，劳动力年龄结构相对年轻的“黄金时期”，按照十六大“发展要有新思路、改革要有新突破、开放要有新局面、各项工作要有新举措”和全国老龄委第五次全体会议的要求，努力把老龄事业不断推向新的发展阶段。在全面建设小康社会的进程中，使老年人物质生活同步提高，精神生活更加丰富，代际关系更加和谐，参与社会的渠道更加顺畅。

三、关于2003年的工作

今年，老龄办工作的总体要求是：高举邓小平理论伟大旗帜，深入贯彻十六大精神和“三个代表”重要思想，紧紧围绕全面建设小康社会的战略目标，坚持“党政主导、社会参与、全民关怀”的工作方针，认真贯彻全国老龄工作委员会第五次全体会议提出的要求，充分发挥办公室综合协调、督促检查和参谋助手作用，深入调查研究，开拓创新，抓基层，抓重点，办实事，努力推动全国老龄工作发展。

根据总体要求和全国老龄办的工作要点，我就今年的工作讲几点意见：

第一、积极推进企业退休人员的社会化管理，继续加强社区基层老龄工作。根据五次会议的要求，大力推进企业退休人员社会化管理的进程，继续加强社区基层老龄工作，是今年一项十分重要的任务，做好这项工作对于促进深化国有企业改革、推进社区建设、全面提高老年人在社区的生活质量都具有重要意义。推进退休人员的社会化管理，就是要及时把企业退休人员纳入社区老龄工作管理体系之中，尽快使他们完成由“企业人”到“社区人”的角色转变。关于社区基层老龄工作，其基本思路是：以社区党支部、居委会为领导，以“星光老年之家”为阵地，以老年人协会为组织形式，广泛开展老年文化、体育、教育、维权、关心下一代等社区的各种活动，寓管理、教育于活动和服务之中，以此来加强老年人社会化管理工作。按照这个路子，各地老龄办要注意抓好四个问题：一是建立健全社区老龄工作组织。社区居委会应把老龄工作作为重要内容，加强领导，要建立、培育和规范社区老年人协会，按照“自我管理、自我教育、自我服务”的原则开展活动，使老年群众组织成为社区老龄工作的主体力量，成为老年人合法权益的维护者、精神文化活动的组织者、社区建设的参与者。二是加强社区老年服务设施建设。按照社区建设规划逐步建立健全社区托老所、老年活动室、老年学校、老年休闲广场等。同时要积极探索“星光老年之家”的有效管理形式，使“星光老年之家”逐步走向良性运行，并真正为老年人所用，成为老年人的乐园。三是构建社区老年服务体系。要按照“有偿、低偿和自愿服务相结合”的原则，建立服务队伍，为老年人居家养老提供全方位的社会化服务。特别需要指出的是，老年志愿者是社区为老服务的重要力量，现在的低龄老年人为高龄老年人提供服务，将来自己成为高龄老年人的时候，又有新的低龄老年人为自己服务，逐步形成良性循环，这是解决居家养老的一条需要认真总结的带有方向性的重要经验。四是老龄工作经常化、制度化。按照“六个老有”的要求，创造性地开展具有社区特色的各类老年活动，使老年人的困难在社区基本得到解决，老年人作用在社区得到发挥，努力提高老年人的受益率和参与率。

第二、关注贫困老年人，努力解决他们的生活困难问题。去年，全国老年贫困调查显示，老年贫困问题已经成为不可忽视的社会问题，各地老龄办要将调查情况及时向有关领导汇报，向政府职能部门提出建议，促成党政部门把老年贫困问题摆上日程。同时要做好四方面工作：一是协助民政部门把贫困老年人纳入“低保”范围，实现“应保尽保”，解决他们的吃饭问题。二是配合卫生、民政部门积极推动建立农村新型合作医疗制度和医疗救助制度，解决老年人看病难的问题。三是建议政府出台对贫困老年人的优待、帮扶政策。已经出台有关政策的地方，老龄办要加强检查、督促和完善工作，把政策落到实处；没有出台政策的地方，要调查研究，摸清情况，协调有关部门，争取尽快出台。四是要充分利用老年基金会这个渠道，积极筹措资金，为贫困老年人雪中送炭。今年适当的时候，全国老龄办将就基金的募集、管理和使用问题召集各地的老年基金会进行座谈，沟通情况，交流经验，统一思想，统一步伐。

第三、开好老年维权工作暨经验交流会议，推动老年维权工作上台阶。维护老年人的合法权益是老龄工作的一项重要任务。高举维护老年人合法权益这面旗帜，才能体现老龄工作全心全意为人民服务的根本宗旨。今年上半年，全国老龄办要在南京召开老年维权工作暨经验交流会。这是全国老龄工作委员会成立后第一次老年维权工作会议，各级老龄办要认真准备，积极参与，通过这次会议，推动老年维权工作迈上新的台阶。为了进一步加强老年维权工作，全国老龄办会同司法部、公安部联合下发了《关于加强维护老年人合法权益的意见》，各级老龄办要及时与司法、公安部门进行沟通联系，结合当地实际，研究制定具体落实措施，切实解决老年人在维护权益中遇到的困难和问题。各地还要大力开展创建“敬老模范村”和“敬老模范社区”活动，在基层形成良好的敬老环境。同时，继续对侮辱、虐待、遗弃等严重侵害老年人合法权益的案件进行曝光，并积极协助有关部门及时认真地处理。此外，要配合人大开展老年法执法检查，配合政协进行老年维权视察。要协同新闻、宣传、青年团和教育部门加大维权工作宣传力度，面向中青年和少年儿童开展维护老年人合法权益的宣传教育活动，推动全社会共同维护老年人的合法权益。

第四、倡导建立群众性老年文化活动组织，推动基层社区老年文化活动的广泛开展。丰富多彩的文化生活，对于开阔老年人的眼界，提高老年人的思想，充实丰富老年人的精神生活，促进老年人的身心健康，都具有重要作用。为此，全国老龄办已经发了通知，凡有条件的大中小城市和城区，都要建立自己的业余老年文化活动组织，充分发挥这类组织在基层社区老年文化活动中的主力军作用，围绕重大节日和传统节日，经常地开展老年群众喜闻乐见的各种文化体育活动，展示老年人的风采，丰富老年人的生活，倡导科学健康文明的生活方式。全国老龄办也将组建"中国老年艺术团"，选调各地的精彩节目，在重阳节向首都人民和中央领导汇报演出。

老年大学是丰富老年人精神文化生活的重要场所。目前我国已有各级各类老年大学19000多所，在校人数181万，专业几十个，在国际上享有很高的声誉。明年，国际第三年龄大学协会代表大会将在中国召开。各地老龄办要借这个东风，会同文化、教育等部门办好老年大学，促进和规范老年教育事业的发展，为"老有所学"创造良好的条件。

第五、启动"银龄行动"，积极探索发挥老年人作用的新路子。西部大开发是推进我国现代化建设的重大战略举措。去年4月，联合国第二届世界老龄大会提出了"积极老龄化"战略。为援助西部大开发，落实联合国提出的"积极老龄化"战略，在全国老龄委的领导下，全国老龄办将组织开展"老年知识分子援助西部大开发行动"（简称"银龄行动"）。援助方式是，西部地区提出人才需求，东部地区按需向社会招募，然后供需见面。援助的重点是医疗服务、教学活动、科技项目开发和艺术人才培养等方面。目前，已确定上海与新疆、辽宁与青海作为东部援助西部的试点，甘肃作为在本省开展援助行动的试点，待试点取得经验后，再逐步推开。"银龄行动"有利于在西部地区发展先进生产力和传播先进文化，有利于发挥老同志的专业特长，也有利于老同志的身心健康，既为"老有所为"找到了一条新的途径，也为老龄事业的深入发展创造了有利条件。各地老龄办要根据"银龄行动"实施方案的精神，按照对口援助的要求，搞好调查研究，有条件的地方要建立老年人才信息服务网，为下一步在更大范围实施"银龄行动"做好准备。

第六、加强老龄宣传工作，深入开展调查研究。加强老龄宣传工作，是各级老龄办长抓不懈的一项重要工作。今年的宣传工作要点已经下发，供同志们参考，这里重点强调两项活动：一是搞好"全国老龄新闻奖"的评选活动。我们想通过这项评选活动，引起新闻媒体对老龄工作的关注，调动其积极性，加大老龄宣传力度。各地老龄办要按照通知要求，认真做好组织工作，积极推荐好作品、好栏目、好节目，充分反映本地老龄工作的新面貌，以此来带动老龄宣传工作的开展。二是抓好"全国青少年敬老爱老助老主题教育活动"。这个活动由全国老龄办和中宣部、教育部、团中央、全国妇联共同主办，由中国老年基金会和有关部门承办，通过"读敬老书，做敬老事，写敬老文，总结评比"等各项活动，教育、引导广大青少年从小树立孝敬父母、关爱老人的道德观念，形成良好的社会风尚。各地老龄办要根据主题教育活动组委会的统一部署和要求，认真抓好落实，使这项活动达到预期目的。

关于调查研究工作：去年我们的调查研究工作虽然取得了一些可喜成果，但从整体看，仍然很薄弱，希望各地高度重视，把2003年作为调查研究年。加强调查研究，应注意三点：一是提高对调查研究重要性的认识。从某种意义上讲，调查研究的深度决定着领导机关和领导干部的工作水平。二是围绕老龄工作重点、难点和热点问题开展调查研究。全国老龄办今年确定了"社区老龄工作"、"基层老年协会建设"、"星光老年之家的管理和运行"、"基层老年人社会化管理服务"、"农村税费改革对老年人生活的影响及对策"、"农村贫困老年人救助办法"、"发展老年产业的政策和措施"、"老年基金会基金募集、管理和使用"、"加强老龄机构和老龄干部队伍建设"9个课题，进行重点调研。各地可参照这些课题，结合本地的实际情况，组织力量，积极开展调研活动。三是领导要做调查研究的模范。各级老龄办领导同志每年都要在深入实际的基础上撰写一到两篇高质量的调研报告，带动调查研究的不断深入。

第七、开展创建老龄工作先进县（市、区）活动，整体推动各地老龄事业的全面展开。为了切实加强基层老龄工作，根据《中国老龄事业发展"十五"计划纲要》关于建立表彰激励机制的要求，全国老龄工作委员会决定从2003年起开展创建老龄工作先进县（市、区）活动（以下简称"创建活动"）。建立表彰激励机制，旨在促进各地按照规定标准，加强薄弱环节，解决突出问题，整体推动老龄工作和老龄事业的发展，努力把"六个老有"的目标落到实处。总的想法是今年扎扎实实地搞创建，缺什么补什么，明年适当时候评选和表彰一批全国老龄工作先进县（市、区）。这是全国老龄工作委员会第五次全体会议为加强基层老龄工作提出的一项重大措施，为各级老龄部门提供了一个推动工作的强有力手段。各地要高度重视创建活动，抓住机遇，争取党政领导的重视和支持。通过创建活动，解决本地老龄工作的实际问题。创建工作抓好了，可以起到纲举目张的作用。开展创建活动要注意搞好“四个结合”，即：同各地全面建设小康社会的中心任务相结合，同精神文明建设相结合，同解决老龄工作中的突出问题相结合，同充分发挥老年人的作用相结合。创建评选活动要严格掌握条件，注重实效，反对搞形式主义。各地老龄办要统筹规划，精心安排，采取有力措施，把创建工作的各项要求落到实处，使创建活动成为加强基层老龄工作的重要推动力。要运用多种形式搞好宣传发动工作，动员社会各界积极参与，增强创建活动的群众性和广泛性，使创建活动深入人心。

最后，我强调一下机构问题。关于老龄工作机构，岚清同志已经多次指示“只能加强，不能削弱”。但就目前情况看，有的地方老龄工作机构建设仍不尽人意，从体制上讲，老龄办设在民政部门，民政局长兼老龄办主任，如果理顺和加强老龄机构方面存在问题，民政局长负有重要的责任。没有机构，开展工作就是一句空话。我希望各级民政部门，特别是一把手，要高度重视老龄机构建设，民政厅（局）长要把自己摆在老龄办主任的位置上，负起责任，把理顺机构中存在的困难和问题及时向党委和政府汇报，拿出一个具体的解决办法，确保上半年把市、县老龄机构完全理顺。

同志们，2003 年的工作任务是明确而艰巨的。让我们在以胡锦涛为总书记的党中央领导下，认真贯彻党的十六大和十届全国人大一次会议精神，坚持“三个代表”重要思想和“党政主导、社会参与、全民关怀”的老龄工作方针，与时俱进，开拓创新，扎实工作，争取老龄工作的新进步和新成绩，为我国全面建设小康社会作出应有的贡献！

李学举同志在全国老龄工作委员会第六次全体会议上的报告

（2004 年 1 月 12 日）

各位主任、各位委员：

我受良玉同志的委托，向全体会议报告 2003 年全国老龄工作情况和 2004 年工作安排意见：

一、2003 年全国老龄工作的基本情况

2003 年，全国老龄工作在党中央、国务院的领导下，坚持以邓小平理论和“三个代表”重要思想为指导，认真贯彻落实党的十六大精神，按照全国老龄委五次全会提出的要求，以抓好社区基层老龄工作、维护老年人合法权益、丰富老年人精神文化生活为重点，积极开展各方面工作，在各成员单位和各级老龄委及其办公室的共同努力下，全国老龄工作深入发展。

（一）成员单位积极发挥职能作用，推进老龄工作健康发展。

按照全国老龄委五次全会要求，成员单位进一步发挥职能作用，各司其责，密切配合，采取措施，推动年度计划落实。劳动保障部，会同有关部门积极采取措施，确保企业离退休人员基本养老金按时足额发放。中央办公厅、国务院办公厅转发了劳动保障部、中组部、发展改革委等 12 个部门《关于积极推进企业退休人员社会化管理服务工作的意见》，进一步推进了企业退休人员社会化管理服务工作。民政部，继续落实和完善城市“低保”和农村“五保”制度，大力推进社区老年福利服务“星光计划”的实施。司法部，积极组织律师和法律援助队伍维护老年人合法权益，对老年人申请法律援助的案件优先办理，较好地解决了老年人打官司难的问题。卫生部，大力推动社区卫生服务工作，为老年人提供了就近、方便的医疗卫生服务，制定了《部分老同志提高待遇后医疗问题的解决方案》，下发了《关于向中央和国家机关在京的未享受医疗照顾的离退休干部发放医疗优诊卡的通知》。联合国务院扶贫办、广电总局、全国妇联、全国老龄办启动了第三期“关爱西部健康行动”，积极推动了“让老年人重见光明行动”的实施。国家发改委，针对养老设施建设不足问题，安排专项引导资金 3700 万元，在部分省市进行了产业化试点，并将社区服务设施建设纳入国债资金支持范围。财政部，加大了对基本养老保险、基本医疗保险、城市最低生活保障等方面的资金投入。会同劳动保障部等部门积极推进辽宁等地区完善城镇社会保障体系试点工作。人事部，调整了机关事业单位离退休人员的离退休费，改革、完善退休人员退休费计发办法和调整机制。建设部，出台了《老年人居住建筑设计标准》，正在与民政部联合制定《城市和村镇老龄设施规划设计规范》。联合民政部、全国老龄办、中残联在北京、上海等12个城市开展了创建全国无障碍设施建设示范城活动。中组部，会同有关部门督促各地建立和完善离休干部“三个机制”，进一步加大了解决贫困地区、困难企业离休干部“两费”拖欠的力度。文化部，继续推进县级老年大学建设试点工作。组织举办了“第5届中国老年合唱节”大型活动。教育部，促进有条件的高等学校开设了老年学专业或有关课程，中国人民大学已正式开办老年学专业。广电总局，进一步加强了老龄工作和老龄问题的宣传报道，电视、电台调整增加了老年栏目。体育总局，投入体育彩票公益金1.7亿元，部署安排了第7批全民健身路径工程建设。继续推动了“雪炭工程”的开展。新闻出版总署，把组织出版老年图书纳入《“十五”国家重点图书出版规划》，批准出版了大量有关老龄选题的出版物。人口计生委，完成了“农村计划生育夫妇养老问题与对策”重大课题研究，启动了计划生育困难家庭救助活动，协调有关部门报请国务院实施了“农村部分计划生育家庭奖励扶助制度”。中直机关工委、中央国家机关工委，进一步加强离退休干部思想政治工作和党支部建设，认真组织离退休干部学习贯彻党的十六大精神和“三个代表”重要思想，积极组织开展时事政治学习和各种有益于老同志身心健康的文体活动。全国总工会，大力开展送温暖帮扶解困工作，通过多种形式的劳力互助和经济互助，对有困难的退休职工给予生活照顾。共青团中央，继续推进“志愿者为老服务金晖行动”，为老年人提供了多方面的服务。全国妇联，在“巾帼志愿者”活动中，突出了为老服务内容。国家民委，针对少数民族和民族地区老龄工作的实际，积极开展调查研究，努力为老年人办实事、好事。国家旅游局，加强了对老年旅游业的指导，各级旅行社积极组织老年旅游活动，促进了老年旅游业的发展。解放军总政治部，会同驻地有关部门就进一步做好军队离退休干部移交政府安置管理工作制定了相关配套政策。总之，2003年，各成员单位做了大量富有成效的工作，形成了整体推动老龄工作的合力。

（二）积极协同有关部门，依法维护老年人合法权益。

2003年，全国人大组织开展了《中华人民共和国老年人权益保障法》（以下简称老年法）执行情况的专题调研，国务院向第十届全国人大常委会报告了关于老年人权益保障工作情况。为配合此次调研活动，各地人大及老龄委办公室，相继开展了老年维权工作的专项调查研究。在推动老年维权工作中，一是各地广泛深入地开展了老年法的宣传教育活动，把宣传贯彻老年法与开展敬老教育活动密切结合。全国老龄办联合中宣部、教育部、共青团中央、全国妇联在全国青少年中组织开展了“敬老、爱老、助老主题教育活动”，编辑出版了《中国敬老故事精华》。各地充分利用“重阳节”和重大节假日，广泛开展“敬老好儿女”、“敬老模范家庭”、“五好文明家庭”、“十佳媳妇”、“百佳母亲”等评选表彰。一些地方开展了“老年法律进社区、法律服务送老人”活动。二是积极开展老年法律援助，为老年人提供了方便、快捷的法律服务。许多地方建立了老年法律援助制度，对经济困难老年人实行司法救助。一些地方还建立了老年法律服务机构，开辟了老年法律咨询服务热线。三是采取积极措施救助贫困老年人。各地在积极推进社会养老保障制度改革，确保离退休人员养老金按时足额发放，完善“低保”和“五保”供养制度，推行农村签订《家庭赡养协议书》制度的同时，采取措施加大了对贫困老年人的救助力度。许多地方还提高了80岁和百岁以上老人长寿保健补助费标准。

（三）以创建老龄工作先进县（市、区）活动为重点，促进社区基层老龄工作深入开展。

按照全国老龄委五次全会决定，在全国开展的创建老龄工作先进县（市、区）活动，正在扎扎扎实实地进行。社区老年福利服务设施建设，随着“星光计划”的实施逐步健全。各地新建改建了一批综合性、多功能的老年活动中心（站、室）和社区卫生站（点）、体育健身场所。社会力量投资兴办老年服务设施的积极性增强。一些地方制定管理办法，加强了老年福利设施的建设、使用和管理。社区基层老龄工作组织网络和为老服务队伍初步形成。城市街道和农村乡镇老龄委及其办公室逐步建立，城市社区和农村行政村老年人协会组织逐步健全，各类老年志愿者服务队伍逐步形成。基层老年群众组织在维护老年人合法权益、组织老年文体活动、关心教育下一代、为高龄老年人服务、调解邻里纠纷、开展科普宣传活动、反邪教、防“非典”等各个方面都发挥了很大作用。

（四）广泛组织开展老年文体活动，丰富老年人精神文化生活。

为推动基层老年文化活动的深入开展，全国老龄办组建了中国老年艺术团，并精选各地优秀节目在京举办了“金秋神韵—重阳文艺晚会”。中组部、中宣部、中央电视台、全国老龄办联合组织开展了“第二届老年风采电视大赛”。各地老年艺术团体相继建立，在重大节假日和平时深入社区、深入农村为老年人演出。一些地方老龄办组织举办了老年人体育健身展示运动会。全国老龄办组织西部地区12个省（区、市）72名老英模参观了北京新成就。各地老年大学（学校）日益健全。通过积极组织引导广大老年人开展健康活泼的群众文体活动，丰富了老年人的精神生活。

（五）积极发挥老年知识分子作用，“银龄行动”试点工作取得可喜成果。

由全国老龄办组织开展的老年知识分子援助西部大开发行动，在上海与新疆、辽宁与青海以及甘肃省内的试点工作取得良好效果，为拓展老有所为工作新途径提供了经验。首批“银龄行动”试点，组织离退休老医生、老教师、老科技人员62名，在3个月间共诊治病人1万多名，做大小手术200多例，抢救危重病人20多人，处理疑难病历30多例；举办各类培训班、讲座269次，培训业务骨干3640多人次。

（六）加强老龄宣传工作，积极开展老龄科学研究。

全国老龄办加强了对直管老年报刊和出版单位的管理，建立和完善了全国老龄新闻宣传网络，组织开展了“全国老龄新闻奖”评选活动，目前，正在与中宣部、中央电视台联合摄制《无声的革命——中国老龄问题醒世报告》电视政论片。进一步加强了与老龄科研院所的密切联系，参与和联合召开了有关老龄问题的研讨会、学术报告会。中国老龄科研中心，完成了国务院人口普查办公室下达的《老年人口与人口老龄化研究》科研项目。全国老龄办还积极组织开展了我国老龄产业政策、农村税费改革对老年人生活的影响及对策、社区基层老年人社会化管理服务、“星光老年之家”的管理和运行等专题调查研究。

（七）进一步拓宽了老龄领域的国际交流与合作。

全国老龄办积极争取了联合国人口基金第5周期（2003—2005）援华老龄研究项目、欧盟资助100万欧元开展的“中国西部老年人及其社区扶贫项目”（以经济资助农村贫困老年人，帮助发展适合老年人的种植业、养殖业和培训农村医护人员为主）。目前，“中国西部老年人及其社区扶贫项目”正在四川、湖南和陕西省顺利实施。

（八）地县老龄机构基本理顺，老龄办自身建设不断加强。

今年以来，各地认真抓了地县老龄工作机构的建立健全，目前，全国99%的地（市）、87%的县（市、区）成立了老龄委及其办公室，乡镇老龄委也在逐步建立。为提高老龄工作干部队伍整体素质，全国老龄办组织举办了全国处以上老龄工作领导干部培训班。各省（区、市）老龄办也相应地组织开展了地（市）、县（市）、乡（镇）老龄工作干部培训。各级老龄办认真履行参谋助手、综合协调、督促检查职能，加强了与成员单位的联络协调和对基层老龄工作的指导检查。老龄办的自身建设也在逐渐加强，建立健全了各项规章制度，规范了办事程序。全国老龄办初步建立起了办公自动化和信息化网络系统，老龄工作和老龄事业统计制度正在建立。

2003年，全国老龄工作取得了很大成绩，但也还存在一些比较突出的问题：一是老龄工作机构虽已基本理顺，但内部机构不健全。老龄办规格不统一，编制少（有些地市只有3个人，有些县市只有1个人），经费严重不足，直接影响了老龄工作的正常开展。二是省与省之间、省内地区之间老龄工作发展极不平衡。这一状况有经济方面的原因，但更主要的是领导同志对老龄问题和老龄工作的重视程度不够。一些地方由于机构不健全，工作平平。三是农村老龄工作薄弱，老年人的养老、医疗问题突出。随着农村改革的不断深化，富余劳动力向城镇转移，农村老龄问题日益突出。

二、2004年全国老龄工作的安排意见

2004年，老龄工作的总体思路是：以邓小平理论和“三个代表”重要思想为指导，全面贯彻党的十六大和十六届三中全会精神，围绕党和国家的中心任务，树立全面、协调、可持续的发展观，坚持“党政主导、社会参与、全民关怀”的老龄工作方针，协调成员单位、调动各方面的积极性为老年人办实事，继续推进社区基层老龄工作，加大维护老年人合法权益的力度，重视和加强农村老龄工作，抓好城乡老年文化活动的开展，健全老龄工作机构，整体推动老龄事业的健康发展，以优异成绩迎接第二次全国老龄工作会议的召开。

按照这一思路，2004年拟重点做好以下几项工作：

（一）认真做好第二次全国老龄工作会议的筹备工作。根据良玉同志的指示，这次会议要总结交流第一次会议以来全国老龄工作取得的经验，分析当前老龄工作的形势，研究部署今后一个时期的老龄工作。为认真筹备开好此次会议，拟协调有关部门对《中共中央、国务院关于加强老龄工作的决定》和《中国老龄事业发展“十五”计划纲要》执行情况进行一次全面检查，并争取会前就老龄工作存在的问题进行研究。着手研究制定“十一五”中国老龄事业发展规划。

（二）切实加强创建和评选表彰老龄工作先进县（市、区）活动的指导，推动社区基层老龄工作深入开展。全国和省级老龄办要切实加强对创建活动的督促指导，及时发现和推广各地涌现出的好典型，在严格标准、层层评选的基础上，在全国树立和表彰100个老龄工作先进县（市、区），以推动老龄工作的开展。要继续推进社区基层老龄工作，督促检查第三批“星光老年之家”建设项目的完成，加强已建成的“星光老年之家”的使用和管理。要整合社区为老服务资源，逐步构建以养老保障、照料服务、权益保护、文体活动为主要内容的基层为老服务体系。认真抓好乡镇一级老龄委及其办公室的建立健全（人员可采取在职主要领导兼职和聘请退居二线的乡镇干部任职办法解决）。推进城市社区和农村行政村建立老年人协会，并按照巩固、提高、发展的原则，加强工作指导，发挥其“自我管理、自我服务、自我保护、自我教育”的作用。全国老龄办拟在适当时候召开一次基层老年人协会组织建设座谈会。

（三）进一步加强老年维权工作。积极协调有关部门，认真研究落实第十届全国人大常委会听取国务院《关于老年人权益保障工作情况报告》后提出的意见和建议，以及国务院报告中提出的今后工作的意见。协同司法、公安等部门，进一步加大老年法的宣传力度，完善老年维权工作网络和法律援助体系建设，强化司法保护和涉老案件的执法力度。继续抓好在全国开展的“敬老、爱老、助老主题教育活动”，增强青少年的敬老意识，营造良好的社会敬老氛围。要继续采取措施，加大贫困老年人的救助力度，认真研究探索建立扶助特困老年人的长效机制，使救助工作制度化、规范化。要继续完善落实各地已出台的老年人优惠优待办法。

（四）继续抓好基层老年文化活动的开展，丰富老年人的精神文化生活。要切实加强老年文化体育活动的组织指导，引导老年人参加科学、文明、健康的活动。认真组织好中国老年艺术团赴澳大利亚艺术演出和重阳节期间在国内的巡回演出活动，扩大艺术团的国内外影响。要充分发挥各地老年艺术团体的作用，创作适合老年人喜好的、健康的文艺节目，深入社区、深入农村，为广大老年人举办演出，以带动基层老年文化活动的广泛开展，活跃老年人的文化生活。全国老龄办拟与国家体育总局等单位联合举办一次全国老年体育展示大赛，推动适合老年人特点的老年体育活动的开展。要继续办好老年大学（学校），巩固老年教育发展成果，积极推进老年广播电视大学和各种远程教育，不断满足广大老年人的求知愿望。

（五）扩大“银龄行动”试点，组织老年知识分子发挥作用。从广义上讲，“银龄行动”包括“老有所为”的一切内容。其中老年知识分子援助西部大开发行动，已在5个试点省（区、市）取得了一些经验。2004年拟新增加10个试点省（区、市）。各省（区、市）也要积极组织开展本地区“银龄行动”的试点。为进一步推动此项工作的开展，年内拟在全国范围内开展评选表彰“银龄行动十大杰出老人”活动。

（六）重视农村老龄工作，加强农村老龄问题的研究。要积极研究和探索解决农村老龄问题的新路子，鼓励有条件的地方建立农民养老、医疗保险和最低生活保障制度。要适应农村税费改革形势，采取切实有力措施，做好农村“五保”老人的供养工作。要切实加强农村老年维权工作，继续建立和完善农村签订家庭赡养协议书制度，采取行政与教育相结合的手段使赡养人自觉履行赡养老人的义务，保障农村老年人的合法权益不受侵害。要充分发挥各地老年基金会的作用，积极募集社会资金，面向农村贫困老年人开展救助工作。鼓励一些地方尝试“划拨荒山坡地和鱼塘水面建立老年基地”的做法，其收入用于救助困难老年人生活和开展老年人活动。为推动农村老龄工作，全国老龄办拟在适当时候召开部分省（区、市）农村老龄工作座谈会。

（七）认真组织筹备好在华召开的两个国际会议。组织力量，加强协调，认真筹备开好在上海召开的“国际第三年龄大学协会代表大会”和在杭州召开的“国际老龄协会代表大会及理事会”。继续做好联合国人口基金和欧盟援华老龄项目的执行工作。同时，要进一步拓展老龄工作的国际合作与交流，扩大我国老龄工作在国际上的地位和影响。

（八）进一步加强老龄工作机构的自身建设。各级老龄办要切实履行职责，加强老龄工作的督促指导和联络协调，深入基层调查研究，为本级老龄委当好参谋助手。要充分调动老龄科研院所和老年社团的积极性，围绕老龄工作的重点、难点开展老龄科研活动。要充分利用新闻媒体特别是老年报刊，扩大老龄问题和老龄工作的社会宣传面，引导社会各界重视和参与老龄事业的发展。要切实加强干部队伍的思想、作风、业务建设。全国老龄办要继续举办全国老龄工作处以上干部培训班，推进老龄工作统计制度的建立，加快办公自动化和信息化建设步伐。

以上报告，请全会审议。

李学举同志在全国老龄工作委员会第七次全体会议上的报告

（2005年2月22日）

我受国务院副总理、全国老龄委主任回良玉委托，向全体会议报告2004年全国老龄工作情况和2005年工作安排意见。

一、2004年全国老龄工作的基本情况

2004年，全国老龄工作坚持以邓小平理论和“三个代表”重要思想为指导，贯彻党的十六大和十六届三中、四中全会精神，按照全国老龄委第六次全体会议的要求和部署，全国老龄委各成员单位和地方各级老龄委及其办公室恪尽职守，同心协力，密切配合，认真完成了各项任务，取得了积极成效。

（一）各成员单位努力发挥职能作用，齐抓共管的良好局面基本形成。

2004年，全国老龄委各成员单位坚持执政为民，认真履行工作职责，有力地推动了有关政策措施的制定和实施，为深入开展老龄工作、发展老龄事业提供了政策依据、发挥了导向作用，促进了老龄工作和老龄事业的全面发展。

在保障老年人基本生活方面，经劳动保障部、财政部共同努力，全国实现了企业离退休人员基本养老金无当期拖欠。为2004年前办理手续的企业退休人员增加基本养老金人均每月40元。推进城镇医疗保险制度改革，全国参保人数达到12074万人，企业退休人员社会化管理率达到91.3%。民政部协调发展改革委、财政部联合发文，要求各地切实采取措施，保障农村“五保”老人的生活；会同财政部在全国农村建立医疗救助制度，努力解决“五保”老人和贫困老人的基本医疗问题。人事部认真研究完善机关事业单位离退休人员离退休费计发办法和调整机制的意见，积极探索事业单位养老保险制度改革。人口计生委在西部5个省、直辖市和中部10个省各1个地（州、市）和贵州省遵义市开展了农村部分计划生育家庭奖励扶助制度试点，对于只有1个子女或2个女孩的家庭，夫妻年满60周岁以后，每人每月发放不少于50元的奖励扶助金。

在推动老年福利事业发展方面，民政部用三年时间投入39.86亿元、地方财政配套43.36亿元、社会力量投资51.63亿元，新建和改扩建城乡社区“星光老年之家”32490个。2004年又安排6000万元用于城乡老年社会福利机构建设。发展改革委在社区国债项目试点工作中，安排了一批以老年人为主要对象的社区福利和服务设施建设项目。体育总局继续实施“雪炭工程”，拨款300万元资助10个省（自治区、直辖市）老年人体育场地设施建设。建设部进一步完善养老设施的规范标准，并会同有关部委加强对全国无障碍设施建设工作的督促检查。卫生部组织实施“光明行动”，积极开展老年白内障治疗工作，全年完成7000多例。团中央通过开展“金晖行动”、“青春辉映夕阳红”、“红领巾为老送温暖”等活动，拓展志愿者服务范围。

在强化舆论宣传方面，中宣部将老龄工作作为检验精神文明创建成果的一项重要内容，纳入全国精神文明建设总体规划，宣传了一批先进典型。广电总局采取多种形式，报道老龄重要活动，宣传老龄工作，为促进老龄事业发展营造了良好的社会舆论氛围。

在丰富老年人精神文化生活方面，中组部和解放军总政治部分别召开了“全国老干部先进个人和先进离退休干部党支部表彰大会”和“全军老干部工作暨先进干休所、先进离退休干部、先进老干部工作者表彰电视电话会议”，为做好老年思想政治工作树立了先进典型，提供了新鲜经验。教育部与有关部门共同组织开展“银色之光”思想道德教育活动，充分发挥老干部做思想政治工作的优势和在关心教育下一代方面的作用。文化部为推进基层老年大学建设，在制定全国文化先进县标准时，明确要求每个先进县必须有一所老年大学。在全国群众文化的最高奖项“群星奖”评选工作中，首次增设了老年组。体育总局再次举办了“全国亿万老年人健身活动展示大会”。中直机关工委、中央国家机关工委围绕庆祝新中国成立55周年，组织开展了许多适合老同志特点的活动。新闻出版总署加大扶持老年报刊和出版社的力度，安排出版、发行了大量老年人喜爱的好读物。

在维护老年人合法权益方面，文化部下发了《关于公共文化设施向未成年人等社会群体免费开放的通知》，对参观文化系统各级博物馆、纪念馆、美术馆的老年人实行门票减免或优惠待遇。公安部在制定法规制度、加强派出所建设、办理有关案件等方面，注重维护老年人的合法权益。司法部要求各级司法行政机关、公证管理等部门，积极开展对老年人的各项法律服务。国家民委加强少数民族老年人的法制宣传教育工作，努力为少数民族老年人提供法律和政策咨询。旅游局加强对开办老年旅游业务旅行社的规范化管理，切实保护老年人合法消费权益不受侵犯。全国总工会针对退休人员关注的热点难点问题，积极向有关部门反映情况、提出建议。全国妇联注意协调政府有关部门，在立法和制定政策的过程中，反映和体现老年妇女的合理要求。

在开展国际合作交流方面，中国老龄协会积极落实第二届世界老龄大会决议及国际老龄行动计划，成功主办了东亚及东南亚地区老龄研讨会、国际第三年龄大学协会第22届代表大会和国际老龄协会第16届代表大会，加强了与联合国有关机构以及相关国际老龄组织的合作，增强了与发展中国家的交流，促进了我国老龄领域与国际老龄领域的交往。按计划继续执行联合国人口基金老龄政策研究项目、欧盟中国中西部地区老年扶贫项目及香港大学为老服务机构专业人员培训项目，完成了联合国人口基金第五周期援华项目子课题“贫困老年人救助模式研究”。同时，开展了与台湾地区有关民间组织的合作与交流。

（二）各地积极采取有效措施，推动老龄事业持续健康发展。

2004年，各地老龄工作部门在党委和政府的正确领导下，按照全国老龄委的统一部署，紧密结合当地经济社会发展实际，突出重点内容，采取有效措施，创造性地开展工作。

着力抓好“创建工作”，推动基层老龄工作卓有成效地开展。为了切实加强基层老龄工作，自2003年开始，各地按照全国老龄委的安排部署，认真开展了“创建全国老龄工作先进县（市、区、旗）和评选全国老龄工作先进单位活动”（以下简称“创建工作”），使基层老龄工作出现了可喜的局面，取得明显成效。地方各级党政领导对老龄工作重要性的认识进一步提高，许多地方把老龄工作摆上党委和政府的工作议程，列进政府年度工作计划，纳入部门工作目标考核内容。在落实老龄政策、建设为老服务设施和丰富老年人精神文化生活等方面，精心组织，加大投入，实实在在地为老年人办了许多好事、实事。总之，“创建工作”提升了老龄工作的整体水平和社会地位，促进了基层老龄事业的全面发展。目前，经过层层推荐、严格评选、认真审核，初步确定了150个先进县（市、区、旗）和240个先进单位，拟提交全国老龄委审定表彰。

积极理顺工作体制，解决地方老龄工作机构面临的实际问题。按照回良玉副总理关于“要从有利于工作出发，切实加强机构建设，形成上下贯通、管理有序的老龄工作体制”的要求，各地着重解决机构建设中存在的规格不明确、编制经费不到位、职责任务不清晰等突出问题。目前，省、地两级老龄工作机构大多数得到理顺，县级及县级以下机构理顺工作有了较大进展。山东全省139个县（市、区）和1953个乡镇（街道办事处）全部成立了老龄工作委员会并设立了办事机构；乡镇级老龄办配备专职老龄工作干部1121人，兼职老龄工作干部3063人。天津市、江苏省把老龄办的机构建设和工作经费落实情况作为政府工作考核的重要内容。重庆等地建立了老龄工作经费随财政收入及老年人口增长而同步增长的机制。

加大资金投入，加快为老服务设施建设。各地普遍加大财政资金投入，新建改建了一批适合老年人需求、功能比较完善的老年公寓、老年活动中心、老年学校、文化健身广场等设施。西藏自治区安排1.2亿元专项经费建设34处老年活动场所。山东省大力兴办“双百工程”，对100处县级老年福利服务中心和100处乡镇敬老院予以重点扶持。各地在不同程度地加大财政资金投入的同时，还采取积极措施，鼓励和吸引社会力量投资建设为老服务设施。

采取多种有效措施，扎实开展老年维权工作。各地将《中华人民共和国老年人权益保障法》（以下简称《老年法》）列入“四五”普法内容，采取多种形式广泛宣传，强化全社会维护老年人合法权益的法制观念。重庆、辽宁、福建、青岛等地老龄办配合人大对《老年法》执法情况进行调研，推动和促进老年法律法规政策的贯彻落实。各地从实际出发，推动了老年人优待政策的完善和落实，四川、河北等省修改和完善了老年人优待政策，增加了优待内容，提高了优待标准。吉林、安徽、陕西、浙江等地积极筹措资金，加大对特困老年人的救助力度。

探索有效途径，推动农村老龄工作。面对农村老龄工作出现的诸多新情况、新问题，各地积极开展工作。继续推行签订家庭赡养协议书，明确赡养责任，巩固家庭保障功能。建立农村特困户救助制度，采取措施落实农村“五保”政策，有条件的地方建立了农村最低生活保障制度，使“五保”和特困老人基本生活困难问题基本得到解决。通过建立老年人协会或村老龄工作委员会，培育和发展农村基层老年群众组织，解决农村老龄工作的载体问题。云南省民政厅、财政厅联合实施“百村建设”三年规划，有效促进了老年人协会的发展。

加强舆论宣传，营造敬老爱老助老的良好社会氛围。各地老龄办通过开展“老龄新闻奖”评选活动，加强了对老年报刊的指导，充分发挥新闻媒体的作用，宣传党和政府关于老龄工作的方针政策，普及老年法律法规知识，提高全社会的老龄意识和敬老意识。福建、陕西、宁夏开展敬老模范村（居）评选，北京、广西、深圳、厦门、大连等许多地方表彰敬老模范人物、家庭、单位，树立宣传先进典型，弘扬了中华民族的传统美德。

开展多种形式的文体活动，丰富老年人精神文化生活。按照回良玉副总理关于开展老年文化活动“应从实际出发，以多样化为宜”的指示精神，各地充分发挥基层老年群众组织的作用，以老年群众文体组织为依托，开展了许多丰富多彩的老年文化体育娱乐活动。河北、云南、湖北、贵州等地组建了老年艺术团，带动老年文化活动深入持久地开展。陕西、浙江、宁夏、宁波等地举办老年艺术节，各地普遍在“重阳节”期间开展了系列活动，将老年文体活动推向高潮。

（三）全国老龄办切实发挥综合协调作用，各项工作取得新的进展。

全国老龄委办公室在全国老龄工作委员会直接领导下，在各成员单位大力支持和各地老龄工作机构密切配合下，认真开展工作，切实发挥作用。一是加大了综合协调力度。按照全国老龄委第六次全体会议精神，协调督促各成员单位研究制定2004年为老服务计划，检查评估《中共中央、国务院关于加强老龄工作的决定》和《中国老龄事业发展“十五”计划纲要》的贯彻落实情况。二是继续组织开展了“银龄行动”。为推动老年知识分子发挥智力优势，在2003年5个省试点基础上，试点工作范围扩大到20个省（自治区、直辖市），取得了显著的社会效果。三是深入基层调查研究。重点围绕加强基层老龄工作、发展老龄产业、农村老龄工作等问题，开展深入细致的专题调查研究。进一步了解掌握了基层老龄工作的实际情况，分析研究了老龄事业发展中存在的突出问题，提出了一些切实可行的对策建议。四是联合有关部门组织开展了相关活动。会同民政部、文化部、广电总局在重阳节期间，举办了中国老年艺术团“红叶风采”大型文艺晚会，回良玉副总理、顾秀莲副委员长及有关方面领导同志出席观看节目，充分体现了党和国家对老龄事业的高度重视，对亿万老年人的亲切关怀。与中宣部和中央电视台联合摄制完成了我国第一部全面反映国际老龄化背景下中国老龄问题的电视纪录片《无声的革命——中国老龄行动报告》，生动形象地介绍了我国人口老龄化的发展趋势，全面真实地反映了我国老年人的物质和精神文化生活，客观翔实地记录了我国老龄事业的发展历程，对引导全社会高度关注老龄问题、大力支持老龄工作起到了很好的启示作用。会同中宣部、教育部、团中央、全国妇联继续深入推动敬老爱老助老主题教育活动，组织开展了“中华孝亲敬老楷模”等四项评选活动，受到社会各界特别是老年人的普遍欢迎。五是加强自身建设，提高整体水平。2004年，全国老龄办注重提高老龄工作系统自身建设的整体水平，举办了全国老龄统计工作培训班和第二期全国老龄工作干部培训班，目前地方处以上老龄干部已有2/3接受了培训；正式启动了全国老龄事业统计工作，为全面了解掌握老龄事业的发展状况、进一步推动老龄工作奠定了良好基础。

认真回顾和总结2004年工作实践，有以下5点体会：

一是老龄工作必须紧紧围绕党和政府的中心工作，服从和服务于改革发展稳定大局，找准老龄工作的定位，发挥老龄工作的优势，切实履行职责，当好参谋助手。

二是老龄工作必须树立以人为本的理念，高度重视和切实维护老年群众的根本利益，把解决特困老年群体的生活困难当作工作重点，把为广大老年人办实事、做好事、解难事当作开展工作的出发点和落脚点，使广大老年人真切感受到党和政府的关怀，真正得到实惠。

三是老龄工作必须坚持依法治国的基本方略，大力弘扬中华民族的传统美德。在积极完善相关法律法规和政策措施、切实依法维护老年人合法权益的同时，不断提升社会成员的道德水平，使广大老年人共享社会经济发展和文明进步的成果。

四是老龄工作必须注重调动各方面的主动性和创造性，把综合协调作为重要工作手段，广泛动员社会力量参与和支持老龄工作，积极促进资源整合，努力使各方面力量形成合力，共同推动老龄事业发展。

五是老龄工作必须始终坚持把着重点放在基层，注重培育和发展基层老年群众组织，加强为老服务设施建设，努力构建以城乡社区为依托的居家养老服务体系，强化社区服务功能，夯实工作基础。

2004年，全国老龄工作虽然取得一些成绩，但还存在一些较突出的问题：一是一些地方领导对人口老龄化的严峻形势认识不足，对加强老龄工作、加快老龄事业发展重视还不够；二是老龄事业的发展需求与老龄事业经费投入不足的矛盾尚未得到有效解决；三是老龄产业发展的相关政策措施不能适应市场经济的客观要求，在一定程度上影响了社会力量对老龄服务业的投入，不利于推动为老服务业的发展；四是农村老龄工作基础相对薄弱，许多矛盾和问题亟待研究解决；五是一些地方老龄机构尚不健全，特别是县级及县级以下基层老龄机构的建设，不能适应人口老龄化形势和老龄工作的任务要求，仍需进一步充实和加强。

二、2005年全国老龄工作的安排意见

2005年，是实施老龄事业发展“十五”计划的最后一年，是衔接“十一五”规划的关键一年。做好今年的各项工作，对于全面实现“十五”计划目标，为“十一五”期间老龄事业发展奠定坚实基础，具有十分重要的意义。2005年全国老龄工作的总体工作思路是：以邓小平理论和“三个代表”重要思想为指导，自觉树立、认真落实科学发展观和党的十六大和十六届三中、四中全会精神，按照全国老龄工作委员会第七次全体会议的安排部署，以筹备召开第二次全国老龄工作会议为主线，研究拟定《中国老龄事业发展“十一五”规划》，切实加强对基层老龄工作的指导，进一步加大农村老龄工作力度，深入开展依法维护老年人权益活动，巩固扩大创建工作成果，推动老龄工作机构自身建设，求真务实，统筹协调，扎实工作，为构建社会主义和谐社会，开创老龄工作新局面而不懈努力。

（一）精心做好召开第二次全国老龄工作会议的各项筹备工作。要在过去工作的基础上，根据对贯彻落实《中共中央、国务院关于加强老龄工作的决定》和《中国老龄事业发展“十五”计划纲要》执行情况检查评估的结果，客观分析当前我国老龄事业和老龄工作面临的新形势、新问题，科学预测今后一个时期人口老龄化发展趋势将给经济与社会带来的深刻影响，研究提出今后五年我国老龄事业发展和老龄工作的战略思路、基本任务，推动制定应对政策措施。进一步深入城乡基层调研，协调有关部门研究提出加快老年服务业发展的指导意见和对老年人实行优待政策的指导意见，推动相关政策措施的制定。

（二）研究拟定《中国老龄事业发展“十一五”规划》。各地要高度重视“十一五”规划编制工作，将老龄事业纳入当地“十一五”经济社会发展总体规划。全国老龄办要在深入调研论证的基础上，广泛听取并吸纳各方面意见建议，会同全国老龄委各成员单位科学拟定切合实际、符合社会协调发展需要的《中国老龄事业发展“十一五”规划》。协调全国老龄委各成员单位将中国老龄事业发展目标对应纳入国家相关经济与社会发展规划。

（三）切实加强对基层老龄工作的指导。要充分发挥基层各涉老部门的职能作用，增强合力，齐抓共管，共同推进基层老龄工作的有序开展。要继续督促各地抓紧建立和健全县级及县级以下老龄工作机构，因地制宜配备专（兼）职工作人员，确保基层老龄工作有机构抓、有人管。引导、动员各方面力量，加大投入，努力增加基层为老服务设施。大力开展形式多样、丰富多彩的文体娱乐活动，提倡科学、文明、健康的生活方式，提高老年人的生活质量。适时召开基层老年群众组织建设座谈会，根据国家关于社团管理的规定，研究提出加强和规范基层老年群众组织的相关指导性意见。

（四）加大农村老龄工作力度。协调配合有关部门，积极推进新时期农村老龄工作深入开展，推动将农村老龄工作纳入地方政府工作考核目标管理；继续倡导和组织签订家庭赡养协议，巩固家庭养老功能；积极探索建立与当地经济社会发展水平相适应的社会养老保障制度。大力推行新型农村合作医疗制度，在有条件的地方建立农村最低生活保障制度，动员社会力量，逐步建立和完善农村社会救助体系，加大帮扶力度，解决好特困老年人的生活保障问题；切实解决好“五保”老人应保尽保问题；充分发挥农村老年群众组织在配合村党支部和村委会，在精神文明建设和维护老年人合法权益工作中的重要作用；以乡镇敬老院和乡、村老年人活动站（中心）为依托，建设农村老年人服务和文化活动场所，完善配套设施和功能，丰富活跃农村老年人健康的精神文化生活。

（五）依法维护老年人合法权益。大力弘扬中华民族传统美德，广泛深入开展形式多样的老年法律法规政策的宣传教育和敬老爱老助老主题教育等活动，健全法律援助和司法救助体系，增强全社会自觉维护老年人合法权益的法制意识和责任意识。对《老年法》颁布实施以来的执行情况进行评估。认真落实国务院《关于老年人权益保障工作情况报告》提出的工作安排。针对全国人大通过执法大检查所提出的意见，了解掌握并分析各地在实施《老年法》过程中出现的难点、热点问题，认真听取老年人及有关方面提出的要求和建议，协调配合政府有关部门制定有效措施，进一步加强老年人权益保障。积极筹备《老年法》颁布实施10周年系列宣传教育活动。编撰《中国老年人状况白皮书》。

（六）积极推动“创建工作”深入开展。在总结前两年“创建工作”的基础上，印发《全国老龄工作委员会关于表彰全国老龄工作先进县（市、区、旗）和全国老龄工作先进单位的决定》，表彰先进，推广典型，扩大“创建工作”的社会影响。2005年要研究启动新一轮“创建工作”。各地要在总结前两年创建工作经验的基础上，根据“创建工作”的总要求并结合各地实际，按照广泛、深入、持久、规范的原则，创新工作思路和工作方法，完善创建标准，加强工作指导和督查，探索长效工作机制，强调解决基层实际问题，使“创建工作”在加强基层老龄工作、整体推进老龄事业发展中发挥更大作用。

（七）加强老龄工作机构自身建设。各地老龄工作部门，要根据中央的统一部署，认真组织“保持共产党员先进性教育活动”，提高全体党员的政治素质，充分发挥共产党员的先锋模范作用。要进一步加大培训力度，加强理论政策和业务知识的学习，提高各级老龄干部的综合协调能力、组织指导能力和群众工作能力。要督促各地进一步健全老龄工作机构，切实履行各项职能，形成高效顺畅、运转协调的工作机制。要倡导求真务实的工作作风，深入基层，深入实际，扎实开展调查研究。要进一步加强工作规范，严格落实各项规章制度，强化职责意识，提升老龄机构整体工作水平。各地要重视经常性、基础性工作，认真完成老龄统计工作任务；积极创造条件，整体推进全国老龄工作系统的信息化建设。

此外，要统筹做好以下工作。充分发挥传媒作用，大力加强宣传工作，做好老龄工作方针政策以及重点工作、重要会议、重大活动和先进典型的宣传报道，做好第二届“全国老龄新闻奖”评选工作，进一步扩大老龄工作的社会影响。依托基层各类老年群众文化组织，广泛开展老年人喜闻乐见的文化活动，重点组织好“重阳节”期间的大型活动。充分发挥老年知识分子智力优势，鼓励他们积极参与经济社会发展，因地制宜地全面推进“银龄行动”的开展。加强老龄科研工作，为正确制定老龄政策提供科学依据。继续抓好与有关国际组织合作项目的执行工作，不断拓展渠道，广泛开展老龄领域的国际交流与合作。

李宝库同志在全国省级老龄工作委员会办公室主任会议上的总结讲话

（2003 年 4 月 12 日）

同志们：

这次全国省级老龄办主任会议，开了两天，就要结束了。这次会议传达了岚清同志在全国老龄工作委员会第五次全体会议上的重要讲话，印发了多吉才让同志《关于全国老龄工作 2002 年基本情况和 2003 年安排意见的报告》，讨论了《开展创建老龄工作先进县（市、区）活动的实施方案》。学举部长作了会议主题报告，总结了去年各地的工作，对 2003 年的工作作了部署。北京、福建、浙江、山东等省市作了大会发言，交流了工作经验和体会。大家围绕着贯彻落实五次会议精神与进一步做好老龄工作进行了热烈讨论，提出了许多好的建议和意见。同志们一致认为，五次会议对过去几年全国老龄工作和老龄事业所取得的显著成绩和基本经验进行了全面总结，让人心情振奋，倍受鼓舞。岚清同志在五次会议上的重要讲话统揽全局，高屋建瓴，特别是对新形势下老龄工作地位、作用的论述十分精辟，对我们统一思想、提高认识、做好工作具有深远意义。学举部长的工作报告主题明确，思路清晰，重点突出，具有很强的针对性和可操作性，对各地做好今年的工作具有重要的指导作用。九省市的典型发言从不同角度、不同侧面展示了各地老龄工作的新成果和新进展，起到了交流心得、拓宽视野的作用。会议讨论，畅所欲言，气氛热烈。大家普遍认为，这次会议时间虽短，收获很大。主要表现在：一是通过学习岚清同志的讲话，加深了对老龄工作在全面建设小康社会中地位和作用的认识，增强了责任感、使命感。二是通过讨论学举部长的工作报告，明确了今年的工作重点。三是学习借鉴了兄弟省市好的经验，开阔了眼界，看到了自身的不足。会议开得很成功，达到了预期目的。

今年是贯彻十六大精神，全面建设小康社会的开局之年，也是进一步推进各项老龄工作深入发展的极为重要的一年。各级老龄办一定要认清形势，统一思想，振奋精神，把各项工作做好、做实。下面，我就贯彻落实这次会议精神和做好办公室工作讲四点意见：

一、认真学习领会五次会议和这次会议精神

全国老龄委第五次全体会议是一次非常重要的会议。在这次会议上，岚清同志发表了重要讲话，充分肯定了三年来老龄工作所取得的成绩，总结了基本经验，指出了当前老龄工作存在的主要问题，深刻阐述了做好老龄工作与实践“三个代表”重要思想的关系，指出了当前要重点抓好的四项工作。同时，为今后的老龄工作指明了方向。岚清同志的讲话站得高，看得远，蕴涵了丰富的内容。大家一定要吃透讲话精神，把老龄工作和老龄事业放在全面建设小康社会的总目标和总任务之中来认识、思考和研究，进而确定今后的工作思路。回去以后，同志们要及时向省级老龄委报告全国老龄委五次全体会议和这次会议的精神，组织各级老龄干部认真学习领会这两次会议精神，尤其是岚清同志重要讲话，统一思想，提高认识。在此基础上，各地要参照《全国老龄工作委员会办公室 2003 年工作要点》，结合当地实际，认真研究制定切实可行的工作计划，确立工作重点，努力把五次会议和这次会议精神落到实处。

二、从实际出发，抓重点，办实事，求实效，创造性地开展工作

岚清同志在五次全体会议上讲，“老龄工作的方针、目标、任务已经确定，关键是狠抓落实”，“老龄工作只有坚持为老年人办实事，解决实际问题，才能得到广大老年人和人民群众的支持、拥护”。我认为，贯彻落实岚清同志讲话的精神，首先要结合实际，确立工作重点。何为重点？就是那些带有方向性的关键性的工作，就是事物的主要矛盾。抓住了主要矛盾，其他矛盾就迎刃而解了。希望各地从实际出发，围绕着党和政府的中心工作，围绕着当前老龄工作重点和难点问题，围绕着老年人亟待解决的实际困难，积极寻找突破口和切入点，集中力量打攻坚战。岚清同志多次强调，老龄工作的重点在基层，在社区。今年，各地要以开展创建老龄工作先进县（市、区）活动为契机，把薄弱环节作为工作的突破口，调动各方面积极性，整合各方面力量，解决突出问题，整体推动基层老龄工作全面快速发展。其次，要办实事，求实效。办实事，就是要竭诚为老年人服务。要在生活上关心老年人，在精神上慰藉老年人，在舆论上代表老年人，在权益上维护老年人。想老年人之所想，急老年人之所需。在这方面，各地要制定出为老年人办实事的具体计划，推动各有关成员单位认真落实。为此，我们要改进作风，深入实际，调查研究。要深入到基层老年人当中去，深入到问题多、矛盾突出的地方，注意倾听老年群众的意见和建议，提出有针对性、切实可行的对策建议。今年是老龄工作的调查研究年。全国老龄办准备围绕9个调研课题开展调查研究。各地老龄办，尤其是老龄办的领导同志，要在调查研究上面多下点功夫，希望看到你们撰写出高质量的调研报告。第三，各地要善于在工作中总结经验，培育典型。我认为，从某种意义上说，一个地方总结经验、培育典型的工作做得好坏，从一个侧面反映了这个地方的工作水平。好的经验和典型有带动和示范作用，能够起到事半功倍的效果。同志们在调查研究中要善于发现和培育典型，及时总结蕴藏在群众中的新鲜经验，通过典型的示范引导作用，整体推动老龄工作和老龄事业的发展。第四，要创造性地开展工作。江泽民同志在十六大报告中指出，“创新是一个民族进步的灵魂，是一个国家兴旺发达的不竭动力，也是一个政党永葆生机的源泉”。创新能够出活力，能够出经验，能够促发展。老龄工作不能因循守旧，固步自封。要与时俱进，开拓进取。要适应新形势，发现新问题，开拓新思路。为此，要解放思想，勇于实践，大胆探索。要革除束缚老龄工作前进的旧观念，摈弃不合时宜的老做法，用新的思维审视工作，新的举措推动工作。

三、积极主动争取领导重视支持，做好对成员单位的联络协调工作

老龄工作是党和政府一项重要工作，争取党政领导重视和支持是做好这项工作的基本前提。如何才能争取到领导重视和支持呢？一条很重要的经验是围绕中心，服务大局，从中找到与老龄工作的联系点、推进工作的切入点。“银龄行动”受到了岚清、司马义同志的重视，就是如此。党政领导的日常工作非常繁重，在这种情况下，要想把老龄工作摆到党政领导的工作日程，需要我们及时向他们反映老龄工作的基本情况、存在问题和遇到的困难，提出对策建议，积极主动地争取他们的重视和支持。为此，各级老龄办要当好党政领导的参谋助手。这是问题的一个方面。另一方面，领导是否重视也取决于我们是否奋发努力去工作，是否在工作中做出成绩。事在人为，有作为才会有位置。只要我们工作到位了，尽职尽责了，自然会得到党政领导的重视。

老龄工作的各项任务需要成员单位贯彻和落实。只有调动成员单位的积极性，发挥他们的职能作用，形成合力，老龄工作才能全面协调快速发展。做好成员单位的联络协调工作，一要准确定位，二要工作到位。准确定位就是找准自己的位置，联络、协调、服务；工作到位就是及时上情下达，下情上达，帮助协调解决难点问题，在工作中经常沟通情况，不断增进感情。因此，各级老龄办要加强与成员单位的联络协调，认真履行职责，及时掌握成员单位的工作动态，了解成员单位的要求和意见，加强与成员单位的信息沟通和交流，做到相互理解，相互支持，共同推进老龄事业的发展。联络协调工作切忌发号施令，指手画脚。要牢固树立全心全意为成员单位服务的意识，把服务贯穿于各项工作的始终。只有这样，才能得到成员单位的支持配合，才能优质高效地做好联络协调工作。希望各地积极主动地做好联络协调工作，并在实践中探索其规律。

四、重视加强自身建设

老龄工作的任务越来越繁重，对老龄部门和老龄工作干部的要求越来越高。目前，老龄部门自身建设状况还不能适应新形势下加强老龄工作和加快老龄事业发展的需要，各级老龄办必须重视和加强自身建设。首先，要加强老龄工作机构建设。岚清同志多次强调，“老龄工作机构只能加强，不能削弱”。目前，全国省级老龄机构已经全部理顺，19个省（区）市的地县级机构也已经全部理顺，还有5个省的地县级机构基本理顺。据统计，全国88.78%的地（市）和65%的县（市）都成立了老龄委和老龄办，并已开展工作。总的看，机构建设进展情况是好的。但问题也不少，主要是有些县市至今尚未建立老龄工作机构，还有一些县市虽有机构，但没有编制，没有经费。不少地方由于简单地把老龄办作为民政部门的内设机构，减少了编制，经费也不能很好地保证，老龄工作实际上没有得到加强。今年是推进地县机构建设的攻坚年，各地必须高度重视，积极推动，按照五次会议要求，力争在2003年上半年把这个问题解决好，再也不能无限期拖下去了。第二，要重视和加强老龄工作队伍建设。岚清同志讲，“实现‘十五’老龄工作的总体要求，圆满完成老龄工作各项任务，推动老龄事业发展，关键取决于我们的干部队伍建设”。加强队伍建设，必须抓好队伍的思想政治建设。各级老龄办要在思想政治上不断增强实践“三个代表”重要思想的自觉性，全心全意为包括老年人在内的最广大人民的根本利益服务，始终保持一种朝气蓬勃、奋发向上、开拓进取的精神状态。必须抓好队伍的作风建设。各级老龄办干部，尤其是领导干部要深入实际，深入基层，深入到老年群众之中，调查研究，发现问题，研究对策。要办实事，求实效。必须抓好队伍的业务素质建设。作为一名老龄工作者，要能够掌握老龄工作的基本理论、基本政策和基本方法。要采取多种形式、多种办法，提高我们这支队伍的业务水平和综合素质。今年，全国老龄办将举办老龄工作干部培训班，希望各地予以重视，并从当地实际出发，抓好对干部的培训。要把学习和培训经常化、制度化，努力把老龄部门建设成学习型的部门。第三，要加强信息网络和办公自动化建设。信息化和办公自动化是现代社会发展的必然趋势。与其他部门相比，老龄部门在这方面是比较落后的，很多工作至今还处于手工操作阶段。要提高我们的工作效率，就要加强信息化和办公自动化建设。全国老龄办要加快网站和数据库建设的步伐，尽快实现与民政部等全国老龄委成员单位的联网。省级老龄办也要有计划、有步骤地加紧信息网络建设，争取在较短的时间内实现与全国老龄办联网。

同志们，这次会议就要结束了。在此，我代表全国老龄工作委员会办公室，祝同志们工作顺利，再创佳绩。

李宝库同志在全国省级老龄工作委员会办公室主任会议暨创建老龄工作先进县(市、区)座谈会上的总结讲话

（2004 年 2 月 10 日）

同志们：

为期两天的全国省级老龄工作委员会办公室主任会议暨创建老龄工作先进县（市、区）座谈会今天就要结束了。这次会议传达了回良玉副总理在全国老龄委第六次全体会议上的重要讲话，印发了全国老龄委副主任、民政部部长李学举同志在全国老龄委第六次全体会议上的工作报告，表彰了全国老龄新闻奖的获奖单位和个人，青岛、北京、山东等 7 省市介绍了经验，与会代表参观了青岛市城市社区和农村基层的老龄工作，着重讨论了推动创建活动、加强基层工作等问题。刚才，几个省市老龄办的领导又简要谈了贯彻这次会议精神的工作思路和打算。经过大家共同努力，完成了会议的预定议程，会议开得很成功、很圆满。

这次会议有三个鲜明的特点：在形式上，把研究部署工作和典型观摩结合起来，可以说是一个现场会性质的工作会议；在内容上，把主报告和会议总结结合起来，压缩了会议文件，节约了时间；在议程安排上，突出了创建活动这个重点。会议安排紧凑，内容丰富，讨论认真，气氛热烈。大家一致认为，这次会议时间短，收获大：一是通过学习回良玉同志在全国老龄委第六次全体会议上的讲话，进一步增强了做好老龄工作的责任感和使命感。大家结合十六届三中全会精神和当前老龄工作的实际，从协调经济社会全面发展的高度，进一步认清了新形势下做好老龄工作的重要意义。二是通过学习李学举部长在全国老龄委第六次全体会议上的工作报告，明确了今年抓基层、抓农村、抓创建的工作方向和工作重点。三是通过学习青岛的经验，进一步提高了开展创建活动的积极性。大家深深感到，青岛的创建活动思路明确，措施有方，成效显著。青岛的经验表明，创建活动是加强薄弱环节，解决突出问题，推动老龄工作上台阶的重要手段。大家表示，回去以后，要继续抓好创建活动。总之，这次会议无论是形式还是内容，都有所创新，效果也很好。

下面，我讲三个问题：

一、关于 2003 年的工作

2003 年是全面贯彻落实十六大和全国老龄委第五次全体会议精神成绩显著的一年。各地老龄办深入学习“三个代表”重要思想和十六大精神，坚决按照全国老龄委第五次全体会议的要求和 2003 年省级老龄办主任会议的工作部署，扎实工作，稳步推进，比较圆满地完成了各项工作任务，有些工作还取得了突破性进展。

（一）老龄部门在抗击“非典”工作中发挥了作用。面对突如其来的“非典”疫情，全国老龄办及时印发了《关于积极配合做好防治“非典”工作的通知》和《致全国老年人的一封信》，山东、福建、安徽、吉林、江苏、云南、山西等地反应迅速，积极响应全国老龄办的号召，克服麻痹思想和畏难情绪，坚

守岗位，抓好预防“非典”工作。在加强自身防范的同时，广东、天津、北京、上海等地还积极发挥老年人协会等基层组织的作用，帮助和指导老年人在社区和农村构筑起防控“非典”的牢固防线。天津北辰区成立了以老年人为主的防控队伍，动员了近千名老年人参加社区和村镇的防控工作，担当巡逻、站岗和检查行人车辆等任务，为确保全区零感染作出了贡献。青岛老体协在全市设立 99 个抗击“非典”老年体育义务辅导示范点，引导老年人开展科学健身活动。其他省市也积极采取措施，加强了防控。面对突发事件，各级老龄办经受了考验，提高了应急能力。

（二）各地老龄办综合协调作用进一步加强。各地老龄办认真履行综合协调的职责，及时加强与成员单位的信息沟通和交流，解决问题，有效地推动了各项工作的开展。上海老龄办经过努力，促成市政府办公厅转发了老龄办等五部门《关于进一步加强本市老年教育工作的若干意见》。浙江、河北等地老龄办主动协调职能部门，安排资金，大力推进农村新型合作医疗制度试点，部分老年人已经从中受益。湖北老龄办在民政厅、新闻出版局等 10 家成员单位的大力支持下，在全省开展了“关爱老人·让夕阳更美好”公益明信片活动，为救助帮扶贫困老人筹措专项基金，预计筹集资金数将超过百万。浙江、江苏、广东、宁波、深圳等许多省市老龄办也发挥联络协调作用，促成成员单位为老年人办实事、办好事，受到广大老年群众的普遍赞誉。

（三）老龄工作先进县（市、区）创建活动顺利进行。去年 5 月，全国老龄委下发了《关于在全国开展创建老龄工作先进县（市、区）活动的通知》，各地高度重视，认真落实。四川、湖北、吉林、甘肃、江西、山西、新疆等地将创建活动纳入党政工作日程，根据当地的实际，积极筹划，统一安排，制定了切实可行的创建标准和评选办法。同时，还充分利用媒体进行宣传，扩大影响。四川选择了一批老龄工作基础较好的县（市、区），加大创建工作力度，形成了党政主要领导挂帅，分管领导亲自抓，各方面分工负责的领导机制。他们提出了统一部署、分级实施、全面提升的创建办法。为更好地指导创建工作，还将射洪县试点的做法和经验向全省推广。通过创建活动，四川基层老龄工作的机构建设、经费保障等得到了明显加强。陕西、北京、浙江等地还在开展创建活动的同时，开展了创建敬老先进居委会、先进村的活动，推动了以“敬老、养老、助老”为主题的精神文明建设。从目前情况看，各地的创建活动进展顺利，势头喜人。实践证明，开展创建活动不仅解决了许多突出问题，扩大了老龄工作的影响，而且从整体上带动了基层的老龄工作。

（四）社区老龄工作试点取得成果。北京、天津、青岛等 10 省市继续进行社区老龄工作试点，在基础设施建设、为老服务网络建设、探索工作体制等方面狠下工夫，经过两年的努力，取得了可喜的成效。北京在精心组织、取得经验的基础上，及时召开了城乡社区老龄试点工作现场会，有力地推动了社区老龄工作的发展。上海、青岛等地在试点的基础上，以政府名义出台了关于加强社区老龄工作的意见。其他非试点省市也结合当地实际，对社区老龄工作进行了有益的探索。浙江在全省实施社区老龄工作“3587 工程”，并以省政府办公厅的名义出台了《关于加强城市社区老龄工作的意见》，对推动基层老龄工作的规范运行发挥了重要的指导作用。

（五）老年维权工作得到加强。2003 年，全国人大组织开展了《老年法》执行情况的专题调研，国务院向第十届全国人大常委会报告了关于老年人权益保障工作的情况。各地老龄办配合此次调研活动，相继开展了专项调研。这对全国老年维权工作是一个有力的推动。全国老龄办还成功地召开了全国老年维权工作暨经验交流会议，用活生生的典型推动了各地老年维权工作的深入开展，主要表现在以下三个方面：一是落实老年优待政策有新进展。北京、江西、四川、黑龙江、甘肃、陕西等地进一步完善了老年优待政策。甘肃省政府原有的 6 项优待扩大到 12 项，同时，提高了部分优待标准，从而改善了老年人的生活质量。二是老年人法律援助服务工作进一步加强。广东省对侵害老年人合法权益的案例进行曝光，并依法严厉查处。江苏、广东、山东、上海等地普遍成立了老年法律援助服务机构，为老年人提供法律咨询和法律援助服务。三是加大了贫困老年人救助工作的力度。宁波市出台了《关于做好宁波市农村特困老人医疗救助工作的通知》，筹资 38 万元，资助特困老人 762 名。山东在枣庄召开了全省开发式扶贫经验现场交流会，对加快全省农村养老事业的发展和组织发动老年人为经济发展做贡献进行了部署。陕西老龄办募集 30 余万元，对全省 1300 名贫困老人进行救助。浙江全面启动为革命老区特困老人“送光明”行动，老年维权工作越做越实。

（六）首批“银龄行动”试点工作取得成果。2003 年 7 月，全国老龄办正式启动了上海援助新疆、辽宁援助青海、甘肃开展省内援助的全国“银龄行动”的试点工作。2003 年 10 月，试点工作如期完成，效果良好：一是对当地的业务骨干进行了培训。共举办各类培训班 60 多期，开展各种讲座 209 次，受训人员 3640 多人次。二是为受援地区的经济发展献计献策。甘肃赴临泽专家援助团先后撰定了《临泽县枣树受灾原因分析补救措施及今后管理意见》、《临泽县农村经济可持续发展意见》等调研报告，并先后组织500多名农技人员和80多名副科级以上干部听取讲座，对临泽县农村经济发展起到了积极作用。三是为受援单位和当地群众做了大量好事。援助新疆阿克苏的上海老医学专家为民族地区的群众诊治病人1万多例。四是促进了民族团结，促进了边疆地区的社会稳定。五是老龄工作和老龄工作机构建设进一步得到了地方党委和政府的重视。“银龄行动”在社会上引起了积极反响，为老年知识分子“老有所为”开辟了新的更加广阔的途径。

（七）老年人精神文化活动丰富多彩。在2002年全国老年文艺调演成功举办的基础上，全国老龄办组建了中国老年艺术团，并于2003年重阳节在京举办了“金秋神韵”大型文艺演出。在全国老龄办的倡导下，北京、山西、黑龙江、广东等很多地方都相继成立了老年群众文艺团体。云南省老龄办与民委联合开展了“观民族风情、强团结意识”的万名老年人喜游民族村活动，组织了上千人的文艺演出队进行文艺展演。山东全面启动老年旅游服务。甘肃省老龄办牵头组织三列“夕阳红”旅游专列。四川举办了老年人运动会，2000多名老年人参赛。浙江、山东、天津、青海、厦门等地还举办了老年文艺节。各地老年大学（学校）办得红红火火，深受老年人的欢迎。所有这些都大大丰富了老年人的精神文化生活，产生了良好的社会影响。

（八）老龄宣传教育工作迈上新台阶。2002年全国老龄宣传工作会议之后，通过去年一年的努力，各地老龄宣传工作得到进一步加强。一是充分利用新闻媒体，围绕老龄政策和老年人生活知识加大宣传力度。北京、四川等地在报刊、电台、电视台等主要媒体设立老龄专栏，延长了播出时间。黑龙江还建立了“龙江夕阳红”网站，为宣传老龄工作提供了新的载体。二是通过对专项活动的宣传，扩大老龄工作的影响。去年，各地围绕“银龄行动”和“全国青少年敬老爱老助老主题教育活动”加大宣传力度，激发了老年人参与社会的热情，增强全社会的老龄意识，营造了敬老爱老助老的良好社会氛围。三是各地积极参加“全国老龄新闻奖”评选活动。山东、浙江、江苏、山西等地高度重视，既向全国老龄办推荐了高质量的优秀作品，还举办了本省的老龄新闻奖的评选活动，很好地宣传了老龄事业。北京、四川、云南、吉林、宁夏、重庆、青岛等地采取灵活多样、生动活泼的方式开展老龄宣传工作，努力营造老龄工作的良好氛围。

回顾一年的工作，各级老龄办认真履行职责，紧紧围绕全面建设小康社会的奋斗目标开展工作，坚持全心全意为老年人服务的宗旨，为维护社会稳定，促进社会与经济协调发展发挥了积极作用，老龄工作取得了很大成绩。但是，我们也要清醒地看到，老龄工作还有不少的困难和问题：一是老龄机构虽然基本理顺，但地县两级机构人员编制不落实和经费短缺的问题，仍然没有得到很好解决。二是基层老龄工作，特别是农村基层的老龄工作还很薄弱，组织机构不健全，落实老龄工作方针政策面临许多困难。三是各地老龄工作发展不平衡，地区差距较大。四是老龄干部的思想观念、工作方式与新形势的要求还有差距。面对这些困难和问题，我们一定要高度重视，认真对待，采取有效措施，逐步加以解决。

二、关于2004年的工作

2004年，是贯彻党的十六大和十六届三中全会精神、完善社会主义市场经济体制和全面建设小康社会重要的一年。今年，新一届政府将召开全国老龄工作会议，老龄事业发展计划的落实进入攻坚阶段。今年老龄工作的总体要求是：以“三个代表”重要思想、党的十六大和十六届三中全会精神为指导，进一步贯彻《中共中央、国务院关于加强老龄工作的决定》、《中国老龄事业发展“十五”计划纲要》和老龄工作指导方针，落实全国老龄工作委员会第六次全体会议精神，以全国老龄工作先进县（市、区）创建活动为重点，以健全和规范老年群众组织为切入点，稳步推进城市老龄工作，加大农村老龄工作力度，努力解决老年人群的突出问题，整体推动全国老龄工作走全面、协调和可持续发展之路。

2004年的工作要点已经印发给大家。这里，我就做好今年的工作，强调六个方面的问题：

（一）深入开展全国老龄工作先进县（市、区）创建活动。

全国老龄工作先进县（市、区）创建活动，是2004年全国老龄工作的龙头，是贯彻“党政主导、社会参与、全民关怀”老龄工作方针的重要举措，是以点带面、整体推动老龄工作的重要手段，对于推动老龄事业和经济社会协调发展，促进全面建设小康社会具有重要的现实意义。各地要统一思想，提高对创建活动重要性的认识，加强领导，按照全国老龄委的统一要求，统筹安排，精心组织，确保这项工作顺利开展。现在，离全国先进县（市、区）申报终结只有5个月时间了，各地要抓紧工作，具体要把握好以下三点：

首先，要认真做好省级评选表彰工作。省级评选表彰是全国评选表彰工作的基础。从目前情况看，省级评选表彰工作很不平衡，有些省市积极主动，工作扎实，但有些省市步伐缓慢，有的甚至还没有部署。已经完成省级评选表彰工作的省市，要抓好申报全国先进县（市、区）的审查考核工作。步伐缓慢，特别是还没有行动起来的省市，要按照创建要求尽快做出安排，抓紧做好省级先进县（市、区）的评选表彰工作，以确保在7月底前，完成向全国老龄委的推荐和申报工作。

第二，要抓紧做好申报工作。表彰老龄工作先进县（市、区）是20多年来老龄工作的首次全国性创建活动。为了确保创建活动的质量，全国老龄办将把表彰数量控制在100个左右。各省市要按照要求，选择2～5个县（市、区）进行申报。各地要贯彻创建活动和申报工作的指导思想，严格按照创建条件和评选办法，坚持原则，实事求是，不降低要求，不弄虚作假，做到优中选优，名副其实。我们将根据各地工作整体水平，兼顾人口总量、老年人口数量和县（市、区）的多少，根据各地申报的典型材料的质量，综合考虑表彰名额。希望各地抓紧组织，务求按预定时间，完成评选申报工作。全国老龄办将在适当时候组织工作组赴各地检查。

第三，要抓好创建活动的宣传工作。全国老龄办将把宣传创建的力度作为评选全国先进的重要指标，希望各地要高度重视，认真部署，周密安排，采取多种形式，利用各种媒体展开全方位的宣传活动，使创建活动在当地形成广泛影响，力求家喻户晓，深入人心。

（二）大力加强基层老年人协会建设。

老年人协会是基层老年群众自治组织。回良玉副总理指出，老年人协会“在促进经济发展，保持社会稳定、调解涉老纠纷、维护自身利益，推进计划生育、活跃老年人生活、关心下一代等各方面都发挥了积极作用，为基层政权建设作出了贡献”，是基层老龄工作的重要组织载体。当前，重视和加强老年人协会建设，是贯彻十六届三中全会关于“完善基层群众性自治组织”精神的重要举措，是转变政府职能，促进社会管理重心下移，推行退休人员管理社会化的需要，是扩大基层民主、促进社会主义政治文明建设的需要，也是实施积极老龄化战略、促进老龄工作社会化的需要，对于团结老年人参与“三个文明”建设，促进社会进步和政治稳定，都具有十分重要的意义。各地要提高对加强老年人协会建设重要性的认识，认真贯彻李学举部长关于培育和发展社区民间组织的要求，“继续推进基层老年人协会建设，充分发挥其作用，使之成为开展基层老龄工作的重要力量”。2004年，各地重点要抓好以下五个方面的工作：

首先，要大力推动城乡基层老年人协会的发展。据统计，目前，城乡老年人协会总数有42.5万个，其中，城市社区老年人协会有5.2万多个，占城镇所有社区总量的66%，农村老年人协会有37.2万多个，占农村行政村总量的56%。城乡平均大约1/3的基层还没有建立老年人协会。没有老年人协会，基层老龄工作就没有抓手。各地要积极主动地开展工作，今年年底在全国村（居）委会，把老年人协会全部建立和健全起来。

第二，要认真研究解决老年人协会建设的有关问题。我认为，老年人协会是在村（居）党支部、村（居）委会领导下，按照依法自治的原则，实行自我管理、自我服务、自我教育，在属地范围内开展活动的基层老年群众组织。老年人协会在村（居）党支部、村（居）委会领导下和上级老龄工作委员会的指导下进行工作。基本任务有两项：一是组织老年人参与社会发展，参与基层的“三个文明”建设，做好村（居）委会的参谋助手；二是组织老年人开展文化、体育、教育、维权等服务和活动。老年人协会应在属地范围内开展活动，上下不贯通，左右不串联。村（居）委会要重视老年人协会的作用，加强领导，在经费和活动场所等方面给予支持，具体任务不包办。希望各地积极探索，总结经验，尽快使老年人协会组织建设走上规范化的轨道。

第三，要对有名无实的老年人协会进行组织整顿。各地要对发挥作用不好的老年人协会进行一次整顿，分析原因，采取措施，重点解决好老年人协会班子、经费和办公场所问题。同时，建立健全各项管理制度，确保老年人协会活动的经常化、制度化，真正发挥作用，改变一部分老年人协会有名无实的状况。

第四，要抓好老年人协会主要负责人的培训工作。各省市要选择有基础的县（区）进行老年人协会主要负责人培训的试点，结合基层的情况确定培训的内容和方式，取得经验后，创造条件，力争用两年时间以县（区）或乡（街）为单位，对老年人协会主要负责人轮训一遍。

第五，要开展先进老年人协会评选活动。各地要贯彻李学举部长关于“通过表彰先进，鼓励民间组织开展活动、发挥作用”的要求，积极探索建立适合当地情况的老年人协会评估和激励机制。全国老龄办在今年适当时候，将召开一次基层老年人协会组织建设座谈会，交流经验，研究存在的突出问题，提出推进工作的思路，明年将在适当时候，在全国范围内评选表彰一批先进典型。

（三）积极维护老年人合法权益。

去年，李学举部长受国务院委托，向全国人大常委会作了老年人权益保障工作的报告，全国人大常委会对我们的工作给予了充分肯定，同时也对我们的工作提出了许多问题和更高要求。2004年的老年维权工作，重点要抓好以下四个方面：

第一，要配合全国老龄办开展调查研究，落实全国人大常委会和国务院关于加强老年维权工作的指示精神。各地也要对照全国人大常委会和国务院的要求，根据当地实际，找出老年维权工作中的不足，提出改进措施，进一步推动和督促有关部门，把保障老年人合法权益的工作做实、做细。

第二，要继续落实老年人的各项优待政策。要针对一些地方优待政策有名无实的情况，分析原因，采取措施，督促有关部门把老年人各项优待政策切实落到实处。要针对老年人优待政策的薄弱环节，开展调查研究，提出可行性方案，推动有关部门尽快出台相关优待政策，建立和完善老年优待政策体系。同时，要推动有关部门研究解决农村税费改革过程中出现的新问题，切实减轻老年人的负担。

第三，要不断解决贫困老年人的问题。要切实保障农村贫困老年人的基本生活，解决他们的实际困难。要积极呼吁和配合有关部门加大对贫困老年人的救助力度，着重建立政府和社会相结合的救助贫困老年人的长效机制。在城市，要重点配合做好贫困老年人的低保工作，及时解决新增贫困老年人的问题；在农村，要配合有关部门全面实施农村特困户救助，有条件的地方，探索建立和完善农村低保制度。进一步配合做好“五保”供养工作，因地制宜地探索推行多种供养形式和供养模式。要积极配合有关部门做好农村新型合作医疗制度试点工作，研究农村老年人患大病、重病的医疗救助办法，为相关部门提供决策参考。要充分发挥各地老年基金会的作用，积极募集社会资金，面向农村老年人开展救助工作。

第四，要做好法律法规培训工作。今年，全国老龄办将举办老年维权工作者法律法规培训班，希望各地组织相关人员积极参加。同时，各省市也要制定计划，系统培训老年维权工作者，提高他们的思想素质和业务水平。

（四）协调推进农村老龄工作。

长期以来，我们在城市老龄工作上投入精力较多，对农村老龄工作重视不够。在完善社会主义市场经济体制和全面建设小康社会的新形势下，我们要重新认识农村老龄工作的重大战略意义。我认为，在稳步推进城市老龄工作的同时，加大农村老龄工作力度，是统筹城乡协调发展的根本要求，对于同步提高广大农村老年人的生活质量，实现农村全面建设小康社会目标，具有重要的现实意义。各地要在继续做好城市老龄工作的同时，把农村老龄工作摆上重要日程。要解放思想，实事求是，认真研究当前农村老龄工作存在的新情况和新问题，提出适合当地农村实际的老龄工作思路、发展计划和政策措施，为党委政府加强农村老龄工作当好参谋助手。我认为，今年主要抓好以下三个方面的工作：

第一，要抓好农村基层老龄工作体系建设。在全面推进建立健全基层老年人协会的同时，一是要建立健全县级老龄工作机构。对尚未建立机构的要在今年年底全部建立起来。对于名义上理顺实际上薄弱，编制和经费缺乏的县级机构，要及时向主要领导同志汇报，督促有关部门尽快解决。二是要重视乡镇老龄工作机构建设。乡镇老龄工作机构承上启下，地位十分重要。在乡镇机构精简的新形势下，我们提倡聘请退居二线的乡镇干部任专职老龄委领导。一些地方的实践证明，这个办法切实可行，既节省经费，又加强了工作。

第二，要抓好农村老年人的维权工作。老年人维权是农村老龄工作一项不容忽视的重要工作。农村和城市有一个很大的不同，就是基本没有建立社会养老保障制度，老年人主要依靠子女养老，丧失劳动能力的老年人如果子女无力奉养，或者不孝，就会陷入困境。因此，和城市相比，农村老年维权工作比城市问题多，难度大，是今后相当一个时期老年维权工作的重心。我认为，除了要切实保障农村老年人的基本生活，特别是保障贫困老年人的基本生活做到老有所养，老有所医以外，要重点做好以下工作：一是在农村大力开展敬老教育活动。要通过开展“敬老模范县”、“敬老模范乡镇”、“敬老模范村”和“敬老好儿女、好媳妇”等创建活动，树立典型，弘扬敬老爱老的社会风尚，促进代际和谐。近些年来，北京、山西、陕西、河南在这方面已取得一些经验，希望各地借鉴。二是妥善处理好家庭赡养纠纷问题，重点惩治不承担赡养义务，遗弃、虐待甚至残害老年人的违法现象，对情节严重的要加大法律干预力度，决不姑息迁就。做好农村老年维权工作，要遵循两条原则：一是靠教育，二是靠法制。其中，重点是教育，通过教育，树立敬老养老光荣，不敬老养老可耻的道德舆论风尚，把侵害老年人合法权益案件的发生率降到最低限度。

第三，要抓好农村为老服务施建设。目前，为老服务设施城乡差距很大，各地要按照十六届三中全会提出的“国家新增教育、卫生、文化等公共事业支出主要用于农村”的要求，有计划地安排相应资金，加强农村为老服务设施建设。各地老龄办要开展调查研究，为当地政府出主意，想办法，多渠道筹集社会资金，在实施“星光计划”的基础上，逐步改变农村为老服务设施十分缺乏的状况。

农村老龄工作是一个大题目，全国老龄办将在今年适当时候召开部分省市农村老龄工作座谈会，分析形势，研究思路，希望各地认真准备，搞好调研，提供高质量的调研报告。

（五）进一步做好“银龄行动”试点工作。

去年，“银龄行动”的试点工作是成功的，达到了预期的目的，取得了良好的社会效益。2004 年，要进一步抓好这项工作：

首先，要进一步提高对“银龄行动”重要性的认识。首批试点的实践表明，“银龄行动”是新形势下“老有所为”的重要形式，是老同志实现人生价值的重要途径，是老龄部门援助西部地区和经济欠发达地区的积极举措。去年年底，中央召开了全国人才工作会议，胡锦涛总书记作了重要讲话，老龄工作部门贯彻这次会议精神的一个重要措施，就是扎扎实实地搞好“银龄活动”。

其次，要扩大“银龄行动”试点的范围。今年要在去年 5 省市试点的基础上，扩大到 20 个左右。扩大范围后的试点工作既有东部援助西部的行动，也有振兴东北老工业区的援助行动，还有部分省内的援助行动。试点原则不变，着重通过更大范围的试点工作，积累经验和完善办法，为 2005 年在全国全面推开做好准备。今年，全国老龄办将开展“银龄行动十大杰出老人”评选表彰活动。

第三，要加大财政支持力度。必要的经费支持是顺利开展“银龄行动”的重要保证。全国老龄办正在积极争取，力争将“银龄行动”纳入西部开发的智力援助项目，设立“银龄行动”专项预算，各试点省市也要积极行动，争取将“银龄行动”纳入专项科目，按年度适当编制经费。

第四，要建立全国老年人才资源信息网站。为配合“银龄行动”的开展，全国老龄办将利用现代信息网络这个平台，收集和整理我国老年人才信息，建立人才信息库，希望各地积极配合，大力支持。

（六）做好第二次全国老龄工作会议的各项准备工作。

2004 年，国务院将要召开第二次全国老龄工作会议。这次会议主要是：总结全国老龄委成立以来的老龄工作经验，分析当前老龄工作中的突出问题，根据全面建设小康社会的总目标，研究部署今后一个时期老龄工作的任务，将对加强老龄工作，推动老龄事业产生重要影响。各地要把做好第二次全国老龄工作会议的各项准备工作摆上议程，做出安排。这里，我强调三点：

第一，要切实抓好落实《中共中央、国务院关于加强老龄工作的决定》、《中国老龄事业发展“十五”计划纲要》的检查和评估工作。为了全面总结全国老龄委成立以来的老龄工作，全国老龄办将对中央决定、国家和地方“十五”计划的实施情况进行一次全面检查和评估。各地要组织力量认真做好地方的检查和评估工作，并在 7 月底前向全国老龄办写出专题报告。

第二，要认真调查研究新情况和新问题。各地要围绕老龄工作的重点、难点，加强政策研究。当前要着重研究老龄福利事业社会化、老龄产业发展、社区老年人照料服务、老年社会保障制度的完善与落实、农村老龄工作和贫困老年人救助，以及老年人优待等方面的政策措施。各地老龄办要把调查研究作为一把手工程，老龄办主要负责同志要亲手抓，并在 6 月底前上报有关调研报告。

第三，要认真总结老龄工作的先进经验和先进典型。全国老龄委成立五年来，各地涌现出不少老龄工作的先进典型，积累了宝贵经验。各地要深入基层，认真总结真正符合方向、具有推广价值的老龄工作先进经验，为第二次全国老龄工作会议提供过硬的典型材料，并在 7 月底前上报全国老龄办。

在做好以上六项工作的同时，还要广泛开展老年文化活动，丰富老年人的精神文化活动。要以“全国青少年敬老爱老助老主题教育活动”为主线，广泛开展老龄宣传活动，增强青少年的敬老意识，营造良好的社会敬老氛围。总之，各项老龄工作都要适应新形势下的新要求，协调发展，全面推进。

三、关于加强老龄自身建设问题

2004 年的工作任务非常艰巨，完成 2004 年的工作任务，必须切实加强老龄自身建设。各级民政部门要认真贯彻落实李学举部长的要求，“继续关心老龄工作和老龄事业的发展，要帮助老龄工作机构解决一些实际困难和问题”。各级老龄办也要积极主动，争取当地党委政府领导的重视和支持，在自身建设上迈上一个台阶。

首先，要继续抓好基层老龄机构建设的督查工作。今年机构建设的重点在基层。各地要按照回良玉副总理关于“切实加强机构建设，形成上下贯通，管理有序的老龄工作体制”的精神，积极推进老龄工作机构建设，在今年年底建立健全县（市、区）、乡镇

（街道）和村（居）三级工作体系。老龄办要发挥督促检查作用，要沉下去，一个县一个县地抓，务求抓出实效。

其次，要进一步加强老龄干部培训工作。人才是第一资源。各地要树立科学的老龄工作人才观，切实抓好老龄工作队伍的培训。今年，全国老龄办还要继续举办培训班，希望各地按要求安排参训人员。同时，各地也要按分级培训的原则，制定培训计划，统筹安排，力争在今明两年内完成地县级老龄干部培训任务。已经完成的，要以县（市、区）级为单位，开展乡、街道一级老龄干部的培训工作。

第三，要努力抓好办公自动化建设。当代社会是一个信息时代，老龄工作要上台阶，没有信息化手段的有力支持，就不可能与时俱进。据我们掌握的情况，大多数省级老龄办总的情况还是好的，但是，县级老龄办差距还很大。许多县甚至没有电脑、传真机。各级民政部门要重视老龄机构的办公自动化建设，尽快扭转这种状况。各省市老龄办也要积极发挥作用，推动县级老龄机构解决办公的基本手段问题。

第四，要振奋精神，开拓进取。客观地说，当前老龄工作中的确面临许多困难和问题。在这种情况下，许多地方的干部能够正确对待，在工作中充分发挥主动性，克服各种困难，取得了可喜的成绩。但是，也有少数地方的干部还有畏难情绪。我认为，任何事业都有一个发展过程，在初期阶段或者上升阶段，必然会面临各种困难和各种问题。老龄事业也是一样。当前，我国尚处于社会主义初级阶段，经济发展水平制约着社会事业的发展，这是老龄事业面临种种困难的总根源。因此，各级老龄工作干部要着眼长远，力戒短视，力戒萎靡不振，力戒等靠要思想。要看到老龄事业是一项朝阳事业。要胸怀大志，振奋精神，迎难而上，扎实工作，努力开创老龄工作的新局面。

同志们，这次会议明确了今年老龄工作的任务、重点和具体要求，大家回去以后，要及时向省级老龄委报告全国老龄委第六次全体会议和这次会议的精神，组织各级老龄工作干部认真学习领会。在此基础上，各地要参照全国老龄工作委员会办公室2004年工作要点，结合当地实际情况，安排好今年的各项工作，努力把第六次会议和这次会议的精神落到实处。

同志们，全面建设小康社会，完善社会主义市场经济体制，是一次新的历史跨越，是一项充满挑战和机遇的伟大工程。各级老龄办一定要认清形势，把握大局，找准位置，明确目标，落实任务，有所作为。让我们紧密团结在以胡锦涛同志为总书记的党中央周围，努力实践“三个代表”重要思想，认真贯彻十六大和十六届三中全会精神，全面贯彻落实全国老龄委第六次全体会议精神，抓住机遇，开拓进取，锐意创新，以高度的政治责任感和历史使命感，做好今年的各项工作，以优异的成绩迎接第二次全国老龄工作会议的召开！

李本公同志在全国农村老龄工作座谈会上的讲话

（2004年11月15日）

同志们：

根据党的十六届三中全会关于树立和落实科学发展观，十六届四中全会关于构建社会主义和谐社会和党中央、国务院关于努力解决“三农”问题的精神，按照全国老龄委的工作部署，全国老龄办召开了这次农村老龄工作座谈会。这是全国老龄工作委员会成立以来第一次召开的专题研究农村老龄工作的会议。昨天，部分省、自治区、直辖市的同志作了很好的发言，进行了广泛交流，今天下午又实地考察了宁波市的农村基层老龄工作，感到很受启发。各地的经验告诉我们，只要我们树立和落实科学发展观，思想重视，加强领导，开拓进取，扎实工作，就一定能够推动农村老龄工作迅速发展。大家普遍反映，通过这次经验交流和深入讨论，进一步提高了认识，理清了思路，坚定了信心，明确了任务。会议开得很及时、很必要，达到了预期目的。下面，我结合各地的经验讲三个问题：

一、积极探索，农村老龄工作取得长足发展

党和政府历来重视农村工作，关心老年人问题。建国以来，尤其是改革开放以来，在保障农村老年人

生活、维护老年人合法权益、救助贫困老年人等方面做了大量工作。1992年，当时的老龄问题全国委员会就曾召开过全国农村老龄工作会议，专门研究农村老龄工作。1999年，全国老龄工作委员会成立后，加大了农村老龄工作的力度，在大家的共同努力下，使农村老龄工作有了较快的发展。

（一）重视政策法规建设，初步形成了指导农村老龄工作的法律法规和政策体系。建国后不久，国家就颁布了《农村五保供养工作条例》，60年代又实施了农村合作医疗制度。1996年全国人大常委会颁布实施了《中华人民共和国老年人权益保障法》。2000年和2002年，中共中央、国务院先后印发了《关于加强老龄工作的决定》、《关于进一步加强农村卫生工作的决定》。2001年，国务院印发了《中国老龄事业发展“十五”计划纲要》、《中国农村扶贫开发纲要（2001—2010年）》，国务院办公厅和有关部委印发了《中国农村初级卫生保健发展纲要（2001—2010年）》、《关于建立新型农村合作医疗制度的意见》、《关于实施农村医疗救助的意见》等政策文件。各地根据中央的精神，结合本地经济社会和老龄工作的实际，相继出台了涵盖农村老龄工作大部分内容的加强老龄工作的《决定》、《意见》、《实施〈老年法〉办法》和《“十五”计划纲要》，并根据新形势的要求，制定了农村敬老院规定、农村新型合作医疗政策、失地农民保障政策等地方性老龄法规政策，有条件的地方制定了农村低保政策。这些法律法规和政策，对于指导农村老龄工作的开展发挥了重要作用。

（二）努力探索并逐步建立社会保障制度，保障农村老年人的基本生活。多年来，各级政府和有关部门对建立农村社会保障制度进行了积极探索，特别注重解决农村老年人“养”和“医”的问题。一是积极探索并逐步建立农村社会养老保险制度。目前，全国有北京、山东、浙江、江苏等30个省（自治区、直辖市）1870个县市开展了农村养老保险工作，5500万农民参加养老保险，到2003年底，已有198万老年人领取养老金，从中受益。有些经济发达的地方，农村社会养老保险工作的步伐正在逐步加快，上海和广东省深圳、东莞等地按照城乡一体化要求，建立和完善农村社会养老保险体系。上海、山东、四川等一些地区启动了失地农民社会保险工作，效果良好。二是农村卫生工作取得新进展。改革开放以来，党和政府为加强农村卫生工作采取了一系列措施，一些农村缺医少药的状况得到较大改善。2002年，国家开始实施新型农村合作医疗试点工作，到目前已有310个县市、6900万农民参加，他们中受益最多的是老年人。同时，一些地方开始实施农村医疗救助制度，着手解决“五保”老人、贫困老人的医疗问题。卫生部门积极推动“让老年人重见光明行动”，使很多患白内障疾病的农村老年人重新见到了光明。三是农村贫困老年人生活救助工作逐步展开。许多地方建立了农村居民最低生活保障制度，到2004年2月，全国已有北京、天津、上海、江苏、浙江、福建、广东7个省市建立了农村最低生活保障制度，新疆、宁夏、贵州、内蒙古、甘肃、河北、四川、陕西、河南、海南等24个省份在部分地区建立了农村最低生活保障制度和定期定量救济制度，使这些地区贫困老年人的基本生活得到保障。有的地方启动了开发式扶贫工作，已取得初步成效，山东、青海和重庆等省市，采取“输血”与“造血”相结合的办法，让有能力的老年人通过自己的劳动，从根本上脱贫。四是面对税费改革的新形势，积极落实“五保”供养政策。根据中央税费改革精神，许多地区“五保”供养经费转变为从农业税附加和财政转移支付中提取的办法解决，有条件的地方，集体经济予以支持，使“五保”经费得到保障。五是部分有条件的地区建立了养老补贴制度，村集体定期给老年人，特别是高龄老年人和特困老年人发放生活补贴。经过多年的努力，已经初步探索出了中国特色的农村社会养老保障的路子，为进一步全面推动农村老龄工作奠定了良好的基础。

（三）加强老龄工作机构和老年群众组织建设，初步形成了农村老龄工作组织网络。全国老龄工作委员会成立后，大部分地区逐步理顺了县级老龄工作机构。目前全国87%的县（市、区）成立了老龄委及其办公室，乡镇老龄机构也在逐步建立，一些村委会设立了老龄工作领导小组或老年工作委员会。我国从上世纪80年代开始建立基层老年群众组织，北京、上海、黑龙江、吉林、辽宁、山东、江苏、浙江、福建、陕西、广西、云南等省、市已普遍建立村老年组织。目前农村老年人组织有37.3万个，约占农村行政村总数的56%。农村老龄工作网络的初步形成，为推动农村老龄工作的发展提供了组织保障。

（四）采取多种措施，加强维护农村老年人合法权益工作。由于农村社会保障制度尚不健全，老年人养老仍然主要依靠家庭，而农村经济和社会发展过程中又出现了许多新情况、新问题，针对这种情况，各地加强了农村老年维权工作。一是加大了维护农村老年人合法权益宣传和教育的力度。有关部门把老年法规列入了“三五”、“四五”普法内容，利用各种媒体和渠道，深入宣传老年法律法规及相关政策，增强了全社会保护老年人合法权益的法律意识。湖北、山东、安徽、江西、黑龙江、山西等省都抓出了显著成效。二是普遍开展了签订家庭赡养协议书的工作。为充分发挥家庭养老的作用，江苏、山东、湖南等许多地方采取了签订家庭赡养协议书的措施，将子女对老年人的赡养义务具体化、规范化，并大力抓好落实。大部分地区家庭赡养纠纷发生率已呈下降趋势。三是加强了法律援助和法律服务工作，加大了执法力度。不少地方设立了老年法庭、老年维权中心等机构，为老年人就地、就近、及时提供优质法律服务。湖北、江苏、上海和辽宁等省市建立起老年维权组织网络，有的在乡镇一级设立老年维权法庭和老年法律援助机构，受到老年人的欢迎。许多地方公开审判重大、典型涉老案件，较好地发挥了震慑和警示作用。

（五）老年教育事业取得成效，农村老年人的精神文化生活日趋丰富。许多地方农村老年教育取得进展。重庆市农村把学习科技知识作为老年教育的重要内容，为老年人提供种植业、养殖业和加工业等技能培训，提高了老年人的收入水平。一些地方农村老年文体活动越来越丰富，活动设施建设发展较快。浙江、北京、福建、云南等地加强对农村地区的文化指导，增加设施建设投入，推动了老年文化事业的健康发展。体育部门的群众健身设施建设重点也开始向农村倾斜。随着物质生活水平的提高，农村老年人对精神文化生活的要求越来越高，精神文化生活越来越文明健康、丰富多彩。

（六）重视农村老龄科研和调研工作，取得较好成果。农村老龄工作离不开深入的调研和科学研究。近几年来，全国老龄办、有关科研机构和各地老龄办加强了农村老龄科研和调研工作。全国老龄办、中国老龄科研中心及有关科研单位组织完成了“中国城乡老年人口一次性抽样调查”，“全国城乡贫困老年人状况调查”，“城乡老年人供养体系调查研究”等全国性的课题。由全国老龄办和中国人民大学承办的联合国人口基金援华第五周期老龄研究项目正在实施，其中中国农村养老保障研究、中国老年贫困问题研究、艾滋病对老年人的影响研究、中国城乡基层老年组织研究、中国老年妇女社会支持政策研究、独生子女户的养老问题研究等六个课题均包括农村的内容。国家人口与计划生育委员会完成了“农村计划生育夫妇养老问题与对策”重大课题研究。各地针对农村老龄问题开展了大量的科研和调查研究工作，为老龄工作决策，提供科学依据，或提出建议。

二、认清形势，增强做好农村老龄工作的责任感和紧迫感

改革开放以来，我国经济发展较快，人民生活水平不断提高，但从总体看，我国仍属于发展中国家，城乡经济与社会发展二元化状况仍然明显。这一基本国情意味着，农村老龄事业发展存在着基础薄弱、投入经费有限、解决手段不足等问题。但是我们更要看到，党和政府越来越重视农村工作，出台了一系列解决“三农”问题的政策措施。因此，我们只有正确分析和研究当前农村老龄工作所面临的形势，才能增强责任感和紧迫感，大力加强农村老龄工作，适时推动农村老龄事业实现跨越式发展。

（一）我国农村人口老龄化形势严峻，解决农村老龄问题任务艰巨。一是我国农村老年人口基数大。我国曾经是一个以农业为主的国家，农村人口众多。目前，我国农村老年人约占全国老年人口的70%左右。在今后较长时期，农村老年人口仍然多于城镇。二是农村人口老龄化发展速度快。由于大量农村青壮年人口外出务工，多数老年人留在农村，造成部分农村地区人口老龄化速度加快。三是农村贫困老年人口较多。据调查，我国农村贫困老年人有860万人，占全国贫困老年人口总数的85%。四是解决农村老龄问题的难度大。与城镇相比，我国农村经济发展水平较低，农民收入少，大部分农村地区各项社会事业，特别是社会福利和保障事业发展缓慢。因而，农村老龄工作的任务十分艰巨，发展农村老龄事业尚需较长时期的努力。

（二）农村老龄工作薄弱环节突出。一是社会保障制度不健全，农村养老保险、合作医疗、最低生活保障等均存在着覆盖面积小、资金来源少、保障水平低、制度不完善、管理不规范等问题。相当一部分符合条件的农村老年人没有被纳入社会养老保险、合作医疗、低保和社会救济的范围。农村老年人养老和缺医少药问题十分突出。二是国家财政、集体和社会对农村老龄事业投入少，老年服务设施和活动场所严重不足，大部分农村老年人的精神文化生活匮乏。三是有些基层领导对老龄工作认识不高，重视不够。仍然存在着“说起来重要，干起来次要，忙起来不要”，在实际工作中调查研究少，指导不得力，措施不落实的情况。四是仍有相当多的乡镇老龄工作机构尚未建立起来，村老年群众组织不健全或不规范，工作比较薄弱。所有这些，都需要我们高度重视和加大农村老龄工作的力度。

（三）农村出现了许多需要研究的新情况和新问题。随着农村经济体制改革和社会结构转型的深化，农民的生产生活不断发生变化，尤其是农村老年人受到较大影响。一是农村青壮年大量涌入城市，农村老年人的劳务负担加重，生活照料缺乏，生活质量下降。二是由于制度衔接不好，一些地区“五保”供养资金在税费改革之后出现短缺，目前全国仍有200多万符合条件的“五保”老人没有达到应保尽保，部分乡村敬老院建设和管理资金筹集遇到困难。三是家庭规模逐步缩小，家庭养老功能逐渐弱化，计划生育户的养老保障问题日益突出。四是在城镇化进程中，部分地区失地农民的补偿标准低，生活保障问题没有得到很好解决，其中，老年人的生活困难尤为明显。五是一些农村地区代际关系不和谐，歧视老年人，不履行赡养义务等问题依然比较突出。

（四）党的农村发展战略和政策，为做好农村老龄工作提供了契机。党十六届三中全会提出坚持以人为本，树立全面、协调和可持续发展的科学发展观，实施统筹经济与社会协调发展，统筹城乡协调发展的战略，不久前召开的十六届四中全会又进一步提出构建社会主义和谐社会的目标，这就为大力加强农村老龄工作，提供了理论基础，注入了强大的推动力。2004年的中央1号文件，把解决“三农”问题作为全部工作的重中之重。在2004年全国农村税费改革试点工作会议上，温家宝同志明确指出，要深化农村税费改革，切实减轻农民负担，做好财政转移支付工作，增加对农村社会事业的投入。对农民“多予、少取”是一个需要长期坚持的方针，缩小城乡差距是一项长期的历史性任务。同时，国家财政加大了对农村社会事业的投入，2004年将达到1500亿元以上，与2003年相比增加300亿元，增幅达25%，其中增长部分主要用于农村的社会事业发展方面。全国老龄工作委员会非常重视农村老龄工作，将其作为今后的工作重点之一。在各级党委和政府的领导下，经过不懈努力，发展农村老龄事业已经具备了前所未有良好的政策和社会环境，这为加强农村老龄工作打下了坚实的基础。因此，可以说，农村老龄工作和老龄事业的发展，面临着一个难得的历史机遇。

总之，没有老年人同步进入的小康社会，是一个不全面、不完善和水平不高的小康社会。而老年人能否同步进入全面小康社会，关键在于农村老年人。因此，我们必须站在全局的高度，进一步提高对做好农村老龄工作战略意义和现实意义的认识，抓住机遇，迎接挑战，采取有效措施，切实加强农村老龄工作，把“三个代表”重要思想和全面建设小康社会的目标落到实处。

三、与时俱进，努力开创农村老龄工作的新局面

当前及今后一个时期的农村老龄工作要以邓小平理论和“三个代表”重要思想为指导，树立和落实科学发展观，抓住解决“三农”问题的机遇，从制约农村老龄工作发展和影响老年人生活的突出问题入手，求真务实，开拓创新，努力推动农村老龄工作与经济社会协调发展，使农村老年人在全面建设小康社会和构建和谐社会的进程中共享经济和社会发展成果。

（一）切实加强对农村老龄工作的领导。加强农村老龄工作，关键是各级党委和政府要加强对农村老龄工作的领导。要从践行“三个代表”重要思想，落实科学发展观，统筹城乡社会经济发展和实现全面小康社会全局的高度，将老龄工作和老龄事业纳入农村经济与社会发展规划，列入党委和政府的重要议事日程。将农村老龄工作纳入政府工作考核目标管理，做到有部署，有检查，落实到位。各级分管老龄工作的领导同志，应定期听取汇报，集中更多精力和时间，研究和抓好农村老龄工作。各级政府根据“多予、少取”的精神，制定为农村老年人做好事，办实事，解难事的措施。各涉老部门要充分发挥职能作用，切实贯彻落实党和政府的各项涉老政策。随着农村社会经济的发展，各级政府要逐步加大对农村老龄事业的财政投入，保障老龄事业与经济社会协调发展，推动农村老龄工作不断提高到新水平。

（二）重点解决好农村老年人的养老和医疗保障。农村老年人最基本的问题是“老有所养”和“老有所医”的问题。解决好这一问题是农村老龄工作的主要任务。总的指导思想是，在党政主导下，充分发挥政府、家庭、集体和社会的作用，采取家庭保障和社会保障相结合的方针，逐步解决好农村老年人的生活保障问题。第一，要继续强化家庭养老功能。现阶段，我国农村仍然主要依靠家庭养老。针对家庭养老观念受到冲击，家庭养老呈弱化趋势的状况，要加强社会主义道德和法制教育，大力弘扬尊老敬老的社会风尚，传承家庭养老的优良传统。家庭赡养纠纷比较突出的地方，可采取依法治理、签订和监督执行家庭赡养协议书以及发挥舆论作用等措施，建立监督机制，巩固家庭保障功能。第二，从长远看，农村也要走社会保障的道路。根据经济和社会发展状况，各地要逐步建立和完善各种形式的农村社会养老保障制度。经济比较发达、农民收入比较高的地方，要逐步建立农村社会养老保险制度，并不断提高保障水平。有条件的村集体，可给予老年人，特别是高龄老年人和特困老年人一定的养老补贴，并尽可能形成制度。财力较好的地方，可建立农村最低生活保障制度和定期定量救济制度，切实保障困难老年人的基本生活。经济欠发达地区，可采取开发式扶贫、迁移式扶贫和临时救济等方式，保障贫困老年人的基本生活。有条件的乡村，可建立老年生活基地或老年专项基金，因地制宜地帮助老年人解决困难。要积极探索税费改革和减免农业税新形势下，“五保”老人的供养机制。“五保”老人的生活费用由农业税附加解决或者纳入低保范畴，有条件的地方可由财政转移支付解决，切实做到应保尽保。中西部地区一定要下大力气解决好“五保户”和贫困老年人的生活保障问题。切实落实对计划生育家庭老年人的奖励扶助政策。富裕地区要重视社会化的养老服务设施建设。努力保障老年人的基本医疗需求。积极建立和完善新型农村合作医疗制度。做好宣传和试点工作，从各地的实际情况出发，积极探索和总结经验，合理调整试点方案，完善配套政策和措施。要照顾到大多数农民群众的利益，逐步扩大保障范围，提高保障标准。逐步健全农村医疗卫生网点，努力改变缺医少药的状况。建立健全医疗救助制度，切实解决老年人因病致贫、因病返贫问题。构筑以解决“养”和“医”为主要内容的农村老年人生活保障网络。

（三）进一步加强农村老年维权工作。农村老年维权工作问题多，情况复杂，难度较大，应当成为今后一个时期老年维权的工作重点。农村老年人合法权益受侵害的情况多发生在家庭中。一些子女法制意识和道德观念淡薄，视老年人为负担，嫌弃老年人，不履行赡养义务，甚至虐待、遗弃老年人，是造成老年人合法权益受到侵害的重要原因。保障老年人享受家庭赡养权利，增进老年人家庭代际关系和谐，是农村老龄工作的重要内容。加强农村老年维权工作，一是靠宣传教育，二是靠法治。要开展经常、广泛、深入的老年法律法规的普法宣传和敬老道德教育活动，做到人人学法、懂法，依法维护老年人的合法权益。积极开展创建“敬老模范村（乡镇）”、表彰“敬老好儿媳”等活动，树立先进典型，弘扬敬老爱老助老的社会风尚。积极引导，逐步转变“女儿不养老”和“隔代不养老”等传统陋俗。及时调解涉老家庭纠纷和邻里纠纷，对少数遗弃、虐待甚至残害老年人的违法犯罪行为要依法惩治。

老龄部门和司法、公安、法院等部门，要各司其职，积极配合，共同做好老年维权工作。基层司法部门及有关组织要积极为老年人提供法律咨询和法律援助，做好涉老纠纷的调解工作。乡村公安派出所要加大对老年人的司法保护工作力度。人民法院要对涉老案件采取优先立案、优先审理、优先结案的措施。县乡老龄工作机构要做好综合协调、督促推动工作。乡村老年组织要帮助老年人懂得自身的合法权益，并自觉加以维护。要充分发挥有关政府机构、司法机关、社会组织和村老年群众组织的作用，建立和完善农村老年维权网络。

（四）大力加强县乡老龄工作机构和村老年群众组织建设。健全的工作机构是做好农村老龄工作的组织保障。目前县级老龄工作机构大多已经调整建立，但是一些地方仍存在着机构不健全、编制不落实、人员不到位、经费无保证等问题，制约着老龄工作的正常开展，要通过多方努力，切实予以解决。乡镇老龄工作机构承上启下，地位十分重要，有条件的地方要安排专职老龄工作干部；暂不具备条件的也可以明确指定乡镇社会事务所或民政科承担老龄工作。

村级老年群众组织是在党支部和村委会领导下，老年人自我服务、自我教育和自我管理的群众自治组织，是基层老龄工作的重要组织载体。回良玉副总理曾指出，基层老年群众组织“在维护经济发展，保持社会稳定，调解涉老纠纷，维护自身利益，推进计划生育，活跃老年人生活，关心下一代等方面都发挥了积极作用，为基层政权建设做出了贡献”。为此，要继续大力加强农村基层老年群众组织建设。一是要积极推进村级老年群众组织的发展，凡是有条件的地方都要建立。二是要充分发挥老年群众组织的作用，主要是在党支部、村委会的领导下，在上级老龄工作机构的指导下，组织老年人开展维护合法权益、学习教育、文化娱乐、邻里互助等方面的活动与服务，协助党支部、村委会落实党和政府的各项涉老政策、措施，完成上级老龄部门部署的工作任务。党支部和村委会要对老年组织予以重视和支持。三是要加强老年群众组织自身建设。要健全、规范其组织和制度建设，特别要抓好领导班子建设，选好带头人。对于组织涣散、工作薄弱、不能发挥作用的老年组织应按章程予以调整。老年群众组织应在本村范围内开展活动，坚持上下不贯通，左右不串联的方针。四是要注意研究和解决有关法律和政策问题。北京、浙江、山东、上海、湖南等省市都有一些好的经验和做法可以借鉴；全国老龄办也正在就基层老年群众组织规范管理问题与有关部门进行研究、协调。通过上下共同努力，要在现有工作的基础上把农村老龄工作体系进一步健全起来。

（五）不断丰富农村老年人的精神文化生活。随着我国农村经济的发展和农民生活水平的提高，农村老年人开始向往和追求丰富多彩的精神文化生活，这种情况在富裕地区尤为突出。活跃和丰富农村老年人的精神文化生活，对于加强社会主义精神文明建设，维护社会稳定，有重要意义，也是农村老龄工作的重要任务之一。各地要以“星光老年之家”和老年人活动站（中心）建设为契机，立足当地农村的实际，因地制宜地兴建适用、方便的农村老年文化体育设施，为农村老年人提供学习和文化活动场所。根据农村老年人的特点和需要，积极开展内容丰富、形式多样、健康有益的文化娱乐活动，破除封建迷信和宗族观念，倡导科学、健康、文明的生活方式。在有条件的地方，积极创办农村老年学校，编写涉及卫生、科技、法律和文化等方面的教材，发展农村老年教育事业。要以乡镇敬老院和乡、村老年人活动站（中心）为依托，完善农村老年人服务和文化活动网络。

（六）各级老龄办要切实加强对农村老龄工作的指导。各级老龄办要认真贯彻党的十六届三中、四中全会精神和关于把解决“三农问题”作为全党工作的重中之重的精神，按照科学发展观的要求，提高认识，调整思路，切实重视和加强农村老龄工作。一是积极争取党政领导的支持。及时向当地党政领导反映农村老龄工作情况，提出切实可行的对策建议，当好参谋助手。二是加强与有关部门的协调配合。要积极支持、配合、推动有关涉老职能部门贯彻落实党和政府的农村老龄工作政策、法规，协调、促进出台推动农村老龄事业发展的政策措施，增加投入，统筹城乡老龄事业的协调发展。农村老龄工作是一项复杂的系统工程。各级老龄办要积极努力，形成在党政领导下，各部门齐抓共管，社会组织积极参与的大老龄工作局面。三是要坚持分类指导，整体推进的工作思路。老龄工作要立足于当地的实际情况。我国东部和中西部地区、城郊农村和边远农村的社会经济发展水平差异很大，开展老龄工作的条件有所不同，起点有高有低，因而各地农村老龄工作的重点和难点不尽相同，要研究提出符合各地情况和特点的工作思路，采取不同的措施、办法，切忌攀比和一刀切。四是农村老龄工作具有很强的挑战性，任重道远。我们要克服畏难情绪，勇于开拓进取，创造性地开展工作，努力推进农村老龄工作上台阶、上水平，全面发展。五是重视调查研究。要深入基层，认真研究农村老龄工作的新情况、新问题，找准农村老龄工作与党的中心工作的联系点和切入点，及时发现和培育先进典型，总结推广先进经验，发挥典型的示范和引导作用。

同志们，做好农村老龄工作，是关系到维护社会稳定，践行“三个代表”重要思想，体现执政为民，全面实现小康社会的重大经济和社会问题，意义重大，任务艰巨。我们要坚定信心，迎难而上，抓住机遇，开拓进取，努力开创农村老龄工作的新局面！

谢谢大家！

李本公同志在全国省级老龄工作委员会办公室主任会议上的讲话

（2005年2月27日）

同志们：

刚才，新立同志向大家传达了回良玉副总理在全国老龄工作委员会第七次全体会议上的重要讲话。回良玉副总理从全局的高度阐述了老龄事业在构建社会主义和谐社会中的地位和作用，在肯定2004年老龄工作的基础上，按照大老龄的思路对今年的工作提出了明确要求，为今年的老龄工作指明了方向。希望大家认真学习和领会回良玉副总理的讲话精神，并在实际工作中贯彻落实。学举部长在全国老龄工作委员会第七次全体会议上的工作报告也已印发给大家。学举部长的报告全面总结了去年全国的老龄工作，对今年的工作作出了具体部署，明确了今年的工作重点，是各级老龄工作委员会安排今年工作的指导性意见。下面，受学举部长的委托，我对去年老龄工作委员会办公室的工作作个回顾总结，并就今年的重点工作谈几点意见。

一、2004年的工作总结

2004年，各地老龄办以邓小平理论和“三个代表”重要思想为指导，认真学习党的十六大和十六届三中、四中全会精神，进一步贯彻《中共中央、国务院关于加强老龄工作的决定》、《中国老龄事业发展“十五”计划纲要》、《中华人民共和国老年人权益保障法》和老龄工作指导方针，按照全国老龄委第六次全体会议的要求和2004年省级老龄办负责人会议的工作部署，切实履行老龄办职责，以全国老龄工作先进县（市、区）创建工作为重点，稳步推进城市老龄工作，加大农村老龄工作力度，努力解决老年人群的突出问题，加强老龄工作机构自身建设，推动了全国老龄工作的深入开展，取得了令人满意的成绩。

（一）创建工作取得显著成效。开展老龄工作先进县（市、区）创建活动是全国老龄委的重大决策，是2004年全国老龄工作的重中之重。各省（区、市）党委、政府都把创建工作纳入重要议事日程，切实加强领导。各地老龄办统筹安排，周密部署，精心组织，推动创建工作健康有序地展开，取得了显著成效。首先，通过创建，各地党政领导对老龄工作重要性的认识有了明显提高。在创建过程中，各地党政领导都给予了极大重视和支持。广东省李容根副省长、山东省谢玉堂副省长、浙江省陈加元副省长等省市领导专门作出批示，亲自过问。许多县（市、区）成立了党政主要领导挂帅的领导小组，多次召开书记办公会、党委常委会、县（市、区）长办公会议专题研究，并制定具体的创建方案和工作计划，使老龄工作整体地位得到了很大提升。第二，创建工作促进了老龄事业投入机制的形成和完善，老龄事业投入不断增加。北京、天津、广东、湖南等省市和宁波、厦门等计划单列市加大了老龄工作经费和老龄事业经费的投入力度，有效地缓解了经费不足的状况。第三，各地抓住创建的有利时机，促进为老服务设施和场所的建设。一些老龄工作基础好的地方，新建和改扩建了一大批为老服务设施。一些老龄工作基础比较薄弱、经济欠发达的地方，也努力争取经费，迎头赶上，建设了一些为老服务设施和场所。西藏自治区克服经费紧张的困难，安排1.2亿元资金建设老年活动场所，目前已经建成8个，还有26个正在建设之中。第四，通过创建，一些地方老龄办机构不顺的问题得到了解决。辽宁、山西、江西、重庆、陕西等省市进一步加强了省级老龄工作机构，理顺了工作关系。总之，创建活动极大地推动了基层老龄工作的深入开展，鼓舞了基层老龄工作者的工作热情，使基层老龄工作局面发生了可喜变化。

（二）基层老龄工作不断加强。2004年，各地始终坚持老龄工作重点在社区、在基层的原则，不断加大基层老龄工作力度，扎实工作，取得了较好成绩。在城市，各地着力抓好社区老龄工作，立足社区开展为老年人服务。一年来，通过积极协调成员单位，紧紧围绕社区老年人的养老、医疗、生活照料、文化生活等方面，做了大量卓有成效的工作，解决了一些突出问题，使老年人真正得到了实惠。同时，在社区老龄工作队伍建设、为老服务设施建设、老龄工作体制探索等方面，积累了很多有价值的经验。江苏、上海、青岛等地在出台关于加强社区老龄工作意见的基础上，狠抓落实，成效显著。浙江省制定了建设老龄工作规范化社区的评价标准，并广泛开展了“达标”活动，收到了很好的效果。哈尔滨、南京等省会城市也结合当地实际，在加强社区老龄工作方面取得积极进展。

在农村，各地下大力气继续抓紧解决老龄工作中的一些突出问题，使农村老龄工作取得了长足发展：一是农村基层老龄工作机构不断完善。县（市、区）级老龄工作机构的建立有了较大进展，乡镇一级老龄工作机构也在逐步建立健全，一些地区还建立了村委会一级的老龄工作领导小组。山东、山西、吉林、陕西等省已经健全了县、乡（镇）、村三级老龄工作体系。二是解决农村养老问题在探索中取得进展。目前，全国有1870个县（市）开展了农村养老保险工作，5500万农民参加了养老保险。四川等地还将农村养老与奖励计划生育相结合，向农村计划生育奖励扶助对象发放了奖励扶助金。广东、浙江、上海的一些地区启动了失地农民社会保险工作，效果良好。三是农村新型合作医疗试点和医疗救助制度建设逐步推开。参加农村新型合作医疗试点的省市积极工作，使老年人医疗困难得到一定程度的缓解。福建、甘肃、海南等省市结合本地实际，大力推进农村医疗救助制度建设，取得了积极进展。四是农村特困老年人生活救助工作逐渐展开。全国有8个省市在全省范围内、23个省份在部分地区建立了农村最低生活保障制度，享受农村低保的人数达到455万。没有建立农村低保制度的地区，也根据本地情况对贫困老年人实行定期定量救助，使他们的基本生活得到了保障。山东、青海、重庆等省市还探索了开发式扶贫的办法，帮助农村特困老年人摆脱贫困，效果很好。

在城乡基层老年群众组织建设方面，各地继续大力培育和发展老年人协会、老年志愿者协会、老年体育协会等多种形式的基层老年群众组织。一年来，各类基层老年群众组织的数量不断增加，覆盖范围不断扩大，发展势头良好。此外，各地还重点加强了老年人协会的规范化建设，对协会章程进行了统一规范，对协会负责人进行了业务培训，对少数不能发挥作用的协会进行了适当调整，对先进典型进行了宣传表彰，通过这些措施，基层老年人协会的整体水平得到了进一步提高。

（三）老年维权工作更加扎实。一年来，各地以贯彻落实《老年法》为出发点，以为老年人办实事、解难事为落脚点，扎扎实实地做了大量的工作。首先是进行广泛的普法宣传。各地将《老年法》列入“四五”普法计划，通过多种形式进行宣传，强化了全社会维护老年人合法权益的法制观念，为维权工作打下了坚实基础。其次，各地根据当地情况，制定和完善了配套政策法规。宁夏出台了《老年人合法权益保障条例》，山东将制定《家庭赡养与扶养条例》列入省人大立法计划，河北、海南等省也正在抓紧起草老年人权益保障的地方性法规。第三，切实维护老年人的被赡养权。陕西、甘肃、安徽、青海等地针对一些家庭存在赡养纠纷的现象，通过签订《家庭赡养协议书》，使老年人的被赡养权得到了有力保护。第四，为老年人提供更加便捷的法律援助。江苏、天津、辽宁等省市设立了老年维权中心（站、点），方便老年人寻求法律咨询和法律援助。第五，老年优待工作进一步深化。通过增加老年优待证发放数量和丰富老年优待内容，使更多老年人享受到了更多更好的优待服务。此外，湖北、陕西等省还实行了老年人优待全省一证通，使持证老人在省内各城市都能够享受优待。深圳市结合流动人口多的特点，出台了暂住老人免费乘车的规定，深受暂住老人的欢迎。

（四）老龄产业发展取得新进展。去年，全国老龄办举办了中国老龄产业发展论坛，对加快老龄产业发展的有关重要问题进行了专题研究，提出了许多建设性的对策建议。各地也组织力量进行广泛调研，研究制定政策措施，积极探索发展老龄产业的新路子。去年，辽宁省政府下发了《关于加快养老产业发展的实施意见》，在全国首家召开了全省发展养老产业工作会议，推动了辽宁这个老工业基地养老产业的发展。去年10月份，在辽宁大连召开了中国国际老人用品博览会，国内外120多家企业参展，在社会上产生了较大影响。总之，通过多方努力，在发展老龄产业方面又迈出了扎实的一步。

（五）“银龄行动”成效显著。2004年，“银龄行动”的试点范围从5个省市扩大到20个。通过扩大试点，不仅提高了老龄工作的影响力，也为将来更大范围地推动“银龄行动”积累了经验。其中，北京、上海、江苏、广东等经济发达地区，在医疗、教育、文化、科技等许多领域为对口支援的西部省份提供智力援助，为西部地区的发展作出了贡献。广东援助广西玉林的专家，在短短的几十天里，就为玉林一个陶瓷集团攻克了九道技术难关，使其产品合格率提高了十个百分点，创造了明显的经济效益。吉林、辽宁、黑龙江等地结合振兴东北老工业基地的实际，安排“银龄行动”的援助项目，利用老学者、老专家和广大老同志的丰富经验和知识，就东北振兴提出了许多建设性意见，解决了一些企业和地区发展的关键性难题。山东、甘肃、安徽、四川等省也都开展了卓有成效的省内援助行动，反响良好。实践证明，“银龄行动”是实现老年知识分子老有所为的重要平台，应不断总结试点经验，在全国推广。

除了上述五项内容，各地在重阳节、新年等重大节日，组织了丰富多彩的老年文化活动，活跃了老年人的精神文化生活；继续加大老龄工作宣传力度，利用报纸、广播、电视、网络等多种形式，广泛开展老龄宣传活动，增强了人们对老龄工作重要性的认识，进一步营造了全社会关心老年人、重视老龄工作的良好氛围；联合中宣部等五部委共同开展了敬老、爱老、助老主题教育活动，在社会上产生了良好影响。

回顾过去一年，老龄工作取得了显著成绩。这些成绩的取得，离不开各级党委和政府的高度重视，离不开成员单位的齐抓共管。同时，各级老龄办作为各级老龄委的办事机构，发挥了重要作用，功不可没。总结去年的工作，感到有以下四点经验非常重要：

一是坚持以人为本，全心全意为老年人服务。老年人为新中国的建立、社会主义建设和改革开放事业作出了重要贡献，是党和国家的宝贵财富。关心、爱护老年人，认真解决关系他们切身利益的实际问题，全心全意为老年人服务，是贯彻“三个代表”重要思想，坚持以人为本的具体体现，也是构建社会主义和谐社会的重要内容。一年来，各级老龄办始终把老年人的根本利益放在首要位置，把对老年人的满腔热情转化为工作的强大动力，把为老年人解决实际问题作为我们工作的中心任务，以饱满的精神状态扎实工作，为广大老年人谋利益。正因为如此，我们的工作才得到了广大老年人的欢迎。

二是坚持发挥综合协调作用，充分依靠成员单位开展工作。老龄工作是一项系统工程，需要协调成员单位各负其责，齐抓共管，其中老龄办发挥综合协调作用非常重要。一年来，正因为各级老龄办克服各种困难，创造性地履行综合协调职责，不断探索新形势下建立老龄工作齐抓共管新机制，充分发挥成员单位积极性和主动性，才推动了各项工作的深入开展。可以说，有效发挥综合协调作用是我们各级老龄办工作取得成功的关键因素。

三是坚持把工作重心放在基层，把老龄工作的方针政策落到实处。老年人生活在基层，老龄工作的重心应该始终坚持放在基层。党和政府关于老龄工作的方针政策已经确立，我们的主要任务是狠抓落实。一年来，各级老龄办时刻抓住基层这个工作重心，从实际出发，围绕“六个老有”的工作目标，积极探索在基层落实老龄工作方针政策的新形式，扎扎实实地解决老年人的实际问题，不仅使广大老年人受益，而且增强了全社会敬老、爱老、助老的良好社会氛围。

四是坚持搞好自身建设，切实提高工作水平。老龄办是一个办事机构，工作水平的高低是老龄办自身建设强弱的集中体现。一年来，各级老龄办坚持搞好自身建设，不断健全老龄工作体系，加强干部培训，完善规章制度，改进工作作风，推动了各项工作的顺利开展。

但是，我们也要清醒地看到，目前的老龄工作还存在不少困难和问题：少数地方党政领导对老龄工作的重要性认识不高、重视不够；老龄事业经费投入和老年人口大国的国情不相适应；发展老龄产业的相关政策措施滞后；农村老龄工作基础相对薄弱；一些基层老龄工作机构尚不健全；少数基层老龄工作干部的综合素质和工作作风还不能适应工作要求等。对此，我们一定要高度重视，认真对待，采取有效措施，逐步加以解决，把老龄工作不断推向前进。

二、2005年的工作安排

根据全国老龄工作委员会第七次全体会议精神，2005年老龄工作的总体要求是：以邓小平理论和“三个代表”重要思想为指导，全面贯彻党的十六大、十六届三中和四中全会精神，坚持以人为本，树立和落实全面、协调、可持续的科学发展观，贯彻“党政主导、社会参与、全民关怀”的老龄工作方针，围绕“六个老有”的工作目标，认真做好“十五”计划的评估检查和“十一五”规划纲要的制定工作，全面推进基层老龄工作，不断深化创建活动，切实维护老年人合法权益，推动老龄工作全面发展，为构建社会主义和谐社会作出贡献。

今年是落实老龄事业发展“十五”计划的最后一年，同时，国务院还将召开第二次全国老龄工作会议，任务艰巨，工作量大，各地必须按照今年工作的总体要求，统筹安排，精心部署，突出重点，推动老龄工作整体发展。借此机会，我就今年的重点工作讲点意见：

（一）认真抓好“十一五”规划纲要的制定工作。

认真做好“十一五”规划纲要的制定工作，对于加快未来五年老龄事业的发展，促进全面建设小康社会，构建社会主义和谐社会具有重要意义。各地要把这项工作摆上重要议程，提早动手，做好安排。

首先，制定老龄事业发展“十一五”规划纲要，必须坚持科学发展观，贯彻“五个统筹”，突出改革精神，正确处理老龄事业与经济社会发展的关系，在公共财政投入、项目安排和政策引导上，充分体现向基层倾斜，向农村倾斜，向困难老年群体倾斜。

其次，要实事求是，突出重点，解决薄弱环节。制定规划要抓住老龄事业发展中普遍存在的突出问题。在城市，要突出体现完善基本养老保险制度，落实城市居民最低生活保障制度，积极推进医疗保险制度改革，加快老龄事业基础设施建设的政策导向，不断提高老年人的生活生命质量。在农村，要进一步加强家庭养老保障的基础作用，积极探索建立社会养老保险制度，大力推进新型合作医疗试点工作，在有条件的地方要建立农村最低生活保障制度，切实解决农村老年人的基本养老和基本医疗问题，解除他们的后顾之忧。

再次，搞好对“十五”计划纲要执行情况的正确评估。各地老龄办要在政府的统一领导下，会同成员单位对“十五”计划纲要的执行情况进行评估检查，根据“十五”计划纲要中提出的目标、任务和要求，重点检查和评估老年人的养老、医疗、服务设施和场所、贫困救助、合法权益维护等方面的落实情况。对存在的突出问题要尽快提出解决意见报当地政府和老龄委，并推动有关部门加以解决，今年8月底各地要写出专题报告报全国老龄办。下半年，全国老龄办将会同成员单位，对“十五”计划纲要的执行情况进行全面检查和评估，并将评审结果上报国务院。

最后，制定“十一五”规划是个系统工程，离不开党委和政府的领导，离不开成员单位的支持配合，各地老龄办要积极争取党委和政府的高度重视，把老龄事业“十一五”规划的制定工作纳入党委和政府的议事日程，确保老龄事业发展规划纳入当地经济社会发展的整体规划之中。

（二）大力推进基层老龄工作。

搞好基层老龄工作是一项长期任务，必须年年抓。今年在推进基层老龄工作方面，应该主要抓好以下四点：

第一，切实提高对加强基层老龄工作重要性的认识。老年人生活在社区、在基层，老龄工作方针和政策的贯彻，必须通过社区和基层的具体工作，最终落实在老年人身上。“基础不牢，地动山摇”，基层老龄工作做好了，对于不断满足老年人的物质文化需求，实现“六个老有”，促进代际和谐、社会稳定具有十分重要的意义。各地要从构建社会主义和谐社会的高度，切实提高对加强基层老龄工作重要性的认识，始终把基层作为老龄工作的出发点和落脚点。

第二，努力争取基层老龄工作的新突破。做好基层老龄工作，重点要抓好五个环节：健全和完善党政主导、村（居）委会牵头、老年群众组织运作、驻区单位和居民广泛参与的基层老龄工作体制；建设功能完善、方便适用的为老服务设施和活动场所；建立健全立足于社区的各类老年群众组织；培育发展基层老龄工作和为老服务两支队伍；按照政府目标考核管理的要求，建立基层老龄工作的评估标准和表彰激励机制。近几年，各地在基层老龄工作上下了很大功夫，总结了许多新做法和新经验，但总体来说，发展还很不平衡。今年，各地要从实际出发，根据以上五个环节，研究存在的突出问题，尽快确定各自推进基层老龄工作的目标、任务和工作重点，抓好典型，交流经验，力争使本地的基层老龄工作取得新的突破。

第三，进一步加大农村老龄工作力度。当前，农村老龄问题非常突出，人口老龄化速度快于城市，家庭养老功能日益弱化，大多数地区社会养老保障制度尚未建立，为老服务发展严重滞后。在这种形势下，为了加强农村老龄工作，去年11月份，全国老龄办在宁波召开了农村老龄工作座谈会，大家统一了认识，明确了方向。今年要着重抓好以下几个方面：一是要抓好现有涉老政策的落实，同时要配合有关职能部门开展调查研究，提出建议，适时出台适应本地社会经济发展水平的新政策，不断提高农村养老保障水平。二是要抓好农村为老服务设施和活动场所建设。目前，农村为老服务设施和活动场所建设与老年人需求差距很大，各地应按照“五个统筹”的原则和向社会发展倾斜、向农村倾斜和向弱势群体倾斜的要求，开展调查研究，为当地政府出主意、想办法，多渠道筹集资金，努力改变农村为老服务设施和活动场所严重缺乏的状况。三是要继续加强农村老年维权工作。关于这一点，后面我还要具体讲。

第四，培育和发展老年群众组织。老年群众组织是基层老龄工作的重要抓手。各地要继续采取有力措施，在城乡基层普遍建立老年群众组织。在此基础上，要加强指导和规范，使老年群众组织始终保持正确的方向，发挥老年群众组织在促进经济发展、保持社会稳定、调解涉老纠纷、维护自身权益、关心下一代等方面的积极作用，使之保持特色和活力。此外，各地还要通过表彰评比、树立典型，培育一批组织健全、充满活力的先进老年群众组织，引导广大老年群众组织健康发展。今年，全国老龄办在适当的时候，将召开基层老年群众组织建设座谈会，研究提出规范基层老年群众组织建设的指导意见。

（三）切实抓好老年维权工作。

维护老年人合法权益是老龄工作的一面旗帜，必须始终高举。今年要重点抓好以下四点：

一是搞好综合协调工作。各级老龄办要认真履行职责，积极发挥综合协调、督促检查作用。今年，各地要配合人大搞好执法检查，结合全国人大执法大检查所提出的意见，对《老年法》贯彻实施以来的情况进行调研、评估，全面掌握《老年法》实施过程中所取得的成绩和存在的问题，协调配合有关部门提出进一步实施《老年法》应采取的对策措施。各地还要切实加强信访工作，提高业务素质，增强服务意识，及时把侵犯老年人合法权益的问题，向有关职能部门和司法行政机关反映，对严重侵犯老年人权益的案件，要通过新闻媒体及时曝光，督促有关部门处理。各地在老年维权方面，特别是在法律援助等方面已经涌现出一批好的经验，全国老龄办准备在适当时候召开一次专题经验交流会。

二是依法保障特困老年人的生活。要协调有关部门，制定切实可行的特困老年人救助措施，保障他们的基本生活。要探索税费改革后实施农村“五保”供养制度的新机制。要积极配合有关部门，推进农村新型合作医疗制度试点工作，努力保障老年人的基本医疗需求。要积极开展国家救济、社会捐赠、结对助养、老年人自助互助和志愿服务等多种形式的社会救助活动。要动员社会力量，逐步建立多层次、多元化的社会救助体系，加大对老年人的帮扶力度。

三是加强老年人优待工作。目前，全国已有多一半的省份出台了本省统一的敬老优待规定，使这项制度建设向前迈了一大步。当然，在实施过程中也不可避免地存在一些问题，如有的地方享受优待范围还不够大，有的地方虽有规定但落实起来困难重重等。各地要针对这些问题，在专项调研的基础上，采取有效措施，确保老年优待政策的落实。还没有制定老年优待政策的省市，要抓紧时间，尽快出台。有条件的地方，要随着社会经济的发展，不断扩大优待范围，丰富优待内容，使老年人更多地分享改革开放带来的成果。

四是抓好《老年法》颁布实施十周年庆典的筹备工作。2006 年是《老年法》颁布实施十周年，这是我国老龄工作发展史上一件大事。今年，我们将会同有关部门筹划、拟订十周年庆典活动的实施方案，提出组织相关活动的要求。各地老龄办要根据全国老龄办的部署和要求，统一安排，认真组织，做好争取经费、制订计划等方面的工作。

（四）把创建全国老龄工作先进县（市、区）活动推向深入。

两年来的创建实践表明，创建活动是加强基层老龄工作的有效载体和重要抓手，极大地促进了基层老龄工作和老龄事业的全面发展，有力地提升了老龄工作的社会地位和整体水平，要持续、深入地开展下去。创建活动从 2003 年开始到现在，一个周期已经完成。但是，评选表彰不是创建活动的结束，而是新的、更高水平的创建周期的开始。如何把创建活动深入开展下去，这是老龄工作面临的新课题。今年的创建活动，要以巩固、提高、发展为原则，重点抓好以下几方面的工作：

一是努力巩固创建成果。首先，要把创建活动中得到加强的老龄工作机构、增加的老龄事业经费、出台的老年优待政策、开发的为老服务设施等成果巩固好，防止出现“滑坡”。其次，对获得先进称号的县（市、区），要继续采取有力措施，通过定期或不定期的自查、抽查和社会监督，保持其工作的先进性；对工作质量明显下降，或出现严重问题的，省级老龄办要及时处理，采取批评、限期整改、直至上报撤销荣誉称号等措施，实行动态管理。第三，对尚未获得先进称号，但通过创建活动，其老龄工作取得显著成效的县（市、区），要给予充分的肯定和鼓励，保持其创建积极性，为下次的评选表彰打好基础。二是不断提高创建水平。首先，要将创建活动纳入地方老龄事业发展“十一五”规划，使其真正成为动员全社会广泛参与老龄事业的制度性安排；其次，要结合创建全国老龄工作先进县（市、区）的指导思想和条件，制定适应本地区经济社会发展水平的具体创建标准，不断提升创建水平；第三，要从县（市、区）的实际出发，明确年度创建工作要解决的突出问题，把创建工作抓出实效。第四，要在村镇、社区、街道广泛开展“敬老模范村（社区）”、“先进老年群众组织”等争创评选表彰活动，为创建活动的持续开展打下坚实的基础。

三是切实加强创建活动的宣传力度。要因地制宜，利用电视、广播、网络、报刊杂志、公益广告等各种传媒，采取专题片、新闻报道、文体活动等多种形式，大力宣传创建活动的指导思想和重要意义，营造敬老、爱老、助老的良好社会氛围，动员全社会参加到创建活动中来；要通过表彰会、经验交流会、巡回演讲等多种形式，大张旗鼓地宣传老龄工作先进县（市、区）的工作成绩和先进经验，力求做到家喻户晓，广泛参与，扩大创建工作的影响。

四是进一步探索创建工作的长效机制。要按照广泛、深入、持续、规范的原则，进一步扩大创建活动的参与面，努力解决基层老龄工作的深层次问题，建立健全创建活动的各项规章制度，保持创建活力的持久性。要认真总结创建活动中具有普遍性和推广价值的好做法、好经验，在此基础上不断探索，大胆创新，结合本地区的实际情况，从确立目标，规范标准、严格程序、科学评估、总结表彰和后续管理等环节进行探索，逐步建立和完善创建工作的长效机制。要对老龄工作处在不同发展阶段的县（市、区）进行分类指导，评上先进的如何与时俱进，工作中游的如何赶超先进，后进的如何改变面貌，不同情况都要有一套可行的办法。全国老龄办也将把探索创建活动的长效机制，作为今年工作的重点，结合各地的经验，研究制定一个指导性意见。

2005年，在努力完成上述工作的同时，还要统筹做好以下工作：

（一）配合做好第二次全国老龄工作会议的筹备工作。第二次全国老龄工作会议将全面总结过去五年来老龄工作的经验，研究未来老龄事业的发展战略，部署今后五年的老龄工作。开好这次会议对今后老龄工作和老龄事业的发展具有重要意义。各地要根据全国老龄办的统一安排，认真做好典型培育和典型材料上报等工作，确保会议的顺利召开。

（二）协调配合有关部门研究制定加快发展老龄产业的指导意见。各地要深入调查，广泛征求各方面意见，研究制约老龄产业发展的主要因素，协调配合有关部门提出“十一五”期间加快发展老龄产业的目标、任务和政策措施，并作为重要内容纳入当地经济与社会发展“十一五”规划和老龄事业发展“十一五”规划。

（三）在前两年试点工作的基础上将“银龄行动”全面推开。两年来的试点经验充分说明，开展“银龄行动”是老年知识分子实现老有所为的重要形式，是发挥老年知识分子智力优势，参与国家西部大开发、振兴东北老工业基地的有效途径，已经在社会上产生广泛影响。各地要按照统一部署和要求，切实加强领导，从当地实际出发，因地制宜，注重实效，抓紧抓好。同时，为全面掌握老年知识分子和其他有专长的老年人才状况，抓紧筹建各地老年知识分子人才资源数据库。

（四）开展多种形式的老年文体活动。各地要依托各类基层老年文体组织，广泛开展老年人喜闻乐见、小型多样的各种文体活动，重点组织好重阳节期间的大型老年文化娱乐活动，进一步丰富老年人精神文化生活。

（五）大力加强宣传工作。各地要围绕今年老龄工作重点，充分发挥大众传媒的作用，做好相关宣传工作；要搞好第二届“全国老龄新闻奖”的评选活动。

（六）不断加强老龄领域的国际合作交流。有关省、市要确保与联合国人口基金、欧盟等国际组织合作项目的顺利完成，积极推动国际老龄行动计划和上海后续行动计划的执行和落实。有条件的省、市也要不断解放思想、广开视野，加强老龄领域的国际合作，扩大国际交流。

2005年的老龄工作任务繁重，很多方面具有挑战性，做好这些工作，必须切实加强老龄办的自身建设。在人口老龄化的新形势下，加强老龄办自身建设是加强党的执政能力建设的组成部分，也是做好老龄工作的重要保障。今年，主要抓好以下方面：

第一，进一步解决好老龄工作机构问题。各地要贯彻经全国老龄工作委员会第七次全体会议研究通过的，李学举同志工作报告中提出的“要督促各地进一步健全老龄工作机构，切实履行各项职能，形成高效顺畅、运转协调的工作机制”的要求，在继续加强省级老龄工作机构建设的同时，重点针对县（市、区）和乡（镇、街道）两级老龄工作机构比较薄弱的问题，加大督促协调力度，重点解决机构规格、编制、经费和办公条件等问题。老龄工作机构没有理顺的县（市、区），要积极争取党委、政府领导的高度重视，尽快理顺和完善。同时，对尚未建立老龄工作机构的乡（镇、街道），要加强指导，争取年底建立起来。

第二，努力搞好老龄政策研究和老龄工作干部培训工作。搞好老龄事业重大政策研究是各级老龄办的重要职责，也是各级老龄办发挥参谋助手作用的重要手段。各省市老龄办要提高对老龄政策研究工作重要性的认识，把培养一支热爱老龄事业、理论功底深厚、业务素质较高的人才队伍作为加强自身建设的一项重要任务来抓，加强老龄政策研究，提升老龄政策理论水平。同时，要充分利用大专院校、科研机构和民间学术机构的老龄科研资源，针对当地老龄事业发展的战略问题和面临的实际问题进行深入研究，为老龄工作决策提供科学依据。此外，今年全国老龄办承担的“全国人口老龄化趋势百年预测”和“全国分省人口老龄化趋势50年预测”项目将要结题，这些重要数据产生以后，各省市老龄办也要立项开展深入研究，争取明年上半年完成当地老龄事业中长期发展战略研究报告，并上报全国老龄办。今年，全国老龄办还要按原计划继续举办第三期老龄工作干部培训班，完成预定的培训任务。各地也要按分级培训的原则搞好地、县（市）、乡（镇、街道）老龄工作干部及老年人协会负责人的培训工作。

第三，继续保持良好的精神状态。客观地讲，我们老龄工作部门既没钱也没权，开展工作难度大，要想为广大老年人谋利益，要想干成一番事业，如果再没有扎实的工作作风，恐怕是一事无成。去年，通过创建工作可以看到，许多地方老龄办的同志们精神状态饱满，工作热情高涨、工作作风扎实，以卓有成效的工作实绩，不仅使老龄工作得到党委政府的高度重视，而且提升了老龄工作的地位，扩大了老龄工作的影响。事实证明，只要我们作风扎实、务实，始终保持一种锐意进取、敬业奉献、争创一流的精神状态，我们老龄办的工作前景就会越来越宽，老龄工作就会有声有色，老龄事业就会大有希望。同志们，构建社会主义和谐社会给老龄工作带来了前所未有的大好机遇，让我们紧密团结在以胡锦涛同志为总书记的党中央周围，在各级党委、政府和老龄委的领导下，抓住机遇，以扎实的作风，饱满的精神，创新的理念，做好2005年的各项工作，把老龄事业推向新的高度。

李本公同志在全国老龄工作委员会第九次联络员、第四次信息员会议上的讲话

（2005年3月11日）

同志们：

今天我们召开全国老龄委成员单位第九次联络员、第四次信息员会议，主要任务是传达贯彻全国老龄委第七次全体会议精神，交流情况，安排部署2005年工作。刚才，新立同志传达了良玉副总理讲话，各成员单位交流了2004年的工作情况和2005年的工作计划，大家讲得都很好，听了很受启发。

下面我讲三个问题：

一、未来20年左右人口老龄化态势及应对准备情况

2005年1月6日零点之后，在北京妇产医院出生的第一个婴儿幸运地成为我国的第13亿个公民。这一天被国家有关方面确定为“13亿人口日”，意味着我国的人口总数已经抵达了一个历史性阶段，同时，也意味着我国将面临更加突出的人口问题，其中不容忽视的严峻挑战就是老龄问题。对此，良玉副总理已经作了精辟的论述。在这里我想就未来20年左右人口老龄化态势及应对准备情况做一个简单的分析。

大家知道我国人口老龄化形势严峻，其特点是老龄人口基数大，发展速度快，地区不平衡，经济底子薄，社会负担重，是比较典型的“未富先老”国家。但未来20年，我国人口老龄化形势将更为严峻，主要表现是：其一，人口结构变化大。新中国成立后50、60年代出生高峰的人口逐步进入老年后，我国的人口老龄化速度将进入快速发展时期。预计到2025年我国老年人口将增至2.84亿，占总人口数的19.3%。也就是说，再过20年，我国老龄人口就要翻一番。这一速度足以令世界上所有国家瞠目结舌。就这个话题，《参考消息》2004年6月3日，以《“未富先老”敲响中国警钟》为题，整版篇幅报道了国际上许多专家学者对迅速到来的老龄化将给中国造成困境的忧虑，并发出“青春中国”将逝，“老龄中国”将至的警言。其二，养老负担越来越重，社会总体负担剧增。据计算，2000年我国每100个劳动年龄人口只需要负担15.6个老年人，而到2050年则要负担48.5个老年人。据劳动和社会保障部统计，1980年在职职工与退休人员的供养比是13：1；1990年为10：1；而到2003年，这个比例已经锐减到3：1。其三，空巢化加剧。北京市老龄办1999年调查老

人家庭的“空巢”比例为34%；上海市同年的“空巢家庭”比例为36.8%；而天津市在近来的调查中发现，城镇有老人家庭中55.06%已是“空巢”，农村则为40.78%。目前这些城市的“空巢”比例都在逐年加大。按照中国目前的人口发展态势，到2030年左右，我国将抵达一个空前的老龄化时期，那时，生活无法自理的空巢老人会成倍地增加。哥伦比亚《一周》周刊预测，到2010年，中国60岁以上的老年人家庭中，80%将是空巢。就在13亿人口日来临之前（2005年1月5日），原冶金部副部长王汝林在自家卫生间里被人发现，“身边有大量血迹，已死亡多日”。警方初步认定，老人是因为大出血未得到及时救护而死亡的。王汝林的孤独辞世，让我们深切感受到空巢化带给社会和家庭的压力。其四，高龄老年人口剧增。随着我国经济持续发展和人民生活水平的提高，我国人均预期寿命大大延长。北京市发改委委员卢映川元月16日发布消息称，目前北京城区人口的平均预期寿命为79.6岁，与新中国成立初期的52.8岁相比，平均寿命增加了26.8岁。统计资料表明，我国从1982年至1990年，80岁以上的高龄老人年平均增长速度达到5%，快于60岁及以上老年人口的增长速度，远高于世界平均3.0%和发达国家平均2.0%的水平。预计到2025年，世界80岁及80岁以上的老年人总数为11100万人，占总人口的1.35%，而中国有2574.8万人，占全国总人数的1.76%，占全球高龄人口总数的23.2%。届时的中国可以说已经进入了高龄化社会。高龄老年人的比重不断上升，意味着医疗、护理任务加重，医疗和护理人员的社会需求量增大，用于医疗和护理方面的费用负担也加重，社会化的养老要求也越来越迫切。其五，农村老龄化形势严峻。随着我国城市化进程的加快和人口的迁移流动，多达1.4亿的年轻农民涌向城市，加快了农村人口老龄化的步伐，农村出现了大量的“留守老人”。我国农村老年人口约占全国老年人口的70%，其中有退休金的比例只占5%，绝大多数老年人要活到老干到老。农村的家庭结构也正在发生变化，独立或只与配偶生活的老年人的比例还会上升，农村家庭的养老功能将日益弱化，很多农村老人会因此失去生活保障。

面对如此严峻的老龄化局面，国际国内一致认为，未来20年是应对人口老龄化问题的关键。要应对人口老龄化，需要建立和完善各类社会保障制度，包括养老保障、医疗保障等。就现在情况来看，我国显然没有做好迎接人口老龄化高峰的充分准备。

首先是养老保障压力较大。劳动和社会保障部部长郑斯林把人口老龄化列为近年四大挑战之一。指出首先受到冲击的是养老保险。在退休人员每年以6%的速度递增的情况下，全国企业养老保险基金缺口已经从1998年的100多亿元增加到2003年的400亿元左右。随着我国人口老龄化的加剧，每年新增退休人员300多万人，养老保险基金将面临巨大的资金支付压力。辽宁大学“人口老龄化背景下的城镇养老金收支均衡研究”课题组的研究结果显示，如果按照现行政策不变，随着老龄化程度的日趋加深，“社会统筹养老金收支均衡赤字”将在2016年后真正地凸显出来，在2035—2040年到达高峰，每年将产生1000亿元的“社会统筹养老金收支均衡赤字”，高峰时将累计达到8000亿～10000亿元。国家行政学院研究表明，要应对2030年的人口老龄化高峰的资金压力，战略储备资金至少要达到25000亿元。因此社保基金需要我国财政在未来20年内，年均向其拨付1000亿左右的资金。可是，到2004年9月底，全国参加基本养老保险人数仅为16062万人，占我国总人口的12.4%。而中国的9亿农民，大多数没有纳入社保的覆盖范围，仍主要依靠家庭式养老和土地的保障。中央政府已经承诺，在今后一个时期内不会降低对社会保障的投入（2003年，各级财政补助基本养老保险基金544亿元，其中中央财政补助474亿元）。就是说中央财政每年的补助，还要维持在500亿元左右，等于我们当年支付养老金总量的16%左右。可见这对中央政府来说是个多大的压力，对我国经济的发展会产生多大的影响。

其次是医疗保障面临挑战。老年群体是医疗卫生资源的重要消费对象。卫生部曾经有过统计，60岁以上老年人慢性病患病率是全部人口患病率的3.2倍，伤残率是全部人口伤残率的3.6倍，60岁以上老年余寿中有2/3的时间处于带病生存。老年人消耗的卫生资源是全部人口平均消耗卫生资源的1.9倍。随着老年人增多，各项费用将进一步上升，将给我国的医疗保障体系带来巨大的压力。可是我国卫生医疗事业发展较经济发展却相对滞后。虽然国家卫生事业费支出逐年有所增加，但是占财政支出比重却呈下降趋势，1990年、1995年和1997年分别为2.7%、2.6%和2.46%。近年来我国每千人口医院、卫生院床位数和医生数增长较为缓慢，难以满足人民群众对医疗服务的需求。再就是城镇农村发展不平衡，在1982—2001年间，城镇医院床位从83.2万张增加到195.9万张，涨幅为135.3%，而农村医院床位不但没有增加反倒从122.1万张下降到101.7万张，降幅为16.7%。结果，农村医院床位占床位总数的比重从1982年的60%跌至2001年的34.2%，比1965年的比重40.2%还要低。1998年，全国卫生总费用为

3776.5亿元，其中政府投入为587.2亿元，用于农村卫生费用为92.5亿元，仅占政府投入的15.9%。当年，城镇人口为约3.79亿人，平均每人享受相当于130元的政府医疗卫生服务；农村人口为8.66亿，平均每人享受相当于10.7元的政府医疗卫生服务；前者是后者的13倍。2000年，中国卫生总费用为4763.97亿元，其中农村卫生费用1073.6亿元，占总费用22.5%；城镇卫生费用3690.2亿元，占总费用77.5%。换言之，占全国2/3人口的农村居民只拥有不到1/4的卫生总费用，而占人口1/3的城镇居民享有3/4以上的卫生总费用。2000年6月，世界卫生组织在对全球191个成员国国家卫生系统的业绩做出量化评估后，对这些国家的卫生绩效进行了排名。一个令人极为震惊的结论是：中国在“财务负担公平性”方面，位居尼泊尔、越南之后，排名188位，倒数第四，与巴西、缅甸和塞拉利昂等国一起排在最后，被列为卫生系统“财务负担”最不公平的国家！

今年元月11日在京召开的全国卫生工作会议传出一个引人关注的消息：我国群众“看病难”的问题突出，近半数的群众有病不去就诊，近1/3的应住院而不住院。卫生部常务副部长高强在会议上指出，出现上述问题的原因主要有五个方面：即医疗资源总体不足、分布不均衡、医疗保障覆盖面太小、医疗费用上涨过快和政府投入不足。据最新统计数据，近8年来，人均门诊和住院费用平均每年分别增长13%和11%，大大高于人均收入增长幅度。我国44.8%的城镇人口和79.1%的农村人口没有任何医疗保障，绝大多数居民靠自费看病，承受着生理、心理和经济三重负担。

三是养老服务市场供给缺口甚大。老年人对养老护理的需求是强烈的，据北京调查，老年人对需求服务和必要性评价排名依次为护理服务、医疗服务和生活服务等。全国几次较大规模调查的数据也表明，60岁以上老年人口余寿中有平均1/4左右的时间处于肌体功能受损状态，需要不同程度的照料、护理。照此推算，我国约有3250万老年人需要不同形式的长期护理。调查还表明，5%的老年人有入住养老机构的愿望，且将逐步增加。越是经济发达地区，养老护理需求越高。江苏省苏州市金阊区、平江区的养老机构入住率均高达90%以上。有些老年人入住还需要排队。南京市的社会福利院入住需要走后门。但是目前专为老年人提供服务的设施严重不足，服务的项目和内容不全，服务人员的素质参差不齐，老龄服务的数量和质量都远远不能满足市场需要，是“短线”之中的“短线”。发达国家养老床位数约为老年人口总数的3%～5%，而我国2004年9月7日《中国的社会保障状况和政策》白皮书公布，目前，中国共有各类老年人社会福利机构3.8万个，床位数112.9万张，平均每千名60岁以上的老年人拥有床位8.4张，仅占老龄人口总数的0.84%。江苏省要求入住敬老院、托老所等养老机构的有51.5万人，而全省养老服务机构只有床位12.5万张。

二、今年乃至未来几年的主要工作

根据全国老龄工作委员会第七次全体会议的安排，2005年全国老龄工作的总体思路是：以“三个代表”重要思想和党的十六大、十六届三中、四中全会精神为指导，坚持用科学发展观统筹老龄工作，认真研究拟定《中国老龄事业发展“十一五”规划》，积极筹备召开第二次全国老龄工作会议，切实加强基层、农村老龄工作力度，加强老龄工作机构自身建设，求真务实，扎实工作，为构建社会主义和谐社会，开创老龄工作新局面而努力。要点已经下发，在这里我不再多讲。就未来几年整个老龄事业而言，我认为最重要的工作有三点：

一是完善社会保障体系。社会保障是现代国家最重要的社会经济制度之一。建立健全与经济发展水平相适应的社会保障体系，是经济社会协调发展的必然要求，是社会稳定和国家长治久安的重要保证。包括养老保险在内的社会保障制度是一把双刃剑，它既可以赢得人民对于政府的支持，也能够使人民对政府丧失信心；它既能够促进经济发展，也会使经济停滞甚至倒退。当前及今后一个时期，中国发展社会保障事业的任务依然艰巨。人口老龄化将进一步加大养老金和医疗费用支付压力，城镇化水平的提高将使建立健全城乡衔接的社会保障制度更为迫切，就业形式多样化将使更多的非公有制经济从业人员和灵活就业人员被纳入社会保障覆盖范围，这些都对中国社会保障制度的平稳运行和建立社会保障事业可持续发展的长效机制提出新的要求。

社会保障体系的内容很多，其中涉及老龄问题的有：完善企业职工基本养老保险制度；改革基金筹集模式，建立多层次养老保险体系，努力实现养老保险制度的可持续发展。将城镇所有从业人员纳入基本养老保险。建立健全省级养老保险调剂基金，在完善市级统筹基础上，逐步实行省级统筹，条件具备时实行基本养老金的基础部分全国统筹。继续完善城镇职工基本医疗保险制度、医疗卫生和药品生产流通体制的同步改革，扩大基本医疗保险覆盖面，健全社会医疗救助和多层次的医疗保障体系。完善城市居民最低生活保障制度，合理确定保障标准和方式。建立全国社会保障基金，采取多种方式包括依法划转部分国有资产充实社会保障基金。强化社会保险基金征缴，扩大征缴覆盖面，规范基金监管，确保基金安全。鼓励有条件的企业建立补充保险，积极发展商业养老、医疗保险。农村养老保障以家庭为主，同社区保障、国家救济相结合。有条件的地方探索建立农村最低生活保障制度。继续增加财政对基本养老保险基金的补助。加大调整财政支出结构力度，增加对社会保障的投入，鼓励开展个人储蓄性养老保险等等。

二是发展以提供机构服务和便民服务为特征的养老服务业。养老服务业作为第三产业的新兴行业，具有广泛的社会需求和广阔的发展前景。它主要由养老院、护理院、临终关怀医院等机构养老服务，面向广大居家养老人群的家政、护理、配餐、精神慰藉、心理调适等生活照料服务和娱乐、旅游、教育、出版、体育等文化服务三部分内容构成。加快养老服务业的发展，可以满足庞大的老年群体日益增长的物质文化需求，提高老年人生活质量；可以促进社会消费，拉动经济增长，保障国民经济良性发展；还可以开辟就业渠道，创造众多的就业岗位。仅就创造就业岗位而言，假如我国养老机构床位占老年人口的比重，从现在的0.84%提高到发达国家目前的低限3%，按入住老人与护理人员之比3：1测算，即可提供150万个就业岗位。如果考虑到居家养老服务面对数千万老年人的多样化需求，创造的就业机会就更加可观了。有统计资料表明，目前发达国家的社会服务业收入占GDP总值的60%以上，而我国仅占GDP的35%左右；发达国家的社区服务从业人员已占就业总人口20%～30%，发展中国家平均水平在12%～18%，而我国只有3.9%。差距很大，发展潜力也很大。其中发展相对缓慢、潜力最大的恰恰就是养老服务业。为此，良玉副总理在全国老龄委第七次全体会议上强调：“要抓紧研究制定相关政策措施，降低市场准入门槛，消除体制障碍，吸引社会资本进入养老服务业，鼓励、支持社会力量兴办老年服务设施和服务机构。”当前，加快养老服务业发展，关键是要解决资本投入不足的问题。各级政府和相关部门，首先要把养老服务业作为新兴产业来看待，制定、完善相关政策加以扶持和引导，创造良好的市场、投资环境，吸引民间资本投入养老服务业。其次要加强管理，做好养老服务业的规划和规范工作，合理配置资源，促进养老服务业持续、快速、健康发展。

三是老龄政策体系的建立和完善。建立和完善老龄政策体系，是关系亿万老年人现在和未来切身利益的最大的实事、好事。党中央、国务院高度重视老龄工作，先后下发了《中共中央、国务院关于加强老龄工作的决定》、《国务院关于印发中国老龄事业发展“十五”计划纲要的通知》。相关部门和各地政府也相继出台了相关政策和行业规范，拟定了发展老龄事业、促进老龄工作的相应措施。但总的来说，我国老龄政策体系还没有建立和完善，还不足以应对人口老龄化给社会和经济发展带来的重大影响和挑战。良玉副总理在全国老龄委第六次全体会议上强调，要努力构建养老社会保障政策体系，完善和建立养老金筹集发放，养老保险，老年医疗保险，老年福利，老年生活救助，老年参观、游览、交通、就医、补助优待政策等等。各成员单位要着眼全国老龄事业，心系1.4亿老年人，在制定政策上下功夫，用政策和制度保证老年人的政治、经济、文化、社会、生活等基本权益。用政策引导老龄工作，靠政策发展老龄事业。在这里我想强调两点：一是要搞好调查研究。调查研究是制定政策的基础，不了解老年人的需求，不熟悉基层老龄工作情况，不掌握老龄事业发展总体趋势，就不可能制定出正确的老龄工作政策。二是制定政策要有前瞻性和可操作性。要坚持鼓励而不是限制、扶持而不是约束老龄事业发展的原则，创造性地提出和制定老龄事业的相关政策。

三、提几点希望与大家共勉

为了圆满完成2005年的工作任务，加快老龄事业的发展，我向大家提几点希望：

第一，用科学的发展观指导老龄工作。党的十六大报告提出“发展是执政兴国的第一要务”，十六届三中全会进一步提出树立科学的发展观，即“统筹城乡发展、统筹区域发展、统筹社会发展、统筹人与自然和谐发展、统筹国内发展和对外开放”，这对我们进一步做好老龄工作具有十分重要的指导意义。各成员单位是老龄工作的宏观管理者，是制定政策的职能机构。要始终把老龄工作摆在重要位置，采取切实可行的措施，推进老龄工作的深入开展。要充分考虑人口老龄化这一客观现实，在制定经济和社会发展规划时，按照“五个统筹”发展的要求，站在全面建设小康社会的战略高度，拟定好老龄事业发展“十一五”规划并纳入国家的中长期发展规划，维护和保障老年人的根本利益。

第二，要创造性地开展老龄工作。江泽民同志指出，创新是一个民族进步的灵魂，是国家兴旺发达的不竭动力。我国现代化建设取得的伟大成就，就是不断深化改革、不断创新的结果。随着人口老龄化和老龄事业的发展，没有创新意识和与时俱进的精神是做不好老龄工作的。这些年有的成员单位做得很好，比如：劳动保障部为解决离退休人员收入低的问题，提议出台政策为2004年前办理手续的企业退休人员增加基本养老金人均每月40元，并积极推动了企业退休人员社会化管理服务工作，到2004年10月底，全国实行社会化管理率达91.3%。全国30个省1870个县市因地制宜地开展多层次多形式的农村养老保险工作，5500万农民参加养老保险。民政部为保障“五保”老人的生活，积极引导各地对五保老人实施集中供养。有8个省市建立了农村最低生活保障制度，23个省份在部分地区建立了农村最低生活保障制度，没建立农村低保制度的地区也根据本地情况对贫困老人实行定期定量救济制度。人口计生委在9省9市农村开展试点，对农村部分计划生育家庭夫妇满60周岁后实行奖励扶助制度。国家体育总局拨款300万元实施“雪炭工程”，资助10个省（区、市）老年人体育场地设施建设。卫生部积极组织实施“光明行动”，积极开展老年白内障治疗工作。全国各地也有许多创新之举，如辽宁省率先出台了《关于加快养老产业发展的意见》，提出要“转变政府投资观念，今后政府原则上不再兴办国有独资的养老机构”，“要实行钱随人走的货币化养老方式”，采取政府购买公益性岗位、购买服务的办法，发挥资金使用的最大效应，让老年人获取优质的服务。对所有养老机构一视同仁，一律给与同等优惠政策。上海、大连市创造的居家养老模式开创了“政府购买公益性岗位、购买服务，使老年人和下岗职工双受益”的经典模式，政府的一份投资收到了双倍的投资效益。这些创新精神和做法很多已经受到国家和社会的肯定，我们期待着能有更多的具有创新意识的经验和做法不断涌现。

第三，成员单位要各司其职，密切协作。党中央、国务院成立全国老龄工作委员会，明确由26部委组成，既表明中央非常重视老龄工作，也说明老龄工作涉及面广，需要各个部门共同来做。作为全国老龄委的成员单位，一定要认真履行职责，真正发挥职能作用，把老龄工作当作一件大事来抓。从一定意义上讲，老龄工作的好坏、老龄事业发展的快慢，很大程度上取决于成员单位职能作用的发挥。各成员单位都要提高思想认识，认真做好各自职责范围内的老龄工作，并积极配合其他部门努力完成涉及多方面的工作任务，形成协调配合、分工合作、齐抓共管的工作局面。各部门要加强联系，有些事情可以一起来做。近几年成员单位之间配合得不错，比如，民政部、建设部、老龄办、中残联联合开展的“全国城市无障碍设施示范城创建”活动；民政部、发改委、财政部为保障“五保”老人和贫困老人的基本医疗，联合在全国农村建立的救助制度；全国老龄办、中宣部、教育部、共青团中央和全国妇联联合举办的全国敬老爱老助老主题教育活动及“中华孝亲敬老十大楷模”评比活动等等，在全国引起很大反响，收到了很好的效果。今年全国老龄办拟会同建设部、卫生部、民政部等相关单位，参照旅游定点星级酒店管理模式，联合制定《养老机构资质评估认证体系》（暂定名），以规范养老服务机构的管理。希望各单位紧紧围绕老龄事业发展大局，紧密配合，为了今天的老年人和明天的老年人，做更多的工作，办更多的实事、好事，共同开创老龄工作的新局面。

我就讲这些，谢谢大家！

伍绍祖同志在中直机关离退休干部党组织建设座谈会上的讲话（摘要）

（2003 年 3 月）

同志们：

中直机关离退休干部党组织建设座谈会今天下午就要结束了。这次座谈会是在全党和全国各族人民深入学习、认真贯彻党的十六大精神的时候召开的。会议的目的是深入学习贯彻党的十六大精神和“三个代表”重要思想，交流中直机关离退休干部党组织建设的经验，研究探讨如何按照十六大精神和“三个代表”要求，进一步加强和改进中直机关离退休干部党组织建设。这次会议是中直机关各级党组织贯彻落实党的十六大精神，全面做好中直机关党建工作的一项重要举措，也是贯彻落实去年底工委召开的中直机关党的工作会议精神的一项重要举措。

这次会议时间虽短，但主题明确，内容丰富，成效明显，在大家的共同努力下，达到了预期的目的。在此，我想特别指出的是，中组部和全国老龄委对中直机关老干部工作和离退休干部党组织建设非常重视和支持，今天，全国老龄委办公室和中组部老干部局的领导同志亲自到会指导，让我们向他们表示衷心的感谢！宝库同志的讲话，我们要结合中直机关的实际认真贯彻落实。下面我代表中直工委就如何深入贯彻党的十六大精神，严格按照“三个代表”要求，进一步加强和改进中直机关离退休干部党组织建设讲几点意见。

一、以党的十六大精神和“三个代表”重要思想为指导，切实加强中直机关离退休干部党组织建设

中直机关离退休干部党组织建设是中直机关党的建设的重要组成部分。进一步加强和改进中直机关离退休干部党组织建设，必须以党的十六大精神和“三个代表”重要思想为指导。如何用十六大精神和“三个代表”重要思想指导离退休干部党组织建设？我想最基本的要把握好以下三个方面：

一是必须毫不动摇地坚持党的基本理论、基本路线、基本纲领和基本经验。

二是必须紧紧抓住学习贯彻“三个代表”重要思想这个中心环节。

三是必须紧紧把握解放思想、实事求是、与时俱进这个精髓。

二、统一思想，提高认识，不断增强做好离退休干部党建工作的使命感、责任感

去年 4 月，联合国秘书长安南在第二届世界老龄大会开幕式讲话中指出：“当前，世界正经历着一个史无前例的人口转变，从现在到 2050 年，老年人口总数将从 6 亿增加到 20 亿左右。今后不到 50 年，全世界将会第一次出现 60 岁及以上老年人口超过 15 岁以下少年儿童人口的景象。更为重要的是：在老年人口的增长中，发展中国家的速度最快。”我国是世界上老年人口最多的发展中国家，全球 60 岁以上老年人口有 1/5 生活在中国，目前已达到 1.32 亿。按照 60 岁以上的人占总人口的 1/10 以上的标准来衡量，现在中国也进入老年社会了。到 2050 年，我国 60 岁以上老年人口总数将超过 4 亿，约占总人口的 26%。当然，中国的老年人问题有与世界相同的特点，也有自己的特点。比如我们今天谈论的离退休干部问题，别的国家一般没有。对于老年人问题，世界上通行的做法我们要学，同时我们还要注意精心做好老年人中一批离退休干部的工作。中直机关在建国前甚至“文革”前，老同志、老干部都不多，现在离退休老同志已有 2 万多人，而且数量还在不断增加，已经成为一支庞大的队伍了，我开玩笑说“已是一个军的兵力”。

离退休干部是老年人中的一个特殊的群体，他们为党工作了几十年，对人民、对社会主义事业有特殊的贡献和感情，尤其是对各单位的事业有着不可磨灭的功绩。离退休干部中的党员长期接受党的培养教育，他们虽然退休、离休了，但他们退休不退色，离休不离党，始终保持着共产党人的高风亮节。我们党历来高度重视离退休干部工作和离退休干部党组织建设，党的三代领导核心毛泽东同志、邓小平同志、江泽民同志都作过重要论述，胡锦涛总书记也多次加以强调。党的十六大报告明确指出：“继续做好离退休干部工作”。近几年连续召开全国老龄工作会议、全国老干部局长会议，党和政府也制定和出台了一系列有关政策法规，1997 年中组部专门下发了《关于加强离退休干部党支部建设的意见》，对老龄工作、老干部工作和离退休干部党组织建设都提出了明确的要求。

离退休干部党组织建设是做好老干部工作的重要环节和可靠保证。离退休干部党组织作为团结、凝聚老干部的政治核心，作为党与老干部交流思想、沟通情况的重要桥梁和纽带，作为老干部进行自我教育、自我管理、自我提高的有效载体，担负着组织、宣传、联系离退休干部党员和群众，把党的路线方针政策落实到基层的重要责任，在做好老干部工作中发挥着重要的保证和促进作用。

离退休干部党组织建设是党的基层组织建设的重要组成部分。现在，离退休干部党员在整个党员队伍中占有的比例越来越大，全国有7万多个离退休干部党支部。据2002年10月底统计，中直机关共有离退休干部15430人（其中离休干部4731人，退休干部10699人），占中直机关离退休人员总数的77%左右；离退休干部党员11177人（其中离休干部党员4147人，退休干部党员7030人），占中直机关离退休人员党员总数的77%左右。据2002年底统计，中直机关离退休人员党员总数为14541人，占中直机关党员总数（45519人）的32%左右。中直机关目前共建立离退休干部党委7个，党总支35个，党支部383个，专门从事离退休干部党务工作的在职干部27人。管理本单位老干部工作的办事机构共31个（其中老干部局15个，老干部处16个）。可见，进一步加强和改进中直机关离退休干部党组织建设，做好离退休干部党员的管理、教育和监督工作，对于继承和发扬中直机关的光荣传统和优良作风，维护改革、发展、稳定的大局，促进中直机关各项工作任务的完成，具有十分重要的意义。

三、总结经验，查找问题，正确看待中直机关离退休干部党建工作的现状

从总的情况来看，中直机关各单位对离退休干部党组织建设抓得比较紧，取得了明显的成效。具体表现在以下几个方面：

一是各部委领导高度重视，大力支持。中央及各部委领导都非常重视离退休干部工作，主要负责同志带头参加老干部组织的活动，及时研究解决老干部工作中遇到的各种问题。

二是各机关党委与老干部工作部门密切配合，加强指导。

三是各级离退休干部党组织积极开展适合老同志的各种活动。如举办老同志健康讲座、书画研究班、电脑知识学习班，成立老干部摄影、钓鱼、登山、集邮、棋牌、门球、收藏、烹饪等兴趣活动小组（协会），进行各项比赛，组建老同志舞蹈班、合唱队（团），开展“迎奥运、学英语”及各种征文活动，组织老干部到近郊及外地参观学习、疗养、旅游等。有的单位还在重阳节或敬老日专门举办老干部结婚60周年钻石婚、50周年金婚庆典活动，丰富他们的精神生活，促进老干部夫妇之间的团结和谐。中办机要局离退休干部处党支部在组织活动方面力求做到“四个结合”，即广泛性与趣味性相结合、有组织的活动与个人的喜好相结合、动态与静态相结合、健身与健心相结合。

四是广大离退休干部党员积极参与，谱写了许多感人事迹。

五是离退休干部党务工作者努力工作，无私奉献。担任离退休干部党务工作的在职同志和离退休老同志，以饱满的政治热情、无私奉献的精神和勤奋敬业的工作态度，为离退休干部的党建工作付出了大量的时间和心血，作出了积极的贡献，赢得了离退休党员干部和群众的支持和信赖。

从一些单位大会发言和书面材料来看，抓好离退休干部党组织建设，必须注意：一要把围绕中心、服务大局作为离退休干部党组织工作的落脚点。二要把学习理论和时事政策、提高老同志的思想政治素质作为离退休干部党组织工作的首要任务。三要把结合老同志的年龄和身体特点、创新各种活动作为离退休干部党组织开展工作的动力。四要把坚持和健全各项制度作为离退休干部党组织工作的基本保证。五要把加强党支部建设作为离退休干部党组织工作的重点。六要把密切联系和依靠老同志作为离退休干部党组织工作的基础。这几条也是大会发言和书面交流单位工作的共同特点和基本经验。这些特点和经验不仅对进一步做好中直机关离退休干部党建工作具有示范和促进作用，而且对在职干部的党建工作也有很大的帮助和启发。

在看到成绩的同时，我们也要看到新形势下中直机关离退休干部党组织建设还存在一些不容忽视的问题，包括有的单位对离退休干部党组织建设的重要性认识不够，缺乏紧迫感等。

随着我国经济、社会的快速发展和改革的不断深化，经济成分、经济利益、社会生活方式、社会组织形式、就业岗位和就业方式日益明显多样化，对离退休干部的影响很大。一方面，老干部对在建立社会主义市场经济体制过程中党内出现的腐败现象、拜金主义、享乐主义、极端个人主义以及社会上存在的“黄、赌、毒”等问题深为不满和忧虑；对改革引起的某些利益格局的变化，出现的企业职工下岗、待业等一些暂时的困难深感不安。另一方面，老干部不仅仅满足于现有的物质生活，更看重生活质量的高品味，追求精神生活上的丰富多彩，希望人格上受到更多的尊重，使他们的自身价值得到更多的体现。还有一些老干部对新旧观念的相互碰撞和一些新生事物的出现一时难以理解，个别同志的党性观念淡化、理想信念甚至发生动摇等。这些情况的出现和存在，不仅给离退休干部党组织建设提出了新课题，也对我们的工作提出了新的更高的要求。因此，我们一定要坚持十六大报告提出的“解放思想，实事求是，与时俱进”的思想路线，紧密联系中直机关离退休干部队伍的实际，分析特点，把握规律，积极探索新形势下加强离退休干部党建工作的新思路、新途径，把中直机关离退休干部党组织建设不断推向前进。

四、与时俱进，开拓创新，不断推进中直机关离退休干部党组织建设

坚持以党的十六大精神和“三个代表”重要思想为指导，加强和改进中直机关离退休干部党组织建设，当前和今后一段时间要努力做好以下几方面的工作。

（一）要继续深入学习十六大精神和“三个代表”重要思想，进一步提高离退休干部的思想政治素质。

（二）要把党支部建设作为工作重点，不断提高离退休干部党组织的凝聚力和影响力。

离退休干部党支部在宣传贯彻执行党的路线方针政策，做好离退休干部党员的教育、管理和监督，加强离退休干部党员的思想政治工作等方面，发挥着重要的作用。加强离退休干部党支部建设，是离退休干部党员自身建设的必然要求。因此，一定要按照中组部《关于加强离退休干部党支部建设的意见》，紧密结合中直机关的实际，把离退休干部党支部建设好。从一些单位的经验来看，加强离退休干部党支部建设，一是要抓好支部领导班子建设。二是坚持对党员的严格教育、管理和监督。三是要抓好制度建设。制度建设是离退休干部党支部建设的基础和保证。要结合离退休干部的特点，认真贯彻执行《中共中央直属机关党的支部工作若干规定》中提出的一些工作制度。四是根据老同志的年龄、身体状况和他们的要求，组织开展灵活多样的活动，寓教于乐。

（三）要深入细致地做好离退休干部的思想政治工作。

同在职干部党组织一样，坚强有力的思想政治工作也是离退休干部党组织具有生命力、战斗力的关键所在。各级党组织要提高认识，转变观念，切实改变那种认为老干部已经退出工作岗位，思想政治工作可有可无的片面认识，回避矛盾、上推下卸的工作态度和上下一般粗、脱离实际的工作作风，真正做到敢做、愿做、会做老干部的思想政治工作。

加强离退休干部的思想政治工作要注意三个方面的结合：一是要把理论学习与解决思想问题结合起来。二是要把深入细致的思想政治工作与办实事、解决实际问题结合起来。三是要把思想政治工作与健康有益的活动结合起来。

（四）要坚持用改革的精神，积极研究解决离退休干部党组织建设中出现的新情况、新问题。

江泽民同志在十六大报告中指出：“必须以改革的精神推进党的建设，不断为党的肌体注入活力”。这就要求我们要正确把握新的形势和任务，解放思想，实事求是，与时俱进，不断增强创新意识，积极研究解决新情况、新问题，进一步加强和改进离退休干部党组织建设。从目前中直机关的情况来看，的确有很多新情况、新问题需要我们用改革的精神去思考，逐步找到解决办法。

（五）要加强领导，搞好管理和服务，努力为离退休干部党组织的工作创造良好的条件和环境。

加强中直机关的党建工作和离退休干部工作，必须重视、支持搞好离退休干部党组织建设。工委要带头把离退休干部党组织的工作纳入中直机关党建工作的总体规划，通盘考虑，统一部署，总结交流，加强宏观指导。理顺内部关系，按照有关要求，加强对中直机关老龄工作和离退休干部党组织建设的领导和指导。在适当时候组建中直机关老龄工作办公室。机关党委要把离退休干部党组织的工作列入重要议事日程，经常听取汇报，了解情况，研究解决有关问题。对老同志反映的问题要认真对待，能解决的要尽快解决；有难度的要与有关部门协调，共同研究解决办法；一时不能解决的，要及时讲清情况，做到件件有落实、事事有回音。要努力为离退休干部党组织工作的有效开展提供必要的条件和支持，包括经费、场地等。在离退休干部党组织经费的使用问题上，对符合党费使用范围的要按照统筹安排、量入为出、收支平衡、略有节余的原则，积极安排使用和下拨。

各单位离退休干部部门的党组织要以饱满的政治热情，发挥与老同志接触多、情况明的优势，积极做老干部党的工作。对支部书记的工作要多关心、多鼓励、多支持，经常沟通、联系，为他们当好“后勤”。对新任支部书记和支部成员要及时培训，帮助他们熟悉和掌握支部工作的规律和方法，在一些重要的理论学习中要组织他们先学一步、学深一步，更好地发挥带头和引导作用。要本着合理、节俭、实用的原则，积极投入，解决好老干部的活动场所。对已有的活动场所要合理使用，充分发挥作用，使之真正成为老干部学习理论、开展文体活动、参加精神文明建设的场所和阵地。有条件的单位，可以采取适当的方式开办老干部活动中心、老年大学等。对新形势下遇到的一些难点问题，要进行深入细致的调查研究，提出解决问题的办法和措施，努力把矛盾化解在基层，解决在萌芽状态。同时，要把离退休干部党的工作与离退休干部的日常管理工作有效结合起来，保证工作效果。

离退休干部党的工作政治性、政策性强，任务繁重，必须培养和造就一支政治强、业务精、作风实的专兼职工作队伍，才能适应新形势新任务的要求。做这方面工作的同志，一定要热爱老干部、热爱老干部事业、热爱党的工作，勤奋学习老干部工作和党务工作业务知识，在实践中锻炼提高自身素质和工作能力。牢固树立“服务意识”，千方百计地想老干部之所想，急老干部之所急，帮老干部之所需，切实为老干部排忧解难。在工作中要做到“诚心、热心、细心、耐心”，以人为本，进一步开拓老干部党的工作空间，通过扎实有效的工作，让党放心，让老干部满意。同时，在市场经济条件下还要能耐得住清贫，甘于清苦，乐于奉献。各级党组织要按照曾庆红同志提出的“用事业留人、感情留人和适当的待遇留人”的要求，关心这支队伍，稳定这支队伍，建设好这支队伍。

同志们，尊重老干部，就是尊重我们的历史；尊重老干部，就会更加珍惜我们的今天和未来。通过不断加强和改进离退休干部党组织建设，进一步做好离退休老干部服务工作，使他们在党的关怀和教育下，保持晚节，安度晚年，是各级党组织和在座的同志义不容辞的责任。让我们在以胡锦涛同志为总书记的党中央领导下，全面贯彻十六大精神和“三个代表”重要思想，以对党的事业高度负责的精神，解放思想，实事求是，与时俱进，开拓创新，团结奋斗，埋头苦干，共同努力，把中直机关离退休干部党组织建设提高到一个新水平。

赵凯同志在中直机关老龄工作联络员、信息员会议上的讲话

（2004 年 5 月 18 日）

同志们：

中直工委召开今天这个会议，主要任务是落实全国老龄委办公室 2004 年 12 号函精神，启动对中直机关贯彻落实《中共中央、国务院关于加强老龄工作的决定》和《中国老龄事业发展“十五”计划纲要》（以下简称《决定》和《纲要》）情况进行检查的有关工作。刚才，工委办公室主任杨金永同志布置了迎接全国老龄委办公室这次检查的有关程序和具体工作。全国老龄委办公室常务副主任李本公同志对我们近年来的工作给予了充分肯定，并向我们介绍了中国老龄事业发展趋势及全国老龄工作发展思路，对中直机关的老龄工作提出了一些希望和要求，对我们开阔思路以及做好工作非常有帮助，有些要求，我们要在下一步的工作中认真加以贯彻。

中直工委作为全国老龄工作委员会的成员单位，对老龄工作一贯是高度重视的。我们根据 2000 年党中央赋予中直工委的“协助有关部门协调中直机关各单位做好老龄工作”的职能，认真开展了工作。2000 年召开了中直机关第一次老龄工作暨现场观摩会，部署了贯彻落实《决定》的有关工作。2002 年召开了中直机关老龄工作经验交流会，组织了老同志文艺汇演。2003 年召开了中直机关离退休干部党组织建设座谈会，加强了对离退休基层党组织建设的指导。除了工委抓的这些协调性的、有些是牵动全局的工作以外，老龄工作的大量基础性工作还是在各单位。近年来，中直机关各单位围绕贯彻落实《决定》和《纲要》，结合实际做了大量卓有成效的工作，呈现出了这样几个特点：一是各级党政领导重视老龄工作，不少单位把它摆上了重要议事日程；二是初步形成了各有关方面积极配合、共同推进老龄工作的局面；三是老龄工作机构不断完善，工作制度不断健全；四是有关老龄工作的各项事业有所拓展，工作在逐步走上正常轨道。在肯定成绩的同时，我们也必须清醒地认识到，中直机关的老龄工作与全国老龄委的要求和形势发展的需要相比，还有许多不相适应的地方，与老龄群体对这项工作的要求还存在着一定差距。对此，我们要高度重视，认真加以解决。要以迎接全国老龄委办公室对《决定》和《纲要》的落实情况检查为契机，总结成绩，寻找差距，进一步推进中直机关老龄工作的健康发展。

下面，我对中直机关的老龄工作以及做好这次检查工作，提出几点要求：

一、高度重视中直机关的老龄工作，力争走在全国的前列

据今年4月份的不完全统计，中直机关现有离退休人员22500多人，这个数字已经占到了中直机关干部职工总人数的近1/3。在这些离退休人员中，有新中国的奠基人，有改革开放的开拓者，还有不少老专家、老学者、老艺术家以及曾经工作在各种岗位上的老职工等，人才济济，他们为中国革命和建设事业作出了重要贡献，是我们党和国家的宝贵财富。为这样一批同志服务好，从政治上生活上关心和帮助他们，是机关老龄工作的重要政治任务和光荣责任。我们对老同志要做到政治上爱护、生活上关心、思想上理解、感情上贴近，想老同志之所想、急老同志之所急，为老同志排忧解难，在中直机关真正实现中央《决定》提出的“老有所养、老有所医、老有所教、老有所学、老有所为、老有所乐”的目标。

中央的《决定》指出“老龄工作是党政工作的重要组成部分”。党的十六大和十六届三中全会深刻分析了当前和今后一个时期的老龄人口问题，对老龄工作提出了更高的标准。我们要充分认识到，中直机关的老龄工作是党的事业的有机组成部分，做好老龄工作，是实践党的全心全意为人民服务宗旨和立党为公、执政为民本质的内在要求；是维护老年人根本权益的具体体现；是维护中直机关稳定大局的客观需要。老龄工作不仅仅是老龄工作部门的事情，党委和各部门的行政领导，都要关心老龄事业的发展。我们一定要按照党中央、国务院的统一部署，以“三个代表”重要思想为指导，坚持科学发展观，推进中直机关老龄工作的全面、协调、可持续发展。由于中直机关所处的地位的重要，老龄工作政治性、政策性特别强，在全国影响也很大。因此，中直机关的老龄工作应当在全国带头，走在前列，争当表率。

二、加强信息的沟通和联络，共同探索做好老龄工作的规律

老龄工作是我们当今社会面临的一个全新的问题，需要研究的东西很多。我们在中直机关建立这样一个老龄工作联系制度，就要让它发挥作用，集一条战线全体工作人员的智慧，共同做好工作。我们要以党的十六大精神和“三个代表”重要思想为指导，不断总结中直机关老龄工作好的经验和做法，研究机关老龄工作的理论；协同有关部门、老龄科研单位，针对社会转型时期老龄工作出现的新情况新问题，围绕老龄工作的重点、难点，加强政策研究；要积极探索机关老龄工作的特殊性和规律性。

中直工委按照中央赋予的职能，在协调中直机关各单位做好老龄工作中，要积极发挥这样几方面的作用：一是沟通、联络作用。我们要进一步贯彻落实《决定》和《纲要》，贯彻落实全国老龄委及其办公室的各项要求，加强调查研究和宏观指导，及时主动地搞好上情下达、下情上达等信息沟通，保证信息的畅通和工作的正常进行。二是交流、推广经验的作用。中直机关各单位在老龄工作中创造了许多好的经验，我们要积极地加以总结推广，使大家资源共享，开阔思路，相互促进。这其中，我们要特别关注离退休老干部的基层党支部建设。三是协调解决老龄工作中的突出问题的作用。各单位在开展工作中往往遇到一些困难和问题，我们要帮助大家把它提炼出来、反映上来，一方面可以积极向全国老龄委办公室反映，以便于他们掌握情况；另一方面可以与各单位行政领导沟通，协调各有关方面加以解决。四是适当地组织一些中直机关层面的活动的作用。我们主张，涉及老同志的各项有益活动主要应安排在基层，但有时一些必要的活动也是可以开展的，比如我们曾经搞过的老同志文艺汇演，很受老同志欢迎。

中直机关各单位老龄工作机构是做好工作的重要组织保证，其工作人员是中直机关开展各项老龄工作的主力军。因此，要增强责任感和使命感，努力争取本单位党政领导的重视和支持，结合实际，采取有效措施，组织开展好各项具体活动。各单位的联络员、信息员要树立一种加强信息沟通的观念，不仅要做工作，而且要通报情况。我们希望各单位的联络员、信息员要与工委经常保持联系，共同学习好有关文件精神，研究有关老龄情况，解决有关老龄问题。今年下半年，中直工委将在适当时候召开中直机关第二次老龄工作会议，包括组织经验交流活动，贯彻落实全国第二次老龄工作会议精神。

关于各单位的老龄工作，我们要特别强调两个问题。一是老龄群体的党组织建设问题。中直机关离退休人员中干部多，党员多。据统计，我们现有离退休人员22500多人中，党员为14000多人。中直工委的主要任务是抓机关党的建设，离退休人员党的建设是机关党的建设的重要组成部分，我们已把离退休人员党组织的工作纳入中直机关党建工作的总体规划，通盘考虑，统一部署。《2003—2007年中共中央直属机关党的建设初步规划》中提出要进一步抓好离退休干部党组织建设。提出包括离退休干部党支部建设在内的基层党组织建设，要开展达标创建活动，到党的十七大召开前，符合标准的党支部要达到95%以上。但是老同志的党组织建设确实有一定的特殊性，各单位要积极探索加强管理的可行性办法。要严格执行中央《决定》的要求：“所有老年党员都要编入党的基层组织，参加党组织的活动”，防止老年党员在组织生活方面出现“空白点”。要深入细致地做好离退休人员的思想政治工作。工作的关键是要抓住老同志的特点，注意搞好两个方面的结合：第一要把理论学习与解决思想问题结合起来。要敢于正视和勇于回答他们普遍关注的认识问题，帮助他们正确看待当前的形势，解疑释惑，消除思想障碍。第二要把深入细致的思想政治工作与办实事、解决实际问题结合起来，多做关心人、体贴人、理解人的实事好事。

二是注意解决老龄工作中的一些突出问题。随着我们国家老龄化的到来，各单位都需要把老龄工作纳入党政领导的议事日程，具体解决老龄工作中存在的问题。要进一步完善各个单位老龄工作机构，调整老龄工作编制，配齐老龄工作人员，有力地推动老龄组织的配套建设。老龄工作要体现“以人为本”的精神，切实解决好一些当前最为迫切而又涉及长远的老龄工作问题。比如：离退休人员政治生活、组织生活制度化的问题，生活待遇落实到位的问题，使广大老同志政治上有归属，精神上有寄托，生活上无后顾之忧。要确保老同志离退休金按时足额发放，及时按照规定实报实销医药费，对参加革命较早、年高体弱，或常年患有疾病，生活遇到困难的老同志要给予特殊关照。要高度重视维护老年人的合法权益，坚决遵循《中华人民共和国老年人权益保障法》的各项规定，经常检查和监督，杜绝侵害老年人合法权益的事件发生。在养老保障机制和医疗卫生体制改革中，要充分照顾老年人的合理需求。要积极研究解决离退休人员中出现的新情况、新问题。比如分类指导问题。现在离休人员整体进入了高龄期和高发病期，“出不去、看不了、听不见”的现象比较普遍，如何针对这部分老同志的特点做好工作；退休人员也有一些现实问题，尤其是最近机构改革后退休的人员，年龄相对较轻、身体好，不少同志在外单位兼职工作，怎样保证他们参加老龄活动；电脑网络对老年人生活的冲击，各种各样的思潮和形形色色的思想对老党员、老干部的影响和侵蚀等，都需要认真分析，分别做好工作。老龄工作也有一个创新问题。要以与时俱进的精神创新活动载体，寓教于乐地开展工作。建设好老年服务设施，是发展老龄事业的必要条件，要搞好老干部活动站室等设施的建设，通过积极向上的各种活动，陶冶情操、增进健康、弘扬正气、抵御歪风。要开展“特色活动”，积极参加全国老龄办实施的“银龄行动”。搞好活动，不单纯只是为了活动本身，而是要通过活动的过程达到凝聚人心、展示才艺、充实生活的目的。近年来，中直各单位组织的参观游览、书画摄影、棋类球类比赛、老年大学、合唱团、健身队、计算机操作、交谊舞、健康医疗讲座等等活动，都取得了很好的效果，要继续坚持并开创新的活动方式。

三、从实践“三个代表”重要思想的高度，认真对待这次老龄工作检查

胡锦涛同志在中央纪委三次全会的讲话中强调了全党工作要求真务实。全国老龄委办公室在《决定》和《纲要》颁布一段时间后，进行检查，体现了他们抓工作求真务实的精神。我们中直机关在开展这次检查中，也需要以求真务实精神做好工作。各单位的自查要实事求是，重在总结经验，发现问题，理出进一步做好工作的思路。希望各单位按照统一要求进行操作，在时间、进度和质量上尽量顾全大局，圆满完成这次检查，并以此为一个新的起点，努力开创中直机关老龄工作的新局面。

张保庆同志在教育系统老龄工作座谈会上的讲话

（2003 年 12 月 3 日）

党中央、国务院高度重视老龄工作，专门成立了全国老龄工作委员会，原来是由李岚清同志担任主任，现在是回良玉副总理担任。中共中央、国务院还下发了《关于加强老龄工作的决定》。李岚清同志和回良玉同志都先后发表了重要讲话。教育系统战线长、队伍大、老龄人员多、工作任务重，做好此项工作尤为重要。教育部是全国老龄委成员单位，有关的老龄工作由部离退休干部局负责。教育部党组十分重视老干部和老龄工作。今天这个会就是部党组同意召开的。主要任务是相互交流开展老龄工作的经验，协商研究工作中一些共性的问题，从而把教育战线的老龄工作做得更好。

刚才有7位同志作了发言。大家从不同角度、不同侧面交流了好的做法和成功的经验，对不少问题提出了好的建议。相信这会大大有益于我们今后的工作。下边我讲几点意见，希望能对大家有所帮助。

一、要进一步重视教育系统的老干部工作和老龄工作

老龄问题已经成为我国社会生活中的一个重大问题。从中国和世界来看，人口老龄化正在成为一种趋势，谁也阻挡不了。根据1999年的统计，我国60岁以上的人口已达1.26亿，占总人口的10%。按国际通行的标准，我国已进入了老龄社会。今后我国的老龄人口还会逐年增长。据预测，我国60岁以上的人口到2015年将达到2亿，占总人口的14%。到本世纪中叶，将达到4亿。届时四个人中就有一位老年人。

近些年来，教育战线的老龄人口队伍也在很快增长。在目前全国事业单位的约3000万人口中，教育战线要占1700万～1800万。不要很长时间，我想有些地方、有些高校的离退休人员就将超过在职人员。教育战线退下来的老同志具有知识层次高、过去对国家贡献大的特点，高校更是人才荟萃。这就对做好老龄工作提出了更高的要求。

人口寿命延长、老龄人数增加，一方面是社会文明进步的一个标志，也是经济发展、社会进步、生活水平提高、医疗条件改善的具体体现。但另一方面，我国这么快进入老龄社会，对我们各方面的工作也是一个严峻的挑战。因为我们的老龄工作基础还比较薄弱，政策体系不健全，社会保障系统不完善，地区发展不平衡，不少人对老龄工作的认识也不到位。对这些问题，既要重视，又不能等待，必须在工作中、在前进中逐步加以解决。

老年人是社会的宝贵财富。中华民族历来就有尊老爱老的优良传统。我们是社会主义国家，做好老年人的工作，更是党和国家义不容辞的责任，也是贯彻“三个代表”重要思想的具体体现。老年人的问题触及到每个家庭，触及到家庭与社会的结构及生活。因此，做好老龄工作，对促进我国的经济与社会发展，维护社会公平，保持社会稳定，都具有重大而深远的意义。老龄人口是一个广泛的概念。对教育战线来讲，离退休干部在老龄人口中占有很大比例，知识分子更是多数。因此，做好教育战线的老龄工作，既是党的干部、人事工作的重要组成部分，也是落实党的干部政策和知识分子政策的一种继续。我们必须从这个角度来认识问题。每个人都是要老的，现在我们为老同志服务，过几年我们也会进入老同志行列，别人也会为我们服务。总之，无论从哪个方面讲，我们都要进一步提高对老龄工作重要性的认识，认真实践“三个代表”重要思想，千方百计把这项工作做得更好。

二、要认真贯彻落实中央、国务院有关老干部工作和老龄工作的各项方针、政策

（一）党中央、国务院关于老干部和老龄工作的方针、政策，是我们做好工作的主要依据。这些年各地在开展老龄工作的过程中虽有许多创造，也形成了不少好的做法与经验，这应该充分肯定，但在这里我想着重强调一下，当前的首要任务是要坚决贯彻落实好党中央、国务院已经出台的各项政策。在老龄工作方面当前主要有两大政策体系：一是关于离退休干部政治、生活待遇的有关规定。在目前我国的老龄人口中，有相当一部分属于老干部的范畴。落实好这方面的政策，做好这些同志的工作，就是抓住了教育战线老龄工作的主要方面。二是党中央、国务院提出的关于老龄工作的方针与指导思想。具体讲，就是“六个老有”：老有所养、老有所医、老有所为、老有所乐、老有所学、老有所教。

所谓“老有所养”，就是要保障老年人晚年的生活。当前对离退休人员来讲，最重要的就是要保证他们的工资及其他相关费用能按时发放，不发生拖欠，这是最基本的要求，如果连这点都做不到，“老有所养”就是一句空话，更谈不上生活待遇略为从优！这方面目前还存在一些问题，突出反映在一些农村的离退休中小学教师不能按时领到工资。另外，在一些地方和单位，还不同程度地拖欠离退休干部的其他相关费用。“老有所养”是最基本的，希望大家要把“老有所养”放在第一位。现在生活水平提高了，消费提高了，要特别关注一些退休较早、收入较低、生活上有特殊困难的老同志，对这部分人要心中有数，要想办法认真帮他们解决实际问题。“老有所医”是做好老龄工作的另一个重点。人老了身体状况都会普遍下降，各种疾病也会随之而来。有了病，要保证能及时得到医治。从常理上讲，这似乎不应该有什么大的问题。但由于中国的具体国情，恰恰在这个方面目前困难重重。现在医药费开支比较高，如果一个老同志得了癌症，一年就得花掉几十万元，一个单位只要一年有几个这样的重病号，几百万元钱就花出去了。说实在话，谁愿意得癌症啊？可得了癌症，不治行吗？花多少钱也得治！另外，对一些危重病人，抢救时需要一些特殊用药，需要一些特别护理，这就需要一些特殊经费，完全由病人和家属负担又负担不起。而这些在现行的医疗政策中都是难以解决的。因此，目前在“老有所医”方面，必须进一步做好如下三项工作：一是要按时报销应当报销的医疗费用；二是要努力解决一些特殊医疗经费问题，确保重危病人能及时得到治疗；三是致力解决没有工资报酬的老龄人看病问题。刚才听到一些单位在发言中谈到设立医疗特困基金，这可能是目前情况下一个能行得通的办法。“老有所为”的问题，我不多说了，教育战线的老同志60岁退下来，很多人身体很好，完全可能继续做一些事情。从老龄工作角度讲，应当适当组织一些活动，发挥老同志的特长和余热。如有些地方请老同志担任教育督导员，组织老同志搞专题调研，参与一些政策性研究，支持关工委的工作等等，这都是好的，应当继续做。当然要注意适度，退下来和没退下来完全一样也不行。“老有所学”，主要是通过各种非学历性质的学习、培训活动不断丰富老年人的精神世界，调节、充实老年人的生活。现在很多地方都在办老年大学，开展各种各样的学习活动，如书法、绘画、舞蹈、诗词等等，收到了很好的效果。“老有所乐”我就不多谈了，大家都组织了各种各样丰富多彩的文体活动。通过这些活动让老同志活得健康，活得愉快，活得质量高。在此方面各地、各高校有许多创新，有的做得很好，也没有花多少钱。

与此同时，老龄工作还要坚持实事求是，一切从实际出发的原则。要在政府为主导的前提下，调动社会各方面的积极性，坚持家庭养老与社会养老相结合，抓紧完善老龄人的社会保障制度，健全老龄人社会服务体系，切实维护老龄人的合法利益，大力发展老龄人服务事业，坚持探索和创新，只有这样，才能把老龄工作不断推向前进。

（二）要不断加强并改进老同志的思想政治工作。这就是要“老有所教”。让老同志保持一个好的精神状态和思想状态，保持好晚节，是我们老龄工作的一项政治性内容，也是一项基本要求。根据这些年的工作实践和各地的经验，必须首先要通过各种形式把老同志组织起来，在老同志的党员中一定要建立支部。我们教育战线许多老同志都是党员，退下来之后编入支部，定期开展支部活动。这样老同志中的党员就不会游离于组织之外，能时时记住自己是个党员，工作上虽然从一线退下来了，但思想上永远不能退，要时刻以党员的标准要求自己。我们的有关重要工作和重要文件，可以通过支部向下传达；老同志有什么意见、建议，也可以通过支部向上转达，让老同志有说话的地方，有了解情况的地方。人老了固然需要物质生活，但老年人特别是知识分子中的老年人，恐怕对精神生活的追求会更多一些。人老了最怕孤独，怕没人管，怕无所事事，心理也会发生一些变化。现在老同志60岁退下来，大多寿命较长，活到80岁没问题，还有20多年的时间，如不注意，少数人也会犯错误，也会上当受骗，可能会晚节不保。法轮功事件的教训，要引起我们的警惕。一定要把老同志组织起来，健全党支部，开展各项适宜的活动。

同时，还要开展生动活泼的老年思想教育工作。人老了，从一线退下来，时间一长就易脱离实际，从而会产生这样那样的思想问题。因此，对老年人一定要坚持理论学习，保持政治上的清醒与坚定，要注意加强时事政策和形势教育；要教育老同志务必要坚持正确的世界观、人生观、价值观，自觉警惕各种错误思想的侵蚀。教育战线、高校和各地的重要情况和重大工作，要及时向老同志们通报，老同志很关心这些事情，也很重视这些问题。改革、发展、稳定方面的重大动态、决策情况要定期向老同志通报，一年至少要通报上几次。还可以适当组织一些学习参观活动，使老同志不断开阔视野，加深对现实情况的了解。当然在组织参观时一定要特别注意安全，绝不能出问题，特别是长途参观。一旦发生问题、出了事，影响就不好了。另外，还希望各地、各高校要积极研究、探索加强并改进老龄工作的新形式、新方法，及时研究、分析老年人思想政治工作中出现的新情况、新问题。工作要注意针对性，要符合老年人的特点，在把工作做深、做细、做活、做实上多下功夫。

三、要不断加强老干部工作和老龄工作队伍的自身建设

（一）要不断提高老干部工作、老龄工作队伍自己的水平和素质。老龄工作不好做，教育战线的老龄工作可能更不好做，尤其是高校，老同志职务高、职称高，知识层次高。他们有丰富的工作经验，有很高的工作水平，也有丰实的生活阅历。如果我们从事老龄工作的同志自身的水平不高，与老同志就难以对话，难以与他们沟通，更谈不上帮助解决他们的思想问题。因此，老龄工作自身队伍建设、自身工作水平，必须要千方百计地不断提高，否则，难以做好本职工作。

（二）从事老龄工作的同志，对老同志一定要有感情。我常讲，搞好老同志的工作，一靠感情，二靠辛苦，三靠奉献。有感情是前提。没有感情，就谈不上热爱，也就不可能把工作做好。因此，选择从事老龄工作的干部，一定要选择对这个工作有感情的，对老同志是发自内心尊敬的。老干部工作是一项很复杂的工作，许多工作是小中见大，小事也是大事，且很多事情解决起来都很棘手，需要付出许多艰辛的劳动。另外，做老干部、老龄人工作，主要还是提供服务，既琐碎、辛苦又不可能会有优厚的报酬，职务也不可能很快晋升，且要年年、月月如一日，默默无闻地工作。也可能做了很多好事，偶然有一件事情做不好，就会有意见。所以，搞好老干部工作、老龄工作，没有奉献与敬业精神是不行的，也是不可能做好的。对此，一方面领导和组织上要关心体贴这支队伍；另一方面，则要求从事老龄工作的同志一定要有感情，要讲觉悟，讲奉献精神。

（三）工作要讲实效，要干实事。老龄工作和老干部工作不能搞形式主义，不能搞表面文章，不能搞花架子，必须扎扎实实地开展工作；有了问题，要抓住不放，尽快解决，不能犯官僚主义。我们一定要把对老同志的关心、服务，渗透到一年365天的工作之中去，而不是等到逢年过节时再去送点慰问品去看看老同志。日常工作必须务实，要通过各种形式，及时掌握老同志的思想状况和实际困难，及时发现并解决问题。要落实工作责任制，有些问题事先发现、主动去做工作和事后发现、事后再去做工作，效果是大不一样的。同时，要注意不断改进我们的工作手段，工作手段要现代化，以提高工作效率。凡有条件的，一定要尽快实现这一点。

四、要进一步加强对老干部工作和老龄工作的协调、领导

虽然高校和地方教育行政部门的职能不完全一样，但都应进一步重视老龄工作。希望我们省、自治区、直辖市的教育厅（教委）、高校工委和高校的党委要进一步加强对老干部工作和老龄工作的领导、协调，要确保这项工作不断上水平。总的来看，当前各地、各高校的这项工作还是不错的，但也不能不看到有些领导重视的还不够，还没有摆到应该有的位置。对老龄工作和老干部工作，主要领导必须要关心、要过问。各单位党委或党组至少一年要听一次老干部部门或老龄工作部门的工作汇报，要及时了解老干部、老龄工作中存在的困难，及时帮助他们解决一些问题。

有两件事，我在这里想强调一下。教育系统的各级党组织要实实在在地帮助老干部或老龄工作机构解决必要的工作条件。目前大部分单位都有一个工作基地，有一个做老干部工作的场所。但也有一些单位尚不具备这些条件。老干部、老龄工作是一项长期的工作，且任务会越来越重，应当给老同志和老龄工作者提供一个相对稳定的活动场所和办公条件，这是一个基本要求，也是将来要检查的主要内容。何况老同志又有其自身的特点，许多活动他们可以在白天进行，组织讲座，开展文体活动，进行理论学习，没有一个固定的活动场所怎么能行呢！还有一个工作经费问题，也要解决。一个单位再穷，经费再困难，也要设法挤出一些保证老干部、老龄工作的必要工作经费。当前要特别注意解决老同志在医疗方面的特殊费用和解决个别老同志家庭特殊困难问题所需的费用。由于种种原因，现在确实有少数老同志在日常生活中存在种种困难，如果政府、领导不关心，他们的生活是难以为继的。所以，我认为不管是地方还是学校，不管是通过什么办法，务必要想办法筹集解决这两笔经费。

教育系统的各级党、政领导，要关心从事老干部工作或者老龄工作同志的成长问题。现在我们老龄工作队伍中有不少年轻干部。我们提倡大家都要热爱这个事业，都要好好干。但对越是好好干的人，领导更应该关心其成长，不能说那个同志干得好，就叫这个同志一辈子都干这项工作，可以适当交流、流动嘛！干得好可以及时提拔、重用嘛！另外，从事老干部工作同志的职称问题、级别问题一般都比较难解决。对此希望各单位的领导要给予重视。我想，只要领导重视了，总是会找到合理的解决办法的。我个人主张在同等条件下还是要优先考虑从事老干部工作、老龄工作的同志。另外，我们在一线从事老干部工作、老龄工作的同志也是上有老下有小，个人和家庭也有种种困难，领导不关心谁关心啊！有些同志年龄也不小了，本人在家里还需要子女照顾，但在单位却要去照顾别人。对此要体谅、理解。当然，我们从事老干部工作、老龄工作的同志，不能计较，要始终任劳任怨地做好本职工作。

中组部、人事部对从事老干部工作、老龄工作同志的岗位津贴问题是很关心的。从目前情况看，由中央统一发个文件，作出统一规定，可能有困难，恐怕暂时难以做到。因此，不反对各地各高校结合自己的实际情况，给默默奉献、工作在老干部工作、老龄工作岗位上的同志们解决点实际问题。我想，别的同志对此也是会理解的。

我今天来参加座谈会，主要是想利用这个机会听听大家的意见，与同志们交换一些看法，没有更多的新话，许多问题中央都讲了。教育战线的老龄工作，基本上是属地化原则，是靠各地和各高校的党委来做。战线上的工作，如何指导、协调，我心中无数，中央也没明确规定。我在部里分管老龄工作和老干部工作，我觉得大家很辛苦，今天代表党组来看望大家。没有干过老干部工作、老龄工作的人，大概体会不到做这项工作的艰辛。还有，我感到有必要开这样一个会。几年来我们也是第一次开这样的会，请大家座谈一下老龄工作，提供一个见面交流的机会。如有可能，今后这样的会，可以采取多种形式，争取一年能开一次。

春节快到了，在这里我代表教育部党组给大家拜个早年！谢谢大家！

黄晴宜同志在全国妇联老龄工作协调委员会第三次全体会议上的讲话

（2004 年 3 月 11 日）

同志们：

中国妇女九大后，书记处根据人员变化，及时调整了全国妇联老龄工作协调委员会，全体书记都参加了委员会。今天，我们在这里召开全国妇联老龄工作协调委员会全体会议，传达、学习全国老龄工作委员会第六次全体会议精神和回良玉同志在会上的重要讲话，沟通情况，交流经验，总结、部署老龄妇女工作。这次会议很重要，是我们以实际行动贯彻落实党的十六大、十六届三中全会和全国老龄委六次全会精神，践行“三个代表”重要思想的具体体现。今天，全国老龄委办公室联络部程勇主任亲自到会，介绍了全国老龄工作要点，这对我们进一步开展老龄妇女工作很有指导意义。在此，我们表示感谢！刚才，听了大家的发言，几个部门的发言都很好，不仅讲得好，主要还是工作干得好。我同意全国妇联老龄妇女工作总结和 2004 年工作安排。

几年来，在全国老龄委的指导下，在秀莲同志和上一届书记处的高度重视和领导下，机关各部门、各直属单位积极参与、通力合作，各地妇联因地制宜、扎实工作，全国妇联老龄妇女工作取得了显著成绩，得到了全国老龄委的肯定。这些成绩的取得是上一届委员会和全会各成员单位以及各地妇联共同努力的结果，也得到了我会老书记的大力支持。在此，我代表全国妇联老龄工作协调委员会，向大家表示衷心的感谢！下面我就如何在新形势下做好老龄妇女工作讲两点意见。

一、充分认识做好老龄妇女工作的重要性和紧迫性

1999 年，我国正式进入人口老龄化社会。国家统计部门的数据表明，目前我国人口为 12.98 亿，60 岁以上老年人口有 1.34 亿，占总人口的 10%以上，在今后 20 年内，我国老年人口还将以年均 3.2%的速度增长。预计到 2020 年，我国老年人口将达到 2.4 亿，占总人口的 16%以上；2050 年，老年人口将超过 4 亿，约占总人口的 25%。与先期进入人口老龄化社会的国家特别是与发达国家相比，我国人口老龄化具有五个突出特点：（1）老年人口基数大；（2）发展速度快；（3）高龄化显著；（4）地区老龄化程度差异明显；（5）人口老龄化超前于社会经济发展。人口老龄化的迅速发展体现了建国以来特别是改革开放 20 年来国民经济的发展和人民生活水平的提高，同时，也将在本世纪头 20 年这个重要的战略机遇期，给国民经济和社会发展带来一系列深刻影响，成为关系国计民生和国家发展的一个重大的社会问题。

在我国老年人口中，老年妇女比重较大，并且越高龄女性比重越大，在 80 岁以上高龄人口中女性占 68%，在百岁老人中女性所占比重高达 86%。由于历史、文化及社会发展不平衡等各方面的原因，有相当数量的老年妇女终生从事家务劳动和农业生产，文化水平偏低，经济收入偏低或没有收入，自我保护意识不强，身体状况较差，精神文化生活比较单调。如果说，在社会人口中老年群体是脆弱群体，那么老年妇女群体的问题则显得更为突出。因此，中国的老龄问题很大程度上是老龄妇女问题，需要社会也需要妇联组织给予极大的关注和重视。我们要从国家改革发展稳定的大局出发，进一步认识加强老龄妇女工作的重要性和紧迫性。

（一）做好老龄妇女工作，是践行“三个代表”重要思想的具体体现。老年妇女是女性人口的重要组成部分，而且是一个日益增长的特殊群体，在物质、精神和文化等方面有许多特殊需求，需要全社会给予关注。没有老年妇女参与、没有老年妇女同步进入的小康社会，是一个不全面、不完善和水平不高的小康社会。妇联组织作为党联系妇女群众的桥梁和纽带，做好老龄妇女工作是时代发展赋予我们的崇高历史使命，也是我们义不容辞的责任。应当把老龄妇女工作作为妇联工作的重要组成部分，积极主动地顺应人口老龄化发展趋势，深入了解老年妇女群体的困难和问题，尽心竭力为老年妇女服务，把老年妇女这一特殊群体的利益实现好、维护好和发展好，这是践行“三个代表”重要思想的具体体现。

（二）做好老龄妇女工作，是加强社会主义精神文明建设的重要内容。尊老敬老是中华民族的传统美德，是《公民道德建设实施纲要》的重要内容。弘扬中华民族敬老美德，提高全体公民道德水准，促进代际和谐，形成老少共融的社会风气，是社会文明进步的重要标志。老年妇女既是社会主义精神文明建设的参与者，也是社会主义精神文明建设成果的受益者，对这一点我们必须十分清醒和明确。在精神文明建设中，老年妇女一方面得到全社会的关心、爱护与帮助，另一方面，她们在帮助下一代树立正确的人生观、价值观，建立良好的社会公德以及创建文明城市、文明村镇等方面，也发挥着不可替代的作用。因此，做好老龄妇女工作将有力促进社会主义精神文明建设。

（三）做好老龄妇女工作，是维护改革发展稳定大局的需要。老年妇女是社会稳定的重要因素，她们为社会作出了很多重要贡献，也存在许多具体问题。据我们了解，她们除了面临老年人的共性问题以外，贫困、医疗、婚姻及精神孤独等问题更加突出。在社会和家庭关注不够的情况下，老年妇女很容易被吸引到一些非法的宗教活动和封建迷信活动中去。比如前两年，在法轮功练习者中有不少老年妇女。在最近发生的浙江海宁特大火灾中，40 名死者均为参与迷信活动的老年妇女，平均年龄 72 岁。这一事件是个沉痛的教训，也进一步表明，切实做好老龄妇女工作，全面落实“老有所养、老有所医、老有所教、老有所学、老有所为、老有所乐”的目标，是帮助老年妇女提高生活质量的要求，也是维护社会稳定的需要。

（四）做好老龄妇女工作，是树立、落实科学发展观的必然要求。党的十六大和十六届三中全会明确提出，坚持以人为本，树立全面、协调、可持续的科学发展观。老年妇女问题从一定意义上讲是社会发展问题，老年人的今天，就是中年人的明天、青年人的后天！用历史的观点看，今天的失业妇女很有可能成为明天的贫困老人，解决妇女就业和发展问题与解决老年妇女问题息息相关。我们必须紧密结合新时期妇女事业的发展实际，未雨绸缪，自觉地在全党全国的大局中思考、规划、推进老龄妇女工作，更好地代表和维护老年妇女权益，使广大老年妇女在有保障、有尊严、有安全的社会条件下生活，促进经济社会的协调发展和人的全面发展。

（五）做好老龄妇女工作，是新形势下妇女工作开创新局面的重要组成部分。中国妇女九大发出了“创造新业绩、创造新岗位、创造新生活”的号召。老龄妇女工作作为妇女工作的重要组成部分，是妇联组织面临的新任务。协助党和政府做好老龄妇女工作，是充分发挥妇联组织桥梁纽带作用的重要体现和内在要求，也是妇联工作内涵的扩大。面对新的形势，老龄妇女工作要在实践中不断开拓创新，为全面建设小康社会作出新贡献。

总之，老龄妇女工作是一项长期、艰巨和复杂的系统工作，做好老龄妇女工作事关改革发展稳定大局。希望各部门、各直属单位领导同志要从讲政治、讲大局的高度，增强对老龄妇女工作重要性的认识，把它作为践行“三个代表”重要思想的实际行动，进一步做好老龄妇女工作。

二、突出重点，齐抓共管，求真务实，推进老龄妇女工作进一步发展

全国老龄委在《关于印发全国老龄工作委员会成员单位职责的通知》中，明确了全国妇联的主要职责是“依法维护老年妇女合法权益，参与和促进老年妇女权益的政策制定和落实，为老年妇女营造健康的社会环境，充分发挥老年妇女在社会中的作用”。全国妇联在下发的《全国妇联关于贯彻落实〈中共中央、国务院关于加强老龄工作的决定〉的意见》中，进一步明确了老龄妇女工作的指导思想和工作任务。根据上述要求，近年来，各成员单位将老龄妇女工作与本部门、本单位的日常工作和主体活动有机融合，摆上工作日程，做了大量有益的工作，特别是在宣传、发展、维权及老年妇女问题研究等方面有了较大进展，取得了一些成绩。淑济同志在老龄委六次全会上代表大家发言，汇报工作，得到了充分肯定，回良玉同志高兴地插话说：“妇联干什么像什么，老龄工作也开展得有声有色。”这是对妇联工作的肯定，也是鞭策和鼓励，我们要按照全国老龄委的部署，求真务实，满怀信心地将老龄妇女工作进一步抓紧抓好，抓出实效。

2004 年的老龄妇女工作要坚持以邓小平理论和“三个代表”重要思想为指导，贯彻落实党的十六大、十六届三中全会和中国妇女九大精神，围绕党和国家的中心工作，结合妇联的各项重点工作，从党政所急、老年妇女所需、妇联所能的角度明确工作定位，充分发挥各成员单位的作用，切实为老年妇女办实事，做好事，解难事，推动老龄妇女工作健康发展。全国老龄委已明确，今后一个时期老龄工作的重点是基层社区和农村，这也是妇联组织优势和工作优势之所在。我们要按照老龄委的工作部署，发挥妇联优势，认真做好 2004 年工作。我再强调几点具体意见：

（一）要进一步加大维权工作力度，切实维护老年妇女的合法权益。作为全国老龄委的成员单位，我会担负着“依法维护老年妇女的合法权益，参与和促进老年妇女权益的政策制定和落实”等重要职责。按照中国妇女九大报告中提出的“注重维护老年妇女等特殊群体的切身利益，努力为她们排忧解难”的要求，我们要增强做好老年妇女权益保障工作的责任感和使命感，在维权行动中特别关注老年妇女这一弱势群体。积极开展多种形式的维护老年人合法权益的活动，协调有关部门，切实帮助她们解决在生活、医疗、赡养等方面存在的实际困难和问题，切实依法维护其合法权益。

（二）要进一步加强宣传教育，营造尊老敬老的家庭氛围和社会风尚。认真贯彻落实《公民道德建设实施纲要》的要求，继续结合在城市开展的“五好文明家庭”创建、在农村开展的“美德在农家”和在广大少年儿童中开展的“中国小公民道德建设计划”活动，在全社会弘扬尊老敬老的社会风尚。深入开展有益于老年妇女的家庭文化和科学健身等活动，丰富她们的精神文化生活，提高她们的身体素质和生活质量。要继续通过各种宣传媒体，积极宣传尊老敬老的先进典型，及时交流老龄妇女工作经验，不断推动老龄妇女工作向前发展。

（三）要进一步加大社区为老服务工作力度。结合工作实际，把老龄妇女工作与推动下岗女工再就业、实施“巾帼社区服务工程”等结合起来，组织和动员广大妇女，开展“巾帼助老行动”。要抓住老年群体尤其是老年妇女群体规模的不断增大给开展家政为老服务等社会服务业带来的新机遇，组织更多下岗女工开展为老服务，帮助妇女在这一领域创业。

（四）要进一步积极探索适合老年妇女群体的组织形式和活动方式。要按照“哪里有老年妇女，哪里就有老龄妇女工作”的要求，总结各地妇联建立老年妇女组织的有益经验，将广大老年妇女组织起来，根据她们的身体状况和实际需求，引导和鼓励她们参与社区文化、科学健身、关心教育下一代等有益身心健康的活动。使老年妇女既能健康地安度晚年，颐养天年，又能让她们在力所能及的范围内实现老有所为，老有所乐，为社会主义三个文明建设、为经济和社会的发展作出贡献。

（五）成员单位要进一步各司其职，密切协作，做好老龄妇女工作。全国妇联老龄工作协调委员会是协调议事机构，包括了机关各部门和部分直属单位，委员都是各部门和有关单位的主要负责人，这既表明书记处对老龄妇女工作的高度重视，也说明老龄妇女工作是一项系统工程，涉及到我会业务工作的各个方面，需要全会上下齐抓共管，形成合力。各成员单位一定要认真履行职责，真正发挥职能作用，把老龄妇女工作摆上工作日程，纳入工作计划。为了加强老龄妇女工作，全国妇联在2001年机构改革、人员精简的情况下，成立了老龄工作办公室，设在离退休干部局，配备了专职干部。这个办公室的主要职能是：统筹协调，督促检查，总结经验，加强与各成员单位的联系，做好服务工作。希望办公室切实履行好职责，以求真务实的精神抓好2004年工作任务的落实。

同志们，让我们坚持以邓小平理论和“三个代表”重要思想为指导，深入学习贯彻党的十六大、十六届三中全会和全国老龄委六次全会精神，按照中国妇女九大提出的要求，开拓进取，扎实工作，不断开创老龄妇女工作新局面。

沈淑济同志在全国敬老爱老助老主题教育活动表彰大会上的讲话（摘要）

（2005年1月8日）

在全国青少年中广泛开展敬老爱老助老主题教育活动，大力弘扬敬老之风，对于贯彻落实《公民道德建设实施纲要》，弘扬中华民族的传统美德，加强公民特别是青少年的思想道德建设有着重要的意义。一年多来，这项活动得到了社会各界的热情关注和支持，各地开展的形式多样的敬老活动产生了积极的社会影响，涌现了一批敬老爱老助老典型，带动了全社会形成敬老爱老助老的良好风尚。

人口老龄化正在成为一种世界性趋势。随着新世纪的到来，我国已步人人口年龄结构老龄化阶段。老年人为社会奉献了全部的青春和智慧，为经济发展和社会进步作出了重要贡献，社会主义现代化建设的成果中蕴涵着他们的智慧和劳动，凝结着他们的心血和汗水。尊重老年人，关爱老年人，帮助老年人，努力满足老年人日益增长的物质和文化生活需要，让老年人共享我国改革开放和经济社会发展的成果，是社会文明进步的重要标志。尊老敬老教育要从未成年人抓起。未成年人是祖国的未来和希望，他们的思想道德素质，直接关系到民族的整体素质，关系到社会主义和谐社会的建设，关系到社会的可持续发展。党中央从实现国家长治久安、兴旺发达的战略高度，作出加强和改进未成年人思想道德建设的重大决策，强调要以养成高尚的思想品质和良好的道德情操为基础，紧密结合全面建设小康社会的实际，遵循未成年人思想道德建设的规律，促进未成年人的健康成长和全面发展。

全国妇联和各级妇联组织围绕敬老这一主题，开展了一系列形式多样、丰富多彩的活动，努力营造尊老敬老的良好家庭氛围和社会风尚。一是以贯彻落实中央《关于进一步加强和改进未成年人思想道德建设的若干意见》为契机，以家庭教育为重点，在青少年中深入开展敬老爱老助老主题教育，把敬老爱老助老作为“家庭美德”建设、“中国小公民道德建设”的新亮点，在全国开展了“争作合格家长，培养合格人才”的双合格家庭教育宣传实践活动，从规范行为习惯、提高基本素质做起，动员、引导青少年增强敬老意识，从小懂得敬老爱老助老，在思想上尊重老人，在情感上贴近老人，在行动上帮助老人，学会理解老年人的心理，处理好与长辈、老人之间的关系，主动关心和照顾老人，为老人做力所能及的好事和实事，争当长辈满意、社会欢迎的好少年。2004 年起，全国妇联将每年的 9 月定为“家庭道德教育宣传实践月”，开展包括敬老爱老助老主题在内的大规模家庭道德教育宣传实践活动，为老年人提供切实有效的帮助和服务。二是大力开展普法宣传教育。各级妇联与有关部委和新闻媒体联合，大力宣传《老年人权益保障法》和《妇女权益保障法》等法律法规，在全社会普及法律知识，并着力帮助老年妇女提高依法自我保护的意识和能力。《中国妇女报》开辟了“尊老敬老大家谈”专栏，推动形成敬老爱老的舆论氛围。三是广泛开展丰富多彩的群众性精神文明创建活动。全国妇联与中央电视台共同主办的《欢乐之家》电视栏目，由各地推荐的普通老百姓家庭阖家登台演出，突出敬老爱老主题，营造了代际和谐的家庭氛围。多年来，收视率一直位居前列，深受群众的喜爱。为满足老年妇女的精神文化需求，各地妇联组建老年合唱队、老年模特队、老年书画社、老年艺术团等，组织老年妇女开展适合自身特点的文化活动。全国妇联和国家体育总局共同组织开展的全国亿万妇女健身活动，在大赛上专门设立老年比赛项目，有许多老年健身队获奖。四是树立和表彰尊老敬老典型。妇联传统的“五好文明家庭”创建和近年来启动的“美德在农家”、“小公民道德建设”等活动，都把尊老敬老作为活动的重要内容和评选的重要条件。从以德治家入手，通过评选好儿媳，表彰好儿女等活动，督促家庭成员以赡养孝敬老人为荣，正确处理好代际关系。2004 年全国评选表彰了 1000 户“五好文明家庭”、100 个文明楼栋，树立了一批尊老敬老先进典型。

党的十六大规划了全面建设小康社会的宏伟蓝图，要建设更加和谐的社会，努力形成全体人民各尽所能、各得其所而又和谐相处的局面，为新世纪新阶段老龄事业发展指明了方向。我们要从贯彻落实“三个代表”重要思想和全面建设小康社会的高度，全面落实科学发展观，坚持以人为本，不断深化敬老爱老助老主题教育活动，弘扬中华民族敬老助老的优良传统和社会主义道德，提倡代际之间互相扶持，鼓励社会成员之间互相帮助，积极开展助老服务，推进助老公益事业，使广大老年人感受到党和政府的温暖，感受到家庭和社会的关爱。让我们共同努力，为构建老少共融、人人共享、代际和谐的社会主义社会作出积极贡献！

杨健强同志在国家民委系统老干部工作交流研讨会上的讲话

（2005 年 10 月 10 日）

离退休干部局在美丽的春城昆明，举办老干部工作交流研讨会，研究探索新形势下做好老干部工作的新思想、新方法、新途径，很有必要。这是贯彻中央关于构建社会主义和谐社会要求，落实中央民族工作会议精神的一个重要举措。下面，我就在构建社会主义和谐社会中，进一步做好民委系统老干部工作讲几点意见，和同志们交流。

一、从构建社会主义和谐社会的高度，认识老干部工作的重要性

党的十六届四中全会明确提出构建社会主义和谐社会的重大任务，把社会主义事业的总体布局由社会主义经济建设、政治建设、文化建设三位一体发展为社会主义经济建设、政治建设、文化建设、社会建设四位一体，充分体现了“三个代表”重要思想的要求，体现了科学发展观的要求。这既是我们党执政理念的一个重大发展和升华，又是巩固党执政的社会基础，实现党执政的历史任务的必然要求，关系到全面建设小康社会的全局，关系到党的事业兴旺发达和国家长治久安。我们一定要从这样一个战略高度深刻认识构建社会主义和谐社会的重大意义，自觉用中央的要求来指导我们做好本职工作，为构建社会主义和谐社会作出贡献。

构建社会主义和谐社会和做好老干部工作密切相关。什么是“和谐”?《现代汉语词典》的解释是“配合得适当和匀称”。把“和谐”作为一种社会观念，就是人类追求的一个社会理想。我国历史上就产生过不少有关和谐社会的思想。如《礼记·礼运》就描绘了“大道之行也，天下为公，选贤与能，讲信修睦。故人不独亲其亲，不独子其子，使老有所终，壮有所用，幼有所长，矜、寡、孤、独、废、疾者皆有所养”这样一种理想社会，其中特别强调了对老年人的关照，提出了“老有所终，老有所养”的理念。还有“国泰民安”、“政通人和”、“安居乐业”、“和睦相处”、“和衷共济”等等都反映了广大人民群众对美好生活的向往。我们党坚持“三个代表”重要思想，就是要坚持立党为公，执政为民，始终代表中国最广大人民的根本利益，始终保持党同人民群众的血肉联系，实现好、维护好、发展好最广大人民的根本利益，这当然也包括老干部的利益在内。因此，我们党提出构建社会主义和谐社会，是党的根本宗旨所决定的，是中国共产党人的不懈追求。

尊老、敬老、爱老既是中华民族的传统美德，也是和谐社会的应有之义，而做好老干部工作正是尊老、敬老、爱老精神的体现。老干部是中华人民共和国的开创者，是社会主义事业的奠基人，是改革开放的开拓者，是革命和建设的功臣，全社会都必须尊重老革命，敬爱老前辈。目前，我国60岁以上的老年人超过1.3亿人，占总人口的10%以上，开始步入老龄化社会，老年人口剧增，退休人员队伍庞大，离休干部大多数已近高龄和多发病期，关爱老干部，使老同志身心愉快、健康长寿是我们的社会责任。

我们国家民委系统15个单位共有离退休干部4400多人，他们都是我国民族战线上的老领导、老专家、老同志。他们大多来自少数民族地区和民族教育、文化单位，是各民族中的优秀分子，其中既有丰富的实践经验和较高的民族理论水平，为共和国的成立和建设作出过贡献的老同志，又有长期从事民族理论研究，发展民族教育文化事业的老专家，无论是战争年代还是和平建设时期都作出了积极的贡献，是我国民族工作战线的宝贵财富。我们今天民族工作的大好局面的基础都是他们奠定的。因此，我们对民族工作战线老同志们的历史功绩，永远不能忘；对老同志们的优良传统和崇高精神，永远不能丢；对老同志们尊重、学习、关心和爱护的政策永远不能变。我们要把做好民委系统的老干部工作和建设社会主义和谐社会的任务紧密联系起来。老干部工作要服从于服务于党的中心工作，为建设社会主义和谐社会服务，同时又要用建设和谐社会的要求，指导老干部工作，增强做好民委系统老干部工作的自觉性、主动性和创造性，把民委系统的老干部工作提高到一个新的水平。

二、用建设社会主义和谐社会的要求，明确做好民委系统老干部工作的思路

胡锦涛同志在关于构建社会主义和谐社会的重要讲话中，深刻地阐述了社会主义和谐社会的六条基本特征，这就是“民主法治，公平正义，诚信友爱，充满活力，安定有序，人与自然和谐相处”的社会。这些基本特征体现了民主与法制的统一，公平与效率的统一，活力与秩序的统一，科学与人文的统一，人与自然的统一。我们要深刻理解构建社会主义和谐社会的基本要求，用来指导民委系统的老干部工作。

按照构建社会主义和谐社会的要求，国家民委系统老干部工作总的要求是，以邓小平理论和“三个代表”重要思想为指导，坚持从物质和精神两方面提高老干部的生活质量，在落实好老干部政治生活待遇的同时，注意丰富老干部的精神文化生活，重视老干部的价值，发挥老干部的作用，使老干部“老有所养、老有所医、老有所为、老有所学、老有所乐”，做到政治坚定，思想常新，理想永存。根据上述总的要求，要明确以下工作思路：

（一）着眼于建设法治社会的要求，继续认真贯彻落实好老干部的政策。构建社会主义和谐社会，必须健全社会主义法制，建设社会主义法治国家。同时，和谐社会又是一个公平、公正的社会，必须切实保障各方面困难群众的基本生活，使他们感受到社会主义大家庭的温暖。对做好老干部工作来说，首先要树立法治观念，树立平等意识，认真贯彻落实老干部的政策、法规、规定，切实保障老干部的生活和健康需求。

国家十分关心离退休干部的生活待遇，制定了明确的规定，以提高离退休干部的生活质量和健康水平。从我委的情况来看，老干部的政策是落实得好的。基本保证了离退休费按月足额发放，医药费按时按规定报销。组织好老同志就地就近进行健康休养、春秋游和参观工农业项目等活动，提高了离退休干部健康保障水平。主动联系有关医疗卫生部门，认真安排好离退休干部生病的就医住院等有关问题，做好年度体检工作，定期举办老年健康知识讲座和健康保健经验交流会，为老干部的健康提供了有力的保障。这些好的做法要继续坚持。

今后，全委系统都要从构建社会主义和谐社会的高度，提高贯彻执行老干部政策的自觉性和严肃性，认真学习贯彻《公务员法》，认真检查本单位贯彻老干部政策的情况，做到不留缺口，不留死角，不搞攀比，结合各单位的实际，认真落实兑现。同时，要提高透明度，自觉接受老干部监督，使老干部工作有法可依，有章可循，纳入法制化、规范化、制度化的轨道。

还要突出强调的是，在保障老干部看病治病的同时，更要特别重视健康教育和预防保健。在老干部中普及卫生保健知识，增强自我保健能力。逐步探索和建立医疗救助制度，改善特困离退休干部的医疗条件。建立离退休干部健康档案，加强健康教育和健康监测。重视老年期常见病、多发病的防治和康复工作。在离退休干部活动站，加强对离退休干部体育健身活动的科学指导。

（二）着眼于构建社会主义和谐社会的精神支撑，积极开展有益于老干部身心健康的各项活动。一个社会是否和谐，一个国家能否长治久安，很大程度上取决于全体社会成员的思想道德素质和科学文化素质。我们要按中央关于提升公民道德，构建和谐社会的要求，加强老干部的思想道德建设，积极开展有益于老干部身心健康的各项活动。

国家民委系统各单位十分重视从政治上关心老干部。定期组织老干部参加政治理论学习，就近就地参加学习和开展各种谈心交流活动。组织学习和宣传党的方针政策和民族政策，加强了对离退休干部的教育和管理，组织党员每月过组织生活，使党支部的凝聚力和战斗力不断得到提高。创新做好老干部思想政治工作的形式和方法，把思想政治工作贯穿于老干部工作的整个过程。把教育与服务、关心与引导结合起来，拓展了工作思路与渠道，创造性地开展工作。特别是通过开展各种丰富多彩的文化体育活动，进一步丰富了老年人的精神文化生活，提高了老年人精神文化生活质量。比如：中央民族大学老年合唱团坚持每周上课和合唱，2004 年的春节筹备了一台内容丰富多彩的文艺节目，参加了北京音乐家协会举办的 2004 年首届老年合唱比赛，获最佳组织奖，还参加了由中国合唱协会举办的庆祝建国 55 周年第十一届“京华之声合唱音乐会”，得到了很多专家的好评，称民族大学老年合唱团是北京老年合唱队伍中的一支民族之花。

今后，全委系统都要更加注重从政治上关心老干部，定期组织老干部参加学习，阅读文件，开展适合离退休干部特点的教育活动，通报有关情况，使老干部及时了解政治经济形势和国家的大政方针，了解现代化建设的新进展，帮助老干部增长知识，陶冶情操，倡导科学、文明、健康的生活方式，形成爱国守法、明礼诚信、团结友善、共同前进的新型人际关系。通过举办各种讲座、学习班、报告会，就近就地开展多种形式、生动活泼的老年思想教育活动，帮助老干部树立科学的世界观和积极健康的人生观、价值观。

（三）着眼于激发全社会创造活力的要求，充分发挥老干部的作用。构建社会主义和谐社会，必须最广泛、最充分地调动一切积极因素，发挥各方面的创造活力，不断推动经济社会发展。

老干部是党的宝贵财富，他们有着丰富的知识和经验，仍然是一支推动社会进步的重要力量。在这方面，民委系统各单位做了大量工作，取得了一些成绩。比如，中央民族大学离休干部奇琳华同志，离休后，把自己的时间、精力、财力、物力投入到祖国大西北治理沙漠的事业中。经过 8 年多的奋斗和不懈努力，走出了一条独特的可持续发展的植树造林、治沙防沙之路。几年来，逐步成了以治沙改善生态环境和开发、利用沙产品提高经济效益的生态经济型治沙示范基地的发展模式，对周边地区的生态建设和经济发展起到了较好的示范和辐射作用，较好地促进了周边地区的牧业经济发展，被中组部评为全国老干部先进个人。各单位经常组织一些不同层次、各种类型的书画展览，积极参与精神文明、政治文明和物质文明建设活动，深受各方面的欢迎。比如，2004 年举办了首届少数民族文字书法展、民委系统老年大学书画摄影作品展，并出版了国家民委系统离退休老同志书画摄影作品选《艺海夕阳》。我们精选学员优秀书画作品百余幅参加了“国家民委纪念毛泽东同志诞辰 110 周年书画展”；还参加了中央民大举办的“抗非典中的民大人精神书画摄影展”，有 32 人、86 幅作品参展，其中 26 人获奖。

今后，我们要按中央切实增强全社会创造活力的要求，注意充分发挥民委老干部的作用。当然，老干部从工作岗位上退下来以后，第一位的任务还是要保持身心健康，安度晚年。同时，各单位还要鼓励和支持老同志在自觉自愿、量力而行的基础上，在建设学习型社会中发挥积极作用，在弘扬党的光荣传统、培养下一代上发挥示范和教育作用，在构建和谐社会中发挥参谋和助手作用，继续为社会进步，为发展民族团结进步事业作出应有的贡献。

三、加强和改善对老干部工作的领导，为构建社会主义和谐社会贡献力量

老干部工作是一项关系全局的大事，是党的事业兴旺发达、继往开来的保证；老干部工作是党的干部工作的重要组成部分，是党和政府的一项重要工作，同时也是一项政治性、政策性和思想性都很强的工作。因此，必须切实加强和改善对老干部工作的领导，加强老干部党组织建设和老干部工作队伍建设，着力建设“五个好”的老干部组织管理系统。

一是要有一支好队伍。加强离退休干部工作部门的班子建设和队伍建设，是做好老干部工作的前提和保证。我委系统老干部工作队伍是一支爱岗敬业、任劳任怨、自觉奉献、值得信赖的队伍。但是我们这支队伍人员少、担子重、责任大，素质需要进一步提高。要完成新时期老干部工作的繁重任务，老干部工作机构的职能必须加强。希望委属各单位都要把老干部工作列入工作议程，健全和完善离退休干部工作机构，明确任务和职责，核定编制，配备干部，保证必要的工作经费和工作条件。花力气加强离退休干部工作机构的班子建设，注意选拔思想作风正派，具有较强的组织协调能力和实干精神，热爱老干部工作的同志充实到老干部工作部门的领导班子中去，努力建设一个政治强、作风正、团结干事的干净的领导班子。在队伍建设方面，对老干部工作部门的同志，既要严格要求，又要给予更多的关心、支持和理解，通过培训、交流、使用等措施，为他们成长进步创造条件。希望老干部工作系统的同志要在实践中努力学习，勤奋工作，在实践中不断增长才干。尤其要注意调查研究，发挥求真务实，开拓创新的精神，抓住老干部工作中的重点、难点问题，认真开展调查研究，提出解决问题的意见和建议，为本单位领导决策提供可靠信息、当好参谋助手。要注意加强信息收集和交流工作，互相借鉴、取长补短，不断推进和改善工作。

二是要有一个好的党支部。加强老干部基层党组织建设，增强党组织的凝聚力和战斗力，这也是做好老干部工作的组织保证。要注意将身体好、威信高、热心服务于大家的老同志选配到离退休干部党支部中来，发挥其管理经验和管理作用。重视发挥离退休干部党支部在老干部思想教育工作中的作用和老党员的先锋模范作用。

三是要有一套好的规章制度。各单位都要根据党的老干部政策，从实际出发，建立健全各项规章制度。比如健全组织老同志阅读文件、参加重要会议、通报情况、走访慰问、形势报告等制度，健全老干部工作部门的会议制度、财务管理制度以及其他领导责任制和岗位责任制等等，在实践中坚持这些制度，并做好服务工作。经常到老干部家中走访、谈心，主动听取老干部的意见和要求，及时帮助老干部解决思想和生活中的实际问题。坚持走访慰问制度，在重要节日、重大政治活动以及老同志生病住院时，安排好对老同志的看望慰问活动。做到严格制度、严格管理、严格监督，通过制度建设，使老干部工作规范化、制度化。

四是要有一个好的活动载体。开展好老干部活动，需要有一个好的载体和平台，除了把离退休党支部建设好外，还要从实际出发，搞好其他的活动载体。要争取把老年大学和离退休干部活动中心（站）建设纳入国家民委和各单位的事业发展规划，逐步建立设施完备、功能齐全的综合性离退休干部活动中心（站）。积极创造条件，把老干部阅文室管好，把老年活动中心（站）搞活，把老年大学办好。支持老干部合唱队、书法协会等群众组织开展有益老干部身心健康的活动。

这里要特别讲一讲老年大学的问题。办好老年大学是做好新时期老干部工作的重要内容之一，是倡导健康、科学、文明的老年生活方式，促进老有所教、老有所学、老有所乐、老有所为的需要，是构建社会主义和谐社会的需要。老年大学的本质是服务老同志，老年大学要吸引老同志，凝聚老同志。坚持学、教、乐、为“四结合”的原则，做到贴近时代、贴近社会、贴近老同志；突出学习、突出娱乐、突出老同志的需要。我委的老年大学，要始终坚持以人为本，统一规划，合理布局，重点支持，抓好管理，搞好活动，为老同志服好务。

五是要有一个好的环境和氛围。各单位要加强对老干部工作的领导，分管领导认真负责，亲自抓，亲自管，坚持从实际出发，帮助解决好离退休干部工作中的特殊困难问题。坚持离退休干部工作与民族工作发展相适应，把离退休干部工作纳入少数民族事业统一规划，逐步增加离退休干部工作的投入，使其与经济社会发展水平和离退休人员增长相适应。要把弘扬敬老、养老、助老美德纳入民委系统社会主义精神文明建设的重要内容，营造全委尊重、理解、关心和帮助离退休干部的环境与舆论氛围。加强宣传工作，对离退休干部工作中涌现出的先进单位、家庭和个人，各单位和有关部门要给予不同形式的表彰和适当的奖励。

同志们，老干部工作任务艰巨、使命光荣，让我们在以胡锦涛同志为总书记的党中央的坚强领导下，认真学习贯彻中央民族工作会议精神，按照构建社会主义和谐社会的新要求，努力开创民委系统老干部工作新局面。

国务院办公厅转发人口计生委、财政部《关于开展对农村部分计划生育家庭实行奖励扶助制度试点工作的意见》的通知

（2004 年 2 月 27 日）【国办发〔2004〕21 号】

各省、自治区、直辖市人民政府，国务院各部委、各直属机构：

人口计生委、财政部《关于开展对农村部分计划生育家庭实行奖励扶助制度试点二作的意见》已经国务院同意，现转发给你们，请认真贯彻执行。

在农村对部分计划生育家庭实行奖励扶助制度，事关农民的切身利益，是鼓励广大农民自觉实行计划生育、稳定低生育水平的一项重要措施。各地区、各有关部门要从实践“三个代表”，促进经济社会统筹协调发展的高度，充分认识开展实施这项制度试点的重大意义，切实加强领导，精心组织实施，不断总结实践经验，务求试点工作达到预期效果。同时，要继续认真贯彻《中华人民共和国人口与计划生育法》和《中共中央、国务院关于加强人口与计划生育工作稳定低生育水平的决定》的有关规定，并从本地实际出发，积极探索多种有利于鼓励农民自觉实行计划生育的有效办法，逐步形成有利于计划生育工作的利益导向机制。人口计生委、财政部要加强督促和检查指导，确保试点工作顺利实施。

附件：

关于开展对农村部分计划生育家庭实行奖励扶助制度试点工作的意见

人口计生委　财政部

（2004 年 2 月）

为稳定低生育水平，促进农村人口与经济社会协调发展和可持续发展，根据《中华人民共和国人口与计划生育法》和《中共中央、国务院关于加强人口与计划生育工作稳定低生育水平的决定》，现就开展对农村部分计划生育家庭实行奖励扶助制度试点工作提出如下意见。

一、对农村部分计划生育家庭实行奖励扶助的必要性

20 世纪 70 年代以来，我国人口和计划生育工作取得了举世瞩目的成就。在经济尚不发达的情况下，有效控制了人口过快增长，使生育水平下降到更替水平以下，实现了人口再生产类型从高出生、低死亡、高增长到低出生、低死亡、低增长的历史性转变，为促进综合国力的提高、社会的进步和人民生活的改善作出了重大贡献。

新形势下我国人口和计划生育工作的任务更加艰巨。必须采取更有效的措施，促进生育观念的根本转变，进一步激发广大人民群众实行计划生育的热情和积极性，稳定低生育水平，提高出生人口素质，为实现“五个统筹发展”、建设全面小康社会创造良好的人口环境。

农村的稳定与发展，在很大程度上取决于农村人口的有效控制和农村人口素质的提高。对农村部分计划生育家庭实行奖励扶助，是鼓励农民响应党和国家号召，自觉实行计划生育，稳定低生育水平，促进农村人口与经济社会协调发展的一个重要举措。这有利于促进其他鼓励计划生育的政策措施的落实，形成利益导向机制；有利于引导基层干部更加关注农民的切身利益，促进人口和计划生育工作向依法管理、利益导向、优质服务方向转变；有利于引导更多农民少生

快富，从根本上扭转"越穷越生、越生越穷"的恶性循环问题。要充分认识开展对农村部分计划生育家庭实行奖励扶助的重大意义，把这件事关农民切身利益的大事办实办好。

二、开展对农村部分计划生育家庭实行奖励扶助制度试点工作的基本内容和原则

开展对农村部分计划生育家庭实行奖励扶助制度试点，是在各地现行计划生育奖励优惠政策基础上，针对农村只有一个子女或两个女孩的计划生育家庭，夫妇年满60周岁以后，由中央或地方财政安排专项资金进行奖励扶助，探索建立农村部分计划生育家庭奖励扶助制度的试验工作。

奖励扶助标准是，符合上述条件的农村计划生育夫妻，按人年均不低于600元的标准发放奖励扶助金，直到亡故为止。已超过60周岁的，以该政策开始执行时的实际年龄为起点发放。奖励扶助金由中央和地方财政确定合理比例共同负担，纳入专项资金预算。

奖励扶助金发放，要建立资格认定、资金发放和监督检查三者相互联系、相互制约的机制，采取建立财政专户和奖励扶助对象个人账户直接发放，或委托代理机构发放的方式。试点地区可按照上述要求，结合本地实际，确定合适的发放渠道和方式。试点取得经验后，由财政部、人口计生委明确或统一发放方式和监管政策。

从2004年起，首先在四川、云南、甘肃、青海省和重庆市，以及河北、山西、黑龙江、吉林、江西、安徽、河南、湖南、湖北省各1个地（州、市），贵州省遵义市进行试点，同时鼓励东部省份自行试点，取得经验后逐步在全国推开。

开展对农村部分计划生育家庭实行奖励扶助制度试点工作要遵循以下原则：

（一）统一政策，严格控制。制定奖励扶助对象的确认条件和奖励扶助的最低标准，确保政策的一致性。

（二）公开透明，公平公正。通过张榜公布、逐级审核、群众举报、社会监督等措施，确保政策执行的公平性。

（三）直接补助，到户到人。依托现有渠道直接发放奖励扶助金，尽量减少中间环节。严禁任何单位或个人截留挪用、虚报冒领奖励扶助金和以扣代罚等各种名目的违规行为。

（四）健全机制，逐步完善。要逐步建立健全确保奖励扶助制度落实的管理、服务和监督机制。要制订完善相关政策措施，逐步形成以奖励扶助为主导的计划生育利益导向机制。

三、积极探索，稳步推进，切实做好对农村部分计划生育家庭实行奖励扶助制度的试点工作

对农村部分计划生育家庭实行奖励扶助制度政策性强，涉及面广。各试点地区务必从实践"三个代表"重要思想，立党为公、执政为民，认真落实计划生育基本国策的高度，切实增强做好试点工作的责任感，把试点工作纳入人口和计划生育目标管理责任制，加强组织协调和统一领导。

试点地区的奖励扶助资金要分别纳入当年中央和地方财政预算。西部试点地区的奖励扶助资金中央财政负担80%，地方财政负担20%；中部试点地区的奖励扶助资金中央和地方财政分别按50%负担。试点地区人口计生部门要严格把握政策，做好奖励扶助对象的资格确认、建立个案信息档案、数据汇总分析和日常管理监控等工作。财政部门要确保配套资金及时足额到位，并进行严格的监督管理。委托发放机构要按委托服务协议要求，确保奖励扶助资金及时足额发放到户到人。监察、审计等部门要积极协助做好相关的监督评估工作。

人口计生、财政部门和委托发放机构、社会中介机构要探索和建立协调统一、相互制约的执行审核、资金管理、安全发放与监督评估的机制，确保执行奖励扶助政策严格公平，确保奖励扶助资金直接发放到户到人。要将奖励扶助的政策、对象和奖励扶助金发放情况张榜公布，实行村务公开，接受群众监督。要加大社会宣传力度，让广大农民切身感受到党和政府的温暖，了解国家的奖励扶助政策，增加政策执行的透明度。要定期组织县以上监察、审计部门和中介评估机构，对政策执行情况、项目管理、资金配套和资金发放的公开、公平性进行监督和绩效评估。

人口计生委、财政部根据有关法律法规和财政体制改革的要求，制定试点工作实施方案。各试点地区要制定实施细则和相关配套政策，规范运行标准和程序。要建立观察员制度和定期评估制度，在人口计生部门和财政部门设立举报电话，鼓励新闻机构进行舆论监督。对发生虚报、冒领、克扣、贪污、挪用、挤占奖励扶助资金的，要严肃追究有关负责人和直接责任人的责任，情节严重的要依法追究刑事责任。

各试点地区要加强调查研究，及时总结经验，发现问题，不断完善政策执行的程序和有关配套措施。同时，注意稳定、完善并认真落实已有的各项有利于计划生育的社会经济政策，保持政策的连续性。

国务院《关于李本公、李宝库职务任免的通知》

（2004 年 4 月 25 日）【国人字〔2004〕33 号】

民政部：

国务院 2004 年 4 月 25 日决定，任命李本公为中国老龄协会会长；免去李宝库的民政部副部长、中国老龄协会会长职务。

全国老龄工作委员会办公室、司法部、公安部《关于加强维护老年人合法权益工作的意见》

（2003 年 2 月 25 日）【全国老工办发〔2003〕4 号】

各省、自治区、直辖市、计划单列市老龄工作委员会办公室，新疆生产建设兵团老龄工作委员会办公室，司法厅（局），公安厅（局）：

近年来，各级老龄工作部门、司法行政部门和公安机关认真贯彻执行《中华人民共和国老年人权益保障法》和《中共中央、国务院关于加强老龄工作的决定》等有关法律法规和政策，在维护老年人合法权益方面做了大量工作，收到了积极的社会效果。但是也应看到，维护老年人合法权益工作还不适应形势发展的需要，涉及老年人权益的各种纠纷还比较突出，侵犯老年人合法权益的问题时有发生，应当引起高度重视。进一步加强老年弱势群体合法权益的保障工作，是贯彻落实党的十六大精神和“三个代表”重要思想的具体体现，是依法治国和以德治国的重要内容，是维护社会稳定、促进经济发展的重要举措。各级老龄工作部门、司法行政部门和公安机关要充分认识加强老年维权工作的重要性和紧迫性，认真研究新形势下维护老年人合法权益工作的新情况、新特点，充分履行职责，采取有力措施，切实做好老年人权益保障工作。现就有关问题提出如下意见：

一、进一步加强宣传教育工作，积极营造敬老爱老助老的良好社会氛围

各级老龄工作部门、司法行政部门和公安机关，要在组织基层工作人员认真学习有关法律、法规和政策的基础上，运用多种形式和手段，广泛深入地开展维护老年人合法权益的宣传教育活动。要加强对广大群众尤其是青少年的宣传教育，使社会各界和广大群众充分了解老年人依法享有的权利以及家庭、社会和个人对老年人应尽的义务，增强依法维护老年人合法权益意识和为老年人服务的意识，自觉遵守有关法律法规，坚决与侵害老年人合法权益的行为进行斗争。同时也要根据老年人的特点，对其加强法制宣传教育，提高他们维护自身合法权益的意识和能力。各级老龄工作部门要加强与司法行政部门、公安机关及有关新闻媒体的联系协作，整合各方面的宣传资源，广泛、深入、持久地开展保障老年人权益的法制宣传和敬老道德教育。要充分发挥舆论的激励和监督作用，大力宣传维护老年人合法权益的先进典型。要把法制宣传与精神文明建设结合起来，大力弘扬中华民族传统美德，在全社会营造敬老爱老养老助老的良好氛围，为保障老年人的合法权益夯实社会和思想基础。

二、及时为老年人提供法律服务和司法保护，切实保障老年人的合法权益

加强老年人法律服务工作。大力倡导和鼓励广大律师、公证员和基层法律服务工作者为老年人提供优先、及时、便利、高效的法律服务。及时、优先办理涉及老年人合法权益或者老年人委托、求助的法律事务。积极为老年人提供诉讼代理及法律咨询、代书、调解、办理公证等各种非诉讼代理服务。加强基层法律服务工作，将服务领域不断向城市社区和农村延伸。坚持服务的公益性，将社会效益放在突出位置。对于贫困老年人，根据情况适当实行低收费或减收费。坚持服务的便民性，采取多种形式，使老年人能方便、及时获得法律服务。坚持服务的主动性，为行动不便和有紧急事项的老年人提供上门服务。加强服务的针对性，最大限度地满足不同层次、不同类型老年人的法律服务需求。

各级老龄工作部门要加强老年人来信来访和有关老年人法律政策的咨询服务工作，及时向司法行政机关提供老年人法律服务和法律援助的需求信息。在社会治安综合治理、“两个文明”建设等活动中，要把敬老爱老助老作为重要内容，充分发挥有关部门的职能作用，积极为老年人办好事、办实事，为老年人创造良好的安居环境。

加强涉老纠纷的调解工作。基层老龄工作部门要协调有关方面，依托基层组织，深入排查涉及老年人的矛盾和纠纷，并做好消除矛盾、化解纠纷的工作。人民调解组织要把涉老纠纷的调解作为重要内容，坚持调防结合，以防为主，积极开展摸情况、排重点、查隐患工作，认真研究和掌握涉老纠纷发生的原因和规律，从切实维护老年人合法权益出发，不断提高涉老纠纷调解的成功率，增强涉老纠纷调解的社会效果。基层老年协会等老年群众组织要积极协助基层人民调解组织开展涉老纠纷的调解工作，及时发现和化解矛盾，促进老年人家庭和睦和社会稳定。

依法严肃处理侵害老年人合法权益的违法犯罪活动。有关部门要依法受理涉及侵害老年人合法权益的申诉、控告和检举。基层公安机关和广大公安民警要按照有关规定及时、认真地受理涉及老年人的报警和求助。对伤害老年人人身安全和侵犯老年人财产安全的违法犯罪行为，要充分发挥职能作用，密切配合有关部门，依照有关法律法规严肃处理；对需要调解的，积极做好矛盾纠纷的化解工作；对违反《社会治安管理处罚条例》有关规定的，予以治安处罚；对构成犯罪的，依法追究刑事责任。基层老龄工作部门要及时发现和制止侵害老年人权益的行为，协助公安机关严肃处理严重侵害老年人权益的案件。

各地法律援助机构应从本地实际出发，为老年人提供优质、便捷、多种形式的法律援助。对老年人提出的法律援助申请，要简化程序，优先受理、优先审查、优先指定，其受援标准可在当地政府规定的法律援助标准线上适当上浮；对行动不便的老年人，采取上门服务、定期回访等方法，提高法律援助的效率和质量；有条件的地方可以设立“12348”老年人法律咨询热线、咨询信箱，方便老年人咨询和寻求法律援助。可以参与老龄工作部门重大涉法问题的研究，提出对策建议。也可在基层社区设立老年人法律援助联络站或工作部，配备专（兼）职法律援助工作人员，开展法律咨询、调解、代书等工作，拓展为老年人提供法律援助的范围。

三、切实加强对老年维权工作的指导

各级老龄工作部门、司法行政机关和公安机关，要高度重视老年维权工作，将其列入工作计划，摆上议事日程，认真部署，抓好落实。各级老龄工作部门要与司法行政机关、公安机关、法律服务机构建立经常性联系，及时沟通情况，交换意见，提出建议。老龄工作部门可视情况设立老年维权或法律咨询机构。要及时总结推广老年维权工作中的典型经验和做法，创造性地开展工作。要对在老年维权工作中表现突出的先进集体和个人进行表彰。各级老龄工作委员会办公室要认真履行职责，积极发挥综合协调、督促检查作用，配合人大进行执法检查，充分发挥社会和媒体的监督作用，切实把保障老年人合法权益工作落到实处。积极开展创建“敬老模范村”和“敬老模范社区”活动。在赡养问题突出的地区，加强赡养协议签订工作。协调组织贫困老年人救助工作，推进老年人优待政策落实工作。全国老龄工作委员会办公室将协同司法部、公安部等有关部门逐步开展“老年人维权示范岗”工作，对在为老年人提供法律援助、法律服务、安全保护、调解纠纷、法律咨询等方面工作成绩突出的单位，给予发证挂牌和表彰。

全国老龄工作委员会《关于印发〈组织开展老年知识分子援助西部大开发行动试点方案〉的通知》

（2003 年 2 月 27 日）【全国老工委发〔2003〕1 号】

各省、自治区、直辖市及计划单列市老龄工作委员会，新疆生产建设兵团老龄工作委员会，全国老龄工作委员会各成员单位：

经国务院领导同志批准，全国老龄工作委员会决定在全国组织开展老年知识分子援助西部大开发行动（“银龄行动”）。现将《组织开展老年知识分子援助西部大开发行动试点方案》印发给你们，请结合实际，认真贯彻执行。

我国现有离退休科技人员500多万人，其中，年龄在70岁以下的约占70%，具有中高级技术职称、身体健康、有能力继续发挥作用的约占70%。这些老年知识分子，对党和国家有深厚感情，是一笔宝贵财富。积极开发老年人才智力资源，充分发挥其专长参与西部大开发，为社会再做贡献，是老龄工作部门认真贯彻党的十六大精神和“三个代表”重要思想、推进全面建设小康社会、落实西部大开发战略任务的具体行动，也是实现老有所为的新探索和推动老龄事业发展的重要举措。地方各级老龄工作委员会要把组织开展“银龄行动”作为当前和今后一个时期老龄工作的重要内容，认真抓好，抓出成效。组织开展“银龄行动”，要从实际需要和可能出发，确定对口支援的项目和人员，实实在在地帮助西部地区解决发展过程中的问题，力戒形式主义。被确定为试点单位的上海、新疆、辽宁、青海和甘肃等五个省（自治区、直辖市），要切实加强领导，及时研究、解决工作中出现的问题，为“银龄行动”在全国推开积累经验。其他省（自治区、直辖市）要参照试点方案，根据本地实际，认真开展调查研究，积极创造条件，逐步开展此项工作。

组织开展“银龄行动”涉及许多部门，老龄工作委员会各成员单位要积极支持，密切配合；各地老龄工作委员会要切实加强组织协调。全国和试点省（自治区、直辖市）的老龄工作委员会办公室作为牵头单位，要周密安排，精心组织，确保试点工作顺利进行。同时，注意及时了解、总结试点工作中的经验和做法。

附件：

组织开展老年知识分子援助西部大开发行动试点方案

为贯彻落实李岚清副总理2002年9月2日在中科院老同志科普宣讲团座谈会上关于“老龄委可以研究开展以民间形式组织的发挥老年人才智力的活动”的指示精神，全国老龄工作委员会决定组织开展“老年知识分子援助西部大开发行动”试点。试点方案如下：

一、“行动”名称。“老年知识分子援助西部大开发行动”，是倡导并组织以东部地区为主的全国大中城市离退休老年知识分子以各种形式向西部地区开展智力援助行动，支援西部大开发。援助行动可以在全国范围内开展，也可以在一个省（自治区、直辖市）内进行。鉴于老年知识分子大都已“华发如银”，行动简称为“银龄行动”。

二、试点单位。根据调查摸底情况，确定上海与新疆、辽宁与青海作为省际对口支援试点，甘肃作为省内开展援助行动的试点。

三、参加人员。主要是70岁以下、身体健康、愿为西部作贡献的离退休医生、教师、科技工作者和文艺工作者等老年知识分子。

四、实施原则。一是量力自愿。老年知识分子根据自己的身体状况和专业技能，自愿报名。二是服务与安全并重。既要有利于发挥老同志的专业特长，又要确保老同志的健康与安全。三是对口支援、双向选择。“银龄行动”在老龄工作部门的组织协调下，由援助地区与受援地区的卫生、教育、科技、文化等部门根据需要和可能，充分协商，双向选择。四是注重实效。要从实际出发，切实为西部地区发展先进生产力、先进文化解决一些实际问题，力戒形式主义。

五、援助方式。首先由西部地区提供人才需求情况，东部地区据此向社会招募人才，实行供需见面，签订协议。援助重点放在承担提供医疗服务、教学任务、参与科技项目和培养艺术人才等方面。时间可长可短，但最短不能少于三个月。

六、经费保障。必要的经费支持是做好这项工作的基本保证。援助者的往返路费、体格检查和人身保险由援助方负责，援助者的饮食、居住、交通费用和适当补贴由受援方负责。全国和有关地方老龄工作委员会办公室在组织这项活动中所需的调研、宣传、总结、表彰等经费，在财政核拨的老龄机构工作经费中解决。

七、组织领导。“银龄行动”在全国和有关地方老龄工作委员会的组织协调下，由全国和有关地方老龄工作委员会办公室牵头，民间团体参与，有关部门支持。全国老龄工作委员会办公室负责组织协调、宏观指导，注意及时总结经验，改进工作。

全国老龄工作委员会办公室《关于认真做好老年人权益保障和执法监督工作的通知》

（2003 年 4 月 18 日）【全国老工办发〔2003〕18 号】

各省、自治区、直辖市、计划单列市老龄工作委员会办公室，新疆生产建设兵团老龄工作委员会办公室：

根据全国人大常委会的意见，国务院拟于 2003 年 10 月份向全国人大常委会报告老年人权益保障工作，同时，从 5 月份开始，全国人大内务司法委员会将在部分省区市进行《中华人民共和国老年人权益保障法》（以下简称《老年法》）的执法调研。全国老龄工作委员会办公室将具体承担上述工作的服务、协调和上级交办事宜。为做好这项事关全国老年人权益保障的重要工作，现作如下通知：

一、提高认识，加强领导

国务院向全国人大报告老年人权益保障工作，全国人大内司委对部分省份进行执法调研，充分体现了全国人大常委会和国务院对老年人权益保障工作的关心和重视，也是国家最高权力机关依法进行执法监督，国家最高行政机关依法加强老年人权益保障，共同推进老年维权工作的重大举措。我们一定要抓住这一重要机遇，乘势而上，努力工作，开创新时期老年人权益保障工作的新局面。各地老龄办要将此项工作及时报告当地政府。要高度重视，加强领导，如有必要，各地可成立协调领导小组，统筹安排，认真部署，确保各项工作圆满完成。

要掀起深入学习、宣传、贯彻老年法律法规和政策的高潮。各级老龄委办公室要加强与有关涉老部门和新闻媒体的联系与协作，整合各种宣传资源，采取多种形式，大力宣传《老年法》和《中共中央、国务院关于加强老龄工作的决定》等一系列涉老法律法规和政策，广泛深入地开展维护老年人合法权益的宣传教育活动，做到家喻户晓、深入人心。要把法制宣传和敬老道德教育结合起来，弘扬中华民族尊老养老助老的优良传统，提高全社会的敬老道德意识和维护老年人合法权益的自觉性。要积极开展敬老模范村（社区）的创建活动，大力表彰老年维权工作中表现突出的先进集体和个人，发挥典型示范带头作用，推动全社会敬老养老助老良好氛围的形成。

二、统筹安排，突出重点

各地老龄委办公室要报请省政府，提请省人大常委会对本省的老年人权益保障工作进行执法检查或执法调研，并由省政府向省人大常委会提出关于老年人权益保障工作的报告。建议省政府要求各涉老权益保障部门，加大贯彻老年法律法规和政策的力度，切实解决老年人权益保障工作中的问题，特别是关系老年人切身利益的重点、难点问题。

老年人权益保障工作的重点：一是各项老年人权益保障制度和政策的落实情况。包括企业和国家机关、事业单位离退休职工的基本养老金和基本医疗保险费、符合条件老年人的最低生活保障制度、五保供养制度和贫困老年人的社会救助等方面；二是农村老年人的家庭赡养状况；三是老年人人身、财产、婚姻等权利受侵犯状况；四是老年人优待政策的落实情况；五是老年人的法律服务、法律援助和司法保护情况；六是老年维权机构和维权网络建设状况。

三、积极配合全国人大常委进行执法监督

全国人大内司委确定进行老年人权益保障执法调研的省区市老龄委办公室，要在省区市人大常委会、省政府和省老龄委的领导下，做好准备工作，认真汇报有关工作情况，反映存在的问题，提出改进的意见。要协调有关部门搞好调研活动的安排，多做协调、联络沟通工作。受政府或老龄工作委员会的委托，加强对有关部门贯彻落实老年人权益保障的法律法规和政策的督促检查，可按政府的安排，代表政府或老龄工作委员会向当地人大或全国人大执法检查组汇报有关工作。

请各地老龄委办公室在本地老年人权益保障工作全面落实和执法检查或执法调研结束（或基本结束）后，对本地老年人权益保障工作的贯彻落实情况，做法经验，存在问题，以及改进和加强老年人权益保障工作的意见，写出有情况、有分析、有建议的报告，报送当地政府和老龄工作委员会，并于 9 月 10 日前报送全国老龄工作委员会办公室。

全国老龄工作委员会《关于在全国开展创建老龄工作先进县（市、区）活动的通知》

（2003 年 5 月 15 日）【全国老工委发〔2003〕3 号】

各省、自治区、直辖市、计划单列市老龄工作委员会，新疆生产建设兵团老龄工作委员会：

为了切实加强基层老龄工作，根据《中国老龄事业发展“十五”计划纲要》关于建立表彰激励机制的要求，全国老龄工作委员会决定从 2003 年起开展创建老龄工作先进县（市、区）活动（以下简称“创建活动”）。具体事项通知如下：

一、指导思想

创建活动以党的十六大精神和“三个代表”重要思想为指导，以贯彻落实《中共中央、国务院关于加强老龄工作的决定》和《中国老龄事业发展“十五”计划纲要》为内容，以改善和提高老年人生活质量为宗旨，通过建立表彰激励机制，推动各地按照创建条件，抓住薄弱环节，解决突出问题，落实“六个老有”工作目标，整体推动老龄工作和老龄事业的全面发展。

二、创建条件

（一）组织领导坚强有力。党委、政府重视老龄工作，把老龄事业纳入本地区经济和社会发展规划，及时协调解决老龄工作中的重大问题；老龄工作委员会机构健全，发挥作用明显，形成了齐抓共管的局面；老龄委办公室编制落实，人员加强，经费有保障；县（市、区）、乡（镇、街道）、村（居委会）形成三级老龄工作体系，基层老龄工作坚强有力。

（二）老年政策法规落实。《老年法》和地方老年法规及各项老年优待政策落实，社会服务窗口和设施要有老年人优先、优待的明显标志；老年人权益保障工作有力，对侵犯老年人合法权益的案件能及时处理；老年人来信、来访工作处理认真。

（三）养老保障水平逐年提高。城镇基本养老保险和基本医疗保险覆盖面在本省（市、区）处于领先地位，离退休人员养老金按时足额发放，医疗费优先解决，最低生活保障线以下老年人全部纳入保障范围。认真贯彻《中共中央、国务院关于进一步加强农村卫生工作的决定》，积极推进农村新型合作医疗制度和医疗救助制度。城镇“三无”老人和农村“五保”老人的基本生活能够得到保障，有特殊困难的老年人能及时得到救助。

（四）老年服务设施健全。政府和社会不断增加对老年服务设施的投入，老年服务设施体系基本形成。县（市、区）有老年活动中心、老年大学、老年公寓，乡镇（街道）有老年活动站、老年学校、敬老院，村（居）有老年活动室（老年之家）；老年服务设施条件不断改善，管理规范，利用率高。社会公共文化活动场所免费或优惠向老年人开放。

（五）老年人精神文化活动丰富。基层老年人协会等各类老年群众组织健全规范，开展老年文化体育活动经常，内容丰富健康，参与率高；老年人思想政治工作活跃，在促进两个文明建设方面发挥作用好。

（六）敬老宣传教育广泛深入。敬老、养老、助老教育纳入全民教育体系，宣传、教育、文化、新闻等部门重视老龄宣传工作，敬老社会氛围浓厚，代际关系和谐。

三、组织实践和评选办法

（一）全国老龄工作先进县（市、区）创建活动每三年评选一次，不搞终身制，实行动态管理。今年各地做好老龄工作先进县（市、区）的创建工作，评选表彰定于 2004 年进行。

（二）各地根据全国老龄工作先进县（市、区）创建活动的指导思想和创建条件，结合本地实际情况，制定具体的评选标准。

（三）各地在全面开展创建活动并取得成效的基础上，按自下而上的原则，经过申报、考核、评选等程序，按照分配名额向全国老龄工作委员会办公室推荐、申报。

（四）全国老龄工作先进县（市、区）创建活动由各级老龄工作委员会办公室具体组织实践。

（五）老龄工作先进县（市、区）的名额分配和申报、推荐工作另行通知。

四、要求

（一）各级老龄工作委员会要加强对创建活动的领导。要提高认识，统筹规划，精心安排，采取有力措施，把创建工作的各项要求落实到实处，使创建活动成为加强基层老龄工作的重要推动力量。要运用多种形式搞好宣传发动工作，动员社会各界积极参与，增强创建活动的群众性和广泛性，使创建活动深入人心。

（二）创建活动要搞好“四个结合”，即：同各地全面建设小康社会的中心任务相结合，同精神文明建设相结合，同解决老龄工作中的突出问题相结合，同充分发挥老年人的作用相结合。要注重实效，力戒形式主义。

（三）各级老龄工作委员会办公室要加强指导，抓好典型，总结经验，认真做好老龄工作先进县（市、区）申报、考核和评选的组织工作，确保创建活动取得实际效果。各地创建活动的具体安排和出现的新情况、新问题、新经验，要及时向全国老龄工作委员会办公室反映。

全国老龄工作委员会办公室《关于认真贯彻回良玉同志重要批示的通知》

（2003年5月29日）【全国老工办发〔2003〕25号】

各省、自治区、直辖市、计划单列市老龄工作委员会办公室，新疆生产建设兵团老龄工作委员会办公室，全国老龄工作委员会各成员单位：

全国老龄工作委员会第五次全体会议以后，各成员单位以十六大精神和“三个代表”重要思想为指针，认真贯彻老龄委五次全会精神，拟定了本单位2003年老龄工作要点。国务院副总理、全国老龄委主任回良玉同志对此非常重视，给予了充分肯定，并于5月22日在全国老龄办报送的《关于呈送全国老龄工作委员会成员单位2003年工作要点的报告》上作了重要批示：“此工作要点报告我认真看了，很好。尊老敬老是中华民族的传统美德，老龄工作是党和政府的一项重要工作，是实践‘三个代表’重要思想的具体体现，也是全面建设小康社会的必然要求。做好老龄工作，必须围绕党和政府的中心任务，坚持‘党政主导、社会参与、全民关怀’的方针，充分发挥各成员单位的职能作用，为老年人多办实事，解决实际问题。真挚地希望老龄办，充分发挥综合协调、督促检查和参谋助手作用，积极推动各成员单位狠抓落实，形成合力，开创老龄工作的新局面。”

为了认真贯彻良玉同志的重要批示精神，开创老龄工作的新局面，现通知如下：

一、要认真学习批示，提高对老龄工作的认识。良玉同志的批示深刻地阐明了老龄工作与全面建设小康社会的关系，全面论述了老龄工作的性质、地位和作用，进一步明确了老龄工作的基本原则和指导方针，并就当前老龄工作提出了具体的要求。这个批示对于做好新时期老龄工作具有重要的指导意义。各地老龄委、各成员单位、各级老龄办和广大老龄工作者，要认真学习深刻领会批示精神，坚决贯彻落实；要抓住机遇，锐意进取，创造性地开展工作，促进老龄事业的全面发展。

二、各成员单位要认真抓好今年老龄工作要点落实工作。要按照全国老龄委五次全会确立的“制定政策、办实事”的要求，进一步分解本单位老龄工作计划，明确职责，定期检查，保证本单位老龄工作要点的落实；年终要对照老龄工作要点进行总结，并将落实情况书面报全国老龄办，由全国老龄办汇总上报全国老龄委。

三、各地要以贯彻批示为契机，进一步建立老龄工作齐抓共管机制。《中国老龄事业发展“十五”计划纲要》的实施已到了中期，各地老龄委要结合贯彻批示，对照本地发展老龄事业的中近期计划，加强督促检查，解决突出问题，推动计划的落实；要注意建立成员单位齐抓共管的机制，充分发挥成员单位的职能作用，督促他们在制定政策、解决实际问题、多办实事上下功夫；要参照全国老龄办的做法，敦促成员单位年初拟订计划，年终对照总结，逐步建立和形成适应新时期老龄工作需要的工作报告制度，以便老龄委领导掌握情况，及时对老龄工作进行决策和指导。

四、各级老龄办要转变工作作风，发挥好“三个作用”。各级老龄办是同级老龄委的办事机构，责任重大，必须转变观念，增强服务意识，改进工作方法，提高综合协调能力，整合各方力量，围绕老龄工作目标和重点开展工作；要深入基层，调查研究，了解情况，掌握老龄工作动态，及时、准确、完整地向老龄委领导反映情况，提出正确建议，当好参谋助手；要加大督查力度，推动老龄工作不断迈上新台阶。

各地老龄办和成员单位要把贯彻良玉同志批示的

情况及时反馈全国老龄办。

全国老龄工作委员会办公室、中宣部、教育部、团中央、全国妇联《关于在全国青少年中广泛开展敬老爱老助老主题教育活动的通知》

（2003 年 7 月 28 日）【全国老龄办发〔2003〕30 号】

各省、自治区、直辖市、计划单列市，新疆生产建设兵团老龄委办公室，党委宣传部，教育厅（局），团委，妇联：

根据全国老龄工作委员会第五次全体会议的部署，为认真贯彻落实中共中央下发的《公民道德建设实施纲要》，进一步加强青少年的思想道德教育，大力弘扬中华民族敬老爱老助老的传统美德，在全社会树立良好的道德风尚，从根本上加强维护老年人合法权益的工作，全国老龄委办公室、中宣部、教育部、共青团中央、全国妇联决定，从 2003 年重阳节前开始，在全国组织开展“青少年敬老爱老助老主题教育活动”（以下称“主题教育活动”）。为加强组织领导，五部门已联合成立组委会。现将有关事宜通知如下：

一、指导思想

以“三个代表”重要思想和党的十六大精神为指导，认真贯彻《公民道德建设实施纲要》和《中华人民共和国老年人权益保障法》，坚持“党政主导、社会参与、全民关怀”的工作方针，以敬老爱老助老为主题，在全国青少年中进行一次广泛深入的思想道德教育，增强全民的敬老意识，从根本上维护老年人的合法权益。

二、活动内容

（一）读敬老书。指导青少年认真学习《公民道德建设实施纲要》，阅读敬老书籍，是“主题教育活动”的先导。为此，组委会成立专门编委会，精选古往今来感人至深、催人泪下、富于哲理的敬老故事，编写成《中国敬老故事精华》一书，作为“主题教育活动”的推荐读物。组委会将在九月中旬，举行主题教育活动的启动仪式，组织媒体集中宣传报道“主题教育活动”。各地要按照组委会的统一部署，通过新世纪读书活动、故事会等多种形式，广泛开展读敬老书活动，为“主题教育活动”的深入进行奠定良好基础。

（二）做敬老事。读书活动要同指导青少年敬老社会实践紧密结合。在组织好读书活动的基础上，开展“回报父母养育之恩，做一件有意义的事”活动。各地要动员和引导青少年，从自身做起，从身边小事做起，从回报父母做起，推及其他社会老人，做敬老爱老助老的好事、实事。这一活动要与中宣部、全国妇联、团中央等部门联合开展的“小公民道德建设”活动、“五好文明家庭创建”活动、“实践公民道德、弘扬雷锋精神”活动，以及共青团中央和全国老龄委办公室联合发起的志愿者为老服务“金晖行动”结合起来，鼓励青少年争做为老服务志愿者。

（三）写敬老文。在读敬老书、做敬老事的基础上，动员青少年以及其他社会成员，撰写敬老爱老助老感想文章。《中国老年报》、《中国青年报》、《中国少年报》和《中国妇女报》将开辟专栏，联合举办“敬老好文章”征文活动。征文篇幅 800～1500 字，文体不限，但文章中必须包含孝敬父母、关爱老人的实践内容。组委会组织有关专家对敬老好文章进行评选，并向一、二、三等奖和优秀奖获奖者颁发证书和奖品，获奖名单在有关报刊上公布。同时，还将酌情精选部分优秀作品结集出版。

三、组织领导

五部门联合组成组委会负责协调、指导“主题教育活动”的开展。组委会下设办公室，负责具体工作。各地老龄委办公室也要积极同老龄委有关成员单位协商，成立相应的组织机构，负责所属省（区、市）“主题教育活动”的组织和推动工作。同时，注意收集活动开展过程中的有关情况和动态，及时报送全国组委会办公室。

四、几点要求

（一）加强指导，精心组织。组织开展“主题教育活动”，是 2003 年全国老龄工作的一项重点工作，是从青少年道德教育入手，为老年维权工作营造良好社会环境的有益尝试和重要措施。各地要重视并精心做好组织工作，配备得力干部，加强对基层的指导。要运用多种手段，广泛动员、引导青少年积极参加“主题教育活动”，并把这一活动同共青团、少先队的日常组织活动和学校的思想品德教学工作有机结合起来。

（二）努力做好宣传工作。做好宣传发动工作，努力扩大社会影响，对推动“主题教育活动”的扎实开展十分重要。各地要组织动员新闻媒体、学校、群团和社区组织，通过多种方式，对活动开展情况进行广泛宣传，以形成较强的宣传声势。

全国老龄工作委员会《关于评选表彰全国老龄工作先进单位的通知》

（2004 年 3 月 10 日）【全国老龄委发〔2004〕2 号】

各省、自治区、直辖市老龄工作委员会，新疆生产建设兵团老龄工作委员会，解放军总政治部：

《中共中央、国务院关于加强老龄工作的决定》颁布以来，各地、各单位为发展老龄事业做了大量工作，取得了可喜成绩。为表彰先进，进一步推动老龄工作，全国老龄工作委员会决定，在全国评选表彰 200 个老龄工作先进单位。现将具体事项通知如下：

一、指导思想

全国老龄工作先进单位的评选表彰工作，要以“三个代表”重要思想和党的“十六大”精神为指导，以贯彻落实《中共中央、国务院关于加强老龄工作的决定》和《中国老龄事业发展“十五”计划纲要》为内容，以实施“六个老有”为目标，建立老龄工作的争先创优机制，增强做好老龄工作的责任感和光荣感，促进基层老龄工作的不断加强和老龄事业的健康协调发展。

二、评选范围

老龄工作先进单位的评选范围是：省、地、县三级党委、政府的所属部门，企、事业单位和社会团体，街道、乡（镇）和居（村）委会等单位，军队和新疆生产建设兵团所属单位。

三、评选条件

（一）老龄工作得到单位领导高度重视，并能纳入本单位的重要日程，对老龄工作中的突出问题能及时研究解决。

（二）老龄工作机构健全，人员落实，经费有保障。

（三）落实老龄政策措施有力，老年人合法权益得到保障。党政涉老部门能切实履行涉老职责，积极地、创造性地运用政策法规解决实际问题，改善老年人生活质量效果明显。

（四）老年人价值得到尊重，老年人积极作用能充分发挥，具有老年人参与基层“三个文明”建设的良好氛围。

（五）为老年人办实事成绩突出，老年人的合理需求得到满足，落实“六个老有”措施有力，老年人满意。

（六）单位敬老、爱老、助老氛围浓厚，代际关系融洽。

四、评选申报办法

（一）全国老龄工作先进单位的申报工作，各省、自治区、直辖市和新疆生产建设兵团由老龄办负责；军队由总政治部干部部负责。

（二）负责申报工作的部门，可依照本通知精神，结合本地、本系统实际情况，制定具体推荐评选办法，并按“优中选优”原则，向全国老龄委办公室推荐 5～8 个候选单位，填报《全国老龄工作先进单位申报表》，提交候选单位事迹材料（2000 字以内）。

（三）全国老龄委办公室以互查或抽查方式对候选单位的老龄工作情况进行考核并提出意见，报全国老龄工作委员会审批。

（四）全国老龄工作先进单位的表彰同全国老龄工作先进县（市、区）的表彰一并进行。

五、要求

（一）各地各单位要高度重视老龄工作先进单位的评选工作，加强组织领导，搞好舆论宣传，把评选活动作为加强基层老龄工作的重要手段和发展老龄事业的推动力量。

（二）要严格条件，优中选优。通过综合平衡，把那些工作扎实、实绩突出、有代表性、群众认可的单位推举出来，发挥其典型示范的作用。

（三）要精心组织，周密安排，确保评选工作质量。通过评选活动，增强广大基层单位和人员从事老龄工作的积极性和光荣感。

（四）全国老龄工作先进单位的申报截止时间为2004年7月30日。表彰事宜另行通知。

全国老龄工作委员会办公室《关于做好2004年“银龄行动”试点工作的通知》

（2004年3月24日）【全国老龄办发〔2004〕17号】

北京、天津、上海、重庆、山西、黑龙江、吉林、辽宁、安徽、江苏、浙江、福建、甘肃、河南、湖北、广东、云南、四川、内蒙古、宁夏、新疆、广西、厦门等省（区、市）老龄委办公室，中国老科学技术工作者协会：

按照全国老龄办《关于2004年继续开展“银龄行动”有关问题的通知》要求和2004年全国省级老龄办主任会议精神，目前已有23个省（区、市）老龄办及中国老科技工作者协会要求参加2004年“银龄行动”试点。为做好这项工作，现将有关事项通知如下：

1. 凡参加2004年“银龄行动”试点工作的省（区、市）老龄部门，要学习和借鉴2003年首批“银龄行动”试点工作的经验和做法，结合本省（区、市）的实际情况，研究和制定“银龄行动”实施方案，于4月15日前报全国“银龄行动”办公室。

2. 为确保“银龄行动”顺利进行，要完善工作方案，把握好关键环节，即调查摸底、签订援助协议、落实工作经费、保证老同志健康和安全。对于跨地区实施“银龄行动”的单位，援助方和受援方要及时进行沟通和交流，尤其要安排好前期考察，商定切实可行的合作方案，协调一致地做好“银龄行动”的各项准备和启动工作。

3. 全国“银龄行动”办公室从今年开始编发《“银龄行动”动态》、通过《简报》、《老龄工作导刊》、报纸等多种宣传媒介，及时反映各地工作开展情况。希望各试点单位注意收集和整理动态情况，及时报送全国“银龄行动”办公室。

全国老龄工作委员会办公室《关于中国老年艺术团访澳演出的情况报告》

（2004年5月28日）【全国老龄办发〔2004〕31号】

张勇并报良玉同志：

应澳大利亚有关方面邀请，中国老年艺术团于2004年2月19日至2月29日出访澳大利亚，并在堪培拉、悉尼、墨尔本举办了2场“红叶风采”大型公益演出和8场社区老年文化交流活动。澳大利亚地方行政官员，中国驻澳使（领）馆负责人，澳洲华人、华侨社团首领以及当地5000余名观众看了演出，并参加了联欢交流活动。演出现场气氛热烈，高潮迭起，反响强烈。老同志们的精彩演出倾倒了观众，颇具中国民族特色的节目赢得了媒体的高度赞誉，演出活动取得了圆满成功。现将有关情况报告如下：

一、中国老年艺术团概况和此次访澳演出的基本情况

在2002年全国老年文艺调演取得成功的基础上，经全国老龄委第五次全体会议研究决定，报请主管部门批准，全国老龄委办公室于2003年5月组建了中国老年艺术团。该团是全国老龄委办公室领导下的全国性老年业余文艺团体，委托中国老龄事业发展基金会代管。其宗旨和任务是：整合全国老年艺术人才资源，发挥其在老年文化活动中的引导、示范、辐射和推动作用；依照国家文化市场管理的有关政策和规定，围绕党和政府的中心工作，组织开展符合宗旨、非盈利性的国内、国际老年文化艺术传播与交流活动；以具有鲜明时代精神和老年人特点的艺术形式，表现人到老年生命不息、奋斗不止的激情，与时俱进、乐观向上的豪情，爱党、爱国、爱民的真情；在全社会弘扬敬老爱老助老的传统美德，促进代际和谐、老少共融社会风尚的形成。

此次访问演出，是中国老年艺术团成立以来的首次国际交流活动，也是通过老年文化活动的形式，向国际社会展示当代中国老年人良好精神风貌的有益尝试。代表团由72名同志组成，其中老年群众演员56名，来自7个省（市、区），年龄最大的72岁，最小的50岁。参演的16个节目组成，全部由老年人自创、自编、自导，既有欢快风趣的歌舞表演，又有庄重典雅的服饰展示；既有优美动人的器乐演奏，又有中华国粹的京剧表演。整台节目民族特点鲜明，生活气息浓郁，形式新颖，具有很强的感染力。出访演出活动自始至终得到政府有关部门、我驻外使（领）馆的大力支持和协助。中国驻澳大利亚大使馆临时代办张君高、驻悉尼总领馆总领事廖志洪、驻墨尔本总领馆总领事田俊亭等领导同志在百忙中出席观看演出，参加联欢活动，在驻地盛情款待艺术团全体成员，使身处异国他乡的艺术团的老同志们倍受鼓舞，增强了为国争光的民族自豪感和使命感。在墨尔本和悉尼，由东北区华人协会、澳洲澳华文联、3CW中文电台、中国洪门民治党牵头的20多家社会团体成立了中国老年艺术团访澳演出组委会，无私地奉献出了海外赤子对祖国和人民的一片真情，有力地保证了艺术团访澳演出的顺利进行。中国老年艺术团的全体演职人员，怀着为国争光、为1.34亿中国老年人争光的豪迈心情，不辞辛劳，不取报酬，认真演出，生动地展示了中国改革开放20年人民群众的幸福生活和充满自信的精神面貌，展示了当代中国老年人的美好形象，促进了中澳两国人民的文化交流，加深了两国人民的友谊，具有重要的政治意义。

二、两点建议

（一）国际老年文化艺术活动的交流与合作前景广阔，意义深远。政府有关主管部门对此应给予进一步的重视，纳入规划，统筹考虑，加强指导，创造机会，使之在国际交往与对外宣传工作中更加充分地发挥非政府组织的特殊作用。

（二）建议由国家财政核拨500万元专项经费，作为建立“中国老年文化艺术发展基金”的垫底资金。基金设在中国老龄事业发展基金会，通过定向募集社会捐助，不断扩大基金规模，资助开展全国性的老年文化艺术活动和国际文化交流。该项基金由财政部和全国老龄委办公室共同管理，国家审计部门定期对其实行专项审计。

专此报告。

全国老龄工作委员会办公室《关于评选“银龄行动十佳老人”的通知》

（2004年12月20日）【全国老龄办发〔2004〕55号】

各省、自治区、直辖市、计划单列市老龄工作委员会办公室，新疆生产建设兵团老龄工作委员会办公室：

按照全国老龄委《关于印发〈组织开展老年知识分子援助西部大开发行动试点方案〉的通知》（全国老工委发〔2003〕1号）要求，于2003年开始启动的老年知识分子援助西部大开发行动（简称“银龄行动”）试点工作，在试点省、区、市老龄委的高度重视和老龄委办公室的精心组织指导下，取得了良好的社会效果。两年来，参加试点的老年知识分子以饱满的热情，高超的技术，真诚的态度，无私的奉献，为受援地区和单位做了大量好事实事，得到受援地人民群众广泛好评。为表彰在“银龄行动”试点中做出突出成绩的老年知识分子，全国老龄委办公室决定在参加“银龄行动”试点工作的省份中，开展“银龄行动十佳老人”评选活动。现将有关事宜通知如下：

一、评选宗旨

评选活动旨在表彰、宣传参加“银龄行动”中做出突出成绩的老年知识分子典型，倡导全社会尊重老年人才、爱护老年人才，鼓励老年知识分子发挥自身智力优势，继续为经济发展和社会进步作出贡献。

二、评选条件

积极报名参加“银龄行动”，思想认识高，示范作用好；在援助活动中，工作积极主动，吃苦精神强，奉献精神好，为受援地区做出突出成绩并受到当地群众称赞和受援单位好评的老年知识分子。

三、推荐和评选办法

跨省实施“银龄行动”的推荐办法为：由援助方省级老龄委办公室负责推荐候选人，并征得受援方省级老龄委办公室同意后，按推荐名额（附后），填写“银龄行动十佳老人”候选人登记表，上报全国“银龄行动”办公室。

在省内开展“银龄行动”的推荐办法为：由省级老龄委办公室负责推荐候选人，并按照推荐名额（附后），填写“银龄行动十佳老人”候选人登记表，上报全国“银龄行动”办公室。

全国“银龄行动”办公室在各省上报的人选中，分别评出“银龄行动十佳老人”和“银龄行动十佳老人提名奖”，由全国老龄委办公室通报表彰，颁发荣誉证书。

四、要求

1. 省级老龄委办公室在推荐过程中，要认真听取受援地单位和群众的意见，选拔成绩突出，群众反响好的老年知识分子作为候选人；对于跨省实施“银龄行动”的省（区、市），援助和受援双方省级老龄委办公室要及时沟通和协商。在此基础上，对推荐人选进行综合审定，由援助方省级老龄委办公室形成考评意见，加盖省级老龄委办公室印章。

2. 负责上报“银龄行动十佳老人”候选人的省级老龄委办公室请于2005年1月31日前，将“银龄行动十佳老人”候选人登记表一式三份及1000字左右的书面和电子版事迹材料各一份，上报全国“银龄行动”办公室。

全国老龄工作委员会《关于表彰“全国老龄工作先进县（市、区、旗）”和“全国老龄工作先进单位”的决定》

（2005年4月12日）【全国老龄委发〔2005〕3号】

按照全国老龄工作委员会第五次全体会议决定，从2003年初开始，全国老龄委在全国范围内组织开展了创建全国老龄工作先进县（市、区、旗）和评选全国老龄工作先进单位的活动。两年来，在各级党委、政府的正确领导下，各级老龄委高度重视，精心组织，创建评选工作健康有序推进，较好地改善了老年人的生活环境和生活质量，解决了一些制约老龄事业发展的突出问题，使许多地区的老龄工作面貌焕然一新，涌现出一大批老龄工作先进地区和先进单位。

为表彰先进，继续加强基层老龄工作，整体推动老龄事业全面发展，2005年2月22日，全国老龄工作委员会第七次全体会议决定：授予北京市东城区等150个县（市、区、旗）“全国老龄工作先进县（市、区、旗）”荣誉称号；授予北京市海淀区老龄工作委员会办公室等240个单位“全国老龄工作先进单位”荣誉称号。

此次受到表彰的150个先进县（市、区、旗）和240个先进单位，在推动老龄工作、发展老龄事业方面作出了显著成绩，是老龄工作战线上优秀集体的代表。各地、各有关部门要通过多种形式，大力宣传先进县（市、区、旗）认真贯彻落实《中共中央、国务院关于加强老龄工作的决定》、《中国老龄事业发展“十五”计划纲要（2001—2005年）》和“党政主导、社会参与、全民关怀”老龄工作方针的好做法、好经验；广泛宣传先进单位坚持以人为本，努力为老年人办好事、办实事，解决老年人实际困难和问题的典型事迹。

希望受到表彰的先进县（市、区、旗）和先进单位，珍惜荣誉，发扬成绩，开拓创新，争取老龄工作的新进步和老龄事业的新发展。希望各地认真向受表彰的先进县（市、区、旗）和先进单位学习，牢固树立全面协调可持续的科学发展观，高度重视老龄工作，促进老龄事业与经济社会的协调发展，努力把“六个老有”的目标落实到基层，为实现构建社会主义和谐社会的宏伟目标而努力奋斗。

附件：

全国老龄工作先进县（市、区、旗）和全国老龄工作先进单位名单

1. 北京市	先进县（市、区）	先进单位
	1. 东城区	1. 海淀区老龄工作委员会办公室
	2. 顺义区	2. 朝阳区老龄工作委员会办公室
	3. 房山区	3. 石景山区老龄工作委员会办公室
		4. 平谷区老龄工作委员会办公室
		5. 西城区老龄工作委员会办公室
		6. 北京市法律援助中心
		7. 北京市老干部健身中心
		8. 北京市老年人体育协会
2. 天津市	先进县（市、区）	先进单位
	1. 大港区	1. 和平区老年人协会
	2. 塘沽区	2. 南开区八里台街观园里社区居民委员会
		3. 红桥区丁字沽街老年人协会
		4. 北辰区宜兴埠镇人民政府
		5. 天津经济技术开发区老年人协会
		6. 河东区向阳楼街道办事处
		7. 静海县教育局
		8. 河北区人民法院
3. 河北省	先进县（市、区）	先进单位
	1. 三河市	1. 河北省民政厅
	2. 邯郸市复兴区	2. 河北省老龄工作委员会办公室
	3. 遵化市	3. 沧州市民政局
	4. 石家庄市长安区	4. 石家庄市民政局
	5. 涿州市	5. 唐山市老龄工作委员会办公室
	6. 任丘市	6. 承德市民政局
		7. 邯郸市老龄工作委员会办公室
		8. 赞黄县民政局
4. 山西省	先进县（市、区）	先进单位
	1. 大同市南郊区	1. 晋城市老龄工作委员会办公室
	2. 太原市杏花岭区	2. 大同市老龄工作委员会办公室
	3. 阳城县	3. 平朔煤炭工业公司
	4. 太原市小店区	4. 太原市万柏林区老龄工作委员会办公室
	5. 长治市城区	5. 清徐县老龄工作委员会办公室
		6. 太钢集团临汾钢铁公司

（续）

		7. 柳林县老龄工作委员会办公室
		8. 运城市老龄工作委员会办公室
5. 内蒙古自治区	**先进县（市、区、旗）**	**先 进 单 位**
	1. 包头市昆都仑区	1. 通辽市科尔沁区西门街道办事处
	2. 乌海市海勃湾区	2. 包头钢铁（集团）有限责任公司
	3. 阿荣旗	3. 中共内蒙古自治区委老干部局
		4. 锡林郭勒盟老龄工作委员会办公室
		5. 内蒙古第一机械制造（集团）有限公司
6. 辽宁省	**先进县（市、区）**	**先 进 单 位**
	1. 台安县	1. 辽宁省民政厅
	2. 东港市	2. 中共辽宁省委老干部局
	3. 沈阳市和平区	3. 沈阳市老龄工作委员会办公室
	4. 沈阳市沈河区	4. 鞍山市老龄工作委员会办公室
	5. 鞍山市铁东区	5. 阜新市老龄工作委员会办公室
	6. 营口市老边区	6. 抚顺市老龄工作委员会办公室
		7. 辽宁省卫生厅
		8. 大连市西岗区老龄工作委员会办公室
7. 吉林省	**先进县（市、区）**	**先 进 单 位**
	1. 长春市朝阳区	1. 梅河口市老龄工作委员会办公室
	2. 镇赉县	2. 吉林市昌邑区老龄工作委员会办公室
	3. 四平市铁西区	3. 吉林省民政厅
	4. 汪清县	4. 延边朝鲜族自治州老年人协会
		5. 通化恒泰热力有限公司
		6. 吉林省临江林业局离退休职工管理处
		7. 中国第一汽车集团公司离退休人员管理部
8. 黑龙江省	**先进县（市、区）**	**先 进 单 位**
	1. 海林市	1. 黑龙江省民政厅
	2. 哈尔滨市动力区	2. 哈尔滨市老龄（退管）工作委员会办公室
	3. 齐齐哈尔市建华区	3. 牡丹江市老龄工作委员会办公室
	4. 大庆市让胡路区	4. 双城市老龄工作委员会办公室
	5. 哈尔滨市道里区	5. 泰来县老龄工作委员会办公室
		6. 桦川县星火朝鲜族乡人民政府
		7. 哈尔滨老年人大学
		8. 鸡西市小恒山街道老年协会
9. 上海市	**先进县（市、区）**	**先 进 单 位**
	1. 静安区	1. 上海市老年维权工作小组
	2. 嘉定区	2. 卢湾区老龄事业发展中心
	3. 长宁区	3. 徐汇区康健街道办事处

（续）

		4. 普陀区曹杨新村街道办事处
		5. 虹口区凉城新村街道办事处
		6. 奉贤区南桥镇人民政府
		7. 松江区新桥镇春申村村民委员会
		8. 上海市老年基金会金山办事处
10. 江苏省	先进县（市、区）	先　进　单　位
	1. 江阴市	1. 南京市老龄工作委员会办公室
	2. 常熟市	2. 无锡市财政局
	3. 南京市秦淮区	3. 南京市白下区老龄工作委员会办公室
	4. 常州市钟楼区	4. 太仓市民政局
	5. 如皋市	5. 徐州彭城老年大学
	6. 南京市玄武区	6. 泰兴市姚王镇人民政府
	7. 常州市武进区	7. 镇江市教育局
	8. 张家港市	8. 盐城市供电局
		9. 南通市老龄工作委员会办公室
		10、江苏省退休职工管理委员会办公室
11. 浙江省	先进县（市、区）	先　进　单　位
	1. 慈溪市	1. 浙江省老龄工作委员会办公室
	2. 杭州市上城区	2. 宁波市老龄工作委员会办公室
	3. 宁波市镇海区	3. 浙江省体育局
	4. 杭州市余杭区	4. 瑞安市老龄工作委员会办公室
	5. 杭州市下城区	5. 上虞市老龄工作委员会办公室
	6. 台州市路桥区	6. 温州市鹿城区老龄工作委员会办公室
	7. 绍兴县	7. 金华市婺城区城西街道办事处
	8. 义乌市	8. 龙泉市八都镇人民政府
		9. 湖州市吴兴区道场乡人民政府
		10. 浙江移动通信有限公司
12. 安徽省	先进县（市、区）	先　进　单　位
	1. 合肥市庐阳区	1. 马鞍山市老龄工作委员会办公室
	2. 舒城县	2. 淮北市劳动和社会保障局
	3. 巢湖市居巢区	3. 黟县西递镇人民政府
	4. 怀远县	4. 淮南市田家庵区老龄工作委员会办公室
	5. 合肥市蜀山区	5. 铜陵市老龄工作委员会办公室
		6. 六安市老龄工作委员会办公室
		7. 宿州市埇桥区西二铺乡人民政府
		8. 宣城市宣州区民政局
13. 福建省	先进县（市、区）	先　进　单　位
	1. 长乐市	1. 福建省老龄工作委员会办公室

（续）

	2. 厦门市思明区	2. 福建省发展与改革委员会
	3. 晋江市	3. 福建省老年学学会
	4. 建瓯市	4. 厦门市老龄工作委员会办公室
	5. 泉州市丰泽区	5. 龙海市角美镇人民政府
	6. 福鼎市	6. 大田县均溪镇红星村老年协会
		7. 龙岩市新罗区西城街道西安社区居民委员会
		8. 宁德市经济贸易委员会
		9. 莆田市财政局
14. 江西省	先进县（市、区）	先 进 单 位
	1. 乐平市	1. 景德镇市民政局
	2. 高安市	2. 萍乡市劳动和社会保障局
	3. 九江市庐山区	3. 江西省老年人体育协会
	4. 万年县	4. 南昌市西湖区广润门街道办事处
	5. 龙南县	5. 昌河飞机工业（集团）有限责任公司
		6. 中共龙南县委老干部局
		7. 奉新县赤岸镇赤岸村村民委员会
		8. 新余市渝水区城南街道办事处
15. 山东省	先进县（市、区）	先 进 单 位
	1. 济南市历下区	1. 山东省老龄工作委员会办公室
	2. 青岛市四方区	2. 山东省人大常委会办公厅
	3. 济宁市市中区	3. 济南市老龄工作委员会办公室
	4. 泰安市泰山区	4. 青岛市老龄工作委员会办公室
	5. 滕州市	5. 枣庄市老龄工作委员会办公室
	6. 博兴县	6. 东营市老龄工作委员会办公室
	7. 广饶县	7. 济南铁路局
	8. 莱州市	8. 沂水县老龄工作委员会办公室
	9. 青州市	9、聊城市东昌府区老龄工作委员会办公室
	10. 青岛市南区	10. 昌乐县昌乐镇人民政府
		11. 山东省民政厅
		12. 山东电力集团公司
16. 河南省	先进县（市、区）	先 进 单 位
	1. 林州市	1. 新乡市老干部大学
	2. 辉县市	2. 安阳市老龄工作委员会办公室
	3. 汝州市	3. 濮阳市老龄工作委员会办公室
	4. 范县	4. 济源市民政局
	5. 漯河市源汇区	5. 河南大学
	6. 宁陵县	6. 漯河市老龄工作委员会办公室
		7. 安阳市殷都区老龄工作委员会办公室

（续）

		8. 平顶山煤业集团公司退（离）休管理中心
17. 湖北省	先进县（市、区）	先　进　单　位
	1. 赤壁市	1. 湖北省老龄工作委员会办公室
	2. 大冶市	2. 武汉钢铁（集团）公司
	3. 谷城县	3. 湖北省司法厅
	4. 武汉市江汉区	4. 东风汽车工业投资有限公司襄樊管理部
	5. 丹江口市	5. 洪湖市新堤办事处洪林村村民委员会
		6. 孝感市中心医院
		7. 黄石市民政局
		8. 十堰市老龄工作委员会办公室
18. 湖南省	先进县（市、区）	先　进　单　位
	1. 浏阳市	1. 白沙集团长沙卷烟厂
	2. 衡东县	2. 湘乡市老龄工作委员会办公室
	3. 临武县	3. 中国南车集团株洲电力机车厂
	4. 临澧县	4. 益阳市人大常委会办公室
	5. 新田县	5. 祁东县老龄工作委员会办公室
		6. 湘西土家族苗族自治州人大常委会办公室
		7. 怀化电业局
		8. 冷水江市老龄工作委员会办公室
19. 广东省	先进县（市、区）	先　进　单　位
	1. 广州市荔湾区	1. 广东省司法厅
	2. 佛山市禅城区	2. 广东省民政厅
	3. 惠东县	3. 惠州市老龄工作委员会办公室
	4. 开平市	4. 中共潮州市委老干部局
	5. 化州市	5. 大埔县老龄工作委员会办公室
	6. 深圳市罗湖区	6. 东莞市东坑镇人民政府
		7. 茂名市油城老年大学
		8. 中山市南朗镇南朗村安定老年人协会
20. 广西壮族自治区	先进县（市、区）	先　进　单　位
	1. 南宁市城北区	1. 南宁市老龄工作委员会办公室
	2. 全州县	2. 桂林市老龄工作委员会办公室
	3. 宁明县	3. 崇左市老龄工作委员会办公室
		4. 柳州铁路局
		5. 广西大学
		6. 广西玉柴机器集团
21. 海南省	先进县（市、区）	先　进　单　位
	1. 琼海市	1. 琼海市民政局
	2. 陵水黎族自治县	2. 陵水黎族自治县民政局

（续）

		3. 海口市秀英区海口港社区居民委员会
		4. 三亚市河西区管理委员会儋州村社区居委会
22. 重庆市	先进县（市、区）	先 进 单 位
	1. 万州区	1. 北碚区老龄工作委员会办公室
	2. 渝中区	2. 九龙坡区九龙镇人民政府
	3. 开县	3. 嘉陵工业有限公司离退休管理处
		4. 重庆市公安局政治部离退休人员工作处
		5. 开县民政局
		6. 巴南区花溪镇建新村村民委员会
		7. 璧山县青杠街道办事处
		8. 云阳县教育委员会
23. 四川省	先进县（市、区）	先进单位
	1. 成都市金牛区	1. 四川省电力公司
	2. 大竹县	2. 四川省地质矿产勘查开发局
	3. 泸县	3. 峨眉山市峨眉山管理委员会
	4. 青神县	4. 成都市高新区石羊街道办事处清和村村民委员会
	5. 乐山市五通桥区	5. 泸州市江阳区分水岭乡老年人协会
	6. 广元市朝天区	6. 广元市民政局
	7. 岳池县	7. 蓬安县群乐乡敬老院
		8. 芦山县双石镇人民政府
		9. 阿坝藏族羌族自治州老龄工作委员会办公室
		10. 四川省晚霞报社
24. 贵州省	先进县（市、区）	先 进 单 位
	1. 贵阳市云岩区	1. 福泉市龙昌镇仓盈湾村老龄委
	2. 水城县	2. 水城钢铁（集团）有限责任公司老龄委
	3. 惠水县	3. 贵州大学
	4. 遵义县	4. 遵义市余庆县老龄工作委员会办公室
		5. 中国贵州航空工业（集团）有限责任公司
		6. 黎平县教育局
		7. 玉屏侗族自治县大龙镇人民政府
25. 云南省	先进县（市、区）	先 进 单 位
	1. 曲靖市麒麟区	1. 云南省老龄工作委员会办公室
	2. 昆明市五华区	2. 曲靖市老龄工作委员会办公室
	3. 玉溪市红塔区	3. 江川县江城镇黄营村村民委员会
	4. 建水县	4. 昆明市盘龙区环城街道办事处席子营社区居民委员会
	5. 大理市	5. 思茅市教育局
	6. 保山市隆阳区	6. 昆明卷烟厂
		7. 昭通市老年人体育协会

（续）

		8. 丽江市古城区西安街道办事处寨后社区居民委员会
26. 西藏自治区	**先进县（市、区）**	**先 进 单 位**
	1. 达孜县	1. 拉萨市老龄工作委员会办公室
	2. 尼木县	2. 山南地区老龄工作委员会办公室
27. 陕西省	**先进县（市、区）**	**先 进 单 位**
	1. 西安市碑林区	1. 延安市老龄工作委员会办公室
	2. 咸阳市秦都区	2. 汉中市老龄工作委员会办公室
	3. 神木县	3. 安康市汉滨区卫生局
	4. 西安市雁塔区	4. 华县老龄工作委员会办公室
	5. 西安市新城区	5. 西安市民政局
		6. 商洛供电局
		7. 宝鸡石油机械有限责任公司
28. 甘肃省	**先进县（市、区）**	**先 进 单 位**
	1. 泾川县	1. 金川集团有限公司
	2. 张掖市甘州区	2. 张掖市老龄工作委员会办公室
	3. 陇西县	3. 兰州大学
	4. 景泰县	4. 敦煌市沙洲镇人民政府
	5. 玉门市	5. 甘肃省交通厅
	6. 礼县	6. 兰州童鹤赡养院
		7. 酒泉钢铁集团公司
		8. 白银市老年福利公寓
29. 青海省	**先进县（市、区）**	**先 进 单 位**
	1. 大通土族回族自治县	1. 西宁铁路分局老龄委
	2. 湟源县	2. 青海盐湖集团
		3. 平安县三合镇三合村老年协会
		4. 中共青海省委老干部局成都干休所
30. 宁夏回族自治区	**先进县（市、区）**	**先 进 单 位**
	1. 青铜峡市	1. 石嘴山矿区离退休管理中心
	2. 银川市金凤区	2. 银川市西夏区北京西路街道办事处
		3. 青铜峡铝业集团离退办
		4. 银川市金凤区良田镇人民政府
31. 新疆维吾尔族自治区	**先进县（市、区）**	**先 进 单 位**
	1. 库尔勒市	1. 昌吉回族自治州老龄工作委员会办公室
	2. 新源县	2. 阿克苏市喀拉塔勒镇人民政府
	3. 昌吉市	3. 新疆乌鲁木齐铁路局离退休职工管理处
	4. 阿克苏市	4. 库尔勒市天山街道电力社区居民委员会
	5. 乌鲁木齐市天山区	5. 新疆维吾尔自治区老年康乐报社
	6. 克拉玛依市克拉玛依区	6. 博尔塔拉蒙古自治州老年大学

（续）

32. 新疆生产建设兵团	先进县（市、区）	先 进 单 位
	农八师石河子市	新疆生产建设兵团老龄协会办公室
33. 解放军总政治部	先 进 单 位	
	1. 总参军训和兵种部政治部老干部服务处	
	2. 总后武汉后方基地汉口光荣村离职干部休养所	
	3. 海军北京阜成路离职干部休养所	
	4. 空军汉口赵家条离职干部休养所	
	5. 沈阳军区联勤部政治部干部处	
	6. 南京军区司令部直属工作部干部处	
	7. 湖南省军区五里牌离职干部休养所	
	8. 武装警察部队湖北省总队离职干部休养所	

全国老龄工作委员会办公室《关于表彰首批“银龄行动十佳老人”的决定》

（2005年5月8日）【全国老龄办发〔2005〕19号】

各省、自治区、直辖市、计划单列市老龄工作委员会办公室，新疆生产建设兵团老龄工作委员会办公室：

按照全国老龄工作委员会《关于印发〈组织开展老年知识分子援助西部大开发行动试点方案〉的通知》（全国老工委发〔2003〕1号）要求，在部分省（区、市）组织开展的“银龄行动”试点，取得了良好的社会效果，受到了受援地人民群众和社会各界的充分肯定和高度赞扬。在2003、2004年两年的试点工作中，先后有500名70岁以下身体健康的老年知识分子积极参加了“银龄行动”，他们以饱满的热情、高超的技术、真诚的态度、无私的奉献，为受援地做了大量的好事、实事，受到人民群众的一致好评。为了表彰先进，树立榜样，继续推动“银龄行动”在全国的开展，各试点省（区、市）按照全国老龄委办公室《关于评选“银龄行动十佳老人”的通知》要求，经过认真推荐，并经全国老龄委办公室审查评议，决定授予刘长江等10名同志“银龄行动十佳老人”称号，对未入选的其他20名候选人予以“银龄行动十佳老人提名奖”表彰。希望受表彰的老同志保持荣誉，发扬成绩；希望各单位认真宣传“银龄行动十佳老人”的突出贡献，继续深入扎实地组织开展好“银龄行动”，为经济和社会发展作出贡献。

附件一：

“银龄行动十佳老人”名单

1. 刘长江　77岁　原北京妇产医院主任医师
2. 冯志明　69岁　原上海嘉定区安亭医院副主任医师
3. 张银福　69岁　原上海同济大学同济医院主任医师
4. 马治中　59岁　原江苏省苏州市沧浪区教育文体局中高职称
5. 刘世琼　61岁　原甘肃省中医学院教授
6. 胡之德　74岁　原甘肃省兰州大学教授
7. 王道庄　62岁　原四川省省医院主任医师
8. 许汝伦　64岁　原山东省济南市第一人民医院副主任医师
9. 薛振伦　66岁　原山东省青岛市胶南黄山中学高级教师
10. 陈舜年　72岁　原辽宁省沈阳市东电医院教授

附件二：

“银龄行动十佳老人提名奖”获奖名单

1. 刘玄重　57岁　原北京天坛医院主任医师

2. 唐　岩　64岁　原上海二军大长海医院主任医师

3. 王延雄　66岁　原上海闸北区中心医院副主任医师

4. 胡月膲　57岁　原上海市交通学校高级讲师

5. 何德旺　57岁　原江苏省常熟市农林局农艺师

6. 陈国源　54岁　原厦门市中医院副主任医师

7. 陈贞巧　67岁　原广东省暨南大学附属第一医院主任医师

8. 王吉庆　70岁　原甘肃省农科院研究员

9. 梁绍礼　68岁　原甘肃省金川集团有限公司职工医院主任医师

10. 刘中华　64岁　原甘肃省酒泉市人民医院副主任医师

11. 史长法　73岁　原四川省泸州医学院主任医师

12. 马　骞　78岁　原吉林省农科院研究员

13. 商树岐　77岁　原沈阳农业大学教授

14. 任震宇　72岁　原青海医学院附属医院主任医师

15. 孙欲声　69岁　原青海民族学院教授

16. 庄庆士　77岁　原黑龙江哈尔滨农垦分局研究员

17. 韩新善　66岁　原胶州市师范学校高级讲师

18. 陈文和　75岁　原青岛市市立医院主任医师

19. 杨永荷　71岁　原重庆医科大学附属第二医院主管护师

20. 叶前法　72岁　原江西省新余市农业局农艺师

全国老龄工作委员会办公室《关于2005年组织开展“银龄行动”工作的意见》

（2005年5月23日）【全国老龄办发〔2005〕21号】

各省、自治区、直辖市、计划单列市老龄工作委员会办公室，新疆生产建设兵团老龄工作委员会办公室：

为认真贯彻落实全国老龄委第七次全体会议和2005年全国省级老龄委办公室主任会议关于在全国范围普遍推开

“银龄行动”的要求，现就2005年的“银龄行动”工作提出以下意见：

一、各级老龄工作部门要把“银龄行动”纳入工作议程，加强领导，抓好落实

“银龄行动”是老龄部门围绕中心、服务大局的一项实际行动，经过两年的试点，取得了良好的社会效果，作为新时期老龄工作的一个亮点，已经在社会上产生了广泛影响，受到了各级党政领导和受援地人民群众的普遍赞誉。各地一定要积极主动搞好此项工作，以此扩大老龄工作的影响。要按照鼓励支持、注重实效、因地制宜、多种形式的原则，扎扎实实地抓紧抓好。要充分发挥老龄办的综合协调职能，加强与有关部门的协调配合，发动社会力量共同参与和组织开展“银龄行动”。已经开展“银龄行动”的省（区、市）要认真总结经验，完善实施方案，及时启动2005年度“银龄行动”；尚未开展的省（区、市）要立足本地实际，积极创造条件把“银龄行动”开展起来。

二、关于“银龄行动”的形式和内容

“银龄行动”在东西部互动形式的基础上，继续鼓励和支持东部地区援助西部地区的“西部大开发”援助活动，也提倡省内发达地区对欠发达地区开展援助活动，还可以围绕振兴东北老工业区组织开展援助活动。同时，各级老龄部门和老龄组织开展的老年知识分子的“老有所为”活动，都可以纳入“银龄行动”的范畴。开展“银龄行动”一定要坚持“自愿”

和“安全”的原则，倡导和鼓励老年知识分子积极参与，不硬性要求参加。从保证安全出发，年龄超过65岁的老年同志，一般不参加跨省援助活动和高原地区援助活动。

三、积极争取财政支持，为“银龄行动”的开展提供经费保障

全国老龄委办公室已征得财政部经费支持，按年度给予“银龄行动”专项经费。各省老龄工作部门也要主动与有关部门沟通和协商，争取当地财政的支持和帮助，力争将“银龄行动”经费列入年度财政预算，从而为“银龄行动”提供经费保障。

四、加强对“银龄行动”的宣传，营造良好的舆论氛围

“银龄行动”是一项公益活动，需要社会的关注和支持。因此，各级老龄工作部门要采取措施加大对“银龄行动”工作的宣传力度。要主动协调电台、电视台、报刊等媒体，广泛深入地宣传“银龄行动”工作中的好人好事和取得的良好效果。要加强“银龄行动”工作开展情况的交流，各地开展“银龄行动”工作的情况、经验、做法、效果等，请及时上报全国“银龄行动”办公室，全国“银龄行动”办公室将以“银龄行动”简报形式进行情况通报和信息交流。

五、积极筹建老年知识分子人才资源数据库

鉴于“银龄行动”试点工作中，招募老专家是一个重要环节，全国老龄委办公室已着手建立老专家人才数据库和信息平台，专门收集掌握老专家人才信息及其分布状况。各地也应加强本地区老年人才资源数据信息的搜集掌握，为“银龄行动”工作的有效开展储备人才，做到一旦有需求，即可提供有效的人才服务，同时也为全国数据库提供基础资料。

六、各省（区、市）老龄委办公室2005年“银龄行动”的实施方案，请于6月30日前上报全国老龄办“银龄行动”办公室

全国老龄工作委员会办公室、中宣部、国家发展改革委、科技部、民政部、司法部、财政部、建设部、铁道部、交通部、农业部、商务部、文化部、卫生部、中国民航总局、国家广电总局、国家体育总局、国家林业局、国家旅游局、国家文物局、全国总工会《关于加强老年人优待工作的意见》

（2005年12月26日）【全国老龄办发〔2005〕46号】

各省、自治区、直辖市、计划单列市及新疆生产建设兵团老龄工作委员会办公室、党委宣传部、发展改革委（计委）、科技厅（委、局）、民政厅（局）、司法厅（局）、财政厅（局）、建设厅（委、局）、铁路局、交通厅（委、局）、农业厅（局、委）、商务主管部门、文化厅（局）、卫生厅（局）、民航管理局、广电局、体育局（委）、林业厅（局）、旅游局（委）、文物局、总工会：

优待老年人，积极为老年人提供各种形式的经济补贴、照顾和优先、优惠服务，促进老年人共享经济社会发展成果，是贯彻落实“三个代表”重要思想和科学发展观的具体体现，是全面建设小康社会和社会主义和谐社会的重要内容。根据《中华人民共和国老年人权益保障法》和《中共中央、国务院关于加强老龄工作的决定》的有关规定，现就加强新形势下的老年人优待工作提出如下意见：

一、老年人优待工作的指导原则

老年人优待工作要坚持从老年人的实际需求出发；坚持发挥党政主导作用，广泛动员社会力量；坚持立足于城乡和地区的经济社会发展实际，考虑不同老年人群的特点，因地制宜，分类指导；坚持依法履行职责与思想道德建设相结合，在落实优待政策的同时，积极营造尊重、关心和照顾老年人的社会氛围。

二、对老年人实行优待的基本要求

优待服务的对象为60岁及以上的老年人。在此基础上，各地可以根据不同老年群体的需求和本地实际，对各优待项目的服务对象进行细分。原则上，各省（自治区、直辖市）都应有覆盖本地老年人的统一优待办法，提倡地（市）、县（市、区）为老年人提供更多、更优惠的优待项目，鼓励把优待对象的范围扩展至外埠老年人。优待服务的内容要兼顾老年人的物质生活、精神文化生活、医疗保健以及维护权益等多方面的需要，注意照顾贫困、高龄、鳏寡孤独老年人以及病残老年人等特殊群体的需求。

三、提供养老优待，努力减轻老年人的经济负担，改善养老条件

1. 贫困老年人要按规定纳入城乡社会救助体系。各地在制定特殊困难群体救助政策和办法时，要对贫困老年人给予重点照顾。

2. 老年人不承担各种社会集资。农村老年人不承担“一事一议”筹劳任务，有条件的地方可以不承担“一事一议”筹资任务。

3. 有条件的地方，可对百岁或高龄老年人发放生活补贴。

4. 城乡贫困家庭老年人去世，享受丧葬殡仪服务费用减免。

四、提供医疗保健优待，努力减轻老年人的医疗费用负担，方便老年人享受医疗保健服务

1. 城市无劳动能力、无生活来源、无法定赡养人和扶养人的“三无”老人、农村“五保”老人和城乡贫困老年人要按规定纳入医疗救助范围。

2. 农村“五保”老人和贫困老年人参加新型农村合作医疗制度，符合救助条件的，可按规定帮助其交纳个人应负担的全部或部分资金。鼓励各地在开展新型农村合作医疗工作中，结合本地实际，对农村70岁及以上老年人给予适当的政策优惠。

3. 医疗机构应为老年人就医提供方便和优先优惠服务。提倡各地医疗机构减免老年人普通门诊挂号费和贫困老年人家庭病床出诊费。卫生部门应根据各地的实际情况，组织医护人员为本地百岁及以上老年人每年至少提供一次免费体检。

五、提供生活服务优待，采取多种措施，方便老年人的衣、食、住、用、行等日常生活

1. 商业饮食、社区居民服务等与老年人生活关系密切的各类服务性行业及企、事业单位，应根据行业特点和单位情况积极为老年人提供优先、优惠服务和照顾。

2. 城市公共交通、长途客运、铁路、水路和航空客运应为老年人提供优先服务，照顾老年人的特殊需求。城市公共交通应为老年人提供票价优惠，并设立“老幼病残孕”专座。

3. 严格执行《城市道路和建筑物无障碍设计规范》和《老年人建筑设计规范》，重点做好城市道路、车站、机场、商场、公交站点、住宅居住区和其他公共建筑的无障碍设施建设，为老年人居住和出行创造无障碍环境。

4. 老年人在其产权或承租住房拆迁安置中，享受优先选择楼层的待遇。贫困纯老年人户优先纳入廉租房保障范围。

5. 老年人免费使用收费公厕。

六、提供文体休闲优待，努力丰富老年人的精神文化生活

1. 国家财政支持的各级各类博物馆（院）、美术馆、科技馆、纪念馆、烈士纪念建筑物、名人故居、公共图书馆、文化馆（站、宫，含工人文化宫）等公益性文化设施要向老年人免费或优惠开放。

2. 公园、园林、旅游景点应积极为老年人提供门票减免，并提倡对外埠老年人实行同等优待。各地公园、园林、旅游景点等公共场所可在重阳节或当地“老人节”当日对老年人实行免费开放，具体办法由地方政府制定。

3. 提倡公共体育场馆、设施为老年人健身活动提供方便和优惠服务，在淡季可为老年文艺团体优惠提供场地。

4. 影剧院应积极为老年人实行票价优惠，在淡季可为老年文艺团体优惠提供演出场地。

5. 贫困老年人入老年大学（学校）学习，享受学费减免。

七、提供维权服务优待，让老年人享受及时、便利、优质、高效的法律服务、法律援助和司法救助

1. 对城市“三无”老人、农村“五保”老人和城乡贫困老年人提出的法律援助申请，要简化程序，优先受理、优先审核和指派。各地可根据本行政区域的经济发展水平及财力状况，对老年人申请法律援助的经济困难标准和受案范围适当放宽。

2. 老年人因合法权益受到侵害提起诉讼，交纳诉讼费确有困难的，可以申请司法救助，缓交、减交或者免交有关收费。老年人因赡养费、扶养费、养老金、退休金、抚恤金、医疗费等纠纷提起的诉讼案件，要予以优先立案、优先审理、优先执行。因情况紧急需要先予执行的，应裁定先予执行。

3. 律师事务所、公证处、基层法律服务所和其他社会法律服务机构，应积极为老年人提供减免费法律咨询和有关服务。

八、积极营造有利于老年人优待工作实施的社会环境

尊重、关爱和照顾老年人，保障他们的合法权益是全社会的共同责任。各行各业、企业事业单位、社会团体和公民，都应当履行为老年人提供优待的职责和义务，积极为老年人提供更多更优惠的优待服务。各级宣传部门、司法行政部门、涉老优待职能部门以及社会各有关方面，要加强尊老敬老的思想教育、道德宣传和维护老年人合法权益的法制教育活动，大力营造关心、支持和参与老年人优待工作的社会氛围，增强社会成员依法维护老年人权益的自觉性，提高老年人自我维权的意识和能力，共同推动优待工作的落实。

九、各级政府要切实加强对老年人优待工作的领导

各级政府要按照本意见，结合各地实际，认真组织落实。尚未制定老年人优待办法的省份，要抓紧研究制定，已经制定的省份，要根据经济社会的发展和老年人的需求，适时对现有优待办法进行修订完善。要随着经济的发展逐步增加对老年人优待的经费支持，同时，充分调动社会各方面的积极性，建立多元化的投入机制。要本着统揽全局，协调各方，整体推进的原则，建立健全政府主导、老龄工作机构组织协调、相关部门各司其职、企事业单位和社会团体以及志愿者积极参与的工作体制和运行机制。对优待工作中老年人反映强烈的突出问题，要加强督办解决的力度。要把老年人优待工作作为老龄工作的一项重要内容纳入目标管理，建立督查和奖惩制度。

十、各级老龄工作委员会和涉老优待职能部门要积极发挥作用，抓好优待工作的落实

各级老龄工作委员会要在同级政府的领导和支持下，建立有关涉老优待职能部门的联席会议制度，由老龄工作委员会办公室承担日常工作，负责老年人优待工作的具体组织、指导、协调和本地老年人优待证的制作发放工作。各级涉老优待职能部门要按照本意见的精神和本地老年人优待法规政策的要求，结合部门职能和所负责管理行业的特点，制定具体的实施办法。要规范服务，加强管理，督促各优待服务场所、设施和窗口设置优待标识，公布优待内容，建立健全信息反馈和监督机制，设立服务和监督热线，及时受理，依法解决好举报和投诉问题。

劳动和社会保障部贯彻执行《中共中央、国务院关于加强老龄工作的决定》和《中国老龄事业发展“十五”计划纲要》的情况

（2004年6月8日）

近年来，我部认真贯彻执行《中共中央、国务院关于加强老龄工作的决定》（以下简称《决定》）和《中国老龄事业发展“十五”计划纲要》（以下简称《纲要》），按照我部的工作职责，分年度制定了为老年人办实事计划并狠抓落实，在保障企业离退休人员老有所养、老有所医和推进社会化管理服务以及维护离退休人员的基本权益等方面，取得了一定成效。

一、《决定》和《纲要》的执行情况

（一）确保企业离退休人员养老金按时足额发放。2001年以来，我部继续以确保养老金按时足额发放为重点，通过加强基金征收、积极争取中央财政增加投入等措施，基本保证了企业离退休人员养老金的按时足额发放，维护了广大离退休人员老有所养的基本权益。据统计，2003年全国养老保险基金总收入为3680亿元，其中征缴收入达3044亿元，分别比2002年增加509亿元和493亿元，比2000年增加1402亿元和1175亿元。2001—2003年的3年间，中央财政累计对养老保险补助1231亿元，其中2003年为474亿元。2003年全国企业应发养老金2631亿元，实发2630亿元，基本保证了企业离退休人员养老金的按时足额发放。

（二）提高企业离退休人员养老金水平。随着基本养老金调整机制的不断完善，企业离退休人员养老金调整力度加大，养老金不断提高。企业离休人员养老金比照机关事业单位离休人员养老金调整办法进行调整，待遇水平基本持平。在1999年国家对企业离退休人员按月人均120元和60元的标准进行调整的基础上，2001年又对企业离休人员参照机关事业单位的办法，分两次调整养老金，月人均增加220元；企业退休人员按在职职工工资增长率的60%进行调整，月人均提高40元。2002年再次调整企业退休人员养老金。3年调整了两次。到2003年底，全国企业参保离退休人员月人均养老金达674元，比2000年的556元增加了118元，增长21%。企业离退休人员的基本生活得到保障，基本养老金水平逐年有所提高。

（三）养老保险扩大覆盖面工作有较大进展。到2003年底，全国参加基本养老保险的人数达15506万人，其中：参加养老保险的职工人数达11646万人，比2002年增加517万人，增长4.6%，比2000年增长11%；参保的离退休人数为3860万人，比2002年增加252万人，增长6.9%，比2000年增长22%。

（四）医疗保险覆盖范围继续扩大。到2003年底，全国参加基本医疗保险的人数已达到10902万人，比2002年增加1501万人，增长16%，比2000年增长1.9倍，其中：已参保离退休人员为2927万人，比2002年增加452万人，增长18%，比2000年增长2.2倍。全国基本医疗保险基金总收入890亿元，比2002年增收282亿元，增长46%，比2000年增长4.2倍。基本医疗保险总支出654亿元，比2002年增支245亿元，增长60%，比2000年增长4.2倍。近年来我部积极研究解决困难群体医疗保障问题，指导各地多渠道筹集资金，采取降低缴费率、单建统筹的办法，将困难企业的职工和退休人员以及破产企业退休人员纳入基本医疗保险，解决住院大病风险，同时积极推动建立社会医疗救助制度，解决无力参保的困难群体的医疗保障问题。针对2003年参保人员门诊大病个人负担较重的实际，逐步将部分门诊大病纳入统筹基金支付范围。进一步加强医疗服务管理，落实和细化定点医疗机构协议管理，完善监督考核办法，控制不合理的医疗费用的增长，保障参保人的基本医疗需求。

（五）力推进养老保险社会化管理服务工作。“十五”计划以来，我部进一步推动企业退休人员社会化管理服务工作，取得明显成效。到2003年底，全国共有2932万名退休人员实行了社会化管理服务，比2002年增加1498万人，增长104.5%，社会化管理率达到84.5%，比2002年增加41个百分点，其中已实行社区管理的占44%。有19个省区市和新疆兵团的社会化管理率达到80%以上，其中：北京、天津、辽宁、上海的社会化管理率已达90%以上。

“十五”计划以来，我部在贯彻落实《决定》和执行《纲要》中取得了一定成效，维护了广大老年人的合法权益。但是，也存在一些问题。一是在老龄化过程中，企业退休人员增长过快，2000年以来平均每年增加230万人，特别是提前退休的人员每年都占退休人数总数的23%左右，养老保险基金缺口逐年加大。二是养老保险制度覆盖面窄，统筹层次低，调剂能力弱。目前，相当一部分个体工商户和灵活就业人员尚未纳入统筹范围，多数地区仍实行市县级统筹，影响社会统筹功能的发挥。三是企业退休人员待遇偏低，与机关事业单位同类退休人员相比待遇差距较大。

二、下一步工作安排

下一步，我部将全面贯彻党的十六大和十六届三中全会精神，以“三个代表”重要思想为指导，按照我部的职责，继续落实《决定》和《纲要》，积极为老年人办实事，切实维护老年人的合法权益。

（一）确保离退休人员养老金按时足额发放。继续把确保发放作为事关改革发展稳定的头等大事来抓，落实工作责任制。加强养老保险基金征缴，加强基金征缴，继续保持养老保险基金收入的稳定增长，同时积极清理企业欠费，促进地方调整财政支出结构，增加对养老保险基金的投入，确保企业离退休人员养老金按时足额发放，防止出现新的拖欠。

（二）加强养老保险扩面工作。实现老有所养是老龄工作的一个基本目标，也是我部的重点工作。以个体工商户、灵活就业人员和农垦企业参保为重点，依法扩大养老保险覆盖范围。到2004年底，养老保险参保人数计划达到15750万人。

（三）进一步完善企业离退休人员养老金调整机制。会同有关部门统筹考虑企业与机关事业单位退休人员养老金调整工作，逐步实现企业与机关事业单位退休人员养老金水平的合理衔接。在调整中继续对退休早、待遇水平低的退休人员适当倾斜，不断改善企业离退休人员的基本生活。

（四）加快推进医疗保险制度改革。继续扩大医疗保险覆盖面，推进灵活就业人员参加医疗保险工作，使绝大多数应参保职工参加医疗保险。到2004年底，参保人数要达到11550万人。探索解决困难人群医疗保障的有效途径，抓紧建立社会医疗救助制度，指导各地研究解决困难企业职工和破产企业退休人员参保资金来源问题。继续完善医疗保险政策，加快建立多层次医疗保障体系，以满足不同人群的医疗需求，确保广大离退休人员老有所医。探索建立规范的医疗保险管理服务体系，进一步完善医疗服务管理，规范业务经办流程，为广大参保人员提供高效、便捷的服务。

（五）大力推进企业退休人员社会化管理服务工作。在不断巩固企业离退休人员基本养老金社会化发放成果的基础上，加快管理服务社会化工作进程，加强对试点城市的工作指导，注意总结推广企业退休人员社会化管理服务经验，明确街道社区劳动保障工作机构社会化管理服务的职责。2004年底全国纳入社会化管理的企业退休人员要达到3000万人，社会化管理率达到90%，基本实现管理服务社会化。

广播影视系统老龄工作宣传报道情况

（2004年6月24日）

尊老敬老是中华民族的传统美德，老龄工作是党和政府的一项重要工作，是实践“三个代表”重要思想的具体体现，也是全面建设小康社会的必然要求。广播影视系统充分认识到老龄问题是一个十分重要的社会问题，根据回良玉副总理在全国老龄工作委员会第六次全体会议上的讲话精神以及第六次全体会议确定的我国老龄工作的方针、目标、任务，按照《中共中央、国务院关于加强老龄工作的决定》精神，围绕党和政府的中心工作，坚持“党政主导、社会参与、全民关怀”的方针，充分发挥广播电视优势，加大老龄工作宣传力度，为进一步促进我国老龄事业的发展创造良好舆论环境。

一、广播电视高度重视老龄工作的宣传

国家广电总局对老龄宣传工作非常重视，经常通过宣传例会和《宣传通报》等形式，将老龄宣传工作的有关意见通报给中央人民广播电台、中国国际广播电台、中央电视台及全国广播电视系统，使广播影视老龄工作宣传经常化、具体化。近两年，广播影视系统在确保完成重大宣传任务的同时，一如既往地重视和加强老龄工作的宣传，中央人民广播电台、中国国际广播电台、中央电视台充分发挥广播电视的优势和特点，通过新闻、专题、文艺和多种多样适宜老年人参与的大型活动等，为促进老龄事业的发展营造良好的社会舆论氛围，取得了较好的宣传效果。

二、充分报道老龄工作的政策和成绩

近几年，中央电台、国际电台、中央电视台在各档新闻节目中积极宣传老龄工作，着重表现党中央、国务院和各级政府机构、社会方方面面对老年人的关怀，及时播发党中央国务院有关老龄工作的政策信息；报道各地积极推进企业退休人员社会化管理的进程；反映各地加快城市社区老年服务设施和服务网络建设，探索建立农村养老、医疗保险和最低生活保障制度的进展情况，充分宣传社会各界支持老年教育，丰富老年人精神文化生活，切实维护老年人的合法权益；弘扬尊老敬老的传统美德，表现老年人生活现状以及他们的精神世界。

从2003年年初至2004年6月底，中央电台《新闻和报纸摘要》、中央电视台《新闻联播》及整点新闻节目播发了老龄工作相关新闻近400条（含重播），包括《我国老年人总体生活质量显著提高》、《全国人大进行〈老年人权益保障法〉执法调研》、《全社会共同关注老年人生活》、《我国老年维权工作取得显著成功》、《全国青少年敬老爱老主题教育活动启动》、《“银龄行动”正式开始 31名老年志愿者赴新疆》、《我国养老保障老年服务事业发展迅速》、《专家呼吁：社会各界要重视老年人心理健康》、《我国老年人口高龄化趋势明显》等。

中央电台还积极配合老龄委报道好各项重要的老龄工作。如，中央电台在2003年年底，推出了系列报道《桑榆年华花样红——全国老年广播人物精品系列展播》节目，充分展示今日中国老人风采，体现老人们老有所学、老有所为、老有所乐的美好生活。国际电台《社会广角》栏目专门采写了一些反映我国政府关心老龄人，展示我国老龄人幸福生活的专题节目，如《“老龄大厦”如何为老年人服务》、《专家学者谈中国老龄化情况及有关工作》等。另外，国际电台《社会生活》栏目播出了一组有关老年人生活的节目，包括《中国长寿之乡——如皋》、《北京一位老年合唱队员》和《退休军人陈佩芝丰富多彩的退休生活》3部分内容，通过对江苏长寿之乡——如皋，北京市一位退休的政府官员吴琐先生和退休军人陈佩芝等典型人物的采访，反映了中国地方政府对老龄人的关心和爱护，以及老年人积极向上的精神面貌和科学、健康、文明的生活方式，体现出中国老年人幸福的晚年生活。

三、努力办好老年专题栏目节目

中央电台、中央电视台继续发挥专题栏目在关注老龄事业方面的优势，使老年专题栏目更加贴近老年人生活，更加广泛深入生动地表现老年社会群体的各个方面。2004年中央人民广播电台《桑榆情》节目：一方面立足于老年宣传日常工作，强化报道的新闻性；另一方面，更加注重增强节目的针对性和服务性，重点反映现实生活中出现的老龄问题。中央电视台《夕阳红》栏目在全国中老年观众中一直享有很高的声誉，是中央电视台面对老年观众的对象性栏目，开播至今已培养了一大批固定的老年观众群。2004年上半年，《夕阳红》栏目特别制作了6集系列节目《人到老年》，重点关注老年人的生存状况，其中，《老艺术家》、《老坷和他的混血儿子》、《老科学家极地之旅》等节目通过一个个感人的故事，展示了不同老人的生活、理想与人生追求；开阔了老年人的视野。今后，《夕阳红》栏目将继续配合全国老龄委的各项工作，使节目内容更加贴近老年人的实际、贴近老年人的生活。

四、围绕重大主题制作播出特别节目

2004年“十一”期间，中央电台《桑榆情》节目将推出系列报道《在共和国的阳光下》，反映当代中国老年社会福利事业的发展状况。重阳节期间，将组织制作《我健康、我长寿、我快乐》系列报道，反映各地“健康老人”评选活动的情况，倡导健康、长寿、快乐的生活方式。2004年底，中央电台还计划推出《桑榆又一年——全国老年广播人物精品系列展播》系列报道，展示今日中国老人风采、体现老年人老有所学、老有所为、老有所乐的美好生活。

为深入贯彻《公民建设实施纲要》，弘扬中华民族敬老、爱老、助老传统美德，进一步丰富老年观众晚年生活，中央电视台近几年先后举办了多次全国性的老年人大赛活动，展示了新世纪中国老年人多姿多彩的文化生活和精神风貌，促进了我国老龄事业的健康发展。今年，中央电视台将在全国老龄委的大力支持下，举办“健康老人”大赛，计划于2004年重阳节期间播出。

国家广电总局将一如既往地支持全国老龄委的工作，做好广播电视老龄宣传报道工作，积极、主动地为老年听众观众提供丰富多彩、针对性和服务性强的各类广播电视节目，为进一步做好中国老龄工作营造良好的舆论氛围、进一步丰富老年人的文化生活，为中国老龄工作作出更大的贡献。

人口计生委关于贯彻落实《中共中央、国务院关于加强老龄工作的决定》和《中国老龄事业发展“十五”计划纲要》的情况总结

（2004 年 6 月 30 日）

全国老龄委办公室：

我委自成为全国老龄委成员单位以来，高度重视老龄工作，认真贯彻落实《中共中央、国务院关于加强老龄工作的决定》精神，从本部门工作实际出发，较好地执行和落实了《中国老龄事业发展“十五”计划纲要》的要求。现根据我委老龄工作职责，将近几年我委老龄工作情况总结如下：

一、高度关注农村计划生育家庭的养老问题，积极研究对策

2002 年，我委对“农村计划生育夫妇养老问题与对策”重大课题进行立项，并设立了四个子课题进行研究：一是农村社会养老保障制度的研究；二是农村计划生育户养老问题以及计划生育养老保障制度的研究；三是农村计划生育户养老保障方式研究；四是建立农村计划生育公益基金研究。该课题以贯彻落实“三个代表”重要思想为出发点和归宿点，力图将课题研究内容与全面建设小康社会的奋斗目标紧密结合，从有利于贯彻落实《中共中央、国务院关于加强人口与计划生育工作稳定低生育水平的决定》和《中华人民共和国人口与计划生育法》有关精神出发，努力把国家发展的长远目标和农民家庭的近期需求统一起来，把实现农民的长远利益和当前利益结合起来，努力探讨妥善解决农村计划生育夫妇养老问题的办法和途径，进而也为未来农村社会养老保障的全面开展打开一个突破口。课题组集合了多所高校、研究机构的专家学者以及劳动和社会保障部、人口和计划生育系统的有关实际工作者，开展了卓有成效的工作。经过一年多的深入调查和研究，课题于 2003 年 8 月结题，最终提出了建立农村计划生育养老保障体系的三种方案：一是农村社会养老保险，即对原有方案的修改和完善，政府、集体给予计划生育夫妇的奖励、补助金可用于缴纳保费，适用于经济较发达的地区；二是农村养老优惠储蓄，即对计划生育夫妇养老储蓄给予免利息税或适当提高利率的优惠政策，适用于暂时无法建立农村社会养老保险制度的中等发达程度的农村地区；三是农村老年生活救助，既可以单独建立专门面向农村实行计划生育的老年人的生活救助制度，也可以纳入农村最低生活保障制度并适当提高保障标准，适用于经济落后的农村地区。

二、设立和改革机构，加强人口发展战略研究

在 2003 年实现更名以后，我委增设了发展规划司，加强人口发展战略研究，并在人口发展战略研究中把老龄问题作为一个重要方面。2004 年我委把人口发展战略研究确定为全委要着力抓好的重要内容，并已经开始开展研究工作，力争取得阶段性成果。

同时，我委也将直属的中国人口信息研究中心更名为中国人口与发展研究中心，突出人口发展战略研究职能。

三、实施农村部分计划生育家庭奖励扶助制度试点，解决农村部分计划生育家庭的后顾之忧

党中央、国务院高度重视人口和计划生育事业，高度关注解决计划生育群众的后顾之忧问题。在 2004 年中央人口资源环境工作座谈会上，胡锦涛总书记对此提出了明确的要求：“创新计划生育工作的思路和机制，把开展深入细致的思想工作同解决群众的实际困难有机结合起来，对农村计划生育家庭提供奖励扶助。要积极探索建立同经济发展水平相适应、有利于计划生育的农村社会保障体系，重点对农村独生子女和双女家庭进行奖励，对因独生子女伤残、死亡和计划生育手术并发症造成的困难家庭进行扶助。”

2004 年 2 月 27 日，国务院办公厅转发了我委和财政部联合印发的《关于开展对农村部分计划生育家庭实行奖励扶助制度试点工作的意见》（国办发〔2004〕21 号），明确了从 2004 年起，首先在重庆、四川、云南、甘肃、青海 5 个西部省（市）和河北、山西、吉林、黑龙江、安徽、江西、河南、湖北、湖南 9 个中部省份的 9 个地（州、市），以及贵州省遵义市进行试点，同时鼓励东部省份按照国家统一要求自行试点，取得经验后在全国推开。

开展对农村部分计划生育家庭实行奖励扶助制度试点，是在各地现行计划生育奖励优惠政策基础上，针对农村只有一个子女或两个女孩的计划生育家庭，

夫妇年满60周岁以后，由中央或地方财政安排专项资金进行奖励扶助，探索建立农村部分计划生育家庭奖励扶助制度的试验工作。奖励扶助标准是，符合上述条件的农村计划生育夫妻，按人年均不低于600元的标准发放奖励扶助金，直到亡故为止。已超过60周岁的，以该政策开始执行时的实际年龄为起点发放。奖励扶助金由中央和地方财政确定合理比例共同负担，纳入专项资金预算。

按照测算方案，中央财政2004年安排了2亿元专项资金，预计覆盖奖励扶助对象超过30万人。目前我委正指导各试点地方认真实施试点工作。在当前农村社会保障体系还比较薄弱的情况下，该试点实施并在全国推广，不仅将有利于缓解农村计划生育夫妇的养老困难，而且有利于缓解全社会人口老龄化带来的压力。

四、启动计划生育困难家庭救助活动，缓解群众实行计划生育的风险

响应国家号召的第一代农村计划生育夫妇已开始逐步进入老年阶段，他们中一部分人的养老问题亟待解决。另外，因独生子女夭折、伤残疾病，施行计划生育手术造成的并发症、后遗症也使一部分计划生育家庭生活困难。对这些计划生育困难家庭进行救助，化解他们因实行计划生育带来的风险，是政府应尽的责任。我委把计划生育困难家庭救助活动列为2003年着力开展的十五项重点工作之一，以加强对各地计划生育困难家庭救助活动的总结和指导。例如，山东省德州市建立了“政府启动、部门联动、社会捐助、基金救助”的“两动两助”救助模式，并成立了中国人口福利基金会德州办事处；滨州市设立计划生育公益金开展求助活动；浙江省将建立计划生育公益金制度的要求列入新修订的《浙江省人口与计划生育条例》，把各级政府的责任以立法的形式确定下来，并在全省11个地市的20个县（市、区）开展了建立计划生育公益金制度的试点；江苏、江西、湖南、贵州、甘肃等省市也开展了不同范围、不同内容的救助试点工作。在这些救助活动中，实行计划生育的贫困老年人口是各地的重点救助对象之一。2004年，我委将继续进行这项工作，推动救助活动在全国各地的开展，并促进这项工作的规范化、制度化、法制化。

我委的老龄工作也还存在一些需要改进的问题，例如：对《老年人权益保障法》的宣传还不够，有关老龄工作的国际交流和合作还有待加强，农村计划生育养老保障覆盖面还比较窄，等等。下一阶段，我委将进一步加强老龄工作，努力按照成员单位职责，解决存在的问题，使我委的老龄工作提高到一个新水平。

全国妇联关于《中共中央、国务院关于加强老龄工作的决定》和《中国老龄事业发展“十五”计划纲要》执行情况的自查报告

（2004年6月30日）

根据全国老龄工作委员会办公室的工作安排，我们对执行《中共中央、国务院关于加强老龄工作的决定》（以下简称《决定》）和《中国老龄事业发展“十五”计划纲要》（以下简称《纲要》）的情况进行了自查，现报告如下。

一、工作情况

（一）认真学习《决定》和《纲要》，充分认识做好老龄妇女工作的重要性

《决定》和《纲要》下发后，全国妇联书记处认真组织学习，先后召开了三次全国妇联老龄工作协调委员会全体会议以及机关老干部思想政治工作会议、全国部分省区市妇联老龄工作座谈会等，及时传达学习和贯彻落实中央精神，统一思想，提高认识，切实把老龄妇女工作列入妇联工作的议事日程。2002年1月制定下发了《全国妇联关于贯彻落实〈中共中央、国务院关于加强老龄工作的决定〉的意见》，提出了具体措施。在实践中，各级妇联组织深刻认识到，做好老龄妇女工作是落实“三个代表”重要思想的具体体现，是维护改革发展稳定大局的现实需要，是妇联组织义不容辞的责任。做好老龄妇女工作将促进解决老龄工作中的重点和难点问题。

（二）加强组织领导，建立健全老龄妇女工作网络

2000年1月，全国妇联成立了老龄工作协调委员会，由书记处第一书记任主任，其他各位书记任副主任，机关各部门、各直属单位主要负责同志任委

员，整合全会资源，齐抓共管。在机构改革精简比例较大的情况下，专门增设了老龄工作办公室，配备了专职干部，为做好工作提供了组织保障。加强了工作网络建设，目前全国31个省区市妇联均已建立起不同形式的老龄妇女工作网络。各级妇联组织注意发挥组织协调优势，努力克服人手和经费不足等实际困难，紧密结合妇联系统开展多年、行之有效的主体活动，不同程度地加大了老龄妇女工作力度，形成了老龄妇女工作有人抓、有人干的良好局面。

（三）深入调研，增强工作针对性

全国妇联和各地妇联把深入开展调查研究，了解老龄妇女需求，反映老年妇女呼声，作为认真履行职能，做好老龄妇女工作的重要内容。全国妇联在开展老龄妇女工作过程中注重对上对下、对内对外的交流与沟通，积极研究探讨老龄妇女问题和老龄妇女工作。在全国妇联主办的两次中美妇女问题研讨会上，为设立了老龄问题专题。在第二届联合国老龄大会上，全国妇联介绍了老龄妇女工作的开展情况。全国妇联所属中华女子学院在社会工作系开设了“老人社会工作”课程，并每年安排学生参加为老服务等社会实践活动，引导广大青年学生关注老龄问题。全国妇联妇女研究所将老龄妇女问题列入年度研究课题，利用各种学术研讨会及各类报刊杂志，介绍老年妇女专题研究成果。

（四）加大维权工作力度，切实维护老年妇女合法权益。

1、加强源头维权，争取在立法和决策中充分反映和体现老年妇女合法权益。《中国妇女发展纲要（2001—2010）》明确规定了“积极发展老龄事业和产业，逐步实现老年服务社会化，保障老年妇女的身心健康”以及“加强老年文化体育活动场所建设，丰富老年妇女的精神文化生活”等内容。《妇女权益保障法》中明确规定“禁止虐待、遗弃老年妇女”，并对尽到赡养义务的丧偶妇女在继承权等方面给予保障。

2. 推进社会化维权，协调社会力量共同维护老年妇女合法权益。在中央和省区市有关部门的支持协助下，目前全国已成立了23个省级妇女儿童维权协调机构，建立起9000多个妇女法律帮助中心，1.1万名妇联干部担任着各级法院的特邀陪审员。各级妇联组织充分利用这些资源为老年妇女解决实际问题，如上海市建立的由各级妇联主办、公检法司协助的三级妇女法律援助机构，覆盖了80％以上的街道和乡镇。各级妇联信访部门对老年妇女的来信来访优先接待、优先办理。

（五）加强宣传教育，营造尊老敬老的家庭氛围和社会风尚

1、大力开展普法等宣传教育活动。在每年的“三八”维权周活动中，各地妇联与有关部委和新闻媒体联合，通过多种形式大力宣传《老年人权益保障法》和《妇女权益保障法》等法律法规，帮助老年妇女提高依法自我保护的意识和能力。如四川省妇联主办了“尊敬老人赡养老人宣传周”活动；《中国妇女报》开辟了“尊老敬老大家谈”专栏，连续刊登关于老年妇女生存状况等方面的报道，在社会上引起较大反响；中国妇女网目前正积极筹备，将于2004年7月推出“夕阳无限”老年妇女专栏。

2. 广泛开展群众性精神文明创建活动。在妇联长期开展的五好文明家庭创建和近年来启动的“美德在农家”活动中，都把“尊老”作为活动的重要内容和评选的重要条件，评选表彰尊老敬老先进典型。2003年全国评选表彰了1000户五好文明家庭、100个文明楼栋，树立了一批新的尊老先进典型。与中央电视台共同主办的《欢乐之家》栏目也突出了敬老爱老主题。全国妇联开展的中国小公民道德建设计划和家庭优生优育优教知识传播与实践活动，注重向家长和儿童宣传尊老敬老助老的传统美德。如山东省妇联开展了以“爱心献老人”为主题的家庭美德实践活动；辽宁省锦州市义县妇联定期举办老人被褥展，家家户户争着比着对老人好，形成了自觉自愿关爱老人的良好社会风尚。

3. 积极开展老年文体活动，鼓励老年妇女积极参与社会发展。各级妇联组织以社区、家庭为主要阵地，广泛开展丰富多彩、适合老年妇女特点的新秧歌、木兰扇、太极拳等群众性文体活动，大力倡扬科学文明健康的生活方式，丰富老年妇女精神文化生活。全国妇联与国家体育总局联合举办了两届全国亿万妇女健身展示大赛，专门设立了老年组项目；与中央人民广播电台等联合主办了“难忘的旋律”中老年人歌曲展播大赛。这些活动吸引了广大中老年妇女踊跃参加，为她们参与社会、展示特长搭建了平台。河南等省妇联成立了“巾帼夕阳红协会”等老年妇女群众组织，将老年妇女组织起来，开展健康有益的文体活动，并引导和鼓励她们积极参与环保卫生、关心教育下一代、社会治安综合治理等社会志愿者行动，实现了老有所乐、老有所为。

（六）加强服务，切实为老年妇女办实事、做好事、解难事

全国妇联与中宣部等14个部委联合，广泛开展了“送温暖、三下乡”活动。近3年来，全国妇联所属中国妇女发展基金组织实施的“母亲水窖”项目，为90万贫困妇女解决了饮水难问题。推出的首批200辆“母亲健康快车”，已在陕西、贵州等省194个县投入使用，近80万

妇女群众受益。无论是在元旦和春节等节假日期间，还是在下基层调研中，全国妇联和各级妇联组织都坚持进村入户，开展扶贫慰问活动，把党和政府的温暖送到包括老年妇女在内的贫困妇女身边。

全国妇联和各级妇联组织认真贯彻胡锦涛总书记关于“妇联要把城市妇女工作的重点放到社区”的指示精神，结合工作实际，开展“巾帼社区服务工程”。在社区文化、社区服务、社区维权等方面，突出为老服务。各地妇联还把安置下岗失业妇女与为老服务相结合，探索出居家养老新路子。如：山东省潍坊市妇联创出“巾帼托老院”品牌，扶助下岗女工创办社区家庭托老所68个，收托老人1224名，安置下岗女工718名；上海市虹口区妇联扶持和鼓励下岗女工参与各种形式的居家养老，解决了720余名老人的生活照料和100余名下岗女工的再就业问题。这些切实有效的举措对社会化养老模式进行了有益尝试，被社会誉为“得民心、促稳定”工程。

在积极开展老龄妇女工作的同时，全国妇联也加强了机关老干部工作，包括为离退休老干部开办了书法班、绘画班、布贴艺术班等，组建了老年合唱队；结合节假日和重大纪念活动，经常举办老干部作品展、小型文艺演出，深受老同志欢迎；2003年又成立了老年艺术团，并多方筹集资金500多万元，新建了“全国妇联老年之家”，为老干部及周围社区老年人提供了一个全新的活动场所。

二、主要问题

（一）老年妇女面临许多困难和问题

在我国，女性平均寿命高于男性，老年妇女尤其是高龄妇女在老年人口中比例较大。由于历史、文化及社会发展不平衡等各方面的原因，有相当数量的老年妇女终生从事家务劳动，文化水平偏低，经济收入偏低或没有收入，自我保护意识不强，身体状况较差，精神文化生活比较单调。如农村老年妇女老有所养、老有所医，城镇老年妇女老有所乐、老有所学，老年妇女再婚，老年妇女精神慰藉等问题较为突出，需要政府各职能部门和全社会共同予以关注。由于调研力度不够，导致对老年妇女群体状况缺乏全面的了解，工作缺乏针对性。

（二）对老龄妇女工作的关注程度还不够

目前老龄妇女工作尚未得到全社会的普遍重视，关心、重视老龄妇女工作的氛围不够浓厚。由于老龄妇女工作网络涉及妇联各部门，有些部门对在开展工作时的内部协调、本部门工作职责与老龄妇女工作的关系等问题在认识上还存在着一定的偏差，基层妇联人手不够等在某种程度上影响了工作的开展。

（三）工作开展不平衡，普遍缺乏经费投入

由于各地经济社会发展水平、领导重视程度及各部门开展工作力度不尽相同等原因，导致各地老龄妇女工作开展得不平衡。基层妇联经费十分有限，老龄妇女工作资金来源尤其紧张。

三、思考与建议

（一）加强立法工作，实现有法可依

建议充分发挥全国老龄委各成员单位的作用，加快制定并完善与老年人相关的法律法规的进程，切实做到有法可依，把老龄工作真正落到实处。

（二）加大宣传力度，提高社会认识

提高全社会对我国人口老龄化的认识程度，营造良好的尊老敬老助老社会风尚，促进全社会对老龄工作的关注。一是加大宣传力度，利用各种媒介，积极面向全系统、全社会，宣传老年妇女群体状况和各地妇联开展老龄妇女工作的情况。二是积极探索开展老龄妇女工作的新路子，在条件成熟的情况下适时创造能在社会打响的老龄妇女工作品牌，把工作不断推向深入。

（三）深入调查研究，增强工作实效

希望全国老龄委组织对老龄问题的调查研究和理论研究，并充分重视老龄妇女问题。全国妇联将把开展调查研究作为下一步的工作重点，有选择地依托一些省区市，对老年妇女群体状况尤其是农村老年妇女的赡养和医疗等问题开展调研，以获取第一手的数据和资料，使工作更有针对性和实效性。并在调查研究的基础上，总结、推广先进地区好的做法和经验，将老年妇女组织起来，加以引导，积极开展活动，规范老年妇女组织。

（四）健全工作网络，明确工作责任

全国妇联将开展对老龄妇女工作者的培训，增强责任意识，提高工作能力和服务水平，并鼓励各部门根据自身特点和优势，在目前配备老龄妇女工作专职人员条件不成熟的情况下，在各自工作领域积极发挥作用。

（五）加强信息沟通，扩大经验交流

希望全国老龄委各成员单位加强沟通和联系，就各自开展老龄工作的做法和经验及时开展交流。妇联将努力创造条件，积极争取以“走出去、请进来”的方式，学习其他部门的好经验，好做法，全面推进老龄妇女工作的开展。

（六）增加经费投入，提供工作保障

希望全国老龄委出台相关政策，把各级妇联组织开展老龄妇女工作活动经费纳入财政预算，大力支持老龄妇女工作。

文化部关于《中共中央、国务院关于加强老龄工作的决定》和《中国老龄事业发展“十五”计划纲要》执行情况的自检报告

（2004年7月5日）

根据《关于印发全国老龄工作委员会成员单位职责的通知》（全国老工委发［1999］4号）规定，文化部全面负责全国老年文化和老年非学历教育工作，指导各级各类老年大学工作。几年来，各级文化部门和单位认真贯彻《中共中央、国务院关于加强老龄工作的决定》（以下简称《决定》）和《中国老龄事业发展“十五”计划纲要》（以下简称《纲要》），并按照《决定》要求和《纲要》规定的任务，按照老龄工作职责，积极开展老年文化和老年教育工作，为丰富老年人精神文化生活，推进老年文化和老年教育事业发展，进行了积极的探索和实践，取得了一定的成果和经验。现将有关情况报告如下：

一、执行《决定》和《纲要》的基本情况

（一）制定规划，加强对老年文化和老年教育工作的指导。

多年来，各级文化部门重视老年文化和老年教育工作，将老年文化和老年教育工作纳入管理范畴，通过制定规划、政策和组织活动等措施，加强对老年文化和老年教育工作的管理与指导。1999年国际老年人年，文化部根据我国老年人口不断增加，老年人口文化需求不断增长的实际，研究制定了《关于加强老年文化工作的意见》及《老年文化事业发展的中长期规划》，对老年文化工作进行了统一的规划和部署，提出了加强老年文化工作的思路和措施。1999年，文化部接手老年教育管理职能以后，明确了专门司局专门处室承担老年教育的管理职能。各地文化行政管理部门也都明确专门机构、专门人员负责老年教育管理工作。2000年中共中央、国务院下发了《关于加强老年工作的决定》，为老年文化和老年教育工作指明了方向。为落实《决定》精神，11月，文化部在杭州召开了“全国老年教育工作座谈会暨老年大学办学经验交流会”，会上各级文化部门对管理老年教育工作统一了认识，明确了任务，交流了经验，开阔了工作思路。2001年在调研的基础上，根据新时期老年教育发展的实际，文化部与中组部、教育部、民政部、全国老龄工作委员会办公室联合下发了《关于做好老年教育工作的通知》，就老年教育管理体制、经费来源渠道、教师队伍建设等作出了规定和部署。有的地方还设立了专项资金，扶持老年教育发展。目前，从中央到省、地、县、乡已初步形成了老年教育管理网络。

（二）图书馆、群众艺术馆、文化馆、文化站等公共文化单位为老年人提供优质服务。

《决定》下发以来，各地图书馆、群众艺术馆、文化馆、文化站等公共文化单位，按照《决定》的要求，认真履行职能，在现有文化设施中设立老年活动场所，为老年人提供优质、便利服务。如许多公共图书馆，为方便老年人活动，建设了无障碍设施，并通过开设老年图书阅览室、馆外图书流动点，对老年人相对集中的干休所、疗养院、老年活动中心等，提供送书上门服务，为老年读者提供便利，深受老年人欢迎。许多群艺馆、文化馆、文化站加强对老年文化活动的指导，培养了不少老年业余文艺骨干，在活跃基层文化生活中发挥重要的作用，为了进一步提高政府为全社会提供公共文化服务的水平，2004年3月19日文化部、国家文物局下发通知，要求2004年5月1日以后，全国文化系统各级博物院、纪念馆、美术馆对持有相关证件的老年人、残疾人等特殊群体参观实行门票减免或优惠，向未成年人等社会群体免费开放。这一措施经新闻媒体公布，实施2个月以来，产生了很好的社会效益。目前，公共文化单位按照《通知》要求，建立并规范公共文化服务向社会公示制度，配备必要的设施、设备和专业人员，充分发挥文化志愿者的积极作用，为老年人享受文化服务提供便利，并在售票窗口接待、参观场所引导、图书音像材料提供以及讲解安排等方面规范了服务，为老年人等社会群体参观创造良好的服务环境。

（三）组织开展丰富多彩的文化活动，丰富老年人精神文化生活。

为贯彻落实《决定》精神，丰富老年人的精神文化生活，近年来，各地文化部门和单位，根据老年人爱好和需求，从加强老年文化的基本阵地、基本队伍、基本文化活动内容、基本文化活动方式建设入手，组

织开展了形式多样的老年文化活动，如老年文艺汇演、老年书画比赛、老年服饰展演等，深受老年人喜爱。到目前为止，文化部已连续举办了5届中国老年合唱节。2002年为贯彻落实《决定》和全国老工委第四次全体会议精神，推动老年文艺事业的发展，文化部与全国老龄工作委员会办公室、中共中央组织部、国家广播电影电视总局、中国人民解放军总政治部在北京共同举办了“全国老年文艺调演”活动，起到了很好的导响性作用，在全国也引起了很大的反响。各地文化部门也利用文化广场、影剧院和其他文化设施举办了一些大型老年文化活动，促进了老年文化活动的开展，丰富了老年人的精神文化生活。同时，各级文化部门积极组织群艺馆、文化馆、文化站和各级艺术表演团体，深入社区和乡村，根据老年人爱好和需求，组织创作了许多适合老年人特点的文艺节目。2003年，为引导群众文艺创作和演出向老年题材和老年人群体倾斜，文化部首次在“群星奖”奖项中增设了老年组，包括美术、书法、摄影、音乐、舞蹈、戏剧、曲艺7个门类，鼓励老年题材文艺作品的创作。

（四）推进老年教育工作。

1999年文化部接手老年非学历教育管理工作以来，提出试点先行，推进文化系统兴办新的老年大学，带动非文化系统继续巩固和大力兴办老年大学的工作思路。2000年我部确立了河北省保定市易县、河北省唐山市玉田县、山西省长治市襄垣县、山西省灵石县、山东省济南市历下区、山东省禹城市、河南省郑州市郑密市、河南省栾川县、辽宁省大连市中山区和辽宁省沈阳市和平区文化馆作为文化系统老年大学试点，每个试点拨付一定的资金。经过4年的试点工作，这些试点老年大学在管理制度、课程建设等各方面，取得了有益的经验。各地文化厅（局）也纷纷采取措施，促进文化系统大力兴办老年大学，如：重庆市文化局出台了文化单位兴办老年大学，文化局奖励创办费5万元的办法，调动了文化系统兴办老年大学的积极性。文化部还非常重视老年教育教材的编写工作，积极鼓励有条件的省、市、区和老年大学编写适合老年学员需求的教材。

为促进老年教育工作的开展，加大对全国各级老年大学的管理力度，2001年文化部与中组部、教育部、民政部、全国老龄工作委员会办公室下发了《关于做好老年教育工作的通知》后，我部即着手《全国老年大学管理办法》（以下简称《办法》）起草工作。《办法》初稿形成后，我们先后征求了各省、自治区、直辖市文化厅（局）、部内各司局以及部分老年教育专家和中国老年大学协会意见，在这些意见和建议的基础上，我们对《办法》进行了修改，形成了《全国老年大学（学校）管理办法》。因老年教育管理对文化行政部门来讲是一个较新的领域，《全国老年大学（学校）管理办法》需要在实践中检验，拟先予试行。目前，《全国老年大学管理办法（试行）》正在征求中组部、教育部、民政部、全国老龄工作委员会办公室的意见，待修改完善后，争取与中组部、教育部、民政部、全国老龄工作委员会办公室联合下发。

文化部和各级文化行政管理部门执行《决定》和《纲要》虽取得一定的成绩，总的来看，目前老年文化和老年教育工作还很薄弱，存在着一些困难和问题：《老年人权益保障法》颁布后，党中央、国务院作出了《关于加强老龄工作的决定》，国务院颁布了《中国老龄事业发展“十五”计划纲要》，一些地方虽较以前重视老年工作，但更多关注老年人社会保障、医疗等问题，对老年文化和老年教育工作重要性认识不高，未能将老年文化和老年教育工作列入重要的议事日程。一些地方文化部门对老年教育管理这项新职能还不完全适应，在加强与其他系统联系、整合社会资源、形成工作合力方面还需进一步研究和探索。文化部门在管理老年文化和老年教育方面，缺乏经费支持，管理队伍专职人员数量少，知识结构和素质状况适应不了新时期老年工作的需要。此外，各级文化部门和单位在结合老年人特点，提供优质文化教育服务方面也有待加强。

二、进一步做好老年文化和老年教育工作的措施

（一）进一步加强对老年文化和老年教育工作的指导。

老年文化和老年教育工作是老龄工作的重要内容之一，文化部和各级文化部门将认真履行职责，加强与有关部门的沟通，扎扎实实地做好老年文化和老年教育工作。今后文化部门和单位将始终把为老年人服务作为重要工作内容，在文化单位年度考核、评估定级等工作中，老年文化和教育工作将作为重要的考核指标，作为奖优评先的重要依据。文化部和各级文化行政部门将对1999年以来，各地在推进老年教育工作中积累的经验进行总结，对办学规范、社会效益显著的示范性老年大学及文化系统老年教育工作先进单位进行表彰。同时要研究制定推进老年文化和老年教育工作的扶持政策，为老年文化和老年教育事业发展创造良好的政策环境。

（二）进一步加大公共文化设施的开放力度，提高服务水平。

文化部、国家文物局《关于公共文化设施向未成年人等社会群体免费开放的通知》（文社图发〔2004〕7号）下发以来，全国文化系统各级博物馆、纪念馆、美术馆按照要求，对持有相关证件的老年人、残疾人等特殊群体参观实行门票减免或优惠，产生了很好的社会效益。目前，我们正根据中央要求，与教育部、科技部、民政部、财政部、国家文物局、解放军总政治部、共青团中央、全国妇联、中国科协等部门一起研究，加大公益性文化设施免费开放力度。近期全国范围内各博物馆、纪念馆、美术馆科技馆、文化馆、青少年馆、儿童活动中心等公益性文化设施将全部向未成年人集体参观免费开放，各类纪念馆要对所有公民免费开放。

（三）广泛开展老年人喜闻乐见的文化活动，丰富老年人精神文化生活。

根据老年人的精神文化需求，组织开展老年文化活动是各级各类文化单位重要任务。文化部将在以往5届中国老年合唱节的基础上，继续举办好中国老年合唱节，推动老年群众文化活动的开展。积极推广群众歌曲的普及，推动老年群众歌咏活动等的开展。要做好每届“群星奖”老年组的评选工作，鼓励文化部门和单位面向老年人群体开展丰富多彩的文化活动，提供优质的文化服务。

（四）进一步推动老年教育工作。

文化部将按照全国老龄工作委员会成员单位的职责分工，继续加强老年教育管理工作，推动老年教育事业的进一步发展。对各地、各部门在推进老年文化和老年教育工作中积累的有益经验，我们要认真总结，积极推广。要加强政策理论研究，对当前老年文化和老年教育事业发展的战略性问题、前瞻性问题进行研究与探讨，用理论指导实践。为促进老年大学的规范化建设，我们将在征求相关部委意见的基础上，继续修改、完善《全国老年大学（学校）管理办法（试行）》，争取与有关部委办联合颁发。要推进老年大学试点工作，进一步扩大试点范围，通过试点，总结经验，充分调动各方面的办学积极性，促进老年教育事业的发展。

中央国家机关工委关于贯彻落实《中共中央、国务院关于加强老龄工作的决定》和《中国老龄事业发展“十五”计划纲要》情况的报告

（2004年7月9日）

全国老龄委办公室：

接到《关于检查〈中共中央、国务院关于加强老龄工作的决定〉和〈中国老龄事业发展“十五”计划纲要〉执行情况的函》（全国老龄办函〔2004〕12号）后，中央国家机关工委非常重视。工委副书记臧献甫同志专门作出批示，“请按全国老龄办的要求，搞好学习与检查，按时报送检查情况报告，进一步推动《决定》和《纲要》的执行”。按照工委领导的要求，工委组织部、工委老龄办同志认真学习了《决定》和《纲要》，进行了工作总结和对照自查。并到国土资源部等29个部门的离退休干部局（办、处）调研，了解情况，征求意见。现将有关情况报告如下：

一、贯彻《决定》和《纲要》的基本情况

工委作为全国老龄委成员单位，近年来，从全面贯彻“三个代表”重要思想和十六大精神的高度，结合中央国家机关的实际，认真贯彻落实《决定》和《纲要》中明确的职责和任务，不断加强中央国家机关离退休干部党支部建设和离退休干部党员的思想政治建设；加强调查研究，了解掌握老同志关注的热点问题，推动基层党组织开展有针对性的思想政治工作；倡导基层积极开展参观学习和有益于老同志身心健康的文体活动，不断提高老同志的生命、生活质量，努力使中央国家机关离退休老同志做到“政治坚定、思想常新、理想永存”。

（一）把中央国家机关老龄工作列入工委重要工作内容，建立老龄工作机构，积极推进老龄工作的开展。

工委坚持每年年初研究、审定中央国家机关老龄工作计划，主持工作的副书记张德邻同志对如何做好老龄工作提出意见。每次大的活动，工委领导同志都积极参加。分管老龄工作的献甫同志定期与组织部、老龄办的同志研究工作。根据中央批准的工委“三定”方案中的职能调整，“增加协助有关部门协调中央国家机关各部门做好老龄工作的职能”，以及全国老龄委关于“工委要配合中央组织部加强对中央国家机关老龄工作的领导，协助部门做好老龄工作，通过各部门机关党委加强离退休干部党支部建设”的要求，2001年7月30日，经工委全委会研究批准，成立了工委老龄工作办公室，设在组织部，为老龄工作

的开展，提供了组织保证。

（二）推动中央国家机关离退休老同志兴起学习贯彻“三个代表”重要思想新高潮。

工委推动各部门机关党委、离退休干部局（办、处）党组织，通过举办学习辅导报告会、离退休干部书记培训班、开展有吸引力的主题教育活动等形式，组织老同志学习江泽民同志“五·三一”和“七一”重要讲话，学习十六大报告、《党章》和《“三个代表”重要思想学习纲要》，学习胡锦涛同志“七一”和在省部级主要领导干部学习贯彻“三个代表”重要思想专题研讨班上的重要讲话，帮助老同志不断深化对“三个代表”重要思想时代背景、实践基础、科学内涵、精神实质和历史地位的认识，增强学习贯彻的自觉性和坚定性，使“三个代表”重要思想成为老同志的行动指南和强大的精神动力。工委老龄办举办了中央国家机关离退休干部支部书记形势报告会，举办了中央国家机关部分离退休干部局负责同志“三个代表”重要思想研讨班，召开联络片会议，交流各部门离退休干部局组织老同志学习“三个代表”重要思想的情况，并及时将老同志的学习收获、体会，通过《老年工作园地》予以刊发，推动学习的深入。

（三）围绕中心，积极组织开展丰富多彩的老年文体活动。

近年来，工委注意围绕全党全国工作大局，结合党和国家的大事、喜事，组织开展适合老同志特点的活动，如中央国家机关离退休干部庆祝建党八十周年歌会、“迎十六大”文艺演出等。同时适时组织开展有益于老同志身心健康的丰富多彩的文体活动，在老同志中产生良好反响，受到老同志的热烈欢迎。工委组织的活动得到了各部门离退休干部局（办、处）的积极响应，也对各部门发挥了带动、示范作用，推动了中央国家机关老年文体活动的开展。

为纪念中国共产党建党 80 周年，2001 年 6 月 15 日，工委举办了中央国家机关离退休干部庆祝建党 80 周年歌会，中央国家机关 3500 多名离退休干部参加了演出，他们抒发对党的深厚情谊，歌唱党丰功伟绩，歌唱对美好生活的无比热爱。朱镕基、李岚清、彭珮云、王忠禹、任建新、钱正英、陈锦华以及部分中央国家机关部门的领导同志观看了演出。

2002 年 4 月 19 日，中央国家机关精神文明办、工委老龄办和中华民族园共同举办了中央国家机关离退休干部游园笔会，39 个部门的 101 位老同志参加了笔会。其中有老红军、老部长、老领导，书协成员等。老同志在笔会中表现积极、热情，不辞辛劳地为新民族园南园中的建筑物题词、书写牌匾并游览了民族园的风光。

2002 年 8 月 30 日，工委在北京世纪剧院举办中央国家机关离退休干部“迎十六大”文艺演出，主题是：迎接党的十六大胜利召开，丰富老同志的精神文化生活，展示老同志积极向上、与时俱进的精神风貌，推进中央国家机关老龄文化工作的开展。在中央国家机关各部门的大力配合下，共报送 46 个节目，经选拔演出，选出 24 个节目，377 位老同志参加了演出。党和国家领导人李岚清、吴仪、司马义·艾买提、王忠禹、白立忱等出席观看，中组部、全总、全国妇联、全国老龄办和中央国家机关 32 个部门负责同志也到场观看。

从 2002 年开始，工委每年举办一届中央国家机关离退休干部中国象旗比赛。2003 年，在部门离退休干部局的倡议下，成立了组委会，由工委老龄办主办，组委会成员单位轮流承办中央国家机关离退休干部“怡寿杯”中国象棋比赛。通过比赛，不仅陶冶了老同志的情操，锻炼了身体，达到了健身目的，同时体现了老年体育大家办、办好体育为老年的精神，进一步推动了各部门老同志之间的相互交流，开拓了向社会展示中央国家机关老同志风采的平台。

（四）不断加强中央国家机关离退休干部党支部建设和对离退休干部党员的教育管理。

认真贯彻落实中组部《关于加强离退休干部党支部建设的意见》，在中央国家机关第十六次、十七次、十八次党的工作会议上，都把加强离退休干部党支部建设列入各部门机关党建工作的重要内容。各部门机关党委不断加强对离退休干部党支部建设的领导和工作指导。发挥离退休干部党支部的作用，结合离退休干部的实际，加强思想政治工作，按规定及时传达有关文件，通报情况，组织好离退休干部的政治学习和党员组织生活，开展适合老同志身心特点、丰富多彩的活动。

为进一步总结交流中央国家机关离退休干部党支部工作的经验，时确今后一个时期的工作任务，全面推进中央国家机关离退休干部党支部建设，2002 年 8 月 13 日，工委召开了中央国家机关离退休干部党支部工作经验交流会。中央国家机关工委副书记张德邻、臧献甫，中组部老干局原局长傅思和，全国老龄委办公室副主任、中国老龄协会副会长袁新立，以及中央国家机关各部门机关党委副书记、各部门离退休干部局（办、处）党委主要负责同志和离退休干部党支部书记，共 240 多人参加了会议。会上，社科院、高法院、中国气象局、国家粮食局等部门的离退休干部党支部和国家工商总局离退休干部局党委，分别从学习和实践“三个代表”重要思想，加强活动站建设，开展老干部思想政治工作，协助落实老干部的政治和生活待遇，以及热诚为离退休干部党支部建设做好服务工作等方面，介绍了他们的做法和体会。中央国家机关工委副书记臧献甫代表工委讲话，对如何开展新形势下的离退休干部党支部工作提出了要求。

（五）建设国务院机关老干部活动中心。

根据全国老龄委办公室《关于报送〈中国老龄事业发展规划〉有关材料》要求，为中央国家机关离退休干部提供较为方便的学习、活动场所，由工委筹建一个区域性和带示范性的老干部活动中心，于2000年列入全国老龄事业中期发展规划的重点项目。经积极筹建、设计、施工，国务院机关老干部活动中心已于2004年5月18日竣工。

（六）加强老龄宣传工作，努力营造做好老龄工作的舆论环境。

工委在中央国家机关党建网站中，增设了老龄工作网页；定期编发《老年工作园地》，宣传党中央、国务院对老龄工作的有关政策、工作部署，宣传中央国家机关在敬老、爱老、助老方面的先进事例，交流各部门开展老龄工作的情况和经验，不断推动中央国家机关老龄工作的开展。截至目前，已编发《老年工作园地》30期。

中央国家机关的老龄工作始终得到了党中央、国务院领导同志的重视和关怀，使老同志和从事老龄工作的同志深受感动和鼓舞。中央国家机关老龄工作也得到了中央国家机关各部门党组（党委）的重视和支持，各部门离退休干部局（办、处）做了大量具体工作，为不断提高中央国家机关老龄工作水平做出了积极的努力。在工作中，我们有以下几点体会：一是做好老龄工作必须要取得领导的重视和支持；二是必须始终围绕党的中心任务来展开，服从服务于改革发展稳定的大局；三是必须坚持用“三个代表”重要思想武装老同志的头脑，始终抓住思想政治建设不放松；四是必须认真开展调研，及时了解和掌握老同志的思想动态和关注的热点问题，坚持以人为本，开展有针对性的思想政治工作和有益身心健康的活动，增强工作的实际效果。

二、关于维护老年人权益的简要情况

工委及时将《老年人权益保障法》转发各部门离退休干部局（办、处），要求列入重要工作日程，认真学习宣传、贯彻。经调研了解，总的看，中央国家机关贯彻落实《老年人权益保障法》的情况是好的，未发现有拖欠养老费、医疗费等问题。但存在个别部门对法律宣传、贯彻得不够深入的问题，有些老同志不知道如何运用法律武器保障自身的权益，有的老同志甚至还不知道有这部法律，也存在个别单位负责人对损害老年人的权益的问题一直拖着不予解决等问题，这些都应引起我们足够的重视，在今后工作中逐步加以解决。

三、目前在贯彻落实《决定》和《纲要》中存在的主要问题及建议

（一）建议进一步加强老龄工作干部队伍建设，特别是加大培训的力度。有的部门离退休干部工作部门提出，《纲要》规定“五年轮训一次”，有些宽泛。从形势发展的要求来看，应采取多种形式，坚持每年定期培训，帮助老龄工作干部不断强化服务意识，提高综合素质，提高工作能力和水平，努力为老同志提供优质服务。

（二）建议尽快建立社会养老机制。在中央国家机关老同志中，空巢家庭、孤寡老人已占有一定的比例。一般家庭中，子女工作繁忙，还要照顾自己孩子的生活和学习，工作和精神上的压力都较大，无暇照顾老人，老人感到寂寞和孤独。有些老同志希望社会上能尽快建一批中、低档的老年公寓，并有配套的医疗机构和设施，保障老年人能安康生活。有些老同志还希望进一步规范老年人的服务体系，特别对民营的养老公寓、养老院，要加强指导，进行规范。

（三）建议逐步实现中央国家机关部门老干部活动中心、活动站等活动设施的资源共享。据了解，中央国家机关大多数部门建有老干部活动中心或活动站，为老同志开展形式多样的文体活动提供了场所，受到老同志的欢迎。但由于老同志居住较分散，有些本单位的活动场所离居住地较远，活动不方便，离家近的活动场所又是外单位的，不能参加活动。随着年龄增大，行动不便，有些老同志很难去本单位活动站参加活动。建议全国老龄委与有关方面协商，对部分活动中心或活动站实行一定程度的对外开放，方便更多的老年人能就近参加活动，达到资源共享的目的。

（四）建议进一步重视发挥老同志的余热。不少老同志从领导岗位、科研岗位退下来，他们有知识、有经验，身体和家庭条件允许，可考虑在自己量力和社会需求相结合的原则下，鼓励老同志自愿参加一些社会公益事业的活动或相关工作，开展咨询服务等工作，进一步发挥他们的作用。

另外，工委老龄办成立后，无经费渠道，无人员编制，主要聘用退下来的老同志做老龄工作，建议全国老龄委商中编办逐步解决老龄工作机构的人员编制，配强老龄工作力量，并通过一定方式明确经费来源。

特此报告。

财政部关于《中共中央、国务院关于加强老龄工作的决定》和《中国老龄事业发展“十五”计划纲要》的执行情况报告

（2004年8月12日）

《中共中央、国务院关于加强老龄工作的决定》（以下称《决定》）和《中国老龄事业发展“十五”计划纲要》（以下简称《纲要》）颁布后，各级财政部门高度重视，认真学习，领会精神，并注意在实际工作中做好贯彻落实。

一、认真组织学习，进一步提高对加强老龄工作重要意义的认识

《决定》和《纲要》从我国的基本国情出发，客观地分析了我国人口老龄化的发展趋势，深刻阐明了做好老龄工作的重要意义，明确了老龄工作的指导思想和目标任务，并提出一系列切实可行的措施，是现阶段老龄工作和老龄事业发展非常重要的文件，充分体现了党和政府对老龄事业的重视和关心。

通过学习，提高了对老龄工作重要性和紧迫性的认识。目前老龄化已成为全球性的重大社会问题，引起了世界各国的普遍关注。人口老龄化是经济和社会发展、人民生活水平提高、医疗卫生条件改善的直接结果，也是社会文明进步的重要标志。但人口老龄化也给经济社会发展带来了一系列矛盾和问题，必须采取切实有效的措施加以妥善解决。根据第五次人口普查数据，我国目前有近13亿人口，其中60岁以上1.32亿，占总人口的10.4%，65岁及以上的人口为8811万人，占总人口的6.96%，表明我国已基本迈入老龄化国家行列。据预测，到2030年左右我国将达到人口老龄化高峰，欧美等国家是在经济高度发达的情况下迎来人口老龄化，而我国目前是在经济尚不发达，国力、财力有限的情况下迎来人口老龄化，面临的问题更多、困难更大。

基于上述分析，如何采取措施顺利渡过人口老龄化阶段，是当前和今后一个时期必须认真研究解决的重要课题。为此，我部对养老保险中长期预测规划工作高度重视，在实际工作中注意采取科学的方法，对现在到将来人口发展趋势的变化、就业形势、经济运行态势进行预测分析，根据需要和可能，立足于实现养老保险基金当期及长远的收支平衡，既要保证广大离退休人员的基本生活，又要考虑国家、单位、个人和各方面经济负担能力，积极研究有效化解人口老龄化带来的支付风险的可行措施。

二、全力推进社会保障体系建设，为满足老龄人口的基本需求提供制度保障

建立健全社会保障体系，是满足老龄人口基本需求的制度保障。20世纪80年代中期以来，为适应社会主义市场经济体制的建立和发展，我国逐步推进了养老保险、失业保险、医疗保险等各项社会保险制度改革，建立了城市居民最低生活保障制度，为城市老年人口提供了基本的生活和医疗保障。各级财政部门积极参与和支持社会保障制度改革工作，加强对社会保障基金的监督和管理，努力提供资金支持，促进了各项社会保障工作的有效开展。

（一）做好保障老年人基本生活的相关工作

一是针对一些地方确保离退休人员基本养老金按时足额发放存在困难的情况，根据党中央、国务院统一部署，要求地方政府努力建立起基本养老保险基金自求平衡机制，省级政府要切实承担起确保企业离退休人员基本养老金按时足额发放和弥补基本养老保险金缺口的责任；要求各级财政部门切实调整支出结构，足额安排对企业职工基本养老保险的补助资金，以确保离退休人员基本养老金按时足额发放。1998年以来，中央财政逐年加大对财政困难的中西部地区和老工业基地企业职工基本养老保险基金专项转移支付力度，1998—2003年，中央财政共安排对地方养老保险补助资金1703亿元，2004年截止到目前，中央财政已下达对地方企业职工基本养老保险专项转移支付资金438.5亿元，为确保离退休人员基本养老金的按时足额发放发挥了重要作用。

二是会同劳动保障部等部门积极推进辽宁、吉林、黑龙江等省完善城镇社会保障体系试点工作。为应对人口老龄化高峰到来时基本养老金支付压力，从2001年开始，国务院决定在辽宁等省进行完善城镇社会保障体系试点工作，努力建立起独立于企事业单位之外、资金来源多元化、保障制度规范化、管理服

务社会化的社会保障体系，从而为包括老年人在内的社会保障对象提供更加稳定、可靠的基本生活及医疗等保障机制。在总结辽宁省社会保障体系试点经验的基础上，国务院决定2004年继续在吉林、黑龙江两省进行完善城镇社会保障体系试点，财政部作为完善城镇社会保障体系试点工作小组成员单位，积极参与了试点方案的设计、论证、修改等项工作，加强对试点进展情况的跟踪、调研、指导，及时总结经验，促进试点工作的顺利开展，并对试点工作给予了必要的资金支持。

三是按照国务院的有关规定，各级财政部门将城市居民最低生活保障支出列入财政预算，中央财政不断加大对财政困难地区城市居民最低生活保障资金的补助力度，补助资金由1998年的4亿元增加到2004年的92亿元，对包括老年人在内的所有符合低保条件的低保对象，及时提供低保待遇。根据民政部统计，目前全国符合低保条件的老年人已基本实现应保尽保。

四是落实国家优抚安置政策，做好移交政府安置的军队离退休人员，以及包括在乡老复员军人、老红军、老烈属等在内的优抚对象的保障工作，多次提高优抚对象抚恤补助标准。

五是积极研究农村养老问题，与人口计生委联合实施农村部分计划生育家庭实行奖励扶助制度试点工作。2004年，根据国务院下发的《国务院办公厅转发人口计生委、财政部〈关于开展对农村部分计划生育家庭实行奖励扶助制度试点工作的意见〉的通知》(国办发〔2004〕21号)，部分地区开展农村部分计划生育家庭奖励扶助制度试点工作，针对农村只有一个子女或两个女孩的计划生育家庭，在夫妇年满60周岁以后，由中央和地方财政安排专项资金，按人年均不低于600元的标准给予奖励扶助。试点期间西部试点地区所需奖励扶助资金由中央财政负担80%，地方财政负担20%；中部试点地区所需奖励扶助资金由中央和地方财政分别负担50%。同时鼓励东部省份自行试点。试点工作结束后，将在总结经验的基础上，在全国分期分批推进农村部分计划生育家庭奖励扶助制度。随着该项制度的推广，农村实行计划生育家庭的养老保障问题将得到有效解决。另外，各级财政部门高度重视农村社会救济问题，积极参与研究农村税费改革后五保供养政策和完善包括老年人在内的农村贫困人口救济制度的有关工作。

（二）做好老年人就医保障工作

一是推进城镇职工医疗保险制度改革，解决城镇退休人员的医疗费负担问题。国务院有关建立城镇职工基本医疗保障制度的文件规定，退休人员参加基本医疗保险原则上不缴费。各地在制定具体政策时，在单位缴费划入个人账户比例和报销比例方面也对老年人给予了照顾。在推进城镇职工基本医疗保障制度的基础上，我部还会同有关部门建立了大额医药费用互助制度、补充医疗保险制度、医疗救助制度等，以有效减轻老年人特别是困难企业事业单位老年人的医药费负担，提高其健康水平。

二是做好离休干部医药费保障工作。离休干部是一个特殊群体，为新中国的建立做出了贡献。根据有关规定，实施城镇医疗保险制度后，离休干部医疗待遇不变。为了体现党中央、国务院对老同志的关怀，我们会同中组部就离休干部医疗待遇调整有关问题进行了深入研究，并配合中组部于2003年和2004年两次提高了部分离休干部医疗待遇。

三是支持建立新型农村合作医疗制度和贫困家庭医疗救助制度，使农村老年人患病后能够得到及时救治并减轻其医药费负担。从2003年起，中央财政对中西部地区除市区以外的参加新型合作医疗的农民按年人均10元安排合作医疗补助资金，地方财政按年人均不低于10元的标准对参加新型合作医疗的农民安排补助金。另外，民政部、卫生部、财政部还联合制定了《关于实施农村医疗救助的意见》（民发〔2003〕158号），明确提出建立和实施农村医疗救助制度，通过政府拨款和社会各界自愿捐助等多渠道筹资，对患大病农村五保户和贫困农民家庭实行医疗救助。

三、制定税收优惠政策，促进老龄事业发展

2000年我部和国家税务总局下发了《关于对老年服务机构有关税收政策问题的通知》(财税[2000]97号)，对政府部门和企事业单位、社会团体以及个人等社会力量投资举兴办的福利性、非盈利性的老年服务机构(包括老年社会福利院、敬老院、老年服务中心、老年公寓等)，暂免征收企业所得税，对老年服务机构自用房产、土地、车船免征房产税、城镇土地使用税、车船使用税。对企事业单位、社会团体及个人等社会力量向福利性、非盈利性的老年服务机构的捐赠，在缴纳企业所得税和个人所得税前准予全额扣除。上述税收优惠政策，积极促进了老龄事业的发展。

四、努力调整财政支出结构，支持老龄事业发展

一是为保障各级老龄机构开展正常工作和拓展业务的需要，要求各级财政部门将老龄机构工作经费纳入同级财政预算。2000—2004年，中央财政共安排4486万元，用于全国老龄工作委员会办公室、中国老龄协会和中国老龄科学研究中心开展日常工作和有关活动所需经费。

二是为发展老龄事业，保障老年人权益，各级政府通过多种渠道筹集资金，逐步增加老龄事业投入，使其与经济社会发展水平和老年人口增长相适应。其中，为支持地方社区老年人福利服务设施和活动场所建设，建立健全老年人福利服务体系，2001—2004年，中央财政从本级留用的福利彩票公益金中安排14亿元用于补助地方“星光计划”资助项目。

三是通过安排项目经费的方式，对老科技工作者的学术交流活动和科普工作给予大力支持。2001—2004年共安排项目经费470万元，用于支持老科技专家开展科普讲座、建设“老科技工作者之家”、实施“老科技专家志愿者科普工程”等工作。

四是建立了老运动员、老教练员医疗专项资金。近日，我部会同人事部、卫生部、劳动保障部和国家体育总局联合下发了《关于对部分老运动员、教练员给予医疗照顾的通知》（国人部发［2004］52号），对十一届三中全会前获得世界冠军的老运动员及其教练员退休时给予医疗照顾，并会同体育总局安排4000万元（财政拨款和体育总局集中使用的彩票公益金各安排2000万元），建立了老运动员、教练员医疗专项资金。

五是安排专项经费丰富老同志业余文化生活。我部积极支持文化部开展“群众歌咏及老年活动”。自2000年以来，中央财政累计安排文化部专项经费1900万元，提高了全国各级文化部门对老年活动的重视程度，满足了老年同志日益增长的精神产品需求。

今后，我部及各地财政部门将结合贯彻落实《决定》和《纲要》精神，进一步调整财政支出结构，合理提高社会保障性支出占财政支出的比例。同时，根据需要和可能，加大对老龄事业其他方面的资金投入，以切实推动老龄事业的发展，使其与经济社会发展水平和老年人口的增长相适应。

万众一心　抗击“非典”

——北京市老龄协会致全市老年人的一封信

（2003年5月14日）

老年朋友们：

抗击“非典”是首都当前头等重要任务。北京市委、市政府对此予以高度重视，采取了一系列果断措施，全力以赴地带领全市人民共同抗击“非典”对人类社会的侵袭。

在人类发展历程中，曾历经过无数次的瘟疫、战争及各种自然灾害，然而没有一次灾难能够迫使人类屈服！正是在一次次与灾难的抗争中，人类以她不屈不挠的坚强意志进行了艰苦卓绝的斗争，从贫穷、柔弱、愚昧而一步步走向繁荣、昌盛与进步。这其中饱含着人类战胜灾难的勇气、信心和来自科学的力量，同时是大无畏英雄主义精神和积极乐观心态的具体体现。

苦难深重的中华民族哪一次灾难没有经历过？是伟大的中国共产党缔造的新中国，才使中国人真正站了起来，从此屹立在世界的东方。这其中发生的很多事件，是不少老年人亲眼目睹和亲身经历过的。面对突发“非典”给人民身心健康和生命安全造成的极大伤害，希望广大老年人能和全市人民一道，同心协力，共抗“非典”，去赢得这场战役的最终胜利。

现在，首都北京防治“非典”已进入关键时刻，疫情虽有所好转，但形势依然很严峻，任务仍十分艰巨。市委市政府要求大家不要松懈，不要麻痹大意，要继续与“非典”作斗争。北京市老年人达170余万，已占全市人口总数的12.5％。您们的安全健康事关社会稳定大局，您们的精神状态和所发挥的作用同样举足轻重。为此特向老年人提出如下希望：

一、相信党、相信政府、相信科学。在这场没有硝烟的战争中，希望老年人相信党和政府完全有能力带领广大群众战胜这场灾难；以积极的心态认真了解“非典”性质和流行方式；相信科学，不信谣、不传谣；学习并采取各种预防知识和措施，认真做好防护工作。

二、团结互助、发挥积极作用。我们希望广大老年人在做好自我保护和确保安全的前提下，在家庭、社区中能“量力而行”地发挥积极作用。用您们的亲身经历和知识，鼓励自己的子女及周围群众建立战胜困难的勇气，遵守各项要求和规定；关心战斗在一线的医务工作者家庭，帮助他们解决家属及子女在学习、生活中的困难；关心并积极参与社区组织的有关抗“非典”公益事务。

三、坚定信心、维护稳定。广大老年朋友们，首都具有改革开放20多年的雄厚社会物质基础，有党中央、国务院的坚强领导，有“三个代表”重要思想理论做指导：大家一定要坚信，在北京市委、市政府的统一指挥下，全市人民以万众一心、团结奋战的民族精神，一定能够夺取抗击“非典”斗争的全面胜利，为维护首都的稳定与发展做出你们的应有贡献！

胜利永远属于人类，光荣永远属于人民！

吉林同志在北京市老龄工作委员会第八次全体会议上的讲话

（2005年3月15日）

各位委员、同志们：

今天的会议开得很好，对去年的老龄工作，也包括对北京市十五期间的老龄工作做了一个总结。总的看，在各级党委的领导下，在社会各界的关心下，

“十五”期间以及2004年的老龄工作、老龄事业有了长足的发展。借此机会对过去进行总结，对于做好今年的工作，谋划好“十一五”期间北京市老龄工作还是非常有作用的。今天的会议内容丰富，刚才，大家审议了两个报告，提出了不少好的意见和建议，请老龄委办公室根据大家的意见对工作报告做进一步的修改。希望同志们回去后能够认真领会今天会议的两个报告，特别是会上传达的回良玉副总理的讲话，讲话结合新的形势、新的要求，提出了今后全国老龄工作的指导性的意见，具有很强的指导意义。请同志们结合本部门的实际，认真贯彻执行，努力做好今年的老龄工作。下面，我就今后的老龄工作再强调三点意见：

一、认清形势，提高认识，切实增强做好老龄工作的责任感和使命感

认清形势，我主要从两个方面来谈。第一个方面，我市的老龄化程度已经发展到一个较高的水平，按照国际通行的标准，北京市已经进入到老年型社会。据统计，截止到2004年底我市60岁及以上常住老年人口约为197万，占常住人口的13.2%，已远远超过国际上通行的10%的标准。全市18个区县都已进入人口老龄化社会行列。预计到2010年，全市60岁及以上老年人口数量将达到217万人，占总人口比例的14%。随着老年人口比重的不断增长，其对首都社会物质文明、政治文明和精神文明的建设，对构建和谐社会的影响会越来越大。第二方面，构建社会主义和谐社会，对做好老龄工作提出了更高的要求。构建和谐社会是党的十六大第一次提出的，把构建和谐社会作为全面建设小康社会目标的重要内容，从此我们扭转了一个观念，小康社会不仅是指富裕程度和GDP，和谐社会也是其重要的内容和目标，十六届四中全会，将“构建和谐社会”确定为重大的战略任务。前不久结束的省部级主要领导“构建和谐社会”研讨班上，胡锦涛同志做了重要讲话，对社会主义和谐社会的理论进行了全面的阐述。在去年年底召开的北京市九届九次全会上，刘淇书记代表市委提出要构建社会主义和谐社会的首善之区。因此，我们现在认识老龄工作，要多从这个角度来思考。做好老龄工作对构建社会主义和谐社会起着非常积极的作用。回良玉副总理在他的讲话中也专门强调了这一点。

提高认识，我也从两个方面来讲。一方面，要辩证地看待人口老龄化问题。首先应该肯定，人口老龄化是人类社会发展进步的表现，是社会、经济发展的必然结果，也是我党执政兴国以来所取得的一项巨大成果。人类寿命的延长和人口的老龄化是经济发展和社会进步的重要标志。目前国际社会上，进入老龄化的多是经济较为发达的国家和地区，而年龄结构轻的多为经济不发达的国家和地区。新中国成立50多年来，我国的人均寿命从解放初期的37岁多，提高到目前的73岁多，我们北京更是达到了79.8岁。这一方面是由于实施了计划生育政策，出生率降低；另一方面则是经济社会发展、人民生活水平普遍提高、医疗卫生条件改善和科学技术进步的结果，是我们党实现执政兴国在现阶段取得的巨大成就，是人类社会发展的必然趋势。

目前，虽然我市老年人口在总人口中的比重呈上升趋势，但老年人口的总扶养比尚未超过40%，还处于劳动年龄人口负担较轻、社会经济发展的黄金时期，也是应对人口老龄化的最佳准备期，如果抓住了人口老龄化高峰到来前的这一机遇，就能为北京的全面协调可持续发展，“建设新北京、办好新奥运”，构建首都社会主义和谐社会打下坚实的基础。

同时我们也应该认识到，与西方发达国家相比，我们是未富先老，是不富裕的老龄化。欧美等国的人口老龄化是伴随着工业化、现代化进程而逐步发展的，当他们进入老年型社会时，经济发展已经达到发达水平。而我国是在经济不发达的情况下进入人口老龄社会的，在进入小康社会之前就走上了最快速的人口老龄化道路，不得不面对“未富先老”的现实，增大了做好老龄工作的挑战性和复杂性。

第二方面，要转变观念。一般情况下，人们通常认为老年群体是单纯的消费群体，发展老龄事业就是要增加投入，老年人口多，对社会是个负担。实际上，这种观念需要转变，对老龄化要从正面理解，要充分认识到，老龄事业是社会事业的一个重要组成部分，老龄事业的发展也会直接推动社会事业的发展。发展老龄事业，开发老年人力资源，发挥他们在智力、技术、经验等方方面面的优势，也可以直接或者间接地促进经济的发展。这就看我们的工作怎么做，所以说对形势的认识和观念的转变很重要。

二、落实科学的发展观，坚持以人为本，做好新时期的老龄工作

落实科学的发展观与老龄工作的实际相结合，一方面，就是要把老龄工作放在整个首都经济社会发展的大盘中考虑，坚持老龄事业和经济发展、其他社会事业的协调，促进老龄事业的可持续发展；另一方面，坚持以人为本与老龄工作的实际相结合，就是要把维护老年人的合法权益作为工作的根本出发点和落脚点。

老龄工作要做到以人为本，维护老年人的根本利益，可以归纳为老有所敬、老有所养、老有所医、老有所乐、老有所为。老有所敬就是指全社会都要形成尊老敬老的氛围。目前我们在这方面还是有差距的，应当通过广泛的宣传教育来弘扬这种优良传统和良好风气，关心老年人，爱护老年人，尊敬老年人，至少做到礼让老年人。老有所养，不能让老年人因为丧失了劳动能力而导致生活贫困。目前老有所养最突出的问题在农村和城市的一部分社区，我们要加快推进农村养老体制的改革，来解决农村养老问题。老有所医，老年人的医疗问题和其他群体有共性，如医疗费用太高，温总理的政府工作报告中也提出了要让普通老百姓看得起病的问题。同时，老年人的就医困难也有其特性，一是老年人的就医问题，从挂号、候诊、就诊、划价、交费、取药，一套程序下来，老年人的体力吃不消；二是医保问题，据老年人反映办理医保的各项手续比较繁琐，把老年人搞得一头雾水；三是推进农村医疗保险，解决农村老年人的老有所医问题。老有所乐，要注重关注老年人的精神需求。老有所为，让老年人根据自己的实际情况做点什么，这也是老有所乐中的一乐。目前我们应当把精力更多地投入到老有所养和老有所医上来，这是老龄工作最基本的需要解决的问题，也是老年人最需要解决的基本问题。老有所乐、老有所为、老有所敬是锦上添花的事情，而老有所养、老有所医是雪中送炭的事情。这两项工作要突出面向基层、突出面向农村、突出面向全部老年人。搞典型容易，但是要让所有的老年人都实现这一目标，这就需要我们有政策、有机制的保障，要做深入的研究，保障老年人的权益，使其有所敬、有所养、有所医、有所乐、有所为。

同时，老龄工作要根据形势的发展、社会主义市场经济体制的要求做到产业化，工作社会化。要动员社会方方面面的力量，参与北京市的老龄工作，大家都来关心，都来参与，不仅仅是政府部门在关心在投入，这就看我们有没有政策能够激发社会方方面面积极性。此外，要推进老年产业、老年消费品和服务产业的发展，这都是需要我们认真研究的问题。

三、从提高执政能力的高度抓好老龄工作部门的能力建设

（一）建立有效的工作机制

目前，我们老龄工作主要依靠各级老龄工作委员会及其办公室，要总结近几年的经验，进一步建立健全这一套工作机制，例如主任议事制度、委员协调工作制度和成员单位联络员联系制度，委员会还要探索建立专业组织，分类研究一些老龄工作中的问题，这是很有必要的，包括为市委市政府作决策、出政策提供一些前期的调研。各成员单位一定要支持老龄办的工作。我们这个老龄办工作有一定的复杂性，任务很艰巨。委员会是一个议事协调机构，日常工作都由办公室来承担。要增强委员会，特别是办公室的权威性，要加大在各个部门之间协调的力度，要解决委员会和办公室目前在人员、编制和其他的方面存在的困难和问题，以使老龄工作委员会和办公室能更好地承担综合协调、监督检查、参谋助手的职责。希望各位多支持老龄办的工作。尤其要提一下的是，有个别单位的联络员是由本单位的老干处处长担任，不能说这是绝对的不合适，但是大家一定要认识到老龄工作不是老干部工作，因为这项工作更多的是涉及到政策上的协调，所以一定要求要由单位的业务处室来完成，联络员一定要由业务部门的处级负责人担任，这样上下沟通协调可以更方便一些。这个问题老龄办和各单位要仔细研究一下。

（二）加强老龄工作机构的能力建设

一是要提高认识问题的能力，树立大局观。只有从宏观的角度，来认识、谋划北京市的老龄工作，我们的老龄工作才能摆在一个既重要又恰当的位置，同时可以借力，借北京经济社会发展的力来推动北京市老龄工作自身的发展。二是要提高综合协调能力。老龄工作机构主要是发挥综合协调的职能，既要在政府各个部门之间协调，又要在政府和社会之间协调，这个作用要进一步发挥。三是要提高指导基层的能力。老龄工作的重点在基层，做好老龄工作，落脚点也应该放在基层、放在社区、放在农村，这都是我们老龄工作的重点。北京市的机关多，企业多，机关的老年人基本都离退休，保障都不错，我们一些国有企业、一些效益不错的企业对退休职工保障得也比较好，一些效益不好的企业存在一些问题，但大多数的老年人都居住和生活在农村和社区，我们要把他们作为重点，加大对基层老龄工作的指导力度。

（三）提高老龄工作人员的综合素质

老龄工作说简单也不简单，做好老龄工作要求我们老龄工作者的素质是全面的。要有思想政治素质，要在老龄工作的岗位上，体现出共产党员的先进性；也要有业务素质，特别是结合委员会和办公室工作的性质和特点，调查研究的能力、综合协调的能力、指导工作的能力等，都应该成为我们重点提高的内容。

只升华同志在2005年天津市老龄工作会议上的讲话

（2005年3月9日）

老龄问题是关系国计民生和国家长治久安的一个重大社会问题，做好老龄工作是党和政府的重要责任。在新的形势下，我们必须统一思想、理清思路、明确任务、扎实工作，更好地发挥各级老龄委的作用，努力开创老龄工作新局面。刚才，崇喜同志做了一个很好的工作报告，我完全同意，对于今年的老龄工作任务，大家要认真抓好落实。下面，我再强调三点意见。

一、认清新形势，切实增强做好老龄工作的责任感和使命感

我国是人口老龄化发展最快的国家之一，我市已经步入了老龄化社会，未来二、三十年，老龄人口将始终处于快速增长阶段。据统计，目前全市60岁以上的老年人有137万，占全市总人口的14.7%，到2020年，老年人口将占全市总人口的25.2%，也就是说，每4个人中就有一位老年人，人口老龄化已成为不争的事实。这必将导致劳动年龄人口比重下降，社会供养系数上升，家庭功能下降，社会负担加重，给经济、社会可持续发展带来重大影响。如何尽快改变经济社会发展滞后于人口老龄化进程的状况，实现社会整体经济利益和老年人口群体利益的统一，实现人口老龄化与经济社会的协调发展，是一个亟待解决的重大问题。我们必须从落实科学发展观，构建和谐社会的高度，进一步深化对老龄工作重要性和紧迫性的认识。

党的十六届四中全会明确提出，要形成全体人民各尽其能、各得其所而又和谐相处的社会。这就需要我们贯彻科学发展观，坚持以人为本，搞好社会各方面的统筹。老年群体是社会上最值得尊敬、爱戴的群体之一，也是最脆弱、最需关心和帮助的群体之一。广大老年人作为社会成员的重要组成部分，为国家的富强、民族的兴旺和人民的幸福奉献了自己的青春，他们既是社会财富的创造者，也是社会发展成果的享有者，是党和国家的宝贵财富，理应受到全社会的关心和尊重。没有老年人参与、没有老年人同步进入的小康社会，是一个不全面、不完善和水平不高的小康社会。老龄工作不仅仅是关心解决老年人的困难，意在“抢险”，更重要的是打好老龄工作基础，为将来出现更多的老年人和高龄老人做好各项准备，重在“防洪”。老龄问题是带有全局性、战略性的重要问题，涉及到社会、政治、经济、文化、法律等各方面，如果我们轻视、忽视老龄工作，不能及时、有效地解决老年人生活和工作中出现的一些新情况、新问题，就可能直接给家庭和社会带来沉重负担，影响全局的和谐稳定。因此，我们必须充分认识人口老龄化形势的严峻性、挑战性和紧迫性，在经济转轨、社会转型过程中，在制定和实施经济社会发展规划时，统筹兼顾，正确反映和兼顾包括老年人在内的社会各群体的利益，妥善处理促进经济社会发展与保障老年人享受发展成果的关系，认真解决老年人生活中的实际问题，使老年人及时享受到现代化建设的成果，实现代际关系以及老年群体与其他群体之间的和谐。总之，要按照构建和谐社会的要求，准确把握老龄工作面临的新形势、新任务和新要求，切实增强做好老龄工作的责任感和使命感，扎扎实实做好工作，促进老龄事业同经济社会的协调发展、共同进步。

二、明确新任务，努力推动老龄重点工作全面落实

按照以人为本、构建和谐社会的要求，我们明确了老龄工作的思路、目标和任务。实践中，要紧紧围绕“老有所养、老有所医、老有所教、老有所学、老有所为、老有所乐”的工作目标，从影响老年人生活的突出问题入手，抓住重点工作、关键问题和主要矛盾，创新思路和招法，有效抓好落实。

（一）社区和农村基层的老龄工作一定要切实得到深化。老年人大多脱离工作岗位生活在社区，他们的活动空间主要在基层。这就决定了老龄工作重点在社区、在基层。当前，要着力抓好三方面：一是服务载体建设要到位。目前，我市已有280多家养老机构、103所老年大学，基层社区各类老年人教育文化组织有4142个，为老服务设施有了一定基础，但这些距离“六有”工作目标还有相当大的差距，特别是农村的相关服务设施还不够完备。各级政府要根据城市社区和农村老龄工作的实际要求与特点，加大服务载体建设，形成适应城乡不同特点、设施配套、功能齐全、管理规范的老年社区服务体系，搭建起为老服务的坚实平台。二是服务内容项目要齐全。为老服务不仅仅是一个“养”的问题，随着经济社会的加快发展，老年人的物质、文化生活需求不断提高，服务内容也日趋多样化。这就要求我们的社区服务必须适应新的变化，一切以老年人需求为中心，有针对性地开设服务项目。要根据不同文化层次、经济条件和身体状况的老年人确定适宜的服务内容，适应不同老年人的需求。做好这项工作，关键是要整合社区资源，发挥社区医疗、家政服务的作用，探索服务老年人的途径和方法，满足老年人的养老、医疗、生活照料等需求。三是服务质量和水平要提高。目前我们的社区服务质量还不够高，层次比较低，整体服务水平较差。从某种程度上讲，不是老年人没有需求，而是我们的服务达不到需求，老年人不敢接受这种服务。老年人作为特殊的消费群体，在卫生保健、生活照料、精神慰藉等方面有着特殊需求，比其他群体的需求较为强烈，服务标准高、难度大。作为老龄工作部门要协调有关单位，定期搞好有关服务人员的培训，提高整体素质，提升服务水平，让老年人享受到舒适、高效、便捷的服务。

（二）老年人的合法权益一定要坚决得到保障。老年人是社会中相对脆弱的群体，自我保障意识和能力相对较弱，他们的合法权益比较容易受到侵害，因而他们更需要得到关心、帮助和保护。在现实生活中，老年人在家庭赡养、住房等方面的权益受到侵害的现象仍时有发生。据统计，2004年全市各级涉老组织接待老年人来信来访2219件，其中涉及赡养方面674件，涉及房屋侵权方面600件。对此，我们必须高度重视，依法保护老年人在家庭赡养和抚养、社会保障、参与社会发展等方面的合法权益。一是做好老年人政策咨询和法律服务工作。各级涉老工作部门要按照分级负责、归口办理的原则，高度重视并做好老年人来信来访，及时提出处理意见，提供政策咨询。实实在在地讲，如果不是到了万不得已、万般无奈的情况下，老年同志是不会来信来访的。作为司法行政部门要制定和完善服务措施，扩大服务网点，开展法律援助，使老年人就地、就近、及时地得到优质的法律服务，决不使合法权益受到侵犯的老年人处于无望无助的境地。二是加强涉老纠纷的调节工作。基层老龄工作部门和老年维权组织要深入排查涉老矛盾和纠纷，坚持调防结合，及时做好化解工作，维护老年人合法权益，把矛盾化解在萌芽状态，把问题解决在基层，决不能形成老年群众集体性越级上访。三是依法严肃查处侵害老年人合法利益的违法犯罪活动。有关部门要依法受理涉及侵害老年人合法利益的申诉、控告和检举，对侵害老年人人身安全和侵犯老年人财产安全的不法分子依法予以制裁，坚决打击勒索、敲诈、侮辱、虐待、伤害、遗弃老年人的违法犯罪行为。

（三）困难老年群体一定要得到有效救助。由于各种原因，社会上一些老年人经济上没有来源；生活上无人照料，有的甚至不能自理，成为社会群体中的弱中之弱、贫中之贫，需要政府和社会各界的帮扶和救助。我们要千方百计资助他们走出困境，不让一位老年人生活上过不去。一是救助资金要筹措到位。困难老年人大多数是经济上的困难，这也是解决这个问题的关键。各区县政府要采取财政投入一些、企业支持一些、社会捐助一些的办法，多渠道筹措资金，并把这笔善款专款专用，全部用于困难老年人的救助。二是救助措施要切实有效。全市困难老人分布在城乡不同区域，个体情况不尽相同，这就需要我们的帮扶救助措施要结合实际，务求实效。对城镇退休职工要落实养老、医疗保险等政策，及早兑现；对城镇、农村符合优抚、救济和低保标准的老年人及时发放生活补助费用；对“三无老人”“五保老人”要采取集中和分散供养相结合的方式，切实使他们的生活得到保障。三是救助模式要不断优化。对困难老年人的救助需要政府、社会、家庭的共同努力。目前的形式还相对单一，有些服务方式还需进一步深化，救助活动的服务主体和服务内容还应进一步拓展。要借鉴上海、大连等先进地区的经验，在生活供养、医疗模式上寻求突破，让困难老年人得到更有效的关爱。

（四）社会养老问题一定要取得新的突破。随着经济转型和老龄社会的不断发展，目前的家庭结构将很难担负起养老的义务，社会化养老是大势所趋，发展包括社区老年服务、托老服务、护理服务、心理咨询、临终关怀等老年服务业前景十分广阔。在社会主义市场经济条件下，养老问题不应由政府包办解决，必须坚持老龄事业与老龄产业“两个轮子”一起转。既要考虑到传统模式，又要扩大社会化，要努力探索从家庭养老向社会养老过渡的方式，闯出一条养老工作市场化、产业化、社会化的路子。一方面，要进一步加大改革力度，加强内部管理，办好国有养老服务机构，充分发挥现有养老福利设施的作用，提高服务质量和水平；另一方面，要大力发展社会养老机构，发展老龄产业，以更好地满足老年人的特殊需要，培育养老产业不断发展。要抓紧制定相关政策措施，降低市场准入门槛，消除体制障碍，吸引社会资本进入养老服务产业，鼓励、支持社会力量兴办老年服务设施和服务机构。各区县要结合实际做好规划，制定阶段性工作目标，并采取过硬措施分步抓好落实。

三、采取新举措，确保形成老龄工作的强大合力

老龄工作是党和政府联系老年人的纽带和桥梁，是一项社会系统工程，涉及千家万户和社会各个方面。各级政府必须按照“党政主导、社会参与、全民关怀”的方针，充分发挥各职能单位的作用，保证各项工作的顺利发展。

（一）必须强化对老龄工作的领导。各级政府要把老龄工作摆上重要位置，定期研究老龄问题，定期听取工作汇报，定期进行安排部署，及时解决老龄工作中的困难和问题。而不能仅停留在口头上，体现在会议中，要落实在行动上。对今年的老龄工作，要结合实际制定具体工作方案和措施，责任到单位，到个人，确保抓好落实。

（二）必须强化对老龄工作的支持。要建立健全组织，完善各级老龄工作委员会及其办事机构，理顺工作关系，明确职责任务。要不断加大资金投入，将老龄工作经费纳入本级政府的财政预算，建立老龄事业投入的正常增长机制，为老龄工作的开展提供必备条件。各级政府要会同有关部门深入基层调研，按照全国和我市老龄工作的整体要求，结合实际，制定出老龄事业发展“十一五”计划，并纳入本地区经济社会发展整体规划，以更好地指导今后工作。

（三）必须强化老龄工作机构作用的发挥。各级老龄委工作办公室要加强自身建设，认真履行职责，切实转变工作思路、工作方式、工作作风，充分发挥综合协调、督促检查、参谋助手的作用，把工作重点放在横向抓联络协调，纵向抓基础社区，重点为老年人解难题、办实事、做好事上，要带着尊老、敬老的深厚感情，创造性地开展工作。

同志们，老龄事业的发展体现了社会的文明与进步，让不断延长的生命保持更高质量，让步入老龄的社会更加和谐，我们肩负着神圣的历史使命。我们要以更大的热情、更坚定的信心、更扎实的工作，不断开拓我市老龄工作新局面，为全市“三步走”战略顺利实施作出新的更大贡献。

张立昌同志和戴相龙同志给天津市老年人大学成立暨天津市老年教育创建20周年的题词和贺信

中共中央政治局委员、天津市委书记张立昌的题词

办好老年教育　构建和谐社会

天津市委副书记、市长戴相龙的贺信

天津市老年人大学：

值此天津市老年人大学成立暨天津市老年教育创建20周年之际，谨向你们和全市各老年大学、老年学校致以热烈的祝贺！向全市老年教育战线的师生员工表示亲切的问候！

20年来，在市委、市人大常委会、市政府、市政协领导的关怀下，在有关部门和社会各界的支持下，经过师生员工的共同努力，市老年人大学已成为全国规模大、专业多、层次全、质量高、办学条件优良的综合性老年大学之一，为发展天津老年教育事业，加强老年大学、老年学校的规范化建设，起到了骨干、带头和示范作用。

希望你们在邓小平理论和“三个代表”重要思想的指导下，以科学发展观统领老年大学的各项工作，贯彻党和国家的教育方针，促进经济社会协调发展和人的全面发展；为建设崭新水平、全国一流的老年人大学，构建学习型社会和社会主义和谐社会，作出新的更大的贡献！

2005年5月15日

天津市关于实施《中国老龄事业发展“十五”计划纲要》和《天津市2001—2005年老龄事业发展规划》的检查评估报告

（2005年7月12日）【津老工委办报〔2005〕1号】

全国老龄工作委员会办公室：

根据全国老龄委办公室关于对国家和地方老龄事

业“十五”计划实施情况进行一次全面检查和评估的要求，今年上半年，天津市老龄委办公室认真组织成员单位对《中国老龄事业发展“十五”计划纲要》（以下简称《纲要》）和《天津市2001—2005年老龄事业发展规划》（以下简称《规划》）进行了检查和评估。有关重点部门密切配合，结合各自职能，首先进行了检查评估，并相继写出专项检查评估报告。然后市老龄委办公室进行了汇总和整理。现将检查评估的总体情况报告如下：

一、采取有力措施贯彻实施《纲要》和《规划》

2001年5月24日，国务院总理办公会议讨论通过《中国老龄事业发展“十五”计划纲要》，并下发各省市。我市极为重视，采取措施，认真贯彻落实。

1. 根据《纲要》精神，修订完善《天津市2001—2005年老龄事业发展规划》。在《纲要》下发前，市老龄委办公室根据市委、市政府领导要求，结合天津实际，起草了地方“十五”期间老龄事业发展规划。在充分征求各成员单位和有关部门意见的基础上，反复修改，形成待批稿。《纲要》下发后，又根据《纲要》精神作了部分修改。后经主管副市长批准，2001年6月22日，市老龄委正式下发《天津市2001—2005年老龄事业发展规划》。这是我市首次制定下发的老龄事业规划，在社会上产生良好影响，对贯彻落实《纲要》，推动我市老年事业健康持续发展起到促进作用。

2. 积极争取，将老龄事业纳入《天津市国民经济和社会发展规划》。市计委认真听取市老龄委办公室汇报，在组织全市“十五”发展计划当中，将老龄事业有关内容纳入全市国民经济和社会发展规划，在社区服务、社会保障、发展社会福利事业、体制创新等方面，都涉及老龄工作。在市政府批转的10个分项规划中，也把我市老龄事业规划的主要内容写进《天津市人口、就业和社会保障“十五”发展规划》之中，使老龄事业保持与国民经济和社会发展相适应，与老年人口的增长相适应。

3. 成员单位密切配合，落实《纲要》和《规划》。把《纲要》和《规划》中的任务，按照职责范围分解到各成员单位组织实施。为加强成员单位相互间密切配合、齐抓共管，市老龄委进一步完善了成员单位责任制，每年召开老龄委全委会，主管市领导主持，总结成绩，查找不足，部署下一年工作任务；建立了成员单位联络员会议制度，定期沟通情况，协调工作，整体推进《纲要》和《规划》的落实。

4. 指导各区县按照《纲要》和《规划》抓好落实。市老龄委专门召集各区县会议，学习《纲要》和《规划》，提出分阶段完成目标任务的要求，并把落实《纲要》和《规划》纳入每年全市老龄工作目标考核主要内容。同时，各区县结合各自实际，相继制定本地区的老龄事业发展规划，使全市老龄事业实现按计划、有步骤的持续发展。

二、《纲要》和《规划》的贯彻实施情况

下面，按照《纲要》提出的经济供养、医疗保健、照料服务、精神文化生活和权益保障等五个方面的任务和措施，分别进行评估。

（一）经济供养

确保离退休人员养老金按时足额发放。从2000年起，我市全面推行养老保险金全额缴拨和社会化发放，当年年底实现全额征缴率和社会发放率双100%。养老保险基金征缴率始终保持在90%以上，达到《规划》要求。为确保困难企业离退休人员能够按时领取统筹项目外养老金，从2001年9月份起，市和区县两级财政给予了适度补助。自2003年1月起，将统筹项目外养老金纳入社会化发放范围，彻底解决统筹外养老金发放拖欠问题。自2001年以来，三次提高离退休人员养老金水平，使离退休人员共享经济社会发展成果。

逐步建立和完善农民养老保障体系。全市有农业的区县推广农民退养补助制度。其中，东丽区、津南区、西青区和北辰区四个区实行退养补助的行政村已达65%。对农村五保老人采取集中供养和分散供养两种形式。2003年，市政府对集中和分散供养的五保老人生活状况进行认真调查，确定集中供养的老人年人均供养费3108元，分散供养费1826元，保证资金足额、及时发放。

按照政府救济和社会互助相结合原则，构建贫困老人救助体系。各级民政部门积极落实城镇居民最低生活保障制度，把符合条件的老年人及时纳入最低生活保障范围，做到应保尽保。目前，全市享受最低生活保障的老人21503人，占低保对象的10.06%。享受最低生活保障的老年人，同时享受一些优惠服务政策，如免收供热建设费、外管网建设费和室内初装费等。各区、县老龄委普遍建立了特困老人名册，会同有关部门制定了扶助具体措施，如：一对一结对子、建立助老基金、认亲扶养、签定承包服务协议等，帮助生活困难的老年人解决实际问题。

（二）医疗保健

完善和推进城镇职工基本医疗保险制度，逐步建立城乡医疗救助制度。2001年，我市实行医疗改革，建立了城镇职工基本医疗保险制度。退休职工不需要缴费即可直接享受各项医疗保险待遇。为保障困难企业退休职工医疗保险待遇，2004年，我市制定了《天津市城镇困难企业退休人员大病统筹医疗保险暂行办法》，对困难企业退休职工大病统筹予以补助，目前已安排补助预算资金上亿元。

为进一步做好我市离休干部“两费”保障工作，市财政局与市委老干部局等六部门联合拟定了《关于落实离休干部离休费、医药费意见的具体办法》，建立离休干部医药费“双月清”制度。2001年至2003年共安排离休干部医药费“双月清”资金2.9亿元。为解决军队离退休人员医疗费报销困难问题，市财政积极筹集资金，将市级医疗费补助标准从每人每年1200元提高到2400元，每年支出0.22亿元。

农村卫生改革不断深入，乡镇卫生院整体水平有所提高，镇（村）逐步实行新型合作医疗制度，农村社区卫生服务覆盖率达到30%，许多村镇为老年人建立了健康档案，农村老年人的就医条件有所改善。

构建以社区卫生服务网络为基础的老年医疗保健体系。已建成覆盖全市9个社区卫生服务指导中心、70个社区卫生服务中心、431个社区卫生服务站的三个层次社区卫生服务机构。城区以居委会为单位，卫生服务网络覆盖率达100%，提前达到《规划》要求。家庭责任医生服务覆盖率达到75%，为近133万户居民家庭建立了家庭健康档案，老年人健康档案的建立率和使用率达90%。社区卫生服务中心对所辖社区居委会实行责任管理，做到了“街有中心、居委会有站（组）、户有责任者”。家庭病床、老年护理、社区巡诊等各种社区便民服务项目和措施，为老年人提供预防、医疗、保健、康复、健康教育为一体的综合性、延伸性服务。城市老年人健康教育普及率达到80%，提前达到《纲要》要求。

各级医疗机构积极落实老年人就医优惠政策。60岁以上老年人就医实行挂号优先、治疗优先、取药优先，70岁以上的老年人就医免收普通门诊挂号费。

市政府每年下拨100万元经费，用于培养老年病护理方面的人才。

为老年人参与体育健身创造条件。举办全市性的老年体育比赛10多次。在全市3000多市民健身站中，每天约60多万老年人参加锻炼，活跃在全市的6000多名老年人社会体育健身指导员对老年体育活动的普及发挥了重要作用。老年人体育健身参与率达到60%，超过《纲要》规定应达到的50%的要求。

（三）照料服务

推动我市养老服务福利机构建设。各级政府主导，鼓励支持社会力量共同兴办养老福利服务机构。截至2003年底，我市已建有养老机构425所，床位数由2001年的1万张增加到15678张，每千名老人拥有约12张床位，超过《纲要》中每千名老人拥有10张床位的要求。其中农村乡镇敬老院131所，全市共140个乡镇，覆盖率达到94%，超过《纲要》中90%的要求。

通过财政支持和筹集社会福利金等渠道，先后对市级三所老年公寓投资4300万元进行改扩建，使市级国办养老机构收养床位总数由2000年的650张增加到1000张，增加了53%。同时，改善了入住机构老年人的居住环境，提高了生活质量，成为养老、康复、医疗、娱乐为一体的综合性养老服务机构，起到了养老机构的示范作用。

为贯彻落实民政部颁发的《老年福利机构基本规范》，制定了《天津市养老机构等级标准》和《养老服务护理标准》，进一步规范养老行业的管理、服务和硬件设施的各项标准。

建筑设计部门在全市新建扩建的老年福利设施中，严格按照《老年人建筑设计规范》进行设计和施工。市老龄委积极配合有关部门搞好惠及老年人的无障碍设施的建设工作，为老年人出行、参与社会提供便利。

积极推行离退休人员社会化管理。市政府投入资金支持完善离退休人员社会化管理体系。建立了市、区、街、居委会四级社会化管理体系，配备专门工作人员，为退离休人员提供全面的服务。2003年，全市有120个街道建成了微机管理平台，实现了离退休人员管理的信息化。

动员社会力量开展为老年人服务。各级老龄工作组织协调各方面力量，逐步组织建立了由下岗职工、志愿者和健康老年人组成的社区为老服务队伍。服务重点是社会孤老、退休孤老、空巢老人、80岁以上高龄老人、不能自理或半自理老人和经济困难老人等六种老人。各级老龄组织对六种老年人建立档案，将每个人的情况登记在册，采取多种形式和措施，为这些老年人的生活排忧解难。从2002年起，市老龄委支持有关单位，启动了“爱心相连空巢老人”救助活动。首批为5000户空巢老人家庭免费安装一拨通求助呼叫器，为他们提供快捷方便的服务。全市已有近1万户老年人家庭安装了一拨通求助呼叫器。全市392所学校全部与敬老院签定了志愿服务协议，每周坚持为老年人提供不少于4小时的奉献服务活动。

（四）精神文化生活

加强老年文化活动设施建设。各区县建有老年活动中心，街道（乡镇）有老年活动站，社区（村）有老年活动室、健身场地。2002—2004年三年中，我市实施了“星光计划”项目建设，共建成“星光老年之家”490个，投入资金总额2.3亿元，进一步为社区老年人提供良好的活动场所和服务设施。全市的社会公共文化活动设施绝大多数都能做到免费或优惠向老年人开放，受到老年人的欢迎。

丰富老年人精神文化生活。各级老龄工作组织会同文化、体育等部门开展了多种形式的老年文化体育活动。市老龄办会同市委老干部局、市文化局、市退管会、天津老年时报等部门，连续5年举办了老年艺术节，与市文化局举办了三届老年文化周，有近5万老年人参与。活跃在全市社区基层中的老年文艺团体约有2000多个。

推动老年教育事业不断发展。市委、市政府对老年教育高度重视。从2000年以来，市政府采取资产重组办法，先后投资3200多万元，解决了市老年人大学固定校舍问题，为把市老年人大学逐步建设成为全市老年教育中心和老年教育科研中心创造了条件。2002年7月18日，市人大会常委会通过了全国第一部老年教育地方性法规《天津市老年人教育条例》(以下简称《条例》)，进一步把我市老年教育纳入法治轨道。截至目前，市和区县两级示范性老年大学已经建立，市、区县、街乡镇、社区（村）四级老年教育网络初步形成，我市老年教育呈现蓬勃发展态势，迈上新的台阶。

目前，我市老年教育可划分为两种形式：一类是有相对固定的校舍、设施、学员、师资、专业课程和教学计划的老年人大学（学校)，全市104所。其中：市级示范性老年人大学1所，市的委局、区县、普通高校、大型企业办的老年人大学37所，街、乡、镇办的老年学校66所，共计在校学员38300多人，占本市老年人口2.9%。另一类是群众性老年教育活动，主要是基层和社区老年人政治理论、文化、科技、体育等教育组织，全市有4142个，参加活动的约22.21万人，占本市老年人口的16.95%。以上两类合计老年人26万多人，占本市老年人口19.85%，高于《规划》10%的要求。河东区、和平区办起了电视老年大学，收看的老年人2万多人。

通过多种形式增强全社会老龄意识和敬老意识。市老龄委在全市范围内开展了敬老好儿女、敬老模范家庭、敬老文明社区（村)、健康老人的评选表彰活动。2002年和2003年，市政府连续两年对敬老好儿女、敬老模范家庭进行表彰。天津电视台、电台分别开设《枫叶正红》、《律师热线》、《夕阳情怀》、《老友沙龙》等老年文化专题节目，宣传和反映老年人的生活，解答老年人所关心的热点、难点问题，对尊老、敬老、爱老的典型事例进行宣传报道。市教委将《中华人民共和国老年人权益保障法》列入了中小学法制教育教材。

鼓励老年人参与社会发展。许多从事卫生、教育、专业技术的离退休人员依然在发挥余热，继续为国家和社会做贡献；全市有近4000名离休干部情注未成年人思想道德教育，有616位老同志的宣讲团，深入到青少年中，讲革命传统，谈正确的人生观，作报告一万余场；还有大批老年人在社区从事着维护社会治安、调解民间纠纷等社会公益活动。

（五）权益保障

宣传贯彻《老年法》。我市各区、县和有关部门采取多种形式宣传《中华人民共和国老年人权益保障法》和《天津市实施〈中华人民共和国老年人权益保障法〉办法》。印发宣传材料几十万份。各级老龄委和涉老部门通过举办宣传贯彻老年法讲座，培训了一批宣传《老年法》和《实施办法》骨干力量。2000年7月，市老龄委配合市人大常委会对《老年法》及《实施办法》的贯彻执行情况进行了专项检查，进一步推动《老年法》及《实施办法》的贯彻实施。

司法行政机关依法保护老年人的合法权益。司法部门把老年法的宣传列入我市普法教育的一项重要内容，在2003年开展的“法律进社区”、“送法下乡”、“法律进农家”等活动中，共设置宣传栏6200个，制作宣传布标万余副，举办培训980多期，其中参加培训的老年群众约65800人次。城市的普法教育普及率为80%，提前达到《纲要》的要求，农村为50%(尚未达到《纲要》提出的60%的要求)。面向全社会设立的“12348”法律服务热线为老年人提供了免费法律咨询，3年来共为老年人提供电话咨询4000人次。各级人民法院对涉老案件优先立案、优先审理、优先执行，2001—2003年全市法院共审理涉老案件2489件，有效维护了老年人的合法权益。

建立健全维权组织网络。市和区、县成立老年人维权咨询服务中心，市区街道和社区、农村大部分乡（镇）和村委会都建立了保护老年人合法权益服务站和小组。同时，市和区县两级建立了法律援助中心，为特别困难的老年人提供法律援助。各级维权组织建立健全老年人来信来访登记办理制度，对老年人反映的问题及时妥善处理，依法维护老年人的合法权益。据统计，2001年至2005年上半年，市和区县两级维权服务中心共接待老年人来信来访13000余件，并做到了件件有回音，事事有结果。

三、存在的不足

1. 农村老龄工作相对薄弱。由于我市城乡社会经济发展不平衡，农村老年人的社会保障水平低于城镇。《规划》中提出，到2005年全市乡村卫生组织“一体化”管理达到95%，目前是85%。农村健康教育普及率我市为30%，距《纲要》提出的50%的要求还有差距。特别是贫困地区，如何落实老年人的生活保障和老有所医措施，是今后我市老龄工作的重点。

2. 养老机构的优惠政策没有落实到位。国务院办公厅转发的民政部等十一个部门《关于加快实现社会福利社会化的意见》和市人民政府下发的《批转市民政局等14部门关于加快实现我市社会福利社会化的意见》等文件中均有明确要求，即："对社会福利机构在额定范围内使用的水、电、气、暖，有关部门和单位要按当地最优惠价格收费……对社会福利机构使用电话、有线电视等电信业务，有关部门和单位要给予优惠和照顾。"这些要求在落实过程中遇到困难。仅以用水为例，目前我市具备独立水表的养老机构享受居民用水标准，但不具备独立水表的机构用水问题尚未解决。

3. 养老机构护理员的培训工作有差距。随着我市养老机构的发展，养老护理员职业技能的培训日渐成为一个突出问题。民政部要求护理员持证上岗，但我市经过培训取得《养老护理职业资格》证书的养老护理员仅有300名，占应参加培训人员的15%，与《纲要》提出的60%～80%的培训率相差很大。原因主要是培训资金短缺。这给提高我市养老机构整体护理服务水平带来影响。

4. 老年福利事业社会化、产业化进程缓慢。我市老龄产业起步晚，滞后于人口老龄化迅速发展的形势，滞后于快速发展的国民经济形势。主要表现在：缺乏产业政策性指导；相关产业部门没有形成相互协调推动发展机制；重点发展领域不明确；缺少扶持性的优惠政策等。

5. 老龄工作办事机构尚需完善。市老龄工作委员会的日常工作，主要由其办事机构——老龄办来组织实施。按照全国老龄工作委员会确定的老龄办的职责是"参谋助手、综合协调、检查督促"三个方面的任务。但以目前我市老龄工作办事机构的规格情况来看，完成好这三项任务有一定困难。应按照全国老龄工作委员会的要求，参照其他各省市做法，在编制规格方面进一步加强，使其真正担负起综合协调、督促检查老龄工作的重任。

张立昌同志给天津市鹤童老人院成立十周年的贺信

（2005年9月20日）

鹤童老年福利协会：

值此鹤童老人院成立十周年之际，谨向鹤童老年福利协会全体同志及多年来辛勤为老人服务的全体工作人员致以热烈的祝贺，并向在鹤童安度晚年的所有老人表示亲切的问候！

鹤童老人院成立十年来，始终坚持一切为了老人的服务宗旨，面向社会，心系老人，注重学习国内外老年福利服务的先进经验，形成了具有自身特点的老年福利服务模式，逐步发展成为拥有多家分支机构、数百名员工的公益性服务性社会福利组织，为解决我市人口老龄化问题做出了可贵的探索，得到了全社会的广泛赞誉。

希望鹤童老年福利协会的全体同志继续发扬多年来形成的创业精神、敬业精神，关爱老人，无私奉献，积极争取社会各界的大力支持，为我市老年福利事业的不断发展，为构建社会主义和谐社会作出更大的贡献。

余远牧同志在重庆市全市区县老龄办主任会议暨老龄工作理论研讨会上的讲话

（2004年3月2日）

同志们：

今天召开的老龄工作会议是市政府今年支持关心各方面工作的一项重要内容。这次会议学习了回良玉副总理在全国老龄委第六次全体会议上的重要讲话，传达了全国省级老龄办主任会议暨创建老龄工作先进县（市、区）座谈会的精神，安排部署了2004年的工作任务，交流了老龄工作经验，宣读了以“全面建设小康社会与深化老龄工作”为主题的学术研究论文，会议开得很好。希望大家回去后，切实把这次会议的精神汇报好，贯彻好，落实好，不断开创全市老龄工作的新局面。下面，我就2004年的老龄工作结合此次研讨会的主题讲几点意见：

一、要深化认识，加强领导，把老龄工作办成最能体现社会主义本质要求的事业

人口老龄化是人类面临的共同的社会问题。我市现有60岁以上老龄人口380万人，占全市人口的12%，人口老龄化进入快速增长期。据市老年学学会预测：2010—2018年将是我市人口老龄化发展的第一个高峰期，每年将新增老龄人口16万人以上，比目前的年均增加量增长81.6%，接近增长1倍。2023—2036年将是第二个高峰期，年均新增老龄人口23万人以上，比目前的年均增加量增长1.58倍。届时，全市老龄人口将突破900万人，约占全市总人口的1/4。由于人口老龄化的迅猛发展，老龄人群的扩大，必然要求老龄事业的发展与之相适应。我国是社会主义国家，让老年人共享经济建设和社会发展的成果，是我们党全心全意为人民服务的宗旨和社会主义制度的本质要求。回良玉副总理在讲话中说，我国现在的老年人是为人民解放和国家建设作出过巨大贡献的一代人，是党和国家的宝贵财富。因此，各级政府必须站在战略的高度，未雨绸缪，以邓小平理论和“三个代表”重要思想为指导，认真贯彻“党政主导、社会参与、全民关怀”的老龄工作方针，切实加强对老龄事业的领导，要在富民兴渝和基本实现现代化的过程中，关心、重视和解决好人口老龄化问题，要把老龄工作纳入物质文明、政治文明和精神文明建设之中，努力建好机构，配好人员，保证经费，及时研究和解决工作中出现的新情况、新问题，积极探索建立健全和完善中国特色的老年社会保障和互助制度，使我市的老龄事业不断向新的水平发展，使老年人幸福欢度晚年，真正体现出社会主义制度巨大优越性。

二、要把提高老年人生活质量，解决贫困老年人的生活问题，作为深化老龄工作的重点

贫困老年人因年高、体弱、多病，一般都缺乏自理能力，如果再加上子女无赡养能力，就更需要党和政府以及全社会的关爱与救助。在全市“三大攻坚”（脱贫、移民、下岗职工再就业）任务中，我们虽然取得了令人瞩目的成就，基本解决了贫困老年人的生活问题，但老年人的脱贫问题还相当突出：一是还有相当数量的贫困老年人口，二是返贫现象，三是出现新的贫困老年人。因此，要进一步采取措施，加大对扶贫助老工作的力度。第一，要开展对贫困老年人生活状况的调查研究，建立贫困老年人口档案；第二，要制定全市及各地扶贫助老奔小康的方案，责任落实到人；第三，要建立扶贫助老基金，增强扶贫助老的经济基础；第四，要动员社会力量，积极参与扶贫助老活动，形成人人关爱老年人，人人帮助老年人的社会氛围。

三、要把扩大老年教育面，提高老年人口素质，作为深化老龄工作的根本

大力发展老年教育，提高老年人口的全面素质，是综合治理老龄问题，实现健康老龄化，使老年人同步进入小康社会的积极对策。我市自1984年诞生第一所老年大学之后，经过近20年的耕耘，全市老年大学（学校）已建700多所，入学老年人达7万多人。老年人经学习后，无论是科学文化素质、身心健康素质还是思想道德素质均有显著提高。当前的主要问题，存在着三个“跟不上”：一是跟不上人口老龄化发展的需要。我市人口老龄化以年均3.5%左右的速度递增，而老年教育的入学增长率年均不到1%；二是跟不上老年人日益增长的科学文化生活的需要；三是跟不上经济与社会发展的需要。如果不迅速改变这种发展缓慢的局面，将会严重影响老年人生活质量的提高。根据全国老龄事业发展“十五”纲要与重庆老龄事业“十五”规划的要求，我们要把发展老年教育放在老龄工作的优先地位，采取多形式、多渠道、多层次发展老年教育。第一，老年教育发展要向基层延伸，向社区延伸，大力开办镇村老年学校，社区老年学校，努力做到使广大老年人就地就近入学；第二，充分利用现代通讯设备，发展网络老年教育；第三，把现代科技文化引进课堂，开设现代科技文化课程，培养新型的、具有现代化知识的老年人；第四，努力提高办学和教学质量，加强科学管理，加大对老年教育的投入，建设一批规范化、制度化的示范老年大学与老年学校。

四、要把发挥老年人在全面建设小康社会中的参与作用，作为深化老龄工作的主题

党的十六大报告指出：全面建设小康社会必须“最广泛、最充分调动一切积极因素”，“一切积极因素”自然包括老年人，老年人具有“政治、经验、威望、时空”四大优势，对全面建设小康社会具有特殊的作用。而当前的问题：一是老年人的参与面较小。据市老龄办对重庆地区内重庆大学、西南师范大学、西南农业大学、西南政法大学等10所高校近万名退休教职工继续参与社会发展的统计，参与面仅占16%左右，这是老年人群中文化层次最高、老年高科技人才最多的一部分，其参与面尚且如此，其他层次的老年人的参与面更小，参与率更低。造成这个局面的原因是多方面的，而主要的在思想认识上存在着“误区”，把老年人发挥作用同下岗职工的再就业对立起来。因此，我们一是要进一步提高对发挥老年人作用的认识，真正把老年人看成财富，看成是全面建设小康社会中一支不可忽视的力量。二是正确处理老年人发挥作用与下岗职工再就业之间的关系，采取调整、疏导的原则，把两者融为一体，既有利于发挥老年人的作用，又有利于下岗职工再就业。三是建立一套开发老年人才资源的制度与网络，为发挥老年人在全面建设小康社会中的参与作用创造条件。

五、要把维护老年人合法权益作为深化老龄工作的关键

老龄工作不仅是政府的重要工作，而且是受法律保护的工作，这些事情不是想不想做，而是必须依法做好的问题。老龄工作是否得民心，顺民意，受到老年人的拥护与信任，关键在于是否代表广大老年人的根本利益，为老年人办实事，切实维护老年人的合法权益。老年人的合法权益，基本上涵盖了整个老龄工作，实现“六个老有”的目标，也就是落实老年人六个方面的合法权益。所以，抓住了维权工作，就能整体推进老龄事业的发展。我市的老年维权工作，经过宣传贯彻国家《老年法》和重庆市的《实施办法》后，取得了较大的进展，尤其是分年龄层次实行社会敬老优待服务方面，其成效是非常可喜的，但存在问题不少：一是执法力度不够，使一些侵犯老年人权益的问题，得不到及时解决；二是发展不平衡，农村的维权工作较差，尤其一些偏远的山区，有的人至今不知《老年法》；三是老年法律援助网络尚不健全。如何做好全面建设小康社会时期的老年维权工作？第一，工作目标上，要上升到同步进入小康社会的位置，“六个老有”同步进入就是老年人在全面建设小康社会时期的基本权益，是共享社会发展成果权益的具体体现；第二，在工作重心上，要把工作重心放到农村，放到基层，针对农村赡养方面的问题，大力推行签订《赡养协议书》或《敬老养老责任书》，同时大力发挥基层老年人协会在维权工作中的监督作用；第三，工作原则上，要把“法治”与“德治”结合起来，大力开展“敬老先进村”、“敬老先进社区”的活动，通过提高干部与群众的敬老道德素质，提高依法护老的自觉性；第四，工作力度上，要建立与健全老年法律援助网络，充分发挥司法机关和政府有关职能部门的作用，切实做到有法必依，违法必究，执法必严。

六、要把发展老年福利事业和老龄产业作为深化老龄工作的两个前进轮子

日益扩大的老年人群和全面建设小康社会的要求，都必须大力发展老年福利事业和老龄产业，这是老龄事业持续向前发展的两个轮子。老龄产业属于第三产业，它是以老年人为主要服务对象的产业。近几年来，我市虽有所发展，但还没有产生规模效应，远远不能满足老年人的需要。按照全国老龄委的要求和我市的实际状况，一方面政府要担负起推动发展老年福利事业的责任，通过财政转移支付、政策倾斜等方式，加大对老年福利事业的投入力度；另一方面，要通过政府引导、市场运作、中介服务，大力发展老龄产业，特别是老年公寓、老年照料、老年健身、老年旅游等老年人急需的、具有发展前景的老龄产业。在发展中，要与整个社会经济发展相协调，才能使“两个轮子”得以正常运转。

七、要将完善和夯实社区老龄工作的基础建设作为深化老龄工作的基石

随着国有企业改革的深入，企业退休职工的管理体制将由企业管理改为社区管理，退休职工将由“企业人”变为“社区人”。今后，退休职工的生活基地主要在社区。所以，社区老龄工作日益成为我市老龄工作的重点，加强社区老龄工作的基础建设就势在必行。我市社区老龄工作的基础建设随着老龄工作的深入，尤其是“星光计划”的推行，有所加强，但从整体来看，还是十分薄弱的。从老年人的需要与实践的探索，社区老龄工作的基础建设应实施“五个一”工程，即成立一个老年人协会，兴办一所老年学校，开设一个老年活动场所，一个老年生活服务站和一个老年医疗康复室（或托老所）。这五项基础建设，基本上适应了老年人对社区的要求。五项基础建设，要以老年人协会为核心，充分发挥老年群体在老龄工作基础建设中的主体作用。五项基础建设要同各地的社会经济发展相协调，根据各地社会经济发展的水平，在档次上可由低到高，在项目上可由少到多，在规模上可由小到大，采取逐步发展的路子，使之逐步形成社区为老年人服务的网络，真正成为“社区老人之家”。

八、要把加强老龄工作部门的自身建设，作为深化老龄工作的保证

随着人口老龄化的快速发展，全面建设小康社会的展开，老龄工作部门的任务将日益繁重，按照目前老龄工作部门的状况，则很难适应老龄事业的大发展。根据《中共中央、国务院关于加强老龄工作的决定》和市委、市政府的贯彻意见的要求，老龄工作部门只能加强，不能削弱。目前，要加强以下三大建设：第一，要加强组织建设，建立与健全从市到区县（自治县、市）、镇乡、街道直至村（社）的四级的专兼结合的老龄工作体系，村（社）要成立老年人协会。市和区县（自治县、市）老龄委设办公室，为老龄委的办事机构，要落实经费和人员编制，使其能更好地发挥综合协调、督促检查与参谋助手的作用。第二，要加强制度建设，使老龄工作走上制度化、规范化的道路。第三，要加强思想作风建设，树立勤政为民，服务老人，廉洁奉公的思想。

同志们，2004 年的老龄工作任务艰巨而光荣。我相信，在市委、市政府的领导下，在热心老龄事业的各界人士的支持下，在从事老龄工作的同志们的努力下，我们一定能让全市的老人老有所养、老有所医、老有所教、老有所学、老有所为、老有所乐，一定能带领全市的老年朋友共同奔赴小康，一定能把我市老龄工作推上新台阶，向党和人民交出一份合格的答卷。

项玉章同志在重庆市“庆重阳，展风采”老年文艺演出活动上的致辞

（2004 年 10 月 21 日）

老年朋友们、同志们：

在我国传统节日“九九”重阳节到来之际，我代表市委、市政府和市老龄委向全市老年朋友们致以节日的祝贺和亲切的问候！

胡锦涛同志曾经在 1999 年庆祝国际老年人年向全国发表电视讲话时指出：“人的一生总要经历少年、青年、壮年和老年时期。尊重老年人就是尊重人生和社会发展的规律，就是尊重历史。”重庆现有 60 岁以上的老年人 380 万，已占全市总人口的 12%，他们曾经为重庆的建设和人民的幸福贡献了自己的青春和力量，现在，仍然有许多同志还在通过各种方式继续为人民服务，为重庆的改革、发展、稳定作出贡献，他们应该得到全社会的尊重。对此，我们向他们表示崇高的敬意！

一个城市对老人的态度反映一个城市的素质。我们欣喜地看到，近几年来，在市委市政府的重视和关怀下，我市围绕“老有所养、老有所医、老有所学、老有所教、老有所乐、老有所为”六个目标，从法律法规、政策保障、舆论宣传、社会动员、福利服务、设施建设等方面加大了力度，促进了老龄事业的发展。同时，我们也清醒地看到，重庆目前仍然存在经济社会发展与人口老龄化发展有不相适应的一些矛盾和问题，需要引起足够的重视。今后，我们将按照党的十六届四中全会关于不断提高构建社会主义和谐社会的执政能力的要求，进一步营造关爱老年人的社会环境，进一步营造保障老年人合法权益的政策环境，进一步营造老年人参与三个文明建设的政治环境，进一步营造为老年人办实事、办好事的服务环境，来不断丰富老年人的精神文化生活，提高老年人的生活生命质量。同时，也期待老同志们老骥伏枥，志在千里，融入到全面建设小康社会的时代洪流，与全市人民一道，为建立一个老少共融、人人共享、和睦友好的新重庆而努力奋斗。

最后，祝全市老年朋友们生活幸福、健康长寿！祝文艺演出圆满成功！

郭庚茂同志在河北省老龄工作委员会第一次全体会议上的讲话

（2003 年 1 月 2 日）

同志们：

为了更好地贯彻《中共中央、国务院关于加强老龄工作的决定》的指示精神，加大老龄工作力度，推动全省老龄事业的健康发展，今天，我们召开省老龄工作委员会第一次全体会议。刚才，尹文儒同志传达了李岚清副总理在全国老龄工作委员会第四次全体会议上的讲话精神，彭芳同志介绍了老龄工作情况。会议审议并原则通过了《河北省老龄工作委员会成员单

位职责》和《河北省老龄工作委员会成员单位联络制度》，初步拟定了《河北省老龄工作委员会成员单位为老年人办实事的计划》，各有关部门要认真抓好落实。下面，我讲三点意见。

一、认真贯彻“三个代表”重要思想，进一步增强做好老龄工作的历史使命感和自觉性

人口老龄化是当今世界面临的一个重大社会问题，也是21世纪人类发展的主要特征。联合国提醒各会员国要“铭记二十一世纪老龄化是人类前所未有的，对任何社会都是一项重大挑战”。《中共中央、国务院关于加强老龄工作的决定》指出：“老龄问题涉及政治、经济、文化和社会生活等诸多领域，是关系国计民生和国家长治久安的一个重大社会问题。全党全社会必须从改革、发展、稳定的大局出发，高度重视和切实加强老龄工作。”我国现有老年人口1.32亿，占全国总人口的10%以上，按照国际通行标准，已进入人口老龄化国家的行列。目前，我省老年人口已达685.2万，占全省总人口的10.28%，是全国第9个进入老龄化的省份。这是2000年11月第五次全国人口普查时的结果，估计迄今已经超过了700万。据有关部门预测，今后一个时期，我省老年人口将以年均3%左右的速度持续增长，人口老龄化趋势日渐明显。

人口长寿是经济发展和社会进步的重大成果，是人类历史发展的巨大成就。但是，人口老龄化也给政治、经济、社会生活带来了深层次、全方位的影响。如果对此认识不足、重视不够、解决不好，也会对改革、发展、稳定产生不良作用。敬老、养老、助老是中华民族的传统美德，是我国优秀传统文化的重要组成部分，体现了先进文化的前进方向。必须认识到，做好老龄工作，满足老年人日益增长的物质文化生活需要，让老年人共享我国改革开放和经济发展成果，是贯彻“三个代表”重要思想的具体体现，是全心全意为人民服务宗旨的本质要求，是各级党委、政府义不容辞的重要责任。正确处理和解决人口老龄化过程中出现的各种矛盾和问题，不仅可以从根本上促进老年人生活质量的提高，而且可以使广大老年人成为维护社会安定团结的积极力量。我们一定要着眼于新时期老龄工作面临的新形势、新环境、新要求，认真贯彻党的十六大精神和“三个代表”重要思想，站在维护社会稳定，促进经济和社会全面发展的高度，切实把老龄工作摆上议事日程，定期分析老龄工作形势，研究老龄工作情况，解决老龄工作面临的新矛盾、新问题，推动我省老龄事业的健康发展。

二、突出重点，狠抓落实，努力开创我省老龄工作的新局面

目前，各级党委和政府对老龄工作越来越重视，全社会关心支持老龄工作的氛围越来越浓厚，老龄事业发展的社会环境越来越好。我们要抓住机遇，加大工作力度，重点抓好以下工作：

要加大贯彻《河北老龄事业发展“十五”计划纲要》（以下简称《纲要》）和《关于贯彻〈中共中央、国务院关于加强老龄工作的决定〉的实施意见》（以下简称《实施意见》）的力度。《纲要》和《实施意见》全面分析了我省老龄工作的整体形势，深刻阐述了老龄工作的重要意义，明确了老龄工作的指导思想和原则，提出了具体的任务目标、实施方法和要求，是今后一个时期指导我省老龄工作的纲领性文件。各地要结合实际，尽快制定本地区的老龄事业发展规划，并纳入当地社会和经济发展计划，使老龄事业与经济社会协调发展。省老龄办要会同有关部门，组织力量定期对贯彻情况进行检查和评估。

要加大宣传力度。老龄工作涉及到政治、经济、生活、伦理道德等方方面面，关系到千家万户。加强老龄宣传工作，营造良好的舆论氛围，对老龄事业的发展至关重要。要采取多种形式和途径，积极宣传老龄工作的方针政策，宣传老龄工作的丰硕成果，提高全社会老龄意识。要大力弘扬中华民族尊老、助老、敬老的传统美德，尤其是要面向中青年和少年儿童开展宣传教育活动，倡导尊重老人，关心爱护老人的良好社会风尚，为老龄工作的开展创造良好的舆论环境。

要加大维权力度。老年人是社会中的弱势群体，合法权益易受侵犯。要高度重视，切实把维护老年人合法权益的工作认真做好。要摸清老年人的现实生活状况，对于特困老人，要纳入低保范围，做到应保尽保。对侵犯老年人合法权益的案件，要坚决依法惩处，严厉打击。对侮辱、虐待、遗弃老年人的现象要及时曝光，严肃处理。对以“法轮功”为首的伤害老年人身心健康的邪教组织和迷信活动要坚决取缔。对涉及老年人合法权益问题，要加强司法援助和服务。要特别关注农村老年人合法权益的维护问题。

要加大典型示范推广的力度。积极发现总结各类尊老、助老的先进典型，大力宣扬为老年人办实事、办好事的先进经验。选择个人、集体、企业、政府职能部门不同方面的典型加以宣传表彰，调动方方面面关心支持老年人事业的积极性。

要加强政治业务培训，采取多种形式提高老龄工作干部的政治业务素质，使老龄工作干部尽快掌握老龄工作的基本理论、基本政策和基本方法。进一步加强作风建设，教育引导老龄工作干部不断增强对老龄事业的高度政治责任感和使命感，牢固树立全心全意为老年人服务的观念，深入基层，深入一线，深入老年人中间，及时了解和掌握老龄工作的新情况、新问题，认真研究新方法、新措施，以与时俱进的精神状态做好老龄工作。

三、加强领导，协调联动，积极主动地做好老龄工作

老龄工作是党和政府工作的一个重要组成部分。各级党委、政府要进一步提高对老龄工作重要性的认识，切实加强对老龄工作的领导。坚持“党政主导、社会参与、全民关怀”的工作方针。老龄工作委员会各成员单位，要按照本部门的职能分工，认真履行职责，增强大局意识，共同推动老龄事业发展。

要真抓实干，在为老服务上有所作为。要结合本部门的工作职能特点，把老龄工作纳入总体工作规划当中，分阶段、按计划、有步骤地为老年人办一些实实在在的好事、实事。这次会议之后，各成员单位要尽快制定出明年为老年人办实事、办好事的具体实施方案。省老龄工作委员会办公室要注意发挥综合协调、督促检查的作用，及时了解和掌握工作进展情况。

要协调联动。无论是制定老龄工作政策规定，还是调查研究和解决有关老龄工作方面的问题，不管涉及到哪个单位、哪个部门，都要大力支持，积极配合，做到不推诿，不扯皮，不应付。这次会议之后，各成员单位要尽快确定本单位联络员，互通信息，加强联系，协调解决各类涉老问题。

各级党委政府要健全老龄工作机构，理顺老龄工作体制。可以参照省里的做法，及时健全组织，配齐人员，提供必要的办公经费和办公场地。涉及到移交接收的市要加快工作进度，尽快完成移交工作。通过健全老龄机构，为老龄事业的发展提供有力的组织保障。

同志们，老龄工作任重而道远。让我们在省委、省政府的正确领导下，认真贯彻“三个代表”要求和党的十六大精神，与时俱进，开拓创新，努力把我省老龄事业推向全面发展的新阶段。

柳宝全同志在河北省老龄工作委员会第二次全体会议上的讲话

（2004年4月8日）

同志们：

这次省老龄工作委员会第二次全体会议的主要任务是，全面总结去年我省老龄工作，分析研究老龄工作面临的形势，安排部署今年的各项工作任务，进一步统一思想，提高认识，推动全省老龄工作再上新台阶。刚才，夏玉祥同志总结了去年全省的老龄工作，提出了今年工作的安排意见，讲得很好，我完全同意。会议还原则通过了《省老龄委成员单位2004年为老年人办实事计划》，希望同志们结合部门实际，抓好贯彻落实。

党中央、国务院高度重视老龄工作，建立了高规格、多部门参与的老龄工作议事协调机构，颁布了《中华人民共和国老年人权益保障法》，制定了《中国老龄事业发展“十五”计划纲要》，作出了《关于加强老龄工作的决定》，将老龄事业纳入了国民经济和社会发展的战略全局。去年，回良玉副总理作出重要批示，“老龄工作是党和政府的一项重要工作，是实践‘三个代表’重要思想的具体体现，也是全面建设小康社会的必然要求。做好老龄工作，必须围绕党和政府的中心任务，坚持‘党政主导、社会参与、全民关怀’的方针，充分发挥各成员单位的职能作用，为老年人多办实事，解决实际问题”。省委、省政府认真贯彻中央的决策部署，出台了《河北省老年人保护条例》，印发了《关于对老年人实行优待的通知》，制定了《河北省老龄事业发展“十五”计划纲要》和《关于贯彻〈中共中央、国务院关于加强老龄工作的决定〉的实施意见》，为全省老龄事业发展奠定了坚实的政策基础。在省委、省政府的领导下，全省老龄事业取得快速发展。老龄工作机构建设不断加强，老龄政策法规逐步完善，为老服务工作成效明显，老年人的合法权益得到有效保障，老年人的精神文化生活丰富多彩。

以党的十六大为标志，我国进入了全面建设小康社会、加快推进社会主义现代化的新的发展阶段。新的形势、新的任务，对老龄工作提出了新的更高的要求。我们要坚持以邓小平理论和“三个代表”重要思想为指导，树立全面、协调、可持续的科学发展观，用时代的要求来审视老龄工作，用发展的眼光来研究老龄工作，用改革的精神来推动老龄工作，不断研究新情况，解决新问题，寻求新突破，实现新发展，努力开创我省老龄工作的新局面。

下面，我就进一步做好全省老龄工作讲几点意见。

一、统一思想，提高认识，增强做好新时期老龄工作的责任感和紧迫感

老龄工作是党和政府工作的一个重要组成部分。发展老龄事业，做好老龄工作，维护好老年人的合法权益，满足老年人的物质文化需要，是各级政府义不容辞的重要职责。我们一定要站在实践“三个代表”重要思想的高度，从我们的基本省情出发，从改革发展稳定的大局出发，从全面建设小康社会出发，充分认识发展老龄事业的重要意义，切实增强做好老龄工作的责任感和紧迫感。

（一）做好老龄工作，是适应我省老年人口快速增长态势的客观要求。我省是全国第 9 个进入人口老龄化的省份。截至 2000 年 11 月（全国第五次人口普查），全省总人口 6668.4 万，其中 60 岁以上的老年人口 685.2 万，65 岁以上的老年人口 470 万，分别占全省总人口的 10.28%和 7.04%。据有关部门预测，今后一个时期，我省老年人口将以年均 3%左右的速度持续增长，人口老龄化趋势日渐凸显，老龄问题日趋突出。勿庸置疑，人口老龄化是社会文明进步的重要标志，是经济社会发展的重大成果。但是，老年人口的增加，必然导致劳动年龄人口比重的下降，家庭赡养负担的加重，社会保障压力的增大，对整个经济社会发展带来一定的影响和冲击。可以说，人口老龄化问题已经不仅仅是局部的老年人的问题，而是影响所有年龄段人口的全局性问题；不仅仅是一般意义上的社会问题，而是可持续发展总体战略中值得深谋远虑的综合性问题。当前，我省正处在加快发展的关键时期，正确认识老龄问题，切实做好老龄工作，为全省经济社会发展营造一个安定、和谐的社会环境，责任重大，使命光荣。

（二）做好老龄工作，是维护改革发展稳定大局的一个重要方面。当前，我国正处于经济转轨、社会转型的巨大变革之中。随着计划经济体制向市场经济体制的转变，国有企业改革力度的加大，社会经济各个方面都发生了重大变化。由于我国社会保障体系还不太健全，一些政策措施还不够完善，必然会损害一些老年人的切实利益。研究解决好老年人的实际问题，深入细致地做好思想政治工作，认真处理好各种矛盾，保证老年人的合法权益，对维护社会稳定、加快改革发展具有重要意义。同时，做好老龄工作，还有利于维系家庭稳定，解除家庭的后顾之忧。

（三）做好老龄工作，是加快我省全面建设小康社会步伐的必要保证。党的十六大为我们绘就了全面建设小康社会的宏伟蓝图，省委六届三次全会明确提出了我省的奋斗目标，制定了分三步走的具体步骤。没有老年人参与、没有老年人同步进入的小康社会，是一个不全面、不完善和水平不高的小康社会。因此，在推进全面建设小康社会这一惠及全省人民的伟大事业的进程中，必须高度重视人口老龄化和庞大的老年群体带来的影响。老年人为社会主义建设和改革事业作出了重要贡献，做好老龄工作，提高老年人的生活质量，使他们共享小康社会建设成果，必将为全面建设小康社会创造良好的社会环境。同时，老年人的智慧、技能和经验，是社会的一笔宝贵财富。做好老龄工作，开发老年智力资源，引导和带领广大老年人投身两个文明建设，有利于调动方方面面的积极因素，加快我省全面建设小康社会步伐。

二、突出重点，健全机制，推动老龄工作再上新台阶

实现“老有所养、老有所医、老有所教、老有所学、老有所为、老有所乐”是老龄工作的根本目标。关爱老年人，解决老年人生产生活中面临的实际困难，是老龄工作的当务之急。我们必须立足现实，着眼未来，突出重点，健全机制，推动我省老龄工作再上新台阶。

（一）进一步完善养老保障机制。“老有所养、老有所医”体现了老年人的基本需求，是“六个老有”的核心和老龄工作的重中之重。要进一步完善城镇职工基本养老保险制度，加大基本养老金征缴力度，保证基本养老金的来源渠道，积极探索建立以基本养老保险为基础、以补充养老保险为支持、以个人储蓄养老为辅助的新型社会养老保障体系。老年人口是动态变化的，相对于其他年龄段人口而言，老年人更容易受到疾病、天灾人祸等各种因素的影响而进入贫困者的行列。要切实做好城镇老年人“低保”工作，加强调查研究，切实摸清底数，将符合条件的贫困老年人纳入“低保”范围，实现应保尽保。要加强医疗保险制度建设，完善社会统筹医疗基金和个人医疗账户相结合的医疗保险制度，探索建立以基本医疗保险制度为主体、以大额医疗费用补助、企业补充医疗保险为补充、以社会医疗救助为底线的多层次医疗保障体系，保障老年人的生存权、健康权和人身权。要加强对特困老年人的救助，采取政府投入、社会捐助、个人捐资、结对助养等有效形式，保证特困老年人的基本生活。

（二）建立维护老年人合法权益的长效机制。老年人是社会的弱势群体，合法权益极易受到侵害。维护老年人的合法权益是老龄工作的一项重要任务。要在依法处理和打击各种虐待、遗弃、侮辱老年人个案的同时，注重维权法规政策的制定与实施，建立维护老年人合法权益的长效机制。要以贯彻落实《老年人权益保障法》为主线，把老年法律法规纳入普法计划，采取多种形式，加大宣传力度，营造尊老、爱老、助老的良好社会风尚。要结合本地实际，制定出台优待老年人政策，使老年人得到更多的实惠和优待。今年，省政府将对《河北省优待老年人办法》进行修改完善，有关部门要深入调查研究，加快工作进度，争取尽早出台。要加大对老年人的司法援助力度。加强老年维权机构建设，有条件的地方要开设“12348”法律援助热线。对侵犯老年人合法权益的申诉、控告和检举，要及时受理、妥善解决。对于确有困难不能交纳相关费用的老年人，要给予缓交或减免的优惠。

（三）依托社区建立为老服务机制。随着各项改革的深入和社会管理重心的下移，越来越多的老年人将融入社区，社区将成为老年人晚年生活的主要空间。同时，随着计划生育政策的深入实施，“四二一”家庭（一个家庭中四个老人、两个中年人、一个小孩）数量不断增长，家庭养老功能逐渐弱化。因此，必须大力发展社区老年服务业，建立社区为老服务机制。要根据社区内不同层次老年服务对象的不同需求，以衣食住行医等日常生活内容为主，建立全方位的服务网络，提供就近、及时、便捷的服务，为老年人构筑一个安全、舒适的居家环境。发展以家务、旅游、再婚、保险等为主要内容的社区老年中介服务组织，为老年人获取信息、规避风险提供帮助，提高老年人生活质量。建立社区志愿者服务队伍，为老年人提供上门清洁、代替购物、精神慰藉等，还可以探索建立老年互助组，组织低龄老年人为高龄、病残老年人提供志愿服务。发展社区服务业，要在坚持政府主导的同时，鼓励社会组织、企业和个人共同参与，形成多渠道投资、多种所有制形式共同发展的新格局。

（四）丰富老年人精神文化生活。老年人退出生产领域后，与主流社会产生了不同程度的疏离，心理上容易产生失落感、空虚感和寂寞感。因此，要加强老年思想政治工作，坚持用先进文化占领老年人的思想阵地。办好老年大学、老年学校，针对老年人的兴趣和喜好，规范课程设置，加强教学管理，组织广大老年人学习党的路线方针政策，学习“三个代表”重要思想，倡导科学、文明、健康的生活方式和养老方式，使老年人及时了解社会发展脉络，跟上时代发展步伐，远离邪教、远离迷信，爱党、信党、跟党走。要坚持用形式多样的文化活动丰富老年人的精神文化生活。近两年，省老龄办先后组织了河北省老年文艺调演、河北省首届老年书画展，不仅充分展示了广大老年人乐观向上的精神风貌，而且有力地推动了全省老年文化活动的开展。我省老年文化艺术有着丰厚的底蕴和浓郁的地方特色，各地要因地制宜，组织广大老年人开展丰富多彩的文体活动，注重群众性，坚持经常性，提高参与面。今年，我省将组建河北省老年艺术团，各地也要结合本地实际组建老年艺术团体，使之成为老年文化活动的骨干和中坚力量，影响和带动更多的老年人参加各种文娱活动，强健身体，陶冶情操，丰富老年人的精神生活，提高老年人的精神境界。

（五）高度重视农村老龄工作。最近，省委六届五次全会专题研究了农村小康建设问题，提出了“树立和落实科学的发展观，扎实推进农村小康建设”的总体要求。我省是一个农业大省，也是一个老年人口大省，全省近700万老年人中，500多万生活在农村。没有农村老年人的小康，就没有农民的小康；没有农民的小康，就没有全省人民的小康。要围绕贯彻落实省委六届五次全会精神，切实加强农村老龄工作。加强农村老年人协会建设，开展文化、体育、教育、维权等服务和活动。全面落实农村“五保”供养政策，加强敬老院基础设施建设，稳定农村“五保”供养资金来源，因地制宜地探索推行多种供养形式和供养模式。完善农村医疗救助制度，建章立制，完善程序，确保患大病、患重病的贫困老年人得到及时救助。农村老年人的主要养老方式是居家养老，要大力推进签订家庭赡养协议书工作，积极开展创建“敬老模范乡（村）”、“文明家庭”、“敬老好儿媳”等活动，使广大农村老年人得到有效的赡养。

三、加强领导，分工协作，努力开创我省老龄工作的新局面

老龄工作具有很强的政治性、群众性、综合性和公益性，是一项长期、艰巨和复杂的系统工作。做好老龄工作，需要各级政府、各有关部门和广大老龄工作者的辛勤工作和共同努力。我们要本着对党、对老龄事业、对老年群众高度负责的精神，加强领导，分工协作，强化措施，务求实效。

（一）切实加强领导。《河北省老龄事业发展“十五”计划纲要》和省委、省政府《关于贯彻〈中共中央、国务院关于加强老龄工作的决定〉的实施意见》，明确提出了我省老龄事业发展的总体目标、基本思路和相关政策，各地、各部门要认真抓好贯彻落实。要牢固树立科学的发展观，把老龄工作作为经济社会发展的一个重要组成部分，作为全面建设小康社会的一个重要方面，切实加强领导，列入政府工作的重要议事日程，纳入国民经济和社会发展总体规划。要加大老龄事业发展经费投入，建立正常的老龄事业经费投入机制，根据经济发展水平和老年人口规模，从实际需要出发，不断增加经费投入，为老龄事业发展提供必要的资金保障。要结合省老龄委部署的“开展争创老龄工作先进县（市、区）和争创老龄工作先进单位”活动，采取行之有效的措施，狠抓各项工作的落实，促进我省老龄工作全面进步，实现老龄事业与经济社会的协调发展。

（二）形成工作合力。老龄问题涉及方方面面，老龄工作涉及诸多部门。各级、各有关部门特别是老龄委成员单位，要正确看待老龄工作，树立“大老龄”意识。不能简单地把老龄工作看成是老干部工作或是本部门离退休人员的工作，要认识到家家有老人、人人都会老，老龄工作的服务对象是全社会的老年人。我们今天所做的工作，就是为了构建一张人口老龄化高峰到来时的“老年安全网”。从这个全局的高度出发，老龄工作才能更具生机和活力。各成员单位要把老龄工作纳入部门职责，结合自身业务，积极主动地开展工作，特别是要加强涉老行业相关优惠政策的制定，为老龄事业发展提供政策支持。当前，要抓好《省老龄委成员单位2004年为老年人办实事计划》的落实，真正把好事办实、把实事办好。省老龄委办公室要充分发挥“综合协调、督促检查、参谋助手”作用，加强与成员单位的联系与沟通，及时通报情况，定期反馈信息，及时研究解决工作中出现的新情况和新问题，把涉老部门的力量凝聚起来，各司其职，密切配合，形成一个协调联动促进工作落实、齐抓共管推动工作开展的良好局面。

（三）加强机构队伍建设。目前，全省市级老龄工作机构已经全部建立起来了。下一步的工作重点是建立健全县级老龄工作机构。各级政府一定要高度重视，抓紧成立机构，配备工作人员，切实把这项工作抓紧、抓好、抓出成效，形成上下贯通、管理有序的老龄工作体制，为做好老龄工作提供坚强的组织保障。同时，要按照“为民、务实、清廉”的要求，切实加强干部队伍建设。加大教育培训力度，在提高理论水平、政策水平和实际能力上下功夫，从政治上、思想上、作风上全面提高干部队伍的素质，努力建设一支政治强、业务精、作风实、讲奉献的老龄干部队伍。

（四）加大宣传力度。要坚持“立足老龄、面向社会”的方针，充分发挥新闻媒体的舆论导向作用，大力宣传老龄工作法律法规和方针政策，积极弘扬中华民族敬老、养老、助老的传统美德，大张旗鼓地表彰老龄工作和尊老敬老的先进典型，进一步增强全社会的老龄意识。各类新闻媒体要开办老龄专栏、专题、专刊，各级文艺团体要创编老年题材的文艺作品，以深刻的思想内容、生动的艺术形式、开阔的新闻视角宣传老龄工作。要坚持贴近实际、贴近生活、贴近老年群众，增强老龄节目、作品的吸引力和感染力，使包括老年人在内的广大群众读有所得、看有所悟、听有所明，提高老龄宣传工作的针对性、实效性、主动性，为老龄事业发展营造良好的舆论氛围。

同志们，全面建设小康社会的宏伟蓝图，为老龄事业发展带来了广阔的前景。让我们在省委、省政府的坚强领导下，高举邓小平理论伟大旗帜，认真实践“三个代表”重要思想，深入贯彻党的十六大、十六届三中全会和省委六届三次、四次、五次全会精神，高扬“树正气、讲团结、求发展”的主旋律，与时俱进，开拓创新，求真务实，扎实工作，努力把我省老龄工作提高到一个新水平。

范堆相同志在2005年山西省老龄工作会议上的讲话

（2005年3月30日）

同志们：

半个月前，省老龄工作委员会召开第三次全体会议，对全省老龄工作进行了认真的研究。今天我们接着召开全省老龄工作会议，回顾总结2004年老龄工作，安排部署2005年工作任务。刚才，有勤同志作了工作报告，会议对老龄工作先进集体和个人进行了表彰。各地要结合实际，认真贯彻落实会议精神，切实做好今年的各项工作。

下面，我再讲几点意见。

一、充分认识老龄工作面临的新形势，切实增强抓好老龄工作的紧迫感和责任感

这些年，在整个经济社会快速发展的同时，人口年龄结构的老龄化也不期而至，成为摆在我们面前的一个重大问题。现在，全省60岁以上的老年人口已经达到405万，占到全省人口总数的12.4%。在人口老龄化的同时，我们的家庭结构也在发生变化。从上世纪70年代末开始实行计划生育政策，现在第一批独生子女已经到了婚育期，出现了越来越多的“四二一”模式的家庭，也就是四位老人、一对夫妇、一个孩子，一对夫妇要赡养四位甚至更多老人。这是对我们以家庭子女养老为主的传统养老方式的重大挑战，不仅容易弱化家庭的养老功能，而且使空巢家庭增加。形势的发展变化使得养老日益成为一个重大社会问题，越来越突出地摆在我们面前。

应该看到，人口老龄化绝不是一个单纯的人口问题，而且关系到家庭、单位和社会，涉及到政治、经济、文化等各个领域，影响到经济发展和社会和谐等诸多方面。我们要建设民主法制、公平正义、诚信友爱、充满活力、安定有序、人与自然和谐相处的社会主义和谐社会，要使人们的聪明才智和创造力得到充分发挥，使改革和发展所创造的社会成果惠及全体人民，就必须对老龄工作面临的新形势始终有一个比较清醒的认识，就必须切实增强抓好老龄工作的紧迫感和责任感，把老龄工作与其他经济社会工作统筹起来安排考虑，依靠全社会的共同努力，努力实现老有所养、老有所医、老有所教、老有所学、老有所为、老有所乐的奋斗目标。

二、坚持以人为本，真心实意为老年人办实事、做好事、解难事

为老年人服务是各级老龄工作组织和机构的基本职责。各级老龄组织和广大老龄干部要坚定地把为老年人办实事、做好事、解难事作为工作的出发点和落脚点，每年争取办几件看得见、摸得着的实事、好事，把党和政府对老年人的关爱变成我们实实在在的行动，落实到具体的工作中。

第一，要切实关心老年人的生活。老年人是社会财富的创造者，他们为新中国的建立、建设和发展作出了积极贡献，我们今天的物质文明和精神文明成果蕴含着他们的智慧和劳动，凝结着他们的心血和汗水，他们理应得到社会的尊重和关爱。我们要设身处地地为他们着想，关心他们的生活，帮助他们解决困难。各级政府要适应老年人在卫生保健、生活照料、文化娱乐、精神慰藉等方面的特殊需要，大力发展老龄产业，为他们提供照料、护理、心理咨询、临终关怀、权益维护等方面的服务。要进一步健全老年福利服务体系，逐步形成比较完善的老年服务网络。从2001年开始，我们用3年时间实施“星光计划”，共投资3亿多元，资助新建、改造老年福利服务设施910个，有效地改善了社区老年福利服务设施。要管好用好这些场所和设施，保证长期发挥作用。各级政府要继续加大对老龄事业的投入，抓好老年活动场所的建设。要支持鼓励社会力量，兴办老年服务设施和服务机构。在关心老年人物质生活的同时，还要重视老年人精神文化生活。各级老龄组织要协调有关部门办好老年学校，组织开展形式多样的老年文体娱乐健身活动，丰富老年人的精神文化生活，倡导科学、文明、健康的生活方式，提高老年人的生活质量。

第二，要充分发挥老年人的作用。这些年，各级老龄办在组织、引导、支持老年人发挥作用方面，做了大量的工作。广大老年人积极发挥余热，在关心教育下一代、维护治安、调解纠纷、维护稳定等方面作出了很大贡献。应当看到，老年人的知识、智慧、经验是国家和社会的宝贵财富，组织引导老年人发挥作用是我们的一项重要任务。各级老龄组织要为老年人发挥作用搭建舞台，创造条件。要坚持自愿量力的原则，充分挖掘和利用老年人才资源，保护好他们的积极性，把他们的知识、技术、经验优势转化为现实生产力，使他们的优良传统和作风得到发扬光大，使他们的技术专长得到传承发展。要根据老年人不同专长、年龄等特点，因人而宜，让他们在不同的领域和岗位发挥自己的优势。要注意发挥各级老年群众组织的作用。这些年，我们组建了很多老年群众组织，有老年体协、老年大学、关心下一代委员会、老龄人才资源开发协会、红白理事会等等。这些团体适合不同老年人的需要，把爱好基本相同的老年人组织起来，开展活动，发挥了比较好的作用。我们开展老龄工作，要注意发挥这些老年团体的作用，通过这些团体把老年人联系起来，组织起来，这对于帮助我们搞好老龄工作是很有好处的。

第三，要全力维护老年人的合法权益。这些年，随着经济社会的发展，绝大多数老年人的生活过得越来越好。但不可否认的是，也有一部分老年人生活比较困难，特别是侵犯老年人合法权益的问题时有发生，有的是赡养纠纷，有的是婆媳矛盾，有的是子女干涉老人再婚等等，甚至还有虐待、打骂、遗弃老人的违法行为。对于这些问题，有的同志认为是“家务事”，特别是在农村，村干部大多不愿过问这些事情，认为“清官难断家务事”。同时，很多老人在合法权益受到侵犯之后，往往采取忍一忍的态度，认为“家丑不可外扬”，不愿诉诸法律或是寻求外界帮助。解决这些问题，一方面要大力弘扬中华民族敬老养老的传统美德，开展尊老敬老爱老教育，用道德的力量感化、教育我们的社会成员自觉地孝亲敬老，不断增强人们尊老敬老的道德观念，营造尊老敬老良好的社会氛围。另一方面要大力开展以老年法为主要内容的法制教育，切实提高人们尊老敬老的法制观念。对于一些严重侵犯老年人合法权益的典型案件，要严肃查处，以起到教育警示作用。各级司法行政部门要按照有关规定，对老年人维权案件提供法律援助。各级法院对涉老案件要优先立案，优先审理，为老年人维权尽可能地提供方便。各级老龄办要认真做好老年人的来信来访工作，帮助老年人、协助有关部门维护保障老年人的权益。今年下半年，省人大将对全省老年维权工作进行一次执法检查。各级老龄办要积极协同配合，认真参与搞好执法检查。

三、面向基层，面向老年人，进一步做好社区和农村老龄工作

老年人生活在社区和农村。我们抓老龄工作，必须重心下移，始终坚持面向基层、面向老年人。

在城市，要切实加强社区老龄工作。随着社会主义市场经济体制的建立，我国社会管理的重心正在逐步下移，单位办社会的格局正在发生改变，一些企业退休人员的服务管理工作已经从企业分离出来，职能相应地移交到社区。各地要充分考虑社会管理重心下移对城市建设提出的新要求，特别是要充分考虑老年人的实际需要，强化社区的服务功能，加快社区老年服务设施和服务网络建设，依托社区发展老年服务业。要适应企业退休人员实行社会化管理的需要，积极探索利用社区这一平台，对企业退休人员实施有效的管理。民政部门要把社区工作好好地抓一抓，特别是县一级的社区建设，要下大力气切实抓好，以为老年人提供优质、便捷的服务。各部门在推进社区建设中，要找准位置，发挥作用。文化部门要办好老年大学（老年学校），组织开展丰富多彩的老年文化活动。体育部门要做好群众性体育工作，因地制宜开展老年体育健身活动。卫生部门要完善社区老年医疗保健服务网络，为老年人提供方便、快捷、优质的医疗保健服务。要培育老年服务中间组织，建立老年志愿者队伍，使老年人的困难在社区就能够得到帮助，老年人的问题在社区就能够得到解决，老年人的需求在社区就能够得到基本满足。

在农村，要在继续强化家庭养老功能的基础上，积极探索建立符合农村实际的新的农村养老体系。过去农村除少数“五保户”外，一直都是由家庭承担养老功能。现在全省已经有340万农村劳动力离开土地，进城务工或经商，大量的老人在家“留守”，无人照顾。随着工业化和城镇化进程的进一步加快，还会有更多的农村劳动力走出大山，同时也会出现更多的“留守老人”。而我们农村的社会保障体系建设，目前还停留在起步阶段，养老保险、合作医疗、最低生活保障等覆盖面积小、资金来源少、保障水平低、制度不完善。面对农村的实际情况，我们必须从中国的实际和特点出发，继续强化家庭的养老功能。毕竟我们还是一个经济欠发达省份，一下子都让社会包起来是不现实的。在此基础上，要积极推进农村新型合作医疗试点，在有条件的地方建立农村最低生活保障制度，解决农村老年人的基本养老和基本医疗问题。有条件的地方还要先行一步，着手进行社会养老的探索。要把农村特困老人的救助帮扶作为重点，切实解决好“五保”老人的生活问题。全省现有4.36万农村老人应该享受五保待遇，其中有2.46万人已经落实了财政转移支付供养资金，尚有19万人的经费没有落实。财政、民政部门要拿出具体的意见，认真落实经费、落实政策，实现对“五保户”的应保尽保。

四、通力协作，密切配合，努力开创老龄工作的新局面

老龄工作是党和政府的一项重要工作，做好老龄工作是全社会的共同责任。各级、各部门要切实加强对老龄工作的领导，认真研究和解决老龄工作中的困难和问题，保证老龄工作的健康发展。各成员单位和有关部门要从促进老龄事业发展的大局出发，牢固树立“大老龄”意识，认真履行职责，积极做好本单位本部门所承担的工作。同时，有关部门要充分发挥职能作用，通力合作，密切配合，努力形成齐抓共管的工作机制。各成员单位之间、成员单位和老龄办之间要建立健全情况通报制度，加强业务和工作交流，促进有关老龄工作政策措施的衔接配套，共同抓好老龄工作。

各市、县要进一步理顺老龄工作体制。尚未理顺机构的市县要根据中央《决定》、省委《意见》精神，按照“只能加强，不能削弱”的原则，参照全国和省里机构设置模式，尽快理顺。尚未建立老龄工作机构的县，要从老龄工作的大局出发，确保这项工作有机构、有人员来抓。

老龄办是党和政府联系广大老年人的桥梁和纽带。要把党和政府对老年人关爱通过我们的工作体现在老年人身上，把老年人的呼声、要求和意愿通过我们的工作反映上来。各级老龄办要自觉地担负起自己肩负的职责，不断加强自身建设，牢固树立全心全意为人民服务的宗旨意识，努力提高为老年人办事的能力和水平，爱岗敬业，积极向上，切实为老年人服好务、尽到职。

同志们，老龄事业是一项崇高的事业，老龄工作任重而道远。我们一定切实增强职责意识，积极开拓，勇于创新，扎实工作，为我省老龄事业发展贡献自己的一份力量。

王东华同志在黑龙江省老龄工作委员会第五次全体会议暨市地老龄办主任会议上的讲话

（2005年3月28日）

同志们：

这次会议是我省老龄工作的一次重要会议。会议传达了全国老龄委第七次全体会议和全国省级老龄办主任会议精神，审议通过了《2005年省老龄委成员单位为老年人办实事工作计划》、《省老龄委关于表彰全省老龄工作先进县（市、区）、先进单位和先进工作者的决定》，并就我省今后一个时期老龄工作作出了安排部署。刚才，部分市地负责同志和成员单位围绕搞好创建活动、促进老年维权、加强基层老龄工作等方面作了发言，讲得都很好。希望大家回去后，结合实际，认真抓好会议精神的贯彻落实。

2004年，全省老龄工作在省委、省政府的领导下，围绕“努力快发展，全面建小康”及振兴老工业基地战略，积极工作，开拓创新，取得了较好的成绩。城镇社区和农村基层老龄工作机构组织进一步健全和完善，老年维权工作扎实有效，老年文体活动丰富多彩，社会老龄意识和敬老意识不断增强，全省涌现出了16个老龄工作先进县（市、区），使老年人感受到了党和政府的温暖，在全省经济社会发展中发挥了积极的作用，作出了一定的贡献。在此，我向全省各族各界老年人表示亲切的问候！向广大老龄工作者表示衷心的感谢！

下面，我就如何做好老龄工作，更好地发挥老年人作用，讲三点意见：

一、认清形势，提高认识，进一步增强做好新时期老龄工作的责任感和紧迫感

人口老龄化是经济社会发展的结果，是人类发展进步的必然趋势。做好老龄工作，对保障老年人的合法权益，维护社会稳定，更充分地发挥老年人在全省改革开放、经济发展、社会稳定和社会主义政治文明和精神文明建设中的作用，都具有十分重要的意义。各级政府和有关部门要高度重视老龄问题，进一步增强做好新时期老龄工作的责任感和紧迫感，积极推动我省老龄事业健康发展。

（一）做好新时期老龄工作，是坚持以人为本、维护人民群众根本利益的具体体现。坚持以人为本、维护人民群众的根本利益，是我党执政的一个根基。只有扎扎实实地将其落实到各级政府和有关部门的工作中，落实到各级领导干部的思想和行动中，落实到关心群众的生产生活中，才能实践“三个代表”重要思想，体现党的宗旨。老年人是社会上的一个重要群体。他们为国家的建立、富强和人民幸福奉献了自己的青春和力量，建立了光辉的业绩，今天的物质文明、政治文明和精神文明成果凝结着他们的劳动和智慧，他们参与经济建设、管理社会的一些好思想、好建议、好举措，正在影响和促进全省各项事业的发展。据调查统计，我省老龄人口已达388万，占全省总人口的10.14%。从总体上看，他们的生活水平和生活质量并不很高，经济和生活依赖性还比较强，有的生活还比较困难。满足并解决广大老年人日益增长的物质文化需要，保障他们的基本生活、基本医疗，让老年人共享社会经济发展的成果，使他们晚年生活幸福美满，这是各级党委、政府义不容辞的政治责任和神圣义务，是在新的历史条件下贯彻落实“三个代表”重要思想的具体体现，是全心全意为人民服务的根本宗旨的具体体现，是坚持立党为公、执政为民的必然要求。因此，关心、关注老年人的学习、生活，是我们各级政府的一项重要责任，只能加强，不能削弱。

（二）做好新时期老龄工作，是构建社会主义和谐社会的客观要求。党的十六届四中全会明确提出要“适应我国社会的深刻变化，把和谐社会建设摆在重要位置”。胡锦涛总书记前不久在中央党校省部级领导干部专题研讨班上提出，我们所要建设的社会主义和谐社会，应该是“民主法治、公平正义、诚信友爱、充满活力、安定有序、人与自然和谐相处”的社会。构建社会主义和谐社会是一项艰巨复杂的系统工程，需要最广泛、最充分地调动一切积极因素，妥善协调各方面利益关系，促进和谐社会构建的伟大进程，进而巩固党执政的社会基础，实现党执政的历史任务。老年人是连接过去、现在和未来的桥梁，他们的智慧和经验构成了名副其实的社会命脉，是构建社会主义和谐社会不可缺少的一支重要力量。做好老龄工作，多形式、多渠道引导和组织老年人参加力所能及的社会活动和健康有益的文体活动，发挥老年人在维系家庭稳定、关心教育下一代、调解民事纠纷、参与社会治安、参与经济发展等方面的重要作用，有利于改革开放和经济发展，有利于社会主义物质文明、政治文明和精神文明建设，有利于维护社会稳定，促进社会和谐。同时，老年人又是一个弱势群体，能否解决好老年群体在物质文化精神等方面的特殊需求，不仅涉及老年人的切身利益，而且将会对家庭关系、人际关系、党群关系以及党和政府实施有效管理等方面产生影响，直接影响到家庭和社会的稳定。因此，做好老龄工作，加快发展老龄事业已经成为事关改革、发展和稳定大局的一项重要任务，是促进经济、社会协调发展和人的全面发展的重要内容，是全面建设小康社会的必然要求，也是构建社会主义和谐社会的重要保证。

（三）做好新时期老龄工作，是加强社会主义精神文明建设的现实需要。敬老爱老是我们社会的美德，是全面建设小康社会的必然要求，让老年人度过一个幸福、美满、安详、健康的晚年，共享人类社会发展的成果，是社会文明进步的重要标志。一方面，做好老龄工作，发展老龄事业，不断满足老年人日益增长的物质文化需求，让广大老年人共享改革开放和现代化建设成果，这本身就是精神文明建设的重要内容，是社会文明进步的重要标志。同时，通过加强老龄工作，在全社会形成敬老、养老、助老以及代际和谐的良好社会风尚，弘扬中华民族的传统美德，带动社会风气的好转，也是促进社会主义精神文明建设的重要途径。另一方面，让老年人了解改革发展的新形势，了解新生事物，了解现代科学知识，不断提高和丰富自己，以健康、文明的生活方式安度晚年，用丰富的经验和才智影响、熏陶和教育好下一代，这也是社会主义精神文明建设的重要任务之一。

二、围绕中心，突出重点，大力推进我省老龄事业的发展

老龄事业是社会主义现代化建设事业的重要组成部分。推动老龄事业的全面健康发展，实现“六个老有”的工作目标，使“老龄人口比重上升”这一全面建设小康社会的制约因素，变为推动全面建设小康社会的重要动力，是新形势、新任务对老龄工作提出的更高要求。要完成好老龄工作的目标任务，就要以省委提出的“努力快发展，全面建小康”发展目标和振兴东北老工业基地战略为中心，创新工作思路，落实工作措施，抓住薄弱环节，实施重点突破，确保今年各项工作任务的圆满完成。

（一）要认真抓好省老龄事业发展“十五”规划纲要的落实和“十一五”规划纲要的制定工作。今年是“十五”计划的最后一年，也是承前启后的重要一年。各级老龄部门要搞好对“十五”计划纲要执行情况的正确评估。各地老龄办要在政府统一领导下，会同成员单位对“十五”计划纲要的执行情况进行评估检查，根据“十五”计划纲要中提出的目标、任务和要求，重点检查和评估老年人养老、医疗、服务设施、贫困救助、合法权益维护等方面的落实情况，对存在的突出问题要尽快提出解决意见，督促有关部门认真加以解决。要做好“十一五”规划纲要制定工作。各级老龄部门要把这项工作摆上重要日程，提早动手，提早安排。要坚持科学发展观，贯彻“五个统筹”思想，突出改革精神；在公共财政投入、项目安排和政策引导上，要充分体现向基层倾斜、向农村倾斜、向困难老年群体倾斜的原则；要深入开展调研论证，并广泛听取各方面意见建议，科学制定切合实际、符合社会协调发展需要的我省老龄事业发展“十一五”规划纲要。

（二）要注重抓好基层和农村老龄工作。基层老龄工作的好坏，直接关系到党和政府老龄工作各项方针政策的落实，关系到社会稳定。各地要从构建社会主义和谐社会的大局出发，切实提高对加强基层老龄工作重要性的认识，拿出精力，使出实力，抓好基层老龄工作。具体说，要着力抓好五个环节，即健全和完善政府主导、村（居）委会牵头、老年群众组织运作、驻区单位和居民广泛参与的基层老龄工作体制；建设功能完善、方便适用的为老服务设施和活动场所；建立健全立足于社区的各类老年群众组织；培育发展基层老龄工作和为老服务两支队伍；按照政府目标考核管理的要求，建立基层老龄工作的评估标准和表彰激励机制。与此同时，要注重加强对老年群众组织的规范和指导，使其始终保持正确的方向，保持特色和活力，有效发挥好在经济社会发展中的积极作用。要注重把点上的经验在更大范围内推广，解决好农村老龄工作发展不平衡的问题。要适应新的形势，探索和研究农村养老、医疗保障、最低生活保障等问题，尽早推出切实可行的办法。各地要从实际出发，求真务实，真抓实干，围绕上述工作，尽快确定各自推进基层老龄工作的目标、任务和工作重点，力争使本地区的基层老龄工作有新进展、有新突破。

（三）要切实抓好老年维权工作。老年人是社会中相对脆弱的群体，自我保护意识和能力相对较弱，他们的合法权益比较容易受到侵害。维护老年人的合法权益，是老龄工作的一项重要任务，也是维护社会稳定，促进经济发展的重要举措。各地、各有关部门要深入实际，切实加强老龄问题的调查研究，积极探索老龄事业发展的新路子，建立健全与我省人口老龄化形势和经济社会发展水平相适应的老龄工作政策法规体系。要严格执行有关法律规定，依法保护老年人在家庭赡养和扶养、社会保障、参与社会发展等方面的合法权益；要加大执法检查力度，依法制裁侵害老年人合法权益的不法分子，坚决打击和制止勒索、诈骗、侮辱、虐待、伤害、遗弃老年人的违法行为；要严厉打击宣扬歪理邪说、损害老年人身心健康的邪教组织和迷信活动；要做好老年人优待工作，加大对特困老年人的救助力度，解决好特困老年人的生活问题；要健全和完善法律援助制度，加强老年人法律服务工作，发展老年人维权组织，使老年人就地、就近、及时地得到优质的法律服务。

（四）要把创建老龄工作先进县（市、区）活动推向深入。两年来的“创建”实践表明，创建活动是加强基层老龄工作的有效载体和重要抓手，促进了基层老龄工作和老龄事业的全面发展，提升了老龄工作的社会地位和整体水平，应该持续、深入地开展下去。今年的创建活动，要以巩固、提高、发展为原则，在巩固已有成果的基础上，努力提高创建标准，扩大覆盖面。要强化动态管理，对先进的县（市、区）采取定期检查和不定期抽查相结合的方式，及时搞好督促和指导，使其始终保持领先水平；对工作质量明显下降或出现严重问题的，要取消先进资格，并限期整改；对尚未被评为先进的，但通过创建活动取得显著成效的，要给予充分的肯定和鼓励，为下次的评选表彰打好基础。要将创建活动纳入地方老龄事业发展“十一五”规划，进一步明确创建工作的方向、目标和要解决的突出问题，努力把创建工作抓出实效，不断提高创建水平。要切实加强创建工作的宣传力度，进一步扩大创建工作的影响和创建活动的参与面。要建立健全创建活动的各项规章制度，解决好制约基层老龄工作发展的深层次问题，研究探索创建工作的长效机制，保持创建活动的持久性。各地要把探索创建活动的长效机制作为今年工作的一个重点，结合本地实际，研究制定指导性的意见。

（五）要广泛开展老年文体活动。开展形式多样、内容丰富、健康有益的文化娱乐和体育健身活动，是保证老年人身心健康，提高老年人生活质量的有效手段。从我省目前情况看，适合老年人特点的精神文化产品、设施和服务还远不能满足老年人的需要。各级老龄组织要根据老年人的特点，进一步创新活动形式，丰富活动内容，不断满足老年人多层次、多样化的精神文化需求。要经常组织老年人开展学习交流活动，通过参观、座谈等形式，使他们更多地了解党和国家的方针政策以及国内外形势，支持社会各项事业发展。要积极研究和探索新形势下加强和改进老年思想政治工作的新形式新方法，切实增强思想政治教育的针对性和实效性。要因地制宜地组织老年人开展生动活泼的体育健身和文化娱乐活动，不断丰富他们的精神文化生活。

三、加强领导，形成合力，努力提升全省老龄工作的整体水平

老龄工作是党和政府的一项重要工作。老龄事业的发展，单靠一两个部门的努力是绝对不够的，要靠各级政府和各成员单位的共同参与及努力。各级党委、政府要按照“党政主导、社会参与、全民关怀”的工作方针，切实加强对老龄工作的领导。要把老龄工作列入重要工作日程，及时听取老龄工作情况汇报，认真研究解决老龄事业发展中遇到的实际问题。要从有利于工作出发，切实加强基层老龄机构建设，进一步建立健全乡镇、街道老龄工作委员会，形成上下贯通、管理有序的老龄工作体制，形成基层社区和农村老龄工作有人抓、有人管的局面。各地要建立正常的老龄事业经费投入机制，并根据财力的增长，逐步增加老龄事业发展经费。据我了解，多数老龄办，特别是基层老龄组织人力、物力、财力都比较弱，办公环境都比较差，开展工作都有一定难度。希望各地党政领导要组织力量，责成相关部门搞好调查，尽快解决工作中的问题。同时，要从政治上、工作上关心爱护老龄工作人员，帮助他们解决好生活中的实际问题，使他们能够全身心地投入到这项事业之中。各成员单位要履行职责，高标准、高质量地做好分内工作。每年要及时向老龄委上报工作情况。各级老龄办要本着对事业负责、对委员会负责的态度，扎扎实实，高质高效地开展工作。要充分发挥好综合协调、督促检查、参谋助手的职能作用，切实做到议事、管事、办事。要根据形势任务的发展变化，及时调整工作思路，完善工作措施，推动老龄工作。要转变作风，深入基层、调查研究，总结经验、抓好典型，不断提升老龄工作层次。要注重研究新情况、新问题，要通过我们的积极努力及扎实工作，确保党和国家老龄工作方针政策贯彻落实到位。要重视干部队伍建设，要加强老龄干部队伍的政治业务培训，不断提高老龄干部队伍的政治素质、政策水平和业务能力，以更好适应新形势下老龄工作的需要。

同志们，老龄事业面临的任务繁重而艰巨，做好老龄工作责任重大。我们一定要在省委、省政府的正确领导下，坚持以“三个代表”重要思想为指导，树立和落实科学发展观，进一步振奋精神，与时俱进，开拓创新，齐心协力，扎实工作，为促进我省老龄事业与经济社会的协调发展，保障全面建设小康社会目标的实现作出新的更大的贡献。

李斌同志在2004年吉林省老年节庆祝大会上的讲话

（2004年9月1日）

各位来宾、老年朋友们：

今天是我省一年一度的“九一”老年节，我们欢聚一堂，共同庆祝这一节日的到来。在此，我代表省委、省政府和省老龄工作委员会，向出席今天庆祝大会的老年朋友，并通过你们向全省各族各界老年人致以节日的祝贺和诚挚的慰问，祝你们身体健康，生活美满，晚年幸福！

我省60岁以上老年人口已达280万，占全省总人口的10.02%，已进入老年型人口社会。老龄问题已引起全社会的广泛关注。老年人是社会的宝贵财富，老年朋友为了民族的解放和新中国的建立，为了共和国的繁荣和昌盛，为了家庭的幸福和培育后代，作出了宝贵的贡献。尊老爱老是中华民族优良传统美德。让老年人过上欢乐、祥和、幸福的晚年生活，共享全面建设小康社会的丰硕成果，是各级党委、政府乃至全社会义不容辞的责任。近年来，我省认真贯彻落实《中华人民共和国老年人权益保障法》和相关政策，采取有力措施，保障老年人的生活和医疗，确保企业离退休人员养老金按时足额发放。在全省开展助老扶困活动，将符合条件的生活困难的老年人纳入低保范围，救助慰问贫困老人，为老年人送温暖、献爱心，办好事实事。按照统一部署，投入资金3.8亿元，实施“星光计划”，每个社区都建立了“星光老年之家”，初步形成了多层次、多形式、广覆盖的社区老年福利服务网络。

今后，各级政府要继续高度重视和解决好人口老龄化带来的各种新情况、新问题，切实把老龄工作纳入到政府的重要工作日程。要坚持“党政主导、社会参与、全民关怀”的老龄工作方针，切实推进老龄工作和老龄事业的发展。加大对老年事业的资金投入，加大老年社会保障工作力度，做好特困老年人的救助工作，大力兴办老年服务设施，完善社区为老服务功能，开展有益于老年人身心健康的文体娱乐活动，营造尊老敬老爱老的良好社会氛围，认真贯彻落实老年人法律法规，切实维护老年人的合法权益。希望各有关部门和单位，各级组织和社会各界，都来关心老年人的生活，关爱老年人的健康，多为老年人办实事、办好事，为老年人排忧解难。

同志们，今年老年节的主题是“振兴吉林、老有所为，全民关怀、老有所乐”。老年人对党和国家有着深厚的感情，要充分开发老年人才资源，发挥老年人作用，满足他们参与社会发展的愿望，鼓励他们为振兴吉林老工业基地作贡献。衷心希望我省老龄事业能在全省各界的共同努力下取得新的发展。祝全省各族各界老年朋友万事如意，健康长寿。

谢谢大家！

李斌同志在2004年吉林省民政工作会议上有关老龄工作的讲话

老龄问题是一个带有战略性、全局性的重大问题。各级政府要高度重视和解决好人口老龄化带来的各种新情况、新矛盾，切实把老龄工作纳入到政府的重要工作日程，完善工作机制。要进一步完善退休人员养老保险制度，逐步建立低保与临时救济、政策扶助、社会捐助相结合的扶老助困机制，搞好城乡老年卫生服务网络，加强老年信访和法律服务工作，开展对特困老年人的救助，维护老年人的合法权益。要把老龄工作的重点放到基层社区，健全基层老年机构和老年组织，不断提高老龄工作的整体水平。要广泛利用社会资源，开展爱老助老活动。今年“两节”期间，我省一些媒体组织的“陪孤寡老人过年”等活动就取得了良好的社会效果。要扩大爱老志愿者队伍，老龄委要会同教育部门结合素质教育，组织青少年志愿者定期进行“爱老义工服务”，逐步将“爱老义工服务”纳入社会单位思想道德和精神文明建设考核评价内容之中，建立长效机制。要加快社会福利特别是老年社会福利社会化进程，研究切实可行的新办法、新机制，把为老年人服务与社区服务业、公益性就业结合起来。探索建立以居家养老为基础，以老年福利服务为重点，以社会福利机构为骨干，以基层福利服务网络为依托的社会福利服务体系，为广大老年人和困难群众提供更多的福利服务。要把社会福利、社区建设和老龄工作紧密结合起来，进一步扩大社区老年福利服务设施建设，为老年人提供文化娱乐、体育活动、医疗保健、生活照顾等社区服务。进一步做好福利彩票发行工作和“慈善救助双日捐”活动，大力弘扬扶贫济困的良好社会风尚，广泛募集福利资金和善款，支持社会福利事业的发展。

谢玉堂同志在2004年山东省老龄工作会议上的讲话

（2004年3月9日）

同志们：

这次会议是一次重要的会议，各市分管领导同志和省老龄委成员单位的负责同志到会，大家一起研究工作，统一思想，提高认识，这必将对加快我省老龄事业发展起到积极的推动作用。会上，杨文胜同志传达了全国老龄委第六次全体会议、全国省级老龄委办公室主任会议暨创建老龄工作先进县（市、区）座谈会精神，褚庆观同志代表省老龄委作了工作报告，济南、青岛等11个单位和个人介绍了开展老龄工作的经验，会议开得很好，希望大家要认真抓好贯彻落实。

去年以来，全省各级各部门认真贯彻党的十六大、十六届三中全会和省委工作会议精神，努力践行“三个代表”重要思想，按照省老龄委十六次全体会议的部署，解放思想，开拓创新，狠抓落实，做了大量卓有成效的工作，老龄工作不少方面取得了突破性进展。在此，我代表省政府向全省辛勤工作在老龄战线上的同志们，向关心、支持老龄事业的社会各界，表示诚挚的感谢！

关于今年的工作安排，褚庆观同志已经作了具体部署。下面，我着重讲三点意见：

一、充分认识老龄工作的重要意义，进一步增强做好老龄工作的责任感和使命感

我省是老年人口大省，目前60岁以上老年人已达1100多万人，不仅数量位居全国第一，而且发展速度快，高龄化明显，老龄问题日显突出。我们必须以超前的眼光，从经济和社会发展的全局上，充分认识加强老龄工作的重要性。

加强老龄工作，是践行“三个代表”重要思想，执政为民的体现。老年人是社会财富的创造者，他们曾为国家的建设和发展作出了巨大贡献。但他们绝大多数是从艰苦的社会环境中走过来的，没有多少积蓄。他们的晚年生活主要依靠政府、社会、集体和家庭。关心老年人，切实保障他们的合法权益，让他们分享改革开放和社会发展的成果，使他们晚年生活幸福美满，是我们坚持全心全意为人民服务根本宗旨、立党为公、执政为民的具体体现，是义不容辞的责任和义务，也是社会主义制度优越性的体现。

加强老龄工作，是促进经济和社会统筹协调发展，全面建设小康社会必然要求。人口老龄化必将引起社会消费结构、投资结构、产业结构以及人际关系的重大调整。老龄问题解决不好，就会导致社会供求关系失衡，家庭问题和社会矛盾增多，并最终影响社会各个年龄群体的利益，影响经济和社会的可持续发展，影响全面建设小康社会的进程。特别是我们要建设的小康，是共同富裕的小康，是包括所有弱势群体同步进入的小康。老年人的生活落后于其他群体，全面建设小康社会的目标就不可能真正实现。因此，我们要自觉树立和落实科学发展观，坚持把发展老龄事业与经济建设和各项社会事业统筹兼顾，促进协调发展。

加强老龄工作，是弘扬尊老敬老传统，建设社会主义精神文明建设的重要任务。尊老敬老是中华民族的传统美德，是《公民道德建设实施纲要》的重要内容。在社会主义市场经济条件下，加强老龄工作，努力在全社会形成敬老、养老、助老的风尚，是社会文明进步的体现。我省是孔孟之乡，是孝道文化的发源地，要带头弘扬中华民族尊老敬老传统，促进社会公德、职业道德和家庭美德建设，提高广大人民群众的道德水准。

加强老龄工作，是维护改革发展稳定大局的重要保证。老年人是一个庞大而特殊的群体，老年人的问题解决好了，可以为全省的改革开放和经济发展起到促进作用。特别是我国社会正处在经济转型时期，各种利益关系的调整必然反映到老年群体中来。做好老龄工作，加强老年人的管理教育，解决好老年人物质保障和精神需求方面的问题，有利于保持老年群体的稳定，促进家庭的稳定和社会的稳定，有利于使老年人老有所为，在经济社会发展中发挥余热、贡献力量。

我们要清醒地看到，近年来我省在加强老龄工作、发展老龄事业方面做了大量工作，取得了明显成绩。但老龄事业仍滞后于经济和社会的发展，老龄工作中还存在不少薄弱环节和问题。我们一定要增强紧迫感和责任感，自觉地抓好老龄工作。特别是各级领导同志，决不能因为我们思想不重视、领导不到位、工作抓得不紧，影响了工作开展，耽误了全省老年人的事情。

二、突出工作重点，狠抓工作落实

（一）大力加强养老保障工作。老有所养是“六个老有”的核心，保障老年人的基本生活需求是老龄工作的重中之重。各级政府要高度重视养老保障工作，加快养老保障体系建设。解决养老问题的基本途径是巩固家庭养老、发展社会养老、鼓励自我养老。在养老工作中，要进一步完善城镇职工基本养老保险、基本医疗保险制度，扩大覆盖面。要按照韩寓群省长在《政府工作报告》中的要求，“尽快建立农村社会养老保险制度”，有条件的要先行一步。要改革完善“五保”制度，尽快建立“以财政为主，省市县乡四级分担的农村‘五保’供养机制”，以提高“五保”老人的供养水平。进一步完善和落实城镇“低保”制度，积极建立农村“低保”制度，凡是实行“低保”的地方，要对老年人应保尽保。要加大对贫困老人的救助力度，设立贫困老人专项救助资金，为贫困老人“雪中送炭”。全面落实减轻老年人社会经济负担的优待政策，该减免的一定要减免，绝不能打折扣。加强老年医疗保障工作，解决好因病致贫、返贫老人的实际困难。进行农村新型合作医疗制度改革试点的地区，要研究对老年人减免照顾的办法，确保老年人100%参保。要鼓励有条件的农村建立养老补贴制度，鼓励社会各界救助贫困老人。学习推广“枣庄经验”，开展开发式助老扶贫活动，帮助贫困老人脱贫致富。要重视“空巢”老人的照料问题，采取基层党员干部和志愿者定点包户、邻里互助等办法，及时解决他们的一些实际问题。要制定鼓励家庭赡养的政策措施，把家庭赡养和孝敬老人列入村规民约，积极倡导子女与老人签订家庭赡养协议书，基层组织要加强监督检查，督促子女全面履行赡养义务，确保老年人老有所养。

（二）加快发展老年服务产业。近几年我省的老年服务设施虽有了较大发展，但远远满足不了老年人的需要。必须进一步解放思想，更新观念，坚持政府倡导鼓励、社会力量兴办、多元化投资、市场化管理的路子，采取积极的措施，推动老年服务产业加快发展。各级各部门在编制财政预算、制定投资计划、安排投资项目时，要加大对老年服务设施建设的投入，尽快建成一批示范性的老年服务设施。要坚持老年福利事业与老年产业“两个轮子”一起转，在积极发展老年福利事业的同时，研究制定扶持老年产业发展的政策，如设立引导资金、减免相关税费等，创造良好的政策环境，引导非公有制经济兴办老年服务产业。要加强老年需求规律的研究，组织引导企事业单位积极开拓老年消费市场，增加适合老年人的产品和服务项目。积极建立与社会主义市场经济体制相适应的老年服务机构管理体制和运行机制，逐步形成投资多元化、管理规范化、经营市场化的格局，促进老年服务产业的形成和发展。

（三）重视加强基层老龄工作。老年人绝大多数生活在基层社区，随着政府职能的转变、城乡管理体制的改革，特别是离退休人员将逐步纳入到社区管理，老年管理教育和服务的任务主要靠基层。必须下大力抓好基层老龄工作，把基础打牢。要进一步加强基层老龄组织建设，建立健全县、乡老龄工作机构和村居老年人工作委员会，做到组织健全，班子有力，制度完善，活动经常，作用明显，使老龄工作在基层有人管、有人抓、有人做。要加强基层为老年人服务工作，抓好乡村敬老院、社区老年公寓、老年学校、老年活动室等养老服务和活动场所建设，为老年人居家养老提供更多的帮助和服务。要充分利用农村闲置的中小学校等资源，改建成托老所、敬老院。已经建起来的“星光老年之家”，要真正为老年人所用，不能改变用途。要加强老年管理教育，建立适合老年人特点和需要的老年文化体育活动组织，组织、引导老年人加强学习，开展有益于身心健康的文化娱乐和体育健身活动，丰富老年人的精神文化生活，使他们思想充实，精神愉快。要重视老年维权工作，优先审理涉老案件，及时调解涉老纠纷，维护老年人的合法权益。对不赡养老人甚至虐待、遗弃老人、干涉老年人婚姻等行为，要及时干预制止。要抓好“老有所为”工作，组织老年人积极为经济建设和社会发展作贡献。济南、青岛等发达地区要组织老年知识分子在“突破菏泽”、加快菏泽发展中发挥积极作用。

（四）认真抓好“创建”活动。创建全国、全省老龄工作先进县（市、区）和争当敬老模范、模范老人活动，是以点带面、整体推动老龄工作的重要手段。各级各部门要加强领导，精心组织，保证这项活动深入扎实地开展。要将老龄工作的内容、标准、要求纳入“创建”条件，作为开展工作和争先创优的依据。要积极做好宣传工作，使先进县（市、区）的标准、敬老模范的标准、模范老人的标准家喻户晓。要注意抓好典型，及时总结推广先进经验，发挥榜样的示范作用。今年全国老龄委和省政府将进行评选表彰，各地要以此为契机，推动全省老龄工作提高到一个新的水平。

三、切实加强组织领导，努力开创我省老龄工作新局面

老龄工作涉及面广、社会性强。各级要按照“党政主导、社会参与、全民关怀”的老龄工作方针，进一步建立和完善“党政加强领导、老龄委组织协调、有关部门齐抓共管、全社会共同努力”的老龄工作机制，促进我省老龄工作继续走在全国前列。

各级政府要加强对老龄工作的领导。要把老龄工作当成大事来抓，纳入议事日程，经常进行研究。要把老龄事业纳入当地国民经济和社会发展总体计划，统筹安排，加大投入，保证老龄事业与经济建设和社会各项事业协调发展。领导同志要定期听取工作汇报，协调解决重大问题和工作中的实际困难，带头参加重要活动，以实际行动尊重、关心老年人，支持老龄工作。特别是各级老龄委主任，应切实做到认识到位、领导到位、工作到位、组织协调到位。要把老龄工作列入政府工作目标管理，列入政绩考核内容，建立明确的责任制，保证目标任务的落实和完成。

各部门要分工协作，形成合力。老龄工作任务分散在许多部门和单位，必须齐抓共管、密切配合。各级老龄委是主管老龄工作的议事协调机构，担负着对老龄工作综合管理、宏观指导、组织协调、督促检查的重要职责，要切实发挥职能作用。各成员单位要根据职责分工，尽职尽责，尽心尽力，共同做好老龄工作。各级老龄办是具体负责老龄工作的办事机构，要切实当好党政领导抓老龄工作的参谋助手，主动协调各涉老部门共同推进老龄工作，创造性地抓好工作落实。其他部门和单位，也要围绕发展老龄事业，从实际出发，积极做好老龄工作，为老年人多办实事、好事。

要积极完善和落实促进老龄事业发展的优惠政策。对已经出台的政策规定，要认真抓好贯彻落实。特别是要求各级财政加大资金投入的规定，对社会力量兴办老年福利服务设施给予支持的规定，对老年福利和服务机构给予优惠政策的规定等，要坚决落实，真正取信于民。同时，对实践中遇到的急需政策引导、规范的新情况、新问题，各级都要不等不靠，积极进行研究论证，尽快出台有关政策，促进老龄事业健康快速地发展。

要加大老龄宣传教育的力度。老龄工作是一项群众性工作，老龄事业是全社会的事业，必须动员和引导全社会都来支持、参与。要运用多种形式，广泛深入地宣传中央和省委、省政府关于老龄工作的方针政策，宣传做好老龄工作的重要意义，宣传尊老敬老的优良传统和保障老年人权益的规定，加强敬老、养老、助老的道德和法制教育。要重点抓好各级领导干部和青少年的宣传教育，充分发挥新闻媒体等各种宣传阵地的作用，营造加强老龄工作、发展老龄事业的良好社会环境。

要进一步加强老龄工作队伍建设。建设一支热心老龄事业的老龄工作队伍，是做好老龄工作的重要保证。各级要进一步建立健全老龄工作机构，配齐、配强老龄工作干部，充实一批年富力强的同志到老龄工作岗位上来。要从政治上、工作上、生活上、学习上关心、爱护、支持老龄工作干部，切实抓好培训学习，不断提高政治素质、政策水平和业务能力，以适应老龄工作的需要。全省广大老龄工作者，要解放思想，干事创业，自我加压，勇于奉献，以良好的精神状态，创造一流的工作成绩，不辜负广大老年人的殷切期望和党委、政府的重托。

同志们，老龄工作是党委政府的一项重要工作，老龄事业是积德行善的光荣事业。我们要坚定信心，振奋精神，齐心协力，开拓进取，扎实工作，努力开创老龄工作新局面，为建设“大而强、富而美”的社会主义新山东作出新的更大的贡献！

山东省老龄工作委员会办公室、省发展和改革委员会、省民政厅、省财政厅、省劳动和社会保障厅、省农业厅、省卫生厅《关于进一步加强养老保障工作的意见》

（2004 年 9 月 16 日）

为深入贯彻落实党的十六大精神和中央关于加强养老保障工作的要求，大力推进全省养老保障事业的发展，根据我省经济社会发展和人口老龄化的形势，现就进一步加强养老保障工作提出如下意见。

一、充分认识做好养老保障工作的重要意义

我省已于 1994 年进入老年型社会，全省 60 岁以上老年人达 1100 多万，占总人口的 12.5%以上，人口老龄化已成为当前全省经济和社会发展中的一个重大问题。多年来，在各级党委、政府的领导下，全省养老保障工作不断加强，养老事业有了长足发展。但也存在着与市场经济体制、人口老龄化形势不相适应的问题。社会养老观念比较落后，基本养老保障制度覆盖面较小，农村社会养老保障薄弱，贫困老年人救助体系不完善，家庭养老功能弱化，老年人的精神慰藉得不到应有的重视；养老事业投入较少，养老设施建设滞后；老年服务产业发展不能满足老年人的需求；老年医疗保障水平较低。这些问题不仅影响着全省老龄事业的发展，而且直接影响着全省经济和社会的发展及全面建设小康社会的整体推进。

尊老敬老是中华民族的传统美德，老年人理应共享社会发展成果，得到良好的保障。实现全面建设小康社会和建设“大而强、富而美”社会主义新山东的宏伟目标，必须进一步加强养老保障工作，确保老年人的生活水平不断提高。各级、各部门要从全省统筹发展的战略高度，充分认识做好新形势下养老保障工作的重要意义，切实抓紧抓好。

二、养老保障工作的指导思想和主要任务

养老保障工作，要坚持以邓小平理论和“三个代表”重要思想为指导，按照科学发展观的要求，全面贯彻“党政主导、社会参与、全民关怀”的老龄工作方针，围绕全面建设小康社会的宏伟目标，坚持统筹兼顾、协调发展和共建共享的原则，采取家庭与社会相结合、道德与法制相结合、福利性与市场化相结合等多种途径，巩固和发挥家庭养老主渠道作用，大力提高社会养老保障能力，着力解决孤寡、高龄老人和贫困老人的养老问题，逐步建立健全与社会主义市场经济体制相适应、与人口老龄化实际相符合、与社会发展相协调的养老保障体系，提高老年人的生活水平和生活质量。

（一）健全家庭养老保障体系。家庭养老是养老保障的基础，是当前养老的主要形式。要建立养老道德教育制度，把履行赡养义务和孝敬老人列入公民道德建设的重要内容，促使全社会牢固树立自觉赡养老人的伦理道德观；制定实施家庭赡养与扶养法规，推进家庭养老法制化、制度化；建立激励和监督机制，发挥舆论、基层组织和子女单位的作用，采取教育、引导、惩戒等措施，促使子女履行赡养义务；积极发展家庭养老服务，以社区为依托，采取上门服务、定点服务等形式，为家庭养老提供生活照料、疾病护理、文化娱乐、体育健身等方面的服务，合理减轻家庭赡养负担，解决家庭养老面临的实际问题，进一步完善家庭养老保障体系，更好地做好家庭养老工作。

（二）完善社会养老保障体系。深化养老保险制度改革，积极稳妥地扩大基本养老保险覆盖范围。加强基金征缴，增加财政投入，健全省级养老保险调剂金制度，确保企业离退休人员养老金按时足额发放。积极推进退休人员社会化管理服务工作，完善相应配套措施，强化社区养老管理服务功能。加快建立农村社会养老保险制度，提高缴费标准和保障水平，努力扩大覆盖面。积极稳妥地做好失地农民的养老工作。建立各级政府共同负担的农村“五保”供养机制，进一步提高“五保”老人供养水平。积极搞好乡镇敬老院改扩建，对高龄和不能自理的“五保”老人实行集中供养，通过多种形式大力推进社会化养老进程。

（三）健全贫困老人救助体系。采取政府投入、集体补贴、社会资助相结合的办法，认真解决贫困老年人的生活困难。进一步完善城镇“低保”制度，逐步建立农村“低保”制度，经济条件好的农村逐步实行养老补贴制度。坚持救济和慰问制度，及时解决老年人的突发性困难。发挥慈善机构的作用，募集的资金要拿出一定比例用于救助贫困老年人。各级政府随着财政状况的好转要逐步建立贫困老人专项救助资金，大力倡导全社会开展帮扶、认养、资助、志愿者服务等多种形式的救助活动，为贫困老人送温暖、献爱心，认真解决好贫困老人的实际困难。

（四）加强养老服务设施建设。坚持福利性与市场化相结合、社会效益和经济效益兼顾的原则，积极探索城乡老年公寓、老年活动场所等养老服务设施建设、管理、运营的办法，广开发展途径。重点发展面向基层广大老年人的养老服务设施，兼顾不同层次的需求，适当发展高标准养老服务项目。按照《山东省老龄事业发展“十五”规划》的要求，县减和县级以上城市都要建成1处综合性养老服务设施。搞好资源整合开发，利用闲置的农村中小学校舍以及其它闲置场所，改建成养老和老年服务活动设施。加强“星光老年之家”的管理，发挥其应有的作用。

（五）完善老年医疗保障制度。在城镇医疗保障制度改革和完善中，要把老年人列入重点照顾对象。积极推行新型农村合作医疗制度，省市县三级财政每年对参加新型农村合作医疗试点的县（市、区）农民的补助，要按省政府的有关规定执行，全面推广后，补助总额应根据需要和财政状况适度增加。有条件的地方，可免除贫困和高龄老人个人缴纳的费用。到2010年，在全省建立起基本覆盖全省农村居民的新型农村合作医疗制度。同时，逐步建立医疗救助制度，对本人和家庭无力承担大额医疗费的老年人，各级政府要给予救助。商业保险要推出面向老年人的医保产品，增加老年人的医疗保障渠道，大力提高老年病的防治水平。

（六）实施积极养老战略。探索个人早期养老投入的路子，引导各类有收入的人员拿出一定比例作为养老积累，鼓励参加商业养老保险和银行养老储蓄。开展“银龄行动”，鼓励和推动“老有所为”，组织引导低龄健康老年人积极参加经济建设和社会活动，重视发挥老年人才在科研、生产、社会服务、互助服务等方面的作用，使老年人以“为”促“养”，在为经济社会发展做贡献中增加收入，提高自我保障能力。

三、切实加强养老保障工作的组织领导

（一）统筹协调安排，加大领导力度。养老保障工作是党委、政府的一项重要工作。各级党委、政府要把发展养老保障事业纳入经济社会发展总体规划，列入工作目标责任制，作为考核各级领导班子和领导干部的重要方面。各级领导要从大局出发，及时研究解决养老保障工作中的突出问题。各部门、各单位要切实履行职责，齐抓共管，多为老年人办实事、办好事。

（二）加强敬老教育，更新养老观念。广泛开展多种形式的尊老敬老宣传活动，大力倡导尊老敬老社会风尚，营造全社会亲近老人、关爱老人、支持养老保障事业发展的良好环境。教育引导广大群众与时俱进，更新养老观念，树立养老保障事业人人受益、世代受益的观念和自我供养、早期投入的积极养老观念，共同推进养老保障事业的发展。

（三）完善优惠政策，拓宽投入渠道。按照社会福利社会化的方向，尽快建立适应新形势需要的老年事业多渠道投入机制，提高市场化和社会化运作的水平，强化市场推动功能。各级政府要根据经济发展和养老保障的需要，不断加大养老保障事业投入。探索养老机构民办公助的路子，发挥政府扶持作用，制定和落实优惠政策，吸引民间资本和外资兴办养老事业，加快养老保障事业发展。重视开发老年消费市场，大力发展老年服务产业，有重点地扶持一批老年用品生产企业和老年服务企业，在老年人衣食住行、文化娱乐、体育健身、医疗康复、生活照料、旅游等方面，开发出广受老年人欢迎的产品和项目，不断满足老年人日益增长的养老需求。

（四）加强养老法制建设，做好维护老年人权益工作。根据养老保障工作的需要，不断健全和完善维护老年人权益的政策法规，结合普法教育，认真抓好老年政策法规的全面贯彻落实。依法打击勒索、欺诈、侮辱、虐待、伤害、遗弃等侵害老年人的行为，确保老年人的合法权益得到全面维护。

山东省委办公厅、省政府办公厅《关于加强和改进老年教育工作的意见》

（2005年7月8日）

为深入学习贯彻邓小平理论、“三个代表”重要思想、党的十六大和十六届三中、四中全会精神，落实科学发展观，进一步加强和改进我省的老年教育工作，现提出如下意见：

一、充分认识加强和改进老年教育工作的重要意义

（一）加强和改进老年教育工作，是构建终身教育体系、建设学习型社会的重要内容。党的十六大提出，要发展继续教育，构建终身教育体系，形成全民学习、终身学习的学习型社会，促进人的全面发展。老年教育是社会公益性事业，主要为老年人提供丰富的精神文化生活，使更多的老年人能够继续学习、增长知识、丰富生活、陶冶情操、增进健康、服务社会。加强和改进老年教育工作，是发展继续教育，加快构建终身教育体系，促进形成学习型社会的一个必不可少的重要环节。

（二）加强和改进老年教育工作，是开发老年人才资源、更好地推进人才强省战略的现实需要。发展老年教育事业，有助于为有学习能力和学习愿望的老年人学习交流、建言献策、奉献社会提供平台、创造条件，有助于鼓励和引导全省老年人尤其是离退休人员中技术精湛、经验丰富的优秀人才，为全省经济社会发展做出新的贡献。

（三）加强和改进老年教育工作，是推进“和谐山东”建设的必然要求。构建社会主义和谐社会，是党的十六大和十六届三中、四中全会提出的一项重要战略任务，也是我们党肩负的一项光荣历史使命。我省已经进入老龄化社会。大力发展老年教育事业，促进健康老龄化，保证老年人群体共享改革发展的成果，对于构建社会主义“和谐山东”，具有十分重要的意义。

二、进一步明确老年教育工作的指导思想和基本原则

当前和今后一个时期，全省老年教育工作的指导思想是：坚持以邓小平理论、“三个代表”重要思想为指导，深入贯彻党的十六大和十六届三中、四中全会精神，按照落实科学发展观和构建社会主义和谐社会的要求，以提高老年人的整体素质和生活质量、实现健康老龄化为目标，认真执行《老年人权益保障法》和党中央、国务院关于老干部工作的方针政策，贯彻落实省委、省政府关于做好老年教育工作的部署要求，逐步建立具有时代特征、符合山东特点的老年教育体系，促进全省经济社会全面协调可持续发展。

工作中要坚持以下原则：

1. 坚持把老年教育事业纳入可持续发展战略，使之与国民经济和社会发展相适应。

2. 坚持党政重视、多方参与、社会支持，多层次、多渠道、多形式地发展老年教育事业。

3. 坚持因地制宜，普及与提高并重，以发展社区和农村老年教育为重点，有步骤、有计划地推进老年教育事业，扩大老年教育的覆盖面。

4. 坚持以老有所教、老有所学、老有所乐、老有所为为目标，遵循老年教育事业发展规律，切实增强工作实效性。

5. 坚持与时俱进、开拓创新，不断完善老年教育管理方式，改进工作方法。

三、强化措施，推动老年教育工作上水平

（一）健全老年教育体系，进一步巩固省、市、县、乡四级老年教育网络。县（市、区）要因地制宜设立老年大学，有条件的乡镇、街道和村居要开办老年学校。充分利用广播、电视、互联网等现代传播手段，开办老年教育网站和空中老年教育课堂，逐步形成覆盖城乡的远程老年教育体系，满足老年人就地、就近学习的需求。动员社会各方面力量，多层次、多渠道地兴办老年教育事业。有条件的可以新建老年教学场所，也可以通过融合社会资源，综合利用现有各类教育、文化、体育设施和场所等，开展老年教育工作。

（二）以开展创建省级老年大学示范校活动为载体，不断提高办学和教学水平。建立健全规章制度，改善各类老年教育机构办学条件，加强教学研究、经验交流和对外合作，努力建设一批环境优良、设施良好、教学水平高、社会效益好的老年大学示范校。

（三）适应老年教育事业发展的需要，努力建设高素质的管理人员队伍和教师队伍。要从政治上、思想上和生活上关心老年人教育工作者，加强对他们的培养、教育、管理和使用，提高他们工作的积极性和创造性。有条件的高等院校可以开设老年教育专业，为老年教育工作培养急需的人才。

（四）探索老年教育工作规律，做好老年教育理论研究工作。建立老年教育理论成果激励机制，对老年教育的科研成果进行评选、奖励，并及时组织交流推广。从老年人生理、心理特点出发，针对城乡老年人不同需求，贴近经济社会发展实际，尽快编写、修订出具有山东特色的老年教育实用系列教材。

四、切实加强对老年教育工作的领导

各级党委、政府要高度重视老年教育工作，列入议事日程，摆上重要位置，做到有部署、有考核、有奖惩。各级党委离休退休干部工作领导小组及其办公室，要加强对老年教育工作的指导、协调和督查。各级组织、老干部部门要切实履行职责，与有关部门共同做好老年教育的规划、指导工作。教育、民政、财政、人事、文化、卫生、体育、物价等部门要充分发挥职能作用，积极支持老年教育工作。加大宣传力度，在全社会营造重视和关心老年教育工作的浓厚氛围，促进我省老年教育事业健康发展。

山东省委组织部、省委宣传部、省委统战部、省人事厅、省科技厅、省劳动和社会保障厅、省军区政治部、省科协《关于进一步发挥离退休专业技术人员作用的实施意见》

（2005 年 8 月 27 日）

我省广大离退休专业技术人员长期奋斗在教育、科研、文化、卫生和工农业生产等各个领域，积累了丰富的实践经验，具有较高的专业技术水平，为我省的科技进步、经济社会发展作出了重要贡献，是党和国家的宝贵财富。在全面建设小康社会、加快推进社会主义现代化的新时期，继续发挥好离退休专业技术人员特别是老专家的作用，对于大力实施“科教兴鲁”和“人才强省”战略，促进专业技术人才队伍建设，构建和谐社会，建设“大而强、富而美”的社会主义新山东，具有重要意义。为深入贯彻落实《中共山东省委、山东省人民政府关于实施人才强省战略进一步加强人才工作的意见》（鲁发〔2004〕10 号）精神，根据《中共中央办公厅、国务院办公厅转发〈中央组织部、中央宣传部、中央统战部、人事部、科技部、劳动保障部、解放军总政治部、中国科协关于进一步发挥离退休专业技术人员作用的意见〉的通知》（中办发〔2005〕9 号）精神，结合我省实际，现就进一步做好发挥离退休专业技术人员作用工作提出如下实施意见。

一、做好发挥离退休专业技术人员作用工作的总体要求

要以邓小平理论和“三个代表”重要思想为指导，贯彻尊重劳动、尊重知识、尊重人才、尊重创造的方针，按照政府引导支持、市场主导配置、单位按需聘请、个人自愿量力的原则，坚持社会需求和本人志趣、专业特长相结合，进一步完善政策措施，提高服务水平，保障合法权益，营造良好环境，使离退休专业技术人员特别是老专家在保持身心健康、安度晚年的同时，继续为全面建设小康社会贡献经验、才智和力量。

二、积极支持离退休专业技术人员发挥作用

各级党委、政府和有关部门要通过多种形式，支持离退休专业技术人员特别是老专家进一步发挥在经济建设和科技进步中的服务和推动作用，发挥在培养教育下一代中的示范和教育作用。在重大工程立项、重要政策制定等方面组织专家咨询时，可聘请具有较高专业水平和社会声望的离退休专家参加决策咨询，充分听取他们的意见和建议。根据科技、经济和社会发展需要，可组织离退休专业技术人员参与教育培训、技术咨询、科技扶贫等活动。

根据工作需要，可采取专项活动聘请、项目聘请、短期聘请等多种方式，聘请离退休专业技术人员特别是老专家从事青少年教育、传播科学文化知识、咨询服务、医疗卫生、科技开发应用等符合离退休专业技术人员特点的工作。支持离退休专业技术人员对青少年开展爱国主义、集体主义、社会主义和中华民族精神教育，进行科学知识普及。支持他们从事讲学、翻译、指导研究、专家门诊、咨询服务等专业技术活动。支持他们总结自己的实践经验，通过著书立说、培训指导等多种形式，培养人才。

要根据市场需求和离退休专业技术人员的志愿，积极搭建服务平台，开拓离退休专业技术人员发挥作用的渠道。各类人才市场、人才中介机构应积极把离退休专业技术人员纳入服务范围。政府所属的人才交流中心、专家服务机构要通过设立离退休专业技术人员服务窗口，举办专项的离退休专业技术人才和项目交流活动，开设专家咨询服务热线等多种方式，主动为离退休专业技术人员发挥作用做好服务。各级人事部门要会同有关部门建立离退休专家信息数据库和离退休专业技术人员信息网络，定期举办网上离退休专业技术人才交流活动，为他们发挥作用提供信息平台。

三、努力为离退休专业技术人员发挥作用提供必要的条件

凡符合条件的离退休专业技术人员可以参加专业技术人员职业资格考试，考试合格取得证书者按照规定登记注册。符合条件的离退休专业技术人员可以受聘作为项目组成员，参与申请和承担国家及省部级科技计划项目。离退休专业技术人员在科研成果评审、著作出版等方面，与在职人员一视同仁。科技成果符合国家及省部级科技奖励标准的，可按照规定程序申报。离退休专业技术人员在从事科研、著书等活动时，原单位应允许他们借阅图书资料。离退休专业技术人员为聘用单位服务，需要使用原单位设备、器材以及技术资料、图纸时，可与原单位协商同意后使用。

离退休专业技术人员一般不再出国执行公务。如受聘后确需出国执行公务的，要按有关规定征得原单位同意并办理政审手续后，由派遣单位办理出国手续，有关费用由派遣单位负责。离退休专业技术人员应国（境）外机构和组织邀请，因私出国（境）讲学或参加学术交流，按照《中华人民共和国公民出境入境管理法》的有关规定办理，原单位应给予必要的协助。

四、切实维护离退休专业技术人员的合法权益

各单位聘请离退休专业技术人员要按照平等协商、报酬合理的原则，通过聘用协议的方式明确双方的权利和义务，切实保障双方的合法权益。应聘期间，离退休专业技术人员继续享受原单位的政治、生活福利待遇。离退休专业技术人员按照国家有关法律规定享有其科研成果转化的收益。离退休专业技术人员在应聘期间取得的报酬和科研成果转化收益应依法纳税。

离退休专业技术人员受聘工作期间，因工作导致残、亡或患职业病的，应由聘用单位参照《工伤保险条例》的有关规定妥善处理，由此与聘用单位发生争议的，可通过民事诉讼处理；与聘用单位之间因履行聘用合同发生争议的，可通过民事诉讼处理。有条件的聘用单位在符合有关规定的情况下，可为聘请的离退休专业技术人员购买聘期内的人身意外伤害保险。各聘用单位要关心离退休专业技术人员的身体健康，从工作需要和他们的实际情况出发，聘请他们从事力所能及的工作。

五、高度重视发挥离退休专业技术人员社团组织的作用

要充分发挥省老科技工作者协会、省老教授协会等社团组织团结和凝聚离退休专业技术人员的桥梁纽带作用。鼓励和支持省老科技工作者协会、省老教授协会等组织进一步建立健全工作体系，围绕经济社会发展的需要，发挥专业特长和优势，组织、推荐离退休专业技术人员特别是老专家继续发挥作用，加大对大中小学生和机关、企事业单位职工进行革命传统、理想信念、职业道德、科技知识、法律知识等教育力度，促进全民综合素质的不断提高，为构建和谐社会作出应有的贡献。政府开展的有关人才培养、项目开发、服务咨询等活动，可邀请离退休专业技术人员社团组织参加或承办。要加强与他们的联系，倾听他们的意见和建议，为他们开展工作提供必要的条件。鼓励企事业单位和个人对这些社团组织开展发挥离退休专业技术人员作用的工作提供资金支持。

广大离退休专业技术人员要模范地执行党的路线方针政策，遵守国家的法律法规，大力宣传和弘扬科学精神，恪守职业道德，维护原单位和聘用单位的技术、经济权益，保守工作秘密。要大力发扬党的优良传统和作风，传承中华民族的优秀文化，在教育和引导青少年、中青年专业技术人员发挥优良传统、培育科学精神等方面，充分发挥示范、表率作用。军队管理的离退休专业技术干部参加经营、应聘活动，要按军队有关规定执行。

六、大力加强对发挥离退休专业技术人员作用工作的领导

发挥离退休专业技术人员作用工作政策性强、涉及面广，各级党委、政府和有关部门要从实施人才强省战略的高度，重视发挥好离退休专业技术人员特别是老专家的作用，努力在全社会营造重视、关心、支持离退休专业技术人员发挥作用的良好环境，使他们继续为全面建设小康社会作出贡献。要把离退休专业技术人才资源的开发纳入到人才队伍建设的整体规划之中，积极探索新形势下离退休专业技术人才资源开发的新思路、新机制，完善政策措施，创新服务方式，做好引导支持工作。为做好发挥离退休专业技术人员作用工作，由省人事厅牵头，省委组织部、省委宣传部、省委统战部、省科技厅、省教育厅、省财政厅、省劳动保障厅、省军区政治部、省科协和省老科技工作者协会、省老教授协会共同建立离退休专业技术人员发挥作用联席会议制度，负责沟通工作情况，研究政策建议，加强协调协作，共同做好离退休专业技术人员发挥作用工作。

任海深同志在安徽省老龄工作委员会第二次全体会议上的讲话

（2004年3月12日）

今天召开省老龄工作委员会第二次全体会议，主要是总结2001年以来的工作，分析当前老龄工作形势，研究部署今后一段时期的工作任务。刚才，省民政厅作了一个很好的汇报，省老龄委部分成员单位的负责同志也分别就做好老龄工作发了言，谈得都很好，我都赞同。

2001年以来，全省各市、各部门认真贯彻落实《中共中央、国务院关于加强老龄工作的决定》，加强对老龄工作的领导。省级理顺了老龄工作体制，成立了省老龄工作委员会及其办公室。2001年10月1日，《安徽省实施〈中华人民共和国老年人权益保障法〉办法》正式实施。2002年元月和6月，先后颁发了《安徽省老龄事业发展“十五”计划》和《中共安徽省委、安徽省人民政府关于贯彻〈中共中央、国务院关于加强老龄工作的决定〉的实施意见》。各级都组织实施了助老、养老工程，推动了社会福利工作的发展，老龄宣传、科研工作也取得了可喜成绩。老龄工作已越来越受到各级党委和政府的重视，老龄事业已得到全社会的广泛关注，老龄事业发展的环境不断改善，已开始步入健康发展的轨道。

但我们也要清醒地认识到这项工作面临的问题。如：有的地方对老龄工作重视不够，措施不力；中央关于老龄工作的方针政策，在个别地方还停留在口头上、会议上和文件上；部分市、县老龄工作体制至今没有理顺，影响了工作正常开展；各地老龄工作进展不平衡等。这些问题需要引起高度重视，并认真研究解决。

目前，我国正处在社会转型和经济转轨时期，一些深层次的社会矛盾逐步显现。同时，我省人口老龄化的形势也越来越严峻。据“五普”结果，2000年全省60岁以上和65岁以上老年人口已分别占总人口的10.5%和7.45%，已具有典型的老年型社会特征。而且在今后相当长的时期内，我省60岁以上人口还将以每年3%以上的速度增长。人口老龄化的迅速发展，对社会经济乃至家庭将产生深刻影响，也对老龄事业的发展提出了新的课题，需要深入研究，制定切实可行的工作计划，并认真组织实施。下面，我讲几点意见：

一、提高认识，增强做好新时期老龄工作的责任感

老龄工作是党和政府工作的重要组成部分，做好老龄工作是实践“三个代表”重要思想的具体体现。老年人是社会群体的重要组成部分，曾为我国革命和建设作出了重要贡献，应当受到全社会的尊重和党委、政府的关心帮助。各级党委、政府和有关部门要进一步提高认识，深刻认识到做好老龄工作的重要意义。做好老龄工作，除了体现中华民族敬老、养老、助老的传统美德外，还有利于促进社会生产力的发展。老年人是一个庞大的消费群体，在物质生活基本得到满足后，对社会服务和精神文化的需求将日益增长，积极培育老年消费市场，大力发展老年产业和老年服务业，对扩大内需，促进经济发展，将产生积极影响。各有关部门要把老龄工作放在重要位置，多为老年人办好事、办实事；同时要注意调动社会各方面的积极性，共同参与和推动老龄事业的发展。要坚持老龄工作为党的中心工作服务、为社会发展服务、为老年人服务的方向，稳步推进城市老龄工作，加大农村老龄工作力度，全面提高老龄工作整体水平。

二、突出重点，狠抓工作措施的落实

老龄工作的大政方针已经确定，现在关键是要抓好落实。当前，要重点抓好以下工作：

（一）深入贯彻《中共中央、国务院关于加强老龄工作的决定》和我省《实施意见》，全面落实《中国老龄事业发展“十五”计划纲要》和《安徽省老龄事业发展“十五”计划》。在贯彻过程中，要按照党的十六大和十六届三中全会精神，进一步转变工作作风，深入调查研究，解决问题，讲求实效，克服形式主义和官僚主义，创造性地开展工作，真正把党和国家的老龄政策落到实处。各成员单位要认真履行职责，做到工作有部署、有检查，确保抓出成效。各市也要结合本地实际，制定本地区的实施意见和老龄事业发展“十五”计划。今年5月底以前，各地老龄委要将本地区贯彻落实中央和省的决定及计划的情况报省老龄委。

（二）深入、广泛、持久地开展《老年法》及我省实施办法的贯彻实施工作。各级宣传、文化等部门要深入宣传《老年法》和我省实施办法，进一步提高全社会尊老、敬老、养老、助老的自觉性；司法部门要把《老年人权益保障法》及我省的实施办法纳入普法计划，增强全社会维护老年人合法权益的法律意识。各有关部门要依法维护老年人的合法权益，加大执法和监督力度。要进一步完善城镇职工基本养老保险和基本医疗保险制度，确保养老金的按时足额发放。加强城市居民最低生活保障工作，切实做到城市贫困老年人应保尽保。同时，要关注农村特困老年人生活，开展帮贫助困，帮助他们解决实际困难。要健全法律援助制度，加强老年人法律服务工作。各级老龄工作机构要把维护老年人合法权益作为重要工作内容，督促协调有关部门把老年维权工作落到实处。

（三）重点推动城镇社区和农村基层老龄工作。城镇社区和农村基层的老龄工作要以实施“星光计划”、建设老年服务设施、培育为老年人服务的中介组织、建立老年志愿者队伍、开展健康有益的活动为重点，统筹规划、整合力量，切实抓紧抓好。民政部门要抓紧制定相关政策，认真组织实施。老龄工作部门要综合协调，依托街道、社区居委会和村民委员会，积极探索新形势下社区和基层老龄工作管理体制和运行机制，使老龄工作重心真正落在社区和基层。要重视农村老年人的生活保障、医疗保障问题，加强调查研究，及早采取相应的对策，推动农村老龄工作的深入开展。

（四）积极开展老龄工作先进县（市、区）创建活动和“银龄行动”试点工作。创建老龄工作先进县，是贯彻“党政主导、社会参与、全民关怀”老龄工作方针的重要举措，是以点带面、整体推动老龄工作的重要手段。各地要统一思想，提高对创建活动的认识，切实加强领导，按照全国老龄委的要求，统筹安排，精心组织，确保这项工作顺利开展。省老龄办要就我省创建活动尽快作出安排，抓紧做好省级先进县的评选表彰工作，确保7月底前完成向全国老龄委的申报工作。“银龄行动”是新形势下“老有所为”的重要形式，是老龄工作部门援助西部地区和经济欠发达地区的积极举措。省老龄办要在调研基础上，从实际出发，拿出切实可行的试点方案，力争今年内启动试点。

（五）办实事，办好事，进一步丰富老年人的精神文化生活。在满足老年人不断增长的物质需要的同时，要满足其日益增长的精神文化生活需要。各级政府要把为老年人办实事、送温暖作为一项重要工作。文化、教育部门要把老年教育工作列入重要日程，为办好老年大学和老年学校创造必要条件。宣传、新闻、文化、体育部门要根据老年人的特点，有组织、有计划地开展有益于老年人身心健康的各种文化、体育活动。出版部门要组织生产老年人喜闻乐见的图书、电子读物及音像作品。各成员单位都要结合自身职责，在近期内制定今后两年为老年人办实事、办好事的工作计划，年底前交一份开展为老年人服务活动的专题调研报告。

三、加强领导，理顺老龄工作体制

各级党委和政府要切实加强对老龄工作的领导，进一步理顺老龄工作体制，形成上下贯通，管理有序的老龄工作体制。老龄工作在机构改革中只能加强，不能削弱。要切实加强老龄工作机构建设，建立正常的经费投入机制，配好人员并努力保证经费，为做好老龄工作提供可靠的组织保证。要重视老龄工作干部队伍建设，从思想上、政治上、生活上关心，认真抓好业务培训，提高他们的业务能力和工作水平，努力建设一支政治过硬、作风扎实、朝气蓬勃、勇于创新的高素质干部队伍。

蒋定之同志在江苏省老龄工作委员会第三次全体会议上的讲话

（2003年9月26日）

今天，省老龄工作委员会召开第三次全体会议，主要是回顾总结2002年以来的工作情况，研究部署当前及今后一段时间的老龄工作。

2002年以来，全省各地、各部门认真贯彻落实中共中央、国务院和省委、省政府关于加强老龄工作的部署，落实各项工作措施，老龄工作取得了新的进展。主要体现在以下几个方面：一是各级党委、政府及有关部门加强了对老龄工作的领导。各地把老龄事业纳入了经济社会发展规划，加大了落实老龄事业发展“十五”计划纲要的力度，老龄事业呈现出加快发展的良好势头。二是老龄工作机构基本理顺，初步形成了较为完备的老龄工作体系。各省辖市和90%以上县（市、区）、85%以上的乡、镇（街道）建立了新的领导体制和工作机制，健全了工作机构，发挥了对基层老龄工作的指导作用。三是老年社会保障体系建设步伐加快。各级政府加大投入，确保离退休费和企业离退休人员养老金的按时足额发放。全省城镇应享受低保政策的老年人全部纳入保障范围，实现应保尽保，并按高于当地平均水平10%～20%的标准发放保障金。城乡特困老人的社会救助和医疗救助体系建设也有了较大进展。四是老年社会福利设施建设进一步加快，老年社区服务体系逐步完善。通过实施鼓励兴办老年福利设施和老年服务网点的优惠政策，以及“星光计划”项目，大中城市和部分县城镇建设了一大批适合老年人特点的老年福利服务设施和网络，方便了老年人的生活。各地还积极培育老年中介组织、建立老年志愿者队伍，改善了对老年人的社会化服务和管理工作。五是老年文化教育工作得到加强，广大老年人的精神文化生活日益丰富。老年大学和老年学校发展较快，管理服务水平不断提高。全省老年文艺调演活动极大地推动了全省老年文体活动的开展，丰富了老年人的精神文化生活。六是维护老年人合法权益工作进一步加强，促进了广大老年人共享经济社会发展成果。总的看，各级各部门和社会各界对老龄工作越来越重视，尊老、敬老、养老、助老的良好社会氛围越来越浓厚，加快发展老龄事业的社会环境越来越好。这些成绩的取得，是各级党委、政府重视和关心的结果，也是各有关部门和社会各界积极参与、密切配合以及广大老龄工作者辛勤努力的结果。

同时，也应当清醒地看到，我省老龄事业发展还面临不少问题，工作中还存在一些薄弱环节。一些地方对老龄工作重要性认识不足，还没有将老龄事业和老龄工作摆上应有的位置；老年设施建设发展相对滞后，社会保障制度和服务体系不够完善；侵犯老年人合法权益的事件还时有发生；有的地方老龄工作机制不健全，编制、人员没有落实到位；老龄事业发展的经费投入相对不足等。我们必须正确认识老龄工作形势，认真查找不足，研究新情况，解决新问题，不断提高我省老龄工作的水平。

一、进一步提高对做好老龄工作重要意义的认识

发展老龄事业，实现健康老龄化，使老年人有保障、有尊严，能为社会继续作贡献，有利于维护社会稳定，有利于社会全面、持续、健康发展。各地各部门一定要从全局高度，充分认识当前做好老龄工作的重大意义。

首先，做好老龄工作，是实践“三个代表”重要思想的具体体现。胡锦涛总书记在“七一”讲话中指出，“三个代表”重要思想的本质是立党为公、执政为民。学习贯彻“三个代表”重要思想，必须以最广大人民群众的根本利益为根本出发点和落脚点。老年人的合法权益，是广大人民群众根本利益不可缺少的一部分。老年人为国家的建设和发展作出了贡献，我们今天的物质文明和精神文明成果蕴涵着他们的智慧和劳动，凝结着他们的辛勤汗水。尊重老年人，关心老年人，帮助他们解决实际困难，满足他们日益增长的物质和文化生活需要，让他们共享经济建设和社会发展成果，是维护和实现最广大人民根本利益的具体体现，是实践立党为公、执政为民的具体行动。

其次，加强老龄工作，是实现“两个率先”目标的内在要求。党的十六大以后，我省提出了富民强省、率先全面建成小康社会，率先基本实现现代化的奋斗目标。实现“两个率先”，一方面需要老年人的参与，调动他们的积极因素，发挥他们的一技之长，使之在促进科技发展、传播先进文化、关心教育下一代等方面发挥重要作用；另一方面，需要老年人生活水平的同步提高。没有老年人的小康，是不全面、不完善的小康。没有老龄事业现代化，就谈不上全社会的现代化。切实解决老年人的实际问题，提高他们的生活质量，是全面建设小康社会的一项重要任务。

第三，加强老龄工作，是推进社会主义精神文明建设的重要方面。中华民族历来有敬老、养老、助老的传统美德。很早就有“老吾老以及人之老”的古训。家家有老人，人人都要老，老年人的经历、智慧是社会的巨大财富，尊重老年人、善待老年人，就是正确对待过去、现在和未来。每一代人都是社会发展链条上不可缺少的一环。营造代际和谐、祥和安定的良好环境，形成长幼有序、尊老爱幼的社会风尚，是传承文明的具体行动，是提升全社会文明程度的重要环节，也是三个文明建设的重要内容。

第四，加强老龄工作，是当前我省老龄人口发展的形势所需。我省既是一个人口大省，同时也是老年人大省。目前，全省有 60 岁以上老年人口 960 万，占总人口的 13%。根据预测，全省老龄人口到 2010 年将占总人口的 16.3%，2020 年将占总人口的 21.9%，2030 年每 4 人中就有一位老年人。老龄人口比重上升，就业和社会保障压力增大，生态环境、自然资源和经济社会发展的矛盾日益突出。老年人口的快速增长，高龄老人比重的增加，必将给经济、社会、政治、文化等带来一系列影响。这个问题如果处理不好，将给家庭和社会带来沉重负担。我们必须高度重视老龄工作，切实增强做好老龄工作的自觉性、责任心和紧迫感。

二、突出重点，认真抓好社区和基层老龄工作

要加大宣传教育力度，普及《老年人权益保障法》等法律法规，贯彻《公民道德建设实施纲要》，在全社会营造尊老、敬老、养老、助老的良好氛围。动员社会各方面的力量，落实对老年福利事业的扶持政策，大力实施“星光计划”，在社区建设一大批适用、方便的老年人活动场所和服务设施，努力实现居委会有活动站点、街道有服务中心、乡镇有综合性老年服务机构，尽快形成设施配套、功能完善、管理规范的社区老年服务网络体系。认真落实对老年人的各项优惠政策，对伤残、孤寡、高龄等特殊困难的老年人实行特殊困难补贴制度。积极探索农村老龄工作的新路子，大力推广农村居家养老的经验。广泛开展老年志愿者服务活动。

三、加强政策引导，大力发展老龄产业

老龄产业是大有可为的“朝阳产业”。加快发展老龄产业，不仅可以满足老年人物质和文化生活需要，也是扩大内需、增加就业、促进经济社会发展的重要渠道。要进一步研究制定发展老年服务产业的政策和规划，推动老年服务业走社会化、产业化的路子。切实落实国家和省政府对机关、企事业单位、社会团体以及个人等社会力量投资兴办福利性老年服务机构的优惠扶持政策，调动社会各方面的积极性，鼓励、引导老年消费和子女敬老消费，培育面向老年人的护理、家政服务、教育、文化娱乐、旅游等消费市场，为老年服务业的快速健康发展创造良好的环境。

四、改革创新，加大对老龄事业的投入

老龄事业是一项新型的社会事业，具有很强的公益性，要求各级财政将老龄事业经费列入财政预算，并确保逐年有所增加。动员全社会的力量，支持老龄事业发展，鼓励企事业单位、个人投资老龄事业，鼓励和动员民间、社会捐助，多渠道筹集老龄事业发展资金。努力扩大福利彩票的发行规模，切实加强对彩票发行收入的管理，在彩票收益中安排较大比例用于发展老龄事业。

五、转变工作作风，千方百计为老年人办实事、办好事

要按照实践“三个代表”重要思想、全心全意为人民服务的要求，想老年人之所想，急老年人之所急，倾听老年人的呼声，关心老年人之疾苦。抓紧做好省老年公寓的建设工作，争取尽快建成投人使用。注意发挥老年人在改革发展稳定中的重要作用，充分调动老年人的积极性。在自愿和力所能及的前提下，鼓励老年人发挥余热，施展才干，老有所为。全省各级老龄工作机构要进一步转变作风，加强调查研究，加强规划指导，加强协调服务，加强督促检查，推动老龄工作各项任务的全面落实，努力开创全省老龄工作的新局面。

六、切实加强老龄工作的组织领导

做好老龄工作任务重、要求高。各级各有关部门要围绕中央和省委省政府关于加强老龄工作的决策部署，明确责任，周密部署，狠抓各项措施的落实到位。一是要切实加强领导。老龄问题是一个十分重要的社会问题。老龄工作是党和政府的一项重要工作。老龄工作只能加强，不能削弱。各级各有关部门要切实贯彻“党政主导、社会参与、全民关怀”的老龄工作方针，从改革开放和保持社会稳定的大局出发，深刻认识全面建设小康社会与发展老龄事业的密切关系，将老龄事业纳入社会发展规划，把老龄工作摆上重要议事日程。二是要进一步理顺老龄工作领导体制和工作机制。健全工作机构，配备必要人员，安排相应经费，确保工作的顺利开展。要建立健全老龄工作的检查考核机制。三是要形成齐抓共管的合力。老龄工作涉及诸多方面，要明确职能分工，创新工作机制和工作方法，进一步形成齐抓共管的合力。民政、财政、劳动保障等部门要确保企业离退休人员基本养老金、城市居民最低生活保障金的按时发放，确保城乡贫困老年人的基本生活；宣传、新闻出版等部门要积极做好老龄宣传工作；卫生部门要建立健全社区老年医疗保健服务网络，为老年人提供方便的医疗保健服务。教育、文化、广电等部门要办好各种形式的“老年学校”，积极开展丰富多彩、健康有益的老年文化活动；体育等部门要做好群众性体育工作，广泛开展老年体育健身活动；司法等部门要做好维护老年人合法权益工作，健全对老年人的法律援助制度；工、青、妇等其他部门要从自身实际出发，千方百计为老龄人办实事、办好事。各部门确立“全局一盘棋”的思想，各司其职，共同推动老龄工作的开展。四是要加大老龄工作宣传力度。充分利用各种新闻媒体，对老龄工作的新情况、新举措、新进展、新经验进行宣传报道。运用群众喜闻乐见的形式开展宣传，使为老服务工作家喻户晓。通过入户走访、上门服务，召开现场会、社区老年志愿者先进人物表彰会、报告会，举办老年文艺汇演等方式，推动宣传工作的深入扎实开展。充分运用广播、电视、报纸、杂志、网络以及黑板报、宣传栏等媒体和手段，广泛深入地宣传《老年人权益保障法》和国家的有关政策，同时要把法制宣传与精神文明建设结合起来。在宣传《老年人权益保障法》的同时，大力弘扬中华民族传统美德，在全社会营造一个尊老、爱老、助老的良好氛围和环境。

省政府拟定于9月29日在南京召开全省创建老龄工作先进单位、争当敬老先进个人总结表彰大会，总结交流近年来老龄工作情况和经验，表彰一批老龄工作先进单位和先进个人，部署今后一个阶段的老龄工作任务。

老龄工作是一项伟大而崇高的事业。随着新世纪我国改革开放和现代化建设的加快推进，老龄工作的地位和作用必将日益突出。我们要更加紧密地团结在以胡锦涛同志为总书记的党中央周围，按照“三个代表”的要求，求真务实，开拓创新，努力把我省老龄工作提高到一个新水平，为实现“两个率先”的宏伟目标作出更大的贡献。

江西省老龄工作委员会《关于开展创建老龄工作先进县（市、区）活动的实施意见》

（2003 年 11 月 5 日）　【赣老龄委〔2003〕2 号】

各设区市老龄工作委员会：

为贯彻落实全国老龄委《关于在全国开展创建老龄工作先进县（市、区）活动的通知》（全国老工委发〔2003〕3 号），在全省迅速掀起创建热潮，现根据创建条件，结合我省实际情况，提出如下实施意见。

一、指导思想和目的

以党的十六大精神和“三个代表”重要思想为指导，以贯彻落实《中共中央、国务院关于加强老龄工作的决定》和《中共江西省委、江西省人民政府关于加强老龄工作的意见》为主线，以实施国家和我省《老龄事业发展“十五”计划纲要》为内容，以改善和提高老年人生活质量为宗旨，通过建立表彰激励机制，推动全省各地按照创建条件，抓住薄弱环节，解决突出问题，落实“六个老有”工作目标，整体推进我省老龄工作和老龄事业向前发展。

二、创建条件

（一）组织领导坚强有力

1. 党委、政府高度重视老龄工作，有关领导经常听取老龄工作情况汇报，及时协调解决老龄工作的重大问题。

2. 党委、政府下发了有关加强老龄工作的重要文件，制定了老龄事业发展规划。

3. 老龄工作议事协调机构健全，成员单位职责明确，作用发挥明显，老龄工作形成了齐抓共管的局面。

4. 老龄委办公室编制落实，人员到位，办公设施完善，工作经费有保障。

5. 县（市、区）、乡（镇、街道）、村（居）三级老龄工作组织网络健全，工作有布置、有检查、有总结。

（二）老年政策法规落实

1.《中华人民共和国老年人权益保障法》和《江西省实施〈老年法〉办法》及各项老年优待政策落实。

2. 设有“老年法律援助工作站”。侵犯老年人合法权益案件得到优先援助，符合法律援助条件的涉老案件办理率达到 100%，无因案件得不到及时处理而发生老年人越级上访的事件。

3. 老年信访处理率达到 100%，无因侵权行为而发生老人非正常死亡现象。

4. 老年人没有发生刑事案件。

5. 社会服务窗口和设施要有老年人优先、优待的明显标志。

6. 老年人申领《江西省老年人优待证》数占本地老年人总数不低于 10%。

（三）养老保障水平逐年提高

1. 做好养老保险扩面征缴工作，圆满完成年度参保人数、基金征缴的任务。

2. 确保参保企业事业单位离退休人员基本养老金按时足额发放，社会化发放率为 100%。

3. 确保离休干部费按时足额发放，无拖欠现象。

4. 努力扩大基本医疗保障覆盖面，圆满完成年度参保数任务指数。保证离休干部的医药费按规定实报实销。积极推进农村新型合作医疗制度和医疗救助制度。

5. 最低生活保障线以下的城镇老年人全部列为保障对象。

6. 城市社区和农村老年人协会有老年人健康或其他方面的档案资料。

7. 确保城镇“三无”老人和农村“五保”老人基本生活不低于当地人均生活水平，其中农村“五保”老人集中供养率达 40% 以上。积极推行签订家庭赡养协议书的工作。

8. 建立了特困老年救助制度，因突发灾害而导致贫困的老年人能够得到及时救助。

（四）老年服务设施健全

1. 党委、政府或有关部门制定出台了动员社会力量参与老年服务设施建设的优惠政策。

2. 本县（市、区）至少有一所老年活动中心、老年大学、老年公寓。

3. 90% 的乡镇（街道）有老年活动站（室）、老年学校。

4. 60% 的村（居）有老年活动场所（老年之家）。

5. 所属老年服务机构，设施齐全，管理规范，利用率高。

6. 现有图书馆、群艺馆、文化馆（站）、公共体育场所为老年人提供优先优惠服务。

（五）老年人精神文化生活丰富

1. 100％的村（居）委会有老年人协会等老年群众组织，管理规范，制度健全，活动经常。在政治、精神文明建设中发挥作用明显。

2. 离退休人员党组织健全，活动经常，“老有所为”典型事迹突出。

3. 县（市、区）级每年组织大型老年文化、娱乐、体育活动不少于2次，老年人参与率高。

4. 老年人健康向上，没有发生因参加封建迷信和伪科学活动而造成恶劣社会影响的事件。

（六）敬老宣传教育广泛深入

1. “老年节”期间，机关、学校，企事业单位开展了敬老道德教育和助老活动。

2. 县（市、区）级广播和电视坚持经常性地播放有关老龄方面的节目。

3. 村（居）委会的墙报、板报每年有2～3期老龄方面的专版内容。

4. 县、乡、村三级坚持每年一次敬老、养老、助老先进单位和个人的评比表彰。

三、组织实施和评选办法

（一）老龄工作先进县（市、区）创建活动由各级老龄办组织实施，具体负责创建活动的指导和老龄工作先进县（市、区）的考核、推荐工作。

（二）按照自下而上的推荐申报原则，根据创建条件，先由本县（市、区）老龄办组织有关部门进行自评，经本级老龄委审定后向所在设区市老龄办写出申请报告；设区市老龄办接到报告后，组织本市有关部门进行检查验收和初评，对符合条件的，经设区市老龄委审核后向省老龄办推荐；最后，经省老龄办考核，报省老龄委审定后由省老龄委进行表彰并向国家老龄委推荐。

（三）全国和全省老龄工作先进县（市、区）创建活动每三年评选一次，实行动态管理，不搞终身制。我省拟在2004年组织首次全省老龄工作先进县（市、区）评比表彰。

四、要求

（一）加强领导，精心组织。开展老龄工作先进县（市、区）创建活动，是加强基层老龄工作、推动老龄事业发展的重大举措。各级老龄委要提高认识，加强领导，统筹规划，精心安排。根据创建条件，各地可制定具体的实施意见。要在党委、政府的领导下，认真做好宣传工作，动员社会各界积极参与，使创建活动深入人心。

（二）求真务实，注重效果。创建活动要搞好“五个结合”，即同全面建设小康社会的中心任务相结合，同精神文明建设相结合，同解决老龄工作中的突出问题相结合，同充分发挥老年人的作用相结合，同开展创建敬老模范乡（镇、街道）、村（居）工作相结合。要注重实效，力戒形式主义。

（三）抓好典型，及时总结。各级老龄办要加强对创建活动的指导，搞好调查研究，及时掌握情况，认真总结经验，积极探索新的工作思路，重视解决创建工作中出现的新问题。要抓好典型，充分发挥典型示范的引导、带动和辐射作用，点面结合，整体推进。要坚持标准，认真做好老龄工作先进县（市、区）申报、考核和评选的组织工作。创建活动的情况，要及时向省老龄办反映。

彭宏松同志在江西省老龄工作委员会第四次全体会议上的讲话

（2005年4月12日）

同志们：

刚才，刘煌榜同志传达了回良玉副总理在全国老龄委第七次全体会议上的讲话，这个讲话，会后要印发给各个单位，认真组织学习，深刻领会精神，按照要求抓好工作落实。罗筱玉同志对全省2004年老龄工作进行了回顾，对2005年任务进行了部署，讲得都很好。省委老干部局、省卫生厅、团省委的同志作了发言，我看这个发言有三个特点：一是他们确实把老龄工作摆到了重要议事日程，工作做得有声有色。二是年年工作有创新，开展活动不是老一套，做到了与时俱进。三是注意围绕老年人需要解决的实际困难开展服务，把党和政府的温暖送到老年人的手里，把全社会的关爱送到老年人的身上。工作做得非常扎实，而且很有成效。去年我们全省老龄工作取得了很好的成绩，他们三个单位的经验介绍，是省老龄委各成员单位开展工作的一个缩影。我相信他们的经验介绍，对我们整个老龄工作是个推动。

下面，在罗筱玉同志部署的基础上，我就做好2005年的老龄工作再强调几点：

一、从提高执政能力的高度，充分认识做好老龄工作的重要性

党的十六届四中全会把提高“构建社会主义和谐社会的能力”作为当前和今后一个时期加强党的执政能力建设的一项重要任务。构建社会主义和谐社会的能力，就是要妥善协调各方面的利益关系，正确处理人民内部矛盾，坚持把最广大人民的根本利益作为制定政策、开展工作的出发点和落脚点，正确反映和兼顾不同方面群众的利益。老年人是人民群众的重要组成部分，老龄工作是重要的社会工作，做好老龄工作对于构建和谐的社会环境、提高党的执政能力，具有十分重要的意义。

做好老龄工作，是践行“三个代表”重要思想，维护老年人根本利益的具体体现。老年人是党和国家的宝贵财富，他们为民族解放和国家建设作出过巨大贡献，今天的物质文明和精神文明成果蕴涵着他们的智慧和辛勤劳动。做好老龄工作，关心、爱护老年人，认真解决关系他们切身利益的实际问题，切实保障他们的合法权益，使他们与全省人民一道共享改革开放的发展成果，是践行“三个代表”重要思想，维护老年人合法权益的具体体现。

做好老龄工作，是促进我省经济和社会协调发展，实现在中部地区崛起的必然要求。人口老龄化问题，从一定意义上讲是社会发展问题。我省现有60岁以上的老年人近400万，即将进入人口老龄化省份。老年人口的快速增长，特别是高龄老人比重增加，将给我省经济、社会、政治、文化等方面带来一系列影响。我们必须用科学发展观来看待并指导做好老龄工作，把老龄事业的发展纳入全省经济和社会发展的全局中去考虑和谋划，使老年人在有保障、有尊严、有安全的社会条件下生活，从而促进经济社会的协调发展和人的全面发展。

做好老龄工作，是构建我省和谐社会，维护改革发展稳定大局的客观需要。老年人是个庞大的社会群体，是社会稳定的重要因素。我省正处于经济转轨和社会转型时期，各类矛盾增多，有的也触及到老年人的切身利益，同时，家庭规模的缩小、“空巢老人”比例的上升也给家庭和社会养老带来很大的压力。做好老龄工作，妥善处理涉及老年人切身利益的各种矛盾，有利于维系家庭和社会稳定，为我省经济和社会发展营造和谐的社会环境。

二、紧紧围绕“六个老有”目标，形成工作合力

今年全省老龄工作的主要任务，罗筱玉同志在工作报告中已经作了部署，我要强调的是，要突出重点，紧紧围绕“六个老有”的目标，扎扎实实地为老年人办实事。

（一）加大扶贫济困力度，切实解决好贫困老年人的“养”和“医”的问题。“养”和“医”是老年人的基本需求，“养”和“医”解决不了，就谈不上老有所教、老有所学、老有所为、老有所乐。“养”和“医”的问题是关系到贫困老年人的生存问题。近几年来，我省加大了改革开放力度，经济发展速度明显加快，人民的生活水平日益提高，但相对贫困还是存在的。在城市，一些单位、企业拖欠老年人的医疗费，农村老年人缺医少药的情况仍然较为严重。因此，劳动保障、民政、卫生、财政等部门要把解决特困老人的“养”和“医”的问题作为今年为老年人办实事的重点。劳动保障部门要在确保发放养老金的基础上，积极探索困难企业和职工参加基本医疗保险办法。各有关部门要按照国家的统一部署，积极稳妥地做好城乡医疗救助工作，努力缓解老年人因病致贫、因病返贫的矛盾。民政部门对城市特困老人要优先纳入低保范围，做到应保尽保，对农村特困老人要加大救助力度，要继续提高“五保”集中供养率，并积极动员社会力量，兴办老年福利事业。财政部门要确保涉老方面的资金落实。卫生部门要继续抓好农村新型合作医疗试点工作，完善社区老年医疗保健服务网络，坚持开展“卫生下乡”活动，采取一些积极有效的措施，使贫困老年人“老有所医”。

（二）积极开展老年文体活动，丰富老年人的精神文化生活。随着经济的发展，老年人的精神文化生活的需求层次也日趋提高。今年，教育、文化、体育、广电、新闻出版等部门和工会组织要把进一步加强老年人文体工作，扩大老龄工作的社会影响作为为老年人办实事的重点。根据本部门的职能，要认真解决目前存在的城市社会老人活动场所少，农村老年活动场所设施简陋以及老年活动项目单一，老年文化教育落后的问题。要通过因地制宜开展生动活泼、形式多样、健康有益的老年文体活动和老年健身活动，丰富老年人的精神文化生活，使之做到老有所教、老有所学、老有所乐。

（三）认真落实老年优待政策，依法维护老年人合法权益。2002年省人大公布施行的《江西省实施〈老年人权益保障法〉办法》规定了6条老年人优待政策，总的落实得比较好，但有的地方免费上收费公共厕所难、免费坐市内公交车难、免费进入旅游景区景点难的问题，有关部门要根据新情况，研究切实可行的办法。加强督促，把已经出台的政策落实好。2006年是《中华人民共和国老年人权益保障法》颁布10周年，要认真分析我省对《老年法》的执法情况，总结推广先进经验。公安、司法、法院等部门要进一步建立健全老年法律援助和司法求助体系，加大侵犯老年人合法权益的打击力度。要把宣传贯彻《老年法》作为“送法下乡”、“法律进社区”的重要内容，不断增强人们的老年法律意识，在全省营造敬老爱老助老的良好社会氛围。

三、深入开展创建活动，不断提升基层老龄工作水平

开展创建老龄工作先进县（市、区）的活动，有利于解决基层老龄工作中的突出问题，有利于夯实老龄工作基础，有利于整体提升全省老龄工作水平。全国评比表彰每三年一次，为了争取第二轮我省有更多的先进县（市、区）跨入先进行列，我们要早准备、早培养。当前和今后一个时期的创建工作，仍要以解决基层老龄工作中的突出问题为主。

（一）继续完善老龄工作组织体系。创建工作首先是要把机构和网络建立健全起来，做到有人办事、有钱办事。全省现在还有几个县没有建立机构，要加强督促。除了县一级成立老龄工作机构以外，乡镇（街道）一级也要有人分管老龄工作，并认真解决工作经费问题。有的设区市以党委、政府“两办”的名义下发了关于加强基层老龄工作机构建设的文件，为基层开展创建活动提供了组织保障，应当在全省总结推广。

（二）加强老年服务的“硬件”建设。按照全国和我省老龄工作先进县（市、区）的创建条件，县（市、区）要有老年活动中心、老年大学、老年公寓，乡镇（街道）要有老年活动站、老年学校、敬老院，村（居）要有老年活动室（老年之家）。上面讲的老年活动中心，是指老年人活动中心，而不是老干部活动中心，是面向全社会老年人的。从目前我省的情况来看，多数县（市、区）都是老干部活动中心。我看可以资源共享，完善制度规定，扩大服务范围，提高利用率。乡镇（街道）、村（居）可以将闲置的房屋改建成老年人活动室。老年活动场所的建设是创建的“硬件”，达不到这个条件，就不能评先进。因此，各地要加大投入，并出台相应的优惠政策，鼓励、引导社会力量参与老年服务设施的建设。把老年服务设施建设好，不仅是为了创建，更重要的是保证“六个老有”的要求在基层能够得到更好的贯彻落实。

（三）积极探索创建工作长效机制。老龄工作先进县（市、区）评比表彰每三年一次，一轮之后，有的地方就不那么重视了，如何调动基层创建工作积极性，使创建工作长久不衰，始终保持旺盛的发展势头，建立长效工作机制值得研究和探讨。设区市可以根据全国和省里提出的创建条件，结合本地区老龄工作的整体水平，制定出市里的创建标准，每年评比表彰一次，并广泛开展“模范敬老乡（镇）”和“模范敬老村”评比表彰活动。这样才能保持基层创建工作的活力，使创建工作在加强基层老龄工作、整体推进老龄事业发展中发挥更大作用。关于省下半年召开表彰会的问题，我看早点发个文件。开表彰会是个形式，主要是通过表彰会推动全省老龄工作，发个文件，对老龄工作如何上个台阶，开创新局面，提出工作要求。表彰会要适当宽一些。既要有先进县（市、区）、先进单位，还要有先进个人。先进个人既要有先进工作者，还要有敬老养老的先进个人。要把表彰的重点放在基层第一线。还要加强典型的宣传工作。

同志们，老龄委是个议事协调机构，工作还是要靠各成员单位去做。会后，我们要按照全国老龄委和省老龄委这次会议的部署，结合前面三个单位的经验介绍，在新的一年里，认真履行职责，把老龄工作提到重要议事日程，工作要有所创新，扎扎实实为老年人做些事情。不管是谁今后都会老，今天为老年人多做点事，就等于为我们自己做事，以这种责任感做好老龄工作，大家就会觉得这是份内的事，就会把工作做得更好。

陈芸同志在福建省老龄工作委员会第四次全体会议暨全省老龄办主任会议上的讲话

（2003年4月29日）

同志们：

这次省老龄委第四次全体会议暨全省老龄办主任会议，是在全省上下深入学习贯彻党的十六大精神，老龄事业不断发展的形势下召开的一次重要会议。刚才，会议表彰了全省老龄系统先进集体和先进工作者，这是省老龄委成立以来首次以省人事厅和省老龄办的名义进行表彰。在此，我代表省政府向在老龄工作中做出突出成绩的先进集体和先进工作者表示热烈祝贺！向关心、支持我省老龄事业发展的社会各界表示衷心感谢！向全省老龄工作者表示亲切慰问！刚才，李宗明同志传达了全国会议精神，回顾了去年工作，部署了今年工作。现在我再强调几点意见。

一、肯定成绩，认清形势

2000年10月，我省新一届老龄委组建以来，在省委、省政府的领导下，我省老龄工作取得了明显的成绩，老龄事业有了新的发展，得到全国老龄委办公室的充分肯定。各级党委政府高度重视。省委、省政府制定了一系列加强老龄工作的政策，下发了相关文件，关心、过问和推动我省老龄事业的发展。部分市、县、区也制定了老龄事业发展“十五”计划，认真落实老龄各项工作。老龄工作的氛围初步形成。各级老龄委成员单位认真履行职责，密切配合，为老年人做了大量实事、好事，老龄工作部门加强综合协调和督促检查，社会各界积极参与老龄事业。几年来，我省通过“低保”、社会救助等多种形式救助特困老人，社会养老保障体系逐步完善。老年人的思想政治教育形式多样，老年服务基础设施不断改善，对老年人的法律服务和法律援助力度得到加强。通过社区建设和基层老龄工作，推进企业退休人员的社会化管理。各级老龄办在综合协调工作中探索出许多好的做法和经验，为老龄工作的开展营造浓厚的社会氛围。前不久，在部分老同志的倡导下，省老龄委举办了一期“老龄论坛”，一些老同志和研究老龄问题的学者专家在会上对当前老龄工作中带有全局性和普遍性的热点难点问题发表了很好的意见和建议，进一步活跃了思想，拓展了思路。老龄工作机构基本理顺，队伍建设得到加强。目前，全省9个设区市和76个县（市、区）已理顺老龄工作机构。部分乡镇（街道）也建立了老龄工作机构。各级老龄工作部门高度重视干部队伍的自身建设，工作思路、工作机制不断创新，工作作风比较扎实，努力建设一支政治强、业务精、作风实、讲奉献的老龄工作队伍。

我们在充分肯定成绩的同时，也要看到老龄工作中存在着一些不容忽视的问题。有的地方对发展老龄事业的重要性和紧迫性认识不足，对老龄工作中存在的问题不能及时研究解决；有的地方领导对本地的老龄工作情况了解不深，组织制定的老龄事业发展计划和措施结合实际不够，工作也不够扎实和落实。目前全省还有10个县（市、区）老龄工作体制没有理顺，办事机构的人员配备还不到位。有的地方老龄工作经费严重不足。这些问题必须引起各级各有关部门的高度重视，认真加以研究解决。

我省是全国较早进入老年型的省份。至2002年底，我省65岁及以上老年人口已占全省总人口的7.6%。本世纪头20年是全面建设小康社会的重要时期，也是老龄工作的重要时期。面对老龄化进程不断加快的新形势，做好老龄工作，不断开创老龄工作新局面显得尤为重要。广大老年人曾经为国家的建设和发展作出过很大贡献，尊重老年人，关心老年人，帮助他们解决实际困难，满足他们日益增长的物质和文化需要，使他们与全国人民一道共享全面建设小康社会的新成果，是全社会义不容辞的责任，也是实现和维护最广大人民根本利益的具体体现。全面建设小康社会，需要老年人生活水平的同步提高，需要老年人的积极参与，需要代际和谐的良好社会环境，需要老年福利事业和老龄产业的协调发展。省委、省政府贯彻党的十六大精神，已经确定福建要比全国提前三年实现国内生产总值翻两番的目标进入全面小康社会。我们更要以“三个代表”重要思想为指导，增强做好新形势下老龄工作的责任感和紧迫感，认真研究新思路，制订新举措，拓展新空间，取得新成效，推动我省老龄事业不断发展。

二、突出重点，抓好落实

2003年，我省老龄工作要按照全国老龄委第五次全体会议及全国省级老龄办主任会议的要求，结合实际，扎扎实实地抓好、抓实。

“十五”计划实施力度必须加大。《福建省老龄事业发展“十五”计划》的出台，充分体现了省委、省政府对发展老龄事业的重视和对广大老年人的关心。各级要根据老龄事业的合理需要和财力可能，加大对老龄事业的投入，并积极拓展多渠道资金来源，筹集更多的资金用于救助社会特困老人，支持贫困地区、老区和少数民族地区的基础性、示范性、非营利性老年福利服务设施及老年活动、学习场所的建设。要加强老龄事业宣传工作，增强全社会老龄事业意识，进一步营造敬重老人、扶助老人的氛围，广泛开展社会敬老优待活动。要加快体制和机制创新，大力发展老龄产业。要加强老龄问题的科学研究，不断提高老龄科研水平。“十五”时间已将过半，各地各部门要把“十五”老龄事业发展计划纳入本地区经济和社会发展计划，并落实到年度计划中。各级老龄委成员单位要根据职责分工，制定、完善和落实具体措施，使“十五”计划落到实处。今年底，省老龄办要会同有关部门组织力量对“十五”计划的实施情况进行评估。

当前要抓好三个方面的工作：一要落实好《福建

省优待老年人若干规定》。有关部门要根据各自的职能，制定落实“优待规定”的具体措施。优待措施要向社会公开，优待服务窗口要挂牌服务，接受社会监督。“优待规定”在全省范围内实行，适用于全省老年人，各地已有的“优待规定”的优待标准高于省里规定的，能就高的就不就低。各级老龄办要加强综合协调和督促检查，确保“优待规定”在全省得到落实，使全省老年人真正得到实惠。二要切实做好救助特困老人工作。要按照去年省老龄办等8部门制定的《关于进一步做好救助特困老人工作的意见》要求，完善保障制度，提高供养能力；实施“解困工程”，推动社会助老；完善救助制度，提高社会效益；加大宣传力度，营造社会氛围。民政、劳动和社会保障、财政、教育、卫生、司法和共青团等部门和团体，要按照各自职责，认真加以落实。三要重视做好老年维权工作。这是今年老龄工作的一项重要任务。各级老龄工作部门和有关部门要认真贯彻全国老龄办、司法部、公安部联合下发的《关于加强维护老年人合法权益工作的意见》精神，充分认识加强老年维权工作的重要性和紧迫性，把老年维权工作列入工作计划，摆上议事日程，认真部署，抓好落实。要认真研究新形势下维护老年人合法权益的新情况、新特点，采取有力措施，切实做好老年人权益保障工作。要加强老年法律服务工作，积极为老年人提供诉讼代理及非诉讼代理服务，及时、优先办理涉及老年人合法权益或者老年人委托、求助的法律事务。各级老龄工作部门要加强老年人来信来访和老年人法律政策的咨询服务工作，及时向司法行政机关提供老年人法律服务和法律援助的需求信息。基层老龄工作部门要协调有关方面，依靠基层司法组织，深入排查涉及老年人的矛盾和纠纷，做好消除矛盾、化解纠纷的工作。有关部门要依法受理涉及侵害老年人合法权益的申诉、控告和检举，切实维护老年人的合法权益。

社区和基层老龄工作应当加强。要积极探索建立与社会主义市场经济体制相适应的社区老龄工作体制和运行机制，充分利用社区各种有关资源，调动各方面的积极性，做到社区老龄工作有人抓、老年人的事情有人管、老年人的困难有人帮助解决。要认真总结推广我省社区老龄工作试点的做法和经验，建立健全社区老龄工作组织，发展为老年人服务的志愿者队伍，发展基层专兼职老龄工作队伍，加强社区老年福利服务设施建设，构建社区为老服务体系，使老年人的困难在社区基本得到解决，老年人的作用在社区得到发挥，同时为企业退休人员社会化管理创造良好的条件。

三、加强领导，履行职责

各级各有关部门要深刻认识老龄事业在国民经济和社会发展中的地位和作用，切实把老龄工作摆上议事日程，将老龄事业纳入全面建设小康社会的各项规划。要按照“老龄工作只能加强，不能削弱”的要求，加强老龄工作的各项基础建设。省老龄委作为省政府的议事协调机构，这次又增加了新的成员单位，目的是要充分发挥成员单位的职能，共同来推动这项工作的开展。各成员单位要按照《福建省老龄工作委员会成员单位职责》要求，齐心协力，密切配合，发挥职能作用，共同推动老龄工作的开展。市、县、区的老龄委也要按照省里的做法，明确各成员单位的职责，建立责任制，才能确保各项老龄工作的落实。只要我们加强领导，各成员单位认真履行职责，上上下下、方方面面形成合力，就一定能把我省的老龄工作做得更好。

各级政府、各有关部门贯彻“十五”规划，履行部门职责，落实“优待规定”，抓好社区基层，加强维权工作，这些都是惠及老年人的实事，都反映着政府诚信的水平，都是建设对人民负责政府的题中应有之义。随着全面小康进程的加快，社会进步的日益显现，人民健康水平的提高，历史将证明我们今天从事的老龄事业的意义是多么重要而深远。

福建省委办公厅、省人民政府办公厅《关于进一步加强老年教育工作的意见》

（2004年11月2日）【闽委办〔2004〕79号】

各市、县（区）委和人民政府，省直各单位：

老年教育是贯彻党的十六大提出的“发展继续教育，构建终身教育体系”、“形成全民学习、终身学习的学习型社会”要求的重要组成部分，也是我省实施“人才发展战略”的重要内容。为进一步推动我省老年教育工作的发展，现提出如下意见：

一、充分认识加强老年教育工作的重要意义，切实增强责任感和紧迫感

老年教育是党的老龄事业的重要组成部分，是适应改革开放、社会经济发展、人口老龄化趋势需要而产生的新兴事业。加强老年教育，是实践“三个代表”重要思想的必然要求。老年人是我国社会的一大群体，又是极需要丰富多彩的精神文化生活的人生阶段。不断巩固和提高老年人的思想文化素质，满足他们日益增长的物质和文化需要，促进他们的身心健康，使他们能够老有所教、老有所学、老有所乐、老有所为，安享晚年，是党和国家义不容辞的一项重要任务。加强老年教育，是推进全面建设小康社会、建设海峡西岸经济区的现实需要。老年人群体是参与改革和建设的一支重要力量。实现党的十六大提出的全面建设小康社会目标，把我省建设成为对外开放、协调发展、全面繁荣的海峡西岸经济区，不仅需要中青年龄段人口的不懈努力，也需要老年人的积极奉献；不仅需要物质财富的充分发展，也需要思想、文化、精神等各方面共同发展。加强老年教育，是构建终身教育体系的重要环节。构建终身教育体系，促进学习型社会的形成，是当今社会发展的必然趋势，是现代文明进步的具体体现。老年教育是终身教育体系不可或缺的重要环节和形成学习型社会的客观要求，是实施人才强省战略、开发老年人才资源的重要举措，只有大力加强这项工作，才能适应改革发展稳定的新形势，才能跟上时代和社会的发展步伐。

经过多年努力，我省老年教育事业已取得了很大发展，受到了广大老年人的普遍欢迎，产生了良好的社会效益。同时，应该看到全省人口年龄结构已进入了老龄化阶段，且在今后一段时期老龄化进程还将继续加快，这对加强老年教育工作提出了更高要求。全省各级党委、政府和各有关部门，必须从我们党所肩负的历史使命和国家改革发展稳定的大局出发，充分认识加强老年教育工作的重要性，切实增强责任感和紧迫感，努力克服在一些地方存在的认识不足、措施不力、工作不到位、发展不平衡等现象，尽快改变老年教育滞后状况，切实把这项工作当作一项造福老年人、奉献社会的重要事业来办，抓出成效。

二、明确老年教育工作的指导思想、基本原则和目标任务

老年教育是一项开创性的事业，也是一项探索性的事业。要坚持以马列主义、毛泽东思想、邓小平理论、“三个代表”重要思想和十六大精神为指导，从我省实际情况出发，适应人口老龄化的趋势，坚持以人为本，着眼于提高人的素质，把老年教育同思想政治工作和先进文化建设结合起来，与增进老年人的身心健康结合起来，全面提高老年人口的整体素质和生活质量，发挥他们的积极作用，实现健康老龄化，促进经济和社会的全面协调发展。

做好我省老年教育工作，必须坚持老年教育事业与国民经济和社会发展相适应，纳入国民经济和社会发展总体规划；坚持党政主导、多方参与、社会支持，走多层次、多渠道、多形式发展的路子；坚持分类指导，因地制宜地发展老年教育；坚持普及与提高并重的方针，以发展社区和农村老年教育为重点，在扩大覆盖面的同时，不断提高教育质量和水平；坚持“增长知识、丰富生活、陶冶情操、提高素质、增进健康、服务社会”的办学宗旨和就近、方便、自愿的原则，既注重教育的思想性、知识性，又注重教育的实用性、趣味性。

我省老年教育事业发展的主要目标是：既要抓紧建设好老年大学（学校）这个开展老年教育的主阵地，又要在全社会营造有利于老有所教、老有所学的环境和氛围。到2005年，全省各设区的市和县（区、市）建成一所具有一定规模、上档次、较为规范的老年大学，城市街道和农村乡（镇）建校率达100%，村（居）建校率达35%以上，全社会老年人入学率达10%以上。到2010年，省、市、县、乡四级老年大学（学校）进一步巩固完善，提高办学水平，村（居）建校率达100%，全社会老年人入学率达13%以上。同时，通过发展函授、电视、广播、网络以及其它形式的老年教育，满足老年人就地、就近学习的需求，让更多的老年人有学习教育的机会，使全省老年教育取得重大进展，老年人的精神文化生活有明显改善。

三、动员社会各方面力量广开办学渠道，努力构建实施老年教育的办学体系

适应老年教育工作发展要求，经过几年的努力，逐步在全省建立起以老年大学为骨干，以基层老年学校为依托，以远程网络教学为纽带，不同内容教育互补、各种办学类型并存，教学点分布面广、覆盖率高，全方位、多层次、多学科、多学制的老年教育办学体系。

进一步办好老年大学。全省现有的省、市、县（区）三级老年大学要加强自身建设，面向社会、面向实际、面向基层、面向老年群体，进一步规范教学管理、改进教学方式、充实教学内容、拓宽办学路子，艰苦创业、勤俭办校，在原有的基础上不断提高办学质量和办学水平，努力形成当地老年教育中心、老年教育培训中心和科研中心，在全省老年教育中起骨干、带动、示范和指导作用。在“十五”期间，要有重点地在全省发展、培育一批条件较好、质量较高、颇具规模的老年大学示范校，作为典型引路。其它老年大学，也要在搞好自身教学的同时，在教学管理，教学形式、手段、内容等各方面多进行研究探索，总结经验，搞好推广。

大力发展基层老年学校。城市街道和农村乡（镇）都要建立老年学校或老年大学分校。尤其要加大城市社区居委会和农村村委会的建校办学步伐。有条件的街道、乡（镇）和村（居）要建立场所相对固定、独立的学校，条件一时不具备的，也要结合实际，因地制宜、因陋就简，积极建立老年学校或分校（教学点）。要拓宽办学渠道，提倡联合办学。城市涉老部门（含军队）均可联合办学，乡（镇）可与党校或成人文化技术学校联合办学。鼓励有条件的机关、企事业单位、社会团体创办各种类型的老年大学（学校）。通过多渠道、多形式办学，满足广大老年人的求知、求健、求乐、求为的需要。

积极开辟灵活多样的老年教育形式。省里和有条件的设区的市要借助现代信息科技手段，充分利用广播、电视、互联网等现代化传媒，有计划地开展形式多样的老年教育。已建立远程网络教学系统的高等院校、成人教育学院和有条件的中等职业学校，要尽可能开设面向老年人、适合老年人的专业（课程）或各种类型的老年班；有条件的院校还可以创办老年教育学历班。同时，充分发挥我省港澳台侨优势，有组织地开展老年教育对外交流活动。

四、积极创造条件，确保老年教育工作顺利发展

按照《老年人权益保障法》关于“老年人有从国家和社会获得物质帮助的权利，有享受社会发展成果的权利”的规定，各级党委、政府在实施国民经济和社会发展规划中，应统筹安排、逐步加大对老年教育事业的支持力度，主动协调解决办学中存在的一些实际问题，为老年教育的顺利发展提供可靠的物质支持和工作保障。

加大老年教育的经费投入。公办老年大学经费以财政拨款为主。各级政府应按部门预算编制和综合预算管理的要求，将老年大学的正常办学经费，包括教学业务、教材图书、科学研究、教师进修调研和教学设备投资等经费，纳入同级财政预算统筹安排，并随着当地老年教育事业的发展需要，给予必要的保障。同时，要广开渠道，动员全社会予以支持。可以从各类公益事业的收益中，拨出一定的资金，用于支持老年教育事业；可以通过“财政支持一点、学校自筹一点、社会赞助一点”的办法，增加办学经费；可以通过有关优惠政策措施鼓励企业、团体、个人、港澳台胞和海外人士捐资兴办、资助各类老年大学、老年学校；有条件的地方可以走社会化、产业化办学路子，通过收缴必要的学费、吸纳社会捐助，以学养学。

理顺老年大学的领导和管理体制。省、市、县（区）所属的由地方财政拨款的老年大学一般由同级党委老干部门主管。校长一般由同级党政领导兼任，也可由德高望重的老领导担任；同时应确定一位党委老干部部门的副职领导担任老年大学常务副校长，负责老年大学日常的管理工作；根据需要，还可确定一位政府老龄工作部门的领导兼任老年大学副校长，负责基层老年学校的协调工作。老年大学的专职行政管理干部和教师的编制，由各级编委根据本地区老年教育工作发展的需要，予以相应核定。城市街道和农村乡（镇）的老年学校或老年大学分校，主要依托当地老龄工作部门管理，校长由同级分管老龄工作的党政领导兼任。机关、企事业单位、社会团体创办的老年大学（学校），以及村（居）建立的老年学校或分校（教学点），不改变现有的行政隶属关系。上级老年大学对下级老年大学（学校）负有业务指导的职责。

多渠道解决老年教育场所。县以上老年大学应力求做到有自己独立的校舍（区），基层老年学校（教学点）以及各类远程教学也应有相对稳定的办学活动场所。对新建老年教育场所所需用地，可以参照国家公益、福利设施建设的优惠政策给予提供，并在市政基础设施配套建设费等费用方面酌情减免。暂时无法新建教学场所的，要通过整合社会资源予以解决。有条件的地方可以利用闲置物业，或调剂划拨，或借（租）用。城市街道和农村乡（镇）、村委会等基层，要利用已有的老年活动中心（室）、文化（艺术）中心、文化馆（站）等设施，因地制宜办好老年教育。还要鼓励部门和单位管辖的文化、体育活动场地兼做老年教育场所，做到社区资源共享。

五、坚持正确的办学方向，不断提高老年教育工作水平

提高老年教育工作水平需要把思想政治教育放在首位。要坚持以科学的理论武装人，以正确的舆论引导人，以优秀的作品鼓舞人，以高尚的精神塑造人，认真做好邓小平理论、“三个代表”重要思想和十六大精神进课堂、进教材、进头脑的工作。尤其要加强党的基本路线、理想信念和形势教育，使受教育者坚定对建设中国特色社会主义的信念，大力弘扬先进文化和民族精神，增强对改革开放和现代化建设的信心；加强党的方针政策的学习和教育，做好释疑解惑工作，统一思想认识，自觉维护安定稳定的政治局面；加强民主法制、现代科技知识的教育，促进老年人进一步掌握科学，树立正确的世界观、人生观和价值观，划清科学与迷信、文明与愚昧的界限，自觉抵制邪教和歪理。加强老年思想政治教育，要紧跟时代，适应老年人特点，讲究方法，增进实效，把老年教育办成老年人学习文化科学知识和思想教育的重要阵地。

提高老年教育工作水平需要加强教工队伍和教材建设。积极推进老年教育教工队伍人事制度改革，采取灵活多样的用人机制，着力于培养一支热心老年教育、敬业奉献、甘于清苦的高素质老年教育工作队伍，为提高老年教育水平提供强有力的人才资源保证。根据老年教育的特点，老年大学和各类老年学校的师资以兼职为主，大力推行教师聘任制，尤其是要注意聘用名师名医和符合条件的退休教师担任教学工作。从事老年教育的专职教师，符合条件的，可以参加政府教育部门的职称评审，享受国民教育教师的同等待遇。要从思想、政治、生活上关心老年教育工作者，以事业留人、感情留人和适当的待遇留人，从而建立起科学有效的激励机制，充分调动老年教育工作者的积极性和创造性。教材建设上，在运用好全国统编的老年大学教材的同时，由省老年大学牵头组织尽快编写出有我省特色、适合老年人特点的配套教材。

提高老年教育工作水平需要不断创新老年教育的内容和方式。内容上，要不断适应社会主义市场经济发展和城乡老年人对不同层次学习的需要，既要体现政治性、科学性，又要提倡知识性、趣味性，还要讲求适应性、普及性，做到“学、乐、为”相结合；方式上，要注重把课堂教学和社会实践结合起来，提倡老年人参与力所能及的社会实践和社会调查；鼓励组织各种专业学会和艺术团队，丰富活跃教学第二课堂。加强对各类老年教育的引导，促进良好的校风、教风和学风的形成。加强教学研究和经验交流，在办学形式和内容上大胆探索，不断提高教育质量和效果。

提高老年教育工作水平需要积极开展老年教育的理论研究。各级老干部局、老龄办和有关研究机构，要针对新时期老年教育的新情况、新问题开展调查研究，不断探索掌握老年教育规律。积极开展有关的老年教育立法研究，在条件成熟的情况下，出台有关法规条例，推动全省老年教育工作走上法制化、制度化轨道。通过建立老年教育理论研究的激励机制，对老年教育的科研成果进行评选、奖励，并组织交流推广，以调动科研人员的积极性、主动性，共同探索一条适应时代特点、有福建特色的老年教育发展路子。

六、加强对老年教育工作的领导，确保各项任务落到实处

加强领导，确保老年教育健康发展。各级党委、政府要把加强老年教育作为促进我省改革开放，加快发展、维护稳定大局的一项重要工作，作为为老年人谋福利、为社会办好事的功德之举，摆在与基础教育、高等教育、职业教育同等重要地位，列入经济社会发展的总体规划，列入工作职责，列入财政预算，列入干部考核，做到工作上有部署、责任上有分工、成绩优劣上有奖惩。党政主要领导要亲自过问、亲自抓。要根据现阶段我省各地老年教育工作的不同情况，注重调查研究，加强分类指导，认真总结经验，切实抓好落实。特别要注意研究和解决老年教育事业发展中遇到的实际困难和一些突出问题，努力从经费、编制、场所等各方面给予必要的帮助支持。

齐抓共管，形成抓老年教育的合力。搞好老年教育是全社会的共同责任。要坚持在各级党委、政府统一领导下各有关部门各负其责，各司其职，分工协作，共同促进老年教育发展。涉老工作部门要加强老年教育的组织协调工作；教育主管部门要把老年教育纳入终身教育体系，做好应有的服务；文化、体育部门要把老年文化、体育健身活动纳入工作规划：人事、民政、卫生、财政等部门要按照各自职责，支持老年教育工作；各级国家机关、社会团体、企事业单位都要关心、参与老年教育；有关高校要为发展老年教育提供人才和科研支持；新闻媒体及有关部门单位要运用多种形式广泛宣传老年教育的重要性，在全社会营造重视和关心老年教育的良好氛围；工会、妇联和基层老年群众组织要发挥联系群众面广的优势，在发展老年教育事业中起到动员、组织和协调作用。

建立有效的督查和表彰制度促进老年教育。各地各部门都要把加强老年教育作为精神文明建设的重要内容，列入考评范围，定期督促检查。省委、省政府决定，从2005年起，每隔三年在全省进行一次评选和表彰老年教育先进集体和先进个人活动。各设区的市也要根据自己的实际，举办类似的活动，对在老年教育工作中作出突出贡献的单位和管理者、教育者、投资者予以奖励表彰。

张伟同志在陕西省老龄工作委员会第一次全体会议上的讲话

2003 年 11 月 18 日，在陕西省政府新城黄楼会议室召开了调整后的2003年新一届省老龄工作委员会第一次全体委员会议。副省长、省老龄委主任张伟作了重要讲话，针对当前陕西省老龄工作的现状，提出四点意见。

一、全面贯彻落实十六大精神，不断增加老龄工作的责任感和使命感

党的十六大确立了全面建设小康社会的奋斗目标，为新世纪老龄事业的发展指明了方向，对新阶段的老龄工作也提出了更高的要求。在省委、省政府的领导和支持下，我省的老龄工作得到了较快的发展，取得了一些成绩，但与十六大总体要求还不相适应，我们应以“三个代表”重要思想为指导，深刻认识老龄事业在国民经济和社会发展中的地位和作用，进一步解放思想，按照十六大关于发展要有新思路，改革要有新突破，开放要有新局面，各项工作要有新举措的要求，把我省老龄工作做好，把老龄事业推向一个新的发展阶段。

“三个代表”的落脚点是要代表最广大人民的根本利益，努力做好老年人的工作，发展老龄事业，是实践“三个代表”重要思想的具体体现。老年人为共和国的建立，建设和发展作出了重要贡献，为两个文明建设付出了辛勤汗水，在他们步入晚年以后，如何关心、尊重、帮助他们，满足他们日益增长的物质和文化需要，维护他们的合法权益，让他们和全省人民一起共享小康社会建设的成果，是我们的责任，也是维护和实现最广大人民根本利益的具体体现。

目前，全省 60 岁以上的老年人已达 365 万，占全省总人口 10%，老龄人口比重仍在不断上升。我省由于经济发展条件所限，与东部沿海发达城市相比，相对滞后，社会保障基础较弱，老年人口的快速增长，高龄老人数量不断增加，必将给我省政治、文化带来一系列的影响，人口与经济、社会、资源、环境之间的矛盾也将日趋尖锐，老年人的问题处理不好，将给家庭和社会带来重大的负担，直接影响到全面建设小康社会和建设西部强省计划的实现。因此，各级党委、政府和各个部门都要充分认识到，老龄工作是党和政府工作大局的重要组成部分，老龄问题不仅仅只是反映在老年群体中的问题，而是关系到推进社会主义现代化进程的社会问题、政治问题。做好老龄工作，不仅仅只是做好当前老年人的工作，也不仅仅只是做好本单位老年人的工作，更重要的是经过全社会不懈的努力和实践，积累经验，探索新形势下老龄工作的新路子、新政策，为将来逐步增加的更多老年人、高龄老人及伴随而来的新情况和新问题，提前采取应对措施。希望各级政府部门以政治责任感和使命感，高度重视和支持老龄工作，不断提高对老龄工作重要性的认识，从维护改革发展、稳定大局、推进全面建设小康社会的大局出发，把老龄工作当作一项事关全局、事关党的事业取得全面胜利的大事来抓，自觉地把思想和行动统一到中央和省委、省政府对做好老龄工作的要求和部署上来。

二、突出重点，狠抓落实，全心全意为老年人服务

老龄工作涉及到方方面面，社会性和政策性很强。在新世纪、新阶段，老龄工作必须围绕全面建设小康社会、加快建设西部经济强省的奋斗目标，服从服务于改革、发展、稳定的大局，认真贯彻《中共中央、国务院关于加强老龄工作的决定》和《中国老龄事业发展“十五”计划纲要》，遵循“党政主导、社会参与、全民关怀”的老龄工作方针，从全局的观念出发，从战略的高度出发，整合各方面的力量，结合我省实际，突出重点、脚踏实地、展望未来、勇于开拓，开创我省老龄工作的新局面。关于 2004 年的工作和指导思想，建功同志在报告中已经明确，关键在于落实。我省老龄工作的重点在社区、在基层。在城镇，要依托社区开展老龄工作，发展社区老年服务业，加快社区老年服务设施和服务网络建设，结合“星光工程”建设，完善社区老年服务体系。组织老年人开展各种丰富多彩的文化娱乐活动，增强老年人体质，利于老年人身心健康。注意发挥老年人的作用，鼓励他们“老有所为”，继续为改革开放、建设西部经济强省出谋划策。按照“两个确保”要求，确保养老金按时足额发放，在加强城市居民最低生活保障工作中，对城镇贫困老年人要优先保障。在农村，仍以实现“老有所养”、“老有所医”为主，重点做好特困老人的救助帮扶工作，强化家庭养老功能，促进家庭和睦，结合创建“敬老模范村”、创建“五好家庭”、创建“文明示范村”等活动，弘扬敬老爱老优良传统，促进社会稳定。我省是灾情多发地区，特别要关心农村和灾区特困老年人的生活，通过实物救灾、社会捐助、对口帮扶等多种形式，解决他们的实际困难。要加大尊老敬老的宣传力度，关心教育下一代，从小培育他们尊敬老年人、帮助老年人的思想品德，支持目前在全省青少年中正在开展的敬老、爱老、助老主题教育活动，使中华民族的传统美德弘扬光大，营造老年人处处受尊敬的社会氛围。切实维护老年人的合法权益，是老龄工作的一项重要任务，加大执法力度，加强对老年人的法律援助，依法惩处侵犯老年人合法权益的忤逆之徒，严厉打击侮辱、伤害、虐待、遗弃老年人的违法行为。各级党委、政府、老龄工作机构，要积极探索退休人员的社会化管理工作，不断完善社会保障体系的建立和完善，探索和推广将退休人员纳入到社区管理的经验及做法。要加大对特困老年人的救助力度，各级政府及社会团体、企事业单位、慈善机构都要关心帮扶这些特困老人。要广泛动员全社会为老年人办好事、办实事，满足老年人日益增长的物质文化需要。全省各地市相继出台的对老年人的优待措施，受到社会各界和老年人欢迎。我省实行全省优待一证通，条件已基本成熟，这次会议上，讨论通过的拟报请省政府批准的《陕西省老年人享受优待服务的规定》很好，具有较好的操作性，希望各相关部门和单位，为出台全省老年人优待规定大开绿灯。一经省政府批准下发，一定要落实兑现，认真督促检查，保证实施，不能借故推诿或不按规定执行。

三、加强各成员单位的协调，认真履行职责

为了加强对全省老龄工作的领导，我们在省老龄工作委员会原来22个成员单位的基础上又增补了省人大内司委、团省委、省计生委、省农业厅、省旅游局等五个部门为成员单位。这次会议我们重新修订了各成员单位的职责分工，明确了职责任务和2004年行动计划，目的是进一步发挥各成员单位的作用，为老龄工作营造有力的组织保证，共同推动老龄事业健康发展。任何社会性强的工作只有齐抓共管才能做好，成员单位之间要保持密切联系，及时沟通情况，交流信息，团结协作，携手共进。希望各成员单位树立强烈的责任意识，结合本部门所涉及的老年人方面的工作和老龄事业发展的具体业务，主动地、自觉地履行职责，树立大局意识，不折不扣地担负起做好老龄工作的责任，把老龄工作与本部门业务工作有机地结合起来，作为年度考评的一项内容。各成员单位今后每年都要拟订一个老龄工作行动计划，按行动计划制订出具体的工作目标和措施。目标要突出，要把老年人普遍关心的和亟待解决的具体问题作为重点；措施要得力，要想方设法使目标成为现实，让老年人和社会看得见，摸得着，产生效果，让老年人得到实惠。为了更好地履行职责，便于工作协调和信息交流，及时反映工作动态，各成员单位都要明确一位与本单位职责相关的处级干部担任联络员，一名一般干部担任信息员；确保老龄工作委员会办公室的各项工作任务的落实，做好“上情下达”和“下情上报”工作。老龄工作委员会办公室的工作人员，更应以身作则，主动协调，与各成员单位保持密切的联系，只要大家齐心协力，同舟共济，形成合力，就一定能够把工作做好。

四、抓紧理顺老龄工作机构，充分发挥职能作用

根据《中共中央、国务院关于加强老龄工作的决定》和李岚清同志关于“老龄工作机构，在机构改革中只能加强、不能削弱”的指示精神，重点抓好市、县两级老龄工作机构的理顺工作，健全办事机构，解决好人员编制和经费，确保工作的正常开展。各级党委和政府要切实加强对老龄工作的领导，注意对老龄工作干部的关心和培养，重视和支持老龄工作的日常建设。目前，我省老龄工作机构人员配备不足、经费严重短缺、老年福利设施投入过少的现象普遍存在，希望各级政府能下大气力，首先给予考虑，帮助解决实际问题。注意充实街道和乡镇一级的老龄工作，有条件的市（区、县）可建立健全老龄工作机构，在目前情况下，街道和乡镇应努力做到有专（兼）职工作人员分管老龄工作，保证老龄工作上下贯通，各项方针政策能够落到实处。农村和社区应广泛建立老年人协会组织，开展各种有益的活动，逐步形成全省老龄工作网络。目前，在全国和我省开展的创建老龄工作先进县（市、区）的活动是推动市、县两级老龄工作的一个载体，要按照已经制订的创建标准，做好指导和督促检查，使创建工作取得成效。

各级老龄工作机构，要加强自身建设，不断提高干部队伍素质；要认真学习贯彻十六大精神，践行“三个代表”重要思想，不断提高老龄工作干部的政治理论水平；深入实际，端正作风，不畏艰难，始终保持一种奋发向上、开拓进取的精神状态。树立全心全意为老年人服务意识，深入基层调查研究，拓展老龄工作领域，发现典型，推动工作，以适应新时期工作的需要。老龄工作部门要在各级党委和政府的领导下，充分发挥老龄职能作用，当好助手，起到党和政府与老年群众联系的桥梁作用，围绕党的中心任务，积极主动地开展工作。

贾治邦同志在陕西省第四届老年联欢节上的讲话（摘要）

（2004 年 10 月 22 日）

尊老敬老是我们中华民族的传统美德。老年人既是创业者，又是建设者，几十年来，老同志为了民族的解放事业和国家的繁荣昌盛，出生忘死、艰苦创业，可以说奋斗了一生，奉献了一生，为国家的建设，为陕西的发展，献出了自己的青春，作出了重要贡献，没有老同志过去的付出，就不会有我们现在的一切。今天，他们虽然离开了各自的工作岗位，但仍继续为改革开放和现代化建竭尽全力，关心支持陕西的改革与发展。陕西能有今天的可喜发展和大好形势，是全省人民的共同努力的结果，也包括全省老年同学们的心血。老同志们的崇高品德为全社会所敬仰，我们在任何时候都不能忘记历史，不能忘记老年同志们。我们党和政府是为人民服务的，立党为人公，执政为民，也包括为老年人服务，要让老年人共享社会发展成果，愿老年人晚年幸福，健康长寿！

人口老龄化已经成为当今社会的重要问题，老龄工作是党和政府工作的重要组成部分，我省老龄工作在省委、省政府的重视关怀下，坚持“党政主导、社会参与、全民关怀”的老龄工作方针，紧紧围绕党的中心工作，经过广大老龄工作者和全体老年人的共同努力，在老年组织建设，老年福利服务建设，保护老年人合法权益，丰富老年人精神文化生活，实现“六个老有”的工作目标等方面进行了有益的探索和实践，取得了一定的成绩。在这里，我也代表省委、省政府，向默默为老年人服务奉献的全省老龄工作者表示感谢！今天的开幕式上，我们还将对开展老龄工作取得优异成绩的县、区和单位、敬老模范村进行表彰，以这种形式，充分肯定他们重视老龄事业、以人为本地发展社会文明的工作态度，在此，我代表省委、省政府向被表彰为老龄工作先进的县、区和单位表示热烈的祝贺！

陕西省第四届老年联欢节是全省老年人的盛大节日！也是全省老龄工作的一次大检阅，老年人文体活动的大检查！

来自全省各地和各部门、行业的老年人，即将参与到联欢节组织的各项文化体育比赛活动之中。你们将代表全省老年人，来展示当代老年人的丰采，展现新时代老年人健康向上的精神风貌！希望大家本着团结友谊，重在参与，发扬风格，突出水平的原则，圆满完成各项活动任务。在此，我预祝你们在各项活动中取得良好的成绩，并通过你们，向全省老年朋友致以崇高的敬意和问候！

河南省老龄工作委员会《关于进一步做好农村老龄工作的意见》

（2005 年 3 月 15 日）　【豫老龄〔2005〕1 号】

各省辖市老龄工作委员会、省老龄委各成员单位：

为认真贯彻党的十六大和十六届三中、四中全会精神，坚持以人为本，树立科学发展观，按照全国老龄委七次全会关于加大农村老龄工作力度的要求，切实做好我省农村老龄工作，带领广大农村老年人同步进入全面小康社会，现提出如下意见。

一、提高认识，增强做好农村老龄工作的责任感和紧迫感

（一）河南是人口大省和农业大省，也是老年人口最多的省份之一，全省 65 岁以上老年人口达 719 万人，而且约 80%居住在农村。农村老龄工作面临着新的情况，一是大量青壮年外出务工，多数老年人留在农村；二是贫困老年人较多，农村老年人中约有 7%存在生活困难问题；三是农村经济发展水平低，农民收入少，农村社会福利和保障事业发展缓慢。所以，我们必须高度重视农村老龄工作，继续下大力气解决农村老年人的一些实际问题，使农村老龄工作跟上社会经济发展的步伐。

（二）目前，农村老龄工作和老龄事业的发展遇到了前所未有的机遇，党中央、国务院把解决“三农”问题作为全部工作的重中之重，“多予少取放活”的方针将长期坚持下去。去年，河南省用于改善农村生产生活条件的财政支出达197亿元，今年将投入更多的资金，势必促进包括老龄事业在内的农村社会事业的长足发展。

（三）做好农村老龄工作是应对农村老年人群快速增长的迫切需要，我们必须站在全局的高度，认真践行“三个代表”重要思想，进一步提高对做好农村老龄工作战略意义和现实意义的认识，抓住机遇，不畏艰辛，采取有效措施，切实加强农村老龄工作，保障农村老年人享受经济和社会发展的成果。

二、切实保障农村老年人的基本生活

（四）强化社会保障功能，完善农村社会保障体系。积极探索农村养老保险制度，有条件的地方可由村集体出资，按照保障不低于当地最低生活水平的标准，帮助贫困老年人参加农村社会养老保险；抓紧研究制定失地农民养老保障政策，切实保障老年农民的基本生活权益。认真总结农村部分计划生育家庭奖励扶助制度试点经验，研究完善奖励扶助措施，尽快在全省铺开。认真总结农村新型合作医疗制度试点经验，不断完善政策和措施。在全省推行农村医疗救助制度，解决农民的就医难问题。将乡、村敬老院建设纳入农村基础设施建设统一规划，提高“五保”老人的集中供养比例；加大财政转移支付力度，使“五保”老人应保尽保。将生活困难的老年人全部纳入农村特困户救助范围，不漏一户一人。逐步建立农村最低生活保障制度，不断提高保障水平。

（五）强化家庭养老功能，加强社会主义道德和法制教育，弘扬尊老敬老的社会风尚，传承家庭养老的优良传统。继续推行普遍签订家庭赡养协议书和“一簿一册”（《家庭赡养登记簿》和《家庭赡养手册》）的有效做法，制定规范的赡养协议书文本。要转变女儿不养老的观念，把子女的赡养责任用协议书的形式固定下来，并由村党支部、村委会和老年人协会共同监督执行。

（六）倡导社会互助，营造尊老助老社会环境。按照《河南省老龄工作委员会关于在全省范围内开展助养特困老人活动的通知》（豫老龄〔1999〕10号）要求，动员社会力量捐资助养贫困老年人。村老年协会牵头，组织老年人开展互帮互助活动。继续组织开展“金晖”志愿者助老活动。大力推行养老基地做法，为老年人划出养老地、养老林等，收入用于贫困老年人救助和村老年协会开支。鼓励和支持有条件的村建立养老补助制度，定期为老年人发放养老补助。总之，要结合实际，采取切实有效的措施，努力解决农村老年人的基本生活和医疗问题。

三、依法维护老年人的合法权益

（七）加大宣传贯彻力度。将“一法一条例”（《中华人民共和国老年人权益保障法》和《河南省老年人保护条例》）纳入普法规划，开展经常、广泛、深入的老年法律法规的普法宣传和敬老道德教育活动，做到人人学法、懂法。对少数遗弃、虐待甚至残害老年人的违法犯罪行为要依法惩治，切实维护老年人的合法权益。

（八）继续推广在基层法院开设维护老年人合法权益巡回法庭的做法，审理到村、进户，起到审理一案教育一片的效果，对贫困老年人实行诉讼费减免缓，对涉老案件特别是赡养纠纷案，做到快立案、快审结、快执行。

（九）加快为老维权网络建设步伐，健全省、市、县、乡、村五级为老维权网络，为老年人就近提供法律援助和司法调解服务，多做涉老纠纷双方的思想工作，不断提高服务质量和服务水平。

（十）开展“敬老模范村”评选表彰活动，弘扬正气，树立典型。敬老从青少年抓起，继续推动敬老爱老助老主题教育活动的开展。在基层广泛开展“好儿媳”、“好公婆”等评选表彰活动，大力营造敬老爱老助老的社会氛围。

（十一）积极搞好敬老优待服务，认真落实《关于为老年人实行敬老优待服务的通知》（豫老龄〔1999〕20号）、《关于印发〈百岁老年人敬老补助费发放办法〉的通知》（豫老龄〔2001〕6号）等优待优惠规定。各地要结合实际，采取措施，不断扩大优待优惠范围。

四、开展丰富多彩的活动，提高农村老年人生活质量

（十二）加强场所建设。目前，农村为老服务设施和活动场所建设与老年人需求差距很大，各地要加大工作力度，多渠道筹集资金，努力改变农村为老服务设施和活动场所严重缺乏的状况。可以利用农村文化大院，一院多用，将老年阅览室、娱乐室、健身房和老年学校建立起来，以满足老年人日益增长的文化娱乐需求。

（十三）加强农村老年学校建设。农村老年学校是老年人接受教育、学习交流的场所，是宣传党和政府方针政策的课堂，是将广大农村老年人引导到健康、科学、文明生活方式上来的主要阵地。老年学校要建立学习制度、规划教学内容、制订教学方案，以有效的形式和健康的内容吸引农村老年人走进老年学校。

（十四）开展老年文化体育活动。根据兴趣、爱好不同，组成不同的老年文体娱乐小组，实行在村两委和老年协会领导支持下的自我管理，如秧歌队、盘鼓队、书画组、棋艺组等，并经常开展一些老年人喜闻乐见、小型多样的文体活动，丰富老年人生活。

农村老年学校和老年文体活动是团结广大老年人的两条有效纽带，要抓住不放，通过开展形式多样的活动，寓教于乐，不断提高农村老年人的生活质量。

五、大力培育和发展农村老年群众组织

（十五）农村老年群众组织是在村党支部和村委会领导下的老年人自我服务、自我教育和自我管理的群众自治组织，是基层老龄工作的重要组织载体，是农村老龄工作的重要抓手。要把村级老年群众组织建设作为工作的重点。已建立的，要进一步完善工作制度、规范组织章程，规范活动内容和活动方式；开展活动不正常的，要帮助建立制度，整顿组织，采取有效措施，促其步入正常轨道；没有建立的，要选好带头人，尽快建立起来。要加强指导和规范，使村老年群众组织始终保持正确的方向，发挥其在促进经济发展、保持社会稳定、调解涉老纠纷、维护自身权益、关心下一代等方面的积极作用。

六、加强领导，保障各项政策落到实处

（十六）抓机构建设。健全的工作机构是政策落实的组织保障，在全省县（市、区）老龄工作机构基本健全、理顺的基础上，要抓紧建立健全乡、镇老龄工作机构，按照《河南省老年人保护条例》有关规定，尽快落实编制、人员、经费。可以采取专、兼、聘的办法，充实乡镇老龄工作人员。

（十七）抓队伍建设。高素质的干部队伍是完成工作任务的可靠保障，各地要在提高干部队伍素质上下功夫，加强老龄理论政策和业务知识的学习，提高老龄干部的综合协调能力、组织指导能力和群众工作能力，努力锻造一支政治强、业务精、作风实、讲奉献的高素质老龄干部队伍。

（十八）抓作风建设。倡导求真务实的工作作风，深入基层，深入实际，扎实开展调查研究，掌握农村老龄工作的实情，研究制定解决问题的对策措施，全心全意为老年人办好事、办实事、解难事。

农村老龄工作任务十分艰巨，必须加强领导，高度重视，将农村老龄工作和老龄事业纳入农村经济与社会发展规划，列入党委和政府的重要议事日程，纳入县（市、区）、乡（镇）工作目标管理，做到有部署，有检查，以高度的责任感和紧迫感，确保各项工作落实到位，为构建和谐社会，实现中原崛起作出应有的贡献。

王明义同志在河南省老龄工作委员会第三次全体会议上的讲话

（2005 年 6 月 17 日）

同志们：

今天，省老龄工作委员会召开第三次全体会议，总结二次全会以来的工作，研究部署今后一个时期的工作任务。培新同志通报了全省老龄工作的基本情况和工作安排意见，观看了四集电视专题片《无声的革命——中国老龄行动报告》，与会同志结合本单位工作职责发了言，我完全同意。下面，我讲几点意见。

一、提高认识，进一步增强做好新时期老龄工作的紧迫感和责任感

改革开放以来，我省经济社会结构发生了巨大变化。从人口结构看，人口再生产的类型已从“高出生率、低死亡率、高增长率”转变为“低出生率、低死亡率、低增长率”，2004 年人口自然增长率降到 5.2‰，平均预期寿命接近 73 岁。我省是人口大省和农业大省，一方面老年人口多，据省统计局统计，到 2004 年底 65 岁以上人口已达 719 万人，占人口总数的 7.4%；另一方面约 80%的老年人居住在农村，生活水平低。今后一个时期，老龄人口还将以较快速度增长，将直接导致劳动年龄人口比重下降，社会供养系数上升（包括生活水平、质量提高的因素），家庭功能下降，社会和家庭负担加重，对经济、政治、社会、文化等都将产生重要影响。人口老龄化已经并将进一步成为影响我省经济社会发展的重大战略问题。尊老敬老是中华民族的传统美德，在推进社会主义现代化的新的发展阶段，进一步做好老龄工作，使之更好地适应全面建设小康社会的大局，既是我们长期面临的任务，又是我们当前就要应对的紧迫课题。做好老龄工作，对保障老年人的合法权益，促进经济发展，维护社会稳定，构建和谐社会，都具有十分重要的意义。各级政府和有关部门必须高度重视老龄事业，进一步增强做好新时期老龄工作的责任感和紧迫感，努力解决当前老龄工作中存在的问题，推动老龄事业健康发展。

（一）做好新时期老龄工作，是贯彻落实科学发展观，坚持以人为本的具体体现。坚持以人为本、执政为民，用科学发展观统领经济社会发展全局，是党中央根据新形势新任务提出的重要指导思想和基本理念，必须落实到各级政府和有关部门的工作中去，落实到各级领导干部的思想和行动上，落实到关心群众的生产生活的实践中。老年人（包括老干部）为国家的建立、富强和人民幸福奉献了自己的青春和力量，今天的物质文明、精神文明和政治文明成果凝结了他们的劳动和智慧，他们是党和国家的宝贵财富，理应受到全社会的关心和尊重。坚持以人为本，必须维护包括老年人在内的广大人民群众的根本利益，使经济社会发展成果惠及包括老年人在内的全体人民，促进人的全面发展。实现全面协调可持续发展，要求在经济转轨、社会转型过程中，在制定和实施发展战略、规划时，必须统筹兼顾，注重调动一切积极因素，妥善处理人口老龄化问题，切实处理好促进经济社会发展与保障老年人享受发展成果的关系。因此，做好老龄工作，尊重老年人，关心老年人，保障老年人享受经济和社会发展的成果，是贯彻落实科学发展观，坚持以人为本的内在要求。

（二）做好老龄工作，是构建社会主义和谐社会的重要内容。建设一个民主法治、公平正义、诚信友爱、充满活力、安定有序、人与自然和谐相处的社会主义和谐社会，就是要使人们的聪明才智和创造力得到充分发挥，使改革和发展所创造的社会财富为全体人民所共享，使党和政府同人民群众的关系更加密切，使安定团结的局面更加巩固。实现这一任务，与我省千万老年人息息相关，必然要求我们大力发展老龄事业，促进代际关系的和谐，促进老年群体与其他群体之间的和谐。中华民族素有敬老、尊老的传统，随着经济社会的发展，老年人的生活和工作出现了许多新的情况，他们的生活安排和权益保障面临着许多新的问题，处理不好，可能直接影响家庭和社会的稳定和谐。我们在做各项工作时，都要正确反映和兼顾社会各群体的利益，认真解决老年人生活中的实际问题，妥善处理涉及他们切身利益的各种矛盾，切实保障他们的合法权益。这是建设社会主义和谐社会的重要内容，是社会文明进步的重要标志。

（三）做好老龄工作，是应对我省老龄群体发展变化的迫切需要。随着人口老龄化和经济社会的发展，老年人的群体结构和需求情况都在发生变化。在当代老年人中，经济收入相对比较稳定、文化知识水平较高的人口不断增多，他们追求更加殷实的小康生活，讲究生活质量，精神文化需求日趋多样化，他们思想活跃，大多数身体较好，有继续参与现代化建设的热情和愿望。因此，必须认真研究老年群体的新特点、新变化，用创新的精神拓展老龄工作领域，采取新的举措处理老年群体中出现的新问题。同时也要看到，我省是以较低收入水平进入老龄化社会的人口大省，老年人口规模大，呈现“未富先老”的特点。老龄化问题还呈现明显的城乡差异，目前我省农村老年人仍然主要依靠家庭养老，农村养老保障制度还处于探索和发展的初始阶段，农村老年人特别是贫困地区老年人的养老问题还面临很多问题和困难。随着城乡劳动力流动和城镇化进程的加快，农村家庭养老资源逐渐减少，空巢家庭和无人照料的老人逐渐增多。越是劳务输出搞得好的地区，空巢家庭和无人照料的老人问题越严重。这就对农村发展和农村老龄工作提出了新的要求，需要我们把解决农村老年人的问题作为突出的任务，采取更加积极有效的措施，保障农村老年人的基本生活。

总之，老龄工作事关改革发展稳定的大局，事关全面建设小康社会目标的实现。我们必须进一步提高认识，认真把握老龄工作面临的新形势、新任务和新要求，切实增强做好老龄工作的责任感和使命感，脚踏实地地做好工作，促进老龄事业同经济社会协调发展。

二、不断完善政策措施，切实做好新形势下的老龄工作

我省老龄工作要认真贯彻党的十六大和十六届三中、四中全会精神，按照全国老龄工作委员会七次全会的要求，全面落实科学发展观，紧紧围绕省委、省政府的中心工作，坚持“党政主导、社会参与、全民关怀”的方针，调动各方面积极性，多为老年人办实事办好事，切实维护老年人的合法权益，进一步加大城市社区和农村老龄工作力度，推动老龄事业全面发展。

（一）完善有关制度和政策，切实保障老年人基本生活。近年来，我省在健全社会保障制度和解决老年人的吃饭、娱乐、保健、医疗等问题上采取了一系列政策措施，老年人的生活保障水平不断提高。要按照省委、省政府的部署和要求，继续认真落实有关政策措施，加大工作力度，不断完善城市最低生活保障制度，进一步健全城镇基本养老保险制度，加快推进城镇医疗保险制度改革，开展城市医疗救助，建立健全社会救助制度，进一步确保离退休人员和城镇老年人的生活，并使他们共享经济和社会发展成果。要按照统筹城乡发展的要求，把关心农村老年人的生活提到重要议事日程上来，摆到突出位置。目前农村“五保”对象是农村最困难、最需要特殊照顾的群体，省政府办公厅近期下发了《河南省人民政府办公厅关于免征农业税后进一步完善农村五保供养工作的通知》（豫政办〔2005〕47号），规定“五保供养所需资金，采取政府投入为主，村集体收益和个人承包土地收益为补充的原则筹集”。五保户供养包括集中供养和分散供养，分散供养的问题更为严重，如何更好地保障是我们需要探索的问题。要认真研究农业税免除后出现的新情况，切实做好新形势下的“五保”供养工作。要逐步建立农村养老保障制度，加大投资力度，扩大覆盖面，探索建立农村最低生活保障制度和农村贫困老年人救助制度，切实解决农民老有所养问题。继续做好农村合作医疗试点工作，开展农村医疗救助工作，逐步在全省建立规范的农村医疗救助制度，逐步解决农民老有所医问题。要切实维护老年人合法权益，认真贯彻落实《中华人民共和国老年人权益保障法》和《河南省老年人保障条例》，继续推广在基层法院开设维护老年人合法权益巡回法庭的做法，建立健全各级为老维权网络，认真落实敬老优待优惠政策。在全省青少年中继续开展敬老爱老助老主题教育活动，大力倡导敬老爱老助老的良好社会风尚，实实在在解决关系老年人切身利益的问题。

（二）大力发展老龄产业，满足老年人的特殊需求。老年人作为特殊消费群体，在卫生保健、生活照料、文化娱乐、精神慰藉等方面都有特殊需求。随着人民生活水平的提高和老年人对养老服务需求的增长，包括社区老年服务、托老服务、护理服务、心理咨询、临终关怀等老年服务业的发展前景十分广阔。要切实办好现有养老服务机构，加强内部管理，提高服务质量和服务水平，充分发挥现有养老福利设施的作用。同时，要抓紧研究制定相关政策措施，降低市场准入门槛，消除体制障碍，吸引社会资本进入养老服务产业，鼓励、支持社会力量兴办老年服务设施和服务机构。通过多元化的探索，调动社会各方面的积极性。有关部门要进一步加大改革力度，加强对养老服务机构的监督管理，既维护好养老服务机构的利益，使其各项规章和制度规范化，又要维护好老年人的利益，使其合法权益不受侵害。大力兴办为老服务设施，不仅可以为广大老年人提供更加丰富和优质的服务，还可以促进就业，拉动经济增长，是一举多得的好事。

在满足老年人不断增长的物质需要的同时，还要重视老年人的精神文化生活。要充分发挥基层老年群众组织的作用，通过开展健康向上、老年人喜闻乐见的文化娱乐和体育活动，充分发挥基层老年群众组织的作用，把广大老年人团结起来、发动起来、组织起来，共创幸福愉快的生活及环境。要加强对老年文化体育活动的指导，积极引导广大老年人选择科学、文明、健康的生活方式。文化、教育等部门要把老年文化、教育工作列入重要日程，作为一项长期而重要的任务来抓，认真办好各类老年大学和老年学校。要加强老年活动场所的建设和管理，有组织、有计划地开展有益于老年人身心健康的各种文体活动，不断满足老年人的精神文化需求。

（三）发挥老年人作用，鼓励他们继续参与经济社会的发展。老年人的知识、智慧和经验是宝贵财富。充分发挥老年人才的优势，鼓励、支持和引导他们继续为社会做贡献，是老龄工作的一项重要任务。要根据新形势、新情况，研究和探索发挥老年人才作用的有效途径和方式，创造适当的环境，积极进行引导和示范。要大力培育和发展老年群众组织。我省已建基层老年群众组织近两万个，他们在促进经济发展、保持社会稳定、调解民事纠纷、维护自身权益和关心下一代等方面发挥了积极作用，要及时给予引导和支持。

三、切实加强领导，不断提高做好老龄工作的能力和水平

老龄事业是一项崇高的事业，老龄工作是党和政府的一项重要工作。各级政府和各有关部门要从全局出发，高度重视老龄工作，加强对老龄工作的领导，把老龄事业纳入全面建设小康社会的各项规划，把老龄工作纳入各级政府工作目标，我们要积极倡导，各级政府要及时研究解决工作中的问题。

今年，是《河南省老龄事业发展“十五”计划纲要》执行的最后一年，各有关部门要对落实情况进行全面检查和评估，对没落实的事项，要采取切实措施，认真抓好落实。省老龄办要会同省老龄工作委员会有关成员单位，组织力量，深入调研论证，结合我省实际，着手起草我省老龄事业发展“十一五”规划纲要。“十一五”规划纲要是今后五年我省老龄事业发展的总目标，要切合实际，与社会经济发展相适应，转变老龄事业发展滞后于经济发展的局面，努力使老龄工作和老龄事业发展走在中西部的前列。

要进一步建立健全各级老龄工作委员会及其办事机构，理顺工作关系，明确职责任务，健全工作机制，配备工作人员，保证必要的工作条件。要探索建立科学、协调、高效的工作机制。老龄工作委员会要充分发挥作用，切实把各方面力量调动起来，形成推动工作的整体合力。要在各成员单位之间建立健全情况通报制度，加强业务交流，促进有关政策措施的衔接配套。各成员单位结合工作职能，发挥部门优势，强化责任意识，更加积极主动地做好老龄工作。省老龄办要认真履行参谋助手、统筹规划、综合协调、督促指导的职能，搞好组织联络，积极提出建议、当好参谋，推动各项工作任务的落实。要从思想上、组织上、作风上全面提高老龄工作人员的素质，建设一支政治强、业务精、作风实、讲奉献的老龄工作队伍，努力提高为老年人服务的本领。

同志们，做好老龄工作，发展老龄事业，是各级政府义不容辞的责任。让我们紧密团结在以胡锦涛同志为总书记的党中央周围，以邓小平理论和“三个代表”重要思想为指导，求真务实，开拓创新，扎实工作，促进我省老龄事业与经济社会的协调发展，不断把老龄工作提高到新水平，为实现中原崛起和全面建设小康社会的目标作出积极贡献。

周坚卫同志在湖北省老龄工作委员会第三次全体会议上的讲话（摘要）

（2003 年 9 月 26 日）

一、要进一步增强做好老龄工作的责任感和使命感

人口老龄化是世界性的，老龄工作是一个带有国际性的工作。以前我国人均寿命不长，现在人均寿命在很快地增长，老龄化这个问题确实要提到议事日程上来。我们是 60 岁退休。最近，我到北欧去了一趟，人家是 65 岁，也有是 67 岁退休的，身体还很好，加上他们那里劳动力又少，再干干有什么不行呢？现在活个七八十岁不是什么问题。过去说人到七十古来稀，现在活到这个年龄的人多的是。60 岁以上是老年人的话，我还有 3 年，就成了老年人，就要加入这个行列。每个人都不可避免地要迈入这个行列，这是自然规律。联合国对老龄问题很重视，每次联大开会都讨论老龄问题，而且形成了不少文件和决议，呼吁国际社会和各国政府重视和关心老年人，制定综合战略，把老龄问题纳入国家经济和社会发展计划，解决人口老龄化带来的各种问题，促进社会经济的协调发展。

党中央和国务院对这项工作也非常重视和关注，年初的时候召开了全国老龄委第五次全体会议，4 月份又召开了全国省级老龄办主任会议。我们国家 60 岁以上老年人口 1999 年就达到 1.3 亿，按照规定，达到总人口的 10％就是老年型国家，我们已经超过 10％了，而且每年以 3％的速度增长。

二、要突出重点，抓好老年维权工作

省老龄委自 1984 年成立以来，做了大量的工作，也取得了很多成绩。我看最要紧的还是对老年人的权益保障，以及对敬老优待政策的落实问题。我们讲人权，讲以人为本，就是要保障公民应有的基本权益，做好老年人的工作就是要保障老年人的基本权益。当然对不同阶层的、不同年龄段的人，提出不同的要求、不同的工作目标。老年人基本权益首先要解决好“老有所养”的问题，这是衣食住行的基本要求，是保证，没有这谈不上其他。吃饭问题是基础，为了生命的延续，晚年过得更好一点，生活质量提高一点，在这个基础上再谈“所医”的问题，还有“所学、所为、所乐、所教”。所以说，我们的工作应该在“养”的问题上下点功夫。医疗问题我们在逐步解决，城市的医保有条件的单位实行了，没有条件的单位都设法实行；农村里面我们在做一项工作，今年是200万人口，省财政拿了1000 万元，省里 5 元，市县 5 元，国家 10 元，个人 10 元，每人共 30 元，搞农村合作医疗，解决农民的看病问题。农民还是苦啊！有点小病，煮点生姜汤一喝，把被子一捂，出身汗，能抗过去就抗过去了，哪看什么病呀，除非迫不得已，农民的钱来得不容易。明年我们准备把农村扩大到 600 万人。没有钱怎么过日子，新增加 400 万人是个什么概念呢？就是我们省财政要拿出 2000 万元。我省一年财政收入才多少呢？管家婆不好当，各个方面都要钱。再就是要继承和发扬中华民族的优良传统。尊老、敬老、爱老、助老，这个传统美德丢不得，一个人连生养自己的父母都不孝敬，还谈得上什么精忠报国呢！这个传统美德要发扬，真正养老还是以子女尽义务为主，子女赡养不了就靠社会。同时，要给老年人一些法律援助，要以法律为武器，以法规为手段，来维护老年人的合法权益。敬老优待有 17 项内容，这个事关键在落实上，希望民政厅和老龄办在落实现有老年人优待项目上再加力度，把这件好事落到实处。

三、要加大舆论宣传力度

维护合法权益就是要宣传，宣传老龄工作，宣传我们已进入老龄社会，宣传老龄社会所带来的一些问题，宣传中华民族的优良传统。报纸要宣传中华民族尊老、敬老、爱老的传统美德，要赡养老人，善待老人。我们也常看到这样的报道，儿子打老子，儿子打老娘，这简直跟畜牲一样，这叫人啦！所以舆论要把遗弃老人、虐待老人这种丑恶现象登出来，让它遭到社会的一致谴责。我们要从小教育。我坐公汽机会不多，但我绝对会给老年人、会给带孩子的让座位，这是道德素质的问题、基本涵养的问题。要提高全体公民的道德素质，很重要的一点是要从教育全社会尊老、敬老做起。

四、要解决必要的经费问题

财政厅对老龄办的经费保障还是不错的，我管这个事我知道。钱呢肯定是不够花的，事也是办不完的，好事要慢慢做。譬如说："福星工程"这个事，要抓紧把它搞到位。要把敬老院搞好，没办好我还要找你们。能办一点就办一点，这不是好事吗？"老有所养"嘛！办公经费问题，你们跟财政厅商量一下，现在在搞行政部门预算，你们属于全额拨款的事业单位，根据工作实际搞个全年的计划，然后做一个经费预算。譬如说明年要开会，你就把它定下来，我们还有哪些项目要一次性计划好，财政上会根据情况给予支持的。我最反对一会儿批一个条子。每年就按预算的办法去搞，按照部门列入预算，干点什么事要认可，年后就按这个去运行。

蒋大国同志在2004年湖北省老龄工作会议上的讲话

（2004年4月）

一、要从全局的高度，深刻认识做好老龄工作的重要性

党的十六大提出了全面建设小康社会的宏伟目标，特别是党的十六届三中全会提出了要坚持贯彻落实科学的发展观，总结和探索市场经济条件下社会主义发展的规律，也是对我们多年来现代化建设科学分析的总结，更是我们全面建设小康社会的根本方针，是老龄工作的具体指导思想，所以我们一定要从全面建设小康社会，贯彻落实科学发展观的高度，深刻认识老龄工作的重要性。

第一，做好老龄工作，是应对人口老龄化发展趋势的重要举措。

随着我国社会、经济的发展，科学技术的进步，人民生活质量、健康水平的提高，老龄化的趋势日渐明显，老龄问题越来越成为一个重要的社会问题。目前，我省60岁以上的老年人口已经达到600万，占全省总人口的10.06%。我省人口年龄结构已经进入老年型。据预测，到2010年，全省60岁以上的老年人口将达到908.48万人，占全省总人口的13.48%。而根据2002年全省城乡贫困老年人口调查显示，全省共有60岁及以上的贫困老年人593570人，占全省总人口的0.96%，占全省老年人口的9.89%。这一侧面反映出我省已经出现了明显的老龄化特征，这也会给我们经济、社会发展带来新的课题。所以，如何解决好老龄工作权益的维护，是关系到社会的全面进步、促进经济和社会协调发展的一个重要问题，我们要从战略的高度来研究老龄化带来的一些新的课题和新的问题，为促进经济和社会协调发展发挥更好的作用。

第二，做好老龄工作是实践"三个代表"重要思想的具体体现。

"三个代表"重要思想的核心是立党为公，执政为民。老年人包括相当一部分老同志在我们中国的革命和建设中是作出过贡献的一代人，不少老同志也为我们省的"三个文明"建设无私奉献，作出了重要贡献，他们阅历丰富，具有丰富的经验，是我们党和国家的宝贵财富，所以更应当受到各级党委和政府高度重视，受到社会的尊重。特别是敬老、爱老一直是我们党、我们国家和我们民族的优良传统，所以更应该发扬光大。目前，这一代老年人有相当一部分，生活还比较困难，精神文化生活还比较单一，他们的生存状况、发展状况亟待改善。也可以说有相当一部分是当前弱势群体中的弱势，所以重视和关心他们的生活生存和发展，既是我们"三个文明"建设中的一项重要内容，更是我们经济建设和全面发展的一个重要组成部分。所以关心和重视老年人的合法权益，促进老龄事业全面健康与发展是我们认真实践"三个代表"重要思想的具体体现。

第三，做好老龄工作，也是我们认真贯彻落实科学发展观，全面建设小康社会的必然要求。

党的十六大提出的全面建设小康社会的宏伟目标，不仅仅直接关系到全国十几亿人口的生存和发展，也与老年人的权益、生命维护息息相关。特别是要实现全面建设小康社会的宏伟目标，老年人也是一支重要力量。他们在某些方面更有他们的优势，更能够发挥他们的智慧和才华。因此他们也应该是全面建设小康社会的受益者，他们也应该在全面推进经济社会发展的前提下不断提高他们的生活水平。丰富他们精神文化生活，更好地发挥他们的积极性、创造性，改善他们的生存条件、发展条件，是我们全省全面建设小康社会的宏伟目标的必然要求，是我们中国特色社会主义本质的体现。所以，全面提高老年人的生活质量，促进老年人的全面发展，是我们全面建设小康社会宏伟目标的必然要求，是我们促进经济社会协调发展的重要内容。

第四，做好老龄工作，是维护改革发展稳定大局的客观需要。

老年人群是社会稳定的重要因素。在当前经济转轨和社会转型的变革中，他们也容易受到各方面矛盾的、利益的影响和冲击。认真解决好他们面临的实际困难和问题，维护他们的合法权益，保证他们“老有所养、老有所乐、老有所医”，是中国特色社会主义本质的生动体现，是我们加强“三个文明”建设的重要内容，老年人权益保护和维护如何，直接关系到社会的稳定，关系到社会的进步。因为在有些地方，侵害老年人合法权益的事情时有发生，有的还甚至比较严重，不仅影响了家庭的稳定，也影响了社会的安定。所以，保障和维护他们的合法权益，解决他们面临的难点和问题，也是维护社会稳定和进步的迫切需要。

二、要突出重点，开拓创新，全面推进老龄工作协调发展

第一，加大维权工作力度，切实维护老年人的合法权益。加强老年维权工作，是老龄工作的重要内容，更是我们实现“三个代表”重要思想的生动体现。各级老龄工作部门，各成员单位都要认真贯彻落实有关老年法规政策，要围绕着当前老龄工作中面临的新的难点和热点问题，进一步完善老龄工作的有关法规政策，进一步加大尊老、敬老、爱老的宣传力度，弘扬中华民族尊老、敬老、爱老的优良传统，在全省树立尊老、敬老、爱老的良好道德风尚，营造尊老、敬老、爱老的社会氛围。同时，我们也要从小抓起，从基层抓起，要对广大青少年进行中华民族尊老、敬老、爱老传统的教育，让他们从小养成尊老、敬老、爱老的道德风尚。特别要加大执法的力度，严厉打击侵犯老年人合法权益的不法行为。在省老龄委第四次全委会上汇报的时候，专门强调了今年要把依法保障老年人合法权益，严厉打击侵犯老年人合法权益的不良行为当作一个重点工作来抓。特别是有些地方虐待侵犯老年人权益的典型案例时有发生，影响是很坏的。要做到出现一个，处理一个，达到处理一个，教育一片的目的。特别是老龄办要切实加强综合协调，发挥行政执法主体职能作用，加大对《老年法》贯彻实施监督检查，真正使老年人的合法权益切实得到保障。

第二，要认真解决关系老年人切身利益问题，努力为广大老年人办实事、办好事。这是老龄工作的出发点和落脚点。各级政府、各有关部门要结合当前老龄工作中出现的新情况、新问题，研究具体措施，主动为老年人排忧解难，一定要重点解决老年人老有所养、老有所医的问题。据2002年的调查，我省有59万多贫困老年人，他们绝大多数生活在农村，而其中又有10%为特困老人。他们生活相当困难，看病也很难。去年，各级政府在实施“福星工程”方面加大了力度，全省集中供养的老年人将近占到了50%，但是，还有相当一部分的老年人生活状况并没有完全改善。各级政府、各有关部门必须要采取具体措施，加大对贫困老年人的救助帮扶力度。要继续抓好公益明信片的发行工作，为救助贫困老年人筹集资金。这项工作已经启动的要善始善终，凡是没有动的地方要尽快行动起来，务求取得效果。要加大医疗制度改革，推进农村新型合作医疗试点，完善城市社区老年医疗服务网络，千方百计为老年人提供优质价廉的医疗保健服务。二是进一步落实老年人优待政策。《湖北省关于老年人享受优待服务的规定》实施五年来，受到了广大老年人的普遍欢迎。要继续认真落实这一规定，并在实施中进一步总结经验，充实完善优待内容，使优待政策在老年人身上得到充分体现。三是广泛开展老年文体活动。组织开展形式多样的老年文体活动，是六个老有的重要内容，也是为老年人办的看得见摸得着的好事。各地、各部门要在总结以往经验的基础上，创造条件，采取措施，加大投入，支持、引导广大老年人开展形式多样、内容丰富、健康向上的文体活动，倡导科学、健康、文明的生活方式，丰富老年人精神文化生活。

第三，坚持把老龄工作的重点放在社区和农村。老年人绝大多数生活在农村和基层社区。因此，加强基层社区和农村的老龄工作是老龄工作的重点。老年人退休后都生活在社区，从“单位人”变成了“社区人”，所以要把社区工作作为一项重点基础工作抓好。

在这方面要创造一点经验。各级领导要深入基层，倾听老年人的呼声。在城市，要把老龄工作纳入城市化进程，依托社区，发展老年服务业，逐步建立设施配套、功能完善、管理规范的社区老年服务体系。在农村，要巩固家庭养老，采取社会保障与家庭养老相结合的办法，解决农村养老问题。要继续支持办好"福星工程"。在开展基层老龄工作中，我省不少地方、行业创建了基层老年协会。这些老年群众组织在促进经济发展、保持社会稳定、维护老年人自身权益、推动老龄事业发展等方面，发挥了积极作用。今后要继续加强基层老年协会建设，充分发挥其作用。

第四，要大胆探索发展我省老龄产业。随着老年人口的增多，发展老年产业势在必行。我省的老龄产业发展还得不到应有的重视，缺乏政策支持，非公有制经济兴办老龄产业的渠道还不畅通。要在深入调研的基础上适时制定老龄产业政策，以政策来引导和扶持老龄产业发展。要改变政府过去对老年福利事业大包大揽的做法，引导非公有制资金进入老龄消费产业，使我省老龄产业长足发展，以适应广大老年人日益增长的需要。

第五，要扎扎实实开展创建老龄工作先进县（市、区）活动。表彰老龄工作先进县（市、区）是20多年来老龄工作的首次全国性创建活动，对于推动老龄工作和老龄事业的发展，将起到积极作用。我们要按照全国老龄办的统一部署，在全省扎实深入持久地开展这一活动。同时，我们要利用创建活动这一有利契机，不断总结、不断完善、不断推动我们的老龄工作向前发展。评选不是目的，最终目的是要推动工作。要按照上级要求，坚持原则，实事求是，决不能弄虚作假。省老龄办要周密部署，精心组织，加强指导，确保全国的评选表彰湖北省有靠前的名次。

三、加强领导，求真务实，确保今年各项任务的完成

第一，各级党委、政府要切实加强领导，列入议事日程。做好老龄工作，关键在领导。这是老龄工作方针的要求，也是老龄工作的经验总结。各级党委、政府要切实加强对老龄工作的领导，加大落实《中共中央、国务院关于加强老龄工作的决定》和《中国老龄事业发展"十五"计划纲要》的力度。全国老龄办将对贯彻这两个文件的情况进行检查。各地各单位要认真做好这方面的工作。要把老龄事业发展规划纳入当地中长期发展规划。要把老龄工作列入议事日程，做到有部署、有要求，有检查。要为老龄工作创造条件，解决实际问题，要为广大老年人办好事、办实事。

第二，切实加强机构建设和经费投入。各级老龄工作机构是党委和政府抓老龄工作的一个重要机构，应按照全国的要求，切实加强机构建设。同时，要加强老龄工作干部队伍的自身建设，不断提高老龄工作干部队伍的素质。总之，对老龄工作，要有部门管事，有人办事。只有这样老龄工作才能落到实处，才不会断挡。要建立正常的老龄事业经费投入机制，保证老龄事业发展经费和必要的工作经费。各级老龄工作机构经费应当纳入财政正常预算，老龄办绝不能靠向老年人收钱去搞工作。每年要开展的工作和活动，要在头年搞预算时考虑进去。

第三，成员单位要各司其职，通力合作。老龄工作是党和政府的一项重要工作，涉及方方面面，需要各部门通力合作，齐抓共管。过去，省老龄委成员单位为发展我省老龄事业作了大量工作。在新的一年，要继续发挥好各成员单位的作用。各成员单位要发扬过去的成绩，进一步提高认识，把老龄工作真正当作一件大事来抓，认真做好各自职责范围内的老龄工作，并配合其它部门努力完成综合性的老龄工作任务，形成协调配合、分工合作、齐抓共管的工作局面。老龄办要充分发挥综合协调、督促检查和参谋助手作用，使各涉老部门形成合力，共同推进老龄工作。

《湖南省老龄事业发展"十五"计划纲要》实施情况评估（概要）

根据湖南省政府要求，省老龄委对《湖南省老龄事业发展"十五"计划纲要》（以下简称《纲要》）实施情况进行了全面评估。

一是初步建立了老年经济供养体系。2005年，我省基本养老保险参保人数为354.03万人，参保人员占从业人数的41.24%（其中非私人企业离退人员为179.8万人，参保人数为147.05万人，占应保人数的近82%）。参保人员基本养老金实现按时足额发放。全省退休人员人均基本养老金水平达564.01元。

我省对贫困老人采取救助制度：城镇贫困老人纳入低保范围，每月发给最低生活保障金。农村贫困老人中属五保的享受五保待遇，其他贫困老人列为特困救助对象，每月5～8元的困难补助。全省现有五保老人45.09万人，其中已享受五保待遇的40.9万人，占应保人数的90.07%。全省共有敬老院1566所，新建和改扩建敬老院643所，集中供养五保老人3.69万人，集中供养率为8.18%。百岁老人每人每月享受200元长寿保健补助。

二是初步建立老年人医疗保健体系。全省有132.3万退休人员享受医疗保险，占退休人员总数的27%。全省有老年病医院119所，老年康复医院56所，家庭病床4.7万张。

三是初步建立城镇老年人社会服务网络。各级民政福彩基金帮助和支持在全省城市社区兴建了633个“星光老年人之家”。全省有包括为老服务在内的社区服务网点27644个，有137万名企业退休人员纳入社会化管理服务。

四是重视老年人精神文化生活。全省各类老年大学（校）177所，在校老年人2.7万多人。老年活动中心（站、室）1.5万个，城镇老年人有30%参加了各类文化艺术及体育健身活动，有40%的老年人参加各种社会公益活动和经济发展。老年知识分子有80%仍在各条战线上发挥余热。

五是初步建立维护老年人合法权益保障体系。全省各地认真落实老年人优待政策，70岁以上老年人享受免费乘坐市内公交车、上公厕、进公园等优待规定。2005年，接待老年群众来信来访2.9万人次（封），老年法律援助、救助案件6060件。

从各地执行《纲要》的情况看，《纲要》提出的目标任务落实得不够。主要原因是：1.《纲要》未引起各级政府的高度重视，措施不到位，执行不力。2.老龄委办事机构与实施《纲要》所需的力度不相适应。3.老年事业发展缺少资金投入。4.老年事业发展机制不健全、政策不配套，工作难度大。

张德江同志在2004年广东省老龄工作委员会迎春敬老晚会上的致辞

（2004年1月13日）

今天我很高兴，看到大家的演出，今天的演出是高质量，高水平的，反映广东改革开放以来欣欣向荣、蒸蒸日上的大好局面。通过老同志的演出，充分展现了全省人民的精神风貌，也充分展现了改革开放所取得的成果。我借此机会代表省委、省政府向我们老年艺术团的同志，并通过你们向全省的老同志拜个早年，祝老同志猴年吉祥！

李容根同志在全国省级老龄工作委员会办公室主任会议上的致辞

（2005年2月27日）

尊敬的李本公副主任，各位领导、同志们：

大家好！

新年伊始，万物更新。在这欢乐祥和的日子里，全国老龄办在我省隆重召开全国省级老龄办主任会议，我谨代表广东省政府对会议的召开表示热烈的祝贺！向出席会议的全国老龄办领导和来自全国各地的老龄办主任表示热烈的欢迎！

值此机会，我向各位领导、同志们介绍一下广东近期发展的一些情况。2004年，是我省树立和落实科学发展观、贯彻中央宏观调控政策、抓落实促发展、改革开放和现代化建设取得重要进展的一年。一年来，在党中央、国务院的正确领导下，我省坚持以邓小平理论和“三个代表”重要思想为指导，认真贯彻落实中共十六大、十六届三中、四中全会和省委九届四次、五次全会精神以及胡锦涛总书记视察广东重要讲话精神，扎扎实实做好各项工作，国民经济保持平稳快速协调健康发展。全省完成生产总值16040亿元，全年经济增长14.2%，提前一年超额完成“十五”计划的经济总量预期目标。全省地方财政一般预算收入1416.87亿元，增长16.1%。城镇居民人均可支配收入13628元，增长10.1%，农村居民人均纯收入4366元，增长7.7%。全年进出口总额达到3571.3亿美元，增长26%，实际利用外商直接投资100.12亿美元，增长34.1%。国民经济增长加快，效益大幅提高，活力明显增强，粤港澳合作进一步加强，泛珠三角区域的物流、金融、中介服务、旅游、口岸、大型基础设施建设等方面的合作全面展开。社会各项事业全面进步，精神文明建设和民主法制建设取得了新的成绩。

我省国民经济的快速平稳发展为建设和谐社会，做好广东老龄工作提供了良好的经济和社会基础。省委、省政府高度重视老龄工作。去年新年伊始，中共中央政治局委员、省委书记张德江亲自出席了省老龄委迎春晚会，观看省老年艺术团的汇报演出，并发表了重要讲话，要求各级党委政府要重视老年人工作，关心老年人的生活，加大投入，加强福利设施建设，不断创新为老服务机制，提高为老服务水平。张德江书记的讲话极大地推动和鼓舞了我省老龄工作的创新和发展。去年，我省开展了争创老龄工作先进县（市、区）和先进单位活动，并创造性地开展了广东省市级老龄工作目标责任考核，全省涌现出15个省级老龄工作先进县（市、区）和52个先进单位。全省基本形成了省、市、县（区）、街道、社区（村）五级老龄工作网络，70%的社区（村）已建立了老年群众组织。全省评选表彰了“广东省十大敬老之星”，组织开展了“青少年敬老爱老主题教育活动”，有71个先进单位和个人得到了全国老龄办的嘉奖。我省对口援助广西的“银龄行动”克服重重困难，获得了圆满成功。省老龄委各成员单位履行职责，相互协作，积极维护老年人合法权益，切实为老年人办好事做实事，丰富老年人精神文化生活，开辟老有所为新途径，老年人“六个老有”得到长足发展。

我省经济、社会的良好发展以及老龄工作取得的可喜成绩，都是党中央、国务院正确领导的结果，与上级各有关部门特别是全国老龄办对广东的关心、指导分不开，与兄弟省市传经送宝分不开。在此，我代表广东省政府向长期以来对我省给予极大关心和支持的全国老龄办领导、各兄弟省市老龄办的领导表示诚挚的感谢！

我省工作虽然取得了一定的成绩，但与上级的要求，与先进省市相比，还存在一定的差距。尤其是老龄工作机构的规格与其他省市还有差别，老年立法工作也相对滞后，维护老年人合法权益工作的力度等有待加强等等。在今后的工作中，我省将高举邓小平理论和“三个代表”重要思想伟大旗帜，认真贯彻中共十六大、十六届三中、四中全会和胡锦涛总书记视察广东重要讲话精神，全面落实省第九次党代会和省委九届四次、五次全会的工作部署，树立和落实科学发展观，以科学发展观稳步推进广东的各项改革和发展，在全面建设小康社会、加快推进社会主义现代化进程中更好地发挥排头兵作用。同时，我们将借全国省级老龄办主任会议在广东召开的契机，深刻领会会议精神，虚心学习兄弟省市先进经验，进一步提高认识，加强领导，努力把我省老龄事业推上新台阶，为社会政治稳定，为广东率先基本实现现代化作出应有的贡献！

最后，预祝会议圆满成功！

谢谢大家！

李容根同志在广东省老龄工作委员会第五次全体会议上的讲话

（2005年3月30日）

同志们：

刚才，华维同志对去年的工作作了回顾，同时对2005年的工作作了部署，三个成员单位交流了经验，讲得都很实在，体现了务实的工作作风，我都赞成。

今年，是落实老龄事业发展“十五”计划的最后一年，是衔接“十一五”规划的关键一年，我们要以科学发展观为统领，全面推进我省老龄事业的发展，努力开创老龄事业的新局面。华维同志刚才已经对今年工作作了部署，下面，我讲三点意见。

一、应对老龄化发展趋势，充分认识做好老龄工作的重大意义

据统计，我省户籍人口7900万，是人口大省。

截至去年底，我省60岁以上人口已达880多万，占人口总数的11.14%，其中65岁以上老年人口570多万，占人口总数的7.22%。与2000年第五次全省人口普查相比，60岁和65岁以上人口的比重分别上升了1.26个和1.17个百分点。这一连串的数字说明广东人口不仅已进入了老年型，老龄化进程在大大加快。而且今后我省60岁以上人口将以每年3.2%的速度增长，2025年以后达到高峰；同时人口结构继续由老龄化向高龄化发展。

尽管我省是经济大省，但“银发浪潮”扑面而来的时候，面临的问题并不轻松。与全国相比，我省人口老龄化同样带着人口基数大、未富先老的特点。发达国家进入老龄化时，人均GDP一般在5000美元以上，有的甚至达到8000美元。相比之下，去年我省人均GDP仅为2000多美元，而且经济发展不均衡，其中还有13个地市在1000美元左右，最低的仅为500美元，应对老龄化的压力正在加大。同时，老年人健康水平同发达国家相比也存在着较大的差距。在城镇，“421”模式的家庭逐渐增多，一对年轻父母往往要赡养四个老人、抚养一个子女。老龄人口的生活照料、医疗保障、家庭经济负担等方面都面临着诸多的困难和问题。在农村，目前70%的老年人生活在农村，然而目前我省农村的养老保障制度还处于探索和发展的初级阶段。随着近年来城乡劳动力频繁流动，城镇化进程不断加快，导致了农村家庭养老资源逐渐减少，空巢家庭和无人照料老人逐渐增多。也就是说，不管在城镇或农村，人口老龄化速度更快，养老保障问题亟须关注。随时间的推移，劳动人口比重下降，社会供养系数上升，家庭功能弱化，社会负担加重等问题将日益凸现。老龄社会对经济、政治、文化、法律、政策等方面产生重要的影响。因此，全面推进我省的老龄工作，是现实的需要，也是时代对我们的迫切要求，具有重大的意义：

一是贯彻落实科学发展观的具体体现。科学发展观要求以人为本，树立全面、协调、可持续的发展观，促进经济社会和人的全面发展。以人为本作为科学发展观的本质和核心，其中的“人”是指中国最广大的人民群众，“本”则是指中国最广大人民群众的根本利益。我们老龄工作的工作对象是占人口总数11.14%的老年群众，一个庞大群体，在这个意义上，坚持以人为本，就必须维护包括老年人在内的广大人民群众的根本利益，使经济社会发展成果惠及包括老年人在内的全体人民。而坚持全面、协调、可持续发展的科学发展观，就要求我们在经济转轨、社会转型的过程中，在制定和实施发展规划、战略时，必须统筹兼顾，妥善处理人口老龄化问题。“老吾老以及人之老”，做好老龄工作，不仅是对老年人的尊重和孝敬、中华民族传统美德的传承，更是顺应老龄化发展趋势、贯彻落实科学发展观的具体体现。

二是构建和谐广东的重要内容。党的十六届四中全会报告中提出：“坚持最广泛最充分地调动一切积极因素，不断提高构建社会主义和谐社会的能力。把和谐社会建设摆在重要位置，注重激发社会活力，促进社会公平和正义。”和谐社会就是要让全体人民共享改革和建设的成果，使全体人民受益；和谐社会就是要使党和政府同人民群众的关系更加密切，使安定团结的局面更加巩固。省委省政府提出建设和谐广东，我省880多万老年人作为社会主义大家庭的一个庞大群体，老年事业作为构建社会主义和谐社会的一个重要组成部分，对促进社会和谐起到重要作用。随着经济社会的发展，老年人的生活和权益保障面临着许多新的问题，处理不好，可能直接影响家庭和社会的稳定和谐。做好老龄工作，兼顾社会各群体的利益，解决老年人生活中的实际问题，是社会的公平、人与人和谐相处的重要基础和准则。在大力发展经济的同时，政府不能因可支配财力的不足而忽视这一部分弱势群体，要建立保障其基本生活的“安全网”，切实保障他们的合法权益，这是构建和谐广东的重要内容。

三是提高老年人生活质量的客观需要。生活质量是指个体对自己的生活诸方面美满程度的主客观评价。老年人的生活质量主要包括身体健康、经济和医疗保障、家庭、社会及自然环境、精神生活和社会参与等四大部分。老年人生活质量的高低，是社会文明进步的一个重要标志。随着我省人口老龄化和经济社会的发展，我省老人生活出现了渴望精神的满足及物质的需求差异。在发达的珠三角地区，经济收入相对比较稳定，文化层次较高的老年人口不断增多，他们追求更加殷实的小康生活，不仅讲求生活品味，精神文化需求也日趋多样化，他们思想活跃，身体也较好，有继续参与现代化建设的热情和愿望；在东西两翼以及广大的山区，老龄化问题表现为明显的地区和城乡差异。总体而言，我省大部分的老年人居住在农村，农村养老保障制度还处于探索和发展的初级阶段，养老问题特别是贫困地区的养老问题还面临很多困难。这部分老人更需要的是保证基本生活。为满足不同层次老年人的需求，这需要我们在老龄工作中与时俱进，用新的眼光分析、研究老年人的各种需求，用创新的精神拓展老龄工作领域，采取新的举措满足各类老年群体需要，提高老人的生活整体质量，把经济发展、社会发展统筹起来，使老年人享受到社会文明进步的成果，使他们昔日为社会贡献过的青春岁月、付出过的汗水和心血都得到实实在在的回报，快乐地颐养天年。

目前，一些地方党政领导对人口老龄化带来的问题认识很不足，对加强老龄工作，加快老龄事业发展的重视还不够；对加大经费的投入不够，老年产业的发展与广东经济大省的地位很不相称；农村老龄工作的基础薄弱，一些成员单位还未把涉老工作摆上议事日程。这些都阻碍了我省老龄事业的发展，难以应对在未来20年我省老年人口高峰的到来。做好老龄工作，使之更好地适应全面建设小康社会的大局，是时代赋予我们的光荣任务，也是摆在我们前面要应对的紧迫课题。对此我们要有足够的认识，决不能掉以轻心。

二、真抓实干，全面推进老龄事业的发展

去年，各成员单位按照第四次全体会议的要求，开拓进取，求真务实，完成了去年的工作任务。华维同志刚才从7个方面回顾了去年的工作，我看很实在，也很具体。在今年的工作安排中，华维同志提出10个方面的要求，任务艰巨，各成员单位要花大力气，下真功夫，切实完成好今年的各项工作任务。我在这里强调几点：

（一）抓好目标责任考核工作，促进各项老龄工作的落实。

去年，我省开展了市级老龄工作目标责任考核。在考核中将老龄工作分解为10大项52个指标，对各地的老龄工作进行了目标责任考核，取得了明显的效果。开展老龄工作的目标责任考核，是推进老龄工作全面发展的一项制度创新，也是落实老龄各项工作的有力措施。通过对老龄各项工作进行量化评估，从而增强了各地对老龄工作的紧迫感和责任感，有利于加强老龄工作中的薄弱环节，解决突出问题，促进各项老龄工作的落实。今年要继续抓好此项工作，要把目标责任考核与开展创建老龄工作先进县（市、区）和先进单位的活动结合起来。去年仅有广州、深圳等7市达到三星级水平。要建立激励机制，对考核不及格的要发出黄牌、红牌警告，以此促进老龄各项工作的落实，推进我省老龄工作水平的提高，使我省各项老龄工作与经济发展相适应。省老龄办在实施这项工作中，要不断完善目标责任考核的方法和内容，使之更加科学，与时俱进。

（二）抓好老龄工作项目，带动其他各项老龄工作开展。

近年来，各个成员单位在开展老龄工作项目中取得了很好的成效。如民政部门的“千间敬老福星工程”、“星光老年人之家”等项目；人事厅、卫生厅的“银龄行动”、“光明行动”等项目；团省委的“金晖行动”、“健康直通车”等项目以及其他成员单位老龄工作项目。每一个项目都体现了为老人做好事办实事，具体地把“六个老有”目标落到实处。老龄工作复杂艰巨，涉及面广，不可能要每一项老龄工作都能齐头并进。以项目带动老龄各项工作的开展，以促使老龄工作得到整体推进，这是一种可行且被实践证明行之有效的老龄工作方法。各地各成员单位要结合本部门的工作，在原有项目的基础上，不断开创新项目。每个地方，每个成员单位都要开创一到两个，或更多的为老服务项目，而且要把项目做大、做出成效，做出品牌。各成员单位之间也可以根据情况需要联合开创为老服务的项目。“银龄行动”就是多部门联合开创的，这也有了先例。老龄工作项目化，有利于实实在在解决当前老龄工作突出问题，解决老龄工作的难题。各地各成员单位要把老龄工作的项目抓好，以项目带动其它各项老龄工作的开展。

（三）抓好基层老龄工作，把老龄工作落到实处。

老年人主要生活在社区，在基层。老龄工作方针和政策的贯彻，必须通过社区和基层的具体工作，最终落实在老年人身上，要把基层作为老龄工作的出发点和落脚点。加强基层的老龄工作是一项长期的工作任务。要把老龄工作纳入社区、村（居）委会的建设，要建立社区、村（居）基层老龄工作机制，要依托社区发展老年服务业，形成设备配套、功能完善、管理规范的社区老年服务体系。同时培育发展基层老年群众组织，加强对基层老年群众组织的指导和规范，使老年群众组织始终保持正确的方向，发挥基层老年群众组织在社区、村（居）老龄工作的作用，从而使基层的老龄工作有场所、有队伍，促进各项老龄工作的落实。办公室要开展基层老龄工作的调查研究，抓好典型，交流经验，力争今年基层老龄工作取得新的突破。

（四）抓好老龄工作队伍建设，提高老龄工作队伍的素质。

去年，我在四次全会上重点强调了抓好机构建设的问题，尤其是要把县（市、区）的老龄工作架子搭起来。目前，省市县（区）老龄工作机构都已基本健全了，工作网络也基本形成了，人员也基本配齐了，这很好。现在的问题是，老龄工作队伍建设问题。全省省、市、县三级老龄工作机构目前约有专兼职老龄工作人员近300人，但大多数从未从事过老龄工作，水平也参差不齐。不少人存在着“等、靠、要”的思想观念，对如何做好老龄工作热情不高，没有形成工作的思路，更谈不上开拓创新，这工作自然也做不好。现在我省人口老龄化趋势日益严重，建设一支热爱老龄事业、精通业务、遵纪守法的老龄干部队伍，成为迫在眉睫的事情。今年，省老龄办要认真办好老龄工作干部培训工作，提高老龄工作干部素质和业务水平。各成员单位的委员、联络员也要相应地加强有关涉老业务知识的学习，学习和借鉴国外有关开展为老服务的经验。各地老龄工作机构也要认真组织培训，大兴学习之风，要在业务知识、作风建设上狠下功夫，用两至三年的时间，培养和造就一批具有较高理论水平，精通业务，热爱老龄事业的行家里手，成为全面推进我省老龄工作的组织保证。

（五）抓好老年产业的发展，促进老年福利事业社会化。

随着我省人民生活水平的提高，养老服务和老年人消费市场正在迅速形成。社区老年服务、托老服务、护理服务、心理咨询、临终关怀等老年服务业的发展前景十分广阔。开发老年消费市场，发展老龄产业，已是880万老年人的迫切要求，老龄产业化问题应引起各方面的重视，尤其是各成员单位的重视。各部门要注意引导和动员社会力量，采取必要措施，加快发展步伐。一方面要加大改革力度，切实办好国有养老服务机构，充分发挥现有养老福利设施的作用，提高服务质量和服务水平；另一方面要抓紧研究制定相关政策措施，降低市场准入门槛，消除体制障碍，吸引社会资本进入养老服务产业，鼓励、支持社会力量兴办老年服务设施和服务机构。这不仅可以为广大老年人提供更加丰富和优质的服务，还可以促进就业，拉动经济增长。

三、加强领导，努力形成老龄工作的整体合力

关于各成员单位提高认识、加强领导这个问题，我年年讲，讲得你们都烦了，我也不想讲了。但现在的问题是：一些成员单位对涉老工作还是敷衍了事，未能认真履行职责，未能认真研究和完成省老龄委部署的工作任务，把涉老工作与本厅局、本部门的老干工作等同起来，这种状况与当前我们所面临的老龄化社会是不相符的，与老龄工作的地位也是不相符的，亟需改变。所以我还是要讲这个问题。

一是各成员单位要确实把涉老工作摆上位置，摆上议事日程，要按照《成员单位职责》和《联络员制度》的规定，做好本部门应该做的工作。要结合本单位的职责，研究、制定本成员单位有关老龄事业的发展战略和重大政策措施，提出年度工作计划，并认真组织贯彻落实。这是你们作为老龄委成员单位理应完成的工作，也是政府赋予你们的重大责任。刚才，华维同志对成员单位今年涉老工作的安排已作了报告，但是还有个别成员单位的涉老工作计划没有做。做了工作计划的，仍还有要完善和改进的地方。会议之后，各成员单位要重新拟定今年工作计划，在4月底前报给省老龄办汇总并通报。各成员单位领导、老龄委委员应加强对本成员单位联络员的具体指导、督促和检查工作，经常过问，并帮助解决其工作上碰到的实际困难和问题。联络员要及时了解和掌握本成员单位有关老龄工作的情况，及时、全面、准确地向办公室反映本级有关老龄工作的情况和问题，做到“上情下达”、“下情上报”。去年，办公室就已经建立起情况通报制度，各成员单位要利用好这一制度，积极提供有关涉老工作信息，配合办公室做好工作。要通过情况通报这一平台，加强业务交流，促进有关政策措施的衔接配套。办公室要切实履行职责，搞好组织联络，积极提建议，当参谋，推动各项工作任务的落实。

二是老龄委要充分发挥作用，互相配合，把各方面力量调动起来，形成推动工作的整体合力。今年初，各单位在总结去年涉老工作的同时，也结合本单位实际，提出了许多有关老龄事业的发展战略和重大政策措施，很好。但今年的老龄工作任务繁重，很多方面都具有挑战性，如《广东省老年人权益保护规定》的出台，多层次养老保险体系的深入建设，失地农民养老保险办法的探索等等，各有关成员单位务必要加强配合。

在这里，我要提一下老龄事业“十一五”规划的问题。今年是落实老龄事业发展"十五"计划的最后一年，也是衔接“十一五”规划的关键一年。按照全国老龄委第七次工作会议的工作部署和要求，各地老龄委要对“十五”计划纲要的执行情况进行评估检查。对评估中发现的突出问题要尽快提出解决意见报当地政府，并推动有关部门加以解决。办公室已于去年9月底着手部署各地级以上市开展“十五”计划纲要的自查评估。目前大部分地市都已将自查情况反馈回来。办公室要抓紧做好有关情况总结，并做好组织各成员单位检查和评估的准备工作，各成员单位要积极配合办公室，在检查和评估的基础上，深入调研论证，做好我省老龄事业发展的“十一五”计划纲要的制定工作。

同志们，目前我省正在开展保持共产党员先进性教育活动，各成员单位要以先进性教育活动为动力，全面推进老龄事业的发展，把各项工作任务落实到实际工作中。要综合运用教育、舆论、行政和法律等手段，大力弘扬中华民族孝敬长辈、尊重老人的传统美德，全面建设文明和谐的小康社会。

李汉柏同志在云南省第二次老龄工作会议上的讲话

（2005年2月25日）

同志们：

省政府决定召开全省第二次老龄工作会议，主要任务是总结2000年以来的工作，分析当前面临的形势，研究部署当前和今后一段时期的任务。这对于认真贯彻党的十六届三中、四中全会以及省委七届六次全会精神，构建社会主义和谐社会，进一步做好新形势下的老龄工作，具有十分重要的意义。

刚才，高祖兴同志全面总结了2000年以来我省老龄工作取得的成绩，安排部署了当前和今后一个时期的工作任务；全国老龄办对会议的召开十分重视，全国老龄办副主任袁新立同志专程莅临会议指导，通报了全国老龄委第七次全体会议精神，对做好老龄工作提出了明确要求；会议还表彰了创建活动先进单位和先进个人。大家要认真学习领会几位同志的讲话精神，切实抓好贯彻落实。在此，我代表省人民政府，向长期以来关心支持我省老龄工作的全国老龄办表示衷心感谢，向受到表彰的先进单位和先进个人表示热烈祝贺，向辛勤耕耘在老龄工作岗位上的同志们致以崇高的敬意！

下面，我讲几点意见。

一、我省老龄工作取得了显著成绩

2000年全省第一次老龄工作会议以来，在省委、省政府的领导下，在社会各界的大力支持下，通过全省上下共同努力，我省老龄工作取得新的成绩，老龄事业得到快速发展。

一是老年社会保障体系初步形成，老年人的基本生活得到保障。各地以老年人的养老、医疗救助、社会福利为重点，切实加强老年社会保障体系建设。在城镇，行政事业单位离退休干部职工政治待遇和生活待遇基本落实，企业离退休人员养老金按时足额发放；符合条件的贫困老年人家庭全部纳入了低保范围。在农村，全省绝大多数地区开展了农村社会养老保险工作，“五保”供养制度得到较好实施，新型农村合作医疗制度、社会助养农村贫困老人等农村社会保障工作开始逐步推行。同时，各地多渠道筹集资金，加大社会福利事业的投入，先后建成了一批适合老年人特点的老年福利服务设施，进一步改善了为老年人服务的条件。

二是老年文化教育事业蓬勃发展，老年人的精神文化生活日益丰富。各地倡导科学、健康、文明的生活方式，积极为老年人开辟学习和活动场所，因地制宜地开展形式多样、健康有益的文体活动，不断满足老年人日益增长的精神文化需求，极大地丰富了老年人的精神文化生活，得到了广大老年人的拥护和全社会的赞誉。广大老年人依托老年活动场所开展健康向上的文体活动，展示了当代老年人的良好精神风貌，促进了我省社会主义精神文明建设。

三是工作合力不断增强，工作领域不断拓宽。各地不断加大老龄工作力度，在党政主导作用不断加强的基础上，大力挖掘社会资源，整合各方力量，努力提高为老年人服务的水平。老龄部门认真履行职责，老龄委成员单位加强协调配合，社会力量积极参与，促进了老龄工作的开展。各地坚持以社区和基层为重点，努力扩大为老年人服务的范围，积极开展老年福利、教育、文化、卫生、体育等工作，推动了老龄事业的全面发展。

四是法规政策体系建设不断加强，有效维护了老年人的合法权益。我省先后研究制定了《云南省老年人权益保障条例》和《云南省老龄事业发展“十五”计划纲要》，对老年人的社会保障、权益保障、优待条款以及老龄事业发展的目标任务和落实措施等作出了明确规定；各地依据有关法律法规，按照省委、省政府的要求，制定了一系列配套的法规政策，并在实际工作中切实抓好落实，有效维护了老年人的合法权益，保证了老龄工作的顺利开展。

五是老龄工作机构进一步加强，老年群众组织工作活跃。根据《中共中央、国务院关于加强老龄工作的决定》，我省率先在全国调整了老龄工作机构，理顺了工作关系，目前全省绝大部分的县市区成立了老龄委及其办公室，初步形成了省、市、县三级老龄工作体系，乡镇老龄机构也在逐步建立。全省老年基层群众组织不断发展壮大，在促进经济发展、巩固基层政权建设、保持社会稳定、维护老年人合法权益、活跃老年人精神文化生活以及关心下一代等方面发挥了积极作用。

通过多年的努力，我省老龄事业取得了长足发展，也积累了一些宝贵的经验，这就是：只有紧紧围绕党和政府的中心工作，服从和服务于大局，坚持“党政主导、社会参与、全民关怀”的老龄工作方针，找准老龄工作的落脚点和切入点，认真履行好部门工作职责，才能不断开创老龄工作的新局面；只有把老龄事业纳入国民经济和社会发展计划，把老龄工作的重点放在社区、基层，从适合老年人特点、符合老年人需要和可能的实际出发，深入扎实地开展工作，为老年人办实事，才能使老龄工作的各项方针政策和措施真正落到实处；只有适应社会主义市场经济体制的要求，坚持走社会化的路子，充分依靠社会、发动各方面力量参与老龄事业，发展老龄事业，加快推进社会福利社会化，才能满足老年人不断增长的物质和精神文化生活的需求，促进老龄事业健康协调发展。

我省老龄工作虽然取得了一定成绩，但仍然存在一些问题，主要是：对人口老龄化发展形势分析不够，少数地方和部门的领导思想认识不够，对解决老龄问题的重要性认识不足；老龄宣传工作不到位，老龄问题和老龄工作尚未得到全社会应有的关注和重视；老年社会保障制度不健全，老龄事业投入不足，老年福利设施建设还不能满足老年人的需要，农村贫困老年人的“养”和“医”问题突出；协调配合机制不健全，法规政策体系不完善，老龄工作还没有步入法制化、规范化管理的轨道；基层老年群众组织的活动不规范，对基层老年群众组织的监督管理比较薄弱等等。这些问题都亟待认真研究，切实加以解决。

二、充分认识新形势下做好老龄工作的重要意义，进一步增强责任感和紧迫感

近年来，我省人口老龄化的速度加快，目前60岁以上老年人已超过总人口的10%。据专家预测，到2020年，我省老年人将增加到650万，占总人口15%左右，人口老龄化趋势日益明显。老龄化社会的到来和长寿人口的增多，从一方面讲，反映了我国经济、社会和各项事业的蓬勃发展和人民生活水平的显著提高；从另一方面讲，人口迅速老龄化和高龄化，将使家庭结构和社会生活发生变化，给经济和社会发展带来重大影响。党的十六大报告在深刻分析我国人口形势和老龄人口问题时指出：“人口总量继续增加，老龄人口比重上升，就业和保障压力增大。”随着现代化和城镇化进程的加快，老年人口的数量和结构将发生较大的变化，老龄问题将更加突出，人口与经济、社会、资源、环境之间的矛盾将变得十分尖锐。这些问题处理不好，将会给家庭和社会带来沉重负担，影响全面建设小康社会和推进社会主义现代化的进程。因此，老龄问题是带有全局性、战略性的重大问题，涉及到经济、社会、政治、文化等各个方面，老龄问题解决得如何，对社会的稳定与发展至关重要。各级政府和有关部门必须高度重视老龄工作，进一步深化对老龄工作重要性和紧迫性的认识。

（一）做好新时期老龄工作，是坚持以人为本、维护人民群众根本利益的具体体现。坚持以人为本、维护人民群众的根本利益，必须落实到各级政府和各部门的工作中去，落实到各级领导干部的思想和行动中去，落实到关心群众的生产生活中去。老年人为国家的建立、富强和人民幸福奉献了自己的青春和力量，建立了光辉的业绩，今天的物质文明、精神文明和政治文明成果凝结了他们的劳动和智慧。他们是党和国家的宝贵财富，理应受到全社会的关心和尊重。我省约有450万老年人，从总体上看，他们的生活水平和生活质量还不高，经济和生活依赖性还较强，尤其在深化改革和建立完善社会主义市场经济体制的条件下，很容易受到社会变革和利益调整带来的冲击和影响，特别需要关心和帮助。坚持以人为本、维护人民群众的根本利益，必须高度重视和关注包括老年人在内的广大群众的利益。这就要求我们要尊重老年人，关心老年人，切实保障老年人的基本权益，使他们能够充分参与社会生活，获得切实的政治、经济和文化利益，共享改革开放和经济社会发展的成果。这是各级政府和有关部门义不容辞的责任，也是全社会共同的义务。

（二）做好新时期老龄工作，是落实科学发展观、促进经济社会协调发展的客观要求。近年来，省委、省政府认真贯彻落实中央关于宏观调控的各项改革政策，从云南地处边疆、贫困、民族地区，经济社会发展滞后的实际出发，把加快发展作为最大的政治、最硬的道理和最根本的任务，聚精会神搞建设，一心一意谋发展，经济社会各项事业取得了显著成就。老龄事业是经济社会事业的重要组成部分，但是从总体上看，我省老龄事业仍然滞后于经济社会的发展，老龄工作还不适应人口老龄化的要求。党的十六届三中全会指出，要树立全面、协调、可持续的发展观，统筹经济与社会协调发展。白恩培同志在省委七届六次全会上强调，必须以科学发展观统领经济社会发展全局，坚持经济社会协调发展，在大力推进经济发展的同时，更加注重加快社会发展。省委贯彻中共中央《关于加强党的执政能力建设的决定》的实施意见中要求，要重视做好老龄工作，积极发展社会福利和慈善事业，努力做到老有所养、病有所医、弱有所助、困有所济。我们要按照党中央、国务院和省委、省政府的要求，把老龄事业纳入经济和社会发展的全局，不断加大对老龄事业的投入，切实做好老年人的社会保障、医疗、教育、维权等工作，给予老年人更多的温暖和关爱，努力促进老龄事业与经济社会协调发展。这是社会文明进步的具体体现，也是落实科学发展观的本质要求。

（三）做好新时期老龄工作，是维护改革发展稳定大局、构建社会主义和谐社会的重要内容。党的十六届四中全会和省委七届六次全会都明确提出要形成全体人民各尽其能、各得其所而又和谐相处的社会。构建社会主义和谐社会是提高党的执政能力的重要任务，是巩固党执政的社会基础，实现党执政的历史任务的必然要求。构建社会主义和谐社会，需要激发全社会的积极性和创造力。老年群体是构建社会主义和谐社会不可缺少的一支重要力量。做好老龄工作，多形式、多渠道引导和组织老年人参加力所能及的社会活动和健康有益的文体活动，发挥老年人在维系家庭稳定、关心下一代教育、调解民事纠纷、参与社会治安、参与经济发展等方面的重要作用，有利于改革开放和经济发展，有利于社会主义物质文明、政治文明和精神文明建设，有利于维护社会稳定，促进社会和谐。反之，如处理不好，将会对家庭关系、人际关系、党群关系以及党和政府实施有效管理等方面产生消极影响，甚至影响社会稳定。近年来，由于多方面的原因，我省群体性事件不断增多，成为影响社会稳定的一个重要因素。据调查了解，有些地方不同程度存在基层老年协会组织参与、操纵群体性事件的情况，有少数基层老年协会甚至凌驾于村支部、村委会之上，严重影响了基层政权组织作用的正常发挥。因此，我们必须按照构建社会主义和谐社会的要求，进一步做好老龄工作，不断强化老年人的思想教育工作，提倡老年人活到老、学到老，丰富老年人的精神文化生活，发挥老年人在构建社会主义和谐社会中的重要作用，促进社会文明进步、和谐发展。

三、努力提高老龄工作的能力和水平，推动老龄工作深入开展

老龄事业事关经济社会发展全局。当前我省经济发展、社会进步、民族团结、边防巩固，为发展老龄事业创造了良好的条件。我们要抓住机遇，按照加强党的执政能力建设的要求，紧紧围绕党委政府的中心工作，围绕改革发展稳定的大局，努力提高做好老龄工作的能力和水平，推动老龄工作深入开展。

（一）努力提高驾驭老龄工作全局的能力。要积极适应老龄事业发展的需要，加强对人口老龄化趋势的分析、判断和预测，正确理解人口老龄化对我省经济社会发展带来的重大影响，深刻认识新形势下做好老龄工作的重要意义，紧密结合我省老龄工作中出现的新情况，积极探索新形势下老龄工作的特点和规律，不断完善工作体制、机制和方法，抓住重点和难点，缜密谋划全局，统筹协调，精心组织，全面抓好各项老龄工作的落实，促进老龄事业全面发展，不断提高老年人的物质生活水平，丰富老年人的精神生活，确保老年群体的稳定，为改革发展和稳定的大局服务。

（二）努力提高为老年人服务的能力。老年人既需要物质上的照顾，也需要精神上的关心。要始终把为老年人服务作为老龄工作的出发点和落脚点，强化服务意识，急老年人所急，想老年人所想，办老年人所需，积极为老年人办实事、办好事。要千方百计筹措资金，不断完善保障服务手段，下大力气解决老年人的养老和医疗问题。要关注老年人的思想情绪，丰富老年人的精神文化生活，为老年人学习知识、了解社会创造条件，保障老年人身心健康。要按照依法行政的要求，加强老龄法律服务工作，推进老龄工作法制化、规范化，切实维护好老年人的合法权益。要着眼长远和全局，充分运用市场机制，深挖各种社会资源，大力发展老年服务业，发动全社会群策群力参与老龄工作，为老年人提供优质高效的服务。

（三）努力提高改革创新的能力。多年的老龄工作实践证明，紧随时代步伐，锐意改革创新，是老龄事业发展的内在要求，是提高老龄工作整体水平的必由之路。要加强思想观念的改革创新，善于用新的视角观察老龄工作的新变化，善于用新的理念思考老龄事业的新课题，善于用新的思路指导老龄事业的发展。要加强方法手段的改革创新，改革传统的工作方法和行为方式，充分运用政治、经济、行政和法律手段，解决好老龄工作中的重点难点问题，推进老龄事业取得新的突破。

（四）努力提高督促指导和检查落实的能力。做好老龄工作的关键，在于抓好落实。恩培和荣凯同志在省委七届六次全会上强调指出，落实不力是云南长期存在的突出问题，要求做到思想求实、作风扎实、工作落实。从根本上讲，落实不力的问题，就是作风的问题。要以对老龄事业高度负责的精神，大力加强思想作风和工作作风建设，倡导求真务实的风气，彻底消除形式主义的影响，真正做到默默无闻打基础，一门心思抓落实。要深入基层搞好调查研究，找准老龄工作中的难点和热点问题，着力提高抓落实的科学性和有效性。要切实加强对基层老龄工作的检查督促和指导，确保各项老龄工作落到实处，取得实效。

四、突出重点，努力推进老龄工作全面发展

当前和今后一个时期我省老龄工作的总体思路是：以“三个代表”重要思想为指导，紧紧围绕党和政府的中心工作，全面贯彻落实党的十六届三中、四中全会和省委七届六次全会精神，坚持“党政主导、社会参与、全民关怀”的工作方针，按照全面建设小康社会的总体要求，以实现“六个老有”为目标，以社区和基层为重点，全面落实老龄工作各项措施，努力推进老龄事业与经济社会的协调发展。根据这个总体思路，重点要抓好以下几项工作：

（一）进一步健全完善老龄工作法规政策，切实维护老年人的合法权益。维护老年人的合法权益，是老龄工作的一项重要任务。各级政府和有关部门要深入实际，切实加强老龄问题的调查研究，建立健全与我省人口老龄化形势和经济社会发展水平相适应的老龄工作政策法规体系，推进老龄工作法制化、规范化，依法保护老年人在家庭赡养和扶养、社会保障、参与社会发展等方面的合法权益。要努力构建养老社会保障体系，制定和完善养老金筹集发放、补充养老保险、老年医疗保险、老年福利、老年生活救助等政策，用政策和制度保证老年人的政治、经济、文化和生活等基本权益。要加大执法检查力度，依法制裁侵害老年人合法权益的不法分子，坚决打击和制止勒索、诈骗、侮辱、虐待、伤害、遗弃老年人的违法行为；要严厉打击宣扬歪理邪说、损害老年人身心健康的邪教组织和愚昧迷信活动；要做好老年人优待工作，加大对特困老年人的救助力度，解决好特困老年人的生活问题；要健全和完善法律援助制度，加强老年人法律服务工作，发展老年人维权组织，使老年人就地、就近、及时地得到优质的法律服务。

（二）加强老年人的思想政治教育，丰富老年人的精神文化生活。思想充实、精神愉快，是保证老年人身心健康，提高老年人生活质量的重要因素。随着老年人物质生活条件的不断改善和民主意识的不断提高，他们对精神文化生活的需求也与日俱增。要经常组织开展老年人学习交流活动，及时向他们传达中央及各级党委、政府的有关文件精神；要积极兴办各种老年学校，努力改进教学方法，提高教学水平，大力开展多样化、多层次的老年教育；要切实加强和改进老年思想政治工作，坚持把邓小平理论和“三个代表”重要思想作为老年思想政治教育的主要内容，结合保持党的先进性教育活动的开展，深入进行形势政策、民主法制和科学文化知识教育，把老年思想政治工作做深、做细、做实，使老年人始终与党中央保持高度一致，划清科学与迷信、文明与愚昧的界限，做遵纪守法的好公民；要倡导科学、健康、文明的生活方式，组织、引导、支持老年人开展适合老年人特点和需要的健康有益的文化体育活动，满足老年人的精神文化生活需求。

（三）切实抓好基层老龄工作，推动老龄工作全面开展。老龄工作的重点在基层。基层老龄工作的好坏，直接关系到党和政府老龄工作各项方针政策的落实，关系到社会稳定。要按照全国老龄委的部署，深入开展老龄工作先进县（市、区）和敬老先进村、社区创建活动。要以开展创建活动为契机，进一步抓好基层老龄工作。在城市，要依托社区发展老年服务业，完善社区老年服务体系，不断提升社区养老功能。在农村，要在巩固家庭养老的基础上，结合农村特困户救助、农村合作医疗、农村养老保险，逐步解决好农村养老问题；要结合创建文明村寨、文明家庭、敬老先进村等活动，弘扬敬老风尚，多为老年人办实事、办好事。要加强基层老龄机构建设，配齐配强工作人员，努力提高为老年人服务的水平和质量，推进基层老龄工作的健康发展。要坚持培育和管理并重的方针，切实加强基层老年群众组织建设，强化对基层老年群众组织的指导监督，规范基层老年群众组织的活动。这里特别强调一下，在鼓励老年人发挥余热、老有所为的同时，要在基层老年群众组织的管理和“老有所教”方面加大工作力度，教育和引导基层老年群众组织关注新形势，适应发展变化，支持新生事物，坚决纠正和制止少数基层老年协会存在的不当行为，各级政府有关部门要切实负起责任。要通过抓好基层老龄工作，带动老龄工作整体水平的提高，真正做到老年政策法规落实、老年服务设施齐全、养老保障水平逐年提高、老年群众组织健全活跃、敬老宣传教育广泛深入、老龄事业全面发展。

（四）大力推进老年服务社会化，满足老年人的服务需求。随着人口老龄化发展特别是进入高龄化之后，老年人对社会化、专业化服务的需求大量增加，现有的福利条件已难以完全适应这方面的要求，必须大力推进老年服务社会化，加快老年服务业的发展。各级政府要在逐步加大老年服务事业投入的同时，加大宣传力度，落实优惠政策，引导和扶持社会团体、个人和外资以多种形式加快老年服务设施和服务网络建设，依靠社会力量兴办一批不同形式、不同档次的托老所、老年福利院、老年公寓、文化活动中心等设施，实现投资主体多元化。政府或部门直接管理的老年福利服务机构，要改变过去的老办法，逐步引入市场机制，加快推进老年福利机构自主经营、自我发展。同时，要大力发展老年服务队伍，制定完善老年服务队伍岗位标准和操作规范，加强专业教育、在职教育和岗位技能培训，努力提高老年服务队伍的专业化水平。

（五）齐抓共管，不断优化老龄工作的环境。老龄工作涉及面广，是政治性、政策性、群众性都很强的工作。做好老龄工作，需要各级政府、各有关部门和社会各界的共同努力。各级政府要把老龄工作纳入当地经济社会发展规划，列入重要议事日程，切实加强领导，及时研究协调解决工作中的重要问题，不断加大对老龄工作的投入，在政策引导、制度规范、经费支持、宣传教育等方面充分发挥主导作用，为老龄事业的发展创造更加有利的条件。有关部门要着眼于老龄工作大局，认真履行职责，强化责任意识，发挥部门优势，大力支持老龄工作，密切协作，共同推动老龄事业的发展。各级老龄部门要认真履行综合协调、督促检查的职责，加强调查研究，转变工作作风，不断提高政策理论水平和业务能力，当好党委政府的参谋助手。要加强老龄干部队伍的思想建设、组织建设和作风建设，建立一支廉洁奉公、作风优良、精干高效的老龄干部队伍。要充分利用各种宣传媒体，采取多种形式，加大老龄工作宣传力度，广泛调动社会力量参与老龄工作，营造全社会关注老龄问题、人人关爱老年人的良好风尚，把中华民族敬老爱老助老的传统美德进一步发扬光大。

同志们，做好新时期的老龄工作意义重大，任重道远。让我们紧密地团结在以胡锦涛同志为总书记的党中央周围，以“三个代表”重要思想为指导，认真贯彻落实党的十六届三中、四中全会以及省委七届六次全会精神，在省委、省政府的领导下，求真务实、开拓创新，扎实工作，努力开创老龄工作新局面，为促进我省老龄事业与经济社会的协调发展，构建社会主义和谐社会，保障全面建设小康社会目标的实现作出新的更大的贡献。

云南省人民政府关于进一步加强老龄工作的意见

（2005 年 9 月 14 日）【云政发〔2005〕141 号】

各州、市人民政府，省直各委、办、厅、局：

为认真贯彻落实《中华人民共和国老年人权益保障法》和《中共中央、国务院关于加强老龄工作的决定》，进一步做好新时期我省老龄工作，推动云南老龄事业全面发展，结合我省实际，提出以下意见，请认真贯彻落实。

一、统一思想，提高认识，切实做好新时期老龄工作

（一）深刻认识做好新时期老龄工作的重要意义。随着我国老年人口规模的扩大和人口老龄化速度的加快，老龄问题已成为我国经济社会发展的一个重大战略问题，老龄工作已成为关系全面建设小康社会和现代化建设全局的一项重要工作。改革开放以来，我省经济社会结构和人口结构发生了深刻变化，人口老龄化趋势日益明显。60 周岁以上老年人占全省总人口的比例已超过 10%，标志着我省人口年龄结构已进入老龄化阶段。随着经济社会的发展和人民生活水平的提高，老龄人口还将以较快速度增长，这将直接导致劳动年龄人口比重下降，社会供养系数上升，家庭功能弱化，社会负担加重，给经济社会发展带来重大影响。各地、各部门要从全局和战略的高度，重视老龄问题，深刻认识做好老龄工作对实践“三个代表”重要思想，落实科学发展观，加强党的执政能力建设和构建社会主义和谐社会的重要意义，进一步增强责任感和紧迫感，采取有力措施，切实做好老龄工作，推动我省老龄事业健康发展。

（二）我省老龄工作面临的形势。在党中央、国务院的正确领导下，我省认真落实党和国家关于老龄工作的决策部署，采取有效措施，切实加强老龄工作，有力地推动了老龄事业的发展。但从总体上看，我省老龄事业仍然滞后于经济社会的发展，老龄工作还不适应人口老龄化趋势的要求。老年社会保障制度还不健全，老龄事业投入不足，老年福利设施建设还不能满足老年群体的需要，农村贫困老年人的供养和医疗还面临很多困难和问题；老龄工作协调配合机制不健全，法规政策体系不完善，老龄工作尚未步入法制化、规范化管理轨道；基层老龄工作比较薄弱，老年群众组织活动不规范，监督管理力度不够；老龄宣传工作不到位，老龄问题和老龄工作尚未得到全社会的关注和支持。这些问题，直接影响我省老龄事业的发展和全面建设小康社会目标的实现。各地、各部门必须高度重视，正确对待和妥善处理老龄问题，认真做好新形势下的老龄工作。

（三）我省老龄工作的指导思想、原则和目标任务。新时期我省老龄工作的指导思想是：坚持以邓小平理论和“三个代表”重要思想为指导，围绕构建社会主义和谐社会和全面建设小康社会的目标，立足云南省情，适应人口老龄化的发展趋势，完善社会保障制度，建立健全社区管理和社区服务体系，发展老龄产业和老年服务业，维护老年人的合法权益，加强老年思想政治工作，开创我省老龄事业新局面。

加强新时期老龄工作，进一步发展老龄事业，要遵循以下原则：坚持老龄事业与国民经济和社会发展相适应，促进老龄事业健康发展；坚持党政主导和社会参与相结合，推动老龄工作全面开展；坚持家庭养老与社会养老相结合，以家庭养老为主，社会养老为辅，建立和完善老年社会服务体系；坚持道德规范与法律约束相结合，广泛开展敬老、爱老、助老道德教育，加强老龄工作法制建设；坚持关心老年人生活与加强思想政治工作相结合，使广大老年人的物质生活不断改善，精神生活更加丰富；坚持统筹规划与分类指导相结合，因地制宜开展老龄工作，发展老龄事业。

今后一个时期我省老龄工作的主要目标任务是：认真贯彻《中华人民共和国老年人权益保障法》，全面落实党和国家的老龄工作政策，按照“党政主导、社会参与、全民关怀”的方针，逐步建立以家庭养老为基础、社区服务为依托、社会养老为补充的养老机制，完善老年社会保障和社会救助制度，加快以老年福利、生活照料、医疗保健、文化教育、体育健身和法律服务为主要内容的老年社会服务体系建设，切实提高老年人的物质文化生活水平和健康水平，逐步实现老有所养、老有所医、老有所教、老有所学、老有所为、老有所乐，推动我省老龄事业与经济社会协调发展，为社会主义物质文明、政治文明、精神文明与和谐社会建设作出更大贡献。

二、采取有效措施，推动我省老龄事业全面发展

（四）切实保障老年人基本生活。认真落实党中央、国务院和省委、省政府关于老年人养老、医疗的政策措施，继续巩固企业离退休人员养老金按时足额发放的成果，进一步健全城镇基本养老保险制度，加快推进城镇医疗保险制度改革，加强养老保险基金和医疗保障基金的征缴工作，逐步扩大养老保险和医疗保险的覆盖范围，建立完善多层次、广覆盖的老年社会保障体系。继续完善城镇居民最低生活保障制度，建立健全社会救助制度，组织开展社会互助，积极倡导扶老助困和志愿者服务活动，确保离退休人员和城镇老年人的基本生活。要按照统筹城乡发展的要求，适应农村税费改革的形势，认真做好新时期“五保”供养工作，完善供养制度，提高供养水平，拓宽服务范围。继续推进农村社会养老保险工作，探索建立农村老年人养老保障制度，逐步推行农村最低生活保障制度、农村特困老年人救助制度和农村新型合作医疗制度，不断提高农村老年人的供养和医疗水平。

（五）加强老年福利服务设施建设。要加大对社会福利事业的投入，多渠道筹集资金，加强城乡敬老院、老年公寓、老年活动中心（室）等老年福利服务设施建设。在充分利用现有设施的基础上，新建和扩建一批老年福利服务设施和活动场所，并在资金和项目安排上，重点向农村地区倾斜。在城市建设、改造中要将老年福利服务设施纳入规划，统筹兼顾，合理布局，认真实施，逐步扩大老年福利服务设施和活动场所的覆盖范围，让老年人共享经济社会发展的成果。要充分发挥社区在老年福利服务事业中的作用，加快社区老年服务设施和服务网络建设步伐，不断强化社区为老服务功能，努力建成设施配套、功能完善、管理规范的社区老年服务体系，逐步改善为老年服务条件，不断满足老年人的福利服务需求。乡镇要努力办好敬老院，有条件的地方要逐步将敬老院建设成综合性多功能的老年福利服务中心。

（六）大力发展老龄产业。进一步深化改革，引入市场机制，加快推进老年福利机构自主经营、自我发展，充分发挥现有养老福利服务设施的作用，提高服务质量和服务水平。要大力发展老龄产业，积极推进老年服务社会化，制定优惠政策措施，降低市场准入条件，消除体制性障碍，吸引社会资本进入养老服务产业，鼓励和支持社会力量兴办老年福利服务设施和服务机构，对社会力量投资兴办的福利性、非营利性老年服务机构和有关捐赠，实行减免税等优惠政策；培育发展老年服务队伍，制定完善老年服务岗位标准和操作规范，加强服务人员专业教育、在职教育和岗位技能培训，为老年人提供优质高效的服务，不断推动我省老龄产业的发展，努力形成政府宏观管理、社会力量兴办、老年服务机构自主经营的管理体制和运行机制，逐步实现投资主体多元化、管理服务社会化和服务队伍专业化。

（七）加快发展老年教育文化卫生体育事业。要重视发展老年教育事业，积极开展针对老年群体、符合老年人实际的广播、电视、网络和函授教育。现有老年大学（学校）要加强学校建设，规范教学管理，改进教学方法，丰富教学内容，提高教学质量。引导和鼓励社会力量兴办各类老年学校，为老年人提供物质文化生活所需知识和技能，使更多的老年人能够参加学习，接受教育，推动老有所教、老有所学目标的实现。要不断发展老年文化体育事业，加强对老年文化体育活动的指导，创作老年人喜闻乐见的优秀作品，出版适合老年人特点的图书和音像制品，完善老年体育活动场所和设施，并大力倡导科学文明健康的生活方式，满足老年人的精神文化需求。要加强社区老年人活动场所建设和管理，在乡镇文化站设立老年文体活动室，有计划地组织老年人开展健康有益的文体活动。要大力发展老年卫生事业，开展多种形式的老年医疗保健服务和健康教育，逐步建立完善社区卫生服务机构，增加社区老年医疗保健设施，健全老年医疗保健服务网络，为老年人提供预防、医疗、保健、护理、康复和心理咨询等服务，普及老年保健和卫生科学知识，增强老年人自我预防和保健技能，提高老年人的健康素质。

（八）加强老年思想政治工作。要切实加强和改进老年思想政治工作，坚持把邓小平理论和“三个代表”重要思想作为老年思想政治教育的主要内容，深入开展党的基本路线、政策、形势、民主法制和科学文化知识教育，划清科学与迷信、文明与愚昧的界限，使老年人始终与党中央保持高度一致，坚定中国特色社会主义信念，增强对全面建设小康社会的信心。要积极研究和探索新形势下加强老年思想政治工作的方式方法，把开展思想教育与开展文体活动、解决思想问题与解决实际问题紧密结合起来，把老年思想政治工作做深、做实、做细，充分发挥老年人的作用和优势，鼓励其积极投身现代化建设事业，继续为云南经济社会发展作贡献。

（九）加强老龄工作法制建设。认真贯彻实施宪法和老年人权益保障方面的法律法规，进一步加强老龄工作法制建设，建立健全与我省人口老龄化形势和经济社会发展水平相适应的老龄工作政策法规体系，推进老龄工作法制化、规范化，切实维护老年人在家庭赡养和扶养、社会保障、参与社会发展等方面的合法权益。要加大执法和监督力度，依法处理和打击侵害老年人合法权益的违法行为，坚决取缔和打击宣扬歪理邪说、损害老年人身心健康的邪教组织和愚昧迷信活动。要健全法律援助制度，加强老年人法律服务工作，发展老年人维权组织，使老年人就地、就近、及时得到优质的法律服务。要加强法制教育和普法工作，提高全社会维护老年人合法权益的自觉性和法律意识。老年人也要学法、懂法、守法，依法维护自身合法权益。

（十）加大老龄工作宣传教育力度。要把老龄工作宣传教育纳入宣传工作总体规划，制订宣传方案，创新宣传方式，丰富宣传内容，拓宽宣传渠道，加大宣传力度。要坚持集中宣传教育与经常性宣传教育相结合，开展敬老、养老、助老道德教育与开展平安县市、文明社区、老龄工作先进县等创建活动相结合，整合社会资源，统筹多方力量，发挥部门优势，充分利用广播、电视、报刊、网络等媒体，通过开办老年专栏、开设老年节目、办好老年刊物、组织文艺演出、开展“敬老宣传月”活动等形式，大力宣传党的老龄工作方针政策和法律法规，宣传尊老敬老先进典型，弘扬中华民族传统美德，在全社会树立尊重、关心、帮助老年人的社会风尚，为发展我省老龄事业创造良好环境。

三、切实加强基层老龄工作，确保老龄工作落到实处

（十一）健全基层老龄工作机构。老龄工作的重点在基层。要把加强基层老龄工作作为一项长期任务，着力构建基层老龄工作网络，建立健全县（市、区）、乡（镇、街道办事处）老龄工作机构，配齐配强工作人员，落实工作设施和经费，推进基层老龄工作健康发展，提高全省老龄工作的整体水平。要把老龄工作纳入社区、村（居）委会建设，建立完善社区、村（居）委会老龄工作协调机制，确保老龄工作落实到基层。各企事业单位、人民团体和大专院校也要建立老龄工作协调机制，配备与工作任务相适应的专（兼）职老龄工作干部，积极开展各项老龄工作。

（十二）积极发展老年群众组织。要重视和加强老年群众组织建设，坚持培育发展和监督管理并重的方针，积极为老年群众组织的发展创造条件，充分发挥其在管理老年人事务、维护老年人合法权益、活跃老年人精神文化生活、促进基层民主政治建设、促进社会和谐与政治稳定等方面的作用，实现老年人的自我管理和自我服务。要切实加强对老年群众组织的领导，加强老年群众组织的班子建设、思想建设、业务建设和能力建设，加大培训力度，提高队伍素质，促进各项老龄工作在基层的落实。要教育和引导基层老年群众组织认真贯彻执行党的方针政策和法律法规，关注新形势，适应新变化，支持新事物，坚决制止和纠正基层老年协会凌驾于基层党政组织之上、干预基层党务政务工作等不当行为。老年群众组织要加强自身建设，建立议事决策机制和监督制约机制，健全内部规章制度，严格按照章程规范开展活动，不断提高为老年人服务的质量和水平。

（十三）深入开展老龄工作创建活动。要继续深入开展老龄工作先进县（市、区）和敬老先进村（社区）创建活动，将其作为社会主义精神文明建设的重要内容，加强领导，统筹规划，精心组织，认真落实。要坚持实事求是，加强分类指导，规范创建活动的内容和形式，建立激励机制，树立先进典型，推动创建活动深入开展，并以此为契机，大力弘扬尊老爱老的传统美德，动员社会各界积极参与，切实为老年人办实事、办好事。要把开展创建活动与解决老龄工作突出问题、落实“六个老有”工作目标和推进基层老龄工作结合起来，通过创建活动，进一步落实老年政策法规，提高养老保障水平，完善老年服务设施，健全老年群众组织，丰富老年文体活动，深化敬老宣传教育，推动基层老龄工作全面开展。

四、加强领导，落实责任，开创我省老龄工作新局面

（十四）高度重视老龄工作。加强老龄工作，发展老龄事业，是党中央、国务院面向新世纪作出的重大决策。各级政府要把老龄工作纳入当地经济社会发展规划，列入重要议事日程，进一步加强领导，采取更加有力措施，积极应对人口老龄化挑战，妥善处理好老龄问题，切实提高驾驭新时期老龄工作全局的能力和水平。要适应新形势下老龄工作的需要，逐步加大对老龄事业的投入，及时研究解决老龄工作中的重要问题，在政策引导、制度规范、宣传教育等方面充分发挥主导作用。要尽快建立完善各级老龄工作机构，理顺工作关系，健全工作机制，明确职责任务，切实帮助老龄工作部门解决实际困难，为老龄事业的发展创造更加有利的条件。各级财政每年从彩票发行公益金中安排一定比例的资金用于发展老龄事业。有关部门要认真履行职责，强化责任意识，发挥部门优势，形成整体合力，共同推动全省老龄事业的发展。

（十五）充分发挥各级老龄委的作用。各级老龄委要充分发挥作用，建立科学、协调、高效的工作机制，加大组织协调力度，建立健全情况通报制度，充分发挥各成员单位的作用，确保老龄工作各项政策措施的落实，推动我省老龄事业全面发展。各级老龄委办公室要积极适应老龄事业发展的需要，加强老龄工作政策理论研究，密切关注人口老龄化发展趋势，正确把握新形势下老龄工作的特点和规律，积极探索新时期老龄工作的措施和方法，不断完善工作体制和机制，努力提高调查研究、管理服务、依法行政和改革创新的能力，当好党委、政府的参谋助手，确保各项老龄工作的落实。

（十六）加强老龄工作队伍建设。要根据新时期老龄工作的需要，加强老龄工作干部队伍的思想建设、组织建设和作风建设，建立一支廉洁奉公、精干高效、作风优良、甘于奉献的老龄工作队伍。各级老龄工作部门和广大老龄工作者要以高度的责任感和使命感，认真履行职责，不断提高自身素质和业务水平，提高为老年群体服务的能力，开拓进取，扎实工作，不断开创我省老龄工作新局面，为促进全省经济社会健康协调发展和实现全面建设小康社会的目标作出更大贡献。

孙淦同志在贵州省老龄工作委员会第二次全体会议上的讲话

（2004 年 3 月 26 日）

同志们：

今天召开省老龄工作委员会第二次全体会议，主要是传达贯彻全国省级老龄办主任会议暨创建老龄工作先进县（市、区）座谈会议精神，回顾总结 2003 年的老龄工作，分析研究面临的新形势，安排部署 2004 年的工作。刚才，天恩同志传达了全国省级老龄办主任会议暨创建老龄工作先进县（市、区）座谈会议精神，郭猛同志总结了 2003 年的老龄工作，提出 2004 年工作安排意见，部分成员单位的负责同志作了发言，讲得都很好。大家原则上通过了郭猛同志的工作报告。会后，请省老龄委办公室根据大家的意见对报告作进一步修改后下发。

我省 2003 年的老龄工作，在省委、省政府和各级党委、政府的领导下，在全国老龄委、办的指导下，在各级老龄委和老龄办的努力下，在各成员单位的密切配合下，通过全省老龄工作者的辛勤工作和社会各界的大力支持，取得了显著的成绩，为我省的跨越式发展和社会稳定作出了积极贡献，省老龄工作委员会是满意的。借此机会，我代表省老龄工作委员会向在座的各位同志，并通过你们向全省的老龄工作者致以崇高的敬意并表示衷心的感谢！下面我讲几点意见：

一、践行“三个代表”重要思想，进一步提高对做好老龄工作重要性的认识

老龄问题是当今世界各国共同面临的一个严峻的社会问题。目前，我国 60 岁老年人口已超过全国人口的 10%，进入老年型国家的行列。我省是全国人口老龄化发展速度较快的省份之一，截至 2003 年底，全省老年人口已达 440 万，占全省人口总数的 11.38%，其中百岁老人已增加到 510 人，已经跨入老龄化的行列。老龄问题是全局性、战略性的重大问题，涉及经济、社会、政治、文化等方面。老龄化社会的到来和长寿人口的增多，反映了我国经济、社会和各项事业的蓬勃发展和人民生活水平的提高，同时也揭示了人口迅速老龄化和高龄化将使家庭结构和社会生活发生变化，给经济和社会发展带来重大影响。随着现代化和城镇化进程的加快，老年人与经济、社会、资源、环境之间的矛盾将变得十分突出，尤其是实施计划生育政策一定时期后，中国传统的养老方式将逐步发生变化。如何建立和完善社会保障制度，妥善解决好老年人的生活、医疗等困难，将成为今后一个时期老龄工作面临的重要问题。

做好老龄工作，是实践“三个代表”重要思想的具体体现。老年人为国家的建立、富强和人民的幸福奉献了自己的青春和力量，建立了光辉的业绩，今天的物质文明、精神文明和政治文化成果蕴涵着他们的智慧和劳动，凝结了他们的辛勤汗水。无论是从贯彻“三个代表”重要思想的高度，还是从弘扬中华民族传统美德的角度，尊重老年人、关心老年人，帮助他们解决实际困难，满足他们日益增长的物质和文化生活需要，让老年人分享社会经济发展的成果，是维护和实现最广大人民根本利益的具体体现，是各级党委、政府义不容辞的责任。

党的十六大确立了全面建设小康社会的目标，也为老龄事业的发展指明了方向，对新时期的老龄工作提出了更高的要求。党的十六大所讲的全面建设小康社会，是指小康覆盖的全面，没有老年人参与、没有老年人同步进入的小康社会，是不全面、不完善和低水平的小康社会。因此，各成员单位一定要从战略高度认识人口老龄化形式的严峻性、挑战性和做好老龄工作、发展老龄事业的紧迫性、重要性，进一步明确做好老龄工作是践行“三个代表”重要思想，维护老年人根本权益的具体体现；做好老龄工作是促进经济和社会协调发展，全面建设小康社会的必然要求；做好老龄工作，是维护改革发展稳定大局的客观需要；做好老龄工作，是加强社会主义精神文明建设的重要内容。以高度的政治责任感、强烈的事业心投入到老龄工作中去。毫不动摇地坚持“党政主导、社会参与、全民关怀”的老龄工作方针。要全面贯彻落实党和国家以及省委、省政府关于老龄工作的方针政策和法律法规，把老龄事业纳入全面建设小康社会的各项规划，列入重要的议事日程，努力开创我省老龄工作的新局面。

二、重点工作要有新突破，进一步开创老龄工作新局面

当前和今后一个时期，我省老龄工作要以邓小平理论和“三个代表”重要思想为指导，贯彻落实党的十六届三中全会精神，围绕省委、省政府的中心工作，抢抓西部大开发的历史机遇，坚持“党政主导、社会参与、全民关怀”的工作方针，成员单位要积极为老年人多办实事，加大维护老年人合法权益的力度，全面推进城市社区基层老龄工作，重视和加强农村老龄工作，抓好城乡老年文化活动的开展，整体推进老龄事业的健康发展。对于做好今年的工作，我再强调几点：

（一）积极开展创建老龄工作先进县（市、区）活动。开展创建全国、全省老龄工作先进县（市、区）活动，旨在建立表彰激励机制，努力把“六个老有”的目标落到实处，在全社会进一步弘扬中华民族爱老、敬老、养老、助老的传统美德，营造浓厚的敬老氛围，建立和谐的人际关系，促进家庭、社会的稳定，推动社会经济协调发展。各级党委政府和各成员单位要高度重视创建工作，积极支持创建工作。要运用多种形式，搞好宣传发动工作，动员社会各界积极参与，增强创建活动的群众性和广泛性，使创建活动深入人心，家喻户晓。各部门要统一思想，提高对创建活动重要性的认识，积极配合省老龄办开展工作，对涉及本部门的工作，要按照要求，认真安排，精心组织，确保这项工作的顺利开展。

（二）坚持把老龄工作的重点放在社区和农村。加强基层社区和农村的老龄工作是今后一个时期老龄工作的重点。各级党委政府和老龄工作机构要深入基层，倾听老年人呼声，情为老年人所系，权为老年人所用，利为老年人所谋，事为老年人所办。在城市，要把老龄工作纳入城市化进程，依托社区发展老年服务业，逐步形成设施配套、功能完善、管理规范的社区老年服务业体系，不断提升社区养老功能。在农村，老龄工作是一个重点难点问题，各地各部门要把农村老龄工作摆上重要议事日程，解放思想，实事求是，认真研究当前农村老龄工作存在的新情况和新问题，提出适合农村实际的老龄工作思路、发展计划和政策措施，巩固家庭养老功能，采取社会保障与家庭养老相结合的办法解决农村养老问题。要结合创建文明村镇、文明家庭、敬老村等活动，弘扬敬老风尚，巩固家庭养老，促进社会稳定。目前，全省共有村（居）委会 26195 个，已成立老年人协会的有 14007 个，占全省村（居）委会数的 54%，其中，城镇社区居委会有 1770 个，已成立老年人协会的有 1306 个，占城镇社区居委会数的 74%；农村村委会有 24425 个，已建老年人协会的有 12701 个，占村（居）委会数的 52%。这些基层老年群众组织在促进全省经济发展，保持社会稳定、调解涉老纠纷、维护自身权益、推进计划生育、活跃老年人生活，关心教育下一代等各个方面都发挥了积极作用，为加强基层政权建设作出了贡献。今后，要继续关心、支持基层老年协会建设，充分发挥其作用，使之成为深入开展基层老龄工作的重要力量。

（三）积极开展敬老、爱老、助老主题教育活动。敬老、爱老、助老是中华民族由来已久的人伦道德基础，蕴含着我们民族的高尚情操和传统美德。根据全国老龄委提出的“要加大尊老敬老的宣传力度，要面向全社会特别是青少年开展宣传教育活动”的精神，省老龄办、省委宣传部、省教育厅、团省委、省妇联已联合发出通知，在全省青少年中开展敬老、爱老、助老主题教育活动，引导广大青少年读敬老书、做敬老事、写敬老文。通过广泛开展这项活动，使广大青少年受到一次中华民族传统道德的教育。在这里特别强调，教育部门要把敬老、爱老、助老纳入中、小学思想道德教育课程；宣传部门要进一步加大宣传力度，形成良好的舆论氛围；共青团、妇联和青年志愿者组织要热情鼓励和引导青少年积极参加敬老、爱老、助老的社会实践，从自身做起，从身边的小事做起，为老年人奉献无私的爱。老龄办作为主题教育的牵头单位，更要高度重视，精心组织，加强协调，确保主题教育活动深入扎实地开展。

（四）以开拓创新和与时俱进的精神做好老龄工作。在发展社会主义市场经济的条件下，老龄工作也面临着不少新情况、新问题。各成员单位要树立涉老工作“一盘棋”的思想，按照十六届三中全会的要求，以创新精神探索实现“六个老有”工作目标的有效途径，以改革精神开展老龄工作。要尊重群众的首创精神，注意总结成功经验。要积极鼓励社会力量参与养老服务。随着老年人口的快速增长，单靠国家办福利性养老机构已不能满足老年人的生活需求。只有调动社会各方面力量参与养老服务，才能给老年人提供更多选择服务的机会。各级老龄工作机构和涉老部门要勇于探索，锐意进取，大胆创新，深入基层，善于发展典型，总结经验，提出政策建议，积极推动老龄事业的发展。各部门要积极支持老龄事业的创新、发展，尽力提供帮助和服务。

三、加强领导，综合协调，进一步抓好各项工作的落实

做好老龄工作，发展老龄事业，关键在领导。各级党委政府和有关部门要以高度负责的态度把老龄工作纳入重要议事日程，紧密联系实际，采取可行措施，狠抓工作落实。

（一）加大落实《中共中央、国务院关于加强老龄工作的决定》和《贵州省老龄事业发展“十五”计划纲要》的力度。在全面建设小康社会的进程中，各级党委政府和有关部门要始终把老龄工作摆在重要位置，做到安排部署有老龄工作，督查督办有老龄工作，总结表彰有老龄工作，采取行之有效的措施，推动老龄工作健康开展。老龄事业“十五”计划纲要的落实工作，今年已进入第四年，已进入倒计时的攻坚阶段，各部门要把对上负责与对下负责有机地结合起来，对涉及本部门的工作，要采取措施狠抓落实，务必按期圆满完成“十五”计划纲要明确的各项任务。今年省老龄办要牵头组织力量对纲要的落实情况进行督促检查，希望各有关部门要积极配合，派出精干人员参加督查，对职责范围内的指标逐项进行对照检查，对没有完成的工作，要责任到人、限期落实。

（二）注重加强机构建设和经费投入。做好老龄工作必须有可靠的组织保证，特别是要保证基层老龄机构的建立健全，保证老龄工作有领导投入精力抓，工作有人问、有人管、有人办。如果基层老龄工作机构名存实亡，加强老龄工作就成了一句空话。要克服和纠正老龄工作说起来重要、做起来次要、忙起来不要以及“灯下黑”的倾向。现在还有部分地、县级老龄工作机构不健全，工作还摆不上位，工作经费还进不了“盘子”，影响了老龄工作的开展，挫伤了老龄工作者的积极性、创造性。我们务必引起高度重视，要全面谋划、踏实办事，切实加强机构建设。今年机构建设的重点在基层，年底前建立健全县（市、区）、乡镇（街道）和村（居）三级工作体系。确保市（州、地）老龄办编制不少于7人，县（市、区）老龄办编制不少于3人，乡镇（街道）要调整老龄工作委员会及其办事机构，并配专职老龄干部。要完善和健全基层老年协会，城市社区居委会要达到100%，农村村委会要达到80%以上。形成上下贯通、管理有序的老龄工作体制。要建立正常的老龄事业经费投入机制，确保老龄事业发展经费和必要的工作经费良性投入。

（三）成员单位要发挥优势，创造性地开展工作。全省老龄工作委员会由25个部门组成，这表明省委、省政府对老龄工作的高度重视，也说明老龄工作涉及面广。2003年，省老龄工作委员会明确了各成员单位的工作职责，希望各部门认真研究职责，真诚履行职责，真正发挥职能作用，把老龄工作当作自己的一件大事、实事来抓。从一定意义上讲，老龄工作的好坏、老龄事业发展的快慢，与成员单位职能作用的发挥有密切的联系，整体作用发挥越好，老龄工作发展的步伐就越快，老年人得到的实惠就越多，党和政府的威信就越高。各成员单位要进一步提高思想认识，认真做好各自职责范围内的老龄工作，并积极配合其他部门努力完成综合性的老龄工作任务，努力形成协调配合，分工合作，齐抓共管的工作局面。

（四）要加强老龄办自身建设，充分发挥综合协调、督促检查和参谋助手作用，重视和加强老龄工作干部队伍的培训。用十六大精神和“三个代表”重要思想指导老龄系统干部队伍建设，切实加强老龄工作干部队伍的思想建设、作风建设、业务建设，树立科学的人才观。以先进的理论武装干部，用高尚的情操塑造干部，用积极健康向上的作风凝聚干部，用完善的制度管理干部，用透明化的机制约束干部。努力建设一支政治坚定、道德高尚、爱岗敬业、业务精湛、作风优良的老龄工作干部队伍。

各级老龄委办公室是各级老龄委的办事机构。老龄委决定的许多事项要靠办公室去推动和落实。对上，老龄委办公室要当好参谋助手，牢固树立全局意识，深入实际调查研究，了解掌握实际情况。要及时报送高质量的调研报告、工作情况、综合信息和合理化建议，为老龄工作委员会的决策提供可靠依据。对成员单位，要在了解各地各部门工作情况的基础上，进行综合分析，从宏观上把握老龄工作的整体情况，并协调各涉老部门之间的关系，使各涉老部门在工作上相互配合和支持，形成合力，共同推进老龄工作。对此，老龄委办公室要加大督促检查力度，对中央和省有关老龄政策法规的贯彻落实等情况进行指导、跟踪、督查督办。

老龄工作的大政方针已经确定，目标任务已经明确。让我们紧密团结在以胡锦涛同志为总书记的党中央周围，以邓小平理论和“三个代表”重要思想为指导，开拓进取，扎实工作，努力完成各项老龄工作任务，不断开创老龄工作新局面。

蒋巨峰同志在四川省老龄工作委员会第三次全体会议上的讲话

（2003年9月18日）

同志们：

刚才，作哈同志传达了李岚清同志在全国老龄工作委员会第五次全体会议上的讲话和回良玉副总理对老龄工作的重要批示；保山同志通报了全省老龄工作情况，并对今后的工作做了安排；省委老干部局、省劳动和社会保障厅、省文化厅、省体育局、省总工会的负责同志作了很好的发言，我都同意。下面，我讲三点意见：

一、增强责任意识

老龄工作是党和政府的一项重要工作，是实践“三个代表”重要思想的具体体现，也是全面建设小康社会的必然要求。老年人为新中国的建立和社会主义建设事业做出了巨大贡献，既是我们的功臣，也是我们的宝贵财富。我们一定要站在实践“三个代表”重要思想的高度，统一思想，提高认识，增强责任感和使命感，自觉做好老龄工作，把老龄事业推向一个新的发展阶段。

随着经济社会的发展，老年人口快速增长，高龄老年人的比重越来越大，整个社会正在逐步趋向老龄化。目前，我们有的地方、有的同志在对待老龄工作上，还存在一些误区：有的同志把现有的离退休人员作为老龄工作的主要对象，这是不够的，离退休人员仅占老年人的20%左右；有的同志把组织老年人开展文体活动，作为基层老龄工作的全部内容，这也是不够的，老龄工作包含方方面面；还有的同志把解决老年人眼前的困难看成是老龄工作的重中之重，这也是不够的，老龄工作的基础建设都是为将来出现更多的老年人和高龄老年人做好各项应对准备，这需要经过长期的努力和积累，等等。面对新形势、新情况，老龄工作的方式方法、工作内容都必须做出相应的调整。我们要以积极老龄化的思维观念，通过政策引导、典型示范、舆论宣传、资金支持等多种手段，为老年人“老有所为，老有所乐”创造有利条件，使老年人的智慧和经验融入全面建设小康社会的洪流之中。同时，要加大宣传力度，在全社会形成尊重老年人的良好风尚，自觉树立敬老、爱老、助老的意识。当然，我们的老年同志也要不断调整自己、丰富自己，更多地以宽容和体谅的心态看待社会，做到与时俱进，不断开拓创新。

二、搞好协同配合

老龄问题是一个十分重要的社会问题。做好老龄工作，是政府的职责所在。各级政府要把老龄事业纳入全面建设小康社会的各项规划，把老龄工作纳入重要议事日程，在深入调查研究的基础上，制定和完善服务老年人的法规政策，把老龄工作纳入法制化、规范化的轨道。

老龄工作涉及党、政、军、群等诸多方面，各部门要通力协作，齐抓共管，形成合力。省老龄委各成员单位应继续在调查研究的基础上，提出本部门在涉老工作中该做些什么，怎样去做，制定目标，明晰标准，把工作重点放在为老年人办实事、办好事上。财政、税务等部门要抓好已出台的兴办老年福利设施优惠政策的落实，为老年服务设施的建设和完善创造条件；文化、体育等部门要把老龄工作纳入总体部署，积极组织老年人开展丰富多彩的文化体育活动，倡导科学、健康、文明的生活方式；宣传、教育等部门要抓好青少年敬老教育工作，加大宣传教育力度，培养青少年敬老、爱老、助老的良好思想品德；司法机关要加大执法力度，依法制裁侵犯老年人合法权益的不法分子，坚决打击、制止勒索、诈骗、侮辱、虐待、伤害、遗弃老年人的违法行为，健全和完善法律援助制度，发展老年法律维权组织；卫生部门要完善社区老年医疗保健服务网络，逐步建立新型的农村合作医疗制度，为老年人提供优质的医疗保健服务。有条件的大中城市应考虑建立带有示范性的老年病医院，以提高老年病的防治水平。同时，也要动员社会各界积极参与、支持老龄工作。

老龄工作的重点要放在社区、放在基层。在城市，要健全社区组织，完善管理制度，依托社区发展老年服务业，尽快形成设施配套、功能完善、管理规范的社区老年服务体系。同时，要积极探索企业退休人员社会化管理的有效办法，把企业退休人员由原来的“单位人”转变为“社会人”，推动企业加快建立现代企业制度步伐，促进社会保障体系的进一步完善。在农村，有条件的地方要积极探索建立农村养老、医疗保险和最低生活保障制度，重点做好特困老年人的救助帮扶工作，强化家庭养老照料功能，促进社会稳定。同时，要按照“自我管理、自我服务、自我教育、自我保护”的原则，建立、健全和规范乡（镇、街道）老年人协会，推动老龄事业健康发展。

三、健全工作机制

老龄工作只能加强，不能削弱。各级党委、政府必须高度重视，把加强老龄工作作为硬任务来抓，积极主动想办法，千方百计筹资金，在工作上支持，在经费上保证。创造更多有利条件，更好地发挥老年人的余热，把老年人的经验和智慧转化为我们现实工作的推动力；完善各类服务设施，丰富老年人的生活，让老年人共享经济社会发展的成果。要抓好乡（镇、街道）老龄工作委员会和村（居）老龄工作领导小组建设，做到街道和乡镇有专（兼）职老龄工作人员，确保老龄工作体制上下贯通。

同时，要着力建设一支高素质干部队伍。一方面，我们从事老龄工作的同志要把为老年人服好务作为自己的神圣使命，进一步加强学习，切实转变观念，强化服务意识，增强事业心和责任感，爱岗敬业，无私奉献。另一方面，各级老龄办要认真抓好老龄工作干部培训，全面提高老龄工作干部的政治素质和业务能力。各级领导对从事老龄工作的干部要给予更多的关心和支持，帮助他们解决一些实际困难，充分调动他们的工作积极性。

同志们，老龄事业的发展任重而道远，老龄工作的任务艰巨而光荣。我们要以实事求是的态度、奋发有为的精神、求真务实的作风、坚韧不拔的毅力，知难而上，扎实工作，努力开创我省老龄事业发展的新局面。

四川省老龄工作委员会《关于我省贯彻落实〈中共中央、国务院关于加强老龄工作的决定〉和〈国务院关于印发中国老龄事业发展“十五”计划纲要的通知〉的情况报告》

（2005年8月29日）【川老委发〔2005〕10号】

全国老龄工作委员会：

《中共中央、国务院关于加强老龄工作的决定》（中发〔2000〕13号，以下简称《决定》）和《国务院关于印发中国老龄事业“十五”计划纲要的通知》（国发〔2001〕26号，以下简称《纲要》）下发后，我省各级党委、政府高度重视，认真贯彻执行“党政主导、社会参与、全民关怀”的老龄工作方针，坚持老龄事业发展与国民经济和社会发展相结合，围绕

“老有所养、老有所医、老有所教、老有所学、老有所为、老有所乐”的老龄工作目标，保障老年人居有其屋、食有其粮、乐有其所，四川的老龄事业有了长足的发展。现将情况报告如下：

一、各级党委、政府高度重视老龄工作，加强了对老龄工作的领导

《决定》和《纲要》下发后，省委、省政府高度重视，结合四川的老龄工作实际，省委、省政府于2001年6月11日下发了《关于进一步加强老龄工作的意见》，省政府于2002年4月19日印发了《四川省老龄事业发展“十五”计划纲要》。按照党中央、国务院和省委、省政府的要求，各级党委、政府坚持老龄工作只能加强，不能削弱的精神，认真抓好老龄工作体制的理顺和健全工作。2001年3月9日，四川省人民政府成立了四川省老龄工作委员会，省老龄工作委员会主任由省委副书记、常务副省长担任，分管民政的副省长担任第一副主任，成员单位由26个省级部门组成，将原省老龄委员会更名为省老龄工作委员会办公室，设在民政厅。2003年6月12日，省老龄工作委员会下发了《关于加强基层老龄工作机构建设的意见》，要求在乡（镇、街道）建立老龄工作委员会及其办公室，在村（社区居委会）建立老龄工作领导小组。经过两年多的工作，一个上下贯通、左右协调，以老龄工作机构为主体，以老年群众组织为依托的省、市（州）、县（市、区）、乡（镇、街道）和村（社区居委会）五级老龄工作网络全面形成。截至2004年底，全省21个市（州）、181个县（市、区）老龄工作委员会及其办公室全部建立，全省5144个乡（镇、街道）中，有4889个建立了老龄工作委员会和办公室，占全省总数的95%。

各级党委、政府根据党中央、国务院和省委、省政府的要求，把老龄事业纳入国民经济和社会发展规划，结合本地实际，出台了加强老龄工作的意见，制定了老龄事业发展“十五”计划，明确了各单位职责。同时，将老龄工作纳入各级目标管理，并签订目标责任书，与其他工作同安排、同部署、同检查、同考评、同奖惩。各级党委、政府把老龄工作列入议事日程，定期召开老龄工作专题会议，听取涉老部门工作汇报，研究解决重大问题。形成了主要领导亲自抓、分管领导经常抓、老龄部门主动协调，成员单位齐抓共管，全社会共同参与的老龄工作新格局。

二、坚持以人为本，逐步健全老年保障体系

根据《决定》和《纲要》的要求，全省建立健全了政府、社会、家庭和个人相结合的老年供养体系，保障了老年人的基本生活。

截至2004年末，全省离休、退休、退职人员（含由民政部门支付离退休费的人员）总数为241.0万人，离休、退休、退职人员全年保险福利费用总额为210.3亿元，比上年增长10.7%。其中，离休金6.3亿元，退休金187.0亿元，退职生活费1.8亿元。企业退休人员社会化管理服务率达到96.4%，其中社区管理覆盖率62.6%。离退休人员养老金全部实现了按时足额发放。到2004年末，全省农村参加养老保险的有303.3万人，领取养老保险金的有29.4万人。

在全省实行了特困老人救助制度，最低生活标准以下的城镇贫困老人全部纳入低保，实行应保尽保。截至2005年7月底，全省有60岁以上的老年人263104人纳入低保，累计月人均补差58.8元。2001年4月，省政府作出规定，非财政供养的百岁以上老人每人每月发给100元的生活补贴，2004年省政府重新修订了规定，百岁以上老人不分供养关系，每人每月均发给100元长寿补贴。“长寿之乡”都江堰市把百岁老人的长寿补贴提高到每月200元，还为95岁至99岁的老年人每月发生活补贴50元。德阳市为90岁至99岁的老年人每月发生活补贴30元。

认真做好农村特困群众救助工作。一是明确农村特困救助对象，逐步建立规范的救助制度。2003年，省民政厅对全省农村特困对象和五保供养对象进行了调查，初步掌握了全省农村特困户和五保供养对象的基本情况，为制定适合省情的农村特困户生活救助政策做好了准备。2004年7月省政府对五保供养金按时足额发放情况进行专项督办，促使全省五保供养人数和供养标准都有较大提高。11月省政府办公厅又制定了《关于切实做好农村五保供养工作的通知》，针对税费改革后五保供养工作出现的问题，提出了解决问题的具体办法，确保五保供养工作真正落到实处。全省2004年底有五保对象380551人，已纳入供养的五保对象有356284人，有敬老院2669所，集中供养五保对象35516人。全省各地都按照五保老人供养金每人每年不低于672元的标准，通过财政转移及时发放到五保老人手中。省政府今年作出承诺，年内要把全省符合五保条件的对象全部纳入供养范围，做到应保尽保。二是农村特困户救助制度进一步规范。各地切实按照“政府救济、社会互助、子女赡养、稳定土地政策”原则，突出对“不救不活”的特困户进行分类施救，对304663户727921名农村特困户群众实施了救助。目前，全省有83个县（市、区）建立了农村最低生活保障制度，保障农村特困群众24.8万人，其中老年人约占20%，每年发放保障金总额3533.4万元。成都、德阳市等7个市（州）所属各县、市、区已全部推行农村低保制度。省政府今年作出承诺，年内要在全省全面启动农村居民最低生活保障制度。三是积极探索农村特困群众医疗救助办法。结合农村医疗卫生合作制度试点，在部分地区进行了农村特困群众医疗救助试点工作，部分农村特困老人在民政部门的资助下参加了农村卫生合作医疗保险，截至2004年11月底，全省共建立救助基金5959.334万元。

实施“星光计划”，为老年人造福。从2001年开始实施的“星光计划”，全省共投入建设资金近2.99亿元，到2004年，共建成“星光老年之家”658个，基本覆盖了全省主要中心城市的大部分社区，极大地缓解了全省老年人社会福利服务供需矛盾。

全省认真推广失地农民的社会保险和医疗保险工作。2004年初，成都市全面实施《成都市征地农转非人员社会保险办法》，该办法适用于从2004年1月1日后，成都市行政区域内因建设需要土地被依法征用，按照有关规定进行了非农业户籍登记的，男满60周岁，女满50周岁及以上年龄的人员，可直接享受养老、医疗社保待遇。随后，全省各地也全面推广了此项工作，使农村失地农民的晚年生活有了社保做靠山。成都市从2004年4月开始，对符合社会保险条件的失地农民办理社会养老保险，到2004年底，全市已有20.2万失地农民参加社会保障，其中有7.1万老年失地农民开始领取养老保险金。

构建老年照料服务网络。政府和民间机构共同合作构建了初步的老年照料服务网络。基本建成了以各类服务中心、“星光老年之家”等福利机构为骨干的社区服务体系。近三年来，全省社会福利机构建设全面发展，建立了一批较完善的老年康复中心（福利院）、社区服务中心，乡镇新建和改造了一批敬老院。老年服务和管理工作逐步到位，企事业单位退休人员移交社区管理，多种形式的老年服务项目、助老网络正在探索和形成中。老年服务产业正在形成一定的规模，老年人日常生活护理、文化娱乐等消费市场已经打开。仅2004年，全省就投入资金近1.5亿元，新建6个，维修改造89个国有社会福利机构，新增床位1200余张。在充分发挥国有社会福利机构示范辐射作用的同时，稳步推进社会福利社会化进程。截至2004年底，全省各类非国有福利机构发展到400多个，年末在院收养老人6500多名；共兴办社区服务设施2万个，便民利民服务网点3.5万个，其中为老服务设施6597个，为老服务网点1.2万个。

认真抓好老年医疗保健。全省城镇职工基本医疗保险制度改革进一步深化。“十五”期间，全省狠抓了医疗保险服务管理工作，积极探索建立社会医疗救助制度的办法和措施。目前，全省181个县全部实施了医疗保险制度，医疗保险覆盖人数达到615万人，基金收支情况良好，预计2005年全省基本医疗保险基金征收将达到44亿元。全省各地医保部门每年都按规定报销了参保老年人的门诊费、医疗费、住院费；在服务方面，大部分县（市、区）的医院免收或减收了老年人的挂号费，并实行老年人挂号优先、取药优先、住院优先，并开设了老年诊室、老年病房、老年康复中心。在老年病预防、医疗保健、康复咨询等方面也做了大量工作。在广大城市和城镇，进一步加强了社区的老年卫生工作，大力扩展了老年卫生服务网点，逐步建立了老年人口健康档案。2003年开始，全省开展了农村合作医疗保障制度试点工作。截至2004年底，成都市除金牛区、高新区（农民全部进入城镇社保）外的18个县（市、区）全部启动新型农村合作医疗工作，应参加的农民375万，实际参加人数为266万，参加率为70.8%，市政府财政补贴了1973.27万元。预计2005年全市参加的农民将达到550万。除成都市外，全省其余20个市（州）各有1个县（市、区）开展了新型农村合作医疗试点工作。2005年7月，省卫生厅组织全省除成都市外的20个新型农村合作医疗试点县和仪陇县等4个革命老区的700多名乡村医生，到成都中医药大学，接受半年时间的中医药知识和临床业务技术免费培训，以提高乡村医疗水平。

三、采取有力措施，把保障老年人合法权益落到实处

为了切实保障老年人基本权益免受不法侵害，几年来，全省采取了以下措施，维护老年人的权益：

一是抓维权宣传，营造敬老养老助老的良好氛围。全省各地都把《老年法》列入了“四五”普法内容，采取领导发表电视讲话，带头宣传，节日集中宣传，办专栏、拍专题片、举办《老年法》专题讲座、设立咨询台、散发宣传资料等形式，广泛宣传《老年法》，增强了公民敬老养老助老意识，强化了全社会维护老年人权益的法制观念。

二是抓老年人优待政策落实。2001年3月，根据《决定》和《纲要》的要求，省人民政府以（川办发〔2001〕18号）印发了《四川省优待老年人规定》，实施三年多来，各级政府部门及社会各界投入了极大的精力，克服了许多困难，做了大量深入细致的工作，取得了一定的成效。很多相关部门讲政治顾大局，在市场经济竞争激烈的情况下，自觉让利给老年人，主动承担起兑现优待的责任，树立了敬老助老的良好的风气。如峨眉山风景区，优待规定实施以来，就为老年人减免门票近300万元，受到社会各界特别是老年人的热烈拥护和广泛赞誉。2002年6月，省里召开了落实《老年法》优待规定座谈会，总结了全省1999年以来宣传贯彻《老年法》、优待老年人、维护老年人合法权益等工作的成绩，分析了存在的问题，对今后进一步深入宣传贯彻《老年法》提出了要求。2004年6月，省政府又召开常务会议，对《四川省优待老年人规定》进行了修订，作出对老年人更实惠的优待政策。

三是抓"双签"工作落实，促进家庭养老。开展签订"家庭赡养协议书"和"家庭敬老保证书"（以下简称"双签"）工作，是弘扬我国尊老、敬老、养老优良传统美德，贯彻落实《老年法》，解决农民养老的重要举措。从2000年起，全省在巩固"双签"成果的基础上，继续推广、完善"双签"工作，把农民养老落到实处。如成都市长期将"双签"工作列入市政府一级目标管理，把重点放到建立跟踪回访监督机制方面，"双签"工作成果巩固，减少了农村赡养纠纷。南充、乐山、泸州、遂宁等地把"双签"工作与贯彻落实《老年法》相结合，使农村老有所养真正落到实处。

四是抓老年法律援助机构建设。2003年，省老龄办、省司法局、省公安厅联合下发了《关于加强老年人合法权益工作的通知》，全省各地认真落实通知精神，在各地普遍建立了法律援助中心老年工作站，并选调司法骨干，组织青年志愿者积极参加法律援助工作，为老年人免费提供法律咨询和法律援助服务，基本形成了省、市、县、乡、村五级维权网。

五是抓查处，引导老年人用法律保护自己。近年来，各地司法部门在维护老年人合法权益工作中，一手抓调解，一手抓查处，凡是涉老案件，坚决从重从快，坚持随审随结，条件允许的一律实行公审，对结案后不兑现的强制执行。并通过媒体给予公开曝光等形式，进一步发挥教育、引导作用。

六是抓青少年敬老爱老助老主题教育活动。2003年根据全国的统一部署，由省老龄办、省委宣传部、省教育厅、省妇联、团省委等部门参与成立了全省青少年敬老爱老助老主题教育组委会，在全省青少年中开展了读敬老书、做敬老事、写敬老文的活动。各地也相应成立了组委会，齐抓主题教育。在开展这项活动中，各地动员党员、干部和社会各界开展了"我为娃娃送本敬老书"活动，使全省的主题教育活动有声有色。

四、做好老龄宣传工作，丰富老年人精神文化生活

"营造全社会尊重、理解、关心和帮助老年人的社会环境与舆论氛围，丰富老年人闲暇生活，提高老年人的精神文化生活质量"，这是《决定》和《纲要》对如何实现"老有所乐"、"老有所为"提出的具体工作任务。几年来，全省在抓老龄宣传和丰富老年人精神文化生活方面，主要做了以下工作：

一是做好老龄宣传工作，营造敬老氛围。全省各地充分发挥广播、电视、报刊等大众传播媒体的宣传教育和引导作用，采取多种形式，加强了老龄宣传工作，增强全社会的老龄意识。省老龄办主办的《晚霞报》、《四川老龄》成为主要的老龄工作宣传工具，受到广大老年读者和老龄工作者的喜爱。2004年10月，四川省老龄办通过社会筹集资金，开通了四川老龄网，增加了一个新的宣传阵地。2003年6月6日，省老龄办、省委组织部、省委宣传部、省人事厅联合下发了《关于共产党员和国家干部带头敬老养老助老的意见》，号召全省共产党员和国家干部努力践行"三个代表"重要思想，牢记"两个务必"，进一步强化敬老养老助老意识，弘扬中华民族尊老敬老的传统美德，树立良好的社会养老风尚，推动全省老龄工作和老龄事业的发展。《意见》下发后，在社会上引起了强烈的反响，国内外多家新闻媒体相继作了深入的报道，网上也开展了广泛的讨论，产生了很好的舆论效果。

二是抓好老年教育，办好老年大学（学校）。我省的第一所老年大学，成立于1985年6月。以后，特别是在贯彻《决定》和《纲要》的过程中，全川的老年大学（学校）得到了飞速发展。截至2004年底，全省有各类老年大学（学校）630所，在校学员12.9万，历年结业离校学员130多万。随着农村经济的发展和老龄工作的深入，农村老年学校也有了长足的发展，截至2004年底，全省乡（镇）、村老年学校已达487所。这些农村老年学校结合农村的实际，普遍开设了种植、养殖等课程，深受广大农村老年人的欢迎。农村老人通过老年学校教育，增长了新知识，掌握了新技能，在发展种植业、养殖业、加工业和庭院经济方面有了一技之长，从而走上了科技兴农、知识致富的道路。

三是做好老年文体工作，愉悦老年人身心，树康乐健身榜样。目前，全省已拥有老年活动中心（站、室）1.5万个。全省各地根据老年人的爱好、特点和需求，结合当地的实际情况，按照因地制宜、面向基层、就近就地、节俭时效的原则，开展了形式多样、健康向上又适合老年人特点的老年文化活动，既增加了老年人的社会交往，丰富了老年人的生活乐趣，也给社会增添了丰富多彩、朝气蓬勃的生活景象和气氛。在四川各地，不论是城市，还是农村，老年人的文体活动都成为一道道亮丽的风景线。2001年省老龄办等单位在成都成功地举办了"四川省老年文化艺术周”活动。2002年10月，在全国老年文艺调演中，我省推荐14个优秀节目，获得7个金奖、4个银奖、3个铜奖，排名在各省（自治区）第一位。我省选送的节目由于质量高，获得了全国组织奖，受到全国老年文艺调演组委会的通报表彰。2003年3月至9月，省老龄办、省老年体协等13个单位联合举办了四川省第五届老年运动会，进行了门球、网球、台球、乒乓球、羽毛球、地掷球、围棋、钓鱼、桥牌、健身球和太极拳（剑）等11个项目的比赛，全省21个市（州）、11个省级行业，共2216人参加比赛。2004年5月，省老龄办和省老体协成功举办了省老年太极木兰拳（剑）赛，全省25个老年大学和老体协的32个队258名老年运动员和裁判员参加了7个集体项目、8个个人项目的比赛。2004年7月，省老龄办等单位举办了四川省“夕阳风采”电视大赛，800多人参加初赛，80人进行复赛，最后评出中、老年组一等奖各1名，二等奖各2名，三等奖各3名。这些活动的开展，展示了全省老年文体活动的成果和四川老年人健康向上、与时俱进的精神风貌，也进一步推动了老年群众性文体活动的广泛开展。省老龄办同省老年等7家单位，每两年在全省评选一次“天府健康老人”，现已评选出10届，表彰健康老人368人，其中71人被评为“全国健康老人。

五、以创建敬老模范县活动为载体，推动《决定》和《纲要》的实施

为了推动老龄事业的深入发展，将激励竞争机制引入老龄工作，2002年初，省老龄工作委员会第二次全会作出了在全省开展创建敬老模范县（市、区）、敬老模范乡（镇、街道办事处）、村（社区居委会）活动的决定，5月20日，省老龄工作委员会向全省下发了《四川省老龄工作委员会关于深入开展创建敬老模范县（市、区）活动的意见》，《意见》将《决定》和《纲要》中的主要指标，归纳为七条标准，即组织领导坚强有力，敬老教育广泛深入，老年法规政策落实，养老保障水平提高，医疗保健工作落实，为老服务形成网络，老年文体活动丰富。2003年2月，省老龄办在组织召开创建县老龄办负责人座谈会的基础上，于2月24日下发了《四川省敬老模范县（市、区）检查验收标准（暂行）》，包含组织领导、老龄宣传教育、老年人权益保障、养老保障、医疗保障、养老服务设施建设、老年文体活动等7大项50个子项，为各地的创建活动提供了量化操作的具体标准。

全省各级老龄办把创建敬老模范县工作作为老龄工作的重要任务来抓，根据省里下发的《意见》、《标准》一项一项抓落实，使创建工作开展得有声有色。2003年5月，省老龄工作委员会转发了全国老龄工作委员会《关于在全国开展创建老龄工作先进县（市、区）活动的通知》，要求各地把创建省级敬老模范县的活动，同创建全国老龄工作先进县活动结合起来抓。同时，省直机关创建敬老模范单位的活动也于2003年初全面展开。2004年6月底至7月底，省老龄委成员单位组成4个验收小组，对37个申报创建敬老模范县（市、区）的工作进行了检查验收，按照优中选优的原则，推荐出了全国老龄工作先进县的候选名单。通过“双创”这个载体，把贯彻落实《决定》和《纲要》具体化，形成了大老龄的工作格局，夯实了老龄工作的基础，使全省的老龄工作有了一个整体性的提高。经过验收和审定，2004年12月5日，省老龄工作委员会分别下发决定和通知，命名了成都市金牛区等首批36个敬老模范县（市、区），表彰了成都市公安局等50个老龄工作先进单位。2005年4月，我省的成都市金牛区、大竹县、泸县、青神县、乐山市五通桥区、广元市朝天区、岳池县被全国老龄工作委员会授予“全国老龄工作先进县（市、区）”称号。省电力公司、省地矿局、峨眉山市峨眉山管理委员会、成都市高新区石羊街道办事处清和村村民委员会、泸州市江阳区分水岭乡老年人协会、广元市民政局、蓬安县群乐乡敬老院、芦山县双石镇人民政府、阿坝州老龄办、晚霞报社10个单位被授予“全国老龄工作先进单位”称号。

六、主要问题

尽管我省在贯彻《决定》和《纲要》的过程中取得了一些成绩，但全省老龄事业的发展仍滞后于人口老龄化的需求和社会经济的发展速度。老龄工作仍存在一些亟待解决的问题。

（一）老龄工作机构体制、规格在全省不统一，机构性质不统一，机构的设置不规范。在基层的乡、镇一级无专职老龄工作干部。需要国家有关部门统一下发文件明确。

（二）老龄事业经费没有正常的预算投入机制，多数都是临时报告，有钱就解决一点，无钱就不办。各级老龄部门工作经费普遍紧张，要求完成的工作量和投入的经费完全不匹配，极大阻碍了老龄工作的开展。

（三）县（市、区）、乡（镇）、街道老年活动（中心）室、老年学校建设与《纲要》要求差距大。城市养老机构床位数尚未达到每千人10张的标准。

（四）社会保障体系还需进一步完善，尤其是农村养老、医疗保障体系有待进一步加强。

宁夏回族自治区人民政府《关于认真贯彻执行〈宁夏回族自治区老年人权益保障条例〉的通知》

（2004 年 12 月 7 日）【宁政发〔2004〕124 号】

各市、县（区）人民政府，自治区政府各部门、直属机构：

《宁夏回族自治区老年人权益保障条例》（以下简称《条例》）已经自治区第九届人大常委会第十二次会议通过，自 2004 年 10 月 10 日起施行。这部法规是根据我区国民经济和社会发展现状及老龄事业发展目标制定的，是全面保障老年人合法权益的一部重要法规。它的颁布实施，是我区老年人政治生活和社会生活中的一件大事，对于维护老年人的合法权益，保障老年人安度晚年具有十分重要的意义。为了学习贯彻好《条例》，现就有关事宜通知如下：

一、提高思想认识，切实增强贯彻实施《条例》的自觉性和主动性

当前，我国人口年龄结构已进入老龄化阶段，随着经济社会的快速发展和人民生活水平的提高，我区的老年人口增长也进入了高峰期。截止目前，全区 60 岁以上老年人口达 46.5 万人，占全区总人口的 7.8%，并且以每年 3.2%的速度递增，老年人问题已经成为我区经济社会发展进程中的一个重大问题。做好老龄工作，努力满足广大老年人日益增长的物质和文化生活需要，让老年人共享经济建设和社会发展的成果，是时代赋予我们的责任，是践行“三个代表”重要思想的具体体现，是全面建设小康社会的必然要求。因此，各地各部门要进一步提高对做好老龄工作重要性的认识，要从加强党的执政能力建设的高度，把贯彻执行《条例》作为维护我区改革发展稳定大局、促进经济社会全面协调发展的一项重要工作来抓。要结合本地区、本部门的实际，认真做好《条例》的学习宣传和贯彻实施工作，增强贯彻执行《条例》的自觉性。要正确处理和解决人口老龄化过程中出现的各种矛盾和问题，切实保障老年人的合法权益，形成敬老、养老、助老的良好社会风尚，使老龄工作在全面建设小康社会进程中发挥出应有的作用。

二、采取有力措施，确保《条例》的各项规定落到实处

各级政府要把老龄事业纳入当地国民经济和社会发展规划，并根据经济发展水平和老年人口规模，按人均每年不低于 2 元的标准安排老龄事业经费，并将其纳入财政预算予以保障。要尽快建立健全各级老龄工作机构，配齐工作人员，明确相应职责。要加强老年服务设施、福利设施和活动场所的建设和管理，将其纳入城镇建设规划，同步组织实施；自治区财政部门要按照《条例》要求，在国家发行的彩票收益中，每年安排 15%用于老龄事业；各级民政、劳动、卫生、文化、体育、旅游、交通、建设等部门要依照《条例》履行各自职责，切实抓好涉及本部门、本系统、本行业的贯彻落实工作。要严格执行《条例》规定的老年人享受的医疗卫生、旅游景点、市内公交、体育活动场所和城市公厕等各项优惠待遇，维护《条例》的严肃性和权威性；各级司法机关要将《条例》纳入普法计划，建立老年人法律、法规咨询中心，完善老年人法律援助制度，严厉打击严重侵犯老年人合法权益的行为；各级工会、共青团、妇联组织要在广大职工、青少年和妇女当中开展道德与法制教育，增强他们的尊老敬老意识；各级老龄工作部门要充分发挥综合协调、督促检查的作用，积极协调和指导有关涉老部门以及街道、乡镇开展工作，为老年人办实事、办好事，推动《条例》的深入实施，切实把维护老年人合法权益的工作落到实处。

三、深入调研检查，及时解决《条例》执行中出现的问题

加强督促检查，是保证《条例》得以落实的关键。各地要对《条例》的贯彻执行情况进行深入的调查研究，通过召开座谈会、走访老年人等多种方式，及时了解和掌握《条例》的执行情况，研究制定切实可行的实施意见。各级老龄工作部门要督促有关部门认真做好《条例》的贯彻落实工作，及时向当地政府汇报工作情况，向有关部门通报工作中出现的问题，并提出意见和建议。同时，要做好老年人来信来访工作，及时化解纠纷和矛盾。各级老龄委成员单位要对本单位、本系统的贯彻落实情况进行督促检查，及时解决《条例》执行过程中出现的问题。自治区老龄委成员单位和《条例》规定老年人享受优惠待遇的主管部门，要依据《条例》的有关规定，研究制定相应的贯彻落实意见，周密部署，抓好落实，并将贯彻落实情况于12月15日前书面报自治区老龄委办公室。

四、深入宣传《条例》，营造维护老年人合法权益的良好社会环境

《条例》的颁布实施，是保障老年人合法权益的一项重要举措，它对老龄工作机构及其职责、老年人的赡养和扶养、保障措施、服务设施、优惠待遇、法律责任等方面都做出了明确规定，既体现了《中华人民共和国老年人权益保障法》的基本原则，又突出了我区的地方特色，具有较强的适用性和可操作性。因此，各地各部门要认真学习《条例》，采取多种形式，广泛深入地开展《条例》的宣传教育活动，使社会各界和广大群众充分了解老年人依法享有的权利以及社会、家庭和个人对老年人应尽的义务，增强依法维护老年人合法权益和自觉为老年人服务的意识。同时，要加强对老年人的法律宣传教育，提高他们维护自身合法权益的意识和能力。各级宣传、司法部门要将《条例》的宣传列入重要议事日程，把法制教育与精神文明建设结合起来，把正面宣传与批评曝光结合起来，通过报纸、广播、电视等媒体向社会进行宣传，努力在全社会形成敬老、尊老、养老、助老的良好风尚。各级老龄委成员单位、各涉老部门及有关服务机构要组织人员认真学习《条例》，熟悉基本内容，掌握精神实质，不断增强依法办事的自觉性。要在认真学习的基础上，广泛深入地开展宣传活动，为贯彻实施《条例》营造良好的社会环境。

五、加强组织领导，保证《条例》贯彻实施工作的顺利进行

老龄工作是政府工作的重要组成部分，是衡量“三个文明”建设水平的一项重要内容。各地要进一步统一思想，加强领导，把老龄工作列入重要议事日程，主要领导要经常过问，分管领导要具体抓。要结合当地实际，抓紧制定老龄工作方案和老龄事业发展规划。要健全老龄工作机构，充实工作人员，解决好办公场所和经费等问题，为他们履行职责创造良好的条件。各级涉老部门要按照《中共中央、国务院关于加强老龄工作的决定》和《条例》要求，各司其职，各负其责，积极主动地开展工作，形成党委、政府领导，老龄委组织协调，有关部门齐抓共管，全社会共同参与的老龄工作机制，切实维护老年人的合法权益，保证广大老年人安度晚年，以促进经济社会的协调健康发展。

傅思和同志在宁夏回族自治区老龄工作委员会第四次全体(扩大)会议上的讲话

(2005年4月5日)

同志们：

我们这次会议，传达了全国老龄工作委员会第七次全体会议精神；李志仁同志作了工作报告，全面总结了去年的全区老龄工作，对今年的工作做出了具体部署，明确了工作重点，这是各级老龄工作委员会安排今年工作的指导性意见；部分成员单位还作了交流发言，我都同意。下面，我就做好今年的工作讲几点意见。

一、认清形势，服务大局，正确认识老龄工作在经济社会发展中的地位和作用

(一) 做好老龄工作，是应对人口老龄化形势变化的需要。长期以来，由于我区经济社会发展水平较低和老年人口规模较小等客观原因，我们对人口老龄化问题和老龄工作的重要性，对从老龄事业本身的规律出发，把老龄事业纳入国民经济和社会发展规划，都缺乏足够的认识和重视。据自治区统计局2004年人口抽样调查资料表明，全区60岁以上的老年人口已达53.57万人，占总人口的9.11%，比2003年底增加了6万人，一年之中增加了近2个百分点，表明我区老年人口已经进入了一个高速增长时期。2010年之前，我区老年人口比例将超过10%，进入人口老龄化省区行列。这将直接导致劳动年龄人口比重下降，社会供养系数上升，家庭功能下降，社会负担加重，对经济、政治、法律、政策、文化等都会产生重要影响。2004年，我区老年人口抚养比例为13.98%，领取养老金的老年人口有15.3万人，占老年人口的28.56%，全年共支付养老金13.2亿元，占全区国民生产总值的2.86%，占自治区财政收入的19.7%，这些情况表明，人口老龄化已经并将进一步成为影响经济社会发展的重要因素。因此，做好老龄工作是应对人口老龄化形势发展变化的需要。

(二) 做好老龄工作，是树立和落实科学发展观的内在要求。坚持用科学发展观统领经济社会全局，是中央根据新形势新任务提出的重大战略思想，必须落实到我们的各项工作中。科学发展观的核心是以人为本、执政为民。坚持以人为本，要求我们必须维护包括老年人在内的广大人民群众的根本利益，使经济社会发展成果惠及包括老年人在内的全体人民，促进人的全面发展。这就要求我们在经济转轨、社会转型过程中，在制定和实施发展规划、战略时，必须统筹兼顾，注重调动一切积极因素，妥善处理人口老龄化问题，切实处理好促进经济社会发展与保障老年人享受发展成果的关系。因此，做好老龄工作，尊重老年人、关心老年人，保障老年人享受经济和社会发展的成果，是贯彻落实科学发展观、坚持以人为本的内在要求。

（三）做好老龄工作，是构建社会主义和谐社会的重要内容。社会主义和谐社会，就是要使人们的聪明才智和创造力得到充分发挥，使改革和发展所创造的社会财富为全体人民所共享，使党和政府同人民群众的关系更加密切，使安定团结的局面更加巩固。实现代际关系以及老年群体与其他群体之间的和谐，要求我们必须大力发展老龄事业。中华民族素有敬老、尊老的传统，但随着经济社会的发展，老年人的生活和工作出现了许多新的情况，他们的生活安排和权益保障面临着许多新的问题，处理不好，可能直接影响家庭和社会的稳定和谐。认真解决老年人生活中的实际问题，妥善处理涉及他们切身利益的各种矛盾，切实保障他们的合法权益，这是建设社会主义和谐社会的重要内容，是社会文明进步的重要标志。

总之，老龄工作事关改革发展稳定的大局，在构建社会主义和谐社会，全面建设小康社会的新形势下，做好老龄工作，既是我们长期面临的重大任务，又是当前就要应对的紧迫课题，必须立足于我区经济和社会发展的全局，认真把握老龄工作面临的新任务和新要求，切实增强做好老龄工作的责任感和使命感，脚踏实地地工作，促进老龄事业同经济和社会协调发展。

二、把握时机，务实创新，走出一条符合我区实际的老龄事业发展之路

做好老龄工作，要以邓小平理论和“三个代表”重要思想为指导，全面落实科学发展观，坚持“党政主导、社会参与、全民关怀”的老龄工作方针，紧紧围绕中心工作，认真贯彻全国老龄委第七次全体会议精神，调动各方面积极性，切实维护老年人的权益，进一步加大社区和农村老龄工作力度，推动老龄事业全面发展，推进和谐社会建设。要重点抓好以下几项工作。

（一）完善有关制度和政策，切实保障老年人基本生活。近年来，自治区党委、政府在健全社会保障制度，解决老年人的养老、医疗等问题上采取了一系列政策措施，取得了明显成效，社会保障体系日益完善，老年人的生活保障水平不断提高。各有关部门要继续认真落实有关政策措施，加大工作力度，进一步健全城镇基本养老保险制度，不断完善城市最低生活保障制度，健全社会救助体系，确保离退休人员和城镇老年人的基本生活，使他们共享经济和社会发展成果。要按照统筹城乡发展的要求，把关心农村老年人的生活提到重要议事日程上来，摆到突出位置，投入更大的精力。要结合我区农村的实际情况，创新工作思路和方式，切实做好新形势下的五保供养工作，提高五保供养水平；要积极探索建立农村养老保障制度，鼓励有条件的地区探索建立农村最低生活保障制度和农村贫困老年人的救济制度，切实解决农民老有所养问题；要积极推进农村新型合作医疗制度建设，逐步解决农民老有所医问题；要按照自治区政府的统一部署，重点解决农村老年人住房问题；要切实维护农村老年人合法权益，倡导和组织签订《家庭赡养协议书》，大力倡导尊老、敬老、养老、助老的良好社会风尚，实实在在解决关系农村老年人切身利益的问题。

（二）突出老年维权主题，落实有关法规政策内容。2004 年 10 月，自治区人大颁布了《宁夏回族自治区老年人权益保障条例》（以下简称《条例》），对老龄工作的基本原则、目标任务、工作体制以及赡养与扶养、保障措施、服务设施、优惠待遇、法律责任等方面都做出了明确规定。这是我区发展老龄事业、做好老龄工作的纲领。首先，各级政府要带头执行《条例》规定。《条例》在“总则”中，就老龄工作机构及其职责、任务、老龄事业经费都做出了明确规定，这是发展老龄事业、开展老龄工作所必需的基础条件。自治区政府就贯彻执行《条例》也做出了安排。需要强调的是，我们一定要从大局出发，树立正确的发展观、政绩观，既不能“避重就轻”，也不能“只重不轻”，各项事业要统筹协调发展。特别是老龄事业经费问题，多年来一直没有解决好，现在法规有规定，自治区政府有明确的安排意见，“按人均每年不低于 2 元的标准安排老龄事业经费，并将其纳入财政预算予以保障”，“在国家发行的福利彩票收益中，每年安排 15%用于老龄事业”。各级政府要尽快执行《条例》规定，为老龄事业发展创造必要的条件。我们讲依法行政，不能只停留在口头上，重要的是落实在行动上。其次，要加大执法检查力度。各级政府要对法规的实施情况进行督察，各级老龄办要配合人大作好执法检查，全面掌握法规的执行情况，对其中存在的问题，要及时向委员会汇报并提出意见建议，同时向相关部门通报情况。第三，要落实法规中明确的、社会反响强烈、老年人关注程度高的热点问题。老年人优待规定的落实已经成为检验我区老年维权工作成效的关键环节，相关部门也为此做出了巨大努力和重要贡献。在相当一段时间之内，继续保持已有成果，全面落实优待内容，是各级老龄工作部门的重点工作，特别是百岁老人每月100元的长寿保健费，一定要尽快落实。

（三）加大创建工作力度，切实推进基层老龄工作。老龄工作的重点在基层、在社区。两年来的工作实践表明，开展“创建老龄工作先进县（市、区）活动”和“创建敬老模范村（社区）活动”，是推动基层老龄工作整体发展的有效手段，要在总结经验的基础上，巩固创建成果，推广先进经验，把创建活动引向深入。需要强调的是，在创建活动过程中，要注意整合资源，因地制宜，打破部门行业界限，把涉老部门统一协调起来，合理规划老年服务设施、活动场所的建设。如果各自为政，重复建设、既浪费资源，又容易造成管理上的混乱。要注重发挥老年群众组织和老年人的作用，老年人既是老龄工作的对象，同时又是老龄工作的参与者，这样做，既促进了工作，又促进老年人参与社会发展，提高生活生命质量。要科学制定创建标准，完善评估和激励机制，真正发挥创建活动的功能，推动基层老龄工作发展。

三、加强领导，振奋精神，不断提高做好老龄工作的能力和水平

老龄事业是一项文明而崇高的事业，老龄工作是党和政府的一项重要工作。各级党委、政府的主要领导要亲自过问老龄工作，分管领导要切实负起责任，做到认识到位、工作到位、组织协调到位。各级老龄委要充分发挥作用，切实把各方面力量调动起来，积极主动地搞好涉老部门的协调服务工作，形成推动工作的整体合力。老龄办设在民政部门，民政部门就要承担更多的责任，各级民政局要重视和支持老龄办的工作，帮助他们理顺工作体制，配齐工作人员，解决工作、经费、办公设施等方面的实际困难。各级老龄办要切实履行职能，经常深入基层调查研究，摸清老龄工作现状，找准问题，制定措施，推动老龄工作各项任务的落实。老龄工作部门的同志，必须保持锐意进取、敬业奉献精神，保持良好的精神状态，以作为求地位，把老龄办的工作做的更好。

2005年是老龄事业发展“十五”计划纲要执行的最后一年，各有关部门要对落实情况进行一次全面检查和评估。同时，自治区老龄办要组织力量，深入调研论证，抓紧拟订老龄事业发展“十一五”计划纲要，有关部门要给予积极支持、配合。

做好新形势下的老龄工作，任务艰巨，责任重大。我们要以邓小平理论和“三个代表”重要思想为指导，认真贯彻党的十六大和十六届三中、四中全会精神，树立和落实科学发展观，以开展保持共产党员先进性教育活动为契机，进一步振奋精神，坚定信心，团结协作，以更大的工作热情和更积极的工作态度，不断把我区老龄工作推向前进，为建设社会主义和谐社会作出新贡献。

胡家燕同志在新疆维吾尔自治区老龄工作委员会第三次全体会议上的讲话

（2003年4月16日）

同志们，今天我们召开自治区老龄工作委员会第三次全体会议，听取了贾帕尔同志关于2002年老龄工作情况的汇报，大家就2003年的工作要点谈了一些很好的意见和建议，会议开得很好。这样的会至少一年要开一到两次。根据同志们讨论的情况，我谈几点意见。

首先，我区老龄工作有了一个良好的开端。严格地讲，老龄工作是从2000年中央作出《中共中央、国务院关于加强老龄工作的决定》和2001年出台《中国老龄事业发展“十五”计划纲要》开始，才提到党和政府的重要议事日程上来的。2002年全国老龄工作委员会第四次全体会议提出了“党政主导、社会参与、全民关怀”的老龄工作方针。自治区是2001年6月27日撤销老龄委员会，成立老龄工作委员会。因此，无论从全国还是自治区来讲，老龄工作由党政主导是从2000年正式开始的。在短短的两年时间里，自治区老龄委和办公室做了大量的工作。包括我们在座的各个组成单位也做了很大的努力。两年多里能把老龄工作做到这个程度，是大家共同努力的结果，是很不容易的，这与在座的各部门互相配合和积极支持分不开，与民政厅、老龄办的努力分不开，但是最根本的还是党中央和国务院的《决定》和《纲要》给我们创造了工作条件，如果没有《决定》和《纲要》，就不会形成现在的这种工作局面。老龄工作关系到社会政治、经济发展等各个领域、方方面面，从某种意义上讲，它是一项新兴的事业，是体现社会发展水平和文明程度的一个标志。做好这项事业，不是组成单位这个小范围的事，是全社会、尤其是各级党委、政府的共同责任。对此我们一定要有清醒的认识。

第二点，老龄工作成绩不小，但还存在一些问题，最根本的还是思想认识问题。现在，我们一些部门，甚至一些领导同志在认识上存在误区。总认为老龄工作就是老干部工作，因此，在思想上对老干部工作很重视。其实，这是片面的。老干部工作是老龄工作的重要组成部分，但是老干部工作不等于老龄工作，更不能用老干部工作替代老龄工作。比如老龄工作要求的老有所养，现在要求年轻的在职人员都要有养老保险，它是老干部工作吗？有的单位把老龄工作的文件直接发到老干处，这是不应该的。老龄工作的文件应该发到单位的党政领导那儿，而不是只发到老干处。认识上的偏差，以及思想上认识、重视不到位，这是存在的主要问题。造成这种情况的原因是我们宣传的不到位。

大家都知道，老龄人口是一个弱势群体。老年人的人生已经走到了生命的秋天，年老体弱，在很多方面需要帮助。我们的离退休老干部都是有组织管的，总体上照顾得比较好，在老年群体中属于生活有保障的那一部分，但也是弱势群体。因为年纪大了，身体逐渐衰老，有的疾病缠身，有的子女不在身边等等。所以，老年人需要依靠，经济上的依靠，精神上的依靠，生活上的依靠。对老龄人口这个庞大的弱势群体，我们全社会都应该重视，一个社会没有尊重老人、爱护孩子的良好风气，这个社会就不是一个成熟的、文明的社会。

三是要抓好宣传工作。要宣传《决定》和《纲要》，更重要的是宣传《中华人民共和国老年人权益保障法》和《新疆维吾尔自治区保护老年人合法权益条例》。《决定》和《纲要》是指导思想，是侧重要求各级党政领导部门做的，《老年法》和《条例》是实实在在的对全社会的要求。要在全社会加大尊老、爱老、助老宣传的力度。要突出宣传“党政主导、社会参与、全民关怀”的老龄工作方针，宣传老有所养、老有所医、老有所教、老有所学、老有所为、老有所乐的老龄工作目标，重点是老有所养、老有所医，这是最基本的。在“自治区敬老宣传月”期间，要集中宣传《老年法》和《条例》，宣传老年人应享受的具体权益，宣传老龄工作方针和工作目标，抓住重点宣传，一点一点地灌输，把最中心的东西让人记住。我们的媒体要大力宣传，报纸、广播、电视应该不定期地开辟一些专栏，经常有尊老、敬老、助老的声音。

第四，老龄工作要立足于每年为老年人做几件实事。在城市，一是进一步完善养老保障制度和医疗保险制度，“应保尽保”，包括最低生活保障，包括按时足额发放离退休人员的养老金；二是企业退休人员的社会化管理。在农村，一要完善“五保”供养制度，二要免除老年人的“两工”、“两费”，做到从2003年起，不再给老年人派“两工”，不再收“两费”。我们今年要能做到一直到最边远的农村，免除老年人的“两工”、“两费”，这是为老年人办的一件实实在在的大好事，要从上到下地开展宣传，不折不扣地做到；三是进一步落实“三老”人员的政策。“三老”人员的政策各地大同小异，但是有的地方并不落实。城市和农村的这五件事，如果做好了，就是老龄部门为老年人做了几件看得见、摸得着的实实在在的事，这是头等大事，要力争做出成效。这项工作要抓重点，目的是起带动作用。乌鲁木齐市和昌吉州工作做得比较好，也具备条件，农村和城市都做，但是侧重城市；南疆的喀什和和田两个地区，要重点抓一下农村的老龄工作，真正在前边提到的三件事上抓出成效，抓出几个典型来，八、九月份老龄工作会议时要看一看。当然这些典型不是做表面文章，得有好的模式、可行的办法和比较成功的经验，让其他地区跟着学、看着干。不具备条件的逐步创造条件，一点一点地推，一件一件去做，一步一步地落实，要一直坚持做下去。

第五，要宣传尊老、爱老、助老。团委、妇联、工会、教育等部门要组织开展尊老、爱老、敬老活动。提倡每个人特别是青少年为身边的老年人做一件好事，每一个单位每年为老年人做一到两件实事，每一位老年人力所能及地为社会和身边的人做一件有意义的事。提倡每一位老年人都选择一项有益的活动，有益于健康的活动，可以是体育活动，也可以是文化活动，读书、唱歌都可以。老人自己身心健康，是给社会减轻负担，是对社会最大的贡献。各地要层层组织开展这些活动。自治区争取在重阳节之前，召开一次老龄工作会议。开会之前，让各地要利用“自治区敬老宣传月”，组织开展一些有意义的活动，如“健康老人”评选、“老有所为”演讲会等。

最后一件事，也是我们要做的一件重要的实事，就是能够在今年年底前建立健全县一级老龄机构，做到编制配齐，人员配齐，而且能够正常开展工作。各级党政要重视这件事，要主动协调编委提出要求，这件事要写到纪要里、工作要点里。各县的老龄机构在选配干部时，要按照工作特点选好主要领导和主要工作人员，不能全配一些快退下来的人。老龄工作党政主导，主要看各级党委、政府的重视程度。对老龄工作的重视有个过程，因为领导的认识有个逐渐深入的过程，我们在座的这些领导如果都不重视，就不能批评别的领导不重视。靠谁来重视？要从我们开始重视。老龄工作的方针是“党政主导、社会参与、全民关怀”，只有真正做到党政主导，才能带动全社会参与和全民关怀。

我刚刚分管老龄工作，还没有来得及熟悉这方面的情况，但是愿意向大家学习，愿意实实在在地带领同志们干几件事。今天共讲了六个方面的事，这些事我们年底不一定都能做好，但要认真对待，努力去做。这些工作做起来都比较具体，是实实在在的事，是可以大有作为的。我们各级成员单位要共同努力，积极配合，互相连动，形成合力，为自治区老龄工作的健康发展作出应有的贡献。

新疆维吾尔自治区人民政府《关于加强老龄工作的意见》

（2003 年 6 月 26 月）【新政发〔2003〕53 号】

伊犁哈萨克自治州，各州、市、县（市）人民政府，各行政公署，自治区人民政府各部门、各直属机构：

老龄问题涉及政治、经济、文化和社会生活等诸多领域，是关系国计民生和国家长治久安的一个重大社会问题。各级政府必须从自治区改革、发展、稳定的大局出发，高度重视和切实加强老龄工作。

一、充分认识加强老龄工作的重大意义

自治区现有 60 岁以上老年人口 157.7 万人，占全区总人口的 8.2%，预计到 2010 年将进入人口老龄化社会。自治区进入人口老龄化社会虽然比全国晚，但老年人口 4.36%的增长速度远远高出全国平均水平 1.16 个百分点，且呈现逐年加快的趋势，在社会经济发展相对滞后，老年工作基础比较薄弱的情况下，必然引起人口结构和消费结构的变化，给我区经济和社会的可持续发展和全面建设小康社会带来一系列深刻的影响。充分认识人口老龄化问题，积极采取措施，加强老龄工作，发展老龄事业，是一项重要而紧迫的战略任务。

老年人是社会的重要组成部分。各民族老年人为新疆的解放、建设和发展做出了重要贡献。满足广大老年人日益增长的物质和文化生活需要，让老年人共享经济建设和社会发展成果，是中国共产党全心全意为人民服务根本宗旨的重要体现，是各级政府和全社会义不容辞的责任。在社会主义市场经济条件下，弘扬中华民族的传统美德，形成敬老、养老、助老以及代际和谐的良好社会风尚，是社会主义精神文明建设的一项重要内容。正确处理和解决人口老龄化进程中出现的各种矛盾和问题，切实保障老年人的合法权益，对促进自治区的政治稳定、经济发展和社会进步具有重要意义。

自治区党委和人民政府历来十分重视老龄工作。17 年来，自治区先后颁布了《新疆维吾尔自治区保护老年人合法权益条例》（以下简称《条例》），制定了《新疆维吾尔自治区老龄事业发展计划》、《自治区老龄事业发展“十五”计划纲要》和《自治区开展“助老工程”方案》等一系列重要政策和法规，有力地推动了我区老龄事业的发展。党的十六大确立了全面建设小康社会的奋斗目标，为新世纪老龄事业的发展指明了方向，对新阶段的老龄工作提出了更高的要求。十六大报告把“老龄人口比重上升”作为制约全面建设小康社会的七大因素之一，充分说明人口老龄化对全面建设小康社会的重大影响，说明老龄事业在国民经济和社会发展中的重要地位和作用。贯彻落实党的十六大精神，解决好人口老龄化问题，是全面建设小康社会不容忽视的重大社会问题，对自治区的改革、发展和稳定至关重要。各级政府要充分认识老龄工作的重要性，认识做好老龄工作是实践“三个代表”重要思想的具体体现，是全面建设小康社会的必然要求。要从贯彻党的十六大精神、全面建设小康社会的高度来认识加强老龄工作、发展老龄事业的重大意义。

二、老龄工作的指导思想、原则和目标

老龄工作的指导思想是：以马克思列宁主义、毛泽东思想、邓小平理论和“三个代表”重要思想为指导，贯彻党的十六大精神，坚持“党政主导、社会参与、全民关怀”的老龄工作方针，从自治区的实际出发，适应人口老龄化的发展趋势，完善社会保障制度，建立健全社区管理和社区服务体系，发展老年服务业，维护老年人的合法权益，加强老年思想政治工作，开创自治区老龄工作新局面。

加强老龄工作，发展老龄事业，要遵循以下原则：坚持老龄事业与国民经济和社会发展相适应，促进老龄事业健康发展；坚持家庭养老与社会养老相结合，充分发挥家庭养老的积极作用，建立和完善老年社会服务体系；坚持政府引导与社会兴办相结合，按照社会主义市场经济的要求积极发展老年服务业；坚持道德规范和法律约束相结合，广泛开展敬老养老助老道德教育，加强老龄工作法制建设；坚持关心老年人生活以及老年妇女的特殊问题与加强思想政治工作相结合，使广大老年人物质生活得到改善，精神文化生活更加丰富；坚持统筹规划与分类指导相结合，因地制宜地开展老龄工作，发展老龄事业。

今后一个时期自治区老龄事业发展的主要目标是：从自治区经济和社会发展基本情况出发，按照自治区老龄事业发展规划的要求，努力建立和完善社会保障制度和社会互助制度；建立以家庭养老为基础、社区服务为依托、社会养老为补充的养老机制；逐步建立比较完善的以老年福利、生活照料、医疗保健、体育健身、文化教育和法律服务为主要内容的老年服务体系，切实提高各族老年人的物质和精神文化生活水平，基本实现老有所养、老有所医、老有所教、老有所学、老有所为、老有所乐的老龄工作目标。

三、切实保障老年人的合法权益

全社会都要依据《老年法》和《条例》等法律法规，切实维护和保障老年人的合法权益。要加强法制建设，研究制定自治区优待老年人、老龄产业税收优惠、老年法律援助、养老医疗保障等一系列配套政策，进一步完善维护老年人合法权益的法律体系。加强老年人法律服务工作，使老年人能够就地、就近、及时地得到优质的法律服务。各级司法行政部门对需要获得法律帮助但又无力支付法律服务费用的老年人，要按照有关规定提供法律援助。各级人民法院对涉老侵权案件要实行优先立案、优先审结、优先执行、优先回访的“四优先”服务，对行动不便的老年人采取巡回办案、就地审理、及时处理。对老年人因合法权益受到侵害提起诉讼交纳诉讼费确有困难的，要给予缓交、减交或免交的优待。要加大执法和监督力度，依法处理和打击侵犯老年人合法权益的不法行为，认真调解涉老纠纷，依法取缔伤害老年人身心健康、宣传迷信邪说等侵害老年人合法权益的非法组织。

要完善社会保障制度，逐步建立国家、社会、家庭和个人相结合的养老保障机制，确保老年人生活、医疗等方面的基本需求。在城镇，要建立起以基本养老保险、基本医疗保险、商业保险、社会救济、社会福利和社会互助为主要内容的比较完善的养老保障体系，确保城市居民最低生活保障金和离退休人员基本养老金按时足额发放，并随经济发展合理增长。在农村，坚持以家庭养老为主，进一步完善社会救济和五保供养制度，探索多种社会养老的路子，积极建立以个人交费为主、集体补助为辅、国家给予政策扶持的储备养老保险制度，建立养老基地、养老基金，探索建立农村老年人最低生活保障制度。积极探索多种形式的农村医疗保障制度，健全农村基层卫生服务网络，完善农村合作医疗制度，切实解决贫困地区老年人缺医少药的问题。

要切实保障老年人充分享有《老年法》和《条例》规定的政治权利、民主权利、人身权、财产所有权、继承权、劳动和休息权、婚姻自由权、从国家和社会获得物质帮助权、享受社会发展成果权等各项权益。确保对老年人的经济供养、生活照料和精神慰藉。实施自治区优待老年人的规定，使各族老年人充分享受自治区改革开放、经济发展、社会进步的成果。要结合农村税费改革的有利时机，采取切实可行的措施，认真落实免除农村老年人义务工和劳动积累工、乡统筹和村提留的法律规定，减轻农村老年人的经济负担。

重视发挥老年人的作用。坚持自愿和量力、社会需求同个人志趣相结合的原则，鼓励老年人从事关心教育青少年、传授文化科技知识、开展咨询服务、参与社会公益事业和社区精神文明建设等活动。做好老年人才资源的二次开发利用，充分发挥老年人才在西部大开发和自治区全面建设小康社会中的积极作用。

四、加大老龄事业投入

各级政府要将老龄事业纳入国民经济和社会发展中长期规划和年度计划，制定老龄事业发展计划，并认真组织实施，确保老龄事业与全面建设小康社会协调发展。要根据国民经济发展水平和老年人口规模，加大对老龄事业的经费投入，落实《自治区老龄事业发展“十五”计划纲要》中按每位老年人每年 2 元钱标准划拨老龄事业发展经费的规定，纳入财政预算，用于补充 60 岁以上特困老年人最低生活保障、老年服务设施建设、科学研究和老年教育等方面，并逐级加大老龄事业发展经费投入，逐步形成制度化的财力投入机制。各级老龄工作部门要管好、用好老龄事业发展经费，管好、用好自治区老年基金。非营利性老年福利设施建设所需资金以各级政府投入为主，制定政策鼓励和引导社会力量积极兴办老年福利事业。要加大救助贫困老年人的投入力度。

各级发展计划部门在制定投资计划、安排投资项目时，要加大对老年服务设施的投入，对老龄产业发展的项目给予重点支持。城市建设、旧城改造、居住区建设要将老年服务设施纳入规划并认真付诸实施。财政和工商、税务部门要制定对社会力量投资兴办的福利性、非营利性老年服务机构和有关捐赠款项实行减免税等优惠政策。金融机构要充分发挥信贷支持作用，热情关注、积极支持社区老年服务设施、福利设施和活动场所的建设，按照信贷通则加大贷款支持力度。各级政府在编制本地区土地利用年度计划实施方案时，应统筹安排社区老年服务设施、福利设施和活动场所建设用地，并按有关法律法规规定，采取行政划拨方式或优惠有偿方式供地，对新建老年服务设施的市政基础设施配套建设费酌情给予减免，降低征地和拆迁补偿费。

五、提高老年人的生活质量

坚持把老龄工作的重点放在社区、基层，加强社区老龄工作，探索建立社区老龄工作机制，做好基层社区老年人的社会化管理。要加强社区建设，依托社区发展老年服务业，进一步完善社区为老年人服务的功能。充分发挥社区组织在老龄事业发展中的积极作用，加快社区老年服务设施和服务网络建设，努力形成设施配套、功能完善、管理规范的社区老年服务体系。

要充分利用现有设施，积极兴办不同形式、不同档次的老年服务设施、福利设施和活动场所，并向综合性、多功能、网络化发展，为老年人提供生活照料、护理、健身、文化等多方面的服务。各部门、各单位的老年服务设施要逐步向社会开放。各级医疗卫生机构要大力开展多种形式的老年医疗保健服务，逐步建立起完善的社区卫生服务机构，健全老年医疗保健服务网络，提高服务质量。增加社区老年医疗保健设施，发展家庭病床，采取多种形式，为老年人提供预防、医疗、护理、康复和心理咨询等服务。积极开展多种形式的健康教育，普及老年保健和卫生科学知识，增强老年人的自我保健能力。

各级文化、体育、广播、电视等部门和工会、妇联等群众团体要进一步加强老年文化体育工作，发展老年文化体育事业。建立老年活动中心或活动站（室）。现有公共文化体育场所要为老年人提供优先、优惠服务。组织老年人开展体育健身和文化娱乐活动，提倡科学文明健康的生活方式。各级文化部门要积极组织创作老年人喜闻乐见的优秀作品，组织开展丰富多彩的老年文化活动。出版部门要组织出版适合老年人特点的图书、音像制品和电子出版物，满足老年人的精神文化需求，丰富老年人的精神文化生活。

要重视发展老年教育事业，认真解决各级老年大学存在的各种困难。要拓宽渠道，逐步发展老年广播、电视、网络和函授教育，鼓励和指导社会力量按照有关规定兴办各类老年学校。老年教育主要为老年人提供物质文化生活所需要的知识和技能。各级老年大学（学校）要向社区辐射，逐步形成网络化，使更多的老年人能就近参加学习。

老年服务业的发展要走社会化、产业化的道路。鼓励和引导社会各方面力量积极参与、共同发展老年服务业，逐步形成政府宏观管理、社会力量兴办、老年服务机构按市场化要求自主经营的管理体制和运行机制。要培育和发展老年消费市场。要积极研制开发适合老年人特点的产品和服务项目，引导老年人合理消费，满足老年人不同层次、不同类型的消费需求。

六、加大老龄宣传工作力度

要充分利用新闻媒体等多种宣传工具，采取多种宣传方式，向全社会广泛深入地宣传人口老龄化问题，宣传老年人的重要社会价值，宣传《决定》和《纲要》的精神，宣传《中华人民共和国老年人权益保障法》（以下简称《老年法》）和《条例》规定，宣传老龄工作方针和目标，宣传老龄工作成功经验和先进典型，特别要加大对《老年法》和《条例》的宣传教育力度，将《老年法》和《条例》纳入“四五”普法和《公民道德建设实施纲要》教育规划，纳入各级各类学校德育教学的重要内容，有计划、有步骤地开展学习宣传教育活动，大力宏扬中华民族敬老养老的传统美德，强化全社会的老龄意识、养老意识和依法保护老年人合法权益的法律意识，提高全社会对发展老龄事业重要性的认识，提高维护老年人合法权益的自觉性，打击各种侵害老年人的违法行为，树立尊重、关心、帮助老年人的社会风尚，营造敬老、养老、助老的良好社会氛围。

要通过为老年人办好事、办实事来强化宣传效果。要结合文明社区、文明单位、文明村（居委会）、文明家庭创建活动，在全社会广泛开展敬老、养老、助老的道德教育，大张旗鼓地为老年人办一些看得见、用得着的好事和实事，想老年人所想、急老年人所急、排老年人所忧，积极主动地帮助老年人解决热点、难点问题。在“自治区敬老宣传月”期间，要集中开展各种形式的宣传教育活动。要倡导社会互助，积极开展扶老助困志愿活动，在全社会大力倡导，每一个人特别是青少年为身边的老年人做一件好事，每一个单位为老年人做一件实事；每一位老年人为社会和身边的人做一件有意义的事。让全社会行动起来，人人为老年人献爱心，人人为老年人做好事，每一位老年人为社会争做贡献。要慰问老红军、老模范、孤寡特困老年人，把党的温暖送到老年人心中；开展助老服务，上门为老年人提供生活照料和精神慰藉；开展义务咨询、义诊等服务，倡导科学、文明、健康的生活方式。要把中华民族敬老、养老、助老的传统美德具体体现在每一个为老年人献爱心的实际行动中。

七、开展生动活泼的老年思想政治工作

进一步加强和改进老年思想政治工作，认真研究解决老年群体中的各种思想问题。要坚持把马克思列宁主义、毛泽东思想、特别是邓小平理论和“三个代表”重要思想作为老年思想政治教育的重要内容，积极开展党的基本路线、政策、形势、民主与法制、科学文化知识的教育，使广大老年人树立正确的世界观、人生观和价值观，划清科学与迷信、文明与愚昧的界限，坚定对建设有中国特色社会主义的信念，增强对改革开放和现代化建设的信心，提高维护社会稳定和民族团结的自觉性，思想常新、理想永存，在政治上、思想上与党中央保持一致。

积极探索和研究新形势下加强和改进老年思想政治工作的新形式、新办法。要根据老年人的特点，把思想教育与开展健康有益的文化体育活动、解决思想问题与解决实际问题结合起来。坚持以理服人、以情感人，寓教于乐，把老年思想政治工作做实、做活、做深、做细，使广大老年人以丰富健康文明的生活方式安享晚年。

充分发挥基层党组织在老年思想政治工作中的战斗堡垒作用，重视和发挥老年党员的政治优势和先锋模范作用。要建立社区老年人思想教育工作机制，切实做好老年思想政治工作，保证老年人自觉贯彻执行党的路线、方针、政策。

八、进一步加强对老龄工作的领导

老龄工作是党和政府工作的重要组成部分。2000年8月19日，中共中央、国务院作出了《关于加强老龄工作的决定》（中发〔2000〕13号，以下简称《决定》），确立了当前和今后一个时期我国老龄工作的基本纲领。各级政府要认真学习贯彻《决定》精神，统一思想，提高认识，从讲政治的高度充分认识加强老龄工作、发展老龄事业的重要性。要切实采取措施，加强领导，把老龄工作列入日常工作议程，及时研究解决工作中出现的新情况和新问题。要坚持“党政主导、社会参与、全民关怀”的方针，进一步建立齐抓共管老龄工作的机制，调动全社会各方面力量共同做好老龄工作、发展老龄事业。

按照中共中央、国务院和自治区党委的要求，2003年底前，必须建立、理顺县级老龄工作机构。各级政府要抓紧抓好老龄工作机构建设，建立老龄工作委员会及其办事机构，理顺工作关系，从实际需要出发核定编制，配齐专职领导和工作人员，保证必要的工作经费和工作条件。加快建立健全老龄工作机构网络，重点加强县及其以下基层老龄工作机构，加强对村（居）一级老年群众组织的领导，充分发挥其自我管理、自我教育、自我服务、自我保护的作用。要充分发挥各级老龄工作委员会及其成员单位的职能作用，健全成员单位议事协调和工作联络制度，建立健全规范的管理机制和工作运行机制。各级老龄工作部门要密切联系老年人，一切为了老年人，一切向老年人负责，把老年人高兴不高兴、满意不满意、拥护不拥护、答应不答应，作为衡量老龄工作的最高标准，认真履行职责，进一步增强为老年人服务的意识，拓展老龄工作服务领域，改进工作方式，进一步提高服务水平和质量。要加强老龄工作干部队伍的建设，特别要加强对老龄工作干部的业务培训，提高老龄工作者自身素质，培养一支热爱老龄事业、全心全意为老年人服务、素质高产业务精、作风硬、能适应时代要求、能开创工作新局面的老龄工作队伍。

老龄事业是千秋大业！加强老龄工作，发展老龄事业，是党中央、国务院面向新世纪作出的重大决策。各级政府要认真贯彻落实《决定》精神，按照本意见的要求，调动全社会力量做好老龄工作，努力开创自治区老龄事业发展的新局面，为实现自治区全面建设小康社会的宏伟蓝图作出新的更大的贡献。

广西壮族自治区党委、自治区人民政府《关于进一步加强我区老龄工作的意见》

（2003年1月12日）【桂发〔2003〕2号】

根据党的十六大和《中共中央、国务院关于加强老龄工作的决定》（中发〔2000〕13号，以下简称中央《决定》）、《国务院关于印发中国老龄事业发展“十五”计划纲要的通知》（国发〔2001〕26号）精神，现就进一步加强我区老龄工作提出如下意见：

一、提高认识，增强做好老龄工作的紧迫感和责任感

老龄工作是党和政府工作的重要组成部分。自治区党委、自治区人民政府十分重视老龄工作和关心老年人，近年来，调整充实了自治区老龄工作委员会及其办事机构，制定了《广西壮族自治区老龄事业发展“十五”规划》（桂政发〔2002〕43号，以下简称自治区《“十五”规划》），加快了老年福利服务和“社区老年福利服务星光计划”项目设施建设。各级党委、政府认真贯彻落实中央《决定》和自治区《“十五”规划》精神，调整充实了老龄工作机构，制定了一系列涉及老年人的政策和规定，广泛开展尊老爱老宣传教育，初步建立了养老保障体系和为老服务体系，老年福利、卫生、文化、教育、体育等事业有了一定发展，老年人的生活水平和生活质量不断提高。各级老龄工作部门认真贯彻“党政主导、社会参与、全民关怀”的老龄工作方针，紧紧围绕“老有所养、老有所医、老有所教、老有所学、老有所为、老有所乐的工作目标，努力工作，开拓进取，使老龄工作取得了新的进展，为全区经济发展和社会和谐、稳定作出了积极的贡献。有关部门也给予了积极配合，尽职尽责做了大量工作，为老龄工作提供了精神和物质支持，创造了良好的工作氛围。

但是，也要清醒地看到，我区老龄工作与中央要求仍有一定差距。一方面，老年人口数量大，增长速度快，老龄化超前于社会经济发展水平。据2000年第五次全国人口普查结果，全区60岁以上人口达479.83万人，占全区总人口的10.69%；65岁以上人口达319.82万人，占全区总人口的7.12%；80岁以上人口达53.94万人，占60岁以上人口的11.24%，人口年龄结构已进入老龄化阶段。农村老年人占全区老年人的76%，由于农村经济基础较为薄弱，制约了老年事业的发展，老龄工作难度大。老龄问题已成为不容忽视的一个重要的社会问题。另一方面，我区老龄工作基础比较薄弱，不能适应人口老龄化的要求。主要问题是：对人口老龄化问题认识不足，对老龄工作政策、法规宣传的广度和深度不够，侵犯老年人合法权益的现象时有发生；社会保障制度尚未完善，老年福利服务设施尤其是基层老年活动场所远不能满足老年人的需求；有的地方老龄工作机构不健全，人员、经费不落实。

对此，各级党委、政府要有充分的认识，予以高度重视，采取切实可行措施，加强和改进老龄工作，正确处理和解决好人口老龄化过程中出现的矛盾和问题，努力开创我区老龄工作新局面。

二、切实保障老年人的合法权益

依照《中华人民共和国宪法》和《中华人民共和国老年人权益保障法》等法律法规，切实维护和保障老年人的合法权益。各地要认真做好保障老年人合法权益的政策、法律法规的落实工作，依法保障老年人人身、住房、财产、继承和婚姻自由等权益。要加大执法、检查和监督力度，严厉打击诈骗、坑害老年人的不法行为，严厉打击宣传迷信、邪教等伤害老年人身心健康的非法活动。各级司法行政部门要加大法制教育和普法工作力度，帮助老年人学法、懂法、守法，运用法律武器维护自身的合法权益。各级宣传部门要加大宣传力度，以文明社区、文明村镇、文明家庭创建活动等为载体，广泛开展敬老、养老、助老的道德教育，在全社会树立尊重、关心、帮助老年人的社会风尚。

健全法律援助制度，加强老年人法律服务工作。各级司法行政部门要建立健全法律援助制度，完善法律服务网点，使老年人能够就地、就近、及时地得到优质的法律服务；对需要获得律师及其他法律帮助但又无力支付法律服务费用的老年人，要按照有关规定向他们提供法律援助。各级人民法院对涉老案件要优先立案、优先审理、优先执行；对老年人因合法权益受到侵害提起诉讼交纳诉讼费确有困难的，要按有关规定给予缓交、减交或免交的优待。各级老龄工作机构要积极配合和协助有关部门做好维护老年人合法权益工作。要重视和发挥社会团体及基层老年群众组织维护老年人合法权益的积极作用。

三、完善城乡养老保障体系，提高保障水平

在城镇，要建立起以基本养老保险、基本医疗保险、商业保险和社会救济、社会福利、社会互助为主要内容的比较完善的养老保障体系。逐步推行企业补充养老保险，提倡个人储蓄性养老保险，鼓励参加公益性的商业保险。实施养老金社会化发放制度，保证养老金按时足额发放。要进一步完善城市居民最低生活保障制度，使符合条件的老年人享受最低生活保障待遇。大力倡导社会互助，完善城乡特困老年人社会救助制度和百岁老人长寿补助制度。

在农村，要坚持家庭养老和社会扶持相结合，以家庭养老为主的农民养老保障体系。要强化子女的敬老意识和赡养老年父母的法律意识，依法履行赡养义务，对老年人真正做到经济上供养、生活上照料、精神上慰藉。子女要更新观念，理解和支持无偶老年父、母再婚。继续完善以保吃、保穿、保住、保医、保葬为内容的五保供养制度，坚持集中供养和分散供养相结合的服务方式，不断提高供养能力，确保五保供养的实际标准不低于当地村民的一般生活水平。加强社会扶持力度，鼓励有条件的地方建立农村养老生产基地、农民养老补贴制度和最低生活保障制度。通过政府救济和社会互助，多渠道筹集资金，对特殊困难的老人实行临时性救助。认真落实减免老年人负担政策，努力减轻老年人的社会经济和劳务负担。

四、加快发展老年医疗保健事业，促进老年人身心健康

加快城镇职工基本医疗保险制度改革，建立覆盖所有用人单位及其职工的基本医疗保险制度，落实离退休人员的医疗保障政策，积极发展各种类型的补充医疗保险，提高服务质量和水平，满足老年人的基本医疗需求。

加快乡、村医疗卫生组织建设，进一步发展和完善农村多种形式的合作医疗制度，建立和完善县、乡、村三级医疗卫生服务和预防保健网络。加强农村贫困地区的老年医疗卫生服务工作，强化家庭对患病老年人的责任。努力降低老年人的医疗费负担，切实解决贫困地区老年人缺医少药问题，满足农村老年人基本医疗需求。有条件的地区应探索和建立农村医疗保险制度。

加强特困老年人医疗救助工作，增强全民健康意识。要探索和建立特困老年人医疗救助制度，使特困老年人享受基本医疗服务。对 70 岁以上老年人要提供挂号、就诊、取药、住院等方面的优先服务，有条件的地方，要定期或不定期为特困、高龄老年人特别是百岁以上老人免费体检。重视老年期常见病、多发病的防治和康复研究，做好老年病预防、医疗、保健、康复工作，为老年病人提供优质、经济、方便、有效、综合、连续的卫生保健服务。普及卫生保健知识，推广和普及科学的老年养生保健方法，提高老年人的自我保健能力。做好老年妇女的预防保健工作。大力倡导老年人合理膳食、适量运动、心理平衡以及科学、文明、健康的生活方式，促进老年人实现健康老龄化。

五、大力发展老年福利事业，构建老年社会照料网络

各级政府要发挥主导作用，加强对社区老年服务设施建设的投入。继续推进“星光计划”，加快社会福利社会化进程和老年社会福利设施建设，基本建成以政府兴办的社会福利机构为示范、其他多种所有制形式的社会福利机构为骨干、社区福利服务为依托、居家供养为基础的社会福利服务网络。各地要按照自治区《“十五”规划》要求，建设一批多功能的社区老年服务设施和综合性的老年福利服务中心，并充分发挥其功能作用。住宅、社区、医院、交通等场所和设施，要按照有关工程建设技术标准，创造无障碍环境，方便老年人特别是残疾老年人的行动，提高生活的独立性。有条件的地方要逐步建立老年人紧急呼叫系统和应急服务网络。积极开展扶老助困活动，壮大和发展专业及社会志愿者为老服务队伍。各级政府要制定有关规定，在参观、游览、乘坐公共交通工具等方面，对老年人给予优待和照顾。各行业和各类服务机构要为老年人提供优先、优惠、优质服务，对高龄老年人给予特殊优待和照顾。

积极培育和发展老年消费市场，采取措施鼓励、引导开发适合老年人特点的产品，开拓服务项目，创造和改善老年人的消费环境，满足老年人不同层次、不同类型的消费需求。引导老年人转变消费观念，倡导老年人合理消费，切实保护老年消费者的合法权益。

六、开展生动活泼的老年思想政治工作，丰富老年人的精神文化生活

要加强老年人的思想政治工作，积极开展适合老年人特点的理论学习和时事政策及文化教育活动，帮助老年人学习新知识、新技能，提高适应社会能力。要长期深入开展对“法轮功”邪教组织的斗争，引导老年人崇尚科学，反对迷信，移风易俗。

办好各种老年学校，发展老年教育事业。各级政府要加大对老年教育事业的投入，以带动社会其他力量，因地制宜地办好老年教育。县级以上城市要建一所具有示范性、多学科的老年学校，有条件的乡镇、街道也要建立老年学校。要依托社区建立不同类型的老年学校，规范教学内容，提高办学质量，提高入学率。

加强老年文体设施建设，积极开展老年群众文体活动。各地要按照自治区《“十五”规划》要求，建设老年人文化体育活动场所，同时要加强管理，确保为老年人所用。各部门、各单位现有的公共体育设施和文化活动设施要全面向老年人开放，并提供优惠服务和便利条件。要因地制宜地组织老年人开展多种形式的健康向上的文化体育活动，对各类专业性老年群众组织给予支持和引导，有计划地组织老年文艺汇演、体育比赛和书画展览等活动，丰富老年人的精神文化生活。

支持老年人参与社会发展，充分发挥老年人在两个文明建设中的作用。根据社会需要和自愿量力的原则，组织和引导老年人参与社区服务。加强老年群众组织，尤其是农村老年人协会的建设，发挥他们在老年群体管理中“自我教育、自我服务、自我发展”的作用。

七、加强对老龄工作的领导，努力开创我区老龄工作新局面

老龄问题是关系国家长治久安的一个重大社会问题。各级党委和政府要统一思想，提高认识，切实加强对老龄工作的领导，把老龄工作纳入重要议事日程，及时研究解决老龄工作中出现的新情况和新问题。各级政府要把老龄事业纳人国民经济和社会发展计划，统筹安排老龄社会福利基础设施建设。各级财政部门要把老龄福利事业经费纳入财政预算，根据老龄工作发展的需要和国家财力的可能，为老龄工作提供必要的财力保障，同时加强对老龄工作各项经费使用的管理和监督。要将一定比例的福利彩票收益用于老龄事业的投入。要结合我区实际，制定和落实老龄事业发展优惠政策，工商、税务、物价、国土资源、建设、财政和民政等有关部门，要研究制定扶持老年福利和服务设施建设的具体实施办法。鼓励和扶持社会力量投资兴办老年社会服务设施，开发老龄产业，形成多元化的老龄事业投资机制。

建立健全老龄工作机制。各级党委和政府要参照全国和自治区老龄工作委员会的设置，尽快建立健全本地区老龄工作议事协调机构，并在民政部门设立精干的办事机构，落实人员和必要的工作经费；加强老龄工作队伍建设，强化业务培训，提高老龄工作干部的理论素养和业务素质，从思想上、政治上、生活上关心他们，为他们创造良好的工作环境。各级老龄工作委员会办公室要充分发挥综合协调、督促检查和参谋助手作用，老龄工作委员会成员单位要尽职尽责，齐抓共管，形成工作合力。

加强老龄工作，发展老龄事业，是党中央、国务院面向新世纪做出的重大决策。各级党委、政府要认真贯彻落实党的十六大精神和“三个代表”重要思想，按照中央《决定》及自治区《“十五”规划》要求，开拓进取，与时俱进，全面推进我区老龄事业的发展。

青岛市关于实施《山东省老龄事业发展“十五”规划》情况的评估报告

青岛市老龄工作委员会办公室

根据山东省老龄委办公室关于对《山东省老龄事业发展“十五”规划》(以下简称《规划》)实施情况进行评估的通知(鲁老办发［2004］7号)要求，我们组织各区、市及市直有关部门对实施《规划》情况进行自我评估的基础上，又对全市实施《规划》情况进行了全面调研评估。现将有关情况报告如下：

一、主要定量任务目标完成情况

(一)社会养老保障情况

1. 城镇养老保险情况。到2004年5月，全市共有105.8万职工参加了养老保险，征缴保险费12.7亿元。2001年－2004年5月，共为企业34.6万离退休人员发放养老金90.9亿元；为机关事业单位的4.6万离退休人员发放养老金21亿元。2004年企业离退休人员月人均养老金721元；机关事业单位的离退休人员月人均养老金1560元。

2. 农村养老保险情况。到2004年5月，全市共有70万适龄农民参加了养老保险，累计收缴保险费8.2亿元。2001年－2004年5月，共为6万老年农民发放养老金7829万元，人均年养老金1305元。2003年下半年，城阳区共为老年人补贴保险费4488万元；2004年开始，黄岛区财政每年为农民补贴保险费3000多万元，并且逐年按照前年度全市社会平均增加工资的比例增长。

3. 百岁老人发放长寿补贴费情况。2001年以来，全市共为1210名(人次)百岁老人发放长寿补贴费233.4万元；有的区、市也为百岁老人发放长寿补贴费。胶南市从1990年以来，共为308名(人次)百岁老人发放长寿补贴费18.48万元；胶州市共为94名(人次)百岁老人发放长寿补贴费21.28万元。

4. 社会老人和“五保”老人供养情况。九个区、市共有“三无”老人654名，年人均生活费为2890元，其中最高的是市南区人均年生活费为4090.2元；最低的是平度市年人均生活费只有850元。八个区、市共有“五保”老人11243名，其中集中供养的5043人，分散供养的6200人；全市平均集中供养率为44.86%，其中集中供养率最高的是城阳区81%，最低的是平度市只有17%；全市“五保”老人人均年供养费2768元，其中集中供养的年人均供养费为3222元，分散供养的年人均供养费为2348元；全市“五保“供养费最高的是崂山区人均年供养费为4680元，最低的是平度市人均年供养费只有679元。

5. 为农村老年人实行发放生活补贴、医疗补贴和退休金制度情况。全市8个区、市的1471个村（居）为99005名老年人发放生活补贴费3601.115万元；5个区、市的326个村（居）为32662名老年人发放医疗补贴费762.4万元；5个区、市的445个村（居）为54777名老年人发放退休金5244.41万元。

6. 为农村老年人免除税费情况。农村税费改革以来，全市7个区、市为农村489751名老年人免除税费40784433元；黄岛区为农村老年人免除了所有税费，实现了零税赋。

7. 农村老年人签订家庭赡养协议书情况。到2004年5月底，全市7个区、市共有292397名农村老年人与子女签订了家庭赡养协议书，占应签人数的42.7%。

（二）社会医疗保障情况

1. 城镇医疗保险情况。到2004年5月，全市共有138万职工参加了医疗保险；2000年7月－2004年5月，共征缴医疗保险费41亿元；2001年－2004年5月，记入离退休人员个人账户8亿元，用作大病统筹基金20亿元，统筹基金支出18亿元；2004年离退休职工人均每月记入个人医疗账户76元（不含离休干部）。

2. 农村合作医疗情况。到2004年5月，全市5个区、市共为357525名农村老年人实行了大病统筹合作医疗制度，共报销医疗费46925453元，市、区（市）、镇（街办）三级财政和村（居）集体为参加农村合作医疗的老年人补贴6925.2万元。

（三）社会养老救助情况

1. 实行“低保”制度情况。到2004年5月，全市共为城乡18027名特困老年人实行了“低保”制度，月均领取40～230元的“低保”金。其中城镇3990人，人均月领取“低保”金192.7元，农村14037人，人均月领取“低保”金58元；2001－2004年5月，全市共为城乡40026名特困老年人发放“低保”金10182.96万元。

2. 发放生活救济、医疗补贴费情况。2001年－2004年5月，全市有11个区、市共为8894名城乡特困老年人发放生活困难临时救济金394.55万元；有9个区、市为2806名城乡特困老年人发放医疗补助费331万元。

（四）老年福利服务设施建设情况

1. 老年福利设施建设投资情况。2001年－2004年5月，全市共投入41979.9万元新建、改建了敬老院、老年公寓、老年人文体活动室内外活动场所、社区福利服务中心和老年大学等老年福利设施。其中，市政府投资1.75亿元，11个区（市）、镇（街办）政府投资2.6亿元，7个区（市）的村（居）、企事业单位、个人投资3873.5万元。黄岛区于2000年出台了《关于加强全区社会福利事业的意见》，决定每年提取区财政收入的5‰作为社会福利设施建设专项资金，用于发展社会福利事业；街道办事处财政每年列支15万元，用于新建、扩建、改建村（居）社会福利设施建设。

2. 老年福利设施建设情况。2001年－2004年5月，六个区、市新建、改建、扩建了149个敬老院；市和市内四区兴办了60个老年公寓、托老所，4276张床位，达到千名老人16.55张，已超额提前完成“十五”规划15‰的目标任务；市和8个区（市）兴建了由老龄办管理市、区级老年人活动中心。9个区、市兴建了2674个老年人活动中心、老年之家等室内活动场所。8个区、市兴建了1949处门球场、广场、健身路径等老年人室外活动场所；市和10个区（市）兴建了1404个老年大学、老年学校；3个区（市）兴建了26个区（市）、街道（镇）综合性多功能社区福利服务中心。

（五）老年医疗保健情况

2001－2004年5月，11个区（市）、镇（街道）共举办1016次老年保健专题讲座；为百岁以上老人免费健康查体57次。

（六）老有所学情况

1. 老年学校数量情况。到2004年5月，全市共有老年大学、学校3058所，其中市、区（市）级老年大学20所、镇（街道）级老年学校162所、村（居）老年学校2876所。

2. 老年人入学率情况。到2004年5月，全市老年人入学率14.25%，其中7区老年人入学率为19.7%，5市老年人入学率为8.8%。

（七）老有所为情况

1. 老年人参与老有所为情况。到2004年5月，11个区、市的206331名健康低龄老年人参与了老有所为工作，参与率为35.8%。

2. 老年人才交流情况。2001年－2004年5月，市和10个区（市）的人事部门共举办了55次老年人才交流洽谈会，为8231名老年专业人才发挥作用创造了条件。

（八）老年文化体育活动情况

1. 老年体育活动情况：

（1）老年体育组织建设情况。到2004年5月，全市各级建立老体协组织6861个、老年健身辅导站12092个；建立市、区（市）、镇（街）、村（居）四级老年体育运动队伍3882支，兴建四级老年活动场所6182处。

（2）老年体育活动情况。2001年－2004年5月，市、区（市）、镇（街）、村（居）四级老体协共举办8121次老年体育比赛活动，其中146次在市、省、全国举办的比赛中获得佳绩；全市常年参加老年体育锻炼的老年人达到73.5%。

2. 老年文化活动情况：

（1）老年文化组织建设情况。到2004年5月，市和市内四区老龄办先后成立了老年文艺协会，市南、市北两区街道办事处也相继成立了老年文艺协会；市、区（市）、镇（街）、村（居）四级共组建3141支老年特色文艺队伍。

（2）老年文艺活动情况。2001年—2004年5月，市和8个区（市）各开展全国、省、市老年文艺调演、庆祝老人节、老年法律法规广场宣传活动、揭批“法轮功”邪教组织等123次有较大影响的老年文艺活动，并73次在市级以上举办的各项老年文艺比赛中获得金奖。

（九）开办老年专题、专栏节目情况

到2004年5月，市和6区（市）的电视台开办了《敬老活动》、《老年天地》、《老年风采》、《老年权益》、《文明季风》、《卫生天地》、《老年人与健康》、《医疗保健》等专题、专栏节目；市经济广播电台和即墨市广播电台分别开办了《人间晚情》和《老年天地》老年专题节目；青岛报业集团开办了《老年生活报》。

（十）老年理论学术研究情况

1. 市社科院研究老龄理论情况。2001年—2004年5月，市社科院社会研究所分别开展了“高龄老人、空巢老人、社会化养老、生活质量、养老方式、社会养老保障支持网、农村养老保险、企业养老基金风险、老龄化可持续发展、老年产业、老年旅游、老年文化”等方面的理论研究。其中，《“空巢”现象与社会支持的对策研究》的研究报告，受到市领导的关注与批示。

2. 老年学会研究老龄理论情况。2001年—2004年5月，市老年学学会先后召开了两次全市性的老年学理论研讨会，会上共有55篇学术论文和调研报告予以交流；先后为全国老年学会提供了20多篇老龄学术论文，被采用16篇，有许多学术观点引起与会人员的关注与肯定，有的为各级政府决策老龄工作提供了依据。

（十一）老龄工作先进表彰情况

1. 市级老龄先进表彰情况。2001年—2004年5月，全市召开了两次老龄工作表彰大会，共表彰了老龄工作先进集体100个、先进个人150名、模范老人200名。

2. 区（市）级老龄先进表彰情况。10个区（市）分别召开了1～2次老龄工作先进表彰大会，共表彰了老龄工作先进集体437个、先进个人606名、模范老人141名。

（十二）社区为老服务情况

到2004年5月，全市共有514支为老服务队伍，为老服务志愿者26978人。

（十三）老年维权工作情况

1. 制定老年法规、优待政策情况。到2004年5月，市政府第三次修订颁布实施《青岛市老年人优待规定》，优待的标准不断提高，范围不断扩大；黄岛区、莱西市结合实际，也相继制定出台了本区、市的优待规定，特别是青岛开发区制定实行的老年人优待规定，不仅标准比市的高、范围广，并且区财政出资200万元，免费为全区老年人发放了优待证、办理了意外伤害保险。

2. 老年法规宣传情况。2001年—2004年5月，市和区（市）共开展了169次大型广场老年法规宣传活动，印发60.35万份老年法规宣传材料；市和5个区（市）通过电视、电台做了57次老年法规专题、专栏节目。

3. 老年法规执法检查情况。2001年—2004年5月，市、区（市）两级老龄办提请市和区（市）两级人大常委会、政协对老年法规共进行了60次检查和视察。

4. 涉老案件审判合议庭设立情况。2001年以来，市、区（市）法院均成立了涉老案件审判合议庭，对涉老案件实行优先立案、优先审判、优先执行。

5. 涉老案件审判情况。2001年—2004年5月，全市各级法院共受理涉老案件19879件，审结18314件，结案率达到92%。

6. 为老年当事人实行司法救助情况。2001年—2004年5月，全市两级法院共为困难老年当事人缓缴、减缴、和免缴诉讼费940.86万元，有力地维护了困难老年人的合法权益。

7. 涉老纠纷调解与涉老公证情况。

（1）涉老纠纷调解情况。2001年—2004年5月，全市各级司法行政机关、人民调解组织共调解涉老纠纷1.5万起，调结1.35万起，调结率90%。

（2）涉老公证情况。2001年—2004年5月，全市办理赡养协议公证381件、遗赠抚养公证492件、医嘱公证3204件。

8. 老年法律援助情况。到2004年5月，市成立了一个法律援助中心，各区、市和镇成立了13个法律援助联络站；全市共有414人从事老年法律援助工作。

9. 老年人法律援助情况。2001年—2004年5

月，全市共为483名老年人提供了法律援助，为5397名老年人提供了法律咨询。

10. 老年人信访情况。到2004年5月，市和各区（市）老龄办共受理老年人来信来访4715件，办理4644件，办结率98.5%。

从以上各项任务指标进度情况来看，有的指标是要求到2005年底完成的，有的指标是要求按年度来完成的，有的指标没有规定明确数量，是根据实际逐年累计的数量指标为准。就目前情况来看，多数任务指标进展顺利，有的指标已经完成、超额完成或接近完成。只有"五保"集中供养一项指标根据目前情况难以完成，其主要原因是农村费税改革后，出现的新情况带来的新问题，这不仅是青岛地区面临的问题，也是全省、全国面临的共同问题。

二、实施《规划》的主要做法

（一）加强领导，制定《规划》，完善机制，采取措施，保证老龄事业健康发展。各级政府把发展老龄事业纳入了社会经济发展规划，列入了重要议事议程，及时研究解决老龄事业发展中出现的重大问题。市委、市政府和各区（市）委、政府分别下发了加强老龄工作的意见，明确了实施《规划》的发展方向。根据全国、省《规划》的要求，结合实际，市和各区（市）政府制定了《规划》，对各项任务指标提出了具体要求。各区（市）委、政府及时调整充实、完善和加强了老龄工作机构网络建设，健全了老龄工作制度，使《规划》的实施有机构管，有人干，为老龄事业健康发展提供了组织保证。市政府修订出台了《优待老年人规定》，在全市开展了创建敬老模范区（市）活动，有效的推进了全市老龄事业的全面发展。

（二）分解任务，落实责任，把实施《规划》工作落到实处。《规划》出台后，市老龄委根据《规划》总的任务目标和各责任单位所承担的目标任务，按年度进行分解落实到各责任单位，实行半年检查、年终通报。各责任单位结合实际研究安排具体计划，责任到位，各负其责，抓好落实，使《规划》任务目标的完成落到实处。

（三）加大贯彻落实老年法律法规力度，推动实施《规划》工作全面发展。在大力开展《老年法》、《山东省老年人权益保障条例》和《优待老年人规定》宣传教育的基础上，市老龄委每年提请市人大和市政协对老年福利设施建设、老年教育、社会养老保障、老龄组织机构、老年人优待政策落实等方面的热点、难点问题进行检查和视察，各区、市人大、政协也相继进行了检查和视察，有力的推动了全市老龄事业发展规划的贯彻落实。

（四）加大组织协调力度，保证《规划》顺利有效实施。市老龄委对《规划》中的各项任务目标在每年的全市老龄工作会议上都进行部署。半年和年底对实施《规划》情况进行通报。对没有按时完成任务目标的单位或项目，进行追踪调查，查明问题原因所在，协调有关部门进行研究，督促其采取切实可行措施，保证任务目标的完成。同时，各区（市）老龄委充分发挥了组织协调作用，市老龄委各成员认真履行职责，为顺利有效的实施《规划》奠定了基础。

（五）加大投人，为实施《规划》提供经费保证。《规划》中老年养老服务设施的任务目标是否完成，是关系到整个《规划》顺利实施的关键。各级政府加大了对老年养老服务设施的投人，出台了优惠政策。2001年以来，市财政先后投资1.7亿元，兴建了1.3万平方米市老年公寓、市老年人服务中心、市老年人门球场等一批示范性的老年福利设施。资助兴建了市内四区老年人活动中心，改、扩建了510处社区"星光老年之家"、34处敬老院和室外活动场所、健身路径等；各区、市也相继加大投人，加快老年福利设施建设。青岛开发区出台了《关于加快发展社会福利事业的意见》，确定从2001年开始，每年按区财政收人的5‰提取资金400万元以上，专项用于社会福利设施建设。同时要求各街道办事处每年从财政收人中拿出15万元，作为扶持村（居）集体社会福利设施的兴建、改建和扩建。特别是2003年区财政投人800余万元，新建了6000多平方米、全省一流的老年大学，受到省有关部门领导的充分肯定。同时，吸纳社会资金，由青岛福赢建设集团投资2亿元、占地300亩的高档次、多功能、国际化的老年公寓项目已进人实施阶段；胶州市各级政府投人2000万元兴建和改建了18个中心敬老院、一处老年公寓等老年福利设施；莱西市、镇（街道）、村（居）三级政府投人3850.2万元，扩建、改建、新建了中心敬老院、老年公寓、综合性多功能社区服务中心、老年人活动中心（室）等老年福利设施；胶南市、镇（街道）二级政府投资4456万元，新建了老年公寓、综合性多功能社区服务中心、老年活动中心、老年大学、老年人室外活动场所，改建、扩建了敬老院等老年福利设施；城阳区、街道办事处两级财政和村（居）集体为农村老年农民养老保险补贴33706.6万元，为参加农村大病统筹合作医疗的老年农民补贴6261万元。各级政府资金投人的逐年增加，对完成《规划》确定的任务目标，提供了坚实的经济保证。

三、实施《规划》存在的主要问题

（一）《规划》缺乏操作性与激励机制。《规划》的任务定性的指标多、定量的指标少，给监督检查工作带来诸多困难；有的指标设置不合理、脱离实际，致使有的项目下大力气也完不成，有的项目不费气力也能超额完成；有的项目已落后于城市社区建设发展形势，还有的指标因为国家大政方针的变化，按规定完成既定目标已不可能。同时，贯彻落实《规划》缺少奖勤罚懒的激励机制，完成任务指标好的单位也得不到奖励，完不成任务指标的单位也得不到应有的处罚，挫伤了发展老龄事业的积极性。

（二）对实施《规划》重视不够，资金投入明显不足。从《规划》实施中老年福利设施建设的实践来看，建设资金投入不平衡，越是经济势力强的区（市）投资越少，比较注重经济项目建设的投入，不重视对老年福利设施建设的投入，致使该完成的《规划》指标没有完成，造成全市老龄事业发展不平衡。

（三）对实施《规划》缺少专项经费支持与优惠政策扶持。老龄事业发展规划已经实施多年了，到目前没有设立老龄事业发展专项资金和切实可行的优惠政策，已有的优惠政策由于种种原因也落实不到位，这是老龄事业发展滞后人口老龄化发展形势的重要原因，也是与我省社会经济发展地位很不相称的。尤其是设立专项资金、免费税等与发展老龄事业直接相关的优惠政策，已严重影响到全省老龄事业的协调发展。

（四）实施《规划》的组织协调不强、责任不明。各区、市老龄委办公室是实施《规划》的组织协调部门。从各区、市实施《规划》的实践来看，因各区、市经济条件差异很大，完成目标任务的难度也不同。凡是任务目标完成好的，区、市老龄委办公室的组织协调工作一般来说也是好的。有的区、市经济条件不算太好，也完成了任务目标，这说明其组织协调工作是强有力的。有的区、市经济条件在全市是名列前茅的，但没有完成既定任务目标，与其组织协调工作不力是分不开的。同时，有些任务指标受条块管理体制的限制，导致责任不清，造成指标任务落实不到位。

（五）老龄工作机构的现状难以承担起实施《规划》的组织协调任务。全市 12 个区（市）老龄办从编制性质看，3 个区行政编（因为与民政局合署办公）、9 个事业编；从隶属关系看，7 个与民政局合署办公、5 个民政局管理；从编制人数看，最多的 5 人、最少的只有 2 人。从上述的编制性质、人数和隶属关系可以看出，各区、市老龄办均不是独立的行政部门，基本上都是事业编制的二级部门，普遍存在着职能不强、关系不顺、人员少、缺少经费．去协调承担《规划》任务指标的独立行政部门实施《规划》，名不正、言不顺、力不从心，难以履行组织协调工作的职责，也是影响《规划》实施的一个不可忽视的重要因素。

四、解决实施《规划》中存在问题的对策措施

（一）进一步提高发展老龄事业对解决人口老龄化问题重要性的认识。老龄事业是社会主义现代化建设事业的重要组成部分，大力发展老龄事业是解决人口老龄化快速发展带来一系列问题的切实可行的重要举措，是不断满足老年人日益增长的消费需求，提高老年人生活质量，推进社会“三个文明”建设，促进国民经济发展，维护社会稳定的客观需要。因此，各级政府要站在改革、开放、发展、稳定的战略高度，充分提高对做好老龄工作、发展老龄事业重要性的认识，把老龄事业发展纳入社会经济发展计划，列入党委、政府工作的重要内容，及时研究解决发展中出现的各种新情况、新问题，使老龄事业与社会经济协调发展。

（二）进一步加大投入，制定、完善优惠政策，广泛调动社会力量参与老龄事业发展。老龄事业是全社会的事业，各级政府要随着经济发展，不断增加对老龄事业的资金投入，建设具有示范性的老年福利服务设施。同时，建议省政府制定完善全省统一的发展老龄事业的优惠政策，鼓励和动员个人、集体、企业等全社会的力量，投资参与老龄事业发展，逐步改变政府对老龄事业单一投入的局面，以适应人口老龄化发展形势的需要。

（三）把实施《规划》纳入政府工作目标绩效考核。从实施《规划》实践来看，老龄事业的各项任务指标，大多是实实在在需要花大力气、甚至是需要投入大量资金才能完成的硬性任务，单靠老龄工作部门的组织协调是不可能完成的。只有纳入各级政府年度工作目标绩效考核范围，才能真正把《规划》各项目标落到实处。

（四）设立专项资金，实施激励机制。设立老龄事业发展专项资金，在全国各省、市已屡见不鲜，特别是湖北省实施的省、地、县三级财政每年按老年人数每人提取 3、5、7 元的比例设立专项资金，划归三级老龄办用于老龄事业、调查研究、人才培训、老年文体活动等的做法值得称道。我省作为经济强省，作为老龄工作的先进省，更应该走在发展老龄事业的前列，建议出台与湖北省相类似的政策，推动老龄事业的快速发展。同时，对实施《规划》工作实行激励机制，对完成、超额完成《规划》任务目标的单位予以奖励，对完不成任务目标的单位进行通报批评，并给予一定的经济处罚。

（五）建立健全适应人口老龄化发展形势的老龄组织机构网络。进一步健全老龄工作组织机构，理顺工作关系，强化职能，增加人员编制，改善办公条件，建立健全起适应人口老龄化发展的老龄组织机构，真正承担起发展老龄事业的组织协调工作的重任。

张若飞同志在2005年青岛市老龄工作会议上的讲话

（2005年4月7日）

同志们：

这次会议认真总结去年以来全市老龄工作，表彰先进，交流经验，部署任务，对于进一步做好我市老龄工作，推动各项工作上水平，具有非常重要的推动作用。今天的会议上，7个区、市被市委、市政府授予“2002－2004年度青岛市敬老模范区、市”称号，5个单位介绍了开展老龄工作的经验。借此机会，我代表市委、市政府，向受到表彰的先进单位表示热烈的祝贺！向关心支持老龄工作、为老龄事业发展做出贡献的社会各界，表示衷心的感谢！

刚才，雪华同志对去年全市老龄工作进行了总结，对今年工作进行了全面部署，希望大家结合实际，认真学习借鉴先进单位的好经验、好做法，抓好会议精神的贯彻落实。下面，我就如何做好新形势下的老龄工作，再讲几点意见。

一、正确认识人口老龄化发展形势，切实增强做好老龄工作的责任感、紧迫感

近年来，市委、市政府高度重视做好老龄工作，把老龄工作列入目标管理绩效考核范围，促进老龄事业不断取得新的成绩，多项工作走在了全国、全省的前列。突出表现在，在全国率先开展了创建敬老模范区（市）活动，建立了老龄工作争先创优激励机制，创建活动的经验在全国推广；响应省委、省政府“重点突破菏泽，加快菏泽发展”的号召，积极开展“银龄行动”试点工作，组织老年知识分子支援菏泽经济社会建设，实现了在老有所为上的新突破；出台《青岛市实施〈中华人民共和国老年人权益保障法〉若干规定》，加大了维护老年人合法权益工作的力度；在全省率先举办首届青岛市“七彩夕阳”老年文化艺术节，组织老年文化艺术活动4000余场，进一步丰富了老年人的精神文化生活；扩大农村新型养老保险制度试点范围，城阳、黄岛、崂山3区农民参保率达到88%，使更多的老年人在老有所养上得到切实保障；适度提高城乡最低生活保障标准，贫困老年人基本生活进一步得到保障；全面推行新型农村合作医疗制度，农民受益面达到89%；大力发展老年教育，全市各级各类老年大学和老年学校达到1133所，老年人入学率超过8%，高于全国、全省平均水平。全市老年人生活环境不断优化，为实现老有所养、老有所医、老有所教、老有所学、老有所为、老有所乐创造了良好的条件。这些成绩的取得，是各级各部门特别是涉老部门共同努力的结果，是社会各界大力支持、广大老年人广泛参与的结果。

党的十六届四中全会提出了构建社会主义和谐社会的目标，为加强老龄工作、发展老龄事业提出了新的要求，提供了新的动力。做好老龄工作，发展老龄事业，保障老年人享受经济和社会发展的成果，促进老年群体与其他群体之间的和谐，是建设社会主义和谐社会的题中应有之义，是社会文明进步的重要标志。随着经济社会的迅速发展，我国于1999年就已进入老龄化国家的行列。与其他国家相比，我国人口老龄化有三个显著特点：一是发展速度快，发达国家从成年型社会向老年型社会转变用了80年，中国完成这种转变只用了20年左右。二是老年人口数量庞大，目前已经达到1.4亿，是世界老年人口最多的国家。三是未富先老，发达国家一般在人均GDP10000美元时进入老龄社会，我国则在人均GDP不足1000美元的情况下，提前进入老龄社会。人口老龄化的快速发展，必然引起人口结构、消费结构和社会生活方式的变化，加剧人口与经济、社会、资源、环境之间的矛盾，无论对经济社会发展还是对家庭生活，都将带来直接的、复杂的、现实的和长远的影响。突出表现在：一是社会保障压力剧增，现有的社会保障能力跟不上人口老龄化的发展速度。二是劳动力年龄结构老化，进而影响到劳动生产率的提高。三是家庭养老负担加重，随着“四二一”、“六二一”家庭结构的增多，家庭养老将面临严峻的挑战。四是现有的产业结构不能很好地满足老年人口对物质和精神文化的特殊需求。五是社会关系更加复杂，随着人口老龄化的深入发展，涉老纠纷、家庭关系、代际关系、老年婚姻等问题日益突出。

从我市情况看，人口老龄化形势更为严峻。早在1987年，我市已进入老龄社会，比全国提前了13年。今年人口老龄化比率达到15.75%，远远高于全国10%的平均水平。老龄化发展的速度更快，到2030年，人口老龄化比率将超过30%，比全国提前10多年迎来人口老龄化的高峰。人口老龄化已成为事关经济社会协调发展、事关构建社会主义和谐社会进程、事关全面建设小康社会目标能否顺利实现的重大社会问题。各级各部门特别是涉老部门一定要对当前老龄工作面临的形势有一个清醒的认识，进一步提高做好工作的责任感、紧迫感，坚持把做好老龄工作、发展老龄事业作为践行“三个代表”重要思想的重要举措，作为建设和谐社会的重要抓手，作为建设“繁荣青岛、平安青岛、文明青岛”的重要内容，不断创新工作思路，加大工作力度，推动老龄工作不断上水平。

二、突出重点，促进老龄事业全面发展

关于今年老龄工作的目标任务已经明确，各级各部门特别是涉老部门要紧紧围绕已有的工作部署，突出重点，强化措施，立足当前，放眼长远，促进老龄事业与经济社会同步协调发展。突出抓好以下几项工作：

第一，创建敬老模范区（市）工作要上新水平。经过6年的发展和完善，我市的创建敬老模范区（市）活动取得了明显的成效。在全国和省老龄工作先进县（市、区）的推荐评选中，四方区和市南区被推荐为全国老龄工作先进区，李沧区被推荐为山东省老龄工作先进区，目前已通过了上级老龄部门的检查。今天的会议上，又有7个区（市）被授予“青岛市敬老模范区（市）”称号。实践证明，创建活动是加强老龄工作、发展老龄事业的重要载体和有效手段。从今年起，我们开始第三周期的创建活动。面对快速发展的人口老龄化形势，面对老龄工作领域不断出现的新情况、新问题，面对全省、全国老龄工作争先创优的新局面，各级各部门一定要增强危机感、紧迫感，在认真总结前几年创建工作经验的基础上，虚心学习先进省、市的经验，按照巩固、完善、发展、提高的要求，结合自身实际，不断创新工作思路和工作方法，完善创建标准，提升创建水平，推动创建工作更加广泛深入持久地开展。

第二，养老保障工作要实现新突破。实现“老有所养”，是直接关系老年人生存的最基本问题。目前，虽然我市城镇社会养老保障体系趋于完善，农村社会养老保险工作正在逐步推开，但做好养老保障工作，依然任重道远。由于社会、家庭、经济、观念等多方面的原因，大多数老年人选择了在家里养老，但随着空巢家庭的增多、家庭养老负担的加重，老年人的生活照料问题越来越突出，构筑家庭养老社会化服务体系，已经成为十分迫切的问题。要积极推进养老工作的社会化、法制化建设，在巩固家庭养老的基础上，不断提高社会化养老水平。在这方面，政府要发挥主导作用，搞好居家养老社会化服务试点工作，从财政或福彩基金中投入部分资金，设立社区服务站，培训老年护理员，为老年人居家养老提供全方位、多层次的服务。要搞好社会化养老试点工作，引导为老服务工作走市场化、产业化的路子。要在巩固家庭养老的基础上，积极发展社会养老，推动养老保障工作实现四个转变，即由以道德为基础的传统养老模式，向道德与法制相结合的现代养老模式转变；由家庭养老占主导地位的养老模式，向家庭与社会相结合的养老模式转变；由分散供养为主的养老模式，向分散供养与集中供养相结合的养老模式转变；由单纯的政府福利性养老模式，向福利性保障与市场化、社会化、产业化相结合的养老保障模式转变，不断提高全社会的养老保障水平。

第三，老年维权工作要取得新成效。《青岛市实施〈中华人民共和国老年人权益保障法〉若干规定》已经出台，将于7月1日起正式实施。该《规定》的出台，为我市老年维权工作提供了新的法律武器。要充分利用好这个法律武器，加强对《规定》的宣传教育，让全社会都来了解《规定》的内容，不断强化全社会的守法意识，提高遵守《规定》的自觉性。各级司法部门要认真落实《规定》要求，严格执法，依法维护老年人合法权益。要积极推进老龄工作的法制化、规范化建设，依法开展老龄工作，依法维护老年人合法权益，同时采取政府督查、人大检查、政协视察、媒体监督等多种形式，推动老年法律法规政策的全面落实。要认真落实省、市各项优待老年人的规定，加强对各项优待规定落实情况的监督检查，确保广大老年人能共享经济社会发展的成果。

第四，老龄宣传工作要有新举措。做好老龄宣传工作，是弘扬敬老爱老助老传统美德、推广老龄工作知识、调动各界支持参与老龄工作的重要途径。老龄宣传工作搞好了，将为老龄工作的开展提供强大的精神动力、思想保证和舆论支持。要建立全方位、多层次、立体化的老龄宣传网络，把老龄宣传纳入宣传部门的工作计划，加大对老龄问题和老龄工作的宣传力度，形成正确的舆论导向。要充分发挥新闻媒体的舆论宣传优势，广泛宣传党的老龄工作方针政策，宣传国家老龄工作法律法规，宣传老龄问题和老龄化发展的新形势，宣传老龄工作的重大事项、优秀成果和新鲜经验。要适时组织开展老龄问题大讨论，促进社会公众的老龄意识实现大的转变和提高，使全社会都来了解老龄工作，关心、关注和支持老龄工作，推动老龄事业更快更好地发展。

第五，老龄问题调查研究要出新成果。加强对老龄问题的调查研究，是把握老龄工作的规律和特点，及时发现和解决问题，提高老龄工作水平的基本途径。要紧紧围绕大局，找准老龄工作与党委政府中心工作的结合点，针对老龄工作中存在的空巢老人照料、五保老人供养、贫困老人救助、老年人精神慰藉、老年产业发展等问题，深入调研，抓住关键，提出切实可行的意见建议。同时充分利用大专院校、科研机构和民间学术机构的老龄科研资源，广泛开展老龄政策和理论研究，为党委政府决策提供参考。今年是完成“十五”计划目标、衔接好“十一五”规划的重要一年，要重点做好“十一五”规划目标的调研起草工作，从构建社会主义和谐社会的大局出发，切实把老龄事业的发展纳入全市经济社会发展的整体规划，建立并逐步完善“一个机制，四大体系”，即老龄事业发展投入机制、城乡一体的养老医疗保障体系、城乡一体的养老医疗救助体系、城乡一体的老年人居家养老和社会养老服务体系、老年维权服务体系。同时，积极推进老年产业、老年文化体育等事业的发展，为构建社会主义和谐社会作出应有的贡献。

第六，老年文化和老年教育工作要有新发展。今年是我市的“文化建设年”，老年文化是社会文化事业的重要组成部分，是构建和谐社会、建设“文明青岛”的重要内容。要结合“文化建设年”活动的开展，充分利用社区文化活动场所和文化资源，组织开展经常性、大众化的老年文化娱乐活动。要依托新启用的市老年服务中心和老年艺术大学，积极实施社会化为老服务系统工程和老年教育培训工程，努力把老年服务中心办成为老服务的示范基地，办成青岛对外交流合作的窗口，把老年艺术大学办成老年教育的样板，办成老年人终身学习的课堂，在此基础上，抓好为老服务和老年教育培训的推广普及，促进老年文化和老年教育事业蓬勃发展。

第七，老龄工作机制与体系建设要探索新经验。在人口老龄化加快发展的新形势下，老龄工作亟待创新思路，不断推进体制机制创新。刚才雪华同志在报告中讲到的几大体系建设，是对新的工作机制的有益探索，各级各部门要从构建和谐社会、建设人文青岛的战略高度，从全市老龄工作的大局出发，认真思考改进工作的方式和途径，使之更好地适应人口老龄化的发展趋势，跟上时代发展的步伐。

三、加强领导，努力为老龄事业营造良好的发展环境

当前，以贯彻“三个代表”重要思想为主题的保持共产党员先进性教育活动正在全市开展，各级各部门要以此为契机，把先进性教育活动与做好老龄工作紧密结合起来，不断建立和完善科学的老龄工作机制，形成各方面共同努力、齐抓共管的局面。

各级党委、政府要切实加强对老龄工作的领导。要进一步强化大局意识，以科学发展观统领老龄事业，把老龄工作列入议事日程，经常进行研究，及时解决重大问题。主要领导要亲自过问老龄工作，经常听取工作汇报，带头参加重要活动，以实际行动尊重、关心老年人，支持老龄事业发展。分管领导要切实负起责任，做到认识、工作、组织协调三到位。各级领导干部都要把老年人的事放在心上，抓在手上，关心老年人的健康和生活，关注涉及老年人切身利益的实际问题，维护老年人人身和财产等方面的合法权益。要将老龄工作纳入目标考核管理、纳入领导干部业务培训课程、纳入政绩考核内容，建立明确的责任制，加强监督检查，确保各项目标任务的完成。

要努力营造工作合力，构建大老龄的工作格局。各涉老成员单位都要从大局出发，切实履行好职责，加强配合，密切协作，尽职尽责，带头做好老龄工作。要根据自身的职能与优势，积极协助指导和扶持鼓励企事业单位、社会团体、民间组织广泛参与老龄工作和老龄事业的发展。各区、市，各街道、镇可采取政府买单的方式，招募老龄义工帮助工作，解决基层老龄工作人手不足的问题。市老龄办要充分发挥综合协调、督促检查、参谋助手作用，加强对老龄工作的组织协调、具体指导和督促检查，积极主动地搞好涉老部门的服务协调工作，为成员单位搞好服务，形成老龄工作的整体合力。

要进一步加强老龄工作部门和老龄工作干部队伍建设。各级老龄部门要十分重视加强自身建设，切实转变工作作风，经常深入基层，调查研究，努力解决好老龄工作存在的突出问题。要深入研究新时期老龄工作面临的新情况、新问题，不断适应形势发展的要求，创造性地做好工作。要不断优化老龄工作干部队伍的结构，注意把那些政治素质好、业务水平高、热心老龄事业、勇于开拓创新的干部调整、充实到老龄工作部门，努力建设一支政治过硬、作风扎实、朝气蓬勃的老龄工作干部队伍。要加强老龄工作队伍的政治业务培训，不断提高队伍的政治素质、政策水平和业务能力，更好地适应老龄工作的需要。

同志们，做好今年的老龄工作意义重大，任务艰巨。希望各级各部门以“三个代表”重要思想为指导，以保持共产党员先进性教育活动为动力，进一步振奋精神，开拓进取，扎实工作，不断开创老龄工作新局面，为推进繁荣青岛、平安青岛、文明青岛建设，为构建社会主义和谐社会，作出应有的贡献。

梁道行同志在庆祝老人节暨“深圳市十大老有所为奉献奖”颁奖大会上的讲话

（2005 年 9 月 30 日）

同志们、老年朋友们：

在国庆节和老人节即将到来之际，今天我们在这里举行庆祝老人节暨“深圳市十大老有所为奉献奖”颁奖大会。在此，我谨代表市政府和市老龄工作委员会，向荣获“深圳市十大老有所为奉献奖”的各位老同志表示热烈的祝贺和诚挚的敬意！向在座的老年朋友和全市老年人表示节日的祝贺和热情的问候！向全市各部门、社会各界一贯关心支持老龄工作的同志们表示衷心的感谢！

近几年来，我市老龄工作在邓小平理论和“三个代表”重要思想指引下，在市委、市政府的高度重视和关心下，在老龄委成员单位和各级老龄工作干部的共同努力下，全市老龄工作和老龄事业发展形势大好，各项工作都取得了很大进步。如基层老龄工作整体水平不断提高，敬老创建活动扎实有效，为老年人办实事、做好事蔚然成风，在养老、医疗保险、老龄事业规划实施、福利院敬老院建设、老年教育和老年群众文体体育活动等方面都已进入全国、全省前列。在全省市级老龄工作考核评比中，我市已连续两年被评为三星级，名列全省第二，仅次于广州。在老龄工作全面推进的大好形势下，我市广大老干部、老工人、老工程技术人员、老文化、教育、体育工作者和社会老人，他们退休不褪色，人老心不老，依然在以各种方式关注、参与我市的“三个文明”建设，涌现了许多好人好事，谱写出特区“老有所为”的动人篇章。

今年根据市老龄委第四次全体扩大会议的部署，在全市开展“十大老有所为奉献奖”的评选活动。开展这一活动，具有重要的现实意义。首先，这是贯彻落实“六个老有”的工作目标，维护老年人合法权益的需要；其次，是充分挖掘老年人中的政治、文化技术资源，为“三个文明”建设服务的需要；第三，是展示老年人的风采，提高老年人的生活、生命质量的需要；第四，是增强广大市民尊老敬老意识，净化社会风气，建设和谐社会的需要。古人说得好：莫道桑榆晚，为霞尚满天。老年人是国家的宝贵财富，他们在政治觉悟、管理经验、知识技术等许多方面都有很大优势，是值得深度挖掘和充分利用的宝贵资源。市老龄委对这次评选活动非常重视，专门成立了评审委员会。为了贯彻“公开、公平、公正”原则，使“深圳市十大老有所为奉献奖”有较高的公信力，能产生良好的典型示范效应，采取了自下而上层层推荐，严格的审查、核实，公示征求社会意见等程序。

这次受表彰的老同志，有如下几个特点：一是有较好的代表性，有男有女，有老干部、老教授、老工程师，也有普通的教师、职工和农村基层干部。二是年龄都比较大，其中 70 岁以上的有 7 位，最大的 77 岁，最小的也有 65 岁。三是有明显的典型性。他们都热情执着，乐于奉献，热心社会公益事业，不惜时间、精力和钱财，无私地为社会为他人服务，事迹突出，成效明显。获奖的每个同志都有不少感人的故事。如福田区的岳庆来教授，年已 70 岁，仍是老年义工队的活跃分子。他发挥自身优势，7 年来为深圳市培养技工 8000 多人，2005 年全市评选的百名优秀技师中，有 41 名是他一手培养的。他还为十几名交不起学费的学员垫付学费。真是既出力，又出钱。盐田区 70 岁的彭毅老人，退休后，担任鹏湾社区离退休党支部书记，积极做好党建工作，发挥老党员的作用。他组织老年义工队上街清理乱张贴、义务为居民防治白蚁的事迹多次在媒体报道。现住龙岗区的 77 岁的刘琨同志，原来是黑龙江某国营厂的厅局级党委书记。1984 年离休后在深定居。他 21 年如一日，积极为深圳建设献策出力。他先后协助布吉街道（原布吉镇）筹办了 7 家工厂，共创产值 1500 万元，利润 98 万元。他还帮助十多位老同志的家属和子女解决了就业、就学问题，帮助 13 户老干部落实了住房问题。曾先后 4 次被省评为“老有所为”先进个人。现年 73 岁的窦玮同志，原为工程技术干部，他组织、指导、带领“九九艺术团”的时装表演队，多次在全国、全省比赛中获大奖，他本人也多次获全国的大赛金奖，为深圳赢得了荣誉。陈锡松同志，原为中学校长。他 11 年来为老龄事业发展义务奉献。创建了全市第一所镇级老年大学即沙井老年大学；他带领老年门球队，多次在国内外比赛中获奖。南山区 65 岁的董喜翠女士，多年来，热心社会公益事业，关心下一代的健康成长，积极组织老年义工队参与维护社会治安和调解民间纠纷，被市、区评为优秀义工、五星级义工。家住龙岗碧岭村的余曙光同志，原为农村基层干部，他不仅义务为社会做了许多事情，还捐出3万元支持村里建立老年人协会工作。还有不少老同志的动人事迹，这里就不一一列举了。除了今天表彰的这10位老同志外，我市还有成千上万的老年人都在为社会做义务奉献，用他们的心血汗水，谱写一曲曲动人的“夕阳美”创造之歌、奉献之歌。据今年的调查统计，我市已组建老年义工队伍298支，参加的老年同志达6560多人。他们成了社区建设的好参谋、好帮手，老年义工成了我市“三个文明”建议的一道亮丽的风景。

在这里，我提几点希望：一是希望受表彰的老同志、老年朋友，要继续保持、发扬这种积极向上、自强不息的精神，为深圳的建设、发展献策出力，再立新功；二是希望全市老年人和广大市民向获奖的老同志、老年朋友学习，学习他们甘于奉献的好思想、好品德；三是希望全市各级领导和广大老龄工作者，要提高认识，要看到老年人不是包袱是财富。要维护老年人权益，团结老年人参与“三个文明”建设，为建设和谐深圳、效益深圳、文明深圳做出更大的贡献！

同志们，在党和政府的关怀下，生活在特区繁荣、和谐的阳光下，我市老年人的生活、生命质量不断提高，越来越幸福。深圳的老年人乐于奉献，在奉献中快乐，在快乐中奉献！在此，我们向全市老年人表示崇高的敬意！并祝全市老年朋友节日快乐、健康长寿！

新疆生产建设兵团关于进一步加强老龄工作的意见

（2004年10月11日）【新兵党发〔2004〕31号】

老龄问题是重大的社会问题，涉及方方面面，关系到经济发展和社会稳定，党中央、国务院高度重视这个问题。为贯彻《中共中央、国务院关于加强老龄工作的决定》（中发［2000］13号文件），现结合兵团的实际情况，对加强兵团的老龄工作提出如下意见。

一、从战略高度重视兵团老龄问题，充分认识加强兵团老龄工作的重大意义

（一）目前，兵团退（离）休职工和60岁以上的社会老年人已达52万多人，兵团进入了全国人口老龄化队伍的前列，积极主动采取有效措施，不断加强老龄工作已成为兵团一项非常重要的战略任务。

（二）兵团党委历来十分关心各族老年人，认真贯彻执行国家颁布实施的一系列维护老年人权益的法律、法规和政策，促进了老年福利、卫生、文化、教育、体育等事业的发展，使老年人的生活水平不断提高，中华民族敬老助老的传统美德不断发扬光大，老龄工作取得了一定成绩。由于兵团老龄工作起步较晚，基础比较薄弱，还不能完全适应人口老龄化的要求。主要问题是：有些单位老年服务设施、服务网络建设还不完善；老年思想政治工作还有薄弱环节；侵犯老年人合法权益的现象时有发生等等。对此，各级党委和领导干部必须高度重视，并认真解决。

（三）兵团各族老年人多数为中国革命和建设、为繁荣民族地区经济和文化、维护民族团结和边疆的稳定作出了重要贡献，理应受到全社会的尊重和照顾。不断满足老年人日益增长的物质和文化生活需要，让他们共享兵团经济建设和社会发展的成果，是贯彻落实“三个代表”重要思想的具体体现，是中国共产党全心全意为各族人民服务根本宗旨的体现。正确处理和解决人口老龄化过程中出现的各种矛盾和问题，切实保障老年人的合法权益，对于促进兵团经济建设和社会发展，维护祖国统一和边疆稳定具有重大意义。

二、坚持兵团老龄工作指导思想、方针、原则和目标，加快兵团老龄事业的发展

（四）兵团老龄工作指导思想是：以马克思列宁主义、毛泽东思想、邓小平理论和“三个代表”重要思想为指导，认真贯彻落实党的“十六大”精神，从兵团实际出发，适应人口老龄化的发展趋势，完善社会养老保障制度，建立健全社区老年管理和老年服务体系，维护老年人的合法权益，加强老年思想政治工作，开创兵团老龄工作新局面。

（五）兵团老龄工作的方针是：坚持“党政主导、社会参与、全民关怀”。兵团老龄工作的原则是：坚持老龄事业与国民经济和社会发展相适应；坚持国家、社会养老与家庭养老相结合；坚持政府引导与社会和个人兴办相结合，按照社会主义市场经济的要求，大力发展老年服务业；坚持道德规范与法律约束相结合，广泛开展敬老、养老道德教育，加强老龄工作法制建设；坚持关心老年人生活以及老龄妇女特殊问题与加强思想政治工作相结合，不断提高老年人物质和精神文化生活；坚持统筹规划与分类指导及树立典型相结合，因地制宜，创造性地开展老龄工作，加快兵团老龄事业的发展。

（六）今后一个时期兵团老龄工作的主要目标是：努力建立和完善切合兵团实际的老年社会保障制度和社会互助制度；建立比较完善的以老年福利、生活照料、医疗保健、体育健身、文化教育和法律服务为主要内容的老年服务体系，切实提高老年人的生活生命质量，基本实现“老有所养、老有所医、老有所教、老有所学、老有所为、老有所乐”。

（七）兵团各单位要把老龄事业纳入国民经济和社会发展中长期规划和年度计划。要根据实际需要和建设条件，按国家规定，在充分利用现有设施的基础上进一步加强老年福利服务设施和活动场所建设，鼓励和引导社会力量积极兴办老年福利机构。

兵团各级发展改革部门在制订投资计划，安排投资项目时，要加大对老年服务设施的投入。3年内，各师、团要尽量创办一所综合性、多功能、基本能满足老年人需求的老年社会福利服务中心或老年福利院。

兵团各单位在编制本单位土地利用年度计划实施方案时，要按照国家有关规定及相关政策统筹优惠安排本单位的老年福利服务设施和活动场所用地，还要争取对兵团各单位新建老年服务设施的基础设施配套建设费给予适当优惠。

（八）要坚决贯彻落实党和国家有关政策，确保离退休人员基本养老金按时足额发放，不得拖欠，离休干部医药费在制度规定的范围内实报实销；要及时发放孤寡老人、贫困老人最低生活保障金；要努力办好已有的敬（养）老院，根据实际需要和条件的许可，逐步增建敬（养）老院或扩大敬（养）老院的服务范围。要特别关注贫困老年人的生活，加大救助力度，及时解决老年人的特殊困难。要大力倡导和组织社会互助，积极开展扶老助困和志愿者为老服务等活动。

（九）根据《中共中央、国务院关于加强老龄工作的决定》精神，各级财务部门要将老年福利服务实施建设、老年文化、教育、体育等事业、老龄科学研究、老龄工作的人才培训以及高龄长寿、孤寡、病、伤、残疾、贫困老人等老龄工作经费和老龄事业经费列入各级财务预算。此外，在兵团彩票收益和募捐资金及物资中，按老年人口比例用于老龄事业。

三、切实维护和保障兵团老年人的合法权益

（十）要依据《中华人民共和国宪法》和《中华人民共和国老年人权益保障法》等法律法规，切实维护和保障老年人的合法权益，加大执法和监督力度，依法处理和打击侵犯老年人合法权益的各种不法行为；依法取缔伤害老年人身心健康、宣传迷信邪说、侵害老年人合法权益的非法组织。

（十一）要积极开展维护老年人合法权益的法制教育和普法工作。各级司法和宣传部门要把老年人权益保障法等相关法律法规纳入普法计划，加大宣传力度，进一步提高全兵团维护老年人合法权益的自觉性和法律意识。老年人也要学法、懂法、守法，依法维护自身的合法权益。

（十二）建立健全兵团各级法律援助制度，加强老年人法律服务工作。各级司法部门对需要获得律师及其他法律帮助但又无力支付法律服务费用的老年人提供法律援助。各级人民法院对老年人因合法权益受到侵害提起诉讼交纳诉讼费确有困难的，要给予缓交、减交或免交的优待。

（十三）要大力弘扬中华民族敬老、养老传统美德，广泛开展敬老、养老、助老的道德教育，并与开展文明单位、文明家庭创建活动结合起来。各级广播电视机构、报刊、杂志要开办老年节目和专版或专题。大中小学校要把敬老、养老、助老作为德育的重要内容纳入教育计划并实施。要综合运用行政、法律和宣传、教育等手段，在全兵团树立尊重、关心、帮助老年人的社会风尚。

（十四）要维护老年人受赡养的权利，要倡导赡养人与被赡养人之间签订《家庭赡养协议书》并加强法律监督；要切实保障老年人财产和资金；重视和解决好老年妇女问题；要维护老年人婚姻自由的权利，支持单身老年人自由择偶结婚；提倡和鼓励老年人之间建立互助关系。

（十五）要重视发挥老年人的作用，坚持自愿和量力、社会需求同个人志趣相结合的原则，鼓励老年人关心教育下一代、传授文化和科技知识、开展咨询服务、参与社会公益事业和社区精神文明建设、科技开发和应用、依法从事经营和生产活动、维护社会治安、协助调解民事纠纷、拾遗补缺等活动。

四、积极发展兵团老年服务业

（十六）要加强社区建设，依托社区发展老年服务业。企业事业单位的退休人员要逐步与所在单位脱离，由社区组织管理和服务。社区组织要充分发挥在老龄事业发展中的作用，加快社区老年服务设施建设，逐步形成设施配套、功能完善、管理规范的社区老年服务体系。各单位要充分利用现有设施，积极兴办不同形式、不同档次的老年福利院、老年护理院、老年公寓、托老所、老年服务中心等，为老年人提供生活照料、文化、护理、健身、疗养、旅游等多方面的服务。老年服务业的发展也要走社会化、产业化的路子，鼓励和引导社会各方面的力量积极参与，共同发展老年服务业。

（十七）积极推进兵团医疗保险制度改革，要切实解决贫困团场工矿企业老年人缺医少药的问题。各级医疗卫生机构要大力开展多种形式的老年医疗保健服务，提高服务质量。积极开展各种形式的健康教育，增强老年人自我预防和自我保健技能。

（十八）各级文化、体育、广播电视等部门和工会、妇联等群众团体要进一步加强兵团老年文化体育工作，发展老年文化体育事业。要整合和利用各种资源为老年人服务，各单位现有的图书馆、文化中心（馆、站）、俱乐部、公共体育场所等要为老年人提供优先优惠服务，组织老年人本着节约、就近、方便、因地制宜的原则，开展体育健身和文化娱乐活动。要积极组织创作老年人喜闻乐见的优秀作品，丰富老年人的精神文化生活。

（十九）要高度重视发展老年教育事业，要进一步办好已有的老年大学或老年学校，各师要办好一所老年大学，有条件的团场及大中型企业事业单位要尽力创办老年大学或老年学校，使更多的老年人能就近方便参加学习。

五、加强兵团老年思想政治工作

（二十）各单位要进一步研究和改进老年思想政治工作，认真解决老年人和老年社团中的各种思想问题，坚持把邓小平理论和“三个代表”重要思想、党的十六大精神作为老年思想政治教育的重要内容，积极开展生动活泼的思想政治工作，深入进行党的路线、方针，政策、形势、民主与法制教育，使广大老年人牢固树立正确的世界观，划清科学与迷信，文明与愚昧的界限，坚定对建设有中国特色社会主义的信念，增强对改革开放和现代化建设的信心，坚定地同党中央在政治上、思想上保持高度一致。

（二十一）要根据老年人的特点，把思想教育与开展健康有益的文化体育活动、解决思想问题与解决实际问题结合起来。坚持以理服人、以情感人，寓教于乐，把老年人思想政治工作做实、做活、做深、做细。要及时总结和推广经验，树立典型，表彰先进，弘扬正气。

（二十二）要建立健全社区老年党组织，充分发挥其在老年思想政治工作中的战斗堡垒作用，所有老年党员都要编入党的基层组织，参加党组织的活动，保证老年人自觉维护贯彻执行党的路线、方针和政策。

六、继续加强对兵团老龄工作的领导

（二十三）老龄工作是党政工作的重要组成部分。各级党委要进一步加强对老龄工作的领导，要把老龄工作列入党政工作重要议事日程，及时听取老龄工作汇报，并研究解决本单位老龄工作中出现的新问题。

（二十四）要理顺和健全兵团老龄工作体制。要认真贯彻落实中共中央［2000］13号文件精神，并按文件中关于“地方各级党委、人民政府要参照全国老龄工作委员会的设置，尽快建立健全本地区老龄工作议事协调机构，并在民政部门设立精干的办事机构，提供必要的工作经费”的要求，建立健全兵团老龄工作体系。兵、师、中心团场要按照中央编委的规定设置老龄工作办事机构。各单位要把老龄工作业务经费列入财务预算，有条件的单位可根据实际需要逐年适当增加老龄工作业务经费。

（二十五）要进一步加强老龄工作者队伍的建设，特别要加强对老龄工作干部的业务培训，提高老龄工作者自身素质，培养一支热爱兵团老龄事业、全心全意为兵团各族老年人服务的老龄工作者队伍。

（二十六）要充分发挥各级老龄工作委员会成员单位及老年人社会团体的作用，形成合力，齐抓共管，共同做好本单位的老龄工作，还要实行老龄工作委员会成员单位汇报制度和总结报告制度。

兵团各级党政组织要在以胡锦涛同志为总书记的党中央正确领导下，高举邓小平理论伟大旗帜，以“三个代表”重要思想为指导，以党的“十六大”精神为动力，进一步认真贯彻落实党中央、国务院关于加强老龄工作决定的精神，继续努力抓好兵团老龄工作，发展兵团老龄事业。

新疆生产建设兵团关于《中国老龄事业发展“十五”计划纲要》的执行情况

兵团老龄委按照《中国老龄事业发展“十五”计划纲要》，在老年人养老、医疗、合法权益维护、贫困救助、服务设施和活动场所建设等方面做了大量的工作，取得显著成效。

一、在兵团党委、兵团领导高度重视和大力支持下，兵团老龄委协调兵团民政局、兵团财务局、兵团劳动和社会保障局、兵团卫生局及有关单位认真落实“老有所养”，确保兵团40多万离退休人员按期足额发放养老金，10年累计发放236亿多元，逢年过节发放慰问金或慰问品，10年累计9亿多元，保证离休干部在政策规定的范围内医疗费实报实销。退休干部和职工的医疗费也有明确的规定给予报销，10年累计报销医药费20亿多元。组织离退休干部职工进行健康疗养、参观考察，10年达3万多人次，开支5000多万元。10年累计给老年人开支其他费用7.7亿元。

二、在国家民政局、国家发改委、国家教育局、全国总工会的大力支持下，兵团不断增加老年服务设施，兵、师、团都有老年健身器材和健身场所，建设老年老干活动中心（站、室）2000多，面积达20万平方米。

三、持久开展敬老爱老活动。兵团老龄办、兵团助老办主动积极联合新疆老年病医院、新疆老年病研究所、兵团机关门诊部、新疆崇德堂医院、黑龙江参美制药公司、浙江一珍医疗集团公司、北京同仁堂制药公司等单位开展义诊义检，10年为30多万离退休干部、职工和贫困、病、伤、残老年人免费体检，送医送药价值约1亿元，赠送慰问品、慰问金约1000多万元。

四、兵团各级老龄委在维护老年人合法权益方面做了大量协调工作。解决民事纠纷1万多件，由公证机关提供案件49件，由法院提供案件79件。

五、在执行老龄事业发展“十五”计划纲要过程中存在的突出问题是：(一)《中国老龄事业发展“十五”计划纲要》没有党和国家领导人签发或没有中央权威部门转发因而没有权威性，有些部门和单位不够重视，执行不力。（二）老龄事业经费紧缺，国家老龄委也没有为各省市区解决或提供一定的经费和物资，因此，在贫困救助、服务设施和活动场所等方面还远远不能满足广大老年人的需求。

第二部分

老龄事业发展综述

国家民委老龄事业发展概况(2003—2005)

2003年以来，国家民委老龄工作在全国老龄委的指导和关心下，坚持以邓小平理论和“三个代表”重要思想为指导，认真贯彻落实党的十六大和十六届三中、四中、五中全会精神，按照全国老龄委五次全会提出的要求，以维护老年人合法权益、丰富老年人精神文化生活为重点，在各级民族工作部门的共同努力下，民委系统老龄工作深入开展。

一、认真研究制订老龄工作计划

根据全国老龄委第五次全体会议精神，各地民委在制定工作计划时，把少数民族老龄工作列入了工作议事日程，纳入了业务处室工作职责，明确工作目标，制定工作措施，责任到人，使老龄工作进一步规范化、制度化、合理化。

二、积极建立民族地区老龄工作机构

根据老龄委的要求及少数民族和民族地区老龄工作实际，各地民委继续推进民族地区老龄工作机构的建立健全工作。截止到2003年10月，各自治区、多民族省都建立了老龄工作机构，民族地区老龄工作机制基本理顺，老龄工作网络正在形成，这对推动民族地区和少数民族老龄工作产生了重要作用。

三、大力开展老龄宣传工作，营造老龄工作良好氛围

为在全社会进一步弘扬尊老、敬老的传统美德，努力营造重视老龄事业发展的良好氛围，3年来，国家民委把宣传老龄工作摆在重要位置，主要是：

(一) 利用民委系统各刊物对民委系统老龄工作进行全面的宣传报导。

及时客观地反映委系统老龄工作各阶段进展情况，宣传报道委系统老龄工作动态消息，开展尊老敬老和《老年法》专题宣传，弘扬尊老敬老的社会文明新风，收到了良好的社会效果。开设老年专栏，让少数民族老年人充分享受精神文明的成果。

(二) 抓好春节期间敬老宣传活动。

每年春节期间，在各级领导的高度重视下，民族工作部门精心组织，认真安排，全面发动，充分利用各种宣传工具，广泛开展尊老敬老和《老年法》的宣传活动。各级民委领导还分别慰问了退休和贫困老人，并通过新春茶话会、座谈会等形式，促进敬老意识的提高。

四、认真推进民族地区老年社会保障体系的改革和建设

一是随着全国老年社会保障政策的完善和投入的加大，民族地区和少数民族老年社会保障体系日益完善；二是民族地区老年人在各级政府和社会开展的救济活动中得到了重点救助；三是大力开展民族地区和少数民族农村医疗、养老等保险，推进了养老工作的社会化。

五、老年维权工作稳步开展

积极组织开展各项宣传咨询活动，掀起了宣传老年法规的高潮。将多份老年法律法规下发到少数民族老年人手中；老人节期间，民委系统各类刊物加大宣传力度，宣传老年法律、法规，同时举办了不同形式的老年法律知识培训班，增强了少数民族老年人的自我保护意识。各级民委还加强了老年人的来信来访接待工作，积极协调有关部门解决信访中反映的问题，做到件件有回音，事事有结果。

六、发展老年文化教育体育事业，丰富老年人精神文化生活

(一) 以民委机关老年活动中心为龙头，加强老年活动，活跃老年生活。

支持和引导少数民族老年人开展健康有益的文体活动，倡导科学、健康、文明的生活方式，是民委老龄工作一贯的宗旨。机关老年活动中心正式对外开放后，每天来中心活动的老年人日益增多。在委机关老年人活动中心带领下，各基层老年活动室充分发挥阵地作用；成为少数民族老年人活动休闲的最好场所。

(二) 老年文体活动丰富多彩。

为丰富少数民族老年人的精神文化生活，牢固占领少数民族老年人的思想阵地，发挥老年人余热，抵制各种歪风邪气，国家民委非常重视少数民族和民族地区老年人的文化教育。各级民族工作部门利用基层文化室、老年福利机构、老年活动中心等，宣传介绍党的民族政策、现代科技文化和养生保健等知识，通过各级民委老龄活动中心有计划地开展各种健康有益的娱乐活动，如武术、球、棋、书画，为老同志订阅发送报刊杂志等，极大地丰富了老年人的生活内容，提高了生活质量。如民委老干局组织民委系统的老干部到外地参观学习，使老干部感受到改革开放带来的巨大变化。同时，各地民族工作部门充分发挥各族老年人在维护民族团结与社会稳定等方面的重要作用，动员有威望的少数民族老年人在当地少数民族群众中经常宣讲党的民族政策、法律法规常识、国情知识，使他们充分发挥余热，为加强民族团结，维护社会稳定和祖国统一作出应有的贡献。

七、加强对老龄工作的业务指导

一是在国家民委系统党建工作会上传达了全国老龄工作会议精神；二是召开了国家民委在京各单位老干部处长会议，部署了老龄工作；三是于2003年召开了国家民委系统老干部工作经验交流暨先进集体、先进工作者表彰大会。

中国老年人体育协会工作综述

中国老年人体育协会成立于1983年，此后，省级老年体协除个别自治区外也相继建立。协会的任务是组织动员广大老年人积极参加体育健身活动，提高生活、生命质量，实现积极老龄化。在工作中认真贯彻“党政主导，社会参与，全民关怀”的老龄工作方针，并从我国实际出发制定了“促进城市，发展农村，重在基层，面向全体”的老年体育工作方针。在各级党政领导和社会各界的关怀、支持下，开创了我国老年体育的新局面。20多年来，全国广大老年人积极参加体育活动，开展了门球，太极拳（剑）、棋牌、健身操（舞）、乒乓球、羽毛球、气排球、柔力球、健身球、保健操等20多种项目。基层竞赛活跃，每年举办三四次全国比赛。并定期举办全国老年体育科学研讨会，评选全国健康老人等活动。近3年来，坚持以人为本，在科学健身的大潮中，广大老年人活跃在广场、公园、绿地。每年举办健身球操、太极拳（剑）、柔力球和气排球等的比赛，参加者达数千人。据不完全统计，全国经常参加体育健身的老年人达5800多万，占全国老年人口的42%以上。

自2002年起，会同国家体育总局、中华全国体育总会群众体育部、全国老龄委办公室，每年举办全国亿万老年人健身展示大会。2003—2005年分别在石家庄、济南和中山市举行，以推动老年人积极参加健身活动。

2003年是中国老年人体育协会成立20周年，协会评选了全国老年人体育协会中为老年人体育事业勤勤恳恳工作20年并富有开拓精神的开拓者83名，还评选了先进个人676名，先进集体243个。同年9月在江西南昌举行第五届全国老年人体育科学研讨会。研讨的主要议题是：一、如何提高老年体育社会化的程度；二、关于发展体育产业的思考；三、如何提高老年人生活生命质量。大会收到论文96篇，经评审委员会评出大会报告和书面交流各33篇。

2004年会同中国老龄协会、全国妇女联合会举办了第六届全国“健康老人”（年龄为85岁以上）评选活动。共评出569名“健康老人”，为历届之最（前五届共评出2023人，平均每届404人），其中百岁以上的老人35人。

全国妇联老龄工作情况综述（2003－2005）

3年来，全国妇联老龄工作坚持以邓小平理论和“三个代表”重要思想为指导，认真落实科学发展观和党的十六大和十六届三中、四中、五中全会精神，按照全国老龄委提出的要求，充分发挥妇联组织优势和各部门职能作用，立足为老年妇女办实事、办好事。主要工作如下：

一、加强组织建设，进一步提高认识

3年来，全国妇联和各省、自治区、直辖市妇联进一步加强沟通和联系，利用已搭建的工作平台和比较顺畅的组织网络，及时进行经验交流，共同提高对老龄妇女工作重要性和紧迫性的认识。2004年3月份，全国妇联老龄工作协调委员会召开第三次全体会议，全国妇联副主席、书记处第一书记、全国妇联老龄工作协调委员会主任黄晴宜作了重要讲话。会议学习传达了全国老龄委六次全会精神，调整了全国妇联老龄工作协调委员会组成人员，总结部署了工作。在全国妇联的指导下，各地妇联组织进一步认识到，人口老龄化问题是必须认真对待和亟待解决的重大问题，做好老龄妇女工作是落实“三个代表”重要思想的具体体现，是维护改革发展稳定大局的现实需要，关系到新时期妇女事业的全面、协调、可持续发展和构建社会主义和谐社会重大任务。因此，许多地方妇联注意发挥组织协调优势，努力克服人手和经费不足等实际困难，不同程度地加大了老龄妇女工作力度。

二、加强调查研究，增强工作针对性

为深入了解老年妇女的基本状况和存在的主要问题，探索、研究新形势下开展老龄妇女工作的新思路，寻找工作的最佳结合点，全国妇联老龄工作协调委员会办公室先后赴上海、北京等社区街道，开展深入调研。并开展各项活动，推动老年妇女问题和政策研究。2005年重阳节，中国妇女研究会和全国妇联老龄工作协调委员会联合举行了“老龄化与老年妇女”学术报告会；在纪念第四次世界妇女大会10周年系列活动中，2005年中国妇女研究会年会暨“北京+10”论坛就“婚姻家庭与老年妇女”专题进行了研讨；全国妇联妇女研究所完成了“中国老年妇女经济供养社会政策研究”等课题。

基层妇联组织也十分重视调研工作，如福建省南平市妇联开展了该市老年妇女情况全面调研；山东省昌邑市妇联开展了该市老年妇女住房情况广泛调研；内蒙古乌海市海南区妇联开展了对贫困、老年妇女的摸底调查等。

三、加大维权力度，切实维护老年妇女合法权益

根据老龄委赋予的职责和中国妇女九大提出“注重维护老年妇女等特殊群体的切身利益，努力为她们排忧解难”的要求，全国妇联进一步增强了做好老年妇女权益保障工作的责任感和使命感。在推动老年妇女权益保障的源头建设方面，全国妇联力争在立法和决策中充分反映和体现出维护老年妇女的合法利益。2005年12月1日起施行的新《妇女权益保障法》中，强调了“禁止虐待、遗弃病、残妇女和老年妇女”，并对尽到赡养义务的丧偶妇女在继承权等方面的合法权益给予了保障。几年来，各级妇联组织利用广泛的妇女维权实体，通过大力推进“维权行动计划”，在加强源头参与、机制建设、宣传教育，完善社会化维权工作机制，健全各项维权制度，加强基层妇女维权网络建设等工作的过程中，特别关注了老年妇女这一弱势群体，为需要帮助的老年妇女解决在生活、医疗、赡养等方面存在的实际困难和问题。在各级妇女维权实体开展的维权活动中，为老年妇女解决的实际问题占到了相当的比例，切实维护了老年妇女群体权益。

四、加强宣传教育，营造尊老敬老的家庭氛围和社会风尚

全国妇联利用《中国妇女报》、中国妇女网老龄专栏及《老龄妇女工作动态》等相关媒介，配合主体活动，努力扩大宣传层面，在老龄问题、老龄工作等方面的报道数量持续增加。各级妇联组织认真贯彻落实《公民道德建设实施纲要》要求，结合“五好文明家庭”创建、“美德在农家”以及国家未成年人思想道德建设、“全国敬老爱老助老主题教育活动”等，抓住“三八”妇女节、重阳节有利时机，开展以“尊老敬老”为主题的宣传活动。如四川省妇联主办“尊敬老人、赡养老人宣传周”活动；黑龙江省绥化市妇联开展“尊老爱老活动月”活动；山东省妇联对几年来在全省开展的“爱心献老人”活动进行了总结表彰，表彰了10名省级“尊老敬老好儿女标兵”和100名“尊老敬老好儿女”，进一步在全社会弘扬中华民族传统美德。

五、开展服务，切实为老年妇女办实事、做好事、解难事

全国妇联与中宣部等14个部委联合，广泛开展了“送温暖、三下乡”活动。近年来全国妇联中国妇女发展基金会组织实施的“母亲水窖”项目，为百万贫困妇女解决了饮水难问题。2003年全国妇联启动了“母亲健康快车”项目，为陕西、贵州等西部地区百万妇女群众提供切实帮助。无论是在元旦和春节等节假日期间还是在下基层调研中，全国妇联和各级妇联都坚持进村入户，开展扶贫慰问活动，把党和政府的温暖送到包括老年妇女在内的贫困妇女身边。

全国妇联认真贯彻胡锦涛总书记关于“妇联要把城市妇女工作的重点放到社区”的指示精神，结合工作实际，开展“巾帼社区服务工程”。各地妇联在妇联社区文化建设和“巾帼志愿者”活动中，突出“为老服务”的内容，把开展老龄妇女工作与推动下岗女工再就业、实施“巾帼社区服务工程”等结合起来，组织和动员广大妇女，在社区服务中重点开展“为老服务”主题活动。由妇联组织参与创建的社区老年热线、老人食堂、老年日托所等“居家养老”为老服务工程，既为社区困难老人解决了生活问题，也为下岗失业妇女提供了再工作岗位，促进了家庭和社会稳定，赢得了群众的广泛称赞。

六、抓老年文体活动，丰富老年人精神文化生活

全国妇联老龄工作协调委员会提出“哪里有老年妇女，哪里就有老龄妇女工作”。通过建立老年妇女群众组织，把广大老年妇女组织起来，根据她们的身体状况和实际需要，引导和鼓励她们参与社区文化、科学健身、关心教育下一代等有益身心健康的活动，使老年妇女既能健康地安度晚年，颐养天年，又能让她们在力所能及的范围内实现老有所为，老有所乐，为社会主义“三个文明”建设、为经济和社会的发展作出贡献，是妇联组织开展老龄工作的重要内容。2004年全国妇联与国家体育总局联合，举办了第二届“亿万妇女健身大赛”。2005年，为纪念第四次世界妇女大会召开10周年，全国妇联老龄工作协调委员会与北京市妇联联合举办了首都“夕阳·巾帼”书画工艺美术作品展，受到广泛赞誉和欢迎。各地妇联积极组建社区老年健身群众文体团队和妇女之家、妇女学校等妇女活动阵地，吸引、组织社区众多老年妇女参加活动。

目前老龄妇女工作还存在着一些亟待解决的问题。如机构和人员设置、工作切入点和载体以及经费等问题都不同程度地制约了工作的开展。

司法部开展老龄工作的情况（2003—2005）

2003—2005年，各级司法行政机关充分发挥职能作用，积极开展老年人法律服务、法律援助和法制宣传等活动，各项工作取得了新的进展。

一是积极为老年人提供便捷优质的法律服务。各级司法行政部门积极引导和推动全国律师、公证员和基层法律工作者为老年人提供法律服务。各类法律服务机构积极开展老年人法律咨询活动，代理老年人参加诉讼、非诉讼法律事务，为老年人办理公证事项，处理其他涉法事务等，依法维护了老年人的合法权益。有些地方法律服务机构还积极探索为老年人提供便捷法律服务的途径，加强与街道、社区居委会的联系，主动进入社区开展法律服务，为老年人提供法律咨询，开通社区法律服务热线，或采取为行动不便的老年人上门提供法律服务，定期走访孤寡老人等方式，保障老年人能够就地、就近、及时获得法律帮助。

二是加强老年人法律援助工作。《法律援助条例》中明确规定律师应当履行法律援助义务，为受援人提供符合标准的法律服务，依法维护受援人的合法权益。老年人作为一个特殊的弱势群体，成为法律援助的重点援助对象。许多省(区、市)律师事务所定期或不定期开展义务法律服务活动，免费为群众提供法律咨询，解答群众提出的法律问题，为群众特别是老年人寻求法律帮助提供了方便，收到了良好的社会效果。

三是积极开展老年人权益保障的法制宣传活动。加强对老年人权益保障法、继承法、婚姻法等法律法规的宣传，增强了人们对老年人权利包括家庭对老年人赡养、扶养义务、老年人享有的财产、婚姻自由等权利的了解，提高了全社会保障老年人合法权益的法制观念和意识。同时，注重加强对老年人自身的法制宣传教育工作，在老年福利院、敬老院、老年公寓等老年人集中的地方开办相关法律知识讲座和法律咨询，向老年人讲解国家基本法律及与老年人生活、学习有关的法律法规，为老年人现实生活中遇到的法律问题提供法律咨询，引导老年人从事合法、健康、有益的文化、体育、娱乐活动，提高他们依法维护自身合法权益的意识和能力。

共青团中央老龄工作情况介绍（2003—2005）

2003—2005年间，共青团中央充分发挥共青团组织优势，立足自身实际，以提高老年人生活质量、丰富老年人精神文化生活、维护老年人权益为目的，广泛动员以青少年为主体的社会各界人士，以志愿服务为主要方式，开展了多种形式、内容丰富的敬老、爱老、助老活动，弘扬了中华民族尊老敬老的传统美德，在促进青少年一代健康成长的同时，促进了老龄事业的发展，形成了“大手真情牵小手、朝霞夕阳相辉映”的美好画卷。截至目前，共有1300万人次的青年志愿者通过多种方式为280多万名老人提供了超过6.3亿小时的医疗保健、生活照料、法律援助、文化娱乐等形式多样的志愿服务，使老年人得到了切实有效的服务和精神保障，受到了社会各界的广泛认同和赞誉。

一、以长期结对服务为基本形式，以志愿者服务站为主要阵地，大力实施形式多样的助老服务项目

各级团组织以建设志愿者服务站、建立志愿者骨干队伍为核心，充分发挥志愿者服务站和志愿者骨干队伍在为老服务工作中的积极作用，通过建立“一助一”、“多助一”长期结对服务的形式，加强为老服务的经常性、长期性、持续性和有效性；通过实施“志愿者为老服务金晖行动”、“爱心助成长计划”等形式多样的服务项目，推动尊老爱幼、老少共融良好社会风尚的形成。据不完全统计，全国“一助一”结对已超过220万对，志愿者为老服务站超过6万个。

（一）深化实施“志愿者为老服务金晖行动”。2002年4月，共青团中央、全国老工办共同组织实施“志愿者为老服务金晖行动”，旨在组织动员广大青年和其他社会公众积极参与到为老服务的志愿者行列，以实际行动为有需要的老年人办实事、办好事。同时动员低龄健康老年人加入到“金晖志愿者”行列，形成“朝霞与夕阳相辉映”、青年人与老年人共同参与、相互学习、老少共融的局面。从2003年开始，该行动在全国范围内广泛实施，各级共青团组织、志愿者组织与各级老龄组织密切配合，完善各项工作规章制度，规范服务项目和运行机制，以企事业单位离退休困难职工和无劳动能力、无生活来源、无赡养人的老年人及有特殊困难的老干部、老科技工作者、老教师为重点，广泛开展生活照料、医疗保健等多方面的服务，建立接力服务机制，在志愿者与老年人重点服务对象间形成长期稳定的服务关系，促进志愿者为老服务工作的可持续发展。实践表明，志愿者为老服务金晖行动，有效动员和凝聚了广大青少年和包括低龄健康老人在内的社会公众为老服务工作的力量，成功探索了共青团组织和志愿者组织为老服务工作的新模式，推动了为老服务工作的跨越式发展。

（二）启动实施“爱心助成长”志愿服务计划。2004年9月，团中央、中国关工委、全国老龄办、全国少工委共同启动实施了“爱心助成长”志愿服务计划。按照公开招募、自愿报名、组织选拔、经常服务的方式，招募热心未成年人教育工作、有责任心的健康低龄老人及部分中青年人注册为爱心助成长计划志愿者，组建以“五老”（老干部、老战士、老专家、老教师、老模范）为主体、吸收中青年人参与的专门志愿者队伍，围绕加强和改进未成年人思想道德建设开展志愿服务，工作内容包括假日社区德育志愿行动、爱国教育宣讲志愿行动、护苗志愿行动、场所监查志愿行动、关爱志愿行动，帮助青少年解决学习、生活、心理等方面的问题。2004年9月起，爱心助成长计划采取先试点、后推广的办法，在天津、哈尔滨、杭州、成都、银川等5个城市进行了先期试点，并已逐步推广至全国101个大中城市。“爱心助成长”志愿服务计划的实施，充分发挥了老年人的特点，丰富了老年人的生活，使老年人老有所为、老有所乐，受到了广大老年人的欢迎，吸引他们积极参与。2005年6月，团中央专门下发了《关于在“六一”儿童节前后开展“爱心助成长金晖映朝霞”主题活动的通知》，将每年的6月1日确定为“爱心助成长”志愿服务主题日。

（三）为老年人提供完善的法律服务，维护老年人合法权益。各级团组织坚持长期招募一些具有法律专长的青年志愿者，在老年人中宣传普及法律常识，特别是《老年人权益保障法》等，使他们知法、用法，能够依法维护自身合法权益。同时，对于老年人合法权益受到伤害时，积极提供各种类型的法律援助。为加大维权工作的力度，团中央联合司法部推出了“法律援助志愿者服务计划”，动员和组织法律界以及热心法律援助的各界志愿者参与法律援助工作，为老年人等社会困难群体提供法律咨询、法律援助等服务。

（四）全面拓展为老服务内容，提高老年人生活质量。随着社会整体物质生活水平的提高，针对老年人越来越强烈的精神文化追求，将志愿者为老服务的内容从原有的送粮送药、打扫卫生、代购物品、代领退休金、临床护理等服务，拓展到为老人读书读报、陪老年人聊天、定期为老年人演出文艺节目、心理辅导等内容，使老年人的精神生活得到满足。各地团组织还开展了“青春辉映夕阳红”、“红领巾为老送温暖”等活动，组织中小学生开展为老年人唱歌、陪老年人聊天等活动，使老年人享受到一些天伦之乐，受到了老年人的欢迎。同时，积极探索“志愿服务时间储蓄制度”，使“金晖志愿者”在需要得到帮助时可以得到优先服务，充分调动了老人、家庭、社会参与为老服务的积极性。

二、以志愿者注册制度为保障，建立一支稳定的为老志愿服务队伍

全国各地团组织在为老志愿服务中全面推行志愿者注册制度，逐步形成了一支以青年为主体的为老服务志愿者骨干队伍。截至目前，经过规范注册的为老服务志愿者已超过400万。为进一步提高服务质量，针对老年人的特点，各地加大了志愿者服务技能培训的力度，使骨干志愿者掌握医疗保健、心理学等一些必要的知识，进一步提高了为老年人服务的质量。如在2003年“非典”期间，各地团组织广泛动员具有专业特长的青年志愿者和骨干志愿者，经过专业知识培训后，投入到防“非典”的斗争中，为“一助一”结对服务的老人以及敬老院、福利院的老人们打扫卫生，清洁被褥，对住所、娱乐室、厨房等重点部位进行消毒，确保老人们的身体健康，帮助老年人安全渡过“非典”期。在农村，广大青年志愿者还组建了各种类型的服务队，为家中子女外出打工的老年人提供了助耕、清洁卫生、消毒等方面的服务。

三、加强志愿者为老服务的法制化、规范化建设

进一步推进以志愿服务立法为主的长效机制建设，将为老志愿服务纳入法制化轨道。目前，已有广东、山东、福建、河南、黑龙江、吉林以及南京、宁波、杭州、深圳、成都、银川、抚顺等6省7市先后通过本地的青年志愿服务立法。在这些地方法规中，都明确了志愿者为老服务是青年志愿者的重要服务内容之一，同时也明确了志愿者与服务对象间的义务和关系，特别是《黑龙江省志愿服务条例》，首次在法律上将志愿服务的参与主体从青少年扩大到中老年等各方面。有关法规的出台，推动了志愿服务事业的健康发展，也使志愿者为老服务逐步走向法制化和规范化。

四、采取多种切实有效的宣传方式，营造尊老爱老助老的良好社会氛围

各级团组织积极配合老龄工作部门，在广大青少年中大力开展“敬老爱老助老”主题教育活动。同时，深入挖掘青少年为老服务中涌现出的先进典型，利用各类媒体和各种形式进行深入地宣传报道。在每年的中国青年志愿者行动评选表彰活动中，将为老服务作为一项重要内容，已先后表彰了一大批为老服务的先进集体和个人，同时也表彰了一批老有所为的“金晖志愿者”，在社会上进一步弘扬了尊老敬老的传统美德，带动了更多的青少年及其他社会公众参与为老志愿服务。在“3·5中国青年志愿者服务日”、重阳节、“12·5国际志愿者日”、元旦、春节等重大节假日期间，广泛开展志愿者为老服务活动和宣传教育活动，在全社会营造了敬老、爱老、助老的良好氛围。

北京市老龄事业发展概况（2003—2005）

2003—2005年，北京市的老龄工作按照《北京市“十五”时期老龄事业发展规划》，具体安排了老龄事业发展的各项指标。在首都经济社会协调发展的3年里，在市委和市政府的领导下，各个成员单位和各级区县政府共同努力，措施切实，保障有力，到2005年，如期完成了北京市“十五”时期老龄事业发展规划的任务，为首都应对未来人口老龄化高峰打下了良好基础。

一、养老保障更为完善

（一）养老金的调整与发放稳妥推进。退休职工的养老金有倾斜地调整，企业退休人员月基本养老金平均水平2005年达1086元，实现按时足额发放。到2005年底，117万退休人员实行了社区管理。

（二）社会保险基金征缴力度进一步加大。统筹城乡养老保险制度迈出重要步伐，出台了新的建设征地农转居人员参加社会保险政策，解决了农转居自谋职业人员社会保险历史遗留问题的办法，制定了《北京市整建制农转居人员参加社会保险的试行办法》。

（三）农村养老保险改革初步展开。按照统筹城乡发展的思路制定了改革的基本框架，在大兴、通州两区进行了改革试点。到2005年，农村养老保险的参保人员累计37.99万。

（四）特困老年人社会救助制度基本健全。2004年，全市共有3万多特困老年人享受到低保待遇，70岁以上享受低保的老年人按当年低保标准上浮10%享受救助。2005年，最低生活保障标准由月人均290元调整为300元，城乡贫困、“五保”老人应保尽保；向1万名农村特困老年人发放价值500元的医疗卡，共支出救助金500万元。市老龄办每年救助500位特困老年人600元，为百岁老人发放1000元营养补助金。

二、老年人医疗保健水平不断提高

（一）城镇职工的医疗保险制度日趋完善。以基本医疗保险为基础，大额医疗补助、企业补充医疗保险为保障，商业保险为补充的多层次医疗保障体系基本建立。补充保险覆盖企业参保人员90%以上，企业管理的退休人员在居住地社保所报销大额门急诊医疗费的试点初步展开，报销比例和起付线均向老年人倾斜。

（二）农村医疗卫生服务逐步迈入正轨。实施了《北京市农村医疗救助办法》，远郊区县、乡镇、村三级卫生服务网逐步完善。继续坚持城市大医院对口支援农村卫生机构、知名医疗专家顾问组定期巡回农村等医疗支农措施。

（三）老年健康服务网络基本形成。2001年北京市在全国率先成立市级“老年保健及疾病防治中心”。2003年底，全市159个社区卫生服务中心、607个社区卫生服务站全部通过市级“医保定点机构”认定。

2005年底，全市共新、改、扩建了18所区级老年病医院，基本构建起以市老年保健及疾病预防中心为技术依托、以市和区县老年病医院为骨干、以社区卫生服务机构为基础的老年健康服务体系。城区社区卫生服务网络覆盖率达到90%。

（四）老年人保健知识的普及力度加大。继续实施“生活方式疾病综合防治示范社区项目”，在社区诊断的基础上对主要健康问题实施全人群干预，老年人群是干预重点。各部门每年有针对性地开展健康教育活动，社区卫生服务中心为老年人定期开展监测、体检等活动，老年人的健康生活知识不断丰富。

（五）老年医疗服务和培训工作有针对性地加强。制定了《养老服务机构医务室服务质量控制规范》。市卫生局实施了“百、千、万”人才培训工程，全市3万多社区医务人员接受了全科医学理论培训，4500人取得社区卫生服务岗位培训证书，培养了150名社区心理医师。

三、社区为老服务工作水平明显提高

（一）社区为老服务工作体系基本形成。社会福利、生活照料、医疗保健、精神慰藉、文体活动和维护权益六个社区为老服务体系基本形成。市老龄委下发了《关于做好帮扶空巢家庭老人工作的意见》，空巢家庭老人帮扶工作初步形成网络。全市各具特色的为老服务志愿者队伍已经超过3万支。重大节日期间，市领导慰问高龄、特困老人已经成为一项经常性活动。

（二）社区为老服务信息化建设的步伐加快。建成市、区县、街道社区服务信息网络中心（站）并投入使用。

（三）社区老龄工作基本规范。“十五”期间，市老龄办开展了基层社区老龄工作试点、创建“敬老先进居委会”、“敬老先进村”和争创“全国老龄工作先进区县”等工作。全市共表彰了532个先进居（村），有3个区县被推荐为“全国老龄工作先进区县”，8个单位被推荐为“全国老龄工作先进单位”，有力地促进了基层老龄工作。

四、养老服务设施网络初步建立

（一）社区老年福利服务设施进一步完善。到2003年，全市共建成2335个面积不少于100平方米的社区“星光老年之家”，全市93%的城市社区拥有了“三室一场一校”的设施；共有166所乡镇敬老院被改造成社会福利中心，13个区县相继建成老年公寓和老年人活动中心。

（二）社会养老设施建设基本达标。全市已有养老床位2.6万张。9个区县建有200张以上养老床位的服务机构。52%的城区街道办事处建成至少一所不低于30张床位的养老机构，89.7%的近郊区街乡和93.4%的远郊区县街乡实现了这一目标。

（三）养老服务机构的管理更为规范。制定《北京市养老服务机构区域设置规划》、《北京市养老服务机构服务质量星级划分与评定标准》。鼓励养老服务机构采取更灵活的收费政策。颁布了新建改建居住区公共服务设施配套建设指标。相关职能部门细化了为老服务设施的优惠措施。

五、老年精神文化生活丰富多彩

（一）各类老年人文体团队活跃。全市共有老年文体团队5万多支，老年人的参与率在50%以上，逐步形成政府搭台，社会单位协助，老年人参与并受益的局面。

（二）老年人文化生活丰富多样。每年春节、重阳节，市里都要为老年人举办大型文艺慰问演出活动，区县每年定期举办老年文化艺术节等活动。体育部门加强健身场所建设和健身指导。兴建全民健身工程，邀请首都高校老师创编老年健身项目，开设晨晚练辅导站，举办全民健身科学指导大课堂，培训老年健身骨干。

（三）老龄宣传工作力度加大。老龄宣传部门与首都媒体积极配合，围绕老年人关心的内容展开报道，向全社会尤其是老年人及时传达与老人相关的各类信息。

市精神文明办公室把老龄事业发展水平的高低作为评选文明社区（街道、家庭）的重要指标，推动了全市尊老爱老的良好社会风气的形成。

（四）老年教育事业逐步发展。老年电视大学定期播出反映老年人经济理财等方面的课程。文化馆为老年人开展专项辅导培训。公共图书馆为老年人开展免费借阅。

老年人通过讲座、观看电教片等形式增长了文明健康的生活知识。文化及出版部门积极组织有益于老年人科学养老和艺术爱好等方面的选题，大力资助优秀作品的出版。首都各类媒体，围绕老年人喜爱的怀旧话题等内容开设专栏、专题、专版、专刊，为老年人提供了丰盛的精神食粮。

六、维护老年人权益工作力度加大

（一）各级部门广泛深入地宣传维护老年人权益的法律法规。相关部门在“法制宣传进社区”、创建“民主法治示范村”等活动中，利用多种形式在社区里和媒体上宣传维护老年人权益的法律知识，提高全社会维护老年人权益的自觉性。

（二）维护老年人权益的法规和队伍逐步健全。市老龄办同市司法局、公安局联合下发了《关于加强维护老年人合法权益工作的意见》。到2005年，市、区

(县)、街(乡)、居(村)四级维护老年人权益服务工作联络员队伍建设完成,司法、公安、民政、劳动等部门组成的老年维权工作组织网络初步形成。司法行政工作者积极为老年人提供"三优先"法律服务。

（三）法律服务机构建立了为老服务的减免费制度。为老人提供免费咨询，程度不等地减免涉及老年人财产权益案件的代理费用，公证处对符合法律援助条件的老年当事人实行减免收费。调解组织充分发挥优势，情理兼顾地处理各类涉老纠纷。3年间，基层人民调解委员会平均年调处涉老纠纷1万多件。

七、老年人参与社会的积极性有所提高

（一）"银龄行动"影响深远。市老龄办2004年组织了21名医务专家赴内蒙古支援西部建设，3个月接待患者7200多人次，向全国人民展示了首都老年人的精神风貌。2005年，在本市开展了以老年知识分子文化、卫生、教育"三下乡"为主要内容的"银龄行动"。

（二）老年人才服务机构进一步健全。市里尝试建立老年人才资源库，定期举办老年人才交流会和培训班，促进老年人参与"三个文明"建设。

（三）老年人自我组织管理的能力增强。全市96%以上的村（居）委会建立了老年人协会，共有老年志愿者6万多人，老年人自我教育和自我管理的意识和能力不断增强。

天津市老龄事业发展综述（2003—2005）

一、养老保障制度逐步完善

城镇基本养老保险覆盖范围稳步扩大，基金实力不断增强，全市110万企业事业单位离退休人员基本养老金按时足额发放。2003年7月到2004年7月，先后两次为退休人员调整养老金，使退休人员人均养老金水平由调整前的664元提高到765元，增长15.2%，位居全国第九。90%以上的企业退休人员实行了社会化管理。

2005年初，市政府颁布了《天津市被征地农民社会保障试行办法》，正式启动失地农民养老保障制度。有条件的农村集体组织，积极推行并建立了农民退养补助制度，东丽区、津南区、西青区、北辰区等四个农业区有62%的村为农民发放退养补助金，有78%的老年农民按月领取退养金。

城市居民最低生活保障制度基本实现了动态管理下的应保尽保。2005年全市低保标准提高到每人每月265元。目前全市有20945名60岁以上老年人享受最低生活保障，其中65岁以上老年人在享受原差额救助的基础上，按当年城镇低保标准的10%上浮。农村五保供养和农村特困户生活救助制度进一步规范，享受农村最低生活保障的老年人有4757人。五保供养老人有4666人，每人每年生活补助金平均3150元。

二、医疗保障制度和体系逐步健全

制定并实施了困难企业退休人员大病统筹医疗保险办法，根据企业的困难程度，由财政分别给予90%、70%和40%的医疗保险补贴，退休人员可以享受大病住院和特殊病门诊医疗待遇，25万困难企业退休人员的医疗保障问题得以解决。为60岁以上退休人员出台了提高报销比例、降低住院门槛等八项减负政策，受益人群65.4万，减轻退休人员负担1.34亿元。城区社区卫生服务中心（站）100%纳入医保定点医疗机构范围，家庭病床也纳入医保报销范围，使患慢性病的老年人在社区医院得到治疗，医疗费用比在大医院平均减少1/4。

有农业的区县进行了新型农村合作医疗制度试点，受益农民117.61万，老年人是主要受益者。

在城区，建立了由9个社区卫生服务指导中心、70个社区卫生服务中心、470个社区卫生服务站为主体的社区卫生服务网络。在农村，形成了县、乡、村三级卫生机构组成的医疗预防保健网络，并启动了农村乡镇卫生院标准化建设。

三、基层社区（村）为老服务工作体系逐步建立

全市推行建立健全社区（村）老龄工作领导小组，在社区（村）党组织和居（村）委会的领导下，统筹负责社区（村）老龄工作。同时，建立健全以老年人协会为主体的社区（村）老年群众组织，在老龄工作领导小组领导下，承担社区（村）老龄工作和老年人活动具体组织实施的任务。围绕老年人的特殊需求，确立了生活照料、医疗保健、老年教育、老年文化和老年权益维护等五项服务内容，确立了社会孤老、退休孤老、空巢老人、80岁以上高龄老人、不能自理或半自理老人和经济困难老人等六种老人，作为重点服务对象。全市共有社区服务中心108个，为老服务志愿者队伍3133支、志愿者33万人。

全市开展了创建"老龄工作先进区县"和"老龄

工作先进单位”活动。有2个区县被全国老龄委评为“全国老龄工作先进区县”，8个单位荣获“全国老龄工作先进单位”；有11个区县被评为“天津市老龄工作先进区县”，54个单位荣获“天津市老龄工作先进单位”。

四、老年福利服务设施建设有新发展

全市各类养老机构285所，床位15678张，按全市老年人口测算，平均千名老人有床位12张。其中民办养老机构131所，床位10338张，分别占全市养老机构数和床位数的比例为：45.96%、65.94%。为规范养老机构的管理，2004年12月1日，在全市养老机构统一推行《天津市入住养老机构协议书》，并配套出台《天津市养老机构护理等级标准》。

完成了“社区老年福利服务星光计划”项目建设任务，共建成“星光老年之家”579个，投入资金和资源2.46亿。

五、老年教育事业蓬勃发展

在市和区县两级建立了示范性老年大学。自2000年以来，在市委、市政府支持下，市财政共投入资金3500万，用于置换、修缮和扩建天津市老年人大学校舍和装备。新的天津市老年人大学校舍占地11亩，建筑面积10000平方米。2004年，18个区、县示范性老年人大学初步建立。全市共有老年大学103所，在校学员38300人，占全市老年人口总数的2.9%。基层和社区老年人政治理论、文化、科技、体育等教育组织共4142个，参加活动的老年人约22.21万人，占全市老年人口的16.95%。市、区县、街和乡镇、社区和村四级老年教育网络初步形成。

2002年7月18日，市人大常委会颁布了全国第一部老年教育地方性法规《天津市老年人教育条例》，把天津市老年教育纳入法治轨道。2005年10月8日市政府印发《天津市老年教育“十一五”发展规划》(津政发［2005］92号)。

六、老年人的合法权益得到有效维护

司法部门把老年法的宣传列入普法教育的一项重要内容，在2003年开展的“法律进社区”、“送法下乡”、“法律进农家”等活动中，共设置宣传栏6200个，制作宣传布标万余副，举办培训980多期，其中参加培训的老年群众约65800人次。各级人民法院对涉老案件优先立案、优先审理、优先执行。面向全社会设立的“12348”法律服务热线为老年人提供免费的法律咨询。市和区县两级建立了法律援助中心，为生活困难的老年人提供法律援助。健全了市、区县、街（乡镇）、居（村）委会四级老年维权组织建设，建立老年人来信来访登记制度，做到对老年人反映的问题及时妥善处理。

2005年10月11日，市政府办公厅转发市老龄委《关于调整我市老年人优待服务政策的意见》，调整包括两方面：一是扩大了优待范围，将原来的优待政策由70岁下调为60岁；二是增加了优待内容，70岁以上的享受14项优待内容，60－69岁享受13项优待内容。优待政策的调整使广大老年人得到社会更多的关爱，进一步促进敬老爱老社会风气的树立。

七、老年文化体育活动丰富多彩

在全市3000多个市民健身站中，每天约有60多万老年人参加体育锻炼。全市有组织的老年文体队伍，如老年舞蹈队、老年门球队、老年书画摄影协会等约有2000多个，带动了基层老年文化体育活动的发展。每年的老年节期间，市老龄委都会同文化、体育等部门组织大型老年文体活动。2003年全市举办了首届老年文化艺术节。2005年的第二届老年文化艺术节吸引了近7万名老年人参加歌舞、服饰、书画等项目的比赛。

八、老年人积极参与社会发展

天津市老年人参与社会发展主要体现在五个方面：一是发挥理论优势，建设学习型社会。全市有老同志理论学习组800个，成员7000人。他们宣讲“三个代表”重要思想，与基层党员干部交流心得，讲理论、传方法。二是发挥政治优势，关心青少年健康成长。全市有4000多名老年人参与对青少年的思想道德教育。2004年6月人民日报、新华社、中央人民广播电台和中央电视台组成联合采访组，就天津市广大离退休干部积极参与未成年人思想道德建设进行了专题报道。三是发挥专业优势，为加快天津可持续发展做贡献。全市有2000多名具有中高级职称的老同志继续发挥着余热，在政策咨询、医疗服务、科技创新、企业改组等方面作了大量工作。四是发挥文化优势，弘扬先进文化。他们活跃在基层社区，组建合唱团、艺术团、表演队，倡导健康、积极、文明的精神文化生活。五是发挥亲民优势，构建和谐社会。积极参与社区建设、计划生育宣传、维护社会治安、美化生活环境、调解邻里纠纷等工作。

2005年下半年，天津市根据全国老龄委部署，启动了“银龄行动”。从报名的200多名老年志愿者中选择了15名具有专业职称的老专家和老科技工作者，赴蓟县山区开展了为期3个月的医疗服务、畜牧养殖、旅游知识培训的工作。为配合全国银龄办东部地区老年知识分子援助西部地区活动，天津市还选派了2名老教授赴云南大学丽江旅游学院支教。

上海市老龄工作发展概况(2003—2005)

2003年

2003年，上海老龄工作认真贯彻《中共上海市委、上海市人民政府关于进一步加强本市老龄工作的意见》以及全国老龄工作委员会第五次全体会议的要求，结合实施《上海市老龄事业发展第十个五年计划纲要》，围绕坚持健康老龄化和老龄事业发展社会化的方向，执行2002年市老龄工作委员会扩大会议的各项决议，在加强老龄工作委员会各委员单位的协调与合作，深化社区老龄工作等方面，取得了新的进展。

机构建设　2003年7月25日，市委调整了市老龄工作委员会组成人员，刘云耕同志任主任，周太彤同志任副主任，增补了市建委、市农委、市科委、市旅游委、市规划局为委员单位，委员单位增加至30个。市老龄工作委员会办公室主任由上海市民政局局长徐麟同志兼任，上海市民政局副局长沈振新同志兼任副主任。

老龄工作委员会全体（扩大）会议　2003年9月29日，市老龄工作委员会召开全体（扩大）会议。市委副书记、市老龄工作委员会主任刘云耕，副市长、市老龄工作委员会副主任周太彤出席会议并讲话。会议要求，当前老龄工作要贯彻“一切以老年人为本”的原则，按照老年人的需求设置服务项目，注重老年人的受益面，立足于全覆盖，并要突出老年人服务项目的长效性和可持续性。

老年教育工作小组成立　2003年2月9日，市老龄工作委员会召开老年教育工作暨老年教育工作小组成立会议。市委常委、副市长冯国勤和副市长周慕尧到会并讲话。会议提出了本市老年教育发展的目标和任务，下发了市政府办公厅批转的《关于进一步加强本市老年教育工作的若干意见》。会议还表彰了一批老年教育先进集体和先进个人。

培育社区老龄民间组织　2003年，上海市以完善社区老年人社会化管理服务体系为抓手，积极组织社区热心老龄事业的老年人骨干，在培育、发展社区老龄民间组织方面，取得了较大成效。年内，9个市中心城区的80个街道（镇）中，已成立街道老年协会的有40个，占50%；10个郊区的3505个居（村）委中，已建立居（村）委老年人协会的有3478个，占99.2%。社区老龄民间组织在组织开展老年人的文化体育活动、发动老年人参与社区建设等方面，发挥了积极的作用。

第一期“银龄行动”　2003年，上海市根据全国老龄工作委员会办公室的部署，组织开展了“老年知识分子援助西部大开发行动”活动，并与新疆结成了“银龄行动”试点工作的对口援助单位。7月30日至10月30日，31名老年医务工作者作为第一期“银龄行动”的老年志愿者，对新疆阿克苏地区进行了为期3个月的志愿服务。据不完全统计，老年志愿者共提供门诊687次，接诊病人14683例，查房756次，会诊病人538人次，抢救危重病人329人次，处理疑难病症405例，开展各类手术79项，共197例，填补当地医疗科技空白23项；还举办了专业培训班80期，培训了医务骨干2744人次，以及举办了学术讲座113期，参加讲座共7899人次。“银龄行动”的实施，不仅加深了上海和新疆两地之间的交流，而且还为老年志愿者自身价值的实现提供了广阔的舞台。

第二期“星光计划”实施　2003年，上海市组织实施“星光计划”第二期（2002年5月至2003年4月）的项目如期完成。全市新建社区老年活动室300家；在28家社区事务受理中心（社区服务中心）增设了为老服务项目；改造薄弱敬老院57家，新增床位3000多张；新建老年人日间服务机构57家；在152个街道（镇）实施了居家养老服务补贴。据统计，区（县）实施“星光计划”第二期项目，总计投入各类资金达4.31亿元，老年活动室的新建、改建、购买、置换面积达11万平方米。

视察检查　2003年7月23日至30日，全国人大常委、内司委委员赵地、何晔晖等一行7人，抵沪调研《中华人民共和国老年人权益保障法》执法情况。市人大常委会包信宝副主任、人大内司委朱寄萍主任委员、惠熙荃副主任委员等先后陪同调研。执法调研组在沪期间，听取了市政府的汇报；调查了卢湾、嘉定、浦东、杨浦等区的执法工作。执法调研组还先后考察了金色港湾老年公寓、市老干部活动中心、三门托老所等近10个老年服务设施，走访慰问了农村老人家庭，召开了由各类所有制的企事业单位代表和社会各界代表参加的座谈会。调研组一行对上海老龄工作所取得的成绩给予了充分的肯定，特别是对上海各级政府开展为老年人购买服务、制定居家养老政策、社会化的养老机构运作模式、建立社区托老所以及为老年人提供法律服务等工作给予了较高的评价。

表彰命名　2003年9月29日，市老龄工作委员会召开了助老帮困和为老服务先进表彰大会，命名上海工商爱国建设特种基金等123家单位“助老帮困先进集体”称号；授予马韫芳等63位同志“助老帮困先进个人”荣誉称号；命名武警上海总队二支队二中队等124家单位为第八批“爱心助老特色基地”，并对其中的静安区人民法院民事审判第三庭（老年庭）等102家单位，授予“百佳爱心助老特色基地”称号。

“扶老上网”工程　2003年，由市老龄工作委员会办公室、市科协和市老年基金会联合主办的“扶老上网”工程正式启动。10月9日，第一批“扶老上网”工程点，在徐汇区漕河泾街道和长宁区周桥街道揭牌，“长宁老龄网”、“徐汇老龄网”同时点击开通。“扶老上网”工程预计在今后3年里，将扶助10万名60岁以上的老年人，掌握电脑上网的技能。

2004年

2004年，上海老龄工作在市老龄委各成员单位，以及市、区县各老龄办的共同努力下，认真贯彻落实党的十六届三中、四中全会精神，努力实践“三个代表”的重要思想和科学发展观，按照2003年市老龄工作委员会全体（扩大）会议要求，认真开展各项老龄工作，出色地完成了全年任务。

老龄工作委员会全体（扩大）会议　2004年10月21日，市老龄工作委员会召开（全体）扩大会议。市委副书记、市老龄委主任刘云耕，副市长、市老龄委副主任周太彤出席会议并讲话。会议要求，当前必须加强对老龄群体的调查研究，特别要关心和重视城市中的独居老人和农村中的老年农民，完善老年人的各种社会保障制度和服务措施，要着力构建“生活照料服务网、社区紧急援助网、医疗卫生保健网”三张居家养老服务网。

创建全国老龄工作先进　2004年上半年，根据全国老龄委《关于在全国开展创建老龄工作先进县（市、区）活动的通知》、《关于评选表彰全国老龄工作先进单位的通知》和全国省级老龄办主任会议的要求，上海全面开展了创建老龄工作先进区县、先进单位的活动。7月份，按照实事求是、好中选优，公开、公正、公平和集体讨论、民主集中的原则，通过认真评选，经市老龄委领导和市老龄工作先进评选表彰领导小组审议，评选出了10个市级老龄工作先进区，201家市级老龄工作先进单位，并向全国老龄办推荐了全国老龄工作先进区和先进单位。

纯老家庭结对关爱工作全面启动　2004年3月—7月，通过对纯老家庭现状的普遍调查，掌握上海纯老家庭老年人为71万，占老年人总数的28%，其中独居老人16.6万。10月，形成了对纯老家庭实施关爱行动的指导性意见，对纯老家庭结对关爱工作进行了部署，要求以子女为主和社会帮扶相结合、普遍关心和重点关爱相结合、有形结对和无形结对相结合、结对关爱和助老服务相结合，在全市范围内开展对纯老年人家庭结对关爱行动。

第三期“星光计划”实施　2004年，本市组织实施“星光计划”第三期（2003年5月至2004年4月）的项目如期完成。全市新建社区老年活动室789家；在4家社区事务受理中心（社区服务中心）增设了为老服务项目；改造薄弱敬老院64家，新增床位2500多张；新建老年人日间服务机构26家；在170个街道（镇）实施了居家养老服务补贴。据统计，区（县）实施“星光计划”第三期项目，总计投入各类资金达5亿多元。

市政府老年教育实事项目全面完成　2004年，市政府把兴办10所、完善80所老年学校列入市政府实事项目。为了实施这项实事项目，制订了实施方案，召开了项目推进大会，加强了检查与指导。经过各方面的努力，实际兴办12所，完善了91所老年学校，全面超额完成了原定的实事项目任务。

第二期“银龄行动”　2004年5月—9月，第二期“银龄行动”的40名老年志愿者赴新疆开展了志愿服务。二期“银龄行动”与一期“银龄行动”相比，支援范围扩大了，实施地区从新疆阿克苏地区扩大到了博尔塔拉蒙古自治州，涉及9个县市，时间由3个月延长到4个月。在疆期间，其中31名老年医疗志愿者共查房1692次，会诊965人次，抢救危重病人311人，坐诊2084次，接诊病人达11846人，诊断疑难病例447例，填补地、县科技空白手术项目2个，带培助手135人，举办业务培训、学术讲座258次培训人员4405人，开展中型手术项目9项、53例。9名老年志愿者共培训教师2次1000人，带教指导听课72次2901人次，听教师汇报课879次，开展多媒体讲课12次594人，辅导学生24次1400人，座谈交流26次240人，带培助手16人，与毕业班教师交流3次35人，培训小学生记者班5次160人，高三考前辅导32次650人，学术研究5次410人次。

“扶老上网”工程　2004年，在各区县老龄办的协助和上海市电信有限公司的支持下，共有50家老年电脑活动室和300家社会网吧加盟上海市“扶老上网”工程活动基地。通过“扶老上网”工程，共培训颁证27719人。

2005年

2005年，上海老龄工作在市老龄委各成员单位，以及市、区县各老龄办的共同努力下，以“三个代表”重要思想和科学发展观为指导，按照构建社会主义和谐社会的要求，积极工作，狠抓落实，较好地完成了既定任务。

积极开展独居老人结对关爱工作 结合开展党员先进性教育活动，努力为16.6万独居老年人提供关爱服务。通过指导、推动各区县依托社区，根据独居老年人的不同服务需求，形成关爱方案，提供多种内容、多样形式的服务。为了切实落实结对关爱工作，6月初，市老龄办下发了《关于切实做好独居老年人结对关爱情况检查工作的通知》。8月上旬，市老龄办又召开了全市独居老年人结对关爱工作交流会。通过关爱服务，全市独居老年人享受到了“五＋X”的服务（“五”是广泛告知、经常问候、热线咨询、安全检查、应急求助；“X”是老年所需的其他社区服务）。到2005年底，已送达告知信17.7万封、建立联系卡12万余张，已结对独居老人14.4万名，15万党团员、居委会干部和助老志愿者与需要帮助的老年人开展结对关爱活动，并为约5.1万有需求的独居老年人提供了生活关爱服务，为2.1万独居老年人提供了经济关爱服务，为8.8万独居老年人提供了精神关爱服务。

超额完成新建和改建300个老年活动室的任务 年初，以上海市民政局、市老龄办名义下发了《关于建设标准化老年活动室实事项目的实施意见》，作了全面部署。到年底，实际新建和改建了400个老年活动室，实事项目全面超额完成。目前，全市共有标准化老年活动室近3100所。另外，市老龄办还就社区老年活动室的现状开展了调研，撰写了《上海市部分社区老年活动室现状调查分析》和《关于加强社区老年活动室管理的暂行意见》，召开了先进经验交流会。

积极推进70岁以上老年人优待政策的落实 根据市政府实事项目要求，认真进行调研和协调，指导、推动市绿化局、市卫生局、市文广局等部门积极落实全市140万70岁以上老年人进入本市各类公园免票，看病优先和进入本市部分文化场馆享受优惠等实事项目。目前，除上海动物园等5家公园外，全市136家公园对70岁以上老年人全部实行免票进入；70岁以上老年人看病享受优先挂号、就医、住院待遇；全市所有图书馆对70岁以上老年人实行免费，上海博物馆，大光明、永乐宫等13家电影院对老年人免票或优惠。

出台了社区老龄工作评估标准 2005年7月，市老龄办经过深入调研，下发了《上海市街道（乡镇）老龄工作评估标准》（试行稿），要求从机构建设、规划投入、设施服务、宣传调研、老年教育、卫生保健、文化体育、权益维护、档案资料、年度工作重点等10大类、40项内容来开展社区老龄工作的评估，有力地推进了社区老龄工作的社会化、科学化、规范化。

组织开展关爱老人康乐无忧人身意外保险活动 下半年，与热心于为老服务事业的新华人寿保险股份有限公司上海分公司合作推出专为老年人设计的人身意外伤害保险，参保的老年人逾20万人。

冬季为老助浴 2005年1月—3月，市民政局、市老龄办、市沐浴行业协会开展了“冬季为老助浴”活动。贯彻以人为本的原则，从服务对象是老年人这个特点出发，一切以安全和老年人满意为前提，与区县老龄办密切配合，落实细致的操作措施，采用了每周一报的工作制度，及时收集面上情况，宣传典型事例，协调解决问题，圆满完成了111341人次的沐浴任务。

第三期“银龄行动” 2005年5月—9月，第三期“银龄行动”如期实施，33位老年志愿者在阿克苏地区和博尔塔拉蒙古自治州开展了为期4个月的志愿服务，取得了较好的社会效果。据统计，在疆期间，老年志愿者共接会诊病人11070人次；抢救危重病人269人；诊断疑难病例474例；带培助手166人；举办大型学术讲座21次。在学校工作的6位老年志愿者进行教研讲座105次；培训教师4648人次；上示范课48节，听课人数1144人次。8月，以市委副书记刘云耕为团长、副市长周太彤为副团长的市党政代表团专程赴疆对第三期“银龄行动”的老年志愿者进行慰问，充分肯定了“银龄行动”，要求进一步做深做细、抓实抓好。同时，上海的“银龄行动”被市文明委评为“上海市精神文明十佳好人好事”，2位老年志愿者被评为全国“银龄行动十佳老人”，3位老人获提名奖。

老年人文体活动蓬勃发展 2005年7月，各区县老龄办根据本地区、本系统的实际情况，在基层普遍了开展各种形式的《党在我心中》歌咏赛与《夕阳更美好》舞蹈赛；8月—9月，在社区普遍开展歌咏活动和舞蹈活动的基础上，全市组织了《党在我心中》中老年歌咏大赛和《夕阳更美好》中老年舞蹈大赛，并评选出了各类奖项。目前全市各类以中老年人为主体的群众文艺团队1.6万多家，有150多万老人经常参加体育健身活动。

命名表彰　2005年，市老龄办开展了一系列先进典型评比表彰工作。一是开展了先进社区老龄民间组织的评选，评选出了长宁区华阳路街道老年协会等15个社团为先进社区老龄民间组织，促进了老龄民间组织的建设和发展。二是命名表彰老年维权示范岗。8月，市老年维权工作小组命名了第四批“老年维权示范岗”100家，表彰了2004年度上海市老年维权先进集体和先进个人。三是命名表彰了第四批敬老居村委，命名黄浦区小东门街道金坛居委会等208个居（村）委为第四批“上海市敬老居（村）委会”。目前，市级敬老居村委共有508个，区县级敬老居村委有2669个，进一步形成了全社会都来关爱老年人的社会风尚。

重庆市老龄事业发展概况（2003—2005）

认真组织学习了《中共中央、国务院关于加强老龄工作的决定》，国家《老年法》和全国老龄委全委会议精神，以及国务院副总理、全国老龄委主任回良玉关于“老龄事业十分重要，老龄工作十分光荣”的指示。市委市政府下发了关于贯彻中央《决定》的意见的文件。市人大颁布了《重庆市实施〈中华人民共和国老年人权益保障法〉办法》。市政府出台了《重庆市国民经济和社会发展第十个五年计划老龄事业发展专业规划》。这些文件和政策法规，从宏观上明确了“老有所养、老有所医、老有所教、老有所学、老有所为、老有所乐”的近期目标及工作内容，为突出老龄工作的地位起到了重要的指导作用，推动了老龄工作的顺利开展。

重庆市委常委会、市政府常务会多次研究老龄工作，按照中央决定3次调整充实了市老龄工作委员会。由市委常委、副市长陈光国任主任，31个市直部门为成员单位。经市编委批复成立了市老龄委办公室，由市民政局代管，配备了副厅局级的专职副主任，设立了综合处、宣教处、维权处，确定了13名事业编制。40个区县（自治县、市）陆续成立了老龄委及其办公室，老龄办配编制1～3名，有3个区县配了7～16名，全市现有专职老龄工作干部近200人。另外，乡镇、街道、社区配有兼职老龄工作干部，农村基层建立了老年人协会，各机关、企事业单位配备了专兼职老龄工作人员，全市自上而下基本形成了老龄工作组织网络，并陆续对工作人员进行了政治思想、业务素质方面培训。

开展敬老道德建设活动，树立社会老龄意识。多年来，市老龄委把敬老道德建设作为精神文明建设和公民道德实施纲要的重要内容加大宣传力度，创办了《老人文萃》、《老年风采》杂志，与四川省老龄办合办了《晚霞报》，编印了《现代老人科学生活指南》、《老龄工作文件汇编》和老年法宣传资料。重庆晚报开辟了“晚晴”专栏，重庆电视台开办了《红叶红》节目。坚持开展一年一度的重阳“敬老日”活动，持久开展了“尊老敬老助老”主题教育系列活动：一是把敬老文化纳入了学校道德教育课内容；二是开展社会敬老优待服务，如免费乘坐公交车、在交通工具上设立老人专座等等；三是动员社会力量和志愿者对高龄老人、“空巢”老人、贫困老人进行扶贫助困和生活照料，开展“银发康宁”老年人寿保险等活动；四是开展评选“十佳”孝子、孝亲“敬老之星”和敬老示范村活动；五是对家庭倡导了签定赡养协议书的活动。市里每4年召开一次“敬老好儿女金榜奖、老有所为奉献奖、重视老龄工作功勋奖、老龄工作战线精英奖”四奖表彰会。2005年，重庆有3个区县、8个单位被评为全国老龄工作先进区县和先进单位，50个单位被评为重庆市老龄工作先进单位，全市有14位同志荣获全国“中华孝亲敬老之星”称号。通过这些活动，逐步推进了全市尊老敬老风气的形成。

全市离退休人员的基本养老金的社会发放率连续五年达到100%，确保了我市离退休人员的基本养老金的按时足额发放。

全市城市特困老年人全部纳入了城市居民低保对象，享受了市政府规定的城市居民最低生活保障金，做到了应保尽保。

全市农村签订《家庭赡养协议书》和《家庭敬老养老责任书》101万多份，占农村老年人的40.74%，促进了农村老年人家庭赡养权利的落实。

全市农村近10万特困老年人纳入了特困老年人救助对象，实行定期救济，保障了农村特困老年人最低生活水平。

全市农村有70多万贫困老年人通过“开发型”与“救济型”相结合的救助后，基本上摆脱了贫困。

全市城乡改建和新建敬老院、福利院、老年公寓等老年福利机构1139个，床位46947张，入住老年人3万多人。其中，农村乡镇敬老院998个，覆盖率达到100%；城市83个街道修建了敬老院、老年公寓、老年服务中心，599个社区居委会修建了社区老年服务站，完成“星光计划”项目1001个，建立城乡老年文化活动中心（室）4926个。

全市城市“三无”老人和农村“五保”老人，由市政府发文明确了供养标准。

全市有52万退休职工实行了基本医疗保险，有40万农村老年人实行了新型农村合作医疗制度，使全市有56%的退休职工和16%的农村老年人得到了基本医疗保障。

全市有46万多70岁以上老年人领到了市政府的《敬老优待证》，凭证享受了各项优待服务。

全市有710名百岁老人，全部实行了按月发放营养补助费的规定，月发营养补助费的标准，一般是100元，最高的300元。

全市有16万多老年人进入城乡900多所老年大学和老年学校学习，有近150万老年人参加了各种文化体育活动，成为我市“广场文化”、“社区文化”、“村社文化”的主力军。

国家《老年法》和重庆《实施办法》的宣传学习普及率，城市达80%，农村达60%。从市到区县、镇乡（街道）建立了老年法律咨询服务机构，建立了老年法律援助制度，各区、县（市、自治县）人民法院普遍建立了涉老案件“三优先”（优先立案，优先审理，优先执行）的制度，维护了老年人的合法权益。

河北省老龄事业发展概况（2003—2005）

河北省是一个人口大省，也是一个老年人口大省。截止到2004年底，黑龙江省总人口6808万，其中60岁以上老年人口751万，占全省总人口的11%，且以年均3%左右的速度持续增长，人口老龄化形势日趋严峻。3年来，全省老龄工作牢固坚持“党政主导，社会参与，全民关怀”的方针，围绕实现“六个老有”的目标，扎实打基础，全面求发展，老龄工作呈现出蓬勃、快速发展的良好局面，全省老龄事业取得了新的进步和新的成绩。

一、全省老龄事业发展思路基本确立

2003年1月，召开了省老龄工作委员会第一次全体会议；2004年4月，召开了省老龄工作委员会第二次全体会议。两次会议相继传达了全国老龄委第四次、第五次、第六次全体会议精神，省委常委、常务副省长、省老龄委主任郭庚茂，副省长、省老龄委主任柳宝全先后发表了重要讲话。会议的召开，进一步统一了思想，明确了任务，确立了老龄事业的发展思路和发展方向，为全省老龄工作的快速发展奠定了坚定的理论基础和思想基础。

二、老龄工作机构建设得到全面加强

2003年重点理顺市级的老龄工作机构，11个设区市的老龄工作委员会办公室全部理顺到民政部门；2004重点健全县（市、区）级老龄工作机构，主要是健全组织、落实编制、配备人员；2005年逐步向下延伸，建立健全乡镇和基层老年协会。经过3年的努力，全省老龄工作机构得到全面加强。省、市老龄工作机构全部理顺健全，县（市）、乡镇老龄工作机构建设达到了90%以上，基层老年人协会也达到了70%以上，从而为老龄事业的发展奠定了坚实的组织基础。

三、老年人合法权益得到切实维护

2003年4月，与省司法厅、公安厅联合转发了国家司法部等部门《关于加强维护老年人合法权益工作的意见》；5月，发出了《关于认真贯彻落实全国老年维权工作会议精神的通知》，对做好新时期老年维权工作提出了新的要求；年底，建立了全省百岁老人档案；根据老龄工作形势的发展，2004年，组织进行专项调查研究，着手拟定新的《河北省老年人优待办法》。2005年1月，省政府颁发了新的《河北省老年人优待办法》，并于7月1日正式实施。为了确保优待政策的落实，省老龄办先后下发了《关于加强〈河北省老年优待证〉发放和管理的通知》、《关于70岁以上老年人免费乘坐市内公交车具体实施办法的通知》、《关于对〈老年法〉执行情况进行调研评估的通知》，督导各地全面落实老年优待政策。新的《河北省老年人优待办法》的全面实施，受到了广大老年人和全社会的一致称赞，进一步密切了党和政府与老年群众的血肉联系，有力地维护了老年人的合法权益。

四、老年精神生活丰富多彩

2003年9月，举办了全省老年书画展；2004年10月，举办了全省老年艺术团汇报演出；2005年9月，举办了“纪念抗日战争胜利60周年暨迎重阳慰问演出”，同月，举办了“河北省首届老年人健康知识竞赛”。以全省集中性的大型老年文化活动为牵引，全省普遍成立了老年体育协会、老年文艺协会、老年舞蹈协会，各级各类老年大学已经发展到200多所。每年“九九”重阳节期间，各地积极组织开展声势浩大的老年文体活动。特别是唐山市老年艺术团的舞蹈《俏夕阳》和《赶驴》两个节目，不仅在全省、全国老年文艺演出中屡获金奖，而且登上了中央电视台文艺晚会，还远赴澳大利亚、美国进行演出，充分展示了河北和中国当代老年人健康向上、与时俱进的精神风貌。3年来，全省上下共组织规模不一的各类老年文体活动420余场次，直接参赛、参演的老年群众超过260万人次，有效地提高了老年人的生命生活质量。

五、老龄宣传工作广泛深入

2003年3月，与《燕赵都市报》联合开展了“寻找百岁老人、见证社会变迁”活动，受到了社会各界的普遍称赞。2004年8月，与石家庄报业集团经过共同努力，创办了《燕赵老年报》，为全省广大老年人提供了一道丰富的精神大餐。2004年6月，开展了“青少年爱老助老敬老主题教育活动”，在全省开展“孝亲敬老之星”评选工作；7月，举办了“CCTV健康老人大赛”河北省的选拔推荐工作和“银龄美”大赛河北赛区比赛。2005年6月，经过与黑龙江老年日报社多次协商，达成了合作办刊的意见，将该报的第二版辟为“河北老龄版”，创办了《老年日报·河北老龄》，进一步扩大了老龄宣传阵地。通过各种形式的广泛宣传，全社会关心支持老龄工作的氛围愈加浓厚，尊老爱老助老的社会风尚逐步形成。

六、“创建活动”取得显著成效

2003年至2004年，部署在全省开展了“争创老龄工作先进县（市、区）和争创老龄工作先进单位”活动。各地高度重视，认识到位，采取有力措施，运用多种形式，掀起了创建活动热潮。“双争创”活动的开展，有力地促进了老龄工作机构的建立健全，促进了全社会包括各级领导老龄意识的不断提高，促进了保障老年人合法权益的工作力度，促进了老年文体活动的深入开展，促进了老龄宣传工作的全面加强。2004年11月，省老龄委对全省35个老龄工作先进县（市、区）和23个先进单位进行了命名表彰。2005年4月，全国老龄委发出《关于表彰“全国老龄工作先进县（市、区、旗）”和“全国老龄工作先进单位”的决定》，河北省有6个县（市、区）被评为“全国老龄工作先进县（市、区）”，有8个单位被评为“全国老龄工作先进单位”。为了进一步深化创建活动，2005年，省老龄委下发了《关于在全省开展评选表彰老龄工作先进个人活动的通知》，部署在全省开展评选表彰老龄工作先进个人活动。经过基层推荐，县级老龄委、设区市老龄委具体审核，省老龄办研究审定，省老龄委决定，对全省100名老龄工作先进个人予以通报表彰。这项活动是河北省老龄工作开展20多年来的第一次，进一步在老龄工作系统中树立了典型，表彰了先进，有力地推动了全省老龄工作的发展。

七、老龄干部队伍整体素质不断提高

2003年5月，举办了全省老龄工作干部函授培训班。2003年9月，举办了全省老龄工作干部第一批培训班；2004年6月，举办了全省老龄工作干部第二批培训班；2005年8月，举办了全省老龄工作干部第三批培训班。3次共培训老龄工作干部200余名，进一步提高了全省老龄工作干部的综合素质，促进了老龄工作干部队伍建设，为全省老龄事业快速发展积蓄了力量。

八、老龄调查研究工作取得新的进展

2003年6月，开展了老年人权益保障法执法情况调研；8月，开展了基层老年人协会建设情况调研；2004年，围绕拟制新的《河北省老年人优待办法》，开展了一系列的相关调研活动。2005年，进行了《河北省老年人优待办法》落实情况调研；4月，开展了“银龄行动”的调研；6月，开展了《老年人权益保障法》执法情况评估调研；11月，开展了修改《河北省老年人权益保障条例》（草案）的调研、老年法律援助机构建设情况调研以及对基层老龄工作开展情况的全面调研。进一步摸清了基层情况，掌握了第一手资料，为政府制定老龄工作方针政策提供了科学依据。

山西省老龄事业发展概况（2003—2005）

2003—2005年是山西省老龄事业快速发展的3年，在省委、省政府的领导下，在全国老龄工作委员会办公室的指导下，全省各级老龄工作委员会办公室及各级老龄组织坚持以邓小平理论和“三个代表”重要思想为指导，深入贯彻科学发展观，根据人口老龄化发展和老年人的实际需要，统筹经济社会发展和老龄事业的关系，团结拼搏，扎实工作，锐意进取，开拓创新，取得了突出的成绩。

一、积极推进老年立法工作，为老龄事业发展提供法律保障

2003年5月22日，山西省第十届人民代表大会常务委员会第四次会议通过了《山西省实施〈中华人民共和国老年人权益保障法〉办法》（以下简称《实施〈老年法〉办法》），并于当年7月1日起施行。这部法规的制定和施行，是继1996年全国人大常委会颁布实施《中华人民共和国老年人权益保障法》（以下简称《老年法》）之后，山西省老年人生活中的又一件大事，是党和政府关心、爱护老年人的体现，是《老年法》的有力补充，进一步促进了社会稳定，加强了精神文明建设，弘扬了中华民族尊老、敬老、爱老、助老的传统美德，对山西省老龄事业的发展提供了有力的法律保障。

二、深入开展老龄宣传工作，营造尊老敬老的良好社会氛围

2003年以来，全省各市都积极开展了多种形式的宣传教育活动。包括召开专题宣传会议，印发宣传资料，通过电台、电视台、报社、杂志社等新闻媒体进行宣传，举办学习讲座和知识竞赛，开展“敬老爱老”主题教育活动等等。3年来，全省各县（市、区）共发放《老年法》宣传单上百万份，“一法一办法”合订本数十万册，老年文艺团体自编自演各种宣传节目数百场。

丰富的宣传内容和多样的宣传形式，使各级领导和广大干部群众对《老年法》、《实施〈老年法〉办法》和老龄工作有了全面的理解和认识，使广大老年人感受到了党和政府的关怀和社会大家庭的温暖，使《老年法》、《实施〈老年法〉办法》和尊老敬老的传统美德走进了城市、走进了乡村、走进了千家万户。

三、加大《老年法》执法检查力度，全力保障老年人合法权益

2005年5月，省老龄办会同省人大内司委向全省11个市部署了对《老年法》和《实施〈老年法〉办法》进行执法检查的工作。要求各市对老年维权情况、社会医疗保障制度建立情况、老年特困救助资金落实情况、老年福利设施建设情况、老龄工作体制建设情况等进行自查。10月31日至11月5日，省人大内司委和省老龄办的主要领导和同志，分别对晋城、长治、运城3个市进行了重点抽查，实地了解和掌握了各市对“一法一办法”的具体执行情况，促进了各级政府和老龄机构的工作，有力保障了全省老年人在供养、医疗、优待、福利、教育、文化、法律等方面的合法权益。

四、全面推进老年文体事业发展，丰富老年人精神文化生活

2003至2005年，发展老年文体事业作为老龄工作的一项重要内容，受到了各级老龄部门的高度重视。截至2005年底，全省各市、县（市、区）、乡（镇）、街道都建有老年活动中心或老年活动站，有条件的村、社区都建有老年活动室。全省现有老年活动中心（站、室）13769个。同时，各级各地区老年文体群团的数量不断增加，并由自发形式逐步走向有组织、有规模的专业化形式。

2003年，山西省老年艺术团正式成立，标志着山西省老年文艺事业步入正规化道路。在此基础上，各县（市、区）机关事业单位、大型企业、厂矿、学校都先后成立了老年艺术团，老年文化生活不断繁荣，受到了社会各界的一致好评。2003、2004连续两年举办了全省老年文艺调演，并参加了全国老年文艺汇报演出。2005年，举办了全省老年才艺大赛，大赛分音乐、舞蹈、戏曲、美术、服饰、特色六大类项目，历时6个多月，参赛老人达2000多名，并同山西广播电视总台“老年福”数字频道联合举办了盛大的颁奖晚会。

3年来，各级老年体育协会、组织逐步完善，县以上老年体协组织健全，有办公场所，有活动经费，40%以上的乡镇建立了老年体协，健身指导站发展到近万个，有各类体育指导员15000多人。2004年，举行了全省第二届老年人运动会，设门球、网球、健身球等8个项目，参赛总人数达1600多人。2005年，召开了全省农村老年人体育工作经验交流会，在全省开展了农村老年人体育带头人评选活动，有力推动了农村老年体育事业的发展。

五、积极开展创建全国老龄工作先进县（市、区）活动

2004年3月，省老龄办按照全国老龄办的要求，下发了《关于在全省开展创建老龄工作先进县（市、区）评选表彰活动的通知》。各地对“创建”活动高度重视，11个市都先后下发了关于“创建”活动的通知，成立了“创建”活动领导组。省老龄办根据全国老龄办制定的“创建”活动六条标准，结合实际情况进行细化、量化，分解为6项41条，按照400分制进行考核。从6月1日开始，到7月5日结束，历时35天，检查了11个市、16个县（市、区）、13个单位、19个乡（镇）、11个街道办事处、26个老龄办、12个社区、34个行政村、9个敬老院、37个老年活动室，38个老年大学。经过严格考核审查，评选出27个省级老龄工作先进县（市、区）和45个省级先进单位，并向全国老龄委申报了8个全国老龄工作先进县（市、区）和12个全国老龄工作先进单位。2005年7月，全国老龄委表彰决定，山西省5个县（市、区）、8个单位分别荣获“全国老龄工作先进县（市、区）和先进单位”称号。

回顾这3年，全省11个市及所辖各县（市、区）都做了大量的工作，上至党委、人大、政府，下到各级老龄工作机构和涉老职能部门，始终坚持“党政主导、社会参与、全民关怀”的方针，始终按照《老年法》和《实施〈老年法〉办法》的各项规定严格执行，为全省405万老年人办实事、谋福利，解决了广大老年人养、医、教、学、为、乐等方方面面的问题。通过创新思路，整合资源，探索新方法，总结好经验，开创了山西省老龄事业的新局面。

黑龙江省老龄事业发展概况（2003—2005）

近几年来，在黑龙江省委、省政府的领导下，在全国老龄办的指导下，全省各级老龄组织和广大老龄工作者，围绕“党政主导、社会参与、全民关怀”的老龄工作方针，按照“发展要有新思路，改革要有新突破，开放要有新局面，各项工作要有新措施”的要求，锐意进取，使全省老龄工作进入了一个新的发展时期。

一、进一步理顺了全省各级老龄工作体制

根据省老龄工作机构的现状，省老龄办把进一步加强机构建设，特别是县（市）区一级老龄机构建设作为近两年的一项重点工作。力图通过开展创建活动解决机构、编制这一直困绕老龄工作的难题。通过两年来的创建活动，在学习“三个代表”重要思想的高潮中，进一步加强了组织建设，理顺了工作体制，充分发挥了老龄工作机构的综合协调、督促检查和参谋助手作用。一是省老龄办的性质、职能、机构设置得到了确认，增加了领导职数，党组已于2005年正式组建起来；二是县（市）区老龄工作机构已逐渐设立，人员逐渐到位，工作基本实现协调运转，省市地三级老龄办工作环境，办公条件有较大改善。

二、创建先进县（市、区）活动，有力提升了全省老龄工作整体水平

全国开展创建老龄工作先进县（市、区）活动后，黑龙江省按照全国要求，认真抓了贯彻落实工作，取得明显成效，特别是解决一些老龄组织机构建设、老龄工作经费、老年福利设施建设投入等关键性问题，有力推动了整体老龄工作发展。

（一）创建工作引起了各级党政领导的重视。各地党政领导认识到位，思想统一，行动迅速，各项措施保障到位。各地市把创建活动纳入党委政府的重要日程，成立领导小组，召开专题会议，制定方案，明确目标，并把目标分解，层层落实。

（二）开展创建活动以来，各地加大了老年福利设施建设的投资力度。各地在老年福利设施建设上，以实现“六个老有”为目标，把加强为老服务设施建设作为老龄工作的平台，本着政府投入与社会参与相结合的原则，积极探索多种形式，多种渠道，多元投入的为老服务设施建设有效途径。

（三）通过开展创建活动，老年人的合法权益得到有效保障。各地在维护老年人权益方面，充分发挥老龄委成员单位的职能作用，以老年人为本，为老年人负责，做了大量的工作，取得了显著效果。

（四）通过开展创建活动，基层工作得到加强。老龄工作的重点在基层，在社区。各地在推进创建工作中，坚持以社区党支部、居委会为主导，以社区活动中心、“星光老年之家”为阵地，以老年协会为组织形式，广泛开展老年文化、体育、教育、维权、关心下一代等各种活动，寓管理、教育于活动和服务中。基层老龄工作已形成了你追我赶，争创先进的好局面。

（五）通过开展创建活动，解决了老龄工作的实际问题。机构、编制、经费问题一直是困扰老龄工作的难点问题，各地都抓住机遇认真解决问题。哈尔滨市在制定创建方案时，明确要求区级老龄办要配备一名副处级主任，县级老龄办要配备正科级主任。双城市通过创建加强了工作保障，资金到位。人员编制，办公设施环境到位，编委批市老龄办编制11人，人员工资，由市财政列支。杜蒙县按创建条件增加了工作人员，改善了办公环境，解决了工作经费5万元。齐齐哈尔市、大兴安岭地区、大庆市、佳木斯市等在创建工作中，使市、县、区老龄机构建设得到加强和完善。

（六）通过开展创建工作，创造良好的老龄工作氛围。各地为了促进老龄工作的深入开展，把加强老龄宣传工作作为头等大事来抓，把宣传工作当成拓展老龄工作的突破口，制定宣传计划，把敬老、养老、助老列为精神文明建设内容。组织开展各种活动，大张旗鼓地宣传老龄工作。

三、“银龄行动”活动取得一定成效

按照全国老龄办《关于组织开展老年知识分子援助西部开发行动试点方案》的通知要求和全国“银龄行动”试点工作会议的部署，根据黑龙江省实际，省老龄办会同省人事厅、省老科协今年把黑龙江省早已开展的与“银龄行动”相类似的老科技工作者送科技下乡活动逐步引向深入。通过这项活动，为广大健康的老年知识分子搭建“老有所为”的平台，调动广大老年科技工作者，积极投身到二次创业，振兴黑龙江老工业基地的热潮中，充分发挥了老年人的经验、智慧、专业特长、学识等优势，在科技攻关、企业改造、科技兴农等方面作出贡献。总的来讲，活动进展顺利，取得一些成效。

四、支持举办首届“珍奥杯”全国银龄美大赛和CCTV《夕阳红》全国健康老人电视大赛活动

这两项赛事在启动后，在全省老年群体中引起强烈反响，全省共有数百名各民族、各年龄段的老年人报名参加了省分赛区的选拔赛。很多老年人不仅积极参与，还把活动当作自己的节日一般，充分体现了新时期老年人对美和自身价值的追求，值得一提的是黑龙江省80岁高龄的王喜元老人喜获CCTV《夕阳红》全国健康老人电视大赛铜奖。

五、采取综合措施，加强老年人权益保障工作

一年来省老龄办从全心全意为老年人服务的宗旨出发，采取了综合措施，使全省老年人权益保障工作得以发展。

成立老年法律援助中心。与省司法厅联合下发了《关于进一步做好老年法律援助工作的意见》，到目前已有一些市、县成立了法律援助中心（站），接待老年人的来信来访，对符合条件的老年人提供法律援助，调解涉老纠纷，为老年人代写法律文书等。

开展老年法规的宣传教育。将《老年法》及有关老年人权益的法律条款的学习纳入“三·五”普法计划。

开展执法调研。一年来各地老龄办作为“一法一例”的执法主体，进行执法调研，收效明显。推动了各级政府重视老年人权益保障工作，解决了一些长期未解决的问题，发现了老年人权益保障工作的新情况，为我省进一步做好老年人权益保障工作打下了工作基础。

建立三级老年法律咨询服务组织网络。到目前，全省市、区、县以及街道、乡镇建立了三级老年法律咨询服务组织网络，定人、定点、定时接待和处理老年人来信来访。

六、积极开展敬老优待服务工作，认真为老年人办实事、办好事

根据《老年法》第36条规定：“地方各级人民政府根据当地条件，可以在参观、游览、乘坐公共交通工具等方面，对老年人给予优待和照顾。”《黑龙江省人民政府办公厅转发省老龄委〈关于全省老年人实行优待服务的意见〉的通知》（黑政办发［2000］54号）进一步明确了对全省老年人实行16条优待服务规定。为了把党和政府对老年人的关爱真正落到实处，2003年省老龄办加大了落实工作力度，针对一些老年人反映的规定个别地方没有兑现，老年人持证乘车但有关人员不支持、不配合甚至进行抵制，个别地市公交部门提出无力承担老年人优惠乘公交车等情况，组成调查组进行老年人持证乘车情况调查，写出翔实的调查报告，用事实证明老年人乘车不会给公交部门造成过重负担。办领导亲自出面通过省政府督办部门与个别地市公交部门进行协商，缓解了一些矛盾，使敬老优待服务工作得以正常开展。调动了全社会相关部门和组织的积极因素，营造一个良好的尊老敬老氛围。

“一心一意为老年人办实事，千方百计把老龄工作搞上去”是省老龄办多年来形成的工作思路，常抓不懈，为充分体现党和政府对老人关怀，全省各地开展了各种形式的老年人办实事送温暖的活动。

七、开展调查研究，取得了一些老龄工作和老龄问题的研究成果

为掌握第一手材料，有针对性开展老龄工作，省老龄办领导同志坚持调查研究的工作作风。一是组织开展了“全省特困老人生活状况调查”，围绕老年人生活、医疗、经济收入、住房、身体状况等方面问题，按照全省总人口3%的选样，开展了一次性抽样调查，了解了老年人生活状况、愿望和要求，省老龄办对全省特困老人抽样调查进行汇总分析，撰写了调查报告《要高度重视和解决城乡老年人中的贫困问题》，此项工作受到了有关方面的好评；二是开展了“全省老龄基层组织建设情况调查”，摸清了全省基层老龄机构现状，为理顺全省老龄工作体制、加强老龄机构组织建设提供了依据；三是同省委宣传部、黑龙江大学等部门共同举办“振兴龙江——老龄问题专题研讨会”，为迎接人口老龄化的严峻挑战，综合治理黑龙江省老龄问题提供了一些理论依据。

八、建立“龙江夕阳红”网站，为我省新时期开展老龄工作，提供了一个有效载体

为提高老龄工作部门工作质量和服务质量，推动社区为老服务社会、产业化建设，促进老龄事业发展，2003年，省老龄办把建立“龙江夕阳红”网站作为一件大事来抓。经过一段时间的精心组织和筹备，省老龄办与省通信公司共同创办的“龙江夕阳红”网站已于今年上半正式开通。“龙江夕阳红”网站分3个基本板块。一是省老龄工作委员会办公室工作板块，主要是反映全国老龄工作方针政策和老龄工作信息；二是老年人物质、精神生活板块，为广大老年人安享晚年，融入社会生活提供信平台；三是开展网上服务，为机关企事业单位及老年服务组织搭建一座敬老、爱老、助老服务的桥梁。网站开通以后，受到了老龄工作者和广大老年人的热烈欢迎。

九、积极开展有利于老年人身心健康的文体活动，丰富老年人精神文化生活

全省普遍成立了各层次、多形式的老年文体组织。省及多数市地都拥有水平较高的老年文艺团体，在全国性的老年文艺比赛中取得较好成绩。各地老年活动中心、老年活动室注意老年人活动多层次的需要，成为老年人老有所乐、健身娱乐、学习交流的场所。

根据全国老龄办的要求，组建了黑龙江省老年艺术团，整合老年艺术人才，发挥示范作用，促进了社会进步稳定和社会主义精神文明建设。由省老年艺术团推荐的歌舞类节目《黑土地欢歌》进京参加了全国老年文艺节目汇报演出。

吉林省老龄事业发展综述（2003—2005）

人口老龄化是目前国际社会普遍关注和亟待解决的重大社会问题。吉林省早已成为人口老龄化省份，目前老年人口约300万，占全省人口的11%。老年人口增加，是经济发展、社会进步、人民生活水平提高、医疗卫生条件改善的重大成果。但是，人口老龄化也直接导致了劳动年龄人口比重下降，社会供养系数上升，对政治、经济、社会等各方面都产生重要而深远的影响，因此说人口老龄化问题已经并将进一步成为关系我国经济社会发展全局的重大战略问题。

党中央、国务院高度重视老龄工作，于2000年下发了《中共中央、国务院关于加强老龄工作的决定》，对各级党委、政府重视和解决老龄问题，发展老龄事业提出了要求。中共中央《十一五规划的建议》也指出，要“认真研究制定应对人口老龄化的政策措施”。多年来，省委、省政府高度重视吉林省老龄工作和老龄事业的发展，制定了《关于贯彻落实〈中共中央、国务院关于加强老龄工作的决定〉的实施意见》，要求“各级党委、政府要从保持社会发展和稳定的战略高度，充分认识做好老龄工作的重要性和紧迫性”。并积极应对人口老龄化问题，不断加强全省社会保障体系和老年福利服务设施建设，先后建立了养老保险及城市、农村低保制度，城市、农村医疗救助制度，积极推进农村新型合作医疗试点工作，大力实施了“星光计划”，“星光老年之家”覆盖了全省所有城市社区。各相关部门也做了大量工作，使吉林的老龄事业得到了较好发展。

3年来，吉林省共建成“星光老年之家”1794个，覆盖了城市的所有社区。另外，全省还建立了老年活动中心229个，老年活动（室）2500多个，老年室外活动场地3200多处，老年学习场所3700多个，办起老年大学31所，老年学校1550所。经常参加学习及文体娱乐活动的老年人约40多万人。

劳动和社会保障部门加大养老保险费征缴力度，确保企业离退休人员养老金按时足额发放。民政部门着力办好780多所农村敬老院和城镇社会福利院，并妥善安排好分散供养的“五保”老人的生活；积极落实低保政策，使城市28.8万贫困老人实现应保尽保；并将农村9.3万贫困老年人纳入了低保范围，保证了他们的基本生活。老干部部门建立了“两费”保障工作责任制，落实了离休干部的“两项待遇”。卫生部门加强基层卫生设施建设，为老年就医提供方便；在农村推行新型合作医疗制度，着重解决老年人大病、重病的问题；兴办老年病院、医疗站点260多个，设老年家庭病床4700多张，缓解了老年人看病难的问题。国家和吉林省出台了计划生育家庭奖励政策，对城市独生子女家长退休后一次性奖励2000元，对农村部分计划生育家庭实行奖励扶助制度，每月不低于50元，提高了养老保障能力。

辽宁省老龄事业发展概述（2003—2005）

2003年

2003年，辽宁省按照年初制定的总体要求，以认真贯彻全国老龄工作委员会的五次全体会议和民政部部长、全国老龄工作委员会办公室主任李学举同志在全国老龄办主任会议上的讲话精神，根据省老龄工作实际，进一步理顺老龄工作管理体制和工作关系，以强化基层老龄工作为重点，以加强老龄事业基础设施建设、开发老龄产业为主攻方向，以实施“银龄行动”为突破口，以加强法规政策研究、更加有效地维护老年人合法权益为保证，逐步把总体老龄工作推向正规，投入全面运行，创造了一个比较好的工作局面。按照这个要求，全省各级老龄工作部门集中精力、振奋精神，在各个方面都取得了新进展。

一是老龄管理体制工作有所进展。4月，省机构编制委员会办公室发出文件明确省老龄办为行政部门，并重申了主要工作职责，对推动全省老龄工作起到了基础性作用，也为各市县理顺管理体制、建立工作机构、确定工作职能和管理机制提供了统一的、方向性的条件。**二是基层老龄工作进展明显，并在一些方面有所突破。**重点对阜新蒙古族自治县实行“一院、一书、一补、一为、一优待、两基地”、鞍山市开展老年志愿者活动、台安县建立养老基地和基层老年活动点、凌源市建立基层老年法庭、岫岩县建立大老龄格局的优秀经验进行了推广。**三是老年基础设施建设得到进一步加强。**市级老年公寓完成投资规模近8000万元。**四是老龄产业建设和开发工作有一定进展。**老年旅游活动蓬勃开展，老龄文体产业持续发展，老龄用品得到进一步开发。**五是老年维权活动进一步活跃。**凌源市在国家五部委联合召开的全国老年维权工作会议上介绍了对涉老案件实行受理、审判、执行“三优先”的经验。**六是“银龄行动”圆满结束。**辽宁省13名专家通过讲座、授课、接诊、申报科研项目等方式对青海进行医疗援助。**七是基层调研工作进一步展开。**配合省人大内司委对全省老龄执法、老龄工作情况进行专题调研。**八是老年活动丰富多彩。**各种文艺、体育活动极大地丰富了老年人的业余文化生活。

2004年

2004年，全省老龄工作在省委、省政府正确领导和省老龄工作委员会组织、指导下，在各位老领导的大力支持下，经过各成员单位和全省老龄工作者的不懈努力，取得了可喜成果，实现了老龄事业的健康、顺利发展。

一是老龄服务基础设施建设实现较快增长。市一级老年公寓的投资规模有较大幅度增加。锦州、阜新、盘锦等市新建的老年公寓、老年大学已投入使用。台安县占地2万平方米的老年活动中心主体大楼已经建成。**二是社会化养老服务取得新进展。**全省投资新建和改扩建各类养老机构99所，新增床位6000多张，总床位达到3.05万张。其中民办养老机构占床位总数的52.8%，公办福利机构自费供养率平均达到45%以上。大连等市开办家庭养老院，开展社区居家养老服务，通过政府投入和社会捐助筹集资金，对不同困难老人养老实行分类补贴；抚顺、营口等市依托社区开展低偿、无偿为老人上门服务。**三是以“争创”活动为载体，推进了基层老龄工作的发展。**召开专门会议研究部署，制定考核标准，作为老龄工作目标管理的一项重要内容下发各市，推动了基层老龄工作的全面发展。抓住各基层单位“争创”的关键时机，在鞍山市台安县召开了全省基层老龄工作现场经验交流会。会上总结交流了20多个基层建设的先进经验，参观了台安县、镇、村老年协会发挥作用的典型，对“争创”工作起到了巨大的推动作用。8月，经过认真考核，评选出8个老龄工作先进县区和8个老龄工作先进单位，上报了国家老龄办。**四是老年维权工作得到加强。**总结了一批基层维权活动的先进典型：抚顺市建立了老年意外伤害保险制度，阜新市建立了老年服务设施管理制度，营口市实行了特困老年人医疗优待制度，大连、盘锦、朝阳市开展了老年人法律援助和服务活动，辽阳市实行了农村养老补贴制度，沈阳市建立了老年旅游活动管理制度，从不同的侧面维护了老年人的合法权益，受到了老年人的欢迎。与此同时，省本级已开始着手对《辽宁省老年人保护条例》进行修改，进一步健全法律法规体系，充实内容，为有效维护老年人的合法权益奠定坚实的基础。**五是老龄产业开发和政策理论研究取得突

破。筹备成立辽宁省老龄产业协会，以发展老龄产业、服务老年人为宗旨，已吸收会员60多个，涉及13个领域和行业。3月，省民政厅、省老龄办会同省委政策研究室等部门就加快辽宁省老龄产业发展问题展开政策研究。5月份，省委、省政府下发了《关于加快养老产业发展的意见》。5月末，省老龄办和省老龄产业协会报送的论文《我国老龄产业初探》，被作为重要理论成果在全国老龄产业理论与政策研讨会上宣读，并结集出版。**六是"银龄行动"成效显著。**根据全国老龄办要求，辽宁省在省内开展"银龄行动"。分两批派出12位老专家到四个贫困县开展援助活动。内容涉及禽畜饲养、果品储藏、果树栽培、历史、美术、医疗等专业，采取讲座、现场业务指导、座谈等多种形式，授课面达上千人，解决了一大批技术上的疑难问题，取得了很好的效果。

2005年

2005年，辽宁省认真贯彻全国老龄办主任工作会议、省政府召开的全省老龄工作会议精神，以"三个代表"重要思想为指导，以"六个老有"为目标，以维护老年人的合法权益为主线，以建立包括老年福利、社会保障、生活照料、医疗保健、体育健身、文化教育和法律援助等内容的比较完善的老年服务体系为重点，夯实基础，开创老龄工作新局面。全省老龄工作全面推进，取得了可喜的成绩。

一、领导重视，老龄工作得到加强

省委、省政府高度重视老龄工作，采取一系列措施，加强对老龄工作的领导。召开会议，开创工作新局面。许卫国常务副省长任省老龄委主任以来，四次专门听取老龄办工作汇报，亲自出面解决老龄工作存在的问题；闫丰副省长多次召开办公会、现场会协调解决省老龄办的历史遗留问题和现时问题。省政府先后召开两次大型老龄工作会议，对全省老龄工作起到极大的推动作用。2005年1月17日，以省政府名义召开了5年一次的全省老龄工作会议，在各级政府和全省老龄工作系统中引起强烈反响，引起了各市领导和成员单位领导的高度重视，保证了各项老龄工作的全面开展。9月份，在二位副省长的主持下召开了省老龄委第四次全体（扩大）会议。省老领导关注和支持。省老领导郭峰老书记在患重病晚期，仍关心老龄系统的工作。在病床上对今年省老龄工作大会文件全部阅读、并批注。省老顾问王光中、孙奇、陈素芝、李国忠、郭燕杰、陈洪铎，副主任吕炳华等省老领导，对老龄工作重视，听情况，提建议，参加重要活动，走访重点市。各市加强领导，工作取得重大突破。市级老龄机构设置不顺问题逐步得到解决。全省原有4个市老龄办机构不健全，全省两会后，有2个市相继理顺加强。朝阳市、锦州市编委下发文件，明确老龄办机构，增加人员。县区老龄工作力量得到加强。沈阳市13个县（市、区）老龄办机构健全，部门工作相对独立。营口市8个县（市、区）老龄办均为独立的科级单位，其中2个县（市、区）老龄办人员由原有的9人增至16人。辽阳市编委下发文件，要求各县（市、区）老龄办为科级单位，至少配备3名专职干部。铁岭市将8个县（市、区）老龄办定为科级单位，一次性增加编制17人；老龄工作经费由财政解决。抚顺市解决了老龄办主任级格问题。鞍山市4个县区老龄办增加7个编制。葫芦岛3个县（市、区）增加了4名老龄工作专职干部。工作经费得到保证。省财政厅按每位老年人0.5元的标准确定了省级老龄事业活动经费标准。抚顺市、辽阳市、铁岭市、鞍山市铁东区和台安县、丹东东港市都确立了按当地老年人口每人1元钱的标准提取老龄活动经费。营口市老边区、大石桥市将老龄事业经费列入当地财政预算，保证足额使用。

二、真抓实干，全面推进老龄工作

省老龄办在人员少、任务重的情况下，以只争朝夕的精神，真抓实干，全面推进全省老龄工作。理顺工作，分解落实。根据全省老龄工作会议确定的工作任务和目标，将省老龄办工作具体划分为4大部分，分解为40个方面、共96项具体工作，逐一落实到办内各部门，责任到人。对省办现有12人实行定岗、定员、定责，工作满负荷运行，较好地承担了13项重要工作和大型老年活动。督促检查，狠抓落实。为全面贯彻全省两个老龄工作会议精神，落实各项工作，省老龄委下发文件，省老龄办全体人员于2005年4月至5月深入到14个市、28个县（市、区）、51个社区和村，听取了各级政府贯彻落实省老龄工作两个会议情况的汇报，实地检查，对两个会议的贯彻落实情况进行了全面督察督办，狠抓落实。重点检查了各市传达贯彻落实两次会议情况，市委、市政府对老龄工作重视情况，市、县两级老龄工作机构理顺情况，吸收老龄工作好的经验做法并提出需要解决的问题。抓住重点，超前落实。一是鉴于辽宁省《老年人保护条例》已颁布17年且先于国家老年法8年出台，已不适用现代社会和经济发展的情况，2005年初，重新修改、制定了《辽宁省老年人权益保障条例》。通过借鉴全国各省经验，召开基层单位老年人座谈会，咨询省人大、省高法和司法部门，聘请法律专门人员等方式进行修改后，正式提交省老龄委第四次全委会讨论通过，并报省人大列入立法程序，计划2007年正式出台。二是编制《辽宁省老龄事业发展

“十一五”规划》。通过对全省老年现状、养老状况及其发展趋势进行调查研究，广泛征求各市和相关部门意见，聘请专家学者论证，制定出了符合辽宁省实际，指标科学的老龄事业发展“十一五”规划。全面推进，开展各项工作。在青少年中开展“尊老、敬老、助老”主题教育活动；开展“银龄行动”；大力开展《老年法》宣传活动；举办各种爱老敬老活动；开展了老年“夕阳风采”系列活动；开展“两先三星”评比宣传活动。

各成员单位认真履行职责。省民政厅在老年人最低生活保障、老年救助、居家养老、老年活动场所建设上有规划，抓得扎实有效。2005年在全省重点启动了以尊老、养老、助老为主题的“敬老行动”。省财政厅调查掌握全省老龄现状和工作重点，定额合理，保证老龄活动经费。省人事厅、省编办落实政府办公会精神，解决了老龄办历史遗留的人员机构等问题。省计生委、民政厅组织专人，联合相关部门，对全省老龄人口状况进行调查，为领导决策提供科学依据。省劳动和社会保障厅确保退休老年养老金，按时足额发放。团省委、教育厅、民政厅联合开展高校学子与省内1200个敬老院结对子的爱老敬老活动。省老干部局全面保障全省老干部生活医疗各项待遇。组织老同志看辽宁、话建设，发挥老同志的作用。省公安厅严厉打击以老年人为侵害对象的涉老违法犯罪活动，依法维护老年人合法权益。省卫生厅开展农村新型合作医疗，对农村老年人看病起到保障作用。省委宣传部、省妇联、省文化厅在全省城乡组织各类老年文化活动达25万人次。省直机关工委、体育局开展老年体育活动，老年各项体育竞赛达23项。旅游局在全省开展老年夕阳旅游活动。各成员单位领导重视老龄工作，并根据各自职能开展工作，全省大老龄思想和工作齐抓共管、形成合力的局面逐渐形成。

2005年，辽宁省老龄工作得到国家老龄办和省政府的肯定。在全省老龄工作会议上，全国老龄办李本公常务副主任讲话指出：“2004年以来，在省委省政府的重视和大力支持下，辽宁省的老龄工作随着经济社会的快速发展开创了一个新局面，取得了很大成绩，在省这一级老龄办应该有像辽宁老龄办主任这样，为省委省政府当参谋，来起综合协调对下指导的作用。”原省政协主席、省老龄委孙奇顾问讲话指出：“省老龄办主任调到省老龄办之后，已经把省老龄办原有人员团结调动起来，开展调查研究，总结了一些典型经验，使省老龄办的工作有计划、有步骤地开展起来了，这些都预示着我省老龄工作将会有一个更好的发展势头。”省委常委、常务副省长、省老龄委许卫国主任讲话指出：“省办主任是全省精选的，虽然到老龄办时间不长，但受到了国家老龄办的表扬和肯定，既有经验，又很热心、很专心、很用心，又善于创新，这么短时间内辽宁的老龄工作确实又向前推进了一步。”

山东省老龄事业发展概况（2003—2005）

山东省有老年人1193万，占总人口的13%。2003年以来，在省委、省政府的领导下，全省老龄事业有了一定发展。全省老龄事业总投入约40.12亿元，在养老保障事业、优待老年人规定落实、老年人合法权益维护、老年服务产业发展、老年人精神文化生活、老龄工作宣传、老年人参与经济与社会发展、老龄工作组织机构建设等方面，取得了明显成绩，广大老年人的物质文化生活水平不断提高，促进了经济社会的协调发展和社会主义和谐社会的构建。

一、养老保障事业成绩显著

养老保险制度逐年完善。全省城镇职工养老保险覆盖面达90%以上，保费缴纳基本到位，养老金普遍实行了社会化发放；全省有1000万农民参加了农村社会养老保险，51万农民开始领取养老金。老年医疗保障服务明显改善。全省有老年家庭病床32000多张，老年门诊4200多个，老年医院480多个，老年临终关怀机构46个；建立了以老年人为主要服务对象的山东心脑血管病医院和山东豪普健康管理中心。养老服务设施建设不断增加。全省养老机构6337个，总床位140949张，其中，社会福利院3656个，乡村敬老院2282个，老年公寓、托老所399个；组织实施了“社区老年福利服务星光计划”，全省完成“星光计划”项目2066个，总投资18.5亿元。家庭养老功能不断巩固。省老龄办出台了《农村签订家庭赡养协议书实施办法（试行）》，全省农村全面开展了签订家庭赡养协议书工作，签订率达到85%以上，兑现率达到95%以上。“五保”和“低保”供养覆盖率逐步提高。全省有30多万老年人享受低保，60%

的“五保”老人实现集中供养。全省各级为老年人发放生活补贴约4亿多元，救助贫困老年人55万多人次。全省2200多名百岁老人和60万多高龄老人享受政府或集体养老补贴。

二、优待老年人政策全面落实

2002年省政府修订了《山东省优待老年人规定》，增加了优待内容，提高了优待标准。各市在省优待规定的基础上，根据当地情况，对老年人实行了更大幅度的优待。全部免除了农村老年人出资出劳，累计达1826万多人次；免除农村老年人新增农业税及附加、乡村公益事业金和税费改革前的“三提五统”等经济负担9.6亿元。全省公园全部向老年人免费开放，96.5%的旅游景点向老年人优惠开放；公共文化娱乐场所和体育健身场所向老年人半价开放，65～69岁老年人半价、70岁以上老年人免费乘坐市内公交车。全省实行了老年优待证制度，制定了《山东省老年人优待证管理办法》，建立了统一的老年优待证发放系统，实现了《山东省老年人优待证》全省“一证通”。

三、老年人合法权益得到有效维护

各级印发《中华人民共和国老年人权益保障法》、《山东省老年人权益保障条例》、《山东省优待老年人规定》（以下简称“一法一条例一规定”）累计500多万份，《中华人民共和国老年人权益保障法》列入了全民普法教育计划。组织全省性大型老年法规政策宣传活动10多次，省、市主要媒体的法制栏目中增加了老年法律法规政策的内容，每年10月为全省老年法律法规政策宣传月，多次举办老年法规政策培训班、讲座和知识竞赛等活动。组织开展了关于家庭养老的立法调研，提出了立法建议。省人大将修订《山东省老年人权益保障条例》列入了2004年（三类）和2005年（二类）立法计划。建立了人大检查、政府督查、政协视察、媒体访查的工作制度。省人大、省政协以及各市人大、政协分别对贯彻实施“一法一条例一规定”情况进行了检查和视察。老年法律援助机构进一步健全，各级在老龄办或法律援助机构内设立“老年人法律援助联络室”或“老年人法律援助接待室”，配备专（兼）职法律援助工作人员，定点、定时办理老年人的法律援助事务。全省3万多人次老年人获得法律援助，减免律师服务费800多万元；3.2万多人次老年人获得司法救助，减免诉讼费730多万元。全省涉老案件每年立案约5200多件，审结率达到90%以上。全省老龄系统办理老年人来信来访21万多件。

四、老年服务产业发展顺利

省老龄办对老龄产业进行了专题调研考察，提出了发展老龄产业的指导思想、目标任务、结构框架、管理方式、运行机制等问题的意见建议，省政府下发了《关于加快老龄产业发展的意见》。启动了全省老年旅游市场，成立了老年旅行社，组织老年人旅游70多万人次。举办了国际老龄产业博览会，300多个企业、科研单位和有关机构参加。全省民政系统在实施第三批“星光计划”中，大力兴办“双百工程”，对100处县级老年福利服务中心和100处乡镇敬老院予以重点扶持，成为造福城乡老年人的精品和亮点工程。创办了山东心脑血管病医院和山东豪普健康管理中心，填补了我省心脑血管病专科医院空白。全省已建和在建投资2000万元以上的老年公寓达15所。以有偿供养、生活照料、疾病护理、文体活动、学习教育、观光旅游、老年用品、老年食品为主要内容的老龄产业呈现出快速发展趋势。

五、老年人精神文化生活日益丰富

按照新建、改建、扩建相结合的原则整合资源，积极发展老年文化体育教育设施。全省有老年活动中心、站、室4.13万个，县以上老年大学363所，基层老年学校2800多所。各级老年大学（学校）在校人数25.3万人。群众性老年文化体育组织发展较快，全省县以上水平较高、活动经常的老年文化体育组织7943个。2005年全省全面启动了利用农村集体闲置房屋改建老年活动基地工程，两年内将全省农村闲置可利用的5万多间集体房屋全部改建成老年活动基地。积极开展健康有益、丰富多彩的老年文体活动，形成了经常性的群众活动、重大节日期间的集中活动、定期举办大型活动三位一体的老年文体活动制度。省市两级每年举办较大规模的老年文体活动100多次。

六、老龄宣传工作不断加强

各市级以上主要新闻媒体普遍开设了老龄工作栏目、节目，全省形成了以新闻媒体为主的老龄宣传网络。省老龄办联合省委宣传部、省记协等部门开展了老龄宣传报道评选表彰活动。积极参加“全国老龄新闻奖”评选，获“全国老龄新闻奖”好作品一等奖1个，三等奖2个，“全国老龄新闻奖”好节目1个，省老龄办获组织奖。省老龄办摄制了反映山东老龄工作的6集电视专题片《齐鲁夕阳分外红》，并在山东电视台播出。出版了反映山东老龄工作和老龄事业的大型宣传画册。组织全省青少年开展了敬老爱老助老主题教育，进行了“双百三千”的评选表彰活动（评选100个先进单位、100名先进个人、1000篇敬老好文章、1000件敬老好事迹、1000名敬老小孝星）。开展了建立长久性户外老龄宣传物工作，城区主要街道和繁华地带设立了老龄事业公益广告，农村普遍建立了老龄宣传一条街、一面墙和宣传栏。全省各级老龄办在市以上新闻媒体刊发、播发老龄工作稿件3万多篇。

七、老年人参与社会发展成效明显

大力倡导共建、共享、共融的理念，积极组织广大老年人参与社会发展。部分人才交流机构设立了老年人才数据库，省、市成立了老科技工作者协会、老教育工作者协会、老法律工作者协会等组织，发挥了较好作用。紧紧围绕省委、省政府的中心工作，组织了47名老年知识分子开展"银龄行动"，投入了省委关于"突破菏泽、加快菏泽发展"之中，取得了明显的社会效益和经济效益。广大老年人在维护社会稳定、关心教育下一代、社区服务、调查研究、社会公益事业等方面发挥了积极作用。

八、老龄工作组织机构不断建立健全

全省各级老龄部门十分重视机关自身建设，围绕提高政治业务素质，提高办事能力，提高工作效率，提高整体工作水平，积极开展"内强素质，外树形象"和"树老龄干部形象，建老年人之家"活动，调动了老龄干部干事创业的积极性。省、市、县、乡（镇）、村五级老龄工作网络基本建成，乡镇以上健全了老龄工作委员会和老龄办，全省已有90.1%的行政村和社区建立了老年人工作委员会。全省县以上老龄办实有工作人员2111名，乡镇（街道）专职老龄工作人员2019名、兼职4023名。各级采取多种形式对老龄工作干部进行了培训，县以上老龄部门共举办培训班2389次，参加培训人员13.66万人次，提高了老龄工作队伍的整体素质，形成了一支自身素质高、工作能力强、外在形象好的老龄工作干部队伍。

安徽省老龄工作概况（2003—2005）

安徽是人口大省，1998年就进入了老年型省份的行列。2004年底全省常住人口为6461万人。其中60岁以上和65岁以上人口分别达870万人和599万人，占总人口的13.49%和9.3%。人口老龄化的发展速度超前于经济发展水平，呈现出四个显著特点：一是进入老龄化社会早，为全国12个较早进入老龄化的省份之一。二是人口老龄化进程快。在1982年至2000年18年内，安徽省老年系数从全国第21位前移到第9位，序位前移速度为全国务省（市、区）之首。2000—2004年4年间，安徽省老年人口增长近30%，而同期全省户籍人口仅增长不到3%。三是老年人口增长超前于社会经济发展。在进入老龄型社会时全省人均GDP还不到600美元，2005年为1049美元，低于全国平均水平，"未富先老"的问题较为突出。四是农村老年人口比重高。农村老年人口占全省老年人口比例的76.5%。

在省委、省政府的领导下，在各有关部门和社会各界的大力支持下，全省各级老龄组织和广大老龄工作者紧紧围绕"六个老有"的工作目标，认真贯彻党的十六大、十六届四中、五中全会精神和《中共中央、国务院关于加强老龄工作的决定》，努力探索安徽老龄工作的新路子，为安徽省的经济发展和社会稳定作出了积极贡献，取得了较大成绩。

一、成员单位积极发挥职能作用，推进老龄工作健康发展

省老龄委各成员单位积极发挥职能部门作用，有力地推动了各项老龄工作计划的落实。省委宣传部将《老年人权益保障法》纳入全省法制宣传教育规划和精神文明建设规划，以农村、企业、社区、学校为重点，开展了文化、科技、卫生"三下乡"活动，深受包括老年人在内的广大农民的欢迎。省发改委帮助申请中央预算内专项资金（国债）1700万元，用于合肥市包河区、蚌埠新城区全国社区服务设施试点项目建设；利用服务业引导资金240万元，扶持了合肥"夕阳红"、巢湖"光明"、宿州墉桥"星光"等7所老年公寓以及宣城老年活动中心、铜陵铜官山社区等4所老年社会服务中心的建设。省新闻出版局积极发挥老同志的作用，支持、鼓励老同志参与图书、报刊的审读工作，把好图书、报刊质量关。为满足和充实老同志晚年生活，音像出版社出版了"中国黄梅戏经典大全"光盘一套，深受老同志欢迎。省人事厅在国家暂未部署两年一次增加离退休费的情况下，报经省委、省政府领导同意，确立了安徽省两年一次增加离退休费的正常机制，并会同财政等部门为退养民办教师按每月90～120元的标准增加退养费，适当解决了退养民办教师生活困难问题。省司法厅深入开展维护老年人合法权益的法制宣传教育活动，积极为老年人提供优质、高效、便捷的法律援助和法律服务，努力扩大法律援助覆盖面，并不断将援助向社区、乡镇延伸。2004年，全省各级法律援助机构共为老年人提供法律援助1180余人次。省广电局加强对老龄工作宣传作整体规划和安排，省电台、电视台每年播发有关稿件200多篇组，为全社会形成尊老敬老社会风尚营造了良好舆论氛围。省建设厅为方便老年人及残疾人使用无障碍设计标准，对不符合要求的建设项目一律不予批准，不核发建设工程规划许可证。省文化厅发挥文化部门老年群体的人才优势和专业优势，精心组织示范性和导向性文化活动，提高老年人的精神文化生活；省博物馆坚持免费为持证老人提供优待服务。省总工会积极开展向困难职工送温暖活动，2004年向3185户生活困难的离退休老人送去救济金958万元，向3200多户省部级以上离退休劳模送去慰问金300多万元，还通过调查研究，向省政府反映对全省3.45万集体企业未参加养老保险的退休人员实行低保问题，省长办公会议已责成有关部门拿出具体方案。其他有关部门（单位）也都在各自不同的领域内为老龄事业作出了一定的贡献。

二、认真贯彻落实相关法律法规，依法维护老年人的合法权益

全省各级老龄办以贯彻落实《老年法》和安徽省《实施办法》为出发点，以为老年人办实事、解难事为落脚点，扎实开展老年维权工作。

一是加强了老年法律、法规的宣传力度。各地充分利用“四五”普法，“一二·四”宪法宣传日、重阳节和重大节假日，运用广播、报纸、电视、专栏等多种形式，多层次、多渠道地广泛宣传《老年法》和我省《实施办法》。合肥、六安、巢湖、铜陵、埠蚌等市老龄办将老年法规印制成手册广为宣传，有的地方还开展了送法下乡活动。仅六安市2004年就印发老年法规宣传品29400份，出动宣传车104台次，设宣传台170个。通过多种形式的宣传教育活动，强化了全社会维护老年人合法权益的法制观念。

二是继续加强了对《老年法》和安徽省《实施办法》规定的各项助老优待项目的组织实施。不少地方采取明查暗访的形式，督促有关单位对优待项目的贯彻落实。六安市协调公交行业开展了“助老优质服务月”活动，全市240辆国有、民营公交车均有“70岁以上老年人持证免费乘车”标识，并设有“老弱病残专座”；滁州市人大成立了由人大负责同志为组长的《老年法》执法调研组，对部分市辖县、区和市直单位进行了执法调研，对医院、公园、公厕、公交公司等老年人具体优待项目落实单位和部门进行了实地考察。

三是针对农村存在的赡养纠纷问题，全省推行了签订家庭赡养协议书工作，有效地减少和杜绝了遗弃和不赡养老年人的违法行为，使老年人的被赡养权利得到了有力的保护。

四是逐步建立老年人法律援助中心、维权中心（站、岗）。截至2005年，安徽省已建立法律援助中心107个，乡镇（街道）、社区建立法律援助站206个，仅2005年上半年就受理老年人法律援助案件548件。各级为老法律服务机构的设立，及时有效地保护了老年人的合法权益。

五是采取积极措施救助特困老人。各地积极推进社会养老保障制度改革，确保离退休人员养老金按时足额发放，完善“低保”和“五保”供养制度，采取措施加强对特困老人的救助力度。目前，全省城市低保月保障98万人，其中老年人占到42%以上；离退休人员参加基本医疗保险112.6万人，参加基本养老保险125万人；五保供养人员达到45.6万人，省下拨五保补助资金2亿多元，有力地保障了农村五保老人的基本生活；其他生活特别困难的农村老年人也基本上纳入了特困救助的范围。

六是开展老龄事业“十五”计划和“一法一办法”的评估工作。省各级老龄办和老龄委的成员单位对《安徽省老龄事业“十五”发展计划》进行了检查评估，客观分析了当前安徽省老龄事业和老龄工作面临的新形势、新问题，科学预测了今后一个时期人口老龄化给经济与社会带来的深刻影响，为制定老龄事业“十一五”规划打下了基础。同时，各地对《老年法》和省实施办法颁布实施以来的执行情况进行了全面评估。通过检查评估不少地方法律、法规不落实或落实不到位的问题得以解决。

三、以创建老龄工作先进县（市、区）活动为重点，整体提升基层老龄工作水平

为了切实加强基层老龄工作，各地按照全国老龄委的部署，认真开展了创建全国老龄工作先进县（市，区）和评选全国老龄工作先进单位活动，使基层老龄工作出现了可喜的局面，取得明显成效。通过创建，各地党政领导对老龄工作重要性的认识有了明显提高，老龄事业投入机制逐步形成和完善，新建改建和扩建了一批综合性、多功能的老年活动中心（站、室）和社区卫生站（点）、体育健身场所，加强了老年福利设施的建设、使用和管理，社区基层老龄工作组织网络和为老服务队伍初步形成，部分县（市、区）老龄工作机构的编制和经费得到了增加。经全国老龄委审定，安徽省舒城县、怀远县、合肥市蜀山区、庐阳区、巢湖市居巢区被评为全国老龄工作先进县（市、区），马鞍山、铜陵、六安市老龄办、淮北市劳动和社会保障局等8个单位被评为全国老龄工作先进单位。

四、切实加强农村老龄工作，促进基层老年组织

建设

老龄工作的重点在农村，农村基层老年协会是农村老龄工作的重要载体。2003年，召开了全省农村老龄工作经验交流会，根据会议精神，把基层老年协会建设作为一项重要任务。按照“六有六簿五上墙”的示范标准，加强对农村基层老协的检查和指导，对活动开展正常、作用发挥好的老协进行了巩固和提高，对名存实亡或不能积极开展工作的老协进行了整改。基层老年群众组织在维护老年人合法权益、组织老年文体活动、关心教育下一代、为高龄老年人服务、调解邻里纠纷、开展科普宣传活动、反对邪教等方面发挥了积极作用，推动农村老龄工作的开展。目前，安徽省基层村（居）老年协会建立面已达80%，其中有30%的老年协会能较好地开展工作，发挥作用较好。

五、开展“银龄行动”试点，为组织老年知识分子发挥作用搭建平台

为响应全国老龄办开展“银龄行动”的号召，安徽省积极开展“银龄行动”的试点工作，制定了《安徽省实施“银龄行动”试点方案》，组织安徽医科大学、安徽农业大学、安徽农业科学院、安徽省立医院的专家、学者对口支援贫困山区县黟县。先后诊治病人达1158人次；举办医学学术报告会、茶叶、经果林方面调研分析会、专题讲座5场，共培训农村专业大户和基层骨干700多人次，发放技术资料700多份。2005年合肥市、阜阳市在本市范围内开展了“银龄行动”，组织医疗卫生类专家对口援助长丰县、阜南县，为基层群众义诊15天，接诊病人1000多人次，抢救脑溢血和外伤病人3例，实施剖腹产、阑尾炎切除手术3例，并为乡镇卫生院开展医学讲座6次，深受当地干部群众的欢迎，取得了明显的社会效果。

六、开展了慰问特困、高龄老人的活动

各级党委、政府十分重视特困、高龄老人的生活，多次在元旦、春节、老年节期间，深入特困、高龄老人家中，送去党和政府的温暖，帮助解决老年人的实际困难。2005年底合肥市老龄委、组织部、民政局联合发文，组织市直65家机关事业单位对130名70岁以上特困老人开展慰问活动，仅“两节”期间全市各级慰问物品、慰问金折合人民币100余万元。马鞍山市2005年春节期间慰问百岁老人、敬老院老人、特困老人、80岁以上老人7122人，共发放慰问金11800元，发放慰问品价值36.5万余元。省老龄办每年都要从事业经费中挤出部分经费对边远贫困县的老人进行慰问。实践证明，开展走访慰问活动，不仅解决了老年人的实际困难，弘扬了尊老敬老的优良传统，也是密切党群、干群关系、树立党和政府形象的一项重要工作。

七、积极开展老年文体活动，丰富老年人的精神文化生活

为推动老年文体活动的开展，省老龄办、文明办、体育局联合制定了《全省老年体育健身活动工作要点》，加强对老年文体活动的指导。每年举办钓鱼比赛、走跑比赛、太极拳比赛等多种赛事。2003年举办了安徽省首届老年人运动会，连续开展了第六届安徽省健康老人评选活动，承办了省第一届体育大会健身球比赛。2004年省老龄办在合肥举办了安徽省首届老年文艺调演，2005年国际老人节和安徽老年节期间，各地组织了广场文艺演出、登山、棋类、健身舞等多种形式的文艺活动，活跃了节日气氛。宣城市、淮南市举办了老年文化艺术节、六安市举办了“孝心感动六安”大型社区文化活动，池州市举办了20多台大型文艺联欢晚会，芜湖市举办了第十六届万名健康老人登山游园活动。省老龄办、合肥市老龄办联合在市政府广场举办了大型广场文艺演出，通过积极组织引导广大老年人开展健康活泼的群众文体活动，丰富了老年人的精神文化生活，展示了老年人的时代风貌。

八、敬老爱老助老主题教育活动深入扎实

为响应中宣部、教育部、全国妇联、团中央和全国老龄办共同发起的敬老爱老助老主题教育活动，安徽省各级共青团系统结合“金晖行动”部署开展社区青年志愿者敬老爱老助老活动；教育部门在中小学校广泛开展“读敬老书、写敬老文、做敬老事”活动和普及老年法知识、敬老教育专题讲座、演讲活动；妇联组织开展了“五好家庭”，“模范妻子”、“孝顺媳妇”等评选活动；省老龄办、妇联、新安晚报社在全省范围内开展了两届“十大孝星”评选活动。通过敬老主题教育活动的开展，尊老敬老的优良民族传统得到进一步弘扬，尊老敬老爱老的先进典型不断涌现。蚌埠市怀远县龙亢镇项桥敬老院院长王本书被全国敬老爱老助老主题教育活动组委会评选为全国十大“中华孝亲敬老楷模”，朱守传、郎宝梅等54人被评为全国“孝亲敬老之星”。

九、老龄科研工作取得成效

安徽省老龄科研工作注重开展人口老龄化等方面的课题研究。2003年开展了“安徽省城镇老年公寓入住老人状况调查及对策建议”的研究，2004年参与了《世纪之交的中国人口——安徽卷》的编著工作。去年完成了全国老龄科研中心布置的对老年人生活状况跟踪调查项目摸底，分别对巢湖、宣城、阜阳3市共计1000名老年人进行了跟踪调查。完成了

《关于老年人与社区建设的调查》，提出了进一步完善社区为老服务功能的措施和意见。合肥市、蚌埠市对本市的空巢老人家庭进行了全面调查，通过问卷调查、召开座谈会、走访高龄老人家庭等形式，了解老人空巢生活的具体情况和困难，研究提出了应对空巢老人家庭的对策和建议。据不完全统计，省老龄科研中心近年来在国家级与省级理论刊物上发表论文50余篇。

江苏省老龄事业发展概述（2003—2005）

在省委省政府领导下，认真贯彻落实《江苏省老龄事业发展“十五”计划纲要》，特别是2004年和2005年加强了“十五”计划的督促检查，老龄事业得到较快的发展。老年经济供养保障体系进一步完善。城镇职工养老保险940多万人，覆盖率达96.8%，离退休人员基本养老金全部按时足额发放，并随着经济发展有所提高；农村社会养老保险进一步发展；城乡全部建立了最低生活保障制度，其中有约31万老年人纳入低保补助范围，苏南一些城市还将老年人的低保补贴标准调高于一般标准20%～40%；进一步巩固和完善了城市“三无”和农村“五保”供养制度，22万多“三无”和“五保”对象基本生活保障水平逐步提高。养老服务基础设施发展较快。全省养老床位达到10万张以上，仅2005年省政财投入改扩建农村敬老院床位就达3万多张，集中供养率提高了13个百分点，达到45%；通过实施“星光计划”，共投资7.3亿元，建设和改建项目1109个，2005年底城市社区和农村乡镇村建立老年文化活动场所已超过2万个。城镇职工医疗保险制度进一步巩固，覆盖率达90.3%，进一步保障了退休职工医疗需求，城市医疗救助在36个县（市、区）试点探索；新型农村合作医疗覆盖面达85.5%，农村医疗救助制度逐步推行，农村老年人看病难问题得到一定程度的改善。老年教育、文化、体育事业稳步发展。参加老年学校学习的老年人超过老年人总数的5%，全省老年群众性艺术团体1300多个，每年全省参与老年群众性文艺活动的人数在150万以上。省关心下一代工作委员会（老年人组织）、省老龄协会、省老年科技工作者协会、省老年体育协会、省老年大学协会、省老年书画联谊会、省老年摄影学会、省老年京剧研究会、省诗词协会、在宁高校离退休教育工作者协会等，在组织老年人参与社会公益活动方面发挥了积极的不替代的作用。基层社区（村）居委会老年人协会组织基本上达到全覆盖，发挥了自我管理、自我教育、自我服务的作用。2004年，根据全国老龄办的统一部署，开展了老年知识分子援助西部的“银龄行动”，苏州市对云南省的曲靖市、临沧市开展老年人智力援助活动，取得了良好的效果。南京市在全国率先建立了老年法庭，涉老案件优先立案、审理、执行，并建立陪审员制度。泰州市率先建立了四级老年维权网络，在江苏省全面推广，也被作为全国典型宣传推广。全省公园、博物馆等公益性文化场所和设施都实现优惠向老年人开放。省和各地报社、电台、电视台等主流媒体都开办了老年人文化专题节目。维护老年人的合法权益和敬老、养老、助老的社会氛围进一步形成。

浙江省老龄事业发展综述（2003—2005）

3年来，浙江省的老龄工作坚持以邓小平理论和“三个代表”重要思想为指导，树立和落实科学发展观，全面贯彻“党政主导、社会参与、全民关怀”的老龄工作方针，坚持把老龄工作的重点放在社区和农村基层，重点抓好养老保障、医疗保障、权益保障、老年人精神文化生活、为老服务体系建设等，老龄事业取得长足发展。

一、养老保障水平进一步提高

城镇基本养老保障制度日臻完善。截至2005年底，初步建立起了比较完善的城镇基本养老保障制度。全省养老保险参保人数950余万人，企业养老保险基金收入240多亿元，支出160多亿，支付能力达到22个月，人均月养老金908元，居全国第三位。企业退休人员138万人，养老金按时足额发放。建立被征地农民基本生活保障制度。2003 年 8 月省政府下发《关于加快建立被征地农民社会保障制度的通知》（浙政发〔2003〕26 号），从 2005 年 1 月 1 日起，对新增被征地农民做到了即征即保。2005 年全省被征地农民参保人数 180 余万人，已有 68 万人按月领取了基本生活保障金或养老金。农村“五保”和城镇“三无”老人基本实现集中供养。从 2003 年起，省、市、县各级财政拨出专款 12 亿元，新建改建敬老院，使农村“五保”和城镇“三无”对象集中供养率分别从 2002 年的 29.8%和 33%分别提高到 2005 年的 91.9%和 97.8%。提高百岁老人长寿保健补助标准。从 2003 年起，浙江省将百岁老人的长寿保健补助费标准从每人每月 100 元提高到了 200 元，经费由各县（市、区）财政列支，萧山等地已达到了 300 元。

二、社会救助体系初步建立

加强了城乡一体的最低生活保障制度建设。覆盖城乡的最低生活保障制度日趋完善。到 2005 年，全省纳入低保的有 60 余万人，其中 10 万余贫困老人的生活得到基本保障。低保标准为城镇平均每人每月 223 元，农村 129 元。“十五”期间，全省用于社会保障的财政资金累计达到 457 亿元，年均增长 23.7%。开展“送温暖、送光明”活动。“十五”期间各级政府累计为困难老年人送温暖 57.44 万人次，慰问金额总计 6.36 亿元。从 2002 年起从省老年基金中支出经费共计 518 万元，开展为困难老人“送温暖、送光明”活动，救助经济困难老人 6003 人，为 1024 名贫困老人实施了白内障复明手术。养老救助取得了新的进展。城市经济困难老年人由政府买单，提供无偿、低偿的居家养老服务工作正在逐步展开。全省普遍推行了为农村独女户办理养老保险的工作。温州、湖州、宁波、杭州、丽水、绍兴、舟山等地的一些农村还建立了村级养老基金和“女儿户基金”，老人每月可领取数十元到数百元不等的养老补助金，最多的已超过 500 元。2005 年起还在杭州等 11 个市的 11 个县（市、区）先行试点，对实行计划生育的夫妇进入老年后生活困难的，政府给予每人每年 600 元补助。

三、医疗服务体系进一步完善

城镇职工基本医疗保障制度得到落实。全省所有地区都已实施了城镇基本医疗保障制度改革，城镇职工基本医疗得到保障。到 2005 年底，全省参保人数达到 625 万人。认真解决破产改制企业退休人员医疗保障问题，落实无管理主体退休人员的医疗保障。积极完善医保政策，适当降低了部分药品自理比例，扩大了基本医疗保险支付范围，让老年病人得到实惠。新型农村合作医疗取得了较大进展。全省绝大部分县（市、区）建立了新型农村合作医疗制度，凡农村“低保”、“五保”老人，全部参加了合作医疗，个人缴费部分由当地财政负担。对老年人的医疗给予照顾，为老年人看病、报销医药费提供优惠。实施医疗救助制度成效明显。2004 年 9 月，省政府决定实施城乡医疗救助制度，到 2005 底，全省各县市区全部建立了医疗救助制度，筹集医疗救助资金 2.86 亿元，发放救助金 8381 万元，资助 73 万人次，其中资助农村五保户、城乡低保户等困难群众参加新型农村合作医疗 69 万余人，资助门诊住院病人 3.8 万多人。普遍实行为老医疗特色服务。全省共设立社区卫生服务中心 763 家、社区卫生服务站 3101 个，11 个地级市的 31 个市辖区和 22 个县级市均开展了社区卫生服务工作。为 60 岁以上老年人建立健康档案并实行随访管理。多数社区卫生服务机构提供了预防、医疗、康复、护理和健康教育一体化服务，开展上门医疗、家庭病床等服务项目。同时，开展社区老年人护理站试点工作，开设老年人护理、全日制护理、老年身心健康俱乐部等工作。积极发展老年专科医疗机构，县及县以上医院基本都设置了老年常见病、多发病的专科门诊，有条件的医院还开设了神经内科、内分泌科、精神和心理等专科。全省已建成老年专科门诊 519 个，老年病康复中心 11 个等。

四、老年活动设施建设步伐加快

“星光计划”取得显著成果。全省共投入资金 7.58 亿元，建成“星光老年之家”1403 个。“星光老年之家”用房面积不小于 50 平方米，同时具备娱乐、健身、学习等功能。老年活动中心（室）建设步伐加快。至 2005 年底，全省老年活动中心（室）总数由 1999 年的 2.52 万个增加到 3.3 万个，总占地面积 299.74 万平方米，总建筑面积 385.95 万平方米，累计总投资 35.43 亿元。“十五”期间，省财政资助常山、淳安等经济欠发达县（市、区）建造县级以上老年活动中心（室）26 个，占地面积 11.84 万平方米，建筑面积 8.41 万平方米。老年体育活动设施不断增加。省体育局从体育彩票公益金中拨出专款，支持老年体育设施建设。到 2005 年，投资 4100 万元建成省老年体育活动中心。全省已建成门球场 819 个、气排球场 860 个、地掷球场 158 个。

五、老年人合法权益得到保护

认真搞好老年法执法检查。省老龄办和省人大内司委、省政府法制办等组成联合执法调研组，3 次对全省基层贯彻执行《老年法》和《实施办法》的情况进行了调研、督查，各市、县（市、区）也定期开展执法检查工作，萧山、慈溪等市（县、区）做到了每年开展执法检查。加强老年法律服务工作。各级人民法院实行了涉老案件立案、审理、执行“三优先”制度和涉老纠纷案件陪审制度，对经济困难老人的诉讼费用给予“缓、减、免”等优先措施。全省有6个市、51个县（市、区）老龄部门建立了老年法律服务工作站。1900个社区建立了法律服务工作站，占社区总数的74.3%，对孤寡老人、贫困老人提供法律援助3000余件。宁波江北区、金华婺城区、兰溪市等地还专门设立了老年法庭。加大老年人优待工作力度。《老年法》和《实施办法》出台后，各级政府把落实老年人优待政策列入了为老年人办实事的内容，至2003年底，全省所有市、县（市、区）全部出台了当地老年人优待规定，老年人凭优待证可享受当地政府出台的优惠待遇。2005年，省政府出台《浙江省优待老年人规定》，老年人优待工作向纵深发展。

江西省老龄事业发展综述（2003—2005）

2003—2005年间，江西省老龄事业有了较快发展。2002年5月，省政府制定下发了《江西省老龄事业发展“十五”计划纲要》。3年多来，全省各地按照这个纲要，认真抓好目标措施的落实，在许多方面取得了令人满意的成绩。

一、认真落实保障政策，老年人的经济供养水平有提高

3年间，江西省初步建立了政府、社会、家庭和个人相结合的经济供养体系，老年人生活水平随社会经济发展逐年提高。在城镇，2003年，省政府办公厅印发了《关于私营企业和城镇个体工商户参加基本养老保险及有关问题的通知》，养老保险覆盖面正式向个私经济从业人员大规模延伸。2004年，省劳动保障厅等部门下发并实施了《关于江西省农垦企业职工参加基本养老保险有关问题的通知》，全省农垦企业正式纳入基本养老保险范围。2003年—2005年，全省离退休人数为95.7万人，共按期足额发放养老金会额160.71亿元；养老金社会化发放人数95.52万人，社会化发放率99.8%，养老金支付率100%；全省参加基本养老保险的职工人数264万人，征缴养老保险费金额119.65万元。同时，2003年，江西省调整了企业退休人员的养老金水平，使全省73.5738万名企业退休人员每月增加养老金2210万元，月人均增加养老金30.04元。全省3.4万城市“三无”老人，有0.34万分别在101所福利院集中供养，集中供养率为10%，人均月生活标准达到120元以上。分散供养的3万多老人全部列入了低保“常补”对象，给予重点保障。

在农村，江西省普遍采取签订家庭赡养协议书的办法来巩固家庭养老功能。据不完全统计，2003年—2005年，江西省农村基层组织或老年人协会签订家庭赡养协议书7.5万余份。全省有21.28万农村五保对象，为提高他们生活水平，2004年省财政拨出8200万元，把农村“五保”对象集中供养标准由每人每年800元提高到1200元，分散供养标准由每人每年500元提高到800元。全省1813所各类农村敬老院集中供养了8.4万五保老人，275所光荣院集中供养了8.08万农村孤老优抚对象，集中供养率分别为48%、44%。分散供养的10.8万“五保”老人，通过政府救助、邻里帮助，基本生活得到了保障。为应对人口老龄化的挑战，自1992年起，到2005年止，全省94个有农村人口的县（市、区）、1508个乡（镇）、1.8413万个行政村展开了农村养老保险工作，目前有221.8万农民参加了养老保险，农保基金积累总额达到5.36亿元，现已有7.16万人开始领取养老金，年支出590万元。

在救助城乡贫困老人方面，根据国务院《城市居民最低生活保障条例》要求，结合江西省经济发展水平，已在全省建立了一整套比较完善的城市居民最低生活保障制度，对符合条件的做到应保尽保。据不完全统计，2005年，以城镇孤寡老人为主的“三无”对象享受低保人数达到6.31万人。2003年6月，省政府印发了《关于完善全省农村特困群众社会救助制度实施方案》，在全国率先建立并实施农村特困户救助制度，确保农村特困老人的基本生活。另外，对在乡老复员军人也给予了特殊照顾。从2005年1月1日起，根据入伍时间不同，在乡老复员军人的补助标准分别由每人每月115元、135元、155元，分别提高到160元、180元和240元。

二、完善制度和设施，确保老年人基本医疗

3年间，全省基本形成了以社区卫生服务为基础的老年医疗保健服务体系。离退休干部主要采取公费医疗、医药费单独统筹、单位负担等保障方式，确保他们的基本医疗需求，医药费按规定实报实销。企业退休人员的医疗保障，则采取随单位一起参加医疗保险的办法，个人不缴费，统筹账户享受待遇和其他缴费职工一样，划入个人账户的比例高于在职职工。企业改制则为退休人员留足10年的医疗保险费，并一

次性缴纳给当地医疗保险经办机构，使其终身享受医疗保险待遇。2003 年，全省在 7 个县（市）开展新型农村合作医疗试点工作，2005 年又增加了 4 个县（市），老年农民是合作医疗主要受益者。在城区，以社区为依托，各地积极开展卫生医疗与服务进社区活动。2005 年，全省 11 个设区市和 19 个市辖区，已建立了社区卫生服务中心 45 个、卫生服务站 235 个，其中省级示范社区卫生医疗机构 18 个。这些基层卫生组织积极为社区老年人提供医疗服务，如为老人讲授卫生保健知识、建立健康与疾病档案、发放联系卡、定期上门巡诊和开展家庭病床等。从 2005 年起，省卫生部门还根据老年人的健康状况，在全省推行了“三级健康管理”，即一级健康管理对象是“生活不能自理”的老年人，由社区医务人员或社区卫生志愿者负责健康管理，建立家庭病床，定期随访；二级健康管理对象是“生活尚能自理但多病”的老年人，由社区医务人员或社区卫生志愿者巡回医疗，送医送药上门，定期随访；三级健康管理对象是“基本健康”的老年人，以健康教育为主，由社区医务人员或社区卫生志愿者每季度开展一次健康教育讲座和健康咨询等活动。据统计，自 2005 年 3 月以来，省卫生厅在全省 8 个试点社区，建立老年人健康档案 2224 份，为生活不能自理的患病老年人建立家庭病床 182 张，开展随访 651 人次，为老年人开展健康教育讲座活动 48 场次，受益老人达 3178 人。

在老年体育健身方面，到 2004 年底，全省各地依托社区，已建立各类老年体育辅导站 3938 个，培训了 1.2 万多名乡（镇、街道）和村、社区文化体育健身辅导员，还举办全省太极拳、门球、健身球等体育健身项目的辅导员培训班 34 次，培训人员 1.1299 万人。全省老年体育人口已达 170 多万，占到全省老年人口总数的 42%。

三、大力发展老年服务业，不断满足老年人的生活需求

2003—2005 年，江西省通过发行福利彩票，利用国家实施“星光计划”的时机，多渠道筹措社会福利资金，用于福利院、光荣院、敬老院等老年福利设施建设。到 2004 年底，全省已有各类公办福利机构 1708 个，总床位数达 7.8 万张；民办社会福利机构有 71 家，床位近 4000 张，建筑面积达到 8.5 万平方米。全省三批建成“星光计划”项目 993 个，为老年人提供了方便实用的休闲养老场所。目前，全省有 822 个社区老年服务站、5.7346 万个社区服务设施，多数社区居委会设立了服务热线，借助热线帮助老年人提供家政、钟点工、保姆、理发、用餐、代购等服务项目，有的还设立了托老所。

与此同时，有关部门还认真做了企业退休人员社会化管理服务工作。据 2004 年 5 月资料统计，全省应实行社区管理的企业退休人员 88.5658 万人，实际移交社区管理的人数为 75.6883 万人，社会化管理服务率 85.46%。为了适应社区为老服务的新形势、新特点，全省各地大力发展社区为老服务队伍。目前，全省有 1.3345 万个社区志愿者为老服务组织，志愿者达 32 万多人，志愿者队伍成了基层老龄工作的生力军。为了提高社区管理和服务人员的素质，各地还建立了社区管理人员培训制度，每年都对社区志愿者、为老服务人员和社区管理人员进行专业知识和服务技能培训，要求社区为老服务场所的管理人员必须持证上岗，按不同工种和服务范围分类登记。2003 年至今，全省各级民政部门培训社区管理人员 2.6 万多人次。

四、重视老年文化教育工作，丰富老年人精神生活

2003 年，省广播电台创办了《人生唱晚》节目。2005 年 6 月，又开通了全国首家健康老年广播，日播 18 小时。目前，全省 11 个设区市、99 个县（市、区）都有老年大学（学校），乡镇（街道）老年学校 700 余个。在校老年学员全省总数超过 3 万。各级老年大学（学校）分别开设了时事政治、政策法规、英语、诗词、绘画、书法、摄影、剪纸、花卉、音乐、舞蹈、戏曲、腰鼓、秧歌、健身操、太极拳、电脑、家电研究等课程。老年人利用这个平台，使精神文化生活得到满足。为了丰富老年人的精神文化生活，全省各地还加大了资金投入，在全省建有各种综合性老年人活动中心（室）1.4 万个（间），总面积 61.6 万平方米，各大公园都做到免费为老年人开放，图书馆、文化馆、体育馆、博物馆也为 70 周岁以上的老年人实行免费开放。每年重阳节，全省各地都会组织丰富多彩的老年文化活动。

福建省老龄事业发展综述（2003—2005）

2003—2005 年，福建省老龄工作在省委、省政府和全国老龄委办公室的指导下，坚持以邓小平理论和“三个代表”重要思想为指导，坚持树立和落实党的十六大和十六届三中、四中、五中全会精神，坚持“党政主导、社会参与、全民关怀”的老龄工作方针，按照省委的总体部署，围绕党和政府的中心工作，主动呼应、主动融入、主动服务于海峡西岸经济区建设大局，积极履行参谋助手、综合协调、督促检查的职能，不断创新工作方式、拓展工作载体、创建工作平台，通过抓载体、抓重点，充分发挥其带动效应和作用，推进全省老龄工作再上新台阶。

一、以科学的发展观统揽老龄工作，主动融入海峡西岸经济区建设的大局

全省各级老龄组织积极引导老龄系统全体党员和干部职工认真学习贯彻党的十六大、十六届三中、四中、五中全会精神，进一步加深对邓小平理论和“三个代表”重要思想及科学发展观的理解，不断加深对加强党的执政能力建设、构建社会主义和谐社会的理解，自觉将老龄工作定位于服从和服务建设“对外开放、协调发展、全面繁荣”的海峡西岸经济区的大局，置于大局中去创新思路、推进发展。无论是构建工作思路，谋划工作格局，还是开展各项工作，作出相关决策，衡量工作成效，都紧紧围绕党和政府的中心工作，使各级老龄工作部门成为党和政府联系老年人的桥梁和纽带，努力使老龄工作更好地体现时代性、把握规律性、富于创造性，促进老龄事业与全面建设小康社会的协调发展，推动进一步形成风正气顺、人和业兴的良好趋势。

各级党政领导把加强老龄工作当作落实科学发展观的必然要求，将老龄工作摆上议事日程，通过不同形式，大力推动老龄事业的发展。副省长、省老龄委主任陈芸多次就有关老龄工作作出批示，多次听取老龄工作汇报，研究解决老龄事业发展中的问题，对事关老龄工作全局的重大问题提出重要意见，指导全省老龄工作的开展。省老龄委各成员单位认真履行职责，充分发挥职能部门在老龄工作中的作用，齐心协力做好老龄工作，“大老龄”工作格局进一步形成。省民政厅重视支持老龄事业；省委组织部、省委老干部局、省发改委、省人事厅、省劳动与社会保障厅采取有力措施，落实离退休干部的政治和生活待遇，加大养老保险政策推动力度，扩大养老保险覆盖面；省卫生厅不断完善老年医疗保健服务体系，大力开展社区卫生服务；省法院、省公安厅、省司法厅等部门加大力度，依法查处和打击侵犯老年人合法权益的不法行为，依照《福建省法律援助条例》，为老年人提供优质高效的法律援助；省建设厅等单位重视做好公交、园林等行业为老年人提供优惠服务的工作；省委宣传部、省教育厅、团省委、省妇联与省老龄办联合开展“敬老爱老助老主题教育活动”；省文化厅、省广电局等部门进一步加强老年文化工作，丰富了老年人的精神文化生活，进一步推动了老龄事业的发展。

二、老干部工作卓有成效

（一）老干部“双先”评选工作取得成效。2004年，在全省广泛开展全国、全省老干部先进个人和先进离退休干部党支部评选活动，经中组部批准，有6名老干部被授予“全国老干部先进个人”荣誉称号，有2个离退休干部党支部被授予“全国先进离退休干部党支部”荣誉称号。

（二）离休干部“两费”保障机制进一步完善。以完善财政支持机制为重点，进一步巩固离休干部“两费”保障机制；认真做好企业离休干部“两费”的审核、统筹金催缴以及改制企业离休干部“两费”预留工作，建立督促和协调机制；将乡镇离休干部的“两费”纳入县财政统筹；结合实际出台老干部医疗管理办法，规范经费渠道，加强医疗管理。

（三）积极探索为“双高期”老干部服务的新途径，新办法。省直单位提高了部分离退休干部公务费，部分设区的市提高了离休干部护理费和离休干部无工作遗偶定期定额生活补助标准；解决企业离休干部住房货币化补贴；建立老干部医疗保健网络，开设家庭病床，建立健康档案，开展健康教育、保健咨询等活动。仅2004年一年，省、市、县老干部部门为7507位特困老干部和老干部遗偶发放困难补助款192万多元；走访慰问本地和异地安置老干部和老干部遗偶2万多人次，送慰问金547.48万元。

（四）老干部活动中心、老年大学工作取得新进展。进一步加大对活动中心（站、室）建设的投入，在抓好内部管理、提高服务质量的同时，积极组织老干部开展健康向上、丰富多彩的活动，活跃老干部的文化生活。各级老干部部门以贯彻全省老年大学（学校）工作会议和7省老干部局老年大学工作调研座谈会精神为契机，积极争取各级党委、政府领导和有关部门帮助解决办学场所、办学经费、人员编制等方面存在的困难，加大办学力度，从省到市、县（区），均办起了具有一定规模的老年大学，为促进老同志的学习发挥了重要的作用。

三、养老保障不断完善

（一）机关事业单位养老保险：省政府出台《关于深化产权制度改革大力发展混合所有制经济的若干意见（试行）》，提出原已参加机关事业养老保险的改制事业单位，已按机关事业单位工资标准缴纳养老保险费的人员，经机关事业社保经办机构认定，可选择继续执行机关事业养老保险制度，也可自愿改为执行企业基本养老保险制度，并继续由原社保经办机构办理，对改革前在机关事业单位社保机构缴费的年限，由社保经办机构实行一次性补贴的意见。进一步明确了个人账户养老金和提租补贴等待遇计发办法，探索建立缴费与待遇计发相挂钩的缴费激励机制。截至2004年底，全省参加机关事业养老保险的单位1.9万家，参保的在职人员54.11万名，离退休人员16.16万名，全年养老保险基金收入27.10亿元，支付养老金24.48亿元，全省月人均养老金1282元，当期节余2.59亿元，历年累计节余16.51亿元。其中参保省直机关事业单位有1219家，参保的在职人员4.51万名，离退休人员1.76万名，2004年征收养老保险基金2.8亿元，支付养老金3.33亿元，当期缺口4721.21万元，历年节余2.86亿元。

（二）城镇企业职工基本养老保险：以建立企业年金为主要内容的多层次养老保险体系建设、城镇企业基本养老保险省级统筹体制在保持平稳运行中实现新的发展。截至2004年底，全省参加城镇企业职工基本养老保险的企业78444户，参保人数239.56万人，离退休人员68.21万人，其中61.71万人实行社会化管理服务，社会化管理率为92.5%；2004年养老保险基金收入58.61亿元，支出50.33亿元，实现养老金100%按时足额社会化发放，全省城镇企业退休人员月平均养老金达到608.49元。城镇企业养老保险政策体系继续得到完善，出台《关于城市社区现有专职工作人员参加城镇企业职工基本养老保险有关问题的通知》，明确了城市社区现有专职工作人员纳入企业基本养老保险覆盖范围的政策。与财政、地税、经贸等部门联合制定出台《关于贯彻福建省城镇企业职工基本养老保险条例实施细则有关问题处理意见》，对不同类型企业纳入基本养老保险参保覆盖范围的问题和在规定的比例范围建立企业年金资金的税前列支问题作出了明确的规定。截至2004年底，全省已有4500余家企业建立了企业年金制度，年金资产达到4.7亿元，涉及职工13.76万人。

（三）农村社会养老保险：在继续贯彻国家劳动保障部“理顺体制、稳定队伍、管好基金、搞好调研、做好整顿规范”的同时，结合福建实际，加强基金监管，促进规范管理，巩固整顿规范成果。截至2004年底，全省农村养老保险参保人数158.28万人，1.47万人领取养老金，当年全省农村养老保险基金收入6000万元，支出1400万元，累计结余基金8.51亿元。积极探索农村基本养老保险试行办法的改革、研究被征地农民基本养老保险试行办法，以及对农村进城灵活就业人员参加农村社会养老保险服务窗口业务管理暂行办法、劳务派遣服务有限公司组织被派遣农民工参加农村养老保险等问题积极进行研究，取得显著成果。

四、加大维护老年人权益工作的力度

进一步促进老年法律法规的实施，维护老年人的合法权益。一是各级老龄办组织开展形式多样的法律讲座、知识竞赛，使广大老年人知法、懂法、守法，用法律的武器保护自己的合法权益；与有关媒体密切配合，先后开辟了专栏和专题节目，宣传法律法规，收到较好的社会效果。二是重视发挥基层老年人组织在维护老年人合法权益中的作用。福建省60%多的老年人居住在农村，绝大多数基层老年人组织对侵害老年人合法权益的家庭及其成员及时给予批评教育，使侵权事件解决在萌芽状态。如：丰泽区在社区建立60个维权组，400多名维权联络员，形成完善的维权网络。维权小组经常深入老人家庭开展一访四查，变被动为主动把纠纷及时化解在基层。三是广泛开展老年人法律援助活动。2004年，省老龄办与有关部门联合开展了三项大型法律咨询活动，聘请律师、法律专家现场为老年人提供法律服务，释疑解惑。福州市13个县（市）区全部建立法律援助中心，为老年人等弱势群体拓展了更广阔的法律援助网络；三明市各县（市、区）成立了老年法律救助站，为老年人提供法律救助；漳州市老龄办积极配合市法律援助中心、消委会等有关部门开展活动，维护老年人的合法权益。据调查，福建省各地虐老侵权行为从总体上看基本得到及时有效查处，并呈减少趋势。

五、老年福利事业稳步推进

鼓励兴办多种所有制形式的老年福利机构，建立了政府宏观管理、社会力量主办、福利机构自主经营的管理体制，投资主体多元化、服务对象公众化、运行机制市场化、服务方式多样化、服务队伍专业化与志愿者相结合的老年福利新格局正在形成，截至2004年底，全省共有老年福利机构91个（不含农村敬老院），其中国办69个，民办22个，总床位8626张；全省建成各类“星光老年之家”1236个，总投资2.4亿元，探索建立了长效管理运营机制，保证“星光老年之家”长期为老年人服务。

六、“六个老有”的目标逐步得到落实

面对人口老龄化的形势，高度重视和切实加强老龄工作，发展老龄事业，“六个老有”的目标正逐步得到落实。

（一）老有所养：初步建立政府、社会、家庭和个人相结合的经济供养体系，保障老年人的基本生活，实现老有所养。实施农村“低保”，据2004年统计，全省有184170人生活困难农村老年人享受“低保”。通过接受社会捐赠、结成扶助对子、大力发展“两基”（即建立老年福利互助基金和养老创收基地）、推行“两项制度”（即给老年农民发放养老金或固定生活补贴制度）、进行“一访四查”（即走访老年人家庭，查老年人的“吃、住、穿、医”情况）、签订家庭赡养协议、开展走访慰问等，构建多层次、多元化、多项目的贫困老人救助体系。

（二）老有所医：完善和推进城镇职工基本医疗保险制度；加强社区老年卫生工作；完善县、乡、村三级医疗预防保健网，加快乡、村医疗卫生组织建设，努力改善老年人的医疗卫生条件；探索多种形式的农村健康保障办法，逐步探索和建立城乡医疗救助制度。根据老年人的需求，认真落实老年人就医的各项优惠规定。

（三）老有所教、老有所学：重视老年人的思想政治工作，开展形式多样、生动活泼的思想教育活动；办好各类老年学校，逐步建立起省、市、县（区）、乡镇（街道）、村（居）五级老年教育网络。到2004年底，全省已办各级各类老年大学（学校）5401所，在校学员413894人，约占全省老年人口数的10.16%。

（四）老有所为：重视老年人才，为他们参与物质文明、政治文明、精神文明建设创造条件，鼓励低龄健康老人在自愿和量力的前提下，在传授知识、咨询服务、关心下一代、计生工作、维护社会秩序、调解民事纠纷、公益事业、社区服务、移风易俗、公民道德建设等方面为社会作贡献，有63.45万的村居老年人在基层“三个文明”建设中发挥了作用。

（五）老有所乐：加强老年活动场建设。截至2004年底，全省基层老年活动场所有2万多处，212万平方米。特别是近几年民政部门大力实施“星光计划”，使老年活动场所得到进一步改善。加强老年群众组织的建设，开展经常性的文体活动，逐步把分散的群众文活动引上有组织、高品位的发展轨道。通过举办老年文艺汇演、书画摄影展、“夕阳红”旅游等形式多样的文体活动，展现老年人的精神风貌，丰富他们的精神文化生活。

陕西省老龄事业发展综述（2003—2005）

2003—2005年，陕西老龄工作在省委、省政府的正确领导下，在省民政厅的关心和指导下，坚持以党的十六届四中、五中全会精神为指导，坚持以人为本和科学的发展观，以全面建设小康社会和构建社会主义和谐社会为目标，遵循“党政主导、社会参与、全民关怀”的老龄工作方针，认真贯彻落实全国农村老龄工作会议、全国老龄委第七次全会精神以及回良玉副总理的讲话精神，坚持把工作重点放在基层、放在农村。通过开展先进性教育活动，狠抓老龄工作队伍建设，增强了各级为老服务意识，开展创建老龄工作先进县（市、区）和先进单位活动、开展主题教育活动、开展丰富多彩的老年文化体育活动、建立救助贫困老年人工作机制、老年维权工作等成绩喜人。通过发挥成员单位作用，初步形成大老龄工作格局，引导社会力量关心和支持老龄工作，推动陕西老龄事业呈现了良好的发展势头。

老龄工作机构逐步健全和完善。截至2005年底，省老龄委成员单位有29个，委员分别由各厅局的领导担任。副省长担任省老龄委主任，副主任分别由省委组织部副部长、省政府副秘书长、省劳动和社会保障厅厅长、省民政厅厅长担任。全省10个设区市、杨凌区和107个县（区）理顺了老龄工作机构，有近两万多个村成立了老年人协会，占行政村总数的80%以上。行政机关和企事业单位建立老龄机构的约有1800多个。全省各地市、行业性、专业性老年群众组织、学术团体遍布城乡，已达5000多个，会员愈百万人。陕西省老龄工作始终遵循“党政主导、社会参与、全民关怀”的老龄工作方针，认真贯彻落实《中共中央、国务院关于加强老龄工作的决定》和《中华人民共和国老年人权益保障法》，加大理顺老龄工作机构的力度，在各市、区设立老年执法机构，初步形成了基层组织网络。

大老龄工作格局初步形成。在《中共中央关于制定国民经济和社会发展第十一个五年规划的建议》中，明确提出要“认真研究制定应对人口老龄化的政策措施”。温家宝总理在政府工作报告中也曾指出：“积极应对人口老龄化，完善社会养老保障制度，是构建和谐社会不可或缺的因素”。加强和改进老龄工作，已经成为各级党委和政府建设和谐社会的重要工作内容。根据这一精神，陕西省积极探索发挥老龄委成员单位作用的工作思路，形成老龄工作分工协作、齐抓共管的老龄工作格局。

2005年7月和12月，省老龄办分别组织省老龄委29个成员单位联络员先后对省民政厅等24个成员单位落实2005年老龄工作行动计划的情况进行了交流互查。在这项工作中，省老龄办本着“肯定成绩、相互学习、加强联系、携手共进”的原则，通过听取汇报、参观示范点、座谈交流等方式，基本掌握了被查成员单位开展老龄工作的情况和落实2005年度老龄工作行动计划的情况。通过互查，促进了各成员单位之间的沟通了解、加大了老龄工作行动计划的落实力度，提高了成员单位的“大老龄”工作意识，有效地建立起了老龄工作监督检查机制，初步形成了“大老龄”工作格局。通过互查交流活动，各成员单位树立了“五种意识”、实现“五个转变”。即：树立主体意识、协作意识、大局意识、责任意识和自觉意识；实现了在指导思想、领导体制、工作思路、工作方式、工作作风上的转变。通过发挥省老龄办的综合协调、参谋助手作用，陕西省大老龄工作格局初步建立，形成了大老龄工作长效机制。

民主党派关心、关注老龄事业。自2003年省政协九届一次会议至2005年省政协九届四次会议，民主党派多次提交有关针对改进老龄工作的提案，对老龄工作机构、老龄工作经费、老龄工作体制、老年福利服务设施建设、老年维权、老年文化体育活动等各项工作提出了很好的建议和意见。对于民主党派对老龄工作的提案，省委、省政府很重视，专门督办答复民主党派的各项提案。特别是2004年省政协九届二次会议妇女界崔荣华委员提出“要把‘让老年人安度晚年’列入政府工作重点之一”的提案得到省政府的重视，专门召开常务会研究在西安建设一定规模的老年公寓，让老年人的晚年生活真正得到保障。民主党派的提案，不仅反映了社会关心、关注老龄事业的热情，同时，也对所有的老龄工作者提出了更高的要求。民主党派关心、关注老龄事业，得到各级的重视，老龄工作地位进一步得到提高。

老年文化体育事业的发展方兴未艾。坚持开展丰富多彩的老年文化活动。坚持把开展老年文化活动经常化、制度化、群众化，是陕西老龄工作的一个特色。据不完全统计，全省已建立老年人活动中心（站）3000余个，每天参加活动的老年人达50多万人。2003年成立了陕西省老年艺术团，近百名老年文化体育骨干活跃在广大群众之中，引导省老年文化体育事业的健康发展。从2003年以来，省上先后举办了由1300多名老年人参加的省第二届老年人运动会和“百万老年人健身活动”。在2002年组织全省老年文艺调演获得了3金、1银、8铜的好成绩的基础上，积极发挥陕西省老年艺术团及其分团组织基层群众开展健康有益的文体活动的作用，2003年9月28日，在中国老年艺术团成立暨首场汇报演出中，陕西省老年艺术团打击乐团的《黄河激浪》和绥德县唢呐齐奏《欢天喜地奔小康》以恢宏的气势拉开题为“金秋神韵”的文艺晚会的序幕，浓郁的陕西地方特色、精湛的艺术表演博得中央领导和全场观众的赞誉，打击乐《黄河激浪》和唢呐齐奏《欢天喜地奔小康》荣获优秀节目奖，陕西省老龄委办公室荣获赴京汇报演出优秀组织奖。2004年，又成功举办了陕西省第四届老年联欢节，省政府对此项工作给予了极大的重视，省老龄委各成员单位也给予了积极的配合。来自全省各地市、各省直单位的32支代表队、2000余名老年人代表进行了文艺体育11个项目的比赛，参与活动的各界老年人和群众近万人，还组织了中外老年人联欢活动。陕西省第四届老年联欢节的成功举办，受到社会各界的高度评价和关注，不仅提升了老龄工作的地位，也在全省掀起了关心老年人、尊重老年人的热潮。

老年福利事业得到发展。在福利服务设施建设上，全省已建立老年社区服务设施3500多个，自2001年“星光计划”实施以来，部分老年活动中心（站）和老年医疗服务机构（设施）得到资助进行改扩建，使全省社区老年福利服务设施条件大为改观。2004年，陕西省把政协委员关于加快省老年公寓建设的提案作为省督办提案，协调多个部门召开研讨会，提出相关措施，并在西安市先行试点，规划建设适合本省实际、设施齐全的老年公寓，受到各界的关注。2005年12月，成立了陕西省老年福利服务协会，111家企事业单位成为协会会员，协会的成立，标志着陕西省老年福利服务产业逐步向社会化过渡，顺应了时代的发展和新形势的需要。

老年人合法权益得到保障。在贯彻落实《老年法》和《陕西省实施办法》、切实保障老年人的合法权益方面，陕西省采取了一系列有效的落实措施。在执法监督资格上，2004年，省老龄办积极与省司法厅协商，确定了陕西省老年法执法协调小组在工作中出示执法证，以监督老年法规的执行。在执法措施上，认真执行《中华人民共和国老年人权益保障法》和《陕西省实施办法》，并依据《老年法》的内容，全省10个设区市制定了《老年人优待办法》。2005年9月30日，省政府颁布实施了《陕西省老年人优待办法》，《优待办法》在老年人乘车、旅游、居住等方面提出了优待，对95岁以上老年人发放不低于50元的高龄补贴，其中省财政对百岁以上老年人每人每月发放100元以上的保健费，让老年人充分享受到经济和社会发展成果。截至2005年，全省10个市，107个县（市）区都已建立了老年法执法协调小组。2004年，为解决贫困老年人打官司难的问题，省政府批准省老龄办设立陕西省法律援助中心省老龄办工作部。各级司法部门认真贯彻落实《老年法》，设立流动法庭、老年人法庭，对待涉老案件优先立案，从快处理，并对贫困老年人实行免交诉讼费用的优待。在养老保障措施上，逐步建立了以政府、社区、家庭和个人相结合的养老体系。

开展创建老龄工作先进县（市、区）、老龄工作先进单位活动。陕西省坚持把创建老龄工作先进县（市、区）活动作为龙头，推动老龄事业全面上台阶。根据全国老龄委《关于在全国开展创建老龄工作先进县（市、区）活动的通知》和《关于评选表彰全国老龄工作先进单位的通知》精神，自2003年9月份，在全省全面开展了创建老龄工作先进县（市、区）和先进单位活动。创建工作的开展，有力地推动了基层老龄工作，取得了一定的实效。一是各级更加重视和支持老龄工作。二是老龄组织机构得到进一步加强，基层组织网络基本形成。三是加大了各级政府对老龄事业的投入。四是创新了基层老龄工作机制，营造了良好的老龄工作氛围。

基层老龄工作取得进展。根据全国老龄委的部署，自2003年在全省开展创建老龄工作先进县（市、区）、先进单位活动以来，省老龄办以此为契机，加强对基层老龄工作的指导。通过创建工作，基层老龄工作有人抓了，领导过问得多了，事业性的投入也在逐年增加，各市、县（区）党政领导普遍重视，各级老龄委班子建设得到加强，主要党政领导同志兼任老龄委主任，进一步加大了对老龄事业的投入，重视了老年设施建设，在为老服务方面措施得力，对老年人优惠政策得到较好的落实，老龄工作出现了全社会关心关怀的良好局面。为更好地巩固创建成果，建立创建的长效机制，根据全国老龄办的通知要求，开展了助老明星企业、先进老年人协会、老龄工作先进个人表彰活动。为推动基层特别是农村老年群众组织的工作，研究制定了《陕西省老年人协会规范化建设标准》，为基层老年群众组织的管理提供了依据。2005年5月，西安市在周至县召开了农村老龄工作现场会，主要就农村老年协会的管理及发挥作用、签订赡养协议书、创建老龄工作先进乡（镇）等方面取得的成果进行了研讨，对于全省农村老龄工作的发展起到了引导示范作用。

初步建立贫困老年人救助制度。努力筹措资金，建立长效的贫困老年人救助机制，是我省老龄工作的基本宗旨。陕西老年贫困问题，始终是省委、省政府关注的主要问题，解决老年人贫困问题是全省的一项重要工作。2004年初，省上制定了建立救助特困老年人的长效机制方案，初步建立了贫困老年人救助制度，同意省老龄办协调省老年基金会等单位，每年拿出20万元，在老年节期间对全省1000名特困、高龄老年人进行救助慰问。这项工作的开展，起到了号召和引导社会力量来关注老龄工作的作用，意义重大。各级也积极响应，把救助工作纳入年度工作任务，协调相关单位制定相应的措施和方案，在老年节期间纷纷走访慰问贫困老年人，把党和政府的温暖送到老年人的炕头，深受老年群众的好评。

老年学术研究成绩斐然。为了加强学术研究，注重发挥省老年学学会的作用，专项安排研究主题内容，自2003—2005年共收集学术文章400余篇。在2003年举办了“中华孝文化与代际和谐研讨会”，2004年举办了“家庭、健康、和谐研讨会”，2005年举办了“构建老龄和谐社会研讨会”，在检阅全省学术成果的基础上，积极向全国及国际会议选送论文。同时鼓励机关工作人员积极参与学术研究活动。《陕西省贫困老年人口状况分析及对策》、《也谈对我国传统孝文化的扬弃》分别获得全国老年学术研究二等奖和优秀奖，《树立和落实科学发展观　促进老龄事业与经济社会协调发展》获得全省民政政策理论研究三等奖。

发挥余热，老有所为工作取得双重效果。在鼓励老年人参与社会发展措施上，注重发挥老年人特别是老年知识分子的作用，为老年产业的发展作贡献。据统计，全省已有120多万老年人积极参与社会发展和从事力所能及的劳务。全省兴办老年经济实体3000多个，累计产值达6.5亿。在筹措老年福利资金措施上，发挥政府主导作用，吸引社会资金，用于发展老龄事业，省政府在财政紧张的情况下，每年拨付老年基金150万元，其中省老年基金会筹资2700余万元，累计用于资助老龄事业达500多万元。

老年教育蓬勃发展。截至2005年，全省已建立各类型的老年大学近50所，入校学员超过万人。近千名老年教育工作者活跃在各自工作岗位，在老年书画、老年文娱、老年体育健身、老年科技、老年保健知识等喜闻乐见的各项活动中发挥作用。2003—2005年，省老年书画学会每年组织老年书画展，在陕西省第四届老年联欢节上，来自全省200多位老年书画爱好者参与了展览，展示了老年人风采。

老龄工作队伍建设卓有成效。作好工作指导的同时，加强全省老龄工作队伍建设，组织人员分赴全省各地，分别展开了老年福利服务设施建设、老年执法工作情况、农村敬老模范村创建等工作的调查研究，收集到第一手资料，完成了《陕西省老年福利设施现状及未来需求调查报告》、《陕西省老年执法情况工作报告》等学术报告，为指导全省的老龄工作的开展提供了依据。分别于2004年7月和2005年9月份，圆满地组织了全省老龄工作先进县（区）、先进单位及成员单位代表到“珠三角”的学习考察活动和赴甘肃参观学习老龄工作情况。通过考察学习活动，使随团同志开阔了视野，学习到了好的经验，为本省的老龄工作建设带来了新的工作思路。为加强老龄干部执法工作能力，2004年8月组织全省老年执法干部进行了老年执法培训，提高了干部队伍素质。

国际交流初见成效。自2003年以来，陕西省在周至、蒲城、合阳3区县10个村实施欧盟助老项目，征得省政府同意，省扶贫办为4个项目村购拨了价值100万元的新型B超作为项目配套投入下发各村，使农村老年人直接受益。欧盟助老项目累计向各项目村下拨种子基金50余万元，截至2005年末已全部收回，产生了一定的经济效益。如向自然环境和经济条件较差的蒲城西乡村和合阳的三池村投入20余万元，在项目办的指导下，通过发展适合当地的畜牧业，除收回全部投入后，已经产生经济效益约12万元。

青海省老龄事业发展综述（2003—2005）

几年来，青海省委、省政府高度重视老龄工作，认真贯彻落实《中共中央、国务院关于加强老龄工作的决定》和全国老龄委历次全会精神，在加强老龄工作宣传、营造尊老敬老社会氛围、发展老年教育事业、开展农村老龄工作、制定地方性老龄工作法规、加大老年维权工作力度等方面做了大量的工作。

一、以创建和评选全国全省老龄工作先进县、先进单位活动为契机，全面推进基层老龄工作

2003年，根据全国老龄工作委员会办公室的工作部署和青海省老龄工作委员会第三次全委会精神，省老龄工作委员会办公室在全省开展了创建全国和全省老龄工作先进县活动。制定出台了《青海省创建全国和全省老龄工作先进县的标准及考核办法》和《创建全国老龄工作先进县评选验收标准》，以及关于评选的范围、条件、推荐申报的程序、和申报办法等，保证了全省创建活动的顺利开展。经过两年的探索和实践，各地各单位按照创建活动的标准要求，结合本地区、本单位的实际，做了许多扎扎实实的工作，取得了较好的成效，涌现出大通县和平安县三合镇三合村老年协会等老龄工作的先进典型，其中大通县、湟源县被全国老龄办评为“全国老龄工作先进县”，三合村、青藏铁路总公司、青海盐湖集团、青海省老干部局成都干休所被评为“全国老龄工作先进单位”。双创活动有力地推动了全省老龄工作的健康发展。

二、以“银龄行动”为切入点，促进“老有所为”工作方针的实施

自2003年青海省被全国老龄办定为第一批“银龄行动”试点省区至今，已有3年。通过与辽宁省的省际间援助，省老龄委总结经验，认为青海省地处青藏高原，海拔高，风沙大，高寒缺氧，生存环境恶劣，生活条件艰苦，长期生活在低海拔的内地老专家们来青参与活动，风险太大，成本太高。因此，从2004年起，省老龄办本着“积极、稳妥、安全”的原则，从实际出发制定了“省内试点，社会参与，分组进行，共同推进”的方案，通过省老教授协会、西宁市老科技工作者协会招募老年志愿者到农村牧区开展援助活动。两年共有70余位具有副高以上职称的老专家参加了“银龄行动”，到达的区域有3个州地市5个县十几个乡村，直接为农牧民看病体检2800多人次，培训农村种植和教育骨干973人次，为2700名小学生讲授科技知识，为近百个蔬菜大棚解决了病虫害困扰。

三、加强老年立法工作，注重维护老年人合法权益

2002年《青海省老年人权益保障条例》在青海省人大九届28次常委会审议通过。随即省政府出台了实施《青海省高龄老人优待证》办法。主要在文化娱乐、体育健身的场所和医疗等方面给年满70岁以上的老年人予以优待。

四、加大基层老龄工作力度，发展老年群众自治组织

青海省委副书记、省长宋秀岩在担任省老龄委主任时曾指出：青海省老龄工作的重点仍然在基层，这是今后一个时期老龄工作的方向。城市社区和农村的村镇是老年人的主要生活和活动场所，为老年人服务的各种福利服务机构和老年人的各类自治组织也都聚集在基层，因此加强基层老龄工作是老龄工作部门的首要任务。

根据宋秀岩同志的指示，省老龄委重点加强了基层老龄工作机构和老年群众组织建设工作。自2004年全省民政工作会议开始，省老龄办每年都与各州、地、市民政局长签订《老龄工作目标责任书》，要求各地借创建老龄工作先进县和先进单位的有利契机，进一步理顺县（区）级老龄工作机构，做到编制、人员、经费的“三落实”，做好老年群众组织的建立健全工作。通过每年对全省各州地市县目标责任完成情况的检查，表明各地基本完成了年度工作计划，县级老龄工作机构基本理顺，大多配置了兼职工作人员。城乡基层老年协会基本得到恢复。

在老年人口较为集中的西宁市和海东地区，农村基层老年群众组织得到较快的发展，发挥了很大的作用。由老年群体实行自我管理，自我服务、自我教育、自我保护的老年协会已逐步成为农村维护老年人合法权益，开展老年文化、体育活动和“三个文明”建设的重要力量。具体表现：一是老年组织是党支部、村委会的好参谋、好帮手。每当计划生育、处理宅基地纠纷等工作出现困难时，村里的老年协会就主动出面，以他们的经验和威望帮助村委会做工作，推动了农村基层各项工作的顺利开展。二是发挥老年组织的群体作用，维护老年人合法权益。在农村老年人赡养纠纷中，老年协会运用老年人群体的力量，教育不孝子女，督促儿女赡养老人，解决了老年人生活困难，减轻了乡村干部的负担。三是兴建老年人活动阵地“老年之家”“老人活动室”，开展健康的文化娱乐活动，有力地抵制了封建迷信、旧风陋习滋长，改善了农村的社会环境。由于有益健康的文化娱乐活动的开展，促进了农村精神文明的建设。

五、积极推动家庭赡养协议书签订工作的开展

在社会经济发展缓慢，社会福利事业发展受到制约的青海农村中，目前和今后相当长的时间内，老年人养老主要以家庭养老为主。在2004年省老龄办开展签订“农村家庭赡养协议书”试点的基础上，2005年海东地区和西宁市各县都选择了乡村开展签订农村家庭赡养协议书试点工作。在家庭成员自愿的基础上，共有1113户有老人的家庭签订了家庭赡养协议书。通过试点，广泛地宣传了《老年法》和《青海省老年人权益保障条例》，保证了年轻人有效履行法律规定的家庭赡养义务，解除了许多老年人在养老问题上的后顾之忧，受到社会各界的热情称赞，特别得到老年人的拥护。

六、推动健康老年文体活动蓬勃开展

以老年人为主的广场文化体育活动蓬勃开展，体育部门组织的老年太极拳剑赛、老年门球赛，省市区各级妇联组织动员广大老年妇女积极参加的“消夏家庭文化艺术节”等活动，以及老年群众自发组织的广场晨练康巴舞、传统优秀歌曲合唱等，通过大家练、大家唱、大家跳、大家乐的群众文化体育活动，极大地丰富了老年人的精神文化生活。每逢老年节到来之际，全省各级党委政府以及各涉老部门都要举办不同形式的庆祝活动。利用科学、文明、健康的社会活动，引导老年人不断提高生活质量。2004年在“6·26”禁毒宣传活动中，西宁市有20个社区的老年妇女参加了省妇联组织的万名妇女“不让毒品进我家”的活动，并以母亲的名义给戒毒人员发出了一封“热爱生活，珍爱生命”的信，有力地推动了全民拒毒、防毒的禁毒斗争的宣传氛围。每年省老龄办和省文化厅、省妇联、省体育局、老干部局等成员单位积极合作，充分发挥老年群众文化体育自治组织的积极性，举办各类文化体育活动。这些老年艺术团体经常深入农村、工厂、军营、老年福利院、敬老院进行演出。在西宁市的广场文化活动中，他们也是主要参与者和组织者。在全民体育健身活动的宣传教育下，越来越多的老年人参加到体育健身的行列中。在2005年举行的大型活动中，如省老龄办、老干部局、体育局组织的老年节登山活动，就约有1万多老年人参加，而纪念抗战60周年老年太极拳（剑）比赛、老年门球赛等活动，全省各州地市和大中型企业均派出代表队参赛。

七、加强自身建设，提高老龄办工作效力

省老龄办在加强自身建设，提高老龄办工作效力的同时，积极争取省委和政府对老龄工作的重视。根据工作安排适时召开了省老龄委成员单位联络员会议和省老龄委全委会。2005年召开的第五次全委会进一步明确了全省近期工作任务和各成员单位的职责。全会为表彰成员单位联络员对老龄工作做出的成绩，讨论通过了《关于表彰青海省老龄工作委员会优秀联络员的决定》，授予省老干部局、劳动保障厅、卫生厅、财政厅、省妇联5个成员单位的联络员为“青海省优秀联络员”荣誉称号。

省老龄办注重协同有关部门，充分利用新闻媒体扩大老年法规和老龄工作的宣传面，引导社会各界重视和参与老龄事业的发展。开展了“珍奥敬老爱老助老孝心工程”活动，举办了“孝心服务进社区”活动，由珍奥集团西宁办事处为西宁市、海东的10个社区和两个老年活动中心添置了健身理疗器械、文体用具、书籍、报刊书架，组织珍奥员工和志愿者进驻社区，为老年人实行健康服务。每年的老年节期间，省广播电台、电视台、《西海都市报》、《西宁晚报》等积极给予了宣传报道和关注。2005年省民政厅社会福利处、省老龄办、西宁市社会福利院的负责同志还在电台向广大听众介绍了青海省老龄事业发展状况、老年福利服务设施建设情况、老年公寓现状发展规划等情况。2005年11月省老龄办与甘肃老龄办联合开启了“甘青‘夕阳红’赴广深珠港澳旅游专列”，青海省有324人参加了活动。

2005年8月民政厅党组调整了老年大学领导班子，为老年大学解决了13年没有固定校舍的问题，使学校教学和管理得到进一步改善和加强。

河南省老龄事业发展综述（2003—2005）

在河南省委、省政府的领导下，近年来，河南老龄工作取得了较大成绩，老龄事业得到了较快发展。各级老龄组织逐步健全，养老和医疗保障制度逐步完善，老年福利服务设施不断增加，老年人的合法权益得到较好维护，生活得到改善，在维护社会稳定，促进社会进步方面发挥了重要作用。

一、近三年来河南老龄工作取得的成就

（一）逐步完善社会保障制度，实现了老有所养

初步建立了政府、社会、家庭和个人相结合的经济供养体系，保障了老年人基本生活，使老年人的生活水平随着社会经济发展而逐步提高。在城镇，建立了统一、规范、完善的养老保险体系，确保企业离退休人员基本养老金的按时足额发放。截至2005年6月底，全省参加城镇企业职工养老保险人数701.7万人，其中在职人员530.2万人（缴费人员440万人），离退休人员171.5万人。企业离退休人员养老金全部实现按时足额发放，社会化发放率100%；城市低保工作健康有序发展，低保对象做到了应保尽保。在农村，逐步建立和完善了土地保障、家庭赡养和社会扶持相结合的农民养老保障体系。对无劳动能力、无生活来源、无赡养人和扶养人，或者赡养人和扶养人确无赡养能力或扶养能力的老人继续完善以保吃、保穿、保住、保医、保葬为内容的“五保”供养制度。对农村养老保险工作进行了探索，全省共积累农村养老保险基金3.5亿元，其中责任金3.53亿元，有145万多人参加养老保险，每年有3万多人领取养老保险金，每年支付养老保险金580多万元。赡养人与被赡养人之间签订家庭赡养协议工作得到较好落实，部分小康村为老年人还发放了生活费或零花钱。各级政府为百岁以上高龄老人每人每月发放100元的敬老补助费，济源市、郑州市、漯河等市还将百岁老人敬老补助费标准做了调整和提高，郑州市还对最低生活保障对象中70岁以上老人每月增发50元的特别补助。

（二）完善老年人医疗保障体系，实现老有所医

为满足老年人基本医疗需求，初步建立了以社区卫生服务为基础的老年医疗保障服务体系。全省参加城镇职工基本医疗保险人数达609.81万人，其中在职人员465.44万人，退休人员144.37万人。1. 开展了“卫生进社区”活动。围绕以“学习科学、拥有健康、享受生活”为主题的相约健康社区行活动为中心，对全民进行卫生知识宣传教育，引导广大群众告别不卫生、不文明陋习，养成科学、文明、健康的卫生习惯，提高全社会文明卫生程度。定期组织大中型医院、疾病控制、健康教育、妇幼保健机构的专家深入社区，开展城市多发病、常见病和老年病的医疗保健和预防控制知识的宣传、咨询、义诊等活动，提高社区居民特别是老年人的生活质量。同时，组织河南健康教育专家赴部分省辖市开展社区健康教育巡讲活动。2. 加强老干部医疗保健服务。继续加大省人民医院、郑大一附院等省直保健基地建设力度，选派技术精湛的卫生技术人员从事老干部医疗保健工作，根据实际增设干部病床。定期组织对保健对象开展健康体检工作。继续为省直离休老干部办理“优诊证”，享受“五优先”服务，即“挂号、治疗、取药、检查、缴费”优先。3. 进行以大病统筹为重点，启动新型农村合作医疗制度试点。根据国家关于建立新型农村合作医疗制度的精神，结合河南实际，研究制定了《河南省建立和完善新型农村合作医疗制度的管理办法》，并根据各地经济状况及农村卫生工作基础，确定25个县作为第一批新型农村合作医疗制度试点县，加强督导，严格监管，积极稳妥地推进新型农村合作医疗制度实施。通过逐步建立以大病统筹为主的新型农村合作医疗制度，重点解决农民因患重大疾病而出现的因病致贫、因病返贫问题。截至2005年底，25个新型农村合作医疗制度试点县，累积统筹资金64511.21万，享受医疗补助农民1915.86万人次；根据《中共中央国务院关于进一步加强农村卫生工作的决定》（中发［2002］13号）和《民政部、卫生部、财政部关于实施农村医疗救助的意见》（民发［2003］158号）精神，省民政厅、卫生厅、财政厅下发了《关于印发〈河南省农村医疗救助工作实施方案（暂行）〉的通知》（豫民救［2004］4号），在河南28个县（市）开展了农村医疗救助示范工作。2005年年底前，所有的县（市、区）都要出台农村医疗救助实施方案，全面实施农村医疗救助工作。通过示范工作，逐步在全省建立起规范、完善的农村医疗救助制度。4. 强化了社区卫生服务机构的规范化管理。开展了创建示范社区卫生服务站（中心）活动，从设置原则、基本功能、急诊和现场急救、家庭保健服务、临终关怀、精神卫生、心理咨询及康复服

务、人员配备、基本设施等方面都对社区卫生服务站的规范化建设提出了具体规定。坚持贯彻预防为主的方针，以社区居民特别是老年人为主要服务对象，开展居民健康调查，进行社区卫生诊断，认真分析服务范围内的人口分布、人口构成、疾病构成、常见病患病率、社区高危人群及危险因素等情况；为社区内个人与家庭提供健康管理服务，对社区内老年人进行保健指导，提供保健服务，使社区卫生服务机构步入规范化、制度化和科学化发展的轨道。

（三）加强老年服务设施建设，提高老年人生活质量

初步建立了养老服务设施和社区为老服务管理体制，组建了服务队伍。全省组织实施的“星光计划”项目，3 年累计投入资金 2 亿多元，在社区建成老年活动场所 596 所，为家庭养老提供了帮助，为社区照料提供了依托，为老年人活动提供了场所，受到广大老年人欢迎。“十五”期间省政府确定投资 4800 多万元，占地 100 亩建设河南省社区老年服务中心。目前，省财政拨付 1000 多万元，省民政厅筹集资金 3000 多万元的一期工程 12800 平方米的中州颐养家园已建成并投入使用。郑州市政府在所属 6 个区用以奖代补的形式投入资金 1200 万元，每个区配套 200 万元，各建一个面积不低于 2000 平方米的老年活动中心、一所床位在 50 张以上的老年公寓，各办事处建一所面积不低于 400 平方米的综合性、多功能的老年福利服务中心。安阳市政府投资 200 万，社会筹资 1800 万元建成了面积 8000 多平方米的“安阳市夕阳红颐养院”，还投资 600 多万元建成了市老年大学和老年活动中心，各县（市、区）也都建了老年大学和老年活动中心。开封、洛阳、漯河、新乡等市也都建起了一批示范性的老年福利服务设施。农村乡、镇敬老院覆盖率达到 95%以上，完成了国家要求达到的目标，1868 个乡镇建立了以乡镇敬老院为依托的“五保”服务网络。社会办老年公寓的出现和发展，不仅使闲置的房屋得到有效的利用，而且解决了许多下岗人员就业，解决了许多老年人养老问题。目前，全省有社会办老年公寓 196 所，注册资金 7400 多万元，床位 10000 张，入住老年人 6000 多人。

（四）积极开展老年文体活动，丰富老年人精神文化生活

营造全社会尊重、理解、关心和帮助老年人的社会环境与舆论氛围，丰富老年人精神文化生活，提高老年人生活质量。1. 敬老宣传逐步深入，舆论氛围逐步增强。在城市，主要新闻媒体都开辟了老年专题栏目，如河南电视台的“老人世界”，《大河报》的“老人天地”、“颐养堂”，《郑州晚报》的“敬老城”，还有“新视点”、“霞满天”、“枫叶情”、“老年宫”等老年栏目。省老干部局创办的《老人春秋》杂志，发行量居全国老年刊物前列。在农村，以敬老公益广告、墙体标语等形式，宣传“一法一条例”及“健康知识”。同时，省老龄办还积极提供新闻线索，邀请中央电视台《夕阳红》栏目组，先后制作了反映维护老年人合法权益的《法庭开进村》，反映农村老年教育的《农村老人进学堂》，反映农村老年协会工作的《夸媳妇》，反映老龄部门抓敬老优待政策落实的《把好事办好》，反映尊老敬老传统风尚的《娘庙村的故事》，反映百岁老人生活的《她们这样走来》等 10 期电视节目，这些节目从不同侧面报道了老龄工作的经验和做法，树立了河南省老龄工作的良好形象。2. 老年文化教育得到健康发展。河南老年教育经过几年来的不断探索和大胆实践，已摸索出一套办学经验，构筑了市、县（市、区）、乡（镇）三位一体的社区老年教育体系。截至目前，全省共开办老年大学 1000 多所，在校老年人 100000 多人，已培训老年学员 80000 多人。3. 在全省开展了“河南千万老年人健身”活动。活动启动至今，直接参与活动的老年人已达八百余万。截至 2005 年底，全省建有老年体育协会 13000 多个，各类老年体育辅导站（点）7000 多个，门球场 3700 多块。县级以上举办老年体育竞赛 1700 多场次，参赛老年人数达 50 多人次。全省共举办老年人运动会 9 届，既增强了老年人体质，又展示了老年人风采。4. 老年人文化活动异彩纷呈。河南以群艺馆、文化馆等公益性事业单位和各种老年社团为活动阵地的老年人文化工作网得到加强。全省有群艺馆、文化馆 173 个，图书馆 136 个，博物馆 79 个，乡镇文化站（宣传文化活动中心）2083 个，村级文化大院（文化中心）和文化室 7514 个，图书室 3204 人。全省每年一次的“老年广场舞蹈比赛”、“老年服装展演大赛”等文化娱乐活动都受到老年人的欢迎和社会各界赞扬。这些以城市社区为单位、以老年人为主体的活动，极大地丰富了老年人的文化生活。

（五）切实维护老年人合法权益

全省逐步形成了维护老年人合法权益的法律保障体系。各市、县、乡司法部门都建立了老年人合法权益维护岗，把为老年人提供法律服务、法律援助列入评选省、部级文明律师事务所、文明公证所和文明基层法律服务所的考核指标，引导和推动了为老年人法律服务、法律援助工作的健康发展，增强了法律服务工作者尊老敬老意识和为老服务的自觉性。各地法律援助机构办理了一批在当地有影响的老年人维权案件，近几年全省共办理老年人维权

案件15000余件，受援老年人总数达18000余人，接待咨询10万人次，仅2004年全省受援老年人总数就达4903人，较好维护了老年人的合法权益。如许昌市法律援助中心为78名退休老年人索要养老金提供法律援助，孟津县法律援助中心为七旬老年人赵四倍（志愿军战士）交通事故损害赔偿案提供法律援助等。在全省基层法院推广了安阳县“保老巡回法庭”将法庭开进村头、地头、炕头的做法，中央电视台《夕阳红》栏目组以《法庭开进村》为题对此进行报道。安阳县“保老巡回法庭”1998年3月成立以来，先后审结各类案件1200件，对涉老案件做到了快立案、快审理、快结案、快执行，切实维护了老年人的合法权益。

二、存在的问题及建议

近年来，河南老龄工作稳步发展，但也存在一些问题。

一是人口老龄化带来的诸多社会问题在一些地方还没有引起高度重视。

二是有政策滞后现象，如老年人权益保护、老年组织建设等亟待规范和加强。

三是特困老年人救助问题还没有得到很好解决，特别是农村因病致贫、因病返贫等问题，急需研究制定救助办法。

建议：一是形成党政主导、社会参与、全民关怀的良好老年工作局面，健全和完善老龄法律、法规和配套政策；二是建立与社会经济发展相适应，覆盖城乡所有老年人的养老、医疗保障体系，在全省范围内建立贫困老年人救助体系，确保困难老年人及时得到政府救助；三是建立老年人法律援助、法律服务组织网络，切实维护老年人的合法权益。形成尊敬老人、代际和谐、家庭和睦、邻里互助和人际和善的良好社会氛围，使广大老年人能充分分享社会进步的成果；四是健全老年文化体育活动设施，丰富老年人精神文化生活；五是建立多层次、多形式、多学制、多学科的老年教育服务网络，满足老年人受教育的需求；六是加快老年产业发展步伐，实现能够满足老年人吃、穿、住、行、乐、游等需要的河南老年服务产业。

广东省老龄事业发展概况（2003—2005）

“家家有老人、人人都会老”在南粤已成为人们的敬老养老意识。近年来，广东省老龄事业依照“党政主导、社会参与、全民关怀”的方针，充分发挥参谋助手，综合协调，督促检查作用，老龄工作得到快速发展。

在广东，老龄工作不仅得到各级党委、政府的高度重视，也得到全社会的极大关注。“老有所养、老有所医、老有所教、老有所学、老有所为、老有所乐”的“六个老有”目标在社会得到认知并逐步实现。广东特色的老龄工作逐步形成：一是省及各地级市老龄委成员单位通力合作，出台为老服务政策，开展为老服务项目，共同做好老年人工作；二是基层老龄工作得到长足发展，基层老年群众组织逐步建立健全。农村老年人辅助养老方式越来越多样化；在股份制改革中，农村老年人享受到了各种优惠政策；三是做好助老扶困和为老服务工作。珠江三角洲和广东沿海地区充分发挥侨乡优势，吸纳海外资金兴办老人院、老人公寓、护老中心。老年咨询、老年医疗、老年活动场所、老年产业登记、家政服务、老年权益保障等社区为老服务项目广泛开展，为老年人提供不同需求的全方位服务。广州、佛山、深圳、阳江等地都创造性地开展了各具特色的为老服务模式；四是贯彻落实《老年法》，颁布实施《广东省老年人权益保障条例》，成立老年人法律援助中心，开展免费法律咨询，出台老年人优待办法，切实维护广大老年人的合法权益；五是大力开展丰富多彩的老年文化体育活动，以老年文体协会、老年艺术团为载体，丰富老年人精神文化生活；六是形式多样地做好老龄宣传工作，利用新闻媒体，大张旗鼓地开展宣传贯彻活动，老龄事业得到了全社会的广泛关注和支持；七是积极开展老年科学研究和老龄问题研讨。

实践证明，凡是老龄工作做得好，老年事业发展速度快的地方都处在良性发展之中，老年人告状的少，参与迷信活动的少，“老有所为”的多，努力为社会做贡献的多。凡是老年教育搞得好的地方，老年人的精神文化生活丰富多彩的地方，就会出现和睦团结的面貌，更无类似“法轮功”的事件发生。

云南省老龄事业发展概况（2003—2005）

2003年—2005年，云南省60周岁以上老年人从430万增加到467万，老年人口占全省总人口的比例由10%上升为10.5%，人口老龄化形势日趋严峻。

云南省委、省政府历来十分重视老龄工作。2003年为加强老龄工作，省老龄工作委员会成员单位由原来的22个部门增加到26个部门。3年来，各级、各部门坚持以邓小平理论和“三个代表”重要思想为指导，树立和落实科学发展，坚持以人为本，认真贯彻《中共中央、国务院关于加强老龄工作的决定》和“党政主导、社会参与、全民关怀”的老龄工作方针，认真执行《中华人民共和国老年人权益保障法》、《云南省老年人权益保障条例》和《云南省人民政府关于进一步加强老龄工作的意见》等法律法规政策，落实《云南省老龄事业发展“十五”计划纲要》，老龄工作取得显著成绩，老龄事业有了长足发展，老年人的合法权益得到根本保障。目前，全省州（市）、县（区）、乡（镇）都建立了老龄工作机构，全省老龄工作网络基本形成；养老保险、医疗保障和最低生活保障制度正逐步建立完善；老年人的生活水平不断提高，医疗卫生条件不断改善；老年群众组织健康发展，老年人的各项优待规定得到很好落实；对贫困老年人的社会救助力度逐步加大；尊老敬老助老的良好社会氛围逐步形成；“星光计划”项目、老年活动中心（室）、老年大学（学校）等老年福利服务设施陆续建成投入使用，丰富了老年人的精神文化生活。老年人在社会主义“三个文明”建设中发挥着积极作用。

在各级党委政府的重视和关心下，随着人们的尊老敬老助老的老龄意识不断增强，社会保障体系的逐步建立和完善，老年福利服务设施和服务网络的不断健全，老年人的生活条件将不断改善，生活生命质量将不断提高，精神文化生活将会更加丰富多彩，老有所养、老有所医、老有所教、老有所学、老有所为、老有所乐的目标将会逐步实现。

贵州省老龄工作概述（2003—2005）

2003年

2003年贵州省老龄工作以邓小平理论和“三个代表”重要思想为指导，坚持“党政主导，社会参与，全民关怀”的老龄工作方针，做了以下工作：

一、贯彻落实全国省级老龄办主任会议精神

全国省级老龄办主任会议召开后，贵州省老龄工作委员会于6月13日召开了省老龄工作委员会第一次全体委员会议，会议研究了贯彻落实全国省级老龄办主任会议精神的意见，提出了2003年要抓好的10项工作。

7月10日，又召开了全省市（州、地）老龄办主任会议。会议主要议题是，传达全国省级老龄办主任会议精神；交流各地老龄工作经验；总结2002年工作并安排2003年工作。两次会议，省委副书记孙淦、副省长肖永安都出席会议并作了重要讲话。

二、调整老龄工作委员会成员单位和组成人员

省老龄工作委员会根据委员会领导和部分委员工作变动的实际情况，向省委、省政府报告了调整省老工委成员单位和组成人员的请示报告，省委、省政府于9月以两办名义下文调整省老工委成员单位和组成人员。省老龄办的内设机构人员也进行了调整，采取从民政厅调入和公开招考公务员等方式补充了一批干部到省老龄办，截至12月，8个市（地、州）成立了老龄工作委员会，9个市（州、地）成立了老龄工作委员会办公室。87个县（市、区）成立了老龄办，60个成立了老龄委员会。

三、举办培训班

在政治学习方面，省老龄办处以上干部及市（州、地）、县老龄办的主要负责人分别参加了各级党政部门组织的“三个代表”重要思想培训班的学习。在业务学习方面，除铜仁、毕节两地和六盘水市的老龄办主任参加了全国老龄办在北京举办的老龄干部培训班外，六盘水市、贵阳市也举办了老龄干部业务知识培训班。从思想理论和业务上提高干部素质。

四、加强调查研究

按照全国老龄办把2003年作为调研年的要求，结合贵州省实际，省老龄办做了四方面的调查：一是对全省老龄机构进行了调查；二是对全省基层老年协会的基本情况及协会在当地经济发展和“三个文明”建设中的作用进行了调查；三是对全省城乡贫困老人和百岁老人的状况进行了调查，绘制了全省百岁老人分布图；四是对贯彻落实《贵州老龄事业发展“十五”计划纲要》情况进行了调查。上述调查均向省委省政府及全国老龄办作了调查报告。

五、宣传教育工作

根据全国老龄办《关于开展“全国老龄新闻奖”评选活动的通知》精神，省老龄办在全省举办了老龄新闻奖评选活动，评选出《生命的长廊》（贵州电视台选送）等好栏目奖报全国老龄办参加“全国老新闻奖”评选。根据全国老龄办、中央宣传部等部门联合下发的《关于在全国青少年中广泛开展敬老爱老助老主题教育活动的通知》精神，省老龄办和省直有关部门成立了省主题教育活动组委会，使在全省广大青少年中开展以“读敬老书、做敬老事、写敬老文”为主要内容的主题教育活动有了组织保证。

抓好《贵州老年报》和《晚晴》的工作，做好宣传。老年节期间，与贵阳市、云岩区和南明区老龄办联合开展了《老年法》、老龄工作的宣传、咨询活动。

六、开展创建先进县（市、区）活动

6月，省老龄委根据全国老龄委《关于在全国开展创建老龄工作先进县（市、区）活动的通知》精神，研究部署了创建活动工作。11月省老龄办下发了《关于在全省开展评选老龄工作先进县（市、区）活动的通知》。截至12月底，全省共评选出15个老龄工作先进县。这项工作促进了表彰激励机制的建立，推动了老龄工作的开展。

七、维护老年人合法权益

为了贯彻好全国《维权工作暨经验交流会》和全国老龄办、国防部、公安部《关于加强维护老年人合法权益工作的意见》精神，省老龄办、省司法厅、省精神文明办等10家单位联合发了《关于下发〈开展“为实现公平和正义——法律援助在贵州”大型公益活动的总体方案〉的通知》；向省政府写出了《申请全省特困老人和百岁老人经费的报告》；办理70岁以上老年人《优待证》25477个；处理老年人来信2118件，接待来访2450人；协助处理涉老案件395件。

八、老年文体活动

省老龄办积极组织老年文艺节目参加全国老年文艺汇演，省老龄办有关部门组织专家进行评选后，共报10个节目到全国参评。10月，组织了贵阳、安顺、六盘水、黔南州等地的老劳模代表参加西部地区老劳模参观团赴北京参观，12月，省老龄办与省体育局等单位举办了“银杏鹰杯”太极拳表演赛；贵阳市老龄办组织2000多名老年人参加“夕阳红”华东5省旅游活动；黔西南州、贵阳市南明区、都匀市等老龄办都举办了大型文艺演出，省直机关各个县都在老年节期间开展了丰富多彩的活动。

九、老年教育

2003年，全省有各级各类老年大学（学校）272所，在校学员298万人。

2004年

2004年，省老龄委以“三个代表”重要思想为指导做了以下工作：

一、贯彻落实全国省级老龄办主任会议精神

2月全国省级老龄办主任会议一结束，贵州省就召开了省老龄工作委员会第二次全体会议进行传达，4月又召开了全省市（州、地）老龄办主体会议，传达贯彻上述两个会议精神，对2003年进行了总结，对创建老龄工作先进县（市、区）和评选老龄工作先进县进行了部署。

二、开展了检查评估工作

5月，省老龄委组织成三个检查评估小组，分赴9个市（州、地）对《中共中央、国务院关于加强老龄工作的决定》和《贵州省老龄事业发展“十五“计划纲要》的贯彻落实进行检查评估，写出了检查评估报告，分别报省政府和全国老龄委。

三、开展创建老龄工作先进县（市、区）和先进单位活动

1. 成立了评选老龄工作先进县（市、区）和先进单位领导小组；制定了考核评比标准；对各地推荐的先进县（市、区）进行了实地考核和量化评分。

2. 召开省老工委第三次全体会议，评选出16个全省老龄工作先进县（市、区）和20个先进单位，还从中选出云岩区、水城县、遵义县、惠水县、普定县等5个县（区）申报全国老龄委工作先进县（市、区）；福泉市宅盈湾村老龄委，水刚集团公司老龄委，贵州大学、余庆县老龄办，贵航集团有限公司，黎平县教育局，玉屏县大龙镇党委，兴义市耳寨村老年协会等8个单位申报全国老龄工作先进单位。

四、定目标考核方案

省老龄办制定了《贵州省2004年老龄工作目标管理考核方案》，对全省市（州、地）老龄工作进行目标考核。各市（州、地）老龄办也开展了对所辖县（市、区）老龄工作进行目标管理考核。

五、宣传教育工作

1. 开展“主题教育活动”

根据全国老龄委、中宣部、教育部等联合下发的《关于在全国青少年中广泛开展敬老爱老助老主题教育活动的通知》精神，省老龄办联合省委宣传部、教育厅等下发了《关于认真贯彻执行〈在全国青少年中开展敬老爱老助老主题教育活动的通知〉的意见》，成立了主题教育组委员会，6月10月举行了主题教育活动启动仪式，副厅长肖永安出席并讲了话。为了推动活动的开展，省组委会发了《关于认真做好全国“青少年敬老爱老助老主题教育活动”评选表彰工作的通知》。8月，评出省“优秀组织者”5名，“孝亲敬老之星”49人，向全国推荐1名“中华孝亲敬老楷模”。

2. 设老龄问题专栏

贵州广播电台以及遵义、安顺、铜仁等三地的报刊、电台、电视台等媒体设立老龄问题专栏，宣传老龄工作。

3. 省老龄办办了《贵州老龄工作信息》、《老龄工作简报》，加强了信息交流。

4. 10月，省老龄办举办了庆祝老年节暨省老龄委成立20周年文艺晚会。省委组织部部长刘也强到会讲话。

六、积极开展调查研究工作

根据全国老龄的安排，结合贵州省实际，一是开展了对基层老年协会的调查，针对存在的问题提出了加强基层老年协会建设的意见；二是配合省文史委对全省城市养老情况进行调研；三是配合专改委制定了《贵州省城市社会化养老发展规划》。

七、开展法律援助，维护老年人合法权益

为了落实好全国老龄办、司法部、公安部《关于加强维护老年人合法权益工作的意见》，云岩区老龄委成立了老年人法律援助工作站，都匀市建立了28个司法援助站，普定县设立了老年法庭，维护了老年人的合法权益。

八、把老龄事业发展和建设纳入发展计划

今年，省发改委启动了一批社会化养老建设项目，总投资9698万元，同时安排省直部门老龄服务基础设施项目2个，下达基本投资100万元。

九、丰富多彩的老年人生活

1. 积极组织老年人参加各种比赛，丰富老年人的精神文化生活，六盘水市张如玉老人代表贵州参加西南地区“健康老人电视大赛”获铜奖，铜仁地区熊俊陵老人代表贵州参加“珍奥杯”全国银龄美大赛，获“全国魅力老人”称号。

2. 成立老年艺术团。继省老年艺术团于重阳节成立后，遵义市、贵阳市、六盘水市、安顺市、毕节地区、黔西南等市地州老年艺术团也相继成立，开展了丰富多彩的文艺活动。

3. 组织老年人参加“金晖老年旅游活动”，共组织1100多名老人“长江万里游”。

十、举办培训班，提高干部素质

1. 参加全国培训班。省老龄办和部分市州地老龄办的部分处级干部到北京参加全国老龄干部培训班，学习科学发展观及老龄工作知识。

2. 组织全省老龄干部培训班，并到广州、深圳、珠海学习考察。黔西南、黔东南州及麻江县也分别举办了全州、县老龄干部培训班。

3. 举办老龄工作统计班，系统学习统计知识。

十一、老年教育

2004年，省各级各类老年大学（学校）439所，比去年增加167所；在校学员434万人，比去年增加136万人。全省老年大学（学校）数和学员人数有较大发展。

2005年

2005年，贵州老龄工作坚持以“十六”大精神、邓小平理论和“三个代表”重要思想为指导，以开展保持共产党员先进性教育活动为动力，老龄工作有了长足发展。

一、履行职责，做好工作

今年各成员单位以贯彻落实《贵州老龄事业发展“十五”计划纲要》为重点，坚持以民为本，执政为民，构建社会主义和谐社会的方针，在发挥职能作用方面做了大量工作，推动了各项涉老政策的制定和落实。

经济供养方面，省劳动厅在全省城镇基本建立了统一、规范和完善的养老保障体系，45.9万名企业离退休人员参保，基本养老金发放率达99.99%，确保了基本养老金按时足额发放。省民政厅已在全省农村逐步建立和完善土地保障、家庭赡养和社会扶持相结合的养老保障体系。贵阳和六盘水两市及黔南州等地，把养老保障和计划生育工作结合起来，分别建立了农村独生子女户和两女结扎户养老金制度以及实行商业保险制度，奖励扶助农村计划生育满60岁以上的夫妇家庭。城乡社会救助工作力度加大。从2004年已开始在全省城镇低保对象中推行“分类施保”，对“三无”对象和有70岁以上老人的特困家庭，在享受原低保金标准基础上增发10%～30%的低保金。全省2509名“三无”对象已全部纳入城市低保范围，月人均发放低保金128元。2005年6月，开始对农村特困群众实行“分类施救”，对有70岁以上老人的特困家庭，在享受原每人每年不低于200元基础上增发10%～30%的救助金。全省有11.21万老人落实了“五保”供养待遇。集中供养的6038人的供养待遇年人均为1435元；分散供养金为年人均534.77元。省委组织部、省老干局、省人事厅、省财政厅、省建设厅、省劳动等社会保障厅等单位于2005年5月7日联合发文，要求各地认真解决有特殊困难离退休干部及离退休干部遗属的有关生活待遇问题和省国有困难企业离退休干部住房增量补贴问题。在先进性教育活动期间，省委省政府决定将机关、事业单位离退休人员的增量补贴由20%提高到40%。

医疗保障方面，全省已全面推行了城镇职工基本医疗保险制度。全省75万退休人员，有44万退休人员出来医保，其中有18万参保人员是机关、事业单位的退休人员。省卫生厅制定了《贵州省城市社区卫生服务机构设置指导原则和标准》，规范了贵州省社区卫生服务机构的设置、审批和管理。农村正在全面推行《贵州省新型农村合作医疗管理试行办法》，全省普遍建立和实施了农村医疗救助制度。老年人，农村特困群众均给予医疗救助。全省19个县（市、区）城市医疗救助制度试点工作也于7月开展。

老年福利服务事业方面，各级政府加大了养老福利服务设施建设力度，截至12月底，省建有老年公寓、社会福利院、老年护理院53所，其中国办的43所，民办10所；敬老院862所，其中，乡镇办的732所，村办111所，民办的19所；建立了设施完备、功能齐全的老年活动中心8个。省民政厅通过3年的努力，在全省投入资金2.1亿元，建成“星光”计划项目394个，覆盖了除剑河县以外的全省各县（市、区）。省发改委安排了一批以老年人为主要对象的社区福利和服务设施建设项目。省民政厅、省发改委、省建设厅等8个单位联合发了《关于进一步做好社区组织的工作用房、居民公寓性服务设施建设和管理工作的意见》，对充分发挥社区组织作用，促进社会稳定起了积极作用。通过开展“金晖行动”，为老年人办好事、实事。

维护老年人合法权益方面，各成员单位认真贯彻《老年法》，维护老年人的合法权益。省政府于6月出台了《贵州省优待老年人试行办法》，对全省广大老年人实行更全面的优待；9月，省老龄委组织司法厅、省劳动和社会保障厅、省委宣传部、省总工会、省老年大学、省老龄办等成员单位，对9个市（州、地）贯彻落实《老年法》的情况进行检查评估；省司法厅要求各级司法机关、公证管理等部门切实贯彻落实各项法律服务。全省各级人民法院基本做到了对涉老案件优先立案、优先审理、优先执行，有的市（州、地）、县（市、区）人民法院还设立了老年法庭。

宣传教育方面，省委宣传部把有关老龄工作作为精神文明建设的一项重要内容，纳入全省精神文明建设总体规划。省广电局要求各级电台、电视台要采取多种形式宣传老龄工作。省教育厅要求全省中小学将敬老、爱老教育作为学校思想道德教育的一项重要内容，在青少年中增强敬老爱老意识。7月，全省“孝心进社区工程”在贵阳举行启动仪式。省老龄办和省老干局联合举办了“纪念中国人民抗日战争、世界反法西斯战争胜利60周年暨遵义会议召开70周年”音乐会。老年节期间，贵阳市、黔西南州、黔南州、黔东南州等市（州、地）、南明区、望谟县、普安县、黎平县等区（县）都举行了文艺演出，许多地方举办了老年书画、摄影展和体育比赛。老年旅游活动也在全省开展。2005年，省老年大学对全省老年大学（学校）进行了规范化办学检查，老年教育取得了较大的发展，截至12月底，全省成立老年大学（学校）490所，在校学员4.7万人。省老干局对省直200名离退休干部党支部进行了党建工作培训。

二、采取措施，推动老龄工作开展

2005年，各级老龄办结合实际，采取有效措施，推动了老龄工作的开展。

（一）以先进性教育为动力，促老龄工作开展

按照中央和省委的统一部署，上半年，全省各级老龄办的广大党员参加了保持共产党员先进性教育活动。通过活动，广大干部受到了一次全面、深刻的党性党风教育，认识到做好老龄工作，为老年人服务，是实践“三个代表”重要思想的具体体现，进一步坚定了理想信念，增强了做好老龄工作的信心。

在先进教育活动中，各级老龄办把抓好整改贯穿始终，边学边改，边查边改，边整边改，努力做好各项工作。省老龄办在调研的基础上向省政府写出了关于扩大老年人优待范围、增加优待内容的报告。省老龄办、黔南州老龄办和惠水县老龄办的党员同志共同参加了惠水县抵季乡灾民新村建设奠基仪式，与此同时，组织医务人员对当地老年人进行了健康检查。

（二）贯彻落实《纲要》，推进老龄工作

今年是《贵州省老龄事业发展“十五”计划纲要》实施最后一年，省老龄委成员单位和各级老龄办结合各自职责进行了自查自评。安顺市、黔西南州针对去年省老龄委《纲要》检查评估小组提出的问题，召开了市（州）委常委会进行研究，提出改进意见，以党政两办名义下发了《关于进一步贯彻落实〈纲要〉》的意见。在自查评估的基础上省老龄办对遵义市、黔西南州三地进行了检查评估，召开了成员单位联络员会议，听取检查评估报告意见后，报省政府和全国老龄委。通过统一工作，推动了各项目标的完

成，为制定《贵州省老龄事业发展“十一五”计划纲要》奠定了基础。

（三）抓“创建工作”促老龄工作全面发展

根据省老龄委第三次全体会议的决定，省老龄委发了表彰全省老龄工作先进县和先进单位的决定，黔南州、铜仁地区、云岩区、惠水县等召开了表彰大会。通过创建老龄工作先进县的开展，各级党政领导对老龄工作重要性的认识进一步提高，对创建工作非常重视和支持，云岩、南明区两区、水城、惠水、麻江等县成立了党政主要领导挂帅的领导小组，多次召开书记办公室、县（市、区）长办公室专题研究，制定创建方案和工作计划，把老龄工作纳入年度目标考核内容，摆上了党委和政府的工作议程。开阳县还提出了今后3年老龄工作要达到的目标。通过创建工作，多数县老龄工作经费投入增加，如：六盘水市所辖4个县（区）和赫章县按当地每年每人0.5元的标准拨给老龄工作经费，云岩、南明区和遵义、兴仁两县均配备了工作用车和电脑，许多县（市、区）拨出专款开展创建工作，一些地方还新建和改扩建老年人服务福利设施。“创建”推动了全省老龄工作的深入开展，老龄工作局面发生可喜变化。

（四）健全机构，夯实老龄工作基础。

省老龄委办公室把机构建设作为2005年目标管理的一项重要内容，机构建设取得明显进展。全省9个市（州、地）都成立了老龄委及其办公室。全省1552个乡（镇、街道办事处），有1439个成立了老龄工作委员会，占应建数的92.7%。全省21584个村（居）委会中，有16565个成立了老年协会，占总数的76.7%。老龄工作网络基本形成。

按照老龄工作的重点在社区、在基层的原则，六盘水、毕节地区制定了村（居）老年协会规范化建设标准；遵义市要求各县（市、区）要加强基层老年协会建设，对未发挥作用的要进行整改；遵义、江口等县对老年协会的负责人进行了培训；贵阳市、铜仁地区在总结开展签订赡养协议工作经验的基础上进一步推广了这一工作。

四川省老龄工作总结（2003—2005）

2003年

2003年，四川省的老龄工作在省委、省政府的领导下，各级老龄工作委员会认真贯彻“党政主导，社会参与，全民关怀”的老龄工作方针，全面落实全国老龄工作委员会第四、五次全会精神，全省的老龄工作顺利开展，老龄事业发展明显加快，为全省的跨越式发展作出了贡献。主要抓了以下工作：

一、老龄工作机构基本理顺，老龄办建设得到加强

根据全国老龄工作委员会第四次全会和省老龄工作委员会第二次全会关于尽快理顺和健全市、县级老龄工作机构的要求，在2002年抓好老龄工作机构理顺工作的基础上，2003年又进一步加大了工作力度。截至2003年7月底，全省21个市（州）和177个县（市、区）的老龄办已归口民政部门。在机构调整中，各级充实了老龄办的领导班子，补充了工作人员，改善了办公条件，工作有了较大起色。2003年2月省老龄办在西昌市举办了省第二期老龄工作干部培训班，来自15个市（州）的120名老龄工作干部参加了培训。省里还组织3名干部参加了全国老龄办举办的干部培训。成都、绵阳等市老龄办也对老龄工作干部进行了业务培训，提高了政治业务素质。

二、出台指导性文件，召开了省老龄工作委员会第三次全体会议

2003年2月，省老龄办在组织召开创建敬老模范县老龄办负责人座谈会的基础上，于2月24日下发了《四川省敬老模范县（市、区）检查验收标准（暂行）》，标准包含了组织领导、老龄宣传教育、老年人权益保障、养老保障、医疗保障、养老服务设施建设、老年文体活动等7大项50个子项，为各地的创建活动提供了量化操作的具体标准。

2003年抗击“非典”期间，省老龄办于5月13日下发了《关于认真做好防治“非典”工作的通知》，要求各地老龄办要以高度的政治责任感，把防治“非典”作为一项重要工作来抓，时刻把老年人的利益放在第一位，通过多种形式向广大老年人宣传防治“非典”工作的法规政策和防疫知识，使老年人在生活上不麻痹，精神上不恐惧，相信科学，加强锻炼，做好防范工作。

2003年6月6日，省老龄工作委员会办公室、省委组织部、省委宣传部、省人事厅联合下发了《关于共产党员和国家干部带头敬老养老助老的意见》，要求全省共产党员和国家干部在尊老敬老方面一定要走在全社会的前面，市（州）、县（市、区）都作了转发。这个意见下发后，在社会上产生了强烈的反响，国内外众多新闻媒体相继作了广泛的报道，网上也开展了激烈的讨论，产生了积极的舆论效果，也在全省范围内进一步营造了良好的敬老养老助老的社会氛围。

为了进一步加强乡（镇、街道）老龄工作机构建设，确保老龄工作体制上下贯通，2003 年 6 月 12 日，省老龄工作委员会下发了《加强基层老龄工作机构建设的意见》。要求各乡（镇）、街道成立老龄工作委员会，各村（居）委会建立老龄工作领导小组，并明确了各自的职责。

2003 年 9 月 18 日，省委副书记、常务副省长、省老龄工作委员会主任蒋巨峰主持召开了省老龄委第三次全体会议，并作了重要讲话。副省长、省老龄委第一副主任张作哈，省民政厅厅长、省老龄委副主任姜保山、省政府副秘书长、省老龄委副主任敖玉明以及各成员单位负责同志出席会议。会议传达了李岚清同志在全国老龄工作委员会第五次全会上的讲话和回良玉副总理的重要批示，听取了全国老龄办主任会议精神。省老龄委副主任兼办公室主任姜保山就省老龄委二次全会以来全省老龄工作情况和今后工作安排作了报告。省委老干局、省劳动和社会保障厅、省文化厅、省体育局、省总工会汇报了本部门涉老工作的情况。蒋巨峰在讲话中强调，做好老龄工作是政府的职责所在。各级政府要把老龄事业纳入全面建设小康社会的各项规划，把老龄工作纳入重要议事日程。要把老龄工作作为硬任务来抓，积极主动想办法，在工作上给予支持，千方百计筹资金，经费再困难也要保证。会议议定了今后一段时间的老龄工作重点。

三、在全省深入开展了创建敬老模范县和创建全国老龄工作先进县活动

根据 2002 年省老龄工作委员会第二次全会关于在全省开展创建敬老模范县（市、区）、敬老模范乡（镇、街道办事处）、村（社区居委会）活动的决定和 2003 年全国老龄工作委员会《关于开展创建老龄工作先进县的通知》精神，2003 年全省各级老龄办都把“双创”工作作为老龄工作的重要任务来抓，全省有 44 个县（市、区）被确定为创建敬老模范示范县，每个市（州）至少有一个。各地结合本地实际，又制定了敬老模范乡（镇、街道办事处）和村（社区居委会）创建标准，一级抓一级，使创建工作开展得有声有色。2003 年 5 月，省老龄工作委员会转发了全国老龄工作委员会《关于开展创建老龄工作先进县的通知》，要求各地把创建省级敬老模范县的活动同创建全国老龄工作先进县活动结合起来抓，在考核、评选我省敬老模范县的基础上，向全国推荐老龄工作先进县。同时，省直机关创建敬老模范单位的活动也于 2003 年初全面展开。从 9 月开始，各创建敬老模范示范县普遍对基层的创建工作进行了检查，部分县（市、区）陆续表彰了一批敬老模范村和社区居委会。省老龄办也派出检查组深入到乐山市五通桥区、峨眉山市，德阳市旌阳区、绵竹市、什邡市的乡（镇、街道）、村（社区居委会），按照《检查验收标准》对创建工作进行了初查，对发现的问题及时提出了整改意见。10 月下旬，省老龄办组织 13 个市（州）老龄办和创建敬老模范示范县老龄办负责同志赴山东、辽宁，学习考察了两省创建敬老模范县和创建全国老龄工作先进县活动的经验和做法。

四、省老龄委各成员单位认真履行职责，做好涉老工作

2003 年，省老龄办进一步发挥综合协调作用，做好与省老龄委各成员单位的协调工作。3 月 27 日，省老龄办组织召开了省老龄委成员单位联络员会议，传达学习了李岚清同志在全国老龄委第五次全会上的讲话，交流了工作经验。

省老龄委各成员单位认真履行职责，积极做好涉老工作，为老年人办实事。省委宣传部、省广电局和省新闻出版局组织协调电视、广播、报纸、书刊等媒体，对全省的老龄工作做了大量的宣传，为老龄工作的开展创造了良好的舆论环境。省民政厅 2003 年上半年组织全省完成第二批“老年星光之家”224 个，共投入资金 9607 万元，总面积达 108727 平方米；下半年又安排了全省第三批“老年星光之家”建设计划 224 个，预计投入 1.17 亿元，将新建面积 78390 平方米，改造面积 73240 平方米。省建设厅指导有关窗口行业认真落实《四川省优待老年人规定》，并指导各地城市加强了无障碍设施建设，为老年人提供了良好的出行环境。省人事厅、省劳动和社会保障厅、财政厅加大了社会保障力度，确保了“两费”按时足额发放。省司法厅将《老年法》的宣传普及到农村，加大了对老年人的法律援助力度。省文化厅指导各基层文化主管单位组织老年人开展丰富多彩的文化活动，增设老年人活动设施，现有公共文化场所向广大老年人开放，并增加适合老年人阅读的图书报刊，为老年读者借阅书报提供方便优质服务。省卫生厅指导各地广泛开展了适合老年人特点的自我保健、老年病预防的健康教育，特别加强了农村医疗建设，并在都江堰等 5 个县（市）实施了农村新型合作医疗的试点，探索解决农村老年人看病难的问题。同时，大力开展医疗进社区，在社区设立医疗服务站，使老年人小病不出社区。省体育局充分发挥老年体协的作用，积极组织老年人参加各种健身活动，与有关涉老部门联合成功组织了省第五届老年人运动会的比赛。省总工会对涉及老职工切身利益的养老待遇和医疗保障等问题积极提出建议和意见。2003 年元旦、春节期间给劳模和生活困难的离退休人员送温暖，投入资金 150 万元，国庆期间又将全国总工会下拨的 54 万元困难补助金专款，全部发放到四川省 282 名低收入全国劳模手中。省妇联组织各级妇联加强老年妇女的权益保障，搞好敬老宣传，大力加强家庭美德建设，持续开展“五好文明家庭”、“十佳媳妇”、“百佳母亲”评选活动。团省委在广大青少年中开展了尊老敬老的传统教育，组织广大青年广泛开展了助老志愿者服务“金晖行动”，为老年朋友献爱心，提供各种助老服务。

五、狠抓《老年法》的宣传贯彻，维护老年人的合法权益

2003 年是《老年法》颁布 7 周年，各地继续采取多种形式广泛宣传贯彻《老年法》，大力营造维护老年人合法权益的良好氛围。3 月 21 日，省老龄办、省司法厅、省公安厅联合向全省转发了《全国老龄工作委员会办公室、中华人民共和国司法部、中华人民共和国公安部〈关于加强维护老年人合法权益工作的意见〉的通知》，要求各地结合本地实际，充分认识加强老年维权工作的重要性，认真研究新形势下维护老年人合法权益的新情况、新特点，充分履行职责，采取有力措施，切实做好老年人权益保障工作。3 月初，在省老龄办举办的西昌全省老龄工作干部培训班上，专门开设了《老年法》的基本内容和如何深入宣传贯彻的专题讲座，提高了参训人员的业务素质。4 月 24 日，在全国老年维权工作暨经验交流视频会上，四川省上报的《践行“三个代表”重要思想，维护农村老年人基本生活权益》一文被会议选用，并编入《全国老年维权工作经验交流会议专辑》。2003 年 8 月，省老龄办收集整理编辑出版了《老龄政策文件汇编（二）》，编入了现行有效的涉及老龄工作各个方面的法律法规、综合性文件、养老保障、医疗保障、社会福利、老年维权、老年文化及领导讲话等内容，为老龄工作提供了政策依据，极大方便了老龄工作者，为维护老年人的合法权益提供法律保障。为深入了解全省贯彻执行《老年法》，维护老年人合法权益的情况，南充市老龄办配合市人大，对全市《老年法》的贯彻执行情况进行了执法检查，同时，市政府向市人大报告了全市贯彻执行《老年法》的情况。2003 年全省各地在继续抓好签订《家庭赡养协议书》和《家庭保证书》的同时，各级司法部门加大了对涉老案件的审理，并出台了一些便民措施，方便老年人维权。10 月 16 日，省高级人民法院出台 45 条措施，规定为老年人等救助对象设立优先立案窗口，增设无障碍设施，对经济确有困难的老年人，为追索赡养费、抚恤费、养老金、劳动报酬的案件实行司法救助，免收诉讼费用，对符合法律援助条件的老年人，指定承担法律援助义务的律师进行代理、辩护。省老龄办调查了部分地区侵犯老年人权益的案件，写出了调查报告，并通过媒体进行了广泛宣传，社会反响强烈。全省 2003 年继续抓好对《四川省优待老年人规定》的贯彻落实，发现问题及时纠正，对贯彻落实好的单位给予表彰。省老龄办加强了信访工作，1—10 月共处理群众来信 125 封，接待老年群众来访 102 人次，并做到了接待热心，解释耐心。2003 年，四川省还加大了对贫困老年人的救助力度，除各级民政部门把生活困难的贫困老人全部列入低保给予救助外，晚霞报社从 4 月 24 日起，先后推出了“关爱老少边穷地区特困老人”和“爱心献老人，冬衣暖人心”活动，动员社会各界向老少边穷地区的农村五保老人、老复员退伍军人和城镇特困老人进行爱心捐赠捐助活动，这两次大型活动，都以既是革命老区、又是省级贫困县的古蔺县、仪陇县和通江县作为帮扶重点，整个活动，社会各界广泛参与，收到了很好的社会效果。8 月 12 日至 19 日，省老龄办配合全国老龄办在宝兴县举办了欧盟助老项目工作人员培训班，由欧盟资助 100 万欧元的助老项目率先在四川省启动。四川省的助老项目主要在宝兴县硗碛藏族乡、珙县玉和苗族乡和屏山县屏边彝族乡实施，主要进行开发性扶贫，给农村贫困老人以经济资助，帮助发展适合老年人的种植业、养殖业；帮助培训农村医护人员，改善缺医少药的状况；帮助改善农村老年人协会的文体设施等。整个项目为期 3 年完成，现已全面推开。

六、开展有影响的活动，深入宣传老龄工作

全省各地的报刊、电台、电视台等媒体都加大了对老龄问题和老龄工作的宣传力度。省老龄工作委员会主管的《晚霞报》、省老龄办主办的《四川老龄》，已成为传达上级指示、沟通各地信息、指导基层做好老龄工作的重要刊物。在 2003 年报刊治理中，经省报刊治理协调领导小组审核，《晚霞报》予以保留，仍由省老龄工作委员会主管，晚霞报社主办。同时，省老龄办还编辑出版了《’2003 夕阳红——养生保健》手册，深受广大老年朋友的欢迎。中央电视台《夕阳红》栏目 2003 年两次来川，分别拍摄了专题片《无声的革命——中国老龄行动报告》和《九九重阳节〈夕阳红〉特别节目》两个片子，均在央视播出，多角度宣传展示了四川省的老龄工作。2003 年春节，省老龄办举办了川剧敬老慰问演出，同时还深入德阳市慰问了百岁老人。各地在春节期间，也由各级领导带队慰问了百岁老人和特困老人。在全国老龄办举办的“全国老龄新闻奖”评选活动中，我省经过自下而上的评选，共推荐7篇作品（好新闻、好栏目、好节目）上报全国老龄办，并取得了较好成绩。

2003年，组织举办了四川省第五届老年人运动会。省体育局、省老龄办等13个单位联合于3月6日开始，至9月23日结束，分别在乐山、泸州、自贡、内江、成都、绵阳和江油8地举行，共进行了老年门球、网球、台球、乒乓球、羽毛球、地掷球、围棋、钓鱼、桥牌、健身球操和太极拳剑等11项比赛。全省21个市（州），11个省级行业系统共32个单位组织代表团，共2216名老年人参赛，并取得圆满成功。这次运动会，检阅了全省老年体育成绩，展示了老年人的精神风貌，扩大了老年体育影响，进一步推动了全省老年体育运动的普及和开展。

省老龄办2003年指导省老年大学调整学校校址，改善了办学条件，并不断提高教学质量，现有学员近2800名。

2003年“国际老年人节”和“重阳节”期间，全省各地都广泛开展了各种庆祝活动，让老年人过一个温馨、欢乐、祥和的节日。节前，成都、绵阳、德阳、乐山、宜宾、南充、攀枝花、广元、雅安、眉山等地和老龄办专门发出通知，对庆祝敬老活动做出具体安排部署。成都、德阳、雅安等市在重阳节期间，举行了“敬老好儿女”、“老有所为先进个人”表彰活动，宜宾市举行了首届老年模范夫妻表彰活动。9月23日，副省长张作哈一行，前往新津县慰问看望了103岁的何庭源老人，送去了党和政府的关爱。9月27日，省老龄办、省委宣传部、省体育局、团省委、省教育厅、省卫生厅、省妇联共同举办了四川’2003敬老暨重阳登高健康活动周，全省青少年敬老主题教育活动启动仪式，省委副书记、副省长、省老龄工作委员会主任蒋巨峰出席大会并作了重要讲话。为期6天的广场文艺演出，数万名老年朋友参加了活动。重阳期间，成都市除在望江公园组织游园活动外，还举办了成都市第二届老年艺术节活动，乐山市老龄委组织了全市老年文艺调演，绵阳市举行了老年诗词、书画、摄影展览，举行了秋游登山活动和老年门球、台球、网球比赛。

9月下旬，省老龄办组织王永锡、李国兰、任俊英、刘世荣、袁西甫5位老英模，参加了全国老龄办举办的“迎国庆西部地区老劳模赴京参观团”活动。临行前，省政府副省长、省老龄委副主任张作哈，省民政厅厅长、省老龄办主任姜保山，省总工会副主席张仕福和老龄办常务副主任何保全亲切看望了老英模，并为他们送行。

七、认真搞好调查研究和学术研究工作

全国老龄办将2003年确定为老龄工作的调查研究年，省老龄办于5月23日下发了《关于加强调查研究工作的通知》，根据四川省实际，将“社区老龄工作”、“基层老年协会建设”、“星光老年之家的管理和运行”、“基层老年人社会化管理服务”、“农村税费改革对老年人生活的影响及对策”、“农村贫困老年人救助办法”、“发展老年产业的政策和措施”、“老年人活动场所建设的情况和问题”、“加强老龄机构和老龄干部队伍建设”等9个课题分解给各市（州），并要求各级老龄办，要在深入调查的基础上及时总结蕴藏在群众中的新鲜经验，通过解剖典型，撰写出高质量的调研报告，为政府决策提供服务，整体推动老龄工作和老龄事业的发展。根据全国老龄办的要求，省老龄办还按时完成了市（州）、县（市、区）老龄工作机构情况和基层老年人协会情况的调查工作。全年省老龄办先后组织15个工作组深入各地对老龄工作机构、基层老年人协会建设、“双创”工作、老年维权工作、社区建设、老年优待等情况进行了调查研究，写出了一批有质量的调研文章。

2004年

2004年，四川老龄工作在省委、省政府的领导下，认真贯彻“党政主导、社会参与、全民关怀”的老龄工作方针，以开展“双创”活动为契机，使全省老龄工作再上了一个新台阶。

一、全省“双创”活动成绩显著

根据省老龄委的工作安排，2004年6—7月，省老龄委部分成员单位组成4个检查验收组，对首批申报创建省级敬老模范县（市、区）的成都市金牛区等37个县（市、区）进行了检查验收。检查验收组按照《四川省敬老模范县（市、区）检查验收标准（暂行）》，深入乡（镇、街道）、村（社区）和社会服务窗口，检查阵地建设和有关政策落实情况，并与老年人代表进行座谈，听取当地的创模汇报。从检查验收的情况看，参加创模活动的县（市、区）充分调动社会各方面力量参与老龄事业的发展，切实加强领导，强化管理，狠抓落实，有力地提高了养老保障水平，显著改善了医疗保障条件，老有所学、老有所教工作得到进一步加强，实现老有所为的途径更加多样化，老有所乐的普及面更广、水平也有较大的提高，全民的敬老、养老意识有了明显增强，对维护社会稳定、促进“三个文明”建设产生了积极的影响，推动了老龄事业与全面建设小康社会的协调发展，提高了老龄工作的整体水平。按照全国老龄办的要求，在首批省级敬老模范县（市、区）中优中选优，向全国老龄委推荐报送了金牛区等8个县（市、区）为全国老龄工作先进县（市、区）。

二、“银龄行动”试点工作取得了圆满成功

为贯彻落实全国老龄委《关于印发〈组织开展老年知识分子援助西部大开发行动试点方案〉的通知》和全国“银龄行动”试点工作会议精神，经省老龄委领导批准，由省老龄办、省卫生厅、成都市老龄办、成都市卫生局联合组成援助方，在省直、成都市市直医疗单位中招募了15名离退休医务工作者，组成四川省“银龄行动”服务团，到革命老区巴中市进行为期2个月的医疗援助，于2004年5月正式启动。在援助期间，专家们毫无保留地把自己的医术传授给当地的医生，指导他们提高技术，他们的医德医风，受到了医院和患者们的一致好评。据不完全统计，老年志愿者门诊接诊病人5657人次，会诊病例157次，参加抢救危重病人38例，专家亲自做手术25例，台前指导手术82例。举办各类学术讲座120次，参加人员3200多人次，培训乡镇医务人员400余人。到农村巡诊6次，接诊病人850余人。“银龄行动”的实施，充分体现了老龄工作服务于党的中心工作，服务于经济建设，服务于广大老年朋友这一宗旨。

三、认真抓好敬老爱老助老主题教育活动

按照全国老龄办、中宣部、教育部、团中央、全国妇联《关于在全国青少年中广泛开展敬老爱老助老主题教育活动的通知》要求，省老龄办、省委宣传部、省教育厅、团省委、省妇联及时成立了四川省青少年敬老爱老助老主题教育活动组委会，并联合下发了《转发全国老龄办等五部门〈关于在全国青少年中广泛开展敬老爱老助老活动的通知〉》，对全省广泛开展主题教育活动提出了具体要求。于2003年9月27日，隆重举行了“全省青少年敬老爱老助老主题教育活动启动仪式”，省委副书记、常务副省长、省老龄委主任蒋巨峰，省政协副主席苟建丽等领导出席仪式，向成都市成师附小等10所小学和成都石室联中等10所中学的学生代表赠送了《中国敬老故事精华》一书。各市（州）、县（市、区）也相继成立了青少年主题教育活动组委会，结合当地实际，组织青少年“读敬老书，做敬老事，写敬老文”，大力开展主题教育活动，受到了社会各界的好评。2004年3月24日，省青少年敬老爱老助老主题教育活动组委会办公室与省直机关老龄委、省直机关团委、省直机关妇工委联合下发了《关于在省直机关开展敬老爱老助老主题教育活动的通知》，号召省直机关各单位积极广泛地组织本单位干部职工参与到敬老爱老助老主题教育和“我给娃娃送本敬老书”活动中来。省直机关各单位积极响应，认真组织“我给娃娃送本敬老书”活动。据统计，全省共发行《中国敬老故事精华》1.1万余册，仅省级机关就赠送了5000余册。

四、省老龄委各成员单位认真履行职责，做好涉老工作

2004年，省委宣传部、省广电局和省新闻出版局组织协调电视、广播、报纸、书刊等媒体，新开设了一批节目和栏目，进一步加大了老龄工作宣传的力度，在全社会营造了尊老敬老爱老的良好舆论氛围。省委老干部局认真落实“三个机制”保障制度，以老干支部建设为载体，抓好老干部思想政治工作，组织老干部在“三个文明”建设中发挥作用。省直机关工委认真贯彻回良玉同志的重要批示精神，在省级单位中大力开展“创建敬老模范单位活动”，2004年6月，检查组对省委办公厅等13个申报单位进行了检查验收，并授予“省直机关敬老模范单位”称号。省民委结合民族地区和少数民族老龄工作的实际，把《老年法》纳入了民委系统“四五”普法的规划，同时积极争取国际医疗机构和发达地区为白内障老年人提供医疗帮助，使一批少数民族老年人重见光明。省民政厅组织各地实施第三批“星光计划”，投入资金近1.2亿元，至2004年10月底，共建成“星光老年之家”221个，新建房屋面积77990平方米，改造73190平方米。在全省实行了特困老人救助制度，最低生活标准以下的城镇贫困老人全部纳入低保。省劳动和社会保障厅组织指导各地劳动保障部门，切实确保企业离退休人员基本养老金按时足额发放，积极推进企业退休人员管理服务社会化，2004年1—7月共为196万多离退休人员发放养老金74.08亿元，社会化发放率达99%以上。省司法厅把《老年法》作为“四五”普法重点之一，指导各地普遍建立了法律援助中心老年工作站，基本形成了省、市、县、乡、村五级维权网，为老年人免费提供法律咨询和法律援助服务，有效地维护了老年人的合法权益。省财政厅加大了“两费”保障力度，确保“两费”按时足额发放，同时为老龄工作提供了必要的经费保障。省人事厅根据国家有关调资政策，对全省机关事业单位人员适当增加了离退休费，并对拖欠离退休费情况进行了解和督促落实。省教育厅积极参与敬老爱老助老主题教育活动，指导各地在中小学开设了敬老教育课，积极组织全省各高校和市州教育局深入开展创模活动。省建设厅指导有关窗口行业认真落实《四川省优待老年人规定》，加强城市无障碍设施建设。省文化厅指导各基层文化主管单位组织老年人开展丰富多彩的文化活动，增设老年人活动设施，为老年人提供优质服务。省卫生厅指导各地医疗卫生单位设立老年科、老年门诊，为老年人就医提供方便；进一步加强农村医疗建设，广泛开展了适合老年人特点的自我保健、老年病预防的健康教育。省计生委认真做好开展农村部分计划生育家庭奖励扶助制度的试点工作，组织工作人员完成了全省128138名奖励扶助对象的甄别确认工作，于9月22日在双流县举行了四川省“农村部分计划生育家庭奖励扶助金”首发仪式，并陆续全部兑现了奖励扶助金。省体育局充分发挥老年体协的作用，积极组织老年人参加各种健身活动，截至目前，全省基层老体协达到1.8万个，经常参加康乐健身的老年人达350万。省总工会对涉及老职工切身利益的养老待遇和医疗保障等问题，积极提出建议和意见，促进相关政策出台。2004年春节，对全省645名全国“五一”劳动奖章获得者发给了300元慰问金。省妇联为“大地之爱，母亲水窖”项目争取资金100万元，并在5个县正式启动。团省委组织广大青年广泛开展了助老志愿者服务“金晖行动”，为老年朋友献爱心。

五、认真维护老年人合法权益，为老年人办实事办好事

2004年，全省认真宣传贯彻《老年法》，切实维护老年人的合法权益，采取各种措施，为老年人办实事做好事。

一是抓维权宣传，营造敬老养老助老的良好氛围。各地将《老年法》列入了“四五”普法内容，采取领导电视宣讲、办专栏、拍专题片、举办《老年法》专题讲座、设立咨询台等形式，广泛宣传《老年法》，增强了全民敬老养老助老意识，强化了全社会维护老年人权益的法制观念。各地还普遍加强了信访工作，仅省老龄办就接待群众来访152人（次），处理来信196件。

二是认真落实老年人优待政策。各地及社会各界认真落实《四川省优待老年人规定》，很多窗口单位讲政治顾大局，在市场经济竞争激烈的情况下，自觉让利给老年人，主动承担起兑现优待的责任。2004年6月，省政府召开常务会议，对《四川省优待老年人规定》进行了修订，使老年人优待政策与时俱进。

三是认真为老年人办好事实事。全省认真推动失地农民的社会保险和医疗保险工作。2004年初，成都市全面实施《成都市征地农转非人员社会保险办法》后，全省各地也全面推广了此项做法，使农村失地农民的晚年生活有了保障。积极配合全国老龄办开展农村老龄工作调查，形成了一批高质量的调研报告。各地还以“星光老年之家”等福利机构为骨干，积极构建老年照料服务网络。目前，全省共兴办社区服务设施2万个，便民利民服务网点3.5万个，其中老人服务设施6597个，服务网点1.2万个。

四是认真抓好欧盟扶贫项目。由国际助老协会向欧盟申请的“中国西部老年人及其社区扶贫项目”，在全国老龄办、省老龄办、华西医科大学、省扶贫基金会的共同组织下，在屏山县屏边彝族乡、珙县玉和苗族乡、宝兴县硗碛藏族乡开展扶贫工作，发放小额贷款81万元。

五是落实“双签”工作，促进家庭养老。开展签订家庭赡养协议书和家庭敬老保证书工作，是贯彻落实《老年法》、解决农民养老的重要举措。2004年，全省在巩固“双签”成果的基础上，把继续推广、完善“双签”工作与贯彻落实《老年法》相结合，使农村老有所养真正落到实处。

六是抓查处，引导老年人用法律保护自己。各地在司法部门维护老年人合法权益工作中，注意抓涉老案件的查处。凡是涉老案件，坚持随审随结，条件允许的一律实行公审，对结案后不兑现的强制执行，并通过媒体给予公开曝光。

六、广泛开展老龄宣传工作，丰富老年人精神文化生活

一是抓好老龄宣传工作，营造敬老氛围。全省各地充分发挥广播、电视、报刊等大众传播媒体的宣传教育和引导作用，加强老龄宣传工作，增强全社会的老龄意识。省老龄工作委员会主办的《晚霞报》、省老龄办主办的《四川老龄》和《夕阳红》手册作为老龄工作宣传工具，受到广大老年读者和老龄工作者的喜爱。2004年7月，四川省老龄办又通过社会筹集资金，开通了《四川老龄网》，增加了一个新的宣传阵地。

《晚霞报》创刊19年来，坚持正确的舆论导向，深受川渝两地广大老年人的欢迎。为了使资源共享，优势互补，经四川省老龄委和重庆市老龄委领导同意和相关部门的批准，四川省老龄办、重庆市老龄办联办《晚霞报》启动仪式8月25日在重庆市举行，这既是川渝老龄工作战线上的一个创新，也是中国老年报刊发展史上的一个全新探索。

二是抓好老年教育，办好老年大学（学校）。1985年6月成立四川省第一所老年大学后，老年大学（学校）的建设得到了飞速发展。截至目前全省有各类老年大学（学校）630所，在校学员12.9万，历年结业学员130多万人。随着农村经济的发展和老龄工作的深入，农村老年学校也有了长足的发展，全省乡（镇）、村老年学校已达487所。这些农村老年学校结合农村的实际，普遍开设了种植、养殖等课程，深受广大农村老年学员的欢迎。

三是抓好老年文体活动，丰富精神文化生活。目前，全省有老年活动中心（站、室）1.5万个。各地根据老年人的爱好、特点和需求，结合当地实际情况，开展了形式多样的老年文化活动，丰富了老年人的生活乐趣，老年人的文体活动成为一道亮丽的风景线。2004年5月，省老龄办和省老体协在泸州市圆满举行了省老年太极木兰拳（剑）赛。7月，省老龄办、省委宣传部和老干部局等单位联合举办了四川省“夕阳风采”电视大赛。9月，四川省选送的老年选手牟光灿，在中央电视台全国健康老人电视大赛中取得了银奖。这些活动的开展，展示了全省老年文体活动的成果和四川老年人健康向上、与时俱进的精神风貌，也进一步推动了老年群众性文体活动的广泛开展。

四是抓好有影响的活动。为纪念邓小平同志诞辰100周年，省委老干局、省老龄办联合举行了为期4个月的全省老同志学习邓小平理论知识竞赛活动，全省6万多名老同志参加了知识竞赛。7月22至26日，省委老干局、省老龄办等16个单位还联合举办了“四川省纪念邓小平同志诞辰100周年书画展”，共展出了300余幅书画作品，省委副书记陶武先出席开幕式并致辞。10月22日，由省老龄办、省委宣传部、省卫生厅、省体育局、团省委、省妇联举办的“四川’2004重阳敬老节暨健康行活动周”开幕式在成都文化公园隆重举行，四川省敬老爱老助老主题教育活动组委会在开幕式上表彰了四川省敬老爱老助老主题教育活动优秀组织者、孝亲敬老楷模、孝亲敬老楷模提名奖、孝亲敬老之星、敬老好文章，省内各媒体追踪报道了活动周的情况。两支老年骑游队在欢快腰鼓队引领下，分别为组委会送来感谢信和锦旗。

2005年

2005年，四川的老龄工作在省委、省政府的领导下，认真贯彻“党政主导、社会参与、全民关怀”的老龄工作方针，进一步落实“老有所养、老有所医、老有所教、老有所学、老有所为、老有所乐”的工作目标，使全省老龄工作迈上了一个新台阶。

一、“双创”工作向纵深发展

2005年4月28日，四川省老龄工作委员会在成都市隆重召开命名表彰大会，表彰了36个省级敬老模范县（市、区）和50个老龄工作先进单位，对全省第一轮创模活动进行了总结，对第二轮创建活动提出了要求。2005年4月12日，成都市金牛区等7个县（市、区）被全国老龄工作委员会命名为全国老龄工作先进县（市、区）。通过开展“双创”活动，进一步提高了各级党政领导对老龄工作重要性的认识，充分调动了党政部门和社会各界参与和支持老龄事业发展的积极性，明显地增强了全民的敬老意识和养老意识，极大地促进了基层老龄工作和老龄事业的全面发展，有力地提升了老龄工作的整体水平，也为今后老龄工作的开展积累了经验。2005年5月30日，四川省老龄工作委员会下发了《关于第二轮创建敬老模范县（市、区）活动实施方案》，各市、州高度重视创模工作，结合实际，在第一轮创模方案基础上，及时制定了第二轮具体实施方案，共规划参加第二轮创模活动的县（市、区）104个。为了进一步规范创建敬老模范县活动，加强指导，推动创模工作在全省深入开展，省老龄办编印了《创模指南》发至县（市、区）、乡镇（街道），并在《四川老龄》上连续刊载了何保全同志撰写的《创建敬老模范县的具体方法》和《创建敬老模范县的基本原则》。

二、基层老年人协会建设不断深化

为了继续推进基层老年人协会建设，充分发挥其作用，使之成为开展基层老龄工作的重要力量和抓手，各地按照社团登记管理部门的有关规定，大力发展城乡基层老年人协会，加强对基层老年人协会的管理，并规范其活动。2005年，全省共新增基层老年人协会1000多个。在各级老龄工作委员会的领导下，全省涌现了一批领导班子健全、自觉遵纪守法、管理制度完善、发挥作用明显的基层老年人协会。同时，在管理老年人事务、维护老年人合法权益、组织老年人参与基层“三个文明”建设、活跃老年人文化生活等工作中涌现了一批责任心强、民主作风好、热心为老年人服务的优秀会长（副会长）。为树立典型，表彰先进，经各级老龄工作委员会认真评选和逐级推荐上报，并在《晚霞报》进行公示的基础上，2005年11月2日，四川省老龄工作委员会下发了《关于表彰基层老年人协会建设先进集体和优秀会长的决定》，授予成都市锦江区柳江街道老年人协会等94个基层老年人协会“四川省基层老年人协会建设先进集体”荣誉称号，授予代桂群等92名同志“四川省基层老年人协会优秀会长（副会长）”荣誉称号。为了提高全省基层老年人协会会长（副会长）的工作能力，省老龄办组织人员撰写了《基层老年人协会负责人能力培训教材》（试用），并先后在泸州市、乐山市举办了两期基层老年人协会负责人能力培训班，共计培训基层老年人协会会长（副会长）和县（市、区）、乡镇老龄办领导120人。

三、老龄宣传工作力度进一步加大

2005年，为了进一步增强敬老、爱老、助老的伦理道德意识，营造良好的舆论氛围，切实贯彻老龄工作的大政方针，落实“六个老有”，省老龄办加大了老龄宣传工作的力度。一是加强对《晚霞报》的管理，充实一线采编人员，严格控制广告量，增设老年人喜闻乐见的栏目，增大了信息量，提高了可读性。通过开设“维权在行动”、“我与《晚霞报》”、“给《晚霞报》说句知心话”、“健康交流”等有奖栏目，激发了广大老年人的参与热情，进一步提高了报纸的知名度，发挥了《晚霞报》覆盖面广的作用。川渝两地共同联办《晚霞报》后，为了适应更多老年人的需要，经过读者与编者半年的互动讨论，2005 年，《晚霞报》从四开四版，扩为四开八版。虽然报费略有增加，但发行量却比上年度大幅度提高。这次改版成功，极大地增加了信息容量，在保留原来精品栏目的基础上，又增加了若干新的栏目，报纸对川渝两地的老龄工作广泛进行宣传，它已成为川渝两地老龄工作的助推器。二是提高《四川老龄》的办刊质量，为加强对基层老龄工作的指导，丰富基层老龄工作者的知识，提高基层老龄工作者的素质，《四川老龄》及时准确地传达党和国家有关老龄工作的方针政策，详细介绍基层老龄工作的成功经验，刊登一些有指导作用、篇幅较长的经验和理论文章，转载一些省外和国际的研究成果，及时报道社区、基层为老服务的工作业绩，关注各地各部门落实“六个老有”的新措施和新气象，宣传基层老龄工作者的先进事迹和无私奉献精神，如实反映老龄工作问题，呼吁有关部门为老龄工作创造必要的条件，引导基层老龄工作者加强学习、开拓进取，有力地推动了基层老龄工作的深入开展。三是充分发挥“四川老龄网”快捷、方便、信息量大的作用。为了加强老龄宣传，经省老龄工作委员会批准，成立了“四川老龄网站”，由省老龄办分管宣传工作的一名副主任任站长，两名处长任副站长，并确定两名工作人员具体负责网站的日常工作。“四川老龄网”在为各新闻媒体、广大公众提供老龄信息，全面、及时、准确宣传报道全省老龄工作取得丰硕成果的同时，加大了对老龄工作重点、热点、难点问题的宣传力度，指导老年产业的发展，为老年产业的发展提供信息，正确引导老年人的消费。2005 年，共登载各种信息近 1000 条，为各种新闻媒体提供了信息源。四是加强《中国老年报》四川记者站建设。《中国老年报》四川记者站成立后，广元市、乐山市、宜宾市相继成立了《中国老年报》驻市通联站，聘请了特约通讯员。2005 年，省老龄办以四川记者站为龙头，加强对基层老龄宣传工作干部的培训，建立了一支既热心老龄事业、又有实践经验的通讯员队伍，今年仅在《中国老年报》、《中国老龄》上就刊发稿件近百篇（件），深入宣传四川的老龄工作。五是成功举办老龄工作“十五”成果展。今年是我省实施老龄事业“十五”计划纲要的最后一年。五年来，在省委省政府的正确领导下，各地坚持“党政主导、社会参与、全民关怀”的老龄工作方针，采取多种措施，扎扎实实地为老年人办实事、好事，使全省 1116 万老年人得到了实惠。为了真实、充分展现 5 年来全省的老龄工作成果，为“十一五”计划的顺利实施提供经验，省老龄办等 9 部门在今年重阳节期间共同举办了老龄工作“十五”成果展。106 个单位制作的 114 块展板、2788 幅照片组成的 340 多米长的画卷，从不同侧面反映了四川各级党政领导高度重视老龄工作，老龄工作部门全心全意为老年人服务，成员单位各司其职、齐抓共管，社会各界积极支持、参与老龄事业发展的鲜活事例，全面展示了“十五”期间全省老龄工作所取得的辉煌业绩，真实反映了广大老年人生活在改革开放和社会主义现代化建设新时代的精神面貌，充分展现了全社会大力弘扬中华民族敬老、养老、助老的新风尚。四川老龄工作“十五”成果展吸引了大量来往的观众，在社会各界产生了积极的影响，各家广播、电视、报纸、网络媒体在第一时间对此活动做了详细的报道，扩大了此次活动的影响范围。

四、老年维权工作更加扎实

一年来，各地认真贯彻落实《老年法》，采取多种措施，切实维护老年人合法权益。一是加大《老年法》宣传力度，营造敬老养老助老的良好氛围。各地采取领导电视宣讲、办专栏、拍专题片、举办专题讲座、设立咨询台等形式，强化全社会维护老年人权益的法制观念，增强全民敬老养老助老意识，为维权工作打下了坚实基础。二是认真落实老年人优待政策。各地对照修订后的《四川省优待老年人规定》，针对落实情况普遍进行了一次检查，督促有关部门把保障老年人合法权益工作做实、做细，并根据实际情况设立更多、更优惠的项目关心、照顾老年人，使老年优待工作进一步深化。全省各风景区、公园、博物馆、纪念馆等，对全国老年人一视同仁，实行 70 岁以上免收门票，60 至 69 岁半价优惠。成都市青羊区、武侯区、金牛区政府在为百岁以上老年人免费进行常规体检的同时，还拨专款为 90 岁以上高龄老年人进行了一次免费常规体检。2005 年 11 月 13 日，成都市成华区人民政府吸收了一批愿意为老年人服务、又具有爱心的失地、失业人员组成服务队，成立了全省首个爱心服务社——彩霞助老服务社，并拨出专款 5 万元，为纳入首批服务对象的 110 名散居农村五保老人和贫困“空巢”老人服务。三是落实“双签”工作，促进家庭养老。针对“敬权敬钱不敬老”现象的不时发生，今年全省大力开展了签订《家庭赡养协议书》和《家庭敬老保证书》工作，这也是弘扬中华民族尊老、敬老、养老优良传统美德，贯彻落实《老年法》，解决养老问题的重要举措。成都市长期将“双签”工作列入市政府一级目标管理，把重点放到建立跟踪回访监督机制方面，不断巩固“双签”工作成果，使老年人的被赡养权得到有力保护。四是加强老年法律援助机构建设。2005 年，各地按照省老龄办、省公安厅、省司法厅的有关要求，普遍建立了法律援助中心老年工作站，并选调司法骨干，组织青年志愿者积极参加法律援助工作，为老年人免费提供法律咨询和法律援助服务，基本形成了省、市、县、乡、村五级维权网。五是抓查处，引导老年人用法律保护自己。一年来，各地法院、公安、司法等部门加大了涉老案件的执法力度，在维护老年人合法权益工作中，一手抓调解，一手抓查处，凡是涉老案件，坚决从重从快，坚持随审随结，条件允许的一律实行公审，对结案后不兑现的实行强制执行，并通过媒体给予公开曝光等形式，进一步发挥教育、引导作用。

五、农村老龄工作得到加强

根据形势的发展和全国老龄工作委员会的要求，四川省及时将工作重心下移至基层。2005 年，全省各地针对农村老龄工作中的重点、难点问题，采取有效措施，使农村老龄工作有了长足进步。一是加强调查研究。各地高度重视调查研究工作，改进工作作风，深入到基层老年人中，深入到问题多、矛盾突出的地方，及时发现问题，全年共写出各类调研文章 100 多篇，提出了有针对性的对策建议，为党委、政府制定相关政策提供依据。2005 年 4 月 14 日，经省老龄办评委会认真评选，评出优秀调研文章 30 篇。8 月 23 日，省老龄办在雅安市专题召开了理论研讨会，交流了农村老龄工作的经验，并确定了 2006 年的调研主题。二是完善农村基层老龄工作机构。各地按照省老龄工作委员会的要求，进一步建立健全乡镇老龄工作委员会及办公室、村老龄工作领导小组，形成了一个上下贯通、左右协调，以老龄工作机构为主体，以老年群众组织为依托的省、市、县、乡、村五级老龄工作网络。三是农村养老问题在探索中取得进展。四川省人民政府今年将农村“五保”老人的供养工作列入省政府的一级目标管理，各地加大了“五保”供养的工作力度，年底全省符合“五保”条件的 37.7 万名五保对象已全部纳入了供养范围，做到应保尽保，全省统一了五保老人的最低供养标准，并将供养金纳入财政转移支付。全省认真推广失地农民的社会保险工作，成都市全面实施《成都市征地农转非人员社会保险办法》后，又对符合社会保险条件的失地农民办理社会养老保险，使农村失地农民的晚年生活有了社保做靠山。四是农村新型合作医疗试点和医疗救助制度建设蓬勃开展。成都市的农村全部实行了农村新型合作医疗制度，全省其余 20 个市（州）各有 1 个县（市、区）开展了农村新型合作医疗试点工作。2005 年 7 月，省卫生厅组织全省除成都市外的 20 个新型农村合作医疗试点县和仪陇县等 4 个革命老区的 700 多名乡村医生，到成都中医药大学，接受半年时间的中医药知识和临床业务技术免费培训，以提高乡村医疗水平。2005 年，结合农村医疗卫生合作制度试点，在部分地区进行了农村特困群众医疗救助试点工作，部分农村特困老人在民政部门的资助下参加了农村卫生合作医疗保险，使农村老年人医疗困难得到一定缓解。五是农村特困户救助制度进一步规范。按照“政府救济、社会互助、子女赡养、稳定土地政策”原则，突出对“不救不活”的特困户进行分类施救。今年，省政府在全省全面启动了农村居民最低生活保障制度。目前，全省有 173 个县（市、区）建立了农村最低生活保障制度，保障农村特困群众 66.3 万多人，其中大部分是老年人，今年发放保障金总额 8435 万元。

六、“银龄行动”探索试点再结硕果

在 2004 年开展“银龄行动”试点的基础上，要求各地扩大试点范围，组织老年科技人才，自愿结成对子，进行跨地区援助。同时，要求各地抓紧建立老年人才资源信息库，为今后大量向社会提供和推荐老年人才做好准备工作。8 月 30 日至 9 月 5 日，浙江省老龄办主任黄永正率杭州市老龄办、宁波市老龄办一行 5 人专程到成都，就“银龄行动”浙江省对口援助四川的项目、时间、地点等问题，进行具体协商，达成初步意向。四川是个农业大省，为了更好地发展农村经济作物，经四川省老龄办、省老科协、乐山市老龄办、市老科协友好协商，于 6 月 1 日达成协议，联合援助乐山市市中区临江镇无公害茶叶生产。根据临江镇无公害茶叶生产的需求，决定暂由 14 名茶叶专家和 4 名宣传、组织管理人员组成“老年志愿者服务团”，分别负责茶园规划、土壤检测、茶树栽培、管理、病虫害防治、茶叶采摘加工、产品包装、产品质量检测和宣传、组织、协调等工作。今年年初，成都市老龄办主动与市卫生局沟通，并联合进行实地考察和研究，确定革命老区仪陇县为“银龄行动”援助对象，进行为期 2 个月的援医行动。5 月 19 日，成都市“银龄行动”正式启动，于 7 月 15 日顺利结束。在援医期间，来自成都市中西医结合医院、三医院、六医院、妇幼保健院的 7 名老年医疗专家，对口支援仪陇县人民医院、县中医医院、县妇幼保健院及朱德故乡马鞍区人民医院，据不完全统计，在2个月中，7名老专家门诊诊治病人2200人次、医疗指导和病历会诊60人次、完成高难手术6例、举办县级学术专题讲座6次，受到当地政府、医疗机构和人民群众的一致好评。“银龄行动”的实施，充分体现了老龄工作服务于党的中心工作，服务于经济建设，服务于广大老年朋友这一宗旨。为了充分发挥老年人的智力、经验和人才优势，大力发展老龄事业，维护老年人的合法权益，9月20日，宜宾市民政局、人事局、司法局、卫生局、社保局、红十字会等单位联合召开会议，成立了宜宾市老有所为志愿者协会，选举产生了第一届理事会。

七、老年教育事业快速发展

各级老龄办抓住今年是落实“十五”规划最后一年这个机遇，把发展老年教育当成分内的大事来做，一手抓巩固，一手抓发展，主动牵头抓总，积极协调有关部门解决老年学校建设问题，使老年大学（学校）的建设得到了飞速发展。今年，省老龄办为了掌握全省老年大学（学校）的第一手资料，推动老年大学（学校）建设的发展，对全省老年大学（学校）的各类情况进行了一次普查。截至目前，全省有各类老年大学（学校）927所，在校学员14.6万多人。为了进一步规范老年大学（学校）的管理，在全省开展创建老年大学（学校）示范校活动。7月26日，在深入调查研究的基础上，省老龄工作委员会下发了《关于印发〈四川省创建老年大学（学校）示范校实施办法〉的通知》，分别制定了创建省级老年大学、市（州）级老年大学、县级和大型企事业单位老年大学（学校）及乡级、村级老年学校示范校评估标准。在各级党委、政府的领导下，全省涌现了一批艰苦创业，领导班子团结，坚持正确办学方向，办学规模不断扩大，教学内容日益丰富，教育质量不断提高的先进学校。同时涌现了一批热爱老年教育事业，治校严谨，积极探索老年教育新路子的优秀教职员工。为树立典型，表彰先进，经各级老龄工作委员会认真评选和逐级推荐上报，并在《晚霞报》进行公示的基础上，2005年11月2日，四川省老龄工作委员会下发了《关于表彰全省老年学校教育工作先进集体、先进工作者和优秀教师的决定》，授予成都市老年大学等46所老年大学（学校）“四川省老年学校教育工作先进集体”荣誉称号，授予龚迁孙等91名同志“四川省老年学校教育先进工作者”荣誉称号，授予舒炯等96名同志“四川省老年学校教育优秀教师”荣誉称号。2005年10月25日，省老龄办、省老年大学协会协助中国老年大学协会在成都召开了西南地区协作组第十次会议，并于11月22日在宜宾市召开了川渝部分老年大学联谊会，会议总结交流了老年大学办学经验和情况，研究探索老年教育的发展思路和途径。11月23日，四川省老龄工作委员会在宜宾市召开了老年教育工作表彰会，向受到表彰的先进老年大学和先进工作者颁发了奖牌、证书。

八、欧盟扶贫项目成绩斐然

由国际助老协会向欧盟申请的“中国西部老年人及其社区扶贫项目”，在四川屏山县屏边彝族乡、珙县玉和苗族乡、宝兴县硗碛藏族乡继续开展扶贫工作。欧盟助老扶贫项目的开展，在3个乡产生了立体效应：一是卫生意识大大增强，生产扶贫和健康扶贫同步进行；二是老年人的地位大幅提高，将发放贷款和家庭敬老结合起来，凡有不敬老的家庭不能享受项目贷款；三是农村老年人不再是一盘散沙，老年人协会的凝聚力得到极大增强。欧盟项目资金的支持，调动了老人们的生产积极性，657名接受了欧盟项目资金援助的老人，年人均收入增加了300元至350元，使老人家庭得到了实惠，达到了滚动致富的目的。

九、老年文体活动丰富多彩

为纪念《中华人民共和国体育法》和《全民健身计划纲要》颁布10周年，展示10年来群众体育发展的成绩，丰富老年人的文体生活，推动老年健身的深入开展，省体育局、省老体协、省老龄办、省委老干局安排了老年门球、台球、网球、健身球操、太极木兰拳（剑）、太极柔力球、羽毛球、乒乓球、桥牌等9项老年体育比赛。泸州市和宜宾市，今年开展了“激情广场大家唱”老年文化活动，让老年文化走进社区、走进农村。今年重阳节期间，省老龄办、省委宣传部等9部门，在成都市人民公园举行了“四川省敬老成果展暨2005重阳敬老活动周”，组织丰富多彩的活动，有10多万老年人参加。成都市老龄办今年组织了第四届老年艺术节，9月28－29日，还在成都市人民公园举行庆祝“国际老人节”和重阳节大型游园活动，举办了广场舞比赛、老年文艺团体演出精彩节目、演出川剧折子戏、组织老年书画摄影家进行现场服务、组织老年人知识趣味游艺活动、开展各类知识和心理咨询等，并于10月11日下午在市川剧艺术中心举行成都市庆祝“两节”暨第四届老年艺术节颁奖演出。绵阳市和乐山市分别举行了全市的老年文艺汇演。绵阳市还安排了老年门球、网球、台球、乒乓球、健身球、太极拳剑、象棋、竞技麻将、桥牌等体育比赛。其他各市（州）在节日期间都举行了丰富多彩的老年文体活动。

宁夏回族自治区老龄事业发展概述(2003—2005)

一、老龄事业发展基本情况

2003—2005年，随着宁夏经济社会的发展，人民的生活水平不断提高，老年人口增长迅速。截止2004年年底，宁夏60岁以上老年人达53.57万，占全区总人口的9.11%；从2003年至2005年3年间，全区老年人口净增5.4万人，平均每年净增1.8万人；预计到2010年，老年人口将占总人口的10%，开始进入人口结构老年型省区。宁夏老年人口分布不平衡，其特点是城镇高于农村，川区高于山区。目前，宁夏银川市、石嘴山市老年人口已超过10%，先于全区进入了人口结构老年型社会。

与此同时，宁夏老龄事业也进入了一个高速发展时期。在自治区党委、政府的高度重视和全国老龄办的关心指导下，宁夏认真贯彻《中共中央、国务院关于加强老龄工作的决定》、《宁夏回族自治区党委、人民政府关于加强老龄工作的决定》和《宁夏回族自治区老龄事业发展“十五”计划纲要》，从老年人的实际需求出发，以创建全国老龄工作先进县（市、区）为契机，构建以社区老龄工作为重点，以社区老年人协会为抓手，以社区老年福利服务设施为阵地，以完善为老服务功能、实现“六个老有”为目标，全区老龄事业取得了明显成效，老龄工作水平明显提高。

为加强对老龄工作的领导，理顺工作关系，2001年8月，自治区党委、政府决定撤销原老龄问题委员会，成立由自治区党委、政府分管领导任正副主任，组织、宣传、机构编制、发改委、教育、民政、劳动保障、司法等20多家单位为成员的老龄工作委员会。委员会下设办公室，主任由自治区民政厅厅长兼任，设副厅级常务副主任1名，正处级副主任2名，编制10人，为处级事业单位。制定了成员单位职责，明确了目标任务，每年至少各召开一次老龄委全体（扩大）会议和老龄办主任会议。根据自治区机构编制委员会《关于建立健全各市、县（市、区）老龄工作委员会办公室等有关问题的通知》，各市、县（市、区）都加强了对老龄工作的领导，建立了与自治区老龄工作委员会及其办公室相对应的工作机制，配齐了工作人员，基本做到了编制、人员、经费、职责、办公场所“五落实”。建立并发展了老年人体育协会、老年书画协会、科技工作者协会、老年艺术团、老年文物研究会、健康有为促进会、老年医学会等老年群众组织，并积极开展了各种活动。制发了《宁夏回族自治区基层老年人协会规范化建设标准》，加强了老年人协会的规范化建设。规范工作标准，量化目标责任，制定了《2005年度各县（市、区）老龄办工作目标考核标准》，规范了各项规章制度，强化监督激励，使宁夏的老龄工作更加有序地开展。

二、老龄工作的主要成绩

（一）落实有关保障政策，老年人的生活质量得到新提高

社保改革不断深化，各项养老保障政策进一步落实。劳动和社会保障厅采取积极措施，全年征缴养老保险基金12.8亿元，征缴率达96%，清理收回企业欠费1.1亿元，为确保离退休人员养老金按时足额发放，提供了资金保证。全区参保离退休人员达15.3万人，支付养老金13.2亿元，支付率达100%，并且全部实行了养老金社会化发放。按照国务院的部署和自治区政府的规定，分3次调整了企业离退休人员的待遇。企业退休人员社会化管理服务工作取得进展，覆盖率达80%以上。城镇职工基本医疗保险制度已全面启动，参保的退休人员达14.38万人。人事厅对机关事业单位离退休人员增加了地区生活补贴。

加强老年医疗保健服务，老年健康服务体系进一步完善。卫生厅组织实施“光明行动”，积极开展老年白内障治疗工作，为全区2359名老年人实施了白内障手术；在自治区老龄办的协助下，与厦门市合作，开展了“银龄行动”试点工作，组织5名厦门市医学专家，于2004年6月至9月，到自治区人民医院、中医研究院、银川市妇幼保健院，开展了为期3个月的培训教学、技术交流、医疗坐诊等工作，受到了群众的好评。2005年，根据自治区老龄委第四次全体（扩大）会议精神，自治区老龄办广泛征求自治区老年科技协会的意见，并与他们就区内援助项目进行协商，下发了“关于申报银龄行动援助项目的通知”，深入银川、石嘴山、固原、吴忠、中卫进行调研。并确定在平罗县、惠农区进行蔬菜制种等方面进行技术指导。

建立健全社会救助制度，贫困老年人的生活得到保障。民政厅制定了《宁夏回族自治区农村特困户基本生活救助实施办法》，组织开展了全区“扶贫济困

送温暖”社会捐助活动，启动了自治区“民政爱心公益示范工程”，支出“五保”供养经费300余万元，帮助2000户城市低保户和农村救济户解决看病难的问题，进一步缓解了贫困老年人的困难状况。召开了全区城乡社会救助工作会议，推动了城乡社会救助工作的发展，银川市、惠农区、利通区等11个市、县（市、区）出台了城乡特困户医疗、教育、住房等救助制度，实现了城乡社会救助工作由制度性救助向体系性救助的转变。银川市提高了对高龄老人低保标准，为810名70岁以上生活困难的老年人发放最低生活保障金97万元、临时救助金21万元。金凤区良田镇盈南村、保伏桥村、平罗县城关镇合作村、青铜峡市小坝镇张岗村、灵武市城关镇城关村、利通区古城办事处古城村等有条件的村为老年人每月发放不低于30元的生活补贴。

重视养老服务设施建设，老年福利事业得到进一步发展。自治区民政厅用4年的时间，投资8202万元、地方财政配套5522.37万元、社会力量投资2199万元，新建和改扩建社区“星光老年之家”285个，老年公寓15个，农村敬老院15个，在城市形成了区、街、居三级老年服务网络，在农村形成了市、县、乡（镇）三级老年服务网络，全面增强了为老服务的功能，2003年又对“星光计划”项目实施工作进行了全面验收总结。银川市兴庆区前进街三林社区“星光老年之家”、石嘴山市大武口区朝阳胜利街道社区“星光老年之家”、吴忠市夕阳乐园被民政部评为全国“星光老年之家”先进单位。发改委积极争取1000万元国债资金，用于支持西夏区以老年人为主要对象的社区福利和服务设施项目建设，协同财政厅对农村敬老院建设进行了调研，编制了全区敬老院改建方案。体育局继续实施“雪炭工程”，资助各地老年人体育设施建设。建设厅制定了《无障碍设计标准图》，加强了对无障碍设施建设工作的检查。卫生厅立足基层，方便群众，在全区建立了86所社区卫生服务机构，针对老年常见病、多发病、慢性病，在社区开展了“社区卫生服务周”活动和老年健康教育活动；通过调查，建立了老年人健康档案；新型农村合作医疗通过平罗和隆德县的试点工作取得了显著成效，为解决农村老年人看病难的问题，迈出了坚实的一步。

（二）积极采取有效措施，维护老年人合法权益工作取得新突破

为切实维护老年人的合法权益，保障老年人共享宁夏经济社会发展成果，自治区老龄办在认真调查研究、广泛征求各方面意见的基础上，借鉴兄弟省区的成功经验，结合宁夏实际，依据《中华人民共和国老年人权益保障法》及有关法律法规，会同人大内司委、政府法制办拟定了《宁夏回族自治区老年人权益保障条例》，经自治区九届人大常委会第12次会议审议通过，于2004年10月10日实施。《条例》是根据宁夏国民经济和社会发展现状及老龄事业发展目标制定的，是全面保障老年人合法权益的一部重要法规。它的颁布实施，是宁夏老龄事业发展进程中的一件大事，对于维护老年人的合法权益，应对人口老龄化和促进老龄事业的发展，加强社会主义精神文明建设，具有十分重要的意义。

《条例》颁布实施后，各地采取各种措施，广泛开展了宣传活动。自治区老龄办及时印制了3万份《条例》单行本、10万份宣传材料分发各市、县、区及自治区老龄委成员单位、各涉老服务部门，下发了《关于认真学习宣传贯彻〈宁夏回族自治区老年人权益保障条例〉的通知》，结合“老年节”庆祝活动，开展了《条例》“宣传周”活动。在“12.4”法制宣传日，通过制作展版、发放宣传材料、播放多媒体宣传片等方式进行宣传，发放宣传材料2万余份；银川市举办了“夏进杯老年之星评选”活动，表彰了基层老年协会先进个人；石嘴山市召开了学习宣传贯彻《条例》座谈会，市委书记杨春光、市长马金虎亲自登门看望百岁老人；吴忠市举办庆祝《条例》颁布实施及“九九重阳节”老年文艺联欢会；固原市组织观看《无声的革命——中国老龄行动报告》记录片及学习《条例》座谈会；银川市金凤区举办了《条例》知识讲座、演讲比赛，兴庆区、西夏区、永宁县、贺兰县、惠农区、平罗县、青铜峡市、利通区、原州区、海原县等都开展了不同形式的宣传活动。商务厅、地矿局、财政厅、旅游局、邮政局等单位组织本部门的老同志学习《条例》。通过多种形式的宣传活动，营造了老年维权的良好氛围。

为将《条例》规定的各项内容落到实处，自治区人民政府制发了《关于认真学习贯彻〈宁夏回族自治区老年人权益保障条例〉的通知》，各地各部门结合本地本部门实际，采取各种措施，积极开展老年人权益保障工作，推动了老年优待政策的落实。平罗县对百岁老人每月发放100元长寿保健费；兴庆区探索社区养老新途径，创办了首家社区养老院；青铜峡市积极开展签订“家庭赡养协议书”工作，并已形成制度。自治区民政厅对“星光老年之家”、“老年公寓”等老年福利服务设施的建设进行了检查，根据存在的问题提出了进一步落实措施，会同发改委、财政厅就农村“五保”供养工作进行了调研，提出了进一步做好农村“五保”供养工作的意见；发改委将农村中心敬老院改建项目列入社会发展规划，计划每年投入项

目资金50万元用于农村中心敬老院建设；司法厅要求各级司法机关、公证管理部门积极开展老年人法律服务，全年为老年人办理公证1200多件、提供法律咨询1488起、办理法律援助案件1000余起；自治区旅游局加强对开办老年旅游业务旅行社的管理，切实保护老年人合法消费权益不受侵犯；总工会针对退休人员关注的热点、难点问题，积极向有关部门反映情况，提出建议，协助有关部门做好老年保障政策落实情况的检查；卫生厅就贯彻落实《条例》有关老年优待政策，专门下发了文件，要求各级卫生部门、医疗机构严格遵照执行。目前，全区除中卫沙坡头、西吉火石寨、泾源县境内的旅游景点外，其他旅游景点对老年人实行了免费开放，银川市公交车、体育场馆对老年人实行半价优惠，公厕免费开放，各级医疗机构已经和正在落实《条例》关于免收老年人挂号费的规定。

（三）扎实开展创建活动，基层老龄工作取得了新进展

按照全国老龄委关于开展创建老龄工作先进县（市、区）和评选老龄工作先进单位活动统一安排部署，立足实际，制定了开展创建活动实施方案，结合宁夏老龄工作的实际，同时组织开展了创建敬老模范村（社区）活动，通过抓点，分类指导，推动了创建和评选活动的深入开展。根据全国老龄办关于做好创建和评选表彰工作的总体要求，制定了创建活动检查验收标准，对评选考核内容进行了量化，在各县（市、区）自查的基础上，组成了5个市老龄办负责同志参加的检查验收组，采取听、查、看的方式对申报的先进县（市、区）、先进单位和部分敬老模范村（社区）的创建工作进行了检查，按照量化标准，进行了评定，共评出6个老龄工作先进县（市、区），24个老龄工作先进单位，22个敬老模范村，37个敬老模范社区。通过创建活动的开展，各地党政领导对老龄工作重要性的认识有了明显提高，有9个县（市、区）召开了党委常委会或政府常务会议，进行了专题研究，并制定了具体的创建方案和工作计划，使老龄工作整体地位得到了提升。青铜峡市拨出专款，用于创建措施的落实；金凤区、原州区专门召开创建工作汇报会，研究解决创建工作中存在的问题；兴庆区将老龄工作纳入党委、政府目标管理考核；彭阳县、惠农区注重发挥成员单位作用，形成了创建工作整体合力。

（四）加大老龄宣传力度，宣传工作取得新成绩

组织力量认真办好《宁夏老龄工作》刊物，及时宣传党和政府有关老龄工作的方针政策，沟通交流各地老龄工作先进经验和老龄工作信息，普及老年法律法规知识，提高全社会的老龄意识和敬老意识，指导基层做好老龄工作。今年年初，又将《宁夏老龄工作》正式改刊为四封彩色印刷。与此同时，又编印了《宁夏老龄工作信息》，及时传递信息，交流情况，并通过《宁夏老龄工作》和《宁夏老龄工作信息》，将区内有关老龄工作的好的经验和做法介绍到区外，将兄弟省区有关老龄工作的好的经验和做法介绍到区内，加强了与兄弟省区老龄工作机构的联系与交流。近3年共出刊30余期，在各报刊刊登文字和图片新闻报道200余篇。

发挥新闻媒体的作用，广泛开展宣传活动。继宁夏人民广播电台《老人天地》栏目之后，《银川晚报》又开辟了“老年天地”栏目，以满足老年人对新知识和回归社会生活的渴望。全区老龄重大活动，各新闻媒体以专题、专板、专栏联动，多角度、多侧面、多形式地组织开展了宣传报道。特别是《条例》颁布实施后，针对《条例》既体现《老年人权益保障法》的基本原则，又突出宁夏地方特色，具有较强的适用性和可操作性的特点，自治区老龄办配合新闻媒体，发表各种消息、图片、评论、访谈、专题报道等40余篇，《华兴时报》、《银川晚报》分别组织专版进行了宣传，《宁夏日报》、《新消息报》、《宁夏法制报》、《宁夏广播电视报》、《现代生活报》、宁夏电视台、宁夏人民广播电台等媒体都作了相关报道。一方面，从法规的基本原则出发，就老年人权利、义务以及家庭保障、社会保障等方面进行深度宣传，另一方面对《条例》中规定的老年优待内容的落实情况进行追踪报道，对做得差的部门和单位进行公开曝光，充分发挥了舆论监督的作用，有力的促进了优待内容的贯彻执行。2005年5月25日，《宁夏日报》“为民分忧”栏目整版篇幅以“面对‘银发浪潮’明天谁来养老”为题，全方位地报道了目前人口老龄化给经济社会发展带来的影响和维护老年人合法权益方面的内容。

进一步引导老年人为宁夏的两个文明建设作贡献。自治区老龄办组织人员，先后深入青铜峡宏达农业经济开展公司、西吉县兴隆镇公易村、西夏区兴泾镇等地，实地采访和调研，看望慰问贫困老人和百岁老人，宣传宁夏老有所为典型。先后采访报道了我区经果林专家陈邦俊、20年如一日义务宣传法律的回族老人陈志明、“春蕾奶奶”姜丽娟、“小巷总理”孙仙梅、12年如一日照顾因病卧床的104岁岳母和75岁病妻的73岁老人吕维恕等人的事迹以及全国老龄工作先进县（市、区）青铜峡市、银川市金凤区，全国老龄工作先进单位石嘴山矿区离退休管理中心、银川市西夏区北京西路街道办事处等单位的先进事迹，

引起了强烈社会反响。重阳节期间，自治区党委常委、组织部部长、老龄委主任傅思和，自治区人民政府副主席、老龄委副主任刘慧，亲切看望了宁夏部分老有所为老人、百岁老人和部分“五保”老人，并与银川市兴庆区福利院的老人共度我区传统的尊老敬老节日“九九”重阳节。

继续加强与新闻单位的联系。2005 年 8 月，召开了由自治区党委宣传部和在银川的各大新闻媒体的负责人参加的老龄宣传工作座谈会，交流了宁夏老龄宣传工作的经验，探讨进一步加强老龄宣传工作的对策，整合老龄宣传资源，建立老龄宣传联系网络，促进老龄宣传工作整体水平的提高。

为提高老龄干部队伍素质，加强老龄宣传工作，增强各级老龄工作干部依法行政的自觉性，自治区老龄办组织工作作人员参加了自治区人民政府法制服务中心举办的“行政执法资格培训班”，并于 8 月 22 日至 25 日在银川举办了由全区各市、县（市、区）老龄办主任及老龄工作干部共 37 人参加的全区老龄法制宣传培训班。

（五）因地制宜地开展老年文体活动，老年人的精神文化生活丰富了新内容

自治区老龄办组织宁夏红叶老年艺术团进京参加了全国老龄办组织的中国老年艺术团的演出，举办了首届全区老年文化节和第三届全区老年风采大赛，开展了“敬老爱老主题教育活动”，组织参加了“全国敬老好文章”和“孝亲敬老之星”评选推荐，宁夏有 11 名“孝亲敬老之星”受到了全国表彰。卫生厅、发改委、司法厅、总工会等部门围绕庆祝建国 55 周年和重阳节，组织开展了许多适合老同志特点的活动。充分发挥老年群众组织的作用，开展了许多内容丰富多彩的文化娱乐体育活动。自治区老年体协举办了老年健身操大赛，召开了电视电话会议，对全区老年体育活动进行了总结，提出了要求。自治区老年大学举办了运动会，银川市及所辖 3 区、青铜峡、原州区等地组建了老年艺术团，带动了老年文化活动深入持久地开展。各地普遍在“重阳节”期间开展了一系列庆祝活动，极大地丰富了老年人的精神文化生活。

（六）总结“十五”期间的老龄工作，研究拟定《宁夏回族自治区老龄事业发展“十一五”规划》

自治区老龄委第四次全体会议召开后，自治区老龄办立即下发了关于对实施《宁夏回族自治区老龄事业发展“十五”计划》情况进行检查评估的通知。各地各部门都组织力量对老龄事业发展“十五”规划实施情况进行了检查和评估，并提交了评估报告。在此基础上，自治区老龄办起草了关于《宁夏回族自治区老龄事业发展“十五”计划》完成情况的报告，并报全国老龄办。同时，针对宁夏实际，在充分调研论证的基础上，广泛听取并吸纳各方面的意见和建议，拟定了切合本地实际、可操作性强，符合社会协调发展要求的《宁夏回族自治区老龄事业发展“十一五”规划》。目前，该《规划》正在进一步论证中。

（七）积极推进“孝心进社区工程”的实施

根据全国老龄办关于组织实施“孝心进社区工程”活动的通知精神，自治区老龄办积极与陕西步长制药集团进行协商，由陕西步长制药集团无偿提供医疗器械、图书等，为老年人服务。自 2005 年 7 月 26 日启动以来，目前第一批试点的银川市 40 个社区活动进展顺利。

三、存在的问题

一是有的市、县、区和部门对加强老龄工作、加快老龄事业发展重视不够，领导不得力，具体工作人员缺乏积极进取精神；二是老龄事业发展的需求与老龄事业经费投入不足的矛盾尚未得到有效解决，各级老龄办工作经费不落实，影响了老龄工作的正常开展；三是农村老龄工作基础相对薄弱，许多矛盾和问题亟待解决；四是老年福利服务设施还比较短缺，配套设施差，不能很好地为老年人所利用，“星光老年之家”管理薄弱，不能满足老年人的需求。对此，我们一定要高度重视，认真对待，采取有效措施，逐步加以解决，把老龄事业不断推向前进。

四、老龄工作重要政策文件的制定

（一）为进一步贯彻落实《老年法》，倡导尊老敬老的良好社会风尚，2004 年 9 月 9 日，自治区人大常委会颁布了《宁夏回族自治区老年人权益保障条例》，并于 2004 年 10 月 10 日正式实施。对老龄工作机构及其职责、任务、老龄事业经费的投入机制、老年人的赡养与扶养、保障措施、服务设施、优惠待遇等都做出了明确规定。

（二）2004 年 12 月 7 日，自治区人民政府下发了《关于认真学习贯彻〈宁夏回族自治区老年人权益保障条例〉的通知》。《通知》要求，“各级政府要把老龄事业纳入当地国民经济和社会发展规划，并根据经济发展水平各老年人口规模，按人均每年不低于 2 元的标准安排老龄事业经费，并将其纳入财政预算予以保障”，“在国家发行的福利彩票收益中，每年安排 15％用于老龄事业”。

（三）依据《宁夏回族自治区国民经济和社会发展第十一个五年计划纲要》和《中国老龄事业发展“十一五”计划纲要》，形成了《宁夏回族自治区老龄事业发展“十一五”规划》（讨论稿），确定了

"十一五"期间老龄事业发展的指导原则、目标和任务，这是宁夏新时期老龄事业发展的纲领性文件，待请自治区人民政府同意，印发各地、各部门组织实施。

（四）为了充分发挥基层老年人协会在维护老年人合法权益，发展老龄事业，推进"三个文明"建设中的作用，加强基层老年人协会规范化建设，依据《中共中央、国务院关于加强老龄工作的决定》和自治区党委、人民政府《关于加强老龄工作的决定》，制定了《宁夏回族自治区基层老年人协会规范化建设标准》。

（五）根据《宁夏回族自治区老年人权益保障条例》的有关规定，制定了《百岁老年人长寿保健费发放办法》，明确了百岁老人长寿保健费的发放范围、发放标准、发放时间、发放程序及对虚报冒领者的处罚措施。

（六）为了进一步加强对"社区老年福利服务星光计划"项目（以下简称"星光计划"项目）的管理，根据自治区老龄委第四次全体（扩大）会议要求，自治区民政厅与老龄办组成检查组，对宁夏自2001年开始实施的"星光计划"项目管理情况进行了深入调研，依据民政部"关于社区老年福利服务星光计划项目管理的意见"，结合宁夏实际，制定上报了《宁夏回族自治区关于"社区老年福利服务星光计划"项目管理的意见》。

新疆维吾尔自治区老龄工作总结（2003—2004）

2003年

2003年，新疆维吾尔自治区老龄办在自治区党委、自治区人民政府和自治区老龄委、自治区民政厅党组的领导下，以"三个代表"重要思想为指导，认真贯彻《中共中央、国务院关于加强老龄工作的决定》（以下简称《决定》）和全国老龄委第五次全体会议精神、全国省级老龄办负责人会议精神及自治区老龄委第三次全体会议精神，充分发挥办公室的综合协调、督促检查和参谋助手的职能作用，团结拼搏，开拓创新，各项工作均取得较好成绩。

一、新疆自治区老龄工作基本情况

目前，新疆已有老年人口164.58万，老年人口占全区总人口的8.4%，并每年以4.36%的速度增长。乌鲁木齐市、克拉玛依市、哈密地区和石河子市老年人口达到或超过总人口的10%，已先期进入人口老龄化社会。据统计，全区有老年人协会1679个，其中城镇507个，农村1172个，城镇和农村老年人协会分别占全区城镇社区居委会的29.26%和全区行政村的12.71%，老年群众组织已成为自治区社会活动中的一支重要力量。全区15个地州市老龄工作机构已基本健全，全区101个县（市、区）中已有81个县（市、区）成立了老龄工作机构。目前全区有老龄干部职工250人，其中地州市83人，县（市、区）146人。社区老龄工作和基层老龄工作逐步得到加强，各级老龄委成员单位为老年人办实事取得一定成效，老年人的各项优惠优待政策逐步得到落实。

二、团结拼搏，开拓创新，办公室各项工作均取得新成绩

（一）老龄宣传信息教育取得突破性进展

加强老龄宣传工作，是自治区老龄办长期以来常抓不懈的一项重要工作。2003年，自治区老龄办紧紧围绕全面建设小康社会的奋斗目标，以"三个代表"重要思想为指导，坚持宣传工作为老龄工作大局服务，把为改革发展稳定大局服务和做好老年思想政治工作作为老龄宣传工作的基本职责。全国老龄委第五次全体会议、全国省级老龄办负责人会议和自治区老龄委第三次全体会议以后，自治区老龄办一是把会议精神通过文件、报刊和各种会议宣传贯彻下去，并提出了结合工作实际贯彻的意见。二是以自治区敬老宣传月活动为契机，开展了"为老年人献爱心"的主题宣传教育活动，向全社会发出倡议书，宣传人口老龄化形势，宣传老龄工作与全面建设小康社会的关系及其重要性，倡导人人为老年人献爱心、办好事，鼓励老年人积极为社会再做新贡献，努力营造积极健康的老龄化社会氛围。三是为树立典型，表彰先进，宣传自治区各族老年人与时俱进、健康向上的精神风貌，宣传自治区健康老龄化的工作成果，激励广大老年人崇尚科学、文明、健康的生活方式，提高老年人的生命生活质量。自治区老龄办与自治区党委宣传部、老干局和自治区卫生厅及新疆军区政治部联合开展了"天士力杯"百名健康老人评选表彰活动，激发了广大老年人科学文明的健身和健康生活的热情，在社会上产生较好反响。四是组织了全区“老龄新闻奖”的评选，调动了新闻媒体对老龄工作关注的积极性。五是借鉴内地省市的先进经验，结合自治区的实际情况，与自治区党委宣传部和自治区教育厅、团委、妇联开展了“青少年敬老爱老助老主题宣传教育活动”。六是组织自治区20名健康老人赴天津参加“健康之星天士力行”老龄宣传活动。

全年主办发行《新疆老龄工作》3期1200册，《老龄工作简报》13期840份，并以快讯宣传为突破口，向有关领导和部门快速反映老龄工作情况，向社会各界宣传老龄工作动态，不断提升信息工作质量，为领导决策服务。同时，自治区老龄办向《全国老龄工作导刊》、《老龄科研》和《中国老年报》、《新疆日报》、《老年康乐报》等报刊杂志投稿36篇，被采用23篇，扩大了老龄工作的宣传效果。

在宣传教育工作方面，自治区老龄办成功地举办了两期全区老龄工作干部培训班。通过领导带头上课讲解及讨论交流等方法，进一步统一了思想，理清了工作思路，树立了做好老龄工作的信心，提高了工作队伍的素质，积累了培训工作经验，为今后开展老龄宣传教育及培训工作奠定了基础。

（二）维权调研工作取得实质性的进展

2003年，自治区老龄办进一步认识到老年维权工作在全面建设小康社会中的重要意义，更加增强了做好老年维权工作的自觉性。首先根据去年自治区人大执法检查情况，向自治区人民政府呈送了《老年法》和《条例》整改建议的报告，提出在贯彻《老年法》和《条例》中存在的宣传教育不够深入、老龄工作机构不健全、齐抓共管机制尚未形成和对老龄事业投入不足、未将老龄事业纳入国民经济和社会发展规划等整改意见，引起政府和有关部门的高度重视。自治区人民政府采纳意见，于2003年6月26日向全区各级政府和自治区各部门、各直属机构作出了《关于加强老龄工作的意见》（新政发［2003］53号）。这是自治区首次就全面贯彻中央《决定》，切实保障老年人合法权益，加大老龄事业投入，提高老年人生活质量等作出的重大工作部署，是指导自治区老龄工作的纲领性文件，对维护老年人合法权益有极其重要的意义。第二是加大老年维权工作力度，切实开展为老年人办实事活动，向自治区人民政府呈报了《自治区优待老年人规定》，并向各地州市和自治区建设厅、教育厅、司法厅、卫生厅等9个部门广泛征求了对该规定的意见，提交自治区人民政府审查研究确定。第三是召开了自治区落实《老龄事业发展“十五”计划纲要》（以下简称《纲要》）工作会议，总结和研究、部署了今后一个时期《纲要》的落实工作，并于5月中旬通报了《纲要》落实情况。第四是组织参加了全国老年维权工作暨经验交流视频会议，向全区各地州市转发了视频会议讲话文件及经验交流材料，向全国报送了自治区的老年维权工作情况。第五是起草修订了《自治区法律援助中心老龄委工作处章程》，研究落实经费和人员培训等事宜。第六是根据自治区宣传贯彻《老年法》协调领导小组组成人员人事调整的情况，拟定了调整协调领导小组成员的请示和工作实施办法及有关汇报材料。第七是认真做好老年人的来信来访。全年共接待老年人来信来访71件，化解了矛盾，对维护老年人合法权益和社会稳定作出了贡献。第八是为解决影响新疆农村稳定发展的农牧民养老问题，解决二元经济结构和农村缺乏完善的社会保障机制给养老带来的新问题，在积极探索建立农村养老、医疗保险和最低生活保障的同时，首先积极探索建立“家庭赡养协议”制度。按照十六届三中全会关于巩固家庭养老的精神，在阿克苏市喀拉塔拉镇召开了自治区签订家庭赡养协议试点工作经验交流会，研究、部署了在自治区推广签订家庭赡养协议工作，进一步解决农牧民的养老问题。

2003年，根据自治区党委宣传部《关于自治区哲学社会科学研究规划基金资助2002年度课题申报工作的通知》精神和《自治区哲学社会科学“十五”规划》所列选题，自治区老龄办承担了“新疆人口老龄化趋势、影响与对策”课题调研工作，先后召开两次会议，制定课题调研实施办法，下发关于开展课题调研的通知，设计调查问卷，开展理论研究。同时，还开展了基层老年人协会建设的调查研究工作，参加了自治区民政厅在南北疆8个地州的农村“五保”供养情况和救灾、低保、“五保”、军休资金使用情况的执法调研及基层落实党风、行风的调研，并对“星光计划”的落实情况进行了调研，撰写3篇调研报告，其中两篇上报自治区人民政府，为政府决策提供了依据。

（三）综合协调和督促检查工作迈开了新的步伐

2003年，自治区老龄办围绕中心工作，拓宽工作思路，突出工作重点，充分发挥参谋助手的职能作用，强化综合协调工作，化解矛盾，提高工作效率，加快了综合协调工作的步伐，减少了工作“碰车”现象。为把工作及时调整和部署下去，老龄办以电报的形式向各地州市老龄委和成员单位等部门印发了工作要点。同时，对2003年工作要点进行了细化和量化，制定了具体的实施细则，确定了责任人和工作进度要求，促进了全年工作任务的协调运转和圆满完成。老龄办对全区老龄机构建设进行了督促和协调，特别是对南疆四地州的老龄机构建设重点进行了督促和协调，使这些原来有一定老龄工作基础的地州得到进一步加强和发展，原来一无机构二无人员的部分地州逐步建立机构并配备了人员，工作开始正常运转，并向县（市、区）一级的机构建设逐步推进。在联络协调工作中，老龄办拟定了《自治区老龄委成员单位与办公室联络制度》，征求各成员单位对该制度的修改意见，协调安排各成员单位制定年度老龄工作行动计划，履行成员单位职责，发挥成员单位的职能作用。同时，老龄办在工作部署后除积极协调解决问题和督查外，还随同自治区副主席、老龄委常务副主任努尔兰·阿不都满金到昌吉州、和田地区的县（市）和乡、村进行督促检查，查看了敬老院、光荣院、老年公寓、社区活动中心、“星光计划”设施，与当地的老年人进行了交谈，听取了当地干部和群众的意见，促进了基层老龄工作的逐步落实。

（四）全国老龄委办安排的工作顺利完成

2003年，自治区老龄办积极配合全国老龄办的工作，全面完成了全国老龄办安排的工作任务。首先是圆满完成了“银龄行动”试点工作任务。自治区老龄办抓住时机与上海老龄办协同启动了首期“银龄行动”试点工作，与上海老龄办签订了合作意向书。8月1日上海首批31名医疗方面的老专家进驻阿克苏地区开展“银龄行动”以后，自治区老龄办跟踪调查、掌握动态，及时反馈信息，向全国老龄办报送试点工作进展情况，对老专家进行了走访慰问，建立了齐抓共管、层层负责的工作运行机制，及时解决工作中出现的问题，保证了“银龄行动”试点工作圆满成功。第二是按照全国老龄委《关于在全国开展创建老龄工作先进县（市、区）活动的通知》精神，自治区老龄办不仅转发了创建活动的通知，而且制定了老龄工作先进县（市、区）创建活动实施方案，把全国的创建标准细化量化为18条85项、累计为1000分的《自治区创建老龄工作先进县（市、区）检查验收标准》，并作出了《关于深入开展创建自治区老龄工作先进县（市、区）活动的通知》，提出了创建活动的目的、原则、条件和评选标准、实施办法及措施，对进一步开展创建工作作了具体部署，为第二年评比工作的顺利进行创造了条件。第三是协助全国老龄办组织开展中老年文艺宣传活动，支持中老年文艺演出队参加全国中老年艺术团重阳节汇报演出，协助自治区老干局完成了选拔推荐优秀节目参加全国的演出及评奖工作，并协助乌鲁木齐中老年演出队办理出国演出交流的相关手续。第四是组织自治区6名老劳模参加“迎国庆西部地区老劳模赴京参观团”的观光活动。

（五）老龄办机关内设机构改革和公务员过渡工作顺利完成

实施老龄办机关内设机构改革，是自治区办有史以来的第一次。为了搞好这项工作，老龄办制定了工作方案，组织干部职工学习《党政领导干部选拔任用工作条例》等法规和文件，从6月2日开始，协助民政厅党组选拔了8名处级干部，基本配齐了中层领导干部。同时，还进行了工作人员双向选择和岗位交流，通过竞争上岗和双向选择、岗位交流，各项工作有了新的活力，调动了干部职工的工作积极性，立足本职做奉献的责任感和事业心进一步加强。另外，组织机关干部参加了自治区人事厅组织的公务员过渡考试，向符合条件的15名干部办理了公务员过渡的手续和证书，解除了一大批干部的后顾之忧，稳定了干部队伍。

2004年

2004年，新疆自治区的老龄工作在自治区党委、自治区人民政府的领导和全国老龄委的指导下，以邓小平理论和“三个代表”重要思想为指导，坚持“党政主导、社会参与、全民关怀”的工作方针，认真贯彻全国老龄委第六次全委会和自治区地州市级老龄办主任会议精神，紧紧抓住创建全国老龄工作先进县（市、区）和先进单位活动的有利时机，协调动员成员单位和社会各界，努力解决老龄事业发展和老龄工作中的突出问题，各项工作取得了突破性进展。

一、以创建工作为中心，推动自治区老龄工作全面发展

2004年，自治区老龄办把开展创建老龄工作先进县（市、区）和先进单位活动，作为老龄工作的中心任务和加强老龄工作的有效载体，层层抓落实，采取抓两头带中间，整体推进的方法，抓住各地老龄工作不同的薄弱环节，解决老龄工作中的突出问题，使老龄工作基础较弱的县（市、区）打开了工作新局面。全区99个县（市、区），有91个开展了创建活动，经过检查验收和逐层评选，有6个县（市、区）（库尔勒市、新源县、昌吉市、阿克苏市、乌鲁木齐市天山区、克拉玛依区）被评为全国老龄工作先进县（市、区），6个单位（昌吉州老龄办、阿克苏市喀拉塔勒镇、乌鲁木齐铁路局退管处、库尔勒市天山街道电力社区、老年康乐报社、博州老年大学）被评为全国老龄工作先进单位。哈密市等22个县（市、区）被评为自治区老龄工作先进县（市、区），石河子老年协会等48个单位被评为自治区老龄工作先进单位。

创建工作受到了各级党政领导的高度重视，各地都成立了“争创老龄工作先进县（市、区）领导小组”，召开动员大会，制定实施方案，按照总分值1000分的创建指标将任务逐项分解到成员单位和相关部门，主管领导与单位负责人分别签订责任书，形成了党政领导亲自抓，成员单位全力配合、齐抓共管的良好局面。通过开展创建活动，解决了老龄事业发展和老龄工作中的一些突出问题：一是机构和人员编制问题得到较好解决，对理顺老龄工作关系发挥了重要作用。有19个县（市、区）新建立了老龄工作机构，新增编制35名，新增人员70人。部分县（市）老龄办配备了车辆和电脑、传真等办公自动化设备，办公条件得到较大改善。截至2004年底，全区共有95个县（市、区）建立了老龄工作机构，其中库尔勒市、昌吉市、阿克苏市的所有乡（镇、场）、街道都成立了老龄工作委员会并下设办公室，所有的村（居）委会都成立了老龄工作领导小组，配有专兼职工作人员。二是经费逐步得到落实，老年服务设施增加。大部分县（市、区）的老龄事业经费和老龄工作经费已纳入财政预算，工作经费有了保障。各地老年活动中心、老年大学和老年公寓先后建成，其中巴州投入1600万元在库尔勒市新建了占地面积约20亩，建筑面积为11154平方米，集老年培训、文化、体育、科技、文艺、教育为一体的综合性大型老年活动中心；哈密市投资近800万元，新建了集文化娱乐、为老服务、医疗保健、法律咨询为一体的老年活动中心13个，并对其中10个老年活动中心免费划拨土地，减免配套费用9.3万元。三是基层老年群众组织进一步健全，发挥作用比较明显。各地以创建活动为契机，继续推进基层老年人协会建设，充分发挥其作用，使之成为开展基层老龄工作的重要力量。各地老年人协会经常组织老年人进行政治学习和科普知识教育，举办各类培训班，开展有益的文体活动，组织老年人参与经济建设和社会发展。这些活动的开展，既发挥了老年人才的作用，又丰富了老年人的精神文化生活，满足了老年人的自身需求，推动了基层老龄工作，为当地的“三个文明”建设作出了积极贡献。

实践证明，创建工作推动了“党政主导”工作的全面落实，提升了老龄工作在党政全局工作中的地位，保证了各项老龄工作方针政策的落实；创建工作促进了老龄机构建设和工作关系的理顺，形成了上下贯通的老龄工作组织网络；创建工作推动了制度化的老龄事业经费投入机制，保障了各类老年综合性社会活动的开展；创建工作营造了敬老养老助老的浓厚社会氛围，促进了为老年人办实事和各项优待政策的落实。

二、以检查评估落实《纲要》为突破口，不断提高老年人的生命生活质量

为了认真落实《自治区老龄事业发展“十五”计划纲要》（以下简称《纲要》），检查评估各地对《纲要》阶段性目标任务执行情况，各地对本地落实《纲要》情况进行了一次全面自查，自治区老龄办抽查评估了9个地州市、20个县市区贯彻落实《纲要》中老年人的经济供养、医疗保健、照料服务、精神文化生活、权益保障方面的情况。从检查评估的总体情况来看，全区已建立起了统一、规范、完善的养老保障体系，政府、社会、家庭、个人相结合的养老保障机制进一步完善；各地规范了养老保险待遇的认定、审核、发放程序，养老金的发放与企业缴费彻底分离，确保了企业离退休人员基本养老金按时足额发放；参保对象已覆盖到全区各类用人单位，符合条件的老年人全部纳入了最低生活保障范围，农村“三老”人员和“五保”老人享受到了各种优待照顾，城乡特困老人和高龄老人得到一定救助；各地相应地提高了离退休人员的养老金，保证了离退休人员分享经济和社会发展成果，签订家庭赡养协议书工作也已在全区展开。老年服务设施基本形成，示范性老年公寓和敬老院条件不断改善，服务质量不断提高。县、乡、村三级医疗网络基本建立，老年人一般都能就地、就近就医，对老年人就医挂号等费用实行减免优待，社区建立了老年人健康档案，部分县市区成立了老年人保健协会并进行经常性的老年保健知识教育，有特殊困难的老年人能得到一定的医疗救助，就医难的状况有了较大改善。各有关部门和群众组织能引导老年人开展科学、健康、文明的健身活动，支持老年人参与各种社会公益活动，老年人在“三个文明”建设中发挥着重要作用。各地均建有示范性的老年学校和老年活动中心，各类老年文体活动丰富多彩，老年人精神文化生活有了很大提高。自治区城镇有养老机构118所、床位5300张，农村有敬老院346所，社区服务站点已达4424个，有34.9万离退休人员纳入社区社会化管理，社区为老服务志愿者已达5.67万人，老年文化娱乐组织发展到1857个，可供老年人活动的场所5705处，各类新闻媒体开设老年专栏106个，由政府部门和社会力量投资兴办的各类老年大学（校）505所，老年学员人数达到8.9万人。巴州、博州和阿克苏等地的老年大学（校）已形成县、乡（镇）、村三级网络，并成为老年人精神文化生活的乐园。自治区及各地州市基本建立了信访联络员制度，加强了信访工作的联络与沟通，大部分地州市和有条件的县市成立了为老年人提供法律援助的法律服务机构，乡（镇）、街道依托基层司法所，为老年人提供免费咨询等法律服务。

三、积极推动出台《优待老年人规定》，为老年人办实事走上了法制化轨道

近几年，自治区各地先后制定了优待老年人规定，但优待的内容不统一，对此，老年人要求建立统一规定的呼声很高。自治区老龄办借鉴兄弟省市区的做法，总结本区各地优待老年人工作中的经验，起草了《自治区优待老年人规定》讨论稿，报经胡家燕副书记同意，按照行政立法程序，会同自治区人民政府法制办先后赴喀什、昌吉、乌鲁木齐市等地进行了立法调研，并协同法制办召开有财政、建设、交通等有关部门参加的座谈会，组织专家论证。9月13日，自治区人民政府第七次常务会议审议通过了《新疆维吾尔自治区优待老年人规定》（以下简称《优待规定》），于2004年12月1日起施行。

《优待规定》出台后，各地和各有关部门立即行动起来，狠抓贯彻落实工作：克拉玛依市政府召开了由市老龄委成员单位及有关部门负责人参加的贯彻落实《优待规定》专题会议，市领导还带领调查组对承担优待义务的单位进行专项检查，发现问题及时解决；乌鲁木齐市老龄办先后3次召开7区1县老龄办主任会议，学习有关文件，对所属街道、社区干部进行办证业务专题培训；石河子市老龄办出资5000元购买了办证软件；阿克苏市财政每年拿出120万元用于老年人免费乘车补贴；自治区交通厅、司法厅、旅游局、卫生厅、文化厅、建设厅、体育局迅速出台了实施《优待规定》具体办法，并下发各地（州、市），使《优待规定》各项条款在全疆得到较好的贯彻落实。

四、深入开展主题教育和敬老宣传月活动，为老龄工作营造了良好的社会氛围

自治区老龄办、自治区党委宣传部、自治区妇联、团委、教育厅联合在自治区青少年中开展的敬老爱老助老主题教育活动，是落实“三个代表”重要思想、贯彻以德治国方略的重要举措，是加强公民道德建设、维护老年人合法权益的具体行动，乌鲁木齐、伊犁、阿勒泰、塔城、克拉玛依、石河子、吐鲁番、哈密、巴州、阿克苏和克州等地，都结合本地实际，扎扎实实地开展了主题教育活动。自治区老龄办和老年基金会出资8000元订购了1000册《中国敬老故事精华》赠送15个地州市。在各地推荐的基础上，向全国主题教育活动组委会推荐了62名“孝亲敬老之星”和3名“中华孝亲敬老楷模”及2名“优秀组织者”。经全国主题教育活动组委会评选，吐鲁番地区鄯善县工商局局长吾拉音·赛甫被授予“中华孝亲敬老楷模”荣誉称号，库尔勒市老龄办主任殷富秀被授予“中华孝亲敬老楷模提名奖”荣誉称号，乌鲁木齐市新市区新城老年康乐苑主任赵新芝等62人被授予“孝亲敬老之星”荣誉称号，石河子市老龄办荣获“优秀组织者”称号。

9月是自治区敬老宣传月，在这期间，自治区党委副书记、老龄委主任胡家燕同志接受了新疆电视台专访，介绍了新疆人口老龄化发展状况，指出要进一步贯彻落实“党政主导、社会参与、全民关怀”的老龄工作方针，倡导全社会继续发扬尊老敬老助老的传统美德；自治区副主席、老龄委常务副主任努尔兰·阿不都满金同志在出席庆祝自治区老人节文艺汇报演出时发表了重要讲话，9月15日自治区老人节这天，他还与贾帕尔·阿比布拉副主席到人民公园参加了庆祝老人节大型游园活动，与老年人共同欢度节日；自治区党委常委杨刚同志给乌鲁木齐养老福利院和精神病福利院送去慰问金20万元，与那里的孤寡老人共度老人节；自治区老龄办、民政厅和乌鲁木齐市的领导和有关部门走访慰问了百岁老人和特困老人。在首府乌鲁木齐，自治区老龄办和乌鲁木齐市老龄办联合开展活动，同时邀请钢铁集团、铁路局、航空公司、石化总厂、石油管理局、建工集团等大型企业以及老年基金会、老年大学、老年保健协会、老年体协、西部文化艺术研究会、老干部书画学会等群众组织作为协办单位共同开展活动。自治区部分委、办、厅、局也主动与老龄办联系，通报活动开展情况，其中自治区林业局、审计厅、总工会、科技厅分别组织离退休人员在疆内参观考察，并陆续安排离退休人员赴内地疗养；地矿局向局属23个单位下发通知，对宣传月活动内容做出具体安排；自治区水利厅专门召开动员会，向厅属各单位下发了开展宣传月活动实施意见。整个9月，乌鲁木齐地区天天有活动，内容丰富多彩，形式灵活多样，老年人参与热情高，新闻媒体也争相采访报道，产生了较好的社会反响。全区各地州都以板报展、图片展、书画展、知识测试、知识竞赛、保健讲座、法律咨询、文体比赛等各种活动为载体，吸引老年人广泛参与，同时发动社会各界力量，为老年人送温暖、办实事。在此期间，还表彰了5个自治区敬老爱老助老主题教育活动“优秀组织者”和45名“敬老好文章”的作者以及自治区荣获“全国老龄新闻奖”的新闻工作者，组织观看了电视纪录片《无声的革命—中国老龄行动报告》。通过这些教育宣传活动，为老龄工作营造了良好环境。

五、较好完成了“银龄行动”试点工作任务，为全国开展“银龄行动”积累了丰富经验

按照全国老龄办的安排，新疆继续与上海结成省际对口援助对子，在阿克苏地区和博州的8个县市中的12家医院和4所学校开展了为期4个月的第二期“银龄行动”试点工作任务，积极探索西部大开发中老年人才资源开发利用的有效途径，为全国开展“银龄行动”积累了经验，圆满完成了全国老龄办交给自治区的试点工作任务。

在试点工作中，认真落实胡家燕副书记的指示精神：一是加强组织领导，确保“银龄行动”工作顺利实施；二是以安全为主，量力而行；三是以传、帮、带和社会效益为主；四是参照援疆干部的标准，给老专家一定生活补贴。为此，自治区老龄办早研究、早动手、早安排，制定试点工作实施方案，各级老龄办具体实施，两地州教育、卫生部门安排专人逐级落实。在实施过程中，各受援单位视老专家为亲人，经常派人走访慰问，了解他们的工作和生活情况，听取他们的建议和意见，充分发挥老专家的智力援助作用。受援地区和单位都研究制定了援助实施方案，在医疗系统以培养学科带头人解决疑难病症和手术示教、学术讲座为主；在教育系统，以培训师资为主，开展学术讲座、课堂授课、办培训班及上大课、观摩。4个月来，在医疗方面，老专家共查房1692次，会诊965人次，抢救危重病人311人，坐诊2084次，接诊病人11846人次，诊断疑难病例447例，开展中型手术项目19项53例，举办学术讲座37次，培训医疗骨干1214人次，举办业务培训班221次，培训医护人员3191人次，带培助手135人，填补地县医疗科技空白7项。在教育方面，开展学术讲座和教学培训124期，培训教师6075人次，带培助手46人。

六、加强自身建设，发挥成员单位作用，为发展老龄事业提供动力和保障

在一年的工作中，自治区老龄办以“三个代表”重要思想为指导，认真贯彻十六大和十六届三中、四中全会精神，坚持以人为本，用协调、科学的发展观教育、培养老龄干部队伍。从提高党的执政能力建设高度，进一步加强老龄办机关党的建设和干部队伍建设，不断强化基层组织建设，有步骤、有重点地推动自治区老龄工作的不断发展。自治区老龄办机关按照规范、稳步、提高的工作思路，大力加强机关精神文明建设，不断给老龄工作提供精神动力和智力支持。在2003年办班培训的基础上，又举办了两期培训班，两年共培训老龄工作干部277名，完成了县级老龄工作干部培训计划。部分地（州、市）也积极开展各类学习、培训工作。

做好老龄工作不是老龄办一个部门能够独立完成的，需要各部门特别是成员单位齐抓共管、密切配合、共同努力。2004年，各级老龄办认真履行工作职能，协调成员单位发挥各自作用，如民政部门认真实施“星光计划”，为老年人提供方便、舒适的活动场所，受到广大老年人和社区工作者的普遍欢迎；卫生部门开展了“光明行动”，为老年白内障患者做复明手术，使他们能够重见光明；团委开展“金晖行动”，以“一助一”、“多助一”或“手拉手”等形式，与孤寡、儿女不在身边的老年人结对献爱心，提供心理慰藉、家务帮助、生活料理等服务；建设部门在城市实施无障碍设施建设，为老年人提供方便；自治区司法厅专门下文在各地（州、市）设立法律援助机构，为老年人提供法律援助服务；自治区体育局在全区范围为老年人增设了健身路径，组织老年人开展各类有益的健身活动；自治区广电局在新疆人民广播电台开设行风热线栏目，3次邀请老龄办领导为老年人解答疑难问题，提供政策、法律咨询服务。总之，一些成员单位从实际出发，认真履行职责，为老龄事业的发展起到了积极的推动作用。

七、存在问题

2004年，在各级领导的关心支持和成员单位的配合下，老龄工作取得了一定的成绩，但也存在着一些亟待解决的问题。

1. 在机构建设方面，自治区领导虽然多次强调，一定要把县一级老龄机构全部建立起来，自治区人民政府《关于加强老龄工作的意见》也明确指出“2003年底前，必须建立、理顺县级老龄工作机构”，但目前，仍然有极个别地州和县（市）一拖再拖，至今没有健全老龄机构和配备相应的专职人员。

2. 在经费落实方面，《自治区老龄事业发展“十五”计划纲要》中明确规定各级财政要“按每位老年人每年2元钱标准划拨老龄事业发展经费并纳入财政预算”，2005年是全面落实《纲要》各项指标的最后一年，到目前为止，经费问题尚未得到解决，一些工作无法正常开展。

3. 在创建老龄工作先进县（市、区）活动方面，个别地州对创建工作不够重视，没有真正将创建活动落到实处，在自治区老龄工作先进县（市、区）评选时榜上无名。

4. 在成员单位发挥作用方面，有些成员单位发挥作用不够，没有形成齐抓共管的工作格局。

广西壮族自治区老龄事业发展综述（2003—2005）

一、养老保障制度进一步完善

初步建立了政府、社会、家庭和个人相结合的经济供养体系，保障了老年人的基本生活。在全区城镇有71.82万企业离退休人员参加了养老保险，劳动和保障部门采取有力措施，确保企业离退休人员基本养老金按时足额发放。目前，全区已有70.77万名城镇企业离退休人员基本养老金实行了社会化发放，社会化发放率98.92%，其中实行社会化管理服务的63.7万人，社会化管理率90.07%，47.03万人实现了完全的社区管理，占实行社会化管理服务人数的73.83%。同时进一步完善基本养老金的正常调整机制，企业退休人员平均养老金逐年提高，使离退休人员共享经济和社会发展成果。

在农村，建立和完善土地保障、家庭赡养和社会扶助相结合的农民养老保障体系，在88个县（市、区）推行农村养老保险，有180万农民参加，已有3.7万农村老年人领取了养老金。倡导签订家庭赡养协议书，鼓励低龄健康老人提高自养能力。完善“五保”供养制度，逐步提高供养水平，2004年以文件形式从中央财政转移支付资金中，落实了全区36.2万个“五保”对象每人每年享受360斤大米、360元钱和12斤油的生活救济，有效地保障了农村特困群众的基本生活。2005年，我区开展农村部分计划生育家庭奖励扶助制度试点工作，确认奖励扶助对象29451人，需发放奖励扶助金1767万元。

构建多层次、多元化、多项目的贫困老人救助体系。在农村实施特困救助，建立农村特困户生活救助台账，为全区75万户182万人发放了特困救助证。在城镇实施城市最低生活保障制度，特困老人全部纳入保障范围。先后筹集低保资金13.1亿元，对全区60万“低保”对象实施标准为110～210元的生活救助，有力保障了自治区城乡特困老年人的基本生活。梧州市投入了31.5万元建成6家“爱心超市”，对低保对象和特困老人进行及时救助，深受广大群众的欢迎。

二、老年人医疗保健水平不断提高

城镇职工的医疗保险制度日趋完善，以基本医疗为基础，大额医疗补助、企业补充医疗保险为保障，商业保险为补充的多层次医疗保障体系基本建立。目前全区参加基本医疗保险的人数有280万人，其中离退休人员81.33万。

农村医疗卫生服务逐步迈入正轨。2003年启动新型农村合作医疗试点工作，目前，参加试点的15个县（市、区）有484万农民参加新型农村合作医疗，占当地农民总数的60.2%。2004年又启动了农村医疗救助试点工作，争取专项经费4454万元，已有88个县（市、区）出台了农村医疗救助的相关文件，使农村21万个特困户得到医疗救助。2005年又在22个县启动了城市医疗救助试点工作，筹集4800万元福利彩票公益金，在全区城乡实施“白内障患者手术复明救助工程”。目前，全区已完成对2500名老年患者实施救助治疗。计划到2006年6月，让全区3万白内障老年患者重见光明。

加强社区老年卫生工作，建成社区卫生服务站260个，完善了县、乡、村三级医疗预防保健网。有关部门经常举办老年保健知识讲座，普及老年人卫生保健知识，增强自我保健能力。同时积极组织开展老年健身活动，仅自治区本级“十五”期间就举办了2届大型的全区老年人运动会。全区建立基层老年体协组织6266个，会员总数71.2万人，县（市、区）设立老年人体育辅导站5864个，全区常年参加体育健身活动的老年人112.77万人，占老年人总数的25%，老年人体质得到增强。各级医疗机构普遍制定老年人优待措施，高龄老人和残疾老人就医享受优先优质服务。一些医院推出医疗“爱心卡”，减免老年患者诊治费用。梧州市设立“爱心慈善医院”，对70岁以上老年人、低保对象和残疾人免收挂号费、诊疗费、注射费、观察费、处置费和咨询费，检验、检查费和治疗费实行半价优惠，药费、材料费等实行平价优惠。

三、老年照料服务网络初步形成

十五期间，自治区在充分利用现有设施的基础上，增加对养老设施建设的投入。2003年，在全国首创五保村建设模式，目前已投入资金2亿多元，建成“五保”村4500个，2005年底可望突破5000个，累计入住“五保”对象可达7万余人。“十五”期间，筹集6000万福利彩票公益金建成自治区本级示范性老年公寓。同时制定优惠政策，吸引社会力量投资举办养老服务设施，加快福利社会化进程。到2004年底，全区城乡老年收养性机构共3803个，床位

49654张，其中民办收养性单位48个，床位2389张，全区70%的市、县（区）拥有1所综合性社会福利院；乡镇敬老院、“五保”村覆盖率已达到了100%；实现每万人老龄人口拥有福利床位108张。初步形成养老设施网络。

积极鼓励在校学生以各种形式参加为老服务，各级共青团组织发动15万青年志愿者与困难和高龄老人组成帮扶对象，提供看护照料、精神慰藉、家务帮助等服务。同时适应退休人员社会化管理的新形势，积极探索退休人员社区管理服务的新模式。逐步完善老年管理服务网络，充分发挥老年人协会在社区老龄工作中的作用。目前全区成立老年人自我管理自我服务的基层老年人协会9707个，在当地“三个文明”建设中发挥着重要的作用。

四、老年人精神文化生活丰富多彩

各级老龄组织充分发挥广播、电视、报刊等大众传媒的宣传教育和引导作用，采取多种形式加强老龄宣传工作，增强全社会的老龄意识。积极开展“创建老龄工作先进县（市、区）活动”和“青少年敬老爱老助老主题教育活动”，评选表彰自治区老龄工作先进县市区24个，先进单位15个，“孝亲敬老”之星76名，还与广西电视台联合举办“广西十大孝心人物”评选活动，营造尊重、理解、关心和帮助老年人的社会环境与舆论氛围。

加强老年活动设施建设，2001—2003年全区投入2.55亿实施“星光计划”，建成“星光老年之家”755个，总建筑面积38.83万平方米。2004年底，全区有各类老年活动中心（站、室）7379个。

加强老年文化建设，电台认真办好老年文化专题节目，老龄与老干部门努力提高《广西老年报》和《老年知音》等老年报刊的发行与质量。“十五”期间，新闻出版部门出版面向老年人的图书、音像、电子出版物44种。各地有计划地组织老年人开展文艺汇演、书画展览等各种形式的文体活动。目前全区成立各种老年文艺组织2260个，极大丰富了老年人的精神文化生活。

大力发展老年教育。全区建成老年大学（学校）1062个，在校人数87658人。注意加强老年思想政治工作，倡导健康文明的生活方式。鼓励老年人继续参与社会发展，重视城镇老年人才的开发和利用，鼓励农村健康老人参与农业开发，如与广东省合作实施“银龄行动”试点工作，取得良好的社会和经济效益；2004年广西老科技工作者协会组织广西科普演讲团赴全区各地进行科普演讲111场，听众达6万多人。

西藏自治区老龄工作概述（2003—2005）

近年来，西藏自治区老龄工作在自治区党委、政府的高度重视和全国老龄办的亲切关怀下，紧紧围绕老有所养、老有所医、老有所教、老有所学、老有所为、老有所乐的“六个老有”工作目标，认真贯彻落实“党政主导、社会参与、全民关怀”的老龄工作指导方针，积极开展各项工作，推进老龄事业向前发展，打开了老龄工作新局面。

为庆祝西藏自治区成立40周年和“九九”重阳节，歌颂西藏自治区成立40周年和改革开放以来取得的辉煌成就及我区老龄事业蓬勃发展的新气象，充分展示西藏老年人热爱党、热爱社会主义、热爱新西藏，拥护改革开放和西部大开发的炽热之情，2005年9月29日，自治区老龄委办公室在拉萨隆重举行全区老年文艺汇演活动。期间，自治区人大、政府、政协领导和自治区老龄委成员单位的领导同志出席观看。观众达20000余人，参演的演员最小年龄55岁，最大年龄68岁。演出达到了宣传老龄工作的目的，受到了各级领导和社会各界群众的一致好评。

为进一步做好新形势下西藏的老龄工作，推进西藏各项民政工作协调、全面发展，2005年8月，由民政厅单增卓扎厅长和杨国义副厅长带队分别对日喀则、山南、林芝、拉萨四地（市）2003年以来老龄工作的开展情况进行了有侧重、有针对性的调研。一是对四地（市）2003年以来贯彻落实全区第一次老龄工作会议精神情况进行了调研和检查，对四地（市）在落实老年政策法规方面的经验、精神状况和实际举措进行了座谈了解；二是对老龄工作办事机构、编制落实情况听取了基层政府、民政部门的意见和建议，就老龄工作中存在的问题和困难与大家做了交流、沟通，共同探讨了西藏老龄工作在新形势下的发展方向（调研报告已按要求上报全国老龄办）。

为了尽早颁布实施《西藏自治区实施〈中华人民共和国老年人权益保障法〉办法》，2005年6月、9月民政厅单增卓扎厅长、苏云忠副厅长陪同自治区人大常委会白剑、曲加副主任和人大法制委的负责同志赴西藏那曲、昌都、林芝三地区部分县对《实施办法（草案）》的相关内容进行立法调研。深入基层召开座谈会征求意见，重点了解了农牧区老年人生活和医疗等方面的情况。通过召开10余次座谈会、实地考察、个别走访等多种形式，认真听取了各方面的意见和建议，对实施办法进一步作了讨论修改，完善补充。然后，又分别赴青海、甘肃、宁夏等三个少数民族省区进行专题调研和考察。2005年9月28日，经西藏自治区人民代表大会常务委员会第二十次会议审议，正式通过了《西藏自治区实施〈中华人民共和国老年人权益保障法〉办法》，从2006年1月1日开始施行。这是西藏老年人政治生活中的一件大喜事，也为今后搞好西藏老龄工作提供了法律保障。

2005年3月、4月，结合开展保持共产党员先进性教育活动，自治区老龄办组织"五老"爱国主义报告团部分成员赴拉萨、山南、林芝三地（市），为区直、中直、地直、市直等单位、学校、部队作爱国主义专题传统教育报告共17场，听众达12000余人，收到了良好的社会效果。老英模们从人民解放军进军西藏的种种艰辛坎坷和我们党在西藏取得的革命胜利一直到今天我们安定、祥和、美好的幸福生活，讲述了"没有共产党，就没有新中国更没有我们西藏今天的美好生活"的深刻含义，还从发扬西藏传统文化、坚定马克思主义的祖国观、坚决反对分裂祖国活动等方面教育广大党员和学生、部队官兵热爱中国共产党，热爱社会主义祖国，热爱新西藏，维护民族团结，坚决反对分裂，在西藏的改革开放和全面建设小康和构建和谐社会进程中发挥自己应有的作用。

青岛市老龄工作总结（2003—2004）

2003年

2003年，在各级党委、政府的重视和老龄工作机构的努力下，青岛市老龄工作以党的十六大精神和"三个代表"重要思想为指导，全面贯彻"党政主导、社会参与、全民关怀"的老龄工作方针，认真实施《青岛市老龄事业发展"十五"规划》，以加强基层老龄二作为重点，深入开展创建敬老模范区（市）活动，切实维护老年人合法权益，推动了"六个老有"工作目标的逐步落实，促进了全市老龄事业持续健康发展。

一、落实省、市优待老年人规定有新举措

一是以新出台的《山东省优待老年人规定》为依据，对《青岛市优待老年人规定》进行了修改。在原原本本执行省优待规定的基础上，将百岁老人长寿补贴金由每人每月100元提高到200元，增加了特困老年人免交自来水表安装费和电表改造费以及减免某些医疗项目收费等优惠政策。崂山区出台了《崂山区老年居民生活补助暂行办法》，为符合条件的农村老年人每人每年发放1000元生活补助，为全区百岁老人每人每月增发100元生活补助，提高了对老年人的优待标准。二是广泛宣传省、市优待老年人规定。电台、电视台、报刊等新闻媒体对省、市优待老年人规定进行了广泛的宣传报道。市老龄办开通了《优待老年人规定》咨询热线。3月30日，由市老龄办牵头，市南、市北、四方、李沧四区共同参与，开展了省、市《优待老年人规定》宣传日活动，在社会上引起了强烈反响。三是认真落实优待老年人规定。在市公安局的积极配合下，组织换发新版老年人优待证。市老龄办、市财政局、市交通局联合制发了《老年人乘坐公共汽（电）车优待规定实施办法》，为65—69岁和70周岁以上的老年人分别实行乘车半价和免费优待。黄岛、胶州、莱西等区、市也分别制定了老年人乘车优待办法，黄岛区、莱西市将老年人半价乘车的范围扩大到60周岁，黄岛区还免费为全区老年人办理了意外伤害保险、老年人优待证和乘车卡。截至2003年底，共为老年人办理乘车专用卡93178张，其中免费乘车卡55949张，半价乘车卡37229张。市城管、园林环卫、广电、图书馆、博物馆、民俗博物馆、群众艺术馆等部门和单位认真执行优待老年人规定，为老年人的生活和活动提供方便。五市三区认真落实农村税费改革政策，为70岁以上的老年人免除了新增农业税及附加。四是加强对新优待规定执行情况的监督检查。老人节期间，各级老龄工作机构对优待规定落实情况进行了一次全面检查。市老龄办联合有关新闻媒体对市医院、公园景点、文化体育场所等34个单位的服务窗口进行了检查，对执行情况好的单位进行了表扬，对存在的问题及时进行了反馈，并提出了限期整改的要求。

二、维护老年人合法权益工作进一步加强

青岛市中级人民法院制发了《关于依法审理"涉

老”案件，便利老年人诉讼若干问题的规定》，依法打击侵犯老年人合法权益的违法犯罪行为，全年受理涉老案件125件，减免诉讼费99224元。胶南市法院开通了“赡养案件绿色通道”，采取巡回办案的方式，对不赡养老人的案件进行公开审理，起到了很好的警示作用。各级司法部门继续开展了送法进社区和法律援助服务活动，全年受理老年人法律援助案件802件，法律咨询1500人次，为老年人办理公证2580件，维护了老年人的合法权益。崂山区老龄办与区法院、检察院、司法局联合开展了“法律服务送老人”活动，为全区低保范围内的老年人发放了“司法保障证”，老年人凭此证打官司可享受免律师服务费和诉讼费。胶州市老龄办与司法局联合开展了“全市维权活动”和“法律援助温情卡”活动。老龄办、老干局、人事局、妇联等部门积极做好老年人信访工作，及时处理老年人反映的问题，全年共处理老年人信访640件次，处结率达100%。8月份，省人大调研组在对青岛市贯彻落实老年法律法规情况进行检查时，充分肯定了青岛市在维护老年人合法权益方面取得的成绩。

三、老龄宣传和调研工作不断深入

市普法办将《中华人民共和国老年人权益保障法》列入2003年法制宣传教育和依法治理工作要点。市委宣传部把《中华人民共和国老年人权益保障法》、《山东省老年人权益保障条例》和《青岛市优待老年人规定》列入了社会宣传项目。市文化局把老人节庆祝活动、老年人文艺汇演列入“中国·青岛社会公益文化项目推介会”项目，向社会宣传老龄工作。各级新闻媒体积极做好对党和政府有关老龄工作的方针政策、全市老龄工作的重点热点问题、重大活动安排以及老年人关注问题的宣传报道，一年中仅电视台新闻中心就播出涉老宣传稿件200多件。各级老龄部门利用老人节、春节等重大节庆活动，采取搞宣传月、组织宣讲团、举办知识答卷、上街入户宣传等形式，组织开展群众性的宣传教育活动。一年来，市老龄办在市级以上报刊发表老龄宣传稿件94篇，编发《青岛老龄工作》6期，《老龄信息》36期，制作了青岛市老龄工作专题片《执政为民，造福老人》，宣传青岛市的老龄工作。

老龄调研工作取得新成果。市老龄办组织协调12个区、市老龄办和市民政、劳动、卫生局等成员单位，开展了对全市养老状况与养老机构情况、基层老年人协会建设情况的调研，撰写了《青岛市养老基本状况的调研报告》、《青岛市基层老年人协会基本情况调研报告》，为省有关部门制定有关老龄工作政策提供了依据。市老龄办在市人大法制工作室、内务司法工作室和市法制办的大力支持和密切配合下，进行了地方性老年立法调研工作，形成了《〈青岛市实施中华人民共和国老年人权益保障法若干规定〉的立法调研报告》和《青岛市实施〈中华人民共和国老年人权益保障法〉若干规定》（草案），该立法草案已列入青岛市2004年制定地方性法规计划完成项目。市计委会同有关部门在五市三区迁入人口中进行了老年人专题调研，针对迁入人口的老龄化问题向市政府提出了建议。市社科院、市老年学学会积极进行老龄问题研究，分别撰写了《孝文化研究》、《老龄社会：市场与消费》等论文，出版了《青岛市老年学理论研讨会论文集》。

四、老年福利服务设施建设步伐加快

市建设、规划、园林环卫等部门在城市居住区、风景游览区、主要景观道路、重要地段的规划和建设中，充分考虑了老年人服务设施的建设，提倡无障碍设计，在公共活动空间设置了健身、安全防护、休息等设施，为老年人生活和出行提供方便。市老年服务中心硬件建设基本完成，通过公开招标采购了办公用具、教学设备、娱乐设施等器材，2004年正式向老年人开放。市民政局认真实施第三批社区老年福利服务“星光计划”，2003年投入3500万元，改扩建244处城市社区“星光老年之家”，配套建设72处室外健身路径，改造34处农村敬老院，在五市三区各建1处综合性老年福利服务中心。年底市内四区共建成“星光老年之家”510处，占街道和居委会总数的80.2%。截至2003年10月底，全市社会养老机构61处，总床位4052张，市内4区每千名老年人养老床位数14张；农村敬老院547处，总床位9000张，“五保”老人集中供养率达到51.7%。各区、市也加大了对老年福利服务设施的投资力度，四方区建成养老机构16个，每千名老人拥有床位数达到16张，提前实现了“十五”规划规定的目标；黄岛区、胶南市、平度市、莱西市已建成市级老年公寓；胶州市投资3500万元、设计床位500张的福康老年公寓已于5月28日奠基；胶南市投资1100万元的市级老年大学和老干部活动中心已投入使用，投资1500万元的市社区福利服务中心基本完工；黄岛区投资500多万元兴建了老年大学新教学楼；城阳区8个老年福利服务项目列入“星光计划”，总投资3490万元。

五、为老服务工作稳步发展

市劳动和社会保障局强化社会保险基金扩面征缴力度，并会同市财政局将市内4区市、区属企业离退休人员“四项补贴”所需资金由企业筹集调整为由市财政筹集，确保了企事业单位离退休人员养老金的按时足额发放；在全市启动了企业退休人员社会化管理服务工作；指导城阳区、黄岛区制定出台了《农村基本养老保险暂行办法》，保证了农村村民年老后的基本养老生活待遇。市卫生局认真落实优待老年人规定，各级医院创造条件开设老年病门诊，设置“老年人优先”标志；加强社区老年人卫生保健工作，116个全科医生诊所、16个老年护理院、4个社区康复中心、12个家庭照料中心正式挂牌服务；组织开展“社区健康伴你行”主题教育活动和“爱心助老健康行动”，举办老年人保健知识讲座60余场次，成立社区慢性病防治小组279个，做好老年病的预防和康复工作；为全市百岁以上老年人进行了免费体检；在崂山、即墨、胶南、城阳等区、市推行了以大病统筹为主的新型农村合作医疗制度。市人事局认真落实离退休人员的生活待遇，为全市6万余名离退休人员增加了离退休费，并在《老年生活报》上开辟了离退休政策问答专栏；完善和充实了中老年人才信息库，组织召开了“中老年人才交流洽谈会”，为老年人老有所为牵线搭桥。市委老干部局狠抓离退休干部党支部建设，召开了全市离退休干部党支部建设经验交流会暨先进离退休干部党支部和优秀党员表彰会，在979个离退休干部党支部中进行了党支部建设先进事迹和典型经验的交流推广；积极落实老干部的政治、生活待遇，提高他们的医疗保健水平，为老干部办实事好事；认真开展关心下一代工作，在青岛市召开了全国部分城市关心下一代工作研讨会；大力发展老年教育，全市各级各类老年学校达到924所，老年人入学率市内四区达到8.21%，五市三区达到5.93%。团市委深入开展了“朝霞重晚情”爱心敬老志愿者活动，为“三无”孤寡老人提供经济救助和各种家政服务。市总工会为870多户困难退休老职工建立了三级档案，开展了结对帮困活动。市经委积极发展老年产业，青岛市老年生活用品年产值已达50亿元。

六、老年文化体育活动丰富多彩

市老年文化体育活动在各级各部门的组织指导下，在老年社团组织和广大老年人的积极参与下，取得了丰硕成果。2003年，青岛市推荐9个节目参加山东省老年文艺会演，其中3个节目获最佳演出奖，4个节目获优秀演出奖，2个节目获演出奖，5个节目获创作奖，青岛市获优秀组织奖。市文化局开展了以广场、社区为依托的老年群众文化活动，组织市歌舞剧院、群艺馆文艺工作者向老年人传授健身舞蹈，引导老年人健身抗“非典”。市妇联在社区普遍建立“巾帼健身园地”，在市、区、街层层成立“巾帼健身指导站”，组织老年妇女参与科学健身活动。7月份，为庆祝青岛市抗击非典取得阶段性成果，市老龄办、市老文协、市老体协在市文化公园联合举办了“唱起来，舞起来，抗击非典，争取胜利”文艺演出。市老体协在全市开展了“我为奥运做奉献，老年体育创一流”主题活动，并在全市设立了99个科学健身抗击“非典”老年体育义务辅导市级示范点，推动了全民健身活动的深入进行。老人节期间，全市上下开展了丰富多彩的庆祝活动。在五四广场举办了庆祝老人节全市老年体育大展示、文艺演出、老年书画展、36辆敬老车免费为老年人服务和养老、医疗、法律法规咨询等活动，市领导与近万名老年人共同庆祝节日。在市级机关会议中心召开了青岛市庆祝老人节暨“双先”表彰大会，举办了副市级以上老领导庆祝老人节茶话会，市委副书记张若飞、副市长臧爱民代表市委、市政府向老领导祝贺节日。市民政、老龄等单位负责人陪同副市长臧爱民走访慰问了四方福彩老年公寓、市南区夕阳红老年公寓和特困老人代表，送去了节日的慰问。市老龄办在《青岛日报》上刊登了“致全市老年朋友和广大老龄工作者的慰问信”。各区、市也普遍开展走访慰问、先进表彰、文体表演等形式多样的庆祝活动。市北区开展了以为老年人送温暖、送健康、送欢乐为主题的“三送”活动，李沧区举办了第二届老年文化节，广大老年人度过了一个欢乐、祥和的节日。

七、创建敬老模范区（市）活动逐步深入

各区、市按照第二周期创建活动的总体要求，立足于巩固完善，着眼于创新提高，进一步强化创建措施，通过召开现场经验交流会、进行评比表彰等活动，推动了创建工作的深入发展。市南区制定了《市南区模范街道办事处、居委会标准》，将创建重心放在基层，夯实创建工作的基础。李沧区在区机关单位中开展了敬老模范单位达标活动，同时加大了对街道办事处的考核力度。市北区开展了“创建敬老模范区档案大展评活动”，对基层创建档案进行了全面检查和规范。四方区两次召开老龄委成员单位和老龄工作者协调会、交流会，总结交流创建经验。胶南市召开了创建总结表彰会，表彰创建工作先进单位。2003年初，在各区、市对2002年度创建活动进行自查的基础上，市老龄办组织人员对崂山、黄岛、胶南、平度、即墨五区、市的创建工作进行了抽查，并将自查和抽查情况进行了通报。根据全国、省老龄办关于创建老龄工作先进县（市、区）的有关要求，转发了全国、全省创建老龄工作先进县（市、区）活动的通知，并结合实际开展了创建工作。8月7日在市南区召开了全市创建敬老模范区（市）活动现场经验交流会，会上参观了市南区部分创建工作搞得好的部门和单位，市南区政府、胶南市珠海街道办事处、莱西市水集街道办事处、市北区卫生局、中共城阳区城阳街道城阳村党委等单位交流了开展创建活动的好经验好做法。会上提出了要结合全国、全省创建活动的开展，全面提升我市创建水平的要求，鼓舞了基层做好创建活动的积极性，推动了创建活动的深入开展。

八、基层和社区老龄工作有步骤地推开

在年初召开的全市老龄工作会议上，市南、市北、四方、李沧4个社区老龄工作试点单位分别介绍了开展社区老龄工作的经验，并在全市进行了推广。各区、市认真学习试点单位的工作经验，根据各自实际情况，结合创建敬老模范区（市）活动的开展，结合社区“星光计划”的实施，狠抓基层老龄工作组织网络建设、老年福利服务设施建设和老年文体活动开展等方面的工作，取得了一定成效。在总结青岛市社区老龄工作试点经验的基础上，市委、市政府办公厅印发了《关于加强社区老龄工作的意见》，进一步明确了社区老龄工作的基本任务，对建立健全基层老龄工作组织网络和养老保障、医疗保障、老年教育、文体娱乐、法律服务五大工作体系提出了明确要求，对加强社区老龄工作，推动基层老龄工作的规范运行和持续发展具有重要的指导作用。莱西、胶南、平度、黄岛等市、区转发或制发了《关于加强社区老龄工作的意见》，采取有力措施加强基层老龄工作。目前，全市街道和镇一级都健全了老龄工作委员会，加强了对基层和社区老龄工作的领导，老龄工作列入街政科或社会事务办公室职责，工作关系基本理顺。

九、全省开发式助老扶贫会议精神落到实处

省开发式助老扶贫现场经验交流会召开后，青岛市立即行动，采取积极措施抓好会议精神的贯彻落实。一是在部分区、市对农村贫困老人情况和助老扶贫工作进行了初步调研，帮助部分助老扶贫工作典型总结经验。二是在莱西市召开了助老扶贫工作动员会议，传达了全省开发式助老扶贫现场经验交流会精神，参观了莱西市东庄头村老年协会创办的经济实体，莱西市东庄头村老年协会、莱西市东大寨村党支部、胶州市后石龙村孙发成三个助老扶贫典型交流了工作经验。会上，对市助老扶贫工作进行了部署，要求有关区、市认真学习枣庄等地助老扶贫工作的先进经验，在巩固家庭养老、发展社会养老的基础上，深入基层调查研究，区别不同情况，采取多种形式开展助老扶贫活动，为解决农村老年人老有所养问题，促进社会稳定做出积极的努力。

十、老龄工作干部队伍建设不断加强

为建设一支政治强、业务精、作风实、讲奉献的老龄工作干部队伍，更好地为广大老年人服务，各级老龄工作机构加强对老龄工作干部的教育培训，从思想上、作风上、业务上全面提高干部队伍素质。仅市老龄办就组织参加全国、省老龄干部培训班2期，培训5人次；组织参加市级各类培训班12期，培训18人次；组织外出学习考察20余人次；组织区、市和市老龄委成员单位进行老龄业务单项培训150余人次。为进一步改进工作作风，提高机关服务水平，市老龄办组织开展了创建“一切为了老人”机关服务品牌活动。向各区、市老龄工作部门及老年社团组织发出了征集“一切为了老人”机关服务品牌形象标识的通知，并在《老年生活报》上刊登了向社会关心老龄事业的人士征稿的消息。目前，李沧区老龄办的服务品牌创建活动已进入实施阶段。市老龄办将在进一步完善服务品牌内涵、确立其形象标识的基础上，在全市老龄工作系统中开展“一切为了老人”服务品牌的创建活动。

2004年

2004年，全市老龄工作在市委、市政府的领导下，坚持以邓小平理论、“三个代表”重要思想和党的十六大、十六届四中全会精神为指导，按照全国、省老龄部门的工作部署，围绕年初市老龄委确定的重点任务，以争创全省、全国老龄工作先进县（市、区），加强基层社区老龄工作，维护老年人合法权益，丰富老年人精神文化生活为重点，真抓实干，开拓创新，取得了新的发展和进步，为全市“三个文明”建设作出了贡献。

一、认真贯彻全国、省老龄工作会议精神，创建工作取得新进展

2004年2月9日－11日，青岛市根据全国、省老龄办的部署和要求，承办了全国省级老龄委办公室主任会议暨创建老龄工作先进县（市、区）座谈会。会上，宁经谋副市长介绍了青岛市创建敬老模范区（市）的经验和做法，与会人员参观了青岛市老年公寓等老年福利服务场所。青岛的做法和经验受到与会领导和代表们的好评。3月9日召开的全省老龄工作会议，重点推广了青岛市创建敬老模范区（市）的经验，为全省的创建活动树立了榜样。3月17日，青岛市召开全市老龄工作会议，传达了全国省级老龄委办公室主任会议暨创建老龄工作先进县（市、区）座谈会和全省老龄工作会议精神，总结了2003年全市老龄工作，部署了2004年老龄工作任务，提出在认真总结我市创建敬老模范区（市）活动经验的基础上，积极争创全省、全国老龄工作先进县（市、区）的要求。会后，各区、市积极行动，相继召开老龄工作会议、老龄委全委会，进行广泛的宣传发动，进一步提高各级各部门对争创全省、全国老龄工作先进县（市、区）的认识，并对照全省、全国老龄工作先进县（市、区）的标准，认真查找自身存在的问题和不足，制定有效的工作措施，把本市创建活动提高到一个新水平。6月，根据全国、省开展老龄工作先进县（市、区）评选表彰工作的要求，在对申报单位认真进行检查验收的基础上，向省老龄办推荐四方区、市南区为全国老龄工作先进区，李沧区为省老龄工作先进区，市老龄办为全国老龄工作先进单位。11月，市检查组对有关区、市2002－2004年创建敬老模范区（市）工作进行了全面检查验收，经过严格评选，市北、城阳、黄岛、崂山、胶州、胶南、莱西被市委、市政府授予“2002－2004年青岛市敬老模范区（市）”称号。

二、正式启动“银龄行动”，老有所为实现新突破

响应省委、省政府关于“重点突破菏泽，加快菏泽发展”的号召，根据全国、省老龄委有关指示，经市委、市政府同意，青岛市成立了“银龄行动”领导小组，组织老年知识分子志愿者，支援菏泽的经济发展和社会建设。市财政为“银龄行动”拨付专项经费21万元。经市卫生局、市教育局、市农机服务中心和胶南、胶州、平度市老龄办积极推荐和向社会公开招募，从40多位报名者中选拔了22名具有一定业务、技术专长的老年知识分子志愿者参加对菏泽东明县医院、东明县教育局、鄄城县中医院、定陶县富国绣品厂、牡丹区水龙机械厂、齐鲁音乐学院6个单位的援助活动。自6月上旬至11月下旬，市老年志愿者在菏泽甘于吃苦，勇于奉献，扎实工作，为当地经济、卫生、教育的发展作出了贡献，树立了青岛市老年知识分子志愿者的良好形象，受到当地干部群众的好评。在11月20日召开的山东“银龄行动”总结表彰大会上，青岛市5名老年志愿者被山东省老龄委授予“突出贡献奖”，17名老年志愿者被授予“贡献奖”，市老龄办被授予“组织奖”。12月14日，青岛市召开了青岛银龄行动总结表彰会，对“银龄行动”中涌现出来的先进集体和个人进行了隆重表彰。

三、落实老年法律法规，维权工作取得新成效

一是地方性老年立法进展顺利。为提高依法行政，维护老年人合法权益工作的水平，市老龄办配合市人大法制工作室、内务司法工作室和市政府法制办等部门，积极开展立法调研工作，起草了《青岛市实施〈中华人民共和国老年人权益保障法〉若干规定》，该《规定》已经市人大审议通过，并报省人大备案批准，将于2005年7月1日正式实施。二是省、市优待老年人规定进一步落实。各级老龄部门认真组织做好新版老年人优待证的换发工作，目前全市累计办证40万套，列全省第一，市南、市北、四方、李沧、黄岛、胶南六区、市老年人办证率超过50％。市卫生、园林环卫、文化、交通、宗教、城管和崂山风管委等部门认真执行优待老年人规定，为老年人的生活和活动提供方便。市老龄办于“五一”、“十一”黄金周前及老人节期间，组织对全市落实省、市优待老年人规定情况进行了执法检查，促进了优待规定的进一步落实。三是依法维护老年人合法权益力度加大。市中级人民法院把尊老助老作为考核任用法官的重要条件，把承担的老龄工作职责任务细化到有关部门、处室并列入工作考核内容，对全市法院落实《关于依法审理“涉老”案件，便利老年人诉讼若干问题的规定》的情况定期督促检查。全年受理涉老案件131件，对老年人提供法律援助减免缓交诉讼费36人次，计113206元，提供无偿法律援助29人次。公安部门对侵犯老年人权益的案件从快从重打击，依法保障老年人合法权益。各级司法行政部门继续开展了送法进社区和法律援助服务活动，为老年人就近就便提供法律服务。年内全市受理老年人法律援助案件380件，法律咨询950人次，为老年人办理公证1980件。各级老龄、老干、人事、妇联等部门认真执行党和政府有关信访工作的精神，积极做好老年人信访工作，有效地维护了老年人的合法权益。

四、老龄宣传工作不断深入，老龄问题调查研究取得新成果

各级各部门积极做好老龄宣传工作，努力营造尊老敬老爱老助老的社会氛围。市老龄办、市委宣传部、市教育局、团市委和市妇联五部门联合开展了青少年敬老爱老助老主题教育活动，组织广大青少年读敬老书、做敬老事、写敬老文，弘扬尊老敬老的社会风尚，促进代际和谐。市普法办将《老年法》列入2004年法制宣传教育和依法治理工作重要内容。市委宣传部把老龄宣传工作列入社会宣传内容。市电视台、电台、《青岛日报》等各级新闻媒体对老龄工作方针政策、重大事件、重要活动及时宣传报道。市文明办把老年人养老床位率和虐待老人案件发生率列入全市争创全国文明城市考核指标。市妇联组织100名妇女维权志愿者面向老年妇女进行普法宣传，并在全市开展了“青岛市十佳母亲”评选表彰。各级老龄部门采取搞宣传月、设立敬老宣传牌、上街入户宣传、评选表彰敬老孝星和好婆婆、好媳妇等形式，组织开展群众性的宣传教育活动。全社会尊老敬老的氛围日益浓厚。

各有关部门针对老龄工作中的重点难点问题积极开展调查研究。市老龄办进行了《山东省家庭赡养与扶养条例》立法调研，组织开展了青岛市落实《山东省老龄事业发展“十五”规划》情况调研评估工作。

市社科院积极开展老龄问题理论研究，在国家和省以上报刊发表理论文章6篇，参加国际、国家会议交流4次，撰写《“空巢”现象与社会支持的对策研究》、《美国福利政策和为老服务给我市老龄工作的启示》并呈报市领导，引起市领导对老龄问题的重视，有关领导作出了批示。

五、老年福利服务设施建设步伐不断加快，基层老龄工作组织进一步完善

各级财政加大了对老年福利服务设施建设的投入力度。市福利公益金投入700万元，建成442处室外老年人健身场地，部分“星光老年之家”室内外活动设施配套。市财政投资1500万元，用于市老干部活动中心改造和市老年大学教学楼建设。李沧区投资270万元，改建的占地面积6600余平方米的老年活动中心已正式投入使用。胶南市分别投资1200万元和1500万元建成老年大学、老干部活动中心和社区福利服务中心。胶州市投资3500万元、设计床位500张的福康老年公寓一期工程建设已经竣工。莱西市社区福利服务中心建成并投入使用。目前，全市社会养老服务机构发展到72处（不含农村敬老院），养老床位5200张，市内四区千名老人拥有床位已达17.2张。

各区、市认真落实市委、市政府办公厅《关于加强社区老龄工作的意见》，狠抓基层和社区老龄工作组织网络建设，取得了较好的成效。目前，全市绝大多数街道和镇建立健全了老龄工作委员会，老龄工作列入街政科或社会事务办公室工作职责，并作为年终绩效考核的重要内容，老龄工作关系基本理顺。各村（居）普遍建立了老龄工作委员会和老年人协会，加强了老龄工作规章制度建设，夯实了基层老龄工作的基础，基本上做到了老年人的事有人管，老龄工作有人干。

六、老年文化体育活动蓬勃开展，老年人精神文化生活日益丰富

市老龄办落实省老年旅游工作会议精神，与中国海洋大学旅行社合作，组织参加了“春绿香江岸，潇洒港澳游”活动。市文化局组织举办了大量丰富多彩、适合老年人的各类文化活动，丰富老年人的精神文化生活。图书馆、博物馆、民俗博物馆、群众艺术馆等积极发挥公益效能，举办健康知识讲座，开展科普教育，促进老年人的身心健康。市民政局、市文化局、市京剧院开展了“回家看看、关注夕阳”公益演出活动，为养老机构和社区老年人演出近百场次。市委老干部局组织了庆祝建国55周年暨第十一届文艺汇演、健康知识大赛、纪念邓小平同志诞辰100周年文艺汇演、“三老”合唱比赛等活动。市体育局加强老年体育组织网络建设，全市老年体协基层组织6795个，老年健身辅导站（点）7978个；举办了第十七届青岛市老年人运动会及各类老年体育竞赛活动3862场次，近40万人参加，常年参加体育锻炼的老年人达到73.6%，提高了老年人的身体素质，活跃了老年人的精神生活。

9月25日至10月22日，市老龄办、市文化局、市广电局联合举办了青岛市首届“七彩夕阳”老年文化艺术节。既充分展示了青岛市老年人积极向上、与时俱进的精神风貌，又进一步活跃了老年人的精神文化生活，有力地推动了基层和社区老年文化工作的开展。

老人节期间，全市上下开展了丰富多彩的老人节庆祝活动。

七、老龄工作队伍建设不断加强，老龄工作干部素质明显提高

市老龄办根据市委、市政府的要求，在机关内部开展了“三快一提高”和“双学三创”活动，制定了工作流程和岗位工作规范，优化了办事“线路图”和“时间表”，有效地提高了工作质量和工作效率。加强了对老龄工作干部的教育培训，市老龄办举办了2期老龄工作干部培训班，对150名市老龄委成员单位联络员、各区（市）老龄办工作人员及部分街道（镇）老龄工作人员进行了培训。各区、市也通过办班、经验交流、以会代训等形式组织老龄工作干部学习政治理论和业务知识，有效地提高了老龄工作干部的业务水平和工作能力，为做好老龄工作打下了良好的基础。

宁波市老龄事业发展综述（2003—2005）

至2005年底，宁波市60周岁以上老年人82.28万，占全市总人口的14.63%。近几年来，全市老龄工作坚持以邓小平理论和“三个代表”重要思想为指导，认真贯彻落实党和政府关于老龄工作的方针政策，紧紧围绕实现“六个老有”的目标，突出重点，狠抓落实，开拓创新，有力地促进了老龄事业的发展。

一、养老保障体系进一步完善

截至2005年底，全市参加城镇职工基本养老保险人数达151.3万人，其中实际缴费人数103.17万人，离退休人数20.28万人，人均月养老金水平为948元。全市企业退休人员纳入社会化管理服务的已有20.28万人，社会化管理率达到98.05%，其中社区管理人数为15.79万人，社区管理率为76.35%。为确保企业离退休人员养老金按时足额发放，从1998年起，宁波市全面实行企业离退休人员养老金社会化发放，社会化发放率始终保持100%。

2002年底，宁波市率先在省内建立了被征地人员养老保障制度。截至2005年底，全市有118个街道（乡镇）、1618个行政村（社区）实施了被征地人员养老保障工作，占被征地村总数的81.2%。被征地人员累计参保人数达46.4万人，按月享受养老保障待遇人数达26.2万人。此外，全市超过20%的行政村建立了养老金补贴制度，定期向本村老年人发放50～600元不等的养老补贴。

认真做好对生活困难老年人的救助工作。将符合最低生活保障条件的城乡老年人全部纳入了低保救助，做到应保尽保。截至2005年底，全市享受低保待遇的城乡老年人27358人，城区老人低保标准为280～320元/人·月，农村为100～200元/人·月，对70周岁以上农村低保老人，还每月增发10—30元的生活补助。农村五保对象集中供养率达到了92.4%，五保对象年平均供养标准为4816元，达到当年度农民人均纯收入的77%。城镇“三无”老人集中供养率达到98.6%。积极开展临时救助、结对帮扶和慈善救助。从2002年起，各级政府每年春节给所有低保老人家庭送上慰问金，并组织发动全市党员干部与3000多户困难老年人家庭结成帮扶对子；从2003年起，市慈善总会每年拿出500多万元，对4000多户困难老年人家庭进行了慈善救助；老龄系统从2003年起每年组织开展春节和老人节“助老济困”行动，仅市、县两级老龄部门就牵头资助特困老人2400多名，资助金额近140万元。从2003年起对百岁老人每人每月发放200元长寿保健补助费。

二、老年医疗保障体系进一步健全

至2005年底，宁波市的城镇职工基本医疗保险参保人数为106万人，其中退休人员25.17万人。在医保政策方面，一是实施了退休人员不缴费的政策；二是对退休人员门诊自负段、住院个人承担比例、个人帐户划入比例上均有所倾斜，以减轻老年人的医疗费用个人负担；三是在具体的就医管理中，允许退休后回外地养老的退休人员办理异地居住就医手续，并可按有关规定邮寄报销；对恶性肿瘤、瘫痪或年龄满80周岁且行动不便的参保人员可办理家庭病床手续；对患慢性病且行动不便的人员推出特殊情况代配药制度。

从2003年起，新型农村合作医疗制度在全市推行。市财政对参加新型农村合作医疗的老年人每人每年资助不低于15元，县（市、区）、乡镇（街道）两级财政资助不低于30元，对五保户、低保户和重点优抚对象，参保缴费个人自负部分全免。农村老人参保后，可享受住院费用30%～80%的补助，全年个人累计补助最高可达2～3万元。同时建立大病医疗救助机制，参保农村老人如发生大额医疗费用严重影响其基本生活时，对其医疗费用最高限额以上部分费用再予以全年累计最高救助3～5万元。到2005年底，全市参保乡镇109个，参保人数351.4万人，参保率达92.2%。

老年医疗卫生保健服务体系进一步完善。市区已完成社区卫生服务中心建设，建立了“十分钟服务圈”的卫生服务网络。将老年医疗保健纳入了社区卫生服务范围，以社区卫生服务中心（站）为依托，建立健全老年人健康档案。到2005年底，全市城镇60周岁以上老年人健康档案建档率达80%以上，海曙、江东、江北、镇海、北仑五区达到90%以上。从2004年起，结合新型农村合作医疗制度在我市全面推行，农村老年人健康档案建档工作也在逐步推开。在建立老年人健康档案基础上，广泛开展老年人的健康监测、健康教育、心理咨询、人性化关爱、慢病动态管理等，对有需要的老年人提供上门医疗保健服务，设立家庭病床。2005年，全市城区开设老人家庭病床289张。

加强老年医疗服务设施建设。2003年市政府投资1000多万元新建了市康宁医院老年病住院楼，主要收治患老年痴呆症、精神疾病的老年人，已启用床位200张。同时，海曙区老年病医院也改建成老年医疗康复中心，拥有76张床位，为老年人提供全日制医疗护理服务。

重视做好对特困老人的医疗救助工作。在市区，为1000多名“三无”、“大病”、“低保”、“特困”老人提供“三免”（免收挂号费、诊疗费、注射费）、“三减半”（减半支付住院费、护理费和手术费）优惠，并全部或部分享受基本医疗费用救助。在农村，2003年出台了农村特困老人医疗救助政策。全市享受低保的农村老人患大病或因病住院享受医疗救助。同时，认真完成“视觉第一中国行动”项目白内障患者复明任务，3年内共为1.4万名老年白内障患者免费手术脱盲。

三、老年社会照料服务进一步拓展

全市已基本建成以政府兴办的老年福利设施为示范、其他多种所有制形式的老年福利设施为骨干、社区为老服务为依托、居家养老为基础的为老服务网络。

首先，兴建、扩建和改建了一大批上规模、有影响的老年福利机构。至2005年底，全市各类收养性老年福利机构达到180个，床位数15000余张，收（休）养人数12000多人，福利机构个数、床位数、收（休）养人数比2000年底分别增加24个、7000张、4000多人。市政府投资7800多万元的宁波颐乐园二期工程于2005年3月竣工并投入使用，使颐乐园总床位数达到1350张。全市每个县（市）、区建有一至二个政府投资为主，功能齐全，设施良好，服务规范，可接纳100位以上老人入住的示范性老年福利机构，30%的县（市）、区建有1～2所床位在60张以上的社会办老年福利机构。同时，结合落实农村“五保”对象集中供养，2004年、2005年连续两年将乡镇敬老院建设和改造列入市政府实事工程，新建、改扩建敬老院项目71个，福利院项目2个。同时，加强老年福利设施建设的规划和管理，认真落实城市无障碍设施建设，将无障碍设计作为城市建设一项基本的工作规范与内容。至2005年底，全市已建成无障碍公共厕所近100座，无障碍公园、广场30多个。

从2004年起，宁波市探索社会化居家养老服务工作。2005年，海曙区所有65个社区全面推行了居家养老服务工作。江东区每个街道都开展了居家养老服务试点工作。镇海区落实专项工作经费30万元，在招宝山街道开展居家养老试点工作。北仑区在开展农村居家养老工作上进行了探索。江北区居家养老服务试点也已开始。到2005年底，全市城区开展居家养老服务工作的社区超过100个，建有社区居家养老服务中心37个，向社区老年人提供日托、中晚餐、洗衣、咨询、休闲娱乐、健身、上门家政等多方面服务，并推出政府为行动不便的困难老人购买服务政策。市中心城区享受政府购买服务的生活和自理困难老年人有1081人。

2005年，宁波市推行建立“81890”老年人应急求助信息系统，为居家老人消除了安全隐患。到2005年底已有2000余户老年人家庭安装了该系统。同时，广泛组织、动员社区志愿者和民间组织机构，通过结对、定点、定时等方式方法，为居家老人开展生活照料、医疗保健、精神慰藉、权益维护等无偿、低偿服务。目前全市80%以上的社区有一支为老志愿者服务队伍，志愿者总数近万名。从2002年发起了以团员青年为主体的“金晖助老”行动，其服务网络遍及各基层社区和养老机构。为进一步加强社区为老服务工作，从2003年起，宁波市开展了以建立健全为老服务3个组织、5个网络、8项任务、7条标准为基本内容的老龄工作规范化社区创建活动。到2005年底已有250个社区达到浙江省老龄工作规范化社区标准，占全市社区总数的75.8%。

继续推进对70周岁以上老人的社会优待服务工作。在落实好原有的优待服务政策的基础上，2003年对优待服务内容又进行了调整和充实，出台了市区70周岁以上老人免费乘坐市内公交车和全市70周岁以上老人免费参观游览全市所有（含今后新开发）的园、馆、庙等旅游景点（区）政策。

四、老年人合法权益进一步保障

认真贯彻执行《中华人民共和国老年人权益保障法》和《浙江省实施〈中华人民共和国老年人权益保障法〉办法》。将两法列入了“四五”全民普法教育计划，加大执法力度。各级执法部门和老龄部门认真做好老年人的来信来访接待工作，每年联合开展《老年法》执法检查，对查实的侵犯老年人合法权益的案件和行为，及时处理和纠正。认真做好老年人的法律援助和司法救助。全市已建立了以法律援助中心、律师事务所为主体的老年人法律援助网络。全市12个法律援助中心均设立“老年人法律服务窗口”；绝大部分律师事务所设有“老年人合法权益维权岗”，形成市法律援助中心、各县（市）区司法局、律师事务所共同接收法律援助案件的三级收案网络，采取就近指派律师事务所承办法律援助案件的办法，使老年当事人能就地、就近、及时地得到法律援助。对生活困难、无力支付法律费用的老年当事人给予减免其律师服务费用。2005年，全市法律援助中心共承办老年法律援助案件137件。此外，余姚、慈溪、镇海、象山、奉化、江北等地老龄部门还设立了老年法律援助工作站或联络站。各级人民法院对涉老案件实行立案、审理、执行“三优先”制度和涉老纠纷案件陪审制度，对经济困难的老年当事人给予诉讼费用缓、减、免等优待措施。特别是对老年人赡养案件的审理、执行中，坚持“当调则调、该判则判”的原则，有力地捍卫了老年人的合法权益。近3年来，全市没有发生一起老年人非正常死亡事件。

五、老年文化、教育、体育事业进一步发展

老年活动设施建设成就显著。截至2005年底，全市共有老年活动中心（室）4105个，总建筑面积62.6万平方米。彩电、VCD、图书、健身器械等普遍进入基层老年活动场所。为加快贫困地区农村老年活动室的建设，从2004年起，3年内由市、县、乡镇三级财政资助经济薄弱村建设老年活动室。2004年、2005年共投入建设资金1486.58万元（其中三级财政投入450万元），扶助了150个贫困村建造老年活动室，总建筑面积34358平方米。同时，加强对老年活动中心（室）的规范管理，从2005年起开展老年活动中心（室）星级创建、评比活动。向省老龄办推荐四星级老年活动中心（室）10家，评选三星级老年活动中心（室）35家。

老年群众文化活动蓬勃开展。宁波市将老年文化纳入了文化事业发展规划，在基层文化设施建设中注重老年人的需求，并依托群艺馆、文化馆（站、宫），大力加强老年文艺团体建设。到2005年底，全市共有各类老年业余文艺团体1077个，总人数达到35750人。以此为骨干，积极组织开展有益老年人身心健康的文化活动。每年举办老年文化艺术周，组织了3次全市老年文艺调演；组团参加了第六、七、八届宁波国际服装节老年服饰广场展演活动。老年广场文化活动内容丰富，参与的老年人数不断增多，活动质量不断提高，并涌现出了市退休干部活动中心晚霞艺术团、市离退休教师艺术团、市常青艺术团3个全市颇有影响，具有较高艺术水准的老年艺术团体。

认真贯彻国家体育总局《关于加强老年人体育工作的通知》。到2005年底，市、县、乡镇（街道）三级及97.1%的社区和88.3%的行政村建立了老年人体育协会（分会），经常参加体育活动的老年人达45.2万多人，占全市老年人总数的59%。设有老年体育辅导站（点）1933个，拥有老年体育辅导员3175人。县级以上老年人运动会坚持每2～3年举办一次。同时，加大对老年体育设施的投入。截至2005年底，宁波市利用体育彩票公益金，在城乡已建成社区体育健身设施点1100个，70%以上的健身器材适合老年人锻炼，并专为老年人建造了50片门球场。市政府投资2000多万元、占地面积14700平方米，一期建筑面积6000平方米的宁波市老年体育活动中心已于2004年落成并投入使用。此外，定期开展对老年人体质监测工作，开展了第二次体质监测工作，抽样1600名60～69周岁的老年人。

认真贯彻“老有所教、老有所学”工作方针。全市现有1所市级老年大学，9所县级老年大学，各类老年学校399所。老年大学在校学员18765人。同时，市和各县（市）、区均成立了浙江老年电视大学分校，老年电大教学点（教学班）120个．2005年春秋两季参加学习人数达4.6万人次。各级政府加大对老年教育的投入，改善教育设施。海曙区于2003年创办了宁波星光老年学院，鄞州区现已划拨30多亩地用于建造区老年大学校舍。2005年宁波老年大学财政预算内拨款达到96万元，比2004年增加近一倍。市政府还计划投资再扩建宁波老年大学2万平方米的新校区。

六、老龄宣传教育进一步强化

一是加大新闻媒体的老龄宣传力度。市人民广播电台办有一周四期的《爱晚亭》节目，宁波晚报办有一周一期的《老人保健》栏目，慈溪日报、慈溪广播电台、鄞州广播电台、余姚日报、奉化日报、镇海电台和镇海电视台等县级新闻媒体也创办了老年人节目或栏目。老人节期间，全市各新闻媒体还以专栏、专题、专版、公益广告等形式，进行集中的敬老宣传报道。同时，重视对基层的敬老宣传教育。每年组织力量定期或不定期地深入广大社区、农村、街道、公共场所等，运用标语、黑板报、卡片、说唱、公益广告等，将敬老宣传教育送入千家万户。二是将敬老宣传教育与文明社区、文明村镇、文明家庭创建活动结合起来，把敬老爱老内容列入了文明家庭评比的主要条件，通过文明家庭的创建，倡导家庭敬老新风。2005年全市文明家庭创建活动家庭参与面达到90%以上，已有各级各类文明家庭66万户，占全市家庭总数的33.2%。三是加强对中小学生的敬老主题教育。将“尊老敬老”纳入了宁波市中小学生日常行为规范要求，纳入行为规范示范学校、文明学校评比内容，并将社区对学生敬老爱老方面的评估作为评选“三好学生”的重要参考依据。在此基础上，坚持不懈地向中小学生进行深入的敬老爱老教育，开展多种形式的敬老主题活动。四是开展评选表彰敬老先进典型活动。市每3年开展一次“敬老养老爱心奖、支持老龄事业功德奖、老有所为奉献奖”评选表彰活动。2003年共评选出市级先进个人41位，先进单位9家，召开表彰大会，市领导授奖，部分先进人物的事迹还在新闻媒体上进行了宣传报道。

七、老龄工作机构进一步理顺

截至2005年底，全市11个县（市）、区和148个乡镇（街道）全部建立老龄工作委员会及其办事机构，建立率100%，形成了市、县（市、区）、乡镇（街道）三级老龄工作机构网络。全市乡镇（街道）级以上老龄办共有老龄工作人员227人，其中行政或事业编制199人，聘用28人。老龄工作经费逐年增加。2005年度，市老龄办办公经费65万元，专项事业经费420万元。市、县两级老龄办共有经费1232.6万元。

宁波市的老龄工作在各级党委、政府的领导和重视下，成就显著，也得到了上级有关部门的充分肯定。2003—2005年在全省各市老龄工作考核中名列前茅。2005年，宁波市老龄办被评为全国老龄工作先进单位；慈溪市、镇海区被评为全国老龄工作先进（市）区；余姚市被评为浙江省老龄工作先进市。

厦门市老龄事业发展综述（2003—2005）

2003年，厦门市各级党委、政府以及全社会积极为老年人办实事、办好事。老年节，市委、市政府向全市2200多名90岁以上的老人每人发放150元慰问金。市委书记郑立中、市长张昌平老年节前分别带领有关部门看望慰问老年人；市长张昌平提议并与市委、市人大、市政府、市政协的领导参加由市老龄办和市文明办联合举办的首届十佳敬老模范家庭代表座谈会；市老龄办、市老年基金会全年共助养特困老人190人，临时救助困难老人166人，资助金额达28万多元；市老年基金会、市慈善会、市红十字会、市残联共同出资为全市160名患白内障老人做了复明手术。市民政局继续开展以农村老年福利机构为重点的“星光计划”；市劳动和社会保障局在社区增加医保定点刷卡点，方便老年人就近就医；市司法局每月15日义务为老年人提供法律咨询；市卫生局对全市90岁以上老年人因病住院（普通病床）减免20%床位费。《厦门日报》于老年节当日刊登题为《霞铺满天映银潮——记不断前进中的老龄工作》专版，倡导全社会尊老敬老，全市初步形成大老龄格局。市老龄办积极协调各有关单位认真做好老年维权工作，在全市开展评比“敬老模范村（社区）”活动。全年为60岁以上老年人办理敬老优待证5368份，比2002年增加近16%；认真贯彻《老年人权益保障法》，做好信访工作，经常与市法律援助中心联系、沟通，做好全市、各区老年人法律援助站工作。全年接待各类来信来访近200多件。市老龄办等单位联合成功举办了首届厦门市老年文化艺术节，参与老年人15000人次，互动观众6万人次，并确定每3年举办一次。经市领导同意市老龄办协调成立了厦门老年艺术团，整合了全市老年艺术人才资源。市老龄办还组织、开展了与广州、中山等老年文艺团体的交流活动。

2004年，市老龄委召开第三次全体会议，传达贯彻中共中央政治局委员、国务院副总理、全国老龄委主任回良玉在全国老龄委第六次全体会议上的讲话精神，研究布置全年工作。市政府办公厅转发市老龄办《关于加强老龄工作的意见》，对做实基层老龄工作起到指导推动作用；市政府在思明区梧村街道召开厦门市创建全国老龄工作先进区现场会，推动创建活动的全面深入开展；市委、市政府为市老年大学解决综合教学大楼，将原电大教学楼改为老年大学教学楼，面积6000多平方米，可容纳2000多名学员上课；老年节当日，市委、市政府在《厦门日报》、厦门广播电台刊发致全市老年人的慰问信。

各部门、老年组织以及社会各界努力为老年人办实事、好事。特困老年人纳入城乡“低保”范围，基本做到应保尽保。“社区老年福利服务星光计划”投入400多万元，资助20多个项目，为基层老年人增加活动场所和设施。市、区属医疗机构继续为70周岁以上老年人免收平诊挂号费。新型农村合作医疗工作取得较大进展，参保率达80.63%，老年人是最大的受益者。市老龄办、市老年基金会继续助养特困老人181名，联合有关单位实施“复明工程”，为121名老年白内障患者做晶体植入手术。市老年基金会全年出资111.78万元支持老龄事业。市老龄办积极宣传敬老优待政策，继续办好敬老优待证，全年办证4800人。市区各级老龄工作部门认真做好信访工作，热情接待老年人来信、来电、来访200多人次，为老年人提供法律咨询，并协调有关部门，维护老年人的合法权益。继续举办“亿万老年人健身活动”，各级老年组织开展经常性的形式多样、内容丰富多彩、健康有益的文化娱乐和体育健身活动。市老年艺术团组织或参与组织的文艺演出共有26场次，其中，组织优秀节目到农村、社区、部队、老年公寓巡回演出9场次，大力开展“先进老年文化到基层”活动，深受欢迎。

2005年末，厦门市户籍人口为154.6万人，其中60岁以上的老年人口达到18.2万，约占总人口的12%。其中男性8.54万人，女性9.75万。百岁老人48人，其中男性7人，女性41人。

年内，市政府召开了市老龄委第四次全体会议，总结2004年工作，对2005年工作作了全面部署。老年节前，市委、市政府召开厦门市庆祝老年节暨表彰大会，表彰全国、省老龄工作先进区和先进单位、厦门市先进基层老年组织和先进老年志愿者等一批全国、省、市老龄工作先进集体和个人。老年节当日，市委、市政府在《厦门日报》、厦门广播电台刊播了致全市老年人的慰问信。11月，市老龄委在海沧区召开厦门市基层老龄工作经验交流会，有力地推动了基层老龄工作的开展。市、区老龄办结合各种活动，宣传老年法律法规，维护老年人合法利益，全年共接待老年人来信来访200多人次。继续开展敬老、养老的宣传，继续为老年人办理敬老优待证4283件。全市老年教育、文化、体育等项事业稳步发展，各级老年组织开展了一系列老年文体活动。各区积极采取有效措施，以抓好创建老龄工作先进区为载体，实实在在为困难老年群体排忧解难。思明区、湖里区、翔安区等启动老年互助结对子活动。党政主导、老龄委各成员单位、涉老组织努力发挥职能作用，齐抓共管的良好局面基本形成。

深圳市老龄事业发展综述（2003—2005）

深圳是副省级计划单列市，下辖6个区、51个街道、620个社区居委会。截至2004年底，全市有常住人口550多万人，其中户籍人口150多万人；有常住老年人口27.13万人，占全市常住总人口的4.9%；户籍老年人口8.2万人，占全市户籍总人口的5.5%。

2003—2005年，深圳市的老龄工作和老龄事业发展，在市委、市政府的正确领导下，在社会各界的大力支持下，坚持以邓小平理论和“三个代表”重要思想为指导，坚持“立党为公，执政为民”的崇高宗旨，认真贯彻“党政主导、社会参与、全民关怀”的老龄工作方针，贯彻落实中央《决定》等一系列文件会议精神，贯彻执行《老年法》等法规政策，围绕“六个老有”的老龄工作和老龄事业发展目标，积极开展老龄创建活动，强化老龄工作和老龄事业发展的激励机制，大力推进以老年人协会为龙头的老年群众组织建设和社区老龄工作，健全养老、医疗社会保障制度，做好老年人权益保障和敬老优待工作，发展、完善为老服务体系、设施，推进为老服务业的健康发展，较好地完成了“十五”规划总体目标和2003年—2005年的各年度计划目标，老龄工作取得了很大成绩，有了长足发展。

一、社会养老医疗保障

2003—2005年，深圳市社会养老和医疗保障制度服务进一步健全完善。呈现三个明显特点：一是制度健全，应保尽保；二是经费充足，每年都能及时足额发放；三是社会化服务，全部养老保险待遇100%社会化发放。深圳市宝安、龙岗两区实现农村城市化后，2004年10月就已经实现城市化人员养老保险参保率和待遇发放率两个100%的目标，有3.8万退休老人（原农村老人）按月领取养老待遇，平均每人每月916元。市民政局还完善了社会救助制度，切实保障“五保”老人和困难老人的基本生活，做到应保尽保。还实施了“助医扶贫”，建立低保对象重大疾病保险制度，努力解决“五保”老人和贫困老人的基本医疗问题。

此外，市劳动和社会保障系统还投入数百万元资金，在全市建立了418个社保服务网点。其中市级1个，区级6个，街道级31个，社区级380个。这些网点负责各辖区的离退休人员的待遇审核、发放、指纹验证、生存状况鉴定、退休人员死亡待遇核定发放等业务服务，较好地满足了广大离退休人员的服务需要。

二、为老服务体系设施建设

2003—2005年，深圳市为老服务体系、设施建设力度较大，进度较快，质量档次也较高。

（一）社会化养老场所

目前总数已有27家，床位总数为2489张，收养老人1035人，床位利用率为41.65%。分为3个层次和两种主体类型。3个层次是：市级福利中心1家，床位120张；区级福利中心（院）8家，床位数为1453张；街道福利院18家，床位916张。两个主体类型是：公办，25家，占总数的92.6%；民办，2家，占总数的7.4%。深圳市的社会养老体系设施，有如下特征：一是硬件档次高，设施全；二是投入大，以市区、街道三级政府投入为主；三是管理运作达到了较高水平，多数达省一级标准，如深圳市18所街道福利院（原敬老院），已全部为省一级福利院。

（二）老年医疗康复体系设施

2003—2005年，深圳市的老年医疗康复体系设施不断发展完善。主要由两大部分组成。一是全市各级医院，在为全社会服务的同时，也为老年人提供了有关医疗、保健服务。二是全市已建立了345个社区医疗康复中心，每个康复中心大致覆盖1～2个社区，承担了为老年人诊疗、体检、输液、保健的大量业务，还为39541位老人建立了健康档案。

（三）老年教育、文化、体育服务体系设施

2003—2005年，深圳市老年教育、文化、体育服务体系、设施建设有较大的发展。除了各级教育、文化、体育体系设施为老年人提供服务外，全市还建立完善了专门性的老年教育、文化、体育体系设施。目前，全市计有老年教育网点 90 个，其中：市级老龄大学 1 所，区级老年大学（学校）6 所，街道级老年学院（校）9 所，社区级老年教育网点 74 个。老年教育主要围绕“六个老有”，开设有保健、音乐、舞蹈、书画、电脑、体育等课程。全市老年教育网点共有课室 122 间，学位 7275 个。全市还建有老年图书阅览室 475 个，总面积达 71254 平方米，藏书 4268532 册，可供老年人阅读学习。全市还建有老年文化体育娱乐活动网点 565 处，其中市、区老干部活动中心 9 所，街道活动室 122 处，社区星光老年之家 434 个。活动场所有棋牌、歌舞、电脑、阅览、健身等设施、设备、器材，各福利中心、福利院也有小型活动室。全市还建有老年人体育协会 192 个，老年体育指导（辅导站）171 个。除市、区、街道、社区的老年体育场所外，全市还建立了数百条专供老年人早晚锻炼身体的健身路径，仅福田区就建了 126 条。

三、老年文体活动

2003—2005 年，深圳市的老年文体活动丰富多彩，活跃了老年人的精神生活，增进了老年人的身心健康。深圳市老年文体活动，一方面是，每年的九月初九老年节，都开展历时一个月的“敬老月”系列活动，除了庆祝、慰问活动外，最大量的是老年文化、体育、娱乐活动。另一方面是，全市各区、街道、社区，都积极开展老年文化、体育、娱乐活动，广大老年群众积极参与，成了基层社区的一道人文景观。

2003 年 9 月 23 日，在深圳会堂召开了深圳市庆祝老人节和市老龄委成立 10 周年暨敬老模范单位表彰大会。市领导、各成员单位负责人、各区民政局、老龄办负责人和老年人代表共 800 多人参加了会议。副市长、市老龄委主任张思平在会上发表了热情洋溢的讲话，还给敬老模范单位颁发了奖牌。市老干部艺术团、市退管办九九艺术团和各区的老年人演出队还在会上表演了精彩节目。9 月 28 日，市老龄委、市委组织部、市体育局、市总工会、市社保局联合举办了声势浩大的深圳市第二届“好日子”老人健步活动，有 1 万多老年人代表参加了这次活动。市社保局在老人节期间，组织举办了全市老年门球定级选拔赛、老年书法大赛和老年文艺汇演。市总工会退管办举办了全市退休职工体育运动会，有 1300 多老年人参加了比赛。市退管办还举办了“退休职工进社区，生活幸福有保障”老年文艺汇演。

2004 年，深圳市组织参加了全国首届“珍奥杯”银龄美大赛，获得了第三名。有 500 多位老人参加了选拔赛，其中 3 人入围赴北京参加决赛。深圳市李小红获铜奖，并当选为中国老年形象大使，深圳市老龄办获优秀组织奖。市老龄办与深圳市福利彩票发行中心联合举办了深圳“福彩杯”老年钓鱼比赛，近百位老年钓鱼爱好者参加了角逐。深圳市还举办了第三届“好日子”老人健步走活动，13000 多老年人参加，其中 3000 多老年人在健步道两侧进行健身表演，整个场面非常热烈、壮观。市委组织部、市委宣传部与东江纵队老战士联谊会联合举办了《东江——香江》大型清唱戏，有 800 多老干部观看了演出。市老干艺术团和九九艺术团参加省老龄委迎春暨省老年艺术团汇报演出，受到了中共中央政治局委员、广东省委书记张德江同志的接见赞赏。

2005 年，在莲花山公园风筝广场举办了深圳市首届“健康杯”老年风筝大赛，分团体、个人两个奖项，有 100 多位老年选手参加了比赛；还举办了“社保杯”老年文艺调演、第二届“福彩杯”老年钓鱼比赛、第四届“好日子”万名老年人健步走活动。还组织老年文艺队伍参加了省第二届老年文艺调演，获金、银、铜牌等奖项。

四、老龄创建活动

2003—2005 年，深圳市遵照全国老龄办和省老龄办的部署，积极开展创建活动，建立和强化老龄工作和老龄事业发展的激励机制，促进老龄工作和老龄事业全面发展。2003 年，按照上级有关精神，制定印发了《深圳市区级老龄工作目标责任考核标准》和创建老龄工作先进区、敬老模范街道（镇）、敬老模范社区（村）的实施办法。2003 年，全市评选表彰了首批敬老模范街道（镇）11 个，敬老模范社区（村）22 个。2004 年，在对各区进行区级老龄工作目标责任考核的基础上，完成了老龄工作先进区和先进单位的评选工作。市老龄办组织了民政、社保、司法、文化、体育、卫生等成员单位领导参加的考评组，深入各区实地检察考评。最后评选出罗湖区为推荐报省参评的“老龄工作先进区”；评出和推荐市老龄办、福田区民政局、龙岗区横岗镇荷坳村等报省的“老龄工作先进单位”参评（最后结果为：罗湖区荣获全国、全省的“老龄工作先进区”称号；市老龄办等 3 个单位荣获广东省“老龄工作先进单位”称号）。市老龄办在全省市级老龄工作考评中，2003 和 2004 年均荣获广东省老龄工作年度考核三星级单位，名列全省第二，仅次于广州。2004 年，深圳市还开展了“深圳市十大敬老好儿女”的评选表彰活动，共评出 10 位敬老事迹突出感人的同志为敬老好儿女，进行了大张旗鼓的表彰宣传。2005 年，组织对各区老龄工作进行了考核检查，发现各区更加重视老龄工作，工作又有了新进展，并且逐渐形成了自己的优势品牌。市老龄办发了考核情况通报，肯定了各区老龄工作的成绩和进步，指出了继续努力的方向。为了鼓励和加强“老有所为”方面的工作，展示深圳老年人“老有所为”的风采，组织开展了“深圳市十大老有所为奉献奖”的评选表彰活动。在老人节期间，召开了表彰会。市政府副市长、市老龄委主任梁道行同志在会上发表了重要讲话，并与其他领导同志一起，为“深圳市十大老有所为奉献奖”获得者颁了奖。

五、基层社区的老龄工作

2003—2005年，遵照上级有关加强基层老龄工作，把老龄工作的重点放到社区的指示精神，深圳市大力加强了基层社区的老龄工作，取得了很大的进展。总的思路和做法是加强“三建一维”：“三建”是，老年群众组织建设、为老服务体系建设、为老服务设施建设；“一维”是，维护老年人的合法权益。由于思路对头，措施得力，工作扎实，近几年来，深圳市基层社区的老龄工作有了重大进展，取得了明显的成效。

一是加强加快了社区老年人协会为龙头的基层老年群众组织建设。几年来，市各级民政、老龄部门，高度重视社区老年人协会和基层老年群众组织建设，加大力度，加快进度。首先，进行广泛深入动员，提高大家的认识。市老龄办把全国老龄办、省老龄办有关加强基层老年人协会建设的指示精神，以文件形式发到各区，进行动员和贯彻。各区还把文件层层转发到街道、社区居委会，进行广泛、深入的发动、宣传。其次，组织到外地学习考察，参考借鉴外地的经验做法。组织各区老龄办、部分街道老龄工作人员，到省外和本省某些城市考察学习老年人协会建设等群众组织的经验做法。第三是加强指导扶持工作。2004年8月，在罗湖区召开了基层老年人协会建设现场会，总结交流老年人协会建设的经验做法。市老龄委副主任兼市老龄办主任、市民政局局长刘润华同志到会讲话，现场办公。2005年12月，又在龙岗区召开了深圳市优秀基层老年群众组织经验交流会。刘润华同志又亲自到会讲话，肯定了基层老年群众组织建设的成绩、经验，并对今后基层老年群众组织建设工作和加强社区老龄工作提出了要求。

目前，深圳市社区老年人协会共发展到608个，占社区总数620个的98%。老年协会建设有如下几个特点：第一是进度快，几年时间，就从原来的300多家发展到600多家；第二是老年人入会比例较高，多数达到60%以上，有些达到100%；第三是注意规范，大部分老年人协会都做到了“五有”：有章程、有领导机构、有会员名册、有活动、有制度，实现了自我管理、自我教育、自我服务、自我监督；第四是领导重视，投入大，活动场所面积大。全市各级领导都高度重视老年人协会等老年群众组织的建设，舍得花钱，努力帮助解决活动场所等问题；第五是因地制宜，各有特色。深圳市还建立发展了169个老年体育协会、86个老年书画协会、298支老年义工队，还有许多老年门球、舞蹈、合唱、诗歌、健身等活动组织。这些活动组织，不但对活跃老年人的文化、体育生活起了重要作用，还走出深圳，参加全省、全国甚至国际比赛，为深圳赢得了很多荣誉，展示了深圳老年人的良好素质和绚丽风采。

二是加强加快了基层为老服务体系建设。目前，民政、社保、卫生、文化、司法、公安、体育等许多工作都进了社区，各类网点齐全，形成了资源共享、共建共进的良性局面。

三是加强加快了基层为老服务设施建设。目前，社区基层除了建有环境优美、设施齐全的星光老年之家外，还有不少文化体育卫生等设施，满足和方便了广大老年人。

四是加强了基层老年维权工作。保障和增进了老年人的合法权益，使广大老年人能够在社区基层安心养老，颐养天年。

六、老年维权和敬老优待

2003—2005年，深圳市的老年维权和敬老优待工作不断发展完善。目前，全市已建立、健全了四级老年维权网络。市有法律援助中心，市老龄办设有老年维权部，建立了老年维权接待日制度和老年维权投诉咨询专线电话；各区都有法律援助中心，区老龄办设有老年维权部；各街道设有老年维权工作站；各社区建立了老年维权站，各级都从制度、人员配备和操作上加强了老年信访工作。敬老优待政策方面，不断拓展、完善，在原有7项优待的基础上，又增加了老年人免费乘坐公交大巴和地铁的优惠项目。目前已起草了《深圳市老龄事业发展“十一五”规划》和《深圳市老年人优待办法》，对进一步拓展优待项目、放宽优待年龄等，作出了规划、规定，待批准发布后实施执行。2003年，市老龄办共办理有关老年人权益保障问题的人大、政协建议、提案6件，接待老年人来访100多人次，办理老年信访件50多件，接听老年人投诉咨询电话1000多人次；市委组织部老干部处共处理老干部来信67件，接待来访118人次，接听来电800余次。福田区法律援助中心援助涉老案件9宗，为老年人挽回经济损失21万元；其他涉老部门和各区老龄办，也做了大量工作。2004年，市法律援助中心援助老年维权案件89宗，市老龄办办理老年维权建议、提案、信访件共22件，接听老年咨询电话900多人次。市委组织部老干部处办理老干部信访96件，接待来访120人，接听来电咨询800多人次，并及时调解平息了3起离退休人员集体上访事件；市劳动和社会保障局养老处，共处理信访件201件，接待来访数百人，；市总工会退管办处理信访件16件，接待来访56宗，较好地调解了6宗集体上访，涉及退休职工2200多人。各区也做了很多工作，取得了较好的效果。如罗湖区发放维权宣传小册子1万多册，接待老年法律咨询1800多人次；龙岗区为老年人提供法律援助35宗。2005年，市老龄办办理老年维权提案3件，接待老年人来访100多人次，接听老年人来电咨询900多个。

敬老优待方面，一是加强了对原有7项包括免费进旅游景点等敬老优待措施的检查督促工作，促进了敬老优待措施的巩固落实。二是拓展了敬老优待措施。在市政府的大重视关怀下，2003年10月1日起，市公交集团管理运营的市内1～299路公交大巴，对男年满70岁女年满65岁的老年人实行免费乘坐优待；2004年底又扩大到免费乘坐深圳地铁。三是正在争取扩大免费乘车的区间范围和降低免费乘车年龄。争取特区外两个区的公交大巴、市公交集团（现改制为合资深港巴士）所管的跨区大巴即300路以上路线全部实行让符合年龄要求的老年人免费乘坐。争取男老年人免费乘车年龄降低到65岁。此外，还要扩展到市内各服务窗口办事办证和购买车船机票、就诊等实行优先。为了配合敬老优待政策的实施，积极做好敬老优待证的办理工作。2003年，共办理敬老优待证和暂住老人免费乘车证共30415张；2004年，共办理21471张；2005年，总共办理25329张。深圳市各级领导和社会各界，时时关爱老年人，定期慰问老年人。2003年，全市各级党政领导、社会各界积极组织慰问老人，全市共发放慰问金160多万元，其中市民政局领导带领市老龄办工作人员，慰问了全市26个集中养老场所的800多位老人和33位百岁老人。2004年，全市共慰问了3000多位老人，发放慰问金（礼品）达200多万元。其中，市民政局领导带领市老龄办全体人员，对全市各福利中心、敬老院、军休所和百岁老人进行了迎中秋、庆祝国庆节、老人节的慰问，送去慰问金达20多万元；龙岗区各级慰问老年人金额达84万元。2005年，全市组织慰问老年人金额达200多万元。其中市民政、老龄部门慰问了集中养老场所的老年人和百岁老人、贫困老人，金额达30万元。

七、综合基础工作

2003—2005年，大力加强了老龄综合基础工作，取得了较好的成效。

积极做好老龄宣传工作，营造良好的老龄工作氛围。2003年，深圳市新闻媒体编发老龄稿件60多篇，电视专题节目《长青岁月》越办越好，受到老年人和社会的好评；编印《深圳老龄工作简报》7期；印发《老年人权益保障手册》1万多册，《敬老优待证办理须知》2万份。市老龄办荣获省首届全国老龄新闻组织奖，《长青岁月》栏目制作的《学英语》荣获首届全国老龄新闻优秀奖、省三等奖。2004年，新闻媒体加强了对老人节和“深圳市十大敬老好儿女”的集中报道，市老龄办和深圳电视台合办的《长青岁月》专题节目共制播24期，编发《深圳老龄工作简报》6期。2005年，认真做好老人节和平时的宣传报道工作，还集中对“深圳市十大老有所为奉献奖”和“深圳市优秀基层老年群众组织经验交流会”进行了集中报道，制播《长青岁月》专题节目24期，编发《深圳老龄工作简报》6期。

大力抓好老龄规划、调查和研究工作。按照上级和市里的有关要求，顺利完成了《深圳市老龄事业发展“十一五”规划》和《深圳市老年人优待办法》的调研起草工作。联合各区老龄办，完成了深圳市为老服务体系设施建设的大型调研活动，撰写上报了《深圳市为老服务体系设施建设调研报告》；完成并上报了《中国老龄事业发展“十五”规划纲要》执行情况的评估报告和老年法执法检查和实施10周年情况报告；完成并上报了全国老龄办布置的老龄事业发展10年巡礼征文稿《构建特区繁荣阳光下的老龄和谐社会》。组织上报了第二次全国老龄工作会议的典型材料2篇，报送了以前完成的《深圳市特困老年人状况调查报告》1篇。

老龄工作人员培训工作。为了解决老龄工作任务重、人手少的困难，提高老龄工作队伍的素质，从而提高办事效率和水平，有计划地开展了老龄工作人员的培训。2004年，举办了深圳市首次老龄工作队伍培训班，请有关专家、领导讲授老龄化、老年法规、老年维权、养老保险、老龄业务等，效果较好。约70位老龄工作人员参加了首期培训。罗湖区也组织了115个社区居委会老龄工作人员进行了培训。2005年，举办了第二届老龄工作人员培训班，参加人员达80人。

新疆生产建设兵团老龄工作综述

新疆生产建设兵团实行党政军企合一的领导体制，是执行党中央和国务院赋予的屯垦戍边神圣使命的特殊的政治、经济、军事、社会组织，在国家实行计划单列。新疆生产建设兵团既是生产队、又是工作队和战斗队，是新疆经济建设的重要力量，是安定团结的重要力量，是巩固边防、维护祖国统一的重要力量和民族团结的重要力量。伟大的总设计师邓小平同志曾经强调指出："新疆生产建设兵团，就是现在的农垦部队，是稳定新疆的核心"。兵团现有13个农业师，1个建工师，下辖178个农牧和8个建筑公司，还有540多个工、商、建、交等企业和100多个文化、教育、卫生、医疗、科研、勘测设计等事业单位。这些单位遍及新疆天山南北。兵团先于全国和新疆维吾尔自治区进入人口老龄化行列。早在1982年，兵团60岁以上的老年人口达265200人，占兵团221万总人口的12%。此后，平均每年有1万多人口进入老年人队伍之中。据2005年末统计，兵团退（离）休人员和60岁以上的老年人口达58万多，占全兵团总人口的22.6%。其中退休职工43万多人，离休职工2.9万多人，社会老年人12万多人。90岁以上老人1500多人，其中百岁以上老人21人。兵团人口老龄化的特点是：(1) 人口老龄化速度高于兵团经济发展速度，未富先老；(2) 职工队伍老龄化程度高于人口老龄化程度，退（离）休人员同在岗职工的比例是2：3；(3) 国家、集体养老比例高于家庭养老比例，家庭养老仅占养老总数的26%。在兵团党委领导下，兵团老龄委根据实际情况坚持以"老有所养"为基础，以"老有所为"为重点，认真贯彻落实党中央、国务院关于加强老龄工作的决定精神，使兵团老龄工作取得了显著成绩。

一、坚持以人为本，继续落实"老有所养"、"老有所医"，促进家庭、社会和谐

2005年，兵团遭受大风、大水、大雪、大雹、大震等灾害，经济损失严重，但是，兵团党委严格要求各单位必须坚持"以人为本"，不准拖欠退（离）休养老金，各级老龄委积极配合有关部门抓好"老有所养"，"老有所医"，使全兵团46万多退（离）休人员全年领取养老金40亿多元，养老金社会化发放率达100%，退（离）休职工养老保险参保率达100%，报领医疗费2.5亿多元，报领其他经费1.6亿多元，按照规定及时给"三无"（即无经济收入、无就业能力、无赡养人）的老年人发放城市生活低保金。农八师石河子市政府还特地为"三无"老人补助冬季取暖费4.3万元，并视一般病、常见病、危重病等不同情况为他们予以医疗救助，发救助金6万多元。现在，全兵团老年人家庭和谐，促进了社会和谐。

二、继续落实"老有所教"、"老有所学"，充实老年人文化

截至2005年底，兵、师、团三级创办老年大学（学校）31所，在校老年学员超过1万人。各校根据老年人的需求、志趣和爱好分别设置了老年保健、书法、绘画、英语、舞蹈、戏曲、声乐、武术健身等10多门专业课。老年大学（学校）现已成为四个中心，即老年教育中心、老年教育研究中心、老年咨询服务中心、老年娱乐中心。兵团老年大学2005年荣获兵团社区文明风采活动优秀组织奖，老教师文定国、关晓寒，学员戴本颢、程玉祥、张凤钦等分别荣获书法、绘画一、二、三等奖。

各级老龄工作部门还积极组织广大校外退（离）休职工、党员学习政治、科技、文化、经济、卫生、法律等知识，充实他们的文化生活，陶冶情操，欢度晚年。各级老龄工作部门的党组织积极组织老党员参加保持共产党员先进性教育活动。农五师八十五团94岁老党员魏光斗在教育活动中，坚持认真学习，一丝不苟。他说，作为一名老党员应该活到老，学到老，为人民服务到老。他33年如一日为本单位群众当义务邮递员，从未出差错，深受群众的爱戴。

三、继续落实"老有所乐"，深入、持久、广泛开展老年文体娱乐活动，实现健康老龄化

兵团各级老龄工作部门本着勤俭节约的精神，因时、因地制宜，坚持"健康、安全、团结、友谊第一，重在参与"的原则，深入、持久、广泛开展科学、文明、健康、丰富多彩的老年文体娱乐活动，全兵团有50%以上的老年人天天活动，月月参赛，年年进步。各单位老龄委坚持每年举办老年文化艺术节或老年文艺汇演和老年运动会，有30多万老年人走出家门，走进赛场，增强了体质，减少了疾病，节约了开支，促进了健康老龄化。兵团老龄协会办公室组织兵直机关老年人参加兵直机关党工委、工会举办的迎新年演唱会、太极拳比赛，分别荣获团体二等奖、三等奖和优秀组织奖。

四、认真做好兵团老龄事业统计调研工作

按照全国老龄办和国家民政部的要求，认真组织开展兵团老龄事业统计和调研工作，对兵团老年人口结构，老年人身体状况、家庭婚姻状况、老年人维权状况、老年福利机构、老年文化、教育、体育及社团组织等20多个项目进行详尽地统计和调研，及时上报。兵团老龄协会办公室负责人还起草和撰写了兵团关于执行《中国老龄事业发展“十五”规划纲要》、《中华人民共和国老年人权益保障法》情况调查报告及兵团经济贫困老人、百岁老人、敬老助老工作、老年人才开发、老年教育事业等调研报告和论文10多篇，约10多万字。另外，向全国老龄办收集统计上报了兵团老年人疾病状况、养老保障、来信来访、老年产业、老年福利机构和设施等数据。

五、坚持抓好老龄信访工作

各级老龄工作部门以极端认真的态度，热情为老年人服务，坚持“来人善待，来信来电必回，有问必答，百问不烦”的原则，抓好老龄信访工作。兵团老龄委办公室全年妥善处理老年人来信23封，来电话500多人次，来访260多人次，解决了老年人退休金、有关医疗费报销、家庭住房纠纷、子女再就业、退休返回原籍安置、老年人著作销售、办理老年优待证等问题38件。

第三部分

老　龄　工　作

劳动和社会保障部2004年老龄工作总结

2004年，劳动保障部认真贯彻党的十六大和十六届三中、四中全会精神，坚持以“三个代表”重要思想为指导，继续贯彻执行《中共中央国务院关于加强老龄工作的决定》和《中国老龄事业发展“十五”计划纲要》，按照劳动保障部的工作职责，制定了2004年老龄工作计划，积极实施，狠抓落实，在保障企业离退休人员老有所养、老有所医，推进社会化管理服务，维护离退休人员的基本权益等方面，取得了新的成绩。

一、企业离退休人员养老金做到按时足额发放

继续加大征缴力度，全国企业基本养老保险基金保持增收势头，全国企业离退休人员基本养老金发放首次实现无当期拖欠。与此同时，部分地区加大补发养老金历史拖欠的力度，全年补发历史拖欠3.45亿元，无历史拖欠的省份增加到10个。

二、扩面工作取得新进展

到10月底，全国参加基本养老保险的总人数达到16120万人，比上年增加613万人，其中，参保离退休人员为4042万人，比上年底增加182万人。

三、农垦企业参保工作基本落实到位

今年以来，指导各地贯彻落实劳社部发〔2003〕15号文件，推动农垦企业参保工作，到10月底，应纳入参保范围的11个省（区）农垦企业职工已参保136.5万人，参保率达99.7%，应纳入参保范围的离退休人员已参保76.26万人，参保率达99.9%，离退休人员基本养老金做到了按时足额发放。

四、调整企业退休人员基本养老金年底将基本落实到位

经国务院批准，劳动保障部、财政部下发了《关于从2004年7月1日起增加企业退休人员基本养老金的通知》（劳社部发〔2004〕24号），为2003年12月31日前已按规定办理退休手续的企业退休人员增加基本养老金，人均月增加40元左右。目前（2004年12月），正在组织指导地方按照国务院要求抓紧落实有关政策。

五、医疗保险覆盖范围继续扩大

到10月底，全国参加基本医疗保险的人数已达到12074万人，比去年底增加1172万人，其中：已退休人员参保人数为3243万人，比去年底增加325万人。全国医疗保险基金收入858.7亿元，同比增加168.7亿元；支出664.1亿元，同比增加165亿元。为妥善解决困难企业、关闭破产企业退休人员医疗保障问题，在调研的基础上，按照“注重政策衔接、确定保障重点、化解突出矛盾、分步分类解决”的思路，起草了《关于妥善解决国有关闭破产企业退休人员参加医疗保险有关问题的通知》，并与相关部门进行了协调。一些地方因地制宜，积极争取政府及有关部门的支持，落实缴费资金，将破产企业退休人员纳入医疗保险，解决了部分关闭破产企业退休人员的医疗保障问题。同时，各地针对老年人慢性病多、医疗费用支出大的特点，采取将门诊慢性病纳入统筹基金支付范围，降低老年人自负比例等措施，进一步降低老年人医疗费用个人负担。

六、管理服务社会化工作加快进程

为加快推进企业退休人员管理服务社会化，劳动保障部继续贯彻落实中办、国办转发劳动保障部等部门《关于积极推进企业退休人员社会化管理服务工作的意见》，要求各地把退休人员管理服务社会化作为完善社会保障体系的重要内容，按照既定的目标、内容、方案和步骤，开展经验交流，实行分类指导，大力推动社会化管理服务工作。到10月底，全国已实行社会化管理服务的企业退休人员达到达3320.2万人，社会化管理率达91.3%，超过全年目标任务1.3个百分点。其中纳入社区管理的退休人员1855.2万人，社区管理率达55.9%，超过全年目标任务5.9个百分点。

民政部2004年老龄工作总结

一、社会福利方面

（一）“星光计划”全国范围实施圆满结束

民政部从2001年6月起开始在全国实施“星光计划”。2004年6月，“星光计划”圆满结束。这一惠及老人、造福社区的民心工程，在国务院领导的关怀下，在各级党委、政府的重视和相关部门的支持和配合下，通过各级民政部门的不懈努力，取得了令人瞩目的成绩。

根据各地上报的统计数据，“星光计划”实施3年，全国城乡共新建和改建社区“星光老年之家”32490个，其中在省会城市社区中建成了7278个“星光老年之家”，投入30.77亿元；在地级城市社区中建成了14943个“星光老年之家”，投资52.56亿元；在县城镇和农村乡镇建起了10269个“星光老年之家”，投资51.52亿元。3年“星光计划”共投入建设资金134.85亿元，其中民政部本级福利彩票公益金投入13.53亿元，地方福利彩票公益金投入26.33亿元，地方财政投入43.36亿元，项目单位自筹和社会力量投入51.63亿元。

3年“星光计划”的实施情况是令人满意的。投资规模比预计的要大，项目建设数量比预期的要多，建设速度也比预想的要快，社会反响更是比预想的要好，应该说是比较圆满地完成了目标任务。如今，3万多个“星光老年之家”如繁星一样遍布祖国大江南北，包括了文化娱乐、图书阅览、体育健身、医疗康复和老年课堂等基本服务内容，有些还设置了院舍住养、日间照料、入户服务、紧急援助、信息咨询等服务项目，为千千万万的老年人带来了欢声笑语，送去了幸福安康。实践证明，“星光计划”的实施，合国情，得民心，顺民意，集中体现了“三个代表”重要思想的精髓和我党立党为公、执政为民的宗旨，较好地缓解了城乡老年福利服务设施严重匮乏的矛盾，为全社会的老年人办了一件实实在在的好事和实事。

1.“星光计划”的成功实施，为初步建立老年人福利服务体系奠定了基础。根据国务院办公厅转发民政部等11个部委的《关于加快实现社会福利社会化的意见》，今后一段时期，我国老年人福利事业发展的目标框架是建立以居家养老为基础、以社区照料为依托、以社会福利机构集中供养为补充的与初级阶段基本国情相适应的老年人福利服务体系。通过“星光计划”建设起来的社区为老服务设施，在很大程度上改善了老年人的生活娱乐条件，美化了社区环境，活跃了社区气氛，提高社区居民的生活质量，受到广大老年人和社区居民的热烈欢迎，初步为构建中国特色的养老福利服务体系奠定了基础。

2.“星光计划”的成功实施，推动了包括老龄工作在内的社区建设的深入开展。以实施“星光计划”为契机，实行社区建设与“星光计划”同步规划、同步设计、同步建设，把开展社区建设示范区活动与实施“星光计划”紧密结合起来，将它作为社区建设示范区的一项重要内容。“星光老年之家”不仅深受广大老年人的欢迎，成为“六个老有”的载体，而且也深受社区广大居民群众的热烈欢迎，成为发展社区公益事业的重要载体。社区老年人对这个“家”的认同感和归属感日益增强，许多老人在积极参与活动的同时，还主动参与“星光老年之家”的管理与服务，积极发挥余热，贡献力量。社区居民也把它作为社区建设的重要平台，在这里得到社区康复、养老和低保金发放、再就业介绍、家政服务等多方面的服务，从而增加了社区的凝聚力和向心力。

3.“星光计划”的成功实施，为社会主义精神文明在基层社区的广泛深入传播提供了阵地。各地都以“星光老年之家”为载体，把先进文化和文明健康的文体活动引入社区，广泛开展诸如歌曲合唱、戏剧表演、舞蹈、秧歌、腰鼓、时装表演、书画、健身、知识讲座等多种形式的群众活动，丰富了老年人的日常生活，激发和展示了老年人热爱祖国、热爱生活、健康向上的精神风貌。许多“星光老年之家”都设立了社区老年学校和居民学校，定期举办各类知识讲座，宣讲“法轮功”邪教反动本质、老年保健、常见病预防、花草种养、家庭矛盾处理、WTO知识、英语会话等科学知识和生活常识，不仅满足了社区老人和社区居民对时事政治、科学文化和生活常识的渴求，而且为传播社会主义精神文明作出了贡献。

为了使“星光老年之家”正常运转，民政部今年下发了《关于加强“星光计划”项目管理的意见》（民发〔2004〕55号），提出了探索新的管理体制和运行机制，实现多样化管理和服务模式的要求，要求各地积极争取对“星光老年之家”的运作经费作出制度化的安排，将其列入当地政府的财政预算，以便从根本上解决问题。

（二）对老年人福利机构予以持续投入

根据2000年所做的老年人社会福利机构的发展规划，几年来我们持续对福利机构予以资助，推动老年人机构和床位数的增长。截止到目前，我国老年人社会福利机构已发展到3.8万多家，床位数120多万张，入住的老年人近90万。目前我国60岁以上老年人平均每千名已拥有9张以上的养老床位。如果按65岁的老年人口（约0.94亿）计算，千名老年人拥有床位达到了12.82张。其中城市综合性老年福利机构1500多家，床位数约11万张；乡镇各类老年福利机构32300多家，床位数93万多张；民办福利机构1100多家，床位数7.5万张；优抚类老年机构（光荣院）1298家，床位数4.9万张；其他服务性机构

673家，床位数2万张；社区老年服务设施530多家，床位数2.4万张。预计2004年底，老年人福利机构床位数将超过130万张。

2004年，民政部本级福利彩票公益金安排了6000万元用于老年人社会福利机构建设，其中3000万元用于农村敬老院建设，3000万元用于城市老年福利机构建设。特别需要指出的是，我们要求资助城市机构建设的3000万元资金，主要用于资助各地的民办社会福利机构，这在民政部的历史上是第一次。这次资金安排的具体使用，虽然没有形成资助原则、条件、依据等制度安排，但在实施民办公助方面做出了积极的探索和尝试，为今后大力推进这项工作提供了有益的借鉴。

（三）在辽宁省召开会议，推广大连市的多种养老方式

今年10月，辽宁省以省政府的名义在大连召开了全省发展养老产业工作会议，推广大连等地近年来在养老服务方面的经验做法。我部参加了这个会议并邀请了全国13省市民政厅（局）的负责同志列席会议，学习、推广辽宁省特别是大连市的经验做法，对大连市坚持居家养老和机构照料并重、政府重视、社会力量参与、媒体关注、创造“家庭养老院”和“大连银发养老服务超市”的经验，给予充分肯定并推向全国。同时，就下一步养老事业的改革与发展进行了全面部署。

（四）进一步加强五保供养工作

1. 采取措施，力争五保供养经费落实。针对农村税费改革的新形势，2003年，我部下发通知，要求各地高度重视税费改革后五保供养资金筹措问题，认真调查研究制定适合本地情况的五保供养资金方案。目前，很多地区在五保供养资金的落实上，已经采取了一些得力措施。如：浙江、上海、北京、福建、江苏、广东等已经建立农村最低生活保障制度的省份，将农村五保供养对象列为农村最低生活保障的重点救助对象，发放全额低保金，并适当提高救助水平；黑龙江、安徽、吉林、江西等尚未建立农村最低生活保障制度的省份，将五保供养经费纳入了地方各级财政预算或在农村税费改革转移支付中明确了五保供养资金的数额。

2. 加强敬老院建设，改善五保对象的居住环境。民政部从2004年部本级福利彩票公益金中划拨3000万元，专项资助农村敬老院建设和改造。同时要求各地落实配套资金，抓紧项目实践，加快农村敬老院建设和改造步伐。各地按照民政部的部署，结合本地实际，筹措资金，充分利用各种社会资源，加大敬老院建设力度。如湖北坚持多元投资，充分利用乡镇合并后的闲置资源实施“福星工程”；广西在五保户较为集中的村庄建立“五保村”等，都取得了明显成效。

3. 进一步完善五保供养政策，着手修订《农村五保供养工作条例》。现行《农村五保供养工作条例》中的许多规定与农村税费改革后的新形势不相适应，急需修改和完善。针对这种情况，我部在对全国五保供养工作进行全面调研的基础上，向国务院专门报告，对新形势下的五保供养工作提出了政策建议。根据国务院领导指示，我部积极协调有关部门，将修订《农村五保供养工作条例》列入了2005年国务院立法计划。近期，我部又联合财政部、国家发改委下发了《关于进一步做好农村五保供养工作的通知》，对解决当前五保供养工作存在的突出问题提出了要求，一是要求各地采取措施，确保供养经费，将符合条件的五保供养对象全部纳入保障范围，实现应保尽保。提出地方在安排使用农村税费改革转移支付资金时，应当确保五保供养资金的落实，不得截留、挪用。免征、减征农业税及其附加以后，原从农业税附加中列支的五保供养资金，列入县乡财政预算。二是要求各地将敬老院建设纳入当地经济社会发展总体规划，不断加大政府投入，改造和完善现有敬老院服务设施，加快敬老院建设步伐。

4. 积极推动农村医疗救助，解决农村五保供养对象的就医看病难。目前，全国已有943个县开展了农村医疗救助工作。对五保户的医疗困难，主要采取两种形式给予救助：一是在开展新型农村合作医疗试点工作的地区，全额资助他们参加新型农村合作医疗，让他们享受到合作医疗的实惠。二是在尚未开展试点工作的地区，对五保户的大病医疗费用给予救助。医疗救助工作的开展有效地缓解了五保户就医看病难的问题。

5. 做好临时救助，切实安排好农村五保对象的生活。10月底到11月初，我部抽调40余名干部组成9个工作组，赴河南、四川、山西、广西、甘肃、新疆等17个省区进行困难群众生活安排情况的检查。主要检查了灾民救助、城乡低保、五保供养、农村特困户救济和优抚对象的生活安排等内容。我部要求各级民政部门对于尚未纳入供养范围或已经纳入供养范围但供养水平偏低的，要采取切实措施，通过增加财政投入，开展社会捐助、组织结对帮扶等手段，千方百计筹集资金、物资，在冬天到来之际给予临时救助，确保五保对象安全过冬。

二、军休安置方面

军休安置管理工作是直接服务于军队和国防建设的一项重要工作，是一项专门的为老服务工作，主要服务对象是从军队离休退休的干部。2004年完成了

以下工作：

（一）以贯彻落实中办发（2004）2号文件为重点，推动军休工作全面发展。

（二）进行广泛、全面、系统的调查研究，着力解决军休服务管理工作的难点。

（三）紧急部署贯彻落实中组发（2002）13号文件精神。

（四）积极配合部队精减调整改革，认真做好接收安置工作。按照正常工作，下达了2004年10661名军休干部交接安置计划和887名伤病残接收安置计划；下达了2004年2万人安置去向的审定计划并指导各地较好地完成了审定工作。

（五）认真落实军休干部的生活待遇。一是以民政部、财政部、总参、总政、总后的名义，下发了《关于增加移交政府安置的军队离休退休干部、退休士官离退休费的通知》，共下拨2003年7至12月的调资经费7262.79亿元。二是与财政部、总政、总参、总后有关部门共同对2003年新接收人员和经费预算进行了集中审定。三是配合财政部测算并下达了2004年军休人员和服务管理机构经费46.75亿元。四是商总后财务部下拨了军休干部定期增资经费2.87亿元；五是根据民政部、财政部、总政治部、总后勤部《关于移交政府安置的军队退休干部及随军家属、遗属医疗、生活补助问题的通知》精神，商财政部下拨了3000万元的医疗、生活补助经费；六是随着军队干部护理费、提租补贴费的增加，以民政部、财政部、总政治部、总后勤部的名义下发了《关于调整移交政府安置的军队离退休干部公勤费、护理费标准的通知》、《关于调整移交政府安置的军队离退休干部住房租金和房租补贴标准有关问题的通知》，共下拨经费约8600万元；七是会同总后司令部下拨无军籍职工管理经费300万元。

（六）加强服务管理机构建设。一是与人事部经过反复协商，共同下发了《关于下达2001—2003年军队离退休干部管理机构工作人员专项指标的通知》，共下拨了3102名服务管理机构工作人员专项指标。二是为加强干休所基础设施维修改选建设，经商财政部同意，下发了《关于申报干休所维修改造项目的通知》，并作了专题部署。三是经商财政部同意，拟核拨干休所维修改造经费4.5亿元，分3年实施。

（七）进一步完善优抚安置信息管理系统。

（八）成功主办两台文艺演出。

（九）认真调查研究，努力解决军休工作中的困难。

三、基层政权和社区建设方面

自社区建设全面推进以来，政府的各项工作逐步向社区延伸，服务到社区，落实到社区。开展社区老龄工作是社区建设的一项重要工作内容。2004年在老龄方面所作的工作是：

（一）健全社区组织，积极开展社区文体活动。开展社区老龄工作离不开社区组织的支持和配合。全面推进社区建设以来，全国已经基本完成了社区规模调整，在全国77000多社区中普遍建立了社区党组织、社区居委会，完善了社区居民会议、社区协商议事会等民主管理制度，培育和发展了社区民间组织，注意培育老年人的兴趣组织，如老年书画社、钓鱼协会、养花协会等，社区居委会有计划地组织开展为老年人喜闻乐见的文体活动，开展邻里互助，形成社区科学文明、健康向上的生活氛围，为老年人健康生活创造良好的社区环境。

（二）加强队伍建设，积极开展社区服务和社区志愿者活动。社区工作者队伍是开展社区为老服务工作的主力军。目前，全国大部分地方，按照《居民委员会组织法》的要求，通过推进基层民主选举，使一大批政治思想品德好、工作能力强、群众信得过、热心社区工作的人担任社区居委会主任、副主任和委员，加强社区工作。同时一些地方聘用社区专职工作者开展社区专项为老服务工作，发展和壮大社区志愿者队伍，建立志愿者激励机制，使一批又一批热心公益事业的社区居民投身到社区为老服务工作中来。

（三）进一步发挥社区居民自治组织的服务功能。目前，全国社区按照党和政府帮助弱势群体、服务社区居民的要求，充分发挥社区直接面向居民，面向家庭的优势，根据社区的实际情况和居民的需求，从社区老年人的实际生活需求入手，落实政府优惠政策，解决老年人的实际生活问题，取得了很好的效果。

人事部2004年老龄工作总结

机关事业单位离退休工作是全国老龄工作的重要组成部分，人事部党组高度重视这项工作。按照全国老龄委办公室的要求，现对2004年老龄工作作一简要总结。

2004年，在党中央、国务院的正确领导下，在有关部门的大力支持下，机关事业单位离退休工作坚持以邓小平理论和“三个代表”重要思想为指导，深入贯彻党的十六大和十六届三中、四中全会精神以及党中央关于老龄工作的一系列方针政策，紧紧围绕老龄事业的发展目标，按照胡锦涛总书记关于“群众利益无小事”的要求，凡是涉及离退休人员的问题，坚持特事特办、急事急办的原则，及时讨论，及时上报国务院，圆满完成了全年的工作任务。重点开展了以下几项工作：

第一，研究完善政策措施，进一步发挥离退休专业技术人员的作用。目前，我国离退休专业技术人员已达数百万人，他们是党和国家的宝贵财富。为了继续发挥好离退休专业技术人员特别是老专家的作用，今年以来，人事部根据中央领导同志的指示精神，会同中组部在调研的基础上，研究提出了《关于进一步发挥离退休专业技术人员作用的意见》，对离退休专业技术人员发挥作用的形式、渠道、权益保障、组织领导等方面提出了原则意见。

第二，妥善解决了十一届三中全会前部分老运动员老教练员医疗及生活困难问题。针对十一届三中全会前曾为我国体育事业作出特殊贡献的老运动员及其教练员在医疗和生活上遇到的特殊困难问题，根据党中央、国务院领导同志的指示精神，人事部会同财政部、卫生部、劳动保障部和国家体育总局制定下发了《关于对部分老运动员、老教练员给予医疗照顾的通知》（国人部发［2004］52号），对十一届三中全会前获得世界冠军的老运动员及其教练员在退休时，给予享受司（局）级医疗照顾政策；对十一届三中全会前获得世界冠军的老运动员及其教练员、超破世界纪录和珠峰登顶成功的运动员在退休时，因运动损伤导致的医疗费用个人自付部分，国家给予适当补助。同时，会同财政部、国家体育总局下发了《关于印发〈老运动员、老教练员医疗保健专项资金财务管理办法〉的通知》（财教［2004］96号）。通过上述措施，从政策和资金上提供了保障，妥善解决了十一届三中全会前获得世界冠军的老运动员及其教练员、超破世界纪录和珠峰登顶成功的运动员医疗和生活困难问题。

第三，研究制定了事业单位试行聘任制后有关退休待遇的政策规定。为了贯彻落实国务院办公厅转发人事部《关于在事业单位试行人员聘用制度意见的通知》（国办发［2002］35号）精神，解决事业单位试行人员聘用制后的退休待遇问题，人事部在广泛调研听取地方、部门意见的基础上，制定下发了《关于事业单位试行人员聘用制度有关工资待遇等问题的处理意见（试行）的通知》（国人部发［2004］63号），对事业单位试行人员聘用制后有关退休条件和待遇等问题作出了明确规定，保障了事业单位人事制度改革过程中老职工的权益，促进了事业单位人员聘用制度的推行。

第四，积极参与研究企业分离办社会过程中中小学退休教师的待遇问题。分离企业办社会职能是党中央、国务院作出的加快国有企业改革、完善社会主义市场经济体制的重大决策。根据中央关于企业分离办社会的总体工作部署，有关部门从1995年开始进行企业办中小学移交地方政府管理的试点工作，涉及退休教师约22万人。为了妥善解决企业分离办社会工作中反映的中小学退休教师待遇问题，人事部积极配合国资委、财政部、教育部、劳动保障部等部门进行专题调研，提出政策建议并向国务院上报了专题报告。国务院办公厅下发《关于妥善解决国有企业办中小学退休教师待遇问题的通知》（国办发［2004］9号）后，针对各地贯彻中遇到的问题，人事部配合有关部门进行反复研究，并多次参加国务院召开的协调会，参与拟订了补充通知和若干政策说明。

第五，认真解决企业部分离退休军转干部的生活困难，切实维护社会稳定。建国以来，军队转业干部分配到企业工作的约97.4万人，其中已经离退休的约57.3万人。近些年来，部分企业军转干部生活遇到了一些困难，党中央、国务院高度重视，十分关心，为了切实解决部分企业军转干部的生活困难问题，中央采取了一系列政策措施，国家拨出专项资金为他们解决实际生活困难问题。人事部作为军转安置工作的主管部门，按照党中央、国务院的要求，经过深入研究，制定了解困政策，并督促指导各地认真落实保障基本生活、解决基本养老和医疗保障、生活困难补贴和个案解决特殊困难的政策措施，妥善解决部分企业军转干部生活困难问题，企业退休军转干部生活困难问题得到了缓解。

第六，积极配合有关部门研究转制事业单位退休待遇政策。原中央直属554个事业单位分三批转制为企业，有关部门制定了相应政策，总体上执行比较平稳，但也反映出一些突出问题。为此，经多次研究，人事部会同劳动保障部、财政部、科学技术部下发了《关于转制单位部分人员延缓退休有关问题的通知》（劳社部发［2004］11号），对转制单位中任届未满的省人大常委会委员和政协常委职务的人员、转制时需留任的院所厅（局级）党政一把手以及少数因工作需要的正副教授以上高级专家，转制前到达退休年龄，转制后办理退休的，执行事业单位退休待遇计发办法和调整政策，使转制过程中反映的问题得到了妥善解决。

第七，认真处理离退休人员来信来访。近几年来，涉及机关事业单位离退休待遇的群众来信和来访一直居高不下，主要集中反映离退休费不能按时足额发放、医疗费报销得不到保证、要求按属地原则享受各地自行发放的津帖补贴等问题。针对这些问题，人事部及时提出了处理意见并加强政策解释工作，对一些重要事项还及时上报了国务院领导同志，防止了群体性事件的发生，对维护社会稳定起到了积极的作用。

卫生部2004年老龄工作情况

2004年在卫生部老年卫生领导小组的领导下，认真贯彻《中共中央、国务院关于加强老龄工作的决定》精神和《中国老龄事业发展“十五”计划纲要》要求，加强组织，狠抓落实，开展了大量实实在在的工作，取得了一定成效。

一、继续完善社区卫生服务功能，推进老年社区卫生服务工作

卫生部在制定社区卫生服务示范区评估标准中规定了社区卫生服务机构设置、无障碍设施建设、建立健康档案、提供家庭出诊、家庭病床等若干与老年卫生有关的指标，并提出60岁以上的老年人高血压规范化管理率不低于85%，在居民自愿的基础上，各社区卫生服务中心为辖区内所有65岁以上老年人建立健康档案，并安排责任医生定期上门提供咨询指导。一年来，各地社区卫生服务机构普遍开展了社区门诊、家庭出诊、家庭护理、家庭病床等便民医疗、护理服务。有些地区通过为老年人建立健康档案，开展了老年高血压、糖尿病等慢性非传染性疾病的管理，天津、北京、上海、青岛、宜昌、三门峡等一些城市还开展了老年护理、生活照料、临终关怀等服务，拓展老年社区卫生服务内涵，进一步推进了老年社区卫生工作的开展。

二、继续积极组织实施“光明行动”

2004年卫生部继续贯彻《卫生部关于启动“让老年人重见光明行动”的通知》精神，组织实施了“光明行动”中的“让老年人重见光明行动”。重点在中西部地区组织一些省区市的部分县的白内障患者开展白内障治疗工作，其中80%为老年人。已装备眼科手术流动车的省区市把“视觉第一中国行动”和“光明行动”等防盲治盲工作紧密结合起来，统筹安排，收到了较好的防治效果。

三、开展老年疾病预警与防治研究和老年卫生服务的流行病学调查工作

（一）开展老年疾病预警与防治研究。国家在2001年立项，经过3年实施，2004年该项目又得到滚动经费支持1000万。针对老年疾病在发生、发展到重要器官功能损害过程中可控制、可调节因素，建立降低和缓解疾病发生、发展的干预途径与措施。建立老年疾病预警、干预的两级防治框架系统，提出疾病防治低耗高效的新策略。同时，研究老年疾病临床客观诊断指标，筛选、优化、规范老年疾病的临床治疗方案。通过研究，提高我国老年疾病防治水平、老年人群健康水平与生活质量。

（二）开展老年卫生服务的流行病学调查工作。调查结果显示：我国老年人口比例快速上升，城乡老年人口的卫生服务需求也明显增加。老年人口卫生服务利用明显高于其他人口，且费用增加速度较快。部分老年人特别是农村女性和较贫困的老年人卫生服务利用明显受到制约。老年人口（除城市男性以外）特别是农村老年人社会医疗保障水平较低，健康行为普及程度不高。定期体检是老年人最需要的服务项目，其次是医疗预防保健咨询、健康教育、专家服务、上门服务、电话转诊服务。

四、切实做好提高抗战时期部分老同志医疗待遇工作

在做好了抗战时期部分老同志提高医疗待遇的各项前期准备工作的基础上，进一步认真细致地开展了提高医疗待遇的落实工作。针对中央国家机关抗战时期提高医疗待遇老同志当时医疗关系分布情况进行了摸底调查，制定了老同志提高待遇后的新医疗关系安排方案，并召开有关医院领导会议，传达了中央的精神，布置了落实工作方案，协调解决老同志在就医过程中遇到的困难。同时，陆续为老同志办理了医疗证，针对部分老同志提出的转院、就近医疗等要求，考虑到现有的条件，按照有关规定作了安排。

五、开展学术交流和宣传教育工作

中国/世界卫生组织合作开展了城乡社区老年人跌倒的预防研究工作，并组成预防社区老年人跌倒考察团赴澳大利亚学习和考察。在海南省海口市举行了主题为“积极的老龄化在中国”的第七届全国老年医学学术会议暨华夏老年医学学术研讨会。全国及各省市老年学术交流活动、继续教育活动也蓬勃开展。陆续召开了北京大学衰老研究中心成立大会暨学术报告会，山东省老年医学学术会议，全国老年性痴呆与相关疾病研讨会暨老年性痴呆国际研讨会，安徽老年医学暨保健医学新进展研讨会，中国心理卫生协会老年心理卫生专业委员会新老委员学术和工作研讨会，第四届全国老年病防治研究与进展研讨会。另外，还组织有关专家编写《老年精神健康读本》、《老年痴呆防治指南》等老年健康知识宣传教育读物。同时，配合老龄委、中央电视台开展了"健康老人大赛"。

建设部关于2004年老年基础设施建设的工作情况报告

2004年，建设部以十六大、十六届三中、四中全会重要思想为指针，坚持立党为公，执政为民，认真贯彻落实五次会议精神和回良玉副总理在《关于呈送全国老龄委成员单位2003年工作要点的报告》上的重要批示，按照《2004年加强老年基础设施建设工作安排》，认真贯彻落实各项工作，取得了一些成绩。

一、以邓小平理论和"三个代表"重要思想为指导，认真贯彻落实《中共中央、国务院关于加强老年龄工作的决定》，按照《中国老龄事业发展"十五"计划纲要》要求，制定了《2004年加强老年基础设施建设工作安排》，重点抓好以下几项工作。一是完善老年住宅、老年公寓、养老院、护理院、托老所等老龄设施的标准规范；二是针对无障碍设施建设和管理中存在的问题，会同民政部、全国老龄工作委员会办公室、中国残联对老龄设施和无障碍设施建设工作加强指导和督促检查；三是指导和推进北京、上海等首批12个城市开展创建全国无障碍设施建设示范城活动；四是加强对老年人在居住和参与社会活动方面的特殊需求的调查研究。

二、制定和完善各类老年设施的建设标准和技术标准，重点制定老年公寓、养老院、护理院、托老所等老龄设施的标准规范。逐步形成为老年人服务的工程建设标准体系。

标准规范是工程建设的技术基础工作，加强"老龄设施"的建设，必须要有相关的标准规范作为建设和管理的依据。2002年建设部将《老年人居住建筑设计标准》、《城市和村镇老龄设施规划设计规范》列入编制计划，并全面展开编制工作。到2004年底，《老年人居住建筑设计标准》已开始执行。《城市和村镇老龄设施规划设计规范》已完成征求意见稿。上述标准规范对城市和村镇"老龄设施"的规划布局、选址、室内建筑设计、室内外环境、功能设施等作出了规定，对于提高老年人居住质量和护理水平都将起重要作用。与此同时，上海市按照行业标准《方便残疾人使用的城市道路和建筑物设计规范》规定的基本原则和基本规定，结合自身的特点，近一二年来，出台了《养老设施建筑设计标准》、《城市道路无障碍设施施工及验收规程》。该标准和规程就相关工程的施工工艺和工程验收提出了明确实用的技术指标。实际情况说明，编制地方标准，对于各地区老龄基础设施建设和无障碍设施建设有着重要作用和指导意义。

三、为了贯彻执行《老年人建筑设计规范》，加强老年基础设施建设，为老年人服务，全国各地先后对有关设计、施工、临理、质检等技术和管理人员以及从事老龄工作的同志进行了培训，为贯彻、执行规范奠定了良好的基础，为今后开展推动全国的老龄基础设施建设工作提供可靠的技术保证。

2004年，还下发了4期开展"老龄设施"建设和无障碍设施建设工作的简报，宣传国内和国际开展"老龄设施"建设和无障碍设施建设工作的情况，总结经验，交流情况，促进发展。

四、建设部、民政部、中国老龄委、中国残联组成检查组，对部分大城市贯彻、执行国家标准以及老龄设施建设和无障碍设施建设情况进行督促检查。建设部领导对此项工作十分重视，黄卫副部长多次批示要抓紧、抓细、抓出实效，并把搞好此次检查作为部里工作的一个重点。从2004年上半年就检查工作进行了准备，制定方案，提出了要求，督促各有关城市加大工作力度。9—10月分3个组，对大连、青岛、南京、杭州、厦门、广州、西安、秦皇岛等八城市执行《老年人建筑设计规范》、《城市道路和建筑物无障碍设计规范》的情况进行全面检查。这次检查，采取听取汇报、实地检查、座谈研究的方式，既了解进展的现状，又关注今后的打算和采取的措施；特别是将对老年人、残疾人服务设施的新建、扩建和改建工程的规划设计审批，将专门用于老年人、残疾人服务设施的建设质量，及国家强制性标准的实施情况，做为检查的重点。通过检查，了解到近期在老年人建筑、城市道路和建筑物无障碍设施建设方面有了明显的进展，国家标准的执行情况总体看是好的或比较好，各地建设行政主管部门对贯彻执行国家标准采取了有力的措施。例如：在施工图审查、竣工验收等工作中，都把贯彻执行国家标准做为一项重要的内容，促进了老年人建筑、城市道路和建筑物、居住区无障碍设施的建设，方便了老年人、残疾人的生活。全社会关爱老年人、残疾人等弱势群体的环境氛围进一步形成。

五、积极推进北京、上海等12个城市开展创建全国无障碍设施建设示范活动并取得了新进展。

自2002年10月，建设部、民政部、全国老龄工作委员会、中国残疾人联合会联合批准开展创建全国无障碍设施建设示范城活动以来，各创建城市人民政府高度重视，按照创建全国无障碍设施建设示范城（区）实施方案、标准及有关要求，根据本地实际情况，切实采取措施，积极推进创建工作，四部委已于11月25日—12月10日进行首批开展创建全国无障碍设施建设示范城验收工作。在验收中要求各地新建城市道路和建筑物必须严格按《城市道路和建筑物无障碍设计规范》、《老年人建筑设计规范》建设无障碍设施，在规划、设计、施工、监理、验收等各环节要严格把关，不执行《规范》要求的，规划部门不核发建设工程规划许可证，施工图设计文件审查机构不予审查通过，有关部门不得进行竣工验收，备案主管部门不予备案，并按《建设工程质量管理条例》和《实施工程建设强制性标准监督规定》予以处罚，确保新建项目不漏项，不欠新账。同时要求各地对已有的、不符合要求的设施加快进行改造，要把与老年人、残疾人生活和工作密切相关的居住区、城市道路和公共建筑作为重点，制订改造设施计划，落实责任制；大城市和有条件的地方要加快改造步伐，尽快偿还旧帐。要高度重视现有设施的使用管理，采取切实可行的措施，确保已建的“老龄基础设施”和无障碍设施能够发挥作用。通过验收工作，将进一步推动城市开展创建全国无障碍设施建设示范城活动。

全国公安机关2004年老龄工作总结

2004年，全国公安机关紧密结合公安工作的实际，认真贯彻《中华人民共和国老年人权益保障法》及相关的法律、法规，把维护老年人合法权益，作为实践“三个代表”重要思想，维护社会稳定，构建社会主义和谐社会不可缺少的重要组成部分，作为实践执法为民思想，为群众办好事、办实事的民心工程，统筹规划，周密部署，采取有力措施，认真做好老年维权工作。

一、深入宣传《老年人权益保障法》及相关的法律、法规，营造良好的社会氛围

各地公安机关在法制宣传教育中，针对我国已提前进入老年社会的基本国情，开展以尊老、爱老、助老为主要内容的宣传教育，将老年维权活动贯穿于法制宣传教育的全过程。特别是基层公安机关和广大民警，充分发挥联系群众最直接最广泛的优势，立足岗位，把老年人权益保障的宣传教育融入到日常的具体业务工作之中，积极为增强全社会维护老年人合法权益的意识、提高老年人自我防护意识作出应有的贡献。与此同时，各级公安机关还加强了对广大民警的教育，不断强化民警尊老敬老、维护老年人合法权益的自觉性、主动性。

二、制定公安工作法规制度时，注重维护老年人的合法权益

公安部和各级公安机关在研究制定涉及公安工作的法律法规和规章制度时，认真贯彻《老年人权益保障法》，按照善谋为老之策，多办利老之事的精神，尽可能体现敬老之情。2004年7月公安部颁发的《公安机关继续盘问规定》第10条规定：“对符合继续盘问条件的已满70周岁的老人，可以运用继续盘问，但必须在带至公安机关之时起的4小时盘问完毕（正常情况下为12小时，经批准可延长至24小时），且不得送入候问室。”同时还规定：“在晚上9点至次日晨7点之间释放已满70周岁的老年被盘问人的，应当通知其家属领回，对身份不明或者没有家属而无法通知的，应当护送其至住地。”在起草《治安管理处罚法（草案）》时，将殴打、遗弃、虐待老人等侵犯老年人合法权益的行为纳入法律从严处罚的范围，并规定对70周岁以上的老年人不执行行政拘留处罚。

三、结合加强派出所建设，努力使老年维权工作落实到基层

各地公安机关抓住创建安全文明社区和推进社区警务建设等有利时机，落实责任制，不断加强日常管理和防范工作，逐步建立起较为严密的防范机制，有效地预防、减少了涉老案件的发生。在社区警务建设工作中，广大派出所民警想方设法为老年人提供服务，一些社区民警为老年人送“警民联系卡”，主动上门为老年人办理户口、证照等，有的几十年如一日照料孤寡老人、五保户，涌现出一大批爱民先进典型，受到了各级政府和公安机关的表彰，赢得了人民群众的广泛好评。

四、坚持了涉老案件优先、从快办理的原则

对涉及老年人合法权益的申诉、控告、检举和报警、求助等案件优先受理，迅速反映，妥善处理。对伤害老年人人身安全和侵犯老年人合法财产安全的违法犯罪案件，依法从严处理。对违反《治安管理处罚条例》有关规定的，及时予以相应的治安处罚，对构成犯罚的，坚决追究刑事责任。同时，针对一些地方诈骗、盗窃、抢夺老年人合法财产的犯罪比较突出的情况，组织开展了区域性专项行动，查破了一批案件，抓获了一批违法犯罪分子，维护了社会治安和老年人的合法权益。对涉及老年人的家庭暴力案件，派出所民警经常深入社区了解掌握情况，及时发现、制止暴力行为，依法处理有关人员。

五、坚持预防为主，努力为老年人提供良好的社会治安环境

各级公安机关始终把涉及老年人的矛盾纠纷作为排查的重点，坚持调防结合，预防为主，做到了及时发现矛盾，妥善处理矛盾，使许多涉老矛盾被发现在萌芽状态，解决在初始阶段。密切配合有关部门，依托基层党、团组织和人民群众，因人而异，因时而异，努力使涉老问题得到及时、合理、公正的解决。对涉老的重点案件，一些派出所还实行“回访制”，做好说服和教育工作，帮助解决实际困难和问题，尽可能消除不安定隐患，促进了代际和谐、家庭和睦、邻里团结，有效地维护了社会的稳定。同时，注重发挥老共产党员、离退休干部、老社会治安积极分子的骨干、智囊和教育下一代的作用，积极为他们提供老有所为、老有所乐的条件，使一些老年人在社会管理和社会公益事业上作出了积极的贡献。

2004 年，全国公安机关和广大民警在老年维权方面虽然做了不少工作，但也存在一些问题和薄弱环节。主要是工作发展不平衡，一些地方和民警对老年维权工作的重要性认识不足，工作的力度需要进一步加强。

全国总工会 2004 年老龄工作总结

2004 年，全国总工会及各级工会组织以“三个代表”重要思想和党的十六大、十六届三中、四中全会精神为指导，认真贯彻《中共中央、国务院关于加强老龄工作的决定》和《中国老龄事业发展“十五”计划纲要》，根据所承担的职责，结合工会工作实际，积极协助各级党委和政府做好老龄工作，特别是在维护退休职工合法权益，为退休职工办好事、实事等方面做了大量工作。主要工作有以下几个方面：

一、加强宏观参与工作力度，搞好源头维护

各级工会一直非常重视参与和退休人员切身利益相关的政策法律规的研究制定工作，加强调查研究，反映广大退休人员的愿望，做好源头维护工作。全国总工会参与了《社会保险法》（草案）、《工伤保险条例》、《社会保障监督条例》及退休人员社会化管理等法律、法规和政策的研究。在参与国家有关完善城镇社会保障体系试点的工作中，对建立社会保障体系中有关基本养老金计发办法的改革多次提出政策建议。地方各级工会及其退管组织在参与和退休人员切身利益密切相关的立法和政策制定过程中，积极向政府有关部门反映退休职工的意见和要求，还通过人大、政协等渠道及时提出政策建议，从源头上维护了广大退休职工的利益。

二、加强对相关法律法规和政策执行情况的监督，维护退休职工合法权益

各级工会退管会在参与立法和政策制定的同时，加强对现行法律法规和政策的执行情况进行监督，主要是围绕实现退休职工“老有所养、老有所医”开展调研工作，重点协助调查并了解退休职工养老金发放和医疗保障情况，了解掌握补发陈欠养老金及新的拖欠的情况，发现侵害退休职工合法权益的问题，积极向政府有关部门反映，提出意见和建议，并督促解决。如唐山市退管会在全市退管系统建立了每季一次的反馈制度，发现有拖欠退休职工养老金的情况及时深入调查研究，专题报告市领导和有关部门，并督促解决。

三、努力为退休职工办好事、实事

关心退休职工生活，帮助他们克服生活上的困难，是各级工会退管会的基本职责之一。通过多种形式的劳力互助和经济互助，尤其重点对特困群体的特殊退休职工，如鳏寡孤独、伤残退休职工和高龄退休职工等给予生活上的照顾。如北京市有80多个区、县局、总公司工会建立了1.6万支贴心人服务队，服务队员达10余万人，为退休职工等提供包括理发、拆洗被褥、陪医购药等服务，他们常年照顾2206户孤寡老人和子女不在身边的离退休老人。2004年元旦、春节期间，各级工会干部和贴心人服务队员们走访慰问退休人员7.4万户，为孤寡老人、伤、残、病和家庭生活困难的退休人员办好事实事5.56万件。上海市退管会组织基层开展尊老一条龙服务窗口活动，现已建立服务窗口2010个，已为70岁以上老人提供服务达900多万人次，免费或优惠服务金额达1500万余元，共为70岁以上老年人发放优待证156万张。上海市退管会还为退休职工建立了杭州屏风山和宁波东平湖休养基地，每年组织大批退休职工参加休养。天津市总工会、市退管会会同政府部门连续15年组织退休劳模到北戴河等地休养，2004年参加休养的人数已达1000多人。江苏省常州市退管会从1991年起就组织4000余名65岁以下的健康老人组成700多个“尊老服务组”，常年为困难退休职工服务，包括购物、送医送药、洗衣洗被、代写书信等20多个服务项目，很受退休职工欢迎。

四、大力开展送温暖慰问活动

为困难职工和退休职工送温暖是工会组织和退管会的传统服务活动，现已逐步实现了经常化、制度化、社会化。除每年元旦、春节走访慰问以外，还定期或不定期的对困难退休职工进行帮助慰问。今年元旦、春节期间，在上海市退管会的努力下，全市参加送温暖慰问活动的各级行政领导和退管干部达45067人次，有37万名退休职工得到了不同形式的帮困慰问，总金额达到了8622万元，人均200多元。上海市退管会与有关单位合作，开展了向退休职工送文化、送方便、送健康、送温暖、送光明等“五送”活动，使5000名退休职工优惠订到了《新民晚报》，近900名困难退休职工免费安装使用一年安康通呼叫器，500名退休职工得到了困难补助金，20名困难退休职工进行了白内障复明手术。天津市退管会组织走访慰问了12.6万名退休职工，解决退休职工的实际困难25675项。他们还积极落实了对3072万名孤老退休职工的生活包保制度，建立了管理服务档案，参加包保工作的6300余名积极分子与退休职工签订了《孤老退休职工包保责任书》，通过“包保”落实“确保”。江苏省退管会坚持对退休职工思想上关心，生活上照顾，“冬送温暖，夏送清凉”，每年定期或不定期走访慰问退休职工，把党和政府的温暖送到退休职工的心坎上。

五、实践退休职工医疗互助保障，减轻退休职工医疗费用负担

上海市总工会根据市政府的要求和建立多层次医疗保障制度的需要，为了缓解退休人员因住院医疗带来的经济负担，从2001年起开展了“退休职工住院补充医疗互助保障计划”。上海市退管会广泛宣传、精心组织，截至2004年底，全市已有233万名退休职工参加了“退休职工住院补充医疗互助保障计划”，有47.25万人次享受了互助保障待遇，支付金额达1.87亿元，其中享受待遇4万元以上的有15人。此项计划的实施切实减轻了退休职工医疗费负担，提高了退休职工的医疗保障水平。无锡市总工会和退管会协助中国平安无锡分公司实施了“住院医疗互助保障”，参加的退休职工达15万多人，为应参保退休职工的92%，不到半年的时间，就有7912名退休职工获得154万多元的理赔。另外，江苏省各市工会退管会根据当地实际情况，举办了不同形式的“退休职工帮困基金会”，如无锡、常州、南通等市有31万余人参加了储金会，存款余额达3385万元，为缓解退休职工的生活困难发挥了作用。

六、加强对退休职工的思想政治工作，广泛开展老年教育活动

各地工会及退管组织创造条件，组织退休职工深入学习政治，了解时事。各地工会退管组织普遍创办了老年大学，对退休职工开展政治、科学、文化、生活、保健等方面的教育。天津市退管会在自办2所老年大学的同时，还组织自办联办退休职工老年大学50多所，参加学习的退休职工达5000多人。江苏省各级退管组织现已建立老年大学360所，有1755个班，累计招收学员19万多名。各级工会退管组织充分利用现有的退休职工活动场所，采取多种形式，积极开展科学、健康、文明的文体活动，丰富退休职工的精神文化生活。上海市退休职工大学自1987年创办以来，到今年初已达147个班级、学员5526人，并建有7所分校，分校总共有班级313个，学员8997人。天津市共建各类老年活动站（室）766个，总面积达10余万平方米，参加活动的退休职工达72万多人次。全市共有文体组织3405个，经常参加活动的人数近10万人。江苏全省目前有老年活动场所5050个，常年对退休职工开放，已成为“退休职工之家”的有效载体。唐山市退管会以退休职工活动中心为龙头，带动全市退休职工文体活动向社区迈进，市退管会银凤艺术团在很多社区进行了演出，受到了包括退休职工在内社区居民的热烈欢迎。

七、创办老年经济实体，为企业和地方经济的发展服务，使老有所为具体化

部分省市退管会组织退休职工发挥余热创办经济实体，利用退休人员的技术和企业的边角余料等搞生产，不仅为国家创造了税收，减轻了企业负担，还使退休职工增加了收入，为退管事业增添了财力物力，取得了社会效益和经济效益双丰收。据不完全统计，江苏省现有退休职工自办的经济实体345家，从业人员4690人，十余年来累计生产经营总额已达88亿余元，向国家缴纳税费3.75亿元，用于退管工作经费和退休职工补助达2.5亿元。目前，上海市有退管经济实体783家，并于2002年选举产生了新一届企业协会理事会。唐山市共有退管经济实体16个，固定资产27万元。

八、做好全总机关离退休老干部服务工作

全总机关老干部局以“老有所学，老有所教，老有所为”为重点，及时向老同志传达有关文件和会议精神，组织他们参加重要会议和重大活动，定期组织政治理论学习，不定期举办各种辅导班、培训班及经验交流会。重视离退休人员党支部和班子建设，健全组织生活制度和每月两次的学习制度，通过学习贯彻“三个代表”重要思想，促进老同志思想常新、与时俱进。坚持以老干部活动中心、活动站为阵地，积极开展科学和健康养生知识讲座，本着“老有所养、老有所乐、科学健身、因地制宜”的原则，组织老同志开展丰富多彩的文化娱乐活动。保证老同志生活待遇的落实，基本达到了使老同志共享改革开放成果，生活水平逐年提高。对老同志生活中遇到的困难和问题，及时帮助解决。坚持重大节日走访慰问，定期不定期的送温暖慰问。每年组织金婚庆典、老年运动会、每月一次的“一条龙”敬老服务日。组织春游秋游活动，安排行走不便的老同志游北京城等等，以较好的服务，保证了离退休老同志健康长寿和安度晚年。

军队2004年老干部工作简要情况

2004年军队老干部工作认真贯彻党中央、中央军委和总政领导的指示精神，经过各级共同努力、圆满完成了各项工作任务，呈现出健康稳步发展的良好势头。

一、开好两个会议，牵引和推动老干部工作稳步发展

一是圆满召开了全军老干部工作暨“三先”表彰会议，经中央军委批准，总政于10月15日组织召开了全军老干部工作暨“三先”表彰电视电话会议。中央军委主席胡锦涛向大会发来贺信，代表党中央、国务院、中央军委向受到表彰的“三先”代表表示热烈祝贺，高度赞扬了广大老干部的历史功绩，对军队老干部工作和老干部工作者提出了新的要求，为做好新形势下的老干部工作指明了方向。军委徐才厚副主席出席会议并作了重要讲话。总政李继耐主任在会上作了工作报告。会议对84个先进干休所、192名先进离退休干部、106名先进老干部工作者进行了通报表彰。军委和四总部领导给“三先”代表颁发了奖牌。4名“三先”代表在会上介绍了先进事迹。全军共设249个分会场，2万多人参加了会议。这次会议规格高、规模大，主题集中，内容丰富，开得隆重热烈，取得了圆满成功。二是会同民政部、总后勤部召开了全国军队离休退休干部安置工作会议。经国务院和中央军委批准，2月27日至28日，由民政部、总政治部、总后勤部在北京联合召开了全国军队离休退休干部安置工作会议。民政部罗平飞副部长、总政唐天标副主任、总后苏书岩副部长分别在会上作了讲话；通报表彰了380名移交政府安置的先进军队离退休干部，300个安置建房服务管理工作先进单位和先进个人；印发了54份经验材料，其中12个先进单位和先进个人作了大会发言。

二、大力加强离退休干部思想政治建设，确保老干部队伍的高度稳定

一是抓好党的十六届四中会全和军委扩大会议精神的学习贯彻。下发了《关于认真组织离退休干部传达学习党的十六届四中全会和军委扩大会议精神的通知》，指导各级通过集中宣讲、召开座谈会、过组织生活等形式，深入搞好学习，切实用四中全会和军委扩大会议精神统一思想，真正把广大离退休干部关心党、国家和军队建设的政治热情引导好、保护好、发挥好。二是抓好“三个代表”重要思想的深入学习与实践。在解放军报上举办了“兴起学习‘三个代表’重要思想新高潮”征文活动。总结推广了石家庄机械化步兵学院干休所离休干部理论学习小组的经验和做法。大力宣传了沈阳军区联勤部第四干休所老干部以及上海警备区第五干休所离休干部乔登江等先进典型事迹，在全国、全军尤其是老干部和工作人员中产生了很大影响。三是不断加强老干部党组织建设。深入调查了解老干部党组织建设情况，指导各级老干部部门充分发挥老干部党组织在思想政治建设中的领导作用、党内生活中的组织作用、履行党员义务中的监督作用、密切工休关系中的纽带作用。四是抓好待安置离退休干部的教育管理。指导各级认真抓好经常性的教育管理工作，对到地方应聘、参加社团组织、出国出境的人员，严格按定规办理审批。特别强调要加强学习教育，遵守政治纪律，确保每个人的思想言行符合中央、军委和总部的规定要求。五是向中组部推荐的17名老干部、5个老干部党支部被中组部授予全国老干部先进个人、先进离退休干部党支部称号，并出席了中组部召开的“双先”表彰大会，其中兰州军区离休干部孔照田开发荒山、植树造林的事迹在“双先”会上发言后，引起强烈反响，受到了中央领导同志的充分肯定。

三、突出工作重点，加快离退休干部移交安置速度

一是按年度计划基本完成了离退休干部移交任务。纳入第五批安置计划的离休退休干部共有24100人，截至2003年底已移交政府安置15000人，2004年计划移交6700人。二是做好离退休干部安置去向审定工作。从2003年开始，已经把过去5年审报一次安置计划，改为按年度审定安置去向，落实住房补贴。2004年2万名离退休干部安置去向审定工作已结束。三是抓好伤病残退休干部移交安置工作。经军地双方审定，有887名特等、一等伤残和重症精神病退休干部纳入了安置计划，2004年已为这部分同志落实了1.3亿元的住房补贴和4000万元的医疗生活补助，移交工作正在逐步展开。

四、为离退休干部办实事、解难题，不断提高服务保障水平

努力推进干休所全面建设。一是总结推广了部分干休所服务管理方式改革的做法和经验。二是研究起草了《军队离职干部休养所建设条例》，正在修改，适时报批。三是对干休所改造计划、干休所整修计划进行了审定，研究起草了关于对全军干休所水电暖气设施设备进行更新改造的意见。认真做好离休干部“两高期”的服务保障工作。一是进一步加强对离休干部进入“两高期”后服务管理工作的研究，指导各级从医疗保健、饮食起居、心理情感等方面把服务工作做细做实。二是将1236名离休干部提高享受正大军区职医疗待遇，将3500名离休干部提高享受实报实销医疗待遇。三是给全军离休干部配发车辆450台。协同有关部门举办了全军老干部“长寿杯”知识竞赛。全军有13余万名老干部参加了保健知识学习、2000多支代表队、1万余名老干部参加了现场竞赛。经过层层选拔，全军共有19个代表队、76名老干部进入复赛，军委徐副主席及四总部有关领导观看了决赛并为获奖单位颁了奖。

五、突出抓好老干部政策研究工作，为依照法规制度指导和开展工作奠定基础

全年出台中办、国办、军办《关于进一步做好军队离休退休干部移交政府安置管理工作的意见》（中办发［2004］2号），总政、总后《关于对部分离休干部医疗费用实行实报实销的通知》（［2004］后财字第359号）等10个以大部以上名义颁发的文件。

文化部2004年老龄工作总结

2004年，文化部按照老龄工作职责，把老年文化和老年教育工作摆在重要位置，采取措施，推动老年文化和老年教育工作。

一、加大公共文化设施向老年人等特殊社会群体开放力度

为老年人提供优质文化服务，是各级文化部门的重要职责。为了进一步提高政府为全社会提供文化服务的水平，2004年3月19日文化部、国家文物局下发了《关于公共文化设施向未成年人等社会群体免费开放的通知》（文社图发［2004］7号），要求从2004年5月1日起，全国文化系统各级博物馆、纪念馆、美术馆对持有相关证件的老年人、残疾人等特殊群众参观实行门票减免或优惠，加大了公共文化设施开放力度，向老年人等社会群体免费开放。2004年各级文化行政部门和文化单位按照通知要求，积极落实了各项保障措施，保证了公共文化设施向老年人等社会群众开放，深受老年人等特殊社会群体的欢迎。

二、充分发挥公共文化设施的功能作用，积极为老年人提供优质文化服务

一是公共文化设施普遍建立了公共文化服务向社

会公示制度。全国各级各类公共文化单位都按照《公共文化体育设施管理条例》的要求，将服务对象、服务内容、开放时间、监督方式等内容，都在设施或场所的显著位置，向公众公示，方便了群众了解、使用和监督。

二是各级各类公共文化设施或场所配备必要的设施、设备和专业人员，充分发挥文化志愿者的积极作用，为老年人享受文化服务提供了便利。

三是公共文化设施在售票窗口接待、参观场所引导、图书音像材料提供以及讲解安排等方面规范服务，为老年人等社会群体参观创造了良好的服务环境。

三、推动老年教育工作

（一）继续推进文化系统老年大学试点工作。2000年文化部在河北、山西、山东、河南和辽宁5省确立10个文化系统兴办的县级老年大学试点。几年来，这些试点老年大学积极探索老年教育发展的新思路、新办法，在队伍管理、课程建设等方面，取得了一些有价值的经验，影响和带动了当地老年教育工作的开展。为了总结经验，推动文化系统开展老年教育工作，2004年8月，文化部在山西省襄垣县召开了全国文化系统老年大学试点经验交流会。会上交流了试点单位的办学经验，举办了老年教育专家讲座，参观了试点老年大学；试点老年大学还共同发出了“旨在推动全国文化系统开展老年教育工作，为我国老年教育事业普及与提高做出贡献的倡议”。这次会议进一步明确了工作思路，增进了了解，密切了联系，增强了文化系统办好老年教育的信心，达到了预期的效果。此外，为了推进基层老年大学建设，文化部在开展全国文化先进县复查和制定新的全国文化先进县标准时，增设了每个全国文化先进县须有一所老年大学的要求。

（二）修改、完善《全国老年大学（学校）管理办法（试行）》。为加强对老年大学（学校）的管理，促进全国老年教育事业的发展，文化部组织起草了《全国老年大学（学校）管理办法（试行）》（以下简称《办法》）。《办法》包含总则、管理机构、教育教学、内部管理、保障和扶持、附则。《办法》阐明了老年大学的性质，明确了老年大学的主管部门及其职责，并对举办老年大学（学校）应具备的基本条件作了明确要求，对老年大学的教育对象、教学形式、教学时间安排、学科设置、学制以及教育评价作了规定，并对老年大学在各方面的规范管理作了要求。该《办法》先后征求了中组部、老龄委、教育部、民政部的意见，进行了进一步的修订。

四、组织开展老年文化活动，丰富老年人精神文化生活

2004年，各级文化部门和文化单位组织开展了丰富多彩的老年文化活动，活跃了广大老年群众的精神文化生活，促进了老年文化活动的开展。文化部主要开展了两项示范性文化活动。

（一）第六届中国老年合唱节。自1999年国际老年人年以来，文化部已连续5年举办中国老年合唱节。中国老年合唱节作为一种导向性文化活动，深受老年人欢迎，在社会上也产生了越来越大的影响。由文化部主办，中国合唱协会和河北省文化厅协办的第六届中国老年合唱节于2004年9月24日—30日在河北省北戴河举行，来自全国19个省、市、地区41个老年合唱团2000多名老年人参加了此次合唱节。

（二）第十三届“群星奖”老年组评选活动。群星奖是文化部设立的群众文化的最高奖项，自1991年评奖活动开展以来，对促进群众文艺创作，活跃群众文化生活起到重要的作用。为进一步提高评奖质量，2003年文化部对文艺评奖进行了改革，将“群星奖”并入中国艺术节，并首次在“群星奖”奖项中增设了老年组，以引导群众文艺创作和演出向老年题材和老年人群体倾斜。第十三届“群星奖”评选活动于2004年9月在浙江省举办，经过各专家组认真评选，在音乐、舞蹈、戏剧、曲艺、美术、书法与摄影7个门类中，有35个节目获老年组“群星奖”、35个获老年组“优秀作品奖”。

新闻出版总署2004年开展老龄工作情况

2004年，新闻出版总署深入学习贯彻落实“三个代表”重要思想，十六大、十六届三中、四中全会精神，按照《中共中央、国务院关于加强老龄工作的决定》和《中国老龄事业发展“十五”计划纲要（2001年——2005年）》的要求，积极贯彻落实全国老龄工作委员会第七次全体会议精神，按照新闻出版总署承担的老龄工作职责，结合新闻出版工作实际，全面落实了年初本部门提出的为老年人办实事计划。

新闻出版总署从书、报、刊、发行、电子音像、“扫黄”“打非”等具体工作入手，以高质量的文化产品来满足老年人精神文化生活，以深入基层的舆论宣传来解决老年群体的实际问题，扎扎实实为老年人办实事，为推动老龄事业的深入开展做了大量富有成效的工作。

一、深入学习贯彻“三个代表”重要思想和十六届三中、四中全会精神，进一步增强开展老年思想政治工作的自觉性

新闻出版总署通过举办学习辅导培训班、离退休干部党支部培训班等，把学习贯彻“三个代表”重要思想活动不断引向深入。总署先后举行多次集中学习，新闻出版总署党组书记、署长石宗源在大会上先后两次带头谈学习体会，多次作动员，在紧张的工作中参加了“三个代表”重要思想知识竞赛答卷。总署党组领导除参加中心组学习外，主动参加本支部的学习，积极发挥表率作用。为了迅速在机关和直属单位及离退休干部中兴起学习贯彻“三个代表”重要思想新高潮，总署下发通知，要求广大党员干部从学习的目的、意义、主要内容等方面做出具体安排，从时间、人员、内容、效果上提出要求，并把掀起学习贯彻“三个代表”重要思想新高潮与认真组织传达学习十届全国人大一次会议、全国政协十届一次会议、中央十六届三中、四中全会、中央纪委二次会议、国务院廉政工作会议以及全国组织工作会议精神有机结合起来。通过深入学习，广大离退休干部提高了思想认识，增强了认真学习贯彻“三个代表”重要思想的坚定性与自觉性。

二、全国新闻出版行业充分认识加强老年维权工作的重要性，广泛宣传保障老年人合法权益的各项工作

我国是一个人口大国，人口老龄化、高龄化趋势日益突出。大力弘扬中华民族敬老、养老、助老的传统美德，认真做好老龄工作，切实保障老年人的合法权益，是维护社会稳定、促进经济社会发展的重要举措，也是加强社会主义精神文明建设的重要内容。全国各级新闻出版单位从贯彻落实党的十六大精神和实践“三个代表”重要思想的高度，充分认识当前加强老年维权工作的重要性，认真研究新形势下维护老年人合法权益工作的新情况、新问题，把老年维权工作放到宣传报道的重要位置，切实把宣传报道工作抓好抓实。2004年新闻宣传单位加大了对农村、经济欠发达地区以及各级领导干部的宣传力度，切实做到宣传报道动心入脑、注重时效。此外，全国新闻宣传单位，通过开设专版专栏，及时、深入、生动地关注老年人群生活状态，宣传敬老、养老、助老，弘扬中华民族的传统美德，反映老年人群的实际要求，推动全社会进一步形成尊重、关心、帮助老年人的良好的社会风尚。

三、扶持老年报刊加快发展，发挥行业优势组织出版适合老龄人群阅读习惯的的出版物

新闻出版总署进一步加大对全国老龄报刊和出版单位的扶植力度，进一步建立和完善全国老龄新闻宣传网络，对“全国老龄新闻奖”评奖等活动给予积极地支持。目前，全国的各类老年报刊70多家，月发行量近1000万份，适合老年读者阅读口味的报刊越来越受到老龄人群的欢迎，极大丰富了老年人的精神文化生活。新闻出版总署高度重视人口老龄化趋势等因素对文化产品供求的影响，利用书、报、刊、电子音像出版物等各种发行渠道，充分满足老年人群精神文化生活的需求。在2004年的主要节假日期间，在各级新闻出版管理部门的部署下，部分大中城市开展了老年人出版物专场销售活动，积极倡导全国有条件的新华书店开设老年人购书专区，提倡发行单位开展流动供应，开展了为老年人送书上门等一系列服务。2004年，在开展对贫困地区和西部地区免费赠送图书活动中，赠送了大量适合老龄人群阅读口味的图书。通过积极有效、细致入微的发行工作，贴近老年人的生活，为老年人办实事。

四、加快完成《“十五”国家重点图书出版规划》中对老龄人群有益的出版物出版工作

2004年是实施“十五”国家重点图书出版规划的第二年，已进入“十五”国家重点图书出版规划的冲刺阶段。为保证规划高质量如期完成，新闻出版总署对承担规划任务的出版单位的执行情况进行了检查。新闻出版总署在制定“十五”国家重点图书出版规划过程中，就把组织出版为老年人这一特殊群体服务的图书作为重要内容，确定了一系列丰富老年人文化生活的重点图书。到2004年底，《“十五”国家重点图书出版规划》中老年人重点图书部分落实情况良好，《中国老龄理论文库》，《中国老龄政策学习指南》、《国际老龄事业管窥丛书》、《新世纪老龄工作实用全书》、《老年生活百科全书》等重点图书的出版工作取得了进展，并将在2005年全部完成。

五、加大“扫黄”“打非”力度，继续查缴借气功健身之名，对老年人散布荒诞言论和歪理邪说，宣扬愚昧迷信和伪科学的非法出版物

在提高老年出版物的思想性、艺术性、实用性和可读性的同时，继续加强对出版物市场监管力度，集中查缴借气功健身之名，对老年人散布荒诞言论和歪理邪说，宣扬愚昧迷信和伪科学的非法出版物。2004年上半年，破获了境外邪教组织“世纪神”（又名

"东方闪电"）在陕西所印非法宣传品，该邪教组织近年来在我国境内发展迅速，其组织机构、信徒数量及活动的规模和频率等情况甚至比"法轮功"还严重。种种迹象表明，非法出版物中宣扬愚昧迷信和伪科学的出版物有所抬头，对老年人散布荒诞言论和歪理邪说，宣扬愚昧迷信和伪科学的出版物并没有绝迹，应当清醒地认识到"扫黄""打非"斗争任重道远，必须坚持经常性管理与开展集中行动及专项治理相结合，加大力度，常抓不懈。

六、开展老年人权益保障的法制宣传，进一步拓宽新闻媒体对老年人群的报道力度

在新闻出版总署的组织引导下，全国各媒体和出版单位把深入宣传《老年法》与开展敬老教育活动密切结合起来，进一步扩大了社会执法面。在全国老龄办、中宣部、教育部、共青团中央、全国妇联在全国青少年中组织开展敬老爱老助老主题教育活动后，总署积极支持有关出版单位编辑出版了《中国敬老故事精华》，收到良好的社会效果。报纸、杂志、网络等媒体，广泛深入地宣传老年人权益保障法和国家的有关政策，宣传"国际老年节"、"红领巾为老年送温暖"、"青春映照夕阳红"等走访慰问、志愿服务活动，使广大群众掌握有关的法律知识、增强维护《老年法》意识，倡导老年人科学、文明、健康的生活方式，营造敬老养老助老的文明风尚和社会氛围。

全国新闻宣传单位进一步加强舆论监督工作，对部分城镇不落实老年人养老和医疗保障、农村老年人生活保障制度不健全、老年人群贫困与遭歧视现象、老年人社会照料与服务滞后等老年人权益保障存在的问题和薄弱环节给予关注和报道，对侵犯老年人权益的不法行为给予充分的曝光。此外，各级新闻出版管理部门，进一步加强报刊的审读力度，对侵犯老年人合法权益的报道给予通报批评，并要求报道单位立即作出改正。

六、认真做好署直单位老年工作，提高服务质量，落实各项待遇

进一步加强署直离退休老干部党组织建设，定期组织老干部理论学习和形势报告会，及时向老同志通报国家的大政方针和新闻出版事业改革发展的新情况。新闻出版总署每月组织离退休老干部过一次组织生活，通过支部活动使广大老同志在思想上、行动上与党中央保持一致。节假日期间，署党组成员走访慰问了部分老同志，机关有关司（局、厅）领导走访慰问了本部门的离退休干部，对生活困难的老同志开展了送温暖活动，送去了礼品和慰问金。定期开办了书法、绘画两个学习班，每月学习4次，并举办两次书画展。进一步做好离休干部信息管理系统工作和离退休干部统计工作。

财政部2004年老龄工作总结

2004年以来，财政部以党的十六大、十六届三中和四中全会精神以及"三个代表"重要思想为指导，继续深入贯彻《中共中央、国务院关于加强老龄工作的决定》和《中国老龄事业发展"十五"计划纲要》等文件精神，认真落实《财政部2004年为老年人办实事计划》。

一、继续做好保障老年人基本生活的相关工作

一是确保企业离退休人员基本养老金按时足额发放。2004年，各级财政部门积极配合劳动保障部门，通过扩大养老保险覆盖面，核实缴费基数，清理欠费，加强对离退休人员动态管理等措施，努力增收节支，推动建立基本养老保险自求平衡机制和省级政府负责制。同时，继续加大资金投入力度。经国务院批准，财政部和劳动保障部联合出台了从2004年7月1日起增加企业退休人员基本养老金的政策，并继续向退休早、养老金偏低的人员适当倾斜。中央财政通过专项转移支付对财政确有困难的中西部地区、老工业基地及新疆生产建设兵团给予适当补助。为进一步贯彻落实农垦企业参加基本养老保险政策，财政部组织部分财政监察专员办事处对当地农垦企业参保情况进行了专项检查，并继续安排专项转移支付资金。2004年中央财政安排对企业职工基本养老保险基金的补助支出达524亿元，比去年同期增长10%。

二是加大城市低保投入力度。针对2003年第四季度以来粮食等基本食品价格持续上涨的情况，各级财政部门及时研究制定应对措施，确保低保对象基本生活不受影响。2004年初中央财政安排中西部困难地区的低保补助资金92亿元，执行中又追加了10亿元。对包括老年人在内的所有符合低保条件的低保对象，及时提供低保待遇。据民政部统计，目前符合条件的城市老年人已基本纳入保障范围，享受低保补助。

三是进一步做好企业军转干部、农村五保户和贫困残疾人等特殊群体的社会保障工作。2004年中央财政继续安排专项转移支付资金帮助地方解决部分企业军转干部“三拖欠”和生活困难问题。同时，财政部还会同有关部门制定了具体政策措施，明确了实施生活补贴的范围、标准等政策口径。为完善农村五保户生活保障制度，财政部配合有关部门下发了《关于进一步做好农村五保供养工作的通知》（民发［2004］145号），要求各地采取有效措施，确保五保供养资金及时足额发放。为做好残疾人保障工作，2004年财政部会同有关部门研究制定并由国务院办公厅转发了《关于进一步加强扶助贫困残疾人工作的意见》（国办发［2004］76号）。

四是在总结辽宁省完善城镇社会保障体系试点工作基础上，做好吉林、黑龙江两省扩大试点工作。根据国务院统一部署，2004年到2005年在吉林、黑龙江两省进行完善城镇社会保障体系试点。财政部作为国务院试点工作小组成员单位，积极参与了对吉、黑两省试点方案的制定，调整了吉、黑两省做实个人账户的规模、方式和基本养老保险待遇计发办法。试点方案确定后，财政部会同有关部门多次到吉林和黑龙江两省进行专题调研，及时了解试点工作中出现的问题并提出指导性意见。

五是针对转制单位有关政策执行中遇到的问题，会同有关部门经过认真调查分析，下发了《关于转制单位部分人员延缓退休有关问题的通知》（劳社部发［2004］11号），对转制单位部分人员延缓退休问题予以进一步明确。

六是与人口计生委联合实施农村部分计划生育家庭实行奖励扶助制度试点工作。2004年，根据《国务院办公厅转发人口计生委、财政部关于开展对农村部分计划生育家庭实行奖励扶助制度试点工作意见的通知》（国办发［2004］21号），部分地区开展了农村部分计划生育家庭奖励扶助制度试点工作，针对农村只有一个子女或两个女孩的计划生育家庭，在夫妇年满60周岁以后，由中央和地方财政安排专项资金，按人年均不低于600元的标准给予奖励扶助。该项制度的实施有利于引导基层干部更加关注农民的切身利益，有利于农村计划生育家庭老年人口社会保障机制的建立。截至2004年底，试点工作进展顺利，奖励扶助对象人数基本确定，部分奖励资金已发放到受益人群手中。

二、继续做好老年人医疗保障工作

一是会同有关部门联合下发了《关于移交政府安置的军队离退休干部及离退休干部无经济收入家属、遗属医疗保障有关问题的通知》（［2004］政干字第285号）文件，明确规定军队离休干部参加安置地医疗费用单独统筹和军队退休干部参加安置地基本医疗保险及公务员医疗补助，军队离休干部参加医疗费用单独统筹的筹资标准按当地政府的关规定执行；军队退休干部参加基本医疗保险和公务员医疗补助所需经费，由安置地劳动保障部门会同财政部门参照当地上年度退休公务员平均医疗费开支水平核定筹资标准，所需医疗经费由中央财政按足额拨付，较好地解决了移交政府安置的军队离退休干部的医疗保障问题。

二是与劳动保障部等有关部门积极研究完善关闭破产企业离退休人员的医疗保障政策。

三是落实老运动员、教练员医疗保健政策，会同有关部门联合下发了《关于对部分老运动员、教练员给予医疗照顾的通知》（国人部发［2004］52号），对十一届三中全会前获得世界冠军的老运动员及其教练员退休时给予医疗照顾，通过财政拨款和体育总局集中使用彩票公益金各安排2000万元，建立了老运动员、教练员医疗专项资金。

三、努力调整财政支出结构，支持老龄事业发展

一是为保障各级老龄机构开展正常工作和拓展业务的需要，各级财政部门将老龄机构工作经费纳入同级财政预算。2004年，中央财政安排467万元，用于中国老龄协会和全国老龄工作委员会办公室开展日常工作，以及组织“银龄行动”等各项活动所需经费。

二是安排专项经费500万元，用于支持文化部开展“群众歌咏及老年活动”，丰富老同志业余文化生活。该活动的开展，大大提高了全国各级文化部门对老年活动的重视程度，满足了老年同志日益增长的精神产品需求，发挥了较好的社会效益。

三是支持中国文化艺术界联合会实施“晚霞工程”。2004年安排100万元，为20位老艺术家出版图书，为20位老艺术家摄制电视专题片，组织一线创作人员深入生活，通过图书、影视的形式宣传一批德高望重的老艺术家及其艺术成就。

四是通过安排项目经费的方式，对老科技工作者的学术交流活动和科普工作给予大力支持。2004年安排项目经费100万元，用于支持老科技专家开展科普讲座、建设“老科技工作者之家”、实施“老科技专家志愿者科普工程”等工作。

五是支持老龄科学研究。2004年安排民政部老龄科学研究中心项目支出80万元，以支持其开展老龄科学研究。

国家发展改革委 2004 年老龄工作情况

2004 年，国家发展改革委全面贯彻落实“三个代表”重要思想和党的十六届四中全会精神，紧紧围绕我国老龄事业发展的任务和目标，按照《中共中央、国务院关于加强老龄工作的决定》和《中国老龄事业发展“十五”计划纲要（2001—2005 年）》的要求，认真履行好部门职责，积极做好老龄工作。

一、将老龄事业发展纳入国民经济和社会发展计划

2004 年是“十一五”规划的启动年，发改委在研究总署“十一五”规划前期工作时，始终将老龄事业发展作为社会发展的重要内容给予高度关注，并已将老龄事业发展纳入“十一五”规划。

二、通过政策制定促进老龄事业发展

2004 年 8 月，民政部、财政部和发改委联衔下发了《关于进一步做好农村五保供养工作的通知》，通过规范管理，落实资金，加强敬老院建设等政策，重点解决以农村贫困老年人为主体的五保户的基本生活保障问题。文件下发后，收到了很好的效果。

三、深入研究老龄问题，高度重视老龄工作

国家发展改革委将老龄人口问题提升到我国人口发展战略高度来认识，在国家经济安全课题研究中，把老龄人口作为人口安全的重要方面进行深入研究。在国务院召开的有关人口战略研究课题中，也把老龄人口问题作为重点，给予高度关注。在工作实践中，发改委也注意将老龄问题反映到社会发展领域的相关文件和政策中去。

四、努力增加投入，切实加强老年服务设施建设

利用服务业引导资金，支持社会化养老设施建设。已先后批复浙江、山东、辽宁、大连等省（市）编制的社会化养老服务发展规划，项目总投资 78381 万元。同时，还拟安排国债资金 9300 万元，总投资 10 亿元，支持辽宁、江苏、新疆生产建设兵团、贵州、云南、大连、宁波、广东等地建设社会化养老服务设施。在社区服务设施建设试点项目中，充分考虑老年人的文化、体育、卫生等特殊需要，依托社区为老年人搭建服务平台。2004 年下达 5 亿元国债资金，用于社区服务设施项目建设试点，已建成约 1000 个社区综合服务站和 200 个街道服务中心。这些设施在老年服务方面开始发挥作用。

中央国家机关工委老龄办 2004 年工作总结

2004 年，中央国家机关工委老龄办坚持以邓小平理论和“三个代表”重要思想为指导，认真学习贯彻党的十六大和十六届三中全会、四中全会精神，按照全国老龄委、工委和中组部老干局对老龄工作的要求，围绕党的中心工作，结合老龄工作的实际，积极发挥各部门离退休干部局（办、处）的作用，基本上完成了 2004 年中央国家机关老龄工作任务。主要做了以下几方面工作：

一、紧密联系老龄工作的实际，把兴起学习贯彻“三个代表”重要思想新高潮活动进一步引向深入

根据工委的统一部署，工委老龄办及时将各部门离退休干部局（办、处）组织广大老同志深入学习“三个代表”重要思想，学习十六届三中全会、十六届四中全会精神的做法、收获、体会等，通过《老年工作园地》予以刊发，在各部门离退休干部局（办、处）之间进行交流，推动理论学习与树立科学发展观相结合，与加强党的执政能力建设实践相结合，把学习进一步引向深入。

二、倡导开展走访慰问离退休老同志活动

为体现中华民族尊老敬老的传统美德和各级党组织对离退休干部的关怀，让老同志们过一个欢乐、祥和、愉快的新春佳节，2004 年春节前夕，工委老龄办根据中央精神，向中央国家机关各部门离退休干部局（办、处）发出了《关于 2004 年春节期间组织开展走访慰问离退休老同志的通知》。工委老龄办与国家民委离退休干部局、中国残联离退休干部处，共同走访慰问了国家民委北京民族印刷厂生活困难的回族退休工人邓正元和中残联退休干部、原聋人协会副主席富志伟同志。工委委员、组织部部长张德成同志参加了慰问活动。

三、积极开展有益于老同志身心健康的文体活动

4月，工委老龄办主办，中国科学院离退休干部工作局承办了中央国家机关离退休干部第二届“怡寿杯”中国象棋比赛，来自中央国家机关35个部门、38支代表队的115名老同志参加了比赛。中国科学院等代表队分获团体赛第一至八名（中国科学院代表队蝉联团体赛冠军）；国家体育总局徐家亮等同志分别获得个人赛第一至十二名；外交部等12支代表队荣获“体育道德风尚奖”。通过比赛，不仅陶冶了老同志的情操，锻炼了身体，达到了愉悦身心的目的，同时也推动了各部门老同志之间的相互交流，拓展了向社会展示中央国家机关老同志风采的平台。参赛的老同志和有关部门离退休干部局（办、处）的同志们反映，一年一度的“怡寿杯”中国象棋比赛已成为丰富和促进中央国家机关老同志文化体育生活的重要内容，也成为了联系和加强中央国家机关各部门老干部工作的重要纽带。

四、进行了有关贯彻《中共中央、国务院关于加强老龄工作的决定》和《中国老龄事业发展“十五”计划纲要》情况的调查研究

根据全国老龄办《关于检查〈中共中央、国务院关于加强老龄工作的决定〉和〈中国老龄事业发展“十五”计划纲要〉执行情况的函》（全国老龄办函〔2004〕12号）的精神，按照工委领导的要求，工委老龄办认真学习了《决定》和《纲要》，进行了自查，并先后到国土资源部、交通部等39个部门离退休干部局（办、处），就贯彻《决定》和《纲要》的基本情况，维护老年人权益情况及在贯彻落实《决定》和《纲要》中存在的主要问题等，进行调研，征求意见。中央国家机关各部门坚决贯彻《决定》和《纲要》，老龄工作不断得到加强。在贯彻落实《老年人权益保障法》方面，总的情况是好的，未发现有拖欠养老费、医疗费等问题。但存在个别部门对法律宣传、贯彻不够深入的问题，有些老同志不知道如何运用法律武器保障自身的利益，有的老同志还不知道有这部法律，也存在个别单位负责人对损害老年人权益的问题一直拖着不予解决等问题。对于贯彻落实《决定》和《纲要》，建议进一步加强老龄工作干部队伍建设，加大培训力度，采取多种形式，坚持每年定期培训，提高干部队伍素质，提高工作能力和水平，为老同志提供优质服务。建议尽快建立社会养老机制。在中央国家机关老同志中，空巢家庭、孤寡老人已占有一定比例。有些老同志希望社会上能尽快建一批中、低档的老年公寓，并有配套的医疗机构和设施，保障老年人能安康生活。有些老同志还希望进一步规范老年人的服务体系，特别对民营的养老公寓、养老院，要加强指导，进行规范。建议逐步实现中央国家机关部门老干部服务中心、活动站等活动设施的资源共享，方便更多的老同志就近在活动场所参加活动，达到互通有无，资源共享的目的。建议重视发挥老同志的余热，在自愿和身体条件允许的条件下，参加一些社会公益事业的活动或相关的咨询服务工作，发挥他们的作用。

五、发挥联络片作用，组织开展丰富多彩的庆祝中华人民共和国成立55周年活动

工委老龄办注意在老龄工作中发挥联络片的作用。“十一”前夕，召开了各联络片片长单位会议，德成同志对以联络片单位组织开展庆祝建国55周年活动，进行了动员部署。工委老龄办专门下发了通知。联络片分别举办了离退休干部书画作品展、台球比赛、象棋友谊赛、小型文艺演出等活动，老同志们踊跃参与，抒发对党、对祖国的热爱，讴歌建国55年来特别是改革开放以来党的建设、国家建设和社会发展所取得的辉煌成就，展望中华民族伟大复兴的美好前景。活动受到老同志欢迎，产生了较好的反响。

六、认真做好《老年工作园地》的信息交流工作

2004年，各部门离退休干部局（办、处）向《老年工作园地》积极报送信息，工委老龄办及时编发，进行交流，供各部门学习、借鉴，不断推动中央国家机关老龄工作的开展，全年共编发6期。

此外，根据中组部老干部局的要求，工委老龄办还协助分发了纪念邓小平同志诞辰100周年文艺晚会（老干部专场）和庆祝中华人民共和国成立55周年文艺晚会（老干部专场）的部分票证。

中直机关工委2004年老龄工作总结

中直机关工委作为全国老龄委成员单位，严格按照中央赋予的“协助有关部门协调中直机关各单位做好老龄工作”的职能，积极开展有关工作。一年来，坚持以邓小平理论和“三个代表”重要思想为指导，认真贯彻落实《中共中央、国务院关于加强老龄工作的决定》（以下简称“决定”）和《中国老龄事业发展“十五”计划纲要》（以下简称“纲要”），认真贯彻落实全国老龄工作委员会第六次全体会议精神，坚持以人为本，坚持贴近实际、贴近生活、贴近老年人，协调中直各单位积极参与全国老龄委部署的各项工作，促进了中直机关老龄事业的健康发展。

一、深入学习贯彻邓小平理论和“三个代表”重要思想，加强中直机关离退休干部思想政治建设

为了进一步推动老同志加强理论学习，中直机关各级离退休党组织在坚持组织生活制度的同时，按照中直工委的要求，注重结合老同志的特点，开展了形式多样的学习教育活动。有的单位采取组织生活会、座谈会、交流会、支部书记委员学习班等形式；有的单位通过举办“三个代表”重要思想读书班的形式过组织生活；还有的单位根据离退休老同志的建议，在离退休干部党员中开展“三个代表”百题知识问答测验活动，既丰富了学习内容和形式，又活跃了学习气氛。

二、加强调查摸底，完善联络制度

为了确保中直机关老龄工作健康有序的开展，中直工委在中直各单位老龄工作部门的大力支持下，从掌握离退休人员基本资料入手，展开了一次深入细致的调查、摸底和统计活动，进一步完善了中直机关老龄工作信息联系、通报和反馈制度，有效地加强了信息沟通和反馈，增强了做好老龄工作的主动性、预见性、实效性和针对性，在了解各单位老龄工作情况、反映突出问题、协调落实有关部署等方面发挥了积极的作用。

三、根据中直机关党建工作的总体规划，进一步加强了对离退休人员基层党组织建设的指导

结合深入贯彻2003年中直机关离退休干部党组织建设座谈会精神，深入学习贯彻十六大精神和“三个代表”重要思想，切实加强和改进中直机关离退休干部党组织的建设。中直机关离退休党员总人数为14541人，约占中直机关党员总数的30%。其中，已经建立离退休干部党委7个，党总支35个，党支部383个。加强离退休干部党组织建设，是做好离退休干部党员队伍建设的根本，也是做好离退休干部工作的重要保证。离退休干部党组织在宣传贯彻执行党的路线、方针和政策，做好离退休干部党员的教育、管理和监督，加强离退休干部党员的思想政治工作等方面发挥着重要的作用。支部领导班子建设是组织建设的关键。为此，工委要求中直各单位注意结合离退休干部队伍的特点，力求把身体好、党性强、作风正、威望高并有较强党务工作经验的老同志选进离退休党支部班子，特别是对支部书记人选进行严格的把关，充分发挥党支部的战斗堡垒作用。同时，注重协助机关党委共同做好老党员的教育和管理工作，充分发挥老党员的表率作用。

四、促进各单位开展形式多样的活动

为了调动广大老同志参加各项活动的积极性，工委认真协调各单位，精心组织，积极搭建平台，开展了形式多样的活动丰富离退休人员的精神文化生活。一年来，促进各单位组织开展了一些文化娱乐、体育健身活动，将思想政治工作寓于生动具体、灵活多样的实践活动和丰富多彩的娱乐活动中，真正使老同志老有所教、老有所学、老有所乐，有效地促进了中直机关的稳定。全国政协老龄工作部门争取到行政部门的资金支持，为老干部钓鱼协会购置渔具，组织参加了人事部、中央电视台举办的“全国助老杯”钓鱼比赛并获得了优异的成绩；人民日报社老龄工作部门在国庆前，成功举办了老同志迎国庆、贺重阳游艺游园会，金秋书画展和“我爱金台”摄影展。为了展现中直机关离退休老同志的风采，工委积极参加了全国老龄委举办的庆“七一”文艺节目征集活动，先后与中直机关中的十几个有演出能力的单位进行沟通协调，并将筛选的4家单位的老年文艺节目制成光盘报送全国老龄委。

五、积极做好工作经验的交流和推广工作

为了做好中直机关老龄工作的经验交流和推广，相互借鉴老龄工作中的好经验、好制度、好做法，共同探索新时期老龄工作的规律，达到开阔思路、推动工作的目的，于2004年上半年召开了中直机关老龄工作联络员、信息员会议。传达贯彻了全国老龄办《通知》（全国老龄办发［2004］12号）精神，还根据全国老龄工作委员会关于《决定》和《纲要》的执行情况进行检查作出部署，并要求各单位老龄工作部门从实践“三个代表”重要思想的高度，求真务实，认真对待老龄工作检查。根据工委指导的指示精神，对各单位上报的自查报告进行了分析，将其中19份典型材料汇编成《中直机关老龄工作经验材料汇编》一书，并于10月底前将800本书分发到各单位的老龄工作部门，供大家学习参考。

中央组织部2004年老龄工作总结

作为全国老龄委的成员单位，一年来，中央组织部以“三个代表”重要思想为指导，深入贯彻党的十六大和十六届三中、四中全会精神，认真落实全国组织部长会议、全国老干部局长会议和全国老龄委第六次全体会议的工作部署，充分发挥自身的职能作用，突出重点，狠抓落实，不断开创老干部工作新局面。

一、着力抓好老同志“三个代表”重要思想的学习，认真落实离休干部政治待遇

根据中央的要求，2003年底召开的全国老干部局长会议对进一步组织好老同志学习“三个代表”重要思想作出了安排部署。为了推动学习活动的深入开展，中组部及时召开部分单位老干部学习座谈会和经验交流会，总结推广开展学习活动的好经验、好做法。先后在京举办了两场中央和国家机关老同志学习“三个代表”重要思想专题报告会，有2000多名司局级以上离退休干部参加了学习。各地各部门党委（党组）高度重视这项工作，一些地方和部门的主要负责同志亲自为老同志作学习辅导，引导广大老同志联系党和国家发展的历史以及个人的革命经历，联系改革开放的新形势深入学习“三个代表”重要思想。各级党委组织部门和老干部部门充分发挥离退休干部党支部的作用，组织广大老同志认真研读江泽民同志《论“三个代表”》等一系列重要著作，并通过组织报告会、经验交流会、培训班、就地就近参观活动等形式，增强学习效果。广大老同志学习热情很高，不顾年老体弱，积极参加单位组织的学习活动，进一步加深了对“三个代表”重要思想的理解和认识。此外，在进一步发挥老干部、老战士、老专家、老教师、老模范作用方面积极开展工作，会同中国关心下一代工作委员会等部门，联合下发《关于发挥“五老”队伍在加强和改进未成年人思想道德建设中的作用的通知》。

二、筹备召开全国“双先”表彰大会，表彰和宣传了一批老干部先进个人和先进离退休党支部

2004年2月份，下发了《关于推荐全国老干部先进个人和先进离退休干部党支部的通知》，各地各部门按照中组部的要求，在本地区、本部门广泛开展评先选优活动，并以此为契机，大力促进老干部工作各项任务的深入开展。10月22日至23日，全国老干部先进个人和先进离退休干部党支部表彰大会在京隆重召开，胡锦涛总书记为大会作了重要批示，曾庆红等中央领导亲切接见了与会人员，向受表彰的400名老干部先进个人和150个先进离退休干部党支部的代表颁了奖，并作重要讲话。贺国强同志主持会议，对贯彻落实好会议精神提出明确要求。在“双先”表彰会召开后，紧接着召开了全国老干部局长会议，王东明同志讲话，总结了2004年的老干部工作，对2005年工作作出安排。

三、督促各地进一步完善“三个机制”，切实保证离休干部“两费”得到落实

指导各地继续认真贯彻中办厅字［2000］61号和组厅字［2003］18号文件精神，积极推广辽宁、天津、青海的经验，狠抓“三个机制”的建立和完善。各级组织部门、老干部部门在推动“三个机制”的有效运转上，做了大量富有成效的实际工作。截至2004年底，全国各地离休干部“三个机制”基本建立，绝大部分地区和单位的“三个机制”已经走上正轨，确保了离休干部离休费基本能按时足额发放，医药费旧的拖欠在逐步解决，新的拖欠得到有效控制。

四、老干部活动中心、老年大学工作扎实推进，丰富了老同志的精神文化生活

重点对云南、福建等地老干部活动中心、老年大学工作的情况进行了检查指导，分别组织召开了部分省区市和中央国家机关部委老年大学工作情况交流会。各地各部门高度重视老干部活动中心、老年大学工作，依托老干部活动中心、老年大学，纷纷举办书法、绘画、电脑、舞蹈、音乐、摄影等各种学习班、培训班，组织老同志开展书画展、体育竞赛、老年艺术节等各种文体活动。截至2004年底，各地老干部活动中心离退休干部日均活动人数已达150多万人，参加老年大学学习的学员近60万人。

中组部还积极做好各项重大活动的组织工作。年初，会同人事部、总政治部、北京市委举办了在京老同志迎春茶话会、在京老同志迎春联欢晚会等系列活动，万余名老同志及其家属参加。配合有关部门，组织了邓小平同志诞辰100周年纪念活动、建国55周年庆典及纪念任弼时同志诞辰100周年座谈会等。筹办了中组部机关第一届老年艺术节，通过歌舞演出，书画展览等，展示了部机关老同志风采，得到了老同志和机关上下的广泛赞誉。

五、深入开展调查研究，积极做好舆论宣传和信息工作

年初，总结表彰了2003年度全国老干部部门优秀调研报告，并对2004年调研工作作出部署。各级老干部部门围绕中组部确定的加强对改制企业和破产企业离休干部管理服务、加强离退休干部党支部建设、老干部党员保持共产党员先进性等调研课题，组成课题组，以求真务实、与时俱进的精神研究新情况、新问题，形成了一批有价值的调研报告，为领导决策和制定政策提供了科学依据。许多地方和部门积极将调研成果转化和运用到实际工作中。分别到江西、甘肃、四川等地进行调研，会同有关部门专门研究了国有改制、破产企业离休干部管理和服务的问题。

老干部工作的宣传、信息工作也得到进一步加强。尤其在全国老干部“双先”表彰大会召开前后，在中央新闻媒体宣传了一些“双先”典型事迹，同时，通过《中国老年报》、中央电视台“夕阳红”栏目作了深入、全面报道。继续办好《老干部工作情况交流》，扩大信息量，增强指导性，截至11月底，共印发30多期，采用各地各部门来稿400余篇。举办了两期全国老干部部门信息管理工作培训班，推动了老干部部门信息化建设工作。

六、深化和拓展“树组工干部形象”学教活动，大力加强老干部工作队伍自身建设

指导各级老干部部门积极开展深化和拓展以公道正派为主要内容的“树组工干部形象”集中学习教育活动，结合老干部工作实际，深入查找和解决了一批妨碍公道正派的突出的问题，有力地促进了老干部管理服务工作水平的提高。同时，为切实加强新形势下老干部部门领导班子建设，举办了两期全国老干部局长轮训班，160名老干部部门的负责同志参加了培训。一些地方积极推广组织部副部长与老干部局局长互相兼职的做法，在加强领导、协调有关单位做好老干部工作中发挥了重要作用。各级老干部部门在老干部工作人员的培训工作方面，也做了大量富有成效的工作。

人口计生委2004年老龄工作总结

2004年，人口计生委牢固树立和落实以人为本的科学发展观，从加强党的执政能力建设的高度，在推动人口和计划生育工作稳步发展的同时，老龄工作也取得了新的进展。

一、开展国家人口发展战略研究

进行国家人口发展战略研究在我国尚属首次。开展这项工作是党中央、国务院做出的重大战略部署，被列入《国务院2004年工作要点》，于2004年2月27日正式启动。经温家宝总理批示同意，人口计生委成立了国家人口发展战略研究课题组，由蒋正华、徐匡迪和宋健等领导同志牵头，包括两院院士在内的300余位有关方面的专家学者，参与了联合攻关研究。这项研究主要包括三大重点课题，即以人为本，全面、协调、可持续发展观研究；人口发展态势研究；人口与经济、社会、资源、环境重大关系问题研究。每个重点课题中又包含若干子课题，老龄化问题及其对策的研究是人口发展战略研究的重要方面。与此同时，人口计生委加强了长三角、京津冀、东北地区等区域人口发展战略研究的指导和协调。到2004年底，国家人口发展战略研究课题总报告思路和框架已经初步确立。该报告将为“十一五”国民经济和社会发展规划的制定提供扎实可靠的人口基础数据、基础依据和政策建议。

二、认真组织开展全国农村部分计划生育家庭奖励扶助制度试点工作（以下简称奖励扶助制度试点）

奖励扶助制度试点是当前和今后一个时期人口计生工作要集中力量抓好的三件大事之一，受到党中央、国务院的高度重视。2004年2月，在国务院的统一部署和指导下，试点工作在四川、云南、甘肃、青海省和重庆市全省（市），以及河北、山西、黑龙江、吉林、江西、安徽、湖南、贵州等10个省各1个地（市）正式启动，对农村只有一个子女或者两个女孩的年满60周岁的计划生育夫妇，按每人每年不低于600元的标准发放奖励扶助金，直至亡故为止。奖励扶助资金由中央和地方财政安排专项资金，分别纳入当年财政预算。

据统计，2004年，参加国家试点的地区，共有奖励扶助对象309949人，奖励扶助专项资金预算为2.12亿元。其中，中央财政负担1.61亿元，地方财政负担0.51亿元。国家在中西部试点的同时，鼓励东部省份按照国家统一要求自行试点。未列入国家试点的上海、广东已全面开展这项工作；内蒙古、辽宁、江苏、福建、山东、大连、青岛等省（区）和计划单列市，也积极完善相应的政策措施，在不同范围内自行开展试点，江苏计划在2004年试点的基础上于2005年在全省范围内推广实施；北京、天津、海南、广西、宁波和厦门等地，计划在2005年实施。据不完全统计，2004年，自行试点省（区、市）共有奖励扶助对象107252人，奖励扶助专项资金预算5673万元，全部由地方财政负担。

在当前农村社会保障体系还比较薄弱的情况下，该奖励扶助制度试点的开展不仅将有利于缓解农村计划生育夫妇的养老困难，而且有利于缓解全社会人口老龄化带来的压力。

三、指导各地实施有利于解决农村计划生育家庭养老后顾之忧的利益导向政策，组织开展计划生育困难家庭救助活动

在认真组织实施奖励扶助制度试点工作的同时，人口计生委注重政策的协调与配套，继续指导各地执行和完善已出台的有利于解决农村计划生育家庭养老后顾之忧的各项计划生育奖励优惠政策，把实施奖励扶助制度与计划生育“三结合”、救助计划生育困难家庭活动和救助贫困母亲的“幸福工程”等工作结合起来。如：浙江省绍兴市利用城镇职工基本养老保险“扩面”的机遇，采取“低门槛准入、低标准享受”的办法，从“双农独女户”起步，逐步扩大到其他农村计划生育对象；内蒙古赤峰市开展了多种形式的“绿色养老保险”，将一定数量的集体林地等生产资料划给独生子女户和两女户长期或短期使用，使他们通过投入劳动获得经济收益，用于养老或增强未来养老能力；很多地方采取小额贷款、项目优先、科技扶持、政策优惠等措施，帮助计划生育户增加经济收入，优先保障计划生育贫困户的基本生活需要；在一些实行农村最低生活保障制度的地方，对计划生育家庭也实行优先优惠政策；各地一般都实行了独生子女父母优先入住敬老院的政策；很多地方对农村独生子女义务教育实行减免学杂费、升学加分等优惠政策，帮助他们把孩子培养成材，提高家庭未来的养老能力等。各地积极开展了计划生育困难家庭救助活动，江苏、浙江、江西、山东、湖南、贵州、甘肃等省市开展了不同范围、不同内容救助试点工作。在这些救助活动中，实行计划生育的贫困老年人口是各地的重点救助对象之一。“幸福工程”实施9年来，致力于帮助贫困母亲治穷、治愚、治病。到2004年底，已经在全国29个省（自治区、直辖市）建立了省级机构，在300多个县（区、市）建立了项目点，累计投入资金2亿多元，免费下发价值1000多万元的各类治疗妇科病的药品和医疗器械，累计资助贫困母亲13万余人，惠及家庭人口近60万人。

全国妇联老龄工作协调委员会第三次全体会议纪要

2004年3月11日，全国妇联老龄工作协调委员会召开第三次全体会议。此次会议是在中国妇女九大胜利召开、全国妇联新一届书记处组成后召开的首次全国妇联老龄工作会议。全国妇联副主席、书记处第一书记、全国妇联老龄工作协调委员会主任黄晴宜发表重要讲话。全国妇联副主席、书记处书记、全国老龄工作委员会委员、全国妇联老龄工作协调委员会副主任沈淑济传达了全国老龄工作委员会第六次全体会议精神和中共中央政治局委员、国务院副总理、全国老龄委主任回良玉的重要讲话。会议调整了全国妇联老龄工作协调委员会组成人员，总结了老龄妇女工作的开展情况，布署了2004年的工作。

黄晴宜在讲话中指出：老龄问题是关系国计民生和国家发展的重大社会问题，中国的老龄问题很大程度上是老龄妇女问题，需要社会和妇联组织给予极大的关注和重视。老龄妇女工作是妇女工作的重要组成部分，做好老龄妇女工作是时代发展赋予妇联组织的崇高使命，是我们义不容辞的责任，是践行“三个代表”重要思想的具体行动。全国妇联的老龄妇女工作在全国老龄委的指导和秀莲同志与上一届书记处的领导下，机关各部门、各直属单位积极参与、通力合作，各地妇联因地制宜、扎实工作，取得了一定成绩，得到了全国老龄委的肯定。

黄晴宜要求：各成员单位和各级妇联要从改革发展稳定的大局出发，进一步认识做好老龄妇女工作的重要性和紧迫性。要紧紧围绕党和国家的中心工作，密切结合妇联的各项主体业务，从党政所急、老年妇女所需、妇联所能的角度明确老龄妇女工作定位，开拓创新，求真务实，齐抓共管，齐心协力，切实为老年妇女办实事，做好事，解难事，推动老龄妇女工作迈上新台阶，开创新局面。

全国老龄委办公室联络部主任程勇到会介绍了全国老龄工作形势和工作要点。会议由全国妇联副主席、书记处书记陈秀榕主持，全国妇联书记处书记甄砚出席了会议。机关各部门、有关直属单位主要负责人等参加了会议。离退休干部局总结了全国妇联老龄妇女工作的开展情况，提出了下一步工作安排。宣传部、发展部、权益部及妇女研究所等部门和单位在会上发言，交流了老龄妇女工作的开展情况。

2005年首都“夕阳·巾帼”书画工艺美术作品展概述

首都“夕阳·巾帼”书画工艺美术作品展2005年8月22日在中国妇女活动中心开幕。全国妇联副主席、书记处书记沈淑济主持开幕式。全国人大副委员长、全国妇联主席顾秀莲，全国妇联副主席、书记处第一书记黄晴宜出席展览开幕式。顾秀莲副委员长，黄晴宜副主席为开幕式剪彩。北京市妇联荣华为开幕式致贺词。

黄晴宜讲话指出，1995年第四次世界妇女大会在北京成功召开，在国内外产生了重大而深远的影响，有力地推动了全球妇女运动的发展。会议通过的《北京宣言》和《行动纲领》成为推动全球妇女运动的纲领性文件。首都“夕阳·巾帼”书画工艺美术作品展作为第四次世界妇女大会十周年的纪念活动之一，展示了首都各界老年妇女孜孜不倦，不断进取的成果，反映出她们追求平等，寻求发展，热爱和平的美好心愿。

此次展览是由全国妇联老龄工作协调委员会和北京市妇联主办，全国妇联老年书画研究会和老年工艺美术研究会协办。展览为期7天。首都各界老年妇女对这次“夕阳·巾帼”书画工艺美术作品展表现出了积极的参与热情，她们中有干部、工人、农民、教师、军人、社区居民等，其中年纪最大的已有91岁高龄，展品共260余件，其中书画作品120余幅，工艺美术作品140余件。

“爱心助成长”志愿服务计划情况介绍

为贯彻落实《中共中央、国务院关于进一步加强和改进未成年人思想道德建设的若干意见》和全国加强和改进未成年人思想道德建设工作会议精神，充分发挥中老年人特别是健康低龄老人在教育引导未成年人方面的积极作用，共青团中央、中国关工委、全国老龄办、全国少工委于2004年9月共同实施了“爱心助成长”志愿服务计划（以下简称“成长计划”）。成长计划按照公开招募、自愿报名、组织选拔、经常服务的方式，招募热心未成年人教育工作、有责任心的健康低龄老人及部分中青年人注册为成长计划志愿者，组建以“五老”（老干部、老战士、老专家、老教师、老模范）为主体、吸收中青年人参与的专门志愿者队伍，围绕加强和改进未成年人思想道德建设开展志愿服务，帮助青少年解决学习、生活、心理等方面的问题。成长计划以贴近实际、贴近生活、贴近未成年人为出发点，着眼于构建长效工作机制，推动未成年人思想道德建设的长期化、制度化和社会化。工作内容包括假日社区德育志愿行动、爱国教育宣讲志愿行动、护苗志愿行动、场所监查志愿行动和关爱志愿行动。

自2004年9月实施以来，成长计划在天津、哈尔滨、杭州、成都、银川等5个城市进行先期试点的基础上，已在全国101个大中城市进行大规模试点。试点城市积极发挥中老年人的亲情优势和人力资源优势，以志愿服务方式参与未成年人思想道德建设，初步建立了动员招募、选拔培训、注册管理、考核表彰等比较完善的项目操作流程和一系列相应管理制度，开展了丰富多彩的志愿服务活动，积极探索了成长计划的长效工作机制建设，为成长计划的广泛开展提供了宝贵经验。

2005年“六一”儿童节前，团中央专门下发了《关于在“六一”儿童节前后开展“爱心助成长金晖映朝霞”主题活动的通知》，将每年的6月1日确定为“爱心助成长”志愿服务主题日。

2003年全国教育系统老龄工作座谈会纪要

为深入贯彻落实《中共中央、国务院关于加强老龄工作的决定》和党的十六大关于“继续做好离退休干部工作”的指示精神，教育部于2003年12月3日在北京召开了全国教育系统老龄工作座谈会。18个省、市、自治区教育行政部门和19个直属高校、直属单位的老龄工作及离退休干部工作部门负责人共40多人参加了会议。教育部党组副书记、副部长张保庆同志出席座谈会并发表重要讲话。教育部离退休干部局局长孙成华同志主持会议。

本次座谈会主题是：以“三个代表”重要思想为指导，进一步加强全国教育系统老龄工作。会议交流了各地、各单位老龄工作的经验和做法；分析了新时期老龄工作的新情况、新特点；研究探讨了教育系统老龄工作存在的困难和问题；提出了进一步加强和改进教育系统老龄工作的思路、建议和措施。11个省市教育部门和高等学校的代表分别以“以老干部工作领导责任制为抓手，全面推动老干部工作贯彻落实”、“用‘三个代表’重要思想指导离退休工作”、“加强调查研究，有针对性地做好老龄工作”、“适应高校特点，做好老龄工作”、“积极探索，努力实践，与时俱进，争创一流”、“认真贯彻《决定》精神，努力做好教育系统老龄工作”、“尊老敬老掌握规律，齐抓共管发展稳定”、“深怀尊老之心，恪守敬老之责，善谋利老之事，实践‘三个代表’做好老龄工作”、“立党为公，就要硬化责任，执政为民，还要量化标准”、“实践‘三个代表’重要思想，努力做好新形势下的离退休工作”、“夕阳无限好”等为题作了大会发言和多媒体演示。

张保庆副部长在认真听取了大家的发言后，深入分析了新形势下老龄工作的情况和特点，对贯彻落实中央决定，进一步做好教育系统老龄工作和老龄工作队伍建设着重提出四点要求和希望：

（1）要进一步重视教育系统的老干部工作和老龄工作。（2）要认真贯彻落实中央、国务院有关老干部工作和老龄工作的各项方针、政策。（3）要不断加强老干部工作和老龄工作队伍的自身建设。（4）要进一步加强对老干部工作和老龄工作的协调、领导。

与会代表在分组讨论中，一致赞成并拥护张保庆同志的讲话。代表们表示，回去后一定要及时向主管领导汇报，认真落实保庆同志讲话精神，进一步做好老龄工作和老干部工作。同时，代表们还结合本地区、本部门的工作实际和本人的体会就进一步加强教育系统老龄工作，做好离退休干部的服务管理工作提出许多建设性的意见和建议。

北京市老龄工作重要会议和活动概述（2003—2005）

2003年

2003年北京市各界老年人迎新春茶话会：1月25日，北京市老龄工作委员会举办了“北京市各界老年人迎新春茶话会”。全市老劳模、老知识分子、老军人、老干部、老年农民等代表观看了演出。参加大会的有国家民政部副部长、全国老龄工作委员会办公室常务副主任李宝库及北京市政府有关领导。

北京市老龄委召开第六次全体会议：3月28日在市政府第三会议室召开。会议听取了关于2002年北京市老龄工作情况的汇报，审议了2003年北京市老龄工作要点，听取并讨论了《关于做好帮扶空巢家庭老人工作的意见》、《开展敬老助老先进个人评选表彰活动的意见》和《开展评选“北京市健康老人”活动的方案》的说明。北京市政府有关领导作重要讲话。市老龄委委员出席了会议。

首届北京市健康老人评选活动：6—10月成功举办了首届“北京市健康老人评选活动”。在18个区县广泛开展，历时近4个月，评选出了10000名“健康老人”，从区县推荐出的200名“健康老人之星”候选人中，经过基本状况评估、体能、营养测试、心理测试、才艺四方面测试和专家评审，评选出100名“健康老人之星”，于10月4日重阳节在宣武区陶然亭公园召开表彰大会。北京电视台录制播出了《九九精气神—北京市健康老人庆重阳电视晚会》。

“新秧歌培训班”：7月15日—18日成功举办了为期3天的“新秧歌培训班”。来自全市18个区县的社区老年文体活动的骨干共36名参加了培训，为推动基层文化活动的开展打下了良好基础。

北京市城乡社区试点工作现场会：2003年9月28日，在东城区和顺义区召开，全面总结推广了试点工作成果和经验。通过试点，探索出一条在居(村)委会领导下，以社区老年人协会为抓手，以社区老年福利服务设施为阵地，以社区老年人民主自治为基础，以完善6个为老服务体系为任务，以实现“六个老有”为目标，社区单位和居民广泛支持的社区老龄工作体制和运行机制，有力地推动了基层老龄工作的开展，促进了全市老龄工作整体水平的进一步提高。

敬老助老先进个人评选：首次评选出在全市各行各业中涌现出的500名敬老助老先进个人，12月16日在北京会议中心召开表彰大会。北京市政府有关领导出席会议并讲话。北京市老龄工作委员会成员单位的有关领导、来自18个区县的敬老爱老先进个人代表参加了会议。

北京市敬老先进居(村)委会、敬老助老先进个人表彰大会：12月16日，在北京会议中心召开，表彰了77个敬老先进居委会、123个敬老先进村。通过这项活动的开展，促进了“六个老有”在基层的全面落实，在社区营造了良好的尊老、敬老和重视老龄工作的社会氛围，取得了良好的社会效果。

2004年

北京市迎新春敬老慰问演出：1月17日，北京市老龄工作委员会在北京剧院举办北京市迎新春敬老慰问演出，邀请了东方歌舞团作专场演出，各界老年代表近1000人观看演出，得到了老年观众的热烈欢迎。

“老有所为在社区”学术研讨会：2月，会议在市老年活动中心召开，会议收集会议论文30余篇，80余位相关领域的与会专家教授和实践工作者就“老有所为”在社区建设实践中的作用、意义和实现形式等问题进行了积极而有益的探索。

首届“珍奥杯”全国银龄美大赛北京赛区选拔赛：9月23日—24日，举办了首届“珍奥杯”全国银龄美大赛北京赛区选拔赛。来自全市的100余位老年人为竞选“北京最美老人”头衔展开角逐，经过初、决赛，评选出银龄美北京赛区金、银、铜4位获奖者。10月8日起，4位获奖者参加了全国银龄美大赛复赛，经过激烈角逐，北京选派的4位选手全部进入决赛。杜婉琴、李珂获得全国银龄美大赛金奖，金英子获得了最佳时尚奖，这3位老人同其它省市的9位老人同时被授予“中国老年人形象大使”的称号，成为珍奥集团的形象代言人。赵志毅同进入决赛的19位选手获得了“中国魅力老人”荣誉称号。北京市老龄协会获得首届“珍奥杯”全国银龄美大赛“优秀组织奖”。

基层社区老年人协会座谈会：2004年9月24日，在海淀区西三旗街道组织召开了北京市社区老年人协会建设工作座谈会，北京市民政局副局长、北京市老龄工作委员会办公室副主任吴文彦主持了会议并讲话。全国老龄工作委员会办公室政研部主任金钊对北京市社区老年人协会建设情况给予了充分的肯定，并对如何加强社区老年人协会工作提出了意见；北京市老龄工作委员会办公室副主任、北京市老龄协会常务副会长白恩良从老年人协会组织建设、制度建设、运行机制和发挥作用等四方面总结了老年人协会基本情况和经验做法。

重阳敬老慰问演出：10月22日，北京市老龄办在全国政协礼堂举办了慰问老年人的京剧演出《四郎探母》，北京市老龄工作委员会副主任、民政局局长赵义到会并致辞，向广大老年人表示节日问候。10月23日，北京市老龄办在天地剧场举办了慰问老龄工作者的杂技演出，演出前北京市民政局局长、老龄工作委员会副主任赵义致辞，向全市老龄工作者表示慰问。

“敬老爱老助老主题教育活动”启动仪式：5月20日，由北京市老龄工作委员会办公室、北京市委宣传部、北京市教委、共青团市委、北京市妇联联合发起的敬老爱老助老主题教育活动正式启动。启动仪式上向中小学生赠送了《中国敬老故事精华》，发出了倡议书，还组织领导、老年人、中小学生、青年志愿者、“五好家庭”穿上“高龄老人生存障碍教具”体验做老人的感受。通过使用“高龄老人生存障碍教具”，不同人群亲身感受、体验到老年人在生活中的诸多不便和困难。

敬老爱老助老主题教育活动报告会：10月19日召开了北京市敬老爱老助老先进事迹报告会，取得了良好的社会效果。还参加了全国敬老评选活动，79名获得“孝亲敬老之星”、2名获得“中华孝亲敬老楷模”提名奖和楷模特别奖。

2005年

北京市老龄工作委员会第八次全体会议：3月15日在市政府第三会议室召开，会议传达了回良玉副总理在全国老龄委第六次全体会议上的讲话精神，审议了《关于北京市老龄工作2004年基本情况和2005年安排意见的报告》和《〈北京市“十五”时期老龄事业发展规划〉落实情况的报告》。副市长、市老龄工作委员会主任吉林出席会议并讲话。

“空巢”帮扶工作座谈会：2005年5月20日在顺义区召开，总结和推广帮扶工作典型经验。会上市老龄办与民政局、卫生局、公安局联合下发了《关于在基层社区建立“空巢”家庭老人帮扶服务网络的实施意见》，指导基层在社区建立完善为老年人保障安全的安全服务网、为老年人提供医疗服务的医疗服务网、为老年人生活提供方便的生活服务网、为老年人提供精神需求服务的温情服务网“四网合一”的“空巢”帮扶服务网络。

纪念中国人民抗日战争暨世界反法西斯战争胜利60周年——北京市老年合唱大赛：该活动由北京市老龄办、中国音乐家协会合唱联盟和市老干部局共同举办，共有136个老年合唱团报名参赛。经过初赛八场，决赛四场的激烈角逐，5月24日在国图音乐厅，举行纪念中国人民抗日战争暨世界反法西斯战争胜利60周年——北京市老年合唱大赛颁奖音乐会。市人大副主任范远谋，市政协副主席张和平，中国音乐家协会副主席、分党组书记、作曲家徐沛东参加了颁奖音乐会。该活动获得由中国文学艺术界联合会、中国音乐家协会、厦门市人民政府颁发的纪念中国人民抗日战争暨世界反法西斯战争胜利60周年的“全国合唱比赛优秀组织奖”。

北京市第二届健康老人评选活动：6月—10月，经专家评审，评选出万名健康老人，并从中评选出100名“健康老人之星”。评选内容包括体能、营养、心理及才艺展示4个方面。同时评选出十位获得特殊称号的老人。成功录制了《“庆重阳·爱在人间”——第二届北京市健康老人颁奖晚会》，晚会于10月13日播出。

安装紧急医疗救援呼叫器（简称“一按灵”）启动仪式：为了加大对“空巢”家庭老年人的帮扶力度，依托北京急救中心120急救呼叫网，建立健全北京市“空巢”家庭老年人紧急医疗救援网络。北京市老龄协会和北京120急救中心携手为城八区有特殊困难“空巢”家庭老年人安装紧急医疗救援呼叫器。9月26日，在城区银龄呵护中心举办了安装启动仪式，参加仪式的领导有北京市民政局副局长、北京市老龄工作委员会办公室副主任吴文彦，市老龄协会常务副会长陈宝全，市老龄协会副会长李文斗，市急救中心主任赵永春等。

“九九重阳——我陪父母看演出·亲情陪伴”文艺晚会：10月11日—13日，北京市老龄工作委员会办公室、共青团市委共同举办了3场“我陪父母看演出”活动，该活动推出了一种“孝亲敬老文化”新理念，由子女陪老人观看演出，一起过重阳节，收取一定门票费用，同时也得到了相关部门的支持和帮助。通过这次活动告诉子女一种孝敬父母的新途径、新方法。

北京市老龄工作各项业务进展（2003—2005）

老年维权工作

3年间，北京市以贯彻落实《中华人民共和国老年人权益保障法》和《北京市老年人权益保障条例》为主线，认真做好老年人合法权益的维护工作。市老龄办、司法局和公安局联合下发了《关于加强维护老年人合法权益工作的意见》，建立健全了市、区（县）、街（乡）、村（居）委会四级维权工作网络，并积极开展老年人权益保障工作。成立了区县老年维权服务工作协调小组，有316个街、乡、镇建立了老年维权服务协调组织，6000多个居（村）委会设立了老年维权联络员。初步形成了以司法、公安、民政、劳动等有关部门组成的老年维权工作组织网络，为老年维权工作提供了组织保障。各界司法工作为老年人提供法律援助和法律服务，广大律师把尊老、敬老和帮助特困老人摆脱困境作为自己的社会责任，对老年人实行“优先优惠”政策。在实施援助时，老年人可以不用排队，优先接待。只要是符合法律援助条件的，积极为老年人提供诉讼代理、法律咨询、代书、调解等法律服务，为老年人办理遗嘱公证、遗赠抚养协议公证、赡养协议公证等，有的还能根据老年人的特殊要求上门办理公证。在“非典”流行期间，还能到当事人所在地办理公证。在老年人的来访接待工作上，能够做到来信、来电、来访件件有回音，事事有结果。

组织了北京市贯彻落实《中华人民共和国老年人权益保障法》和《北京市老年人权益保障条例》情况的检查。对《关于加强社会敬老优待服务工作的意见》（京政办发［1999］81号）贯彻落实情况进行了督促检查。召开了社会敬老优待服务承办单位负责人会议部署检查，成立检查领导小组，分赴市属各敬老优待服务承办单位进行全面检查。各级政府、各涉老部门都能按照要求为广大老年人提供了方便快捷的服务。通过检查看到，老年人对北京市的敬老优待服务工作基本满意。

为老服务业发展

3年间，北京市面向老年人的居家服务和机构养老服务市场已经初步形成，制定了《资助社会力量兴办社会福利机构实施细则》，明确了资助对象、条件、资金补助实施办法以及相关要求。老年卫生保健用品和休闲娱乐用品等开始进入市场；综合养老机构的业务不断拓宽；老年教育服务的形式和内容有所增加；网络服务开始进入老年人的生活。

基层社区老龄工作

三年间，共建成城镇社区“星光老年之家”2343个（社区项目2252个，中直机关大院社区18个，部队大院社区73个）。农村也从实际和需求出发，改造新建了不同类型不同规模的为老服务设施，基本达到了“三室一场一校”的功能标准。在管理和服务工作上也作了一些有益的探索，推广了经验，较好地发挥了其为老服务功能，为老年人提供了较好的服务，深受老年人欢迎。

狠抓了城乡社区老龄工作试点，组织召开了北京市城乡社区老龄试点工作现场会，全面总结推广了试点工作成果和经验。通过试点，探索出一条在居（村）委会领导下，以社区老年人协会为抓手，以社区老年福利服务设施为阵地，以社区老年人民主自治为基础，以完善6个为老服务体系为任务，以实现“六个老有”为目标，社区单位和居民广泛支持的社区老龄工作体制和运行机制，有力地推动了基层老龄工作的开展，促进了全市老龄工作整体水平的进一步提高。民政部副部长、全国老龄办常务副主任李宝库在视察北京市试点单位时，对北京市试点工作给予了高度的评价。分别为北京市城乡试点单位作了“争创全国老龄模范社区”和“基层老龄工作的典范”的题词。

开展了空巢家庭老人和特困老人帮扶救助工作。下发了《关于做好帮扶空巢家庭老人工作的意见》，对全市空巢家庭老人进行帮扶。各级教育、工会、妇联、共青团等部门积极组织社区为老服务志愿者队伍，在社区开展了多种形式的为老服务活动。工会系统的1.6万支“贴心人服务队”约10万名队员，常年活跃在各个企业和社区中，为孤寡老人、空巢家庭老人和退休人员服务。

开展了创建“敬老先进居委会、敬老先进村”活动，全市共表彰了3批、532个先进居（村）。2005年完善了“双创建”评比表彰制度，评比不受年度制约，不给固定名额，严格按考核标准衡量，达到先进标准一个评比一个，对100个敬老先进社区居委会、敬老先进村以及10个创建标兵进行命名表彰。通过自下而上的创建工作，加强了基层社区老龄工作组织建设，形成了良性的运行机制；促进了老年福利服务设施的建设，提升了服务能力；使基层社区为老服务工作逐渐系列化、规范化；加强了老年法律宣传教育，有力地保障了老年人的合法权益。

按照全国老龄工作委员会《关于在全国开展创建老龄工作先进县（市、区）活动的通知》（全国老工委发［2003］3号）要求，全市开展了创建“全国老龄工作先进区（县）”活动。结合实际制发了《关于对创建全国老龄工作先进区县工作进行检查考核的通知》和《北京市创建全国老龄工作先进区县检查考核标准》，本着公开、公正、公平的原则，对全市13个申报先进的区县进行了检查考核。最后，东城、房山、顺义3个区被评为“全国老龄工作先进区”，北京市法律援助中心、北京市老干部健身中心、北京市老年体育协会和西城、朝阳、海淀、石景山、平谷区老龄委8个单位被评为“全国老龄工作先进单位”。

做好新形势下的农村老龄工作。在2003年城乡基层社区老龄工作试点的基础上，组织召开了农村老龄工作座谈会，各区县交流了开展农村老龄工作经验和做法，研究探讨了解决农村老龄工作问题的办法。农村老龄组织机构逐步完善，97%的村成立了老年人协会，并发挥了作用；农村老年人养老和医疗保障制度逐步建立；农村老年人精神文化生活逐步丰富；维护农村老年人合法权益的力度逐步加大。为加强农村老年福利服务设施建设，对山区贫困村的老年福利服务设施进行了大量调查，逐个村摸清底数，完成了建设的方案。

老年文体活动

3年间，北京市按照党中央关于“贴近群众、贴近生活、贴近实际”的宣传工作方针，北京电视台开辟了《夕阳红》栏目，北京电台开辟了《金色的筒子河》等老年栏目，并在此栏目开辟了“金色大讲堂”、“串门儿”等子栏目，在此播出现场直播、点播和聊天等节目，既满足老年人对新知识和回归社会生活的渴望，又宣传党和政府关于老龄工作的方针、政策。《北京新闻》和《新闻时间》经常播出有关老龄工作的消息。老年电视大学电视课程播出了“足部反射区健康法”、“老干部政治理论讲座”、“中国书法”、“家庭养花”等课程，满足了老年的需求。首次成功举办“九九重阳——我陪父母看演出·亲情陪伴”晚会；与市老干部局和中国音乐家协会合唱联盟共同举办纪念中国人民抗日战争暨世界反法西斯战争胜利60周年——北京市老年合唱大赛，参赛者总人数达6000余人，涉及到方方面面的老年人。录制“庆重阳·爱在人间”——第二届北京市健康老人颁奖晚会。同时做好各类重大节日敬老活动，加大对老龄工作的宣传，产生了较大的社会影响。

为了满足老年人日益增长的精神文化需要，将老年文化工作的重点放在做好老年教育基本情况的统计调查方面，对全市的老年教育机构进行了认真摸底。依托基层文化馆站，开展小型多样、自娱自乐的老年文化活动，如群众性广场健身操、广场舞蹈、街头民间花会、室外科普宣传活动等。组织参加了全国老年人羽毛球赛，获得了7项冠军、3项亚军、3项第三名；成功举办了老年人优秀健身项目表演赛、北京市新秧歌大赛等，推荐9个老年健身项目参加了第四届全民健身体育节优秀大众项目评选，有7个被评为推广项目；编印出版了《北京市老年人健身丛书》（第五期）、《中老年健康长寿食谱》、《足部反射区刮痧按摩健康法》等。全市共有各种老年文体团队5万多支，在城区每个居委会都在5支以上，在农村每个村也在3支左右，每支团队的组成人员均不少于10人。他们长年活跃在基层社区，经常开展各种比赛、汇演、健身等活动，各地老年人的参与率都在50%以上，大大丰富了老年人的精神文化生活。

在中央电视台制作播出了“北京市健康老人之星”养生系列片5集；组织参加了首届全国老龄新闻奖评比和全国首届“珍奥杯”银龄美大赛，获“金奖”和其它多个奖项，并均获组织奖；组织10个郊区县的1000名老人免费京城一日游活动，受到了老年人欢迎。

“银龄行动”

根据2003年2月全国老龄委关于《组织开展老年知识分子援助西部大开发行动（即“银龄行动”）试点方案》的通知要求，北京市于2004年6月16日—8月27日，在内蒙古自治区乌兰察布市开展了以医疗援助为主要内容的“银龄行动”工作。此次行动得到了北京市卫生局、北京市老医药卫生工作者协会等单位及内蒙古地区有关部门的全力协作，在社会上引起强烈反响，取得了成功。市长王岐山，副市长翟鸿祥对此专门作了重要批示，确定由市老龄办具体承办，并建立了由主管副市长牵头，市老龄办、卫生局、老医药卫生工作者协会等有关单位组成的联席会制度。北京市老龄办与内蒙古老龄办多次协商，将援助地区确定在内蒙古自治区乌兰察布市的乌兰察布市中心医院、集宁区医院和卫校附属医院。3月23日，双方在北京举行了“银龄行动”第一次工作会议。3月28日至30日，北京考察组赴受援单位进行实地考察，全国老龄办“银龄行动”办公室主任王庆、特邀顾问范文明专程同行指导。3月30日，北京市老龄办与内蒙古老龄办签订了《北京与内蒙古“银龄行动”第一批合作意向书》。6月9日，内蒙老龄办领导率受援单位院长与志愿者在北京举行了“银龄行动”签约仪式。

来自北京19个“三甲”医院的21名医学专家，通过3个月的努力工作，成绩斐然。援助期间共接诊患者7200次，完成各种手术170多例，下乡义诊患者2500人次，抢救急、危、重病患者100多人次。除临床医疗外，专家们还开展了形式多样的教学活动，如举办临床教学、学术讲座、重症典型病例专题讨论、问题讲解等各专业、各学科的学术讲座70余次，听课人员达3300余人次，召开业务技术交流座谈会15次。援助专家通过传、帮、带，使一些原本在乌市不能实施的新技术、新业务得以开展，如冠状动脉造影、起搏器植入手术、膀胱癌膀胱部分切除手术、肾癌扫荡根治术、手指束状绞窄畸性矫治术、手指重度复合性损伤清创缝合、骨折复位、血管神经肌腱吻合术、妇科阴式子宫肿瘤切除术、巨大腹膜后畸胎瘤切除术等新技术填补了该地区医疗技术空白，其中为23岁农民姑娘患者李梅切除重达23公斤的肿瘤手术的成功，得到了内蒙古地区各媒体和民众的极大关注和高度赞誉。此外，援助专家们还为当地医院拟定了急救中心、急救网络建设管理规章制度及各级各类人员职责等25个相关文件，组织了医疗急救预演，举办了急救技能师培训班，培训急救师资人员65名等。2005年，在本市开展了以老年知识分子文化、卫生、教育"三下乡"为主要内容的"银龄行动"。

对外交流

3年间，先后组团参加了在日本举办的学术经验交流会，参加在马耳他举办的"老龄化财经问题国际培训"和"人口老龄化的社会、经济和健康问题"专业培训，组织老年艺术团成员赴澳门演出。接待朝鲜助老会、朝鲜劳动部和法国泰安格代表团等。

受中国老协委托，北京市负责由澳洲老年护理联合会和THOMOSON ADSETT公司组织的澳洲老龄访问团在京期间的接待安排。经与澳方、中国老协、有关区县和老年福利单位多方协商，就该团参观考察北京市的养老护理机构项目，制订了该团在京期间的日程安排和活动计划。

同一期间，在北京市民政局怀柔培训中心举办了4期培训班，对各个岗位上的老龄工作者就人口老龄化发展趋势、针对老年人的社会政策以及老年医学等相关问题进行了培训。

天津市"创建活动"工作小结

（2004年8月10日）

2003年5月，全国老龄委下发《关于在全国开展创建老龄工作先进区县（市、区）活动的通知》后，天津市高度重视，按照通知要求，认真组织实施。在各级党委、政府支持下，整个创建活动进展非常顺利，取得良好成果，进一步推动全市老龄工作向前发展。全市19个区县（含天津经济技术开发区）共有16个区县正式提出创建申请。经过落实创建标准和条件、考核评选、民主测评、组织推荐等各个阶段，天津市共评选推荐上报全国老龄工作先进区县5个，拟评定为市级老龄工作先进区县6个。

一、精心组织，严格标准，提升老龄工作地位

天津老龄办在组织实施这项工作中，突出把握好三个环节：

一是认真分析天津市老龄工作实际，研究确定天津市创建活动重点和方案。天津市曾率先在全国成立省级老龄工作委员会。这些年，在市委、市政府领导下，老龄工作和老龄事业有很大发展。但是随着全国老龄工作整体形势向前发展，特别是和一些先进省市相比，天津市老龄工作逐渐暴露出一些不足，主要是：一些领导对老龄工作的认识还不高，没有把老龄工作纳入工作议事日程；全市老龄工作发展不平衡，特别是农村老龄工作基础比较薄弱；经机构改革后，天津市各级老龄委办事机构与全国大大多数省市比较，规格低，编制少，而且区县一级有的编制人员不到位，影响工作开展；不少区县老龄工作经费未纳入政府财政预算，经费无可靠保障；基层老龄工作虽然比较活跃，但基础工作还不够扎实，各项老龄工作制度和标准不规范等等。由此市老龄办确定，创建活动的重点是：进一步提高各级领导对老龄工作的重视和支持的力度，解决天津市老龄工作和老龄事业发展中存在的突出问题，增强全社会老龄意识和敬老意识，扩大老龄工作影响，提升老龄工作地位。

创建活动重点明确后，为鼓励区县参加创建活动积极性，市老龄办决定把创建全国和市级老龄工作先进区县结合起来进行。制定了下发了《关于评选表彰市级和全国老龄工作先进区（县）组织实施办法》。为体现规范、民主、公开、公正并具有可操作性，又专门制定下发了《创建老龄工作先进区县达标条件及评分细则》（以下简称《细则》），共6大目标、34个小项，基准分（满分）为300分。按照创建活动方案，天津市创建活动共有五个阶段：第一阶段——申报阶段，各区县根据自身实际，确定申报老龄工作先进单位；第二阶段——落实阶段，申报单位对照创建标准，改进和完善自身工作；第三阶段——考核评选阶段，对申报单位进行考核评选，选出参加民主测评的单位；第四阶段——民主测评阶段，召开民主测评会议，对选出参加民主测评的单位进行民主测评；第五阶段——组织推荐阶段，根据全国和天津市评选的指标数额，组织推荐全国和市级先进区县名单。

二是做好创建工作的跟踪指导，把落脚点放在加强基层基础工作。为好宣传发动工作，市老龄办组织召开了区县开展创建活动的动员部署会议，讲明创建活动的重要意义、指导思想和根本目的，引起各区县的高度重视，调动各区县参与创建活动的积极性。同时利用新闻媒体广泛宣传创建活动，在全市形成了创建活动的良好氛围。

在创建活动中，多次深入基层，了解情况，指导创建工作。反复强调创建工作要求真务实，注重探索解决老龄工作中的难点和热点；强调多为老年人办好事、实事，让老年人切切实实感受到创建活动带来的实惠；强调抓好基础工作，建章立制，实现老龄工作规范化、制度化，持之以恒。对于在创建活动中涌现出的好的典型经验，及时发信息、编简报，上报下达，沟通信息，使各区县互相学习、互相促进，取长补短，共同提高。

三是严格考评，实事求是，把考评过程变为推动工作的动力。根据创建活动方案，市老龄办对不同阶段提出不同的要求，统筹安排，精心组织，确保创建工作质量。

在创建活动开始，天津市专门成立了由市老龄委11个成员单位组成的市考核组。在考评阶段，市考核组和有关区县根据《细则》，对申报单位进行集中考核打分，然后依据考核结果，评选出参加民主测评的单位；在民主测评阶段，市考核组和有关区县，听取申报单位的申请报告，根据创建活动的开展情况和提供的有关资料证明，对申报单位进行测评打分，最终依据测评结果，推荐出全国和市级老龄工作先进区县。考核中，各区县竞争激烈，有时相互间的考核分数相差无几。整个考评过程严谨、有序、公开、公正，既坚持标准和原则，不迁就、不照顾，实事求是，又体现了重在参与、重在过程、重在调动和保护争先创优的积极性，这使创建活动得到良好声誉。评上的，感到压力更大、干劲更足；没评上的也服气，表示承认差距，愿意虚心学习，今后工作不放松，干劲不减，3年之后再争高低。

二、创建活动成果明显

开展创建活动时间虽然不长，但对老龄工作的推动作用是明显的，主要有以下几个方面：

（一）区县主要领导对老龄工作的重视程度提高了。申报区县的主要领导和分管领导普遍就活动的组织领导、工作目标、坚持经常化等问题做出明确指示，有的区县分管领导亲自挂帅，成立创建工作领导小组，统一组织本地区的争创工作。活动中，区县领导多次听取工作进展汇报，督促落实各项措施、制度，重要事项还上了区委常委会议进行研究，帮助协调解决了一些多年制约老龄工作发展的难题。在全市召开的民主测评会上，各区县主管区县长亲自带队，并上台宣读申请报告，介绍本区县老龄工作，展现争先创优的精神风貌。很多区县老龄办的同志都感慨地说：“过去老龄工作有时排不上号、摆不上位，现在领导真是重视了。我们做这项工作的干部再苦再累也心甘情愿！”

（二）区县老龄工作机构建设按要求到位。天津市区县一级老龄工作办事机构的设置、编制、规格等，市里早有明确规定，即：规格为副处级，事业编制5人。但各区县落实起来并不一致，有的规格不到位，有的编制被挪用，有的老龄办成为民政部门的内设机构。在这次创建活动中，天津市老龄办把老龄办的机构建设是否按要求到位，作为考核评选的重要标准，凡是不达标的，在考核分数上给予重扣。结果起到很好促进作用。比如：河北区，老龄工作一直有声有色，但老龄办却是科级单位。在这次创建工作中，区领导感到在这个问题上不能落后，更不能因此丢分，于是明确了老龄办为副处级单位，并已着手考察配备干部。北辰区老龄办的编制在机构改革中由原来5人减为2人，在创建活动中，经区领导协调，又重新确定编制为5人，同时着手配备副处级的老龄办主任。还有一些区县的老龄办主任，过去是由区县民政局副局长兼任，这次也都重新任命了专职的老龄办主任。据统计，全市16个申报单位，有11个区县的老龄办机构得到进一步加强。

（三）老龄工作经费纳入财政预算，数额不断增加。全市18个区县的老龄工作经费虽然有多有少，但经费来源全部纳入本地区财政预算，使老龄工作有了可靠的财政保障。过去河北区老龄办的工作经费没有纳入区财政预算，每年开展老龄活动的经费都是从民政局申请开支，因民政局的经费大都是专向经费，因此老龄工作经费经常处于没有保障的尴尬境地。这次在创建活动中，河北区财政局把老龄工作经费正式纳入预算支出，并下达了支出指标通知。河北区老龄办的同志高兴地说：“我们的经费再也不成问题了，不但纳入财政预算，而且今年一下子就批了13万。”其他区县老龄工作经费每年均有所增长，平均年增长10％—23％。

（四）基层老龄工作的基础进一步夯实。这几年，天津市把抓好基层老龄工作作为重点，但总的看，农村的基层老龄工作相对薄弱，特别是不够规范。这次以创建活动为契机，下力量推动农村基层老龄工作。2004年初，组织力量对全市农村老龄工作进行了专题调研。事先拟定了调研提纲，明确了调研对象和内容，多次深入基层，了解工作情况，总结经验，逐渐形成农村老龄工作基本思路。2004年5月27日，市老龄委在北辰区组织召开天津市农村老龄工作现场推动会。市政府副秘书长姜喜瑞同志代表市政府出席会议并讲话。会议提出，要用科学发展观深化对农村老龄工作的认识，对当前加强和规范农村基层老龄工作组织、搞好为老服务设施建设和管理、维护老年人合法权益、加大对农村贫困老年人的救助等项工作提出了明确要求。

（五）为老年人办了一些好事、实事。根据对天津市贫困老年人的调查情况和数据，在这次创建活动中，有9个区县政府专门下发或转发老龄委等部门关于对生活有特殊困难老年人采取救助措施的文件，并认真落实救助措施。

全市社区、村基层老龄工作组织根据天津市创建活动规范要求，进一步明确把社会孤老、退休孤老、空巢老人、80岁以上高龄老人、不能自理或半自理老人和经济困难老人等6种老人，作为基层老龄工作重点服务对象，登记建档，做到心中有数，责任明确。

各有关涉老服务单位按照老年法实施办法和市政府规定为老年人服好务。在创建活动中，各区县加大对老年人优惠政策落实情况的检查力度，督促社会服务窗口和设施设立老年人优先、优待的明显标志，在社会上树立敬老、爱老、养老的良好风气。

天津市援助蓟县山区“银龄行动”概述

2005年7月28日，天津市老龄委下发《天津市2005年实施“银龄行动”试点方案》，同时，天津市老年知识分子援助行动领导小组成立。按照方案，市老龄委组织开展的以重点援助蓟县山区为主要内容的“银龄行动”正式启动。

按照全国老龄委的通知精神，天津市本次实施“银龄行动”的试点地区为蓟县城关镇、别山镇、五百户镇、出头岭镇、马伸桥镇和穿芳峪乡6个乡镇。首批援助项目为医疗服务、畜牧养殖服务、旅游知识培训三个方面。参加“银龄行动”人员要求年龄在70岁以下，身体健康，在医疗、畜牧养殖、旅游知识方面具有中高级职称和技术专长的老年知识分子。实施“银龄行动”本着量力自愿，注重实效，服务与安全并重的原则，根据试点地区需求情况，援助双方供需对口，双向选择，并签订援助合作意向书，援助时间为3个月。

市老年知识分子援助行动领导小组成员单位有市老龄委、市教委、市财政局、市卫生局、市科学技术协会、市广播电视电影局和蓟县老龄委。市、县两级老龄部门负责这项工作的组织和协调，各有关单位协助支持。

2005年9月21日，“银龄行动”启动仪式在蓟县府君山广场举行。市老龄委名誉主任鲁学政，市民政局副局长、天津市银龄行动领导小组成员赵德勤，市老龄委秘书长高世忠，蓟县副县长、县老龄委主任胡晓光以及市有关部门领导出席了启动仪式。

天津市老年维权工作概述（2003—2004）

天津市是全国率先进入老龄化的城市，目前全市60岁以上人老年人为134.16万，占全市总人口的14.49%。老龄化日趋严重，同时住房、社会保险、医疗制度的改革，改变了老人们的传统生活，与老年人相关的纠纷日益增多，并呈多样化趋势，内容出现新变化。因老人财产、房产处理不当、老年人再婚等引起儿女不满而状告老年人的事件开始增多。这一现象提示老年人须谨慎处理财产、房产的归属权，因为这关系到老年人日后的赡养保障和再婚生活的幸福。市老龄委办公室坚持做好维护老年人来信来访工作，以细心调解、维护家庭和睦为宗旨，以法律服务维护合法权益为辅助，把当好老年人的“娘家人”作为老龄工作突出重点来抓。2003 年，市老龄委办公室共接待老年人来信来访投诉案件 433 件，在投诉缘由中房屋产权被侵权的 118 件，占全部投诉总数的 27%；投诉赡养问题的 87 件，占全部总数的 20%；投诉老年人再婚问题的 31 件，占全部投诉总数的 7%：投诉两费问题的 117 件，占全部投诉总数的 27%；投诉其他问题的 80 件，占全部总数的 19%。对前来投诉的老年人根据不同情况作出咨询和调解的 335 件，占全部投诉总数的 77%，使老年人及其家属满意，家庭矛盾得以化解。一些需要法律解决的问题，均给予热情支持帮助。如协助立案，代写诉状，参加陪审、旁听等。

2004 年，市老龄委办公室共接待老年人来信来访投诉案件 386 件，比 2003 年同期减少了 47 件。分析原因，主要是 2003 年以来，天津市进一步完善低保政策，使全市近 30 万户困难家庭生活得到基本保障，因赡养引起的老年家庭纠纷减少；区、街、居、(村) 基层老年维权组织逐步得到健全，许多矛盾和纠纷在基层得到化解。对前来投诉的老年人根据不同情况作出咨询和调解的 323 件，占全部投诉总数的 84%；使老年人及其家属满意，家庭矛盾得以化解。建立老年人法律援助和咨询服务制度，定期为老年人提供法律服务，使老人懂法、用法来维护自己的权益。在投诉缘由中房屋产权被侵权的 154 件，占全部投诉总数的 40%；投诉赡养问题的 59 件，占全部投诉总数的 15%；投诉老年再婚问题的 12 件，占全部投诉总数的 3%；投诉“两费”问题的 108 件，占全部投诉总数的 28%；投诉其他问题的 53 件，占全部投诉总数的 14%。

天津市老龄委办公室坚持以邓小平理论，党的十六届三中、四中全会精神和“三个代表”重要思想为指导，认真贯彻市领导“要做好老年人的信访工作，涉及到老年人的信访件要认真对待。对信访中的问题，能解决的一定解决；暂时解决不了的，一定要耐心细致地做好解释工作”的指示精神，认真做好每一件信访工作。

上海市老年人权益保护工作概述（2003—2005）

一、2003—2005 年本市老年人权益（信访件）数据及其分析

2003—2005 年，全市共接待老年人来信来访来电 103141 人次。其中来访 77566 人次，来信 7291 人次，来电 18284 人次。其中，赡养权 13899 人次，占 13.5%；住房权 24062 人次，占 23.3%；财产权 9088 人次，占 8.8%；婚姻权 4215 人次，占 4.1%；人身权 3487 人次，占 3.4%；其他类型 48390 人次，占 46.9%。在做好日常调处工作的同时，不少区县还定期组织相关部门开展联合接待活动，解决涉老纠纷中的疑难案件，全市共组织各类联合接待 3163 次，接待老年人 18569 人次。

2003 年—2005 年全市老年人纠纷调处情况分析表

		2005 年度		2004 年度		2003 年度	
信访电总数（人次）		38379	%	31555	%	33207	%
调处总数		37345	97.3	30606	97.0	31421	94.6
其中	来访	26059	67.9	24345	77.2	27162	81.8
	来信	2756	7.2	2365	7.5	2170	6.5
	来电	9564	24.9	4845	15.3	3875	11.7
其中	区县	12448	32.4	7441	23.6	6540	19.7
	街道	10035	26.1	9768	31.0	10413	31.4
	居委会	15896	41.4	14346	45.4	16254	48.9
其中	赡养权	4120	10.7	4329	13.7	5450	16.4
	住房权	8250	21.5	7270	23.0	8542	25.7

（续）

		2005 年度		2004 年度		2003 年度	
	财产权	3008	7.8	3172	10.1	2908	8.8
	婚姻权	1316	3.4	1337	4.2	1562	4.7
	人身权	1180	3.1	1053	3.3	1254	3.8
	其 他	20505	53.5	14394	45.7	13491	40.6
联合接待	次 数	846		1066		1251	
	人 次	9444		3619		5497	

二、建立上海市老年人法律服务中心

根据《上海市老年人权益保障条例》规定，2001 年正式成立的上海市老年人法律服务中心，为全市老年人提供政策法律咨询，代理有关法律事务，开展非诉讼调解等服务。2003 年至 2005 年底，共接待处理老年人的来信、来访、来电 8534 人次，其中：来访 3363 人次，占总数的 44.3%；来信 728 件，占总数的 7.4%；来电 4443 人次，占总数的 48.3%。根据中心信息库提供的数据，来访 3363 人次的老年人中反映的权益受侵情况，排在前五位仍旧是：房产权 1979 件，占总数的 58.8%；财产权 453 件，占 13.5%；人身权 178 件，占 5.3%；赡养权 184 件，占 5.5%；婚姻权 195 件，占 5.8%。先后有 1189 人次的法律专业大学生自愿者参加接待咨询和调处工作，为老人提供非诉讼调解、代写法律文书及公民代理活动，用大学生课堂知识为老年人提供服务，同时也为他们提供了社会实践的机会，提高了自身素质。4 位律师志愿者加盟为老年人提供法律服务，为老年人诉讼代理案件 126 起，帮助老年人代书法律文书或代理强迁户口事宜 47 件，成功率达 80%。法律服务中心编印了《上海市老年人法律问答》2 万套（每套 9 册），供来访老年人免费索取。

2003 年—2005 年上海市老年人法律服务中心接待情况分析表

年 度		合计	人身权		赡养权		财产权		住房权		婚姻权		其他		参加学生人次
		人次	人次	%	人次	%	人次	%	人次	%	人次	%	人次	%	
2003 年	小计	3571	141	3.9	144	4.0	319	8.9	1301	36.4	82	2.3	1584	44.5	543
	来访	1475	86	5.8	82	5.6	164	11.1	885	60.0	61	4.1	197	13.4	
	来信	302	9	3.0	19	6.3	32	10.6	112	37.1	6	2.0	124	41.0	
	来电	1794	46	2.6	43	2.4	123	6.9	304	16.9	15	0.8	1263	70.4	
2004 年	小计	2696	116	4.3	118	4.4	305	11.3	990	36.7	89	3.3	1078	40.0	365
	来访	1020	44	4.3	63	6.2	155	15.2	575	56.4	50	4.9	133	13.0	
	来信	219	6	2.7	4	1.8	28	12.8	93	42.5	3	1.4	85	38.8	
	来电	1457	66	4.5	51	3.5	122	8.4	322	22.1	36	2.5	860	59.0	
2005 年	小计	2267	107	4.7	108	4.8	254	11.2	888	39.2	40	1.76	870	38.4	281
	来访	868	48	5.5	39	4.5	134	15.3	519	59.8	23	2.6	105	12.1	
	来信	207	13	6.3	19	9.2	15	7.2	59	28.5	0	0	101	48.8	
	来电	1192	46	3.9	50	4.2	105	8.8	310	26	17	1.4	664	55.7	

三、建立市老年维权工作领导小组

2002 年 7 月 1 日，市老年维权小组成立会议在青松城举行，市老年维权小组由市司法局、老龄办、人大内司委、高法院、公安局、劳动保障局、房地局、卫生局、医保局、总工会、妇联、法援中心、老年人法律服务中心、律师协会等部门组成。市委常委、副市长、市老龄工作委员会副主任冯国勤出席并讲话，会议命名了第一批 12 家“老年维权示范岗”。

至2004年9月，以崇明县老年维权小组成立为标志，全市19个区县全部成立了老年维权小组。各区县维权小组的工作机制也有不同特色。如，徐汇区是以涉老纠纷调解联席会议为基础整合资源以后建立；杨浦区则是由区委政法委牵头，政法委专职副书记任组长。这些维权小组正在各区县为老龄事业发挥着积极作用。

2003年8月21日、2004年8月14日、2005年8月30日，又先后命名了3批“示范岗”。本市一共命名4批“示范岗”，总数现已经达到335家。这些示范岗分布于16个成员单位（部门）及大专院校、广播、电视、报刊、残联、企业等。

四、上海市领导检查指导老年人权益保障工作

2003年8月21日，上海市委副书记刘云耕出席上海市老年维权工作经验交流会并讲话，为第二批“老年维权示范岗”颁牌。

2003年9月，周太彤副市长出席浦东律和理律师事务所全国首条养老法律咨询热线开通仪式并讲话。

2004年7月1日，刘云耕副书记到上海市老年人法律服务中心、上海老年报社和市司法局等作老年维权工作专题视察，听取汇报并讲话。

2004年8月14日，刘云耕副书记，市人大常委会副主任包信宝、市政协副主席宋仪侨为本市老年维权工作先进集体个人“双十佳”和第三批“老年维权示范岗”颁发奖牌。各委办局、各区县领导均亲历亲为，为层层推进老年维权工作起到了促进作用。

五、评选上海市老年维权工作先进单位、先进个人

2005年8月27日，经市有关部门和19个区县老年维权工作小组对2004年工作检查考核和推荐评选，市老龄办、市司法局决定：上海市老年报社等39个单位为“2004年上海市老年维权工作先进单位”，魏耀国等42位同志为“2004年上海市老年维权工作先进个人”。

上海市老年基金会
主要工作（2003—2005）

1. 上海市老年基金会基金总额3年中有较大增长，3年筹得3000多万元。

2. 3年中，继续对社会特困老人进行了助养、助医。到2005年12月，正在助养的特困老人4200名（每人每年600元），助医2893名（每人每年300元）。

3. 为了表彰社会各界对困难老人的关怀帮助，2004年上海市老年基金会会同市有关涉老部门联合召开表彰会。会后对参与助养助医单位的先进事迹编辑出版了《慈善进行曲》一书，市委副书记市老龄委主任刘云耕为该书作序。

4. 2003年上海市老年基金会与上海市妇联、市老龄办共同评选“十佳敬老好家庭”，市府领导参加了表彰会并向十佳敬老家庭代表颁奖。

5. 上海市老年基金会、上海市妇联、团市委等单位共同组织记者作家编写出版《当代孝星》图书，图文并茂地宣扬子女孝敬父母、长辈的真实先进事迹，共发行1万册。

6. 上海市老年基金会与一家医院合作创办了一所以收治老年痴呆和瘫痪病人为主的老年康复医院，是全市一家较有规模和医疗康复水平的专业医院，医院400张床位基本住满。

上海市老年对外交流中心
工作概况（2003—2005）

2003年9月，上海老龄艺术团舞蹈队节目《喜悦》代表上海赴北京参加中国老年艺术团成立暨2003年重阳节文艺晚会演出。《喜悦》既具有浓厚的上海地方特色，又体现了时代精神，艺术感染力强。演员们受到了中央领导的亲切接见，节目获得专家们的一致好评。

2003年10月，中、越、韩、港老年代表团20多人来上海交流访问。

2004年2月，艺术团舞蹈《喜悦》被中国老年艺术团选中，代表中国老年艺术团出访澳大利亚演出，赴悉尼、堪培拉、墨尔本3城市，共演出5场，获得很大成功，给澳大利亚人民留下了深刻的印象。

2004年5月，为庆祝中马建交30周年，应马中友好协会的盛情邀请，上海老龄艺术团一行30人，代表中华人民共和国赴马来西亚参加一系列的庆典活动。马来西亚政府主要官员、各国时节、各界知名人士均出席观看了有关演出，对上海老龄艺术团的演出评价很高。马来西亚报刊媒体也纷纷刊发报道："中国上海老龄艺术团的演出，令观众大饱眼福，歌舞节目扣人心弦，排场宏伟，服饰华丽，阵容浩大，走位和台步一丝不苟的整齐……，每个节目的演出至少有3次以上雷鸣般的掌声，显示出这是一次高水平的演出。"艺术团还先后在马来西亚的巴生、怡保等地演出6场，所到之处，都受到热烈的欢迎。

2004年6月，中心协同珍奥集团举办全国"银龄美"大赛，具体负责上海赛区的组织及评选工作。这次大赛在具体实施中做到公开、公平、公正，评选过程严格按照珍奥总部拟定的大赛规程操作，得到珍奥总部的高度赞扬。

2004年8月，组织举办了上海市第三届老年文化艺术节，其中舞蹈、服饰、健身操（舞）3项比赛，组织动员了各区、县、街道、社区等1000多名老人参与。其中舞蹈《时髦外婆》《时代鼓声》两个获金奖的节目被选中赴北京参加2004年重阳节汇报演出。老年文化艺术节的活动，对各区县基层老年人文化活动的开展起到了积大的推动作用。

2004年，市老龄艺术团共6次到青浦区、宝山区、松江区、南汇区、杨浦区福利院等作巡回演出。艺术团这种送戏上门，慰问演出的活动，深受社区居民和福利院老人们欢迎，对推动和开展社区文化活动起到了解决作用。

2005年2月22日，中心组织举办了"关爱在行动中延续——2005年上海市千名老人庆元宵联欢活动"。在千鹤宾馆宴会厅，来自上海各区县纯老家庭的代表和结对关爱志愿者的代表参加了活动。上海市老龄艺术团在联欢活动上表演了精彩的文艺节目，给千名老人送去了元宵佳节的问候。

2005年9月1日、2日，中心组织举办了上海市中老年《党在我心中》合唱比赛和《夕阳更美好》舞蹈比赛。共有200多支队伍、2万多人参加，历经数月层层选拔、淘汰，最后65支队伍入围决赛。大赛中涌现出不少自编、新排的高质量的节目。

2005年9月16日—25日，上海老龄艺术团舞蹈队的健身舞《神采飞扬》、都市舞《时髦外婆》、民族舞《吉祥彩虹》等3个节目代表中国老年艺术团赴深圳、山西的长治、潞城等地巡回演出，受到当地老年人的热烈欢迎。

2005年9月28日，上海市老龄办组织举办了上海市第十八个敬老日颁奖文艺晚会"共享灿烂的阳光"。

2005年10月2日—11日，经全国老龄委办公室和中国老年艺术团领导和专家们的审核、挑选，上海老龄艺术团的舞蹈《神采飞扬》和服饰表演《夕阳更美好》被选中，赴北京参加中国老年艺术团重阳节"红叶风采"晚会演出，受到中央领导的一致好评和亲切接见。

2005年10月25日——10月28日，以"金色的年华，共享的世界"为主题的2005年上海国际老年文化艺术交流会在上海举行。上海市老龄艺术团腰鼓队、扁鼓队、排舞队、红绸舞队、双扇队、秧歌队、健身球队、舞龙舞狮队等近千名老人与韩国、俄罗斯、中国香港的老年艺术家们同台交流演出。

重庆市基层老龄工作发展

重庆40个区县（自治县、市）有城市街道106个，社区居委会1912个，农村镇（乡）1044个，村（社）10081个。老年人基本都生活其中。重庆市按照中央关于老龄工作重点在基层、在社区、在农村的要求，从六个方面开展了基层老龄工作：

一、抓政策指导，突出基层老龄工作的重要地位

对基层老龄工作，市委市政府明确提出"要迅速建立以社区为依托的功能完善、管理规范的老年服务体系，充分发挥社区组织在老龄事业发展中的积极作用"，先后制定了《关于加强城市社区建设的意见》、《离退休人员实行社会化管理的意见》等文件。市级有关部门下发了《关于建立健全规范农村老年协会的通知》，加强“星光计划”建设，做好村民自治工作等贯彻意见。陈光国副市长在多次会上要求各级领导要切实重视做好街道社区和农村基层的老龄工作，做到重心下移，抓出特色，干出实效，努力为老年人办好事办实事，推进老少共融和谐发展来应对老龄化的挑战。市人大颁布的《重庆市实施〈中华人民共和国老年人权益保障法〉办法》也对基层老龄工作职责任务作了法律上的确定。这些都为突出基层老龄工作的地位起到了很重要的指导作用，引起了各级党政的重视，加大了基层老龄工作的领导和指导力度。如万州区委、区政府专门下发了《关于进一步加强基层老龄工作的通知》。全市各街道、社区、乡镇、村社陆续制定了相关贯彻意见，推动了基层老龄工作的开展。

二、抓发展计划，明确基层老龄工作奋斗目标

市和各区县在制定“十五”老年事业发展计划时，都浓墨重彩地规划了基层老龄事业“六个老有”的蓝图。如《重庆市老龄事业发展“十五”计划纲要》就明确要求“十五”期间，全市街道、乡镇、社区、村社老龄事业要达到“六个一”（即一个老年人协会，一所老年学校，一个老年文化活动室，一个老年生活服务站，一个老年卫生保健医疗室，一个老年法律咨询服务点）目标。

三、抓工作体制，保证基层老龄工作运行有序

多数区县按照市里的要求，在街道、乡镇一级建立了老龄工作委员会，明确了一位领导任主任，并在社会事务科（办）内落实了专（兼）聘工作人员。在社区、村（居）一级建立了由党委（支部）、村居委会、社区老年人代表参加的老龄工作领导小组，同时，依托建立的老年协会来协助做好老年工作。目前，全市已建基层老年协会 9105 个，老年文化教育体育组织 658 个，老年学术组织 330 个。渝中区把社区老龄工作列入财政预算，还采取“三个一点”（政府投一点，社会集一点，个人交一点）拓宽社区老龄工作的经费来源。由于各地认真抓了组织领导、工作队伍、活动经费上的建设，使基层老龄工作初步呈现了有人管、有人办、有人干，能正常运转的局面。

四、抓服务规范，提高基层老龄工作的管理水平

重庆市不少区县制定了《街镇老龄工作实施意见》、《街镇老龄工作目标管理细则》、《街镇老龄工作机构建设统计表》以及老龄工作议事制度。有的对基层老龄工作做到了“四有”（有工作计划，有工作总结，有组织网络记载，有上级老龄办发文），“八册”（老年人年龄结构统计册，来信来访登记册，老年人活动情况登记册，慰问情况统计册，90 岁以上老人登记册，低保老人登记册，老年证办理登记册，特困老人登记册），“四上墙”（老年人年龄分布上墙，老年组织网络上墙，老龄办工作制度上墙，老年法上墙）。璧山县青杠街道试行了老龄工作定期报告制度，要求各级领导每月对老龄工作开展的重大活动及重大事项、养老纠纷、侵权事件、老年人住院死亡等进行报告，并完善了相关的登记制度，使全辖区老年人动态都纳入镇党委、政府的视线，能及时采取措施予以解决，提高了为老服务质量和效率，受到了群众的好评。

五、抓典型宣传，促进基层老龄工作开拓创新

第一，建立了对基层老龄工作的年度目标考核制度。第二，层层召开表彰会，对老龄工作先进单位和先进个人予以表彰。第三，总结经验，推广典型，进一步增强了基层老龄工作者的责任感。他们与时俱进，工作亮点不断闪现。如九龙坡区谢家湾街道劳动一村社区居委会干部，为需要救助的单身独居高龄老人、残疾老人发放黄色丝带，作为帮扶的醒目标识，当黄丝带悬挂在阳台、栏杆等处时，就迅速赶去提供帮助。重庆主流媒体连续几天以“三尺黄丝带，一片敬老情”为题，予以了报道宣传，引起了社会的热烈反响和领导的肯定。沙坪坝区天星桥街道小正街社区居委会在重庆的酷暑季节，心系老年人，动员社区送报员每天送报时对照居委会提供的名单，敲一下“空巢”老人的家门，问候平安，使老人们非常感动。

六、抓活动开展，引导基层老龄工作贴近老年人

为使基层老龄工作呈现活力，各地围绕六个方面开展了活动：一是整合社区资源，开展为老便民服务，使老年人老有所助、难有所帮；二是开展文化体育教育等活动，使老年人老有所学、老有所乐；三是开展老年法宣传，办理敬老优待证；四是做好各类老年协会、老年群团的组织工作，使其实现自我管理、自我教育、自我服务、自我保护的目标；五是开展老年人的卫生保健和健康教育活动；六是开发老年智力资源，组织老年人学习时事政治和科技文化知识，开展关心青少年活动，开展创建文明社区，维护社会稳定的活动，发挥了老年人的突出作用，全市基层涌现出一批全国、市和区县“老有所为”的先进个人和先进集体。

河北省老龄工作重要会议和活动概述（2003—2005）

一、重要会议概况

召开河北省老龄工作委员会第一次全体会议。2003年1月，河北省老龄工作委员会第一次全体会议在石家庄召开。会议传达了李岚清副总理在全国老龄工作委员会第五次全体会议上的讲话，汇报了河北省20年来老龄工作开展情况和今后一个时期的工作部署，审议通过了《河北省老龄工作委员会成员单位职责》、《河北省老龄工作委员会成员单位联络制度》，制定了24个成员单位为老年人办实事计划。省委常委、常务副省长、省老龄委主任郭庚茂出席会议并发表重要讲话。副省长、省老龄委常务副主任宋恩华主持会议并作重要指示。

召开河北省市级老龄办主任会议。2004年2月，全省市级老龄办主任会议在石家庄召开，各设区市民政局分管领导和老龄办主任参加了会议。会议传达了全国老龄委第六次全体会议和全国省级老龄办主任会议精神，安排部署全省开展“创建老龄工作先进县（市、区）和老龄工作先进单位”活动，总结2003年工作，明确2004年任务。

召开河北省老龄工作委员会第二次全体会议。2004年4月，河北省老龄工作委员会第二次全体会议在石家庄召开。会议传达了全国老龄委第六次全体会议精神，总结2003年全省老龄工作情况，提出2004年工作意见，通过了《省老龄委成员单位2004年度为老年人办实事计划》。副省长、省老龄委主任柳宝全出席会议并发表重要讲话。

召开河北省市级老龄办主任会议。2005年3月，河北省老龄办主任会议在石家庄召开，各设区市民政局分管老龄工作的副局长和老龄办负责人参加了会议。会议传达了全国老龄委第七次全体会议和全国省级老龄办主任会议精神，通报表彰了全省老龄工作先进县（市、区）和先进单位，总结2004年度工作，部署2005年度任务。

召开河北省老龄工作年中分析会。2005年6月，河北省老龄工作年中分析会在石家庄召开。各设区市、扩权县（市）老龄办主任参加了会议。会议认真分析了全省老龄工作形势，布置了7项全省性工作，提出了抓好落实的具体要求。

二、重大活动情况

开展“寻找百岁老人、见证社会变迁”活动。2003年2月至3月，河北省老龄办、《燕赵都市报》在全省范围内联合开展了“寻找百岁老人、见证社会变迁”活动。共寻找到百岁老人223名，《燕赵都市报》用近20个版面推出燕赵百岁寿星榜，陆续介绍了这些百岁老人乐观、豁达、勤劳的生活养生之道。全省社会各界对这次活动给予了很高评价。省老龄办为百岁老人颁发了“燕赵百岁老人”证书。

举办“迎重阳河北省首届老年书画展”。2003年9月，省委宣传部、省民政厅、省老龄办、省老年书画研究会联合举办了“迎重阳河北省首届老年书画展”。省四大班子领导出席开幕式并为展出剪彩，副省长孙士彬发表了重要讲话。此次活动共征集老年书画作品2500余幅，经过专家评选，选出300幅参展。在历时3天的展出过程中，共接待参观群众1.5万余人次。最后，评出特别奖、一、二、三等奖和荣誉奖168名，省老龄办为获奖者颁发了荣誉证书。

举办河北省老龄工作干部首批培训班。2003年9月，举办了河北省老龄工作干部首批培训班，全省11个地级市民政局分管老龄工作的副局长、老龄办专职副主任和日常工作负责人以及各县（市、区）民政局和老龄办干部、省老龄办全体同志共70余人参加了培训。全国老龄办副主任袁新立，原全国政协常委、中国老年学学会名誉会长邬沧萍，人民大学社会与人口学院教授、博士穆光宗进行了专题讲座。各地市选派代表从不同角度、不同侧面介绍了本地开展老龄工作的经验做法。经过培训，全体老龄工作干部进一步增强了做好老龄工作的使命感和责任感。

开展“创建老龄工作先进县（市、区）和老龄工作先进单位”活动。2004年度，全省“创建活动”全面展开，各级党委、政府高度重视、统筹安排，精心组织，“创建活动”取得了实实在在的成效。11月，省老龄委对全省35个老龄工作先进县（市、区）和28个先进单位进行了命名表彰。创建活动的开展，有力地推动了全省老龄工作的快速发展。

开展爱老敬老助老主题教育活动。2004年6月，河北省“爱老敬老助老”主题教育活动启动仪式在石家庄市谈南路小学举行。省政府、省政协和石家庄市有关领导出席。副省长、省老龄委主任柳宝全发表了重要讲话。省老龄办向学校赠送《中国敬老故事精华读本》5000册。为了进一步深化教育活动，在全省开展了“孝亲敬老之星”评选活动。教育活动的开展，进一步弘扬了中华民族的传统美德，提高了全社会的老龄意识。

举办河北省老龄工作干部第二批培训班。2004年6月，河北省老龄工作干部第二批培训班在石家庄举办。来自全省各设区市、各县（市、区）老龄工作干部共70余人参加。培训班邀请了中国人民大学、河北师范大学、河北省社科院的知名专家和教授，围绕我国老龄人口发展趋势及对策研究、老年人生活质量及养老保险、社区建设与老龄工作、公文写作等方面进行了理论讲座。培训班内容丰富，重点突出，进一步提高了广大老龄工作干部的综合素质。

举办“珍奥杯”全国银龄美大赛河北赛区比赛。2004年8月，举办了“珍奥杯”全国银龄美大赛河北赛区启动仪式暨新闻发布会。9月，举行了“银龄美”河北赛区比赛，选拔推荐3名优胜者进京参赛。其中1人获得“中国老年健康形象大使”称号，1人获得“最佳才艺奖”，省老龄办荣获“优秀组织奖”。

成立河北省老年艺术团并举办庆重阳河北省老年艺术团汇报演出。2004年8月，河北省老年艺术团成立大会暨揭牌仪式在石家庄市科技馆举行，标志着河北老年艺术团正式成立。10月，举行了汇报演出。省四大班子有关领导与省会部分离退休老干部、老革命优抚对象及2000余名观众一起观看了演出。

开展评选表彰全省老龄工作先进个人活动。2005年，省老龄委部署在全省开展评选表彰全省老龄工作先进个人活动。明确了评选表彰的指导思想、范围、条件、原则和程序，提出了具体要求。11月，省老龄委对全省100名老龄工作先进个人予以了通报表彰。这项活动是河北省老龄工作开展20多年来的第一次，进一步在老龄工作系统中树立了典型，表彰了先进，有力地推动了全省老龄工作的健康发展，

创办《老年日报·河北老龄版》。2005年5月，经过与黑龙江老年日报社多次协商，达成了合作办刊的意见。将该报的第二版辟为“河北老龄版”，宣传河北老龄工作的方针政策，报道河北老龄工作的重大活动，反映工作动态，宣传先进典型。

举办全省老龄工作干部第三批培训班。2005年8月，全省老龄工作干部第三批培训班在石家庄举行。来自各设区市、部分县（市、区）以及扩权县（市）的专（兼）职老龄工作干部共70余人参加了培训。全国老龄办领导、北京大学、河北师大的教授围绕拟定“十一五”规划纲要的意义、背景、内容和原则、维护老年人合法权益的有关政策和法律法规、我国老龄社会的发展态势及应对措施、公文和宣传报道的写作知识、加强社区和农村老龄工作进行了5个专题讲座。石家庄等6个市、县、区分别从不同侧面介绍了开展老龄工作的经验做法。通过培训，使广大老龄工作干部进一步提高了理论政策水平。

举办河北省首届老年人健康知识竞赛。2005年9月，由省老龄办、省老年文化促进会、省电视台联合举办的全省首届老年健康知识竞赛（决赛）在省电视台1号演播大厅隆重举行。省委、省政协、省民政厅有关领导与来自各设区市的代表、省会各界群众共200余人参加了节目录制。活动的举办，不仅为老年人展示风采提供了一个舞台，而且初步摸索出了“政府搭台、企业（社团）支持、老年人唱戏”这样一个开展老年文化活动的新模式。

举办“纪念抗日战争胜利60周年暨迎重阳慰问演出”。2005年9月，由省民政厅、省老龄办主办，省老年艺术团联合举办的“纪念抗日战争胜利60周年暨迎重阳慰问演出”——大型红色经典舞剧《白毛女》在石家庄人民会堂隆重上演。省委、省人大、省政府、省政协、省军区、全国老龄办等领导以及省老龄委26个成员单位的负责同志，与省会老革命功臣、军队和地方离退休干部、退休教育工作者、老科技工作者及各界群众约2500多人观看了演出。该剧的表演者是省老年艺术团保定钞票纸厂老年舞蹈队的演员，平均年龄58岁，其中年龄最大的72岁。他们自发组织，精心排练，成功地将全剧搬上了舞台，受到了广大老年人的热烈欢迎和积极响应，演出获得圆满成功，充分展示了河北省老年人老有所学、老有所为、与时俱进的精神风貌。

河北省老龄工作各项业务进展情况（2003—2005）

一、老龄政策研究

2003—2004年，重点是拟制新的《河北省老年人优待办法》，进一步扩大优待面和优待内容，并于2005年7月1日由省政府颁布实施。2005年，重点是调研、起草《河北省老龄事业发展“十一五”规划纲要》。首先会同有关成员单位，按照“十五”计划纲要的内容和标准，逐条逐项对照检查，协调解决存在问题。在此基础上，针对河北省老龄事业发展中存在的薄弱环节和老龄工作中面临的突出问题，着手拟制“十一五”规划纲要，有针对性地确定河北省老龄事业的发展战略，推动河北省老龄工作的快速、和谐发展。

二、老年维权工作

2003年4月，在抗击“非典”的紧要关头，组织力量，加班加点，整理出了老年人预防非典型肺炎知识，并印制彩色宣传画5万张下发各地，在社区居委会、“星光老年之家”、农村乡镇进行张贴，引导广大老年人远离“非典”，相信党和政府，相信科学，坚定战胜疫病的决心。2004年，制定新的《河北省老年人优待办法》。同时，配合民政部门，积极做好城镇“低保”工作，城镇中符合“低保”条件的5万多老年人全部列入了“低保”范围，实现了应保尽保。组织开展了签订家庭赡养协议书工作，使广大农村老年人得到有效赡养。对“三无”老人实行“五保”供养制度，全省集中供养“五保”老人3万余人，占总数的50%以上。全省已建乡镇敬老院1900余所，建光荣院150余所，实现了县县建院。为了进一步维护老年人的合法权益，2005年，拟制并起草了《河北省老年人权益保障条例（草案）》，并列入了2006年省人大立法调研项目，争取尽早颁布实施。

三、为老服务业发展

3年来，全省为老服务业发展迅速，成效显著。省委组织部提出了《关于建立和完善离休干部“两费”保障机制的意见》。省劳动和社会保障厅制定了《企业退休人员社会化管理服务工作实施方案》。省财政厅积极建立社会保险费征缴激励机制，为实现“老有所养”提供财力保障；进行了农村合作医疗试点，摸索农村老年人“老有所医”的新路子。省地税局认真督导落实《关于对老年服务机构有关税收政策问题的通知》。省妇联组织开展了“巾帼敬老”活动，及时解决侵害老年妇女合法权益的问题。省司法厅把《老年人权益保障法》列入“四五”普法内容，开展了“法律三进家、法律进社区”活动，开通了“12348”法律服务热线。团省委开展了“志愿者为老服务金晖行动”。2003年，省老龄办与天津天士力集团联合开展了“为老年人送健康进社区知识讲座”活动，全年共讲座200余场，受教老年人达1.5万人次以上。2004年，与哈药集团联合开展了为老年人免费办理“金晚霞健康随行卡”活动，共办理2万余份，有效地保障了老年人的出行安全。2005年，配合民政厅筹建河北省老年公寓。该项目2006年有望建成并投入使用。

四、基层社区的老龄工作

切实加强基层社区老年群众组织建设。目前，全省2.8万余个村（居）建立健全基层老年人协会1.9万余个，占村（居）总数的70%以上。认真抓好社区老年福利服务“星光计划”的实施。截止到2004年底，全省第一批和第二批“星光计划”建设项目共投入资金3.7亿元，福利金投入2729万元，财政投入8879万元，街道办事处、居委会及社会投入17772万元，建成“星光老年之家”1757个。2003年6月，全省开始启动以建立县级老年福利服务综合机构为目标的第三批“星光计划”，完成了131个“星光老年之家”建设项目。积极探索社区“居家养老”的新模式。2005年，依托秦皇岛市海港区进行了先行试点，总结出了“街道居家养老院”—“社区居家养老服务站”—“家庭养老院”以及“保障委员会”和“监督委员会”三级服务组织逐层深入开展居家养老的模式，正在全省逐步推广。

五、老年文体活动

2003年9月，举办了河北省首届老年书画展；2004年8月，成立了河北省老年艺术团，同年10月，举办了河北省老年艺术团汇报演出。2005年9月，举办了“纪念抗日战争胜利60周年暨迎重阳慰问演出”，同月，举办了河北省首届老年人健康知识竞赛。以全省集中性的大型老年文化活动为牵引，3年来，全省各地相继组织了各具特色、规模不一的各类老年文体活动300余场次，参与的老年群众达上百万人，极大地丰富了老年人的精神文化生活，提高了老年人的生命生活质量。

六、“银龄行动”

2005年，组织开展了河北省内的“银龄行动”。组织省内农业方面的有关专家赴曲阳县进行扶贫活动，指导农民科学种田，受到了当地农民的普遍欢迎。同时，对张家口、承德、保定市等市上报“银龄行动”项目进行了研究筛选，确定了28个受援项目，并与全国“银龄行动”办公室协调，争取中直机关离退休专家对口进行帮扶工作，从而不断深化“银龄行动”。

七、典型经验

2004年，开展了“创建老龄工作先进县（市、区）和老龄工作先进单位”的“双争创”活动，省老龄委命名表彰了35个老龄工作先进县（市、区）和28个先进单位。2005年，开展了评选表彰全省老龄工作先进个人活动，省老龄委通报表彰全省老龄工作先进个人100名。同年，树立了秦皇岛海港区“积极探索居家养老新模式”和魏县“做好老龄工作促进社会和谐”两个先进典型，积极推广成功经验，促进全省老龄事业快速发展。

八、老龄综合性基础工作

全面加强老龄工作机构建设。2003年重点理顺市级的老龄工作机构，11个设区市的老龄工作委员会办公室全部理顺到民政部门；2004重点理顺县(市、区)级老龄工作机构，主要是健全组织、调配人员，落实编制。2005年逐步向下延伸，建立健全乡镇和基层老年协会。经过3年的努力，全省老龄工作机构得到全面加强。省、市老龄工作机构全部理顺健全，县(市)、乡镇老龄工作机构达到了90%以上，基层老年人协会也达到了70%以上，从而为老龄事业的发展奠定了坚实的组织基础。着力提高老龄干部队伍整体素质。2003年5月，举办了全省老龄工作干部函授培训班。2003年9月，举办了全省第一批老龄工作干部培训班；2004年6月，举办了全省第二批老龄工作干部培训班。2005年8月，举办了全省老龄工作干部第三批培训班。3次共培训老龄工作干部200余名，进一步提高了全省老龄工作干部的综合素质，有效地加强了老龄工作干部队伍建设。不断加强老龄宣传工作。2004年8月，与石家庄报业集团经过共同努力，创办了《燕赵老年报》。2005年6月，经过与黑龙江老年日报社多次协商，创办了《老年日报·河北老龄版》，进一步扩大了老龄宣传阵地。

山西省“创建活动”综述

山西省创建全国老龄工作先进县（市、区）工作，经过周密部署，广泛发动，制定标准，检查考核，取得了阶段性的成果，推动了老龄工作的全面发展。

一、以“创建”为契机，精心组织，严密部署

山西省辖有11个市、119个县（市、区），60岁以上人口为405万，占全省总人口的12.4%。2003年5月全国老龄委下发“创建活动”的通知后，省老龄委及时召开专题会议，进行研究，明确提出要抓住“创建”机遇，推动老龄工作上台阶、上档次、上水平。2004年3月，省老龄委按照全国老龄委“创建活动”的要求，下发了《关于在全省开展创建老龄工作先进县（市、区）评选表彰活动的通知》。同年4月9日，在全省老龄工作会议暨省老龄工作委员会全体会议上，省委常委、常务副省长、省老龄委主任范堆相明确指出：“开展‘创建活动’，是‘党政主导、社会参与、全民关怀’老龄工作方针的重要举措，是以点带面，整体推动老龄工作的重要手段，对于推动老龄事业和经济社会协调发展，促进全面建设小康社会具有重要的意义。”省老龄委常务副主任、民政厅厅长郭有勤对全省的“创建活动”作了进一步的动员和部署。会上各市交流了“创建活动”的做法和经验，一致通过了省老龄办制定的关于检查验收“创建”工作的标准和方法（共6项41条，共计400份），从而把“创建活动”推向了一个新的发展阶段。

全省各地对“创建活动”高度重视。11个市都先后下发了关于“创建活动”的通知，成立了“创建活动”领导组。召开会议进行动员，安排和部署。并根据各自的实际情况，提出了明确的“创建活动”指导思想。工作基础好的市、县提出了“要以‘创建活动’为契机，高标准起步，快速度发展，全方位提高”的“创建”要求。工作基础一般的市、县，制定了“夯实基础，抓点带面，分类指导，整体推进，典型示范，普遍提高”的创建思路。太原、晋城、运城等市先后召开引深“创建活动”现场会。大同市先后召开“创建”座淡会，交流作法和经验，召开“创建”现场观摩会，推广先进经验，召开“创建”表彰会，引深“创建活动”的开展。太原、晋城、大同、运城、吕梁等市的“创建活动”领导组还深入到县、乡、社区和农村，对创建活动进行督促和检查，提出指导意见，有效地推动了“创建活动”的发展。

县（市、区）作为“创建”工作的前沿阵地，对“创建活动”普遍表现出了争先创优的竞争意识和较高的积极性，普遍成立了“创建活动”领导组，层层召开“创建活动”动员会，制定“创建活动”实施方案，把“创建”目标、任务量化、细化，层层分解到基层。太原市杏花岭区分管老龄工作的领导分别与各街办、乡（镇）、成员单位签订“创建”目标责任书，把软目标硬化，硬目标量化，分解到单位，确定到科室，落实到人头。清徐县选定30个单位实行包村，要求包村单位要由主要领导负责，制定措施，确定专人，并把包村开展老龄工作情况纳入2004年度工作目标考核范围。包村单位有的为老年活动室援助图书、桌椅、活动器材，有的捐钱，有的帮助健全老龄工作机构、制定制度，使基层老龄工作得到了进一步的充实和加强。

同时，在“创建活动”中，各地十分注重树立和培养“创建”典型，县有重点乡，乡有示范村，通过召开现场会、经验交流会，不断地扩大“创建”工作的成果，

二、以“考核”为平台，检验和展示“创建活动”成果

为了客观公正的搞好评选推荐工作，省老龄办根据全国老龄委制定的“创建活动”六条标准，结合实际情况进行细化、量化，分解为6项41条，按照400分制进行考核。考核组由各市老龄办抽掉1名负责同志组成。这样做的目的一是使“创建活动”最大效益化，取得客观公正和促进工作的双重效果。如果说“创建活动”是搞好工作的契机，那么“考核”就是检查和展示创建成果的平台。通过检查考核，当场打分，不仅使评选做到了公开、公平、公正，而且可以相互比较，相互学习，相互促进，取长补短，共同提高。二是组成一个检查组进行考核，虽然检查时间长一些，但在全省范围内坚持了一个标准，用一把尺子丈量到底。

省检查考核组由省老龄办王进龙同志带队，佩戴统一制作的“省老龄工作先进县（市、区）检查考核组”胸牌。从6月1日开始，到7月5日结束，历时35天，检查了11个市、16个县（市、区）、13个单位、19个乡（镇）、11个街道办事处、26个老龄办、12个社区、34个行政村、9个敬（养）老院、37个老年活动室、38个老年大学。通过听取汇报，实地查看，召开座淡会，翻阅档案资料，当场提问和走访，比较全面地了解和掌握了各地的“创建活动”情况和整体工作水平。

在此基础上，检查组逐项评估打分，省老龄办进行综合汇总排队，并以此作为确定推荐表彰先进县（市、区）和先进单位的主要依据。

各地对评选方法给予了充分肯定，对于检查组的同志不畏酷暑，连续作战的工作作风给予了高度评价。太原市副市长袁高锁说：“省检查组从南到北，一口气检查下来，就像当年红军长征一样，是宣传队，广泛深入地宣传了‘创建活动’和老龄工作；是播种机，在全省范围内播撒了关注、重视、做好老龄工作的种子，对老龄工作的促进作用是非常大的。”

三、以“六项条件”为标准，推动老龄工作全面发展

各地以全国老龄委确定的“六项条件”为标准，抓住薄弱环节，解决突出问题，使老龄工作得到长足全面的发展。

（一）彰显了党和政府的主导作用。“创建活动”促进了党委和政府对老龄工作的进一步重视，党委和政府的重视，又促进了“创建活动”和整体工作的发展。一是表现在认识上到位。阳城县、小店区、代县等县委县政府的主要领导认为，“老龄工作不是大局，但事关大局，不是中心工作，但影响中心工作。要从战略的高度、经济、社会发展的全局来认识老龄工作，以科学的发展观来指导老龄工作，以全心全意为老年人服务为宗旨搞好老龄工作”。临猗县乡、村在搞好农村老龄工作的过程中，对农村老年协会的性质和作用的认识更为确切了。二是把“创建活动”和老龄工作列入了党委和政府的重要议事日程。全省从上至下，各级领导都能经常召开工作会议，研究解决老龄工作的重大问题，所检查的县（市、区），都把创建活动作为县委、县政府今年工作要点之一，县委、县政府主要领导同志担任“创建活动”领导组组长，县委书记、县长深入乡村，对创建活动进行督查和指导，县“创建”领导组分片分组，靠前指挥，全面督查。杏花岭区人大、政协分别组织人大代表和政协委员对创建活动进行视察。许多老龄干部感慨地说，以前是我们找领导请示汇报工作，现在是县领导亲自督促工作。三是“创建活动”促进了《关于加强老龄工作意见》的落实和《老龄事业五年发展计划》的实施。各地坚持把老龄事业纳入国民经济和社会发展整体规划，把老龄工作作为全面建设小康社会的重要组成部分，与经济和其他工作同计划、同部署、同落实、同评比、同奖惩。

（二）健全和强化了老龄工作机构。在“创建活动”中，各地建立健全了老龄工作机构，优化了工作环境。县级老龄委及其办公室全部建立健全，有的增加了编制，充实和加强了力量，经费列入了财政预算，并按照老年人数划拨老年事业经费，形成了长效机制，列入了财政预算。有的县老龄办更换了工作用车，有的新配备了工作用车。有的调整或增加了办公室，有的修缮了办公室，购买了电脑，更新了办公桌椅等设备，工作条件和环境得到了改善。特别是开展《社区老龄工作规范化建设》和《农村老龄工作规范化建设》，已取得了十分明显的效果，为开展创建活动提供了坚实的基础。社区、农村老龄工作规范化建设是“创建活动”的基础，“创建活动”是规范化建设的拓展和升华。目前，大多数县、乡（镇）、社区、农村已建立健全了老龄工作机构，特别是大同市南郊区、太原市小店区等把老龄办、老年大学、老年体协、关工委四位一体，统一领导，统一管理，整合了力量，发挥了更大的作用。晋城、太原、大同、运城、长治等市普遍开展了各具特色的老龄工作规范化建设。

（三）老龄政策法规得到了比较好的贯彻和落实。各地把《老年人权益保障法》及《山西省实施〈老年法〉办法》列入“四五”普法规划，坚持把日常宣传和重大节日集宣传相结合，编印宣传材料；县主要领导到老年大学讲老年法课，举办老年法知识竞赛，开展老年法宣传教育活动等，增长了人们尊老敬老的法律知识，提高了尊老敬老助老的法制观念。老年人的优待优惠政策在各地得到了落实。老年人凭老年人优待证就可享受政府规定的优待项目，优待老年人的服务窗口都设有明显的标志。大多数县有老年维权领导组，乡有老年维权服务站，村有老年维权服务所，形成了三级老年维权网络。太原市的小店、万柏林、清徐，大同市的南郊区、新荣区，长治城区，晋城的泽州、阳城，运城的临猗等县（市、区）司法局出台了老年法律援助制度、老年维权调解制度，法院对涉老案件采取“三优先”即优先立案、优先审理、优先办案。在诉讼费上，对困难老人实行减、缓、免的办法，为老年人维权提供了方便。各级老龄办制定了老年人来信来访制度，长治市老龄办制定了老年人“有访必接，有接必应，有应必果”制度，长治城区老龄办确定了“老忧我解，老难我帮，把矛盾调处解决在基层”的原则。针对农村容易因土地房产发生赡养纠纷的实际情况，村委会在审批宅基地时，让子女同老人签订赡养协议书。运城市临猗县三管村等村老年协会翻印了老年法和《山西省实施〈老年法〉办法》小册子，绛县丁家洼村“婚礼上宣誓敬老，葬礼上评议敬老”。杏花岭区在社区农村建立了“一站、一卡、一律师”老年维权体系。“一站”即设立老年维权法律服务站，“一卡”即发放特困老人援助卡，“一律师”即安排具有执业资格的专业律师进驻社区农村为老年人进行法律服务。各级老龄办还协同法院等有关部门对侵犯老年人合法权益的典型案件进行公开审理，达到了处理一案，教育一片的目的。

同时，各地在乡规民约中，把尊老、爱老、养老、助老作为重要内容。评选文明单位、文明家庭，把尊老、爱老、养老、助老作为重要考核指标，营造了尊老敬老的社会环境，促进了社会主义精神文明建设和法制与道德建设。

（四）老年福利服务设施有了明显改善。在“创建活动”中，各地以完善社会养老保障体系为重点，不断推进老有所养；以健全医疗服务网络为重点，不断推进老有所医；以加强思想政治工作为重点，不断推进老有所教；以丰富精神文化生活为重点，不断推进老有所学；以发挥老年人作用为重点，不断推进老有所为；以建阵地、抓载体为重点，不断推进老有所乐，老年福利服务设施有了新的长足发展。

各地积极完善养老保障体系建设。离退休干部的“两费”按时足额发放，城镇符合条件的贫困老年人全部纳入低保范围，农村养老补贴制度和高龄老人健康补助制度大面积推广。各地普遍制定了重大节日对高龄老人的慰问和对困难老人的救助制度。老年医疗保健工作纳入卫生事业发展规划，城镇职工基本医疗保险制度改革稳步进行，农村新型合作医疗制度加大了试行力度，许多医院设立了老年门诊、老年病房和老年病床。经济条件好的村定期为老年人进行体检，并建立了健康档案，对于住院老人，村委会还给予一定医疗补助。在政府投资，“星光计划”投入，资源共享等情况下，县（市、区）、乡（镇、街道）、社区、农村普遍建有不同层次老年活动中心、活动站、活动室和老年公寓。为了适应人口老龄化的需要，老年活动场所的建设出现了新的趋势。一是形成了财政扶持、乡镇出资、社会筹集、企业捐赠、个人投资等投资主体多元化的趋势。二是以社会化、产业化的思路推进为老服务体系建设，出现了联办、股份制和个人独办老年福利设施的新格局。三是服务功能多样化，服务设施多样化。县（市、区）、乡（镇、街道）、社区、农村普遍建立了老年大学和老年学校，形成了老年教育网络。老年大学开设书法、绘画、音乐、舞蹈、保健、微机等课程，传播先进文化，树立科学观念，增长知识才华，坚持了先进文化的前进方向，使老年人观念常新，与时俱进。

在各级老龄办的引导下，老年秧歌队、舞蹈队、门球队、健身操队等各种文体活动队伍在广大的社区、农村普遍建立。有的社区、农村有十几个老年文体队，他们有统一服装，统一活动时间，经常组织参加各种文体活动，举办文体比赛。有的社区和农村组织老年人外出旅游观光，丰富了老年人的生活，提高了老年人的生活生命质量。

（五）老龄宣传工作进一步加强。“创建活动”为宣传工作提供了重要的内容和题材，宣传又为“创建活动”的深入开展起到了重要的发动和导向作用。在创建过程中各级成立创建领导组，召开动员会，检查指导创建工作，各部门承担相应的创建任务，都需要通过宣传把创建意义、任务、标准告诉人们，使宣传贯穿于整个创建全过程。各级电视台、广播电台大多开辟了老年专题和栏目，宣传“创建活动”开展情况，引起了社会的广泛关注。社区、农村利用板报、黑板报、专栏等广泛进行宣传。被检查的多数市、县、乡、社区、村都制有“创建”电视专题片和老龄工作大幅宣传版面。多数社区和农村老年宣传队自编自演“创建活动”节目。长治城区在主要街道挂有300多条宣传横幅，起到了很好的宣传作用，营造了比较浓郁的“创建活动”氛围。

黑龙江省基层老龄工作综述

近年来，黑龙江省的基层老龄工作在国家老龄办的指导下，在省委省政府的重视和关心下，按照“党政主导、社会参与、全民关怀”的老龄工作方针，以实现“六个老有”为出发点和落脚点，不断加强基层组织机构建设，推进基层老年福利事业快速发展，特别是抓住全国开展创建先进县（市、区）活动这一有利契机，突出了抓基层打基础工作，使全省基层老龄工作取得较好成效。

一、明确思路，把工作重点放在基层

老龄工作的重点在社区、在基层，这是国家老龄办在工作部署中的明确要求。在多年的实践工作中，黑龙江省老龄办也深深感到基层老龄工作做得好坏直接影响到社会稳定。所以明确思路，这几年一直把工作重点放在基层，每年年初下发的工作要点中都明确基层工作的重点，在每年召开的全委会和市地老龄办主任会议上省领导都强调做好基层老龄工作的重要性，重点部署基层工作，要求各地根据当地的实际制定开展基层工作的措施，通过抓基层工作提升老龄工作整体上水平。省老龄办重点布置了哈尔滨、齐齐哈尔、大庆、牡丹江等市地的基层老龄工作，要求他们选好突破口，采取有效措施，做实基层老龄工作。牡丹江市针对基层老龄工作实际提出了在社区和农村开展争创“六佳”（生活照料佳、思想教育佳、维护权益佳、文体活动佳、余热生辉佳、组织建设佳）社区和“五优”（班子建设优、整章建制优、工作经费优、各项工作开展优）农村老年人协会活动。大庆市采取多轮驱动，大力加强基层老龄事业硬件投入，近几年累计投入1.8亿元用于老年福利和活动设施投入。哈尔滨市老龄工作进社区已全面铺开。齐齐哈尔市狠抓基层老年维权工作，切实维护老年人的合法权益。

二、以创建活动为契机，加大推动基层工作的力度

全国老龄委《关于在全国开展创建老龄工作先进县（市、区）活动的通知》下发后，按照国家的创建要求，结合黑龙江省的实际，对国家的创建条件进行了细化，制定出创建方案，特别是对加强基层工作提出了细化要求，以省老龄委的文件下发全省。各级党政领导对创建工作非常重视，围绕创建工作，加大了工作力度，制定了具体的实施方案。各地对照创建条件，固强补弱。林甸县把加强村级组织建设作为重点，全县8个乡镇3个场都健全了老龄工作机构，83个村4个社区都建立了老年协会。大庆市红岗区把加强老有所养作为重点，完善了城镇贫困老人社会救助网络，保障了老年人的基本生活。富锦市、嫩江县、勃力县在解决老年设施不足的问题上下功夫，加大了投入。让胡路区把创建活动与开展敬老文明先进社区评选活动相结合，推动了各项工作的开展。

三、加强指导，及时帮助解决基层工作中出现的问题

近年来，特别是开展创建活动以来，省老龄办结合落实创建工作加强了对各地的指导，省老龄委、老龄办的领导先后十多次深入各地调研指导基层创建工作。派出工作组深入哈尔滨、牡丹江、齐齐哈尔、大庆、佳木斯、鸡西、大兴安岭、鹤岗、绥化等地的30多个县（市、区）140多个基层单位调研指导工作，帮助基层总结创建工作经验。省老龄办专职副主任亲自给各地主管老龄工作的书记、市长打电话或亲自拜访，沟通解决工作中遇到的问题。帮助齐齐哈尔市理顺工作关系，解决了经费问题。与伊春市委书记沟通解决伊春市老龄工作机构不健全的问题。各市地老龄办也都深入基层指导工作。牡丹江市老龄办采取不打招呼，轻车简从，进入社区，入村入户抽查老龄工作的办法，对各县区的老龄工作情况进行了全面的检查和调研。在对林口县进行工作指导时，他们不见到主管领导不罢休，认真的工作态度使基层领导深受教育，一再表示要重视创建工作。哈尔滨市老龄办深入所属的各个县区对创建工作开展情况进行全面检查，重点解决基层组织建设问题，老龄专职干部配备问题。省老龄办组成了两个检查验收小组，分别对全省各地申报的老龄工作先进县（市、区）的创建工作情况进行全面检查验收。最后又由省政府副秘书长、省老龄委副主任赵文洲带队，对拟申报国家老龄工作先进县（市、区）的哈尔滨市动力区、齐齐哈尔建华区、大庆市让胡路区、海林市进行了复检，并写出了专题调研报告，得到了省领导的重视。

四、召开专题会议，交流经验，推广典型

省老龄办为推动创建工作，在2003年底召开了创建工作座谈会，重点介绍了哈尔滨、牡丹江、齐齐哈尔等地创建经验。2004年4月份在全省市地老龄办主任会议上，总结交流了哈尔滨市道里区、齐齐哈尔建华区、海林市、大庆市让胡路区等13个单位创建工作经验。在2005年3月份召开的省老龄委第五次全体会议暨市地老龄办主任会议上又总结交流了哈尔滨市、牡丹江市、齐齐哈尔建华区、哈尔滨市道里区、海林市、杜蒙县的经验。书面交流了21个经验。2005年6月16日，在牡丹江市召开了全省基层老龄工作推进会议暨经验交流会议，会议期间，有23个单位介绍了老龄工作经验，与会代表参观了牡丹江市的11个社区和农村，探讨了如何进一步推进基层老龄工作，更好地为全省经济与社会事业发展作出更大贡献问题。会议开得非常成功，特别是牡丹江市爱民区政府“以一站式办公为切入点，积极推进老龄工作进社区”、海林市政府“推行星级管理，规范老年人协会，推动基层老龄工作全面开展”、林甸县政府“健全组织，夯实基础，充分发挥基层老龄组织作用”、尚志市河东乡政府“加强农村基层老龄组织建设，发挥农村老年人协会作用”、鸡西市恒山区小恒山老年协会“加强老年协会建设，充分发挥其在建设和谐社会中的作用”等做法，把老龄工作纳入政治、经济、社会、文化整体发展中，对在发展老龄事业中打响老龄工作品牌，具有积极的指导意义，得到了领导和与会代表的充分肯定。

黑龙江省老年维权工作概述

近年来，黑龙江省老龄委、老龄办始终把贯彻落实《老年法》摆上首要位置，采取有效措施，紧密结合全省实际，坚持不懈地抓老年权益保障工作，有针对性地解决工作中遇到的问题，使老年维权工作取得明显成效，有力推动了老龄事业发展。

一是抓规划落实，促老龄事业发展。根据《老年法》关于发展老龄事业的规定和省《实施老年法条例》所明确的职责，每年初都对落实省老龄事业发展规划进行部署，年中各市地组织一次检查，年底将发展老龄事业的情况报当地政府和上级部门。

二是抓好调研，解决老年设施建设中的问题。省老龄办每年年终都综合各地落实《规划》和有关老年政策情况，向省领导和有关部门汇报，提出解决问题的意见和建议。对老年公寓、老年活动中心建设，公园和文化场所向老年人开放等，都给予支持，帮助解决经费和管理中的问题。目前，由政府兴办的福利院、养老院22家，敬老院810个，社区老年服务站565个，老年大学94所，老年活动中心（室、站）19800个，老年医院108个，老年门诊所、老年康复中心110个，保健院37所。哈尔滨市在按《规划》发展老年社会福利设施的同时，2003年投入2000万扩建了市老年活动中心。大庆市近3年投资2亿余元，加强基层老年服务设施建设。牡丹江市政府为落实老龄事业发展规划示范工程项目，市财政投资建立了5000平方米的市老年活动中心。哈尔滨市、七台河市、绥化市等都建立起了一定规模设施完备的老年大学。

三是抓老年人优待服务政策的落实，为老年人办实事。根据省政府出台的《关于对全省老年人实行优待服务意见》要求，积极协调有关部门抓落实。省老龄委已两次发文作专项布置工作，针对普遍存在老年人乘车难、待遇不落实等问题进行专题调查，向有关领导和部门提出建议和办法。2000年以来，全省13个市地政府或行署都相继出台和完善了对老年人优待照顾的规定或办法。通过为老年人办实事，提高了老龄工作的社会影响和地位。

四是抓群众性老年组织建设，推进农村家庭养老工作。在大力加强农村老年协会等群众组织建设的同时，在全省广大农村积极推行签订家庭赡养协议书，解决子女不管老人生活费、医疗费和生活照顾等问题。现在全省农村13个市、地已有50多万有老年人家庭签订了赡养协议书。通过签订赡养协议书，促进了家庭养老的落实，杜绝了“抓阄养老”、“计月养老”和“娶媳签订不养老人协议”等现象，农村家庭不愿养老的现象明显减少。

五是抓老年文体活动，加强思想政治工作。各市地以组织老年人开展各种有益身心健康的文体活动为载体，加强了老年人的思想政治教育。省老龄办每年都要组织几次全省性大型活动。采取社会参与支持，企业赞助等形式，各种类型老年文体活动接连不断，不仅让老年人学到了新知识，陶冶了情操，而且丰富了老年人的晚年生活，促进了身心健康，对维护社会稳定，促进两个文明建设发挥了重要作用。

六是抓扶贫助老，保障基本生活。黑龙江省制定的优待政策规定，全省百岁以上老年人按月享受100元生活补助，有的地市已经提高到150元至200元。近几年，各级政府都拨出专款慰问百岁以上老人。老年节或春节期间，各级政府和民政部门都要组织有关部门到敬老院、城镇和农村慰问特困老人，送去党和政府对老年人的关怀。社会各界也纷纷赞助老龄事业，近两年来，仅省老龄办就接受捐款捐物44万余元，助养特困老人158人。2003年省老龄办“夕阳红网站”开通，专门设立了助养栏目，公开需助养老人身份地址，号召社会有识之士，认养特困老人。

七是抓执法检查和调研，维护老年人的权益。省老龄办依据《老年法》和《实施老年法条例》的有关规定，要求各地对老年人生活保障、医疗保障、老年人权益保障等方面进行执法检查和执法调研。近年来，全省各市地都进行了3次以上的执法检查或执法调查，其中有8个市地进行了联合检查，有7个市人大听取了政府关于贯彻执行《老年法》和《条例》的汇报。2003年，省老龄办就全国人大来黑龙江省进行执法调查一事，专门向省人大作了汇报，向全省老龄机构下发了文件，省人大内司委副主任委员侯兆江陪同全国人大内司委在省内进行了《老年法》执法调研，对省老年维权工作给予了肯定。为加强老年维权工作，近两年来，省老龄委协同省司法厅、公安厅等司法部门，采取措施健立完善了各级老年维权服务机构。现有老年维权、咨询服务机构216个。省市地级老龄部门都成立了老年维权机构。省老龄办、哈尔滨市老龄办、齐齐哈尔市老龄办、佳木斯市老龄办成立了专门维权机构，大庆市、牡丹江市、七台河市、伊春市、鹤岗市等地由老龄、司法部门牵头成立了老年维权服务中心。有些地方法院成立了“老年法庭”，如齐齐哈尔市所属县、区均成立了“老年法庭”，从司法上加强老年权益保障工作。

八是抓舆论宣传，形成良好老年维权社会氛围。为深入宣传贯彻《老年法》，始终注意抓宣传，使老年法律意识入心入脑，形成有利的社会环境。一是有组织有计划地开展宣传。《老年法》颁布后，省老龄委每年都对宣传贯彻《老年法》做出工作安排。同时省领导还专门组织召开了宣传贯彻《老年法》协调会，并以政府办文件，布署全省维权和宣传工作。二是纳入全省普法教育规划。把《老年法》纳入省的普法教育《规划》，并组织全省老龄系统工作骨干分期分批培训。全省已有22300余名干部接受了培训学习。通过落实《规划》和培训工作，带动了《老年法》的宣传贯彻。三是借助各种新闻媒体，形成广泛社会维权舆论。省老龄委经常同宣传部门沟通协调，提出加强老龄工作特别是维权工作宣传的建议。《黑龙江日报》、《生活报》、《老年报》、《老年学习生活》、《退休生活》等报刊、杂志，把刊登有关老年法律、法规知识、老年维权讲座、司法案例等作为老龄宣传工作的一项重要内容，面向社会，扩大了影响。

吉林省老龄工作重大活动概况（2003—2005）

一、创建敬老文明乡（镇、街）、社区（村）活动

为了深入贯彻落实《中共中央、国务院关于加强老龄工作的决定》，推动基层老龄工作，让老年群众共享改革开放和社会发展的成果，营造全面建设小康社会和谐稳定的社会环境，于2001年开始在全省部署开展了创建敬老文明乡镇（街）、社区（村）活动。5年来，“创建活动”得到了基层组织和党政领导的重视，取得了良好成效，基层老龄工作得到进一步巩固和发展，“六个老有”的工作目标得到进一步实现。表彰了180个敬老文明乡镇（街），占全省乡镇（街）的16%，敬老文明社区（村）898个，占全省社区（村）的8.35%，使创建活动成为推动基层老龄工作的有效载体。

在“创建活动”中，各地想方设法，克服重重困难，努力把兴建为老服务设施，作为“创建活动”的硬件基础来抓，充分利用现有条件，大力兴办老年服务设施。特别是“星光计划”的实施，为老年群众组织提供了落脚点和稳固的阵地，使社区老年人有了良好的活动场所，有力地推进了社区老龄工作。几年来，全省累计投入资金4亿多元，兴建“星光老年之家”1794处，平均面积达到308平方米，在全国率先实现了社区基础设施建设全省覆盖。延边州和龙县和龙镇投资100多万元，修建200平方米的老年活动中心，在全乡建起了27个老年活动室。其他地方也都建起了不同档次的老年服务设施，基本上满足了老年人对文化、医疗、社区服务的需求。

为推动“创建活动”的开展，调动各级老龄部门和老龄工作者的积极性，省老龄办还建立起激励机制，对在创建活动中涌现出的先进集体和模范个人进行了表彰，增强了各级搞好创建活动的荣誉感和责任意识。几年来，有3个市州、15个县（市、区）、45个乡（镇、街）老龄部门受到表彰，55名老龄工作干部受到了褒奖。对积极参与创建活动、管理规范、发挥作用好的基层老年人协会和老协会长，评选表彰了950个先进老年人协会、980个模范老协会长。

二、“青少年爱老义工”服务活动

为了大力弘扬中华民族敬老爱老助老的光荣传统，加强和改进未成年人思想道德建设，扩大青少年志愿者队伍，为老年人办实事，省老龄办、省委宣传部、省文明办、省教育厅、团省委和省妇联等6部门联合发起了全省“青少年爱老义工服务”活动。各地、各有关部门高度重视，积极部署，使这项活动在全省扎实有效地开展起来，并取得了一定的成绩，受到社会舆论特别是广大老年朋友们的好评。

据统计，全省参加“青少年爱老义工服务”活动的人数已超过45万人，共发放义工服务手册7.6万册，志愿者义工服务时间累计达到446万小时，平均每人服务时间近10小时，活动中，共为老年人拆洗被褥4万多件，代购生活用品7.6万件，打扫卫生4万多次，义诊及赠送药品4.1万次，表演节目9000多个，维修房屋5000多间，帮耕帮种5000多人次，自愿为老年人捐款67万元，捐物折合90多万元，有22万多老年人在活动中受益。

2005年9月，为了推动“青少年爱老义工服务活动”的深入开展，省老龄办等6部门联合召开全省“青少年爱老义工服务”活动经验交流暨表彰会，目的就是通过交流活动中一些好的经验和做法，表彰先进典型，总结前一段活动情况，部署下一阶段任务，推进这项活动能够深入持久地开展下去。

三、救助特困老年人活动

为了贯彻“三个代表”重要思想，落实《中共中央、国务院关于加强老龄工作的决定》提出的“要特别关注特困老年人的生活，加大对特困老年人的救助力度”的要求，几年来，吉林省老龄工作委员会高度重视救助特困老年人工作，根据本省特点，在发挥各级政府主导作用的前提下，广泛提倡社会关爱，通过深入开展救助特困老年人活动，发动社会各界积极参与，体现党和政府深切爱民之心，尤其是对老年特困弱势群体的关心、关注之情，体现全社会对特困老年人互助互爱、扶贫帮困的良好道德风尚。3年中，分别开展了奉献爱心救助特困老年人活动、救助万名特困老年人活动、帮扶特困老年人手牵手活动。救助主题活动成效显著：据统计，全省各地在3年开展活动期间，共向特困老年人捐款2467万元，捐献物资折合人民币918万元，维修房屋30004间，拆洗被褥77161条，诊治疾病158923人次，有594320人次参与此项活动，被包保老人42733人次，有219573人次特困老年人在活动中受益，平均每个特困老人受益捐款112元，平均每个特困老人受益捐物折合人民币37元。救助活动是由省老龄办、省民政厅、省卫生厅、省总工会、团省委、省妇联、省军区、省慈善总会联合发文并在全省范围内开展的。

3年来，通过广泛开展救助特困老年人活动，使特困老年人生活得到进一步改善，疾病得到治疗，房屋得到修缮，家务得到照料，精神得到慰藉。并有效推动各有关方面关注特困老年人，促进特困老年人救助机制的健全完善，加大改善特困老年人生活的工作力度，建立政府、社会组织和老年人多层次良性互动的特困老年人救助体系。救助特困老年人活动得到了各级党政领导的高度重视，在有关部门精心组织配合下，广泛动员社会力量，营造助老扶困氛围，弘扬了中华民族传统美德，达到了预期目的，取得显著成效。

吉林省老龄工作各项业务进展（2003—2005）

养老助老方面的社会保障制度初步形成，老年人养、医的问题进一步落实

企业离退休人员养老金按时足额发放；城市28.8万和农村9.33万贫困老人分别纳入了城乡低保；离休干部两项待遇得到落实；在城镇建立完善职工医疗保险制度，在农村推行新型合作医疗制度，着重解决老年人大病重病的问题。对城乡部分独生子女家庭实行奖励扶助制度，提高了养老保障能力。

为老服务体系逐步建立

全省共建成“星光老年之家”1794个，覆盖了城市的所有社区；建立了老年活动中心229个，活动站（室）5846个，老年室外活动场地3200处；办老年大学76所，老年学校1659所，经常参加学习及文体、娱乐活动的老年人约40多万人。共签订赡养协议37万多份。共有公办敬老院、福利院和老年公寓828所，民办老年公寓、托老院、老年护理院、老年康复院、临终关怀院等870所，收养了19500多位老年人。兴办老年病院255所，设老年家庭病床9860多张。为12000多位老年人提供了法律援助，减免律师服务费173万元。受理老年人诉讼案件14000多件，减免诉讼费400多万元。

老年优待政策基本落实

省人大颁布《贯彻实施〈老年法〉若干规定》后，各地纷纷出台了老年优待政策。几年来，共为老年人减免医疗费364万多元，减免乘车费2876万多元，旅游景点减免门票976万多元，文化活动场所减免门票122万多元。一些地方还为高龄老人发放养老补助金，最高每月300元。

扶老助困活动坚持经常化

几年来，为特困老人提供救助扶持1500多万元；与慈善总会开展救助千名特困老人活动，每位特困老人年救助金600元；共有45万青少年参与“爱老义工服务”活动，义工服务时间达到446万小时，有22万老年人受益。

老年文体活动丰富多彩

全省组建基层老年人协会9597个，还建立了一大批老年体育协会、老科技工作者协会、老年书画研究会、老年戏曲、舞蹈、秧歌协会等，组织老年人开展经常性文体活动。各级老龄办还组织大型示范性的老年文体活动，有效带动基层老年文体活动的深入开展。各地还组织老年人境内外旅游，深受欢迎。

开展“银龄行动”

在全省开展“二次创业银龄行动”，为广大健康老年知识分子搭建“老有所为”的平台。组织开展健康讲座，邀请10余位专家、学者深入社区，开展医疗保健、科普知识讲座58场，使万余名老年人受益。各地在老干部、老科技工作者中广泛征集振兴吉林的良方妙计，提出500多条，许多建设性意见和建设被各级政府采纳。在全省范围内开展评选“二次创业银龄行动”活动，2年来评选130名先进老人奖。

开展创先评选活动

按照全国老龄委《关于在全国开展创建老龄工作先进县（市、区）活动的通知》精神，通过一年的创建活动，确定15个省级老龄工作先进县（市、区）。其中，4个县（市、区）被评为“全国老龄工作先进县（市、区）”。在全省开展评选表彰老龄工作先进单位活动，评选出32个省级老龄工作先进单位，其中7个单位被评为“全国老龄工作先进单位”。表彰一批全省老龄工作系统先进集体和先进工作者。评选出省级先进集体35个，先进工作者35个。开展创建敬老文明乡（镇、街）、村（社区）活动和基层先进老年协会及模范老年协会会长评选活动。省级敬老文明乡（镇、街）、村（社区）1000多个，基层先进老年人协会950个，先进老年人协会会长980个。

敬老主题教育

省老龄办会同相关部门在全省开展青少年敬老爱老助老主题教育活动。通过读敬老书、做敬老事、写敬老文，大力弘扬中华民族敬老养老助老的传统美德。为了突出为老年人做好事、实事，在全省开展青少年爱老义工服务活动，并于2004年5月13日举行启动仪式。据统计，2004年在全省开展青少年爱老义工服务活动中，有182474名青少年参与，组成8678个义工服务队，为老年人拆洗被褥66513件，打扫卫生68887次，维修房屋4137间，义诊41532人次，写敬老文章12498篇，捐款捐物折合人民币85.63万元，受益老人112082人。

辽宁省老龄工作重要会议和活动概述（2003—2005）

实施“银龄行动”。辽宁省是全国老龄办确定的东部沿海省份老年知识分子对口支援西部经济开发建设的首批试点省份。省长薄熙来批示：“这项活动很有意义，应该办好。”省政府成立了以主管老龄工作的副省长闫丰同志为组长，省政府分管副秘书长和省民政厅长为副组长，相关部门负责同志为成员的“银龄行动”协调小组，并成立“银龄行动”办公室。经过认真遴选和审核，最后决定派出13名医疗专家赴青海进行支援。援助期间，专家们举行省、院级讲座15次，授课面达1200人；科内教学66次，授课面达940多人次。门诊接诊2369人次；举行义诊活动，诊治病人300多人。申报科研项目，撰写论文，填补了当地的医疗空白。

对《老年人权益保障法》执法情况进行检查。2003年6月23日至7月24日，由省人大内司委两位副主任亲自带队，分别深入丹东、锦州、阜新和鞍山4个市就贯彻执行《老年人权益保障法》情况进行调研。调研期间，听取了市政府关于老龄执法和老龄工作情况的全面汇报，分别召开市属涉老部门负责同志座谈会和基层老龄工作干部座谈会，并深入到老年公寓、老年大学、老年活动中心、敬老院、养老院、福利院、光荣院等以老年人为工作对象的事业单位，走访老人，听取意见。调研组还对每个市老龄工作的具体意见分别向所到市政府及有关涉老部门做了反馈。调研结果显示，辽宁省在老龄立法和政策建设工作方面均有所加强，使许多工作做到了有法可依、有章可循；普法教育普遍开展，老年人法制意识明显增强；老年人自身合法权益得到有效维护，各类涉老案件的调解率、审结率和执行到位率大为提高；老年人口的基本生活得到了有效保障；各类健康向上的老年活动普遍开展，老年人的精神面貌得到改观。

2004年8月17日，召开省老龄工作委员会第三次全体会议。会议由省老龄委副主任闫丰副省长主持，省民政厅厅长、省老龄委副主任薛恒作工作报告，常务副省长、省老龄委主任许卫国作重要讲话。会议对2003年以来辽宁省老龄工作进行了回顾，部署了今后一个时期全省老龄工作。

2005年1月17日，以省政府名义召开了五年一次的全省老龄工作会议。副省长、省老龄委副主任闫丰作工作报告，全国老龄办常务副主任李本公到会讲话，常务副省长、省老龄委主任许卫国做在会议最后做了重要讲话。会议表彰了109个老龄工作先进单位和133名老龄工作先进工作者，在各级政府和全省老龄工作系统中引起强烈反响，引起了各市领导和成员单位领导对老龄工作的高度重视。

2005年9月22日，召开省老龄委第四次全体（扩大）会议。二位省长亲自主持召开，会议还将参会人员扩大到各市分管老龄工作的市领导。会议对贯彻落实全省两个老龄工作会议情况进行了通报；讨论通过了对《辽宁省老年人保护条例》的修改意见，并报省人大立项，为进一步加强辽宁省老龄法制建设奠定了基础。

修改制定《辽宁省老年人权益保障条例》。辽宁省《老年人保护条例》已颁布17年，且先于国家老年法8年出台，已不适用现代社会和经济发展的情况，2005年初，重新修改、制定了《辽宁省老年人权益保障条例》。通过借鉴全国各省经验，召开基层单位老年人座谈会，咨询省人大、省高法和司法部门，聘请法律专门人员等方式进行修改后，正式提交省老龄委第四次全委会讨论通过，并报省人大列入立法程序，计划2007年正式出台。

制定《辽宁省老龄事业发展“十一五”规划》。通过对全省老年现状、养老状况及其发展趋势进行调查研究，广泛征求各市和相关部门意见，聘请专家学者论证，制定出了符合辽宁省实际，指标科学的老龄事业发展“十一五”规划。

省民政厅会同省老龄办研究制定出台了《辽宁省实施“敬老行动”三年发展规划的意见》（辽委办发[2005]36号）。提出了开展“敬老行动”的重要意义，制定了“敬老行动”的指导思想、总体目标和主要措施。省委、省政府决定，从2005年10月起，利用3年的时间在全省城乡全面开展“敬老行动”，推进养老工作，积极探索政府倡导资助、社会力量积极兴办和参与的养老产业发展道路，逐步建立经济发展和社会需求相适应的社会养老服务体系、管理体制和运行机制，不断满足老年人日益增长的养老需求。

辽宁省老龄工作各项业务进展（2005）

一、抓好老龄工作载体

（一）社区基础设施建设得到加强。全省累计投入资金5.58亿元，实施“星光计划”项目1821个，50%以上的社区有了“星光老年之家”和活动中心。

沈阳市424个“星光老年之家”是全市老年人健身、娱乐、发挥作用的重要场所。丹东、营口、辽阳市社区老年活动中心健全，老年活动开展全面。

（二）以社区为主，开展特色活动。沈阳市、大连市、营口市根据不同社区实际，因地制宜，培育并推广了“学习型”、“助老型”、“自治型”社区老年人协会，并通过经验交流会、现场会等形式，大力宣传各具特色的老年协会工作典型，增强了社区老年协会的活力。

（三）逐步统一基层老年人协会模式。沈阳市确定了老年人协会“一个确立，四个统一”的管理模式。即确立老协组织的合法地位，统一称谓、统一模式、统一职能、统一制度。对具备条件的老年人协会进行社团登记，目前社团登记率已达78%。鞍山市建立了健全村级老年人协会建设，创新工作思路，进一步加强全市6000个农村家庭活动点建设，确立了6条标准，对3000个家庭活动点进行了挂牌管理。

（四）提高为老服务水平。大连市率先开展居家养老服务，建设养老服务超市，国际合作签署养老合资合作协议书，取得了很好的社会效果。辽阳市成立了社区老年人暂住室，解决子女外出老人无人照料的问题；建立了虚拟养老院，为老年人实行登门服务。大连、盘绵、铁岭市建立社区老年图书室，每个社区都有上千册图书杂志供老年人阅读。全省8个市建立了社区老年人档案，每位老年人的身体情况、困难情况、家庭电话全部登记造册，管理规范有序。

二、老年维权工作建设不断加强

沈阳市印发了关于对《老年法》执行情况进行全面评估的通知，对《老年法》颁布9年来12个方面的执行情况进行全面评估，收集整理8大方面的有关数据。抚顺市协调市人大内司委就关于贯彻《老年法》实施办法立项问题进行研究，通过开展调研以及查找有关资料起草了抚顺市贯彻《老年法》实施办法，为2006年提交市人大常委会讨论作准备。丹东市法律援助中心调解涉老案件226件，减免受理费1.5万元，为200多位老人讨回了公道，挽回了损失。营口市请老年维权中心的律师深入社区，通过对实际案例的分析向老年人宣传讲解各种法律知识，提高老年人的自我保护能力和意识。朝阳市20%的乡（镇、街）在基层老龄工作组织中设立了老年维权调解员和信息员，为老年维权体系建设打下坚实的基础。全省各市全部开始为百岁以上的高龄老人发放生活补助。沈阳市、抚顺市、辽阳市宏伟区提高了百岁老人的补贴标准，并为80岁以上高龄老人发放生活补贴。

三、创建活动强化了老龄基础工作

通过创建全国先进县（市、区）和先进单位评选活动，各县（市、区）在争取领导重视、健全工作机构、建设活动设施、保障经费等硬性指标上都有所突破。经全国老龄委评定，辽宁省丹东东港市等6个县（市、区）被评为“全国老龄工作先进县（市、区）”；沈阳、鞍山、营口、抚顺、阜新市老龄办等8个单位被评为“全国老龄工作先进单位”。鞍山市、本溪市、营口大石桥市、丹东东港市将老龄工作纳入政府对各单位的年终考核指标，实行老龄工作一票否决制；大连瓦房店市对17个老龄委成员单位的工作进行目标分解，签订责任状，年终逐项检查，进行奖惩。

四、老龄产业不断发展

为贯彻落实省政府《关于加快养老产业发展的意见》，省老龄办经过一年筹备，于12月15日正式成立了辽宁省老龄产业协会。选举产生协会会长、秘书长，推动全省老龄产业发展。民政部门在为老服务中发挥重要作用。全省城市国办养老机构105家，床位17337张；民办养老机构已达到345家，床位23175张，保障了老年人不同的生活需求。建设社区“星光老年之家”2331个，社区老年健身广场345个。全省各市开展了城市居家养老试点，共有3000余户、4600多名老人享受服务，安排下岗职工2000余人。大连市组织社会福利事业招商团赴日本招商引资，共签署了6项合资合作协议书和5个合资合作意向书。目前，已有两条老年用品生产线投产，一所日本投资的社区养老服务指导中心开业。大连交通大学与日方合作，开办了国内首个福利教育本科教育。

山东省老龄工作重要会议和活动概述（2003—2005）

全省开发式助老扶贫现场经验交流会：2003年8月13日至14日，由省老龄委在枣庄市召开。会议的主题是：实施积极老龄化战略，动员各级各部门和社会各界，对贫困老年人进行“造血式”扶持帮助，使贫困老年人在积极参加经济建设和“老有所为”中实现“老有所养”。会议总结推广了枣庄市的经验，部署了加快全省农村养老事业发展和组织发动老年人为加快经济发展作贡献的任务和措施。副省长谢玉堂出席会议并讲话。省老龄办、省委组织部、省委老干部局、省民政厅、省劳动保障厅的领导及各市、各大企业老龄委专职副主任参加会议。

山东省老年文艺会演：2003 年 9 月 7 日至 9 日，由省老龄办、省委老干部局、省文化厅联合在济南举办。经层层选拔，有 22 个代表队、53 个演出单位、175 个节目、2026 名老年演员，参加了声乐、舞蹈、戏曲、曲艺、器乐、小品、服饰等 7 个门类的比赛。评出特别荣誉奖 1 个、最佳演出奖 38 个、优秀演出奖 79 个、创作奖 31 个、优秀组织工作奖 7 个。省委常委、组织部长刘伟、省人大副主任莫振奎、副省长张昭福、省政协副主席王久祜等省领导观看汇报演出并向获奖者颁奖。

山东省老人服务管理专业知识培训班：2003 年 10 月 17 日至 28 日，香港政府与中国老龄协会制定了对大陆老年服务管理人员 3 年培训计划，由香港大学负责教学工作，帮助大陆举办六期老人服务管理专业知识培训班。首期于 10 月 17 日至 28 日在济南举办，学员来自全省政府老龄工作部门、老年服务机构和研究机构，共 46 名。谢玉堂副省长出席培训班开学典礼并讲话，要求借鉴这次办班经验，加强山东省老年服务管理人员培训工作。

中华孝文化与代际和谐国际论坛：2003 年 12 月 9 日至 12 日，由省老龄委、中国老年学学会、省老年学学会联合在济南举办，省老龄办承办。来自新加坡、新西兰、日本、韩国和香港等国内外专家学者 400 余人参加。九届全国政协副主席王文元、副省长谢玉堂、全国老龄办常务副主任李宝库、中国老年学学会会长张文范、新加坡乐龄活动联会主席潘国治先后讲话和致词，省老年学学会会长、论坛组委会主任苗枫林作了总结报告。论坛收到论文 510 多篇，专题报告 10 篇，有 25 名代表和 39 名代表分别在大会和分组会上宣读论文。论坛发出了“加强孝道教育，弘扬敬老美德”倡议书。把孝文化搬上国际论坛，乃国内外首次。

全省老龄工作会议：2004 年 3 月 9 日，由省老龄委在济南召开。各市、各大企业分管领导、老龄办主任和省老龄委组成人员参加会议。副省长谢玉堂出席会议并讲话。11 个单位作了典型发言。会议对全省老龄工作进行了总结部署，提出了力争实现在养老工作上突破，在发展老年服务产业上突破，在基层老龄工作上突破，在“老有所为”上突破，在“创建活动”上突破，开创老龄工作在全国争先的新局面的“五突破一开创”工作要求。

全省青少年敬老爱老助老主题教育活动：活动由省老龄办、省委宣传部、省教育厅、团省委、省妇联共同发起和组织，以读敬老书、写敬老文、做敬老事、争当小孝星为基本内容。2004 年 4 月 20 日在济南育英中学举行启动仪式，副省长谢玉堂和全国老龄办副主任、中国老龄协会副会长白桦出席并讲话。年底，评选表彰了 1000 篇敬老好文章、1000 件敬老好事迹、1000 名小孝星和组织主题教育活动的 100 个先进单位、100 名先进个人。并有 22 个单位和 147 名个人受到全国老龄办、中宣部、教育部、团中央、全国妇联的表彰，其中，菏泽市戴永胜获“中华孝亲敬老楷模”称号，莱芜市韩金来、烟台市孙桂清获“中华孝亲敬老楷模提名奖”称号。

山东“银龄行动”：山东省老年知识分子援助菏泽行动，简称山东“银龄行动”。由省老龄委组织，济南、青岛市和省农业科学院的老年知识分子按照条件自愿报名参加，组成援助菏泽行动工作团，分别到菏泽市的 9 个援助点开展智力援助。2004 年 6 月 11 日，省老龄委在济南举行欢送大会，副省长谢玉堂和全国老龄办常务副主任、中国老龄协会会长李本公出席并讲话。11 月 20 日，省老龄委在菏泽召开总结表彰大会，省政府副秘书长朱茂民代表省政府出席并讲话。会议对参加援助行动的 47 名老年知识分子分别授予“山东银龄行动突出贡献奖”、“山东银龄行动贡献奖”奖牌。

全省养老保障工作现场经验交流会：2004 年 9 月 26 日至 27 日，由省老龄委在东营市召开。副省长谢玉堂出席会议并讲话。会议对贯彻落实省委办公厅、省政府办公厅转发的《关于进一步加强养老保障工作的意见》进行了部署，总结推广了东营市统筹做好养老保障工作的经验。

全省老龄委主任会议：2005 年 11 月 12 日至 15 日，全省老龄委主任会议分阶段在济南和烟台、威海召开。各市、各大企业老龄委主任和老龄办主任，省老龄委全体成员及联络员，省老龄办处以上干部共 150 多人参加了会议。副省长、省老龄委主任谢玉堂出席会议并作重要讲话，省委副秘书长兼办公厅主任、省老龄委副主任刘忠泉主持了第一阶段的会议。会议传达了省老龄委第十七次全体会议精神，总结了 2005 年全省老龄工作情况，安排部署了近期老龄工作任务，讨论了省老龄事业发展“十一五”规划思路。会议期间，成员单位代表和部分地市代表分别介绍了老龄工作的先进经验。

山东省各项老龄工作进展情况（2003—2005）

近年来，山东省老龄工作在全国老龄办的指导和帮助下，在省委、省政府的领导下，从适应人口老龄化形势和建立社会主义市场经济体制的需要出发，坚持为老年人办实事、好事的宗旨和“党政主导、社会参与、全民关怀”的老龄工作方针，紧紧围绕实现“六个老有”目标，积极探索发展老龄事业的新路子，建立适合山东实际的老龄工作机制，推动全省老龄工作形成了较好局面。

一、大力开展老龄宣传教育，努力营造尊老敬老社会氛围

为弘扬孔孟之乡尊老敬老传统，山东省坚持把尊老敬老纳入精神文明建设规划和公民道德建设重要内容，利用各种形式加强敬老文化建设，不断提高干部群众的尊老敬老观念和支持老龄工作的积极性。各级老龄办与新闻媒体建立了比较稳定的工作联系，全省重大老龄活动和典型及时宣传报道，每年各类媒体采用老龄工作稿件都达8000多篇。2003年，举办了中华孝文化与代际和谐国际论坛，邀请了国内外400多名专家学者云集山东济南，开展研讨活动，产生了良好的广泛的社会影响。2003年，省老龄办、省委宣传部、大众日报、省广电局、省新闻工作者协会联合组织开展了全省老龄宣传报道奖评选活动。2003年、2004年，省老龄办联合有关部门和社会组织，连续两年举办了“尊老爱幼一家亲”广播电视评选活动。全省各级把尊老敬老教育纳入了村规民约和中小学道德教育课程，不少地方制定了中小学敬老规范。按照国家五部门关于在青少年中开展敬老爱老助老主题教育活动的部署，山东省组织开展了评选表彰“双百三千”（100个主题教育活动先进单位、100名主题教育活动先进个人，1000篇敬老好文章、1000件敬老好事迹、1000名敬老小孝星）活动，有力地推动了活动的开展。2002年以来，省老龄办重视抓好户外老龄宣传物等宣传阵地建设。在城市和基层的公共场所设置了一大批固定性老龄宣传标牌和标语，许多地方还充分挖掘和利用孝文化历史资源，建立了孝文化教育基地，许多基层村居设立了“敬老榜”、“孝心榜”。省老龄办投资30多万元，组织拍摄了反映全省老龄工作的六集专题片《齐鲁夕阳分外红》。另外，组织专家编纂了《新编二十四孝图》。广泛深入的老龄工作宣传教育，营造了浓厚的尊老敬老社会氛围，“当官不敬老不是好领导”，“为人不敬老人人不说好”，“社会不敬老风气不会好”等口号越来越响亮，并成为广大干部群众的共识。

二、积极推动老龄工作组织网络建设，不断加强基层老龄工作

面对日益增长的庞大老年群体，省老龄办感到，贯彻落实好党和国家的老龄工作方针政策，管理和发展好老龄事业，必须重视加强老龄组织建设，建立健全老龄工作体系，解决好有人做老龄工作的问题。多年来，从加强老龄工作的需要出发，采取政策引导、典型示范、加强督促检查等有力措施，逐步健全了省市县乡村五级老龄工作组织网络。为加强市、县、乡老龄机构建设，几次机构改革中，省委、省政府领导都明确要求，老龄工作机构“只能加强，不能削弱”。2001年针对削弱老龄工作机构的现象，省政府作出了省老龄办规格、内设机构、编制员额及管理体制保持不变，纳入国家公务员制度实施范围的决定，并明确提出了“按照有利于加强老龄工作、有利于理顺工作关系、有利于提高工作效率的原则”，建立健全各级老龄委及其办事机构的要求。为抓好省领导指示精神的贯彻落实，省老龄办平均1个月电话调度一次情况，专门下发通报进行讲评，并7次派出督查组，到16个市进行检查督促，还让8个市到省里作专题汇报。2002年7月，省老龄办派出3个检查组，到9个市27个县（市）区，着重对县乡老龄工作机构建设情况进行了检查。2003年下半年，采取自下而上调查、统计，逐级汇总上报的形式，对全省市、县、乡老龄委设置情况，老龄办规格、人员编制、班子及人员配备、经费保障、办公自动化、车辆配备和办公用房等情况，乡、村老龄工作机构和老年组织建设情况，共47个项目，进行了全面摸底调查，对机构建设促进很大。2003年、2004年，省老龄委统一部署，在全省广泛开展了以健全基层老龄组织、加强老龄工作队伍、提高老龄工作干部素质、完善老龄工作制度、加强老年管理、丰富老年活动、提高老年服务水平为主要内容的“基层老龄组织建设年活动”，对加强基层老龄工作机构建设起到了积极的作用。目前，市、县、乡三级都成立了由党委或政府分管领导担任主任的老龄委，17个市级老龄办有15个是正局（处）级独立单位，2个是副处级相对独立单位，平均编制11人。140个县级老龄办有103个为独立机构，130个为正科（处）级，平均编制5人，工作经费全部由财政全额拨付并列入预算，60%配有工作车辆，半数以上有微机等自动化办公设备。1953个乡镇（街道办事处）有1012个独立设置老龄办，有专职老龄工作人员2019人，兼职4023人。为加强村（居）老龄组织建设，2002年省老龄办和省民政厅联合下发通知，将村（居）老年人协会统一调整为村（居）老年人工作委员会，承担村（居）老龄工作和老年活动双重职责，进一步规范了村（居）老年组织，使老龄工作网络延伸到最基层。

三、狠抓老年优待政策落实，为老年人多办实事、好事

出台和落实优待政策，是引导全社会、惠及广大老年人的最大实事，也是老龄工作的主题。因此，多年来，全省各级老龄办十分注重在这方面为党委、政府当好参谋，不断制订和完善老年优待政策，确保老年人共享经济社会发展成果。1997年，省政府出台了全国第一个省级优待老年人规定，在减免老年人经济负担、医疗保健、长寿补贴、缓减免交诉讼律师费用、进入公共场所、社会服务等方面享受优先优惠等作出了具体规定。2002年，为了适应经济社会发展水平和老年人需求，又建议省政府对优待规定进行修订，在原有基础上扩大了优待范围，增加了优待内容，提高了优待标准。全省各市县也普遍按照省优待规定的精神，制定了具体优待措施。在农村税费改革试点中，为体现对农村老年人优待的原则，省老龄办与试点单位反复调研和协商，向省委、省政府提出了减免农村老年人税费的建议，引起了省领导的高度重视，当时的省委书记吴官正、省长张高丽、副书记姜大明、副省长林廷生都作了重要批示。省农村税费改革领导小组经过认真研究，采纳了省老龄办的建议。2002年6月，省委、省政府在全省农村税费改革（试点）实施方案及其配套文件中明确规定："70岁以上老年人，免征新增农业税及附加"、"70岁以上老年人不承担出资义务"、"70岁以上老年人免缴乡村公益事业金"、"凡税费改革前不承担'三提五统'的，改革后也不缴纳乡村公益事业金"，所有农村老年人都不承担村级兴办集体公益事业筹劳义务。这一决策，受到广大群众特别是老年人的欢迎和拥护。为抓好老年优待政策的落实，采取新闻发布会、定期调度情况、集中检查、组织新闻媒体跟踪采访等形式，不断加强老年优待政策的宣传和检查监督工作。还采取发放老年人优待证等的办法，把优待政策交给群众，加大群众监督力度，保证了各项优待政策的贯彻落实。据统计，自《山东省优待老年人规定》实施以来，全省减免老年人社会经济负担42亿多元，全省百岁老人全部享受政府长寿补贴，公园全部向老年人免费开放，192个旅游景点和737个公共文体场所向老年人优惠开放，绝大部分城市公交车对老年人实行优惠，医疗、交通、电信、商业和法律服务等各服务行业普遍对老年人实行了优先优惠照顾。在不断完善和落实优待老年人政策的同时，还积极倡导集体经济条件比较好的农村建立了养老补贴制度，全省已有60多万农村老年人享受集体养老补贴。每年的老人节和新年春节，都发动各级党政机关和社会各界集中开展走访慰问老年人活动。1998年以来，各级政府和社会各界慰问救助高龄和贫困老年人600多万人次，累计钱物金额达10亿多元。老年优待政策的落实，不仅解决了老年人的一些实际困难，也使广大老年人感到了社会地位的提高。

四、大力加强养老保障工作，努力推进老有所养

老有所养是"六个老有"的核心，是山东省老龄工作的重点。近年来，省各级老龄办针对养老工作的新形势，把完善社会养老保障制度和发扬居家养老传统紧密结合，努力探索发展养老保障事业的新路子。2003年，省老龄办和省统计局联合开展了全省城乡老年人生活状况抽样调查，同时采取上下联动的方法组织各级开展了贫困老年人调研，在此基础上，明确提出了养老工作实行四个转变（由以道德为基础的传统养老模式，向道德与法制相结合的现代养老模式转变；由家庭养老占绝对主导地位的养老模式，向家庭与社会相结合的养老模式转变；由分散供养、家庭照料为主的养老模式，向分散供养与集中供养相结合、家庭照料与社会照料相结合的养老模式转变；由单纯的政府福利性养老保障模式，向福利性保障与市场化、社会化、产业化相结合的养老保障模式转变）的工作思路，采取综合治理的措施，积极巩固家庭养老，大力发展社会化养老。省委、省政府制定了《关于进一步加强养老保障工作的意见》，省老龄委连续于2003年、2004年、2005年在枣庄、东营、聊城3个市3次召开关于养老保障工作的现场会，不断加大了养老工作的力度。坚持积极稳妥地深化城镇养老保险制度改革，不断扩大基本养老保险覆盖范围，并通过健全省级养老保险调剂金制度，确保了养老金按时足额发放。积极推行农村养老保险，全省参加农村养老保险的农民已占农村适龄人口的25%，有51万参保农民开始领取养老金。为解决失地农村的养老问题，省政府制定了《关于建立失地农民基本生活保障制度的意见》，采取政府、集体和个人相结合的办法，为全省38万失地农民办了养老保险。为加强老年医疗保障，在大力推进城镇医疗制度改革的同时，积极开展了建立新型农村合作医疗制度试点工作，省、市两级试点单位已扩大到69个县（市、区），已有1340多万农民参加了新型合作医疗，部分市县还建立了医疗救助制度，为解决老年人看病难问题发挥了重大作用。为巩固和发挥家庭养老主渠道作用，全省按照以县（市、区）统一协议书文本、乡镇培训骨干、村居组织实施和逐级检查督促的办法，组织老年家庭普遍签订家庭赡养协议书，促进家庭赡养法制化、规范化、制度化。目前全省已有445.46万户、620.2万老年人签订了《家庭赡养协议书》，占应签户数的85%。为提高老年人精神文化生活质量，全省在调研摸底和试点的基础上，充分利用农村闲置的集体房屋改建老年活动室和老年公寓。为提高五保供养水平，建立了省市县乡四级财政联保机制，解决了农村税费改革后五保供养资金的困难；同时采取财政投入和社会支持的办法，加大了乡镇敬老院改扩建的力度。

五、广泛开展老年文体活动，不断丰富老年人的精神文化生活

全省各级重视加强老年文化、教育、体育组织和老年活动场所建设，组织老年人因地制宜开展文体和教育活动，不断满足老年人精神文化需求。今年，省委、省政府专门下发了《关于加强和改进老年教育工作的意见》，明确提出了坚持把老年教育事业纳入可持续发展战略，健全老年教育体系，完善老年教育管理方式，推动老年教育工作上水平的目标要求。省政府专门召开老年体育工作专题会议，作出了加强对老年体育工作领导，健全老年体育组织、理顺工作体制，解决老年体育活动场地及设施，逐步增加老年活动经费，制定全省加强老年体育工作意见、召开全省老年人体育工作会议，举办首届老年人运动会等6项决定。2003年省老龄办和省民政厅联合制定下发了《关于加强老年民间社团组织的管理工作意见》，明确了全省老年社团的管理体制与工作机制，使老年民间社团组织的建立和管理工作得到了加强。近年来，省老龄办与文化、体育、广电局、老干部等部门先后联合举办了全省老年文艺会演、基层老年文艺会演、老年文化体育电视大赛、关注老年摄影展等大型活动，承办了全国亿万老年人健身展示大会，每年在济南泉城广场举办老年文艺演出、法律咨询、医疗服务等大型活动。2003年的全省老年文艺会演，有2000多名老年人参加了省里的比赛，20多万老年人参加了会演选拔活动。这一系列活动，有力地带动和促进了基层老年文体活动的开展。目前，全省已建立老年文体组织7900多个，老年活动设施41000多个，老年大学363所（在校8万多人）、老年学校2800多个（在校17.3万人），2004年全省县以上举办老年文体比赛表演达3692场次。

六、加大老年执法工作力度，切实维护老年人的合法权益

省人大于1988年制定了《山东省保护老年人权益的若干规定》，1999年根据《老年法》精神修订为《山东省老年人权益保障条例》，加上省政府制定的《山东省优待老年人规定》，成为保护全省老年人利益的有效屏障。为保证老年法律法规的贯彻实施，省政府将老年法律法规列入了全民普法教育的内容，每年省老龄办、省人大内司委、省司法厅、省法院等有关部门，都联合组织全省开展老年法律法规宣传月活动。《山东省老年人权益保障条例》明确了县以上老龄办的执法主体地位，省、市政府对县以上老龄办执法干部进行了执法培训，并颁发了“行政执法证”。省老龄办和有些市老龄办还专门设立了老年人权益保障处。几年来，省老龄办每年都协调省人大和省政协进行一次老年法律法规执法检查和视察，省老龄办每年组织一次集中督查或抽查，全省形成了人大检查、政府督查、政协视察、媒体访查制度，有力地推动了老年法律法规的贯彻落实。与此同时，各级加强了老年法律救助和法律援助以及老年人信访工作。各级法院对涉老案件坚持“三优先”原则，一些基层法院专门成立了审理涉老案件合议庭，建立了涉老案件陪审员制度。全省建立了93个老年法律援助联络接待站，配备了专兼职法律援助工作人员。据统计，去年全省有1.25万名老人得到司法救助和法律援助，减免诉讼费和律师费301.4万元，乡镇以上老龄工作部门处理老年人信访1.28万件，调处涉老纠纷2.2万多件，有效地维护了老年人的合法权益。

七、坚持社会福利与市场化运作相结合，积极推动老龄产业发展

近年来，省老龄办适应老年消费需求增长，把促进老年产业发展作为老龄工作与经济工作的结合点和大有可为的突破点，通过抓优惠政策落实、抓协调指导、抓项目带动，推动老年产业出现了快速发展的好势头，并在老年旅游、医疗和养老等方面取得突破。2003年，省老龄办采取“文化搭台、经贸唱戏”办法，在承办中华孝文化与代际和谐国际论坛的同时，举办了首届中国国际老年产业暨健康产业博览会，有260多家企业参展，创造了加快老年产业发展的环境，产生了轰动效应。省老龄办和省旅游局联合召开了全省老年旅游工作新闻发布会，出台了加强老年旅游工作的意见；举行老年旅游专列开行仪式，协调旅游企业开设老年旅游专线；省老龄办成立了老年旅游办公室，每年全省组织老年人旅游20多万人次。为提高老年病的防治水平，促进老年医疗保健服务业的发展，省老龄办积极盘活不良资产，兴办老年医疗保健机构。经省卫生厅批准兴办的山东心脑血管病医院，于2004年4月挂牌开诊。2005年又协调社会力量投资创办了山东豪普健康管理服务中心。这对促进全省老龄产业发展发挥了示范引导作用。2004年，省老龄办还专门组织老龄产业调研组，从2月份起，历时一年，到省内外开展了广泛深入的调研考察，向省政府提出了加快老龄产业发展意见建议。在各级政府的引导和扶持下，社会兴办老年产业的积极性不断提高。2004年社会力量兴办的养老设施增加242个、床位8000多张，达到502个、床位28000多张，占全省养老床位的23.9%，初步形成了养老服务社会化的局面。

安徽省老龄工作各项业务进展（2003—2005）

为老服务业

针对城镇社区老年照料服务业、养老服务设施明显滞后而政府投入严重不足的情况，安徽省各级政府采取了政府引导、政策扶持等措施，鼓励支持集体、个人和社会组织积极参与老年公益事业。通过典型示范，以点推面，健康有序地逐步拓展社区老年照料服务。初步形成了市、区、街、居四级服务网络。目前，安徽省共有敬老院1867所，民办养老机构85所，共拥有床位数45322张，占老年人总数5‰；全省“星光老年之家”已达1256所，所有的乡、镇、街道和大部分的村（居）设有老年活动室（站）。多种体制、多元化投资、多种方式、多种渠道参与老年公益事业，有效地改善了老年服务设施，建设了一批示范性老年福利服务设施和活动场所，推动了老年服务运行机制市场化、服务对象社会化、管理服务人员专业化。

老年文体活动

各地在重阳节、老年节期间开展多种形式的文体活动如书画、门球、棋类、钓鱼、歌咏、文艺晚会等。城镇社区一支支各具特色的老年腰鼓队、时装模特队、舞蹈队、武术队等，常年活跃在各个庆典及节假日的舞台上。统计表明：安徽省老年人体育健身参与率已达到45%，共建中老年全民健身示范晨练点（辅导站）1000个，其中受到国家表彰的12个。2004—2005年间各市、县共开展大型文体活动462次，建立了20个县级全民健身活动中心、40个乡镇全民健身中心和538条全民健身路径。老年文体活动在全省各地广泛开展，老年人的精神文化生活日益丰富。省老龄办通过举办省级大型文体活动推动基层老年文体活动朝着更健康、文明、和谐的方向发展。2003年10月省老龄办、省体育局共同举办了安徽省首届老年人运动会，17个市、21个厅局、15个企事业单位的53个代表团1241名运动员参加了比赛。2004年省老龄办举办了安徽省首届老年文艺调演，有力地推动了全省老年文体活动的开展。

老年维权工作

3年来，各级老龄办以贯彻落实《老年法》和《安徽省实施〈中华人民共和国老年人权益保障法〉办法》为出发点（以下简称“一法一办法”），以为老年人办实事，解难事为落脚点，扎实开展老年维权工作。

一、加强了老年法律、法规的宣传力度。共印发各种老年法律法规宣传资料近百万份，以国际老人节和安徽老年节为契机，利用媒体开展多种形式的宣传活动，并将宣传贯彻《老年法》纳入全省法制宣传规划和“三五”、“四五”普法重点。坚持日常宣传与节日宣传相结合，集中设点宣传与“一法一办法”进基层社区宣传相结合，坚持慰问宣传与敬老维权宣传相结合，坚持娱乐活动宣传与向老人献爱心宣传相结合。

二、加强对“一法一办法”执法检查。2003年举办了安徽省老龄系统行政执法资格培训班，近100人取得了行政执法资格证书，在全省形成了行政执法网络，发现问题逐层解决。各级人大、政府逐年加大了对《老年法》执法检查的力度。2001—2005年间，省市、县各级人大对《老年法》执法检查152次；省市、县各级政府对《老年法》执法检查167次；省市、县各级老龄办对《老年法》检查316次。通过执法检查，改进维权工作，保证了老年人各项优待措施落到实处，有效地维护了老年人的合法权益。全省共发放敬老优待证60岁以上367888本，70岁以上392357本。

三、全省推行签订《家庭赡养协议书》工作。几年来全省累计签订赡养协议书216763份，有效地减少和杜绝了遗弃和不赡养老年人的违法行为，使老年人的被赡养权利得到了保障。

四、建立老年人法律援助体系，做好老年信访工作。省级老龄办设置维权处室1个；市级老龄办设置维权处室17个；各级人民法院设立的老年法庭78

个；各级法律援助部门设立的老年维权热线163条；各级法律援助部门设立的法律援助中心107个；社区建立法律援助站206个；省级老龄办（2004—2005年）接待来信来访267件（次），市级老龄办截至2005年底累计来信来访23501件（次）。

五、采取积极措施，救助特困老人，发放老人长寿补贴。2005年省政府《关于加快推进城乡社会救助体系建设的意见》（皖政［2005］131号）文件正式出台。省财政每年拿出1.8亿元资金，确保45.7万五保户应保尽保；对特困群体（年收入低于637元），省财政每年拨专款8000万元和地方配套4000万元，实行特困救助。各地在慰问、走访、帮扶特困老人活动中积极探索新路子、扩大帮扶面。3年来共救助特困老人近200万人。各地根据实际情况拓宽了老人长寿补贴范围，部分地区将高龄补贴提高至150元/月人；黟县西递村为年满60周岁老年人发放每月80元养老金；淮南市对农村独生子女和两女户家庭满60周岁老人发放每月50元的生活费。目前发放养老补贴的行政村已达217个，有1058个行政村建立了养老基地。

“银龄行动”

2004年安徽省在贫困山区黟县开展“银龄行动”试点工作，共派出医疗、农林二个老年专家小组。医学专家共诊治病人1158次，举办五个专题医学讲座；农业专家在调研基础上撰写《茶园无公害管理与克服茶叶农药残留》、《桃树的管理及桃胶病防治》、《黟县经济林发展的对策》3份重要调研报告，并培训了基层骨干500人次，发放技术资料500份。2005年根据试点经验，采取灵活多样的形式，在省内推开“银龄行动”工作。实践中更注重针对性、灵活性和实效性。对不同行业进行针对性援助，不搞形式主义，不搞一刀切，以实效为主。在时间上采取长短期相结合的办法，在项目上注重需求，有针对性地选派专家，目的上注重实效，注重实际问题解决。为此安徽省“银龄行动”专家组与黟县林业局共同签订了《板栗年产高效栽培、低产林改造技术推广与板栗产业化发展技术合作协议》，合作时间3年，目前已顺利建立了板栗林基地，完成了引种、栽培工作。

基层社区老龄工作

全省17个市都成立了老龄工作部门，105个县（市、区）建有老龄工机构，大部分的乡（镇、街）和70%村（居）成立了老龄委和老年人协会。多年来，省老龄办指导基层老年协会和基层老年群众组织在维护老年人合法权益、组织老年文体活动、关心教育下一代、调解邻里纠纷、开展科普宣传活动、反对邪教等方面积极发挥作用，逐步建立社区、农村老年管理与服务体系，有效地推动了基层老龄工作开展，初步形成了从省到村（居）五级老龄工作网络。

江苏省“银龄行动”简介

根据全国老龄委的部署，2004年8月—9月，江苏省苏州市与云南省曲靖市沾益县、临沧地区凤庆县开展“银龄行动”试点工作。首批赴滇志愿队老年专家有22人，援助项目为教育、农林、卫生三个方面。

参加“银龄行动”的老专家在云南考察14个乡镇61个基层点，共计举办各种讲座和技术咨询服务82场次，听课培训3238人次；撰写调研报告11篇，提出建议30条，介绍交流新技术22项，经过牵线搭桥形成意向合作的项目12个。

援助活动圆满结束后，原苏州市沧浪区教育文体局中高职称马治中获全国“银龄行动十佳老人”称号，原常熟市农林局农艺师何德旺获“银龄行动十佳老人提名奖”称号。

浙江省老龄工作各项业务进展（2003—2005）

2003年

为老年人办实事

根据省政府提出的建立城乡一体的低保制度、城乡新型社会救助制度、新型农村合作医疗制度和农村“五保”老人和城镇“三无”老人集中供养等意见，

2003年劳动和社会保障、人事、民政、卫生等涉老部门采取措施，为老年人办实事，广大老年人晚年基本生活得到较好保障。全省127万离退休人员按时足额领到养老金，人均每月808元，比上年略有提高。全省126.5万企业退休人员纳入社区管理的有111.8万人，占88.43%。全省190万农民的土地被征用，其中老年人有50多万，已有50多个县（市、区）出台了被征地农民的生活保障政策，15万老年人每人每月能领到200元的基本生活保障费。全省有13.5万老年人纳入了“低保”，2003年共支付低保金2.3亿元，较好地解决了困难老人的生活。全省受到各种补助的老人22.1万人，2003年支付救助金3.29亿元，比上年增长2.16倍。积极推进农村“五保”和城镇“三无”对象集中供养率分别从上年的29.8%、45.8%提高到49.5%、68.8%。积极探索农村的医疗救助办法，全省有73个市、县（市、区）制定了医疗优惠政策，其中受惠最大的是老年人。建立了15个农村社区卫生服务中心省级示范点，建立健康档案22.3万余份，其中60岁以上的老人建档率达68%以上；为老年人上门服务10.6万人（次），农村老年人的“老有所医”状况明显改善。各地人事部门还专为老年人建立人才库，替老年人参与社会牵线搭桥。

2003年省老年基金会采取多种形式，募集老年基金282万元，为浙医二院眼科中心、省人民医院各配备了一辆流动医疗车，为农村困难老人“送光明”。10月，省再次启动“送光明”行动，为遂昌、开化、武义、衢江、磐安、泰顺等县（区）的235名特困老人免费进行白内障摘除手术。为帮助建国前和50年代初为革命和建设作出贡献的劳动模范、村干部、复退伤残军人等生活尚有困难的老年人，省里拨出65.3万元，杭州、宁波等地拨出102万元，对3346名困难老人进行慰问救助。

维护老年人合法权益

2003年8月，省老龄委会同省人大常委会内司委在《老年法》颁布7周年、《浙江省实施〈老年法〉办法》颁布2周年之际，组成联合工作组对温州、湖州和平阳、长兴等4个市、县进行执法调研。据统计，全省有43个县（市、区）制定了老年人最低生活保障标准，签订了赡养协议书12.35万份，落实了16.99万老年人的赡养，执行率达98%以上。各市、县（市、区）都出台了老年人的优待规定，镇海区推行新婚夫妇签订“敬老承诺书”，提出婚后要自觉履行赡养义务、生活上关心照料老人等5条规定。嵊泗、诸暨、泰顺等县、市出台了对70周岁以上老年人的优待规定。老人节期间，省老龄委与省司法厅、省精神文明办等9个部门开展了“为实现公平和正义—法律援助在浙江”大型公益活动，为上千位老人提供了赡养、低保、再婚、房产纠纷等方面的法律咨询服务，发放《老年法》、《法律援助条例》等资料1500多份。2003年全省各级人民法院共受理赡养、财产等涉老纠纷案件1774起，比上年下降0.84个百分点。法院已审结1589起，占总数的89.57%；执行1082起，占总数的68.09%。各级老龄委和信访部门接待群众来信来访2.95万人（次），问题得到妥善解决的2.82万人（次），占总数的95.6%。

社区为老服务

2003年省老龄委在杭州市上城区召开了社区老龄工作现场会，提出实施“3587”工程（即建立3个组织：协调、中介、志愿者；形成5个网络：养老保障、医疗服务、生活照料、文化教育、权益维护；完成老龄工作8项任务，实现社区老龄工作7条标准），开展创建规范化老龄工作社区。杭州、宁波、台州、绍兴等地都把“3587”工程列入社区老龄工作考核内容。截至2003年底，全省已有236个街道建立老龄工作委员会，占总数的78.69%；1591个社区居委会建立了老龄工作小组，占总数的88.46%，拥有会员81.16万人；建立为老年人服务的社区救助站、便民医疗点、文体辅导站、司法调解服务站等48467个。

老年设施建设

2003年，全省新建老年活动中心（室）1903个、老年公寓19个、托老所50个，共投入建设资金4.13亿元。省里向开化、磐安、普陀、定海、嵊泗、长兴等6个经济欠发达县及海岛县、区拨专款330万元，资助兴建老年活动中心。各市、县、区新建、改扩建敬老院438所。到2003年底，全省建成“星光老年之家”1019个，建筑面积50.22万平方米。

老龄工作宣传

全省各地开设了“老人天地”、“健康之声”、“老同志”、“银色鹊桥”、“金秋之声”等宣传老龄工作的专栏、专版和专题节目20多个，省里还举办了首届“老龄新闻”评选，湖州电视台的《“多事”老汉朱天荣》等25篇新闻以及一批有关宣传老龄工作的栏目获奖。9月，德国、意大利、日本、印度等20多家国内外新闻媒体对本省老龄事业发展情况进行了采访，并参观了省老年活动中心。为了进一步弘扬中华民族敬老养老的传统美德，努力营造敬老养老助老的良好社会风尚，省老龄委与《钱江晚报》共同发起了“敬老养老爱心奖”、“支持老龄事业功德奖”和“老有所为奉献奖”的评选活动，有6.45万人参与评选，共评出“敬老养老爱心奖”98个、“支持老龄事业功德奖”33个、“老有所为奉献奖”56个。在此基础上，又评选了3个“十佳”。配合中央电视台在江山、宁波、萧山等地拍摄了《无声的革命—中国老龄行动报告》，向全国和世界宣传浙江的老龄工作。

老年文化生活

浙江省群众性老年文化活动丰富多彩，各地社区及农村老年人协会已建立歌咏队、舞蹈队、戏曲队、时装队、秧歌队等4147支。各地老年旅游日益红火，2003年仅参加新、马、泰等境外游的老年人就有1500多人。9月底，省老龄委与台州市联合，在椒江举办了省第三届老年文化艺术周，近千名老年文艺工作者表演了90多个节目，受到5万多观众的好评。10月12日，省老龄委组织9名手工艺老人参加了澳门第十一届耆英手工艺展览会，展示了剪纸、绒贴画、麦杆贴画、腊染画、结绳、扇面书画等工艺品。

老年体育

2003年全省各地利用老人节、春节等，召开老年人运动会、组织万名老人长跑比赛、举办“家庭乐健身操”等，群众性老年体育活动十分活跃。据统计，全省已建立老年体协6467个，会员90.4万人。有各种老年体育团队3859个，经常参加老年体育锻炼的老年人270.7万人，占老年人总数的43.6%，比上年提高4个百分点。年内全省各地举办门球、篮球、健身操、太极拳（剑）、桥牌、棋类等比赛4404场次，参加的老年运动员达41.8万人。在长沙举行的全国健身球操比赛中，浙江省派出的义乌、余杭等6支球队均获得“优胜奖”。3月，在杭州召开的全国老年体育工作会议上，浙江省湖州南浔镇老年体协等8个单位被授予“老年体育先进集体”称号，翟翕武、李朝龙、周朗生、张寿瑶等4人获得“老年体育开拓者奖”，孙学澎等20人被评为“老年体育先进个人”。为进一步满足广大老年人就近、就地锻炼身体的要求，省体育局从彩票公益金中拨出300万元，各市、县投入及单位、个人捐赠510.6万元，新建门球场（气排球、地掷球）100个，总面积13.2万平方米。

老年教育

到2003年末，全省已建老年大学168所，老年学校1637所，老年电大分校81所、教育点1716个，在校老年学员37.8万人，占老年人总数的6.09%，比上年提高1.33个百分点。6月，省老龄工委举办了老年电大辅导员培训班，各分校的40多名辅导员参加了培训，表彰奖励了台州老年电大分校等21个“办学先进单位”、沈爱娟等30名“优秀办学工作者”、周伯金等101名“优秀学员”。乐清市白象镇65岁的金商博老人，通过老年电大足部按摩课程学习，发明了“足部按摩法转盘”，获得了国家知识产权局颁发的“实用新型专利证书”。

2004年

为老年人办实事

2004年，浙江省调整了132.78万企业离退休人员的基本养老金，人均每月增加50元，月人均养老金达到858元；养老金按时足额发放，社会化发放率达100%。救助贫困老人29.04万人，其中纳入“低保”范围18.23万人；社会救助4.52万人，农村救助24.52万人。推进被征地农民的基本生活保障工作，43.29万老年人每月能领到200元～400元不等的养老金。对农村“五保”老人和城镇“三无”对象实行集中供养，集中供养率分别达到81%和90.4%，提前一年完成省政府确定的目标。建立城乡社区服务中心763个、社区服务站3101个，其中城市社区服务中心199个、服务站905个，为老年人提供预防、医疗、康复、护理照料等服务。全省有50余个县（市、区）出台了医疗救助、优惠帮扶政策，实行特困老人住院统筹、大病补助等，较好地缓解了“因病致贫”、“因病返贫”的问题。老人节期间，省老龄委、省老年基金会组织开展了第六次“助老济贫送温暖”活动，拨出资金72.15万元；各地政府、慈善组织对5357名生活有困难的老村干部、老复退伤残军人进行慰问救助，每人发放慰问金500元。实施第三次“送光明”行动，免费为310名农村困难老人实施白内障摘除手术，成功率达100%。投资27万多元，开办了东方老年网（网址：www.zj60.com），为老年人提供政策法规、养老、医疗、家政、保健、远程教育等全方位服务。

创建老龄工作先进县（市、区）

2003年下半年起，全省开展了创建全国老龄工作先进县（市、区）活动，慈溪市等23个县（市、区）被评为首批浙江省老龄工作先进县（市、区），其中8个县（市、区）被全国老龄委评为“全国老龄工作先进县（市、区）”。

城镇社区3587工程

到2004年底，全省有895个社区达到“3587工程”标准，占社区总数的51.03%。全省已建立社区养老保障网络1487个、医疗保险网络1490个、生活照料网络1493个、文化教育网络1625个、权益保护网络1447个。建立助老志愿者组织3129个，共有志愿者14.47万人。“3587工程”的实施，较好地缓解了社区居家养老问题。

维护老年人权益

至2004年底，全省已建立各类老年维权机构3496个，从事老年人维权工作的专兼职法律工作者

7286个。省、市、县（市、区）各级法律援助中心为老年人提供法律咨询服务3000余人（次）。各级人民法院受理涉老赡养、财产等事件1645起，比上年下降7.29%；法院审结1509起，占受理案件的91.73%。接受老年群众来信、来访6.67万人（次），得到妥善解决的6.15万人（次），占总数的92.20%。全省27.19万名子女与父母签订赡养协议书22.22万份，有力地保障了老人"老有所养"。11个市、90个县（市、区）全部出台了老年人优待规定，广大老年人在乘车、参观、就医等方面得到优待照顾。

老年设施建设

2004年，省财政专门拨款400万元，扶持青田、缙云、文成、洞头等6个经济欠发达的县（市、区）建设老年活动中心。年内，全省兴建老年活动中心（室）2139个，老年公寓21所，新建、改建敬老院床位5123张。开展第三批"星光计划"建设，建成316个社区老年之家。

老年体育活动

至2004年末，全省已建立老年体协8438个，会员97.8万人，老年体育团队4724个，经常参加体育锻炼的老年人达279.6万人，占老年人总数的43.63%。2004年，全省各地举办门球、投掷球、钓鱼、健身球操等老年运动会769次，18.7万人参加。举办了"百万老人健身走"、"万人球操通讯赛"、"小康乐运动会"等老年体育活动。举办太极柔力球、健身球操等培训班1940期，参加的老年人达8.86万人。黄岩、建德等7支老年体育代表队参加了全国中老年健身球操、气排球等8个项目的比赛，共获得6个第一名。102岁的郑志芳等114名老人被评为第六届"浙江省健康老人"，104岁的王金富等15名老人被评为第六届"全国健康老人"。

老年教育事业

2004年，全省新建老年电视大学56所、老年学校278所、老年电视大学教学点205个，注册在读老年学员42.2万人，占老年人总数的6.81%，累计毕业学员86.19万人。2004年秋季，全省有19.1万人（次）老年人在浙江老年电视大学注册听课，比上年同期增长34.04%。

基层老年人协会

至2004年底，全省城镇有2285个社区建立了老年人协会，占社区总数的94.23%；农村建立老年人协会32483个，占行政村总数的92.22%。根据社团管理的有关规定，对《浙江省基层老年人协会组织通则》、《浙江省基层老年人协会规范化建设标准》进行修订。8月，在建德召开了农村老龄工作专题研讨会，研究部署加强基层老年人协会规范化建设问题。11月，全国老龄委在宁波召开"农村老龄工作座谈会"，会上浙江省介绍了"努力丰富农村老年人的精神文化生活"的经验。

国际老龄大会

10月19日—23日，省老龄委承办了国际老龄协会第十六届大会。来自法国、比利时、智利、喀麦隆、美国、俄罗斯等13个国家的250余名外宾参加了会议。会议的主题是：今日中国之老年人——健康、参与和保障。会议期间，与会的代表和专家学者围绕"健康长寿"、"新技术与老年人"和"知识的传承"3个议题展开学术研讨，提出了解决世界人口老龄化问题的对策建议；在孤山举行了千名"中外老年人大联欢"，实地考察了省老年活动中心、杭州西湖、桐乡乌镇等地。

老年文化艺术周

10月20日至26日，浙江省第四届老年文化艺术周在杭州举行，本次艺术周的主题是"讴歌神州美景、展示老年风采"。老年文化艺术周的活动有：浙江老年书画大赛获奖作品展，共有1086位老年书画爱好者参与，展出书法、国画、篆刻等作品230幅；浙江中老年摄影大赛获奖作品展，有500余位中老年摄影爱好者参与，展出作品100幅；浙江耆英集邮和工艺美术精品展，展出了28部特色邮集和剪纸、中国结、麦杆画等150件民间工艺美术品。"浙江中老年书画摄影精品展"还赴宁波、金华等40个市、县巡回展出。文化艺术周期间，举办了第十七个老人节电视晚会，300多位老年文艺爱好者登台献艺。据统计，全省共有老年文艺演出队、歌咏队、书画队等4100余支，常年参加活动的老年人达13.46万人。

2005年

老龄人口

按户籍人口统计，截至2005年末，全省60岁及以上老年人口有652.67万人，占总人口的14.14%，比上年净增11.84万人，增长1.85个百分点。老龄化程度排在全省前3位的依次是嘉兴、湖州、舟山3市。全省高龄老人继续增加，80岁及以上老年人口已达88.74万人，与2004年同期相比增长3.57%，占老年人口总数的13.59%，人口高龄化发展趋势快于老年人口的增长。目前，全省有百岁老人754人，其中女性594人，男性160人，比上年净增14人。百岁老人最多的是温州市，有193位，其次是杭州、台州、宁波3市，分别有118、100和85人。长寿之冠为温州市永嘉县张溪乡张溪村的110岁老人陈爱香（女）。

为老年人办实事

“十五”后3年为老年人办10件实事计划全部完成。一是养老保险覆盖面进一步扩大，企业退休人员养老待遇有所提高，月养老金平均水平达到908元，列全国第三位。企业退休人员社会化服务率达到96%，其中社区管理服务率达到53.35%。落实了被征地老年农民养老保障权益，约有68万名符合条件的参保人员按月领取保障金或养老金。推进医疗保险制度改革，初步解决了破产改制企业和无管理主体退休人员医疗保障问题；完善医保政策，适当降低了部分药品的自理比例，扩大基本医疗保险支付范围，让老年病人得到实惠。二是圆满实现了全省农村五保和城镇“三无”对象集中供养目标，集中供养率分别达到91%、97%。低保工作基本实现动态管理下“应保尽保、应补尽补、应退尽退”目标。城乡医疗救助制度全面实施，资助农村五保户、城乡低保户等困难群众参加新型农村合作医疗69万余人，资助门诊住院病人3.8万多人。福利彩票公益金扶持老年福利设施建设的力度不断加大，2005年全省福利彩票公益金投入建设各类福利院、敬老院等老年福利设施3600万元。三是城镇社区卫生服务网络得到进一步加强和完善，全省共设立社区卫生服务中心763家、社区卫生服务站3101个，11个地级市的31个市辖区和22个县级市开展了社区为老卫生服务工作，开展了医疗、预防、康复、护理、健康教育和上门医疗、家庭病床等项目的一体化服务，为60岁以上老年人建立了健康档案并实行随访管理。开展了社区老年人护理站试点工作，为老年人提供全日制护理服务等。加快农村新型合作医疗制度建设，对老年人的医疗给予照顾，农村困难老人可享受住院统筹、大病补助等优待。四是积极扶持欠发达地区、海岛县（市）建设老年活动中心，已有24个欠发达县市得到拨款扶持。五是采取多种形式宣传了《老年法》和《浙江省实施〈老年法〉办法》，在“四五”普法验收中把上述两法作为重要内容进行考核验收。法律网点建设得到加强，全省城镇社区基本建立了法律服务工作站；法律援助渠道不断拓宽，对孤寡老人、贫困老人提供法律援助服务达2500余件。六是建立和完善了老年文化工作网络，省市两级群艺馆全部设立了老年文化工作部，60%以上的县（市、区）文化馆设立了老年文化工作部（室）。七是利用体彩公益金建设老年体育设施。投资4100万元（省财政拨款2300万元、体育局投资1800万元）建成了浙江省老年体育活动中心。2005年新建门球场247片、气排球场516片、地掷球场85片、活动室6037个，总建筑面积达68万平方米。举办老年体育培训班近2000期，培训老年体育骨干近9万人。定期开展了老年人体质监测，2005年，完成了8000余例的老年人体质监测样本量。八是深入实施社区老龄工作“3587工程”，2005年有657个社区达标，累计达标社区1552个，占社区总数的77.13%。九是出台了全省统一的优待老年人规定，使老年人得到了更多更高的社会优待服务。十是建成了东方老年网，丰富了老年人的精神文化生活，扩展了老龄工作的平台。

维护老年人合法权益

2005年9月，省政府出台了《浙江省优待老年人规定》。为贯彻落实优待规定，省老龄办积极推进各地制定优待政策、完善优待措施、统一优待标准、制发规格统一的优待证。嘉兴、湖州、宁波、杭州出台了具体实施办法。省老龄办与省司法厅联合成立了省法律援助中心老年工作站。至2005年底，全省已建立各类老年维权机构5958个，其中县（市、区）以上老年维权工作站97个，乡镇（街道）、社区（村）老年法律服务站（点）5861个，从事老年人维权工作的专兼职法律工作人员10428人。各级人民法院受理涉老赡养、财产等案件1580起，审结1416起（占受理总数的89.62%），执行782起（占审结案件的55.23%）。认真做好老年人信访工作，各级老龄办和基层老年组织接待老人上访、老人咨询电话共3.72万人次，得到妥善解决的有3.41万人次，占总数的91.67%；收到群众来信6389件，得到妥善处理的有5651件，占总数的88.45%。全省有43个县（市、区）制定了《子女赡养老人最低生活标准》，20余万户签订了家庭赡养协议书。

社区为老服务

2005年是实施“3587工程”，开展创建老龄工作规范化社区活动的第二年，社区老龄工作进一步发展。通过检查考评，全省共有656个社区达到了老龄工作规范化建设标准，加上2004年达标的895个社区数，两年共有1551个社区达标，占两年纳入创建社区总数的77.13%，超额完成了省政府办公厅文件规定的70%的创建指标。各地在推进社区“3587工程”的同时，积极探讨新形势下开展居家养老服务的新模式，如宁波市海曙区、杭州市上城区、下城区、温州市鹿城区等，结合当地实际，通过政府购买服务、社区建立服务网络、提供上门服务等形式，解决高龄老人、独居老人、残疾老人和贫困老人的居家养老问题，并取得初步成效。

老年设施建设

浙江省在开展居家养老社区服务工作的同时，积极建设为老服务设施，发展机构养老服务。到2005年底，全省建有敬老院1148所，集中供养农村“五保”老人46135名，城镇“三无”对象6730名；老年公寓254所，建筑面积12.26万平方米，床位2.63万张；托老所303个，建筑面积22.87万平方米，床位13094张。积极发展老年专科医疗机构，全省已建成老年专科门诊519个，老年病康复中心11个，5家医疗机构被纳入全国“爱心护理工程”试点单位。2005年全省各类投资2.8亿多元，新建改建老年活动中心（室）2458个，使老年活动中心（室）总数达到32170个，为老年活动提供了必要的设施。

老年文化生活

2005年10月11日是浙江省第18个老人节，浙江省举行了以第五届老年文化艺术周为主要内容的庆祝活动，10月10日晚在杭州庆春广场举行了开幕式和主场演出，副省长、省老龄委主任陈加元出席开幕式并致辞，省政协副主席徐鸿道等参加。艺术周期间还举办了老年民间文体精品展演、全省中老年音乐舞蹈新作调演、经典电影展映和老年文化理论研讨会等。全省各地也普遍开展了节庆活动，声势大，参与众，场面十分热闹，极大地丰富了老年人的节日文化生活。

老年体育

全省老年体协组织已延伸覆盖到87%的乡镇和75%以上的社区。积极开展老年体育比赛。在诸暨、宁海、杭州等地举办了中老年健身球操、门球等五项比赛，930余人参加。全省有老年文艺团队5272个，参加活动人数达15.71万人；有老年体协9695个，会员121.37万人；老年体育团队6846个，参加人数36.73万人。

老年教育

到2005年底，全省建立老年电大分校及教学点2686个，比上年新增765个，在校学员25.59万人，累计毕（结）业学员57.09万人次。建立老年大学252所，比上年新增28所；老年学校1915所，比上年新增278所。东方老年网每天在线人数达到2000人以上，最高日点击率突破5000人次，网友遍及全国各地，乃至海外。

江西省老龄工作各项业务进展（2003—2005）

2003—2005年间，江西省各地按照中央和省里的要求，抓紧建立健全和理顺了老龄工作机构。至2005年底，全省11个市区市、99个县（市、区）除个别特殊情况外，均成立了老龄工作委员会及其办公室，老龄各项业务工作逐步走上正轨。

一、加大老年维权工作力度

各级老龄办都有专人负责老年维权工作，部分市、县老龄办还专门成立了老年维权中心或老年维权工作站，没有成立的，也加强了与司法部门的联系，全省100多个基层法律援助中心均承担了维护老年人合法权益的责任。各级老龄办认真对待和处理老年人来信来访，建立了情况登记制度，信息反馈制度，并注意发挥舆论监督作用。2003年，全省各级老龄工作机构共处理老年人来信100多件、来访810人次。2004年，处理老年人来信500余件、来访2000多人次，有效地维护了老年人的合法权益。

2002年江西省出台了《实施〈老年法〉办法》，为保证法规规定的老年人优待政策的落实，3年间，全省老龄办理发放《江西省老年优待证》38万份，并统一制作了“百岁老人长寿补贴金领取证”。为提高人们的老年法律意识，2004年，省老龄办与省司法厅用图文并茂的形式，绘制了2万多份《老年人权益保障法律法规宣传画》，发至基层张贴。基层老龄工作机构，也注意抓住有利时机，采取多种形式，加大老年法律法规宣传教育力度。2004年，各级老龄工作机构配合省人大进行了为期一个月的老年法执法检查。

二、加强基层老龄工作

3年间，江西省以创建老龄工作先进县（市、区）为动力，狠抓了基层老龄工作整体水平的提升。根据全国老龄委的总体要求，省老龄委下发了《关于开展创建老龄工作先进县（市、区）活动的实施意见》。全省各地紧紧围绕“六个老有”抓创建，按照创建条件，认真做好固强补弱工作。有的县（市、区）为了跨入先进行列，制定了实施方案，把目标分解到成员单位，责任到人，并给老龄工作机构增加人员编制，追加工作经费，配备工作用车，改善办公条件。通过创建，使全省基层老龄工作水平得到整体提升。2005年，江西省有12个县（市、区）被评为“全省老龄工作先进县（市、区）”，其中乐平市、高安市、庐山区、万年县、龙南县又被评为“全国老龄工作先进县（市、区）”。

三、积极组织老年文体活动

3年间，全省各地为满足日益增长的老年精神文化生活需求，加强了老年文化活动场所建设，城市社区和农村老年人协会都有自己的文化体育活动队伍，经常组织各类老年文化体育比赛和表演。“九·九”重阳节，是江西省《实施〈老年法〉办法》规定的江西老年节。每逢此时，全省各地都会举办大型老年文化活动。如2004年，省老龄办举办了全省老年健身体育展示赛，九江市举办了“凝聚老年合力，服务九江发展”第二届老年艺术节，新余市组织了“仙女湖之声”重阳节老年文艺晚会，景德镇市组织了第四届健康老人钓鱼比赛，上饶市举办了有150对老年夫妇参加的大型金婚纪念活动，抚州市在市公园举办了有1万多老年人参加的大型游园活动，赣州市举办了“庆九·九重阳，弘扬敬老美德”大型演唱会。2005年，省老龄办与省慈善总会联合举办了全国老年书画展暨慈善义卖活动。这些活动既丰富了老年人的精神文化生活，又营造了浓厚的社会敬老氛围。

四、重视做好老龄综合性、基础性工作

为加强老龄干部队伍建设，3年间，省老龄办坚持每年举办一期全省老龄工作培训班，并积极派干部参加全国的老龄干部培训。为推动老龄宣传工作，2003年，省老龄办下发了《全省老龄系统宣传工作奖励暂行办法》，鼓励老龄工作干部向各类报刊杂志和新闻媒体供稿，以加大老龄宣传工作力度。为激发和调动工作积极性，从2003年开始，省老龄办坚持每年对各设区市老龄办进行工作目标管理考评，表彰先进。为适应人口老龄化发展形势的需要，各级老龄办加强了工作人员的思想建设、业务建设和作风建设，工作条件逐步得到改善，工作手段也有新的变化。

江西省“创建活动”综述

全国开展创建老龄工作先进县（市、区）以来，江西省各级党委、政府高度重视，精心组织，有效地扩大了老龄工作的社会影响，提升了老龄工作的地位，解决了一些多年来未解决的突出问题，取得了显著成效。

精心组织实施“创建活动”

江西省在工作中注重“创建活动”的组织和实施工作。把全国老龄委提出的6条创建条件，用定性和定量相结合的方法，细化分解成33条，形成了《关于开展创建老龄工作先进县（市、区）活动的实施意见》。全省有11个区市老龄委、40多个县据此《意见》制定下发了“创建活动”实施方案。乐平市、高安市、庐山区、万年县、龙南县等成立了以党委、政府分管领导为正副组长的“创建活动”领导小组，多次召开党委常委扩大会议和政府常务会议，研究部署创建工作。同时，省里加强了对基层的指导和监督检查。省老龄委常务副主任、省长助理熊盛文专程到高安市考察老龄工作，检查“创建活动”开展情况；省老龄办先后派出15个工作组、30多人次深入到县、乡、村，帮助总结经验，找出薄弱环节，做好固强补弱工作。“创建活动”开展以来，全省有48个设区市和县（市、区）的党委、政府下发了加强老龄工作方面的规范性文件，把老龄工作列入了当地的经济和社会发展规划，以政府名义召开老龄工作会议，总结部署工作。有的县委书记亲自撰写文章，宣传老龄工作，阐述本地老龄事业发展思路。

营造浓厚的创建氛围

全省各地围绕实现“六个老有”抓创建，并把“创建活动”与抓创建“双拥模范城”、“文明花园城”、“文明卫生城”、“文明村镇”等活动密切结合起来，营造浓厚的创建社会氛围。有关的新闻媒体开设了专栏，省老龄办开通了江西老龄网站，大力宣传开展“创建活动”的目的意义。基层的宣传发动工作也搞得如火如荼。2004年春节前后，全省有30多个县（市、区）召开了不同形式、不同规模的动员大会，市、区、县领导作动员讲话。充分利用广播、电视、报刊和墙报、板报等舆论阵地，集中反映创建过程中出现的新人新事。有的乡镇、街道和村居委会还把“创建条件”张贴到老年人活动场所。不少社区、农村老年人协会组织老年人自编自演反映创建方面的文艺节目。有的县（市、区）和乡镇还在人口密集区、城市繁华地段、公路主要干道旁，书写宣传标语。据统计，全省各地宣传老龄工作的广告牌和宣传标语已达2万多幅。

协调一致形成合力

“创建活动”开展以后，全省各地加强了老龄委成员单位和有关部门的联系协调，充分发挥其职能作用，积极为基层创建工作创造条件。省民政厅加大了敬老院、光荣院、福利院的改造和扩建工作，全省“五保”老人集中供养率比去年提高5个百分点，全省5.6万名城镇特困老人全部纳入了低保，农村特困老人也列入救助范围。省劳动和社会保障厅狠抓了企业职工基本养老保险制度的贯彻落实，全省参加基本养老保险职工达到262.51万人，创历史新高。养老金当期支付率达到100%，社会化发放率达到99.8%。省委老干部局、省财政厅保证了离休干部“两费”的落实。省卫生厅会同有关部门在全省进行了建立农村新型合作医疗制度试点工作。省老龄办会同司法厅、新闻出版局绘制了4万幅《老年人权益保障法律法规宣传画》发到乡镇、街道和社区农村。省高院、公安厅、司法厅加大了老年人司法保护和法律援助工作力度。全省大部分县（市、区）相继成立了老年法律援助中心（站），免费为老年人提供法律服务。民政厅、文化厅、体育局、省委老干部局重视老年服务和活动场所的建设，全省建设“星光计划”项目993个，老年大学（学校）810所，为基层开展创建活动提供了强有力的支持。

抓重点破解难题

长期以来，基层老龄工作存在着不少老大难问题。省老龄委紧紧抓住开展创建工作的机遇，针对基层老龄工作机构人员编制少、工作经费短缺的突出问题，加大了破解难题的力度。省里明确提出要求，县级老龄办凡是没有独立工作机构、人员编制少于3人、没有工作经费或者是工作经费没有列入财政预算的，都不能评先进。省老龄委采取了督促检查、不定期通报、会议讲评、向当地党委政府发函等不同形式，狠抓市、县两级老龄工作机构的建立健全，取得了较好的效果。目前，全省99个县（市、区）有92个成立了老龄委，其中有55个县（市、区）是在开展“创建活动”以后调整和成立的。80%的乡镇、街道都建立了老龄工作机构，村（居）委会绝大多数成立老年人协会，全省基本形成了上下贯通的老龄工作体制和覆盖全社会的老龄工作网络。在解决老龄工作经费方面，九江市委、市政府专门下发文件，规定“县（市、区）老龄办工作人员不少于3人，办公经费要按老年人口数每年每人0.5至1元的标准列入财政预算”。庐山区确定老龄工作经费每年4万元，还将一个固定资产15万元的门面划拨给老龄办，增加老龄办经济实力。乐平市委、市政府决定给老龄办每年3万元经费，追加10万元创建工作经费，另配备1台工作用车，调整充实2名工作人员。高安市决定老龄办每年工作经费4.5万元，拨8万元创建活动经费，另配工作用车1台。龙南县从2004年起，规定乡镇每年按万人以下1000元、2万人以下2000元、2万人以上5000元安排老龄工作经费。以上这些措施，解决了困扰基层开展老龄工作的难题，充分调动了老龄工作者的工作热情，有效地推动了基层老龄工作的开展。

江西省农村老龄工作综述

江西省是个农业比重较大的省份，380万老年人中70%生活在农村。农村老龄工作始终是江西省老龄工作的重点。几年来，江西老龄工作者紧紧围绕农村老年人协会的建设、确保老年人的基本生活、维护老年人合法权益等问题，采取了一些措施，进行了一些有益探索，并取得一定成效。

一、健全组织，规范管理，把农村老年人协会建设作为做好农村老龄工作的主要抓手

实践证明，农村老龄工作离不开农村老年人协会，农村老年人协会是做好农村老龄工作的主要依靠力量。为此，在建立健全县、乡两级老龄工作机构的同时，重点抓了农村老年人协会的建设和管理，并在实践中充分发挥其作用。

（一）加强领导，把农村老年人协会的建设变为政府行为。1972年，江西省兴国县江背镇高寨村成立了“老人互助会”，这个被称为全国第一个自发的农村老年组织，就充分说明在人口老龄化的过程中，老年人迫切需要一个服务于社会、服务于自我的老年群众组织。为使农村老年人协会的组建工作成为政府行为，1991年，省老龄办向省政府写出了《关于建立和巩固农村老年人协会的报告》，提出两年内在全省农村普遍建立农村老年人协会，在明确农村老年人协会的人员构成、选举办法的基础上，还规定了农村老年人协会“配合做好当地中心工作、维护老年人合法权益、组织老年人学习政治、促进农村经济发展、开展健康有益的老年文娱活动、协助做好计生工作、管理老年经济基地”等7项任务。省政府批转了这份报告。从此，江西省农村老年人协会的建设就摆上了党政工作的重要议事日程。目前，全省19866个行政村，有13000个建立了农村老年人协会，协会会员近140多万人。农村老年人协会的发展和壮大，为做好农村老龄工作提供了强有力的组织保障。

（二）规范管理，推动农村老年人协会健康发展。农村大规模建立农村老年人协会初期，由于缺乏经验，疏于管理，加上活动经费来源不足等原因，农村老年人协会有的自生自灭，有的名存实亡。为了解决这个问题，1999年，在深入调查研究的基础上，在高安市召开了全省农村老龄工作会议，推广该市规范农村老年人协会建没的“十有”、“六簿”、“四上墙”的做法。通过这次会议，全省各地进一步明确了农村老年人协会建设的目标、方向和任务。为解决农村老年人协会的活动经费，全省各地采取了多种渠道，如有的村委会为农村老年人协会提供木材，让他们制作桌椅板凳，用于出租给村民办红白喜事；有的支持农村老年人协会开办采石场、沙场；有的让农村老年人协会管理农贸市场、耕牛买卖市场，从中获得经济报酬；有的给农村老年人协会提供店面用于经营创收。如高安市景贤农村老年人协会养老基地有杉树550亩，养鱼塘60亩，年产值2万余元，纯利1400多元，同时管理农贸市场，收取门面出租费、管理费14000多元，每年可动资金28000多元。农村老年人协会把这些钱全部用在老龄工作和发展老龄事业上，逢年过节慰问80岁以上老年人，老年人有病看望，老年人去世后前去悼念，购置活动器材，还利用闲置房屋，创办了自己的敬老院，15名入院老人的生活费全由农村老年人协会经济基地和经济实体中支出。

（三）积极引导，充分发挥农村老年人协会在农村“三个文明”建设中的作用。在实践中，引导农村老年人协会主要在以下三个方面发挥作用。一是参政议政，对基层政权实行民主监督。农村老年人协会成员都是由会员民主选举出来的德高望重、经验丰富、有威信的老年人，他们办事公道，说话有份量，农村实行“一事一议”制度以后，现在村党支部、村委会决定重大问题，都会主动请农村老年人协会的班子成员参加。农村老年人协会参政议政，有效地促进了基层民主政治建设。二是协助“两委”抓好中心工作，在发展经济、维护社会治安、调解纠纷、计划生育方面发挥余热。三是关心教育下一代。农村老年人经历了不同的社会制度，目睹了改革开放给我国带来的变化，他们最有资格对青少年进行革命传统教育。近年来，江西省各地农村老年人协会经常深入到工矿企业、学校、街道，以上课、辅导、作报告等不同形式，对青少年进行集体主义、爱国主义和革命传统教育。

二、拓宽思路，多管齐下，在解决“老有所养”问题上下功夫

针对农村养老问题出现的新情况，为确保“老有所养”，江西省主要采取了以下措施：

（一）制定供养标准。供养标准由各县（市、区）根据当地经济水平确定。经济条件中等的，如江西省宜春市奉新县制定的供养标准是：老人每人每年粮食900斤，食油12斤，零用钱240元。经济条件较好的，如景德镇乐平市的供养标准是：每个老人每天1升米，每月1斤油、1斤肉、1斤盐，并负担柴、水和蔬菜。照此折算，加上零花钱，每月赡养人要给老人生活费100元。除此，还要为老人一年添置2套单衣、2年添置1套夹衣、3年添置1套棉衣。经济条件差的，也不低于当地群众的人均生活水平。通过制定供养标准，使“老有所养”做到有章可循。

（二）签订家庭赡养协议书。为强化家庭养老功能，2002年以来，江西省各地新签订《家庭赡养协议书》7.5万份。在签订协议书的过程中，注意把握以下几点：一是按照供养标准签订，不做超越客观的事，使赡养人和被赡养人双方都能接受。二是做到“三签与三可不签”。即家庭有赡养纠纷的一定要签，家庭和睦的可不签；老人独居生活的一定要签，和子女共同生活且老人满意的可不签；老人提出要求的一定要签，老人不愿意签的可不签。三是农村老年人协会和农村基层组织以协调者和证人的身份参与其中，并负责监督协议的执行。如果赡养人不履行赡养协议，农村老年人协会和基层组织负责调解，调解不成，可由老年人上诉到基层法院，由法院判决。新余市分宜县在组织签订协议书时，还采取由县公证处免费公证的办法，使协议具有法律效力。

（三）建立老年经济。江西省地形多为山区、丘陵，荒山、荒坡较多，各地通过划拨一定的山林、竹林、水面、土地给农村老年人协会作为老年经济基地，让农村老年人协会组织低龄健康老人进行种植和养殖，其收入用以解决老年人的养老问题。在这一方面，宜春市曾于1991年全国农村老龄工作经验交流会上作过介绍，现全市有老年经济基地2600多个，总面积5800多亩，总收入1200多万元，通过“老有所为”，使“老有所养”得到了补充。

（四）实行社会救助。江西省属于多灾易灾省份，尤其是洪涝灾害严重，加上其他因素，农村存在相当数量的特困老人。为确保这类老人的基本生活，省老龄办在政府加大救助的情况下，还要求各级老龄工作部门注意动员社会力量开展献爱心活动。

三、完善法规，加强教育，认真做好农村老年维权工作

近几年来，省老龄办注意把做好农村老年维权工作作为贯彻落实《老年人权益保障法》，加强农村老龄工作的一项重要内容来抓。

（一）加大地方性法规保护力度。2002年9月，江西省出台了《江西省实施（老年法）办法》，针对农村老年维权工作出现的新情况、新问题，增加了许多有利于维护农村老年人合法权益的条款。比如规定“赡养人有义务耕种老年人承包的田地，照管老年人的林木和牲畜等，收益归老年人所有”；规定“赡养人之间可以就赡养义务的分担进行协商，经征得老年人同意后签订赡养协议。村民委员会、赡养人所在组织或者基层老年人组织应当监督协议的履行，并在协议履行发生争议时主持凋解”；规定“农村有条件的地方可以将未承包的集体所有的部分土地、山林、水面、滩涂等作为养老基地，或者开办经济实体的场所，由基层老年人组织经营或者管理”。这些规定为维护农村老年人合法权益提供了有力的法律保障。

（二）搞好老年法律法规宣传教育。每年老年节，省、地、县三级老龄工作机构都要在当地广场举办大型宣传教育活动，通过印发《老年法》宣传小册子、张贴标语口语、开展法律咨询、举办老年法律知识培训班、出动广播宣传车、请领导发表讲话、组织文娱活动等不同形式宣传《老年法》和江西省地方性老年法规。尤其是近年来，各级政府和有关部门，都把制定老年人优待政策，为老年人办好实事作为贯彻落实“三个代表”重要思想，维护老年人合法权益的重要内容。全省11个设区市现有7个以政府名义下文，制定或扩大了老年人优待政策，使老年人的合法权益充分得到体现。

（三）实行司法保护和法律援助。为做好农村老年维权工作，江西省各级老龄工作部门加强了与司法机关的协凋，司法、审判机关也加大了这方面的执法力度，对涉老案件实行优先立案、优先审理、优先执行“三优先”制度。有的法院为方便农村老年人诉讼，还派出法官到老年人所在地调查、开庭，适用简易程序，缩短审理期限。据统计，《老年法》颁布至今，江西省各级法院受理赡养纠纷案件4256件，审结4271件，其中农村占80%。有的基层法院还设立了“老年合议庭”（老年法庭），为农村老年人代写诉状、口头起诉。农村老年人有的生活困难交不起诉讼费，司法部门就给予免交、缓交政策。针对农村老年人不愿意上法庭的情况，基层法院和基层组织还重视做好案件和纠纷的调解工作。据统计，近6年来，江西省各级法院在审结赡养案件中，调解结案的有1690件，其中农村占大多数。有的村党支部、村委会、农村老年人协会的领导为维护农村老年人的合法权益，对当事人反复做工作，不厌其烦进行调解，使老年人的合法权益得到了有效保护。

福建省老龄工作各项业务进展（2003—2005）

一、加强老年维权工作

开展“百村老年维权工作调研”。2003年，开展了全省性的“百村老年维权工作调研”活动。由省法院、省文明办、省民政厅等老龄委成员单位联络员、省和设区市等老龄办组成的5个调研组，分赴全省9个设区市的20个县（市、区），对100个行政村的老年人权益保障状况进行调研。通过调研对福建省部分行政村的基本情况，老年协会开展维权护老工作的情况，农村老年人基本养老情况，补充养老情况，医疗保障情况等有了一个基本的了解，并听取了基层党政在宣传贯彻《老年法》中遇到的具体问题及建议。最后形成了《福建省老年人权益保障现状的调查报告》。为配合调研活动，加大老年维权力度，省老龄办、省司法厅、省民政厅联合编印了《老年政策法规选编》2万册，分发基层。

开展“一法一例”的执法调研，通过组织实施执法调研等多种有效形式，扎实推进《老年法》和《福建省老年人保护条例》的落实。2004年初，省老龄办积极争取省人大内司委将老年法律法规列入本年执法调研内容，印发了《通知》进行部署。10月下旬，在各地自查的基础上，省人大内司委和省老龄办联合组成两个调研组分赴莆田、龙岩两市，对“一法一例”的执行情况进行调研。调研组通过听取当地政府、有关部门和基层社区的汇报、座谈、实地察看等形式，对“一法一例”的执法情况进行了全面了解，最后形成《关于贯彻实施老年法律法规情况的执法调研报告》，供省领导和有关部门决策时参考。

深入开展形式多样的老年法律法规的宣传教育。认真贯彻落实《老年人权益保障法》和《福建省老年人保护条例》，进一步增强全社会依法维权护老的法律意识和责任意识。2005年4月至8月，组织开展了维护老年人合法权益知识竞赛，在《福建老年报》上刊登竞赛试题70题，共收到全省各地参赛者寄来答题1600多份，经过评选，评出一等奖20名，二等奖50名。了解掌握并分析各地对《福建省老年人保护条例》颁布实施15周年来出现的难点、热点问题，根据形势发展需要，向有关部门建议对该《条例》部分条款进行修订。

切实做好来信、来访工作。各级老龄组织做到信访工作有人抓，信访工作有人管，及时地化解老龄问题中的各种纠纷和矛盾，在维护老年人合法权益和社会稳定中发挥了应有的作用。注意倾听老年人及有关方面提出的要求和建议，协调配合有关部门给予答复、反馈并提请有关部门按政策给予落实，尽力为老年人排忧解难。开展形式多样的法律救助服务，包括内容丰富的咨询、讲座和青年志愿者为老服务活动。

二、积极推进社会敬老优待工作

进一步落实优待老年人的各项措施。省老龄办联合有关厅局印发了《关于贯彻福建省优待老年人若干规定的实施意见》，明确各有关职能部门在落实优待规定中的职责和措施。各级也都对优待老年人的规定作了修改和补充，增加优待的内容、项目。2003 年 5 月 27 日，省政府召开老龄工作专题会议，会上明确议定“关于全省老年人优待证的印制和发放问题”。为学习和借鉴外省的经验和好的做法，省老龄办专门组织福州、厦门市老龄工作人员前往山东、江西等省考察社会敬老优待工作。

从 2004 年起，全面布置福建省老年人优待证的发放工作。省老龄办做了大量的前期筹备，印发了《福建省老年人优待管理暂行规定》，并按属地发放的原则，从 2004 年 6 月份开始至老年节前省老龄办的工作人员加班加点率先示范，为省直单位（含驻闽部队）离退休老人办理优待证近 5 万套。据统计，截止到 2004 年底全省共发放“福建省老年人优待证”430525 本（不含厦门、漳州市）。各级老龄办还及时反映、认真协调优待规定实施过程中出现的问题，不断推进优待规定各项措施的落实。

2005 年，继续做好老年人优待证的发放和落实优待规定的协调工作。及时反映、认真协调《福建省老年人优待若干规定》实施过程中出现的问题，使优待规定逐步得到落实，让广大老年人切实感受到党和政府的关怀。

救助特困老人工作走向规范化、制度化。漳州市老龄办出台《漳州市助养特困老人暂行规定》，建立救助特困老人基金和特困老人档案，推动了救助特困老人工作的正常化、制度化。市委、市政府率先把 3000 名农村特困老人纳入“低保”，作为为民办实事项目加以落实。三明市老龄办、市财政局、市教育局等 8 家单位联合出台《三明市关于对特困老人发放救助卡优待的规定》，首批为 178 位特困老人发放救助卡，持卡人可以得到生活助养、看病优惠、子孙上学减免杂费、司法救助优先以及志愿者服务等优惠政策。福州市 2003 年对全市 8100 多位特困老人登记造册，跟踪他们受救助的情况。

三、老龄工作的大格局逐步形成

坚持“党政主导、社会参与、全民关怀”的工作方针，进一步推动“大老龄”工作格局的形成。2003 年，省老龄委适时把省农办、省人大常委会内司委、省高等人民法院、省旅游局、团省委等加入到成员单位，使成员单位由原来的 21 个增加到 31 个，加大了工作力度。注重凝聚积极因素，充分发挥成员单位的作用，如召开成员单位联络员会议，及时沟通情况、反馈信息，协同推进；把成员单位联络员纳入全省老龄干部培训及外出学习考察的计划。加强与省直涉老部门的联系，注重发挥各老年群众组织的桥梁、纽带作用，整合资源，形成合力。重视凝聚社会力量关心支持老龄事业，利用新闻媒体在老龄宣传中的独特优势，加大老龄工作的宣传力度，积极做好老龄工作方针政策、重点工作、先进典型和重大活动的宣传报道，积极营造老龄工作的良好氛围。各级老龄组织重视加强与老年社团之间的联系、沟通，充分发挥老年社团在共同做好老龄工作中的作用和优势。

四、创建全国老龄工作“双先”活动成绩凸显

根据全国老龄工作委员会《关于在全国开展创建老龄工作先进县（市、区）活动的通知》和《关于评选表彰全国老龄工作先进单位的通知》精神和要求，省老龄办高度重视，周密安排，精心部署，以科学的发展观为指导，把创建工作摆上议事日程，充分利用这一契机，对创建评选老龄工作先进县（市、区）的指导思想、评选条件、组织实施和申报范围等作了明确而具体的规定，并提出了硬性的量化考评标准，有力地推动创先工作的开展。省老龄办领导深入基层听取开展活动意见建议，检查指导活动的开展，总结经验，宣传典型。各级党委、政府通过这一活动的开展，对老龄工作更加重视，加强了老龄工作的领导，加大了对老龄事业经费的投入。敬老宣传教育更加广泛深入，老年人的合法权益得到进一步维护，老年服务设施进一步完善，老年人的精神文化生活日益丰富多彩。在创先过程中，有的区、市把创建老龄工作先进区、市纳入“四个创先”工作统一部署、检查落实；有的县、市把老龄工作写进《政府工作报告》；有的把为老服务纳入党委、政府为民办实事的内容；有的为老龄工作机构增加了人员编制、专项经费，配备了工作用车、现代办公设备等，进一步带动了老龄工作的开展。2003 年，省老龄办首次与省人事厅联合表彰了福清市、厦门市、漳州市、泉州市、三明市、莆田市涵江区、建阳市、漳平市、福鼎市老龄办及省老龄办综合处等 10 个全省老龄系统先进集体，同时表彰了10个先进个人。2004年8月至9月，省老龄办组成考核小组，先后深入到全省9个设区市的16个县（市、区）、61个基层老年机构，按照创建标准，对申报的县、市、区逐一进行考核评估，优中选优，经向省老龄委有关领导汇报后，向全国推荐福建省老龄工作先进县（市、区）10个，先进单位11个，送全国老龄委审定。

五、开展防“非典”工作，老年组织作用突出

2003年，省老龄办按照省里统一部署，及时下发《关于做好老年人非典型肺炎防治工作的通知》。各级老年组织根据通知要求，积极配合当地党政做了大量深入细致的宣传防范工作，在福建省防“非典”工作中发挥了应有的作用。抗击“非典”期间，基层老年协会充分发挥老年人作用，分组包片，挨家挨户分发宣传材料，协助村委做好返乡人员的登记工作，在组织开展公共卫生整治和丰富多彩的文化体育活动等方面成绩突出，受到当地党政的充分肯定。

六、基层社区老龄工作不断完善

重视发挥基层老年群众组织的作用，加强基层老年协会建设，发挥基层老年协会在农村三个文明建设中的作用。2005年，为了加强对基层老龄工作的指导，省老龄办选择宁德、泉州、福州、厦门等设区市进行深入调查，摸清基层老年群众组织的组织建设、制度规范、科学管理、作用发挥等方面的情况，并在4月份召开的福建省农村精神文明建设工作会议上进行经验交流。2005年8月，在长乐市召开了全省基层老年协会建设座谈会，总结经验，寻找差距，提出对策建议，使省基层老年群众组织更加健全、制度更加规范、管理更加科学、活动更加有序。

积极推动养老服务社会化工作。2005年，省老龄办与省民政厅在泉州、厦门等设区市选择若干个城区联合开展“养老服务社会化示范活动”的试点调研工作，制定开展争创养老服务社会化示范区（市）活动的标准和方案，通过示范活动，创新多种养老模式，发挥典型示范和工作导向作用。5月30日与民政厅联合下发了《关于开展养老服务社会化示范活动的通知》，制定了《福建省养老服务示范区（市）标准》和《福建省养老福利机构基本示范标准》。

协助抓好基层老年教育工作。认真贯彻落实省委、省政府办公厅《关于加强老年教育工作的意见》，密切与有关部门配合，采取切实有效措施，重点做好城市街道和农村乡（镇）的老年学校或老年大学分校的管理等工作。据统计，目前全省各级办老年大学76所，在校人次33230，老年学校5143所，在校人次369197。

积极推进新时期农村老龄工作的开展。协调配合有关部门，切实加大农村老龄工作力度。针对各地基层老龄部门在老年活动场所建设中存在的实际困难，在省民政厅的大力支持下，从福彩公益金中给全省部分县（市、区）基层老年活动场所以经费补助，推动全省农村老龄工作的开展。挤出部分资金，支持在“六·一七”洪灾和“龙王”台风中受灾的基层老龄组织。厦门市老龄办协调市财政局公物处理中心无偿划拨部分旧办公物品支持基层老年组织。编印《厦门市基层老龄工作手册》，方便服务基层老龄组织。

积极开展评选“敬老模范村（居）”活动，成效突出。不仅推动了老龄工作激励机制的形成，而且有力地推动了老龄工作面向基层、面向农村，同时在促进基层政治文明、精神文明建设方面发挥了积极作用。村（居）两委重视老年组织工作，一手抓老年组织的班子和规范化建设，一手抓作用发挥，基层老龄工作得到加强，夯实了老龄工作的基础。

七、老龄工作队伍建设得到加强

调整、充实老龄机构领导。省委、省政府根据省老龄办领导年龄的实际情况，2004年5月，对省老龄办领导做了调整，完成了新老交替。部分市、县、区老龄办的领导有的由于到龄，有的因工作需要作了调整而较长时间没有选配到位，2004年，多数地方都及时把素质较强、热爱老龄事业的同志调整或提拔到领导岗位上，为老龄事业继续向前发展提供了组织保证。

组织干部培训。为不断提高老龄干部队伍的政治和业务素质，按照全国和全省老龄干部业务培训要求，各级老龄办密切配合，分期分批组织老龄干部和成员单位联络员，参加各级老龄办举办的老龄干部理论、业务培训班，参加各级党校、行政学院进修班。通过培训，提高老龄工作干部的理论政策水平和业务工作能力。

组织外出考察交流。2004年，根据工作需要组织老龄干部、成员单位联络员参加全国老龄办组织的在马耳他举办的国际老龄问题研讨会。2005年，参加了第三届世界华人地区长期照护会议及华东六省和京津沪渝老龄工作暨老年学学会联席会议。还组织到老龄工作基础较好的兄弟省市考察、学习交流，学到了先进的工作经验和做法，拓宽了工作思路，开阔了视野，对加强老龄办自身建设起到了积极的作用。

继续完善各项制度。结合工作实际，在总结经验的基础上，建立健全有关规章制度，继续完善成员单位全体会议制度和联络员制度、老龄办与有关涉老部门的联系制度，探索老龄办内部的各项运行机制等，促进工作的有序、高效运行。

八、深入开展敬老爱老助老主题教育活动

按照全国老龄办等五部门《关于在全国青少年中广泛开展敬老爱老助老主题教育活动的通知》精神，省老龄办等五部门进行了认真研究，成立了福建省青少年敬老爱老助老主题教育组委会及办公室，转发了《通知》，分别召开组委会办公会议和主题教育活动协调会，研究部署这项工作，对举办敬老主题教育活动启动仪式、赠送《中国敬老故事精华》和评选推荐“孝亲敬老之星”、“中华孝亲敬老楷模”等工作进行了认真具体的安排。开展了系列活动包括举行启动仪式，广泛开展敬老主题教育征文评选和敬老演讲比赛，评选推荐“孝亲敬老之星”和“中华孝亲敬老楷模”。通过广泛开展主题教育活动，在各级团委和少工委的认真组织下，不少学校和福利院或社区孤寡老人结成对子，定期上门开展为老服务，敬老爱老、孝敬父母的风气在闽大地蔚然形成。

九、丰富老年人的精神文化生活

组织“夕阳红”旅游活动。2004 年 5 月和 2005 年 5 月，省老龄办均与旅行社共同组织“夕阳红”旅游，提供了 5 条旅游线路方便老年朋友选择，较好地满足了老年人参与旅游的愿望和需求。

省老龄办充分利用老年节、春节的有利时机，依托基层老年组织，组织好各项活动，广泛开展老年人喜闻乐见的文娱活动，如与省委老干部局、省老年书画艺术协会联合举办老干部老年人书画诗影联展等。

开展海峡东岸文化交流，反响热烈。2004 年，泉州市组织“夕阳红”艺术团赴金门举行文化交流演出，4 天演出 4 场，有近千名观众从四面八方前来观看演出，金门县长亲临现场观看，台上台下互相呼应，情景交融。文化交流活动增强了两岸人民爱国爱乡的感情，增强了两岸一家亲的共识。

老年教育工作稳步推进。2004 年 11 月初，省委、省政府办公厅联合下发了《关于进一步加强老年教育工作的意见》，对福建省老年教育的指导思想、基本原则和目标任务，以及办学体系、办学水平、领导方式作出了整体规划，提出了具体要求，为构建福建省终身学习型社会指明了发展目标和方向。《意见》要求各级老龄办应确定一名领导兼任本级老年大学副校长的协调工作。要加强对乡（镇）村（居）和社区老年学校办学指导，有计划、有步骤地提高现有老年学校数量和质量，扩大办学规模，并明确提出“十一五”期间，在已达到全省城市街道和农村乡（镇）的建校率 100% 的基础上，达到村（居）建校率的 100%，社会老人入学率的 13% 以上的目标。截至 2004 年底，全省已办各级各类老年大学（学校）5292 所，在校学员 405522 人，约占全省老年人口数的 9.8%。

陕西省老龄工作重大会议和活动概述（2003—2005）

2003 年

组建陕西老年艺术团

2003 年 8 月 19 日，为进一步推动和指导基层老年文化活动广泛、持久地开展，根据全国老龄工作委员会办公室《关于组建中国老年艺术团的通知》精神（全国老工办发〔2003〕24 号），省老龄工作委员会办公室决定在成功参加 2002 年全国老年文艺调演的基础上，组建陕西老年艺术团。副省长、省老龄委主任张伟，原省人大副主任、省老年基金会理事长孙克华任名誉团长，省民政厅厅长、省老龄委副主任、省老龄办主任张建功任团长。吸收陕西名家艺术团、陕西省打击乐团、陕西省心连心合唱团、陕西省中铁一局老年艺术团、航天科技集团公司第六研究院老年艺术团、西安老年大学中老年时装表演艺术团、西安市松园老年艺术团、金太阳老年艺术团为陕西省艺术团分团。

在全省开展创建老龄工作先进县（市、区）活动

9 月 26 日，为贯彻落实《中共中央、国务院关于加强老龄工作的决定》，切实加强基层老龄工作，推动陕西省老龄工作和老龄事业的全面发展，根据全国老龄委《关于在全国开展创建老龄工作先进县（市、区）活动的通知》精神，省老龄委以〔2003〕1 号文件，向全省印发了《关于在全省开展创建老龄工作先进县（市、区）活动的决定》。《决定》明确了“创建活动”的指导思想、评选标准、组织实施和评选办法，并要求各级老龄办要提高认识、加强领导，采取有力措施，统筹规划，精心安排，把创建工作的各项要求落到实处，努力增强创建活动的群众性，使其成为基层老龄工作发展的推动力量；在创建工作中要注重实效、力戒形式主义，认真做好这次老龄工作先进县（市、区）的申报、考核和评选的组织工作，确保创建活动取得实际效果。《决定》印发后，各地积极响应，以“创建活动”为抓手，从基层老龄工作机构建设为切入点，开展一系列的活动，取得一定效果。

陕西省老年文艺赴京汇演再获殊荣

根据国务院领导重要批示，9月28日，中国老年艺术团成立暨首场汇报演出在全国政协礼堂举行，全国人大常委会副主任顾秀莲，国务院副总理、全国老龄委主任回良玉及民政部部长李学举、中国老龄协会会长李宝库等出席并观看演出。陕西省老年艺术团打击乐团的《黄河激浪》和绥德县唢呐齐奏《欢天喜地奔小康》以恢宏的气势拉开题为“金秋神韵”的文艺晚会的序幕，浓郁的陕西地方特色、精湛的艺术表演博得中央领导和全场观众的赞誉。打击乐《黄河激浪》和唢呐齐奏《欢天喜地奔小康》荣获优秀节目奖，陕西省老龄委办公室荣获赴京汇报演出优秀组织奖。

全省隆重举行庆祝老人节大会

10月3日上午，陕西省庆祝老人节大会暨陕西省老年艺术团成立首场汇报演出在西安举行。省委书记李建国、省长贾治邦等省领导与1200名各界老年代表一起参加了老人节庆祝大会。

庆祝大会由副省长、省老龄工作委员会主任张伟主持。省委常委、常务副省长陈德铭代表省委、省政府向全省365万老年人致以节日的祝贺，并发表了热情洋溢的讲话。陕西老年艺术团下属各分团、延安市退休干部艺术团、省政府机关幼儿园及国家一级演员李瑞芳、王辅生、蔡志诚、肖玉玲、白江波、全巧民等秦腔老艺术家为老年朋友演出了精彩的节目。

省老龄工作委员会全体会议召开

11月18日，省老龄委在省政府新城黄楼会议室召开了调整后的新一届省老龄工作委员会第一次全体委员会议。副省长、省老龄委主任张伟发表了重要讲话。省老龄委副主任、委员出席了会议，各成员单位联络员及相关单位负责同志列席了会议。会议由省老龄委副主任、省政府办公厅副主任杨志刚主持，省老龄委副主任、省民政厅厅长张建功作了题为《践行“三个代表”重要思想，扎扎实实做好老龄工作》的工作报告。省老龄办专职副主任艾向东传达汇报了全国老龄工作会议精神。会议讨论审议了《省老龄工作委员会成员单位职责》和《省老龄工作委员会成员单位2004年行动计划》等文件。

会议回顾总结了新的老龄工作委员会成立3年以来的成绩和经验，明确了2004年老龄工作的目标和任务。会议强调要以党的十六大精神为指导，认真践行“三个代表”重要思想，坚持“党政主导、社会参与、全民关怀”的老龄工作方针，充分发挥各成员单位的作用，为老年人多办实事、好事，切实保护老年人的合法权益，转变作风，深入基层，求真务实，与时俱进，推动和促进全省老龄事业与社会经济的全面发展。

陕西省青少年敬老爱老助老主题教育活动启动

12月2日，由陕西省老龄办、省委宣传部、省教育厅、团省委、省妇联等5部门联合开展的陕西省青少年敬老爱老助老主题教育活动暨《中国敬老故事精华》赠书仪式在西安举行。省老龄委副主任、省民政厅厅长张建功，团省委副书记井剑萍，省教育厅巡视员屈应超，省老年基金会副理事长张如峰，省老龄办副主任艾向东等出席。艾向东副主任介绍了开展该项主题教育活动的重大意义和全国开展此项活动的情况。省老龄委副主任张建功发表讲话强调，陕西省积极响应在全国青少年中开展敬老爱老助老主题教育活动的号召，既是落实“三个代表”重要思想和党的十六大精神，加强社会主义精神文明建设的重要举措，又是青少年思想道德教育的有效形式，既是贯彻以德治国方略的重要内容，又是维护保障老年人权益的实际行动。通过这项活动，在全社会特别是在青少年中大力倡导敬老爱老助老的道德风尚，使广大青少年再次受到中华民族传统道德的教育，提高他们的思想道德水平，逐步成长为有理想、有道德、有文化、有纪律的“四有”新人。并希望各级党委政府及有关部门高度重视，加强领导，教育部门要把敬老爱老助老的内容纳入中小学思想道德课程中，各级共青团、妇联要鼓励、引导青少年积极参加敬老爱老助老社会实践，从自身做起，从回报自己的父母做起，再推及到其他社会老人，参加青年志愿者组织，开展为老服务活动，形成老年人处处受尊敬的良好社会氛围。在启动仪式上，向西安市后宰门小学捐赠了《中国敬老故事精华》图书。

欧盟国际助老项目启动

国际助老会是联合国世界老龄大会的一个分支机构。2003年国际助老会从欧盟申请到了一批扶助贫困老人的专项资金，设立在泰国清迈的国际助老会亚太分部决定在我国四川、湖南、陕西3省率先实施助老项目。根据国际助老会的要求，陕西省作出相应的准备，成立了欧盟国际助老项目陕西省协调委员会及项目办公室，拟订了工作方案和详细的经费预算方案，并初步在周至、蒲城、合阳3个区县首批选定10个助老项目帮扶点，当地政府积极准备一定的配套资金，给予全方位的支持，共同把助老项目的工作做好。

2004年

召开省老龄委各成员单位联络员会议

6月23日，省老龄委组织召开了成员单位联络员会议，会议听取了各成员单位落实2003年工作计划情况，对上半年各成员单位的工作情况进行了总结。通过联络员会议，增强了大老龄工作意识，转变了部分单位认为老龄工作只是做好本单位老干部工作的狭隘认识。同时，通过交流，反映出基层老龄工作者的心声，与会人员普遍认识到了搞好老龄工作不仅是党的一项重要工作，也关系到个人能否享受到社会发展成果、参与到社会发展中，表示在今后的工作中努力做好老龄工作。

全省隆重举行第四届老年联欢节

2004年初，省政府把举办陕西省第四届老年联欢节活动列为全省2004年度重要工作内容之一，省委书记李建国、省长贾治邦、副省长张伟先后就此项活动专门作了批示。10月22日，陕西省第四届老年联欢节在交大思源活动中心体育馆隆重开幕，省委书记李建国、省委副书记杨永茂和省上党政军领导、省上老领导、老同志与老劳动模范代表、老龄工作先进县（区）、先进单位代表、在陕的外藉老教授代表及3000多名社会各界老年人代表一起参加了开幕式。

10月22日至26日，来自全省各地市、各省直单位的32支代表队、2000多名老年选手，进行了文艺、体育11个项目的比赛，参预老年联欢节相关活动的老年人近万人。25日晚，在西安松园举办了中外老年人联欢活动，来自美国等国家的老年旅游团代表、在陕的外藉老教授专家代表与陕西省的老年人代表举行联欢，中外老年人表演了各具特色的文艺节目。

2005年

开展保持共产党员先进性教育活动

按照中央及省先进性教育领导小组开展先进性教育活动的安排，1—6月，省老龄办按步骤分别进行了先进性教育各阶段的学习。通过组织全体党员原原本本地学习《保持共产党员先进性教育读本》、党的十六大报告和新《党章》等有关内容，组织党员参观“延安精神永放光芒”大型展览和听取周国知先进事迹报告，使每位党员干部加深了对开展先进性教育活动重大意义的认识。根据中央对先进性教育活动要求达到“提高党员素质，加强基层组织，服务人民群众，促进各项工作”的目标，结合陕西省老龄工作实际，本着边学、边整、边改的原则，在活动中征求干部职工及各设区市老龄办的意见，自查自纠找出问题，本着服务于基层的原则，提出了指导全省老龄工作发展的意见。通过深入开展先进性教育活动，省老龄办掀起了创建“三型机关”、热心为老服务、为基层服务的工作热潮。

在西安召开全省设区市老龄办负责人会议

3月25日，省老龄办在西安组织召开了设区市老龄办负责人会议，省老龄办助理巡视员王安平主持会议，省老龄办专职副主任艾向东传达了全国农村老龄工作会议精神，传达了全国老龄委第七次全委会、全国省级老龄办主任会议精神，报告了2004年陕西老龄工作情况，安排布置了2005年的工作。省老龄委副主任、省民政厅厅长、省老龄办主任张建功出席会议并讲话。

召开省老龄委全体委员会议

4月28日，省老龄委在省政府黄楼召开了陕西省老龄工作委员会全体委员会议。会议由省政府副秘书长、省老龄委副主任杨志刚主持。省老龄委主任、副主任以及29个成员单位的委员参加了会议，省政府救灾处、省民政厅社会福利处负责同志、成员单位联络员列席。会议主题为传达全国老龄委第七次全委会、全国农村老龄工作会议和全国省级老龄办主任会议精神，会上印发2004年省老龄委各成员单位完成行动计划情况的工作总结，征求成员单位2005年工作计划的意见。副省长、省老龄委主任张伟作重要讲话。

“孝心工程进社区活动”正式启动

6月28日上午，省老龄办与大连珍奥集团陕西办事处在省政府综合楼会议厅召开了“孝心工程进社区”活动启动仪式。仪式气氛热烈，各市老年人代表200多人参加了活动，原省委、省人大、政协老领导、老同志出席了会议。各地市也根据省上的工作安排，积极响应，认真组织实施，全省10个设区市相继启动了“孝心进社区”工程，各级发挥主导作用，为企业参与社会服务工作搭建起了互助桥梁。

《陕西省老年人优待办法》颁布实施

9月30日，省政府正式颁布了《陕西省老年人优待办法》。《优待办法》的颁布实施，是陕西省老龄工作者期盼多年的一件大事，也是全省老年人的一件大喜事，对于构建和谐社会和推动全省老龄工作具有重要意义。《优待办法》对70岁以上老年人在乘车、旅游、就医、社会保障等方面以及90周岁以上、100周岁以上老年人在享受高龄补贴等方面实行优待作了具体规定。

召开老年节庆祝大会

10月10老年节，省老龄办组织举办了庆祝大会，邀请省委、省政府、省人大、省政协及省军区的领导出席，在庆祝大会上，对全省涌现出来的热爱老龄事业、诚心扶老助老、在老龄工作岗位上无私奉献的西安市未央区三桥敬老院院长杨秋兰等16名同志进行了表彰，并授予“陕西省助老先进个人”的称号。省委副书记、副省长赵正永在庆祝大会上发表了讲话。

成立陕西省老年福利服务协会

根据全省民政工作会议精神，为加快推动陕西省老年产业社会化进程，加强对全省为老服务产业的领导，经多方调研，12月16日，正式成立了陕西省老年福利服务协会。来自社会各界的111家企事业单位、私营机构以及省老龄委各成员单位和各设区市老龄办成为协会的会员单位，为推动陕西省老年产业社会化进程起到积极的作用。

开展省老龄委成员单位交流互查活动

2005年7月和12月份，省老龄办牵头组织省老龄委各成员单位开展了交流互查活动。交流互查采取成员单位联络员分组到各成员单位检查老龄工作行动计划落实情况，通过听取汇报、走访工作点、交流座谈等形式，提高了成员单位领导及联络员对大老龄工作意识的认识，加大了成员单位之间的沟通协调，为形成省老龄委成员单位相互协作的大老龄工作局面的长效机制打下了基础。

河南省老龄工作各项业务进展（2003—2005）

2003—2005年，河南省各地以创建工作为载体，推动各项老龄工作的不断发展：

一、进一步落实了“党政主导”工作方针

各级党政领导对老龄工作重要性的认识有了较大提高，许多地方把老龄工作摆上了党委和政府的工作议程，列进年度工作计划，纳入部门工作目标考核内容。按照中央关于“要从有利于工作出发，切实加强机构建设，形成上下贯通、管理有序的老龄工作体制”的要求，各地着重解决机构建设中存在的规格不明确、编制经费不到位、职责不清晰等突出问题，进一步理顺老龄工作体制，加强老龄工作机构建设。目前，全省除南阳市外，其他17个省辖市、省直管市已全部理顺了老龄工作管理体制；158个县（市、区）已有131个解决了机构、编制，落实了工作人员。

二、基层老龄工作得到加强

各地坚持老龄工作重点在社区、在基层的原则，不断加大社区、基层老龄工作力度，取得了较好成绩。在城市，紧紧围绕社区老年人的养老、医疗、生活照料、文化娱乐等方面需求，解决了一些实际问题，使老年人真正得到了实惠。在农村，重点加强基层老年群众组织建设，提倡老年人自我管理、自我服务。几年来，各类基层老年群众组织数量不断增加，覆盖范围不断扩大，老年人自我管理、自我服务意识不断增强。通过规范和指导基层老年协会建设，充分发挥基层老年协会作用，积极推动签订《农村家庭赡养协议书》工作，把子女对父母履行赡养义务以书面形式确定下来，明确赡养责任，进一步巩固家庭养老保障功能。

三、进一步加大资金投入，加快老年福利服务设施建设

各地近年来逐步加大对老年福利服务设施的投入，据不完全统计，全省兴建社区老年福利服务设施3227处，建敬老院2107所，集中收养五保老人4.6万人，分散供养30.48万人；社会力量兴办老年公寓196所，床位近万张，入住老年人6000多人；省政府投资1000多万元，民政厅自筹资金2000多万元建设的“中州颐养家园”已正式开业运营。各地新建改建了一批适合老年人需求，功能比较完善的老年公寓、老年活动中心、老年大学、文化健身广场等老年福利服务设施。

四、积极采取措施，扎实开展老年维权工作

近年来，各地以贯彻落实“一法一条例”为出发点，以为老年人办实事、做好事、解难事为落脚点，在维护老年人合法权益，方便老年人生活，落实老年人优惠优待政策上做了大量工作。安阳县等地法院专门成立了“老年巡回法庭”及“老年诉讼合议庭”，建立老年人合法权益维护岗。

五、继续加大老龄工作宣传力度，营造敬老爱老助老的良好社会氛围

各地通过评选推荐河南省及全国“老龄新闻奖”活动，加强了对报刊、杂志、电台、电视台涉老节目的指导，充分发挥新闻媒体的作用。洛阳市在老人节期间连续在《洛阳日报》上对老龄工作和老人生活状况进行系列报道，栾川县把每年的9月确定为县老龄工作宣传月。

六、积极组织开展老年文体活动，丰富老年人精神文化生活

各地认真组织，充分发挥老年文化团体和基层老年群众组织的积极性，把开展日常文体活动与传统节日、重大节日活动相结合，把文化社团活动与普及老年文体活动相结合，广泛组织适合老年人特点的、健康向上的老年文化体育活动。目前，河南老年大学已达989所，累计培训学员5万人次，现有8.5万在校老年人；全省城乡已建老年体育协会1.2万个，参加体育活动的老年人达365万人，各种体育辅导站5386个，参加人数达68万多人。

湖北省老龄工作重要会议和活动概述（2003—2005）

2003年

在全省开展评先活动

为了深入贯彻落实十六大精神和“三个代表”重要思想，促进社会主义精神文明建设，推进全省老龄工作和老龄事业健康有序发展，根据《中共中央、国务院关于加强老龄工作的决定》和《湖北省老龄事业发展“十五”计划纲要》关于建立表彰激励机制的要求，湖北省老龄委除与省人事厅联合表彰老龄工作先进集体和先进工作者以外，经研究决定，拟在全省广泛开展评选“敬老模范奖、老有所为贡献奖、党政领导重视老龄工作奖和敬老优待工作先进集体、敬老优待工作先进工作者”的活动。活动对各项评先提出了具体的条件和要示，并对评选范围、评选方法以及组织领导都作出了部署。

在全省开展创建老龄工作先进县（市、区）活动

为了认真贯彻落实全国老龄工作委员会《关于在全国开展创建老龄工作先进县（市、区）活动的通知》精神，切实加强湖北省基层老龄工作，推动老龄工作和老龄事业全面发展，省老龄委部署在全省开展创建老龄工作先进县（市、区）的活动（以下简称“创建活动”）。

省老龄委要求各级老龄工作部门要提高对“创建活动”的认识，切实加强领导，统筹规划，精心组织，采取切实有力措施，把创建工作做实、做好。要充分发挥新闻媒体的作用，运用多种形式搞好宣传发动工作，动员成员单位及社会各界积极参与，增强“创建活动”的群众性和广泛性，形成齐抓共管的良好局面。各级老龄工作部门，在开展“创建活动”中，要力戒形式主义，注意搞好结合工作，即：把“创建活动”同贯彻落实十六大精神、实践“三个代表”重要思想、全面建设小康社会的中心任务相结合；同落实“六个老有”工作目标相结合；同解决老龄工作中的突出矛盾、贯彻落实省政府181号令、维护老年人合法权益相结合。从而，使全省的“创建活动”既轰轰烈烈，又扎扎实实。

各级老龄办要加强对“创建活动”的指导，善于抓好典型，及时总结经验，认真做好申报、考核、评选的组织工作，确保“创建活动”取得实际效果。全省老龄工作先进县（市、区）创建活动将每3年评选一次。

召开老龄调研工作座谈会

10月19日—20日，全省老龄工作调研座谈会在武昌召开，来自全省17个市、州的老龄办主任以及全省各级老龄工作部门、老年学学会、老年大学、企事业单位的论文作者近60人参加了本次会议。部分论文作者在会上作了发言交流，部分论文作者参加了书面交流。会上，对优秀论文作者颁发了荣誉证书和奖杯。

省老龄办党组书记、主任郭义友在会上作了讲话，省老龄办党组成员、副主任申育卿对2003年全省老龄工作进行了回顾，并对2004年老龄工作提出了思路。

认真做好老年人权益保障工作

根据全国老龄工作委员会办公室、司法部、公安部联合下达的《关于加强维护老年人合法权益工作的意见》（以下简称《意见》）要求，湖北省老龄办、湖北省司法厅、湖北省公安厅联合发文，就切实加强维护老年人合法权益工作，提出了贯彻意见。

启动湖北省老年科学技术咨询服务中心

随着人口老龄化的来临，老龄问题越来越成为关系政治、经济和社会稳定，关系国计民生和国家长治久安的一个重大社会问题。为了采取相应的对策，根据《中共中央、国务院关于加强老龄工作的决定》、《中国老龄事业发展“十五”计划纲要》要求和省政府分管领导的指示精神，经研究决定，正式启动湖北省老年科学技术咨询服务中心。初始阶段主要为老年人提供旅游、文化娱乐、护理培训、健身防病、生活保健用品及咨询等服务项目。随着工作的深入推进，其服务项目将根据老年人的需求逐步加以完善。

成立湖北省老年艺术团

为了认真贯彻党中央、国务院和全国老龄办的指示精神，推进湖北省老年文化事业的发展，以适应新形势、新任务的要求，并发挥其在两个文明建设中的重要

作用，经省政府批准，决定成立湖北省老年艺术团。

社区老龄工作试点

2003年初，全国老龄办决定，在全国10省市进行城乡社区老龄工作试点，湖北省被确定为试点省市之一。为做好这一工作，省老龄办及时研究制定了社区老龄工作试点方案，下发了《关于认真抓好社区老龄工作试点的通知》，召开有关单位负责人会议进行部署；并将武汉市、黄石市、鄂州市定为湖北省社区老龄工作试点市。经过试点，3个社区试点单位都建立了各种老年组织机构，培育了社区老年服务网络，兴办了社区老年服务产业，开展了丰富多彩的老年文化体育活动。

举办老龄工作干部培训班

9月18日至23日，省老龄办举办了全省老龄工作干部培训班。来自市、州、县，省直机关、大专院校、大型企事业单位共129名老龄工作人员参加了培训。培训班采取邀请专家、领导授课，学员互相交流，实地参观考察等形式进行，取得了很好的效果。

第二届楚天老人金婚风采大赛

10月10日至14日，省老龄办、《楚天都市报》联合举办了“第二届楚天老人金婚风采大赛”。来自全省的100多对金婚老人参加了大赛。大赛组委会根据评选条件，评出了40对“最佳金婚老人”，并将40对金婚老人相片刊登在楚天都市报上，经读者参与评选出了“十佳金婚风采奖”得主。

调研、督办工作

2003年，省老龄办主任、党组书记郭义友，副主任、党组成员申育卿等办领导率机关工作人员6次下到基层，历时两个月，先后对宜昌、荆州、仙桃、襄樊、随州、孝感、咸宁、黄石、黄冈、鄂州、十堰等21市、县的老龄工作机构建设，老年人优待政策贯彻落实、计划纲要的实施、贫困老年人调查以及老年人维权方面的工作进行了全面的检查督办和调研。

2004年

举办“老有所为”征文活动

2004年，省老龄办与老年文汇报社共同举办了“老有所为”征文活动。从3月18日至10月4日，征文活动组委会共收到征文400多篇，其中26篇征文获奖。省老领导，省老龄办领导为获奖作者颁奖。

开展孝亲敬老评选活动

中宣部、教育部、全国老龄办、全国妇联、团中央在全国开展了孝亲敬老评选活动。湖北省在全省开展了此项活动，经过层层评选、推荐，报全国组委会审定，孝感市的余汉江同志荣获全国“中华孝亲敬老十大楷模”称号，李松柏等88名同志荣获“孝亲敬老之星”称号，仙桃市妇联荣获组织奖。获奖单位和个人代表于10月28日前往北京领奖并受到党和国家领导人的亲切接见。

举办全省老龄工作干部培训班

5月30日—6月4日，省老龄办举办全省老龄工作干部培训班。来自全省市、州、县（市、区）老龄办、省直机关、大专院校、大型企事业单位老龄工作部门的99名同志，在华中师范大学干部培训学院参加了为期5天的培训学习。培训班由专家、教授授课，辅之现场经验交流和实地考察，讲授老龄工作专业知识、老龄工作部门行政执法、国际国内老龄行动的大政方针、人口老龄化与可持续发展战略、中国特色社会主义老龄事业的发展与展望等。这是湖北省老龄工作部门首次与高校联手，利用高校教育资源培训老龄工作系统的工作人员。

省老龄办深入基层，检查工作

6月8日—17日，省老龄办组成检查组，对襄樊、十堰、荆门、荆州、孝感、黄冈、鄂州等市贯彻落实全省老龄工作会议精神情况进行了检查，并将各地贯彻落实情况向全省进行了通报。

开展创建和先进单位评选活动

根据全国老龄办的部署，省老龄办在全省广泛开展老龄工作先进县（市、区）创建活动和老龄工作先进单位评选活动。

为了搞好此项工作，创新老龄工作机制，4月20日至21日，在大冶市召开了有武汉、襄樊、黄石、咸宁、十堰等市及所辖的江汉区、谷城县、大冶市、赤壁市、丹江口市老龄办的主要负责同志共40余人参加的全省创建工作现场经验交流会。6月19日至7月5日，由省老龄办副主任申育卿同志带队，全国老龄办《老龄工作导刊》执行主编李强等同志参加的湖北省创建工作检查组，对襄樊、谷城、丹江口、荆州、赤壁、武汉市江汉区的创建活动进行了检查验收。通过评审并经报全国审查批准，赤壁市、大冶市、谷城县、武汉市江汉区、丹江口市等5个县（市、区）被评为“全国老龄工作先进县（市、区）”；省老龄办、武汉钢铁（集团）公司、省司法厅、东风汽车工业投资公司襄樊管理部、洪湖市新堤办事处洪林村村民委员会、孝感市中心医院、黄石市民政局、十堰市老龄办等8个单位为“全国老龄工作先进单位”；神农架林区、京山县、竹溪县、云梦县、石首市、麻城市、鄂城区等7个单位为全省老龄工作先进县（市、区）；襄樊市樊城区中原办事处、省政协办公厅、仙桃市杨林尾镇政府、武汉钢铁设计院、东风汽车公司离退休处、荆州市公交总公司、荆州市老龄办、荆门石化总厂、江汉石油管理局、黄石市华兴公交公司、中南民族大学等11个单位为湖北省老龄工作先进单位。

参加首届“珍奥杯”全国银龄美大赛

首届“珍奥杯”全国银龄美大赛，从7月14日在全省铺开，经层层选拔，在全省数千名参赛选手中选拔出33名选手参加湖北赛区决赛。9月7日，经才艺表演、知识问答、专家评审、观众投票、组委会评定，湖北省选出4位选手赴北京参加首届“珍奥杯”全国银龄美大赛决赛，通过决赛，湖北省选手取得了优异成绩。其中，冯玉昆老人荣获“中国老年形象大使”称号，张雪珠、魏安民、刘基业3位选手荣获“中国魅力老人”称号，省老龄办荣获全国组织奖。

举办湖北省首届中老年戏曲演唱大赛

省老龄办、省文化厅联合举办了湖北省首届中老年戏曲演唱大赛。经过初赛、复赛、决赛，共评出金奖6名、银奖12名、铜奖18名、优秀奖22名和若干优秀组织奖。省老龄办、省文化厅有关领导为获奖代表颁奖。这次活动，全省近万名老年人参加了比赛。

省老龄办组团赴法国考查

11月4日—18日，应法国法中友好协会和法国人才及技术交流协会的邀请，经罗清泉省长和蒋大国、韩忠学副省长批准，由省老龄办主任、党组书记郭义友同志带队，有关大型企业退管部门、省直机关和高校老干部门、市州老龄系统负责人等一行11人参加的考察团，赴法国和德国学习考察。学习考察期间，拜会了法国社会慈善福利机构，参加了法国巴黎市有关组织筹办的培训，研讨老年人福利和健康问题，实地参观了法国老年健康福利设施，并与有关机构进行洽谈，探讨双方的合作与交流。

2005年

对老年优待规定贯彻实施情况进行检查

《湖北省关于老年人享受优待服务的规定》(省政府第181号令)于1999年9月颁布实施以来，各级党委、政府高度重视，全省各地景区、景点认真贯彻落实，为老年人提供了优待服务，受到广大老年人和社会的充分肯定和高度赞扬。针对贯彻实施中存在的问题，2005年7月，省委俞正声书记作出批示，省政府高度重视，狠抓落实，对全省景区、景点落实老年人优待规定情况进行了调查摸底，对存在的问题进行了整改。在省政府的协调下，对省景区、景点优待老年人的条款进行了进一步的修改完善，并通过各种新闻媒体进行了宣传，相关部门向所属系统下发了文件，各地景区、景点进行了认真的贯彻落实。

深入贯彻领导批示精神，落实老年优待政策

7月1日，中央政治局委员、湖北省委书记俞正声对《楚天都市报》报道湖北省老年优待情况作出了批示。根据省政府领导和省政府督查室的要求，省老龄办与省直相关部门以贯彻落实俞书记重要批示为契机，对老年优待政策落实情况进行了全面的检查摸底，对存在的问题研究整改措施，并在具体工作中狠抓落实，掀起了一个深入宣传贯彻落实老年优待政策的新高潮。

9月26日和10月23日，省老龄办先后两次牵头召开了相关部门协调会议。传达俞书记、省政府李春明秘书长的批示精神和省政府办公厅的《实施意见》；通报全省老年优待政策的贯彻实施情况；各部门汇报本系统执行老年优待政策的做法；对下一步落实领导批示精神，深化老年优待工作，整改存在的问题，统一认识，明确要求，研究措施。两次协调会议之后，在省旅游局、省物价局、省民政厅、省水利厅、省林业局、省文化厅等部门的共同努力下，形成了共识：即由原来执行的景区、景点对老年人只实行半价优惠调整到70岁以下实行半价优惠，70周岁以上实行全免。与此同时，优待规定的修订工作也随之启动，省老龄办与省政府法制办就此召开会议进行了研究，将根据全国21部委《关于加强老年人优待工作的意见》，结合本省实际，重点对城市公交、公园执行优惠政策，农村税费改革后老年人享受优待，以及对优待政策落实过程中的违规行为进行处罚等内容进行充实和修订。遵照俞书记第二次关于“公布政策，接受监督”的批示精神，省委宣传部、省广电局领导高度重视，亲自挂帅抓落实。省电视台、省广播电台制作专题节目，安排在黄金时段，并在半个月内多次播出。《湖北日报》、《楚天都市报》、《楚天金报》等主要媒体均以显著版面，对老年优待政策法规执行情况等进行了多角度、深层次的连续报道。在发布优待政策的同时，向社会公布了省老龄办、省旅游局、省物价局的投诉电话。通过大力宣传，形成了强大的舆论氛围，老年优待政策更加深入人心，全社会尊老敬老助老的意识得到进一步增强。

召开全省老龄宣传工作暨《当代老年》宣传研讨座谈会

9月8日—9日，省老龄办组织召开了全省老龄宣传工作暨《当代老年》宣传研讨座谈会。各市、州、直管市、神农架林区老龄办主任参加了会议。会议就如何做好新形势下的老龄宣传工作开展了热烈讨论。省老龄办主任郭义友在会上就如何利用新闻媒体做好老龄宣传工作发表了讲话，对今后老龄宣传工作作出了部署。

编纂出版湖北老龄工作成立20周年大型画册

在湖北省老龄工作委员会成立20周年之际，经省政府领导批准，在省老龄委各成员单位、省直有关部门、大专院校、大型企事业单位、各市、州、县老龄工作部门的支持和协助下，采取市场运作筹集资金的方式，历时1年半时间，编纂出版了大型画册——《前进中的湖北老龄工作·发展中的湖北老龄事业》。这是一本反映湖北省老龄工作和事业发展成果的纪实性画册。它记录了湖北省老龄工作的开展情况，叙述了湖北省老龄事业的发展历程，展示了湖北省老龄事业所取得的辉煌成就，弘扬了全社会敬老爱老养老的道德风尚。《画册》既是湖北省老龄工作的一个重要成果，也是湖北省老龄事业发展史上不可多得的宝贵资料。

建立宏根·老人坊老年网站

为加强老龄工作的信息交流，丰富老年人的精神文化生活，经省政府领导同意，在省财政的支持下，6月正式启动了“宏根·老人坊”网站及老年咨询热线的筹建工作。经过精心设计、周密策划和紧张施工，11月网站正式开通，编写出版了《中老年朋友学上网》一书，蒋大国副省长亲自为该书作序。网站立足湖北、面向全国，紧紧围绕老有所学、老有所用、老有所乐、老有所为等方面设立栏目、编辑信息，共开设了16个大栏目、87个子栏目，为老年人打开了一扇通向世界的窗口，老年人从中可以尽情享受到信息时代互联网带来的无穷乐趣。

老龄调研工作和理论探讨取得新成果

一是对全省虐老案件进行了调查。根据蒋大国副省长关于要加强老年维权工作力度，查处虐老行为的要求，上半年集中时间和精力，对全省虐老案件进行了调查，形成了《湖北省虐老案件情况的调查与分析》的调查报告。二是对老龄事业发展计划纲要实施情况进行了调研。向全国报送了湖北省《关于贯彻〈中国老龄事业发展“十五”计划纲要〉情况的报告》，同时完成了《湖北省老龄事业发展“十一五”规划（草案）》的起草工作。三是对基层老龄工作情况进行了调研。省老龄办机关分3个小组，分别深入到各市州、县市甚至乡镇的村（居）委会进行实地调查。四是对城市老年人生活状况进行了调查。此项调查由省老龄办、省民政厅、武汉大学组成联合调查组完成。调查组分3个小组分赴武汉、荆州、宜昌3市，对36个社区600多名老年人进行了入户调查。调查对象涵盖了“三无”老人、“低保”老人、“优抚”老人等，形成了《湖北省城市老年人生活状况调研报告》。五是对老年人才资源开发状况进行了调研。根据省领导和政协提案及中国老年学学会要求，由湖北省老年学学会组织实施，重点对武汉地区老年人才资源开发状况进行了专题调查，对湖北省老年人才资源的开发和利用提出了对策性的建议。郭义友主任亲自带头，在对全省老龄工作机构现状进行调查的基础上，撰写了《老龄工作机构建设亟待加强》的调查报告，坚卫、大国两位副省长阅后作出了重要批示。

认真做好老年人权益保护工作

一是做好信访工作。据不完全统计，全省各级老龄工作部门全年共接待上访老人4879人次，调解纠纷397起。二是签订赡养协议书。帮助农村和在赡养问题上有争议的老年人与子女签订《家庭赡养协议书》，此项工作在武汉、宜昌、襄樊等市开展得比较深入。武汉市6个远城区共计签订《农村家庭赡养协议书》5501户，涉及老年人数6745人。三是建立法律援助制度。武汉、孝感、随州、襄樊、鄂州、黄石、神农架林区、天门等地建立了老年法律援助中心，全省各地都安装了“12348”法律服务专线电话，为需要法律援助的老年人及时提供帮助。四是积极参与法制宣传活动。为做好老年法律法规的宣传，省老龄办积极参与全省纪念法制宣传教育20周年暨“12·4”法制宣传活动。五是建立虐老案件查处制度。查处的虐老案件达402起。六是开展了对贫困老年人的救助活动。圆满完成了筹集救助贫困老年人资金的明信片发行工作。组织对发行工作进行了审计。实际发行680万元，省级获得救助资金100万元，各市州县共留下救助资金300万元。先后两次共拿出救助资金20万元，对1000名特困老人实施了救助，此项救助活动今后每年都将进行。

宣传创建典型，巩固创建成果

年初，向全省转发了全国创建工作表彰通报，印发了全省先进县（市、区）和老龄工作先进单位表彰决定，对于继续搞好创建工作提出了明确要求。在此基础上，2005年全省围绕“创建”主要做了两个方面的工作：一是巩固提高。对被授予荣誉称号的全国、全省老龄工作先进县（市、区）和老龄工作先进单位，采取了“回头看”的方式，看在创建中承诺的事项是否兑现，创建中开展的工作、建立的制度是否保持，创建中还存在的不足之处是否整改到位，巩固创建成果的长效机制是否建立等四个方面进行了检查。二是宣传推广。各地学习借鉴先进县（市、区）和先进单位的经验，对照先进找差距，采取措施赶上去。一方面，本地组织了学习考察。本市州集中组织人员到先进县（市、区）学习考察，交流经验，在本市进行推广。另一方面，市州之间也派出考察组前往考察。荆门、荆州两市虚心向先进县市和先进单位学习，组织考察组前往黄石、大冶、十堰、丹江口等市学习考察，考察结束后，将考察报告呈报市委、市政府领导，提出学习借鉴意见，收到了显著成效。

湖南省老龄工作重要会议和活动概述(2003—2005)

全省老龄工作干部业务培训

2003年7月7日至10日，湖南省老龄委在长沙举办全省老龄工作干部业务培训班，各市（州）、县（市、区）、省直及中央在湘单位老龄工作干部170余人参加了培训。这期培训班是按照省委、省政府《关于加强老龄工作的决定》中指出“省老龄委在三年内对全省老龄工作干部进行一次业务培训”的要求，针对机构改革后各级老龄办工作人员变动大、新成员多的情况而举办的。培训内容包括人口老龄化及对策分析、贯彻实施老年法保护老年人合法权益、行政复议、机关文秘知识、社会养老保障、老龄信访工作等，由省人大内司委、省政府办公厅、省政府法制办、省劳动和社会保障厅、省老龄办等单位的领导和业务骨干讲授。

欧盟国际助老项目在湖南省开始实施

2003年7月30日，省老龄委下发《关于成立“欧盟国际助老项目湖南省协调委员会”的通知》，标志着国际助老扶贫项目在湖省正式启动。

欧盟国际助老项目（EU－HAI China Project）是由国际助老会在我国四川省、陕西省、湖南省实施的一项扶贫助老慈善活动，由欧盟提供专项资金，由全国老龄委主持，省老龄办负责，分别在湖南省古丈、汉寿、浏阳3个县市14个贫困村10个项目点实施，扶助对象为项目点的约1000位贫困老人（户）。根据国际助老会要求，经省委、省政府领导同意，由省扶贫办、省民政厅为国际助老项目提供配套资金80万元。

全省老龄工作宣传月

2003年9月14日，省老龄委下发《关于在全省开展老龄工作宣传月活动的通知》，10月份定为全省老龄工作宣传月。宣传月活动旨在增强全社会敬老意识，引导全社会重视人口老龄化问题，关爱广大老年人，推动老年事业发展。通知发出后，各地、各单位结合国际老人节和省第十五届老人节广泛开展宣传活动。据不完全统计，宣传月期间，全省共编发学习文件、印发宣传资料1000余万份（册），举办各种讲座、学习班400余场（次），编写宣传墙（板）报2400余期，200多个单位设立宣传栏，出动宣传车400余台（次），走访慰问贫困老人7000户（人次），捐款23万元，设点宣传，接待咨询老人万余人（次）。

宣传月活动呈现以下三个方面特点：一是领导重视。市、县两级党政领导对宣传月活动非常重视，召开专题会议布置活动方案，领导亲自带头参加宣传月活动。二是活动内容丰富。各市、州采取多种形式广泛开展活动，并充分利用各种文化传媒、载体进行宣传，宣传月活动有声有色。三是活动安排井然有序，各市州结合国际老人节和湖南省第十五届老人节各种庆祝活动开展宣传，把宣传月推向高潮。

加强老龄机构建设

2003年11月7日，省老龄委、省委组织部、省人事厅、省民政厅、省财政厅联合下发《关于加强老龄工作委员会办事机构建设有关问题的通知》（湘老字［2003］22号），对老龄工作机构建设有关问题提出具体要求：

一、各级老龄工作委员会是同级人民政府的议事协调机构，老龄工作委员会办公室是其常设日常办事机构。老龄委主任由同级政府副职（常务）担任，老龄委常务副主任由民政局长担任。各级老龄办统一称“××市、州、县（市、区）老龄工作委员会办公室”。市、州、县（市、区）老龄办原为处级、科级的，一律保留原规格不变；现为科级、股级的，老龄办主任可高配副处级、副科级干部。

二、各级老龄办是行政机构，使用行政编制，其人员编制应根据实际工作需要配备，其他部门和单位不得占用其编制。老龄办负责老龄委的日常工作，协调和推动有关部门做好老年人权益保障工作；协调和推动有关部门加强对老龄工作的宏观指导和综合管理，推动开展有利于老年人身心健康的各种活动；指导、督促和检查本地区的老龄工作；协调老龄委成员单位共同完成工作任务。

三、各级财政部门要把老龄办所需的工作经费和人头费用列入年度预算，并全部归老龄办使用，保证老龄工作的顺利开展。

四、各级民政部门对老龄办工作人员在提拔使用、交流、轮岗、住房、福利待遇与本部门其他工作人员一视同仁。老龄办挂靠民政部门后，原有的固定资产、老年服务设施仍归老龄办管理和使用。民政部门应为老龄办提供较好的工作条件，帮助改善办公设施。

五、各级老龄办要加强自身建设，不断提高干部的政治思想和业务素质。要充分发挥“综合协调、督促检查、参谋助手”作用，积极协调和推动各成员单位切实做好老龄工作，全面开创我省老龄工作新局面。

省老龄委第21次全体会议

2003年12月23日，省老龄委召开第21次全体会议。此次会议是省委、省政府对省老龄委领导成员增补调整，省委副书记、常务副省长于幼军担任省老龄委主任后召开的第一次会议。省政府副秘书长、省老龄委副主任李妙和主持会议，省老龄委30个成员单位的负责同志出席会议。

会议指出，湖南省人口老龄化形势严峻，如何应对人口老龄化对政治、经济、社会发展带来的影响，是摆在各级党委、政府面前迫切需要解决的重要课题。满足老年人日益增长的物质和文化需要，让老年人共享改革开放和经济发展成果，这是我们党全心全意为人民服务宗旨的本质要求，是践行“三个代表”重要思想的具体体现。做好老龄工作是一件关系到广大老年人的切身利益，关系到社会稳定和发展的大事。

会议强调，敬老风气如何是一个地区社会风气好坏的重要指标，也是这个地区社会文明进步水平的一个重要标志。老龄工作是政府工作的重要组成部分，各级政府要随着经济发展，进一步转变职能，更多地考虑包括老龄事业在内的社会公益事业的发展。

会议要求，各级党委、政府要高度重视老龄问题，把老龄工作作为党委、政府工作的一项重要内容，作为全面建设小康社会的一项重要任务去努力完成好。各成员单位要切实按照“党政主导、社会参与、全民关怀”的老龄工作方针各司其职，各负其责，齐心协力，齐抓共管。老龄工作的重点要放在农村基层和城市社区，老年人保障的重心要放在“老有所养”、“老有所医”方面。

会议议定了以下意见：

一、建立老龄事业发展基金。省、市（州）、县（市、区）各级政府，要按照省《计划纲要》规定的1：2：3的比例（每年每个老年人1元、2元、3元）筹措老龄事业发展基金。要建立财政与社会共同筹措资金的机制，省财政要带头投入，尽早建立省老龄事业发展基金。省老龄办、省民政厅要搞好策划和发动工作，争取社会捐助，多渠道、多方位筹集老龄事业发展基金。

二、积极推动建立农村最低生活保障和医疗保险制度。保障农村老年人的合法权益，特别要保障农村贫困老年人的基本生活。要大力探索建立农村最低生活保障机制。在全省开展农村合作医疗保险试点中，特别要注意维护特困老年人的合法权益。对目前没有建敬老院的乡镇，民政部门要督促其兴建，财政给予适当支持，争取每个乡镇有一所敬老院，彻底解决孤寡、无房、贫困老年人的生活困难问题。

三、尽快落实欧盟国际助老项目配套资金。欧盟国际助老项目是由省老龄办向国际助老会争取到的一项引进外资扶助我省贫困老年人的公益项目，已在古丈、浏阳、汉寿3个县、市开始实施。根据外方的要求，为确保欧盟国际助老项目的顺利实施，以便争取更多的国际助老资金，湖南省应配套一定的项目资金，请省财政厅、省扶贫办、省民政厅共同研究落实。

四、认真解决老龄工作机构方面的问题。加强老龄工作机构建设，是做好老龄工作的根本保证。省老龄办现在仍然是处级单位，编制较少，从工作需要和老年人口增长看是偏低偏弱了，请省编办通盘考虑适当增加编制，提高级别。

五、于幼军同志同意由省委、省政府办公厅在2004年上半年组织一次对全省老龄工作的督查。省老龄办根据目前各地在贯彻中央和省《决定》、《计划纲要》中存在的问题，写出督查方案，报省委、省政府批准后实施。

纪念湖南省老龄委成立20周年

2005年3月26日，是湖南省老龄委成立20周年纪念日。20年前，省委、省政府根据党中央、国务院指示，成立了湖南省老龄工作委员会，先后有刘亚南、曹伯纯、郑培民、王克英、周伯华、于幼军等6位副省长、常务副省长担任主任，经过20年的发展，成员单位由原来的18个增加到现在的30个，老龄事业蓬勃发展。

为庆祝省老龄委成立20周年，省老龄办开展了形式多样的纪念活动。与珍奥集团长沙公司联合举办了“辉煌20载，悠悠系老情”大型庆祝会和文艺演出；召开了座谈会，时任省委副书记、常务副省长、省老龄委主任于幼军作重要讲话；聘请熊清泉、刘正、刘夫生、王克英、董志文、刘亚南、罗秋月、沈瑞庭、朱东阳、赵培义等10位省级老领导为省老龄委顾问；同时为全省188名在老龄工作岗位工作10年以上的老龄工作者颁发荣誉证书；编印了《老龄工作文件选编》、《党政领导论老龄工作》和反映全省老龄事业发展的大型纪念画册——《银潮冲浪》，举办了反映老龄工作和老龄事业发展的图片展。

《湖南省老年人优待证》实行免费发放

根据《湖南省实施〈中华人民共和国老年人权益保障法〉办法》及省财政厅、省物价局《关于取消收取〈老年人优待证〉工本费的通知》（湘财综〔2005〕19号）精神，省老龄委自2005年5月1日起免费向全省老年人发放《老年人优待证》。

2002年4月，根据《实施办法》规定，经省政府批准，省老龄委下发了《关于办理〈湖南省老年人优待证〉有关问题的通知》（湘老字〔2002〕3号），统一制作并在全省范围内发放《湖南省老年人优待证》，老年人自愿购买，持证老年人可享受《老年法》、《实施办法》及当地县以上人民政府规定的各项优惠待遇。到2005年底止，全省共发放《老年人优待证》62万本。省老龄委实行免费发放《老年人优待证》，使更多的老年人能够享受各项优待。

全国首批“爱心护理院”试点落户湖南

为加快发展老年服务业，体现政府、社会对老年人的关爱，中国爱心护理工程基金会在部分省市开展“爱心护理院”兴建试点工作，湖南省被列为全国首批“爱心护理院”试点省之一。省荣军医院、衡阳市社会福利院、岳阳市岳阳楼区光荣院被定为“爱心护理院”试点单位。

由中国爱心护理工程基金会倡导兴建的“爱心护理院”，是集医疗、保健、护理为一体的老年临终关怀类服务机构，计划3年内，在全国兴建600所。为确保试点工作的顺利进行，中国爱心护理工程基金会在每个试点单位投入启动资金50万元。省荣军医院在省老龄委的具体指导下，按照规范和要求，于年底前完成了前期改扩建工作，通过了爱心护理工程基金会检查组的检查验收。

广东省老龄工作重要会议和活动概述（2003—2005）

2003年

开展老年法执法检查

省老龄办会同省人大、司法、法制等部门对10多个地级市开展了《老年人权益保障法》执法检查，上报省人大、省政府，集中反映了老年人社会化管理问题和企业离退休人员与机关离退休人员工资收入差距过大的问题，得到了有关部门的高度重视。全省共查处侵犯老年人权益案件408件。

落实老年人优待政策

省政府下发了《关于进一步做好老年人优待工作有关问题的通知》。全省21个地级市政府基本上全部制定实施了老年人优待办法，对老年人进公园、看病、乘坐公共汽车等实行了切切实实的优待。深圳、佛山、中山、梅州、湛江、云浮已经制定实施《老年人优待办法》的市根据现阶段社会经济发展的实际水平，重新修订、完善，调整提高了优待标准。

庆祝省老龄委成立20周年

2003年是省老龄委成立20周年，结合省老人节，全省各地均开展了丰富多彩的活动，省老龄办组建了省老年艺术团，在广州白云山举行了盛大的文艺表演和万人登山活动。东莞、中山、云浮、汕头、广州、韶关、梅州、江门、肇庆、惠州、湛江等市都积极建立基层老年文体组织，开展了老年艺术节、老年人运动会、老年文艺汇演及老年旅游等深受老年人喜爱的活动。

敬老爱老助老主题教育活动全面启动

按照全国老龄办、中宣部、教育部、团中央、全国妇联的部署，省老龄办在全省开展了青少年敬老爱老助老主题教育活动。在省实验中学举办了活动启动暨赠书仪式，并与《南方日报》、《羊城晚报》、《广州日报》、《老人报》联合开辟“敬老好文章”征文专栏，各地通过“读敬老书，做敬老事，写敬老文”等活动，教育、引导广大青少年从小树立孝敬父母、关爱老人的观念，形成了良好的社会风尚。

2004年

举办省老龄委迎春晚会

1月13日，省老龄委成功举办了2004年省老龄委迎春晚会。来自广州、佛山、深圳、东莞、韶关、中山等市300多名老年演员参加了省老年艺术团的汇报演出。中共中央政治局委员、省委书记张德江同志等省领导在百忙之中出席了晚会，原副省级以上老领导以及省老龄委各成员单位的领导参加了晚会。

评出一批老龄工作先进典型

各地开展了创建老龄工作先进县（市、区）活动。广州市荔湾区、东山区，深圳市罗湖区，佛山市禅城区、南海区，珠海市香洲区、汕头市澄海区、茂名市茂南区，乐昌市、化州市、开平市、四会市、惠东县、徐闻县、海丰县等15个县区，被评为全省老龄工作先进县（市、区）；东莞市老龄办等52个单位，被评为全省老龄工作先进单位。全省共有6个县

（市、区）和 8 个先进单位获得全国表彰。

开展老年专家对口援助广西的“银龄行动”试点

省老龄办会同省人事厅、省卫生厅、省财政厅等单位，组织 11 名老年专家援助广西。

2005 年

《广东省老年人权益保障条例》正式颁布

5 月 26 日，省人大通过了《广东省老年人权益保障条例》，8 月 1 日正式实施。这是广东省老龄工作的一部重要法规，是进一步加强和改进老年人权益保障工作的重要举措，是实施保障老年人合法权益的法律依据，是广东省老年维权工作进一步走上法制化、规范化轨道的重要标志，也是关系到广东省 800 多万老年人切身利益的一件大事。

成功组织广东省第二届老年文艺调演及颁奖晚会

广东省第二届老年文艺调演自 3 月底开始，前后历时 8 个月，各地先后组织了 300 多场演出，共有 200 多个节目，近 5000 名老年朋友展示了老有所乐的风采。经过层层选拔，11 个地级市和 13 个省直文艺团队的 60 个节目通过了初评，这些节目中包括舞蹈、小品、说唱、合唱等多种形式。活动共评出金奖节目 10 个，银奖节目 10 个，铜奖节目 10 个。在广东电视台 800 平方米演播厅正式举办了“金秋风采—广东省第二届老年文艺调演颁奖晚会”，并在广东卫视频道和公共频道分别播出了 45 分钟的剪辑版本。

“银龄行动”老专家对口援助广西贫困地区

在认真总结去年“银龄行动”经验的基础上，根据广西受援方的意见，进一步扩大援助规模。经过三个月的周密部署和准备，从广州市、深圳市、佛山市、中山市及部分省级医院招募了 20 名中老年专家。深入到广西玉林市的城区、北流市、容县，百色市的凌云县、西林县以及右江区等条件艰苦的地区、县（市、区）开展了为期一个月的援助工作，成为两广人民延续友谊的桥梁。

主题教育活动持继深入开展

广东省东莞市樟木头镇敬老院院长蔡运娇、汕头市潮阳区城南新官学校老师陈燕君被授予“中华孝亲敬老楷模提名奖”荣誉称号；云浮市老龄办、东莞市东坑镇人民政府、共青团广州市委以及《中华孝亲敬老故事》摄制组 4 个单位被授予“优秀组织者”荣誉称号；邵建明等 66 名同志被授予全国“孝亲敬老之星”荣誉称号。此外，广东省还分别有 1 篇和 7 篇文章获得“敬老好文章”二、三等奖。省老龄办组织获奖代表进京参加了表彰大会。

一批先进县（市、区）和先进单位得到全国老龄办表彰

2005 年 4 月，全国老龄委发出《关于表彰“全国老龄工作先进县（市、区、旗）”和“全国老龄工作先进单位”的决定》，广东省共有广州市荔湾区、佛山市禅城区、深圳市罗湖区、惠东县、开平市、化州市等 6 个先进县（市、区）和广东省司法厅、省民政厅、惠州市老龄工作委员会办公室、中共潮州市委老干部局、大埔县老龄工作委员会办公室、东莞市东坑镇人民政府、茂名市油城老年大学、中山市南朗镇南朗村老年人协会等 8 个先进单位获得全国老龄委的表彰。

广东省老龄工作各项业务进展（2003—2005）

一、老龄政策法规

（一）为进一步贯彻落实《中华人民共和国老年人权益保障法》、《中共中央、国务院关于加强老龄工作的决定》（中发〔2000〕13 号）和省委、省政府《关于进一步加强老龄工作的通知》（粤发〔2000〕18 号）有关精神，广东省政府专门下发了《关于进一步做好老年人优待工作有关问题的通知》（粤府办〔2003〕85 号），要求各地认真做好老年人优待工作。该通知下发后，全省各地级市相继修订了本市的《老年人优待办法》，拓宽了老年人优待的范围，放宽了老年人享受优待的条件，更好地促进了老年人“三优一免”政策的全面落实。

（二）2005 年 5 月 26 日广东省第十届人民代表大会常务委员会第十八次会议通过并公布《广东省老年人权益保障条例》，自 2005 年 8 月 1 日起施行。条例赋予了老龄工作部门督促检查老年法规贯彻实施的行政职能，同时打破了以往老年人优待中地域和年龄的界限，明确规定年满 60 周岁的公民，均可享受优惠和优待，使老年人优待工作走向全省一体化。

（三）其他：省委组织部着力解决改制或退出市场企业离休干部安置管理问题，以省委、省政府两办名义，下发了《关于做好我省国有企业改制或退出市场后离休干部安置管理工作的通知》。省人事厅贯彻落实国家和省的政策规定，解决好离退休人员的生活待遇问题，下发了粤人发〔2005〕178号文件，规定由各级民政部门代管的退休人员可按当地同等条件人员的标准发放退休待遇，较好地解决部分早期退休人员待遇偏低问题。省发改委研究建立老龄工作的评价体系，并将老龄工作列入社区建设的规划和建设工作中，提出研究人口老龄化问题及社区相关服务建设的方案。省司法厅联同省老龄办、省公安厅，下发《关于加强维护老年人合法权益工作的意见》。省总工会与劳动保障部门制定调整企业低收入离退休人员养老金的政策。省民政厅修改出台了广东省省级社会福利机构评定的标准、细则和办法，修改了《广东省民办社会福利机构管理办法》并报省政府法制办审核待批，积极做好老复员退伍军人、优待抚恤及贫困老年人最低生活保障工作，进一步完善了城乡居民最低生活保障制度，调高了低保标准。省劳动和社会保障厅强化社会保险基金征缴，依法正常调整离退休人员基本养老金以及实行社会化发放，确保了离退休人员的基本生活；大力推进医疗保险在全省施行的进度；离休人员不需缴费直接纳入保障范围，退休人员单位一次性缴纳相关费用，纳入保障范围；大力推进企业退休人员的社会化管理服务工作，推进理顺企业养老保险管理关系，提出中央、省直企业养老保险属地化管理的指导方案。省建设厅在改建、扩建的基础设施、公共建筑工程和有关的小区配套设置中，积极贯彻无障碍设计的改造与配套工作；积极主动地做好老人院、老人活动中心等建筑设计工作，充分考虑老年人活动不便的实际情况，让建筑工程充分体现出人性化，适宜老人生活。

二、老年维权工作

维护老年人合法权益，做好老年人信访工作是老龄工作的基本业务之一，也是党和政府机关面向社会做好老龄工作的重要窗口。近年来，省老龄办分派专人组成老年人权益部，专门负责信访和老年维权工作。2003年广东省老龄办与省司法厅共同组建广东省法律援助处老年人权益部，制定了工作制度，规范了工作程序，统一办文格式，推出了聘请专业律师每月20日半天为老年人免费法律咨询的便民措施，努力把信访办和老年维权部办成对外文明窗口。3年来，共接待上访群众1497批1689人次，其中（属5人以上规模）集体上访17批141人次，接听咨询上访电话360次；收到并处理群众来信及书面上访材料344封；向有关单位转办人民群众书面上访信件190封，信访渠道畅通。工作中坚持“以民为本、为民解困”为老服务和“六个老有”的工作方针，妥善处理和接待人民群众来信来访，做了大量艰苦细致的工作，较好地完成了信访工作任务。为老年群众解决了一些实际问题，运用法律和行政资源帮助了不少老年人，有力地维护了老年人的合法权益，促进了社会稳定。

三、为老服务业发展

随着广东人口老龄化时代的到来，老龄事业蕴藏着巨大的商机和潜力，不少企业家和有识之士看中了老龄事业和老年产业，海外侨胞和港澳同胞纷纷回到家乡兴办老年慈善事业。珠江三角洲的大部分敬老院用筹集到的资金进行改造、改建成功能齐全的养老设施，其中一部分继续供养五保老人，另一部分对外收费，满足不同需求的老人，这种办法和制度称之为“一院两制”。珠海市扶持建立“护老中心”，专门为有病的老年人理疗、看护，许多老年人在此康复出院，闯出了一条民办老年康复医疗的路子。珠江三角洲和广东沿海地区充分发挥侨乡优势，吸纳海外资金兴办老人院、老人公寓、护老中心，有的房地产商开发适宜老人生活的小区住房，有的旅游公司专门开辟适合老人的旅游线路等，为老服务业在广东蓬勃地发展。

老年人是弱势群体，需要全社会的关心和帮助，老年人中的孤寡和贫困老人就更需要社会关心和奉献爱心。广州市荔湾区在全区开展“定点定期助养特困老人”活动，动员各机关单位开展助养活动，签订助养协议，党政机关带头定点定期助养，使辖区内的800多孤寡和特困老人得到助养。早在1991年阳江市就组织青年志愿者开展定点接力照顾五保孤寡老人活动，10余年长盛不衰，服务制度健全，活动走向规范化，全市定点接力照顾五保孤寡老人达7000多名，照顾面基本达到100%。社区为老服务工作逐渐形成，特别在城市这一工作已取得一定发展。佛山市城区的每个街道及居委会都建立了社区服务，为老服务是其中一项重要内容，有老年咨询、老年医疗、老年活动场所、老年产业登记、家政服务、老年权益保障等等，形式多样，内容丰富，为老年人提供不同需求的全方位服务。

四、基层社区的老龄工作

近年来，逐步创建了有广东特色的基层老龄工作。

（一）重视政策法规建设，初步形成了指导基层老龄工作的法律法规和政策体系

《广东省维护老年人合法权益条例》于1991年1月10日经省第七届人民代表大会常务委员会第17次会议通过，领先全国3年制定出了维护省老年人合法权益的法律条例。1996年全国人大常委会颁布实施了《中华人民共和国老年人权益保障法》。2000年8月《中共中央、国务院关于加强老龄工作的决定》下

发，同年，广东省下发了《中共广东省委、广东省人民政府关于进一步加强老龄工作的通知》。2001年12月，《广东省老龄事业发展“十五”计划纲要》正式出台，为老龄事业描绘出美好蓝图，也为老龄工作开辟出广阔前景。省司法厅、省委组织部、省文化厅、省体育局等6个涉老部门随后出台了规范性文件，为广东省实施《老年人权益保障法》提供了更全面的政策支持。从1997年开始，全省各市陆续制订和实施以“三优一免”（优先、优待、优惠和减免费）为主要内容的老年人优待政策，到2001年底，包括经济欠发达的粤北山区各市也都出台了适合本地实际情况的各项优待政策，经济发达的珠三角地区的优待力度更大一些，面更广一些。深圳、珠海市将超过100元门票的风景点都纳入免费范围，广州市以政府令颁布优待政策，更具有权威性。2003年11月，省府办公厅下发了《关于进一步做好老年人优待工作有关问题的通知》，各地老年人优待政策得到进一步完善。2005年7月，省人大颁布实施了《广东省老年人权益保障条例》，为基层老龄工作提供了更强的法律依据，也为维护广大老年人的合法权益提供了尚方宝剑。

（二）狠抓基层老龄工作机构建设，五级老龄工作网络基本形成

近年来，各地继续把建立健全老龄工作机构作为重中之重的工作来抓。各地以目标责任考核和“创建活动”为契机，努力解决一些各级老龄办缺编的问题。其中，河源市就把解决基层老龄工作机构问题作为民政部门的工作重点，所辖1区5县全部建立健全了老龄工作机构。到目前，全省21个地级市均已基本理顺和健全了市本级老龄工作机构，122个县（区）也都已经相应建立起老龄工作机构，其中已基本理顺和健全老龄工作机构（即有机构，有编制、人员及经费）的县（区）有109个，约占89.35%。根据全国老龄办要100%建立基层老年群众组织的要求，省老龄办通过广泛调研，了解各地遇到的困难，研究制定了《关于大力加强基层老年人协会建设的意见》，有效地促进了基层老年群众组织的发展，目前全省70%的社区和村已建立了老年群众组织。省、市、县（区）、街道、社区（村）五级老龄工作网络逐步形成。

创建全国老龄工作先进县（市、区）活动在广东省城乡全面开展，并积极开展了争创“敬老模范社区（村）活动”，各市认真组织检查评选，树立典型，有力促进了基层敬老文明之风的形成。

（三）贯彻落实《老年人权益保障法》，切实维护老年人的合法权益

维护老年人的合法权益是老龄工作的重点之一。为切实贯彻好《老年人权益保障法》，提高老龄工作者的执法水平，省老龄办组织了3次老年法学习培训班，对全省各市老龄办工作人员分期分批培训，请省司法厅、法制局和大学法律教授上课，考试合格发给结业证书，省老龄办及部分市老龄办的工作人员凭结业证书还取得了政府司法部门颁发的老年法执法证。为更好地维护老年人的合法权益，省老龄办和省司法厅联合下发了《关于做好老年人法律援助工作的意见》，省及各市法律援助中心纷纷与老龄工作部门联合成立老年人权益部，逐步开展老年人的法律援助工作。省老龄办将每个月的20日定为“法律咨询日”，请律师免费为老年人进行法律咨询。各级老龄办全部设立了老年人信访接待部门，按政策和《老年人权益保障法》进行处理，态度热情周到，工作认真负责，既做思想说服工作，又做调解工作，并协调有关主管部门和当事人，切实解决老年人的实际问题，通过做好来信来访工作和开展咨询服务日活动，既宣传了《老年法》，又解决了老年人的实际问题。

（四）结合实际，开创多种形式的农村养老模式

目前广东省农村普遍建立了以家庭养老为主，村、社集体经济补充养老为辅的养老模式。佛山市顺德区创造出“稳定经费来源”的好路子，一是成立村老年福利基金，通过各种渠道筹集，发动各部门、企事业单位、港澳同胞捐赠；二是村及股份社提供一定的资金；三是镇拨付部分经费，重点帮助需要求助的困难老人，让他们的生活不低于当地的平均生活水平。惠州、汕头、江门、茂名等市由村委会划拨给老年协会管理一片果林或是一个鱼塘、一个农贸市场、一家小企业，所得收益除一部分解决协会活动经费外，其余的用于帮助困难老人，让老年人生活得到保障。广东农村特别是经济较发达的地区，普遍实行了土地股份制改革。在改革时各地都因地制宜制定出不同的政策，注重老年人的利益，政策向老年人倾斜。年龄成了股份的本钱，年龄越大，所占股份越大，在当地居住的时间越长，所占的股份也越大，真正让老年人得到最大的实惠，享受到改革开放的成果。深圳市把农村社会养老保险与农村股份制挂钩，探索农村社会养老保险新路子。东莞市按城乡一体化要求，把农村纳入社会养老保险体系，解决了农村老年人的后顾之忧。

五、重要老年文体活动

2003年9月26日，广东省老龄委在广州市白云山成功举办了省老龄委成立20周年庆祝大会和庆祝省第15届老人节万人登山活动。

2003年11月9日，省老龄办组织了广州、东莞130多名长者赴港参加粤港澳“珠三角长者运动会”。

2004年10月9日至12日，为庆祝广东省第16届老人节和开展“敬老活动月”活动，省老龄办主办了广东省首届“完美杯”老年乒乓球大赛。

2004年11月23日至25日，由广东省委组织部等8个部门联合主办的第三届广东省老年文化艺术节于在广州举行。

2005年5月21日至24日，由广东省体育局主办，广东省老年人体育协会、广东省门球协会承办，珠海市体育局、珠海市老年人体育协会、珠海容国团体育学校协办的“广东中华文化杯”老年人门球比赛在珠海市老干中心门球场举行。本次比赛参赛者包括来自全省21个地级市和香港、澳门的门球爱好者。

2005年9月至11月，省老龄办举办了广东省第二届老年文艺调演，各地级以上市及省直各单位层层推选上报了60个节目。经过专家认真评审，共评出金奖节目10个，银奖节目10个，铜奖节目10个。最后在11月9日晚8点，在广东电视台800平方米演播厅举办了广东省第二届老年文艺调演颁奖晚会，晚会在广东卫视频道和公共频道分别播出。

六、银龄行动

2004年

根据全国老龄办开展“银龄行动”的部署，广东省老龄办会同省人事厅、省卫生厅、省财政厅等单位，克服重重困难，组织了11名老年专家，其中医疗专家9名、陶瓷工艺专家2名，奔赴广西开展为期3个月的援助工作。援助行动一方面为广西玉林、百色地区的医疗卫生、陶瓷工艺的发展和先进技术手段的传播作出了贡献，另一方面，对开发和利用好广东省现有老年人才资源，缓解广西方面医疗和工业人才的供需矛盾，实施积极老龄化的战略，起到了良好的示范作用。

2005年

根据2005年全国老龄工作委员会关于“银龄行动”要全面铺开的要求和部署，广东省在认真总结上年“银龄行动”经验的基础上，根据广西受援方的意见，成功开展了第二期“银龄行动”。组织了20名具有副高及以上专业职称的中老年医疗专家奔赴广西的百色、玉林地区开展为期一个月的智力援助行动，得到了两省区政府和领导的重视和支持，达到了发挥老年科技人才的作用，促进了贫困地区的经济发展，取得了明显的经济和社会效益。

云南省老龄工作重要会议和活动概述（2003—2005）

省老龄委第一次全委会

2003年5月28日，副省长、省老龄委主任李汉柏主持召开省老龄工作委员会第一次全体会议。会议总结2003年以来的工作，安排部署今后一段时期的任务。会议审议通过了《云南省老龄工作委员会全体会议议事规则》、《云南省老龄工作委员会主任办公会议议事规则》和《云南省老龄工作委员会关于在全省开展创建老龄工作先进县（市、区）、敬老先进村和敬老先进社区活动的通知》。

云南省提高老年人生活生命质量对策研讨会

2003年8月14日—15日，省老龄委办公室与省政协人口资源环境委员会在昆明联合召开云南省提高老年人生活生命质量对策研讨会。这次会议收到论文92篇，论文质量高，理论与实际联系紧密，许多论文观点很有新意，是一次面向新世纪共商提高老年人生活生命质量大计的一次重要会议。

省老龄委第二次全委会

2004年3月17日由副省长、省老龄委主任李汉柏主持召开省老龄工作委员会第二次全体委员会。这次会议确定以开展“创建活动”为突破口，立足基层，健全老龄工作机构，整体推进老龄事业发展的工作思路。

省老龄委第三次全委会

2005年1月4日由副省长、省老龄委主任李汉柏主持召开省老龄工作委员会第三次全体委员会。会议作出了几项决定：出台《云南省人民政府政府进一步加强老龄工作的意见》；拟定《云南省老龄事业“十一五”发展规划》；修订完善《云南省老年人权益保障条例》；召开云南省第二次老龄工作会议。

云南省第二次老龄工作会议

2005年2月25日，云南省第二次老龄工作会议在昆明召开。出席会议的有省老龄委主任、副省长李汉柏，全国老龄办副主任袁新立，省政协副主席罗黎辉及州市分管老龄工作的领导、民政局长、老龄办专职副主任、省老龄委成员单位等150余人。汉柏副省长在会上作了重要讲话，袁新立副主任传达了全国老龄委第七次全会精神，省老龄办主任、民政厅厅长高祖兴作了工作报告，5个州市代表交流了经验。会上对开展"创建活动"的20个县（市、区）、100个敬老先进村、（社区）及先进单位和49名个人进行了表彰。

全国首届农村老龄工作理论研讨会

2005年9月12日—13日，省老龄办、中国老年报社在昆明举办了全国首届农村老龄工作理论研讨会。这次会议得到了省内外各方面的大力支持，收到论文65篇，许多论文观点新颖、理论联系实际，对实际工作有一定的指导作用。参加这次会议的共有96人。

执法检查

2003年7月16日—26日，云南省对各地贯彻落实《中华人民共和国老年人权益保障法》和《云南省老年人权益保障条例》进行了全面检查。此次检查分自查、抽查和整改三个阶段进行。由省老龄办、省组织部、省委宣传部、省委老干部局、省劳动和社会保障厅等12个老龄委成员单位和省人大内务司法委员会、省政府法制办、省政协人口资源环境委员会共同组成4个工作组在各地自查的基础上重点对昆明、红河、曲靖等8个州市进行了执法检查。

敬老爱老助老主题教育活动

2003年12月，由省老龄办、省委宣传部、省文化厅、教育厅、团省委、省妇联5家单位组成的主题教育组委会召开会议，标志着主题教育活动在云南省正式启动。云南省主题教育活动的主要内容是读一本敬老出书，做一件敬老事，写一篇敬老好文章，举办敬老电影周，开展"我为贫困老人捐献一元钱"活动。并将活动对象由青少年扩展到全社会，"我为贫困老人捐献一元钱"的"助老爱心行动"将长期开展下去。

"百村建设"

为帮助云南省农村老年群众组织解决实际问题，促进基层老年协会建设，更好地发挥农村老年人在"三个文明"建设中的积极作用，从2004年起，用3年的时间，每年安排福彩公益金对100个贫困地区的农村老年人协会进行资金补助。

老龄工作20年成果展

为纪念省老龄委成立20周年，省老龄办在2004年敬老节期间，举办了"云南老龄工作20周年成果展"。全省16个州市及老龄委成员参展。从党政关怀、"六个老有"、福利事业、宣传科研、老龄机构、友好往来等方面以图文并茂的形式展示了云南老龄工作20年来所取得的成就。

首届昆明·中国老年产品博览会

由中国老龄事业发展基金会和云南省老龄工作委员会办公室主办，云南银潮老龄服务中心和云南元泰文化传播广告公司承办的2004年首届昆明·中国老年产品博览会于10月22日至26日在省科技馆举行。博览会的主要内容有老年产品展、老年书画展、老年摄影作品展、老年健康知识专题讲座、法律卫生免费咨询服务、新世纪老年金婚银婚盛典等。来自省内外的41个老年产品商家参展，参观人数达10万多人。

"云岭十大孝星"评选表彰

2005年6月14日，由省龄委办公室、省委宣传部、教育厅、文化厅、团省委、省妇联六部门组成的云南省敬老爱老助老主题教育活动组委会向全省发出了《关于做好"云岭十大孝星"评选表彰工作的通知》。2005年10月10日，省老龄委举办了云南省第十八届敬老节暨首届"云岭十大孝星"颁奖文艺晚会。

制定印发规范文本

2005年6月20日，省老龄办制定印发了《村（社区）老年人协会章程》、《村（社区）老年人协会管理规章制度》和《村（社区）老年人协会会员守则》3个示范文体。示范文体明确规定了老年协会的性质、地位、作用、任务以及有关规范管理制度和会员应遵守的规则。

老年政策

2005年9月14日，省政府下发了《云南省人民政府关于进一步加强老龄工作的意见》。《意见》从四大方面提出了进一步加强老龄工作的意见：统一思想、提高认识、切实做好新时期老龄工作；采取有效措施，推动云南省老龄事业全面发展；切实加强基层老龄工作，确保老龄工作落实；加强指导，落实责任，开创云南省老龄工作新局面。《意见》的下发，是省政府在新形势下加强老龄工作，发展老龄事业的重大战略决策。

云南省老龄工作各项业务进展(2003—2005)

一、老龄法规政策

根据云南省经济社会发展和老龄工作的实际情况，对《云南省老年人权益保障条例》进行修订。出台了《云南省企业职工基本养老保险条例》、《云南省城镇职工基本医疗保险暂行办法》、《云南省城市居民最低生活保障制度实施意见》、《云南省新型农村合作医疗管理办法》、《关于加强农村五保供养工作的通知》、《云南省人民政府关于进一步加强老龄工作的意见》等法规政策，逐步建立完善了老年法规政策体系，较好地维护了老年人享有社会发展成权利。

二、老年维权工作

认真贯彻落实《中华人民共和国老年人权益保障法》和《云南省老年权益保障条例》，加强维权网络建设，加大执法检查力度。目前，全省现有州市级老年法庭4个、县级15个；老年维权热线州市级6条、县级59条；建立老年法律援助中心州市级8个、县级80个；建立老年维权岗州市级214个、县级44个。据不完全统计，全省律师事务所为老年人代理案件8600余件，基层法律服务所为老年人代理诉讼和非诉讼法律事务6000余件，5790余人获得法律援助，为10多万人次老年人提供了法律咨询，切实有效地维护了老年人的合法权益。

三、基层社区老龄工作

2003年，在全省16个州市的29个县（市、区）开展以“抓基层老龄工作组织领导坚强有力、老龄政策法规落实、老年服务设施健全、养老保障水平逐年提高、老年群众组织健全活跃、敬老宣传教育广泛深入”为主要内容的创建活动。2004年在全省州市老龄办主任会议暨创建活动现场经验交流会上，介绍推广曲靖市、盘龙区、江川县等地的老龄工作经验。同时，争取福彩公益金在全省实施基层老龄工作农村老年协会建设——“百村建设”3年规划。各地结合实际，对具备一定条件需要扶持的100个农村老年协会进行了经费投入，促进“创建活动”的广泛开展。为确保“创建活动”的质量和效果，6月23日至7月2日，省老龄办组成4个小组，对申报全省“创建活动”的先进集体单位进行实地考核并加强了督促检查和指导工作。2005年2月，省政府对20个先进县（市、区）、100个敬老先进村（社区）、49名老龄工作先进个人进行了表彰。

四、“银龄行动”

2004年，省老龄办经与江苏省协商决定，苏州市支持40万元资金并选派老科技工作者到云南开展“银龄行动”对口支援工作。8—9月，苏州市选派22名老科技工作者到曲靖市沾益县、临沧市凤庆县开展“银龄行动”试点工作，援助项目为医疗、教育培训、农业科技。老专家们先后深入到基层进行调查研究，考察了60多个点，举办科技、教育、卫生知识讲座50多次，撰写调查报告20余篇，介绍新技术30多项，提出建设性建议30余条，积极帮助当地农业部门联系向外推销农产品。

五、为老服务业的发展

目前全省建有敬老院、老年公寓819所，设有床位19870张，“星光老年之家”477个，全民健身路径工程274个。全省51个街道建立劳动保障所，1453个乡镇建立了劳动保障所，891个社区建立了劳动保障站，交社区管理32.08万人，占社会化管理服务人数的44.5%，企业退休人员社会化管理服务达93.9%，社区劳动保障平台建设稳步推进。加强医疗保健、疾病防治、康复咨询等工作，在部分医院开设了老年病房、病床、老年康复中心，省级还设有老年病医院。各地认真落实对老年人的优待服务，大部分医院免收老年人的挂号费，并实行老年人看病挂号优先。

四川省老龄工作重要会议和活动概述（2003—2005）

四川'2003敬老节暨重阳登高健康行活动周、全省青少年敬老主题教育活动

2003年9月27日，由省老龄办、省委宣传部、省教育厅、省卫生厅、省体育局、团省委、省妇联共同举办的“四川省'2003敬老节暨重阳登高健康行活动周、全省青少年敬老主题教育活动”启动仪式在成都文化公园隆重举行。省委副书记、副省长蒋巨峰，省政协副主席荀建丽等领导和数千老年朋友一起参加了启动仪式。蒋巨峰在启动仪式上致辞，并为青少年赠敬老书，为健康老人授牌。

四川“银龄行动”告捷

2004年7月25日，随着15名退休医疗专家离开革命老区巴中市凯旋，标志着4批“银龄行动”——医疗援助巴中市的活动圆满结束。

四川省老龄办、省卫生厅、成都市卫生局、成都市老龄办联合组织的首批“银龄行动”，由15名来自省直医院和成都市直医院的离退休老专家组成“银龄行动”志愿者服务团。5月28日专家们到达巴中，分别进驻巴中市人民医院、巴中市骨科医院、巴州区人民医院、巴州区二人民医院、通江县人民医院后，患者就从全市各地慕名而来，要求接受老专家们的治疗。老专家们视革命老区人民为亲人，竭尽全力为乡亲们解除痛苦，排忧解难。在两个月中，他们不顾天气炎热、年老体弱，克服重重困难，忘我工作，以医疗讲座、医疗下乡等多种形式开展工作，不但使老区群众直接受到较好的医疗服务，也使受援单位的医疗和管理水平得到了提高。他们毫无保留地把自己的医术传授给当地的医生，指导当地医生提高技术。为了抢救患者的生命，他们有的连续工作10多个小时，有的一天要看70多个门诊病员，其无私奉献的精神受到老区人民的交口称赞。据不完全统计，在两个月中，老专家们门诊接诊病人5657人次，查房609次，会诊病人157次，参加抢救危重病人38例，专家亲自做手术25例，专家台前指导手术82例。举办县级医务人员学术讲座13次，参加人员1600余人次。培训乡镇医务人员400余人，科内学术讲座107次，参加人员1605人次。下乡巡诊6次，为农民看病850余人。通过这次“银龄行动”的实施，进一步促进了省直及成都市直医疗单位与巴中市受援医院之间的交流，增进了成都市与巴中市人民的深情友谊，也体现了老龄工作服务于党的中心工作，服务于经济建设，服务于广大老年朋友这一宗旨。

四川省老龄委第三次全体会议

2004年9月18日，四川省委副书记、副省长、省老龄工作委员会主任蒋巨峰主持召开了省老龄工作委员会第三次全体会议，并作了重要讲话。副省长、省老龄工作委员会第一副主任张作哈，省民政厅厅长、省老龄工作委员会副主任姜保山，省政府副秘书长敖玉明以及各成员单位负责同志参加了会议。会议听取了姜保山关于省老龄工作委员会二次全会以来全省老龄工作的总结和今后工作的安排。会议认为，目前全省的老龄化形势十分严峻，60岁以上老年人口已超过1000万，每年还要净增41万。随着老年人口的快速增长，高龄老人比重的增加，必将给经济、社会、政治、文化等带来一系列影响。因此，老龄问题必须进一步引起党和政府及社会的关注。

四川老龄网正式开通运行

为进一步加强四川省老龄宣传工作，更好地交流老龄工作信息，推动老龄事业的发展，热忱地为老年朋友服务，经过精心的组织筹备和试运行，四川老龄网于2004年10月25日正式开通运行。全国老龄办白桦副主任，省民政厅厅长、省老龄委副主任姜保山为网站揭牌。

四川老龄网经四川省老龄工作委员会批准成立，由四川省老龄办主办。网站设有首页、工作动态、政策法规、老龄维权、基层老龄、老龄群团、单位工作、夕阳关注、金色风采、金色文苑、金色怡园、晚霞报、网上救助、夕阳商城、生活指南、老龄产业、敬老故事、老年教育、流金岁月、金色论坛等20个栏目。

四川老龄网是涉老部门和老龄工作者及社会各界获取老龄工作信息的新平台，是了解四川老龄工作的新窗口。

四川省老龄委第四次全体会议

2005年4月6日，四川省老龄工作委员会第四次全体会议在省政府召开，副省长、省老龄委第一副主任张作哈主持会议并作重要讲话。会议学习了回良玉副总理在全国老龄委第七次全体会议上的讲话，总结了2004年的工作，安排部署了2005年的工作，审议通过了《四川省老龄工作委员会关于第二轮创建敬老模范县（市、区）活动实施方案》，审议通过增加省高级人民法院、省公安厅、省旅游局为成员单位。

隆重举行敬老模范县和老龄工作先进单位表彰大会

2005年4月28日，四川省老龄工作委员会在成都隆重举行四川省敬老模范县和老龄工作先进单位表彰大会。表彰成都市金牛区等36个敬老模范县（市、区）、成都市公安局等50个老龄工作先进单位，并为他们授牌。副省长、省老龄委第一副主任张作哈，省民政厅厅长、省老龄委副主任黄明全和各成员单位的负责同志出席表彰会。

四川省创建敬老模范县活动

2002年夏天四川省老龄工作委员会下发《关于深入开展创建敬老模范县（市、区）活动的意见》后，全省各地积极响应号召，在全省广泛开展了创建敬老模范县（市、区）活动。2005年6月25日至7月24日，省老龄委组织4个检查验收组，对首批申报创建省级敬老模范县（市、区）的成都市金牛区等37个县（市、区）进行了检查验收。3年来，参加创模活动的县（市、区）充分调动社会各方面力量参与老龄事业的发展，切实加强领导，强化措施，狠抓落实，有力地提高了养老保障水平，显著改善了医疗保障条件，老有所学、老有所教工作得到进一步加强，实现老有所为的途径更加多样化，老有所乐的普及面更广、水平也有极大的提高。全民的敬老意识和养老意识有了明显增强，对维护社会稳定、促进“三个文明”建设产生了积极的影响，推动了老龄事业与全面建设小康社会协调发展，提高了老龄工作的整体水平，敬老爱老助老的传统美德就像盛开的花朵，映红了天府之国的山山水水。

健康长寿国际研讨会在四川彭山举行

2005年9月21至24日，美国、德国、日本、韩国、澳大利亚、香港特别行政区、国际有关学术组织和国内长寿专家代表共60余名，云集长寿之乡——四川省彭山县，共同探讨人类长寿健康的秘诀，共商如何创造一个健康、和谐、充满活力的人类社会。全国人大副委员长蒋正华向大会发来贺电。国际人口科学联盟健康长寿研究委员会主席罗宾、四川省老龄办常务副主任何保全、眉山市市长崔宝华出席会议。

各国和各地的专家、学者在研讨会分别介绍了本国、本地健康长寿经验，热烈讨论了社会经济、家庭、心理、生物、医学、人文等不同方面影响健康长寿的因素、衡量健康的科学标准，以及如何更好开展国际和地区间的学术合作与交流、如何实现健康长寿人人共享等问题。会议代表一致认为：21世纪实现社会和谐、健康长寿，已成为人们普遍的美好理想，也是时代赋予广大长寿专家学者的历史责任。

本次会议由眉山市和彭山县人民政府主办。参加本次会议的国内学术组织有：北京大学老龄健康与家庭研究中心、中国老年学学会、中国人口学学会、中国社会科学院人口与劳动经济研究所、清华大学老年学中心、中国社会经济系统人口专业委员会、中国人民大学老年学所。

四川老龄工作“十五”成果展暨重阳敬老节活动周

2005年10月8日，由四川省老龄办、省委宣传部、省直机关工委、省委老干局、省文化厅、省卫生厅、省体育局、省总工会、省妇联九部门共同举办的“四川老龄工作‘十五’成果展暨’2005重阳敬老节活动周”在成都市人民公园隆重举行。由114块展板组成的300多米长的成果展，在人民公园保路广场与市民见面。副省长、省老龄委第一副主任张作哈，省政府副秘书长、省老龄委副主任敖玉明，省老龄委成员单位领导和省老领导谢世杰、姜泽亭、孟俊修、解杰与万余老年朋友一起参加了开幕式，并参观了四川省老龄工作“十五”成果展。

上海援助新疆“银龄行动”情况简介

“银龄行动”是适应西部大开发新形势、新任务的要求，从我国老年知识分子的愿望和要求出发，充分挖掘老年知识分子的才智和潜能，拓展“老有所为”的领域，实现老年知识分子的重要社会价值，缓解西部地区人才资源短缺的矛盾，造福西部人民，促进西部经济和社会各项事业发展的有效途径。实施“银龄行动”，组织老年知识分子支援西部大开发，是贯彻落实“三个代表”重要思想，推进社会主义和谐社会建设事业的具体行动，是新形势下发挥老年人才智力优势，开拓“老有所为”新途径和老龄工作新局面的有益探索，是一项利在当代、功在千秋的大好事。

2003年2月27日，全国老龄工作委员会下发了

《关于印发〈组织开展老年知识分子援助西部大开发行动试点方案〉的通知》，要求各地结合实际，组织开展"银龄行动"试点工作。4月11日，全国老龄办在北京召开了"银龄行动"试点工作会议，传达了国务院领导关于在全国范围内组织开展老年知识分子智力援助西部大开发的指示精神，讨论并通过了《组织开展老年知识分子援助西部大开发行动试点方案》。会议决定：上海与新疆、辽宁与青海为省级对口援助试点省区，甘肃省内自行组织东、西部对口支援。6月20日，新疆维吾尔自治区成立了以胡家燕副书记为组长，相关职能部门组成的自治区"银龄行动"领导小组。7月5日，经过新疆与上海双方实地考察、充分协商讨论后，签订了实施"银龄行动"合作意向书和备忘录。7月30日，上海市31名"银龄行动"老年志愿者从上海抵达乌鲁木齐，在全国率先启动实施了"银龄行动"试点工作。第一期"银龄行动"的老年志愿者在阿克苏地区的阿克苏市、库车县、温宿县、拜城县、新和县、沙雅县、阿瓦提县的10家医院实施了3个月的医疗卫生援助，

2004年5月28日至9月26日，第二期40名上海老年志愿者赴疆实施"银龄行动"，22名医务工作者和9名教师赴阿克苏地区的阿克苏市、库车县、温宿县、拜城县、新和县、沙雅县、阿瓦提县的9家医院和4所中学开展工作；9名医务工作者赴博州人民医院、州妇幼保健院、精河县人民医院开展工作。第二期"银龄行动"试点工作，将实施项目领域从医疗卫生拓展到教育，实施时间从3个月延长到4个月。

2005年，"银龄行动"在全国全面推开。5月18日，上海援助新疆的第三期33位老年志愿者抵达乌鲁木齐，17名医疗专家、3名畜牧专家和1名教育心理学专家在阿克苏市、库车县、拜城县、新和县、沙雅县、阿瓦提县的7家医院、2个畜牧局和1所高等职业技术学院开展工作；6名医疗专家、5名教育专家和1名文物考古专家在博州人民医院、博州疾控中心、博州高级中学、博州广播电视大学和博州博物馆开展工作。第三期"银龄行动"的实施领域从卫生、教育拓展到畜牧和文物考古专业，援助时间仍为4个月。

3年来的"银龄行动"取得了显著的社会效益和经济效益，有力地促进了上海与新疆的交流与合作，增进了两地人民的友谊，推动了受援地经济和社会各项事业的发展，为全国"银龄行动"提供了宝贵的经验。据不完全统计，前两期的老年医疗卫生专家在7个月时间里，共举办培训班301期，培训骨干5935人，举办学术讲座150期，培训9113人，门诊2771次，接诊26648人，查房2448次，会诊病人1503人，抢救危重病人640人，诊断疑难病例852例，开展各种手术98项、250例，填补受援地州科技空白项目30个，带培助手216人。老年教育专家在4个月的教育援助中，开展学术讲座等教学培训124期，培训教师6075人次，带培助手46人，课堂授课等教学辅导83次，辅导学生2904人。

3期"银龄行动"共有104名老年志愿者参加，男性67人，女性37人，年龄最大70岁，最小50岁，平均年龄62.7岁，中共党员55名，民主党派人士7名，高级以上职称75人；其中有11名连续2年、1名连续3年参加"银龄行动"，有4对夫妻同行。

新疆维吾尔自治区基层老龄工作情况（2003—2005）

2001年2月，全国老龄工作委员会第三次全体会议指出："老龄工作的重心在社区、在基层"。自此，加强和推进社区基层老龄工作，成为老龄工作的重要内容。全面加强社区基层老龄工作，是在社区基层加强对老龄事业的管理和对老年人的服务，这不仅是我国人口老龄化发展形势的需要，也是经济体制改革、社会转型、管理重心下移的需要，更是加强社会主义和谐社会建设的需要。近年来，新疆各级积极推进社区基层老龄工作的发展，开创了社区基层老龄工作的新局面。

一、基本情况

截至2004年底，新疆有老年人口171.75万，占总人口的8.6%，分布在全区1675个居民委员会和9298个村民委员会辖区。乌鲁木齐市、昌吉州、哈密地区、克拉玛依市、石河子市老年人口超过总人口的10%，已进入人口老龄化社会。新疆进入人口老龄化虽然比全国晚10年，但老年人口以4.36%的速度递增，远远高出全国平均水平1.16个百分点，且

呈现出逐年加快的趋势，据预测，将于2010年进入人口老龄化社会。

人口老龄化的迅猛发展，使得老龄工作特别是社区基层老龄工作的任务不断地加大，也为社区基层老龄工作的发展提供了有利的条件。2001年以来，新疆不断将老龄工作重心向社区基层下移，特别是2003年全国组织开展老龄工作先进县（市、区）创建活动以来，各级以规范乡镇（街道）老龄工作，全面加强和推进社区基层老龄工作发展为重点，以打牢基层老龄工作基础为目标，把基层创建作为创建活动的关键环节和基础工程来抓，使社区基层老龄工作取得了突破性进展。

二、主要做法和成效

如何推进和加强社区基层老龄工作，是新疆老龄工作探索和研究的重要课题，但目前尚未形成统一和固定的模式。在老龄工作先进县（市、区）创建活动中，各地创造性地采取了一些适合自治区区情的做法，取得了良好的成效，目前，这些成功经验正在进一步的推广和完善之中。

一是按照“党政主导、社会参与、全民关怀”的老龄工作方针建立社区基层老龄工作的管理体制和运行机制。

适应人口老龄化和老龄工作发展的需要，构建科学、规范、高效的社区基层老龄工作体制和机制，是做好社区基层老龄工作必须解决的首要问题。各级从建立健全管理体制和运行机制入手来推动社区基层老龄工作的发展。近年来，各县（市、区）普遍制定了《关于加强社区基层老龄工作的意见》，规范社区基层老龄工作的内容、任务、方法、目标等，提出在社区基层落实老龄工作目标任务的整体部署，并狠抓基层老龄工作组织机构建设。绝大多数乡镇（街道）成立了老龄工作委员会，职能设置与县（市、区）老龄委相对应，由党委书记、乡镇长或办事处主任担任老龄委主任、副主任，办公室设在民政办，有1～3名专（兼）职工作人员负责具体工作。部分村（居）委会将老龄工作纳入了工作议事日程，成立了老龄工作委员会（或老龄工作领导小组）和老年人协会，由党支部书记或主任担任组长和会长，工作主要由老龄委和协会的委员兼职办理，初步形成了以老龄工作领导小组、老年人协会为组织载体，以各种老年文体活动组织为依托，以老年学校、老年活动站（室）为活动阵地的社区基层老龄工作格局。

在社区基层老龄工作初步发展时期，建立科学、规范、高效的管理体制和工作运行机制，解决了对社区基层老龄工作的基本定位问题，确保了社区基层老龄工作科学、规范地发展，高效地运作。

二是通过为老年人办实事办好事来不断地充实社区基层老龄工作的职能作用。

社区基层把为老年人服务、努力实现“六个老有”作为老龄工作的基本出发点和落脚点，立足于为老年人办实事、办好事，不断提高老年人的生命生活质量，从而使老龄工作部门的“综合协调、督促检查、参谋助手”职能作用具体落实到实现“六个老有”、为老年人办实事之中。

从全疆来看，城市符合条件的老年人全部纳入了最低生活保障范围，农村“五保”老人和“三老”人员享受到了各种优待照顾，“一帮一”结对扶贫等措施确保有特殊困难的城乡老年人得到一定的救助，签订家庭赡养协议书的工作已全面推开。各地制定了扶持社会力量兴办老年服务设施的优惠政策，老年服务设施体系基本形成，示范性老年公寓和敬老院条件不断改善，服务水平不断提高。县、乡、村三级医疗网络基本建立，老年人能就地、就近就医；城镇基本医疗保险对老年人给予照顾，离退休人员的医疗费按规定报销；农村新型合作医疗试点工作进展顺利，普遍对老年人就医实行减免挂号等费用的优待；社区建立了老年人健康档案，进行经常性老年人健康监测，特殊困难的老年人能得到一定的医疗救助，就医难的状况有了很大改善。组织引导老年人崇尚科学、健康、文明的生活方式，支持老年人参与各种社会公益活动，老年人在“三个文明”建设中发挥着重要的作用。在建有示范性老年学校、老年活动中心的基础上，各乡镇（街道）、各村（社区）的老年学校、老年活动中心、老年人协会机构健全、制度上墙、活动有计划、经费有初步保障。各类老年文体活动组织活跃在田间地头、大街小巷，以“星光老年之家”为代表的老年活动中心等老年人活动阵地星罗棋布，社会公共文化活动场所免费或优惠向老年人开放。老年艺术节等活动经常化，老年人精神文化生活丰富多彩。老年法律服务中心和老年人维权站等为老年人提供了及时便利的法律服务，基层法院设有老年人法庭或合议庭优先审理、及时处理侵犯老年人权益的案件，老年人的合法权益得到了有效保障。

社区基层老龄工作直接面对老年群体，老龄工作的方针政策要通过社区基层老龄工作具体落实到老年人身上。因此，社区基层老龄工作是否扎实，直接决定着老龄工作能否做实、做强。社区基层老龄工作成为做实、做强老龄工作的重要基础和有效抓手，而为老年人服好务，更是老龄工作取得实效的最直接体现。通过为老年人办实事、办好事，为老龄工作注入了活力，使老龄工作的职能从“务虚”走向“务实”的健康发展轨道。

广西壮族自治区老龄工作重要会议和活动概述（2003—2005）

创建老龄工作先进县（市、区）活动

2004年3月，广西区老龄办在桂林市召开全区地市老龄办主任会议暨创建工作座谈会，认真传达贯彻全国省级老龄办主任会议精神，提出了以建立健全基层老年人协会为抓手，以创建工作为工作重心，整体推进全区老龄事业发展的工作目标。通过现场参观学习桂林市基层老龄工作典型，推广交流创建工作经验，有力地促进了全区创建工作的深入开展。会后，各市纷纷组织基层老龄工作干部外出观摩，学习先进单位的创建工作经验。出现了互相学习，赶超先进，共同发展的良好竞争态势。

"创建活动"中，广西老龄办先后在元旦、春节前派出三个督查组对全区7个市13个县（市、区）的"创建活动"进行了督促检查，具体指导，提出意见和建议。14个市都派出工作组对所辖县（市、区）进行督查。一些市还对"创建活动"的开展情况进行了检查排序，对好的促使其更加完善，差的重点指导帮助。一些地方还组织老龄、人事、劳动、卫生等部门全面督查老龄工作，并把老龄工作列入党委、政府的双文明考核内容。

根据自治区创建老龄工作先进县（市、区）活动实施方案，各市在自检自评基础上按要求于2004年5月底完成了自治区老龄工作先进县（市、区）申报工作。全区共有28个县（市、区）申报自治区老龄工作先进县（市、区），占全区县（市、区）总数的25.69%。6月14—26日，广西区老龄办抽调各市人员组成了3个检查组，对28个申报单位的创建工作进行交叉检查，检查组围绕老龄工作6个方面17项内容，通过现场看点，随机抽查，查阅资料，听取汇报，走访群众等方式，对申报单位创建工作进行了全面的考核评分。依据考核结果，经研究并征得老龄委各成员单位同意后上报自治区人民政府批准，评选出自治区老龄工作先进县（市、区），在此基础上择优推荐南宁市城北区、桂林市全州县、崇左市宁明县、南宁市新城区、桂林市平乐县申报全国老龄工作先进县（市、区）。

创建活动实施以来，各地增加老龄人员编制22人，大部分申报县（市、区）老龄办有工作人员2～3人，基层老协成立数达到100%，基本形成县（市、区）、乡（镇）、村（社区）三级老龄工作网络。河池市所辖宜州市由财政出资聘请离退休老同志担任乡镇老龄办专职干部，改变了基层老龄干部缺乏的状况，有力促进了当地老龄事业的发展。

大部分县（市、区）把老龄工作经费列入了财政预算，保障了老龄工作的正常开展。防城港市和南宁市还率先建立了老龄工作经费按老年人口数量提取的机制，每年按照每个老年人2～3元的标准编制老龄工作经费，为老龄事业发展提供强有力的财政保障。不完全统计，创建活动实施以来，各县（市、区）老龄办新增公务用车5台，电脑31台，办公设施和条件得到改善。

广西和广东共同实施"银龄行动"

开展"银龄行动"是老龄工作部门认真贯彻党的十六大精神和"三个代表"重要思想，把"老有所为"与西部大开发结合起来的有益尝试，是推动老龄事业发展的重要举措。为此广西壮族自治区积极行动，于2004年、2005年作为受援方与广东共同实施了两期"银龄行动"工作。自治区老龄办制定了实施方案，自治区吴恒副主席、孙瑜副主席对实施"银龄行动"非常重视，并分别作了重要批示，责成自治区民政厅、老龄办牵头负责落实好。援助时间分别为3个月和1个月，援助专家第一期11人，第二期20人，除第一期有两位陶瓷工业专家外，主要为医疗卫生专家，受援地两期都在百色、玉林市，第一期主要在市级医院，第二期主要在县级医院。据不完全统计，两期"银龄行动"医疗专家共接诊患者7000多人次，下乡义诊1330人，抢救危重病人62例，处理疑难杂症65人次，会诊93次，参加及指导手术134台次；开展大型学术讲座33次，知识讲座100多次，受训人数达4000多人；提出合理化建议75条，其中得到采纳的有45条，提升了受援单位的医疗水平，为患者解除痛苦，受到受援地、受援单位和老百姓的称赞。陶瓷专家人不多，援助时间短，却为受援单位攻克了九道陶瓷技术难关，大大提升了产品合格率，产生了良好的社会和经济效益。援助专家在援助期间和受援单位之间已初步搭建了互相交流合作的平台，架起了粤桂两地团结、互助、友爱的桥梁。

全区老龄办主任会议暨创建老龄工作先进县（市、区）座谈会

经自治区人民政府批准，全区老龄办主任会议暨创建老龄工作先进县（市、区）座谈会，于2004年3月16日—17日在桂林市隆重举行。自治区民政厅副厅长、自治区老龄办副主任肖芳佐，桂林市副市长、市老龄委主任王大平，中共桂林市委组织部副部长裴丽群，桂林市市长助理徐隽文，自治区政府第六秘书处范国宏同志及全区各市老龄办、柳铁老龄办、部分县（市、区）老龄办负责同志共68人出席会议。

会议由肖芳佐副厅长主持，自治区老龄办齐白鸽在会上传达了回良玉副总理在全国老龄委第六次全体会议上的重要讲话和全国省级老龄办主任会议暨创建老龄工作先进县（市、区）座谈会议精神。围绕突出抓好创建老龄工作先进县（市、区）活动的重点，桂林、崇左、防城港、来宾等市在会上介绍了经验。会议还组织参观了桂林市开展创建老龄工作先进县（市、区）活动较好的秀峰区九岗岭社区、长海机器厂“星光老年之家”及全州县石塘镇乐中村、龙水镇亭子江村老年协会等城乡基层老龄工作典型。与会代表还就下一步开展创建活动抓落实，促发展，加强基层老龄工作等问题进行了热烈的讨论。最后，肖芳佐副厅长总结了去年全区老龄工作并布置2004年工作。

在谈到2003年全区老龄工作时，肖芳佐副厅长指出：在各级党委和政府的领导下，各级老龄办认真贯彻自治区党委、自治区人民政府《关于进一步加强我区老龄工作的意见》，扎实工作，稳步推进，有些工作取得了突破性进展：老龄工作进一步得到重视和加强；老龄办综合协调作用得到发挥；创建老龄工作先进县（市、区）活动顺利进行；老年维权工作取得新进展；农村基层老龄工作试点取得成果；老年人精神文化生活丰富多彩；老年科研取得一定成果；老龄宣传教育工作迈上新台阶。

在要求做好2004年全区老龄工作时，肖芳佐副厅长强调：要重点抓好以下几个方面：（一）深入开展老龄工作先进县（市、区）创建活动；（二）大力培育和加强基层老年人协会建设；（三）积极维护老年人合法权益；（四）努力推进农村老龄工作；（五）做好“银龄行动”的准备工作；（六）做好第二次全区老龄工作会议的筹备工作。此外，肖芳佐还强调要抓好老龄办自身建设，努力开创老龄工作的新局面。

两天的会议，与会代表一致认为，此次会议把研究部署工作和典型观摩结合起来，时间虽紧，收获都很大，明确了今年工作的目标和任务，增强了做好老龄工作的决定和信心。纷纷表示，要认真贯彻回良玉副总理在全国老龄委第六次全体会议上的重要讲话和全国省级老龄办主任会议暨创建老龄工作先进县（市、区）座谈会议精神。真抓实干，下大力气抓好本地区的老龄工作，以创新的精神，开拓老龄工作新局面。要努力争创全国、全区老龄工作先进县（市、区），整体推动老龄工作更上新台阶。

广西第四届老年人运动会

2005年10月30日至11月5日，广西第四届老年人运动会隆重举行。

广西第四届老年人运动会是全区老年人的一件盛事，是全区老年人一次大型的健身展示会，是检阅全区老年体育运动的成果、技术水平的赛事。本次赛事规模大、项目多、技术含量高、参赛运动员广泛，人数超过了往届。充分显示了全区老年体育运动事业发展的新气象、新水平、新局面，进一步促进了自治区老年人健身活动的蓬勃发展。

广西壮族自治区老年维权工作和养老服务业发展概况

一、老年人合法权益得到有效保障

“十五”期间，各级老龄部门加大《中华人民共和国老年人权益保障法》的宣传力度，采取多种形式进行广泛宣传，印发各种宣传单、《老年法》单行本约50万本。举办《老年法》知识竞赛，参赛老年人近5万人。自治区把《老年法》列入“三五”、“四五”普法教育内容，使《老年法》普法教育普及率达到80%以上。各地结合实际制定出台老年人优待政策，对70岁以上老年人实行法律、医疗、交通、娱乐等方面的“三优”服务。目前全区享受优待服务的老年人达20多万人，仅桂林市减轻农村老年人负担就达1000多万元。百岁老人普遍享受寿星津贴。各级执法机关加大执法力度，依法处理和打击侵犯老年人合法权益的不法行为，全区受理老年人侵犯案件5000多起，结案率达93.9%，有效地维护了老年人的合法权益。自治区和部分市县相继成立了老年法律援助中心（站、点），为困难老年人提供法律援助。防城港市依托“12348”法律服务热线电话，为老年人解决了法律难题。贵港市人民法院通过认真研究，归纳总结出涉老案件的8个类型和5个特征及其原因，提高了涉老案件的审理水平和老年法律服务水平。

各地通过人大组织各有关涉老部门对贯彻实施《老年法》的情况定期进行执法检查，了解情况，督促检查，对贯彻不利的提出改进意见，对敬老孝亲先进人物给予表彰，对不孝子女和侵犯老年人合法权益的案件在报纸、电台给予曝光，加强了法律监督，切实维护了老年人的合法权益。

二、养老服务业发展迅速

社区居家养老服务初步实现。目前自治区已建成收养性福利机构6589个，设有床位9.8万张，平均每千名老年人拥有福利机构床位数20张。在南宁、柳州等市有部分社区依托“星光之家”建立家政服务网点，为有需求的“空巢”老人提供小时工、保姆、陪医等服务，部分有条件的社区利用福利院、“星光之家”建立了托老所，开展有日托、全托及外托服务项目；在南宁市青秀区、桂林市七星区、北海市海城区设立3个社区卫生服务示范区，3个城区的各试点卫生机构充分发展家庭病床上门服务，加大对重病导致生活困难的老人的帮困力度，提供家庭出诊、家庭护理、日询观察、临终关怀等，初步建立老年人家庭医疗与急救呼叫服务网络。

大连市近年老龄工作重大活动简述

2004年10月22—24日，由中国老龄科研中心、市民政局、市老龄办、市老年学学会联合举办的“中国（大连）老龄产业发展论坛”在大连海天白云酒店举行。有130余位专家学者暨工作人员参加了论坛并做了关于发展老龄产业的发言及书面经验交流。全国老龄办副主任赵宝华出席并致开幕词。论坛结束后，汇编了《中国（大连）老龄产业发展论坛文集》。

由中国老龄协会和香港大学秀圃老年研究中心主办，大连市老龄工作委员会办公室协办的“老人服务临床实践专业知识培训班”于2005年8月25日至9月1日在大连举办，全国各地共35名学员参加了系统的培训，经过考试，全部获得由中国老龄协会会长李本公和香港大学秀圃老年研究中心梁王珏城签发的毕业证书。

圆满完成大连市社会福利事业赴日招商引资活动。2005年4月15—22日，利用日本爱知世博会大连周期间，组建大连市社会福利事业招商团招商引资洽谈活动。在日期间，共签署了6项合资合作协议书和5个合资合作意向书。目前，已有两条老年用品生产线投产，一所日本投资的社区养老服务指导中心开业，3家日资企业在连注册分支机构。大连交通大学与日方合作，开办了国内首个福利教育本科教育。

青岛市老龄工作各项业务进展（2005）

老年人口、机构

2005年，青岛市60岁以上人口115.15万，占总人口的15.75%；其中65岁以上、70岁以上、80岁以上、90岁以上人口分别为86.96万、60.51万、18.04万、2.3万，年增长率分别为4.35%、8.07%、10.47%、8.85%。全市百岁及以上老年人419名。

年初，市委、市政府调整充实了青岛市老龄工作委员会，成员单位由原来的31个增加到36个。根据老龄形势的发展，修订了成员单位职责。

老有所养

老年福利服务设施 市政府投资兴建的青岛市老年服务中心于3月31日正式启用。市财政投资1500万元兴建的市老年大学新教学楼竣工使用。实施了《青岛市社会力量举办养老服务机构资金资助暂行办法》，共对39家养老机构给予一次性补助金200余万元。市内4区养老机构达82处，床位总量6037张，千名老人拥有床位23.2张。全市乡镇中心敬老院95个，入住五保老人4500人。

养老保障制度 全市企业养老保险参保交费总人数达112万，征缴养老保险费39亿元，基金征缴率97%，共为37.2万名企业离退休人员按时足额发放养老金38.6亿元。全市机关事业单位养老保险参保人数18.8万，征缴养老保险费11.9亿元，基金征缴率达99.6%，为5.7万名机关事业单位离退休人员发放养老金13.8亿元。为全市32.3万企业退休、退职人员月增养老金人均60元；崂山、黄岛、城阳3区新型农村社会养老保险参保人数33万人，参保率90%，领取养老金人数8.3万。市内4区城市居民最低生活保障家庭中社会孤老专项生活补贴提高到130元，为北方同等城市中最高标准。市政府下发了《关于推进各市被征地农民基本养老保险工作的意见》，5市被征地农民养老保险工作全面启动，被征地农民参保人数7.38万人，参保率42%。市政府办公厅出台了《关于进一步加强农村五保供养工作的通知》，改革了农村五保供养制度，五保对象全部纳入农村低保范围，并加发生活补助，集中供养的每人年供养标准2000元。在全市农村推行部分计划生育家庭奖励扶助制度，对农村部分计划生育家庭每人每月奖励50元。

全市城镇职工基本医疗保险参保职工165万人，其中退休人员42万人，医保基金用于退休人员医疗费支出年均占总支出70%以上，以大病统筹为主的新型农村合作医疗制度全面推开，全市402.43万人参加农村合作医疗，农村老年人受益。

居家养老 作为全国首批41个城区之一的试点城市，青岛市在市南区、市北区开展了居家养老试点工作，200余名生活困难老人得到政府提供的福利服务。9月，市老龄办联合劳动保障部门组织举办了为期一个月的青岛首批与国际接轨的养老护理员培训班，免费培训市内4区的下岗、失业人员和养老机构中从事老年护理的工作人员132人，取得合格证的学员成为有关养老机构、市民争相聘用的对象。10月，青岛市华龄红十字救护培训基地在市老年服务中心挂牌启用，开辟了养老护理培训新阵地。在5市农村进行了签订《家庭赡养协议书》工作，5市84个镇、5455个行政村的330566户老年人户签订了《家庭赡养协议书》，签订率高达95%，促进了家庭养老工作的法制化。

老年产业 10月份，市老龄办与青岛日报报业集团联合举办了首届老年健康饮食文化节，与青岛日报、老年生活报联合举办了“九九重阳，关爱老人——经典住宅展示会”；制发了《关于做好全市老年旅游工作的意见》，与青岛国际旅行社合作成功组织首批30名老年人赴韩国旅游。

老年维权

7月1日，青岛市第一部地方性老年法规《青岛市实施〈中华人民共和国老年人权益保障法〉若干规定》正式实施。全市上下广泛开展宣传，向社会公布了13部老年维权热线，引起强烈反响。“五一”、“十一”及老人节期间，市老龄办、部分市老龄委成员单位、市文明巡访团和新闻媒体有关人员组成检查组，对全市各个窗口服务单位贯彻落实《青岛市优待老年人规定》情况进行了检查，对存在问题的单位限期整改，并在新闻媒体上进行通报。

重大活动

全市会议 4月7日，召开了全市老龄工作会议，总结了2004年全市老龄工作，部署了2005年老龄工作任务，表彰了2002—2004年青岛市敬老模范区（市），交流了创建工作典型经验，市委副书记、市老龄委主任张若飞讲了话。11月2日召开了全市基层老龄组织建设现场会，交流推广基层老龄组织建设的成功经验和做法。

创建敬老模范区（市） 在创建全国、全省老龄工作先进县（市、区）活动中，市南区、四方区被全国老龄办命名为“全国老龄工作先进区”，李沧区被省老龄委授予“山东省老龄工作先进区”称号。年初，对第二周期创建青岛市敬老模范区（市）工作进行了检查验收，评选出市北、城阳、黄岛、崂山、胶州、胶南、莱西7区（市），由市委、市政府授予“2002—2004年青岛市敬老模范区（市）”称号。市老龄委下发了《青岛市2005—2007年创建敬老模范区（市）活动实施意见》，修订了创建检查验收标准，展开了第三周期创建工作。

庆祝老人节 市老龄委下发了庆祝老人节活动的通知，号召全市各部门、单位及社会各界采取各种形式庆祝老人节。市政府为全市百岁老人每人发放200元节日慰问金。老人节当日，市委书记杜世成、市长夏耕联名发出贺信，向全市老年人祝贺节日；市委、市政府召开了庆祝老人节大会，并表彰了50个老龄工作先进集体、99名老龄工作先进个人和101名模范老人；市委副书记张若飞、副市长宁经谋代表市委、市政府走访慰问了百岁老人代表、特困老人代表和部分养老机构；召开了副市级以上老领导庆祝老人节茶话会；各区、市及企事业单位、社会团体也采取走访慰问、文艺演出、体育比赛等形式，组织广大老年人度过了一个欢乐祥和的老人节。

老年教育、文化、体育　成立了青岛老年艺术专修大学，春、秋两季共招收学员3000余人。全市各级老年大学、老年学校入学人数13.5万，年增加2.8万人。组团参加了山东省老年曲艺大赛，选送的3个节目获金、铜、优秀、导演和表演5项大奖，获得奖项居全省首位。进行了全市2005年度老年文艺调演，评选出"最佳演出奖"14个，"优秀演出奖"18个，"演出奖"19个，"优秀组织奖"13个。开展了"欢乐广场大家唱"试点推广工作，推广了市南区小草合唱团的经验。老年文体活动队伍14066支；开展了"青岛市老年文体活动示范点"评选活动，评出首批基层老年文体活动示范点133个。市老年服务中心成立了"七彩风"华龄艺术团，组建了民族乐团、交响乐团、合唱团、吕剧团、京剧团和歌舞团等文体活动队伍，常年开展各种公益文化演出活动。全市市、区、街、居四级老年文体活动室（站）近万个。

成立了青岛市"七彩风"华龄志愿服务团和"七彩风"奥运华龄志愿队，为全市老年人搭建了发挥余热的平台，"七彩风"成为全市老年公益服务品牌。团市委、市志愿者协会深入开展了"朝霞重晚晴"爱心助老志愿服务活动，面向全市的"三无"老人开展一助一、多助一志愿服务，并与市老龄办联合推出了"爱心敲门"关爱空巢老人志愿服务项目。全市志愿者与困难老人结对达到3433对，参与助老服务的注册志愿者人数达到24428人；市人事局建成了2000余人的老年人才信息库，举办了两次中老年人才专场招聘会，为老年人老有所为牵线搭桥。

老龄宣传　市老龄办制定了老龄工作新闻发布制度，广泛协调各新闻媒体，利用青岛政务网、政府决策资源网、青岛新闻网，对老龄问题和老龄工作进行宣传报道。组建了由市老龄办工作人员、区（市）老龄办信息员、市老龄委成员单位联络员及老年志愿者通讯员组成的老龄信息员队伍，及时沟通交流信息。开通了青岛老龄网站，宣传老龄工作，为广大老年人提供维权、医疗、养生、居家的信息和服务。市委宣传部、青岛报业集团、市广电局、市老龄办共同举办了"关注老龄社会、共建和谐家园——老龄问题论坛"活动，自10月上旬起，在《青岛日报》、《老年生活报》上分别开辟专栏，由市、区党委政府领导、部分市老龄委成员单位负责人、专家学者等就老龄问题与和谐社会建设关系等进行理论研讨。全年共向社会公众发放老年法律法规及宣传册10万余份，在全市黄金地段设置了大型老龄公益广告宣传牌20余块，弘扬敬老爱老社会风气。

调研成果

市老龄办对《青岛市老龄事业发展"十五"规划》实施五年来的情况进行了调研和全面验收评估。在调研和借鉴外地先进经验的基础上，制定了《青岛市老龄事业发展"十一五"规划》（送审稿）。调研建立了全市老龄事业统计体系。组织协调有关方面完成了"中国高龄老年人口健康状况及影响因素研究"山东项目组对青岛市的入户调查。市老龄办开展了"走出机关下基层，调查研究谋发展"活动，针对基层老年文体活动、老年教育培训体系建设、农村老年人养老情况、老年人乘车优待落实情况等专题进行了调研。组织推荐16篇老年学术论文参加了山东省老年学学会第三届会员代表大会暨人口老龄化与和谐社会研讨会，获一、二等奖的4篇，优秀奖12篇。组织召开了青岛市"老年人口与和谐社会"理论研讨会，围绕"老年人口与和谐社会"这一主题，从养老保障、老年人身心健康、老年人维权、老年人才开发、老龄产业等多个方面进行了广泛探讨，6名优秀论文作者进行了发言交流，60余篇论文进行了书面交流。

宁波市居家养老服务工作综述

宁波市从2004年起开始探索居家养老服务工作，经过近两年的实践，已取得了初步成果。其主要做法为：

一、深入调查，确定重点

居家养老服务是一项涉及面很广的社会系统工作。在起步阶段不可能做到面面俱到，必须立足当前，分阶段，有重点，逐步推进。为此，宁波市在2004年开展了一次城区老年人居家养老服务需求的调查。调查发现，居家老年人需求比例最高是生活照料，其余依次是医疗护理、精神慰藉、文化娱乐等，其中48%的独居老人将生活照料列为第一需求，而极需生活照料的老年人家庭中，近1/3为经济困难户。这些家庭中老年人自理能力差，又无力出钱聘请保姆和钟点工，迫切需要政府和社会给予足够的关心和必要的扶助。调查还发现，由于独自在家的老年人发生意外却没有得到及时发现而导致悲剧的事件在宁波市时有发生，老年人家庭普遍担心老人独自在家时的安全问题。为此，在居家养老服务工作的起步阶段，将老年人安全保障服务和老年人基本生活照料服务作为工作重点，同时，积极创造条件，兼顾向居家老年人开展医疗保健、精神慰藉、文化娱乐等其他服务。

二、政府主导，社会参与

（一）加大政府投入，搭建服务平台。1. 建立老年人应急求助信息系统。为切实保障居家老年人的安全，2005年宁波市通过嫁接“81890”信息服务平台，着手建立了可以辐射全市范围的“一键通”老年人应急求助信息系统，面向全市老年人免费开放和免费服务。市财政对该系统每年给予20万元的运转经费补助，同时，对困难纯老年人家庭，在申请安装应急求助信息系统时，由政府出资赠送“一键通”话机，由市电信部门给予电话安装费和通话费优惠。为方便老年人申请和安装，在2005年9月期间在各社区开展了集中受理和办理工作；2. 政府为困难老人购买服务。为确保那些经济困难、生活自理能力差，无子女或子女不能实施有效照料的老年人安度晚年，提高生活质量，宁波市采取政府购买服务的形式，出资聘请服务人员上门为老年人提供诸如料理家务、买菜做饭、清理卫生、看病配药等基本生活照料服务。海曙区按每位老人每年2000元的标准为一些高龄、独居的困难老人购买服务，平均每天上门服务1小时。为此，区政府2004年投入了100万元，2005年又投入150万元。江东区对享受最低生活保障和低收入保障的70周岁以上老人，按有自理能力、部分自理能力、无自理能力三类分别给予每人每月100元至200元不等的生活照料服务经费补贴。镇海区对70周岁以上经济和生活自理有困难，无子女或子女不能实施有效照顾的老年人，平均每天提供1小时的免费生活照料服务；对80周岁以上高龄独居老人，向定点家政服务机构自费购买服务，政府给予20%的补贴。2005年，市民政局也从社会扶贫帮困捐助款中拿出60万元为一些高龄、生活困难的居家老人购买服务；3. 建立社区居家养老服务中心。在老年人相对比较集中的社区投资建立了一批带有日托服务功能的居家养老综合服务中心，向社区老年人提供日托、就餐、洗衣、医疗、保健、休闲、娱乐、学习等各种服务，同时对行动不便的社区老年人开展上门服务。目前，全市城区已建立社区居家养老服务中心37个，服务中心总面积近8000平方米。为了加强服务中心的硬件建设，减轻其运转成本，一方面政府加大建设资金投入，仅海曙、江东两区区政府就先后投入建设资金近500万元，另一方面政府为服务中心配置社会公益性岗位，目前已配置了66个，这些岗位上的工作人员工资和社会保险费由政府全额承担。市政府在2005年也出资128万多元对市区的居家养老服务工作和设施建设给予了资金补助。

（二）建立培训机制，规范服务制度。能否培训一支业务精、素质好、热情为老年人服务的居家养老服务队伍，是居家养老服务工作成败的关键。为此，宁波市实施对服务人员上岗前的培训。培训内容包括职业道德教育和专业技能知识，如老年家政服务、老年护理、老年紧急救助、老年心理等。培训合格后，颁发上岗证，执证上岗。目前，海曙、江东、镇海3个区经过培训领取上岗证的专职居家养老服务人员已有300多人。这些专职服务人员十分珍惜这份工作，通过亲情化、人性化的服务，赢得了广大老年人的好评，涌现出了许多感人的事迹，也培养出了一批优秀的居家养老服务人员，不仅促进了宁波市再就业工作，也保证了政府购买服务的质量。同时，建立规范的管理和服务机制，对居家养老服务的标准、服务内容、服务流程、服务人员的职责等制定了规章制度，并建立了相应的服务追踪和反馈机制。目前大多采取向服务人员发放服务手册、建立服务台账、设立服务监督员、定期走访服务对象等办法监督服务效果和质量，并以此作为服务人员的考核依据。同时，为确保政府“购买服务”的资金真正用在最需要帮助的老年人身上，还探索建立服务对象资格评估机制。目前“购买服务”对象主要通过社区推荐、街道或区审核并辅以公示的办法确定。

（三）整合社会资源，拓展服务内容。1. 做好对社区公共服务资源的整合利用。目前，社区公益性服务设施，如社区医疗站、社区活动室、社区文化宫、社区便民服务中心等，已逐步被整合用于开展居家养老服务。如为满足居家老人的医疗保健服务需求，许多社区与当地医疗机构联姻，请医疗机构进社区为老年人开展上门服务，甚至把医生请进了社区居家养老服务中心，定期为老年人坐堂门诊。有的社区还将居家养老服务中心与当地的福利院等养老机构挂钩，实现资源和人员共享；2. 建立居家养老服务志愿者队伍。充分发挥邻里作用，大力倡导邻里互帮互助，通过社区党员、社区小组长、楼道长包干、邻里结对、安装“爱心门铃”等方式，对居家老年人开展经常性的上门服务。着力组建了一支以低龄健康老年人为骨干的居家养老服务义工队伍。仅在海曙区负责居家养老服务具体管理工作的星光敬老协会里登记入册的义工就有700多人，敬老协会还对其中的429位义工（以退休人员主）进行了业务培训，颁发居家养老义工服务卡，义务为海曙区826位70岁以上自理有困难的独居老人上门结对服务，并试行推出了“义工银行”激励机制。同时，还积极组织、动员机关企事业单位、民间组织、社会团体、家政服务机构和社会志愿者，根据各自的特长，为居家老人开展生活照料、医疗保健、精神慰藉、权益维护等无偿、低偿服务，让老年人感受到社会大家庭的温暖。海曙区有两家企业还各出资5万元，为困难老年人购买服务；3. 培育老年人自治组织。为增进社区老年人的交流和沟通，消除老年人的寂寞，市基层社区除建有老年人协会外，还组建了多种多样的老年人“沙龙”，如独居老人联谊会、高血压病老人俱乐部、糖尿病老人俱乐部等，街道、社区从活动场所和经费上给予支持。同时，积极组织开展丰富多彩、健康向上的各类老年群众文体活动，充实社区老年人的精神文化生活。

三、试点引路，加强指导

（一）因地制宜开展试点工作。2004年宁波市先在基础条件较好的海曙区选取了17个社区进行试点，后又分别在江东区3个社区和镇海区1个社区开展试点工作。通过试点摸索和总结出了一些经验，并以此不断将居家养老服务工作引向深入。海曙区居家养老服务工作已从17个试点社区向全区65个社区全面推开；江东区在每个街道开展了居家养老服务的试点和推广工作；镇海区试点工作扩大到8个社区，江北区、北仑区试点工作也已启动。目前，全市城区已实质性开展居家养老服务工作的社区超过了100个。各地居家养老服务模式也各具特色。海曙区将居家养老服务工作委托非营利性机构——海曙区星光敬老协会来运作；江东区是由民政部门负责具体实施；镇海区试点街道——招宝山街道则依托一家知名度较高的社会家政服务机构来开展居家养老服务工作。

（二）总结经验，加强指导。为了指导各地做好试点和推广工作，先后召开了居家养老服务研讨会和居家养老服务工作情况分析会，及时总结经验，对居家养老服务工作提出了“五个坚持”，即坚持以家庭为核心、坚持以社区为依托、坚持走市场化道路、坚持政府必要的扶持、坚持评估与监督并重。针对各地在实践中出现的问题和困惑，又明确提出，推进居家养老服务工作方向正确，利国利民，但又要充分认识到这是一项持续递进而不能后退的系统工作，要有重点地稳步推进，居家养老模式要因地制宜，通过实践来检验它的合理性和可行性，居家养老服务功能的提升和完善最终要通过大力培育服务市场来实现。同时，编印居家养老服务工作专题简报，下发到各地，作为指导性的意见和建议，确保了全市居家养老服务工作的有序开展。

四、成绩喜人，社会认同

居家养老服务工作开展仅仅不到两年，但取得了可喜的成绩。主要表现在：（一）困难居家老年人的基本生活照料问题得到了有力保障。目前，宁波市城区已有1081位困难老年人享受到了政府购买的上门服务，还有近2000位高龄老年人享受到了义工结对上门服务；（二）居家老年人的生活质量得到了明显改善。特别是居家养老服务中心老年食堂和洗衣房的开设，减轻了居家老年人日常家务负担，深受老年人欢迎。据统计，目前在居家养老服务中心老年食堂长期定购中晚餐的老年人有近500人；（三）老年人应急求助信息系统初步发挥了其安全保障功能。目前，城区已有近2000户老年人家庭安装了老年人应急求助信息系统，自2005年9月正式运行以后，3个月内已为老年人提供求助服务2470余次，其中，应急求助服务30余次，有力地提高了这些老年人的居家安全系数。申请安装该系统的老年人正日益增多；（四）居家养老服务工作得到了社会普遍认同。如今，居家养老服务工作的重要性不仅成为宁波市各级党政领导的共识，也成为社会各界的共识，有关居家养老服务的工作经常报纸有字、电视有影、电台有声，并且都给予了积极的评价。《人民日报》分别在2005年3月27日、4月4日和11月23日报道了宁波市居家养老服务工作。同年11月在北京召开的两岸四地（大陆、台湾、香港、澳门）社区服务交流会上，宁波市海曙区还荣获全国唯一的“居家养老示范区”称号。

居家养老服务是一项全新的工作，没有现成的经验可供借鉴，在实践中还存在着不少困难。一是居家养老服务工作尚没有成熟的理论来指导；二是居家养老服务工作中政府和社区的定位尚不明确；三是居家养老的服务市场尚未形成，老年人消费心理过于保守；四是居家养老服务人员的培训尚没有系统规范的机制；五是推进居家养老服务工作没有激励政策。

着眼于长远发展，着力于建立长效机制，针对目前存在的困难和问题，宁波市老龄办在征求各方意见的基础上，于2005年下半年起草了宁波市推进居家养老服务工作的若干意见。意见中明确了“十一五”期间居家养老服务的指导思想、工作目标、基本原则、工作措施和工作要求。市政府对该意见稿很重视，专门发函征求各区、县（市）政府意见，待协调修改成熟后，以市政府名义发文实施。此举，无疑将为今后进一步提升居家养老服务工作的广度和深度提供了有力的政策保证。

厦门市老龄工作重要会议和活动概述（2003—2005）

2003年

出台《厦门市老龄事业“十五”规划》

3月，市政府出台《厦门市老龄事业“十五”规划》，《规划》作为厦门市国民经济和社会发展“十五”计划的一个重要组成部分，从本市的实际出发，提出了“十五”期间改善老年人经济供养、医疗保障、照顾服务、精神文化生活和维护老年人合法权益的具体奋斗目标。

市老龄办获全省先进称号

4月，厦门市老龄办被省人事厅、省老龄办公室授予福建省老龄系统先进集体称号。原开元区老龄委办公室主任罗建华被授予福建省老龄系统先进个人称号。这是1989年省老龄委成立以来，首次与省人事厅联合表彰老龄系统先进集体和个人，同时获得表彰的还有其他地市9个单位和9名个人。

积极做好老年人预防“非典”工作

“非典”期间，在市委、市政府的领导下，市老龄办成立了老年群体预防工作领导小组，向全市各老龄办、各涉老部门发出通知，提出了防治“非典”的要求和措施，还制定了《市老龄办预防“非典”预案》，对市、区老年活动中心等老年人较多的场所采取部分关闭、消毒等措施，坚持每天报告制度。

举办市首届老年文化艺术节

市老龄办会同市委宣传部、市委老干局、市文化局、市体育局、市劳动和社会保障局、市总工会联合举办市首届老年文化艺术节。从3月开幕，11月闭幕，历时8个月。艺术节以“我爱我家，温馨厦门”为主题，内容包括社区老年文艺调演、万人登山、《感悟厦门》征文等13个主要活动项目，举行277场活动，约1.5万人次参加了艺术节的各项活动，互动观众达6万多人次。这是一次全面展示厦门市老年文化成果和老年人精神风貌的盛会。全国、省老龄委办公室领导、市五套班子领导出席开、闭幕式，并观看了演出。市老年活动中心、市群艺馆、市老年大学、市离退联、市老体协、市离退休干部集邮协会、市退管中心为艺术节承办单位。

召开首届十佳敬老模范家庭代表座谈会

9月25日，市老龄办和市文明办在厦门宾馆联合举办、首后十佳敬老模范家庭代表座谈会。市委副书记、市长张昌平与十佳敬老模范家庭代表冷传本、黄金针、孙佃、高明枝、叶福伟、李秀琴、刘秀梅、李水仙、张真懿、陈杰明亲切座谈，探讨如何进一步发展厦门市老龄事业，同时号召全社会要大力弘扬尊老敬老传统美德。市委常委、市公安局局长邵华、市人大常委会副主任林明鑫、市政协副主席陈耀中等出席座谈会。

成立市老年艺术团

9月2日，经市政府同意，市老龄办成立厦门市老年艺术团。市老年艺术团特邀原市人大常委会副主任庄亨浩、张斌生担任名誉团长，聘任市民政局巡视员、原市老龄委副主任黄祥琪担任团长。艺术团系全市性老人业余综合性文艺团体。隶属于市老龄工作委员会办公室，由市老年基金会代管，并接受市委宣传部、文化局、市文联的业务管理和指导或演出任务。全市各老年业余艺术团（队）为市老年艺术团的成员单位，艺术团实行无固定团员制。

为高龄老人发放过节费

2003年老年节前夕，市财政拨出专款为全市2200多名90岁及以上高龄老人发放每人150元的过节费。各区为农村“五保”老人、城市“三无”老人、“五老”人员及其遗孀发放每人100元的过节费。

2004年

全市敬老主题教育活动成效显著

年初，厦门市开展了以“读敬老书、做敬老事、写敬老文”为主要内容的青少年敬老爱老助老主题教育活动，全市性的主要活动有：举行全市青少年敬老爱老助老主题教育活动启动仪式；向青少年赠送《中国敬老故事精华》书3000本；开展“三敬”活动；开展征文活动和征文演讲比赛。在举办单位的层层发动和新闻媒体的积极宣传下，敬老主题教育活动深入人心，敬老、爱老、助老的社会气氛更加浓厚，全市6个区，以及省、市属大中专、中小学万名学生、青年参与了活动。市老龄办由于发动、组织成绩突出，获得了全国敬老爱老助老主题教育活动组委会颁发的“优秀组织者”奖。

出台《关于加强基层老龄工作的意见》

3月16日，市政府办公厅转发市老龄办《关于加强基层老龄工作的意见》，从加强基层老龄工作的重要意义、基层老龄工作的总体要求和工作目标、基层老龄工作的重要意义、基层老龄工作建设、基层老龄工作的任务、基层老龄工作的场所和经费等7个方面提出了很强的指导性意见，基本涵盖了厦门市基层老龄工作的方方面面，贴近基层、贴近老年人，针对性强，操作性强。

福建省老龄系统第二届运动会在厦门隆重举行

4月22日——23日，由市老龄办承办的福建省老龄系统第二届运动会在市老年活动中心隆重举行。福建省副省长、省老龄委主任、组委会名誉主任陈芸到会祝贺，并宣布运动会开幕。本届运动会设气排球、乒乓球、保龄球、象棋、扑克牌、跳绳6个项目，省老龄办、各设区市老龄办等11支代表队共130人参加。厦门队获得13个奖项，5个单项第一，荣获团体总分第一名。厦门市、龙岩市、三明市、泉州市荣获本届运动会优秀组织奖。

厦门市开办全省首家老年网站

6月初，市老龄办开办了厦门老年网（www.xiamenold.com），宣传老龄政策法规和我市的老龄工作，发布老龄工作信息，交流老龄工作经验。网站设有厦门老龄概况、银龄新闻、政策法规、老年风采、银发学堂、健康百龄、长青论坛、生活资讯等栏目。该网站是全省第一家老龄工作机构设立的网站，由爱欣老年公寓协办。

启动“银龄行动”

6月26日—9月29日，厦门市苏彩云、陈国源、蔡尔泉、于万胜、孙芸等5名老年医务专家作为志愿者，到宁夏银川自治区人民医院、自治区妇幼保健院、自治区中医院等三家医院援助3个月，标志厦门启动“银龄行动”。厦门、宁夏两地首次开展的“银龄行动”，是根据全国老龄办的倡导，经两地老龄和卫生部门多次协商、组织实施的。

市老年节目《乡婆》获“群星奖”

9月10日至26日，市老年艺术团创编的舞蹈《乡婆》，代表福建省参加在杭州举行的第七届中国艺术节，荣获全国最高文化艺术政府奖——“全国第十三届群星奖”舞蹈类（老年组）“群星奖”。

开展评选表彰第二届“十佳敬老模范家庭”活动

市老龄委会同市文明委于老年节前开展评选表彰第二届“十佳敬老模范家庭”活动，宋奇盈等10户家庭被评为“十佳敬老模范家庭”，施瑛等10户家庭被评为“十佳敬老模范家庭提名”。10月22日，市委书记郑立中等5套班子领导出席厦门市第二届“十佳敬老模范家庭”表彰暨老干老龄工作座谈会，并作重要讲话。整个评选表彰活动，通过新闻媒体的报道，引起了良好的社会反响。

市委市政府重阳节致全市老年人慰问信

10月22日，在我国传统节日重阳节，也就是厦门市第十七个老年节当日，《厦门日报》、厦门广播电台刊（播）发了市委、市政府致全市离退休老同志、老年朋友的慰问信，向全市离退休老同志、老年朋友们致以节日的祝贺和亲切的问候，向辛勤耕耘在老龄工作岗位上的同志们表示崇高敬意，同时希望全市离退休老同志和老年朋友在全面推进我市“三个文明”协调发展进程中作出新贡献。

首次举办“银色年华”离退休人才专场交流大会

11月28日上午，市老龄委办公室、市人事局和人才服务中心联合举办我市首次“银色年华”离退休人才专场交流大会。本次交流会是公益性活动，对招聘单位和应聘人员提供免费服务，全市1000多名老年人参加了应聘活动。

2005年

市老年学学会成立10周年

3月11日上午，市老年学学会在市老年活动中心音乐厅举行庆祝厦门市老年学学会成立10周年暨第二届第六次学术年会，中国老年学学会会长张文范，省老年学学会会长、原省人大副主任童万亨，省老龄办常务副主任、省民政厅副厅长周扬基，厦门市副市长、市老龄委常务副主任詹沧洲等到会祝贺并讲话，200多名会员参加了会议。林源会长主持了庆祝会，常务副会长林超作学会10周年工作总结。市老年学学会成立于1994年，目前，学会下设10个专业委员会，会员350多人，其中2/3是具有高级职称的专业人才。学会成立10年来，围绕“六个老有”，紧密联系厦门实际，开展社会调查，进行研究探讨，为政府做好老龄工作提供了大量建设性的意见和建议。会上还表彰了林超等10位先进工作者，张友琴等20位科研积极分子。

市老龄委召开第四次全体会议

4月15日，市政府召开市老龄委第四次全体会议，会议由市委常委、常务副市长、市老龄委主任丁国炎主持。市老龄办常务副主任张培军传达2005年全国省级老龄办主任会议精神，市老龄办主任李建福汇报2004年全市老龄工作和2005年工作意见，副市长、市老龄委常务副主任詹沧洲作重要讲话，丁国炎同志作会议总结讲话。市老龄委全体成员、各区分管老龄工作副区长参加了会议。

厦门市一批老龄工作先进典型受表彰

4月12日，全国老龄委发出《关于表彰“全国老龄工作先进县（市、区、旗）”和“全国老龄工作先进单位”的决定》（全国老龄委发［2005］3号），授予150个县（市、区、旗）“全国老龄工作先进县（市、区、旗）”称号；授予240个单位“全国老龄工作先进单位”称号。厦门市思明区和市老龄工作委员会办公室分别被授予“全国老龄工作先进区”和“全国老龄工作先进单位”称号。此外，湖里区和市教育局分别被授予“福建省老龄工作先进区”和“福建省老龄工作先进单位”称号。思明区莲前街道前埔北社区居委会、思明区嘉莲街道长青社区居委会、海沧区东孚镇鼎美村、湖里区江头街道后埔社区居委会、同安区西柯镇潘涂村、翔安区大嶝镇双沪村、集美区杏滨街道前场村等7个村（居）获省老龄办、省民政厅、省精神文明办联合授予的福建省第二批“敬老模范村（居）”荣誉称号。

全国首届老年舞蹈服饰创作交流研讨班在厦举办

6月8日至12日，由全国老龄工作委员会办公室、全国老龄事业发展基金会、中国老年艺术团联合主办，厦门市老龄工作委员会办公室、厦门市老年基金会、厦门市老年艺术团协办的全国首届老年舞蹈服饰创作研讨班在厦门市举办。来自全国21个省市、自治区的老年艺术团、老年大学、群艺馆的100多名舞蹈老师、辅导员和热心老年舞蹈、服饰创作的人员参加了本次培训研讨班。本次培训研讨班是一次全国性的、高水平的老年文艺交流盛会。根据老年舞蹈、服饰的特点，对近年来全国各地老年优秀作品进行点评、分析，对如何进一步搞好老年艺术团体的舞蹈、服饰创作进行了经验交流、研讨，努力促进各地不断推出新节目，丰富中国老年艺术团节目库的建设。培训研讨班邀请了中国老年艺术团团长、中国舞协民族民间舞、艺术表演委员会常务委员霍向东，中国老年艺术团执行导演、中国舞协民族民间舞表演委员会委员刘哈青，著名舞蹈评论家隆荫培等作为授课老师。

市老朋友艺术团被命名为福建省“十佳艺术团”

5月21日，由福建省文化厅、福建省总工会、共青团福建省委举办的福建省第二届“六十佳”颁奖晚会暨经验交流会在福州市举行。会上，厦门老朋友艺术团被命名为福建省“十佳艺术团”。

市中老年人以各种形式纪念抗战胜利60周年

2005年是中国人民抗日战争暨世界反法西斯战争胜利60周年，厦门市中老年朋友以各种形式开展纪念活动，宣传爱国思想，弘扬民族精神。7月22日和8月6日，市老龄办会同市委宣传部、市民政局、市委老干部局、市离退休职工联合会分别举办了两场厦门市中老年纪念中国人民抗日战争暨世界反法西斯战争胜利60周年大型歌咏会，来自全市机关、学校、企业、街道社区和部队干休所的20个中老年合唱团的1100多名演员参加了歌咏会。8月10日至12日，市老年书画研究会、市老年大学书画研究会、市关工委、思明区关工委联合举办了纪念抗日战争胜利60周年“扬我中华魂老少书画展”，展出的书画作品共150幅，市领导等400多人出席了开展式。8月15日至17日，市委老干部局、市离退休干部集邮协会举办了纪念中国人民抗日战争暨世界反法西斯战争胜利60周年集邮展览，共展出邮集32部，55框。市领导、市级老领导和市直有关部门的领导等出席了开展式。

欢歌笑语过重阳

老年节期间，市各区、各级、各涉老部门纷纷举办各种文体活动。9月27日—30日晚，市老龄办、市退管中心、市老年基金会联合在我市前埔南区不夜城露天广场举办“厦门市社区中老年文艺汇演”，拉开了厦门市庆祝2005年老年节活动月系列活动的序幕。本次汇演，从“展老年风采，创和谐社区”的主题出发，共表演了声乐、器乐、舞蹈、戏曲、曲艺、服饰等各种形式的优秀节目48个。副市长、市老龄委常委副主任詹沧洲出席了开幕式并宣布社区中老年文艺汇演开幕。演出吸引了近万观众。另外，市老年活动中心举办了“牡丹杯”第五届老年人运动会；市离退联、思明区离退联举办庆祝老年节文艺晚会、音乐养生讲座、游园活动；市直离退联举办老年象棋比赛、自行车环岛游、登山活动；市老年大学举办千人体育健身大汇操，系列作品联展、书画笔会、老年大学艺术团专场文艺汇演；市交谊舞联谊会举办市老年人交谊舞联谊会成立15周年庆祝大会；市民盟老龄委举办登高活动、知识讲座、与媒体互动研讨会；市公安局举办首届老年运动会；市教育系统召开老年节暨祝寿表彰大会，举办登山活动；市新闻出版局开展老年人出版物专场销售、赠书活动；市直机关事务管理局举办登山、自行车骑游、柔力球等活动；市文化局免费开放郑成功纪念馆，并在思明电影院举办一场免费电影专场；思明区举办白鹭洲“温馨厦门——魅力思明”文艺广场演出；湖里区开展老年法进社区现场法律咨询活动，组织老年文艺团体到街镇巡回演出及登山、门球、游园等系列健身活动；集美区举办老干部中秋暨区情通报会，游园活动，组织老年文艺团体到街镇巡回演出及系列体育活动，举办区老年大学集美分校成立20周年庆典大会；海沧区举办第二届老年协会会长、关工委主任培训班；同安区举办健康义诊、美术书法、法律援助等活动。

召开基层老龄工作先进经验交流会

11月3日，市老龄委在海沧区召开厦门市基层老龄工作先进经验交流会。副市长、市老龄委常务副主任詹沧洲出席会议并讲话，市政府副秘书长、市老龄委副主任卓锦绵、各区分管老龄工作的领导、市、区老龄办负责人，镇（街）老龄委负责人、村（居）委会主任、村（居）老年人协会负责人等共200多人参加了会议。会上，海沧区区委常委、区老龄委常务副主任施水成，思明区前埔北社区居委会主任陈淑丽，湖里区金山社区党总支书记、老年人协会会长盛运昌，海沧区温厝村老年人协会会长程乌分别作了经验介绍，另有15份经验材料在会上作书面交流。会后，与会人员还观摩前埔北社区老龄工作档案材料，并实地参观了海沧区东孚镇鼎美村的老龄工作成果。

《厦门市基层老龄工作实用手册》出版

由厦门市老龄办编辑的《厦门市基层老龄工作实用手册》（第一册）出版，免费赠送基层组织，受到基层老龄工作者的欢迎。《手册》是市老龄办在总结全市基层老龄工作经验、借鉴兄弟省市新经验好做法的基础上编辑的，汇集了基层老龄工作创先评优条件（标准）、规章制度、档案资料、参考表格，介绍了基层老龄工作中的一些常用词汇，较系统全面，实用性较强，是基层组织特别是老年群众组织和广大老龄工作者的良师益友。

新疆生产建设兵团《老年法》执行情况

在兵团党委领导下，兵团老龄委认真执行《中华人民共和国老年人权益保障法》（简称《老年法》）。主要执行情况如下：

一、各级老龄工作部门协调争取老龄事业经费，包括老年文化、体育、教育、卫生、救济、业务工作等经费10年累计8500多万元。

二、各级老龄委协调解决老年人各类民事纠纷1万多件，由司法机关解决的涉及老年人经济物质利益的案件128件。

三、兵团各级老龄工作机构，除农八师石河子市外都不健全，主要问题是《老年法》没有明确规定要解决老龄工作机构及编制人员问题，国家编委及全国老龄委也没有明文规定，因此，兵团各级老龄工作组织机构人员编制有待于努力争取。

四、兵团的主要特点是国家养老为主，兵团大部分老年人是退休职工，有养老金，只有少部分没有工作没有职业的社会老年人才需要家庭赡养和抚养，总体情况较好。但也有少数子女不愿赡养老人，经过各级老龄办同有关组织和单位协调，基本解决了社会老人养老问题。退离休人员养老金能按期足额发放，离休干部医药费按照规定范围实报实销，低保老人生活费（城市居民最低生活保障金）能按期发放。

五、关于老年人社会保障问题，在兵团基本上可以解决，目前最主要的还是医疗费昂贵，大病重病医疗费难以解决。

六、兵团老年精神文化生活比较丰富，兵、师、团建立了三级老年群众性文化体育活动组织5000多个，在各级党组织和老龄委支持下，常年开展活动，基本上做到“天天有活动，月月有比赛”，老年人精神文化生活一年比一年好。据10年统计，全兵团有50%约29万多老年人参加了各项文体活动，老年人健康水平不断提高。

七、全兵团有40%以上约20多万离退休人员和社会老人参与社会发展。有的参与科技研讨和技术革新，有的支援农业生产第一线，有的经营办工厂、办公司、办教育事业，有的著书立传、撰写史志，有的关心教育下一代，有的帮助考察在职干部，有的维护社会治安、调解民事纠纷等。

八、兵、师、团层层开展了《老年法》宣传，开展了《老年法》知识竞赛，有10多万人参赛，普及了《老年法》知识。

九、兵团各级司法部门、法律服务中心、法律服务所及有关维权机构能够维护老年人合法权益，对老年人实行司法优惠政策，免收老年人的诉讼费、咨询费等10年累计20多万元。

十、兵团老年人在人身、财产、婚姻等权益方面确有保障，但也存在一些纠纷，通过教育、帮助能协调解决。老年人的人身财产、婚姻基本不受侵害。

十一、兵团各级老龄工作部门、各级老年社团、基层社区在维护老年人权益方面发挥着重要作用，为老年人撑腰，为老年人说话，积极维护老年人权益，抨击和阻止侵害老年人权益的事件发生，10年累计解决民事纠纷1万多件。

新疆生产建设兵团推动“老有所为”工作概况

据2005年末统计，兵团离退休干部7万多人，其中具有高、中级专业技术职务的有3万多人，还有50多万退休职工和社会老人，老年人才济济。各级老龄工作部门狠抓“老有所为”，充分发挥他们的经验和威望及影响力、感染力和号召力强的特点，在各行各业中继续作贡献，使“老有所为”硕果累累。

一、积极参与科学研究和科技应用

兵团有2万多名老科技工作者积极参加科研，并应用高科技为发展兵团工农牧业、建筑业、交通运输业做贡献。高龄中国工程院院士带领一批科研工作者经过多年艰苦努力，采用胚胎移植技术，培养出超细型细毛羊20万只，2004年至2005年共产超细型羊毛180万公斤，价值1亿多元，为我国填补了一项高科技空白。

二、大力支援各行各业生产建设

全兵团有15万多老年人支援农业生产第一线，从春耕忙到秋收，为农场增收节支10多亿元。农八师石河子市组织5万多老年人拾棉花2万多吨，为农场节支1亿多元。

三、依法从事生产经营

有3万多老年人办农场、工厂、学校、医院、门诊所、商店等，不仅自己增加收入，改善了生活，而且为国家增加了税收，2005年交各种税金2000多万元。

四、传、帮、带青年职工干部

全兵团有300多个老科技人员协会或小组，2万多老专家、老科技工作者为农牧团场、工矿企业、事业单位献计献策，给青年职工传播农牧工建等技术，为青年干部传授科学领导方法，为兵团培养一大批青工青干。

五、关心教育青少年

兵、师、团建立关工委279个，连、队、乡镇、企事业单位、学校、社区等建立关心下一代工作小组1924个，有6万多老干部、老军垦、老教师、老党员、老模范帮助教育青少年，给他们做优良传统报告和讲革命故事2万多场次，直接听众达1000多万人次，产生良好的社会效益。原兵团副政委、老八路赵予征不顾年迈体弱先后到石河子大学、兵团党校给师生员工作题为“屯垦戍边千秋伟业”的主题报告，深深打动了广大听众。74岁老干部、雷锋生前的战友郑恩庭40多年如一日坚持做“学雷锋、树新风”的报告，2005年作报告30多场，直接听众达3万多人次，使广大青少年深受教育和鼓舞。

六、维护社会治安和稳定

全兵团200多个农牧团场、工矿企业3000多个基层单位和社区拥有2万多人“三老”即老干部、老战士、老先进治安巡逻队，他们一年到头义务为国家、集体和群众看家护院、护厂护库、防火、防毒、防盗、防污染，为边疆的稳定、兵团经济的发展作出了重要贡献。

七、著书立说、修史编志

全兵团有万余名老作家、老新闻工作者、老专家、老教育工作者著书立说、编志写史100多套(册)。

八、积极投身于社会各项公益活动

有10多万老年人主动打扫环境卫生、清扫垃圾和积雪，植树造林，修路架桥，拾遗补缺，为兵团的环境绿化、净化、亮化、美化付出了辛劳。85岁高龄农八师退休职工王探根义务清扫自家附近长达200多米的交通要道，默默无闻埋头干了25年多，不知情的人误认为他是公家花钱聘用的老清洁工。

新疆生产建设兵团敬老助老工作概况

兵团各级老龄工作部门把敬老助老作为践行“三个代表”重要思想的实际行动，为老年人送温暖，献爱心。

一、为贫困、孤寡、病瘫、伤残、高龄等万余名老年人捐款捐物价值200多万元

二、普遍开展义诊义检、送医送药送健康为老服务活动

兵团老龄协会办公室、兵团助老工程办公室同新疆老年病医院、新疆崇德堂医院、新疆永明生物科技公司等单位长期合作开展“关爱老年人健康万里行活动”。(一) 给老年人讲授保健知识，听众达10万多人次，提高了他们自我保健的意识和能力，避免不必要的病伤亡事故。(二) 用B超、心电图、按摩器、磁疗仪等先进科技仪器为1万多老年人免费体检、治病和治伤，为国家和个人节约医疗费50多万元。(三) 为千余名老年患者赠送雪莲红花补酒、树莓叶茶、通痹丸、河车宁坤丸、郭百年肌骨伤痛喷剂等治疗高血压、高血脂、高血糖、糖尿病、前列腺炎、颈椎病、肩周炎等保健品和药品价值30多万元。(四) 为万余名中老年人赠送《中老年保健》、《养生祛病延年大观》、《足部按摩疗法》、《刮痧疗法》以及心、肝、肺、胆、肾、胃、胰腺、颈椎、肩膀、腰等疾病的预防和治疗的保健书等3万余册，价值约30多万元。(五) 给兵直200多位经济贫困、孤寡老人等赠送慰问金和保健品价值约20多万元。

三、开展为老年人义务服务

各级老龄工作部门协同各级共青团委举办为老服务“金晖行动”，全兵团有数万名志愿者长年为需要帮助的老年人理发、洗缝衣服、打扫室内外卫生等。兵团老协办、助老办组织百余名青年志愿者为千余名老年人每月理发、洗澡、洗衣服1次，每周打扫室内外卫生1次，并组织兵团老年艺术团为老人们慰问演出精彩节目30多场次。

四、为老年人办《新疆老年优待证》

2005年，各级老龄办积极为老年人办优待证21万余份。农八师石河子市为4万多老年人办了优待证，老年人持证可优惠或免费乘坐公交汽车、看电影、进图书馆借书、到文化宫、公园活动等。

五、给老年人赠送图书、杂志

兵团老龄委给兵直2000多名老年人赠送《老年生活备要》、《兵团老年书画集》、《兵团诗刊集》、《绿洲》、《老年百科知识》、《新疆生产建设兵团发展史》、《新疆生产建设兵团大事记》、《金秋颂》、《老年人精神卫生知识》、《无声的革命》等万余册，价值约20多万元。

六、各级老龄老干工作部门分期分批组织离退休干部、职工、老先进、老模范到疆内外学习、参观、考察、健康性疗养达2万多人次

七、老年服务设施和福利机构建设

继续办好57个干休所、50所敬（养）老院、老年公寓和老年福利院，确保在院所老年人物质生活得到改善的同时，精神文化生活丰富多彩。农十二师三坪农场家园敬老院、农四师神州老年公寓、农八师艾德养老院全心全意为老年人服务，成绩突出，分别荣获全国和兵团先进民办非企业单位称号。

珍奥集团致力“全国敬老爱老助老主题教育活动”纪实

人口老龄化已成为世界性的问题，解决老龄问题，需要全民关注，全民参与。2003年9月，中宣部、共青团中央、教育部、全国妇联、全国老龄委办公室联合发起了全国敬老爱老助老主题教育活动。这是落实中共中央下发的《公民道德建设实施纲要》的迫切需求，也是大力弘扬中华民族敬老爱老助老传统美德的具体行动。国务院副总理回良玉对此专门作出重要批示：“开展敬老爱老助老主题教育活动，是构建社会主义和谐社会的重要举措，是发展老龄事业的有效办法。真挚地希望通过此项活动，推动各地更加重视老龄工作，推进全社会更加孝亲敬老，促进代际和谐与家庭和睦。”

2005年1月8日，第一届全国敬老爱老助老主题教育活动表彰大会在北京人民大会堂举行。珍奥集团因多年来一直积极参与涉老工作，长期组织分布在全国各地的数万名员工，响应国家号召，采取多种形式持续开展“关爱老年健康爱心工程”、全国“银龄美”大赛、“千万中老年人健康迎奥运”、赞助重阳节晚会等活动，使数以千万计的老年人受益，而获得大会颁发的“中华孝亲敬老优秀组织奖”。就在领奖的当天，珍奥集团压缩2005年的广告投入计划，拿出2000万元现场捐赠，与中国老龄事业发展基金会共同成立了“中华孝亲敬老专项基金”，用于全国敬老爱老助老主题教育系列活动，并成为该项活动的具体承办者。从此，中国有了专注于孝心的事业，社会有了老年人专属的舞台。

将近两年的时间里，这项由政府搭台、企业唱戏、老人得福的孝心工程，在全国范围内开展得如火如荼。珍奥集团采取形式多样的文娱活动敬老爱老、弘扬孝悌，并通过重金投入建设社区老年服务设施，开展老年健康课堂和检测活动，组织老年健身活动等一系列为老年人办实事的举措，使全国数百万个家庭受益，近千万老年人从中得福，对社会的和谐起到巨大推动作用。

一、大幕拉开——各地孝心工程启动仪式丰富多彩

从接过孝心大旗的那一刻开始，珍奥就在各地政府及相关老龄部门的大力支持下，相继在全国28个省、自治区、直辖市启动了孝心工程。每一地启动仪式的开幕，都伴随着各式各样孝亲敬老活动的开展，而老年朋友们也更是喜笑颜开，载歌载舞；随着孝心工程大幕的拉开，实实在在的敬老爱老助老活动也开始遍地开花。

二、资助“星光老年之家”——把温暖送到老年人心坎

从2001年开始，国家民政部实施了“社区老年福利服务星光计划”，按照立足社区、面向老人、方便适用和功能配套的原则，在全国新建和改造了3.2万个“星光老年之家”，为老年人居家养老提供了有效的支持。

为了将“星光老年之家”功能进一步完善和发挥，珍奥集团在承办孝心工程期间，又携手各地民政、老龄部门，为部分“星光老年之家”配备医疗仪器、检测仪器、文体用具等设备，并定期请专家为光顾“星光老年之家”的老年人进行健康教育、健康检测，最大限度发挥“星光老年之家”为社区老年人服务的职能。同时，设立在全国各地的2000多家珍奥社区健康服务站，正在成为老年朋友们的第二个温暖之“家”。

珍奥集团各地公司还组建了志愿者队伍，通过“星光老年之家”，为社区孤寡老人提供义务服务；与各地大中小学校合作，组织“小手牵大手”活动，对少年儿童进行尊老敬老教育，并引导他们深入“星光老年之家”开展为老服务工作，把温暖送到老年人的心坎上。

三、公演《疯娘》——歌颂母爱　唤醒孝心

话剧《疯娘》是实施“孝心工程”，弘扬“孝心文化”的主要组成部分。该剧是一出讴歌母爱的舞台剧，由全国敬老爱老助老主题教育活动组委会主办，中国老龄事业发展基金会承办，珍奥集团出资，广东话剧院编排而成。迄今为止，《疯娘》行程万余里，在全国40多个城市上演130多场，数十万人通过不同方式观看了该剧。

《疯娘》在北京公演时，全国人大副委员长彭珮云等领导亲自到场观看，给予了极高评价，称其是“弘扬全民孝道，促进家庭和谐与代际和谐的经典之作”。

四、助老健康——珍奥保健操　广场放异彩

珍奥保健操是珍奥集团的保健操专家根据人体生物学相关理论，针对中老年人的生理和心理特点，运用生物学和中医经络学理论创编而成。经老年人习练证明，它是一套科学、安全，具有显著健康效果和锻炼价值的保健操，优美的动作再配以舒缓的音乐，使人在享受美感中进行健身。

珍奥孝心工程开展以来，珍奥公司大规模向全国各地老年人推广保健操。他们聘请教练，集中大量人力物力，深入社区、公园，常年免费组织老年人进行习练，并在各地多次会同体育局、老龄委等相关政府部门，举办大型老年人汇操表演、比赛，使更多的老年人加入到跳操行列。

五、娱悦身心——老年娱乐精彩纷呈

“给点阳光，我们也想灿烂”，在2004年珍奥集团出资承办的全国“银龄美”大赛决赛中，曾有老年人这样呐喊。确实，老年人生活的单调一直被社会所忽视，尤其是现代社会“空巢老人”的增多，成为政府面临的问题和压力。而珍奥集团利用孝心工程，开展形式多样的文化体育和娱乐活动，丰富了广大老年人的精神世界，让他们从心底绽放出健康、灿烂的笑容。

现在，珍奥还在许多大城市设立了孝心主题的公益广告牌，并免费发放关于传播孝道的中华故事丛书、画册和光盘等资料，把敬老爱老助老的文明新风带进千家万户。

目前，我国老年人口已占到总人口的11%，而且还在快速增长。为了改善老年人的生活、健康条件，在全社会掀起敬老爱老的风气，珍奥孝心工程开展了各种形式的活动，以社会志愿者的身份，以社会公益使者的身份，让“孝”渗透到了老年人的生活当中。

《弟子规》里有一句话：事诸父，如事父，事诸兄，如事兄。意思是说把天下的父母都当作自己的父母来孝敬，把天下所有的兄弟姐妹都当作自己的兄弟姐妹一样尊敬、关爱。而珍奥，经常用这句话来教育员工，让员工做老年人的“贴身小棉袄”，用对待父母般的亲情对待普天下所有老年人。我们相信，在珍奥这样的企业带动下，必然会有更多社会力量参与到“敬老爱老助老”的活动中来，为构建社会主义和谐社会贡献力量。中国的老龄事业将为促进中华传统美德在精神文明建设中的回归，为老年人打造优良的养老环境作出更多的贡献。

第四部分

老龄法规政策

农村部分计划生育家庭奖励扶助制度试点方案（试行）

人口计生委　财政部

（2004 年 5 月 13 日）

为促进农村人口与经济社会协调发展，解决农村只有一个子女或两个女孩的计划生育家庭面临的特殊困难，根据国务院办公厅转发《人口计生委、财政部关于开展对农村部分计划生育家庭实行奖励扶助制度试点工作的意见》，制定本方案。

一、实施农村部分计划生育家庭奖励扶助制度的重大意义

农村部分计划生育家庭奖励扶助制度，是在各地现行计划生育奖励优惠政策基础上，针对农村只有一个子女或两个女孩的计划生育家庭，夫妇年满 60 周岁以后，由中央或地方财政安排专项资金给予奖励扶助的一项基本的计划生育奖励制度。

（一）实施农村部分计划生育家庭奖励扶助制度，充分体现了党中央、国务院对农村人口与发展问题的高度关注，是稳定低生育水平，进一步抓紧抓好人口和计划生育工作的重大举措，有利于促进农村人口与经济社会协调发展和可持续发展，为全面建设小康社会创造良好的人口环境。

（二）对农村部分计划生育家庭实施奖励扶助，以此带动其它的帮扶活动，引导基层干部寓管理于服务之中，实现好、维护好、发展好广大农民群众的根本利益，密切党群干群关系，有利于促进人口和计划生育工作向依法管理、利益导向和优质服务方向转变，进一步激发广大农民群众实行计划生育的热情和积极性，是”三个代表”重要思想在人口和计划生育工作中的具体实践。

（三）通过国家政策性奖励扶助，引导更多农民少生快富，有利于从根本上扭转“越穷越生、越生越穷”的恶性循环，减少新增贫困人口，促进消除贫困，提高农民的生活水平。

（四）针对特定人群实施农村部分计划生育家庭奖励扶助制度，缓解农村计划生育家庭在生产、生活和养老方面的特殊困难，有利于促进人口老龄化问题的解决和农村社会保障制度的逐步建立完善。

（五）通过实施农村部分计划生育家庭奖励扶助制度，拓宽政府财政直接补助农民的新渠道，建立资金管理、资格确认、资金发放、社会监督四个环节相互衔接、相互制约的制度运行机制，有利于促进人口和计划生育工作思路和管理机制的改革。

二、试点的范围、内容、目标、原则和组织管理

（一）试点范围

从 2004 年起，首先在四川、云南、甘肃、青海省和重庆市，以及河北、山西、黑龙江、吉林、江西、安徽、河南、湖南、湖北各 1 个地（州、市），贵州省遵义市进行试点，同时鼓励东部省份按照国家统一要求自行试点，取得经验后逐步在全国推开。

（二）试点内容

针对农村只有一个子女或两个女孩的计划生育家庭，夫妇年满 60 周岁以后所面临的特殊困难，在部分地区探索建立农村部分计划生育家庭奖励扶助制度，建立确保这一制度正常、稳定、可持续实施的管理运行体系。与地方现行计划生育奖励优惠政策和各项帮扶救助措施紧密结合，逐步形成较为完善的计划生育利益导向机制。

（三）试点目标

1. 引导更多农民自觉实行计划生育，减少不符合法律法规和政策出生的人口，稳定低生育水平。

2. 建立资金管理、资格确认、资金发放、社会监督四个环节相互衔接、相互制约的制度运行机制，确保奖励扶助金落实到户到人。

3. 建立以政策性奖励扶助为主体，多种形式的帮扶活动为补充，相关社会经济政策配套的政策体系，逐步完善有利于人口和计划生育工作的利益导向机制。

4. 缓解计划生育家庭的特殊困难，逐步减少新增贫困人口，促进消除贫困和全面建设小康社会目标的实现。

（四）基本原则

1. 统一政策，严格控制。制定奖励扶助对象的确认条件和奖励扶助的最低标准，确保政策的一致性。

2. 公开透明，公平公正。通过张榜公布、逐级审核、群众举报、社会监督等措施，确保政策执行的公平性。

3. 直接补助，到户到人。依托现有渠道直接发放奖励扶助金，尽量减少中间环节。严禁任何单位或个人截留挪用、虚报冒领奖励扶助金和以扣代罚等各种名目的违规行为。

4. 健全机制，逐步完善。逐步建立健全确保奖励扶助制度落实的管理、服务和监督机制。制订完善相关政策措施，逐步形成以奖励扶助为主导的计划生育利益导向机制。

（五）组织管理

试点工作在各级党委政府的统一领导和协调下进行。

人口计生委、财政部设立农村部分计划生育家庭奖励扶助制度试点工作协调小组（以下简称”国家试点工作协调小组”），负责对全国试点工作的协调指导。试点地区应建立相应协调机制，组织实施试点工作。

试点工作实行申报与审核制度。初步拟定的试点地区按要求向国家试点工作协调小组报送试点工作实施细则、奖励扶助对象名单和奖励扶助资金安排计划，经国家试点工作协调小组审核批复后，正式纳入国家试点范围。各省（区、市）自行开展试点的地区报国家试点工作协调小组备案。

三、奖励扶助对象确认和奖励扶助标准

（一）奖励扶助对象

奖励扶助对象应同时具备以下条件：

1. 本人及配偶均为农业户口或界定为农村居民户口。

2. 1973 年至 2001 年期间没有违反计划生育法律法规和政策规定生育。

3. 现存一个子女或两个女孩或子女死亡现无子女。

4. 年满 60 周岁。

奖励扶助金以个人为单位发放。

试点地区省级人口计生委依据上述基本条件和国家人口计生委的有关政策解释，结合本地相关法规、规章和政策，制定奖励扶助对象确认的具体政策。

（二）确认程序

1. 本人提出申请。

2. 村民委员会审议并张榜公示。

3. 乡（镇）人民政府（街道办事处）初审并张榜公示。

4. 县（市、区）人口计生行政部门审核、确认并公布。

5. 地（市、州）、省（区、市）、国家人口计生行政部门备案。

县级人口计生行政部门负责对奖励扶助对象进行年审。

（三）奖励扶助金发放标准

符合上述条件的奖励扶助对象，按人年均不低于 600 元的标准发放奖励扶助金，直到亡故为止。已超过 60 周岁的，以该制度在当地开始执行时的实际年龄为起点发放。

四、资金来源和财政负担比例

农村部分计划生育家庭奖励扶助金，视各地财力情况，由中央或地方财政确定负担比例，安排专项资金并分别纳入当年财政预算。地方负担的资金，以省级财政为主。西部试点地区的奖励扶助金按基本标准中央财政负担 80%，地方财政负担 20%；中部试点地区的奖励扶助金按基本标准中央财政和地方财政分别负担 50%；鼓励东部地区自行安排资金进行试点。

试点地区财政部门必须确保配套资金及时足额到位，并对全部资金进行严格的监督管理。

五、奖励扶助金发放和管理

（一）奖励扶助金发放

奖励扶助资金按照统一要求建立奖励扶助对象个人账户，实行专帐核算和直接拨付的办法，由省、自治区、直辖市委托中国农业银行或自行确定其他有资质的机构进行发放。

奖励扶助金以年为单位计算，一年发放两次。

（二）奖励扶助金管理

1. 财政部门负责奖励扶助资金的预算决算、转移支付、总量控制和监督管理。地方财政负责奖励扶助金的预算决算并建立奖励扶助资金财政专户，将中央转移支付资金和省级配套资金集中管理，封闭运行，及时足额拨付到委托发放机构。监督委托发放机构将奖励扶助金及时划转到个人账户。地方财政通过财政年报向上级财政部门反映专项资金到位、发放和结存情况。

2. 人口计生部门及时掌握并监督委托发放机构建立奖励扶助对象个人账户和资金管理情况。

3. 代理发放机构负责制定资金发放办法和操作规程，并按照委托服务协议的要求和人口计生部门提供的奖励扶助对象名单建立个人账户。代理发放机构将财政部门拨付的奖励扶助资金及时足额划转到个人账户，将建立个人账户和资金拨付情况及时反馈给地方财政和人口计生部门，并及时向上级主管部门报告。严禁用财政专项资金进行任何形式的盈利性投资、融资活动，不得将奖励扶助金抵扣个人贷款、抵交农业税等款项。

六、评估与监督

（一）国家试点工作协调小组组织有关部门和社会中介组织每年进行一次试点工作的综合评估。试点省（市）和地（市）每半年对试点工作组织一次综合评估，并委托社会中介机构对奖励扶助资金的到位、管理和发放情况进行监督。

（二）利用农村部分计划生育家庭奖励扶助制度信息管理和监控系统实行动态管理。地（市）级每季度、省级每半年进行一次相关数据的汇总分析，及时反映专项资金落实的情况。

（三）推行村务公开和群众举报制度，利用多种形式对奖励扶助制度执行情况进行社会监督和舆论监督。

（四）协调县以上纪检、监察、审计等部门对奖励扶助对象确认、资金配套、资金发放、制度运行等情况进行检查监督。

（五）每年由国家和省级财政、人口计生部门组织社会力量和中介机构对奖励扶助金的发放和管理情况进行绩效考评。

（六）建立观察员制度。聘请具有相应资格的人员，对制度执行情况进行独立的、随机的监督检查，将结果直接报送国家试点工作协调小组。

七、奖励与责任追究

根据各有关部门和单位的职责分工，对奖励扶助试点工作实行奖励和责任追究制度。

（一）要把奖励扶助制度试点工作纳入当地人口和计划生育目标管理责任制考核，实行一票否决。对在试点工作中做出突出成绩的单位和个人给予表彰和奖励。对制度执行中出现重大问题、造成社会影响的，追究地方主要领导及相关部门的责任。

（二）地方配套资金不能及时足额到位的，取消试点资格。

（三）对虚报、冒领、克扣、贪污、挪用、挤占奖励扶助资金的单位和个人，一经发现，严肃查处，触犯刑律的依法追究刑事责任。

（四）委托代理发放机构不按服务协议履行资金发放责任，截留、拖欠、抵扣奖励扶助资金的，取消代理发放资格，并依法追究法律责任。

八、试点的任务和要求

（一）各级领导要对试点工作亲自抓，负总责，切实加强对试点工作的领导和组织协调，加强调查研究，及时总结经验，研究解决试点工作中的重大问题。将试点工作纳入考核、评估人口和计划生育工作的重要内容。各有关部门要在党委、政府统一领导下各负其责，切实做好试点工作。

（二）要积极探索和建立资金管理、资格确认、资金发放和社会监督四个环节相互衔接、相互制约的制度运行机制以及安全可控的社会化的资金发放方式和渠道，确保奖励扶助政策执行的公平、公正，确保专项资金安全，确保奖励扶助金落实到户到人。

（三）继续执行和完善已出台的各项计划生育奖励优惠政策，把实施奖励扶助制度与对农村困难家庭子女义务教育的“两免一补”、西部地区“少生快富”扶贫工程、“关爱女孩”行动、计划生育“三结合”、救助计划生育困难家庭和贫困母亲等工作紧密结合，逐步形成更加完善的利益导向机制。

（四）将奖励扶助资金纳入当年财政预算，及时足额落实到位。做好奖励扶助资金的年度预算、决算，加强奖励扶助对象个案信息登记、数据汇总分析和日常管理监控工作。建立奖励扶助对象个案数据库和管理信息系统。

（五）试点地区根据人口计生委、财政部下发的试点方案和有关规章制度，制定实施细则和配套政策，规范制度运行的标准和程序，加强动态管理。

（六）加大社会宣传力度，通过各种宣传形式让广大农民了解国家的奖励扶助政策，增加政策执行的透明度。做好基层干部和管理服务人员的培训工作，使其增强政策观念、法制观念和服务意识，熟练掌握具体操作程序，切实履行职责。

（七）建立信息反馈制度，定期将试点工作的进展、经验和有关问题报告国家试点工作协调小组。

天津市老龄工作委员会《关于调整我市老年人优待服务政策的意见》

（2005 年 9 月 30 日）

为进一步弘扬中华民族尊老敬老的传统美德，充分体现党和政府及全社会对老年人的关心和照顾，让广大老年人都能够享受社会经济发展带来的成果，根据《天津市实施〈中华人民共和国老年人权益保障法〉办法》（以下简称《实施办法》）精神，现对我市老年人优待服务政策提出如下调整意见：

一、依法对我市60岁以上的公民实行优待服务

为给我市高龄老人创造良好的社会生活条件，1993年10月市政府办公厅下发了《转发市老龄委等部门〈关于为高龄老人实行优待服务的意见〉》（津政办发〔1993〕51号），对我市70岁以上的高龄老年人提供相关优待服务。随着我市经济社会发展和人民生活水平的不断提高，为我市所有老年人提供更多、更好的优待服务的条件已经具备。根据《实施办法》规定，对我市60周岁以上公民全部实行优待服务。

二、优待服务政策

（一）60周岁至69周岁的老年人凭《天津市老年优待证》（绿色）可享受如下优惠政策：

1. 游览公园时，购买门票半价（不含园内门票）。

2. 参观博物馆、纪念馆、展览馆、文物点、观看日场电影等购买门票一律半价。

3. 医疗机构应当为老年人就医提供方便，实行挂号优先、治疗优先、取药优先，并免收普通门诊挂号费。

4. 收费公共厕所免费。

5. 乘坐地铁购买普通储值票享受八折优惠。

6. 公共图书馆办理图书借阅证实行半价。

7. 参观天津广播电视塔门票半价。

8. 乘坐市内公交车可购买月票，公交车内设老年人座席。

9. 老年人按规定优先购买火车票、优先检票进站上车。

10. 老年人因其合法权益受到侵害而提起诉讼的案件，各级法院应当依法优先受理、审理、执行。老年人缴纳诉讼费确有困难的，可按有关规定缓缴、减缴或免缴诉讼费。

11. 法律援助机构、律师事务所和其他法律咨询服务机构对需要获得法律帮助的老年人优先提供服务；对符合法律援助条件的，依照有关规定免费提供法律援助。

12. 对老年人居住的直管公产房屋实行优先登记维修和修缮。

13. 商业企业、生活服务业及社区便民企业为老年人提供优先的便利服务。

（二）70周岁及70周岁以上的老年人凭《天津市老年优待证》（紫红色）可享受如下优惠政策：

1. 游览公园免收门票费（不包括园内门票）。

2. 参观博物馆、纪念馆、展览馆、文物点，除特别展览和专题展览门票半价外，一律免费。

3. 观看日场电影享受半价优待。

4. 医疗机构应当为老年人就医提供方便，实行挂号优先、治疗优先、取药优先，并免收普通门诊挂号费。

5. 收费公共厕所免费。

6. 乘坐地铁购买普通储值票享受七折优惠。

7. 公共图书馆办理图书借阅证实行半价。

8. 参观天津广播电视塔门票半价。

9. 乘坐市内公交车可购买月票，公交车内设老年人座席。

10. 老年人按规定优先购买火车票、优先检票进站上车。

11. 老年人因其合法权益受到侵害而提起诉讼的案件，各级法院应当依法优先受理、审理、执行。老年人缴纳诉讼费确有困难的，可按有关规定缓缴、减缴或免缴诉讼费。

12. 律师事务所免费咨询、代书；对涉及老年人自身合法权益受到侵害的刑事自诉案件、民事案件、非诉讼法律事务减半收费；对符合法律援助条件的，依照有关规定免费提供法律援助。

13. 对老年人居住的直管公产房屋实行优先登记维修和修缮。

14. 商业企业、生活服务业及社区便民企业为老年人提供优先便利服务。

三、《天津市老年优待证》的印刷、审核和发放等事宜由市老龄委办公室办理。

四、以上各项优待服务自2005年10月11日起实行。市政府办公厅《转发市老龄委等部门〈关于为高龄老人实行优待服务的意见〉》（津政办发〔1993〕51号）同时废止。

重庆市老龄相关法规政策简目（2003－2005）

1. 渝办发〔2003〕206号《市政府转发市民政局、市财政局关于进一步加强农村五保供养工作意见的通知》

2. 渝办发〔2003〕215号《重庆市人民政府办公

厅转发市人事局、市财政局关于贯彻国办发〔2003〕93号文件调整机关事业单位工作人员工资标准和增加离退休人员离退休费两个实施意见的通知》

3. 渝府发〔2004〕100号《重庆市人民政府关于从2004年7月1日起增加企业退休（职）人员基本养老金的通知》

4. 渝府发〔2005〕17号《重庆市人民政府批转市国土房管局等部门〈关于调整征地农转非养老和病残人员逐月领取生活费或生活补助费标准的意见〉的通知》

5. 渝府发〔2005〕21号《重庆市人民政府关于加快建立新型社会救助体系的意见》

6. 渝府发〔2005〕102号《重庆市人民政府关于加快建立新型农村合作医疗制度的意见》

7. 渝府发〔2005〕103号《重庆市人民政府关于提高作出重大贡献的退休人员退休费比例的补充通知》

8. 渝办发〔2005〕164号《市政府转发市民政局市财政局关于进一步落实农村五保供养经费意见的通知》

9. 渝办发〔2005〕234号《重庆市人民政府办公厅关于调整国有破产企业退休人员医疗保险余命医疗费提取标准的通知》

河北省老年人优待办法

（2005年1月18日发布）

为弘扬中华民族尊老敬老传统美德，体现党和政府及社会对老年人的关怀，让老年人共享社会发展成果，根据《中华人民共和国老年人权益保障法》等法律法规，结合我省实际，特对本省境内常住户口的老年人（60周岁以上的公民，以居民身份证为准）制作如下优待办法：

一、火车站、长途汽车客运站候车室（厅）内应设老年人专座。老年人可优先购买车票，优先检票进站、上车。

70岁以上老年人免费乘坐市内公共汽车。

二、各医疗机构应为老年人提供优质医疗服务，老年人可优先就诊、化验、检查、交费、取药，需要住院治疗的，优先安排床位。有条件的医院和社区卫生服务机构应当设置老年人家庭病床。

县级以上政府（包括县级）举办的非营利性医院（门诊）对65岁以上老年人就医，普通门诊挂号费实行半价优惠。

三、老年人进入公园（不含带有景点性质的植物园、动物园、自然公园等）免购大门票；进入风景名胜区、国有各旅游景区（点）、博物馆、文物馆、文化宫、俱乐部、图书馆、美术馆、展览馆、纪念馆、陵园以及其他宣传教育馆所，一律购半价大门票。70岁以上老年人可免费进入上述场所。

四、老年人免费使用收费公共厕所。

五、农村老年人不承担筹劳义务，农村70岁以上老年人不承担兴办公益事业筹资义务。

六、各体育场（馆）举办体育比赛、表演，老年人观看门票实行半价（不含国际比赛）。老年人在体育场参加健身活动，免缴场地费。

七、老年人因其合法权益受到侵害而提起诉讼的案件，各级法院应当依法优先受理、审理、执行。老年人缴纳诉讼费确有困难的，依法可以缓缴、减缴或免缴诉讼费。

法律援助机构、律师事务所和其他法律咨询服务机构，应当为符合援助条件的老年人免费提供有关维护其合法权益的法律咨询。老年人因其合法权益受到侵害，需要获得律师帮助的，应优先给予法律帮助，对符合条件确实无力支付律师费用的，依照有关规定免收法律服务费。

八、对百岁以上老年人，每人每月由民政部门发给不低于100元的保健补贴，所需资金由本人户口所在县（市、区）财政支付。

九、为老年人提供优待服务的各有关单位、场所，应挂牌明示或设老年人服务窗口，文明服务。任何单位和组织不得另附规定。

十、各级老龄工作机构要会同有关部门加强监督检查，对不履行优待老年人义务的，由当地政府责令其改正，并进行批评教育，造成严重后果的，追究有关人员的责任。

十一、老年人凭《河北省老年优待证》享受本优待规定。优待证由省老龄工作委员会办公室统一印制和管理，县（市、区）以上老龄工作机构负责发放。

十二、本规定自2005年7月1日起执行，以前的有关规定凡与本办法不一致的，以本办法为准。具体问题由省老龄工作委员会办公室负责解释。

山西省实施《中华人民共和国老年人权益保障法》办法

（2003年5月22日山西省第十届人民代表大会常务委员会第四次会议通过）

第一条 为实施《中华人民共和国共和国老年人权益保障法》，根据本省实际，制定本办法。

第二条 本办法所称老年人是指60周岁以上的公民。

第三条 各级人民政府应当加强对老年人权益保障工作的领导。

县级以上人民政府老龄工作机构，指导、监督和检查老年人权益保障工作。

县级以上人民政府劳动和社会保障、民政、人事、卫生、财政、教育、文化和司法行政等部门以及审判、检察机关，应当按照各自职责，依法做好老年人权益保障工作。

乡镇人民政府、街道办事处和居民委员会、村民委员会应当做好老年人权益保障工作。

第四条 每年农历九月初九为本省老年节。

第五条 任何组织和个人不得侵害老年人在经济、政治、文化、社会和家庭生活等方面的合法权益。

第六条 老年人的婚生子女、非婚生子女、养子女、有抚养关系的继子女，以及老年人的子女死亡或者无赡养能力，有负担能力的孙子女、外孙子女，都有赡养老年人的义务。

赡养人的配偶应当支持、协助赡养人履行赡养义务。

赡养人及其配偶和其他家庭成员不得虐待、遗弃老年人。

第七条 赡养人应当在经济上供养老年人。

赡养人应当保证老年人的衣、食、住、行、医等基本生活需要。没有收入或者收入很少并与赡养人分开生活的老年人，赡养人应当给付赡养费，提供必需的生活用品，保证老年人的生活水平不低于家庭成员的平均生活水平。

第八条 赡养人应当在生活上照料老年人。

对生活不能自理、患病的老年人，赡养人应当护理、照料或者委托他人护理、照料，并承担所需费用。

赡养人应当尊重老年夫妻共同生活的意愿，不得强行将老年夫妻分开赡养。

第九条 赡养人应当在精神上慰藉老年人。

赡养人应当尊重老年人健康有益的生活方式，尽量满足其精神文化生活需要。

与赡养人分开生活的老年人，赡养人应当经常问候、看望。

第十条 老年人对自己的财产，依法享有占有、使用、收益、处分的权利，子女或者其他亲属不得干涉。

老年人依法立遗嘱处分个人财产或者与他人签订遗赠扶养协议的，子女或者其他亲属不得干涉。

能够独立生活的成年子女，要求老年人给予资助的，老年人可以拒绝。

成年子女或者其他亲属不得以无业或者其他理由，强行索取、克扣老年人的财物，不得侵占、转移、隐匿应当由老年人继承的遗产。

第十一条 老年人与子女或者其他亲属共同购买、建造的房屋，其所有权由老年人及其子女或者其他亲属共同享有。

老年人与子女或者其他亲属共有的房屋调换、拆迁、改建、出租后，老年人依法享有的权益应当予以保障。

第十二条 子女或者其他亲属不得强迫老年人转让、抵押、出租或者以其他方式处分自有房屋。

建设、土地等行政部门在办理老年人自有房屋的转让、抵押和出租等手续时，应当当面征得老年人的同意，或者查验老年人签名的委托法律文书。

老年人承租的房屋，子女或者其他亲属不得强迫老年人变更承租人，也不得与出租人串通修改租赁协议，变更承租人。

第十三条 丧偶或者离婚的老年人，有携带自有财产再婚的权利。

子女或者其他亲属不得以索取、隐匿、扣押老年人自有财产或者相关证件等方式干涉老年人离婚、再婚以及婚后的生活。

赡养人不得因老年人婚姻关系的变化而拒绝履行赡养义务。

第十四条　老年人与赡养人可以签订赡养协议。

赡养人之间对赡养义务有争议，或者老年人要求签订赡养义务协议的，应当签订赡养义务协议。

第十五条　机关、城镇企业事业组织和职工应当依法参加基本养老保险和基本医疗保险，按时足额缴纳基本养老保险费和基本医疗保险费。

社会保险经办机构应当按照国家和省的有关规定，按时足额为参加基本养老保险的老年人发放养老金，不得拖欠。社会保险经办机构应当按照规定，为参加基本医疗保险的老年人及时报销其医药费，不得拖欠。

县级以上人民政府应当采取措施，逐步推行适合农村特点的养老保险制度。尚未实行养老保险制度的农村，有条件的，可以对老年人实行养老补助。

提倡购买商业养老保险。

第十六条　家庭人均收入低于当地最低生活保障标准的老年人，已经纳入最低生活保障范围的，由当地人民政府按照有关规定发给最低生活保障金。

第十七条　无劳动能力、无生活来源、无赡养人和扶养人，或者赡养人和扶养人确无赡养能力和扶养能力的农村老年人，由乡镇人民政府、村民委员会或者农村集体经济组织分散或者集中供养。

第十八条　县级以上人民政府应当设立老年特困救助资金。资金的主要来源是财政拨款和社会捐赠。

老年特困救助资金主要用于救助生活特别困难的农村老年人。资金的筹集、管理和使用办法由省人民政府制定。

老年特困救助资金应当纳入财政专户，专款专用；任何组织和个人不得截留、克扣或者挪用。

第十九条　福利院、敬老院等老年福利设施和适合老年人生活、活动的配套设施的建设，应当纳入城乡建设规划。

各级人民政府应当逐步增加对老年福利事业的投入，兴办老年福利院、敬老院、老年公寓、老年医疗康复中心和老年文化体育活动场所等设施，并鼓励、扶持社会组织或者个人兴办老年福利设施。

非营利性老年福利设施等老龄公益事业的建设用地，按照法律、法规的规定，以划拨方式取得或者优惠取得。兴办非营利性老龄公益事业，按照国家和省的有关规定，减免市政基础设施配套建设费等费用。

农村和城市居住区，没有适合老年人生活、活动的配套设施的，应当逐步补建。

老年福利设施和适合老年人生活、活动的配套设施，未经当地人民政府批准，不得改变用途；经过批准改变用途的，应当补建。

第二十条　经营管理老年福利院、敬老院、老年公寓、老年医疗康复中心和老年文化体育活动场所等福利设施的组织和个人，应当根据老年人的需要，为其提供优质服务。

第二十一条　全社会都有优待老年人的义务。任何组织和个人不得拒绝履行优待老年人的义务。

第二十二条　老年人持山西省老年人优待证或者居民身份证，除享受《中华人民共和国老年人权益保障法》规定的优待外，还享受下列优待：

（一）免费进入公园、博物馆、纪念馆、纪念性陵园、美术馆、科技馆、文化宫（馆）等场所；

（二）优先购买车票、船票、飞机票，优先托运行李、物品；

（三）在各类医疗机构优先就诊、化验、检查、交费、取药，需要住院治疗的，优先安排床位；

（四）婚姻登记免收工本费；

（五）不承担兴办乡村公益事业的劳务和出资义务。

第二十三条　70周岁以上的老年人除享受第二十二条规定的优待外，还享受下列优待：

（一）免收普通门诊挂号费；

（二）免费乘坐市内公共汽（电）车；

（三）免费进入旅游景点；

（四）单独居住需要安装有线电视的，持乡（镇）人民政府、街道办事处出具的证明，免收安装费。

第二十四条　按照第二十二条、第二十三条规定为老年人提供优待服务的场所应当明示优待服务内容。车站、机场、医疗机构等场所，应当设立老年人优待服务窗口。

第二十五条　对百岁以上的老年人，所在县（市、区）人民政府民政部门应当按月发给长寿保健补助费；老龄工作机构协同卫生行政部门应当每年为其免费体检一次。

第二十六条　法律援助机构应当按照有关规定，对需要获得法律服务但无力支付法律服务费用的老年人，提供法律援助。

人民法院对追索赡养费、抚恤金和符合其他有关规定应当给予司法救助的老年人，实行诉讼费用的缓交、减交或者免交。

第二十七条　各级人民政府根据当地实际情况，可以扩大老年人享受优待的范围，增加老年人享受优待的内容。

第二十八条　山西省老年人优待证由省人民政府

老龄工作机构监制，城市老年人向当地县（市、区）人民政府老龄工作机构申领，农村老年人向当地乡（镇）人民政府申领。

第二十九条 对不履行赡养老年人义务或者侵害老年人合法权益的家庭成员，有关部门和组织应当给予批评教育，责令改正；拒不改正的，可以支持和协助老年人向人民法院提起诉讼。

第三十条 故意拖欠或者不按时足额发放养老金的，由主管部门给予通报批评，责令改正，拒不改正的，对直接负责的主管人员和其他直接责任人员给予行政处分。

第三十一条 擅自改变老年福利设施和适合老年人生活、活动的配套设施用途，或者经过批准改变其用途后未补建的，由当地人民政府责令限期恢复或者补建；逾期未恢复或者补建的，对直接负责的主管人员和其他直接责任人员视情节轻重给予相应的行政处分。

第三十二条 有下列情形之一的，由主管部门责令改正；拒不改正的，县级以上人民政府老龄工作机构可以给予批评教育，并可以建议主管部门对直接负责的主管人员和其他直接责任人员给予行政处分：

（一）经营管理老年福利设施的组织或者个人，未按规定为老年人提供服务的；

（二）有义务为老年人提供优待服务的组织或者个人，拒绝为老年人提供优待服务的。

第三十三条 虐待、遗弃老年人，或者以其他方式侵害老年人合法权益，构成犯罪的，依法追究刑事责任。

第三十四条 本办法自 2003 年 7 月 1 日起施行。1988 年 7 月 19 日山西省第七届人民代表大会常务委员会第四次会议通过的《山西省保护老年人合法权益的规定》同时废止。

安徽省老龄相关法规政策摘要

1. 2005 年 10 月 21 日通过的《安徽省旅游条例》第三十四条规定：旅游景区、景点应当对未成年人、老年人、残疾人、现役军人实行优惠票价或者免票，并设立明确的标识。

2. 2003 年 12 月 13 日安徽省第十届人民代表大会常务委员会第六次会议修订通过的《安徽省实施〈中华人民共和国水法〉办法》第三十条规定：敬老院直接取水自用的，不需要申请领取取水许可证。

3. 2005 年省政府制定出台《关于做好被征地农民就业和社会保障工作的指导意见》，将用 3 年时间建立被征地农民养老保险。被征地农民男满 60 周岁，女满 55 周岁可领取养老保险金，标准不低于每月 80 元。

4. 安徽省人民政府令第 174 号《安徽省城市公共客运交通管理办法》第十七条：免收下列乘客或者货物的乘车费用。（一）现役军人、革命伤残军人、盲人、70 周岁以上老年人和其他持有免费乘车证件的人员。

5. 安徽省人民政府令第 164 号《安徽省城市生活无着的流浪乞讨人员救助管理办法》第十条：救助站对受助的未成年人、老年人、残疾人等应当给予照顾。第十二条：对受助的未成年人和行动不便的老年人、残疾人、救助站应当通知其亲属，或者所在单位接回。第十三条：对无亲属、无单位或无法查明亲属或者所在单位、但可以查明其户籍所在地或者住所的行动不便老年人，按省内的、省外的不同情况给予援助。第十四条：对无法查明其亲属或者所在单位，也无法查明其户籍所在地、住所地的未成年人、老年人和残疾人，由救助站的主管民政部门提出安置方案，报市级人民政府批准后方可安置。

浙江省老龄相关法规政策简目（2003—2005）

1.《中共浙江省委办公室、浙江省人民政府办公厅关于进一步推进企业退休人员社会化管理服务工作的意见》（浙委办〔2003〕60 号）

2.《浙江省人民政府关于建立新型农村合作医疗制度的实施意见（试行）》（浙政发〔2003〕24 号）

3.《浙江省人民政府关于加快建立被征地农民社

会保障制度的通知》(浙政发〔2003〕26号)

4.《浙江省人民政府关于加快建立覆盖城乡的新型社会救助体系的通知》(浙政发〔2003〕30号)

5.《浙江省人民政府办公厅转发省老龄工作委员会〈2003－2005年为老年人办实事的意见〉的通知》(浙政发〔2003〕56号)

6.《浙江省人民政府关于进一步做好最低生活保障工作的通知》(浙政发〔2003〕60号)

7.《浙江省人民政府办公厅转发省老龄工办、省民政厅关于加强社区老龄工作意见的通知》(浙政发〔2003〕67号)

8.《浙江省劳动和社会保障厅、浙江省国土资源厅、浙江省财政厅、浙江省民政厅、浙江省农业厅关于建立被征地农村基本生活保障制度的指导意见》(浙农社劳〔2003〕79号)

9.《浙江省民政厅、浙江省老龄工作委员会办公室关于印发浙江省城市社区老龄工作规范化建设考评办法和考评标准的通知》(浙老工委办〔2004〕3号)

10.《浙江省老龄工作委员会关于印发〈浙江省基层老年人协会组织通则〉的通知》(浙老工委〔2004〕10号)

11.《浙江省老龄工作委员会关于印发〈浙江省基层老年人协会规范化建设标准〉的通知》(浙老工委〔2004〕11号)

12.《浙江省人民政府关于印发浙江省优待老年人规定的通知》(浙政发〔2005〕48号)

13.《关于印发〈浙江省老年人优待证制发和管理办法〉的通知》(浙老工委办〔2005〕45号)

14.《浙江省民政厅、浙江省总工会、共青团浙江省委、浙江省妇女联合会、浙江省残疾人联合会、浙江省红十字会、浙江省老龄工作委员会办公室、浙江省关心下一代工作委员会转发民政部、全国总工会等〈关于进一步做好新形势下社区志愿服务工作的意见〉的通知》(浙民基〔2005〕221号)

关于贯彻《福建省优待老年人若干规定》的实施意见

(2003年9月9日)

为了贯彻落实《福建省优待老年人若干规定》(闽政［2002］45号，以下简称《规定》)，使优待老年人的规定在全省范围内顺利执行，根据《规定》和省政府专题会议纪要(［2003］89号)的精神，特提出如下具体实施意见：

一、农村税费改革试点地区，经村民代表大会通过后，农村65周岁以上(含65周岁)的老年人不承担出资义务、免缴村公益事业资金。65周岁以下丧失劳动能力或家庭有特殊困难的老年人酌情减免；70周岁以上(含70周岁，下同)老年人免征新增农业税及附加。凡税费改革前不承担“三提五统”的，改革后也不缴纳乡村公益事业金；所有农村老年人都不承担村级兴办集体公益事业筹劳义务。此项优待规定，由县级和乡镇政府负责落实，县级以上(含县级，以下同)农办和财政部门负责督促实施。

二、为老年人医疗保健提供优先优质服务。各级医院、疗养院、卫生院(所)等医疗机构要积极创造条件开设老年病门诊，在挂号、就诊、检查、取药、住院、收费等方面对70周岁以上的老年人实行优先服务。有条件的地方，应为患有慢性病或行动不便的老年人设立家庭病床，提供优惠上门服务。此项优待规定，由县级以上卫生行政主管部门负责督促实施。

三、老年人凭《福建省老年人优待证》(以下简称《优待证》)进入公园(不含园中园)、非商业性展览馆等，各地根据实际情况，在购买门票时给予优惠。已承包经营的公园对老年人的优待，由县级以上城市建设行政主管部门协调落实优待的具体措施，并负责督促实施。

四、电影院、文化宫(馆)、体育场(馆)、图书馆等公共文化体育设施的经营管理部门，应为丰富老年人精神文化生活提供便利。已承包经营的院(场、馆)，由县级以上文化、体育行政主管部门协调落实具体优待措施，并负责督促实施。

五、70周岁以上的老年人凭《优待证》在市区内免费乘坐公共汽车。老年人乘坐市区公共汽车的人身伤害保险，各地结合当地实际自行决定。公共汽车上应提倡为老年人让座。已承包经营的公交线路，由县级以上城市公共交通行政主管部门协调落实优待的具体措施，并负责督促实施。

六、车站、港口、机场等经营管理部门应为老年人购票、进站、托运行李、上下车（船、飞机）提供方便。应在候车（船）室设老年人专用座位。此项优待规定，由县级以上交通行政主管部门协调落实优待的具体措施，并负责督促实施。

七、老年人因合法权益受到侵害提起诉讼，按照最高人民法院《关于对经济确有困难的当事人予以司法救助的规定》，酌情给予缓交、减交或免交诉讼费。老年人需要法律援助，又无力支付律师费用的，依照《福建省法律援助条例》办理。此项优待规定，由县级以上法院和司法行政主管部门协调制定具体措施，并负责督促实施。

八、敬老院、老年公寓、托老所、社会福利院等为老年人服务的单位和70周岁以上身边无子女的老年人，持街道、乡镇以上民政部门的证明，在申请安装闭路电视和管道煤气时，初装费实行优惠，并优先安装。此项优待规定，由县级以上广播电视和城市建设行政主管部门协调制定优惠的具体措施，并负责督促实施。

九、商业、水电、燃料、电信、邮政等窗口行业和社区服务单位，应为老年人提供优质、优惠、优先服务和照顾，提倡为老年人上门服务，满足老年人的特殊生活需求。此项优待规定，由县级以上各有关行政主管部门协调制定具体优待规定，并负责督促实施。

十、各县（市、区）政府对百岁以上老年人实行每人每月发给不低于100元长寿营养补贴，卫生部门定期为他们免费体检、巡诊。此项优待规定，由县级以上财政、卫生行政主管部门和老龄工作部门负责督促实施。

十一、涉及上述敬老优待服务项目的单位，应向社会公开承诺优待服务内容，在服务窗口设置明显的标志，并采取有力的措施做好服务工作，兑现承诺，接受社会的监督。

十二、《优待证》实行“全省一证通”，即老年人持《优待证》可在全省范围内享受上述优待规定，各地各有关部门要主动做好协调工作，各有关服务单位要按照《规定》的要求，积极创造条件，做好优待老年人工作。为了区别70周岁以上与70周岁以下老年人某些优待项目的不同，70周岁以上的老年人使用红色封面《优待证》，60周岁以上（含60周岁）、70周岁以下的老年人使用绿色封面《优待证》。

十三、各地已有的对本地区老年人的优待规定，本着就高不就低的原则继续执行。

十四、全省老年人《优待证》由省老龄办统一规格、样式，授权各设区市老龄办分别印制，按规定发放。《优待证》上个人照片加盖设区市老龄工作委员会钢印，“发证机关”栏盖设区市老龄工作委员会公章。印制与发放《优待证》所需经费由市、县、区财政分别负担。省直单位及中央驻榕单位的老年人优待证由省老龄办负责印制和发放，所需经费由省财政负担。在各地的省直和中直单位的老年人优待证，按属地原则由驻地设区市老龄办负责印制和发放。

十五、对老年人优待规定的实施，由县级以上老龄工作委员会办公室负责督促检查。

陕西省老年人优待办法

（2005年9月30日）

为保障老年人合法权益，进一步弘扬中华民族尊老、敬老的传统美德，做好对老年人的优待服务工作，根据《中华人民共和国老年人权益保障法》和《陕西省实施〈中华人民共和国老年人权益保障法〉办法》，结合我省实际，制定本办法。

第一条 凡户籍在本省行政区域内，年满70周岁以上的老年人，凭《陕西省敬老优待证》（以下简称《敬老优待证》），享受本办法的优待服务。

第二条 各级人民政府应加强对老年人优待服务工作的领导。各有关部门在职责范围内做好老年人优待服务工作。鼓励和提倡有关单位和个人为老年人提供优待服务。

第三条 老年人凭《敬老优待证》，可免费进入国有或国家投资为主体的公园、旅游景点、风景名胜区、博物馆、纪念馆等。在上述场所举办专项活动期间，门票可按半价收费。非国有经营的公园、旅游景点、风景名胜区、博物馆、纪念馆等，应履行尊老、敬老的传统美德和为老服务的社会责任，对老年人实行优待服务，具体措施由投资主体确定。

第四条 老年人凭《敬老优待证》，免费使用收费公共厕所。

第五条 老年人凭《敬老优待证》在各级各类医疗机构（含民营和个体诊所）就医时，享受优先就诊、化验、检查、交费、取药、住院的服务。各设区市、县（区）　级卫生部门，每年应为百岁以上的老年人免费体检一次。

第六条　老年人凭《敬老优待证》，可优先购买火车票、长途汽车票、飞机票，享受各设区市政府已经出台的老年人乘车优待办法。省内飞机场、火车站、长途汽车站及公共交通工具内，应设老年人专座。

第七条　各设区市、县（区）政府对90—99周岁的高龄老年人，每人每月发给不低于50元的生活保健补贴，所需资金由各设区市和县（区）财政共同负担。对100周岁以上（含100周岁）的高龄老人，每人每月发给不低于100元的生活保健补贴，所需资金由省财政负担。各地应根据当地经济发展状况，逐步提高高龄老人的生活保健补贴标准。高龄老人的生活保健补贴由当地老龄部门负责发放。

第八条　老年人不承担各种社会集资。农村老年人可免交乡村公益事业金，不承担村级兴办集体公益事业的出资、投劳义务。

第九条　律师事务所和法律咨询服务机构，应优先为老年人提供有关维护老年人合法权益方面的法律咨询。老年人因其合法权益受到侵害，需要获得律师帮助但无力支付律师费用的，可按有关程序申请法律援助。

第十条　涉及老年人优待服务的单位和场所，应依照本办法的规定，挂牌明示服务内容，设立老年人服务标示牌，落实服务条款，提供优质文明服务。

第十一条　本办法颁布实施后，各设区市政府已经制定出台的老年人优待政策继续执行，执行时采取“就高不就低”的原则。

第十二条　《陕西省敬老优待证》由省老龄工作委员会办公室代省政府统一印制并发放。县级以上老龄工作机构可集中代办。

第十三条　本办法由省老龄工作委员会办公室负责解释。

第十四条　本办法自发布之日起施行。

陕西省体育局《关于加强老年人体育工作的意见》

（2004年12月）

老年人体育工作是我国社会主义体育事业和精神文明建设的重要组成部分。老年人体育事业的发展，是一个国家健康水平和社会文明程度的重要标志之一。加快老年人体育事业的发展，对于弘扬中华民族敬老爱老美德，振奋民族精神，增强老年人体质，推动社会主义物质文明、政治文明、精神文明建设都有着十分重要的作用。为进一步推动我省老年人体育事业全面、协调、持续、健康发展，现就进一步加强全省老年人体育工作提出如下意见。

一、充分认识老年人体育工作的重要意义

改革开放以来，在各级党委、政府及体育部门的关心指导下，我省老年人体育事业得到了较快发展，取得了显著成绩。老年人体育组织日臻完善，老年人体育人口不断增加，老年人的生活质量和健康水平明显提高，老年体育队伍已经成为一支有影响、有亲和力、深受社会各界和广大老年人欢迎的生力军。

但是，由于我省人口老龄化是在“未富先老”的形势下到来的，老年人口的迅速增长，给我省老年人体育事业带来了一系列的影响，满足广大老年人强烈的体育健身需求，成为一项十分紧迫的任务。目前，我省老年人口已达365万人，占全省人口的10%，随着我省经济社会事业的发展和医疗条件的改善，这一比率还将呈上升趋势。但与此同时，我省老年人体育事业还存在着诸多不足和亟待解决的问题。比如，老年人体育基础薄弱，不能很好地适应人口老龄化的需求；各有关方面对人口老龄化问题和老年人体育事业的发展认识不足；老年人体育政策、法规不够健全；老年人体育设施和服务网络建设滞后；老年人体育事业经费严重不足等等。对此，我们必须高度重视，认真研究，积极解决。

老年人是社会的重要组成部分，是党和国家的宝贵财富，同时也是社会一个庞大的弱势群体和需要关心帮助的社会群体。满足广大老年人日益增长的物质和文化体育生活需要，让老年人共享经济建设和社会发展的成果，是我们党亲民、便民、利民、为民根本宗旨的体现，是在新的历史条件下贯彻落实“三个代表”重要思想的体现，也是各级党委、政府义不容辞的责任。在社会主义市场经济条件下，重视人口老龄化趋势等因素对社会供求的影响，用政策和制度保证老年人的政治、经济、文化、社会、生活等基本权

益，对促进经济建设和社会发展具有重要意义。

二、新时期老年人体育工作的指导思想、基本方针和主要任务

今后一个时期将是我省老年人体育工作在全面建设小康社会进程中加速发展的重要时期。根据《陕西省体育事业“十五”计划和2010年发展规划》和我省老年体育工作的实际，新时期我省老年体育工作的指导思想是：以马克思主义、毛泽东思想、邓小平理论和“三个代表”重要思想为指导，从我国的国情和省情出发，认真贯彻落实“党政主导、社会参与、全民关怀”和“促进城市、发展农村、重在基层、面向全体”的方针，以服务全面建设小康社会，满足广大老年人不断增长的文化体育需求为出发点，把增强老年人身心健康，提高国民素质作为老年人体育工作的根本目标。

新时期我省老年人体育工作的基本方针是：坚持以人为本，为老年人服务，为社会主义现代化建设服务，努力实现老年体育与全面建设小康社会目标的协调发展；坚持老年人体育与社会主义市场经济体制相适应，更新观念，着眼创新，运用市场机制，推进老年人体育事业社会化、产业化，走政府、社会、家庭和个人相结合的体育健身之道；坚持普及与提高相结合，正确处理普及与提高的辩证关系，在普及的基础上提高，在提高的过程中普及，以城市带乡村，以典型带一般，形成老年体育的良性循环；坚持从物质和精神两个方面提高老年人的健康水平，在开展老年人体育健身的同时，注重老年人的精神保健，引导老年人树立自立、自强、自信和乐观向上的健康理念；坚持统筹规划、分类指导、突出重点，既要强调统筹规划，科学指导，又要因地制宜，小型多样，把老年人体育工作的重点放在社区、乡镇基层。新时期老年人体育工作的主要任务是：认真贯彻落实党和政府有关老年人体育和老龄工作的法规和方针政策，紧紧围绕全面建设小康社会目标，全面落实全民健身计划，大力倡导和推广适合于城乡老年人特点的体育健身方式，从整体上提高老年人的生活、生命质量；逐步建立健全与老龄化社会相适应的老年人体育组织网络体制、多元化的老年人体育设施和老年人体育服务保障运行机制，不断改善和提高老年人体育健身的物质条件、管理服务水平，使老年人体质的主要指标在现有水平的基础上明显提高，促进全省经济和社会的协调发展。

三、努力构建群众性、多元化的老年人体育健身服务体系

随着国民经济的发展和人民群众物质文化生活水平的提高，各级政府要逐步改善老年人参加体育运动的条件，为广大老年人提供必要的组织服务和体育设施保障。要从我省实际出发，根据不同区域、不同老年人群的需求，为老年人开展体育锻炼提供多元化的服务。

抓紧理顺和建立健全老年人体育组织。要进一步明确，各级老年人体育组织是在各级政府主导、体育行政部门主管下的老年人社团组织，实行归口管理。凡是与此精神不符的要尽快理顺。各市、县、区已经建立老年人体育组织的，要按照“四有”（有专人负责、有办公地点、有经费保障、有经常活动）的要求，不断充实和完善。没有建立老年人体育组织的，应当在2005年底以前全部建立起来。城市社区、街道居民委员会，农村、乡镇居委会、村民委员会和各行业、机关、企事业单位都应积极建立老年人体育组织和老年人体育辅导站（点）等。力争在三年内，使全省老年人体育组织的覆盖率达到社区、乡镇数的50%以上，基本形成以政府为主导，以老年人体育组织为纽带，以社区、乡镇为龙头，以社会活动站（点）为依托，以社会体育指导员为骨干，以广大老年人为主体的老年人体育健身组织体系。

加强老年体育活动场地设施建设。各级政府要把加强老年人体育活动场地和设施建设作为构建群众性、多元化体育服务体系的重中之重。要按照《中国老龄事业发展“十五”计划纲要》和《老年人体育工作发展规划》的要求，坚持政府支持与社会兴办相结合，把老年人体育活动场地建设纳入城乡发展整体规划中，努力营造科学、文明、就近、方便的老年人健身环境。

大中城市要从长计议，逐步建立适应“大老龄”、“大体育”和设施齐备、功能齐全、综合性的老年人体育健身指导中心，充分发挥集聚效应、辐射作用和带动作用。市、县、区和城市社区、农村乡镇要在现有或新建、扩建全民健身广场（中心），或公益性体育设施时，要优先考虑照顾到老年人的特点和健身需求，因地制宜地为老年人开辟健身场所。城市大中型骨干企业和农村小康县、乡镇、村应带头搞好老年体育健身设施建设，发挥典型示范作用。同时鼓励机关部门和企事业单位管辖的文化体育活动场所，应定时向老年人开放。公园、文化馆站、体育馆等公共文化体育活动设施，要免费或优惠向老年人开放。各级政府应加大对老年人体育场所及设施建设的投入，同时鼓励和支持社会团体和个人积极兴办老年人体育服务场所。对于兴办非营利性老年人体育服务机构的，应按国家对公益性事业建设的有关规定减免优惠有关费用。

任何组织和个人不得侵占、破坏老年人体育设施，因特殊情况需要临时占用的，须经体育行政部门和建设规划部门批准。

四、积极开展丰富多彩的老年人体育健身活动

老年人体育健身活动重在参与、贵在坚持。各级政府、体育行政部门以及各级老年人体育组织，要把组织老年人开展经常性的体育健身活动当作自己的重要任务。老年人体育健身活动要本着因地制宜、小型多样、重在参与、安全第一、旨在健身的精神，提倡文体结合、动静结合、传统与现代结合，城市体育与乡镇体育并举，突出经常性、普遍性、民族性、多样性、趣味性和科学性。结合老年人的特点和我省的实际，各市、县要把太极拳、木兰拳、门球、登山、棋类、健身球、健身秧歌等群众体育活动作为重点，做好推广普及工作。

开展老年人体育健身活动，城市要以社区为重点。社区居委会和社区老年体育组织，要根据社区的特点，组织开展经常性老年人体育活动，搞好骨干培训、体育竞赛、体质监测等工作。农村要以乡镇为重点，坚持生产劳动与文化活动相结合，充分利用节日和农闲季节开展老年人喜闻乐见、丰富多彩的体育健身活动。县、乡镇、居委会要加强对老年人体育活动的组织指导和队伍建设，同时，每年应有计划地开展多种形式的老年人体育竞赛和表演活动。严禁在老年人体育活动中从事赌博、封建迷信等一切违法活动。

要按照国民体质监测的整体规划，在城市社区和农村乡镇开展老年人体质监测活动。同时要加强老年人体质与健康的科学研究，抓好老年健康教育和预防保健工作，提高老年人的健康水平。力争到“十五”计划末，全省老年人健康教育普及率城市达到80%，农村达到50%；老年人体育健身参与率达到40%－50%以上。

五、切实加强对老年人体育工作的领导

各级政府和体育行政部门要进一步统一思想，提高认识，加强领导，把老年人体育工作列入日常工作议程，纳入改革和发展整体规划，并制定相应工作计划，努力付诸实施。要本着老年人体育工作只能加强，不能削弱的原则，将老年人体育工作纳入各级政府主管部门的岗位责任目标管理考核范围。按照体育改革社会化的方向和要求，逐步改革和完善老年人体育工作管理体制。

要不断加大对老年人体育事业的投入，县以上各级政府要将老年人体育事业经费和基本建设资金列入本级财政预算，并随着国民经济的发展和老年人口规模的增大，逐步增加对老年体育事业经费投入。城市社区和乡镇基层也应根据各自实际，适当增加对老年人体育事业经费和老年体育基本建设资金的投入。同时，还要充分运用市场机制，调动社会各方面的积极性，逐步形成多元化、多渠道的老年人体育事业财力投入机制。

各级发改、财政、建设及规划、国土、民政、工商、税务、物价等相关部门，要在遵循国家相关规定的前提下，结合实际制定发展老年人体育事业的优惠政策。各级工会、妇联、共青团、老龄委应当发挥各自职能作用，把发展老年人体育事业的责任落到实处。形成全社会对老年人体育事业齐抓共管，合力推进的局面。

要增强对老年人体育工作的宣传力度，充分发挥广播、电视、报刊、新闻出版等在促进老年人体育事业发展中的宣传教育和引导作用。积极创作和出版发行老年人喜闻乐见的优秀作品、电子读物和音像制品。倡导科学、健康、文明的生活方式，丰富老年人的精神文化生活。

加强老年人体育工作，发展老年人体育事业，是时代赋予我们的历史重任。各级政府要以求真务实的精神，认真抓好贯彻落实，为开创我省老年人体育事业新局面做出新的贡献。

河南省农村基层老年协会章程
（示范文本）

（2005年6月22日）

第一章　总　则

第一条　本团体定名为乡（镇）村老年协会（以下简称老年协会）。

第二条　本协会是由老年人自愿组成的，自我教育、自我管理、自我服务的非盈利性老年群众组织。

第三条　本协会的宗旨：遵守宪法、法律、法规和国家政策，遵守社会道德风尚，执行《中华人民共和国老年人权益保障法》和《河南省老年人保护条例》。从当地老年人的需求出发，通过研究、探索村级老龄工作，维护老年人合法权益，反映老年人的要求，组织广大老年人开展丰富多彩的活动，为老年人提供发挥余热的舞台，组建多种为老年人服务的志愿者队伍，以促进“老有所养、老有所医、老有所教、老有所学、老有所为、老有所乐”在基层的全面落实。

第四条　本协会作为本村的内部团体，接受本村党支部、村委会及上级业务部门的指导、监督和管理。

第五条　本协会的办公场所设在本村老年活动中心（站）。

第二章　业务范围

第六条　本协会的业务范围：

（一）制定工作规划和每年工作重点；

（二）根据老年人需求，研究、探索基层老龄工作的原则、目标、任务、体制及运行机制；研究、探索加强本村老龄工作的工作原则；研究、探索本村维护老年人合法权益、为老服务和“六个老有”的相关问题及措施；

（三）督促、监督赡养协议的签订、落实。开展敬老好儿媳、好公婆等评选表彰活动。

发动本村广大群众和低龄、健康老人，组织各种志愿者队伍，对空巢、孤老、高龄、特困等老人开展帮扶服务；组织开展与老年人密切相关的教育和学习活动；根据需要，对为老服务队伍进行培训，不断提高服务水平；

（四）协助本村卫生医疗机构做好老年人医疗、救护、康复和咨询服务，建立老年人健康档案及健康知识普及教育工作；

（五）组织开展丰富多彩的文娱、体育、志趣爱好活动；

（六）为老年人提供展示才能、发挥余热的舞台，探索开展无偿、有偿为老年人服务的项目和途径；

（七）广泛开展老年法律法规、时事政治、科普知识、老龄事业发展动态及信息的学习、宣传、交流活动；

（八）组织开展敬老爱老助老传统教育活动和关心教育下一代活动。

（九）帮助老年人维护自身的合法权益，积极向有关部门反映老年人的意见、要求，呼吁各级领导和社会重视老年人关心的热点、难点问题；

（十）完成村委会交办、委托的相关事宜。

第三章　会　员

第七条　本协会由个人会员组成。

第八条　申请加入本协会的会员，必需具备下列条件：

（一）拥护本协会的章程；

（二）有加入本协会的意愿；

（三）具有本村户口或在本村常住的老年人。

第九条　会员入会的程序是：

（一）提交入会申请书；

（二）填写会员登记表；

（三）经协会讨论通过；

（四）由协会发给会员证。

第十条　会员享有下列权利：

（一）有协会的选举权、被选举权和表决权；

（二）有参加本协会各项活动的权利；

（三）有优先获得本协会服务的权利；

（四）有对本协会工作的批评建议权和监督权；

（五）有入会自愿、退会自由的权利；

（六）在合法权益受到侵害时，有要求协会给予保护的权利。

第十一条　会员应履行的义务：

（一）执行本协会的决议；

（二）维护本协会合法权益；

（三）完成本协会交办的工作；

（四）按规定交纳会费；

（五）向本协会反映情况，提供有关资料；

（六）遵守本协会章程。

第十二条　会员退会应书面通知本协会，并交回会员证。

会员超过1年时间不缴纳会费或不参加本协会活动的，视为自动退会。

第十三条　会员如有严重违反协会章程的行为，经理事会通过，给予除名。

第四章　组织机构和负责人产生、罢免

第十四条　本协会的最高权力机构是会员大会（或会员代表大会），会员大会（或会员代表大会）的职权是：

（一）制定和修改章程；

（二）选举和罢免理事（理事按不超过会员代表的三分之一比例推荐产生）；

（三）审议理事会（理事会成员由会长、副会长、秘书长及其他理事组成）的工作报告和财务报告；

（四）决定终止事宜；

（五）决定其他重大事宜。

第十五条　会员大会（或会员代表大会）须有三分之二以上的会员（或会员代表）出席方能召开，其决议须经到会会员（或会员代表）半数以上表决通过方能生效。

第十六条　会员大会（或会员代表大会）每届×年（会员大会或会员代表大会每届最长不超过5年）。因特殊情况需提前或延期换届的，须由理事会表决通过，但延期换届最长不超过1年。

第十七条　理事会是会员大会（或会员代表大会）的执行机构，在闭会期间负责协会日常工作，对会员大会（或会员代表大会）负责。

第十八条　理事会的职权是：

（一）执行会员大会（或会员代表大会）的决议；

（二）选举和罢免会长、副会长、秘书长；

（三）筹备召开会员大会（或会员代表大会）；

（四）向会员大会（或会员代表大会）报告工作和财务状况；

（五）决定会员的吸收或除名；

（六）决定设立办事机构、分支机构和实体机构；

（七）决定各机构主要负责人的聘任；

（八）领导本协会各机构开展工作；

（九）制定内部管理制度；

（十）决定其他重大事项。

第十九条　理事会须有五分之四以上理事出席方能召开，其决议须经到会理事三分之二以上表决通过方能生效。

第二十条　理事会每半年至少召开一次会议。

第二十一条　本协会的会长、副会长、秘书长必须具备下列条件：

（一）坚持党的方针、路线、政策，政治素质好；

（二）在本村群众中威望较高；

（三）会长、副会长、秘书长最高任职年龄一般不超过70周岁；

（四）身体健康，能坚持正常工作；

（五）未受过剥夺政治权利的刑事处罚；

（六）具有完全民事行为能力。

第二十二条　本协会会长、副会长、秘书长如超过最高任职年限的，须经理事会表决通过，方可任职。

第二十三条　本协会会长、副会长、秘书长任期×年［会长、副会长、秘书长任期最长不得超过两届］。因特殊情况需延长任期的，须经会员大会（或会员代表大会）三分之二以上会员（或会员代表）表决通过，方可任职。

第二十四条　本协会会长为本协会法定代表人。

本协会法定代表人不兼任其他协会的法定代表人。

第二十五条　本协会会长行使下列职权：

（一）召集和主持理事会；

（二）检查会员大会（或会员代表大会）、理事会决议的落实情况；

（三）代表本协会签署有关文件。

第二十六条　本协会秘书长行使下列职权：

（一）主持办事机构开展日常工作，组织实施年度工作计划；

（二）协调各分支机构、实体机构开展工作；

（三）提名各办事机构、分支机构和实体机构主要负责人，交理事会决定；

（四）决定办事机构、实体机构专职工作人员聘用；

（五）处理其他日常事务。

第五章　资产管理、使用原则

第二十七条　本协会经费来源：

（一）会费；

（二）接受捐赠；

（三）政府资助；

（四）在核准的业务范围内开展活动或服务的收入；

（五）利息；

（六）其他合法收入。

第二十八条　本协会按照国家有关规定收取会员会费。

第二十九条　本协会经费必须用于本章程规定的业务范围和事业的发展，不得在会员中分配。

第三十条　本协会建立严格的财务管理制度，保证会计资料合法、真实、准确、完整。

第三十一条　本协会的资产管理必须执行国家规定的财务管理制度，接受会员大会（或会员代表大会）的监督。资产来源属于国家拨款或者社会捐赠、资助的必须接受村党支部和村委会的监督，并将有关情况以适当方式向全村公布。

第三十二条　本协会换届或更换法定代表人之前必须接受村党支部、村委会和业务主管单位组织的财务审计。

第三十三条　本协会的资产，任何单位、个人不得侵占、私分和挪用。

第六章　章程的修改程序

第三十四条　对本协会章程的修改，须经理事会表决通过后报会员大会（或会员代表大会）审议。

第三十五条　本协会修改的章程，须经会员大会（或会员代表大会）表决通过后方能生效。

第七章　终止程序及终止后的财产处理

第三十六条　本协会自行解散或由于分立、合并等原因需要终止的，由理事会提出终止动议。

第三十七条　本协会终止动议须经会员大会（或

会员代表大会）表决通过，并经村党支部、村委会研究同意。

第三十八条　本协会终止前，须在村党支部、村委会指导下成立清算组织，清理债务，处理善后事宜。

清算期间，不开展清算以外的活动。

第三十九条　本协会终止后的剩余财产，在村党支部和村委会的监督下，按照国家有关规定，用于发展与本协会宗旨相关的事业。

第八章　附　则

第四十条　本章程经××××年×月×日会员大会（或会员代表大会）表决通过，即日起生效。

第四十一条　本章程的解释权属本协会的理事会。

河南省农村基层老年协会规范化建设标准

（2005 年 6 月 22 日）

为充分发挥农村基层老年协会在促进经济发展、保持社会稳定、维护老年人自身权益、关心教育下一代等方面的积极作用，加强农村基层老年协会规范化建设，根据《中华人民共和国老年人权益保障法》、《中共河南省委、河南省人民政府关于贯彻落实〈中共中央、国务院关于加强老龄工作的决定〉的意见》，对农村基层老年协会的规范化、制度化建设，制订如下标准：

一、领导班子建设好。建设一支坚持四项基本原则，具有开拓创新精神，广大群众信得过的老年协会领导班子。各领导成员目标责任明确，分工负责，团结协作，能带领全村老年人认真履行章程规定的工作任务，将老年协会真正办成基层党（委）支部、村委员会的好帮手，老年群众的贴心人，社会安定的稳定器。

二、规章制度建设好。建立健全老年协会的各项规章制度，有一个规范的协会章程；有一套完备的会议制度，如会员大会制度、会员代表大会制度、理事会制度等；有一系列健全的管理制度，如财务管理制度、资产管理制度、活动场所及器材管理使用制度等。各项规章制度要简明扼要，具体明确，要制图、制表上墙。

三、服务设施建设好。有一个设施齐全的老年活动场所，包括：老年学校、阅览室、娱乐室、健身房等，能基本满足老年人学习、娱乐、文体活动的需求；活动场所有专人负责管理，并保持清洁、卫生，没有赌博现象。

四、活动经费保障好。有固定的活动经费来源，能保证开展正常活动，农村老年协会要建立自已的养老基地，收入用于特困老人救助、协会活动开支等。

五、作用发挥好。一是围绕党的中心工作开展各项活动，弘扬社会正气，倡导精神文明。二是认真宣传贯彻“一法一条例”，对虐待、歧视、殴打等侵犯老年人合法权益的行为，要及时进行调解；对触犯刑律的要提请司法机关及时处理，切实保护老年人的合法权益。三是积极组织开展社会互助活动，认真做好老年人的赡养和照料工作，关心高龄、特困、残疾老年人的生活。四是积极组织老年人参与社会治安、民事调解、计划生育、关心教育下一代等工作，并卓有成效。

广东省老年人权益保障条例

（2005 年 5 月 26 日广东省第十届人民代表大会常务委员会第十八次会议通过　2005 年 5 月 26 日公布　自 2005 年 8 月 1 日起施行）

第一条　为保障老年人的合法权益，发展老年事业，根据《中华人民共和国老年人权益保障法》和有关法律、行政法规，结合本省实际，制定本条例。

第二条　本条例所称老年人是指六十周岁以上的公民。

第三条　各级人民政府应当把老年事业纳入国民经济和社会发展计划，逐步增加财政投入，使老年事业与经济社会协调发展。

各级人民政府应当鼓励社会各方面对老年事业的

投资或捐资。国家发行福利彩票的地方收益，应当提取一定比例用于老年福利事业。

第四条　各级人民政府设立的老龄工作委员会负责协调本行政区的老龄工作，督促、检查老年人权益保障法律法规的贯彻实施。

老龄工作委员会各成员单位应当按照分工做好老年人工作。

基层社区、村可以依法设立老年人组织。老年人组织是由老年人自愿参加、自我管理、自我教育、自我服务、自我监督、自主发挥作用的群众组织，反映老年人的意见和要求，维护老年人合法权益。

第五条　保障老年人的合法权益是全社会的共同责任。

机关、社会团体、企业事业单位和其他组织应当按照各自职责，做好老年人权益保障工作。

第六条　每年农历九月初九重阳节为老人节。各级人民政府在老人节期间，应当组织各种形式有益于老年人身心健康的活动。

第七条　各级人民政府及其有关部门应当健全对老年人的社会保障制度。充分发挥社会团体、企业事业单位在老年人社会保障工作中的作用。

第八条　实行城镇社会养老保险制度，对依法参加养老保险年老退出社会劳动领域的劳动者，社会保险机构应当按时足额发放养老保险金。

第九条　逐步在农村实行社会养老保险制度。农村集体土地征用补偿费和农村集体建设用地使用权流转中的收益，应当提取一定比例用于建立农村养老保险基金。

未实行农村养老保险制度的地区，经县级人民政府民政部门审查，对符合条件的老年人，按照当地最低生活保障标准给予救济。

第十条　无劳动能力、无生活来源、无赡养人和扶养人，或者其赡养人和扶养人确实无赡养能力、扶养能力的老年人，城镇的，经县级人民政府民政部门审查，全额享受当地居民最低生活保障；农村的，由当地人民政府实行保吃、保穿、保住、保医、保葬的五保供养。

第十一条　各级人民政府应当把发展老年医疗事业纳入医疗卫生发展总体规划，逐步形成完善的老年医疗服务体系。

实行基本医疗保险制度的城镇，为符合条件的退休老年人提供基本医疗保障。

农村老年人参加合作医疗，村集体经济组织应当予以照顾，对贫困老年人给予资助，对重病患者给予医疗救助。

第十二条　老年人持本人身份证或者老龄工作委员会制发的优待证到医疗单位就医，医疗单位应当给予优先服务。

有条件的社区卫生服务机构和医院应当开设老年人门诊或者老年人家庭病床。

城镇可以建立基本医疗救助基金，村集体经济组织可以建立农村医疗救助基金，对重病住院、无力支付医疗费的孤寡老人予以资助。

第十三条　赡养人应当依法履行对老年人的赡养义务，保障老年人的基本生活需要；在生活上照料老年人，对患病或者生活不能自理的老年人，赡养人应当提供护理服务，或者委托他人护理并承担费用；在精神上慰藉老年人，满足老年人的精神文化生活需求。

第十四条　各级人民政府应当根据本地实际情况，制定老年人乘坐市内公共交通工具，进入公园，使用文化、体育公共设施等的优惠办法。

依照前款规定给予免费或者优惠收费的公共服务场所，应当设置明显的免费或者优惠收费标志。工作人员或者服务人员在提供服务时应当向老年人告知相关优惠规定。

机关、社会团体、企业事业单位和个人，应当履行优待老年人的职责和义务。

第十五条　各级人民政府应当加强对老年教育工作的领导，统一规划，保障老年人继续教育的权利，采取措施，开展各种形式的健康教育、法律知识教育，增强老年人自我保健能力和自我保护意识。

第十六条　各级人民政府应当发展老年文化、体育事业。文化、体育、公共娱乐等场所，应当设立适合老年人活动的项目及设施；社区、村要配套老年人活动场所和设施，以丰富老年人的精神文化生活。

第十七条　各级人民政府应当加强社区老年福利机构建设，完善社会福利服务网络。

优先发展护理型养老机构，为生活不能自理的老年人提供养老服务，普及老年人护理知识，向老年人提供稳定、规范的服务。

第十八条　各级人民政府对社会团体、企业事业单位和个人投资或捐资兴办敬老院、福利院、老年公寓、老年医疗健康机构、老年文化体育活动场所等老年福利事业，应当按规定给予政策优惠和扶持。

各级人民政府应当鼓励企业开发、生产、经营老年人需要的生活用品。

第十九条　老年人可以自愿参加与自身条件相适应的社会活动，将其知识、经验和技能贡献杜会。

第二十条 各级人民政府应当重视老年人对经济社会发展等方面工作的意见、建议。

老年人参与经济社会发展做出突出贡献的，应当给予表彰奖励。

第二十一条 体弱、病残等行动不便的老年人因权益受到侵害而投诉的，有关部门应当上门或者采取其他方便的形式，调查处理。

第二十二条 各级老龄工作委员会对侵犯老年人合法权益的，应当及时督促有关部门查处，有关部门应当将查处结果告知老龄工作委员会。

老龄工作委员会、村（居）民委员会和基层老年人组织，对老年人维护合法权益的诉讼，应当予以支持。

第二十三条 各有关部门应当及时受理、查处侵犯老年人合法权益的投诉。拒不查处或者不及时查处的，由其上级主管部门对直接责任者给予批评教育并督促其改正；造成严重后果的，由有关主管部门给予行政处分。

第二十四条 有下列情形之一的，由其所在单位、村（居）民委员会给予批评教育并责令改正；情节严重的，追究法律责任：

（一）虐待、遗弃老人的；

（二）侵犯老年人合法的居住权和财产权的；

（三）赡养人不履行赡养义务的；

（四）干涉老年人婚姻自由的；

（五）赡养人配偶或者家庭其他成员阻止、干扰赡养人履行赡养义务，或者不关心、不照料老年人，使老年人得不到家庭供养和照料的。

第二十五条 本条例自2005年8月1日起施行。1991年1月10日广东省第七届人民代表大会常务委员会第十七次会议通过的《广东省维护老年人合法权益条例》同时废止。

广东省政府办公厅《关于进一步做好老年人优待工作有关问题的通知》

粤府办［2003］85号

各地级以上市人民政府，各县（市、区）人民政府，省政府各部门、各直属机构：

为进一步贯彻落实《老年人权益与保障法》、《中共中央、国务院关于加强老龄工作的决定》（中发〔2000〕13号）和省委、省政府《关于进一步加强老龄工作的通知》（粤发〔2000〕18号）有关精神，认真做好老年人优待工作，现将有关问题通知如下：

一、高度重视做好老年人优待工作，切实保障老年人合法权益

敬老、养老、助老，是中华民族的优良传统。各地、各有关部门和服务行业要结合实际，扎扎实实地为老年人办实事、办好事，采取切实有效措施，尽快落实优先、优惠、优待和减免费政策，特别在参观、游览、体育健身、医疗保健、乘坐公共交通工具以及法律援助等方面，要对老年人给予优待和照顾。省各部门、各企事业单位、社会团体要自觉履行优待老年人的义务。要切实保障老年人住房、财产、继承等合法权益。通过多种投资渠道，发展老年服务业，尽快改善老年服务设施短缺的状况，不断提高老年人的生活质量。

二、建立健全老年人社会保障制度

各地要进一步完善最低生活保障制度，确保符合条件的老年人享受最低生活保障待遇。大力倡导社会互助，采取多种形式开展扶老助困活动。要逐步建立和完善以家庭养老为基础、社会养老为补充、社区服务为依托的养老机制。

三、制定、完善老年人优待办法

为确保老年人优待工作落到实处，各地要因地制宜制定《老年人优待办法》。已出台的，要根据各地经济社会发展水平及时修改完善；尚未出台的，要在今年年底前完成制定任务。各地出台的《老年人优待办法》要及时报省民政厅备案，省民政厅要对各地落实《老年人优待办法》的情况进行抽查，发现问题，要限期整改。

四川省优待老年人规定

（2004年9月3日）

为进一步树立敬老爱老的良好风尚，根据《中华人民共和国老年人权益保障法》和《中共中央、国务院关于加强老龄工作的决定》（中发〔2000〕13号）的有关规定，结合我省实际，制定本规定。

一、本规定所指老年人为60周岁以上的公民。身份证或《四川省老年人优待证》均是确认老年人身份的有效证件。

二、老年人进入全省国有或国家投资为主体的公园，门票实行免费；老年人进入全省国有或国家投资为主体的风景区，60周岁至69岁的老年人门票实行半价优惠，年满70周岁以上的老年人实行免收门票；老年人进入收取门票的文化宫、博物馆、纪念馆、美术展览馆，门票给予半价优惠。

三、老年人到各医院看病，优先挂号、就诊、化验、检查、取药、缴费、住院。各级医院、疗养院要积极创造条件开设老年病门诊。有条件的地方，可以为老年人设立家庭病床，开展巡回医疗等方面的服务。

四、老年人进入收费公共厕所，免收入厕费。

五、公路、铁路、水路、航空客运售票点应设置“老年人优先购票”的标志，老年人可以优先购票、检票、进站、上下车（船）。火车站候车室、县以上长途客运站候车室（厅）内应设老年人专座。

六、各类服务行业根据行业特点对老年人给予优待和照顾。在营业场所优先为老年人服务；对行动不便的老年人，有条件的地方，可以实行电话预约、分片包干、上门服务等措施，满足老年人的特殊生活需求，免收或从优收取服务费。

七、不得要求老年人参加各种社会集资。农村老年人不承担义务工和劳动积累工，免交乡村公益事业金，不承担村级兴办集体公益事业出资义务。

八、对百岁以上的老年人，每人每月发给不低于100元的长寿补贴金，资金由当地政府负担。县（市、区）卫生部门每年应组织医护人员为百岁以上老年人免费进行一次常规体检。

九、老年人因合法权益受到侵害提起诉讼，交纳诉讼费确有困难的，可以缓交、减交或免交；需要获得律师帮助，但无力支付律师费用的，可以获得法律援助。公证机关办理抚养、助养、赡养老年人的协议公证时，可根据老年人经济情况按规定适当减免公证费。

十、四川省老年人优待证由四川省老龄工作委员会办公室统一制作。各级老龄工作委员会办公室以物价部门从低核定的工本费，按自愿原则向老年人发放。

十一、各地、各部门可根据《中华人民共和国老年人权益保障法》和本规定，结合本地、本部门实际情况设立更多、更优惠的项目，关心、照顾老年人。

十二、本规定自2004年10月1日起施行。2001年3月9日《四川省人民政府办公厅关于印发四川省优待老年人规定的通知》（川办发〔2001〕18号）同时废止。此前发放的四川省老年人优待证继续使用，效力不变。

宁夏回族自治区老年人权益保障条例

（2004年9月9日宁夏回族自治区第九届
人民代表大会常务委员会第十二次会议通过）

第一章　总　则

第一条　根据《中华人民共和国老年人权益保障法》和有关法律、法规规定，结合自治区实际，制定本条例。

第二条　自治区行政区域内的老年人权益保障工作适用于本条例。

第三条　本条例所称老年人，是指六十周岁以上的公民。

第四条　各级人民政府应当加强对老年人权益保障工作的领导和组织协调。

县级以上人民政府设立的老龄工作议事协调机构，负责协调有关部门做好老年人权益保障工作，其下设的老龄工作机构，负责具体指导、监督、检查本行政区域内的老年人权益保障工作。

乡（镇）人民政府和街道办事处应当确定专人负责老年人权益保障工作。

第五条　各级人民政府、社会团体、企业事业单位，应当按照各自的职责，做好老年人权益保障工作。

村（居）民委员会和社区等设立的老年人协会或者其他老年人组织，应当反映老年人的要求，维护老年人的合法权益，为老年人服务。

第六条　各级人民政府应当将老年事业纳入当地国民经济和社会发展规划和计划，并根据当地经济发展水平和老年人口规模，确定老年事业经费，将其纳入财政预算，予以保障，使老年事业与经济、社会协调发展。

自治区财政部门应当在国家发行的彩票收益中，每年安排一定比例的资金用于老年事业。

鼓励个人、社会团体和其他组织以及境外团体、个人捐赠、投资老年事业。

第七条　老年人在政治、经济、文化、社会和家庭生活等方面的合法权益受法律保护，任何单位和个人不得侵害。

禁止歧视、侮辱、虐待或者遗弃老年人。

老年人应当遵纪守法，遵守社会公德，参加各种有益的社会活动，履行法定的义务。

第八条　每年农历九月初九为老人节。

第二章　赡养与扶养

第九条　赡养人必须对老年人履行赡养义务。

赡养人必须在经济上供养老年人，保证老年人的基本生活水平不低于赡养人家庭成员的平均水平。对无经济收入或者收入低微单独居住的老年人，赡养人应当按月给付赡养费。

赡养人必须在生活上照料老年人，尊重老年人的生活方式，对患病或者生活不能自理的老年人，提供医疗费用，承担护理。

赡养人应当在精神上慰藉老年人，基本满足老年人健康的精神文化需要。

第十条　老年人与配偶有相互扶养的义务。

由兄、姊扶养的弟、妹成年后，有负担能力的，对年老无赡养人的兄、姊有扶养的义务。

第十一条　老年人的婚姻自由受法律保护。

子女或者其他亲属不得以任何方式干涉老年人离婚、再婚以及婚后生活。

第十二条　赡养人应当妥善安排老年人的住房。

老年人自有或者租赁的住房，任何人不得侵占，不得擅自改变产权关系或者租赁关系。老年人与子女或者其他亲属共同购买、建造的房屋，老年人依法享有相应的房屋所有权和居住权。

赡养人不得拒绝无房老年人与其居住在一起。

第十三条　老年人对自己的合法收入和其他财产依法享有占有、使用、收益和处分的权利，子女或者其他亲属不得干涉，不得强行向老年人索取。

老年人依法立遗嘱处分个人的合法财产或者与他人签订遗赠扶养协议的，子女或者其他亲属不得干涉。

第三章　保障措施

第十四条　城市的老年人，无劳动能力、无生活来源、无赡养人和扶养人的，或者其赡养人和扶养人确无赡养能力和扶养能力的，由当地县级人民政府民政部门发给高于当地最低生活保障标准的最低生活保障金，或者由社会福利院供养。

第十五条　农村的老年人，无劳动能力、无生活来源、无赡养人和扶养人的，或者其赡养人和扶养人确无赡养能力和扶养能力的，由乡（镇）人民政府负责组织实施保吃、保穿、保住、保医、保葬的五保供养；不能集中供养的应当落实到户供养，并保障老年人的生活不低于当地平均生活水平。

农村老年人最低生活难以保障的，由当地县级人民政府民政部门纳入农村社会救助范围。

第十六条　农村有条件的乡、村，可以将未承包的集体所有的部分土地、山林、水面、滩涂等作为养老基地，或者作为开办经济实体的场所，由基层老年人协会经营或者管理，其收益用于补充老年人养老或者发展老年福利事业。

第十七条　老年人依法享有的养老金（离退休费）和医疗保险及其他待遇，有关组织和单位应当按照国家规定的标准按时足额支付，不得拖欠、挪用。

第十八条　对已经参加基本医疗保险的老年人的医疗费，社会保险机构应当按规定给予报销，不得拖欠。

农村老年人参加新型合作医疗，村集体经济组织应当给予适当帮助，有条件的地方，老年人可以免交合作医疗费。

老年人患病，本人和赡养人、扶养人确实无力支付医疗费的，当地人民政府民政部门应当根据情况给予适当救助，并可以提倡社会救助。

第十九条　医疗机构应当为老年人就医提供方便，有条件的地方应为老年人设立家庭病床、老年病专科、老年门诊，开展巡回医疗等服务。

社区卫生医疗服务机构应当为老年人建立健康档案、提供医疗护理、健康检查、保健咨询等多种形式的服务。

第二十条　老年人组织开展的适合老年人需要的文化、体育娱乐等活动，文化、体育等部门应当在场地、器材及培训等方面给予帮助。

第二十一条　报刊、广播、电视等新闻媒体应当开展敬老、养老、助老公益性宣传活动，并根据实际情况开办适合老年人的节目或者栏目。

第四章　服务设施

第二十二条　各级人民政府应当结合本地实际，将老年福利院、敬老院、老年公寓、老年医疗康复中心和老年活动中心等老年服务设施、福利设施和活动场所的建设，纳入城镇建设规划，并组织实施。

鼓励和支持社会组织和个人兴办各类老年福利机构。

第二十三条　老年服务设施、福利设施和活动场所的建设用地，按照有关法律、法规的规定，以划拨方式取得。

新建老年服务设施、福利设施和活动场所的项目，按照国家和自治区有关规定享受减免税费的优惠，免收市政基础设施配套建设费。以优惠有偿方式出让土地的，应当降低土地出让金和拆迁补偿费，差额部分由政府给予补偿。

第二十四条　新建或者改造城镇公共设施、居民区或者住宅，建设单位应当按照一定比例建设适合老年人生活和活动的配套设施。

不得擅自拆除公共老年服务设施、福利设施和活动场所或者改作他用；确需拆除或者改作他用的，建设单位或者使用单位应当按照不低于原场所面积和设施标准建设。

第二十五条　老年福利院、敬老院、老年公寓、老年医疗康复中心和老年活动中心等为老年人服务的机构，应当建立健全管理和服务制度，按照规定的标准和规范提供服务

第二十六条　社区应当建立健全以老年福利、医疗保健、体育健身、文化教育和法律服务为主要内容的老年服务体系，组织开展各种形式的敬老、助老和老年人自我服务活动。

第二十七条　在老年人服务场所内，禁止从事赌博、封建迷信以及其他违法或者违背社会公德的活动。

第二十八条　各级人民政府应当重视回族聚居地区老年人服务机构的建设。

老年福利院、敬老院、老年公寓等为老年人服务的机构，应当尊重回族等少数民族的风俗习惯。

第五章　优惠待遇

第二十九条　老年人持《宁夏回族自治区老年人优待证》，在自治区行政区域内享受下列优惠待遇：

（一）优先购买车票、飞机票，优先上车、登机；

（二）到医疗机构就医，优先挂号、就诊、取药、住院，并免收普通挂号费、专家挂号费；

（三）半价乘座市内公共交通车；

（四）半价使用体育馆（场）、游泳馆等体育设施；

（五）免费使用收费公共厕所；

（六）进入旅游景区门票免费；

（七）免费进入博物馆、展览馆、文化馆、图书馆。

县级以上人民政府根据本地条件，可以扩大老年人享受优惠待遇的范围。

第三十条　城市老年人可以向县级以上人民政府

老龄工作机构申领《宁夏回族自治区老年人优待证》。农村老年人申领《宁夏回族自治区老年人优待证》，由乡（镇）人民政府统一办理。

《宁夏回族自治区老年人优待证》，由自治区人民政府老龄工作机构统一监制。

第三十一条　对100周岁以上的老年人，所在县（市、区）人民政府应当给予每月不低于100元的长寿保健费，卫生部门应当每年组织为其免费常规体检。

第三十二条　乡（镇）人民政府可以根据本地经济发展，为老年人发放敬老优待补贴。

农村老年人不承担义务工和劳动积累工。

第三十三条　老年人因其合法权益受侵害提起诉讼缴纳诉讼费确有困难的，可以缓交、减交或者免交；需要获得律师帮助，但无力支付律师费用的，可以获得法律援助。

第六章　法律责任

第三十四条　对侵害老年人合法权益的行为，任何组织和个人都有权劝阻、制止或者向有关部门控告、检举。

人民法院及有关部门对侵犯老年人合法权益的申诉、控告和检举，应当依法受理，不得拖延。

侵害老年人合法权益，造成财产损失或者其他损害的，应当依法赔偿。

第三十五条　违反本条例规定，有下列行为之一的，由其所在单位、村（居）民委员会给予批评教育并责令改正；拒不改正的，由有关机关依法追究法律责任。

（一）歧视、侮辱、虐待或者遗弃老年人的；

（二）赡养人、扶养人不履行赡养、扶养义务的；

（三）干涉老年人离婚、再婚以及婚后生活的；

（四）侵犯老年人合法的财产权和居住权的；

（五）侵犯老年人其他合法权益的。

第三十六条　违反本条例规定，拒绝向老年人提供优待服务的，由其主管部门责令改正；拒不改正的，老龄工作机构应当建议有关部门依法追究直接负责的主管人员和其他责任人员的责任。

第七章　附　则

第三十七条　本条例自2004年10月10起施行。1990年9月1日宁夏回族自治区第六届人民代表大会常务委员会第十四次会议通过的《宁夏回族自治区老年人保护条例》同时废止。

新疆维吾尔自治区优待老年人规定

（2004年9月13日新疆维吾尔自治区第十届人民政府第七次常务会议讨论通过）

第一条　为了保障老年人的合法权益，发扬中华民族敬老、养老的传统美德，根据《中华人民共和国老年人权益保障法》和《新疆维吾尔自治区保护老年人合法权益条例》的规定，制定本规定。

第二条　60周岁以上的老年人，均可以按照本规定享受老年人优惠服务和优惠待遇。

第三条　县（市）以上负责老龄工作的机构，负责组织协调本行政区域内优待老年人的工作。民政、卫生、建设、司法、文化、体育等有关部门在各自职责范围内，负责优待老年人的相关工作。

第四条　60周岁以上的老年人持老年人优惠服务证，享受下列优惠服务：

（一）乘坐汽车、火车、飞机时，优先购票、检票、进站、乘车、登机；

（二）免费享受公证处、律师事务所和其他法律咨询服务机构提供的法律咨询服务。因合法权益受到侵害，依法需要获得法律援助的，优先获得法律援助；

（三）到医疗机构就医，优先就诊、检查、化验、划价、交费、取药和住院。

第五条　65周岁以上的老年人持老年人优惠待遇证，还可以享受下列优惠待遇：

（一）免费进入公园、动物园、植物园，园中园除外；

（二）免费进入公共体育场所进行健身或者其他体育锻炼活动；

（三）免费参观展览馆、纪念馆、文化馆、博物馆、陈列馆和纪念性陵园，免费办理公共图书馆借阅证；

（四）到影剧院看电影、进入风景名胜区和旅游区实行半价优惠；

（五）免费乘坐市内公共汽车；

（六）免收普通门诊挂号费；

（七）免费使用收费的公共厕所。

第六条　在国际老年人节、全国老年人节和自治区老年人节日期间，60—64周岁的老年人可以享受第五条规定的优惠待遇。

第七条　100周岁以上的老年人，由县（市）人民政府根据当地实际给予适当的特殊生活补贴；县（市）负责老龄工作的机构应当组织所在地的医疗机构每年为100周岁以上的老年人免费体检一次。

第八条　农村60—64周岁丧失劳动能力或者有特殊困难的老年人，以及65周岁以上的老年人不承担村级公益事业出资义务。

第九条　宾馆、饭店、电信、银行、邮政、交通等各类公共服务行业，应当为老年人设置专门服务设施，提供及时、便利、优质服务。

第十条　任何单位和个人不得以任何理由取消老年人享受的各项优惠服务或者优惠待遇，不得附加任何条件限制老年人享受各项优惠服务或者优惠待遇。

第十一条　对老年人实行优惠服务或者优惠待遇的单位，应当在入口处、收费处、营业室等场所的适当位置，设置老年人优先、优待的明显标志。

第十二条　年满60周岁的老年人，可以持身份证原件到所在地县（市、区）负责老龄工作的机构办理老年人优惠服务证，也可以向村民委员会或者社区居民委员会提供身份证原件，由村民委员会或者社区居民委员会到所在地县（市、区）负责老龄工作的机构统一办理老年人优惠服务证。

年满65周岁的老年人可以按照前款规定的程序领取或者换领老年人优惠待遇证。

负责老龄工作的机构应当及时核实，免费发放老年人优惠服务证、老年人优惠待遇证（以下统称老年人优待证）。所需费用列入各级财政预算。

第十三条　老年人优待证由自治区负责老龄工作的机构统一样式。

禁止转借、冒用、伪造、变造和买卖老年人优待证。

第十四条　县（市）以上负责老龄工作的机构应当组织协调有关部门做好优待老年人的工作，加强监督检查，设立举报电话，受理举报和投诉，及时处理有关纠纷，维护老年人的合法权益。

第十五条　对在优待老年人工作中成绩突出的单位或者个人，由县（市）以上负责老龄工作的机构或者本级人民政府给予表彰和奖励。对不执行本规定的，由县（市）以上负责老龄工作的机构责令其改正，并可以提请本级人民政府或者有关部门给予批评教育；拒不改正的，由负责老龄工作的机构在新闻媒体予以通报。

第十六条　违反本规定，转借、冒用、伪造、变造或者买卖老年人优待证的，由负责老龄工作的机构收回老年人优待证，并给予批评教育；伪造、变造老年人优待证，情节严重，构成犯罪的，依法追究刑事责任；冒用或者使用伪造、变造的老年人优待证的，经营者有权要求当事人补缴应当支付的费用，并将有关情况报告负责老龄工作的机构。

第十七条　违反本规定，弄虚作假、滥发老年人优待证的，由县（市）以上负责老龄工作的机构收回老年人优待证；对负有责任的主管人员和其他直接责任人员，由其所在单位或者上级主管部门给予行政处分。

第十八条　本规定自2004年12月1日起施行。

大连市近年出台的老龄法规政策简介

1. 为深入贯彻落实《中共中央、国务院关于加强老龄工作的决定》和《中共辽宁省委、辽宁省人民政府关于贯彻〈中共中央、国务院关于加强老龄工作的决定〉的实施意见》精神，维护改革、发展、稳定的大局，促进老龄事业健康发展，2003年2月10日，中共大连市委、大连市人民政府印发了《关于加强老龄工作的意见》这一指导老龄工作的纲领性文件（以下简称《意见》）。《意见》从开展老龄工作的重大意义、指导思想、原则和目标及途径方法、根本保证等方面阐述了老龄工作。随着《意见》的贯彻落实，大连市的老龄工作得到了全面发展。

2. 为了体现党和政府的关怀，使更多的老年人享受到经济发展和社会进步的成果，在1998年颁发的《关于大连市老年人享受优惠待遇的规定》的基础上，市老龄委联合10个相关部门于2003年1月又颁发了《大连市老年人享受优惠待遇的补充规定》，把享受进公园、洗澡、理发等优惠待遇的老年人的年龄由70周岁以上下调到65周岁以上，使更多的老年人享受到了优惠待遇。

3. 为了进一步拓宽养老服务渠道，探索实现多种形式的养老服务模式，解决我市特困老年人的养老服务问题，在大连市居家养老模式的基础上，制定了《大连市货币化养老补贴试点方案》。补贴以“代币券”的方式发放给特困老人，老人可以根据生活需要到所在社区老年服务中心购买服务，社区老年服务中心根据老人的需求配置经过培训的服务人员，并上门为老人服务。目前，货币化养老工作已在全市范围内推广。

4. 以市政府名义出台了《大连市法律援助办法》。这是继国务院《法律援助条例》、《辽宁省法律援助实施办法》后辽宁省第一部地方政府规章。《办法》中，放宽了法律援助困难标准，增加“经法律援助机构审查确实无力支付费用的”相关实质性规定，使包括老年人在内的特殊群体更好地得到法律援助的保障。

青岛市实施《中华人民共和国老年人权益保障法》若干规定

（2004 年 12 月 24 日青岛市第十三届人民代表大会常务委员会第十七次会议通过）

第一条 为了实施《中华人民共和国老年人权益保障法》，结合本市实际，制定本规定。

第二条 本规定所称老年人是指六十周岁以上的公民。

第三条 本市各级人民政府应当将老年事业纳入国民经济和社会发展计划，按照本行政区域老年人口自然增长和经济发展状况，确定年度老年事业发展经费，增加对老年事业的投入，并鼓励社会各方面投资或者捐资兴建各类老年福利设施，使老年事业与经济、社会协调发展。

民政、体育等部门在发行的福利、体育彩票收益中，应当将一定比例的资金用于老年福利事业和老年体育事业。

第四条 市、区（市）人民政府领导和协调有关部门做好老年人权益保障工作。

市、区（市）人民政府老龄工作机构负责本规定的组织实施，并对有关部门的老年人权益保障工作进行督促、检查。镇人民政府和街道办事处应当确定人员负责老年人权益保障工作。

第五条 市、区（市）人民政府应当组织有关部门和社会力量发展社区服务，开展适应老年人需要的居家养老、医疗保健、体育健身、文化教育、家政、法律等服务活动。

第六条 学校应当对青少年和儿童进行维护老年人合法权益的法制教育和敬老、养老、助老的传统美德教育，可以组织学生参加为老年人服务的相关活动。

报纸、广播、电视等新闻媒体应当采取开设老年人专栏节目等形式，进行保障老年人合法权益的宣传教育工作，弘扬敬老、养老、助老的传统美德，谴责侵犯老年人合法权益的行为。

第七条 市、区（市）人民政府应当制定优待老年人的规定，并根据经济社会发展情况适时调整优惠待遇的标准和范围。

老年人凭有效证件，享受规定的各种优惠待遇。

为老年人提供优待服务的场所，应当在服务窗口明示优待服务的内容及优待标准。车站、机场、医疗机构等场所，应当设立老年人优待服务窗口。

第八条 城市的老年人依法享有的养老金和其他待遇应当得到保障。有关组织必须按时足额支付养老金，不得拖欠。

单位应当按照规定为职工缴纳基本养老保险费，有条件的单位可以为职工办理补充养老保险。

第九条 建立和完善与经济社会发展水平相适应的农村养老保险制度。农村社会养老保险费由区（市）人民政府、镇人民政府（街道办事处）、农村集体经济组织和个人按照规定共同承担。

农村集体土地被征用的，其土地补偿费、安置补助费可以按照规定用于缴纳基本养老保险费。

有条件的区（市）可以建立养老补助金制度。

社会养老保险机构应当按时足额支付养老金，不得拖欠。

第十条 对已经参加基本医疗保险的老年人的医疗费，社会保险机构应当按照规定给予报销，不得拖欠。

农村老年人参加新型农村合作医疗，村集体经济组织应当给予适当帮助。

建立医疗救助制度，对生活困难的患病老年人按照规定实行医疗救助。其中，市和各区（市）建立农村医疗救助资金，主要用于农村生活困难的患病老年人的医疗救助。

鼓励单位和个人对生活困难的患病老年人提供援助。

第十一条　非营利性医疗机构应当定期开展为老年人义诊活动，鼓励、提倡其他医疗机构开展为老年人义诊活动。有关单位和社区应当对医务人员为老年人开展义诊提供方便。开展义诊活动应当遵守卫生行政部门的规定。

第十二条　卫生行政部门、医疗机构应当开展各种形式的卫生保健教育，普及老年医疗保健知识，提高老年人自我保健意识。

各区（市）卫生行政部门应当每年组织为100周岁以上的老年人免费进行常规体检。

各级人民政府应当采取措施，逐步完善社区卫生服务体系，鼓励社会力量设立社区卫生服务机构。

社区卫生服务机构应当开展为老年人建立健康档案、提供医疗护理、健康检查、保健咨询等业务，对患有疾病、行动不便的老年人，应当出诊到户。

第十三条　老年人无劳动能力、无生活来源、无赡养人和扶养人，或者其赡养人和扶养人确无赡养能力、扶养能力，属城市居民的，由当地民政部门发给高于最低生活保障金的生活费或者由社会福利院供养；属农村居民的，由镇人民政府组织集中供养，也可以落实到户供养，保障其生活不低于当地平均水平。

市、区（市）人民政府应当在发展社会福利和慈善事业的同时，为生活困难的老年人开展多种形式的救济、救助活动。

第十四条　老年人的子女及其他亲属不得干涉老年人依法享有的婚姻自主权利，不得强制或者变相强制老年配偶分居生活，不得因婚姻关系变动而剥夺或者限制老年人的合法居住权和其他财产权。

支持老年人对婚前财产进行公证。

第十五条　老年人有自主选择养老方式的权利。

鼓励和支持老年人自愿与其子女及其他亲属就赡养义务的履行签订家庭赡养协议。签订的家庭赡养协议，可以依法进行公证，由村（居）民委员会监督履行。办理公证的，公证处应当按照法律援助的有关规定，减收或者免收公证服务费。

对单独居住的老年人，赡养人应当定期探望，并为其安排生活必需品，承担必要的家务劳动。

对居住在外地的老年人，赡养人应当与其经常保持联系或者委托他人定期探望，及时了解老年人的生活、健康状况。

第十六条　有独立生活能力的成年子女要求老年人提供经济资助的，老年人有权拒绝。成年子女或者其他亲属不得以无业或者其他理由，强行索取、克扣老年人的财物。

第十七条　房屋行政管理部门以及其他有关单位在办理老年人自有或者承租住房的转移、过户、交换等手续时，必须当面征求老年人意见，并查验和核对由老年人签名或者盖章的书面材料。老年人委托他人办理上述手续时，房屋行政管理部门以及其他有关单位必须向老年人当面核对授权委托书。

子女或者其他亲属出资购买老年人自有或者承租的住房的，老年人有权要求办理老年人在该房继续居住的公证，保障老年人的居住权。

借用老年人房屋的，应当按照约定归还。未经老年人同意，借用人无权继续使用。

居住在老年人自有或者承租住房中的成年子女或者其他亲属，获得其他住房后，老年人不同意其继续居住的，应当及时迁出。

城市房屋拆迁实行房屋补偿的，有关部门和单位应当对老年人在楼层和朝向方面给予适当照顾。对年老体弱、行动不便的老年人，应当上门与其签订房屋安置协议。

第十八条　本市各级人民政府应当将老年公寓、康复医疗机构和老年文化体育活动场所等老年福利设施建设纳入城乡建设规划，并组织实施。

新建或者改建城市居住区，应当按照《城市居住规划设计规范》和《老年人建筑设计规范》等规定，建设适合老年人生活、活动的配套设施。已建成的居住区，没有老年人生活、活动配套设施的，当地人民政府应当逐步补建或者改建。

第十九条　鼓励和支持社会组织或者个人开办养老院、老年公寓、托老所、老年医疗康复机构和老年文化体育活动场所等社会福利设施。

社会组织或者个人兴办的养老院、老年公寓、托老所提供养老服务以及经卫生行政部门批准为非营利性医疗机构的老年康复医疗机构，按照有关规定享受税费减免等优惠政策。

第二十条　市、区（市）人民政府应当将老年教育列入教育发展规划，采取措施，保障老年人受教育的权利。

鼓励社会开办各类老年学校。

第二十一条　本市建立老年人才市场和专业人才库，为有专业知识和技能的老年人发挥专业、特长创造条件。

第二十二条　法律援助机构应当为老年人申请法律援助提供方便，依法维护受援助老年人的合法权益。

第二十三条　对虐待、遗弃和其他侵害老年人人身安全的行为，公安机关接到保护请求后，应当依法采取相应措施。公安机关不依法履行职责致使当事人的人身安全受到侵害的，受侵害人可以依法提起行政复议或者向人民法院提起行政诉讼。

第二十四条　对侵犯老年人权益的案件，人民法院应当优先立案、优先审判、优先执行。人民法院对具有下列情形之一且生活困难的老年人，应其请求可以准予缓、减、免交诉讼费用：（一）追索赡养费、扶养费、抚恤金的；（二）追索养老金、社会保险金、劳动报酬的；（三）作为交通事故、医疗事故、工伤事故或者其他人身伤害事故的受害人，追索医疗费和物质赔偿的；（四）孤寡老人、农村实行五保供养的老人和国家规定的优抚对象；（五）城乡最低生活保障对象或者领取救济金的或者家庭生产经营难以维持的；（六）正在接受法律援助的；（七）其他应当提供司法救助的。

第二十五条　对不执行老年人权益保障规定的单位，由有关行政主管部门依法处理。

老龄工作机构对侵害老年人合法权益的行为，应当督促有关部门依法查处。有关部门在查处违法行为后，必须将处理结果向老龄工作机构通报。

第二十六条　国家工作人员玩忽职守、滥用职权、徇私舞弊、不履行法定职责或者违法履行职责，致使老年人合法权益受到损害的，依法给予行政处分；构成犯罪的，依法追究刑事责任。

第二十七条　本规定自2005年7月1日起施行。

新疆生产建设兵团各社区老年人协会章程（示范文本）

（2004年5月15日）

第一条　×××社区老年人协会（以下简称本会）是在本社区居住的老年人自愿组成、限于本社区活动的基层群众性组织。

第二条　本会的宗旨是遵守国家的法律，根据“社区老年福利服务星光计划”开展本社区的老年活动，发展老年事业，实现老有所养，老有所医，老有所教，老有所学，老有所为，老有所乐，全心全意为老年人服务。

第三条　本会的职责是对本社区“星光老年之家”各项设施、设备行使使用、管理的权利。

第四条　本会受×××社区居委会的领导和老龄工作部门的业务指导。

第五条　本会的任务：组织本社区内老年人学习国家法律和政策，组织老年人支援生产、关心教育下一代，开展老年养生保健、文体娱乐、文化学习等活动，组织开展老年人日间照料、为老年人入户服务等，维护老年人的合法权益。

第六条　凡本区老年人承认本会章程、自愿申请入会的均可加入本会。

第七条　加入本会的程序是填写社区老年人协会会员登记表，领取会员证。

第八条　会员有以下权利：

（一）选举和被选举权；

（二）参加本会团体活动的权利；

（三）对本会工作的批评、建议和监督的权利；

（四）获得本会服务的优先权；

（五）有入会自愿、退会自由的权利；

第九条　会员应履行下列义务：

（一）遵守本会章程；

（二）维护本会合法权益；

（三）积极参加本会活动；

（四）交纳会费。老优抚对象、社会孤老、残疾老年人，80岁以上高龄老人、享受“低保”的老年人免交会费。

第十条　本会的组织权力机构是会员代表大会。其职责是组织本会的议事和决策，制定、修改本会的章程，选举和罢免本会负责人。

第十一条　本会的负责人设会长、副会长、秘书长。本会负责人的人选由社区居委会提名或会员代表5人以上推荐，经会员代表大会2/3以上代表通过，每届任期二至三年，特殊情况可提前或延期换届。

第十二条　本会的资金来源：1. 收缴会费；2. 上级拨款；3. 社会赞助；4. 经营创收等。本会的会费和其它收入必须用于社区老年人协会的工作和“星光老年之家”日常管理和设施、设备的维护、保养等支出，不得挪作它用。

第十三条　本会的资金由社区老年人协会领导集体管理使用。资金使用情况每年向会员公布一次。

第五部分

老龄科学研究

全国城乡贫困老年人状况调查研究项目总报告

全国老龄工作委员会办公室
全国城乡贫困老年人状况调查研究课题组

（2003年12月）

全国城乡贫困老年人状况调查研究项目，是全国老龄工作委员会办公室根据全国老龄工作委员会第四次全体会议精神组织实施的，全国城乡贫困老年人状况调查研究课题组承担具体工作。这次全国性、大规模的老年贫困状况专项调查研究，对于掌握贫困老年人生活状况，推动贫困救助的法规政策建设，加强新时期的贫困老年人救助工作，具有重要意义。

一、全国城乡贫困老年人状况调查研究项目的实施情况

（一）实施的必要性

随着国家"八七扶贫攻坚计划"和城镇低保制度的贯彻实施，我国的反贫困工作取得巨大成就，目前进入了一个新的发展阶段。党中央、国务院高度重视新时期的扶贫工作，党的十六大报告把消除贫困、实现共同富裕作为全面建设小康社会的重要内容，对新形势下的反贫困工作提出了更高的要求。老年人群在生理、心理、经济条件和社会适应能力等方面处于相对弱势地位，在社会经济体制转型、社会保障体系尚不完善的情况下，更多地面临贫困风险。老年贫困人群是整个贫困人口中最困难、自我脱贫能力最缺乏的群体之一。采取有针对性的对策措施，保障好老年人的基本生活，是贯彻"三个代表"重要思想的具体实践，是实现全面小康社会奋斗目标的重要内容，是社会稳定和全面进步的客观要求，也是老龄工作义不容辞的重要任务。

迄今为止，我国仅有少数地区进行过关于老年人贫困状况的零星调查研究，现有城乡贫困调查统计大多不分年龄组，客观上需要进行较大规模的老年人贫困问题的专项调查研究，以掌握我国老年人贫困的总体状况，为科学决策提供依据。

（二）调研项目的组织实施

全国老龄办领导高度重视老年人贫困状况调查研究项目工作，成立了课题组，在对部分省份进行调研并参考试点地区经验的基础上，研究确定了调查方案，下发了《关于在全国开展城乡贫困老年人调查研究工作的通知》，召开会议进行了部署，由福建、浙江、江苏、贵州等先期试点调查的地区介绍了经验做法。

为掌握全面情况，同时出于推动全国工作的动机，确定除西藏自治区外，内地30个省、自治区、直辖市和新疆生产建设兵团全部参加这次调查工作。有15个省份（北京、吉林、辽宁、内蒙古、福建、浙江、江苏、湖北、广东、重庆、贵州、新疆、青海、宁夏、甘肃）和新疆生产建设兵团进行了普遍调查。根据全国老龄办的要求，借鉴先行调查省份的经验和做法，以城镇居委会（社区）和农村行政村为基本调查单位，结合本地情况和实施条件，为每位贫困老年人填写调查表，按乡（镇、街道）、县（市、区）、地（市）和省（自治区、直辖市）逐级进行汇总。其余15个省份进行了抽样或典型调查。抽样调查的省份按照全国老龄办的原则要求，自行确定抽样框和调查点，根据调查结果推算本省贫困老年人的总体情况。

这次调查工作完成情况总体是好的。老龄工作部门普遍成立了领导小组，制定了具体实施计划，落实专人负责。湖南、陕西在遭遇水灾，救灾任务繁重的情况下，加大对人力、物力、财力的保障力度，完成了调查任务。各地注意组织对调查员的培训，认真抓好调查质量，湖南、湖北、广东、甘肃等省份还对调查结果进行了抽查。调查得到了各方面的支持。中国老年基金会为项目提供了部分资金。各地政府高度重视，提供了专项调查经费。许多地方的民政部门参与了具体组织实施，一些有关部门积极配合了调查工作。

通过调查研究，基本掌握了我国贫困老年人的规模、分布和生活状况，摸清了致贫原因。同时，有力地推动了贫困老年人救助工作。各地普遍向省政府和省老龄委提交了报告，得到当地党政、老龄委和有关部门的重视。一些地方省委和省政府主要领导分别就报告作了重要批示，对解决贫困老年人的基本生活提出了具体要求。目前，一些省份已经出台了有关对策措施，有的正在酝酿制定中。

（三）关于贫困标准

确定和把握好贫困老年人标准是搞好这次调查研究工作的一个重要环节。从目前看，城镇尚未有统一的贫困标准。在贫困救助工作中，各地的最低生活保障线实际上被作为当地的贫困标准普遍使用，也是政府有关部门掌握城镇贫困人口规模的一个重要依据。国务院颁布的《城市居民最低生活保障条例》规定，城市居民最低生活保障标准应按照当地维持城市居民基本生活所必需的衣、食、住费用，适当考虑水、电、燃烧费用及未成年人的义务教育费用。目前我国农村采用的贫困标准是1986年由国家统计局提出的，是农民维持基本生活的最低费用标准，1999年提高到人均年纯收入625元，各地在实际操作中根据本地情况略有调整。由于各地在经济发展水平、价格指数、消费水平、居民基本生活需求等方面存在较大差异，难以确定统一、量化的贫困标准。为此，我们参考现行城乡贫困标准，确定以“难以维持基本生活”为原则掌握贫困老年人的标准，即：城镇地区是收入水平在当地最低生活保障线及其以下，以及由于疾病、意外事故等原因，难以保障基本生活的老年人。农村地区有最低生活保障制度的地方，以最低生活保障线为标准，其他地区按照收入难以满足基本生活需求的原则掌握贫困老年人的范围，包括因为疾病、自然灾害、意外事故等原因难以保障基本生活的老年人。

二、贫困老年人的基本状况

根据调查结果测算，目前我国城乡贫困老年人有1010万①。其中，城镇150万，农村860万。

（一）地区分布

老年人贫困发生率（即老年贫困人口在老年总人口中所占的比例）在地区分布上呈现“两高一大”的特征，即农村高于城镇，中、西部地区高于东部，省内不同地区间分布差距大。调查显示，老年贫困人口中的85%分布在农村（图1）。

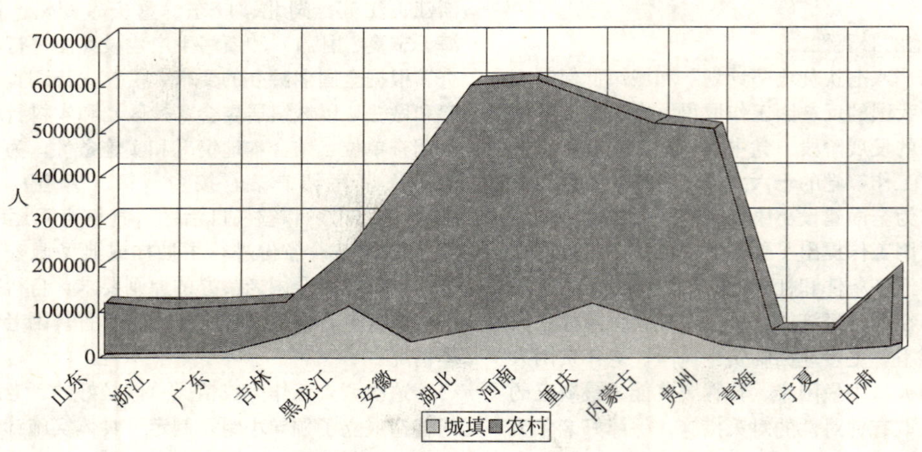

图1 部分省份贫困老年人城乡分布状况

城镇老年人贫困发生率为2.5%，农村为8.5%，是城镇的3.4倍。

东部的老年人贫困发生率为2.6%，中部为8.0%，西部为13.7%（表1，图2）。

① 我们在部署调研工作时，考虑到实际情况，未对调查方法作统一要求。共有24个省份提供了本省的贫困老年人总量。晋、琼、赣、川、滇、桂6个省份因数据代表性问题未参加汇总，西藏未进行调查。这7个省份中，海南省属于东部，山西、江西省属于中部，四川、云南、西藏和广西属于西部，分别按东部、中部和西部老年人贫困发生率推算后加入全国汇总。东部、中部和西部的划分系根据国家统计局提供的统计口径。东部含京、津、冀、辽、沪、苏、浙、闽、鲁、粤、琼11省市，中部含黑、吉、皖、豫、鄂、湘、赣、晋8省市，西部含渝、贵、陕、甘、青、宁、新、蒙、川、滇、藏、桂12省市。

表 1　部分省份贫困老年人数量和比重

省份	老年贫困人口（万人）	老年贫困人口占老年人口比重（%）
北京	1.8	1.0
天津	8.6	6.7
重庆	55.0	14.9
吉林	11.8	4.7
辽宁	31.6	6.0
福建	5.3	1.5
浙江	10.8	1.9
江苏	30.7	3.2
安徽	41.9	5.5
内蒙古	51.1	21.2
湖北	59.4	9.9
湖南	100.0	13.0
河南	60.2	6.5
广东	11.4	1.4
贵州	49.4	13.7
青海	5.0	12.3
宁夏	5.5	13.7
陕西	38.0	10.4
甘肃	19.5	8.3

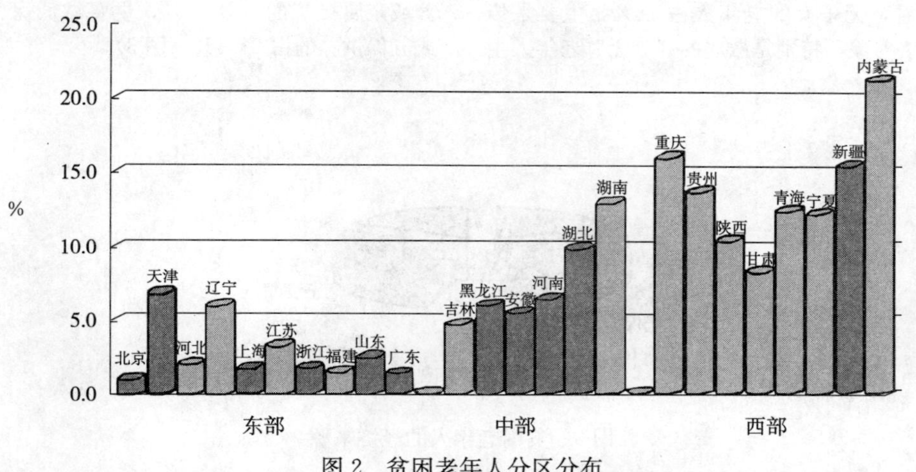

图 2　贫困老年人分区分布

贫困老年人在同一省份内的不同地区间分布也不均衡（表 2）：一是少数民族集中的地区老年人贫困发生率高。如甘肃省的临夏和甘南两个少数民族自治州，贫困老年人分别占当地老年人口的 23.6%和 13.1%，在 14 个市州中居前两位，是省平均水平（8.3%）的 2.8 倍和 1.6 倍；湖南省湘西土家族自治州的贫困老年人占全州老年人口的 37.6%，是全省平均水平的近 3 倍。二是边远山区、生态条件差的地区老年人贫困发生率高。如湖北省神农架林区、甘肃省陇南、青海省的脑山等地区自然条件极差，贫困老年人比重明显高于其他地区。三是经济欠发达地区的老年人贫困发生率高。广东省的贫困老年人 90%以上分布在珠江三角洲以外的地区，重庆贫困老年人口中的 60%集中在三峡库区，浙江省浙南地区的丽水市经济发展相对滞后，贫困老年人占当地老年人口的 5.4%，是省平均水平的近 3 倍。

表 2 部分省份内部贫困老年人分布差异状况
（取最高和最低各两位）

省份	老年人贫困发生率	贫困发生率最低		贫困发生率最高	
浙江省	1.93	嘉兴市	0.4	丽 水	5.4
		绍兴市	0.7	衢 州	2.9
福建省	1.5	厦门市	1.0	南平市	2.6
		莆田市	1.0	三明市	2.1
河南省	6.48	安阳市	0.6	信阳市	15.0
		焦作市	0.5	济源市	13.0
湖北省	9.89	鄂州市	1.3	黄冈市	17.4
		武汉市	2.6	十堰市	16.8
甘肃省	8.26	兰州市	1.7	临夏州	23.6
		定西	7.1	甘南州	13.1
内蒙古	21.2	包头	3.6	兴安盟	47.7
		锡盟	6.3	乌盟	28.7

（二）人群特征

根据部分省份的调查结果，从贫困老年人的年龄性别结构看，70 岁以上的中高年龄组接近半数，占 49.6%；男性超过半数，占 55.2%。从贫困老年人的家庭结构看，无子女的老年人占 18%，主要是传统的民政救济对象，特别是散居的“三无”老年人生活上困难比较多。80%以上的贫困老年人是有子女的。值得注意的是，纯女儿户的老年人在贫困老年人中占了 20%。从贫困老年人的经济来源看，主要靠自己或配偶收入的老年人占 17.6%，主要靠子女赡养或亲属接济的占 38.7%，主要靠低保、社会救济或五保供养的占 23.4%（图 3）。

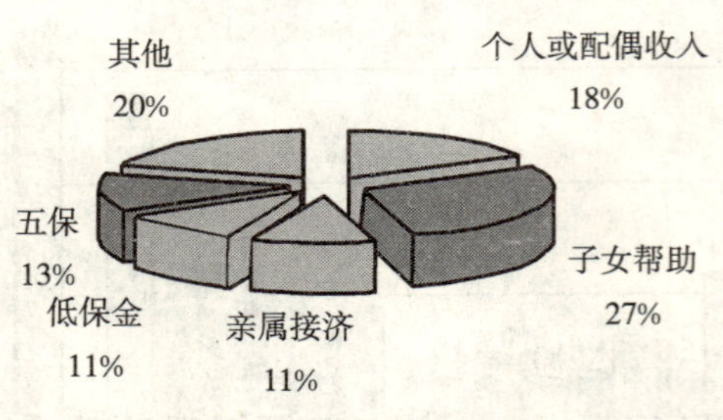

图 3 贫困老年人的经济来源

（三）生活状况

调查显示，贫困老年人生活艰难。他们收入水平很低，基本生活和基本医疗需求缺乏保障，疾病、伤残和照料问题突出，自我脱贫能力差，大部分需要长期救助。

1. 温饱缺乏保障。贫困老年人的经济收入远低于城乡居民的平均收入，生活水平很低。四川省的调查显示，城乡贫困老年人的年人均收入分别仅约为城乡居民年人均收入的1/5和1/4。特别是农村贫困老年人的年人均收入仅542元，比我国1999年规定的满足基本温饱的625元贫困线标准还要低80余元。无论城乡，贫困老年人大都处于收不抵支、入不敷出的困窘状态（表3）。调查发现，贫困老年人因为一些必需的医疗、衣着及日用品等消费，使本来就困难的生活更加艰难，影响到以饮食为最基本需求的生活安排。如河北省沧州市新华区、运河区684名列入低保的贫困老年人中，每年从最低生活保障金中用于支付医药费人均在1000元以上。有的贫困老年人每月只买米，不吃肉，拣菜市场丢弃的菜食用。

表3　四川省贫困老年人与城乡居民年人均收支状况比较

		人均可支配收入	收入比	人均消费性支出	支出比
城镇	居民	6360元	4.5比1	5176元	3.4比1
	贫困老年人	1417元		1504元	
农村	农民	1987元	3.7比1	1498元	2.2比1
	贫困老年人	542元		689元	

资料来源：四川省城乡居民收支情况见四川省统计局《关于2001年国民经济和社会发展的统计公报》。贫困老年人情况见四川省调查报告。

2. 健康状况差。老年人处于疾病的高发期，贫困老年人的患病率更高。天津市市中心区、镇和农村的贫困老年人中健康状况差的分别占78.1%、80.8%和74.8%。新疆有32.1%的贫困老年人患有两种及以上的疾病。许多贫困老年人因无钱看病，得了病只能扛着。如新疆有24%的贫困老年人因经济困难，疾病得不到及时治疗。浙江省衢州市，农村贫困老年人中有病不能及时有效治疗的超过40%。调查显示，城乡贫困老年人中有20%的人当前急需解决医疗问题。

3. 居住条件简陋。调查发现，约有7%的老年人急需解决住房问题。受经济条件和劳动能力等限制，贫困老年人大都无力整修房屋，更无力新建住房，房屋普遍破旧。农村部分老年人还住着解放初期建的土房或土改时分的住房，有的住土窑、山洞，甚至是猪圈改建的住所。有的是人禽、人畜同住一室。屋内陈设简陋，常常仅有一个灶台、一张床和一床破棉絮。设施条件差，一些人家里没有电，没通自来水。在新疆的抽样调查中，所有贫困老年人的家中都没有暖气和室内厕所，53%的贫困老年人生活的乡村没通自来水，主要饮用河（渠）水、涝坝水。

4. 照料问题突出。贫困老年人中因高龄或病残导致生活自理能力丧失的比例较高。有14%的贫困老年人当前急需解决照料问题。如天津市贫困老年人中需要不同程度照料的，在市中心区占53%，镇区占45%，农村占52%。将近40%的贫困老年人无子女或是有女无儿，女儿出嫁，照料无着。

5. 经济上依赖性强，脱贫艰难。调查显示，近半数的贫困老年人脱困无望，需要长期救助。这些老年人大多不享受退休待遇，本人又丧失了劳动能力或劳动能力低下，无法自养或自养能力很差，主要依靠子女供养、亲属接济或国家和集体经济组织的救济。

6. 心理和精神压力大。长期贫困使部分老年人情绪压抑，精神麻木。农村长期欠发达地区的贫困老年人普遍对生活的期望不高，对改变贫困状况缺乏信心。有的讲："孩子馋了有个馒头吃，有病能吃上镇痛片就很满足了。"而一些不景气企业未参保的退休职工失落感比较强，怨言较多，他们讲："现在是市场经济时代的生活消费，我们拿的却是计划经济时期的退休金。"

三、贫困老年人的致贫原因

第一，部分地区社会经济发展明显滞后。

有的农村特别是边远、少数民族集中的部分地区经济发展缓慢，文化、科技、教育、医疗卫生等社会事业落后，基础设施薄弱，交通不便，信息闭塞，生产方式落后，人们收入和生活水平很低。一些地方自然资源匮乏，一方水土养不活一方人，抵御灾害和风险的能力很低，极易引发和加剧贫困。老年人作为弱势群体，更容易陷入贫困。

第二，社会保障制度不完善、不配套，落实

不力。

在农村，绝大部分老年人不享受国家或集体的养老和医疗保障，主要依靠家庭和自我养老，供养渠道单一，不稳定，风险大。农村享受退休金的老年人只占5.5%，有乡镇企业养老补贴的仅为0.4%，80岁以上的高龄老人仍有16%的人需要继续田间劳动。近年来，一些地方集体经济薄弱，集体积累减少，社会保障和社会福利事业受到影响。如新疆9227个行政村中，没有集体经营收益的村占29%，人不敷出的占17%，两者相加占到46%，根本无力发展社会福利；浙江省缙云县新建镇纳入五保供养的只占应纳人数的10%；云南省福贡县全县没有一个敬老院。税费改革后，"五保"老年人的供养经费由原来的村提留、乡统筹改为从农业税附加中提取，很多地方缺口较大，造成部分符合"五保"供养标准的老年人未能应保尽保，或保障水平有较大下降。近年来，最低生活保障制度在部分农村开始实行，但许多地方由于乡镇和村级负担的资金不到位，实际享受的人数很有限，大部分保障水平不高。根据部分省份的调查，57%的农村贫困老年人没有得到社会救济。

在城镇，一是基本养老保险和基本医疗保险制度覆盖面窄，部分老年人的基本养老和基本医疗需求得不到有效保障。部分国有或集体企业，特别是一些效益不好或已关、停、并、转的中小企业，有的未参加养老和医疗保险统筹，致使老年人的养老金和医疗费不能落实；有的不能按时足额发放老年人的退休金，使老年人生活缺乏稳定来源；有的采取一次性结算养老金的办法，几万元甚至几千元根本无法保障以后的生活；有的长期拖欠退休职工的医疗费，影响了老年人的基本生活。二是部分早年退休职工的养老金水平过低。据部分省份的调查，城镇贫困老年人中有近12%的人是由于养老金水平过低致贫。陕西省铜川市七一路街道的161位被调查老年人，有半数月退休金在100元以内，最低的每月只有50元。三是部分地区低保资金不落实，救助措施不配套，贫困老年人基本生活需求难以保障。调查发现，个别地区由于低保资金不足，难以满足实际需求，只能根据所筹资金的情况确定低保对象的数量和标准，致使部分贫困老年人未能纳入最低生活保障范围。有的在资金不足的情况下采取平均发放的办法，造成低保金水平过低，满足不了基本需要。同时，医疗、住房等方面的配套救助制度尚未建立，贫困老年人的基本生活还存在许多困难。

第三，家庭赡养无着。

一是子女无力赡养致贫。这部分人在贫困老年人中占28%。在城镇，一些老年人的子女由于收入水平低，无固定收入，或病残、下岗等原因无力赡养老年人。在农村，主要是子女病残，或天灾人祸，经济困难，难以奉养老年人。一些贫困山区，人们长期近亲通婚，身体和智力先天残疾的比例高，有些家庭甚至有数个残疾子女。上述情况下，老年人还要反过来抚养子女，甚至"隔代抚养"孙子女，负担沉重。二是老年人家庭结构缺损，无赡养人。主要是鳏寡孤独的老年人，无依无靠，约占贫困老年人18%。还有20%的贫困老年人家庭属于纯女儿户。我国法律规定了赡养老年人是子女的共同责任，但在许多地区，人们仍然恪守着"嫁出去的女儿不养娘"这一传统习俗，使有女无儿的老年人老来无靠。三是少数子女有能力但不赡养，致使老年人生活无着。有的人受不良思想意识影响，视老年人为负担、累赘，不尽赡养义务，嫌弃甚至遗弃、虐待老年人。一些多子女家庭儿女间互相推诿赡养责任，老年人被子女们推来推去，晚景凄凉。

第四，老年人自我保障能力和意识低下。

一是老年人高龄病残，丧失劳动能力致贫。对于农村需要劳动自养的老年人来说，因高龄、疾病、伤残丧失或降低了劳动能力，就意味着失去了生活来源。二是文化素质低下制约了老年人的谋生能力。调查显示，贫困老年人普遍文化水平低，许多是文盲、半文盲。即使老年人有劳动能力，受知识结构、劳动技能等限制，谋生的机会和手段有限。三是从高就业低收入的计划经济体制时期过来的老年人，普遍储蓄积累不多甚至没有积累，抵御贫困风险的能力薄弱。四是缺乏自我保障意识使部分老年人晚景艰难。一些老年人自我储蓄养老的意识不强，特别是农村老年人，往往为了给儿子盖房、娶媳妇，倾其所有，把养老希望完全寄托在晚辈身上，一旦家庭赡养不落实，生活就失去基本保障。

四、老年贫困救助工作采取的措施和存在的问题

各级党和政府十分重视贫困老年人救助工作，逐步加强了对这项工作的领导，采取了一些切实可行的措施。

（一）政府加大了对贫困老年人救助工作的力度

1. 建立贫困救助制度，规范贫困救助工作。各地政府逐步建立了低保、医疗、廉租房、五保等救助制度，为保障贫困老年人的生活发挥了重要作用。近年来，一些地方的政府或部门制定专门的政策文件，将贫困老年人的救助纳入日常工作议程，使这项工作进一步制度化、规范化。从1999年至2002年，若干地方的政府部门先后制定了救助贫困老年人的政策性文件，如贵州省老龄委、民政厅联合下发了《贵州省解决高龄贫困老人基本生活保障的意见》，浙江省老龄工作委员会、民政厅联合下发了《关于做好我省城乡特困老人救助工作的通知》，福建省老龄办、民政厅、劳动保障厅、卫生厅等八部门联合下发了《关于进一步做好救助特困老人工作的意见》。江苏省南京市、山东省莱西市的有关部门下发了关于对贫困老年人实施医疗救助的文件，其中南京市的文件明确了向特困老人实施医疗救助年投入资金的数量和来源，以及医疗救助的方式方法，确定9家医院为市级慈善医疗门诊机构，使全市近2000名贫困老年人就医难的问题得到了妥善解决。这些政策文件的制定和实施，对帮助贫困老年人解决生活、医疗等各种困难提出了明确具体的意见和措施，形成了比较规范的老年贫困救助制度。

2. 积极筹集资金，增加对贫困老年人救助的投入。一是政府拨款建立专项基金，用于帮扶贫困老年人。浙江省建德市从2000年起每年财政拨款6万元，在市老龄委设立特困老年人救助基金。广东省南海市政府每年从财政给市老年基金会拨款100万元，用于老年人乘坐公共交通工具等意外伤害的医疗费用补助，由市老龄办负责审批。二是政府筹集社会福利资金，加大养老设施投入力度，建立和完善老年人社会福利服务体系。福建省漳州市投资138万元，改扩建12所敬老院，改善了生活环境，提高了保障水平。泉州市分散供养的5000多名和54所敬老院集中供养的250多名五保老人，由县、乡财政全部负担他们的生活费用，全市五保老人的生活有了可靠的保障。广西壮族自治区自2001年以来，在全自治区范围内投入社会福利资金近3亿元，新建、改（扩）建和维修了120个城市社会福利机构，499个乡镇敬老院、565个“社区福利服务星光计划”项目，改善了城镇“三无”和农村“五保”人员的生活环境，提高了保障水平，同时也为社会上空巢、长期患病等贫困老年人提供了良好的照料场所。

3. 加强低保工作，努力对贫困老年人做到应保尽保。老年人在低保对象中占有较高的比重，加强低保工作，对于保障贫困老年人的基本生活具有重要意义。目前，全国城镇普遍实行了低保制度，并且已有27个省份在农村探索开展了低保工作。许多地方认真排查，不使贫困老年人遗留在低保之外，做到应保尽保。浙江省建德市2002年将1776位贫困老年人全部纳入低保范围，比上年增加了2.6倍。有的地方还提高了贫困老年人的救助标准，如贵州省对高龄贫困老人按高于当地最低生活标准20%计发；江苏省各地对贫困老年人的低保标准提高10%～20%。

4. 因地制宜，对特殊老年人实行特殊救助措施。对历史上有突出贡献，现在遇到生活困难的老年人，如“五老”即老游击队员、老地下党员、老交通员、老接头户、老区乡干部及其遗孀，由财政给予定期生活补助。对百岁及高龄老人定期发放健康或生活补贴，标准在50～300元不等。有的地方政府想方设法为住房困难的老年人改善居住条件。有的对严重影响老年人日常生活的白内障疾病积极帮助治疗。厦门市对“五老”人员和百岁老人在城市的每人每月补助300元，生活在农村的每人每月补助165元。四川省投入7亿元，对农村居住在岩洞、窝棚、危房中的老年人贫困户实施“安身工程”，共修建新房24万多间，建筑面积达410万平方米，使近10万贫困老年人户搬进了新居。河南省漯河市对白内障患者实行“拉网式”减免费复明工程，从1999年以来每年由市政府出资并吸收社会捐助近200多万元，共为4158名老年白内障患者实施了手术，平均为每位老年人节约2500～3000元手术费用，复明率100%。湖南省卫生厅从1998年开始响应“视觉第一中国行动”，为白内障患者减免手术费用，已经完成了1万多例白内障复明手术，其中90%左右是老年人。

5. 创造条件，帮助有能力的贫困老年人脱贫。一些地方积极开展开发式助老扶贫活动，为部分低龄、健康、具有劳动能力的贫困老年人提供资金、技术、信息、政策等方面的扶持，发展种植、养殖、加工等项目，增强贫困老年人的“造血”功能，取得了较好的效果。如山东省枣庄市等地广泛开展了结对帮扶活动。干部、党员和团员带头，发动致富能手、产业带头人、专业户、示范户等与贫困老年人结成帮扶对子，赠送优良种畜、种苗，帮建种养设施，提供产、供、销一体化服务，帮助贫困老年实现了生产自救。如枣庄市中区永安乡一位农民科技状元，先后帮扶6户贫困老人实现脱贫，其中年收入最高的达到2万元。有的由镇或村兴办种植、养殖或生产加工等类型的集体养老基地，让贫困老年人参加养老基地的管理和生产，使这些贫困老年人有了稳定收入，保障了他们的生活。青海省许多地方政府多方筹集资金购买周转母畜，建立扶贫母畜周转群，由贫困户承包经营数年，期间母畜所产出的羔崽无偿归经营者所有。承包期结束后，政府收回相当承包基数的母畜群，转包给其他贫困户经营。通过这种畜群的周转，一次性地解决贫困户的温饱和生产问题。

（二）社会的救助措施

1. 捐助钱物。根据各地提供的情况看，社会各界和国外侨胞对贫困老年人经常伸出援手，主动给予捐助，包括金钱或者食品、药品、生活用品等，帮助贫困老年人克服生活和医疗方面的困难。浙江省老年基金会、省慈善总会等单位，通过发动企、事业单位和社会各界捐助、港澳台同胞捐赠等途径，广泛募集资金，救助生活困难的老年人，自1998年以来已发放救助金2872万元，38万困难老年人得到救助。福建省厦门市老年基金会自1999年以来，共收到国内外社会捐资2000多万元，先后资助了1000多位贫困老年人，年人均资助额为1200元。

2. 结对助养。一些企业组织或个人，与贫困老年人结成帮扶对子，实施助养。浙江省建德市一个农场常年认养了周围村子的10多位贫困老年人。该省杭州市桐庐县从1999年开始结对助养活动，每年助养200多人，其中运输公司退休职工何炳堂，一人助养了8位贫困老年人。福建省永春县华侨颜彬先生捐资80万元，每年助养100位贫困老年人。

3. 自助互助。有的基层老年人协会等老年群众组织建立了老年基地，有的设立了老年互助金，从中拿出一部分，帮助贫困老年人。据调查，福建省漳州市基层老年人协会共建立老年创收基地850个，年创收可达600万元。全市老年福利基金筹资已达6900万元，年创利500多万元。全市贫困老年人每人每月可领取数10元至200元的生活补助，缓解了生活困难。江苏省南京市基层老年人协会积极组织为有困难老年人提供上门服务，成立了门对门、邻帮邻的“互帮组”，突出低龄帮高龄，为需要帮助的老年人解困分忧。

4. 志愿服务。动员由大中学学生、在职职工等组成志愿者队伍，为贫困老年人特别是行为障碍的老年人提供照料服务。江苏省江阴市建立了以青少年志愿者为主的贫困老年人志愿服务网络系统，市、区设服务中心，镇、社区设总队、分队、服务队，全市已受理贫困老年家庭各类求助114万件。

5. 走访慰问。在传统重大节日和“老年节”期间，或者老年人遇到发病、灾害等特殊情况，组织看望、慰问，既给以精神的抚慰，同时给以资金和物质资助，帮助他们解决一定的生活困难。

（三）老年贫困救助工作存在的问题

从调查的情况看，贫困老年人的救助工作还存在不少问题。主要是：一些地方政府对老年贫困问题重视不够，未列入议事日程，缺乏对有关情况的调查研究，没有专项规划和相关政策；贫困老年人的救助制度尚未形成，有些救助工作措施不落实，力度不够；农村贫困老年人救助工作十分薄弱；整合社会资源参与贫困老年人救助工作社会化机制尚未形成，缺少鼓励社会力量帮助贫困老年人的政策制度和激励机制；相关部门救助工作缺乏统筹安排和综合协调，以及缺乏生活、医疗、住房、照料等方面的配套措施；在城乡贫困人口的统计工作中，老年贫困人口统计缺项，难以了解整体状况，给制定决策、实施救助和评估救助效果带来困难。

五、解决老年人贫困问题的对策建议

（一）提高认识，加强领导，把解决好贫困老年人问题提到重要议事日程

老年贫困人群是贫困人口中最困难的群体，随着改革的深入和市场经济的发展，老年人贫困问题日益突显出来。贫困救助主要是政府的责任。各级党委和政府应从实践“三个代表”重要思想、全面建设小康社会、依法保障老年人合法权益角度充分认识并高度重视贫困老年人问题，切实加强领导。把贫困老年人救助工作，纳入全面建设小康社会的总体安排，纳入建设社会保障体系、医疗卫生体系、社会服务体系等各项社会事业的发展规划，纳入社会经济中长期发展计划和年度计划。抓住我国加快城镇化进程、解决“三农”问题、实施西部大开发的机遇，加大力度提高农村和中西部地区老年人的生活水平。应克服指导思想上存在的重视发达地区的工作、忽视欠发达地区的工作，重视经济建设、忽视社会发展，重视城镇工作、忽视农村工作，重视在职或退休老人情况、忽视无固定收入和缺乏社会保障的老年人问题的偏颇，切实把党中央、国务院的要求落到实处。

（二）大力发展经济，从根本上解决贫困老年人问题

发展经济，强国富民，是解决贫困问题的根本途径。贫困发生率较高是经济不发达的必然产物。应加速发展贫困地区和欠发达地区经济，各级政府应加大扶持力度，在政策和资金投入上实行倾斜，提供信息、科技、金融、物质等方面的支持与服务。在规划和政策措施上，注意安排高就业和千家万户能够增加收入的项目。应大力发展县域经济，促进乡镇企业和乡村集体经济稳步发展。这些地方的经济发展了，才能更好地解决包括贫困老年人在内的贫困人口的生活保障问题。

（三）继续深化改革，切实完善和落实城镇社会保障制度

加快调整和完善城镇基本养老保险和基本医疗保险制度。依法扩大城镇社会养老保险的覆盖面，除国有企业外，逐步将城镇集体企业、外商投资企业、民营企业、个体工商户、自由职业者和实行企业化管理的事业单位、民办非企业单位、社会团体全部纳入社会保险范围，避免一部分人年老后无生活保障而陷入贫困。协调各方力量确保养老保险费征缴工作，提高征缴率和养老金的社会化发放水平。对未参加基本养老保险统筹，且已经没有生产经营能力、无力缴纳养老保险费的城镇集体企业的已退休职工，应抓好纳入

城市居民最低生活保险制度的落实工作。完善城镇职工基本医疗保险制度，稳步扩大基本医疗保险覆盖面，建立多层次医疗保障体系，调整、控制医疗和药品价格，提高管理和服务水平。

构建以最低生活保障制度为主体，医疗救助、住房救助和照料救助制度为补充的综合性的老年社会救助保障制度，保障城镇贫困老年人的基本生活需求。进一步完善最低生活保障制度。根据城镇居民生活费用价格指数、在职职工工资增长情况，及时调整最低生活保障标准。低保对象的认定，应综合考虑被保障对象家庭的收入状况和必要的支出情况，将实际生活水平作为是否符合低保的依据。建立并完善贫困人口就医的社会医疗救助制度，发挥社会福利团体和慈善机构的作用，拓宽医疗救助的渠道。逐步推广建立廉租住房制度，为贫困老年人家庭提供租金低廉的住房。采取政府为贫困老年人购买服务等方式，解决贫困老年人的基本照料问题。

（四）充分发挥家庭养老的作用

一是进行广泛、深入和经常性的宣传教育，大力弘扬中华民族敬老、养老的传统美德，改变农村“嫁出的女儿不养娘”的传统观念，营造良好的尊老、助老、养老氛围。二是加强司法保护和法律服务工作，严厉打击不赡养老人甚至虐待老人的恶劣行为，对有严重违法犯罪行为的，要绳之以法，发挥法律的震慑作用和典型案例的教育作用。三是在赡养纠纷比较多的地方提倡和推广签订《家庭赡养协议书》，发挥基层群众自治组织、基层人民调节组织以及老年群众组织的调解、教育、监督作用，用道德规范和社会力量协调代际关系，强化家庭养老功能。四是对部分由于子女残疾、下岗等原因无力赡养老年人的家庭，当地政府和有关社会组织应当在就业、救济等方面给予特殊照顾。五是大力发展老年社区服务，加快服务网络建设，丰富为老服务内容和形式，为家庭养老提供社会支持。

（五）在有条件的地方建立农村社会保障制度

1. 在符合条件的农村建立最低生活保障制度。建议在所有省份逐步推广、完善农村最低生活保障制度，确保贫困老年人的基本生活。各地从本地区农村居民的最基本生活需求、地区经济发展水平、物价水平、消费水平和财政承受能力出发，确定和调整最低生活保障线。加强最低生活保障制度的法制建设，实现最低生活保障的法制化、规范化管理。制定与最低生活保障制度相配套的补充救助制度，在当前不具备实施低保制度条件的地方，可对贫困老年人先行实施定期定量的救济制度。资金问题是建立农村最低生活保障制度的核心，各级财政应调整支出结构，为农村低保制度的建立提供资金支持，加大对贫困地区的财政转移支付力度。

2. 加快建立健全农村合作医疗制度和医疗救助制度。农村老年人长期患病是造成贫困的主要原因之一，一旦患上重病，往往为支付高额医药费造成债台高筑，一人得病拖垮全家。国务院决定在全国农村建立新型合作医疗制度，先期试点地区的经验证实，这种由政府组织、引导、支持，农民自愿参加，个人、集体和政府多方筹资，以大病统筹为主的农民医疗互助共济制度，是解决农民因病致贫、因病返贫问题的有效途径。各地应以推广建立农村合作医疗制度为契机，完善乡、村级卫生院医疗服务功能，建立农村社区卫生服务体系。通过政府投资和社会捐助等多种渠道筹集医疗救助基金，建立医疗救助制度。在制度建设和实施过程中，各地应根据本地的经济社会发展条件研究制定对老年人，尤其是贫困老年人的优待规定与具体执行办法。

3. 继续开展农村社会养老保险工作。在家庭养老功能呈现弱化趋势的情况下，部分丧失和完全丧失劳动能力的老年农民，最大的问题是养老问题。据一些省份民政部门和社会保障部门反映，农村社会养老保险制度的方案基本上是好的，是适合中国国情的，在农民年人均纯收入达2500元左右的中等以上地区，都有条件开展。现阶段农民应以家庭保障为主，但从长远看，必须走社会保障的道路。从现在开始，就应在具备条件的地区着手建立社会养老保险制度，并根据经济发展水平，逐步提高保障标准。具备条件继续开展农村社会养老保险工作的地区，应坚持从实际出发、分类指导、逐步实施的原则，建立健全农村社会保险制度。通过灵活多样的宣传教育形式，让广大农民群众充分认识农村社会养老保险的重要性，增强广大农民群众参与的积极性与自觉性。在目前保险基金保值增值困难的情况下，国家应当采取更加优惠和充分的政策措施予以扶持。

4. 加强和改进农村五保工作。近年来，农村五保供养工作面临诸多新问题：部分地方乡、村集体经济滑坡，无力提取供养经费；一些乡镇企业比较发达的农村地区，开始引入现代企业制度，对乡镇企业进行股份制改造，实行法人治理，难以继续从中收取资金支持五保供养制度；推行税费改革的地区，五保供养经费改为从农业税附加中列支，资金缺口较大，加之财政转移支付不落实，造成部分地区五保供养水平下降，“应保未保”现象突出。为此，应改变五保供养的集体福利性质，调整相关政策。税费改革后，农村五保户的基本生活费应列入财政预算。灾区和贫困地区的各级人民政府在安排救灾救济款物时，应当优先照顾五保对象。集体经济组织根据自身发展情况，给予五保供养工作必要的经费补贴。

（六）建立政府、社会组织、志愿者和老年人多层次良性互动的贫困老年人救助体系

第一，加强政府在反贫困政策制定和资金投入方面的力度。各级政府应把解决老年人贫困问题纳入扶贫工作总体规划，统筹安排，同步推进。把老年贫困人口统计纳入贫困人口统计内容，实行常年动态跟踪。充分发挥各级政府在贫困救助工作中的组织领导、社会动员、舆论宣传和协调服务等作用。认真研究新形势下贫困老年人救助工作的新情况、新特点，及时出台相关政策措施，逐步健全完善社会救助法规政策体系。进一步整理和加强老龄工作机构，发挥各级老龄办在老年贫困救助工作中的统筹协调、督促检查作用，整合救助资源。建议在老龄办设立救助基金或事业费，对特殊的贫困老年人，如已纳入低保、五保等民政救助范围但有特别情况生活仍然困难的，未纳入民政救济范围的，以及遇天灾人祸或重病新产生的贫困老年人等实施救助。在预算安排和支出结构调整中，应切实贯彻公共财政的理念，优化财政支出结构，优先保证城镇低保、基本医疗保险、养老保险、农村合作医疗、五保等社会救济救助制度建设和实施所需要的资金。中央财政要加大对中西部贫困地区的财政转移支付力度。加强地方财政投入监督机制，保证专款专用。积极创造条件，帮助、鼓励部分具备脱贫条件的贫困老年人通过再就业或开发式扶贫项目脱贫。

第二，充分发挥老龄事业发展基金会、慈善会、扶贫基金会、社会工作协会等公益性社会组织的作用。作为一种不同于市场和政府的“第三种力量”，公益性社会组织在反贫困斗争中具有不可替代的功能。对自觉动员资源参与扶贫的公益性社会组织，政府应在政策上给予倾斜支持，建议各级财政部门对各地的老龄事业发展基金会予以支持：一是从财政收入给老龄事业发展基金会划拨一定资金，用于贫困老年人的专项救助；二是从非财政的政策性收入——福利彩票上交财政资金中，每年划拨一定款项给基金会，用于资助贫困老年人。继续深化“扶贫帮困送温暖”主题活动，进一步落实包户扶贫、对口帮扶、联络济困等有效形式，不断创新社会化帮扶载体，提高社会参与度。

第三，发动社会志愿者开展帮困助老活动。广泛宣传、动员和组织大中专学生、少先队员、共青团员、企事业单位青年职工、机关青年干部以及身体健康的低龄老人加入为老志愿者队伍，发动城乡社区老年人协会成员和亲友、邻里帮助有困难的老年人。建立志愿者档案和表彰激励机制，规范管理，形成志愿者与老年人服务对象长期稳定的服务关系，为贫困老年人开展物质救济、精神慰藉、日常生活照料、医疗保健、法律援助、文化娱乐等内容丰富、形式多样、便捷有益的志愿服务。

第四，提高老年人自我脱贫的意识和能力。鼓励老年人增加养老储蓄和补充养老保险、疾病保险意识。探索实行低收入老年群体储蓄优惠制度。采取多种形式，因地因人制宜，帮助有条件的低龄健康老年人通过劳动脱贫。提高老年人的法律意识和自我维权意识，维护自己受赡养的权利。

（总报告执笔人：白桦、张同春、王珣）

农村计划生育夫妇的养老问题[①]（摘要）

国家人口计生委“农村计划生育夫妇养老
问题与对策研究”课题组

根据国家人口和计划生育委员会的估算，2000年农村约有独生子女户3000多万，双女户1000多万，今后每年还将新增独生子女户约350万，双女户约100万。本课题基于第四次和第五次人口普查数据估计的结果是：2000年在20～60岁的拥有农业户口的女性中，独生子女家庭总数大约为6857万，双女家庭的总数大约为1081万，曾经生育过一个孩子，但现在没有子女的家庭总数约为57万，几项合计将近8000万。虽然目前我国农村已经进入老年的计划生育夫妇为数很少，但是从2020年开始将会进入激增阶段。鉴于农村计划生育家庭的特殊性，农村计划生育夫妇的养老问题应该引起我们的高度关注。

一、我国农民实行计划生育的风险及其变化

（一）计划生育风险

建立农村计划生育社会保障制度的最终目的是防范和化解农民因实行计划生育而带来的各种风险，提高其生活水平和生活质量。农民实行计划生育主要存在着以下风险：

1. 与计划生育手术相关联的风险，主要包括计划生育手术死亡风险和并发症风险。

2. 与计划生育子女相关联的风险，包括计划生育子女病残风险、伤残风险和死亡风险。

3. 与计划生育相关联的劳动和收入损失风险。该风险有两种情况：一是计划生育手术并发症导致的劳动力能力的下降和收入的损失；二是因为子女病残、伤残、死亡、迁移等因素导致的劳动损失和收入损失。

4. 与计划生育相关联的公共资源分配损失的风险。虽然各地方都规定了包括土地在内的农村社区公共资源分配上实行对计划生育家庭的优惠政策，但是从落实情况看并不十分理想。

5. 与计划生育相关联的养老风险。由于现阶段我国农民养老的最基本和最主要的形式仍然是传统的家庭养老保障，因此，计划生育夫妇养老风险远远高于其他人口群体。

以上各类风险一旦发生，将会导致三种结果：一是计划生育夫妇在经济上的贫困化；二是计划生育夫妇养老资源的短缺化；三是计划生育夫妇社会上的弱势化。因此，在我国农村传统的非正规的保障制度安排下，计划生育家庭是面临风险性最大的群体，同时也是化解风险的自然能力较小的群体。

（二）计划生育风险与计划生育家庭生命周期

虽然计划生育家庭生命周期与一般家庭的生命周期具有相似之处，但是由于计划生育家庭生命事件发生时间的特殊性，其生命周期也具有特殊的变化规律。一般而言，典型的计划生育家庭生命周期可以划分以下几个阶段：

第一阶段是计划生育家庭的形成阶段。在该阶段，计划生育家庭面临的与计划生育相关联的风险主要是计划生育手术死亡风险和后遗症风险，以及子女婴儿期死亡和伤病残风险。

第二阶段是计划生育家庭发展阶段，以计划生育子女成长为主要标志。该阶段计划生育家庭面临的风险主要是子女死亡和伤病残风险。

第三阶段，计划生育家庭空巢阶段，主要是子女因求学、就业、婚姻等原因离开家庭，家庭户中只剩下计划生育夫妇。一般来说，当这个阶段来临之时，计划生育夫妇尚处壮年。在这个时期计划生育夫妇仍然继续面临着子女死亡和伤病残风险，同时也面临着损失子女劳动和收入贡献的风险。

第四阶段是老年计划生育夫妇空巢家庭阶段，其标志是计划生育夫妇或者其中一方进入了老年。在该阶段，计划生育夫妇不仅面临着自己劳动能力和收入

① 《农村计划生育夫妇的养老问题》是“农村计划生育夫妇养老问题与对策研究”课题研究总报告的一部分。该研究课题由国家人口计生委政法司组织协调，由中国人民大学教授郑功成、原中国人口信息研究中心主任于学军、南开大学研究员李建民、华东师范大学教授桂世勋、中国人口福利基金会秘书长苗霞等专家组成的课题组于2002年8月至2003年11月开展的。

能力下降或丧失的风险，同时，也面临着子女养老资源损失的风险。

在未来的10～20年中，我国农村将有大批的计划生育夫妇进入老年，而其子女的经济供养能力、生活照料能力均直线下降。因此，养老保障问题已经不再是农村居民的个人风险问题，而是农村居民的群体风险问题。前者可以通过家庭解决或通过“五保”制度加以解决，而后者却只能在政府主导下通过相应的社会保障机制才能化解。

二、农村计划生育夫妇养老保障危机

在我国经济发展、社会变革和人口形势迅速转变的条件下，传统的家庭养老保障制度的基础正在不断被削弱。一旦该制度失灵，而社会养老保障制度仍未建立，依赖传统家庭养老的农村老年人势必陷入贫困，而首当其冲的是老年计划生育夫妇。

（一）计划生育夫妇失去了传统家庭养老的微观人口基础

大家庭是传统的家庭养老保障制度能够有效运行的根本保证，然而计划生育夫妇的养老则完全丧失了这个保证。在我国大多数农村地区目前的经济发展条件下，计划生育夫妇的子女数量低于家庭养老所必需的孩子数量。

（二）孩子数量—质量替代机制尚未形成，计划生育家庭子女整体供养能力弱

目前我国大多数农村地区的孩子质量—数量替代机制尚未形成。由于农村人力资本投资机会的缺乏，计划生育家庭子女的人力资本存量和超生家庭子女人力资本存量之间的差异并不显著。农村计划生育夫妇既损失了对孩子数量投资的机会，也没有得到对孩子质量的更多投资机会，其结果一方面会给计划生育夫妇的养老收入带来极为不利的影响，另一方面，也增加了子女赡养父母的经济压力。

（三）计划生育夫妇面临着子女经济供养和生活照料资源损失的更大风险

子女的死亡、伤残是计划生育夫妇，特别是独生子女夫妇面临的最大风险。根据有关研究，我国农村独生子女的夭折率约为0.8%，有些地区的独生子女伤病残率达到3%。如果没有社会养老保障制度的支持，一旦其子女死亡或伤残，他们的生活就会陷入困境。并且，随着年龄的增长，计划生育夫妇的保障需求就越大，但其子女损失的风险也越大。另一方面，计划生育老年夫妇空巢家庭出现的概率远远大于非计划生育老年夫妇，如果其子女因求学、就业和婚姻迁移他地，他们就会损失子女的劳动贡献，其土地养老保障系数将会进一步降低。当他们失去劳动能力时，从土地上获得的收益会进一步下降。同时，计划生育老年夫妇还会失去子女照料的人力资源，进而会增加养老的经济需求。因此，计划生育夫妇在老年时期将面临着两个严重问题：一是经济供给的缺口，二是人力供给的缺口。

（四）计划生育户的收入能力的相对优势难以长期持续

本次调查结果显示，计划生育户的户均收入和人均收入分别为8879元和2258元，超生户的户均收入和人均收入分别为8506元和1841元。从四省（四川、湖北、黑龙江、甘肃）总体看，计划生育户人均收入水平比超生户高出22.62%。这表明计划生育家庭在其生命周期的前期阶段由于负担轻而具有更强的收入能力，这可以为其养老提供一定的经济条件。但是在经济比较落后的甘肃，计划生育户的人均收入水平仅仅比超生户高出0.56%，二者相差无几。这表明，计划生育户人均收入水平之所以高于其他类型家庭，并不是“收入效应”，而是“分配效应”。因此，在其生命周期的后期阶段，计划生育家庭收入能力的相对优势将难以长期持续。

（五）计划生育户在分享社区公共资源方面处于劣势

（六）计划生育夫妇的养老储蓄能力还比较弱

本课题调查结果表明，虽然计划生育户的收入节余率水平高于超生户，但除黑龙江省以外，其他三个省的计划生育户收入节余率水平并不高，与全国2001年的水平大致相同。该节余水平还不足以使计划生育夫妇具有足够的长期储蓄能力，以备养老之需。超生户收入节余率虽然低，但是在其支出中包括了更多的人力投资，或者说进行了更多的人力储蓄。在目前我国农村储蓄利率水平下，超生户对子女的投资回报率将远远高于计划生育户的现金储蓄回报率。因此，就养老经济保障而言，人力储蓄要比现金储蓄更有保障。

基于以上分析，我们认为，在传统的家庭养老制度下，我国农村计划生育夫妇的养老保障风险大大高于其他人口群体。如果没有社会养老保障制度的支持，他们的生活必将陷入贫困。

三、政府建立农村计划生育夫妇社会养老制度的责任

当我国在农村推行计划生育之时，就已经在家庭和社会两个层面上埋伏下计划生育夫妇老年时期的养老危机。2020年以后我国农村将会有大批的计划生育夫妇进入老年，如果其养老仍未获得制度性的保障，就很可能成为引发我国老龄危机的“导火索”。因此，解决农村计划生育夫妇养老问题应该是政府防

范老龄危机政策的重中之重。

（一）政府有责任对农村计划生育夫妇养老资源的损失做出补偿

在我国巨大人口压力条件下，计划生育夫妇的节制生育的行为具有正外部性，这种外部性不仅在当代人中广为扩散，而且还在代际之间延续。该正外部性可称为“人口红利”。有研究表明，1979－1997年期间生育率迅速下降对我国GDP的增长的贡献份额约为1/5，对人均GDP水平提高的贡献份额约占1/3。但是，这笔人口红利是计划生育夫妇牺牲个人利益的前提下为社会利益作出的贡献，特别是农村地区计划生育夫妇个人利益的损失更大，不仅有近期利益的损失（如责任田承包分配上受到的损失），他们还放弃了养老保障投资机会，并承担了老年保障损失风险。因此，计划生育夫妇拥有优先获得社会养老保障的特殊权利。

国家计划生育政策虽然有助于提高计划生育家庭生命周期前期阶段的收入，但却削弱了计划生育家庭传统的家庭养老资源。因此，国家必须对农村计划生育夫妇养老的经济保障作出制度性安排，而建立计划生育夫妇社会养老保障机制是对计划生育夫妇养老资源损失的最好补偿方式，这本来就应该是我国实行计划生育政策社会成本的一个重要组成部分。为了保证社会的公平，政府有责任使计划生育夫妇避免由于养老人力资源的短缺而在老年时陷入贫困。

（二）政府应把建立农村计划生育夫妇社会养老保障制度作为公共政策的优先领域

政府必须从执行基本国策的高度承担起农村计划生育夫妇社会养老保障的责任，把建立农村计划生育夫妇社会养老保障制度放在公共政策的优先执行领域。建立计划生育夫妇养老风险的社会防范机制应该是解决其养老问题最有效、成本也较低的方式。

北京市2003—2005年老龄科研成果和调研报告摘要

2003年

1.《北京市城区空巢老人心理健康状况研究》：随着人口老龄化进程的加快，我国空巢老人家庭发展迅速，空巢老人已经成为北京市人口老龄化的一个重要问题，北京市的老龄工作正面临这个严峻的挑战。空巢老人是一个特殊的老年群体，大多数是知识分子家庭，经济收入较高，但由于子女不在身边，生活单调寂寞，缺少精神慰藉，由此引发的心理健康问题不容忽视。为了解当前北京市城区空巢老人的心理健康状况，为政府和有关部门采取应对和干预措施提供科学依据，同时呼吁全社会对空巢老年家庭给予更多的关怀，由北京市老龄问题研究中心老年心理研究所吴振云等编制了老年心理健康问卷，在北京市海淀区的中关村地区及几所大学职工居住区随机取样，对空巢老人进行了问卷调查。研究结果显示，心理健康状况与诸多因素相关。除了身体健康外，家庭人际关系和文体生活满意度，对于心理健康非常重要。因此，培养广泛的兴趣爱好，积极参与文体和社交活动，从中得到快乐和满足，对于老年人调节心理状态和保持心理健康起积极有益的作用。这对于空巢老人，特别是子女都在国外或外地的空巢和独居老人尤其重要。（撰写：北京市老龄问题研究中心老年心理学研究所李德明、陈天勇、李贵芸）

2.《北京市老年人口现状、问题及对策分析》：随着老龄时代的到来，老年人口已经成为了备受社会关注的人群。到第五次人口普查时，北京市老年人口无论是数量，还是占总人口中的比重都有了明显的增长，首都人口老龄化形势日趋严峻。本项目利用2000年第五次全国人口普查的数据，对北京市老年人口的现状及其存在的问题作简要分析。研究结果显示北京市人口老龄化呈现以下特点：人口老龄化始自20世纪70年代，由成年型向老年型的过渡贯穿了整个80年代，到“四普”时，按照部分指标衡量，北京市人口年龄结构已经进入老年型。到2000年全面进入老年型社会。老年人口增长率大大高于总人口增长率，导致北京市人口老龄化速度不断加快。人口不断高龄化，但高龄老年人占老年人的比重暂时下降。少儿抚养比进一步下降，老年抚养压力不断加大。老年人口性别比呈不断上升的趋势，老年人丧偶比例明显下降。有老年人户和单身老人户的数量大幅增加，女性独居老年人户比例大。老年人受教育水平有较大改善，文盲人口比例大幅下降，但仍表现出较大的地区和性别差异。老年人死亡率的地区与性别差异明显。同时，本文还利用2000年北京市第五次普查数据对北京人口的发展趋势与社会经济影响进行分析，以期发现在人口老龄化过程中北京市老年人口数量与结构的变化趋势，为政府制定有关对策和开展社区养老服务提供信息。最后，本文分析了人口老龄化对北京经济、社会和家庭等方面的影响，并提出政策建议。（撰写：北京市老龄问题研究中心王树新、杜鹏、陈谊、郭南方等）

3.《关于〈北京市老年人权益保障条例〉的实施建议》：由1995年9月22日通过、1996年1月1日起实施的《北京市老年人权益保障条例》，是根据当时的国情和我国老龄人口的状况及发展趋势，尤其是北京市的老年人口情况，依据国家当时的有关法律、政策及经济形势等研究制定的。从《条例》规定的内容看，该条例在条款上主要侧重于规定保障老年人权益的指导性规范，从“应当”为老年人提供那些权益保障的角度作了较为原则的规定。几年来，《北京市老年人权益保障条例》在北京市的老年权益保障中发挥了重要的作用，是北京市老年工作的指南和老年人权益保障的坚强盾牌。随着我国体制改革不断深入、加入WTO以后社会保障制度与国际接轨等，我国的社会保障制度及相关法律制度均发生了较大的变化，社会保险、医疗保险、失业保险及城市居民最低生活保障等政策、法律、法规的相继出台，又为老年权益保障的实施增加了新的内容，而且随着社会经济的发展，家庭结构等也发生着变化，使得现有的《条例》在其内容和实施过程中不可避免地出现了一些新问题。本课题就《条例》规定的条款及其在实施当中需要补充或完善的内容进行探讨。按照《条例》的体系，分别对《条例》总则部分、涉及家庭保障方面、关于社会保障规定的完善与实施、关于法律责任方面的内容进行了分述，提出实施建议。（撰写：北京市老龄问题研究中心老年法律研究所刘大炜、王进喜）

2004年

4.《“十一五”期间北京市人口及老龄化问题研究》：人口问题始终是一个关系全局的重要问题。北京市作为全国的政治、文化中心，摸清人口状况，揭示和把握人口发展变化的特点与规律，并据此正确制定发展规划和人口政策，对北京率先在全国基本实现现代化，大力发展首都经济，尽快建成现代化国际大都市至关重要。“十五”规划制定并稳步实施的几年间，我市的经济发展和社会进步取得了巨大成就。与此同时，人口自然增长得到了有效控制，已经转化为低出生、低死亡、低自然增长的人口再生产模式；人口质量有了较大提高。但是，目前出现了一些新的问题，主要是人口迁移流动量急剧增加，人口的老龄化问题日益突出，城区人口密度过大等。这些新情况、新问题，不仅直接关系到当前经济和社会发展的全局，而且对21世纪我市现代化建设事业的进程也将产生重大深远的影响。基于这种考虑，必须对北京市未来的人口老龄化情况做出近期（“十一五”期间）、中期及更长远和多指标的预测。本课题研究是北京市发改委“十一五”规划前期课题研究之一，北京市老龄问题研究中心邀请首都高校众多研究学者和专家，以多种方式获得有关信息和数据，以定量和定性分析结合深入研究，对北京市总人口、流动人口和老年人口的现状、特点及变动趋势进行详细分析，重点围绕老年人的经济供养、医疗保障、精神文化生活、社会参与、权益维护等问题，以及北京市社区为老服务、社会养老设施、老龄产业发展、老龄工作的体系展开研究，对北京市人口政策进行评估，提出今后应对我市人口发展与人口老龄化的方案设计，形成了近20万字的研究报告。（撰写：北京市老龄问题研究中心王树新、陈谊、杜鹏、陈卫、段成荣、沈青、汤哲、裴晓梅、刘大炜、郭南方、吴晓甜等）

5.《〈北京市“十五”时期老龄事业发展规划〉落实情况检查报告》：为贯彻落实“三个代表”重要思想和党的“十六大”精神，进一步推动老龄事业与首都经济社会协调发展，根据全国省级老龄办主任会议精神、市老龄委2004年工作部署，市老龄办于2004年对《北京市“十五”时期老龄事业发展规划》落实情况进行了检查。在有关委办局提交自查报告和各区县对《规划》落实情况进行自查的基础上，市老龄办有针对性地对朝阳等五个区县的规划落实情况进行了抽查，分别听取了区县老龄干部、社区工作者和老年人代表三方的汇报和意见，形成了检查报告。报告显示，到2004年，北京市“十五”时期老龄事业发展规划已经基本完成，为首都应对未来人口老龄化高峰打下了良好基础。同时也认为，“十五”规划实施到现在，在主要指标逐步完成的同时，还出现了一些问题。这些问题有些是老龄事业发展过程中一直存在的，有些是老龄事业在社会经济发展的新形势下产生的。解决这些问题是确保“十五”规划圆满完成的需要，同时也是更好地为老年人服务的应有之义。（撰写：李海伟）

6.《北京市城乡老年人口的基本状况分析》：2000年中国老龄科学研究中心承担并启动了“中国

城乡老年人口一次性抽样调查”，调查涉及包括北京市在内的 20 个省、自治区、直辖市，调查时点为 2000 年 12 月 1 日，调查对象是抽样范围内城乡 60 岁以上的老年人。调查问卷分城市问卷、农村问卷。调查内容主要涉及老年人的基本生活状况、经济供养、医疗保健、社会活动、老龄基层组织和工作等情况。调查采用分层配额系统随机抽样方法，北京市共获有效样本 1708 份，其中城市 1250 份，农村 458 份。本文以北京市调查数据为基础，从人口学特征、就业、家庭与子女、收支、住房、养老机构以及老年人对生活状况的主观评价七个方面来分析北京城乡老年人口的基本状况。（撰写：黄慧）

2005 年

7.《21 世纪初北京市人口老龄化问题及对策》：《北京市“十五”时期老龄事业发展规划》指出：目前，北京市已进入人口老龄化迅速发展时期；老龄事业发展的指导原则是坚持老龄事业与经济、社会协调发展；要对急需解决的现实问题和具有战略性、前瞻性的人口老龄化问题开展研究，为发展老龄事业和解决老龄问题提供制定相应政策的依据。本课题是北京市老龄问题研究中心承担的北京市哲学社会科学规划办公室“十五”规划课题“21 世纪初北京市人口老龄问题研究报告”。主要利用 2000 年第五次人口普查数据，结合北京市 1990－2000 年人口变动抽样调查资料，按照年龄队列重新校验老年人口的一致性问题，预测 21 世纪中后期人口老龄化发展趋势，对人口老龄化的社会经济影响进行宏观分析。开发、利用 2000 年北京市城乡老年人口状况及 1999 年北京市老年人基本需求状况抽样调查数据资料，全面掌握老年人口的生存现状、养老需求和困难，分析人口老龄化来带的社会问题。同时，这几年我们还开展了空巢家庭、百岁老人、贫困及权益受侵害等特殊老年人群体的重点调查和实证研究，发现问题，进一步探求老年人问题的社会经济原因。召开老年人及子女、老龄工作者、老龄问题专家座谈会，探求应对北京市人口老龄化问题的对策建议。（撰写：邬沧萍、陈谊、郭南方等）

8.《北京市老年人口问题研究》：本文是北京市人口和计生委 2005 年首都人口发展战略研究课题之一。利用北京市历年的人口普查数据以及近年来的相关调查数据，对北京市人口的现状和趋势、老年人口家庭状况、老年人身心健康状况以及老年人的养老方式进行了较为细致的探讨，并在此基础上提出相关的政策和建议。本文分析：目前北京市已经完全进入老年型社会，其老龄化程度在国内处于较高水平，并正在向发达国家靠近。在家庭数量与结构上，北京市老年人口家庭数量大幅度增加，空巢老人家庭比重上升。在住房条件上，北京市老人家庭的住房条件均低于全国平均水平，但北京市老年人有单独房间的比例较高，居住生活质量也较高。在老年家庭收入上，老年人家庭收入与家庭子女数呈负相关关系，子女多的老年人并非生活就好。在家庭支持力方面，老年人的经济支持力主要来自老年人自身，非正式支持在解决北京市老年人家庭支持方面发挥了很大的作用。在身心健康方面，北京市老年人群是慢性病的高患病率人群，2/3 的老年人患有不同程度的慢性病。在养老方式上，无论从老年人的养老意愿还是实际选择看，居家养老都是老年人最主要的养老方式，但从试点的情况看，居家养老服务虽受到广大老年人的欢迎，也遇到了一些问题。本文认为，北京市政府要从北京市的特殊地位和本市具体的经济社会情况出发，要充分发挥政府的主导作用，动员社会各界的力量，以人为本，将可持续发展战略和构建健康老龄社会战略紧密结合，为逐步建立不分年龄、人人共享的和谐的首善之区而努力。（撰写：北京市老龄问题研究中心杜鹏、王树新、汤哲、陈谊、黄慧、郭南方、吴晓甜）

9.《北京市老年人参与奥运问题研究》：2008 年奥运会将在北京举办，为我国特别是为北京市带来了前所未有的发展机遇，北京市委和市政府提出了“新北京，新奥运”和率先基本实现现代化的总体目标。在这个总体目标下，北京市提出了“举办一届最出色的奥运会”的目标。北京市的老年人，作为首都社会的资深公民，既是实现这些目标的参与者，又是目标实现的受益者。老年人之所以如此热烈地盼奥运、庆奥运和参与奥运，是因为他们把建设“新北京”、办好“新奥运”看作是自己应尽的责任，是有生之年实现自我价值和继续为社会做贡献的难得机遇。本文从老年人参与奥运的必要性和意义，介绍了国内外老年人社会参与的基本情况和主要经验，分析了北京市老年人参与奥运的优势和问题，提出了北京市老年人参与奥运行动计划建议。（撰写：北京市老年学学会姚远、熊必俊）

关于天津市贫困老年人生活状况的调查与思考（摘要）

本课题确定的调查对象是基本生活难以保障的城乡贫困老年人，具体包括以下四种老年人：（1）虽纳入最低生活保障线，但基本生活仍难以维持；（2）无子女赡养，本人或配偶无固定收入或收入很低未纳入低保，难以维持基本生活；（3）有子女，但子女无赡养能力，老人或配偶无固定收入或很低，难以维持基本生活；（4）因病残或其他突发事件造成的贫困。（本次调查不包括在城乡养老机构集中供养的老年人）本次调查基本摸清了天津市贫困老年人的生活用状况，了解到贫困老年人致贫的主要原因，获得了第一手的资料。

这次调查采用了问卷调查、项目普查和典型调查三种方式，分别制定了城市和农村两套问卷和项目普查表。

一、天津市贫困老年人的基本生活状况及特点

1. 性别年龄状况：中高龄老年人居多。城乡贫困老年人的年龄结构比较接近，70岁以上的高龄老人所占比重都比较大。城乡贫困老年人性别差异较大。

表一　贫困老年人性别年龄结构

		合计	男	女	60—69	70—79	80+
城镇	人数	2593	572	2021	820	1317	456
	比例		22.06%	77.94%	31.62%	50.79%	17.59%
农村	人数	1489	1156	333	621	642	226
	比例		77.6%	22.4%	41.71%	43.12%	15.17%

2. 文化水平和原职业情况：城乡贫困老年人的文化水平普遍偏低，文盲和小学文化水平的均占90%以上，而且无业率奇主，也都高达90%以上。

3. 收入状况：城乡贫困老年人中无收入的比重高，即使有收入，收入也偏低。

4. 享受社会保障的情况：

表二　城镇贫困老年人享受社会保障情况

	有社会基本养老保险费	有社会基本医疗保险费	享受最低生活保障费	享受其他救助政策
人数	496	324	1251	226
比例	19.13%	12.5%	48.25%	8.72%

5. 支出状况：在调查中我们发现，贫困老年人对生活没有太高的要求，他们说："只要吃饱穿暖就行了，不要求多好。"

二、导致老年人贫困的主要原因

我们在调查产问卷中列了五个贫困原因供选择（可多选），即：无固定收入来源、患病或残疾、无子女或子女无赡养能力、高龄无自理能力、天灾人祸以及其他。

表三　城乡贫困老年人致困原因

	无固定收入来源	患病或残疾	无子女或子女无赡养能力	高龄无自理能力	天灾人祸
城镇	66.06%	40.34%	30.93%	23.91%	0.5%
农村	65.10%	38.80%	28.10%	23.00%	2.1%

三、建立贫困老年人救助机制的对策对建议

1. 完善保障制度，提高供养能力。2. 建议财政增加贫困老年人救助专项拨款。3. 向贫困老年人实施医疗救助。4. 发动社会力量，设立“助老解困”基金。由老龄工作部门会同有关部门设立“助老解困”基金，接受社会各界单位和个人的捐赠，动员各单位和个人“一对一结对子”助养贫困老年人。5. 建立贫困老年人档案。做好动态化管理。各级老龄工作部门要同有关部门进一步摸清贫困老年人的状况，建立贫困老年人动态档案和信息网络，定期走访慰问贫困老年人，使救助工作制度化、规范化。

关于天津市农村老龄工作的调查与分析（摘要）

截至 2003 年底，天津市农村老年人口 46.56 万人，占老年人口总数 34.72%。近几年，天津市农村老龄工作，伴随着社会经济的发展，呈现出以下几个特点：

一、老龄组织机构不断健全和完善

区县一级均成立了老龄工作议事协调机构（委员会），乡镇一级也设有老龄工作委员会。行政村一级成立了老龄工作领导小组，组长由村委会分管主任担任，成员包括妇联主任、老协会长等。老年人协会已成为农村老龄工作的重要抓手和开展活动的主要载体。

二、农村养老保障机制逐步完善

一是随着农村经济发展水平的提高，农村老年人实行了退休补助制度。目前，天津市实行农民退养补助制度的比例达到 60－70%。二是加强以贫困老年人为重点的救助帮扶工作。如建立助困基金、定期走访慰问等为困难老人排忧解难。三是农村的养老机构不断扩展，基本满足老年人入住的需要。目前，我市有农村敬老院 137 所，遍布各个乡镇。

三、农村老年人的医疗保障条件得到改善

目前，天津市广大农村逐步实行了新型合作医疗制度，建立医疗保险基金。随着农村医疗卫生体制的改革，乡村卫生组织一体化进程加快，区、镇、村三级医疗卫生服务网络逐步改善，使广大农村老年人在疾病预防、治疗以及健康保健方面，得到就近就便服务。

四、“老有所为”在农村得到充分体现

农村老年人一生都没有闲时，只要身体没有病，只要身子骨还能动，或是下地干活，或是料理家务、照管孙辈，显示出老年人的勤劳和奉献。在农村，像红白理事会、治安护绿队、民事调解组、种植养殖承包队、文艺演唱队等，绝大多数由老年人组成。

目前，农村老龄工作也存在一些问题，主要是：

1. 在农村，特别是经济上比较落后的村镇，老年人的经济供养还没有可靠的保障，仍然存在就医难的问题，老年人的贫困问题还没有得到根本解决。

2. 农村老年人的精神文化生活还相对匮乏。活动设施还满足不了老年人的需要。

3. 有些农村老年人协会活动经费还没有保障。村两委对老年人协会不够重视。

4. 有些村镇领导对老龄工作的内涵还不十分清楚，认为老龄工作就是组织老年人搞活动、说说唱唱、蹦蹦跳跳，对老龄工作的内容不清，方向不明。

上海市老龄科学研究概述

1. 2004 年开展“上海市纯老家庭老年人结对关心工作调查”。市政府常务会议以此数据信息专门讨论给予纯老人家庭老人关爱。为 16 万名独居及其他需要特殊照顾的老人提供上门照顾服务，被列为 2005 年市政府实事项目。

2. 2004 年开展了“小康社会老年人生活质量的指标体系研究”课题的研究。其中包括开展上海市老年人口状况与意愿跟踪调查，该调查成为中国内地省级范围内进行老年人口跟踪调查统计的第一例。同时还进行了“上海老年事业基本情况动态监测统计指标”研究。

3.2005年主办第三届世界华人地区长期照护会议，并推动成立世界华人地区长期照护联合会。

4.2005年举行2002－2005年上海市首届老龄科研转化成果优秀奖评选，推动老龄科研和实际工作的进一步紧密结合。

5. 开展上海市2005年老年人口状况与意愿跟踪调查。这次调查既是对于1998年综合调查、2003年跟踪调查的继续，也是一次摸清上海市老年人口的总体状况，探索建立常规性综合跟踪调查的尝试。为市政府及有关涉老部门制定全面建设小康社会的人口老龄化对策和“十一五”老龄事业发展计划提供翔实的基础资料，对于进一步改进本市的老龄工作，不断提高老年人口的生活质量，具有重要意义。

6.2005年基本建成上海市老龄数据库。本数据库能够通过网络传送，适应领导决策需要和分析研究使用。通过不断更新、升级、完善，逐步成为本市老龄工作和老龄科研方面的一个重要基地。

7.2005年成立上海市老龄科研中心老年长期照护研究所和虹口、普陀分中心。

8.2005年组织发动4万余名老年人参与“百万家庭网上行”“扶老上网”活动。这个助老实事项目得到了市老龄办、市委老干部局、市科协、市老年基金会的大力的支持。此外还举办了老少共享“数字生活嘉年华”活动，华裔老人数字生活圆桌论坛；承办2005年上海市老年人数字竞技比赛“上游棋牌杯”网络休闲游戏大赛；承办上海风采老人喜办新春派对活动；举行“老年宽带频道”和“老小孩数码港”启动仪式暨上海市“扶老上网”工程2005年通气会。

9.2005年上海市老年人口信息发布。截止到2005年末，全市60岁及以上老年人口266.37万人，占总人口19.58%；65岁及以上老年人口203.67万人，占总人口14.97%；70岁及以上老年人口151.33万人，占总人口11.13%；75岁及以上老年人口89.00万人，占总人口6.54%；80岁及以上老年人口43.77万人，占总人口3.22%，占60岁及以上老年人口16.43%；85岁及以上老年人口15.99万人，占总人口1.18%，占60岁及以上老年人口6.00%；90岁及以上老年人口4.16万人，占总人口0.31%，占60岁及以上老年人口1.56%；百岁以上老人共计600位，比上年增加52位，其中男性132位，女性468位。

10. 通过招投标，组织实施开展一年一度的课题研究活动。2005年共有7项课题，包括：2004－2005年本市户籍老年人的经济状况分析研究、上海郊区农村老年人护理与社会照顾体系研究、《上海市老年人权益保障条例》修改调研、外地来（回）沪老年人口的现状和养老保障对策研究、市区老年人居住现状及发展老年住宅对策研究、社会（民间）办日托养老机构的现状及发展、世界主要国家长期照护的政策比较和本市老年人照顾体系的建立和法律完善。

11. 举办老龄系统干部培训研修活动。2005年9月27－28日，市老龄办综合部、上海市老龄科研中心、上海老年报社举办上海市老龄干部（通讯员）第七期研修班，总结2004－2005年通联工作，研讨老龄信息通讯工作的新情况新进展，各区县动态（简报）通讯员20余人参加了为期两天的研修班。

12. 主办和参与国际国内各类学术交流活动及会议。除2005年10月主办第三届世界华人地区长期照护会议，并成立世界华人地区长期照护联合会外，参加中国老年学学会第四次全国会员代表大会；参加华东六省京津沪渝老龄工作暨老年学学会第11次会议；参加全国老龄事业统计工作杭州调研片会；参加全国第二期老龄统计工作南宁培训班。

关于重庆市开展对“空巢老人”问题研究的综述①（摘要）

重庆市老龄工作委员会办公室
重 庆 市 老 年 学 学 会

加强对“空巢老人”问题的研究，认真解决“空巢老人”问题，在全面建设小康社会和构建和谐社会中，建立一套科学的为老服务体系，编制一幅周密的安全网，使“空巢老人”像其它老年人一样，过上和谐、温馨、美满、幸福的生活，具有十分重要的意义。

重庆市老年学学会会同市老龄委办公室，于2005年在全市开展了以“抚慰、帮助、和谐”为主题的关爱“空巢老人”生活的老年学术研究活动。由于研讨的课题紧扣时代脉博，具有较强的时代感和使命感，得到有关专家、学者、老龄工作干部以及热心老年学术研究的人士的大力支持，无论是参加研究的单位与人员，或是提供研究文章的数量与质量，均创造了重庆成为中央直辖市以来，老年学术研究史上的新高，呈现出“三大亮点”：一是社会调查与学术研究紧密结合，论文作者提供了两个区、3个城市社区、6个乡镇、22所大、中、小学校“空巢老人”生活状况数据与报告的调查，使研究论文有数据、有情况、有分析、有对策；二是学术研究与开展关爱老人活动紧密结合，使理论及时指导了实践，出现了共产党员、共青团员、社区干部同“空巢老人”结对子，实行“一帮一”，社区实行用黄丝带连结“空巢老人”，社区为“空巢老人”安装救助器等新举措；三是有26个乡镇、社区的基层干部提交了29篇调查报告与论文，占此次收到的63篇征文的46%，这批论文具有很强的针对性与实践性，提高了老年学术研究论文的实用价值，尤其可贵的是西南大学人文学院有5位在校大学生参加了北碚区“空巢老人”生活状况的调研与实验活动，翻开了重庆市老年学术研究新的一页。

下面，将此次全市研讨“空巢老人”问题的几个重点综述如下：

一、关于重庆市“空巢老人”的状况、发展趋势与特点

据此次研讨论文提供的资料显示，截至2004年底，重庆市“空巢老人”已达181万多人，占全市老年人总数的43.72%。又据此次提供的5个乡镇、1个村、22所大、中、小学校“空巢老人”状况数据资料统计，有“空巢老人”17989人，占调配的28个单位40212名老年人的44.97%。从以上两组数据都说明，重庆地区的“空巢老人”已成为全市老年人群中一个庞大的特殊群体，占据了老年人家庭形式的一半，而且这个特殊群体呈现出迅速发展的趋势。有些论文作者认为，随着大量的独生子女父母陆续进入老年人行列，以及农村城镇化建设的推进，老年人家庭“空巢化”问题将是继人口老龄化、老年人口高龄化之后，又一个老龄问题的发展趋向。

重庆地区老年人家庭“空巢化”的发展形势具有三个特点：一是农村高于城市。据有关资料显示：重庆地区以农村人口为主的三峡库区、渝西地区、渝东南地区的老年人“空巢化”率均分别高于主城区的14.90%、11.05%、5.38%；二是发展不平衡。全市40个区县，有12个老年人家庭“空巢化”率均超过50%，其中有7个高达70%以上，而有的区县仅占5%至10%；三是单身“空巢老人”数量不小，全市现有单身“空巢老人”31万多人，占“空巢老人”总数的17.13%。

二、关于农村“空巢老人”问题

重庆既是一个大城市，也是一个大农村，农村老年人约占全市老年人的70%，农村“空巢老人”问题相当突出，解决的难度也相当大。因此，研究农村“空巢老人”问题与对策就成为此次老年学术研究的重中之重，受到研究人员的密切关注。在征集的63篇调查报告与论文中，研讨农村“空巢老人”问题的达到28篇，占44.44%。在这一批调查报告与论文中，有些文章的质量是比较好的，对农村“空巢老人”问题有了一个清楚的认识，提出了一些针对性较强的对策。万州区白土镇退休干部黄远路所写的《农

① 本文原题为《面对老年人家庭“空巢化”的发展趋势 加强对“空巢老人”问题的研究——关于全市开展对“空巢老人”问题研究的综述》。

村“空巢老人”状况的调查与思考》，具有代表性。论文作者深入该镇五龙村，对农村“空巢老人”问题进行了专题调查。五龙村是一个边远山村，有老年人258人，占全村人口的11.2%，其中“空巢老人”106人，占老年人的41.1%。目前，该村“空巢老人”靠自己劳动为主养活自己的79人，占74.5%；靠子女供给为主的26人，占24.5%；靠政府救济的1人，占1%。该村“空巢老人”的年平均粮食收入280公斤，现金收入536元，分别比该村农民年均粮食与现金收入低35.6%和19.5%。当前，生活比较富裕的占12.7%，比较困难的占11.1%，一般的占76.2%。该村“空巢老人”存在的问题主要有三：一是劳务重，难以承受。随着年龄的增长，疾病的增加，靠劳动自己养活自己的日子如何走得下去；二是无钱治病。目前的经济收入仅能维持日常生活，85.5%的农村“空巢老人”怕生病；三是无安全感，怕偷盗。形成老年“空巢家庭”的原因，主要是因子女外出务工而形成“空巢老人”的有88人，占84%；其次有女无儿，女儿远嫁他乡，形成“空巢”。其他论文作者对农村“空巢老人”问题的调查情况与五龙村的调查基本相拟。许多论文作者对解决农村“空巢老人”问题提出了一些积极的对策。

第一，建议市和区县以及乡镇各级政府要大力发展本乡、本土的农村经济、从政策和资金上鼓励与支持外出务工农民回乡创业。这样，既壮大了发展重庆地区农村经济的力量，又使青壮年农民回到“空巢”赡养年迈的父母，减轻父母沉重的劳务压力，认为这解决重庆地区农村“空巢老人”的根本大计。

第二，建议对外出务工农民赡养父母的问题要立法，规定外出务工农民赡养父母的各项责任，从立法上强化农村的家庭养老。

第三，加快推行农村新型合作医疗制度的建立，以保障农村老年人的基本医疗保障权益。

第三，加快农村社会养老保障试点工作的步伐，积极发展农村社会养老事业。

三、关于单身“空巢老人”问题

单身“空巢老人”，即老年家庭一人户，由于是一个人独自生活，其困难程度不亚于农村“空巢老人”，是弱势群体中的弱势，常过着“出门一把锁，进门一盏灯”的冷冷清清的孤独生活，媒体报道的老人死在家中数日才被发现的事件，往往是指这一部分老年人。因此，研究解决单身“空巢老人”的问题，受到研究人员的特别关注，提出一些新的建议，而且在实践中积累了一些新经验，其中主要的有：

第一，建议市政府在修改《重庆市实施〈中华人民共和国老年人权益保障法〉办法》时，对子女赡养单身“空巢老人”的责任加以细化，不能把照料单身“空巢老人”的问题全部推向社会，若再发生单身“空巢老人”死在家中而不知道的事件，要追究赡养人的责任。

第二，采取各种形式，解决单身“空巢老人”的单身状况。单身“空巢老人”的问题，其症疾在于单身，改变单身独自生活的状况，就抓住了解决症疾的命脉。许多论文作者认为，可以采用以下办法：一是积极动员单身“空巢老人”入住敬老院、老年公寓、托老所等社会养老机构；二是按自愿的原则，就地就近组织小型的、松散的老人联合家庭或老人生活互助小组；三是积极动员与支持老年人再婚、结成新的老年伴侣；四是子女把单身“空巢老人”接到家中赡养，或雇请保姆上门照料等。

第三，编织周密的、快捷的救助安全网。

四、关于“空巢症”问题

“空巢症”是空巢老人易发的一种心理疾病。其症状：常感孤独、空虚、凄凉、悲伤。对这种疾病如果调治不当，将严重影响老年人的身心健康。研究如何调治“空巢症”问题，就成为此次老年学术研讨的又一个重点。许多论文作者对“空巢症”的产生、症状、原因、危害及对策，进行了比较系统的研究，提出了一些比较好的对策。大家认为，调治“空巢症”要从老人自身、子女、社会三方面入手：

首先，老年人要掌握调治心理疾病的科学知识，有自我调治心理疾病的能力和自觉性，始终保持良好的心理状态。可采取一学、二走、三看、四寻、五调的方法调治老年人的“空巢症”。

其次，子女对父母的关爱是医治“空巢症”的最佳良方。怎样做好“空巢家庭”中父母的关爱工作？有些论文作者提出要做到“三经常”，即：经常回家看看，经常问候老人，经常为父母排忧解难，使老人感到子女就在自己身边，切实做到分而有情，分而有爱。

第三，广泛开展以“献爱心、送温暖”为主题的“暖巢”活动。医治老年“空巢症”，除了依靠老年人自身和子女的力量之外，社会的关爱是决不可少的，特别在家庭养老功能弱化的情况下，开展全社会的以“献爱心、送温暖”为主题的“暖巢”活动，就具有特别重要的意义。

河北省老年人权益保障情况调研报告（摘要）

河北省老龄工作委员会办公室

为了进一步了解《老年法》的落实情况，切实维护老年人的合法权益，省老龄办从2003年3月至8月，共利用半年的时间，采取蹲点详查、面上普查、重点细查的方法，对全省老年人权益保障工作进行了调查研究。

一、深入宣传《老年法》，营造尊老敬老的良好社会氛围

把《老年法》列入"四五"普法计划，通过普法教育和法律宣传，做到人人学老年法，懂老年法，提高全社会维护老年人权益的意识。自《老年法》颁布实施以来，共印发《老年法》宣传册25万多册，电视、广播电台、报社等新闻媒体广泛深入宣传，做到家喻户晓，老少皆知。通过开展《老年法》学习讲座、知识竞赛、办板报、宣讲等活动，广泛宣传《老年法》。建立激励机制，大力表彰"五好家庭"、"敬老文明户"等先进典型，扩大社会影响，营造良好社会环境。抓侵犯老年人合法权益的典型案例，及时曝光，发挥法律震慑作用，更好地实施《老年法》。

二、老年人的合法权益和优待政策得到较好落实，老年人的基本生活得到切实保障

（一）全省国家机关、事业单位离退休人员的养老金基本上做到了按时足额发放。全省机关事业单位现有离退休人员45.76万人，其中纳入养老保险统筹的21.16万人，养老金发放率达99.9%。全省137万企业离退休人员（其中国有企业离休人员4.1万人，退休人员103.7万，集体、私营、港澳台、外商投资企业退休人员29.2万），养老金基本上能按时足额、社会化发放，有效地解决了养老金被挪用、克扣和拖欠问题。

（二）积极发挥家庭养老作用，进一步完善家庭养老保障机制。家庭养老目前仍是我国养老的主要方式，调研组所到之处，基层干部和居民百姓一致反映，绝大多数老年人生活很好，其基本生活没问题。因子女不孝、不尽赡养义务，赡养人无力赡养，因病或其他原因造成生活困难的老年人是极少数的。由于《老年法》宣传和法制教育力度不断加强，各级老龄办的检查指导，特别是农村有针对性地开展签定《家庭养老协议书》等做法，进一步完善了家庭养老保障机制，老人的基本生活有了保障。

（三）保障好老年特殊群体的基本生活。一是全省建立和实施了城镇居民最低生活保障制度，全省城镇符合"低保"条件的5万余名老年人全部列入了"低保"，实现了应保尽保。每人月"低保"标准，全省11个省辖市城区及县镇在150元～205元之间。二是农村对"三无"老人普遍实行了"五保"供养制度，全省现有"五保户"64340人，共建乡镇敬老院1901所，集中供养"五保"对象33930人，分散供养30410人，集中供养率为52.7%，其供养标准达到了当地居民的平均生活水平。集中供养的"五保户"年均供养标准为每人1427元，最高标准为3600元，最低标准为402元；分散供养"五保户"年均供养标准650，最高、最低标准分别为2800元和400元。三是采取多种救助措施，帮助特困老人。对因病、因灾或意外事故导致贫困的老年人，以民政、社保、工会等部门为主，通过财政支持、单位筹集、社会捐助等办法，给予定期补助、临时救助。据估算，全省每年得到救助、帮扶的老年人有10万以上。四是建立抚恤补助标准与人民生活水平同步提高增长机制。全省抚恤补助款由1995年的每年2.2亿元逐渐增至现在的每年4亿多元。到2003年，在乡17万老复员军人定期定量补助由1995年的每人每月平均25元提高到100元以上，最高的每月达到170元；革命伤残军人抚恤金标准由442～2240元/年提高到930～6000元/年；革命烈士家属、因公牺牲军人家属、病故军人家属定期抚恤金标准由57～75元/月提高到115～140元/月。全省13100多军队离退休干部、退职人员得到了妥善安置。

（四）出台政策法规，优待政策得到较好落实。1997年省政府下发了《关于对老年人实行优待的通知》，优待项目涉及乘车、就医、参观游览等12个方面，优待证已发放60多万册。2005年，省政府颁布实施了新的《河北省老年人优待办法》，进一步扩大了优待面和优待内容，深受全省广大老年人的欢迎。

（五）全省机关事业单位离退休人员和按规定缴纳基本医疗保险的企业退休人员，均能按规定就医治疗，享受医保待遇，实现了"老有所医"。现有机关事业单位离退休干部公费医疗按规定由原渠道实报实销。截至2003年6月底，全省机关、事业单位和企业参加医保人员共有364.1万人，其中退休人员80.4万，占参保人员总数的22.1%，现在这些人员都能就地就近就医，享受医保待遇。

三、为老年人及时提供法律援助和司法保护，切实维护老年人的合法权益

（一）加强维护老年人合法权益的法制宣传教育工作。省司法系统把每年的5月定为法制宣传教育活动月，组织广大律师进社区开展法律咨询，解答法律难题，宣传法律法规知识，倡导人人学法、懂法，增强全社会法制观念和法律意识，增强维护老年人合法权益的自觉性。2000年以来，全省律师为老年人提供法律咨询和进行法制宣传957次，录制法律宣传磁带190盒，发放法律宣传资料26万余份，起到了有效的法制宣传教育作用。

（二）全省基层法律服务部门开通了“12348”专线。几年来为老年人解答法律咨询2594人次，无偿法律援助494人次，各法律服务所解答法律咨询16241人次，代写法律文书3085件，代理诉讼2772件。

（三）法律援助机构从本地实际出发，采取各种形式最大限度地为老年人提供优质、便捷、有效的法律服务。对老年人的来访和咨询，免费进行法律知识解答，提供代写文书等法律服务。对老年人提出的法律援助申请，做到简化程序，优先受理，优先审查。自2000年以来，全省共为老年人办理法律援助5697件，得到广大老年人的称赞。

（四）充分发挥公安、法院部门在老年维权工作中的积极作用。近些年来，全省各级公安机关特别是县、乡公安部门和基层组织协同配合，把侵害老年人合法权益特别是针对老年人的诈骗、盗窃、抢夺、伤害等重大案件，依法快侦、快破、快捕、快诉，尽快给老年受害者以满意的结果。对侵犯老年人人身、财产安全的违法行为，依照有关法规作出严肃处理，较好地维护了老年人的合法权益。同时也起到了“震慑少数人、教育一大片”的作用，促进了社会的稳定。

四、存在问题和建议

（一）存在问题

1. 部分县、市基层老龄工作机构和老年群众组织机构不健全，经费无保障，专（兼）职人员少，工作条件差，严重影响老年维权工作的开展。

2. 家庭养老功能呈现弱化趋势，部分社会保障政策还存在不到位、不落实、标准低的情况，特别是农村还缺乏完善的社会保障制度，因病致贫、返贫，吃不起药、看不起病的问题比较突出，应该引起各级党政领导和有关部门的高度重视。

3. 有些地方和部门对老年维权的重要性认识不够，措施不力，存有畏难情绪，工作一般化，缺乏力度，法律援助和法律服务工作还比较薄弱，亟待加强。

4. 一些地方歧视、遗弃、虐待老年人的情况还时有发生，子女不愿赡养老年人的现象在少数农村依然存在，侵占老年人房屋、干涉老年人再婚问题时有出现。

（二）几点建议

1. 提高认识，加强领导，加大老年维权工作的力度。各级党政领导要把老年维权工作提高到实践“三个代表”重要思想、维护社会稳定、促进经济发展的高度，作为为群众办好事、办实事的民心工程，切实抓紧抓好。

2. 建立健全老年维权工作的组织体系，为做好老年维权工作提供组织保障。推动成立由司法、公安和有关涉老部门组成的老年维权工作协调机构，形成老年维权协调联动机制，从组织和机制上为做好老年维权工作提供保障。同时要建立健全基层老年维权工作网络。

3. 继续健全完善社会保障制度，把实现“老有所养”“老有所医”作为重点予以保障。特别是要关注特困老年人的生活，采取政府支持、社会捐助等多种措施救助特困老年人，保障他们的正常生活。要大力开展评比“敬老模范村”和“敬老模范乡镇”活动，积极倡导敬老养老的传统美德和文明之风。同时要鼓励有条件的地方和农村积极探索建立相关的社会保障制度。

4. 进一步加大宣传贯彻老年法律法规和政策的力度，深入开展维护老年人合法权益的宣传教育活动，弘扬中华民族敬老养老助老的传统美德，提高社会敬老道德意识和维护老年人合法权益的社会责任感。

吉林省老龄科学研究成果摘要

1.《吉林省人口老龄化情况存在的突出问题及有关建议》

吉林省从2004年进入老年型人口社会，未来人口老龄化速度将迅猛加剧，人口老龄化问题将是吉林省在本世纪面临的重大问题，不容忽视。吉林省的老龄工作和老龄事业虽然取得了很大成绩，但同时还面临着许多困难和问题，与全面建设小康社会目标和经济、社会协调发展不相适应，必须引起高度重视。目前存在的突出问题有：(1) 城市老年福利设施的资金投入不够，导致设施数量少，规模小；(2) 老年福利事业的优惠政策落实不到位；(3) 国家办社会福利事业单位老年人生活费标准过低；(4) 老干部收入不平衡，医疗费统筹资金保证难；(5) 养老保险基金收支缺口较大，医保覆盖面小；(6) 老年教育、文化、体育设施不足，不能满足老年人需求；(7) 老龄产业发展迟缓；(8) 农村老年人养老问题较为突出；老年人权益有待保障；(9) 老龄工作机构不理顺，老龄事业经费未能解决。

针对这些问题，本文提出了有关建议：1. 建议国家进一步理顺老龄工作机构，明确办事机构管理职能；2. 加大对老龄事业的投入，将老龄事业经费纳入财政预算；3. 修改完善《老年法》；4. 加大力度，制定优惠政策，促进老龄事业的发展；5. 加大对经济欠发达地区老年福利事业的资金投入。

2.《吉林省基层老年人协会发展历程、存在的问题与对策建议》

通过对全省基层老年人协会建设情况进行调研，本文指出，吉林省基层老年人协会经过二十年的发展，已经成为基层群众组织的重要组成部分，对促进“三个文明”建设，促进社会进步和政治稳定发挥着积极作用。与此同时，老年协会建设也存在着一些突出问题：部分基层党政领导对老龄工作的认识存在偏差，老年人协会建设发展不平衡；对老年人协会缺乏有效的管理和指导手段；经费不足，严重影响老年人协会建设；缺少活动场所，影响了老年人协会活动的开展；老年人协会作用发挥不好，凝聚力不强；城乡老年人协会基础设施建设差距加大。

针对这些问题，提出对策建议如下：基层党委、政府要切实加强对老龄工作的领导，发挥主导作用；加强基础设施建设，为老年人协会构建稳固的阵地；规范老年人协会组织，加强老年人协会会长队伍建设；建立比较稳固的老年人协会经费来源渠道；建立激励机制和考核制度。

3.《关于吉林省社区为老服务的调查与思考》

近年来，吉林省逐步加快了社区建设的步伐，加强了社区服务工作。同时社区为老服务由于占有的比重较大，已形成了方兴未艾的发展之势。为了解社区为老服务的现状及存在的问题，更好地推进社区为老服务事业，本文作者们以长春市的五个城区为重点开展了社区为老服务的调查，下发了“社区为老服务情况调查表”，还实地调查了解了一些社区的为老服务工作。在对社区为老服务的现状进行全面了解的基础上，肯定了吉林省社区为老服务事业所取得的长足进步，同时，指出其中存在的突出问题，如对社区为老服务的认识不到位、基础设施还很薄弱、服务水平不高、内容有偏颇等。对此，提出进一步发展社区为老服务事业的建议。具体来说，要做到“六化”，即：宣传推动深入化，组织网络健全化，设施建设快速化，服务模式多元化，服务内容多样化，服务队伍专业化。

辽宁省老龄科学研究成果和调研报告摘要

1.《辽宁省特困老年人口情况调查报告》

辽宁省共有60岁以上老龄人口500多万，占人口总数的12.5%，特困老年人口316308人，占老年人口的6.1%。在特困老人中，男性为155869人，占特困老人总数的49.28%；女性为160331人，占特困老人总数的50.72%。60—69岁特困老年人口153775人，70—79岁特困老年人口111773人，80岁以上特困老年人口47541人。辽宁省老年贫困人口导致贫困的主要原因是无退休金、法定赡养人无力赡养，共有61941人，占总数的19.58%；其他原因占33.69%。生活来源主要依靠最低生活保障金来维持的有58888人，占总数的18.62%；其他原因占29.82%。在这些贫困老人中享受最低生活保障的90706人，占总数的28.68%；无任何社会救济的57727人，占总数的18.25%。其中未纳入最低生活保障对象的主要原因是名额不够、覆盖面有限，共有20685人，占总数的6.54%；其他原因的有116428人，占总数的36.81%。当前急需解决的主要困难是医疗的有75672人，占总数的23.92%。在这些贫困老年人中，无脱困希望、需长期救助的有70390人，占总数的22.25%；难以确定脱困时间的有50371人，占总数的15.92%；近3年内或一次性救助即可脱困的仅为40304人，占总数的12.74%。

解决老年人贫困问题，要积极研究制定人口老龄化政策，把老龄事业纳入国民经济和社会发展规划；要加强对老龄工作的领导，增强各级领导的老龄工作意识；继续建立完善社会保障体系，保证老年人的基本生活；加大宣传力度，在全社会树立尊老、敬老、爱老的社会风尚；大力推行“低保”制度，扩大“低保”范围；广泛开展就业渠道，减轻老年人对子女的经济负担；组织志愿者服务队伍，为老年人提供生活和精神慰藉；保证有经济收入老年人的经济来源稳定性。

2.《关于辽宁省基层老年人协会的调查报告》

辽宁省基层老年人协会组织机构基本健全，全省已有73.6%的村和社区建立了基层老年人协会。全省已经登记的老年人协会有1360个，占总数的10%。基层老年协会会长通常由村和社区主要领导兼任，副会长2—3名，通过民主选举产生。已经建立了一整套公正、完备的组织机构建设制度。城市社区中大部分的老年人协会有办公场所。城镇社区老年协会中，有23.2%有固定活动经费；没有经费的占76.8%。农村老年协会中35.8%有固定活动经费，64.2%无固定活动经费。

城镇老年人协会中有78.3%能经常开展活动，17%活动较少或仅在重大节日开展活动，4.7%不能开展活动；农村老年人协会中有59.4%能经常开展活动，32.9%活动较少或仅在重大节日开展活动，7.7%不能开展活动。各级老年人协会除了组织老年人开展活动外，还在敬老宣传教育、争取政府和社会力量对本地区老龄事业的投入、调解涉老纠纷、维护老年人合法权益、组织老年人发挥特长等方面发挥了重要作用。

目前，辽宁省基层老年人协会建设还存在着领导认识不到位，重视程度较低，各地老年人协会组织建设及工作开展不平衡，缺乏活动资金和活动不规范等问题。应加强领导，提高认识，重视老年人协会的建设工作；探索通过多种途径、多种渠道解决老年人协会的经费问题；加强老年人协会自身素质建设；协会发展要本着城乡并重，全面发展，不留死角的原则全面展开；加强老龄部门对老年人协会工作的指导力度；为老年人办实事，实现老年人老有所乐、老有所为。

3.《我国老龄产业初探》

老龄产业基本定义：依据产业经济学理论，老龄产业属老年福利经济范畴，是指在市场经济条件下直接为满足老年社会群体的物质文化需求而形成的经济业态的集合。

基本构成要素有三：市场；产品；从业人员。

基本性质：因其基本功能是为老年人服务，所以整个产业的基本性质应为社会性经济组织。

基本特点：老年福利的主导性；孝文化的先导性；价值取向的单一性；产品或服务功能的综合性；消费者心理的从众性。

产业内容：养老产业；军休产业；老年医疗产业；老年旅游产业；老年报刊业；老年文化产业；老年保健品产业；老年教育产业；老年保险业；老年体育产业；老年会展产业；农村老年基地；新型综合产业。

开发老年产业的重要性：开发老龄产业符合“立党为公，执政为民”的根本要求；开发老龄产业符合“三个代表”的重要思想；开发老龄产业符合世界潮流。

开发老年产业的必要性：开发老龄产业是社会发展的必然要求；开发老龄产业是发展老龄事业的必由之路。

开发老年产业的可能性：党的老龄工作方针为老龄产业的开发奠定了思想基础；老年人的客观要求决定了老龄产业存在必要性；发达国家和地区的成功经验可让我国的老龄产业开发历程缩短。

山东省老龄科学研究成果摘要

1.《传统孝文化在当代农村面临的问题与对策——山东农村孝文化基本状况调查》

山东是儒家的发源地，有古老的孝文化传统，山东农村更多地保留了传统孝文化的一些特点。孝敬父母，尊老爱幼是山东农村人民的优秀品质。但我们也注意到，解放后，随着经济体制的改革、家庭结构的变化和价值观念的更新，传统孝文化在当今农村社会发生了很大变化。为了了解传统孝文化在农村的影响程度，探讨如何在新的形势下弘扬传统孝文化的优秀成分，促进农村的精神文明建设，我们在山东省境内对204个村的居民进行了抽样调查，调查采用入户问卷的方式。本次调查共发放问卷204份，收回178

份，有效问卷为 87.3%。调查对象的基本情况为：性别：男性占 65.5%，女性占 34.5%；年龄：60 岁以上的占 28.4%，40—59 岁的占 68.4%，40 岁以下的占 3.2%；教育程度：小学毕业的占 25.3%，初中毕业的占 36.9%，高中毕业的占 32.8%。

经过调查我们发现，传统孝文化并没有随着时代的变迁而消失，经过嬗变后正以新的形式生存下来，并影响着人们的行为。同时，如何继承传统孝文化的积极成分在农村也面临许多困难，如何解决这些困难是我们有必要探讨的一个课题。

论文共三部分：一、传统孝文化对农村居民观念与行为的影响；二、传统孝文化在农村扬弃的原因；三、在新经济形势下弘扬传统孝文化的对策。（撰写：山东师范大学社会工作与社会保障系张仁玺）

2.《山东省人口老龄化发展趋势预测及对策研究》

本文为山东省老龄委研究课题的部分成果。课题首先从数量、经济、体制、区域等角度分析了山东省人口老龄化所面临的问题，然后根据第五次人口普查资料，对山东省未来近百年的老龄化状况进行多方案预测，得出山东省 21 世纪人口老龄化将呈现“二高三大”特征的结论。最后提出了相关对策与建议：(1) 大力弘扬尊老养老的传统美德；(2) 适时适度调整生育政策，优化人口总量结构和老龄人口结构；(3) 调整经济政策，大力发展经济，提高劳动生产率，为迎接人口老龄化高峰打下雄厚的物质基础；(4) 完善养老保障政策，使老龄工作逐步走向法制化轨道；(5) 加速老年福利服务设施建设；(6) 广泛开展老年事业慈善、救助和社区服务活动，加快发展老年保健服务事业；(7) 重视老龄人口在社会经济活动中的作用，提高老年人参与水平和自我保障能力；(8) 改革农村土地制度，使承包地逐渐退出养老保障功能；(9) 在城镇进行住房养老保险模式的探索；(10) 积极推进养老保险信息化建设。（撰写：山东师范大学人口·资源与环境学院吴玉麟、李玉江、张晓青、包玉香、陈培安）①

安徽省老龄科学研究成果摘要

1.《六安市农村老年协会现状及对策建议》

2003 年采取抽样调查方法，下发问卷 2000 份，收回有效问卷 1907 份，调查结果显示存在主要问题：(1) 从思想认识上，农村老年协会工作没有得到应有重视。(2) 组织建设上，相当部分老年协会不健全，人员不到位。(3) 工作条件上，绝大多数老年协会缺乏工作经费和活动场所。(4) 工作范围，不少老年协会对自身职能认识不全，会员比例不大。

对策建议：(1) 国家应加强对农村老龄工作和农村老年协会的指导。(2) 农村老协工作应名正言顺。(3) 对农村老年协会兴办养老基地和实体应予扶持。(4) 整合资源，理顺老年协会、老年学校、关心下一代工作三者之间关系。

2.《安徽省蚌埠市农村签订家庭赡养协议情况调查报告》

资料显示，该市近 3 万老年人在“养”的方面存在一些问题，为此市老龄委于 1998 年全面推行家庭赡养协议书签定工作，原计划签订户为 5000 户，现已签订 4000 户，完成原计划 80%，取得了显著的社会效益。存在问题：(1) 工作开展不平衡。(2) 签定工作不够细致。(3) 抓兑现落实是重点中的难点。

对策建议：(1) 依法签约。(2) 法制教育要和德治教育紧密结合。(3) 人民法院快速办理涉老案件，对处理赡养纠纷至关重要。(4) 老龄工作不能忽视农村。(5) 强调家庭养老，也要重视社会保障。

3.《安徽省城镇社区老年照料服务发展现状与对策研究》

安徽省 1998 年先于全国两年进入老龄化社会，2000 年 60 岁以上老年人口 659 万，占总人口的 11%，预计 2025 年全省 60 岁以上老年人将增至 1750 万，占总人口 25%。因此依托社区构筑社会化养老服务体系是安徽省城区解决老年人养老问题，适应老人及其家庭需求的客观要求，也是社会养老保障体系的必要补充。目前社区老年照料服务初步形成市、区、街、居四级网络趋势。全省共有市级“示范性”社区服务中心 1 个，区级“示范性”（县、市级）服

① 本课题得到了山东省老龄委大力帮助。马姝丽、王承强、逄增勇、曹萍、吴燕、孙同德、李贞等研究生参与了课题研究。

务中心 20 多个，各类社会福利设施 2300 个。存在问题：缺乏规范性管理，自发、无序状态明显，资金投入不足，投资主体单一，运行机制不健全，专业管理与服务人才缺乏等。

对策建议：一是政府在发展社区老年照料服务业中的主导角色地位不容忽视；二是大力营造市场运行机制，推进社区服务业社会化、产业化进程；三是准确定位社区养老服务模式，健全社区老年照料服务体系；四是把实施“星光计划”与开拓社区老年照料服务有机结合起来；五是加强组织协调，制定优惠政策，各部门大力合作；六是加强社区老年照料服务业管理与服务的人才培养；七是努力构筑城镇社区老年照料服务的创新机制。

4.《安徽省城镇老年公寓入住老人状况调查及对策建议》

选取不同所有制形式，具有代表性，分布在 10 个城市的 9 个老年公寓，通过典型调查及问卷与实地座谈访问相结合的方式对入住老年公寓老年人进行调查。调查显示：(1) 安徽老年公寓设施不够完善，但 72.5%的老人感到满足。(2) 收费根据实际情况，不宜过高。(3) 高龄老人入住率上升。(4) 计划体制制约老年公寓健康发展。传统养老观制约其他养老方式进一步拓展。

对策建议：

(1) 强化政府主导作用；(2) 加强社会舆论宣传，引导人们更新观念；(3) 依靠社会力量参与整合、改造现有闲置资源；(4) 服务对象公众化；(5) 走产业化、市场化之路；(6) 努力提高规范化、科学化的管理水平和服务质量。

5.《老年人口与人口老龄化》

2000 年统计数据显示，安徽省 60 岁以上及 65 岁以上老年人占总人口比重分别为 11.02% 和 7.59%，70 岁以上和 80 岁以上分别占总人口比重为 4.41%和 1%。安徽省人口年龄结构类型从 1990 年到 2000 年完成了成年型向老年型转变，此后又向高龄化发展。人口老化程度分为三阶段：(1) 人口老龄化缓慢发展期（2001—2020 年）；(2) 人口老龄化迅速发展期（2021—2045 年）；(3) 人口老龄化发展相对稳定时期（2046—2060 年）。针对安徽省人口老龄化特点，建立适应现代社会的老年保障机制和体系：(1) 进一步扩大城镇社会养老保险覆盖面；(2) 建立具有中国特色的农村社会养老保障制度；((3) 要加大对社会养老筹集的管理方式的改革；(4) 大力发展老年社会化服务体系；

6.《合肥市空巢老人情况调查》

2005 年合肥市老龄办对 7 个城区、36 个街道、200 多个社居委、村委会 60 岁以上空巢老人进行了 9 大项 60 余小项全面调查。调查显示：合肥市现有空巢老人 36573 人，空巢老人户 23223 户，老人家庭户 81607 户，空巢老人占老年人总数的 21.4%，占老人家庭户的 21.4%。合肥市城区空巢老人趋于低龄化，这个特殊群体正被贫困、多病、空虚困扰。

建议：(1) 加快社区为老服务福利事业；(2) 加大宣传力度，营造社会敬老助老养老爱老氛围；(3) 建议提高我市三无老人生活待遇；(4) 加快社区老年人活动场所建设；(5) 完善社区服务功能；(6) 充分发挥低龄老人的作用。

江苏省特困老人生活状况调查报告（摘要）

江苏省老龄工作委员会办公室

江苏，位处长江下游、黄海之滨，物产丰富，人杰地灵，素有“鱼米之乡”之称。改革开放以来，特别是近几年，全省通过认真贯彻“深化改革、扩大开放、保持稳定”的方针，经济社会健康快速发展。江苏又是一个人口稠密、老龄化程度较高的省份，全省 7400 多万人口中 60 岁以上的老年人就有 940 多万，约占总人口的 13%，是全国率先进入人口老龄化的省份。

在进入人口老龄化的今天，江苏的老人们生活得怎么样呢？这是全省各级党政领导、老龄工作部门和社会各界十分关心的问题。对此，从 2001 年第三季度起，省老龄工作委员会办公室在各市、县老龄工作部门的配合下，组织人员对全省特困老人生活状况进行了一次全面调查。调查采取面上摸底登记、召开座谈会、走村入户查访、个案分析研究等方法进行。摸底调查的对象是全省城乡 60 岁以上的特困老人，重点了解无劳动能力、无生活来源，高龄病残致贫，无赡养人和扶养人或赡养人和扶养人确无赡养和扶养能力的当地公认的“难中难”老人，包括由各地民政和其他部门给予不定期救济，但其生活仍没有稳定保障的困难老人。贫困标准原则上掌握为：依靠自身、配偶的收入及子女的赡养，不能保障基本生活，包括已纳入相关保障制度，但因多种因素仍然不能保障基本生活的老年人。在操作上，城乡均参照最低生活保障标准，包括因疾病、自然灾害和意外事故及有关保障政策未落实等原因造成贫困、当地群众公认的生活艰难的老年人，这一标准也得到了全国老工办的认可。据调查统计，全省 940 多万老人中有特困老人 30.7 万人（男性特困老人为 16.3 万人，女性特困老人 14.4 万人），占整个老年人口的 3.2%。其中，丧偶特困老人 13.7 万人，农村特困老人占整个特困老人的 95%以上。就地区分布而言，苏南经济发达地区特困老人较少，在地区总人口中所占的比例很小，苏中次之，苏北所占比例较高。

报告对特困老人的基本生活状况、住房状况、医疗状况进行调研，分析指出特困老人致贫的原因有四个方面，即：（1）社会养老保障制度不完善；（2）社区养老保障功能不健全；（3）家庭养老功能逐步弱化；（4）个人养老保障意识差。报告认为，当务之急是要尽快研究建立特困老人的救助机制，要着重抓好以下几个方面的工作：（1）搞好最低生活保障工作，进一步健全农村最低生活保障制度；（2）完善五保老人供养制度；（3）对特困老人实施医疗救助；（4）建立特困老人救助基金；（5）大力倡导“助老济困献爱心”活动；（6）修改和完善《江苏省人民政府关于认真做好老年人社会优待和服务工作的通知》，扩大对高龄特困老人的优待范围，提高其优待标准；（7）建立和完善为老服务的法律援助制度，深入贯彻《老年人权益保障法》，通过法律手段对特困老人给予切实有效的帮助；（8）建立特困老人档案；（9）切实加强对救助特困老人工作的领导。

浙江省老龄科学研究成果概述

1. 农村五保老人供养机制研究

为全面了解和掌握全省五保对象供养状况，研究和分析新情况、新问题，探索和制定切实可行的新政策、新举措，浙江省老龄科学研究中心与省民政厅救灾救济处联合组成课题组，从 2003 年 3 月份起，对全省各县的五保对象供养状况进行了全面调查。除了面上调查外，还实地调研了江山市等 17 个县（市、区）的近 30 所敬老院。通过查阅历史资料，制发问卷调查、调查表，实地个案调查，召开多种形式的座谈会等形式，共调查 4000 多个人院集中供养老人，调查了近百个项目，基本达到了摸清情况，发现问题，了解原因和形成对策的目的。11 月底，完成调研报告《对农村五保老人集中供养的调查与思考》。调研报告分析了五保供养的历史沿革、浙江省五保供养的基本情况、存在的困难和问题及其原因，提出了建立新型农村五保供养制度的政策建议，为浙江省构建新型农村五保老人供养制度提供了科学依据。

2. 城市化进程中的老龄问题研究

该课题始由浙江省老龄科学研究中心委托浙江大学人口研究所承担，该所副所长姚引妹担任课题负责人。本课题的主要研究内容：浙江省城乡人口老龄化发展态势预测；社会养老保障与社会养老服务设施需求；未来城乡老年人的医疗保障与医疗护理需求；未来城乡“空巢家庭”老人的生活照料；未来城镇老年社会福利设施供需平衡；城市化进程中老龄人口对城市住宅及对城乡规划的影响；未来城乡人口老龄化对劳动就业政策的影响；老年人同步进入小康，政府解决城市化进程中的老龄问题在财力、物力上的投入保证与制度创新。本课题预期目标与效应：为省政府解决城市化过程中出现的老龄问题，制订相应的政策和法规，提供科学依据；为全国其他省区解决城市化过程中的类似问题提供借鉴经验。课题组先后完成了“城市社区养老”、“农村空巢老人供养状况”两项入户问卷调查及数据处理工作。课题研究成果《浙江省城市化进程中老龄问题研究》于 2005 年 9 月由中国农业出版社正式出版。

3.《浙江省人口老龄化图集》

为了全面、系统地反映浙江省人口老龄化的发展状况，总结回顾 20 年老龄事业的发展成就，浙江省老龄科学研究中心用了将近一年的时间，搜集整理了丰富的人口老龄化资料，编纂了《浙江省人口老龄化图集》。这本图集采用了先进的制图技术，通过形象直观、色彩鲜明、形式多样的图表，描述了浙江省人口老龄化的发展过程、现状、未来发展趋势以及老年人口的基本特征，再现了浙江省老龄事业的发展历程和主要成就，为各级党政领导、老龄工作部门、科研机构全面了解浙江省人口老龄化和老龄事业发展状况提供了一个重要信息平台，具有较高的实用价值。它的出版发行对于深入研究我省人口老龄化问题，进一步提高全社会的老龄意识和养老意识，推动浙江省老龄事业的深入发展，具有积极的意义。该图集于2003年3月由浙江科技出版社正式出版。

4.《浙江省城镇老年人养老意愿调查报告》

《浙江省城镇老年人养老意愿调查》是浙江省老龄科学研究中心2004年开展的"社会力量兴办养老机构运行机制研究"课题的一部分。调查目的是通过对浙江省城镇老年人群体调查，了解浙江省老年人群体的总体状况，并通过对他们的入户访问，分析他们的养老意愿以及与之相适应的消费水平，对此作出分析与预测。在对1500位城市社区老年人居家养老意愿调查问卷、入住养老机构老年人生活状况和意愿以及5市176家养老机构调查数据进行全面细致的统计汇总的基础上，于2004年5月完成《浙江省城镇老年人养老意愿调查报告》。

5."农村老年人协会的能力建设"课题研究

本课题为浙江省老龄科学研究中心承担的联合国人口基金援华第五周期人口老龄化干预项目。该项目选取宁波市镇海区作为干预点，于2005年2月开始研究实施项目干预措施，到9月项目工作结束。

经过历时8个月的多项干预措施，该项目取得了预期的各项目标，通过了联合国人口基金的评审。项目主要工作包括：开展老年人协会的理论研究和政策文献搜索；编制项目工作方案和工作日志；实地考察，分析项目干预点基本情况；研究确立项目指标体系；开展基线调查和终线调查，进行横向和纵向对比研究；与个案访谈相结合，召开多层次座谈会，实施项目干预效果评估等。项目主要成果有：农村老年人协会工作指标体系、项目研究报告和《基层老年人协会工作指南》专著。

福建省老龄科学研究成果摘要

福建省老龄工作委员会办公室课题组

1.《全面实施低保制度　加强农村贫困老年人救助工作》

党的十六大提出"有条件的地方，探索建立农村养老、医疗保险和最低生活保障制度"。2004年福建省全面实施的覆盖全省城乡居民的最低生活保障制度，是省委、省政府树立和落实科学发展观的具体体现，是一项顺民意、谋民利、得民心的德政之举。在福建省全面实施低保制度半年后，省老龄办组织调研组对省贫困老年人救助工作再次进行调研。调查显示，这一制度的实施，不仅对由于种种原因导致生活贫困的人口尤其是偏远山区的贫因人口无疑是雪中送炭，同时也有力地推动了省贫困老年人问题的解决，深得人民的拥护和支持，是一项实实在在的民心工程。

课题组对省贫困老年人及救助的基本情况进行调查，指出老年人除了由于生理的衰退和劳动能力的丧失极易导致贫困外，造成贫困的主要原因还有：(1)农村城市化进程的加快使原有的家庭养老模式弱化；(2)社会保障制度相对滞后；(3)《老年法》的宣传不够深入；(4)少数子女养老观念淡薄或偏颇。

论文在回顾省委、省政府近年出台的一系列救助贫困老年人的政策措施的同时，详细介绍了省老龄办配合低保实施救助贫困老年人工作的主要做法，认为最低生活保障制度的实施在农村贫困老年人中产生了良好的效果：(1)保障了农村贫困老人的最低生活；(2)保证了五保政策的落实；(3)增强了农村养老功能。

最后，提出进一步做好救助贫困老年人工作的几点建议：(1)加强精神文明建设，弘扬敬老养老美德：(2)健全救助贫困老年人的法律法规，并加大执法力度；(3)完善贫困老年人救助的社会保障体系；(4)强化乡村在救助五保老年人中的作用；(5)建立完备的为老服务网络；(6)发动社会力量，开展助老活动。

课题组长：周扬基

成　　员：张冀闽　郭战平　魏金鲜

2.《民办养老机构发展探索》

民办养老机构是社会福利事业的新生力量。本课题论文从民办养老机构的兴起背景、发展民办养老机构的潜在可能及现实空间、目前发展民办养老机构存在的问题与对策等方面来认识这个问题，提出今后的发展思路及对策建设。

课题指导：周扬基

课题成员：梅长青　邓清华　陈高洁　魏金鲜

课题执笔：魏金鲜

陕西省老龄科学研究成果摘要

1.《五十例老年人非正常死亡典型案例分析》（作者系省老龄办助理巡视员郭德全，2003年成稿，在《全国老龄工作》等杂志刊登）

作者对西安、宝鸡、安康、汉中、渭南、商洛等7个市、13个县（区）近年来发生的50例老年人非正常死亡典型案例进行了调查分析，统计的数据为：导致老人被他（她）杀的典型案例13起，占26%；导致老年人自杀的典型案例37起，占74%。

通过对老年人非正常死亡他杀典型案例分析，导致老年人被他杀的主要原因：（1）因子女忤逆不孝，弃养图财，占38.4%。（2）因婆（公）媳关系不合，矛盾激化，而被他杀，占30.7%。（3）因溺爱晚辈酿成苦果，而被他杀的3人，占23%。（4）因区区小事发生争执，而被他杀的1人，占7.6%。导致老年人非正常死亡自杀的主要原因：（1）因赡养纠纷，生活窘困而自杀的15人，占40.5%。（2）因精神受冷落歧视，感到悲观而自杀的10人，占27%。（3）因久病不愈和缺乏应有照料而自杀的5人，占38.4%。（4）因再婚受阻，感情受挫而自杀的2人，占8.1%。（5）因子女不听指教，误入歧途而自杀的2人，占5.4%。（6）因一时赌气，思想不通而自杀的2人，占5.4%。（7）因婚恋失望，持刀行凶，畏罪自杀的1人，占2.7%。

通过统计分析，得出以下启示和思考：从对老年人非正常死亡的典型案例分析中，我们不难看出，当前老年维权工作不仅出现了许多新的情况和新的问题，而且遇到了新的挑战，凸现出许多新的特点。综归起来，主要是：（1）农村老年人权益受侵害的问题，仍然是老年维权工作中要解决的重点问题。（2）婆媳关系问题，仍然是家庭养老和家庭代际关系中的难点问题。（3）随着社会经济的飞速发展和人民群众物质生活的不断提高，精神赡养问题已经成为落实“老有所养”和提高老年人生活、生命质量的一个焦点问题。（4）老年人再婚和城市住寓老人纠纷问题，已经成为老年群体生活中的一个热点问题。（5）提高老年人的法律意识和维权意识，已成为当前老年维权工作的一个突出问题。

通过以上归纳分析，不仅使我们从中得到了许多新的启示，同时，也给我们今后如何做好新形势下的老年维权工作，提出了一些新的思考。思考之一：必须进一步增强全社会维护老年人合法权益的意识。思考二：必须坚持把老年维权工作的重点放到农村去。思考之三：必须正确处理好维权工作中的法治与德治、物质赡养与精神赡养、传统观念与现代意识、家庭养老与社会养老“四个关系”。思考之四：重要的在于增强老年人的法制观念和心理素质。

2.《陕西省贫困老年人口状况分析及对策》（作者系陕西省老龄工作委员会办公室原调研室主任科员张树胜，2002年底成稿，获得全国老龄优秀调研报告二等奖）

作者根据陕西省统计局提供的数据、有关资料测算及有关老年人口年龄分布情况，参照对陕西省城乡老年人口抽样调查，反映出陕西省老年人三个方面的状况：

（1）从经济状况来看，在城镇，45.2%的老年人离退休金在200元以下，35%老年人从未工作，8.6%的老年人有不能按时足额领取离退休金的情况，36%的老年人认为经济无保障；在农村，有44.4%的老年人认为经济有困难，48.6%的老年人觉得没有经济保障。

（2）从老年人的工作机会来看，在城镇，有84.2%的老年人认为社会上适合自己的工作机会很少或较少。89.8%的老年人没有从事有经济收入的工作；在农村，有55.6%的老年人继续下地干活。

（3）从对养老机构和家政服务的看法上看，在城镇，有94.2%的老年人回答本街道没有敬老院等福利机构，60%以上老年人不了解养老机构；在农村，有76.4%的老年人回答本乡没有敬老院等养老机构。

通过调查反映出困扰老年人的几个问题：一是部分老年人基本生活有困难。二是老有所为无“用武”之地。三是养老保障体系建立相对滞后。

针对调查所发现的问题，作者提出几点对策：一是建立健全社会保障制度。二是要加快老年福利服务设施建设。三是推动与支持“老有所为”事业的发展。

3.《树立和落实科学发展观　促进老龄事业与经济社会协调发展》（作者系省老龄办组宣处副处长张树胜，2004年10月成稿，获得2005年陕西省民政政策理论研究三等奖）

作者从党的十六届三中全会提出“坚持以人为

本，全面、协调、可持续的发展观，促进经济社会和人的全面发展”的科学发展观的角度，论述了科学发展观对促进老龄事业与经济社会协调发展所起到的作用。

在以科学发展观来认识老龄事业与经济社会发展的关系时，通过分析人口老龄化所带来的社会问题，提出发展老龄事业是经济社会发展的重要组成部分、保障老年人共享经济发展成果是全面建设小康社会的要求的论点。

通过以科学发展观统筹老龄事业发展需要把握的几个重点问题，提出科学确立老龄事业发展的目标任务、基本目标是：逐步建立适应社会主义市场经济体制要求和人口老龄化趋势的老龄工作管理体制和老龄事业正常投入机制，完善老年法规政策体系，建立国家、社会、家族、个人相结合的养老保障，形成以社区为依托的市场化、社会化老年照料服务体系，建立老年人参与社会发展的管理服务体系，形成敬老、养老、助老的社会风尚和健全维护老年人合法权益的保障机制，不断提高老年人的生活质量，实现“六个老有”。

关于青海省城市老年人人居环境状况的分析研究（摘要）

本课题以老年社会学理论与方法为借鉴，对青海省城市老年人口状况及其人居环境进行了抽样调查，并在此基础上做了分析和基本评价，认为：青海省人口老龄化趋势已经明显加快，呈现出了与青海省经济社会发展不相协调的“未富先老”的典型特征。青海省城市老年人的人居环境总体水平较低，将对健康老龄化社会的形成与发展产生负面影响。本文认为在青海经济不发达，社会福利、社会保障体系尚不完善的情况下，多数城市老年人享受的退休保障只是一种“基本保障”，而且受整体社会经济发展水平和社会保障制度的影响，不可能有比例很高的老年人到社会化的养老机构中去。因此以家庭养老为核心，以社区为老服务为重点的“居家养老”方式，是青海省城市今后相当长时期内的主要养老模式，而建立一个安全、方便、舒适的人居环境则是巩固“居家养老”模式，实现健康老龄化的重要保证。为此根据建立健康老龄化社会的要求和青海省实际，本文提出以下建议：

1. 提高优化人居环境是实现健康老龄化社会的必要前提的认识，制定相关政策，加快发展造就一个与人口老龄化相适应的人居环境。

2. 建立开放型的立体的居家养老环境，使老年人在社区满足多层次的养老需求。

3. 依靠社区完善的服务体系，采取居家养老的方式，解决青海城市的老有所养、老有所居、老有所医问题。

4. 建立健康文明的适合老年人生活的文化环境，使老年人有保障、受尊重、能实现自我价值，并且形成科学健康文明的生活方式。

民族地区老年人权益保障中存在的问题及对策（摘要）

《中共中央、国务院关于加强老龄工作的决定》要求全社会都要依据《中华人民共和国宪法》和《中华人民共和国老年人权益保障法》等法律法规，切实维护和保护老年人的合法权益。但是，在现实中我们都经常看到在这方面还存在许多问题，侵犯老年人合法权益的现象时有发生，特别是在经济欠发达的西部民族地区，这方面的问题更为突出。因此，如何运用法律手段，正确处理和解决人口老龄化过程中出现的各种矛盾和问题，切实保障老年人的合法权益，是摆在我们面前的一项重要任务，事关民族地区改革、发展、稳定大局。这项工作开展得如何，将关系到依法治国战略和西部大开发战略的实施。本文就青海省民族地区如何保障老年人合法权益的有关问题进行探讨。作者认为保障民族地区老年人的合法权益应当从以下几个方面加强工作力度。

一、建立覆盖全社会的养老保障体系。

应将城市实行的最低生活保障制度延伸到农村、牧区，建立城乡统一的最低生活保障制度。只要建立了这个制度，就能体现国家和社会对生活在贫困线上的人们包括老年人的一种责任，其意义十分重大。

健全合作医疗制度，并探索建立具有社会保险性质的农村医疗保险制度。国家应将西部民族地区合作医疗制度的建立、健全作为扶贫的重要项目，大力支持。

建立农村、牧区特困老人补助金制度，农村、牧区特困老人补助金可以通过税收的方式筹集，列入新的农业附加税统一征收，以体现税收在保护贫困老年人群方面的强制性。

探索建立农村、牧区养老保险制度。农村、牧区建立养老保险制度是解决“老有所养”问题的长久之计，在以往试点的基础上，应总结经验教训，趋利避害，继续探索，相信总会走出一条路子来。

二、移风易俗，建立健康文明的生活方式。在尊重少数民族的风俗习惯和生活方式，认真贯彻宗教信仰自由政策的同时，教育少数民族老年人学文化、学科学、学法律，遵纪守法，抵制迷信和邪教。要特别强调尊重和保护不信教老年人权利，反对强迫老年人参与宗教活动和接受宗教摊派。减轻老年人的精神压力和经济负担，帮助和引导民族地区老年人移风易俗，逐步建立健康的生活方式。

三、创造良好的法制环境，切实加强老年人民事权益的保护。

四、加快文化事业发展，为丰富老年人精神文化生活搭建平台。当前，西部民族地区要加快文化设施建设，城镇要由政府投资修建一批为老年人服务的文化设施，以起到示范作用，并用市场机制，鼓励社会各方面投资兴办老年人文化设施。农村、牧区主要应由政府投资修建基层文化室。下决心尽快解决部分地区看电视、听广播、打电话难的问题。农村、牧区要进一步开展扫盲活动，组织科普队、医疗队、演出队，深入农村、牧区，为农牧民服务，开阔农村、牧区老年人的眼界，让他们多接受社会信息，改变观念，尽快享受到社会发展成果，跟上时代发展步伐。

河南省老龄科学研究成果摘要

2004年，河南省老龄办叶川同志撰写的《河南省老龄事业现状与展望》一文被收录入《河南经济社会发展蓝皮书》。摘要如下：

一、河南省老龄事业现状

1. 河南省人口老龄化趋势进一步加快。

2. 老龄机构建设逐步规范和完善。

3. 老年群众性民间组织较快发展。

4. 养老保障体系逐步建立健全。

5. 老年福利服务设施快速发展。

6. 老年文体活动和教育事业健康发展。

7. 老龄事业法制化建设步入轨道，老龄政策法规体系初步建立。

8. 老龄工作力度明显加强。

9. 老龄工作宣传力度加大，全社会老龄化意识明显提高。

10. 老年科研工作取得新的进展。

二、当前河南老龄工作存在的主要困难和问题

一是有的地方对老龄工作重视程度不高，没有摆上政府工作议事日程，工作不到位；二是县（市、区）老龄工作机构建设进展缓慢，机构、编制、经费等一些实际问题没有得到切实解决；三是随着农村政策的调整和改革的深化，农村老年人的服务管理工作出现了一些新的情况和问题；四是对成员单位的组织协调工作缺乏力度，检查督促作用有待进一步加强；五是现有的一些老龄工作政策措施没有真正落到实处，存在棚架现象。

三、河南老龄事业展望

1. 河南人口老龄化发展趋势。

2. 现阶段河南老龄工作的主要任务。

2004—2005年，河南省老龄办刘保仓、张海民、张红兵、叶川、刘俊哲等同志合作的《河南人口老龄化进程中的老龄产业对策研究》被河南省哲学社会科学规划办公室列为2004—2005年度全省哲学社会科学重点立项课题。摘要如下：

本研究从认识“老龄化”和预测河南老龄化进程出发，讨论和分析了“老龄化”引发的不同于一般老年人问题的问题，考察和比较了老年群体的不同需求，提出和研究在河南全面建设小康社会中如何培育、发展老年服务业、促进老龄事业发展战略，并针对老龄化进程中的各类新情况和新问题，阐述了积极、稳定发展老年（龄）服务业的社会支持与战略对策。

本研究认为，河南伴随着社会经济发展，老龄化进程正在加快，可能出现“超高龄化”情况；“老龄化”会引发出“社会抚养比”向“养老抚养比”倾斜、社会医疗保健投资增大、“居家养老”与代际关系协调力度加大、社会养老需求扩大等不同于一般的“老有所养”、“老有所医”、“老有所为”等老年人问题；而不同时期、不同阶段和不同人群的老年需求差异和变化，会导致老年（龄）服务业市场的形成和扩大；这就要求我们按照老年（龄）服务业要与经济社会发展相协调，实行“居家养老为主并与社区服务相结合”、“物质供养与精神支持相结合”、“法治与德治相结合”等原则，支持、鼓励并发展益于长寿健康和有利于经济增长的老年饮食、服饰、医药保健、文化娱乐等各类老年服务事业和产业，促进“老年（龄）服务业”社会化；在城镇中要重点支持有利于老人生活的老年医护中心、老年公寓、“星光之家”等社会化的居住处所和养老基地，发展一些“社区服务”和“互助养老”典型，优化社会养老环境，农村中则在提倡和完善“居家养老”传统制度基础上，充分利用现有乡镇“敬老院”等的社会功能，并以此为依托，建成农村社区养老服务基地。城乡都应兴办和发展有利于服务于“老龄化”、解决老年人各类问题的“老年人事业”和“老年人产业”，并尽可能地使老年（龄）业中有个别行业成为“中原崛起”的闪光点，应对“银发”浪潮的冲击。为此，整个社会要接受和提升“老年（龄）服务业”是新兴的“事业”和“产业”融为一体的新社会经济的理论认知，认识到它是全社会都要关注和支持的现代服务业的新内容，除对已有的政策和法规进行梳理补充和完善思考外，还必须有“积极老龄化”的新思考、新对策。

湖北省贫困老年人现状调查（摘要）

一、基本状况

湖北省城乡共有593570名60岁及以上贫困老年人（包括无子女或无其他赡养人，自己或配偶无固定收入或收入很低，难以维持基本生活的老年人；子女或其他赡养人无力供养，自已或配偶无固定收入或收入很低，难以维持基本生活的老年人；已纳入最低生活保障和民政部门长期救济对象，仍无法保障基本生活的老年人；因意外突发性事件或自然灾害造成贫困的老年人），占全省总人口的0.96%，占老年人口的9.89%；农村贫困老年人538166人，占老年人口的8.97%；城镇贫困老年人55404人，占老年人口的0.92%。湖北省有80—89岁老年人77万，占老年人总数的12.83%；90—99岁老年人7.8万，占老年人总数的1.3%；100岁以上老年人671人。

经过对全省贫困老年人的基本状况的分析，归纳起来有以下几种情况。

（一）从性别上看，男性多，女性少。

再从年龄结构来看，城乡贫困老年人的年龄结构比较接近，70岁以上的老年人都在48%左右。（见下表）

贫困老年人性别年龄结构

类　别	合　计	男	女	60—69	70—79	80＋
农村	538166	311702	226464	275318	194784	68064
占农村贫困老年人口数%	57.92	42.08	51.16	36.19	12.65	
城镇	55404	23973	31431	28472	19661	7271
占城镇贫困老年人口数%	43.27	56.73	51.38	35.51	13.11	
全省	593570	335675	257895	303790	214445	75335
占城乡贫困老年人口数%	56.55	43.45	51.18	36.13	12.69	

（二）从地区分布状况看，农村多，城镇少。从调查情况看，全省贫困老年人农村占绝大多数，经济

欠发达地区贫困老年人比例较高。在贫困老年人中，农村贫困老年人占90.67%，城镇贫困老年人占9.33%。这是因为城镇大多数老年人都享有离退休保障，而且城镇最低生活保障和社会救济制度相对完善。而农村老年人基本上依赖家庭养老，一旦失去家庭的支持，个人又丧失劳动能力，生活就非常困难，故贫困老年人比例较高。

从地域分布来看，边远山区贫困老年人比例较高。

（三）未享受社会救济的多，已享受社会救济的少。在农村贫困老年人中，未接受任何社会救济的达70.66%，接受其他社会救济的17.93%，享受五保供养的6.96%，已纳入最低生活保障的只占总数的4.45%。在城镇贫困老年人中，未接受任何社会救济的59.84%，纳入最低生活保障的也只有32.4%，接受其他社会救济的7.76%。

（四）生活靠个人和家庭收入供养的多，社会集体供养的少。调查结果表明，城乡贫困老年人的生活来源结构比较接近，子女帮助的人数都占第一位，农村贫困老年人生活来源分别为："五保"救济、子女帮助、依靠个人或配偶收入、亲属接济、其他生活费来源、最低生活保障金。城镇贫困老年人生活来源依次为：子女帮助、个人或配偶收入、最低生活保障金、其他生活费来源、亲属接济。

（五）当前急需解决的主要问题较多，其他问题较少。半数以上贫困老年人急需解决温饱问题。

（六）无脱困希望的多、有脱困希望的少。全省有50.81%以上无脱困希望，需要长期救助。

二、贫困的主要原因

(一)地区自然条件较差,生产力相对落后,地方经济不发达是导致贫困的主要原因。调查结果表明,凡自然条件较差,地方经济落后,必然导致地区性整体贫困,老年人也就更加贫困了,也就是说农村农民收入普遍不高,生活水平低下,老年人家庭收入更低。

（二）70%的贫困老年人无子女或法定赡养人无力赡养。对于不享受离退休待遇的老年人来说，一旦丧失了劳动能力，其生活就完全依赖于子女。这次调查的贫困老年人中，无子女的占21.70%，法定赡养人无力赡养的占34.05%。这些老年人有的靠自己的微薄收入维持生活，有的靠亲属接济，有的依靠政府救助。

（三）社保制度体系不健全。主要表现在三个方面：一是未能按最低生活保障标准确定应保对象。二是最低生活保障金不能按规定发放。三是现行的低保标准太低。

（四）自我保障不够。因老年人特别是农村老年人医疗问题突出，长期患病，自我难以保障。据统计，全省有116091名老年人因病致贫，占贫困老年人总数的19.56%。

（五）少数子女敬老观念淡薄，不愿赡养老年人。这次调查的贫困老年人中，子女不愿赡养的老年人有12997人，占贫困老年人数的2.19%。子女有经济能力，但不尽赡养义务，导致老年人生活无保障。这种现象在农村较为多见。

（六）家庭保障不够。

三、建议

（一）要强化法律保障体系。

（二）要强化政府保障体系。一要进一步搞好城镇贫困老年人最低生活保障工作。二要按照《五保供养条例》完善农村五保供养工作。三要落实老龄事业经费，增加贫困老年人救助专项拨款。

（三）要强化社会保障体系。要广泛动员社会各方面的力量，深入持久地把扶助贫困老年人的工作做好，在全社会形成扶贫济困的良好风尚。

（四）要强化家庭保障体系。一方面要在全社会进一步强化敬老、养老、助老的宣传教育，以在整个社会形成敬老、养老、助老的良好氛围。另一方面要继续完善"家庭赡养协议"制度，由赡养人与被赡养人之间签订《家庭赡养协议》，并由基层组织监督执行。

（五）要强化个人保障体系。

（六）要强化保障管理。一要建立动态性贫困老年人档案，并做好贫困老年人资格审查工作。二要强化"政府一社会一家庭一个人"救助贫困。

广东省特困老年人状况调查报告（摘要）

（2003年1月）

为贯彻落实全国老龄委第四次全体会议精神，并根据全国老龄办《关于在全国开展城乡贫困老年人状况调查研究工作的通知》（全国老工办发［2002］16号）的具体布置，我省各级老龄工作部门在2002年8月至11月期间开展了全省范围内的特困老年人状况调查。此次调查旨在全面掌握我省特困老年人口的现状、特征和贫困原因，提出对策，以推动各有关方面关注特困老年人，促进有关保障制度的健全完善，加大改善特困老年人生活的工作力度。

在此次调查工作中，省老龄办成立了“特困老年人状况调查工作领导小组”，开办了全省特困老年人调查培训班，抽查各市调查情况，指导督促各市开展相关的调研工作。全省各地级市老龄办也层层成立了领导小组，由各民政局分管副局长亲自抓此项工作，并落实专人负责组织实施。整个调查期间，平均每个市投入上千人，对每一名特困老人情况进行了登记，并通过全面摸底、召开座谈会了解情况、对特困老人入户调查等多种形式，基本掌握了我省特困老年人的状况及特点。

一、此次调查的基本情况

此次调查的主要对象是基本生活难以保障的城乡特困老年人（不含已入敬老院、福利院集中供养的孤寡老人）。具体条件是：1. 无子女或无其他赡养人，本人或配偶无固定收入或收入很低，基本生活比较困难的；2. 子女或其他赡养人无力供养，本人或配偶无固定收入或收入很低，基本生活比较困难的。

从分析统计的情况看，目前，我省60岁以上老年人已达800万人，占人口总数的近11%。全省特困老人数为11.43万人，占老年人总数的1.43%。特困老年人性别差异不大，年龄主要集中在60至79岁之间。从居住地看：城镇7867人，农村106400人，农村特困老人占特困老人总数的93.11%。其中，珠江三角洲8个市的特困老人共有11038人，占9.66%，其他地区占90.34%。由此可见，我省特困老年人口基本上集中在珠三角以外经济欠发达的农村地区。

二、造成老年人特困的主要原因

根据我们调查时限定的条件，老年人特困原因最主要的是以下三点：

（一）无子女或女儿已出嫁，本人或配偶无固定收入或收入很低。

由于特困老人基本在农村，而在农村，女儿出嫁后不再赡养老人的观念依然根深蒂固。这部分老年人占特困老人总数的48%。在城镇，老年人靠微薄的退休金生活，仅可维持生活。

（二）子女或其他赡养人供养能力差，本人或配偶无固定收入或收入很低。

（三）久病不愈，收不抵支，致使生活困难。

因病致贫是导致老年人生活困难的重要原因之一，在我们调查的27万多名生活存在一定困难的老年人中，就有5.43万人急需解决医疗问题。

三、几点对策

根据我们对全省生活困难的老年人的调查情况，为保障特困老年人的基本生活，现提出如下对策：

（一）继续加大对《老年人权益保障法》的宣传力度

我省目前60岁以上老年人口已近800万，今后几年将以3.3%的速度增长，人口老龄化对经济和社会发展正起着不可低估的作用。老年人口中的困难群体更需要得到各个方面的权益保障，只有加大对《老年人权益保障法》的宣传力度，在全社会形成尊敬老年人，推进民主法制建设和市民道德规范建设，促进社会主义精神文明建设，维护老年人权益的良好风尚，才能解决老年人面临的切身问题。

（二）加快完善社会保障制度建设

一是建立特困老人生活保障制度，给特困老人定额生活补贴。二是特困老人生活补贴逐年按比例提高，并随生活消费、医药费的增长而适当上浮。同时，各地尤其是农村要根据实际需要，扩大敬老院、福利院的容纳能力，使更多特困老年人到敬老院、福利院集中供养，欢度晚年。要适当提高五保供养和最低生活保障标准，扩大五保供养和低保的覆盖面，使他们的基本生活更有保障。

（三）逐步建立比较完善的老年服务体系

首先，要加强养老机构的服务质量。其次，要建立老年人法律援助制度。再次，要建立老年体育健身场所。此外，还要建立为老服务志愿者队伍和老年人自我服务队伍。

（四）切实加强对老龄工作的领导

一是加强老龄工作机构建设。

二是解决好老龄事业经费。

三是尽快建立健全老年社团组织。

云南省关于农村老龄工作的科研成果提要

云南省老龄工作委员会办公室

1.《老年人贫困问题浅析》

本文系全国首届农村老龄工作理论研讨会论文。

贫困问题是一个世界性的难题，得到了全世界的关注，老年人贫困问题是贫困问题的重中之重、难中之难。我国老年人贫困问题在部分地方还比较突出，直接关系到构建社会主义和谐社会、全面建设小康社会目标的实现。当前，党和国家提出了新的战略目标，制定了一系列有利于解决老年人贫困问题的法律规范和政策措施，为及时有效地解决老年人贫困问题注入了新的生机。为进一步探索解决老年人贫困问题的有效途径，本文从维护和保障贫困老年人的合法权益、实现社会和谐和共同富裕的目标出发，对老年人贫困问题进行了一些思考。（撰写：王建新）

2.《对做好新形势下农村老年思想政治工作的思考》

本文系全国首届农村老龄工作理论研讨会论文。

做好老年思想政治工作，是认真贯彻党的十六大、十六届三中、四中全会精神，坚持以人为本，落实科学发展观的必然要求，是老龄工作部门实践“三个代表”重要思想和加强社会主义精神文明建设的具体体现。在全面建设小康社会的新形势下，面对老年思想政治工作存在的困难和问题，特别是面对占老年人口总数近80%的农村老年人思想政治工作中存在的困难和问题，如何坚持以邓小平理论和“三个代表”重要思想为指导，坚持执政为民，以人为本，落实《中共中央、国务院关于加强老龄工作的决定》（以下简称《决定》）关于“积极研究和探索新形势下加强和改进老年思想政治工作的新形式、新方法”的要求，切实加强和改进农村老年思想政治工作，发挥其“生命线”和在构建和谐社会中的作用，已成为当前各级老龄工作部门必须认真加以研究的重要课题。为此，笔者就如何做好新形势下农村老年人的思想政治工作进行了认真调研和思考。（撰写：尚俊峰）

3.《浅议农村养老资源整合》

本文系全国首届农村老龄工作理论研讨会论文。

资源是人类生存和发展的基础，自古以来就不断地被开发利用，特别是在社会高速发展的今天，人类对资源的依赖性明显增强。我国是一个人口众多、资源相对短缺、资源需求快速增长的国家，资源供需矛盾更加凸显。党和国家从社会经济发展的宏观大局出发提出了科学发展观、以人为本、构建和谐社会一系列重要治国理念，特别是又发出了建设“节约型”社会的号召，对科学开发利用资源明确了方向，提出了更高的要求。在国家总体资源紧张的情况下，随着人口老龄化形势的加剧，特别是在农村老年人口众多、保障制度不健全、养老资源开发利用不够科学、养老观念落后的情形下，农村养老资源缺口更大，给国家、社会、家庭带来了深刻影响。因此，加强养老资源开发利用研究、整合农村养老资源、提升农村养老资源利用效率，对提高农村老年生活、生命质量，实现“六个老有”目标，构建和谐社会具有重要的现实和长远意义。本文对提高农村养老资源开发利用的有效途径进行了探讨。（撰写：库相清）

4.《云南农村贫困老人的现状及对策思考》

本文系全国首届农村老龄工作理论研讨会论文。

党的十六大报告指出：“建立健全同经济发展水平相适应的社会保障体系，是社会稳定和国家长治久安的重要保证”，“有条件的地方，探索建立农村养老、医疗保障和最低生活保障制度”。据此，本文对云南省农村的贫困老人问题进行了专题调研，分析了造成老年人贫困的主要原因，指出应当从以下几个方面着手解决农村老年贫困问题：大力发展经济；建立和完善社会养老保障制度；加强和改进“五保”供养工作；充分发挥家庭养老的主力军作用；进一步发展老年福利事业；建立和完善医疗保障制度；深入开展救助贫困老人的群众活动。（撰写：张志康）

关于云南基层老年人协会的调查报告（摘要）

云南省老龄工作委员会办公室

基层老年人协会是老龄事业发展的产物，是老龄工作在基层的群众自治组织。长期以来，它扎根于广大老年群体中，成为老年人在基层自我教育、自我管理、自我服务、自我监督的一种有效形式，对我省经济发展、社会稳定，尤其是在促进“六个老有”方面起到了积极的作用。但一段时期以来，由于诸多因素的影响，基层老年人协会的发展存在不同程度的困难。为进一步了解云南基层老年人协会发展现状，正确认识老年人协会存在的问题，总结老年人协会的优势经验，从理论和实践的结合上探讨促进基层老年人协会发展和完善的措施，2004年初云南省老龄办按照经济条件和老龄工作的好、中、差均有代表的原则，对我省玉溪、红河、楚雄、丽江、德宏、怒江六个州、市的基层老年人协会进行了调研，并针对当前制约基层老年人协会发展的因素提出对策建议。（执笔：段俊）

四川省老龄工作现状和存在的主要问题及对策（摘要）

四川省老龄工作委员会办公室

全国省级老龄办主任会议暨创建老龄工作先进县（市、区）座谈会召开后，省老龄办以《关于做好第二次全国老龄工作会议各项准备工作的通知》（川老委办法〔2004〕5号）要求各地将做好各项准备工作摆上议程，作出安排，并对四川老龄工作的现状和存在的主要问题及对策进行了认真的调查研究，现报告如下：

一、四川省老龄工作现状

21世纪是全球人口年龄进入老龄化的时代。人口老龄化必然引起社会人口结构、投资结构、消费结构、产业结构的变化，对社会经济的发展将产生多方面的重要影响，不可避免地带来了压力、挑战和新的发展机遇。据专家分析，四川从1997年跨入人口老龄型省份的行列后，老年人口每年以3.5%的速度递增，每年约净增42万。2003年，四川60岁以上的老年人已达1050万，占总人口的12.2%。由于受两次生育高峰（1950年至1955年，1970年至1975年）的影响，在2012年至2035年四川老年人口将占总人口的25.79%，每4个人中将有1个老年人。其主要特点：一是绝对数量大，二是发展速度快，三是过渡时间短，四是发展不平衡，五是未富先老。

四川省老龄工作委员会成立以后，四川的老龄工作进一步纳入正常发展的轨道，取得了显著的成效。主要表现在以下几个方面：一是老龄工作已列入各级党委、政府的工作日程；二是社会救助在向全覆盖的方向发展；三是社区为老服务得到全面发展；四是全面推进社会福利社会化；五是依法维护老年人合法权益；六是老龄宣传工作得到进一步加强，在全社会广泛开展了尊老、敬老、助老的教育，关爱老年人全社会都有责任的观念得到了进一步深化。

二、存在的主要问题

在总结经验的同时，应该看到在新形势下老龄工作还面临许多深层次的问题，主要表现在以下几个方面：

（一）老龄工作体制不顺，人员偏少，经费不足

截至2003年底，郫县、绵阳市涪城区、宜宾县老龄办尚未按规定归口民政部门。有部分县（市、区）只是挂靠民政部门，未安排民政局长兼任老龄办主任，上下不贯通。全省市（州）、县（市、区）老龄办共有编制428人，正式在编人员359人，其中市、州老龄办正式在编人员81人，县一级老龄办平均每个县只有1.5人。全省尚有39个县老龄办无编

制，只有兼职人员。自贡市、攀枝花市及部分县（市、区）把老龄办降为民政局内设机构，直接影响了老龄工作的正常开展。全省市（州）、县（市、区）老龄办共有工作事业经费377.61万元，其中市（州）老龄办125.5万元，县（市、区）老龄办252.11万元，平均每个县（市、区）老龄办1.4万元。按全省老年人平均计算，每个老年人只有0.24元。尚有54个县无工作经费。由于没有经费保障，老龄工作无法正常开展。

（二）五保供养举步维艰

全省共有五保对象39.6万人，其中60岁以上老人占90%以上，已保27.4万人，应保未保12.2万人。费税改革前，五保供养金平均标准为每人每年550元，加上集体供给粮食284公斤折款为560元，合计供养标准每人每年1100元。供养金来源主要是乡统筹或村提留公益金，部分散居五保户和大部分敬老院有耕地，再加上院办经济和家庭副业经济收入作补充，生活水平一般不低于当地村民的生活水平。费税改革后，全省每年共支出五保经费2.02亿元，其中省财政按每人每年664元标准共转移支付1.5亿元（目前省农村税费改革办公室按1999年的基数认定全省五保对象为228623人），虽经各级政府的努力，仍有12万人应保未保。五保供养经费按规定应从农业税附加中开支，农业税附加解决村级干部的务工补贴已入不敷出，同时还要解决村级组织的办公费用，从实际操作情况来看，从农业税附加中解决五保供养经费的数量极少，全省不到2000万元，只占总经费支出的十分之一。如雅安市共有五保对象4196人，已保2239人，应保未保1957人。税费改革后，五保供养金由县级财政转移支付，实际兑现标准为每人每年360—600元，而雅安市农村人均年纯收入已超过2000元，已保的五保对象生活已举步维艰，应保未保人员的生活就更加困难。

（三）农村低保开展缓慢，覆盖率低

1997年，彭州市率先在四川对农村传统救济制度实施了改革，要求乡、村对生活在最低生活保障线以下的贫困户实施救助，使贫困户的基本生活水平达到最低保障线。经过几年的发展，到2002年底，全省共有90个县（市、区）开展了农村最低生活保障试点工作，县级财政共投入832万元，乡级投入837万元，保障对象13.7万人，每年发放1669万元，平均每人每年标准500—600元，平均每人每月补差12元。农村最低生活保障制度的建立和实施，重点解决了农村无依无靠、无生活来源或因灾、因病、因残和特殊原因生活困难以及没有达到当地农村最低生活保障标准的贫困户，使他们的基本生活有了一定保障。因农村最低生活保障制度的资金来源是由县、乡负担，中央和省级财政未注入资金，加之四川贫困地区多，县、乡财政十分困难，致使这项工作发展缓慢，覆盖率低，很多特困老人未能得到救助，生活十分困难。农村费税改革后，许多乡财政已成“空壳乡”，原已开展农村最低生活保障制度的县（市、区），因无资金，不少试点县已暂停了这项工作。

（四）社区为老服务设施建设面临的突出问题

1. 缺乏必要的财力支持。由于政府对社区服务中心（站）、老年活动室这类福利性、公益性服务机构尚未建立稳定的财政补贴制度，受财力限制，社区内许多为老服务项目功能开发不了。加之社区为老服务的场所多是违章搭建，在拆违过程中，不少老年活动场地被拆除。尤其在中心城区，老龄化程度高，社区基础设施差，又无财力保障，现有的为老服务设施远远不能满足老年人口快速增长的需要。

2. 优惠政策难以落实。省政府先后出台的《关于加快发展社会福利事业的通知》、《四川省社会福利机构管理办法》等文件中有关支持社会力量兴办老年人福利机构的优惠政策多数地方难以落实，甚至连养老机构水电煤价格的优惠都无法到位。在这种状况下，社区服务能起到的作用十分有限。据调查，老年人日常生活困难方面接受社区服务的只占0.6%。

三、政策建议

（一）因全国老龄工作委员会及下设的办公室性质不明确，致使各级老龄工作委员会及其办公室体制不顺。建议国家编委明确全国老龄工作委员会为国务院议事协调机构，全国老龄工作委员会办公室为其具体办事机构，纳入行政编制。同时，要求各地按老年人口比例增加老龄办编制，做到有人办事。在经费保障上制定一个基本标准，要求各级财政按规定预算老龄事业费，中央财政对西部地区应给予补助，确保老龄办有钱为老年人办事。

（二）建议根据我国农村居民年人均生活水平和医疗、住房条件，尽快修改《农村五保供养工作条例》，依法管理农村五保供养对象，切实解决五保老人的养老、治病、住房等困难。同时，新的修改条例要明确规定有效的资金来源和严格的拨付渠道，并加大中央财政转移支付的力度。

（三）建立农村居民最低生活保障制度，逐步将农村特困老人纳入保障范围，保障农村特困老人的基本生活。

（四）加快社区为老生活服务的推进步伐，满足老年人生活的各项基本需求。

宁夏回族自治区老龄科学研究成果提要

宁夏回族自治区老龄工作委员会办公室

1.《“三个代表”与中国的老龄事业》

老龄工作是我国全面建设小康社会进程中不可回避、必须正确对待和认真解决的重大社会问题。解决人口老龄化问题，根本出路是进一步发展经济，增强综合国力，我们应该通过发展先进生产力来解决老龄工作中的一些带有根本性的问题。老年人是发展先进生产力的受益者，也是发展先进生产力的积极参与者，是全面建设小康社会的重要人才资源。我们党代表了最广大人民群众的根本利益，老年人这个特殊群体的利益更值得关注，没有老年人参与和实现的小康社会，就不是全面的小康社会。从代表和坚持中国先进文化的前进方向来审视，一方面必须高度关注和尽量满足老年人的精神文化需求，给他们以必要的精神食粮和慰藉，使他们以健康的心态欢度晚年；另一方面，先进文化的发展又离不开老年人的知识积累和积极参与。在老龄工作中更好地实践“三个代表”重要思想，要坚持执政为民，切实加强对老龄工作和老龄事业的领导；坚持与时俱进，积极探索具有中国特色和时代特征的老龄事业发展的新路子；坚持党的先进性，把老龄事业办成最能体现社会主义本质要求的事业。总之，用“三个代表”重要思想统揽老龄工作全局，是新时期老龄工作的本质要求。（撰写：李广庆）

2.《宁夏老龄产业发展现状、问题及政策建议》

宁夏回族自治区是我国五个少数民族自治区之一，近几年，在自治区党委和政府的领导下，老龄事业有了较大的发展，但与经济发达省区相比还有较大的差距。随着我国和部分经济发达省区率先进入老年型社会后，经济欠发达的省区也将随后步入老年型社会。据宁夏统计局统计，2004年底宁夏60岁及以上人口为53.57万人，占总人口587.71万人的9.11%，预计到2010年宁夏60岁及以上人口将达到总人口的10%以上，整体进入老龄化社会。老年人口在总人口中的比重不断上升和老年人收入的逐步增加，必然影响需求的构成，从而促成老年商品和服务市场的形成。当前，宁夏老龄产业已引起政府有关部门的高度重视，养老服务设施和老年活动设施建设取得较大发展，老年人精神生活不断丰富。但是老龄产业的发展滞后于人口老龄化发展的需要，主要表现在：认识不清，方向不明，政策引导、扶持不够；资金匮乏，市场化、社会化和产业化运行机制滞后，老龄产业发展规模小，层次不高；市场供求信息不对称，市场研究和开发不足，供求矛盾较大。制约老龄产业发展的主要因素是经济发展水平低，老年人贫困面大，整体消费水平不高，消费层次低，生活质量差，产业结构不合理，调整难度大。最后，在对存在的主要问题和制约因素分析的基础上，提出了推动老龄产业发展的六条建议。（撰写：李广庆、王波）

3.《回族的孝文化和当代回族的养老敬老思想》

我国是一个多民族的国家，各民族的文化源远流长、博大精深，共同创造了光辉灿烂的中华文化。回族文化作为中华文化的一种亚文化，从根本上说，是以伊斯兰文化为底蕴的，同时又深受中华文化的主流文化——儒家文化的熏陶和影响。由伊斯兰文化中尊老敬老思想和儒家文化的孝道交融结合而成的回族孝文化，对回族的社会和家庭生活一直有着巨大的作用和影响。随着社会的进步，回族孝文化中的封建因素基本得到消除，回族老人在家庭中的支配地位有所削弱和改变，但回族老人仍然普遍受到尊重和照顾。在当今社会，回族孝文化中的“厚养薄葬”有着重要的积极意义，值得进一步倡导和宣扬。为了正确地继承回族孝文化中的积极因素，就应处理好坚持中国先进文化的前进方向与正确弘扬孝文化的关系；对老人的经济供养与精神赡养的关系；强调后辈的尊老敬老与鼓励老人自强自爱的关系，努力使中华民族尊老、养老、爱老、助老的传统美德长久传扬。（撰写：刘宗福、张永庆）

4.《宁夏老龄工作的现状及思考》

老龄工作是一项重要的社会工作，关系到改革、发展、稳定大局和社会主义精神文明建设，老龄问题是全面建设小康社会不容忽视的问题之一。宁夏老龄工作在自治区党委、政府的领导下取得了一定成绩，奠定了发展的基础。同时，作为一项新兴工作，正处在打基础、求发展的阶段，在工作体系、制度建设等方面还存在许多不足。本文从宁夏老龄工作实际出发，在进一步认识老龄工作、分析宁夏老龄工作现状的基础上，提出了促进老龄工作的五项建议，通过提高对老龄工作重要性的认识，完善工作体制，建立财

力支持机制和工作激励机制，加强自身建设，推动宁夏老龄工作整体上台阶。（撰写：刘宗福）

5.《我区贫困老年人状况的调查与思考》

根据我区2002年贫困老年人状况调查综合统计和各地调查资料，分析了我区贫困老年人性别及分布状况、社会救助状况、生活费主要来源等基本情况，以及导致老年人贫困的5个方面的主要原因，提出了解决贫困老年人问题的8点建议，即完善保障制度，提高供养能力；健全社会救助制度，推动社会助老；部门通力合作，形成助老的整体合力；进一步做好农村“五保”供养和敬老院建设工作；建立和完善社区为老服务的功能；巩固、改进和完善家庭养老方式；增强敬老养老意识，营造良好的社会氛围；丰富精神文化生活，倡导健康文明的生活方式。（撰写：焦绪富）

关于广西基层老年人协会情况的调研报告（摘要）

广西壮族自治区老龄工作委员会办公室
自治区民政厅民间组织管理处

随着社会经济的发展和人民生活水平的提高，老年人口呈现不断增长的趋势。2000年第五次全国人口普查结果显示，我区60岁及以上老年人口480万，占广西总人口的10.69%。2004年底，据老龄部门统计，全区60及以上老年人口已达550万，五年间增长了70万人，人口结构已进入老龄化阶段。因此，重视老龄问题，发展老龄事业，成为日益重要而紧迫的任务。而基层老年人协会工作是老龄工作的重要组成部分，解决好基层老年人协会的规范管理问题，使之更好地发挥作用，是营造和谐社区、建设社会主义新农村的具体要求。为加强基层老年组织管理，发挥老年组织的积极作用，经厅党组同意，我们组成联合调研组于2005年9—10月先后深入宾阳县芦圩镇仁爱社区、蒙村社区，扶绥县新宁镇城乡社区、渠黎镇渠莳村、岜盆乡大豆姑村，东兴市江平镇城南社区、巫头村，桂平市石龙镇石龙街、铜山村，蒙圩镇蒙圩街，岑溪市岑城镇甘冲社区、探花村，梧州市蝶山区枣冲社区等13个社区、村（居）委的老年人协会进行调研，通过实地查看、座谈等形式深入了解基层老年人协会的组织形式、管理现状、作用发挥、资金来源、设施建设等情况，并听取当地民政、老龄部门以及群众对基层老年人协会管理工作的意见和建议。现将调研情况报告如下：

一、基本情况

改革开放以来，特别是中共中央、国务院下发《中共中央、国务院关于加强老龄工作的决定》以后，我区广大农村和城镇社区相继成立了基层老年人协会，初步统计，约有9700多个。这些老年人协会在调解村（居）民纠纷、维护社会治安、配合基层党委、政府开展党的中心工作及落实“六个老有”目标中发挥了积极的作用，丰富了当地老年人精神文化生活，维护了老年人的合法权益，推动了基层老龄工作的开展，促进了基层“三个文明”建设，受到群众和老年人的普遍欢迎。但是，由于基层老年协会成立的时间不长，经验不足，存在着管理不规范，规章不健全，工作办法少，作用不明显等问题，同时，由于大多数基层老年协会没有进行任何登记或备案，给管理工作带来了困难，不利于这些老年组织的健康发展。

二、基层老年人协会发展现状

（一）老年人入会率高，协会发展壮大

（二）内部管理机制不断完善，协会得以规范发展

各级老龄工作机构在老年人协会规范和制度化建设中发挥了积极的作用，特别是2003年开展创建老龄工作先进县（市、区）活动以来，各级老龄部门作为党和政府联系基层老年群众的桥梁和纽带，切实加强基层老年组织建设，推动了基层老龄工作的发展，取得了明显成效。

（三）筹资渠道拓宽，协会活力增强

从调研的情况看，老年人协会的经济收入来源主要有以下三个方面：一是会费收入，会员交纳1—5元不等的会费，这部分所占比例少；二是村（居）委和经济能人及社会支持和赞助；三是协会创收，如市场摊位租金、演出报酬、餐具和房屋出租、鱼塘、果树承包收成等。后两项收入占比例大，是协会的主要经费来源。

（四）作用发挥明显，村（居）委重视与支持

各地老年人协会成立后，在村（居）委会的领导和各级老龄部门的指导下，组织老年人开展各种活动，在自我服务、参与公益事业、配合党的中心工作等方面发挥了积极的作用，被誉为“老年人之家”、

村（居）委的得力助手。

三、基层老年人协会管理存在的问题及其原因

虽然我区基层老年人协会近几年来发展的势头良好，但通过调研我们发现老年人协会在发展和管理过程中存在一些问题：

（一）大部分基层老年人协会没有进行注册登记或者备案，合法性受到质疑。究其客观原因，民政和老龄部门和老年人普遍反映注册资金 3 万元的要求太高，现阶段我区城乡经济发展和老人生活水平以及协会收入的实际情况，决定了大多数老年人协会难以达到登记要求。主观原因在于老年人怕麻烦，法律和发展意识不强。

（二）发展不平衡、管理不规范。原因在于各地党委和政府对老龄工作重要性的认识不同、重视程度也不同，因而地区间发展情况也有差异。同时，很多老年人协会的建立和发展尚处在自发和摸索阶段，存在制度不健全、管理不规范等问题。

（三）经济基础薄弱，活动设施简陋，制约了基层老年人协会的发展。

四、关于基层老年组织管理和发展的几点意见

（一）各级老龄部门要切实加强基层老龄工作领导，把建立健全基层老年人协会作为一项重要工作来抓，采取有效措施促进基层老年人协会的发展，为稳定基层老龄工作发挥积极作用。

（二）各级民政部门要认真做好基层老年人协会登记工作，加强管理和监督，确保开展工作的合法性。

1. 建议对基层老年人协会实行分类管理（即经济基础好、管理规范、达到社团登记条件的要积极引导到民政部门登记注册；经济基础一般或较差，达不到登记注册条件的要求到乡镇政府备案）。

2. 积极筹措资金，增强发展后劲。

3. 要充分发挥老年人协会在老年服务设施管理工作中的作用，确保“星光老年之家”为老年人所用。

（三）自治区民政厅和自治区老龄办联合就基层老年人协会登记管理和发展问题下发通知，为基层老年人协会的管理和发展提供政策保障。

青岛市老龄科学研究成果提要

1.《关于家庭赡养与扶养的立法调研报告》

根据省老龄办《关于进行〈山东省家庭赡养与扶养条例〉立法调研的通知》（鲁老办字［2004］8 号）要求，青岛老龄办向各区、市下发了立法调研通知。在对各区、市进行普遍调研的基础上，采取问卷调查、座谈会和实地考察的方法，对胶南、胶州、莱西三市三个镇的经济条件好、中、差九个村的家庭赡养与扶养情况进行了重点调研，在对全市家庭赡养与扶养的基本情况，其中存在的主要问题，老年人及子女对家庭赡养与扶养的愿望和要求以及司法机关和有关部门办理家庭赡养与扶养的涉老案件、纠纷等进行全面了解的基础上，提出了政府、社会对家庭赡养的重要作用，并对相关立法应解决的主要问题提出建议。（撰写：青岛市老龄办）

2.《青岛市城市“空巢老人”生活基本状况的调查与对策》

“空巢老人”是社会学家和老年学术研究者给 60 岁以上老年人不与子女共同生活而自己独立居住的一个形象称呼，是社会进步、经济生活改善、家庭结构日趋小型化和人口高龄化发展的现代化社会发展的必然规律。对我国来说，由于计划生育政策的成功推行，“空巢”老人现象将更加突出。“空巢”老人作为老年人中的一个特殊群体，正以前所未有的速度增长。近几年来，独居老人倒毙家中数日后才被发现，这种发生在空巢老人身上的惨剧屡见报端。如何使“空巢”老人安享晚年，已成为一个亟待解决的社会问题，需要社会各方面的关注。本文在对青岛市“空巢老人”基本现状进行调查的基础上，就面临的主要问题提出对策建议。（撰写：青岛市老年学学会战京堂、陈娅宁）

3.《关于老年教育培训、文化、体育、居家养老等基本状况的调查与对策建议》

为响应市委、市政府“我为青岛发展献计策”市民月的号召，按照“发展社会事业的建议”的要求，我办邀请黄屡灿、郁玉兰、丁士祯等老人、专家刘同昌和新闻记者组成调研组，从 7 月 1 日—7 月 14 日，先后召开了由市、区、街政府领导和四区老龄办、居委会、老年大学、老年体协、居家养老机构负责人及老年人代表参加的五个座谈会和调查问卷、实地查看的形式，就市内四区在老年教育、文化、体育和居家养老等方面的基本情况展开了调研。指出其中存在的主要问题，并对此提出对策建议。（撰写：“我为青岛发展献计策”市民月社会事业调研组）

宁波市老龄工作调研报告摘要

《宁波市养老机构现状和需求的分析》

一、养老机构的现状

公办公营为主，主要集中在乡镇；低档低价为主，中高档更受欢迎；入住高龄为主，自费略多于五保老人；公办收支勉强平衡，民办一半亏损。

二、社会对养老机构的需求

二成多老人有明确的入住打算，且以高龄居多；三成老人生活不能自理时会考虑入住机构养老；大多数城市老人希望用自己的养老金承担机构养老费用；老年人选择养老机构最关心的是收费和服务质量。

三、矛盾和问题

总量偏少，与老年人需求差距较大；结构不合理，与老年人需求严重错位；功能单一，与老年消费群体的差异不相适应；重公办轻民办，民办发展举步维艰；建章立制不到位，严重制约养老机构健康发展。

四、关于对我市养老机构今后发展的几点建议

（一）政府应做好对养老机构建设的统筹规划工作。

（二）大力推进养老机构建设社会化。政府是养老机构的主要投资者；政府资金投入方式应侧重于资助办机构；政府资金投入方向应侧重于基础性建设；大力推行民办公助建设模式；强化政策扶持力度；积极推进国有养老机构市场化运作。

（三）加强建章立制工作，促进养老机构建设法制化、规范化。

（四）养老机构建设与社区建设应有机结合起来，实现资源共享。

（五）加强养老机构的软硬件建设，建立质量监督和评估机制。

（六）建设养老机构应做到科学定位。

《宁波城区居家养老服务的现状及思考》

随着家庭日趋小型化，开展社区居家养老服务已势在必行。根据调研发现，宁波城区超过六成的老年人不与子女生活在一起；六分之一的居家老人需要生活照料；老年人最需要的服务是医疗护理和生活料理；近七成老人有自费购买服务意识；需要照料的老年人家庭中，近三分之一为经济困难户。目前，海曙区已开展了居家养老服务试点工作，其做法是：建立区、街道、社区三级居家养老服务体系；委托非营利机构运作；服务对象为70岁以上老年人，政府为80岁以上的部分困难老人购买服务；社区建立居家养老综合服务中心和服务队伍。但宁波在推进居家养老服务工作也存在不少困难，主要是缺资金、缺场地、缺配套措施、缺专业人员、缺服务平台、缺社会共识。我们认为现阶段居家养老服务工作宜采取“政府扶持、中介（机构）运作、实体服务”的运行机制，即政府应广泛开展宣传教育，制定扶持政策，加大资金投入，整合社区资源，规范服务制度，建立培训机制，实施检查监督；中介机构应摸清社区老人需求，建立健全服务队伍，认真组织实施，并负责对服务质量进行评估和考核；实体服务机构和组织应坚持以人为本，不断提升服务功能和档次，满足不同层次居家老人的多样需求。

深圳市老龄科研成果和调研报告摘要

1.《构建经济繁荣阳光下的老龄和谐社会——深圳老龄事业发展的特点与启示》

此文是报送给全国老龄办的征文稿，属于工作、实践研究类。主要内容：第一部分，深圳老龄化的背景与形势特点。提出、分析了深圳与内地老龄化形势的3个相同之点和5个不同之点。相同之点是：第一，来势汹涌；第二，认识不足；第三，准备不足。不同之点是：第一，深圳是先富未老，内地是未富先老；第二，深圳是富而未老，内地是老而未富；第三，深圳是老干部老知识人才居多，内地是老工人老农民居多；第四，深圳老年人口增长呈机械性、波段性，内地一般呈自然性、渐进性；第五，关注老龄问题，深圳是力有余而心有所不足，内地是心有余而力相当不足。文章还分析了造成这些相同和不同之点的原因。第二部分，深圳老龄事业发展的做法特点。归纳为“六个到位”：一是对老龄事业的认识到位；二是对老龄事业的调研、规划到位；三是对老龄事业发展的投入到位；四是对老年福利事业的保障到位；五是对老年活动的组织、指导到位；六是对为老服务的措施、行动到位。第三部分，深圳老龄事业发展的几点启示。归纳提出了如下启示：一是老龄事业是花钱的事业，必须以经济发展为前提、基础。二是老龄事业不仅是花钱问题，还必须在法规、政策、敬老意识、风气等方面高度重视；三是“先富后老”与“未富先老”的对策要有所不同。文章指出，深圳的对策主要是前面所说的几个到位，但内地要有所不同。内地要更加注重抓好如下三件事：一是要加快经济发展，使老龄事业发展有强大的依托；二是要政策性扶持老龄事业创收和老龄产业发展；三是要多在花钱少的软环境建设上下功夫。

2.《深圳市为老服务体系设施建设情况调研报告》

本文是为制定《深圳市老龄事业发展“十一五”规划》而开展的大型调研的报告。该报告分为四部分。第一部分，深圳市为老服务体系建设情况。汇总了深圳市总人口和老年人口数据，以及养老、社保、老年医疗康复、老年教育、老年文化、老年体育、老年维权、老有所为、老年交通、老年旅游观光、办证、办事、购票等为老服务体系建设的情况和数据。第二部分，为老服务设施建设情况。汇总了养老、老年医疗、老年教育、老年文化娱乐、老年体育和其他为老设施建设的情况数据。第三部分，为老服务体系、设施建设中存在的问题。提出和分析了6个存在问题。第四部分，进一步加强我市为老服务体系设施建设的对策建议。提出并阐述了5项对策：一是加强为老服务体系设施建设的规划统筹工作。主要是要解决以往建设中存在的结构、层次雷同单一，不足与闲置并存，不够科学合理等问题。优化和完善结构层次，提高利用率。二是加大为老服务体系设施建设的力度。主要是为了解决发展不平衡和空白、缺欠问题。三是要把外延式发展与内涵式提升结合起来。一方面是拓展，一方面是优化，着重打造专门性、特色性养老等设施。四是创新养老模式，开发特色品牌。总的思路是“三个结合、三个为主”：社会化养老与家庭养老结合，以社会化养老为主；特色养老与普通养老结合，以特色养老为主；科学养老与传统养老结合，以科学养老为主。提出养老模式创新的三种考虑：第一，社区一般不建养老福利院；第二，街道办福利院，以综合性、中低档，就近吸收辖区内低收入老年人为主；第三，市、区两级，宜办专门性、特色性、中高档养老福利院，可分为老干部疗养型、知识文化颐养型、文体老人俱乐部型、科学颐养型、医疗护理型和国际融合型等几种类型。

第六部分

老龄统计资料

北京市 2004 年老龄事业统计表

（一）

单位：个、万元、人

地区	老龄工作机构（机关）					老龄直属机构		期末老年人口数	按年龄分组					
	机构数	人员数	经费	1. 财政补助收入	2. 其他收入	机构数	人员数		60－64 岁	其中：女	65－79 岁	其中：女	80－99 岁	其中：女
北京市	329	928	2829.3	2213.1	539.0	5	14	1923008	597811	326997	1127289	590288	197546	109576
北京市本级	1	50	877.3	594.3	283.0	4	11	0	0	0	0	0	0	0

（二）

单位：人、件、个

地区	按年龄分组		按居住方式分				老年法律援助/	由律师事务所提供案件数	由公证机关提供案件数	由法院提供案件数	老龄系统接待来信来访次数	老年服务设施		老年医疗保健机构/设施
	100 岁及以上	其中：女	独居老年人数	只与配偶居住老年人数	养老机构住养老人数	其他老年人数						活动站/中心/室数	家庭病床数	
北京市	362	280	105537	444656	10519	1362296	2174	1263	240	322	31587	6412	13112	225
北京市本级	0	0	0	0	0	0	30	30	0	0	108	2	3929	10

（三）

单位：个、万元、人

地区	老年医疗保健机构/设施				老年社会组织								老年教育			
	老年门诊数	老年医院数	老年康复医院数	老年临终关怀医院数	老年学术组织数	老年文教体组织数	老年人协会数	老年基金会	基金会个数	事业投入经费	资金结余	其他	老年大学	在校人数	老年学校	在校人数
北京市	184	17	33	6	287	5002	5260	0	0	0.0	0.0	2	49	17275	2844	228965
北京市本级	10	1	0	0	2	5	0	0	0	0.0	0.0	0	2	1730	0	0

北京市 2005 年老龄事业统计表

指标名称	单位	数量	指标名称	单位	数量	指标名称	单位	数量
一、老龄工作机构（机关）			（4）100 岁及以上老年人数	人	304	1. 老年门诊数	个	50
（一）机构数	个	330	其中：女	人	226	2. 老年医院数	个	15
（二）人员数	人	152	2. 按居住方式分			3. 老年康复医院数	个	32
（三）经费	万元	3578.1	（1）独居老年人数	人	97277	4. 老年临终关怀机构数	个	5
1. 财政补助收入	万元	2666.6	（2）只与配偶居住老年人数	人	500914	（四）老年社会组织		
2. 其他收入	万元	911.5	（3）养老机构住养老年人数	人	10715	1. 老年学术组织数	个	13
二、老龄直属机构			（4）其他老年人数	人	1367547	2. 老年文教体组织数	个	5123
（一）机构数	个	5	四、老龄事业发展情况			3. 老年人协会数	个	5584
（二）人员数	人	7	（一）老年维权			4. 老年基金会数	个	0
三、老龄人口情况			1. 老年法律援助/救助案件数	件	795	（1）事业投入	万元	0.0
期末老年人口数	人	1976453	其中：（1）由律师事务所提供案件数	件	447	（2）资金结余	万元	0.0
1. 按年龄分组			（2）由公证机关提供案件数	件	85	5. 其他	个	0
（1）60 岁—64 岁老年人口数	人	604407	（3）由法院提供案件数	件	231	（五）老年教育		
其中：女	人	321584	2. 老龄系统接待来信来访次数	次	27127	1. 老年大学	个	0
（2）65 岁—79 岁老年人口数	人	1154376	（二）老年服务设施			其中：在校人数	人	0
其中：女	人	610005	1. 活动站/中心/室数	个	5502	2. 老年学校	个	2417
（3）80 岁—99 岁老年人口数	人	217366	2. 家庭病床数	张	9281	其中：在校人数	人	219759
其中：女	人	119615	（三）老年医疗保健机构/设施					

天津市基层老年人协会基本情况调查表（2003）

概况	全市城镇社区居委会共 1666 个，农村行政村共 3850 个
组织建设（全市）	1. 城乡已建立老年人协会共 3341 个
	城镇已建立老年人协会的有 1286 个，占全市城镇社区居委会的 77.19%
	农村村级已建立老年人协会的有 2055 个，占全市行政村的 53.38%
	2. 老年人协会会长的产生方式：
	城镇：由居委会党支部书记或主任兼任的有 525 个，占全市城镇老年人协会总数的 40.82%
	由群众选举产生的有 761 个，占全市城镇老年人协会总数的 59.18%
	农村：由村党支部书记或村长兼任的有 1442 个，占全市农村老年人协会总数的 70.17%
	由群众选举产生的有 613 个，占全市农村老年人协会总数的 29.83%
	3. 全市已登记注册的老年人协会有 39 个
办公场所（全市）	4. 城镇有办公场所的老年人协会有 1018 个，占全市城镇老年人协会总数的 79.16%
	5. 农村有办公场所的老年人协会有 1370 个，占全市农村老年人协会总数的 66.67%
活动情况（全市）	6. 城镇：能经常开展活动的老年人协会有 955 个，占全市老年人协会总数的 74.26%
	活动较少或仅在每年重大节日开展活动的有 324 个 占全市老年人协会总数的 25.19%
	基本不能开展活动的老年人协会有 7 个，占全市老年人协会总数的 0.55%
	7. 农村：能经常开展活动的老年人协会有 659 个，占全市老年人协会总数的 32.07%
	活动较少或仅在每年重大节日开展活动的老年人协会有 625 个 占全市老年人协会总数的 30.41%
	基本不能正常开展活动的老年人协会有 771 个，占全市老年人协会总数的 37.52%
经费情况（全市）	8. 城镇：有经费的老年人协会有 491 个，占全市城镇老年人协会总数的 38.18%
	无经费的老年人协会有 795 个，占全市城镇老年人协会总数的 61.82%
	9. 农村：有经费的老年人协会有 486 个，占全市农村老年人协会总数的 23.65%
	无经费的老年人协会有 1569 个，占全市农村老年人协会总数的 76.35%

说明：城镇社区居委会和农村行政村以老年人协会分会形式存在的按老年人协会统计。

重庆市老龄事业统计表（2004－2005）

2004年

（一）

单位：个、万元、人

地区	老龄工作机构（机关）					老龄直属机构		期末老年人口数	按年龄分组					
	机构数	人员数	经费	1.财政补助收入	2.其他收入	机构数	人员数		60—64岁	其中：女	65—79岁	其中：女	80—99岁	其中：女
重庆市	42	140	679.0	579.0	46.8	14	38	4147098	1666331	746247	2030027	1013188	450027	249574
重庆市本级	1	12	154.3	144.5	9.7	1	1	4			4			

（二）

单位：人、件、个

地区	按年龄分组		按居住方式分				老年法律援助/救助案件数	由律师事务所提供案件数	由公证机关提供案件数	由法院提供案件数	老龄系统接待来信来访次数	老年服务设施		老年医疗保健机构/设施
	100岁及以上	其中：女	独居老年人数	只与配偶居住老年人数	养老机构住养老人数	其他老年人数						活动站/中心/室数	家庭病床数	
重庆市	713	563	309357	1572561	38675	2226505	5434	1702	859	2074	15428	4926	9285	413
重庆市本级				4			178				178			

（三）

单位：个、万元、人

地区	老年医疗保健机构/设施				老年社会组织								老年教育			
	老年门诊数	老年医院数	老年康复医院数	老年临终关怀医院数	老年学术组织数	老年文教体组织数	老年人协会数	老年基金会	基金会个数	事业投入经费	资金结余	其他	老年大学	在校人数	老年学校	在校人数
重庆市	38979	93	118	84	330	2658	9105	3	11	241.9	178.0	398	55	27539	929	137957
重庆市本级					1	3		1	1	120.0	175.0					

2005年

（一）

单位：个、万元、人

地区	老龄工作机构（机关）					老龄直属机构		期末老年人口数	按年龄分组							
	机构数	人员数	经费	财政补助收入	其他收入	机构数	人员数		60岁—64岁老年人口数	女	65岁—79岁老年人口数	女	80岁—99岁老年人口数	女	100岁及以上老年人数	女
重庆市	42	143	505.4	469.5	32.3	189	384	4298020	1715403	809263	2108723	1054798	473122	256533	772	625
重庆市本级	1	11	104.3	103.9	0.4			5	1		4	2				

（二）

单位：人、件、次、张、个

地区	独居老年人数	只与配偶居住老年人数	养老机构住养老年人数	其他老年人数	老年法律援助/救助案件数	由律师事务所提供案件数	由公证机关提供案件数	由法院提供案件数	老龄系统接待来信来访次数	活动站/中心/室数	家庭病床数
重庆市	457033	1430134	40660	2370193	4223	1390	653	1582	16202	4602	9275
重庆市本级		5							230		

（三）

单位：个、万元、人

地区	老年门诊数	老年医院数	老年康复医院数	老年临终关怀机构数	老年学术组织数	老年文教体组织数	老年人协会数	老年基金会数			其他	老年大学		老年学校	
									事业投入	资金结余			在校人数		在校人数
重庆市	49069	98	137	55	282	3013	6324	6	141.4	178.9	395	69	24098	1165	113180
重庆市本级									120.0	167.0					

河北省2004年老龄事业统计表

（一）

单位：个、万元、人

地区	老龄工作机构（机关）					老龄直属机构		期末老年人口数	按年龄分组					
	机构数	人员数	经费	1. 财政补助收入	2. 其他收入	机构数	人员数		60—64岁	其中：女	65—79岁	其中：女	80—99岁	其中：女
河北省	144	356	244.5	641.5	7.0	164	429	7519801	3179659	1527566	3622848	1902813	716571	410529
河北省本级	1	13		123.5										
河北省老龄工作委员会	1	13		123.5										

（二）

单位：人、件、个

地区	按年龄分组		按居住方式分				老年法律援助/救助案件数				老龄系统接待来信来次数	老年服务设施		老年医疗保健机构/设施
	100岁及以下	其中：女	独居老年人数	只与配偶居住老年人数	养老机构住养老人数	其他老年人数		由律师事务所提供案件数	由公证机关提供案件数	由法院提供案件数		活动站/中心/室数	家庭病床数	
河北省	723	527	642541	2798217	111256	3967787	4050	2045	682	1265	5159	5366	12447	1095
河北省本级											60			
河北省老龄工作委员会											60			

（三）

单位：个、万元、人

地区	老年医疗保健机构/设施				老年社会组织								老年教育			
	老年门诊数	老年医院数	老年康复医院数	老年临终关怀医院数	老年学术组织数	老年文教体组织数	老年人协会数	老年基金会	基金会个数	事业投入经费	资金结余	其他	老年大学	在校人数	老年学校	在校人数
河北省	846	125	27	349	139	2105	6494	2	3	38.1		2	264	53633	1003	84476
河北省本级									1							
河北省老龄工作委员会									1							

山西省 2004 年老龄事业统计表

指标名称	单位	数量	指标名称	单位	数量	指标名称	单位	数量
一、老龄工作机构（机关）			(4) 100 岁及以上老年人数	人	189	1. 老年门诊数	个	3772
（一）机构数	个	476	其中：女	人	134	2. 老年医院数	个	198
（二）人员数	个	4193	2. 按居住方式分			3. 老年康复医院数	个	147
（三）经费	万元	306.72	（1）独居老年人数	人	357912	4. 老年临终关怀机构数	个	104
1. 财政补助收入	万元	271.82	（2）只与配偶居住老年人数	人	1279894	（四）老年社会组织		
2. 其他收入	万元	8.9	（3）养老机构住养老年人数	人	20485	1. 老年学术组织数	个	179
二、老龄直属机构			（4）其他老年人数	人	1873050	2. 老年文教体组织数	个	1956
（一）机构数	个	642	四、老龄事业发展情况			3. 老年人协会数	个	10368
（二）人员数	人	3928	（一）老年维权			4. 老年基金会	个	306
三、老龄人口情况			1. 老年法律援助/救助案件数	件	1847	（1）基金会个数	个	306
（一）期末老年人口数	人	3680326	其中:(1)由律师事务所提供案件数	件	757	（2）事业投入经费	万元	981.7
按年龄分组			（2）由公证机关提供案件数	件	421	（3）资金结余	万元	
(1) 60 岁—64 岁老年人口数	人	1389895	（3）由法院提供案件数	件	603	5. 其他	个	
其中：女	人	766769	2. 老龄系统接待来信来访次数	次	10881	（五）老年教育		
(2) 65 岁—79 岁老年人口数	人	1828583	（二）老年服务设施			1. 老年大学	个	451
其中：女	人	936978	1. 活动站/中心/室数	个	13769	其中：在校人数	人	137228
(3) 80 岁—99 岁老年人口数	人	311163	2. 家庭病床数	张	25904	2. 老年学校	个	719
其中：女	人	167433	（三）老年医疗保健机构/设施	个	1935	其中：在校人数	人	42285

黑龙江省老龄事业统计表

（一）

单位：个、万元、人

地　区	老龄工作机构（机关）					老龄直属机构		期末老年人口数	按年龄分组					
	机构数	人员数	经费	1. 财政补助收入	2. 其他收入	机构数	人员数		60—64岁	其中：女	65—79岁	其中：女	80—99岁	其中：女
黑龙江省	126	481	541.5	558.5	15.8	267	871	3608584	1542331	793819	1733988	862028	331411	143457
黑龙江省本级	1	15	100.0	100.0		1	12							

（二）

单位：人、件、个

地　区	按年龄分组		按居住方式分				老年法律援助/救助案件数	由律师事务所提供案件数	由公证机关提供案件数	由法院提供案件数	老龄系统接待来信来访次数	老年服务设施		老年医疗保健机构/设施
	100岁及以上	其中：女	独居老年人数	只与配偶居住老年人数	养老机构住养老人数	其他老年人数						活动站/中心/室数	家庭病床数	
黑龙江省	854	410	224219	1147012	66766	2170587	7496	988	4294	1806	8688	5948	20281	628
黑龙江省本级											231			

（三）

单位：个、万元、人

地　区	老年医疗保健机构/设施				老年社会组织								老年教育			
	老年门诊数	老年医院数	老年康复医院数	老年临终关怀医院数	老年学术组织数	老年文教体组织数	老年协会数	老年基金会	基金会个数	事业投入经费	资金结余	其他	老年大学	在校人数	老年学校	在校人数
黑龙江省	593	74	85	41	514	1835	6196	15	7	1391.5	335.0		93	28381	567	17331
黑龙江省本级							1									

吉林省基层老龄事业统计表（2003－2005）①

2003年

单位：个

地区	概况		组织建设															
			1. 城乡老年协会情况					2. 老年协会会长产生的方式								3. 辖区已登记注册的老年人协会数	4. 城镇各项制度健全的老年人协会数	5. 农村各项制度健全的老年人协会数
			合计	城镇		农村		城镇				农村						
	辖区内城镇社区居委会数	农村行政村数	城乡已建立老年人协会数	城镇已建立老年人协会数	占辖区城镇社区居委会的百分比	农村村级已建立老年人协会数	占辖区行政村的百分比	由居委会党支部书记或主任兼任数	占辖区城镇老年协会总数的百分比	由群众选举产生数	占辖区老年人协会总数的百分比	由党支部书记或村长兼任数	占辖区农村老年人协会总数的百分比	由群众选举产生数	占辖区农村老年人协会总数的百分比			
长春市	351	1562	866	351	100.0%	515	33.0%	351	100.0%			515	100.0%			719	332	280
吉林市	348	1260	1280	348	100.0%	932	74.0%	219	62.9%	129	37.1%	326	35.0%	606	65.0%	304	198	507
四平市	137	1111	927	117	85.4%	810	72.9%		0.0%	117	100.0%		0.0%	810	100.0%	1007	117	632
延边州	183	1382	1565	183	100.0%	1382	100.0%	61	33.3%	122	66.7%	39	2.8%	1343	97.2%	340	183	1382
辽源市	87	544	442	45	51.7%	397	73.0%	25	55.6%	20	44.4%	197	49.6%	200	50.4%	36	41	309
通化市	167	1064	684	143	85.6%	541	50.8%	89	62.2%	54	37.8%	498	92.1%	43	7.9%	81	130	231
白山市	227	504	276	68	30.0%	208	41.3%	56	82.4%	12	17.6%	166	79.8%	42	20.2%	64	33	95
白城市	240	917	884	182	75.8%	702	76.6%	143	78.6%	39	21.4%	510	72.6%	192	27.4%	670	178	630
松原市	140	1115	438	121	86.4%	317	28.4%	121	100.0%			82	25.9%	235	74.1%	26	10	25
合计	1880	9459	7362	1558	82.9%	5804	61.4%	1065	68.4%	493	31.6%	2333	40.2%	3471	59.8%	3247	1222	4091

① 只摘录了部分统计项及数据。

2004年

单位：个

地区	概况		组织建设															
			1. 城乡老年协会情况					2. 老年协会会长产生的方式								3. 辖区已登记注册的老年人协会数	4. 城镇各项制度健全的老年人协会数	5. 农村各项制度健全的老年人协会数
			合计	城镇		农村		城镇				农村						
	辖区内城镇社区居委会数	农村行政村数	城乡已建立老年人协会数	城镇已建立老年人协会数	占辖区城镇社区居委会的百分比	农村村级已建立老年人协会数	占辖区行政村的百分比	由居委会党支部书记或主任兼任数	占辖区城镇老年协会总数的百分比	由群众选举产生数	占辖区老年人协会总数的百分比	由党支部书记或村长兼任数	占辖区农村老年人协会总数的百分比	由群众选举产生数	占辖区农村老年人协会总数的百分比			
长春市	393	1690	1185	341	86.8%	844	49.9%	224	65.7%	117	34.3%	649	77.0%	195	23.1%	831	316	515
吉林市	314	1394	1450	293	93.3%	1157	83.0%	71	24.2%	222	75.8%	347	30.0%	810	70.0%	307	228	434
公主岭	31	414	412	31	100.0%	381	92.0%	31	100.0%		0.0%	71	18.6%	310	81.4%	412	31	381
梨树县	34	203	43	34	100.0%	9	4.4%	27	79.4%	7	20.6%	9	100.0%		0.0%	43	34	9
双辽市	17	178	36	17	100.0%	19	10.7%	17	100.0%		0.0%	19	100.0%		0.0%			
伊通县	37	241	273	37	100.0%	236	97.9%	32	86.5%	5	13.5%	8	3.4%	228	96.6%	1	23	96
铁东区	38	25	48	38	100.0%	30	120.0%	30	78.9%	8	21.1%	10	33.3%		0.0%		30	8
铁西区	38	11	49	38	100.0%	11	100.0%	1	2.6%	37	97.4%	1	9.1%	10	90.9%	49	38	11
四平市																		
延边州	259	1073	1332	259	100.0%	1073	100.0%		0.0%	259	100.0%		0.0%	1073	100.0%	1332	215	1050
辽源市	81	517	546	81	100.0%	449	86.8%	48	59.3%	44	54.3%	329	73.3%	161	35.9%	42	67	232
通化市	185	1040	769	149	80.5%	620	59.6%	53	35.6%	96	64.4%	227	36.6%	393	63.4%	101	134	334
白山市	120	505	230	70	58.3%	160	31.7%	63	90.0%	42	60.0%	105	65.6%	51	31.9%	26	50	92
白城市	139	912	957	129	92.8%	828	90.8%	117	90.7%	12	9.3%	822	99.3%		0.0%	512	119	821
松原市	140	1115	438	121	86.4%	317	28.4%	121	100.0%		0.0%	82	25.9%	235	74.1%	26	10	25
合计	1826	9318	11144	1638	89.7%	6134	65.8%	835	51.0%	849	51.8%	2679	43.7%	3466	56.5%	3682	1295	4008

2005 年

单位：个、平方米

地区	概况		城乡老年协会建设情况					老年活动室建设情况							
			合计	城镇		农村		城镇				农村			
	辖区内城镇社区居委会数	农村行政村数	城乡已建立老年人协会数	城镇已建立老年人协会数	占辖区城镇社区居委会的百分比	农村村级已建立老年人协会数	占辖区行政村的百分比	城镇有老年活动室的老年人协会数	占辖区城镇老年人协会总数的百分比	活动室总面积	平均每个活动室面积	农村有老年活动室的老年人协会数	占辖区农村老年人协会总数的百分比	活动室总面积	平均每个活动室面积
长春市	343	1628	1658	343	100.0%	1310	80.5%	312	91.0%	18696	991.6	1188	90.7%	19297	679.0
吉林市	560	1586	2266	560	100.0%	1506	95.0%	319	57.0%	15950	50.0	143	9.0%	5720	40.0
四平市	213	1163	664	40	18.8%	382	32.8%	165	412.5%	6966	42.2	141		3870	
延边州	691	1077	1354	277	100.0%	1077	100.0%	277	100.0%	13800	50.0	1077	100.0%	82000	80.0
辽源市	80	517	551	79	98.8%	482	93.2%	54	68.4%	2411	44.0	371	77.0%	5970	110.0
通化市	185	1040	769	149	74.0	620	71.0%	134	93.0%	11490	737.0	433	71.0%	19365	353.0
白山市	84	499	374	104	100.0%	270	54.0%	73	70.0%	7741	106.0	158	59.0%	10379	66.0
白城市	139	913	994	139	100.0%	851	92.0%	165	100.0%	7027	193.0	646	89.6%	60852	167.3
松原市	101	1275	967	131	91.0%	836	68.0%	40	30.0%	2500	60.0	150	17.0%	1200	80.0
合计	2396	9698	9597	1822	76.0%	7334	75.6%	1539	84.5%	86581	56.3	4307		208653	1575.3

江苏省各市老年人口数据表

（2005 年 11 月）

市（县、市、区）	总人口数	老年人口总数	老年人口比例	60—69 周岁	70—79 周岁	80—89 周岁	90—99 周岁	百岁以上
南京市	5836016	825259	14.14%	437046	290029	90352	7707	125
无锡市	4427927	753891	17.02%	385422	253573	103073	11637	186
徐州市	9168470	1215085	13.25%	601878	416132	168369	28334	372
常州市	3477646	546503	15.71%	280966	184161	73178	8009	189
苏州市	6040754	1051558	17.41%	542890	369648	127688	11137	195
南通市	7683669	1496950	19.48%	751572	508572	208685	27361	760
连云港	4690000	551198	11.70%	272600	193700	74700	10100	98
淮安市	5213878	738423	14.16%	379185	241834	95494	21693	217
盐城市	7982775	1138822	13.90%	616984	373860	132282	15097	599
扬州市	4526127	866831	19.15%	562456	215998	82794	5395	188
镇江市	2632701	409949	15.57%	208995	143702	51997	5117	138
泰州市	5027657	893385	17.77%	450933	299037	124826	18379	210
宿迁市	5207192	684552	13.15%	356470	232119	84704	10867	392
全省合计	71914812	11172406	15.54%	5847397	3722365	1418142	180833	3669

江苏省各市老年人口比例①

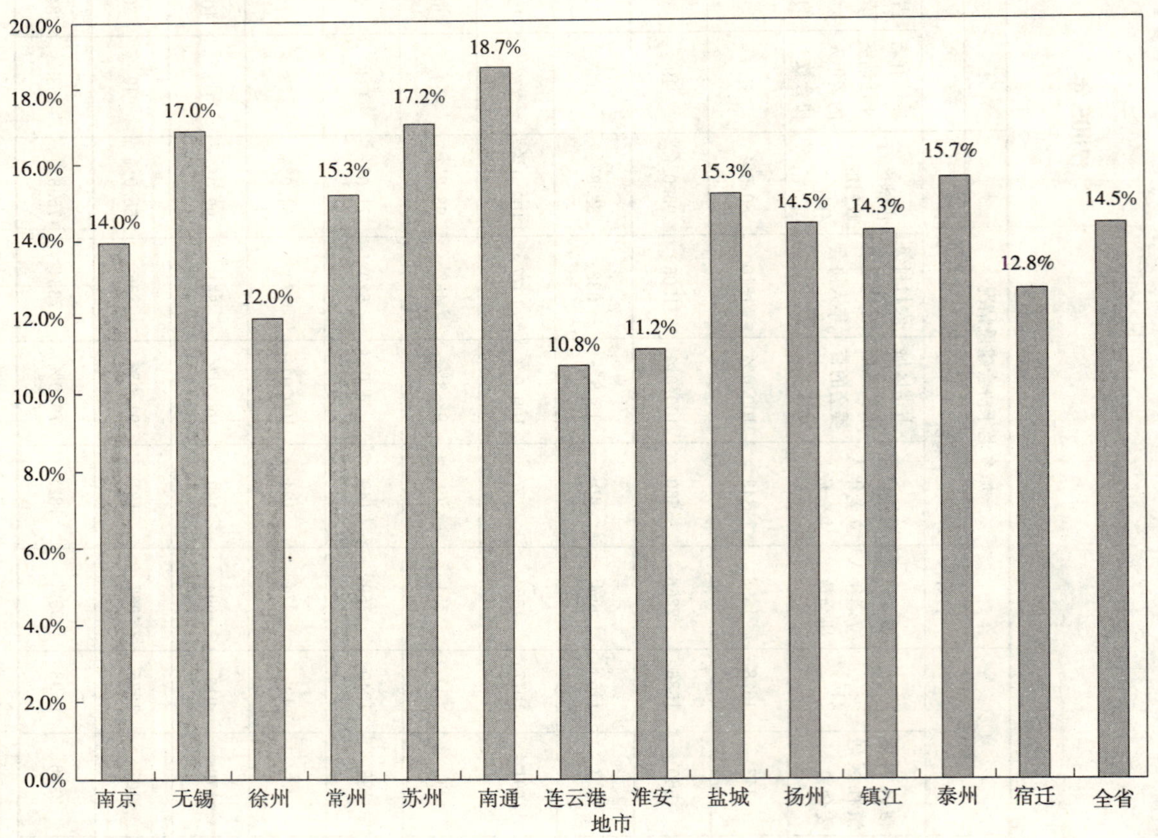

① 截至 2004 年底。

浙江省老龄统计资料（2003—2004）

2003年浙江省人口老龄化发展概况

地区	60岁及以上老年人口现状					65岁及以上老年人口现状				
	老年人口数（万人）	占总人口的比率（%）	老龄化系数所居位数（位）	与上年同期相比		老年人口数（万人）	占总人口的比率（%）	老龄化系数所居位数（位）	与上年同期相比	
				增加或减少的老年人口数（万人）	增加或下降的老龄化比率（%）				增加或减少的老年人口数（万人）	增加或下降的老龄化比率（%）
总　计	620.44	13.60		15.45	2.55	465.76	10.21		30.85	7.09
杭州市	89.60	13.94	5	1.60	1.82	68.79	10.70	3	5.12	8.04
宁波市	76.25	13.95	4	0.15	0.20	57.23	10.47	4	1.26	2.25
温州市	88.97	11.91	11	4.74	5.63	65.98	8.84	11	7.82	13.44
嘉兴市	52.37	15.49	1	1.12	2.19	38.10	11.27	2	0.63	1.67
湖州市	39.53	15.29	2	0.36	0.92	30.70	11.87	1	4.16	15.68
绍兴市	59.56	13.74	6	1.23	2.10	45.25	10.44	5	1.47	3.36
金华市	60.77	13.50	9	2.91	5.03	42.80	9.51	10	0.86	2.05
衢州市	33.14	13.54	7	1.04	3.23	24.81	10.13	9	0.77	3.21
舟山市	14.06	14.48	3	−0.25	−1.72	10.02	10.32	6	−0.45	−4.28
台州市	72.59	13.11	10	2.38	3.39	56.72	10.24	7	7.24	14.63
丽水市	33.60	13.53	8	0.16	0.49	25.35	10.21	8	1.98	8.45

2003年浙江省县级以上老龄工作办事机构建立基本状况

项　目	应建个数（个）	已建立个数(个)	占总数(%)
总　计	102	100	98.04
省本级	1	1	100
杭州市	14	14	100
宁波市	12	12	100
温州市	12	12	100
嘉兴市	8	8	100
湖州市	6	6	100
绍兴市	7	7	100
金华市	10	9	90
衢州市	7	7	100
舟山市	5	5	100
台州市	10	10	100
丽水市	10	9	90

2004年浙江省人口老龄化发展概况

地区	60岁及以上老年人口现状					65岁及以上老年人口现状					百岁老人分布情况		
				与上年同期相比					与上年同期相比				
	老年人口数（万人）	占总人口的比率（%）	老龄化位次	增加老年人口数（万人）	老龄化比率提高幅度（%）	老年人口数（万人）	占总人口的比率（%）	老龄化系数所居位数（位）	增加或减少的老年人口数（万人）	增加或下降的老龄化比率（%）	总人数	男性	女性
总　计	640.83	13.96		20.39	3.29	473.66	10.32		7.91	1.70	740	171	569
杭州市	92.62	14.21	5	3.02	3.38	70.78	10.86	3	1.99	2.89	107	18	89
宁波市	79.31	14.26	4	3.06	4.01	58.57	10.53	8	1.34	2.34	80	22	58
温州市	91.73	12.12	11	2.76	3.10	68.21	9.01	11	2.23	3.38	191	52	139
嘉兴市	52.96	15.85	2	0.59	1.12	37.74	11.30	2	−0.36	−0.94	38	7	31
湖州市	41.36	16.01	1	1.83	4.63	28.07	10.86	3	−2.63	−8.57	41	9	32
绍兴市	60.91	14.00	8	1.35	2.26	45.96	10.56	7	0.71	1.57	77	10	67
金华市	63.92	14.15	6	3.15	5.18	47.73	10.57	6	4.93	11.52	53	8	45
衢州市	34.53	14.10	7	1.39	4.20	26.22	10.70	5	1.41	5.68	32	8	24
舟山市	14.68	15.15	3	0.62	4.41	11.11	11.46	1	1.09	10.88	13	5	8
台州市	74.74	13.46	10	2.15	2.97	53.43	9.63	10	−3.29	−5.80	81	23	58
丽水市	34.07	13.60	9	0.47	1.40	25.84	10.31	9	0.49	1.93	27	9	18

浙江省2004年县级以上老龄办事机构工作人员、经费基本状况

单位	编制人数（人）			年末实有人数（人）												年度经费情况（万元）			
				按编制性质分				按年龄构成分				按文化程度分							
	合计	行政	事业	合计	行政	事业	聘用	35岁及以下	36岁至55岁	56岁至60岁	60岁以上	大学本科及以上	大学专科	高中（含中专）	初中及以下	总额	财政拨款	自筹经费	其他经费
总计	285	171	114	378	204	102	72	57	258	61	2	79	181	98	20	4173.8	3291.8	117	765
省本级	13	0	13	16	0	13	3	5	9	2	0	7	8	1	0	733	733	0	0
杭州市	65	47	18	85	58	12	15	7	55	23	0	12	43	17	13	1405	714	76	615
宁波市	33	26	7	39	25	8	6	15	19	5	0	13	13	10	3	435	405	14	16
温州市	30	11	19	37	16	18	3	12	23	2	0	7	14	16	0	247	242	0	5
嘉兴市	12	9	3	14	9	3	2	2	11	1	0	8	5	1	0	73.2	66	0	7.2
湖州市	10	8	2	19	12	2	5	1	18	0	0	3	11	4	1	257	235	0	22
绍兴市	14	8	6	15	8	7	0	0	10	5	0	3	6	6	0	69.3	62.4	0	6.9
金华市	18	14	4	25	18	2	5	1	18	6	0	7	12	6	0	168	135	9	24
衢州市	18	14	4	25	18	2	5	1	18	6	0	7	12	6	0	168	135	9	24
舟山市	17	10	7	18	10	6	2	1	15	2	0	1	10	7	0	79	77	0	2
台州市	26	12	14	36	18	14	4	8	25	3	0	6	14	15	1	334	305	0	29
丽水市	29	12	17	49	12	15	22	4	37	6	2	5	33	9	2	205.4	182.4	9	14

江西省2004年老龄事业统计表

（一）

单位：个、万元、人

地区	老龄工作机构（机关）					老龄直属机构		末老年人口数	按年龄分组					
	机构数	人员数	经费	1. 财政补助收入	2. 其他收入	机构数	人员数		60—64岁	其中：女	65—79岁	其中：女	80—99岁	其中：女
江西省	302	2015	676.1	3186.7	2012.5	1552	7993	3672502	1780258	866703	1538281	809653	353548	195712

（二）

单位：人、件、个

地区	按年龄分组		按居住方式分				老年法律援助/救助案件数	由律师事务所提供案件数	由公证机关提供案件数	由法院提供案件数	老龄系统接待来信来访次数	老年服务设施		老年医疗保健机构/设施
	100岁及以上	其中：女	独居老年人数	只与配偶居住老年人数	养老机构住养老人数	其他老年人数						活动站/中心/室数	家庭病床数	
江西省	415	298	308831	1012948	224996	2125727	1973	523	201	994	4742	407976	1472	447

福建省 2004 年老龄事业统计表

指标名称	单位	数量	指标名称	单位	数量	指标名称	单位	数量
一、老龄工作机构（机关）			(4) 100岁及以上老年人口数	人	778	1. 老年门诊数	个	293
(一) 机构数	个	126	其中：女	人	629	2. 老年医院数	个	31
(二) 人员数	个	354	2. 按居住分式分			3. 老年康复医院数	个	5
(三) 经费	万元	879.13	(1) 独居老年人数	人	289463	4. 老年临终关怀机构数	个	27
1. 财政补助收入	万元	564.43	(2) 只与配偶居住老年人数	人	907082	(四) 老年社会组织		
2. 其他收入	万元	158.20	(3) 养老机构助养老年人数	人	17467	1. 老年学术组织数	个	156
二、老龄直属机构			(4) 其他老年人数	人	2386042	2. 老年文教体组织数	个	2493
(一) 机构数	个	176	四、老龄事业发展情况			3. 老年人协会数	个	12019
(二) 人员数	个	489	(一) 老年维权			4. 老年基金会		
三、老龄人口情况			1. 老年法律援助/救助案件数	件	5073	(1) 基金会个数	个	1445
(一)期末老年人口数	人	3627351	其中：(1) 由律师事务所提供案件数	件	918	(2) 事业投入经费	万元	213399.20
1. 按年龄分组			(2) 由公证机关提供案件数	件	597	(3) 资金结余	万元	497428.90
(1) 60岁～64岁老年人口数	人	1177254	(3) 由法院提供案件数	件	854	5. 其他	个	
其中：女	人	571917	2. 老龄系统接待来信来访数	次	8433	(五) 老年教育		
(2) 65岁～79岁老年人口数	人	1994499	(二) 老年服务设施			1. 老年大学	个	246
其中：女	人	1039793	1. 活动站/中心/室数	个	9913	其中：在校人数	人	33811
(3) 80岁～99岁老年人口数	人	454113	2. 家庭病床数	张	4255	2. 老年学校	个	4294
其中：女	人	285637	(三) 老年医疗保健机构/设施	个	194	其中：在校人数	人	327297

注：1. 本表由县以上老龄工作委员会组织填报，民政部门汇总；2. 本表金额保留一位小数。

福建省2005年百岁以上老人情况汇总表

2005年9月20日

各设区、市	2004年百岁以上老人总数	2005年		2005年百岁以上老人总数	占全省总数百分比	其中		当年最多的县市区	当年最多的乡镇街	当年最长寿				
		减少数	新增数			男性人数	女性人数			年龄	姓名	性别	健康状况	家庭住址
福州市	162	66	93	189	22.7	34	155	福清市45人	港头镇5人	116岁	潘三只	女	一般	福清龙田镇西亭村
厦门市	45	22	22	45	5.4	6	39	思明区19人	新店镇4人	107岁	邵　引	女	良好	同安大同街道
宁德市	56	34	28	50	6	10	40	焦城区8人	南羊镇3人	104岁	胡四妹	女	良好	屏南代溪镇
莆田市	73	30	47	90	10.8	13	77	秀屿区28人	平海镇12人	106岁	张山边	女	健康	秀屿东峤许厝村
泉州市	170	73	95	192	23	19	173	南安市41人	南埔镇9人	112岁	黄　等	女	一般	安溪参内乡员潭村
漳州市	107	40	30	97	11.6	14	83	漳浦县24人	南诏镇15人	110岁	石　盼	女	一般	漳浦赤湖镇西城村
龙岩市	75	32	34	77	9.2	9	68	上杭县17人	何田镇5人	109岁	周富云	女	健康	连城文亨乡文堡村
三明市	45	19	20	46	5.5	7	39	永安市11人	西洋镇3人	105岁	傅成珠	女	健康	东坡居委会马夷口
南平市	53	22	16	47	5.6	9	38	延平区12人	双溪镇2人	107岁	魏金赛	女	健康	顺昌县夏通镇
合　计	786	338	385	833		121	712	福清市45人	南诏镇15人	116岁	潘三只	女	一般	福清龙田镇西亭村

陕西省老龄事业统计表（2004—2005）

2004年

指标名称	单位	数量	指标名称	单位	数量	指标名称	单位	数量
一、老龄工作机构（机关）			(4) 100岁及以上老年人数	人	309	1. 老年门诊	个	112
（一）机构数	个	96	其中：女	人	235	2. 老年医院数	个	63
（二）人员数	个	492	2. 按居住方式分			3. 老年康复医院数	个	31
（三）经　费	万元	916.3	(1) 独居老年人数	人	244591	4. 老年临终关怀机构数	个	210
1. 财政补助收入	万元	880.5	(2) 只与配偶居住老年人数	人	1069159	（四）老年社会组织		
2. 其他收入	万元	34.7	(3) 养老机构住养老年人数	人	55432	1. 老年学术组织数	个	102
二、老龄直属机构			(4) 其他老年人数	人	2058862	2. 老年文教体组织数	个	409
（一）机构数	个	254	四、老龄事业发展情况			3. 老年人协会数	个	12777
（二）人员数	个	1104	（一）老年维权			4. 老年基金会数	个	225
三、老龄人口情况			1. 老年法律援助/救助案件数	件	1927	(1) 基金会个数	个	24
（一）期末老年人口数	人	3428004	其中 (1) 由律师事务所提供案件数	件	491	(2) 事业投入经费	万元	369
1. 按年龄分组			(2) 由公证机关提供案件数	件	480	(3) 资金结余	个	2361.3
(1) 60—64岁老年人口数	人	1629864	(3) 由法院提供案件数	件	816	5. 其他	万元	4
其中：女	人	854730	2. 老龄系统接待来信来访次数	次	6377	（五）老年教育		
(2) 65—79岁老年人口数	人	1478472	（二）老年服务设施			1. 老年大学数	人	112
其中：女		797185	1. 活动站/中心/室数	个	4809	其中：在校人数	个	29271
(3) 80—99岁老年人口数	人	319399	2. 家庭病床数	张	1692	2. 老年学校数	人	368
其中：女	人	179292	（三）老年医疗保健机构/设施	个	416	其中：在校人数	人	27726

2005年

指标名称	单位	数量
一、老龄工作机构（机关）		
（一）机构数	个	106
（二）人员数	个	481
（三）经　费	万元	986.9
1. 财政补助收入	万元	940.7
2. 其他收入	万元	27.3
二、老龄直属机构		
（一）机构数	个	232
（二）人员数	个	1070
三、老龄人口情况		
（一）期末老年人口数	人	3650267
1. 按年龄分组		
（1）60—64岁老年人口数	人	1725113
其中：女	人	917731
（2）65—79岁老年人口数	人	1572976
其中：女		827270
（3）80—99岁老年人口数	人	351812
其中：女	人	202244
（4）100岁及以上老年人数	人	366
其中：女	人	283
2. 按居住方式分		
（1）独居老年人数	人	285226
（2）只与配偶居住老年人数	人	1243064
（3）养老机构住养老年人数	人	40889
（4）其他老年人数	人	2081008
四、老龄事业发展情况		
（一）老年维权		
1. 老年法律援助/救助案件数	件	1535
其中（1）由律师事务所提供案件数	件	416
（2）由公证机关提供案件数	件	245
（3）由法院提供案件数	件	564
2. 老龄系统接待来信来访次数	次	6143
（二）老年服务设施		
1. 活动站/中心/室数	个	4452
2. 家庭病床数	张	1334
（三）老年医疗保健机构/设施		
1. 老年门诊数	个	541
2. 老年医院数	个	74
3. 老年康复医院数	个	27
4. 老年临终关怀机构数	个	210
（四）老年社会组织		
1. 老年学术组织数	个	98
2. 老年文教体组织数	个	1030
3. 老年人协会数	个	19997
4. 老年基金会数	个	21
（1）事业投入	万元	285.6
（2）资金结余	万元	2561.2
5. 其他	个	4
（五）老年教育		
1. 老年大学数	个	112
其中：在校人数	人	30120
2. 老年学校数	个	242
其中：在校人数	人	36339

陕西省老年人口统计表

报送单位：（2005年11月21日）

县、市(区)＼市(区)	70周岁以上老年人口总数	已领取老年优待证人数	90—99岁老年人口总数	90—99岁已领取保健费人数	90—99周岁老年人未领取发保健费人数	未领保健费原因	百岁及以上老年人口总数
西安市	260400	210000	4873	4873			83
宝鸡市	142072	70762	1460	1363	97	新增人数未审报	29
咸阳市	176344	27350	2877	2570	307	未审报	30
杨凌区	5428	4915	64	64			7
榆林市	182560	21200	2446	1743	703	未审报	27
铜川市	28953	6800	367	0	367	财政困难	6
渭南市	220853	38561	2867	0	2867		52
延安市	82675	10830	1128	878	250	审查阶段	10
商洛市	80951	9602	1957	951	1006	本人未审报	25
汉中市	168416	65000	2179	0	2179		74
安康市	117183	0	3338	0	3338		23
合计	1465835	465020	23556	12442	11114		366

青海省老龄事业统计资料（2005）

老年人口基本情况

60岁以上老年人口为46万多，约占总人口的8.47%；

65岁以上老年人32.8万余人，约占全省总人口的6.04%；

农牧区老年人口为26.29万人，约占全省老年人口的57.15%。

企业退休人员16.9万人，离休人员9534人。

老年维权组织和载体

省老龄办不具有执法主体资格，省、州地市两级司法部门设有法律援助中心，其职责之一是为维护老年人合法权益提供法律援助。全省老年法律援助中心134个，维权岗12个。

养老保障

设立养老基地15个；发放养老补贴的行政村5个；1223户签订“家庭赡养协议书”。

老年人优待

全省发放“青海省高龄老人优待证”13万本。

信访情况

2004年—2005年全省接待来信来访3410次；省级老龄办接待413次。

执法检查情况

全省共计32次。州地市人大4次；县人大28次。各级老龄办每年检查1次。

老年维权工作宣传表彰情况

两个州、三个县开展了敬老爱老助老表彰活动。

河南省老龄事业统计表（2004—2005）

2004年

（一）

单位：个、万元、人

地区	老龄工作机构（机关）					老龄直属机构		期末老年人口数	按年龄分组					
	机构数	人员数	经费	1. 财政补助收入	2. 其他收入	机构数	人员数		60～64岁	其中：女	65～79岁	其中：女	80～99岁	其中：女
河南省	181	423	381.5	360.9	16.9	382	5357	9883627	4045898	2064211	4791504	2447633	1043947	626968

（二）

单位：人、件、个

地区	按年龄分组		按居住方式分				老年法律援助/救助案件数				老龄系统接待来信来访次数	老年服务设施		老年医疗保健机构/设施
	100岁及以上	其中：女	独居老年人数	只与配偶居住老年人数	养老机构住养老人数	其他老年人数		由律师事务所提供案件数	由公证机关提供案件数	由法院提供案件数		活动站/中心/室数	家庭病床数	
河南省	2278	1771	1146398	3023547	112386	5601296	3713	1624	513	1460	21929	10374	29784	1079

（三）

单位：个、万元、人

地区	老年医疗保健机构/设施				老年社会组织								老年教育			
	老年门诊数	老年医院数	老年康复医院数	老年临终关怀医院数	老年学术组织数	老年文教体组织数	老年人协会数	老年基金会	基金会个数	事业设入经费	资金结余	其他	老年大学	在校人数	老年学校	在校人数
河南省	1163	128	62	423	259	4379	16073	24	1	2.5		3	84	26050	2744	239825

2005年

（一）

单位：个、万元、人

地区	老龄工作机构（机关）					老龄直属机构		期末老年人口数	按年龄分组							
	机构数	人员数	经费	财政补助收入	其他收入	机构数	人员数		60岁～64岁老年人口数	女	65岁－79岁老年人口数	女	80岁－99岁老年人口数	女	100岁及以上老年人口数	女
河南省	159	406	458.9	438.1	8.9	403	62564	10089859	4226557	2123017	4786399	2560490	1074548	644864	2355	1850

（二）

单位：人、件、次、张、个

地区	独居老年人数	只与配偶居住老年人数	养老机构住养老年人数	其他老年人数	老年法律援助/救助案件数	由律师事务所提供案件数	由公证机关提供案件数	由法院提供案件数	老龄系统接待来信来访次数	活动部/中心/室数	家庭病床数
河南省	1161105	3156911	137861	5633982	3272	1179	466	1025	13479	9721	31298

（三）

单位：个、万元、人

地区	老年门诊数	老年医院数	老年康复医院数	老年临终关怀机构数	老年学术组织数	老年文教体组织数	老年人协会数	老年基金会数			其他	老年大学		老年学校	
									事业投入	资金结余			在校人数		在校人数
河南省	1369	163	93	57	343	2659	17332	62	1.0		3	61	27671	1224	150317

湖北省县（市、区）以上老龄工作机构现状调查汇总表（2005）

基本情况 单位名称	办公室规格	机构性质		机构设置		工作经费（万元）	年龄结构					文化程度				办公设施					备注
		行政（人）	事业（人）	独立	民政内设		35岁以下	35—40岁	40—45岁	45—50岁	50岁以上	本科及以上	大专	中专	高中	办公场地（间、平米）	交通工具	电脑（台）	电话（部）	传真（部）	
省老龄办	副厅		15	1		44	3	2	2	3	5	11	4			$400m^2$	4	13	12	1	以市州为单位，包括县（市、区）在内
武汉市老龄办	1个副局级、13个副处级		52	11	2	205	5	7	7	16	17	26	19	4	3	42间$1344m^2$	6	24	25	6	
黄石市老龄办	1个副县级、2个正科级、3个副科级、1个股级	7	7	9	6（1个挂靠）	8.1	2		7	6	1	2	11	2	1	$215m^2$	2	4	8	2	
十堰市老龄办	1个正处级、10个正科级	15	52	6	5	32.85	8	6	22	12	19	9	38	9	11	41间$1274m^2$	4	16	19	2	
荆州市老龄办	1个副县级、1个正科级、3个副科级、4个股级	10	2		9	7	2	3	1	4	2	1	11			9间$180m^2$		3	5	1	
宜昌市老龄办	1个正科级、12个股级、1个未明确	12(兼) 1专职	2		14	0.6 1个统筹	1	3	4	3	2	2	9	1		$15m^2$ $216m^2$（共）		4	13		
襄樊市老龄办	1个正县级、8个正科级、1个股级	27（其中6人兼职）	2	3	4（3个挂靠）	7.8	5	2	8	2	12	10	17		2	16间$331m^2$	1	10	8	2	
鄂州市老龄办	1个正县级、3个正科级	10		1	3	1.7	3	1	3	1	2	2	6		2	5间$100m^2$	1	4	4	1	
荆门市老龄办	1个副县级、3个副科级、3个未明确	5	12	3	3	统筹	5	1	7	3	1	2	10	1	4	11间$220m^2$		8	4	1	
孝感市老龄办	1个正县级、7个正科级	3	36	7	1	22	8	5	8	14	5	10	15	8	7	$287m^2$	2	4	9	1	
黄冈市老龄办	1个副县级、11个未明确		39	2	10	21.8	4		13		23	3	18	7	11	$331m^2$	2	1	12	1	
咸宁市老龄办	1个正县级、5个副科级、1个未明确		21	1	5	4	2	3	6	8	3	3	9	3	7	$210m^2$			1	1	

（续）

基本情况 单位名称	办公室规格	机构性质		机构设置		工作经费（万元）	年龄结构					文化程度				办公设施					备注
		行政（人）	事业（人）	独立	民政内设		35岁以下	35～40岁	40～45岁	45～50岁	50岁以上	本科及以上	大专	中专	高中	办公场地（间、平米）	交通工具	电脑（台）	电话（部）	传真（部）	
恩施自治州老龄办	1个正科级、6个股级、2个未明确	7	2		7	7.5	1		1	5	1		5	2	2	9间184m²		4	5	1	
随州市老龄办	1个副处、1个副科、1个未明确	5	5（其中1人兼职）	1	2	2		2	1	4	1	4	3	2		40m²			1		
仙桃市老龄办	正科级	2		1		统筹		2				2				1间20m²			1		
天门老龄办	正科级	2			1	8			2				2			2间40m²		1	2		
潜江市老龄办	正科级	1		专办		1.2				1				1		45m²		待办	1		
神农架林区老龄办	正科级	2	1		1	2	1	1	1			1	2			2间40m²		1	1	1	
合计	说明：各项合计总数不含省老龄办数字	109	233	37	74（4个挂靠、4个未明确）	331.55	47	36	91	79	89	77	175	40	50	5052m²	18	84	119	20	

湖南2005年老年人口统计资料

2005年，全省60周岁及以上老年人口819.74万人（其中男性411.07万人，女性408.67万人），占全省总人口的12.18%。65周岁及以上老年人口586.3万人，占全省总人口8.71%。70周岁及以上老年人口362.7万人；80周岁及以上老年人口85.6万人；90周岁及以上老年人口6.9万人。百岁以上老年人口1541人（其中男性263人，女性1278人），益阳市有百岁老人187人，为市州之最，桃江县有百岁老人57人，为县（市、区）之最。百岁老人中，男性最高年龄为110岁（符少池，1895年11月29日生，桃江县修山镇宫厅村人），女性最高年龄112岁（回龙玉，1893年4月28日生，凤凰县官庄乡新民村人）。

全省老年人口有以下特点：一是老年人口持续快速增长。2005年与1995年比，老年人口净增长184.75万人，增长了29.1%。二是老年人口增长速度大于人口年均增长速度。1995年到2005年，总人口增长率为5.8‰，老年人口年均增长率为26‰。三是高龄老人增长快。1995年到2005年，60—90岁老年人口增长了19.5%，70－79岁老年人口增长了29.25%，80岁以上老年人口年增长了33.99%，百岁以上老年人年增长了390.8%。四是全省老龄化程度高，老年人口超出全国人口老龄化平均水平，排在第10位。其原因：1. 人口自然而然增长率持续下降，1986年为13.6‰，2005年为5.15‰。2. 社会医疗保障条件提高，死亡率逐年下降。3. 人口平均预计寿命延长。

广东省 2004 年老龄事业统计表

指标名称	单位	数量	指标名称	单位	数量	指标名称	单位	数量
一、老龄工作机构（机关）			(4) 100 岁以上老年人口数	人	3374	1. 老年门诊数	个	92095
（一）机构数	个	119	其中：女	人	2725	2. 老年医院数	个	101
（二）人员数	个	1865	2. 按居住方式分			3. 老年康复医院数	个	206
（三）经费	万元	1621.5	(1) 独居老年人数	人	546265	4. 老年临终关怀机构数	个	134
1. 财政补助收入	万元	1345.9	(2) 只与配偶居住老年人数	人	1747185	（四）老年社会组织		
2. 其他收入	万元	115.8	(3) 养老机构住养老年人数	人	103570	1. 老年学术组织数	个	149
二、老龄直属机构			(4) 其他老年人数	人	5576227	2. 老年文教体组织数	个	783
（一）机构数	个	393	四、老龄事业发展情况			3. 老年人协会数	个	13170
（二）人员数	个	123418	（一）老年维权			4. 老年基金会	个	1366
三、老龄人口情况			1. 老年法律援助、救助案件数	件	7572	(1) 基金会个数	个	1344
（一）期末老年人数	人	7973247	其中：(1) 由律师事务所提供案件数	件	3632	(2) 事业投入经费	万元	5975.5
1. 按年龄分组			(2) 由公证机关提供案件数	件	3054	(3) 资金结余	万元	595493.3
(1)60—64岁老年人口数	人	2934719	(3) 由法院提供案件数	件	244	5. 其他	个	104
其中：女	人	1427466	2. 老龄系统接待来信来访次数	次	16570	（五）老年教育		
(2)65—79岁老年人口数	人	3962391	（二）老年服务设施			1. 老年大学	个	45
其中：女	人	2196943	1. 活动站/中心/室数	个	10365	其中：在校人数	人	54636
(3)80—99岁老年人口数	人	1072763	2. 家庭病床数	张	7034	2. 老年学校	个	1063
其中：女	人	659709	（三）老年医疗保健机构/设施					

云南省老龄事业统计表（2004—2005）

2004年

指标名称	单位	数量	指标名称	单位	数量	指标名称	单位	数量
一、老龄工作机构（机关）			（4）100岁及以上老年人数	人	910	1. 老年门诊数	个	257
（一）机构数	个	239	其中：女	人	519	2. 老年医院数	个	23
（二）人员数	个	577	2. 按居住方式分			3. 老年康复医院数	个	5
（三）经费	万元		（1）独居老年人数	人	248023	4. 老年临终关怀机构数	个	5
1. 财政补助收入	万元	755.9	（2）只与配偶居住老年人数	人	1162682	（四）老年社会组织		
2. 其他收入	万元		（3）养老机构住养老年人数	人	66368	1. 老年学术组织数	个	622
二、老龄直属机构			（4）其他老年人数	人	3166661	2. 老年文教体组织数	个	1653
（一）机构数	个	373	四、老龄事业发展情况			3. 老年人协会数	个	13456
（二）人员数	人	614	（一）老年维权			4. 老年基金会	个	227
三、老龄人口情况			1. 老年法律援助/救助案件数	件	4909	（1）基金会个数	个	47
（一）期末老年人口数	人	4643734	其中:（1）由律师事务所提供案件数	件	1553	（2）事业投入经费	万元	1191447
1. 按年龄分组			（2）由公证机关提供案件数	件	875	（3）资金结余	万元	11884
（1）60岁—64岁老年人口数	人	1811569	（3）由法院提供案件数	件	1459	5. 其他	个	
其中：女	人	919958	2. 老龄系统接待来信来访次数	次	14305	（五）老年教育		
（2）65岁—79岁老年人口数	人	2326312	（二）老年服务设施			1. 老年大学	个	48
其中：女	人	1196633	1. 活动站/中心/室数	个	6439	其中：在校人数	人	29755
（3）80岁—99岁老年人口数	人	504943	2. 家庭病床数	张	1170	2. 老年学校	个	645
其中：女	人	280749	（三）老年医疗保健机构/设施			其中：在校人数	人	78761

2005 年

指标名称	单位	数量	指标名称	单位	数量	指标名称	单位	数量
一、老龄工作机构（机关）			(4) 100 岁及以上老年人数	人	711	1. 老年门诊数	个	57
(一) 机构数	个	146	其中：女	人	524	2. 老年医院数	个	12
(二) 人员数	人	458	2. 按居住方式分			3. 老年康复医院数	个	7
(三) 经费	万元	1072.4	(1) 独居老年人数	人	302654	4. 老年临终关怀机构数	个	30
1. 财政补助收入	万元	1016.8	(2) 只与配偶居住老年人数	人	1084781	(四) 老年社会组织		
2. 其他收入	万元	44.7	(3) 养老机构住养老年人数	人	58242	1. 老年学术组织数	个	56
二、老龄直属机构			(4) 其他老年人数	人	3247195	2. 老年文教体组织数	个	3334
(一) 机构数	个	396	四、老龄事业发展情况			3. 老年人协会数	个	13059
(二) 人员数	人	907	(一) 老年维权			4. 老年基金会数	个	75
三、老龄人口情况			1. 老年法律援助/救助案件数	件	3439	(1) 事业投入经费	万元	202.7
期末老年人口数	人	4692872	其中:(1)由律师事务所提供案件数	件	1215	(2) 资金结余	万元	1277.3
1. 按年龄分组			(2) 由公证机关提供案件数	件	695	5. 其他	个	5
(1) 60 岁—64 岁老年人口数	人	1885378	(3) 由法院提供案件数	件	1238	(五) 老年教育		
其中：女	人	951388	2. 老龄系统接待来信来访次数	次	11157	1. 老年大学	个	47
(2) 65 岁—79 岁老年人口数	人	2331162	(二) 老年服务设施			其中：在校人数	人	19840
其中：女	人	1225761	1. 活动站/中心/室数	个	7736	2. 老年学校	个	740
(3) 80 岁—99 岁老年人口数	人	475621	2. 家庭病床数	张	1074	其中：在校人数	人	131303
其中：女	人	275588	(三) 老年医疗保健机构/设施					

宁夏回族自治区老龄事业统计表

指标名称	单位	数量	指标名称	单位	数量	指标名称	单位	数量
一、老龄工作机构（机关）			（4）100岁及以上老年人数	人	160	1. 老年门诊数	个	75
（一）机构数	个	24	其中：女	人	92	2. 老年医院数	个	7
（二）人员数	个	93	2. 按居住方式分			3. 老年康复医院数	个	5
（三）经费	万元	60.7	（1）独居老年人数	人	38626	4. 老年临终关怀机构数	个	12
1. 财政补助收入	万元	57.2	（2）只与配偶居住老年人数	人	121345	（四）老年社会组织		
2. 其他收入	万元	5.6	（3）养老机构住养老年人数	人	3001	1. 老年学术组织数	个	11
二、老龄直属机构			（4）其他老年人数	人	339661	2. 老年文教体组织数	个	141
（一）机构数	个	102	四、老龄事业发展情况			3. 老年人协会数	个	1330
（二）人员数	人	342	（一）老年维权			4. 老年基金会	个	1
三、老龄人口情况			1. 老年法律援助/救助案件数	件	763	（1）基金会个数	个	1
（一）期末老年人口数	人	502633	其中：（1）由律师事务所提供案件数	件	267	（2）事业投入经费	万元	1.5
1. 按年龄分组			（2）由公证机关提供案件数	件	297	（3）资金结余	万元	0.8
（1）60岁—64岁老年人口数	人	213031	（3）由法院提供案件数	件	183	5. 其他	个	1
其中：女	人	105987	2. 老龄系统接待来信来访次数	次	13425	（五）老年教育		
（2）65岁—79岁老年人口数	人	246096	（二）老年服务设施			1. 老年大学	个	22
其中：女	人	120913	1. 活动站/中心/室数	个	866	其中：在校人数	人	1760
（3）80岁—99岁老年人口数	人	43346	2. 家庭病床数	张	904	2. 老年学校	个	147
其中：女	人	22036	（三）老年医疗保健机构/设施	个	9	其中：在校人数	人	8722

青岛市老龄事业统计表（2004－2005）

2004年

指标名称	单位	数量	指标名称	单位	数量	指标名称	单位	数量
一、老龄工作机构（机关）			(4) 100岁及以上老年人数	人	507	1. 老年门诊数	个	174
(一) 机构数	个	13	其中：女	人	415	2. 老年医院数	个	19
(二) 人员数	个	72	2. 按居住方式分			3. 老年康复医院数	个	15
(三) 经费	万元	412.5	(1) 独居老年人数	人	62434	4. 老年临终关怀机构数	个	2
1. 财政补助收入	万元	343.8	(2) 只与配偶居住老年人数	人	498404	(四) 老年社会组织		
2. 其他收入	万元	68.7	(3) 养老机构住养老年人数	人	11162	1. 老年学术组织数	个	2094
二、老龄直属机构			(4) 其他老年人数	人	529378	2. 老年文教体组织数	个	4106
(一) 机构数	个	1	四、老龄事业发展情况			3. 老年人协会数	个	1402
(二) 人员数	人	2	(一) 老年维权			4. 老年基金会	个	
三、老龄人口情况			1. 老年法律援助/救助案件数	件	21366	(1) 基金会个数	个	
(一) 期末老年人口数	人	1102380	其中：(1)由律师事务所提供案件数	件	176	(2) 事业投入经费	万元	
1. 按年龄分组			(2) 由公证机关提供案件数	件	110	(3) 资金结余	万元	
(1) 60岁—64岁老年人口数	人	269017	(3) 由法律提供案件数	件	417	5. 其他	个	
其中：女	人	127050	2. 老龄系统接待来信来访次数	次	1655	(五) 老年教育		
(2) 65岁—79岁老年人口数	人	670104	(二) 老年服务设施			1. 老年大学	个	77
其中：女	人	346073	1. 活动站/中心/室数	个	6220	其中：在校人数	人	22387
(3) 80岁—99岁老年人口数	人	162752	2. 家庭病床数	张	1115	2. 老年学校	个	1128
其中：女	人	99247	(三) 老年医疗保健机构/设施	个	4133	其中：在校人数	人	63339

2005年

指标名称	单位	数量	指标名称	单位	数量	指标名称	单位	数量
一、老龄工作机构（机关）			(4) 100岁及以上老年人数	人	400	1. 老年门诊数	个	602
(一) 机构数	个	13	其中：女	人	333	2. 老年医院数	个	15
(二) 人员数	个	81	2. 按居住方式分			3. 老年康复医院数	个	44
(三) 经费	万元	566.02	(1) 独居老年人数	人	166013	4. 老年临终关怀机构数	个	2
1. 财政补助收入	万元	558.82	(2) 只与配偶居住老年人数	人	506407	(四) 老年社会组织		
2. 其他收入	万元	7.2	(3) 养老机构住养老年人数	人	11337	1. 老年学术组织数	个	2
二、老龄直属机构			(4) 其他老年人数	人	402623	2. 老年文教体组织数	个	922
(一) 机构数	个	3	四、老龄事业发展情况			3. 老工委（老年协会）数	个	6345
(二) 人员数	人	8	(一) 老年维权			4. 老年基金会	个	/
三、老龄人口情况			1. 老年法律援助/救助案件数	件	1512	(1) 事业投入经费	万元	/
期末老年人口数	人	1086380	其中:(1)由律师事务所提供案件数	件	198	(2) 资金结余	万元	/
1. 按年龄分组			(2) 由公证机关提供案件数	件	701	5. 其他	个	/
(1) 60岁—64岁老年人口数	人	275259	(3) 由法院提供案件数	件	518	(五) 老年教育		
其中：女	人	131650	2. 老龄系统接待来信来访次数	次	2052	1. 老年大学	个	/
(2) 65岁—79岁老年人口数	人	658642	(二) 老年服务设施			其中：在校人数	个	/
其中：女	人	339643	1. 活动站/中心/室数	个	5295	2. 老年学校	人	2448
(3) 80岁—99岁老年人口数	人	152079	2. 家庭病床数	张	2106	其中：在校人数	个	106880
其中：女	人	93676	(三) 老年医疗保健机构/设施	个	684			

宁波市老龄事业有关统计资料

2004 年

截至 2004 年底，按户籍人口统计，宁波市 60 周岁以上老年人 793095 人，占总人口的 14.26%，与上年同期相比绝对数增加了 30586 人，增长了 4%。其中城镇老年人 235228 人，农村老年人 557867 人，分别占老年人口总数的 29.66%、70.34%。老年人口中 80 周岁以上老年人 109550 人，占老年人口总数的 13.8%，其中百岁老人 92 名，比 2003 年增加了 16 人；全市 11 个县（市）、区、大榭开发区已全部建立老龄工作委员会及其办事机构，占应建总数的 100%。全市乡镇（街道）以上老龄工作干部实有人数 195 人，其中专兼职老龄干部 156 人，聘用 39 人。365 个社区共建立老年人协会 352 个，占社区总数的 96.44%。3031 个行政村已建立老年人协会，占行政村总数的 94.57%；全市有老年电大分校及教学点 135 个，年度新增 18 个；在校学员 24627 人，累计毕（结）业学员 45641 人。有老年大学 34 所，老年学校 308 所，比 2003 增加 34 所。全市有老年文艺团队 803 支，参加活动人员 26245 人；老年体协 1635 个，会员 295721 人，老年体育团队 1084 个，参加人数 39577 人；全市共有老年活动中心（室）3793 个，总建筑面积 37.57 万平方米。2004 年，全市各级人民法院受理赡养、财产等涉老案件 116 起，与去年同期相比下降了 41.4%，法院已审结涉老案件 109 起，占受理案件总数的 93.96%，全市共有 27865 户签定家庭赡养协议书，低保老人达到 21713 人，实现了应保尽保。

2005 年

截至 2005 年底，按户籍人口统计，宁波市 60 周岁以上老年人 822843 人，占总人口的 14.63%，与上年同期相比绝对数增加了 29748 人，增长了 3.75%。其中城镇老年人 274505 人，农村老年人 548338 人，分别占老年人口总数的 33.36%、66.64%。老年人口中 80 周岁以上老年人 113722 人，占老年人口总数的 13.8%，其中百岁老人 100 名，比 2004 年增加了 8 人；全市乡镇（街道）以上老龄工作干部实有人数 227 人，其中专兼职老龄干部 199 人，聘用 28 人。414 个社区共建立老年人协会 402 个，占社区总数的 97.83%，2948 个行政村已建立老年人协会，占行政村总数的 94.73%；全市有老年电大分校及教学点 201 个，年度新增 66 个。在校学员 29439 人，累计毕（结）业学员 83023 人。有老年大学 39 所，老年学校 370 所，比 2003 增加 62 所。全市有老年文艺团队 1077 支，参加活动人员 35750 人；老年体协 2044 个，会员 381269 人，老年体育团队 1395 个，参加人数 53942 人；全市共有老年活动中心（室）4105 个，总建筑面积 62.6 万平方米。2005 年，全市各级人民法院受理赡养、财产等涉老案件 119 起，法院已审结涉老案件 116 起，占受理案件总数的 97.4%，全市共有 28685 户签定家庭赡养协议书，低保老人达到 27358 人，实现了应保尽保。

新疆生产建设兵团百岁老人资料统计（2005）

到 2005 年末，新疆生产建设兵团共有 21 位百岁老人。部分老人资料如下：

黄魏氏，女，汉族，生于 1901 年 8 月 13 日，现年 104 岁，原籍河南省郸城县，丧偶，1956 年随独子黄学文进疆至今。现定居在伊犁地区农四师四十八团基建队，由儿子儿媳赡养，身体健康，每天要拄着拐棍散步，她长年以清淡饮食为主，不吸烟、不喝酒，生活起居有规律，耳不聋、眼不花，语言清楚，生活能自理，性情豪爽，对人态度和蔼可亲，一家三口人和睦相处。

张氏，女，汉族，生于 1904 年 7 月 20 日，现年 101 岁，原籍河北省，丧偶，1966 年随子女进疆至今，现定居吐鲁番市兵团农十二师二二一团，由子女赡养。现身体状况良好，耳聪目明，善于交谈，生活能自理，每天干一些家务针线活，饮食以蔬菜为主，喜食鸡蛋、鱼等，不喝酒，不抽烟，生活习惯良好，早起早睡，性情开朗，儿女子孙十分孝敬老人。

张秀凤，女，汉族，生于 1905 年 11 月，现年 100 岁，1956 年随女儿进疆至今，现定居在新疆昌吉地区农六师芳草湖农场，丧偶，身体较差，生活半自理，饮食以清淡食物为主，不吸烟、不喝酒，每天早睡早起，生活起居有序，喜看画书、电视，脾气好，待人亲善，有 4 子 3 女、8 个孙子女，现同三女儿生活在一起，每个子女每月给 40 元赡养费。

钱冠英，女，汉族，生于 1905 年 11 月，现年 100 岁，1957 年随儿女进疆至今，定居新疆昌吉地区蔡家湖乡，丧偶，现由女儿女婿赡养，身体健康，生活自理，饮食合理，起居有律，不吸烟，不喝酒，性格开朗，善言谈，记性好，待人客气，同左邻右舍和睦相处，子女孙辈十分孝敬老人，家庭温馨。

高桂香，女，汉族，生于 1905 年 11 月，现年 100 岁，原籍河北省，丧偶，身体健康，生活能自理，每天要散步，能干一些家务事，缝补衣服，饮食合理，不嗜烟、酒，饮食以清淡食品为主，每周吃些鱼、鸡等，喜爱吃苹果、桔子、香蕉等水果。大儿子于爱华年已 80 岁，在北京离休定居，每月给老人寄养老金，十分孝顺；二儿子于信华是新疆生产建设兵团农八师石河子市柴油机厂退休职工，直接承担赡养老人的义务，儿媳孙辈非常孝敬老人，都自觉照顾她的饮食起居，是石河子市敬老爱幼模范家庭。

杨兴秀，女，汉族，生于 1905 年 11 月，现年 100 岁，原籍甘肃省，丧偶，是孤寡老人，1950 年随丈夫进疆至今，现定居在新疆兵团农八师石河子市老年公寓，由师市社会福利中心赡养，身体健康，生活能自理，饮食以蔬菜为主，有时改善饮食，吃点鸡、鸭、羊肉等，生活起居有序，无不良嗜好和习惯，每天参加老年活动，耳眼很灵光，集体生活观念强，自觉遵守寓纪寓规，待人和蔼可亲，受人尊敬，领导及工作人员非常关心照顾老人。

李秀英，女，汉族，生于1905 年 1 月，现年 100 岁，原籍河南省，丧偶，1956 年随儿子朱文庆进疆至今，现定居在新疆兵团农六师石河子市一五二团 17 小区 11 栋 112 号，由儿子赡养。现身体结实，听力视力均好，生活能自理，能做些力所能及的家务活，在庭院锄草、摘菜等，爱运动，常年跑步、散步，不抽烟、不喝酒，生活习惯良好，饮食起居有序，喜吃蔬菜瓜果等，性情开朗，性格良好，家庭和睦，子孙孝顺。

第七部分

大　事　记

全国老龄工作
2003—2005年大事记

2003年

1月

14日　中国老龄协会召开2002年年度考核工作总结大会。全国老工委办公室常务副主任、中国老龄协会会长李宝库在大会上讲话。协会领导向王绍忠等七名被评为优秀、曹炳良等七名受到嘉奖的同志和被评为先进单位的华龄出版社颁发了荣誉证书，王萍等九名同志受到表扬。副会长袁新立和机关服务中心副主任刘志军同志分别受到民政部和北京市公安局嘉奖。

24日　由中国老龄协会主办的“中国非政府组织联谊会”在北京召开。全国老工委办公室副主任、中国老龄协会副会长张志鑫出席，联合国协会陈平初副会长出席并讲话。中国人权研究会、中国残疾人联合会、中国光彩事业促进会、中国人民争取和平与裁军协会、中国国际交流会、中国绿化基金会、中华全国青年联合会、中国计划生育协会、中国科协以及外交部国际司等11个组织的近30位代表参加了此次聚会。

2月

11日　国务委员、全国老龄委常务副主任司马义·艾买提在全国民政厅（局）长会议上发表讲话时强调指出，加强老龄工作，发展老龄事业，是党中央、国务院作出的重大决定，不仅关系到亿万老年群众的切身利益，而且关系到社会主义物质文明、政治文明和精神文明建设。各地区、各部门必须高度重视，大力营造敬老养老的风气，切实加强老龄工作，积极推动我国老龄事业的发展。

12日　全国老龄办常务副主任、中国老龄协会会长李宝库接受中央电视台《东方时空》系列片“关心上一代”摄制组的采访，就老龄社会的挑战和机遇、老年人的生活质量、贫困老年人问题回答了记者的提问，并在中央电视台一、二、四套节目播出。

12日—21日　全国老龄办副主任、中国老龄协会副会长张志鑫出席了在纽约召开的联合国41届社发会议由国际照料协会等组织联合举办的“发挥想象力——21世纪老年人照料社区”大会。此会议的主题是“年龄的连接性”。张志鑫代表全国老龄办常务副主任、中国老龄协会会长李宝库在会上发言，介绍了我国哈尔滨和上海两市运用现代科技于社区老人照料的经验和中国的老年大学学员积极学习电脑的情况，受到与会者的关注。

13日　全国老龄工作委员会召开第五次全体会议。国务委员、全国老龄委常务副主任司马义·艾买提主持会议，国务院副总理、全国老龄委主任李岚清出席会议并作了重要讲话。全国老龄委副主任兼办公室主任多吉才让就2002年全国老龄工作情况和2003年工作安排作了报告，劳动保障部、卫生部、文化部、建设部、民政部、新闻出版总署、解放军总政治部等部门的负责同志分别就2002年为老年人办实事情况及做好2003年的工作发了言。全国老龄委副主任徐绍史、张左己、赵洪祝，各成员单位及全国老龄办的负责同志参加了会议。

14日　全国老龄办召开新闻记者联谊会。全国老龄办常务副主任、中国老龄协会会长李宝库传达了全国老龄委第五次全体会议精神，通报了全国老龄办2003年工作要点。他希望各媒体继续关注老龄问题，大力宣传老龄工作。全国老龄办副主任、中国老龄协会副会长赵宝华在会上介绍了“全国老龄新闻奖”评选活动的安排。40多家新闻媒体的60多名记者出席会议。

20日　全国老龄委办公室发出《2003年老龄宣传工作要点的通知》。

25日　全国老龄委办公室、司法部、公安部联合下发了《关于加强维护老年人合法权益工作的意见》。

28日　建设部、民政部、全国老龄委办公室、中残联等四部委联合发出《关于加强无障碍设施建设和管理的通知》。

3月

1日—12日　全国老龄委办公室常务副主任、中国老龄协会会长李宝库出席全国政协十届一次会议，并在会上就敬老爱老助老纳入学生德育评定、重视贫困老年人等问题提出建议和议案。

6日　李岚清同志为《老年人体育活动指导手册》题词：“提倡科学而适度的运动，保持中老年人的身心健康。”

《老年人体育活动指导手册》是由全国老龄工作委员会办公室、卫生部、中国疾病控制中心、世界卫生组织驻中国办事处联合编写的。

6日 全国老龄委发出《关于组织开展老年知识分子援助西部大开发行动试点方案的通知》。

14日—15日 全国老龄办国际部主任肖才伟受李宝库会长委托，出席了在意大利特里市召开的国际第三年龄大学协会理事会。此次会议选出了国际第三年龄大学协会新一任主席，并讨论了拟于2004年在上海召开代表大会的有关事宜。

17日 由全国老龄委办公室举办的“老龄工作优秀调研报告评选”活动圆满结束。评委会从各地报送的120篇参选调研报告中评出一等奖5篇，二等奖10篇，三等奖20篇。

17日 全国老龄委印发《李岚清副总理在全国老龄工作委员会第五次全体会议上的讲话和多吉才让同志报告的通知》，要求各地区、各单位结合实际，认真贯彻落实。

28日 全国老龄委办公室召开老龄委成员单位联络员、信息员会议。会议传达了全国老龄委第五次全体会议精神，总结了2002年成员单位老龄工作情况，部分成员单位交流了2003年老龄工作计划。全国老龄委办公室常务副主任、中国老龄协会会长李宝库就2002年成员单位联络员工作情况、2003年全国老龄委办公室工作重点及对做好2003年工作的要求等作了讲话。全国老龄委办公室副主任、中国老龄协会副会长赵宝华、袁新立出席会议。

4月

8日 民政部部长李学举在全国城乡困难群众生活安排工作电视电话会议上强调，对农村中的“三无”对象，要严格按照《农村五保供养条例》的要求，努力做到供养标准不低于当地农民的一般生活水平。要坚持政府救济、社会救助、子女赡养、稳定政策的原则，切实保证他们的基本生活。

10日 全国老龄委办公室印发《李宝库同志在全国老龄工作委员会联络员、信息员会议上的讲话》。

11日—12日 全国老龄委办公室在京召开全国省级老龄委办公室主任会议。民政部部长李学举作工作报告，全国老龄委办公室常务副主任、中国老龄协会会长李宝库主持会议并作总结讲话。各省、自治区直辖市、计划单列市、新疆生产建设兵团老龄委办公室负责人，全国老龄委办公室及直属单位负责人100多人参加会议。会议传达学习了全国老龄委第五次全体会议精神，交流经验，总结工作，部署任务。会议提出了2003年办公室工作的总体思路和具体要求。

13日 全国老龄委办公室召开老年知识分子援助西部大开发行动试点工作会议。会上，试点地区的省级老龄委办公室主任对老年知识分子援助西部大开发行动提出了建设性意见，并讨论了实施方案和办法。全国老龄委办公室常务副主任、中国老龄协会会长李宝库发表讲话。

21日 全国老龄委办公室印发《李学举部长在全国省级老龄委办公室主任会议上的讲话和李宝库副部长总结讲话》。

21日 全国老龄委办公室印发《关于认真做好老年人权益保障和执法监督工作的通知》。

24日 全国老龄委办公室召开全国老年维权工作暨经验交流视频会议。全国老龄委办公室常务副主任、中国老龄协会会长李宝库作工作报告，全国人大内司委副主任李新良、司法部副部长段正坤到会并讲话，公安部有关部门的负责同志也出席了会议。江苏省老龄委办公室、南京市司法局、南京市秦淮区法院的负责同志分别介绍了老年维权工作的经验。全国各省、自治区、直辖市、计划单列市和新疆生产建设兵团老龄委办公室在分会场参加会议，并邀请当地人大、司法、劳动、卫生、公安等部门领导参加了会议。

25日 全国老龄委办公室常务副主任、中国老龄协会会长李宝库，全国老龄委办公室副主任、中国老龄协会副会长张志鑫一同考察了北京市老龄委办公室落实“银龄行动”计划的有关情况。李宝库会长在肯定北京市老龄委办公室落实“银龄行动”初步意见的同时，强调指出要抓紧落实，为开发西部作出实质性的贡献。

联合国人口基金援华方案第五周期（2003—2005）资助开展中国老龄研究项目于2003年4月正式签署项目文本。中国老龄协会作为项目实施单位，成立国际项目合作办公室，以确保项目的顺利实施。

5月

6日 全国老龄委办公室印发《李宝库、李新良等同志在全国老年维权工作会议的讲话》。

9日 全国老龄委办公室印发《关于积极配合做好防治“非典”工作的通知》，要求各省、自治区、直辖市、计划单列市老龄委办公室要高度重视“非典”防治工作，把配合做好防治工作的重点放在基层，正确处理好防治工作与业务工作的关系。

15日 全国老龄委办公室印发《关于在全国开展创建老龄工作先进县（市、区）活动的通知》。

22日 国务院副总理、全国老龄委主任回良玉在全国老龄委办公室报送的《关于呈送全国老龄工作委员会成员单位2003年工作要点的报告》上作出重要批示："尊老敬老是中华民族的传统美德，老龄工作是党和政府的一项重要工作，是实践'三个代表'重要思想的具体体现，也是全面建设小康社会的必然要求。做好老龄工作，必须围绕党和政府的中心任务，坚持'党政主导、社会参与、全民关怀'的方针，充分发挥各成员单位的职能作用，为老年人多办实事，解决实际问题。真挚地希望老龄办，充分发挥综合协调、督促检查和参谋助手作用，积极推动各成员单位狠抓落实，形成合力，开创老龄工作的新局面。"

22日 全国老龄委办公室发表《致全国老年人的一封信》，赞扬了广大老年人在抗击"非典"工作中作出的贡献，同时希望老年人要加强学习，理性乐观地面对非典；加强防护，争取自身安康；量力而行，为抗灾出力。

25日 中共中央政治局常委、国务院总理温家宝先后到中国科学院院士、中国工程院院士侯祥麟和王大珩的家中看望，赞扬两位老人壮心不已，关心国家经济建设和科技发展。

6月

10日 全国老龄委办公室副主任、中国老龄协会副会长赵宝华出席民政部召开的全国"星光计划"工作视频会议，各地老龄委办公室负责人在本地参加会议。

17日 中国老龄协会举行联合国人口基金援华老龄项目揭牌仪式。全国老龄委办公室副主任、中国老龄协会副会长赵宝华，商务部赛国华处长、副代表罗尼，老年学专家邬沧萍教授等专家委员会成员出席揭幕仪式。同时召开项目专家委员会第一次会议，通报了项目招标方案和工作计划。

19日 中共中央办公厅、国务院办公厅转发了劳动和社会保障部、中央组织部、全国老龄委办公室等13个部门《关于积极推进企业离退休人员社会化管理服务工作的意见》（中办发［2003］16号）。《意见》共有七个方面的内容，对于保障广大企业离退休人员晚年生活安定，提高他们的生活质量，具有十分重要的意义。

23日 全国老龄委办公室印发《关于报送地县级老龄工作机构理顺情况的通知》。要求尚未理顺和健全老龄工作机构的地方，尽快理顺机构。

7月

4日 中国老年报社召开纪念《中国老年报》创刊15周年座谈会，全国老龄委办公室副主任、中国老龄协会副会长赵宝华到会并讲话，强调《中国老年报》应坚持传递中央老龄工作的声音、服务老年人，丰富老年人精神文化生活，体现与时俱进，不断创新的风格。

11日 全国老龄委办公室召开有关部委和部分专家座谈会，研究探讨退休人员社会化管理的现状及存在的主要问题。全国老龄委办公室副主任、中国老龄协会副会长袁新立出席。

18日 全国老龄委办公室召集《中国老年报》、《中国老年杂志》、《老龄工作导刊》负责人就全国开展创建老龄工作先进县（市、区）活动的宣传工作进行了座谈。

18日 全国人大内务司法委员会召开会议，专门听取《老年人权益保障法》执行情况的汇报。全国老龄委办公室常务副主任、中国老龄协会会长李宝库就人口老龄化状况、老年人权益保障工作情况、执法中存在的主要问题以及今后建议等向会议作了全面汇报。全国人大副委员长顾秀莲出席汇报会并讲话。内务司法委员会主任委员何椿霖主持会议。内务司法委员会副主任委员张志坚、张丁华、李新良，委员杨兴富、何晔晖、赵地及内司委办公室、内务室负责同志出席会议。全国老龄委副主任、中国老龄协会副会长白桦及民政部有关部门负责同志和《人民日报》记者参加了会议。

20日 即日起全国人大内务司法委员会组织四个调研组，分赴江西、上海、湖北、黑龙江四省市，对《老年人权益保障法》的执行情况进行调研，同时委托辽宁、浙江、海南、宁夏等省区的人大，对本省区贯彻实施《老年人权益保障法》的情况进行执法调研。全国人大副委员长顾秀莲参加并指导了江西组的调研活动。全国老龄委办公室张同春、程勇、王珣、王绍忠同志分别参加了四个组的执法调研活动。这次调研以老年人的家庭赡养和扶养、老年人医疗待遇等落实情况以及完善老年人社会保障制度情况为重点，将形成各省市区的分报告和总报告，报送全国人大常委会。

21日 全国老龄委办公室副主任、中国老龄协会副会长张志鑫在协会会见来访的香港大学秀圃老年研究中心齐铱教授，就该中心与我协会的多项合作事宜进行了磋商，并与该中心签署了由国际扶轮社香港九龙分社提供部分资金援助的在国内进行老龄培训的项目协议。

22日—29日 全国人大副委员长顾秀莲率《老年法》执法调研组赴江西省检查《老年法》贯彻执行情况。

23日—31日 以全国人大内司委委员杨兴富为组长的《老年法》执法调研组一行5人对黑龙江省贯彻实施《老年法》的情况进行了调研。

29日 全国老龄委办公室副主任、中国老龄协会副会长张志鑫赴兰州市出席甘肃省"银龄行动"欢送仪式并讲话。

30日 全国老龄委办公室常务副主任、中国老龄协会会长李宝库在上海出席了“银龄行动”上海老专家赴新疆首批成员欢送仪式并讲话，肯定了上海作为试点地区的表率作用。同日，全国老龄委办公室副主任、中国老龄协会副会长赵宝华在新疆迎接来自上海市的“银龄行动”首批老年志愿者，并考察了全部受援单位。

31日 全国老龄委办公室、中宣部、教育部、共青团中央、全国妇联联合发出《关于在全国青少年中广泛开展敬老、爱老、助老主题教育活动的通知》。要求运用多种手段，广泛动员、引导青少年积极参加“主题教育活动”。组织动员新闻媒体、学校、群团和社区组织做好宣传工作。

31日—8月3日，全国老龄委办公室常务副主任、中国老龄协会会长李宝库赴上海参加“银龄行动”启动仪式，随后考察了江苏省苏州、无锡、镇江、南京的社区老龄工作，他强调指出社区建设、星光计划、老龄工作应融为一体。

8月

19日 全国老龄委办公室常务副主任、中国老龄协会会长李宝库在协会会见欧盟驻华代表处处长吴为·威盛巴奇先生和国际助老会亚太地区主任克里斯先生一行。李宝库会长对欧盟资助我国中西部地区开展老年扶贫项目表示感谢，并向客人介绍了我国老龄事业的发展情况，以及全国老龄委办公室成立以来开展的重大活动。会见后举行了项目揭牌仪式。

27日—9月1日 全国老龄委办公室在甘肃省嘉峪关市召开部分省市老龄委办公室负责人会议。全国老龄委办公室副主任、中国老龄协会副会长张志鑫出席会议并讲话。同时，对在全国青少年中广泛开展敬老爱老助老主题教育活动进行了部署。

9月

3日—8日 全国老龄委办公室在京举办首期全国老龄工作干部培训班。全国老龄委办公室常务副主任、中国老龄协会会长李宝库，全国老龄委办公室副主任、中国老龄协会副会长张志鑫、赵宝华、白桦、袁新立出席开幕式。来自各省（市、区）、地（市）处以上老龄工作干部140多人参加了培训。

10日 全国老龄委办公室、卫生部共同编写的《老年人体力活动指导手册》首发式在北京举行。原国务院副总理、全国老龄委主任李岚清为此书题词，全国老龄委办公室常务副主任、中国老龄协会会长李宝库担任顾问。

20日 全国老龄委办公室、中宣部、教育部、共青团中央、全国妇联在人民大会堂联合举办“全国青少年敬老爱老助老主题教育活动”启动仪式，作为主题教育活动的推荐读物《中国敬老故事精华》一书同时推出。中共中央政治局委员、国务院副总理、全国老龄委主任回良玉出席会议并作重要讲话。民政部部长、全国老龄委办公室主任李学举主持会议，全国老龄委办公室常务副主任、中国老龄协会会长李宝库，团中央书记处常务书记赵勇、教育部党组成员李卫红先后讲话。中央和国家机关有关部门、全国老龄委成员单位的有关领导参加了会议。黑龙江参美企业集团、天津福光投资集团、北京新世纪成功集团和中国老龄事业发展基金会向青少年代表赠送了《中国敬老故事精华》一书。

26日—28日 全国老龄委办公室组织了“迎国庆西部地区老英模赴京参观团”活动。来自西部地区12个省（区、市）、新疆生产建设兵团和北京市的72名老英模参加了此次活动。参观团先后参观了北京高碑店污水处理厂、北京现代汽车厂，游览了天安门广场、八达岭长城、中央电视塔、世纪坛等景区，观看了9月28日在全国政协礼堂举行的中国老年艺术团“金秋神韵”汇报演出。

28日 中国老年艺术团汇报演出——“金秋神韵”在全国政协礼堂举行。中共中央政治局委员、国务院副总理、全国老龄委主任回良玉，全国人大副委员长顾秀莲，全国政协副秘书长孙怀山等领导同志观看演出并和演员合影留念。

10月

13日 全国老龄委办公室常务副主任、中国老龄协会会长李宝库，全国老龄委办公室副主任、中国老龄协会副会长赵宝华出席由中国人民大学老年学研究所、北京大学人口研究所、清华大学老年学中心、首都医科大学宣武医院北京老年病医疗研究中心、香港大学秀圃老年研究中心、美国海华基金会等单位主办，中国老龄协会作为支持单位的第四届华裔老年人国际学术研讨会并讲话。

14日 中国共产党第十六届中央委员会第三次全体会议通过的《中共中央关于完善社会主义市场经济体制若干问题的决定》指出：重视人口老龄化趋势等因素对社会供求的影响。

17日 中国老龄事业发展基金会在人民大会堂召开第二届全体理事会。全国人大常委会副委员长、中国老龄事业发展基金会名誉会长司马义·艾买提出席会议并讲话。全国人大常委会原副委员长、中国老龄事业发展基金会名誉会长彭珮云出席会议。全国老龄委办公室常务副主任、中国老龄协会会长、中国老龄事业发展基金会会长李宝库做工作报告。会议修改了基金会章程，选举了新的领导机构，确定了会徽，明确了推进中国老龄事业发展基金会工作的总体思路。

17日—26日 由中国老龄协会和香港秀圃老年研究中心合作开展的为期三年的“老人服务管理培训班”第一期在山东省济南市开课，副省长谢玉堂和省老龄委办公室领导出席开学典礼，46名从事为老服务的管理人员及工作人员参加了培训。

22日—24日 全国老龄委办公室常务副主任、中国老龄协会会长李宝库出席在河北省石家庄市召开的全国30城市第16次老龄工作联席会并讲话。

23日—30日 应中国老龄协会邀请，以马盖瑞为团长的国际老龄协会代表团一行二人来华对北京、杭州两地进行访问。全国老龄委办公室常务副主任、中国老龄协会会长李宝库会见并宴请了外宾。外宾在华期间，全国老龄委办公室副主任、中国老龄协会副会长张志鑫全程陪同。

25日 民政部部长、全国老龄委办公室主任李学举受国务院委托，在第十届全国人大常委会第五次会议上作了《关于老年人权益保障工作的情况报告》。

27日 第十届全国人大常委会第五次会议分组审议国务院《关于老年人权益保障工作情况的报告》。全国老龄委办公室副主任白桦、权益部主任张同春、联络部主任程勇等5人作为工作人员旁听了会议。

28日 全国老龄委办公室常务副主任、中国老龄协会会长李宝库出席了经民政部批准，中央文明办为支持单位，由中国社会工作协会、中国红十字总会、中华慈善总会、中国老龄协会、中国残疾人福利基金会、中华环境保护基金会、人民日报社国内政治部主办的首届“全国十大社会公益之星”评选活动颁奖典礼。

28日 全国老龄委办公室常务副主任、中国老龄协会会长李宝库在协会会见并宴请了国际老龄协会主席马盖瑞一行。

30日 中国老年杂志社在人民大会堂举办《中国老年》杂志创刊20周年座谈会。全国人大常委会副委员长傅铁山、原全国政协副主席杨汝岱、经叔平等出席。全国老龄委办公室常务副主任、中国老龄协会会长李宝库出席并讲话。出席座谈会的还有有关部委、新闻单位的人员300余人。

11月

4日—12日 全国老龄委办公室副主任、中国老龄协会副会长张志鑫赴泰国清迈，参加联合国亚太经社会召开的“应对人口老龄化挑战：健康、贫困、家庭照料”国际研讨会并就中国贫困老年人生活状况及对策、第二届世界老龄大会以来中国老龄政策的变化发言。

7日—19日 全国老龄委办公室副主任、中国老龄协会副会长白桦率团访问美国。代表团由全国老龄委部分成员单位及有关省老龄委办公室人员组成。代表团先后访问了美国联邦老龄署第9区办事处（设在旧金山）、旧金山市政府老龄工作局、全美退休人员联盟，参观了相关的老年活动中心和老年公寓等老年服务设施。联络部主任程勇、国际部主任肖才伟随团出访。

17日—21日 联合国人口基金第五周期援华老龄项目研讨会暨全国老龄外事工作座谈会在福建省福州市召开。福建省副省长、省老龄委主任陈芸，全国老龄委办公室副主任、中国老龄协会副会长张志鑫出席开幕式并致辞。中国人民大学老年学研究所所长邬沧萍、全国老龄委办公室综合部主任曹炳良、国际部主任肖才伟分别介绍了第二届世界老龄大会及亚太地区后续行动会议有关情况和当前全球老龄化发展趋势等。外交部国际司处长任义生介绍了当前国际形势及我国外交情况。与会代表对今后开展老龄外事工作提出了很好的意见和建议。

24日—28日 中国老年学学会会长张文范率团出席了在日本召开的第七届亚太地区老年学大会。会议的主题是“促进科学和人文科学的发展以实现其成功的老龄化社会”。中国代表团有36名学者、教授及老龄工作者与会，9名代表的论文做了粘贴展示，其中一人获得了大会奖金。

12月

3日—13日 国际部主任肖才伟率《无声的革命—中国老龄行动报告》电视政论片国外摄制组，赴美国和日本进行采访和拍摄工作。摄制组就美国的老龄政策、人口老龄化对全球经济社会发展的影响以及长寿问题，分别采访了美国老龄署署长卡尔波内尔女士、美国前国务卿基辛格博士、美国前国防部副部长、美国战略与国际研究中心主席海墨尔博士、联合国负责老龄事务官员西多伦科博士和日本樱美林大学柴田博教授。

9日—12日 由中国老年学学会、山东省老龄工作委员会、山东省老年学学会共同主办的中华孝文化与代际和谐国际论坛在济南召开。原全国政协副主席王文元，全国老龄委办公室常务副主任、中国老龄协会会长李宝库，山东省副省长谢玉堂，中国老年学学会会长张文范，著名学者邬沧萍等出席开幕式。本次论坛的主题是“孝敬、和谐、保障、共享”。论坛还通过了“加强孝道教育，弘扬敬老美德”倡议书。

16日 全国老龄委办公室发出《关于2004年继续开展“银龄行动”有关问题的通知》。

23日 全国老龄委办公室发出《关于表彰“全

国老龄新闻奖”获奖单位和个人的通报》。

25日　全国老龄委办公室常务副主任、中国老龄协会会长李宝库出席由中国老龄协会主办，中国老龄事业发展基金会承办的“纪念毛泽东同志诞辰110周年书画笔会”并讲话。全国政协副主席张思卿，原中央军委副主席、国务委员迟浩田，原全国人大常委会副委员长彭珮云参加了此次笔会。出席笔会的还有毛泽东同志的亲属、部分老将军、老红军、书画艺术家等。

元旦前夕，全国老龄委副主任、全国老龄委办公室主任、民政部部长李学举一行6人，在安徽省副省长徐立全、省民政厅厅长李宏塔的陪同下，检查了阜阳市的救灾工作，并慰问了81岁的五保户李秀英老人。

2004年

1月

12日　全国老龄委召开第六次全体会议，国务院副总理、全国老龄委主任回良玉出席并作重要讲话。民政部部长、全国老龄委副主任、全国老龄委办公室主任李学举受回良玉副总理委托，在会上作了《关于2003年全国老龄工作情况和2004年工作安排意见的报告》。全国老龄委全体委员出席会议。

30日　全国老龄委办公室发出《关于印发全国老龄工作委员会办公室2004年工作要点的通知》。

31日—2月9日　国际第三年龄大学协会主席让路易·里瓦克先生和秘书长雷蒙德·瓦格纳女士访问中国老龄协会，并就2004年在上海召开的国际第三年龄大学协会年会的有关事宜进行磋商。全国老龄委办公室常务副主任、中国老龄协会会长李宝库会见了外宾，全国老龄委办公室副主任、中国老龄协会副会长张志鑫、袁新立分别陪同外宾在京、沪访问。

2月

6日　全国老龄办印发《全国老龄工作委员会成员单位信息员工作制度》。

9日—10日　全国省级老龄委办公室主任会议暨创建老龄工作先进县（市、区）座谈会在山东省青岛市召开。会议传达了回良玉副总理在全国老龄委第六次全体会议上的讲话，印发了民政部部长、全国老龄委副主任、全国老龄委办公室主任李学举同志在全国老龄委第六次全体会议上的工作报告，表彰了全国老龄新闻奖的获奖单位和个人。青岛、北京、山东等7省市介绍了老龄工作经验。与会代表还参观考察了青岛市社区和农村基层老龄工作。全国老龄委办公室常务副主任、中国老龄协会会长李宝库作总结讲话。山东省副省长谢玉堂出席会议。

10日　全国老龄委办公室在青岛召开2004年“银龄行动”工作会议。会上，全国老龄委办公室副主任、中国老龄协会副会长张志鑫作了题为《总结提高扩大银龄试点工作范围》的讲话。计划2004年开展“银龄行动”的24个省、市、区有关同志参加了会议。

18日　全国老龄委办公室召开全国老龄新闻奖颁奖仪式暨2004年全国老龄宣传工作座谈会。共评出“好新闻”奖83件，“好栏目”奖10个和“好节目”奖11个，北京、山东等12个省市老龄委办公室获组织奖。全国老龄委办公室常务副主任、中国老龄协会会长李宝库出席颁奖仪式并讲话，全国老龄委办公室副主任、中国老龄协会副会长赵宝华、袁新立出席会议。

19日—29日　应澳大利亚施利达有限公司邀请，由全国老龄委办公室副主任、中国老龄协会副会长袁新立率领的中国老年艺术团一行72人赴澳大利亚墨尔本、悉尼，举办了大型综艺演出，并取得圆满成功。综合部主任曾琦等同志一同前往。

24日—25日　全国老龄委办公室在江苏省无锡市召开全国老年基金组织负责人座谈会，来自26个省、市、自治区、直辖市的70多人参加了座谈会。全国老龄委办公室常务副主任、中国老龄协会会长李宝库作了重要讲话。全国老龄委办公室副主任、中国老龄协会副会长张志鑫、白桦出席会议。

3月

16日　全国老龄委办公室召开老龄委成员单位第八次联络员和第三次信息员会议。会议传达了国务院副总理、全国老龄委主任回良玉在全国老龄委第六次全体会议上的讲话；交流了各成员单位2003年的工作情况和2004年的工作计划。民政部副部长、全国老龄委办公室常务副主任李宝库总结了2003年联络员、信息员工作情况，部署了2004年的任务。全国老龄委办公室副主任袁新立主持会议。

16日　全国老龄工作委员会印发了《关于评选表彰全国老龄工作先进单位的通知》。

17日—24日　全国老龄委办公室在湖南省张家界市召开由欧盟资助开展的中国中西部地区老年扶贫项目2003至2004年度工作总结会。会议听取了湖南、陕西和四川三个省一年来的项目工作报告，讨论分析了项目工作中存在的困难和问题，制定了今后一年的项目工作计划。全国老龄委办公室副主任、中国老龄协会副会长张志鑫，湖南省民政厅厅长余长明等出席会议。国际助老会亚太地区主任艾德瑞先生和高级项目经理约瑟夫先生出席了开幕式。与会代表还在会前考察了建在湖南省古丈县的项目村。

19日 全国老龄委办公室印发了《李宝库同志在全国老龄工作委员会成员单位联络员信息员会议上的讲话》。

24日 全国老龄委办公室印发了《关于做好2004年“银龄行动”试点工作的通知》。

24日 民政部副部长、全国老龄委办公室常务副主任、中国老龄协会会长李宝库在协会机关接见了以国际非政府组织阿克汗发展网络外事部主任沙菲克·萨克迪纳为团长的4人代表团。双方介绍了各自组织的工作情况，并在农村老年人扶贫、老年人教育等方面达成了合作意向。全国老龄委办公室副主任、中国老龄协会副会长张志鑫参加了会见。

4月

6日—12日 应中国老龄协会的邀请，国际老龄协会秘书处处长雷娜女士来华，就国际老龄协会2004年大会和理事会在杭州召开的有关事宜与我方进行协商，并考察了北京、上海、杭州等地的会议筹备情况。

9日—16日 应中国老龄协会的邀请，越南老龄协会副主席杜重玩率6人代表团来华，就老龄政策、老年人设施建设及老年人组织等情况进行了访问和考察。民政部副部长、全国老龄委办公室常务副主任、中国老龄协会会长李宝库接见并宴请了杜重玩一行。

13日 全国老龄委印发《关于调整全国老龄工作委员会副主任和委员的通知》。

19日—23日 欧盟—国际助老会中国项目在西安召开会议。会议由西安交通大学护理系主持，国际助老会高级项目经理约瑟夫、澳大利亚和菲律宾的卫生问题专家尼米拉和杰夫、中国老龄协会国际合作项目办公室及三个项目省的项目员、卫生顾问等出席会议。会议就工作中出现的问题进行了交流和探讨，并制定了2004年和2005年的卫生工作计划。

25日 国务院下发《关于李本公、李宝库职务任免的通知》（国人字［2004］33号）。李本公任中国老龄协会会长，免去李宝库的中国老龄协会会长职务。

26日 美国普查局局长坎开诺博士一行3人来华访问。全国老龄委办公室常务副主任李宝库会见了外宾。双方就两国老龄化的情况以及进一步拓展合作领域交换了意见。会见后，坎开诺局长及美国普查局国际项目中心何莞博士应邀就中美两国老龄化的现状、发展趋势、面临的挑战及全球人口老龄化的形势等问题进行了专题报告。协会机关、直属单位相关人员参加了报告会。

5月

3日—8日 全国老龄委办公室副主任、中国老龄协会副会长张志鑫应邀赴马耳他出席联合国国际老龄研究所理事会年会并顺访马耳他老龄机构。

11日 中国老龄协会会长李本公在协会会见了应商务部邀请来华访问的联合国人口基金亚太司司长苏丹·阿奇兹。双方就合作项目的执行情况及今后的设想进行了交流，希望继续开展老龄领域的合作，不断拓宽工作领域。全国老龄委办公室副主任、中国老龄协会副会长赵宝华参加了会见。

18日—28日 全国老龄委办公室副主任、中国老龄协会副会长赵宝华带领政研部人员，先后对河北省和江苏省的创建老龄工作先进县（市、区）活动进行调研，并采取座谈、考察等形式对基层创建工作进行指导。

22日 全国老龄委下发《关于调整全国老龄工作委员会委员和办公室常务副主任的通知》。决定由李本公同志接替李宝库同志任全国老龄工作委员会委员和全国老龄工作委员会办公室常务副主任职务。

25日 全国老龄委办公室下发《关于开展老龄事业统计工作的通知》。

25日 全国老龄委办公室副主任、中国老龄协会副会长张志鑫、袁新立会见澳大利亚MHS集团总裁吉斯·肖德瑞克等一行4人，向外宾介绍了中国老龄产业及相关政策。该集团是从事老龄专业护理人员招生和培训的跨国公司。

30日—6月11日 中国老龄协会代表团一行21人，赴马耳他参加了由联合国老龄问题研究所专为我协会举办的“人口老龄化与社会保障国际培训研讨班”。

31日 全国老龄委办公室副主任、中国老龄协会副会长赵宝华参加了民政部李立国副部长与墨西哥社会发展部莫塔部长的会见活动，并向外宾介绍了我国人口老龄化和老龄机构、政策等情况。

6月

1日—11日 全国老龄委办公室副主任、中国老龄协会副会长袁新立率领5人代表团，赴韩国、日本考察了两国的养老服务设施及老龄产业，并就今后中韩、中日在老龄方面的合作进行座谈。

22日 全国老龄委办公室常务副主任、中国老龄协会会长李本公会见香港大学秀圃老年研究中心主任齐铱教授（现任美国南加洲大学客座教授）。李会长对齐铱教授多年来对中国老龄事业的关心和帮助表示感谢。双方就目前正在合作开展的为期三年的老龄管理及护理专业培训项目进行了进一步探讨，并积极寻求开拓更多的合作领域。全国老龄委办公室副主任、中国老龄协会副会长张志鑫会见时在座。

7月

3日—16日　全国老龄办副主任、中国老龄协会副会长赵宝华，率团访问南非和肯尼亚，对两国面临的老龄问题、老龄政策、老龄科研及老龄非政府组织的作用等进行了考察。

26日—28日　联合国亚太经社会东亚及东南亚地区老龄研讨会在北京召开。全国老龄办常务副主任、中国老龄协会会长李本公，全国老龄办副主任、中国老龄协会副会长张志鑫，联合国人口基金驻华代表处和国际劳工组织北京局的代表出席开幕式。来自12个国家和地区的政府、非政府组织、国际老龄组织和联合国亚太经社会的代表出席了研讨会。

30日—8月3日　全国老龄委办公室常务副主任、中国老龄协会会长李本公出席了2004年苏州市援助云南省“银龄行动”启动仪式，并对基层老龄工作进行调研。

8月

1日—17日　国际老龄协会（FIAPA）秘书处主任蕾娜·米瑞达女士来华考察，协调国际老龄协会10月在杭州召开会议的筹备工作。国际老龄协会理事、中国老龄事业发展基金会会长李宝库，全国老龄委办公室副主任、中国老龄协会副会长张志鑫会见了蕾娜·米瑞达女士，并介绍了中国老龄工作的近况。

3日—5日　全国老龄委办公室常务副主任、中国老龄协会会长李本公一行4人，赴浙江省检查“创建”工作情况，同时还听取了国际老龄协会2004年代表大会筹备情况的汇报并进行了考察。

18日　全国老龄委发出《关于调整全国老龄工作委员会委员的通知》。

19日　由《中国老年报》社策划提出，与中国老龄协会、中组部老干局、总政干部部老干局联合举办的纪念邓小平同志诞辰100周年邓小平理论知识竞赛颁奖大会在北京隆重举行。100多位来自全国参赛单位代表领取了优秀组织奖和先进集体奖，听取了中央党校原副校长杨春贵教授的《邓小平的伟大理论贡献》的报告，前往国家博物馆观看了邓小平同志诞辰100周年展览，使知识竞赛在纪念活动的高潮中圆满结束。

27日—9月10日　全国老龄委办公室副主任、中国老龄协会副会长白桦率团访问巴西和智利，就人口老龄化的状况、发展趋势及对经济社会发展的影响等问题，与两国相关部门领导人交换了意见。

31日　民政部下发民人字〔2004〕63号文件，张志鑫任中国老龄协会顾问，免去其中国老龄协会副会长职务。许金梅任中国老龄协会政工部顾问。

9月

3日—7日　国际部主任肖才伟赴新加坡出席由国际老龄联合会组织的第7届全球老龄大会及国际老龄联合会理事会。全国老龄委办公室常务副主任、中国老龄协会会长李本公在此次理事会上当选为国际老龄联合会理事。

9日　民政部下发民人字〔2004〕66号文件，曹炳良任中国老龄协会副会长。

13日　全国老龄委办公室、国家体育总局、中国老年人体协联合印发《关于举办2004年全国亿万老年人健身活动展示大会的通知》。

13日—27日　全国老龄委办公室常务副主任、中国老龄协会会长李本公率工作组赴陕西、河南，全国老龄委办公室副主任张志鑫赴山西、吉林，全国老龄委办公室副主任、中国老龄协会副会长赵宝华赴西藏，全国老龄委办公室副主任、中国老龄协会副会长白桦赴广东、海南，全国老龄委办公室副主任、中国老龄协会副会长袁新立赴青海、宁夏，中国老龄协会副会长曹炳良赴江西、湖南就省级老龄委办公室推荐的全国老龄工作先进县（市、区）候选单位的创建工作进行抽查。

15日　全国老龄委办公室常务副主任、中国老龄协会会长李本公在京会见并宴请了出席“国际社会保障协会第28届全球大会”的国际社会保障协会主席维斯雷腾先生和夫人，秘书长霍斯金斯先生及夫人，中国社会保险学会会长王建伦女士及第28届全球大会组委会秘书长胡晓义先生等嘉宾。李本公会长赞赏了国际社会保障协会多年来与协会的合作和对协会的支持，感谢各位贵宾在此次大会期间对老龄问题的重视，霍斯金斯先生也表达了与协会保持合作的愿望。

16日　全国老龄委办公室、共青团中央、中国关工委、全国少工委联合印发《关于实施“爱心助成长”志愿服务计划的通知》。

18日—23日　全国老龄委办公室在海南省海口市举办了首期“全国老龄事业统计工作培训班”。

10月

9日—14日　全国“银龄行动”办公室在云南省召开2004年全国“银龄行动”经验交流暨研讨会，来自全国28个省、自治区和直辖市的老龄、卫生、教育等系统的110多人参加了会议。全国老龄委办公室副主任张志鑫到会并发言。

11日　全国老龄委办公室发出《关于组织观看电视纪录片〈无声的革命——中国老龄行动报告〉的通知》

13日—15日　由中国老龄协会、上海市老龄委办公室和国际第三年龄大学共同主办的国际第三年龄大学协会第22届代表大会及理事会在上海召开。大会主题是“老年人的继续学习——传统与创新”。全国老龄委办公室常务副主任、中国老龄协会会长李本公，全国老龄委办公室副主任、中国老龄协会副会长袁新立及中国老年大学协会秘书长刘平生等出席大会。

18日　中国老龄协会与国际老龄协会在北京签署《关于中国老龄协会和国际老龄协会进一步加强合作的意向》。应国际老龄协会的要求，中国老龄协会将承担起国际老龄协会在中国和亚太地区的联络及其他工作。全国老龄委办公室常务副主任、中国老龄协会会长李本公，全国老龄委办公室副主任张志鑫，中国老龄协会副会长曹炳良出席签字仪式。

19日　全国老龄委办公室、中共中央宣传部宣教局和中央电视台联合摄制的电视记录片《无声的革命——中国老龄行动报告》首播新闻发布会在京召开，全国老龄委办公室副主任、中国老龄协会副会长赵宝华出席并讲话。

20日　由民政部、文化部、广电总局、全国老龄委办公室共同主办，中国老龄事业发展基金会协办的中国老年艺术团“红叶风采”大型文艺晚会在京举行。中共中央政治局委员、国务院副总理、全国老龄委主任回良玉，全国人大常委会副委员长顾秀莲等领导同志与全国各族各界1000多位老年人欢聚一堂，共庆佳节。全国老龄委办公室副主任、中国老龄协会副会长赵宝华、白桦、袁新立一同出席观看演出。

20日　国际老龄协会第十六届大会在杭州隆重召开，国际老龄协会主席阿勒伯赫·马盖瑞，联合国人口基金驻华代表泰丽雅女士，全国老龄委办公室常务副主任、中国老龄协会会长李本公，浙江省副省长、省老龄委主任陈加元向大会致词。此次会议由中国老龄协会主办，浙江省老龄委承办，并得到国家民政部、浙江省政府和杭州市政府的支持。

20日　全国老龄委办公室副主任、中国老龄协会副会长袁新立接受智利国家电视台著名节目主持人莫里卡·佩里斯女士的采访。该电视台对我国人口老龄化情况、独生子女政策对老龄化及养老政策的影响等问题进行了采访。

21日　由中国老龄协会主办、中国老龄事业发展基金会和珍奥集团股份有限公司承办，全国老龄委办公室、全国妇联、全国总工会等多部门支持的首届“珍奥杯”全国银龄美大赛在北京举行颁奖仪式。全国人大常委会副委员长、全国妇联主席顾秀莲，中央军委原副主席、国务委员迟浩田等为选手颁奖。全国老龄委办公室副主任、中国老龄协会副会长白桦出席颁奖仪式。

25日—28日　中国老龄事业发展基金会派团赴美国，出席由国际老年住房及服务协会召开的“国际老年住房及服务研讨会”。

27日—29日　全国老龄委办公室副主任、中国老龄协会副会长袁新立出席了在湖南省长沙市召开的“全国三十一城市老龄工作联席会”。

11月

5日　全国老龄委办公室常务副主任、中国老龄协会会长李本公会见了来访的前任德国联邦劳动和社会秩序部部长、现任德国联邦议会议员、德国联邦议会经济合作委员会成员瓦尔特·李斯特先生率领的代表团一行12人。李本公会长向外宾介绍了中国人口老龄化的基本状况、退休人员的福利、老年人健身、参与社会发展以及老年人的社会地位等情况。全国老龄委办公室副主任、中国老龄协会副会长赵宝华、曹炳良参加了会见。

14日—16日　全国老龄委办公室常务副主任、中国老龄协会会长李本公出席在浙江省宁波市召开的全国农村老龄工作座谈会并讲话。全国老龄委办公室副主任、中国老龄协会副会长赵宝华、白桦、袁新立、曹炳良及各省、自治区、直辖市、计划单列市老龄委办公室负责同志参加会议。

20日—26日　全国“银龄行动”办公室在云南召开中央机关“银龄行动”老专家数据采集会，中组部、中宣部、劳动和社会保障部、国资委、教育部、科技部等部门的30多个老干局共计40余人参加了会议。

29日—30日　中国老龄事业发展基金会会长李宝库出席在香港召开的全球老人孝亲敬老研讨会并发表演讲。

12月

6日—10日　由中国老龄协会副会长曹炳良率领的中国老龄考察团对澳大利亚进行了访问。考察团访问了MHS集团，并与西澳大利亚政府社会发展部负责老龄事务的官员就澳洲的老龄产业、社会保障制度、中澳开展合作培训等方面事务进行了交流。

7日—18日　应埃及社会事务部和沙特阿拉伯社会事务部的邀请，全国老龄工作委员会办公室常务副主任、中国老龄协会会长李本公率团对埃及和沙特阿拉伯进行了正式访问。在访问埃及期间，代表团会见了埃及社会事务部部长助理法拉格女士，参观了养老院和老年人协会。在访问沙特阿拉伯期间，沙特阿拉伯社会事务大臣纳姆莱博士会见了代表团，社会事务次大臣兼沙特阿拉伯老龄委员会副主席拉达迪及有关老龄事务官员与代表团举行了工作会谈。代表团还参观了老年护理院及老年活动中心等老年设施。

15日—17日　民政部部长、全国老龄委副主任兼办公室主任李学举出席了在泰国曼谷召开的第五届东盟社会福利与发展部长会议暨第一届东盟与中日韩社会福利与发展会议。全国老龄委办公室副主任、中国老龄协会副会长白桦陪同出席了会议。

16日　全国老龄委办公室副主任、中国老龄协会副会长袁新立出席了第六届全国健康老人评选表彰大会。

20日　全国老龄委办公室副主任、中国老龄协会副会长赵宝华主持召开了联合国人口基金老龄项目专家委员会会议，研究审定了三个干预课题的中标方案。联合国人口基金代表莉莎出席了会议。

2005年

1月

4日　中国老龄协会会长李本公向受印度洋地震和海啸波及的印度尼西亚、印度、斯里兰卡、孟加拉国、泰国和马来西亚等国的老年组织发出慰问信。

5日　中国老龄协会和中国老龄事业发展基金会通过中华慈善总会向受印度洋地震和海啸波及的印度尼西亚、印度、斯里兰卡、孟加拉国、泰国和马来西亚等国捐款10万元人民币，用于对灾区老年人的援助。

8日　由全国老龄委办公室、中宣部、教育部、共青团中央和全国妇联联合主办的全国敬老爱老助老主题教育活动表彰大会在人民大会堂隆重召开。全国人大常委会副委员长司马义·艾买提出席会议并讲话，民政部部长、全国老龄委副主任兼办公室主任李学举宣读了国务院副总理、全国老龄委主任回良玉对此项活动的重要批示。大会由全国政协委员、主题教育活动组委会主任、中国老龄事业发展基金会会长李宝库主持。全国老龄委办公室常务副主任李本公就该项活动的开展情况作了说明。全国政协副主席阿不来提·阿不都热西提以及迟浩田、彭珮云等老领导出席了会议。来自全国各地的孝亲敬老楷模代表400多人参加了会议。中宣部、全国妇联、共青团中央的领导同志向大会致辞。全国老龄委办公室副主任赵宝华、白桦、袁新立、曹炳良出席会议。

10日　全国老龄委办公室常务副主任李本公主持召开主任办公会议，研究“在全国省级老龄办负责人会议上的讲话”（讨论稿）。

26日　根据中央精神和民政部党组的部署，全国老龄办机关召开了“保持共产党员先进性教育活动”动员大会。大会由全国老龄委办公室副主任赵宝华主持，民政部党组成员、全国老龄委办公室常务副主任李本公作了动员报告，全国老龄委办公室副主任白桦宣读实施办法。民政部“保持共产党员先进性教育活动”督导组吴玉韶等同志到会指导。大会同时总结了2004年工作，部署了2005年任务。为王绍忠等8位优秀等次和李丽等6位受嘉奖的同志颁发了荣誉证书。参加大会的还有全国老龄委办公室副主任袁新立、曹炳良和顾问张志鑫等领导。

2月

22日　全国老龄工作委员会召开第七次全体会议，中共中央政治局委员、国务院副总理、全国老龄委主任回良玉主持会议并作重要讲话。民政部部长、全国老龄委副主任兼办公室主任李学举受回良玉副总理委托，在会上作了《关于2004年全国老龄工作情况和2005年工作安排意见的报告》。全国老龄委办公室常务副主任李本公作了《关于创建全国老龄工作先进县（市、区）和评选全国老龄工作先进单位活动情况的汇报》。全国老龄委全体委员，全国老龄委办公室副主任赵宝华、白桦、袁新立、曹炳良，助理张同春等出席会议。

22日—3月4日　“银龄行动”办公室组团出访德国、英国，考察了两国老年组织（德国：德国老年人组织协会、德国老年人组织联合会和老年专家组织；英国：退休老人支援组织、英国关心老年人组织和英国关心老年人组织克罗伊登分会）在老年人志愿者方面的工作，并交流了志愿者工作的经验。

25日　全国老龄委办公室常务副主任李本公出席了由建设部、民政部、全国老龄委办公室、中国残疾人联合会共同举办的“创建全国无障碍设施建设示范城总结大会”并讲话。全国老龄委办公室副主任曹炳良一同出席会议。

27日—28日　全国省级老龄委办公室主任会议在广州市召开。会议传达了国务院副总理、全国老龄委主任回良玉在全国老龄委第七次全体会议上的重要讲话，印发了民政部部长、全国老龄委副主任兼办公室主任李学举同志在全国老龄委第七次全体会议上作的《关于2004年全国老龄工作情况和2005年工作安排意见的报告》。民政部党组成员、全国老龄委办公室常务副主任李本公作了工作报告。广东省政府副秘书长周炳南，全国老龄委办公室副主任赵宝华、白桦、袁新立、曹炳良，顾问张志鑫，助理张同春出席会议。

3月

1日—2日　民政部党组成员、全国老龄委办公室常务副主任李本公率队考察了海南省的旱灾和老龄工作。

3日　全国老龄委办公室副主任曹炳良出席中国老龄事业发展基金会召开的中国国际老年养生网络会议并讲话。

11日　全国老龄委办公室副主任袁新立主持召开了全国老龄委联络员会议并讲话。

18日　全国老龄委办公室副主任、中国老龄协会副会长曹炳良出席了欧盟国际助老项目在西安市召开的第二次年度总结会议。中外双方共35人参加，国际助老会亚太地区发展中心总代表爱德华多先生和高级项目经理约瑟夫先生一行共五人出席了本次会议。本次会议还特邀了联合国人口基金项目官员莉莎女士。

22日　全国老龄委办公室副主任、中国老龄协会副会长曹炳良出席了中国老龄协会与香港大学秀圃老年研究中心共同举办的第四期以“老人服务临床实践专业知识”为主要内容的培训班开幕式并讲话。此次培训对象主要是湖北省老人服务机构的医护管理人员和业务骨干。大约80人参加了培训。民政部社会福利及社会事务司阎青春司长就我国当前的福利政策及发展方向为该培训班授课。

23日　全国老龄委办公室常务副主任、中国老龄协会会长李本公会见了国际助老会亚太地区代表爱德华多先生一行。双方就欧盟项目执行情况，两个组织的合作等问题交换了意见，都表示了今后要进一步加强合作，共同促进项目的顺利开展和推广。

24日　全国老龄委办公室常务副主任李本公结合“保持共产党员先进性教育活动”给机关全体党员讲了一堂党课。

4月

20日—24日　欧盟组织的项目执行情况检查团赴甘肃省，与省老龄办洽谈了拟在甘肃开展此项目的有关事宜，并对项目村进行了考察。甘肃省罗笑虎副省长及省民政厅梁国安厅长接见并宴请了外宾。

25日　全国老龄委办公室印发了《关于转发〈“孝心进社区工程”组织实施方案〉的通知》。

29日　全国老龄工作委员会印发了《全国老龄工作委员会关于表彰“全国老龄工作先进县（市、区、旗）”和“全国老龄工作先进单位”的决定》。

30日　全国老龄委办公室常务副主任李本公主持召开“保持共产党员先进性教育活动分析评议阶段总结暨整改提高阶段动员大会”并讲话。机关全体人员和直属单位支部负责人参加了会议。

5月

2日　全国老龄委办公室常务副主任李本公，全国老龄委办公室副主任赵宝华参加了中国老年学学会第四次会员代表大会。李本公当选为中国老年学学会会长，赵宝华当选为副会长兼秘书长。

18日—19日　全国老龄委办公室常务副主任李本公出席了上海“银龄行动”启动仪式。

30日—31日　全国老龄委办公室常务副主任李本公参加“中华不老城”暨山东烟台龙口南山中老年文化交流大会。

6月

8日—10日　全国老龄委办公室副主任、中国老龄协会副会长曹炳良出席了中国老龄协会与联合国亚太经社会共同举办的“为迎接老龄社会建立应用指标体系”培训研讨会并讲话。

14日　全国老龄委办公室常务副主任李本公主持召开全国老龄委办公室保持共产党员先进性教育活动总结大会。全国老龄委办公室副主任赵宝华、白桦、袁新立、曹炳良，顾问张志鑫，助理张同春，民政部第三督导组组长吴玉韶等领导出席会议。中国老龄协会机关全体干部及直属单位的中层以上干部参加了大会。

26日—7月7日　全国老龄委办公室常务副主任、中国老龄协会会长李本公率团对巴西、古巴进行访问，并出席国际老年学学会第18届代表大会。

30日　全国老龄委办公室副主任、中国老龄协会副会长曹炳良出席了在湖南省召开的欧盟项目合作单位咨询会议。

7月

14日　全国老龄委办公室常务副主任、中国老龄协会会长李本公，全国老龄委办公室副主任、中国老龄协会副会长袁新立、曹炳良出席了由中国老龄协会、国家发改委、商务部及联合国人口基金召开的四方协调会。

8月

17日　全国老龄委办公室副主任、中国老龄协会副会长曹炳良出席了欧盟国际助老项目第二周期立项会议。

23日　全国老龄委办公室常务副主任、中国老龄协会会长李本公，全国老龄委办公室副主任、中国老龄协会副会长曹炳良会见了来访的丹麦社会事务兼性别平等大臣爱娃·汗森一行，双方就我国老年人口现状、老龄工作情况和丹麦的老龄化状况交换了意见。

26日　全国老龄委办公室常务副主任、中国老龄协会会长李本公，全国老龄委办公室副主任、中国老龄协会副会长白桦、袁新立、曹炳良出席了由中国老龄事业发展基金会主办的话剧《疯娘》在京首演式。

26日—9月6日　全国老龄委办公室顾问张志鑫率领考察团赴加拿大、墨西哥就老龄事业发展状况进行了考察，并访问了总部位于加拿大的国际老龄联合会。

9月

1日　全国老龄委办公室常务副主任李本公，副主任袁新立、曹炳良到国务院汇报第二次全国老龄工作会议筹备情况。

4日　全国老龄委办公室副主任曹炳良赴浙江省出席中国老年报社举办的纪念抗日战争暨世界反法西斯战争胜利60周年知识竞赛颁奖大会。

5日　全国老龄委办公室常务副主任李本公，副主任赵宝华、白桦、袁新立、曹炳良出席了中国人口老龄化发展趋势预测研究项目专家评审会。

14日—15日　全国老龄委办公室常务副主任李本公，副主任袁新立、曹炳良出席了由全国老龄委办公室、国家发展和改革委员会、商务部、联合国人口基金共同举办的“中国老龄事业发展‘十一五’规划高层论坛”。

16日—17日　全国老龄委办公室副主任袁新立、曹炳良，助理张同春出席了全国老龄委办公室召开的关于征求《回良玉副总理在第二次全国老龄工作会议上的讲话（征求意见稿）》和《关于加强基层老龄工作的意见（征求意见稿）》意见座谈会。七省（市）老龄办主任及部分老龄专家学者参加了会议。

26日—10月6日　全国老龄委办公室顾问赵宝华率领考察团赴瑞典、丹麦，就人口老龄化及政策问题同两国老年协会进行了交流。

30日　全国老龄委办公室副主任吴玉韶会见了挪威高等教育委员会高级咨询顾问安·玛丽亚女士，宾主双方就中挪老龄工作进行了亲切友好的交谈。

10月

6日—17日　全国老龄委办公室副主任曹炳良率领考察团赴俄罗斯、蒙古进行友好访问。访问期间，考察团就老龄人口发展状况及政策问题同两国的老年协会进行了座谈。

8日　全国老龄委办公室常务副主任李本公、顾问赵宝华出席中国老年学学会和中国老科技工作者协会共同主办的全国首届老年人才论坛，李本公致辞。

9日　全国老龄委办公室常务副主任李本公，副主任袁新立、曹炳良、阎青春、吴玉韶，顾问张志鑫、白桦出席由民政部、文化部、广电总局、全国妇联和全国老龄委办公室共同主办的“红叶风采”文艺晚会。

10日　全国老龄委办公室常务副主任李本公、副主任袁新立，出席北京大学和中国人民大学举办的“老年学的多学科视野—中国老年学术论坛”并分别致辞。

17日　全国老龄委办公室常务副主任李本公接受国务院新闻办《中国国情记录》栏目的采访，介绍了中国人口老龄化情况和老龄事业发展情况。

20日　全国老龄委办公室常务副主任李本公、副主任曹炳良、顾问白桦向全国人大内司委汇报了老年法颁布十周年工作情况和2006年老年维权工作设想。

24日　全国老龄委办公室副主任曹炳良出席中国联合国协会举办的“中国与联合国”为主题的研讨会并致辞。

26日　全国老龄委办公室副主任曹炳良出席中国民间组织国际交流促进会成立大会。

27日—11月11日　全国老龄委办公室顾问白桦率领代表团赴意大利，出席国际老龄协会行政理事会和意大利全国老年大学协会组织的题为“老龄化·做什么”国际论坛，并对意大利、法国进行友好访问，就老龄人口发展状况及政策问题同两国老年协会进行交流。

11月

2日　全国老龄委办公室常务副主任李本公、副主任曹炳良会见由美国联邦老龄署前署长、美国哥伦比亚大学社工学院院长高村率领的美国老龄代表团。

3日　全国老龄委办公室常务副主任李本公出席“两岸四地社区服务工作实务交流会”并致辞。

6日—13日　全国老龄委办公室在广西举办了全国老龄统计工作培训班，全国老龄委办公室副主任吴玉韶出席讲话，并调研广西老龄工作。

12日—24日　全国老龄委办公室副主任袁新立率领代表团赴泰国出席国际助老会亚太地区年会，并对泰国、柬埔寨进行友好访问，就老龄人口发展状况及政策问题同两国老年协会进行交流。

17日　全国老龄委办公室副主任阎青春赴湖南省出席中国老年报主办的“中华不老城”开幕式并致辞。

21日　全国老龄委办公室副主任曹炳良出席在京举办的联合国人口基金援华第六周期（2006—2010）老龄项目专家咨询会。

28日　全国老龄委办公室副主任袁新立赴天津市出席中国老年大学协会第三届会员代表大会并当选为副会长。

28日—30日　全国老龄委办公室副主任阎青春赴江苏省出席建设部召开的城镇老年人设施规划设计规范专家评审会，并对江苏省老龄工作进行调研。

12月

8日—13日　全国老龄委办公室副主任阎青春赴广东省出席全国亿万老年人体育健身活动展示大会并致辞。会后，对广东省老龄工作进行调研。

9日　全国老龄委办公室副主任、中国老龄协会副会长曹炳良出席在湖南省举办的欧盟国际助老扶贫项目经验交流会。

9日 全国老龄委办公室副主任吴玉韶出席民政部举办的"送温暖献爱心"捐款仪式，代表全国老龄办机关和直属单位党员职工向灾区捐款41390元。

23日 全国老龄委办公室副主任阎青春出席中国残疾人联合会召开的残疾人保障法修法领导小组会议。

26日 全国老龄委办公室副主任袁新立、曹炳良、阎青春，顾问赵宝华、白桦出席中国老龄事业发展基金会召开的"爱心护理基金成立·爱心护理工程启动"大会。

27日 全国老龄委办公室副主任阎青春赴青岛出席香港炉峰狮子会向境内老年人捐赠助听器活动，并对青岛老龄工作进行调研。

28日 全国老龄委办公室副主任、中国老年大学协会副会长袁新立出席中国老年大学协会与中央文献研究室共同举办的毛泽东同志诞辰112周年纪念大会。

29日 全国老龄委办公室副主任曹炳良就老年维权问题向全国人大内司委进行汇报。

全国妇联老龄妇女工作大事记
（2003—2005）

2003年

7月 由全国妇联、国务院妇女儿童工作委员会、中国妇女发展基金会开展的"母亲健康快车"项目启动，为西部贫困母亲提供援助。

9月 全国妇联副主席、书记处书记，全国老龄委委员沈淑济出席了与全国老龄委、中宣部、教育部、团中央和全国妇联联合发起的全国青少年敬老爱老助老主题教育活动启动仪式。

2004年

1月 全国妇联副主席、书记处书记，全国老龄委委员沈淑济出席全国老龄委六次全会并汇报了全国妇联的老龄工作情况。

3月 全国妇联老龄工作协调委员会召开第三次全体会议。全国妇联副主席、书记处第一书记、全国妇联老龄工作协调委员会主任黄晴宜讲话。会议学习传达了全国老龄委六次全会精神，调整了全国妇联老龄工作协调委员会组成人员，总结部署了工作。

4月 推出了妇联系统交流材料《老龄妇女工作动态》。

5月 第二届中美妇女问题研讨会设立"健康、长寿与安全健康的环境"老龄专题。

全国妇联与国家体育总局联合主办了第二届亿万妇女健身活动展示大赛。

7月 中国妇女网开设"夕阳无限"老龄工作专栏。

10月 全国人大常委会副委员长、全国妇联主席顾秀莲出席观看了中国老年艺术团"红叶风采"大型文艺晚会。

经全国妇联书记处批准，刻制了"全国妇联老龄工作协调委员会"及"全国妇联老龄工作协调委员会办公室"印章。

由联合国人口基金会资助的"中国老年妇女社会支持干预政策及实施体系研究"完成。

11月 全国妇联老龄工作协调委员会办公室赴上海开展老龄妇女工作调研。

12月 全国妇联老龄工作协调委员会办公室组织老龄工作者，进行了"全球老龄化进程中老龄妇女志愿互助服务和参与社会发展模式培训"。

2005年

1月 全国妇联副主席、书记处书记，全国老龄委委员沈淑济出席由全国老龄委、中宣部、共青团中央、教育部与全国妇联联合组织的全国敬老爱老助老主题教育活动评选表彰大会，并作主旨发言。

3月 政协十届全国委员会第三会议上，全国妇联政协委员提出了《关于在制定国家经济社会发展"十一五"规划时重视对老龄问题的调查研究的提案》。

全国妇联妇女研究所完成了"中国老年妇女经济供养社会政策研究"的课题研究。

8月 十届全国人大常委会第十七次会议审议通过了《关于修改〈中华人民共和国妇女权益保障法〉的决定》，新的《妇女权益保障法》于2005年12月1日起施行。新《妇女权益保障法》强调了"禁止虐待、遗弃病、残妇女和老年妇女"，并对尽到赡养义务的丧偶妇女在继承权等方面的合法权益给予了保障。

为纪念第四次世界妇女大会召开十周年，全国妇联老龄工作协调委员会与北京市妇联联合举办了首都“夕阳·巾帼”书画工艺美术作品展。全国人大常委会副委员长、全国妇联主席顾秀莲，全国妇联副主席、书记处第一书记黄晴宜出席了展览开幕式并为展览题词。中直工委常务副书记、全国人大常委孙晓群，中国老龄事业发展基金会会长、全国政协委员李宝库出席了开幕式。

全国人大常委会副委员长、全国妇联主席顾秀莲，全国妇联副主席、书记处书记，全国老龄委委员沈淑济出席了全国敬老爱老助老主题教育活动之一——话剧《疯娘》的在京首演。

9月 作为纪念第四次世界妇女大会十周年系列活动之一，2005年中国妇女研究会年会暨“北京＋10”论坛就“婚姻家庭与老年妇女”专题进行了研讨。

10月 中国妇女研究会和全国妇联老龄工作协调委员会联合举行了“老龄化与老年妇女”学术报告会。

11—12月 全国妇联老龄工作协调委员会调研组在北京市东城、西城街道社区进行了老龄妇女基本情况及居家养老问题的调研。

教育部老龄工作大事记（2003—2005）

2003年12月3日，教育部在北京召开了全国教育系统老龄工作座谈会。18个省、市、自治区教育行政部门和19个直属高校、直属单位的老龄工作及离退休干部工作部门负责人共40多人参加会议。教育部党组副书记、副部长张保庆同志出席座谈会并发表重要讲话。

2004年9月，中国人民大学人口研究所正式开设老年学专业，首批招收了7名硕士研究生和3名博士研究生。老年学学科专业建设和老龄工作高级专门人才的培养步入正规化、专业化发展轨道。

2005年9月22日，教育部举行首届机关老同志运动会，共有320人次参赛，分别参加沙袋打地靶、垒球撞瓶等8个竞赛项目和24式简化太极拳、新秧歌等集体表演项目。其中，80岁以上的老同志有21名，年龄最大的89岁。10月11日重阳节上午，运动会举行了最后竞赛项目和颁奖仪式，离退休干部局局长孙成华、副局长周小琴、机关工会主席史丽荣先后致辞。有关领导分别为获奖个人和集体颁奖。

北京市老龄工作大事记（2003—2005）

2003年

1月

22日 民政部副部长、全国老龄办常务副主任、中国老龄协会会长李宝库到北京市老年活动中心参观活动设施，并与工作人员进行了座谈。

25日 民政部副部长、全国老龄办常务副主任、中国老龄协会会长李宝库，北京市政府有关领导出席“北京市各界老年人迎新春茶话会”，并发表了讲话。

29日 中共中央政治局常委贾庆林慰问了北京市宣武区的两名特困老人，并送去慰问品和慰问金。

3月

27日 北京市第三批社区老年福利服务设施建设工作会议在市老年活动中心召开。会议总结了第二批“星光计划”实施情况，对第三批“星光计划”建设任务进行了布置。各区县民政局局长、社区办主任和星光计划办公室主任参加。

28日 北京市老龄委召开第六次全体会议。会议听取了关于2002年北京市老龄工作情况的汇报，审议了2003年北京市老龄工作要点，听取并讨论了《关于做好帮扶空巢家庭老人工作的意见》、《开展敬老助老先进个人评选表彰活动的意见》和《开展评选“北京市健康老人”活动的方案》的说明。市老龄委委员出席了会议。

4月

3日 北京市老龄办召开全市区县老龄办主任会

议，传达了市老龄委第六次全体会议精神和对 2002 年市老龄工作先进单位进行了表彰。

4 日　北京市老龄办在市老年活动中心召开全市老龄宣传工作会议，总结了 2002 年信息宣传工作情况，通报了 2003 年宣传工作要点。

8 日　全国老龄办副主任、中国老龄协会副会长袁新立到北京市房山区韩村河村调研。

25 日　民政部副部长、全国老龄办常务副主任李宝库，全国老龄办副主任张志鑫到市老龄办考察了解北京市落实“银龄行动”计划的有关情况。

7 月

21 日—23 日　全国老龄办副主任张志鑫到北京市老龄办了解“银龄行动”进展情况。

8 月

1 日　市政府办公厅召开社会敬老优待服务承办单位负责人会议，部署了对《关于加强社会敬老优待服务工作的意见》（京政办发［1999］81 号）落实情况的检查工作。各承办单位的主管领导参加了会议。

9 月

26 日　北京市政府举行招待会，欢迎“迎国庆西部老劳模赴京参观团”。民政部副部长、全国老龄办常务副主任李宝库，副主任张志鑫、赵宝华出席招待会。

28 日　北京市老龄工作委员会办公室在东城、顺义两区召开北京市城乡社区老龄试点工作现场会。会议听取了北京市城乡社区老龄试点工作报告，全体与会人员现场参观了东城区海运仓社区和顺义区白各庄村老龄工作并听取典型发言。全国老龄办副主任赵宝华到会并讲话。市老龄办、东城区、顺义区与 18 个区县老龄办有关领导以及部分街、乡、镇负责同志参加。

10 月

2 日　市委常委、统战部部长尤兰田，副市长牛有成到北京市第五社会福利院看望老年人，并向老人祝贺重阳节。

4 日　北京市老龄工作委员会办公室举办“北京市健康老人之星风采展示暨‘九九’重阳敬老游园会”。全国老龄办副主任、中国老龄协会副会长赵宝华，北京市副市长孙安民出席。

11 月

5 日　北京市星光办组织召开北京市实施“星光计划”工作现场会。推广丰台区先进经验，督促全市第三批建设项目全面落实。市民政局、市老龄办以及区县民政局相关领导同志参加了会议。

14 日—28 日　北京市老龄协会副会长李文斗率团赴日本东京参加第七届亚太地区国际老年学大会。这次大会由国际老年学协会主办，主题是就亚太地区普遍存在的老年人口及其所占比例迅速增长所带来的一系列紧迫问题进行探讨。来自世界 40 多个国家的近 1300 多位参会者就此领域发表研究成果和意见。北京市老龄协会团向大会组委会递交了题目为《北京市空巢老年人基本情况调查报告》的学术报告。会议期间，参观了一家具有代表性的老年福利院。

15 日　北京市老年艺术协会艺术团参加澳门“第 18 届敬老爱老同乐日”大型庆祝活动。

21 日　北京市老龄办召开老龄委成员单位联络员会议。会议传达了市政府关于调整北京市老龄工作委员会副主任、办公室主任、副主任及增补成员单位的批示，学习了回良玉副总理关于老龄工作的重要批示，并就各部门开展老龄工作的情况和明年工作设想进行了座谈。全市 21 个成员单位的联络员及市老龄办有关领导参加了会议。

12 月

4 日　民政部副部长、全国老龄办常务副主任李宝库到北京市东城区和顺义区视察城乡社区老龄试点工作。

16 日　北京市老龄办召开“北京市敬老先进居（村）委会、敬老助老先进个人”表彰大会，表彰全市 77 个敬老先进社区居委会、123 个敬老先进村和 500 名敬老助老先进个人。市老龄办、市老龄委成员单位的有关领导参加了会议。

2004 年

1 月

17 日　北京市老龄委在北京剧院举办北京市迎新春敬老慰问演出。全国老龄办副主任张志鑫、白桦、袁新立与各界健康老人、敬老助老先进个人、敬老先进居（村）委会、老劳模、老干部、老知识分子、老党员、老农民代表和老龄工作者一同观看了演出。

18 日　民政部副部长、全国老龄办常务副主任李宝库，全国老龄办副主任赵宝华、白桦到北京市老龄办慰问座谈。李宝库通报了 2004 年全国老龄工作的基本设想和重点内容，并听取了北京市 2003 年老龄工作的基本情况和 2004 年工作设想的汇报。

2 月

6 日　北京市老龄办举办“迎新春新闻记者座谈会”。市民政局、市老龄办有关领导与新闻界 20 余名记者进行了座谈，并通报了 2004 年老龄宣传的重点工作。

19 日　北京市老龄办召开为期两天的“老有所

为在社区”学术研讨会。全国老龄办副主任赵宝华、市老龄办有关领导及来自北京各院校、科研机构、政府机关、区县老龄办、新闻媒体等的70余人参加了研讨会。

22日 北京市老年活动中心正式运营。该中心坐落于望京地区，占地11378平米，建筑面积11061平米，总投资7500万元，内设学习室、健身室、按摩室、理疗室、棋牌室、游泳馆、乒乓球馆、台球厅等。

3月

10日 北京市老龄工作委员会召开第七次全会。会议传达了回良玉副总理在全国老龄委第六次全体会议上的讲话精神，并作《关于北京市老龄工作2003年基本情况和2004年安排意见》的报告。

18日—19日 北京市区县老龄办主任会议在市老年活动中心举行。会议传达学习了全国省级老龄办主任会议和市老龄委第七次全会精神。市老龄办领导及各区县老龄办主任等50余人参加会议。

28日—30日 北京市“银龄行动”开始实施。市老龄办与内蒙古老龄办签订了《北京与内蒙古“银龄行动”第一批合作意向书》，援助内容为医疗卫生服务项目。

4月

2日 北京市老龄办召开老龄委成员单位联络员会议。

15日 越南老年人协会主席杜重玩率越南老龄协会代表团来访。北京市老龄协会常务副会长白恩良陪同，参观了北京市老年活动中心、东城区和平里六区街道的“星光计划”为老服务设施，并组织双方进行了业务交流和提供相互学习。

5月

20日 北京市青少年敬老爱老助老主题教育活动正式启动。全国政协委员、青少年敬老爱老助老主题教育活动组委会主任李宝库通报了下一阶段在全国举行主题教育活动的具体安排。市教委、团市委、市妇联、市老龄办有关领导、各区县老龄办主任、新闻记者及老年人、五好家庭、中小学生和青年志愿者代表共200余人参加了启动仪式。

20日 北京市老龄办在首都图书馆召开2004年北京市老龄宣传工作会议。会议通报了2004年北京市老龄宣传工作要点。市民政局、市老龄办有关领导及各区县老龄办负责人及新闻记者近70人参加会议。

6月

15日 北京市老年志愿者援助内蒙古即“银龄行动”出发仪式在北京火车站举行。中国老龄协会会长李本公、北京市副市长吉林出席仪式并讲话。

16日—7月5日 应国际老年健康信息中心和LOMAS ZAMORA大学邀请，北京市老龄协会常务副会长白恩良率团对巴西、阿根廷的老龄问题现状进行了考察。在此期间，先后与阿根廷LOMAS ZAMORA大学的大卫教授及国际老年健康信息中心圣保罗分部的安德丽雅女士等老龄问题专家进行了座谈与交流，并参观了圣保罗州老年综合服务中心。

25日 在北京火车站举行了隆重的“银龄行动”首批医疗专家援助者赴蒙欢送仪式，共21名援助者奔赴内蒙古。中国老龄协会会长李本公、副会长张志鑫，北京市副市长吉林、民政局局长赵义、副局长吴文彦、市老龄办副主任白恩良、市老医药工作者协会会长周凯发、援助者所属的各医院领导和亲属到站送行。

29日 为期两天的北京市老年维权服务工作联络员会议在市老年活动中心召开。

7月

27日 联合国亚太经社会东南亚地区老龄研讨会”在北京市朝阳区高碑店乡高碑店村举行，北京市老龄协会副会长陈宝全出席并致辞。

8月

18日 北京市老龄工作委员会办公室在市老年活动中心召开北京市“星光计划”总结暨“明天计划”启动会议。会议作了《北京市实施“社区老年福利服务星光计划”工作总结》。

27日 北京、内蒙老龄办在内蒙古乌兰察布市联合举办“银龄行动”总结暨欢送仪式，北京市“银龄行动”第一批援助任务圆满完成。中国老龄协会副会长张志鑫、全国老龄办“银龄行动”办公室顾问范文明参加了仪式。

9月

24日 北京市老龄办在海淀区西三旗街道育新社区居委会召开北京市社区老年人协会建设工作座谈会。社区老年人协会代表介绍了社区老年人协会建设和工作情况。全国老龄办、市老龄办、社区老年人协会代表参加会议。

24日 全国首届“珍奥杯”银龄美大赛北京赛区选拔赛在市老年活动中心举行。来自全市的100余位老年人参加比赛，评选出6位老年人代表北京市参加全国“珍奥杯”银龄美大赛。

10月

19日 北京市老龄办、市委宣传部、市教委、团市委和市妇联在国家图书馆共同举办北京市敬老爱老助老先进事迹报告会。5名敬老爱老助老先进代表分别介绍了他们的先进事迹。中国老龄协会副会长曹炳良、中国老年基金会副会长、“中华孝亲敬老楷模”评选委员会副主任赵艳出席会议。

22日 北京市副市长、市老龄委主任吉林代表市委、市政府慰问高龄老人和空巢老人。市老龄办在全国政协礼堂举办“庆重阳敬老慰问演出”，来自全市的700余位老年人代表观看了演出。

11月

11日 北京市老龄工作委员会办公室在房山区召开区县老龄办主任会议。总结2004年老龄工作，并提出2005年老龄工作设想。市老龄办有关领导及各区县老龄办主要负责人共40余人参加会议。

《北京市“十五”时期老龄事业发展规划》落实情况检查结束。通过对6个区县进行实地检查、听取汇报和座谈的方式，检查组认为北京市“十五”老龄事业发展规划所制定的目标和任务已完成90%，社会养老模式仍以家庭养老为主。

12月

13日 由北京市慈善协会、卫生局、老龄办共同发行的“慈善医疗卡”发行仪式在北京电视台举行。首批向全市低保老年人发放5000张医疗卡。市委副书记强卫、市政协副主席张和平、中华慈善协会副会长贺同兴出席了仪式。

2005年

1月

8日 全国敬老爱老助老主题教育活动表彰大会在人民大会堂举行。北京市有1人获得“中华孝亲敬老楷模特别奖”，1人获得“中华孝亲敬老楷模提名奖”，77人获得“中华孝亲敬老之星”称号，北京市老龄工作委员会办公室获得“优秀组织者”称号。

21日 全国老龄办常务副主任、中国老龄协会会长李本公，全国老龄办副主任、中国老龄协会副会长赵宝华、白桦、袁新立、曹炳良等领导到北京市老龄协会机关慰问老龄工作干部。李本公提出要对老龄产业问题和养老机构问题进行重点调查研究。

29日—30日 北京市贺新春敬老慰问演出和北京市退休人员2005年春节团拜会相继在民族文化宫大剧院举办。副市长孙安民，全国老龄工作委员会办公室副主任白桦、袁新立、曹炳良出席。

31日 以朝鲜助老会会长为首的朝鲜助老会代表、朝鲜劳动部代表和法国泰安格代表等10人于2005年元月来京参观。中国老龄协会国际部和北京市老龄协会派员陪同，参观了北京市西城区粉子胡同的中颐园敬老院和社区为老服务项目，并进行了座谈交流。北京市西城区老龄办、丰盛街道办事处、金融街社区服务中心、敬老院介绍了基层老龄工作的经验。

3月

15日 北京市老龄工作委员会召开第八次全体会议。会议传达了回良玉副总理在全国老龄委第七次全体会议上的讲话精神，并作《关于北京市老龄工作2004年基本情况和2005年安排意见》的报告和《北京市“十五”时期老龄事业发展规划》落实情况的报告。副市长、市老龄工作委员会主任吉林出席会议并讲话。

22日 北京市区县老龄办主任会议在市老年活动中心召开。

5月

20日 北京市“空巢”家庭老人帮扶工作座谈会在顺义区老年公寓召开。会议总结了北京市“空巢”老人帮扶工作情况，并提出进一步加强帮扶工作的意见。

24日 由北京市老龄办、老干部局和中国音乐家协会合唱联盟共同举办的“纪念中国人民抗日战争暨世界反法西斯战争胜利60周年——北京市老年合唱大赛”颁奖音乐会在国图音乐厅举行。来自中央和市级单位、驻京部队、大专院校和区县基层的136个合唱团、共计6000人参加此次大赛。

30日 北京市老龄宣传工作会议在市老年活动中心召开。

6月

27日 应国际老年学家政协会邀请，北京市老龄协会会长陈宝全率团参加在挪威特隆赫姆举行的国际老年学家政协会第六届全球会议。北京市向会议提交了题目为《北京市老年人精神文化初探》的学术论文。会议的主题是对老龄社会富有创意的解决途径的探讨。会后代表团还考察了挪威、丹麦、瑞典、芬兰等北欧四国的社会保障情况和老年福利政策情况。7月9日返京。

7月

20日—23日 北京市老龄工作委员会办公室举办老龄工作干部业务培训班。

22日 北京市老龄办召开区县主任会议，听取区县对上半年工作进展情况汇报，部署下半年工作任务。

29日 北京市老龄委召开成员单位联络员会议，讨论《北京市老龄工作委员会工作制度》和《北京市“十一五”时期老龄事业发展规划》。

9月

26日 北京市老龄办在西城区银龄呵护中心举行为城八区有特殊困难“空巢家庭”老年人安装紧急医疗救援呼叫器启动仪式。

27日　全国政协副主席张榕明带领全国政协“老龄人口问题专题考察组”一行22人到北京视察老龄事业。先后视察了市第一社会福利院、海淀区四季青乡敬老院、西城区银龄老年呵护中心，并与老龄工作者就老龄事业的发展进行了座谈。

10月

25日　全国政协副主席张榕明带领全国政协人口环境委员会“老龄人口问题”考察组又一次考察北京市社会养老事业。先后视察了海淀区益寿福老年公寓、西城区金秋院敬老院、月坛街道居家养老服务中心和汽南社区“无围墙”养老院，并听取了工作汇报。

11月

1日　全国妇联老龄工作协调委员会办公室主任崔淑慧、处长杜香坤到东城区建国门街道，为“十一五”规划中建议研究制定应对中国老龄化对策进行调研。

3日　召开了农村老龄工作座谈会，北京市老龄协会会长陈宝全、副会长李文斗，门头沟、房山、通州、昌平、大兴、怀柔、平谷、密云、延庆等9个区县的老龄办主任和分管老龄工作的民政局长参加了会议。各区县介绍了本地区农村老龄工作的经验做法，并重点探讨了农村老年服务和活动设施的建设情况。陈宝全会长对近几年来北市农村老龄工作情况给予了肯定，同时对今后农村老龄工作的开展提出了要求。

12月

2日　以澳大利亚老年护理协会总裁罗伯特·雷德先生为团长的澳大利亚老年护理协会代表团来访。北京市老龄协会与中国老龄协会国际部派员陪同。参观了北京市海淀区老年大学和海淀区四季青镇敬老院。海淀区老龄办、海淀区老年大学、海淀区四季青镇敬老院分别从不同角度介绍了老龄工作的开展情况。

天津市老龄工作大事记（2003—2005）

2003年

1月

14日　市老年学学会召开学习型社会与老年参与研讨会，来自天津市社会科学院、天津医科大学、总医院、市老年大学的专家学者就此问题进行了探讨。

15日—17日　市老龄委办公室组织各区县老龄办召开2002年度老龄工作目标管理考核会议。

3月

27日　天津市老龄委办公室下发通知，决定在全市范围组织评选维护老年人合法权益先进集体、先进个人活动。

5月

12日　市老龄委办公室下发《关于积极配合做好“非典”防控工作的通知》，通知要求各级老龄委办公室要在党委和政府的统一领导下，积极行动起来，配合有关部门和社区做好“非典”疫情的预防和控制工作。要加强对城乡老年活动中心、“星光老年之家”和老年大学的指导，尽量减少聚集性活动，防止“非典”疫情的传播。提倡老年人开展户外健身活动，提高抵抗疾病的能力。要把防治“非典”工作纳入创建敬老文明社区和敬老模范家庭活动。

6月

23日　为摸清社区老龄工作试点情况，交流经验推进工作，市老龄委办公室下发通知对各区老龄试点工作进行调研。

24日　为摸清全市贫困老年人的准确数字，掌握全市贫困老年人的总体情况，了解贫困老年人的生活状态，以及各区、县在扶老助困工作方面的做法和经验，市老龄委办公室下发通知在未参加抽样调查的区、县开展贫困老年人的生活状况调研。

7月

2日　市人大代表教育专业组检查《天津市老年人教育条例》实施情况。

23日　市老龄委、市委老干部局、市退管会、《天津老年时报》联合下发《关于举办天津市第五届老年艺术节实施方案》。

24日　根据全国老龄委办公室《关于报送基层老年人协会基本情况的通知》（全国老工办发［2003］29号）的要求和部署，为规范和加强老年人协会建设，推动基层老龄工作的深入开展，市老龄委办公室下发通知对基层老年人协会建设情况进行一次全面调查。

8月

11日—14日　市老龄委办公室在蓟县召开了天

津市基层老龄工作研讨会。各区县老龄委及基层单位代表共60多人参加会议。市民政局副局长、市老龄办主任王崇喜同志出席会议并讲话。

18日　市老龄委、市退管会、市老年教育促进会、市妇女保健所、市卫生防病中心健康所、天津老年时报联合下发《"九月九健康列车"实施方案》。"九月九健康列车"工程活动具体内容如下：1. 请全国知名专家做健康知识讲座；2. 健康体检，建立健康档案；3. 动态健康管理服务；4. 系列健康专题娱乐活动。

9月

10日　老年节期间，市老龄委会同市委老干部局、市卫生局、市退休职工管理委员会联合组织开展天津市第四届老年健康之星评选活动。通过基层推荐，主办单位审核，公平选出166名健康老人，授予他们"健康之星"的称号。

15日　召开第五届老年艺术节新闻发布会。

17日　市老龄委会同市委宣传部、市教委、团市委和市妇联联合转发全国老龄办等五部门《关于在全国青少年中广泛开展敬老爱老助老主题教育活动的通知》。通知要求做好敬老书籍阅读，为老年人办好事、实事和敬老征文等各项工作。

29日　为庆祝天津市第十五个老年节（农历九月初九），由天津市老龄委、市委老干部局、市退管会、《天津老年时报》共同举办的第五届老年艺术节在第二工人文化宫落下帷幕，市委常委、市总工会主席散襄军，老同志吴振、刘晋峰、石坚、何国模、鲁学政、刘文藩出席了闭幕式。

本次艺术节持续了一个多月，进行了歌咏、服装服饰表演和舞蹈三项比赛。经过评审委员会评议，30个参赛队获得最佳奖，36个队获优秀奖。

10月

13日　副市长、市老龄委主任只升华到市老年人大学视察调研，指出：要扩大老年教育的覆盖面，提高教学质量，努力构建全民终身教育体系。

23日—25日　华东六省、京津沪渝老龄工作暨老年学学会第十次联席会议在天津市津利华大酒店召开。来自北京、上海、重庆、天津四直辖市和山东、江苏、浙江、安徽、福建、江西六省的老龄委负责人出席了会议。全国老龄工作委员会办公室政研部副主任吴秋风，政研处副处长党俊武受全国老龄办常务副主任李宝库和全国老龄办赵宝华副主任的委托专程到会祝贺。天津市政府副秘书长刘红升代表市人民政府致辞，市老龄委名誉主任鲁学政出席会议。市老龄委副主任、民政局局长董皓然主持了开幕式。天津市民政局副局长、市老龄办主任王崇喜，市老年学会会长王辉分别在会上介绍了天津老龄工作和老年学研究的有关情况。

11月

10日　市人民政府下发《关于表彰敬老模范家庭和敬老好儿女的决定》（津政发［2003］119号）。

部分内容摘录如下："为深入贯彻'三个代表'重要思想，进一步弘扬中华民族敬老、爱老、养老、助老的传统美德，大力宣传先进典型事迹，促进家庭和睦与社会稳定，市人民政府决定，对孙跃芳为家庭成员代表的99户敬老模范家庭和孙翟芳等102名敬老好儿女予以表彰。"

27日　中共天津市委、市人民政府下发《关于调整天津市老龄工作委员会领导成员的通知》（津党［2003］39号）。根据工作需要和人员变动，市委、市政府调整天津市老龄工作委员会领导成员，调整后的市老龄工作委员会领导成员为主任1人，副主任4人，名誉主任5人。

12月

12日　根据只升华副市长的指示，市老龄委办公室会同有关单位下发通知，对全市老年教育现状进行调查摸底，在此基础上研究制订天津市老年教育发展规划。

25日—26日　市召开2003年度区县老龄工作总结汇报会，各区县老龄办汇报了2003年老龄工作及2004年工作打算。市老龄办主任、市民政局副局长王崇喜作了总结讲话，对各区县一年来所做的工作给予了充分肯定，并对2004年区县老龄办工作提出了要求。会上，市老龄办对2004年全市老龄工作要点征求了各个区县意见。

2004年

2月

9日—10日　市老龄办主任王崇喜和市老龄委秘书长高世忠赴青岛参加创建全国老龄工作先进区（县）会议。

20日　召开区、县老龄委办公室主任会议，传达贯彻全国省级老龄办主任会议精神，部署创建老龄工作先进县（市、区）评选活动。市老龄委办公室主任、民政局副局长王崇喜出席会议并讲话。会议印发了中共中央政治局委员、国务院副总理回良玉在全国老龄工作委员会第六次全体会议上的重要讲话和民政部李学举部长的报告，传达了全国老龄办常务副主任、民政部副部长李宝库在全国省级老龄办主任会议上的讲话，研究讨论了天津市《创建老龄工作先进区、县达标条件及评分细则》。

3月

23日　老龄委全委会在民政局八楼会议室召开。市老龄委成员单位负责人参加了会议。会议研究部署2004年全市老龄工作并请市劳动和社会保障局、市公安局、市卫生局、市民政局、市司法局等单位结合本单位的职能作用，围绕2003年老龄工作方面的实施情况（主要是为老年人办实事、办好事方面）以及2004年老龄工作计划做重点交流发言。

4月

13日　越南老龄协会代表团来津参观市老年人大学。市民政局副局长、市老龄委办公室主任王崇喜、秘书长高世忠陪同。市老龄委名誉主任、市老年大学校长鲁学政、副校长马贵党出席中午的宴请。

20日　市委副书记、市长戴相龙来到天津市老年人大学，就进一步做好全市老年教育和老龄工作进行调研。

戴市长还参观了市老年人大学教学成果展，通过图片和文字资料了解了市老年人大学19年来的发展历程。参观后，戴市长与市老年人大学工作人员进行了座谈。

5月

9日　市老龄委办公室、市老年教育发展促进会在市老年人大学，召开天津市老年教育发展促进会理事会暨全市老年学校负责人会议。

12日　副市长崔津渡到市老年人大学调研，看望学员和教职员工，落实戴相龙市长4月20日视察市老年人大学时的要求。市老年人大学校长鲁学政及市财政局、市老龄委办公室负责人陪同调研。

27日　为总结推广北辰区农村老龄工作经验，进一步推动全市农村老龄工作，经市政府领导同意，在北辰区召开农村老龄工作现场推动会。

6月

9日　天津市老年学学会召开以“家庭·健康·和谐”为主题的研讨会，副市长、市老龄委主任只升华出席并讲话，市老龄委名誉主任、市老年大学校长鲁学政出席研讨会。研讨会由老年学学会会长王辉主持。

7月

5日—7日　召开创建全国老龄工作先进区（县）考核会。为保障考核评选工作的顺利进行，市老龄委结合天津实际，将评选条件细化为六个方面的内容，制定了《创建老龄工作先进区、县达标条件及评分细则》，并成立了考核组。考核组将参加考核验收会和民主测评会，将听取申报单位的申请报告，依据创建活动的开展情况和老龄工作的整体情况进行测评打分。最后将依据考核分和验收分推选出上报全国的2—5个先进区（县）。

12日　全国老龄办白桦一行来津调研。

23日　在市民政局八楼会议室召开创建全国老龄工作先进区（县）民主测评会。区县老龄委、老龄办负责同志三人参加会议。

9月

28日　市老龄委下发通知，决定对孙跃芳等99户、孙翟芳等106位同志，分别授予“天津市敬老模范家庭”、“天津市敬老好儿女”光荣称号，并予以表彰。

10月

21日　召开天津市老龄工作表彰大会，会议内容：表彰老龄工作先进单位，对和平区老年人协会等54个单位授予“天津市老龄工作先进单位”称号；交流老龄工作经验。

22日　在第二工人文化宫举行庆祝天津市第十六个老年节文艺演出。

11月

29日—12月1日　市老龄委办公室组织召开全市城乡基层老年协会建设经验座谈会暨老龄工作研讨会。各区、县老龄办负责人、老龄工作干部以及基层老年协会代表共计50余人参加了会议。

座谈会上，来自和平区、开发区、红桥区、西青区、津南区、北辰区、河北区、武清区等8个区的基层老年协会负责人，分别就老年协会在促进经济发展、保持社会稳定、调解涉老纠纷、维护老年人权益、活跃老年人文化生活等方面发挥的积极作用交流了经验。随后，与会人员分组进行了讨论，共同探讨如何进一步加强老年协会建设、充分发挥老协组织作用，并分析了当前基层老年协会建设存在的问题和困难。

12月

10日　全国老龄办张志鑫来津调研。

23日—24日　召开区县老龄办主任会议，总结2004年老龄工作，部署2005年老龄工作。

2005年

1月

19日　天津市老年学学会年会暨学术研讨会召开。本市老年学、老年医学专家学者及基层老龄工作者共40余人参加了会议。

3月

10日　天津市召开老龄工作会议。总结2004年老龄工作，部署2005年老龄工作任务。副市长、市老龄委主任只升华出席并讲话。市老龄委名誉主任吴振、聂璧初、刘晋峰、鲁学政应邀出席。出席会议的还有市政府副秘书长、市老龄委副主任姜喜瑞，市老龄委副主任、市民政局局长董皓然。会议由姜喜瑞同志主持，市民政局副局长、市老龄委办公室主任王崇喜作了报告。

4月

14日 市成立“银龄行动”领导小组，由市老龄委副主任姜喜瑞任组长，成员单位由天津市老龄委、天津市教委、天津市财政局、天津市卫生局、天津市科学技术协会、天津市广播电视局、天津市蓟县老龄委组成。市、县两级老龄部门负责这项工作的组织和协调，各有关单位协助支持。

办公室设在天津市老龄委，主任由王崇喜同志担任。

5月

21日 根据市老龄委联合考核组对申报区、县的考核验收和民主测评成绩，市老龄工作委员会决定授予以下9个区（县）“天津市老龄工作先进区（县）”荣誉称号：

1. 和平区；2. 南开区；3. 河西区；4. 东丽区；
5. 河东区；6. 红桥区；7. 河北区；8. 武清区；
9. 北辰区。

25日 市老年人大学成立20周年庆祝大会在市老年人大学礼堂隆重召开。中共中央政治局委员、市委书记张立昌为市老年人大学成立20周年题词：“办好老年教育 构建和谐社会”。市委副书记、市长戴相龙致贺信。

副市长、市老龄委主任只升华出席庆祝大会并讲话。市老龄委名誉主任、市老年人大学校长鲁学政致词。老同志张再望、高德占、杨慧洁、石坚、肖元、王成怀、钱其璈、苏宝琮、王鸿江出席。市老龄委、市教委、市财政局、市文化局等有关部门负责人到会祝贺。

27日 市老年教育发展促进会召开第四届理事会第四次会议。会议学习了本市老年教育创建20周年之际市领导对老年教育工作的指示精神。市老龄委名誉主任、市老年教育发展促进会会长、市老年人大学校长鲁学政发表讲话，对新一阶段老年教育工作提出了要求。

6月

23日 2008名老年人打太极迎奥运活动在南开大学体育场举行。

7月

24日—28日 召开“构建和谐社会中的老龄工作”专题研讨会，各区县及有关单位认真准备，共报送论文和调研报告22篇。经评审确定，有15篇论文及调研报告荣获一、二、三等奖及优秀奖，并予以表彰。

28日 市老龄委下发《天津市2005年实施“银龄行动”试点方案》，同时，天津市老年知识分子援助行动领导小组成立。按照方案，市老龄委组织开展的以重点援助蓟县山区为主要内容的“银龄行动”正式启动。

8月

9日 在市民政局三楼会议室召开调整天津市老年人优待服务政策座谈会。

31日 由市老龄委、市文化局等单位主办的天津市第二届老年文化艺术节隆重开幕，标志着天津市老年节系列活动拉开了帷幕。此项活动被列为市政府改善城乡人民生活的20件实事之一。市人大常委会副主任俞海潮，老同志鲁学政以及有关方面负责同志出席了开幕式。

9月

21日 上午，“银龄行动”启动仪式在蓟县府君山广场举行。市老龄委名誉主任鲁学政，市民政局副局长、天津市银龄行动领导小组成员赵德勤，市老龄委秘书长高世忠，蓟县副县长、县老龄委主任胡晓光，市有关部门领导。

10月

9日 市政府批转下发《天津市老年教育“十一五”发展规划》。

11日 市人民政府办公厅下发《批转市老龄委〈关于调整我市老年人优待服务政策的意见〉》（津政办发［2005］60号），规定从今年10月11日起调整我市老年人优待服务政策，从1993年确定的70周岁以上老年人，调整为60周岁以上和70周岁以上两个档次，即对本市60周岁以上公民全部实行优待服务。

11日 市老龄委在第二工人文化宫举办庆祝老年节文艺演出。

11月

29日—30日 中国老年大学协会第三次会员代表大会在津召开。来自全国30个省、自治区、直辖市和部分地级市、特大型企业、中央党政军部门的200余所老年大学的代表出席了大会。

中共天津市委副书记、常务副市长黄兴国出席大会开幕式，代表天津市委、市政府对大会的召开表示祝贺，并向与会代表介绍了天津快速发展的大好形势和和近年来天津老年教育事业的发展的历程。中国老年大学协会会长张文范，全国老龄办副主任袁新立，中国老年大学协会秘书长刘平生出席。中国老年大学协会顾问鲁学政主持会议并致辞。

会议期间，与会代表审议通过了中国老年大学协会会长张文范作的题为《构建和谐社会，积极促进我国老年教育创新发展》的工作报告，修改并通过《中国老年大学协会章程》，选举产生了57名新一届中国老年大学协会理事会成员。召开第一次理事会会议，选举张文范为中国老年大学协会会长，袁新立为常务副会长，刘平生、李宏、孙成华、王成志、马贵觉等12人为副会长。袁新立同志在会议结束时，作了会议总结报告，就中国老年教育事业的发展提出指导性意见。

上海市老龄事业发展大事记（2003－2005）

2003年

4月 上海市老龄事业发展中心开展文明单位（窗口）创建活动。

5月 千鹤宾馆股权转让。

2004年

7月 在前三年组织部分老年人游黄山活动的基础上，有计划地开展组织千名健康老人游黄山活动。此项活动对每位老人补贴300元，体现党和政府对老年人的关怀，拓展和延伸六个老有的内涵。

10月 组团赴京参加全国老年文艺汇报演出，展示上海老年人的风采。

在第十七个敬老日之际，组织“万名老人看发展、万名老人浦江游、万名老人网上行”三个万名老人系列活动。

11月 日本横滨“创生存价值”交流团一行12人来沪交流访问。

2005年

1月 组织开展“冬季为老助浴”活动：向全市3万名老人发放助浴券15万张。

4月 组织老年文化活动：组织老年人参加上海“天天演”和上海之春活动，参加上海旅游节和国际艺术节的演出，参加上海市中老年体育舞蹈大赛等。

5月 举办《党在我心中》《夕阳更美好》中老年歌咏舞蹈比赛。

组织老年艺术团7人赴厦门参加首届全国老年舞蹈、服饰创造培训研讨班。

6月 组织“孝心进社区”系列活动：开展创建敬老居村委活动；继续推进创建“爱心助老特色基地”工作；改善充实老年活动室的为老服务功能；组织医生志愿者在社区进行义诊等。

8月 组织、实施“关爱老人无忧康乐人身意外保险”。

9月 组织“万名老人红色旅游”。

10月 敬老节期间开展百岁老人慰问活动。

组织庆祝上海市第18个敬老日电视文艺晚会。

上海市第18个“敬老日”，在南京路世纪广场举行大型为老法律咨询服务活动。

组织老年艺术团赴北京参加重阳节大型文艺晚会。

11月 组织“创生存价值”交流团共7人赴日本横滨交流访问。

12月 组织老年艺术团共7人赴海南参加基层老年文艺活动暨2006年演出工作座谈会。

重庆市老龄工作大事记（2003—2005）

2003年

1月

15日 市老龄办专职副主任陈兴元同志、宣教处副处长李燃等一行三人，到九龙坡区调研，听取九龙坡区老龄办主任谭代福同志的工作汇报。

4月

15日 市老龄办办公会研究部署贯彻全国省级老龄办主任会议精神及创建全国老龄工作先进区（市）县的工作。

22日 市老龄办发出《关于开展2003年度区县老龄工作目标考核的通知》。

25日 市老龄办在南岸区召开主城九区老龄办负责人会议，传达全国省级老龄办主任会议精神，布置创建全国先进区（市）县的工作。

6月

10日—12日 市老龄办常务副主任陈兴元一行4人赴开县、梁平等地调研农村基层老龄工作状况，尔后撰写了详实的调研报告，向市政协调研组作了专题汇报。

7月

10日 市老龄办在万州宾馆召开老龄宣传工作会议，各区县（自治县、市）老龄办负责人近100人参会，会议主要内容：传达全国省级老龄办主任会议精神，布置安排创建全国老龄工作先进区（市）县的工作。

9月

19日 由市老龄办、市人事局、市司法局、市民政局、市老干局、市社保局、市卫生局、市总工会、渝中区政府主办的2003年重阳敬老节活动在重庆渝中区解放碑广场隆重举行。本次活动以维护老年人合法权益为主题，开展了丰富多彩的适合老年人的活动，有老年法律、法规、涉老政策咨询、老年卫生保健知识讲解、专家义诊、文艺演出等。市委常委、副市长、市老龄委主任陈光国亲临现场，发表了热情洋溢的讲话。

23日 市委宣传部、市教委、共青团市委、市妇联、市老龄办五部门开会研究贯彻落实全国老龄委办公室、中宣部、教育部、共青团中央、全国妇联联合下发的《关于在全国青少年中广泛开展敬老爱老助老主题教育活动的通知》（全国老龄办发［2003］30号）精神。11月，重庆市五部门联合下发了《关于在我市青少年中广泛开展敬老爱老助老主题教育活动的实施意见》（渝老办发［2003］38号），建议2004年3月2日举行“重庆市青少年敬老爱老助老主题教育活动”启动仪式。

重庆市九龙坡区陈大全、忠县李淑娥获全国“孝亲敬老楷模”提名奖；大渡口区何如亚、合川市何帮蓉、沙坪坝区但三月、开县严后粉、黔江区王翠良、秀山县杨再福、酉阳县孟德林、万州区唐光清、涪陵区黄江云、渝北区吴崇义、渝中区张世文、潼南县羽促刚、北碚区龙万志、万盛区侯祯碧14位同志荣获全国“孝亲敬老之星”的称号。

12月

9日 市老龄办在金卫宾馆召开部分区（市）县创建全国老龄工作先进区（市）县工作座谈会，渝中区、北碚区、万州区、丰都县、开县、铜梁县、涪陵区、沙坪坝区、江北区、九龙坡区老龄办负责人参会。

17日 开展百岁老人慰问工作，发出百岁老人慰问通知、2003年百岁老人状况分析及各区县营养补贴发放情况简报。

2004年

2月

16日 市老龄办办公会议召开，陈兴元副主任传达全国省级老龄办主任会议精神：布置安排市创建全国老龄工作先进区县的工作；加强市基层老年人协会建设；安排“银龄行动”试点工作；做好第二次全国老龄工作会议的准备工作，组织“十五”计划的检查评估，7月以前写出专题报告。

3月

2日 由市老龄办牵头，市委宣传部、市教委、共青团市委、市妇联组织参与的在全市范围内广泛开展的青少年敬老爱老助老主题教育活动启动仪式，在渝中区人和街小学礼堂隆重举行。副市长余远牧出席会议并讲话，五部门领导及全市40个区县老龄办主任及部分区县学生代表参加了会议。

17日 全国老龄办维权部部长张同春一行三人来渝调研，在市老年大学会议室召开座谈会。市老龄办常务副主任陈兴元汇报了全市老龄工作情况，市民政局、市扶贫办、市农办等派员参会并汇报相关工作。

17日—20日 市老龄办陈兴元副主任陪同全国老龄办张同春一行到渝中区、江津市、璧山县、大足县调研老龄工作情况，撰写了有关老龄工作的调研报告。

4月—6月

宣传动员抓创建全国老龄工作先进区（市）县的活动，重点指导检查渝中、万州、开县创建工作。

6月

24日 市老龄办副主任陈兴元、综合处处长蒋斌等到万州区、开县检查、验收创建全国老龄工作先进区（市）县的准备情况。

8月

10日 在成都市金牛区召开成渝两地老龄工作联席会议，重庆市渝中区、沙坪坝区、江北区、巴南区、万州区、涪陵区6个区县参会。

9月

22日—10月6日 由市老龄办参与组织的“银龄美大赛”在沙坪公园隆重举行。

10月

21日 上午九点，在渝中区解放碑广场举行“庆重阳、展风彩”老年文艺演出活动，市委常委、副市长、市老龄办主任陈光国到场祝贺。

12月

珠海支援对口扶贫县奉节270万，修建3500平方米的老年大学和3000多平方米的学员宿舍楼。

2005年

1月

7日 根据重庆市人员变动和工作需要，经请示市政府同意，决定对重庆市老龄工作委员会的组成人员进行相应调整，发出《重庆市老龄工作委员会关于调整成员单位组成人员的通知》（渝老委发［2005］1号）文件和《关于增补老龄工作委员会副主任的通知》（渝老委发［2005］2号）文件。

3月

7日 市老龄办召开办公会议，传达全国在广州召开的省级老龄办主任会议精神；研究撰写重庆市老龄事业“十五”规划的检查、评估报告；研究制定重庆市老龄事业“十一五”规划的相关内容；研究如何贯彻全国会议精神；筹备召开第二次全委会。

4月

20日 市老龄办、市老年学学会张学仁、李燃到重师参加老年学研究小组举办的“老年人与和谐社会理论研讨会”，重师院办、宣传部、离退休处参加了会议。

5月

19日—20日 市老龄办在北碚区金果园举办2005年重庆市老龄工作信息员培训班。

27日 发通知选拔、推荐参加全国“九九”重阳节大型文艺演出的节目；启动帮扶单身独居老人工程；向全国报送三个典型材料（万州、渝中、开县）。

经过自下而上、层层推荐的评选工作，重庆市万州、渝中、开县荣获“全国老龄工作先进县（市、区）”称号；北碚区老龄办、九龙坡区九龙镇政府、嘉陵公司退休处、市公安局退休处、开县民政局、巴南花溪镇建新新村村委、璧山县青杠街道、云阳县教委荣获“全国老龄工作先进单位”的称号。

6月

13日 制定出台重庆市老龄办、重庆市卫生局关于联合组织离退休医疗专家赴革命老区城口县开展“银龄行动”的实施方案，确定由市卫生局负责选调6名老专家组成志愿者援医服务队，于8月1日赴城口县开展为期一个月的援医服务活动。

7月

14日 市老龄办陈兴元、李燃、张朝荣到市卫生局组织召开“银龄行动”预备会。市卫生局周局长、刘处长及拟赴城口的6名老专家所在单位领导参加了会议。

8月

1日—4日 市老龄办、市卫生局在金卫宾馆举行重庆市“银龄行动”援医服务队赴城口县的出征仪式。市政府副秘书长张明树到会并讲话，王鸿章、唐利平、邹开莉、许如玲、肖国均、冯立东六名老专家表达了他们对老区人民的热爱和完成好这次援医任务的信心和决定。

26日 为庆祝抗战胜利60周年，红军长征70周年和喜迎第五届亚太城市市长峰会在渝召开，市里决定重阳期间，集中开展广泛的敬老活动。出台《重庆市老龄工作委员会关于组织开展2005年重阳敬老活动的通知》，要求组织动员更多的社会成员为老年人办好事、办实事，让老年人过上一个健康快乐的重阳佳节。

30日 “银龄行动”结束，六名老专家返渝，市老龄办、市卫生局组织人员到火车站迎接。

9月

13日 市老龄办、市卫生局在金卫宾馆召开“银龄行动”总结座谈会，主办单位领导及6名老专家及原单位领导到会，市卫生局周英杰局长和老龄办副主任陈兴元出席并讲话。

10月

20日 市老龄办召开办公会议，研究华东六省、京津沪渝四市老龄工作联席会议的事宜，讨论通过保持共产党员先进性整改方案。

12月

6日—8日 在重庆广场宾馆召开华东六省、京津沪渝四市老龄工作暨老年学学会联席会议。安徽、福建、江苏、江西、山东、浙江六省和北京、天津、上海、重庆四市老龄办及老年学学会代表出席了会议。重庆11个区县老龄办和老年学学会代表列席了会议。会议由市民政局副局长王永武主持，重庆市政府副秘书长、市老龄委副主任夏祖相致辞，全国老龄办顾问、中国老年学学会常务副会长赵宝华出席并讲话。

26日 印发《重庆市老龄事业发展“十一五”规划（2006—2010年）讨论稿》。

河北省老龄工作大事记（2003—2005）

2003年

1月

2日　河北省老龄工作委员会第一次全体会议在石家庄召开。会议传达了李岚清副总理在全国老龄工作委员会第四次全体会议上的讲话，汇报了河北省20年来老龄工作开展情况，进行今后一个时期的工作部署，审议通过了《河北省老龄工作委员会成员单位职责》、《河北省老龄工作委员会成员单位联络制度》，制定了24个成员单位为老年人办实事计划。省委常委、常务副省长、省老龄委主任郭庚茂出席会议并发表重要讲话。副省长、省老龄委常务副主任宋恩华主持会议并作重要指示。

2月

14日　制定《河北省老龄工作委员会成员单位2004年为老年人办实事计划》。

15日起，省老龄办先后在石家庄市、唐山市、邢台市等地部署开展“为老年人送健康进社区知识讲座”活动。

3月

18日　下发《关于开展健康知识讲座和建立中老年人健康档案活动的通知》，开始为全省老年人建立健康档案。

20日　“寻找百岁老人，见证社会变迁”活动在全省范围内开展。至4月底，共寻找到百岁老人223名。《燕赵都市报》用近20个版面推出燕赵百岁寿星榜，陆续介绍了这些百岁老人乐观、豁达、勤劳的生活养生之道。省老龄办为百岁老人颁发了“燕赵百岁老人”证书。

4月

4日　根据全国老龄办的通知精神，组织引导广大老年人积极投身抗击“非典”斗争。

30日　省老龄办与省司法厅、省公安厅联合印发《关于转发〈关于加强维护老年人合法权益工作的意见〉的通知》（冀老龄办发［2003］2号），进一步加强老年维权工作。

5月

20日　省老龄办针对老年人身体特点印制的彩色防“非典”宣传画3万张制作完成，并与《关于做好“老年人预防非典型肺炎”宣传画张贴工作的通知》一起下发各地老龄办。

《2003年老龄工作重点及进展情况的汇报》完成。

6月

4日　下发《关于认真贯彻落实全国老年维权工作暨经验交流会议精神的通知》（冀老龄办［2005］6号），全面贯彻落实4月24日召开的全国老年维权工作暨经验交流会议精神。

11日　转发全国老龄办《关于开展“全国老龄新闻奖”评选活动的通知》，评选、推荐工作正式开始。

18日　转发全国老龄办《关于认真贯彻回良玉同志重要批示的通知》。

23日　下发《关于开展〈老年人权益保障法〉执法调研工作的通知》，在全省范围开展《老年人权益保障法》执法情况调研活动。此活动持续至8月底结束。

7月

15日起，省老龄办对设区市、县（市、区）老龄工作机构建设和基层老年人协会情况进行调研。此活动至8月底结束。

8月

1日　转发全国老龄办《关于报送基层老年人协会基本情况的通知》。开始对设区市、县（市、区）级老龄工作机构建设和基层老年人协会调研材料进行整理。

4日　优秀新闻奖筛选完成。根据全国老龄办《关于开展“全国老龄新闻奖”评选活动的通知》要求，推荐“好栏目”1个、“好节目”1个、“好新闻”6篇参加全国评选。

28日　《关于河北省维护老年人合法权益执法情况的调研报告》完成，并上报全国老龄办。

9月

12日—15日　“迎重阳河北省首届老年书画展”在省会石家庄举行。11个设区市和中省直单位共选送了2500余幅作品参加了此次展出活动。3天展出共接待参观人员15000余人次。经过评审，共评出特别奖以及一、二、三等奖和荣誉奖168名。

13日—18日　河北省老龄工作干部首批培训班在省会石家庄举行。各地老龄工作干部70余人参加了培训，有效地提高了老龄工作干部的综合素质。

20日 选调唐山市老年艺术团舞蹈《醉夕阳》节目赴京参加中国老年艺术团2003年重阳节汇报演出。

25日 根据全国老龄办关于开展“争创全国老龄工作先进县（市、区）活动”的有关要求，下发《关于开展争创全省老龄工作先进县（市、区）和老龄工作先进单位活动通知》，制定了《河北省老龄工作先进县（市、区）条件》和《河北省老龄工作先进单位标准》（冀老龄委发［2003］2号），在全省安排部署开展“双争创”活动。

10月

10日 整理《河北老龄工作年鉴》（2002卷）。

20日—22日 全国30城市第16次老龄工作联席研讨会在石家庄召开。民政部副部长、全国老龄办常务副主任李宝库同志出席会议并作了重要讲话。

11月

12日 河北省人民政府办公厅下发《关于调整河北省老龄工作委员会成员的通知》（办字［2003）119号），对省老龄委进行调整。省政府副省长柳宝全担任省老龄委主任。

19日 转发全国老龄办等五部委《关于在全国青少年中广泛开展敬老爱老助老主题教育活动的通知》，河北省“主题教育活动”进入准备阶段。

12月下发《关于在春节期间开展慰问百岁老人活动的通知》。同时，对全省百岁老人情况进行准确统计，建立百岁老人档案。

2004年

1月

10日 下发《关于对全省老龄工作先进县（市、区）和老龄工作先进单位考评验收的通知》（冀老龄办发［2004］1号），开始组织验收考评工作。

2月

16日 下发《关于印发〈河北省2004年度老龄工作要点〉的通知》。

27日 全省市级老龄办主任会议在省会石家庄召开。会议传达了全国老龄委第六次全体会议精神和全国省级老龄办主任会议暨创建老龄工作先进县（市、区）座谈会精神。总结2003年工作，布置2004年任务。

3月

10日 省老龄委发出《关于评选表彰全国老龄工作先进单位的通知》，部署评选表彰工作。

12日 印发李宝库同志在全国老龄工作委员会成员单位联络员信息员会议上的讲话，指导各地进一步加强协调联络，齐抓共管促进老龄工作。

4月

8日 河北省老龄工作委员会第二次全体会议在省会石家庄召开。会议传达了全国老龄委第六次全体会议精神，总结2003年全省老龄工作情况，提出2004年工作意见，通过了《省老龄委成员单位2004年度为老年人办实事计划》。副省长、省老龄委主任柳宝全出席会议并发表重要讲话。

10日—30日 河北省老龄办组成2个考评验收小组，对全省“双争创”活动进行了全面考评验收。

5月

10日 省政府以内部通报的形式印发了副省长、省老龄委主任柳宝全同志在全省老龄工作委员会第二次全体会议上的讲话。

20日—26日 收集汇总“创建老龄工作先进县（市、区）和老龄工作先进单位”检查验收情况。

6月

15日 转发全国老龄办《关于开展老龄事业统计工作的通知》。河北省老龄事业统计正式纳入民政统计指标体系，2004年统计工作正式开始。

22日—29日 举办河北省老龄工作干部第二期培训班。来自全省各设区市、各县（市、区）老龄工作干部共70余人参加。培训班邀请了中国人民大学、河北师范大学、河北省社科院的知名专家和教授，围绕我国老龄人口发展趋势及对策研究、老年人生活质量及养老保险、社区建设与老龄工作、公文写作等方面进行了理论讲座，进一步提高了广大老龄工作干部的综合素质。

23日 河北省老龄办和老年基金会联合举办的敬老爱老助老主题教育活动启动仪式在石家庄市谈南路小学举行。省政府副省长、省老龄工作委员会主任柳宝全同志出席仪式并发表了重要讲话。

7月

8日 向全国青少年主题教育活动组委会报送《关于在我省青少年中广泛开展敬老爱老助老主题教育活动有关情况的报告》。完成对“主题教育”前期活动的总结。

12日 下发《关于做好青少年敬老爱老助老主题教育活动评选表彰工作的通知》。河北省“敬老好文章”、“孝亲敬老之星”和“中华孝亲敬老楷模”评选活动拉开序幕。

20日 向全国老龄委报送《河北省老龄工作委员会关于创建老龄工作先进县（市、区）和先进单位活动情况及推荐表彰意见的报告》（省老龄委发［2004］1号）。河北省“双争创”活动初步完成。

22日 完成“CCTV《夕阳红》健康老人电视大

赛”华北赛区健康老人推荐工作。

8月

10日 与石家庄报业集团经过共同努力，创办了《燕赵老年报》，为全省广大老年人提供了一道丰富的精神大餐。

27日 “珍奥杯”全国银龄美大赛河北赛区启动仪式暨新闻发布会在石家庄举行。

30日 河北省老年艺术团成立大会暨揭牌仪式在河北省科技馆举行，河北省老年艺术团正式成立。

31日 完成《河北省“主题教育活动”组委会关于报送“孝亲敬老之星”材料的报告》，并上报全国青少年敬老爱老助老主题教育活动组委会。

31日 全省“孝亲敬老之星”评选活动推荐工作初步完成，各地共上报“孝亲敬老之星”100名。

9月

19日 银龄美大赛河北赛区比赛，选拔推荐3名优胜者进京参赛。其中1人获得“中国老年健康形象大使”，1人获得“最佳才艺奖”，省老龄办荣获“优秀组织奖”。

29日 向全国青少年敬老爱老助老主题教育活动组委会上报《河北省“主题教育活动”组委会关于报送第二批“孝亲敬老之星”材料的报告》，并上报第二批“孝亲敬老之星”的名单和材料。

10月

10日 转发《国务院办公厅转发卫生部等部门关于进一步加强精神卫生工作指导意见的通知》，加强河北省老年心理健康宣传和精神疾病防治工作，并开始开展对老年精神病患者情况的调研。

12日 转发全国老龄办《关于组织观看电视记录片〈无声的革命——中国老龄行动报告〉的通知》，指导各设区市组织观看。

20日 “庆重阳河北省老年艺术团汇报演出”在石家庄举行。省四大班子与省会各界群众一起观看了演出，并给予高度评价。

完成对全省老年法律援助机构的调研工作。

22日 省老龄办与哈药集团共同推出“金晚霞老年健康随行卡”并向各设区市下发《关于发放“金晚霞老年健康随行卡”的通知》（冀老龄办发［2004］8号），免费向广大老年人发放随行卡。

11月

11日 省老龄委下发《关于命名表彰全省老龄工作先进县（市、区）和先进单位的通报》，共表彰省级老龄工作先进县（市、区）35个，省级老龄工作先进单位28个。

29日 省老龄办常务副主任彭芳赴香港参加“全球华人孝亲敬老研讨会”。

12月

14日 完成《关于制定〈河北省老年人权益保障条例（草案）〉的情况报告》，完成制定《条例》的论证工作，进入制定阶段。

15日 完成《河北省老龄工作委员会办公室关于对〈河北省老年人优待办法〉（征求意见稿）反馈情况的报告》，开始对《优待办法》进行修改。

26日 省老龄办配合中国太平洋人寿保险股份有限公司石家庄分公司，在石家庄、保定、邯郸、唐山、沧州等五市推行“老年人人身意外伤害保险”试点工作。

2005年

1月

1日—15日 对《河北省老年优待办法（草案）》进行修订补充。

10日—15日 根据《关于在石家庄等五市开展老年人人身意外伤害保险试点工作的通知》，下发《推行老年人人身意外伤害保险试点方案》，全面推行试点工作。

18日 河北省人民政府颁发《河北省老年人优待办法》，充分体现党和政府对全省广大老年人的关怀。

23日 完成2004年老龄工作统计任务。

2月

2日—5日 指导各市开展走访慰问贫困老年人和百岁老年人活动。确保全省老年人过上温暖幸福的春节，进一步弘扬了中华民族尊老敬老的传统美德。

3月

8日 下发《关于印发〈河北省2005年度老龄工作要点〉的通知》（冀老龄办发［2005］2号），全省2005年老龄工作全面展开。

11日 全省设区市老龄办主任会议在石家庄召开。全省11个设区市主管领导和负责老龄工作的民政局副局长、老龄办主任等共20余人参加了会议。会上传达了全国老龄委第七次全体会议和全国省级老龄办主任会议精神。总结2004年工作，部署2005年任务。

13日 印发《全国老龄委第七次全体会议和全国省级老龄办主任会议精神传达提纲》。

4月

6日 下发《关于〈河北省老年优待证〉需求量摸底调查的函》，并深入宣传老年优待政策，为7月1日《河北省老年优待办法》正式实施做好充分准备。

7日 下发《关于建立〈老年日报·河北老龄版〉通讯员队伍的通知》，进一步加强全省老龄宣传工作。

18日 下发《关于转发全国老龄委〈关于印发回良玉副总理在全国老龄工作委员会上的讲话和李学举同志报告的通知〉的通知》（冀老龄办发［2005］5号）以及《关于转发全国老龄办〈关于印发全国老龄委办公室常务副主任李本公同志在全国省级老龄委办公室主任会议上的讲话的通知〉的通知》（冀老龄办发［2005］6号）。组织学习贯彻全国老龄委第七次全体会议精神。

19日 部署对老龄事业发展“十五”计划纲要执行情况的检查评估工作。

20日—30日 对全省贯彻实施《老年法》的落实情况进行检查，为起草《河北省老年人权益保障条例》做好准备。

29日 全国老龄委下发了《全国老龄工作委员会关于表彰“全国老龄工作先进县（市、区、旗）”和“全国老龄工作先进单位”的决定》（全国老龄委发［2005］3号）。河北省有6个县（市、区）和8个单位分别被授予了“全国老龄工作先进县（市、区）”和“全国老龄工作先进单位”荣誉称号。

5月

2日 经过与黑龙江老年日报社多次协商，达成了合作办刊的意见。将该报的第二版辟为“河北老龄版”，宣传河北老龄工作的方针政策，报道河北老龄工作的重大活动，反映工作动态，宣传先进典型。

5日—10日 对全省老年维权工作进行调研，总结典型经验。

12日 开展省内“银龄行动”。组织省内农业方面的有关专家赴曲阳县进行扶贫活动，指导农民科学种田，受到了当地农民的普遍欢迎。同时，对张家口、承德、保定等市上报“银龄行动”项目进行了研究筛选，确定了28个受援项目，并与全国“银龄行动”办公室协调，争取中直机关离退休专家对口进行帮扶工作。

18日 制作完成新的《老年优待证》20万册。

20日—30日 协调有关单位做好“银龄行动”启动工作，确定了对口帮扶单位和服务内容，并对老年知识分子人才资源情况进行调查了解。

24日 省老龄委下发《关于印发〈河北省老龄工作委员会成员单位2005年老龄工作要点〉的通知》（冀老龄委发［2005］2号），确保为老服务工作的落实。

25日 完成《河北省老龄工作委员会办公室“清理整顿”方案》的拟制。

6月

7日 下发《关于开展评选表彰老龄工作先进个人活动的通知》（冀老龄委发［2005］1号）。这是河北省老龄工作开展20多年的第一次，对于发现典型、树立典型、宣传典型，推动老龄工作发展具有重要意义。

8日 下发《关于加强〈河北省老年人优待证〉发放和管理工作的通知》（冀老龄办发［2005］7号），提出了具体的发放意见，为实施优待办法做好进一步的准备工作。

23日 下发《关于落实“70岁以上老年人免费乘坐市内公共汽车”优待规定的通知》（冀老龄办发［2005］8号），以保障《河北省老年优待办法》能够得到全面落实。

29日 下发《关于上报〈中华人民共和国老年人权益保障法〉执行情况等有关材料的通知》（冀老龄办发［2005］9号）以及《关于对〈中华人民共和国老年人权益保障法〉执行情况进行评估的通知》（冀老龄办发［2005］10号），为《老年法》颁布10周年庆典活动做好筹备工作。

7月

1日 《河北省老年优待办法》正式实施。

10日—13日 对省老龄委成员单位为老年人办实事计划的落实情况进行检查。

8月

18日 增补省人口和计划生育委员会和省公安厅为省老龄工作委员会成员单位。

上报《关于调整河北省老龄工作委员会副主任、委员和办公室专职副主任的请示》。根据工作需要和领导变动情况，省委老干部局局长谢计来同志接替周金生同志任省老龄委副主任，姜文汇同志接替彭芳同志任省老龄委委员、省老龄办专职副主任。另对省老龄委部分委员进行了调整。

22日 下发《关于对〈河北省老年人权益保障条例（草案）〉进行修改的通知》（冀老龄办发［2005］13号），收集修改意见，组织订正工作。

下发《关于对老年法律援助机构建设情况进行调查统计的通知》（冀老龄办发［2005］14号），为更好地贯彻落实《老年法》，切实维护老年人合法权益做出积极努力。

28日 省老龄工作干部第三批培训班在石家庄召开。来自全省各设区市以及部分县（市、区）的老龄工作干部70余人参加了培训。

9月

9日 保定市敬老爱老助老“珍奥”孝心工程启动仪式上，大型话剧《疯娘》进行首场公演。姜文汇等省市有关领导参加了启动仪式，并与各界代表一起观看了话剧《疯娘》演出。

15日 由河北省老龄工作委员会办公室、省老年文化促进会、省电视台联合举办的河北省首届老年健康知识竞赛（决赛）在河北电视台举行。省委、省政府、省政协部分领导与各界群众出席观看。

20日—21日 “纪念抗日战争胜利60周年暨迎重阳慰问演出”在省会石家庄人民会堂举行。省四大班子领导出席并与各界群众一起观看了由省老年艺术团老年舞蹈队演出的红色经典舞剧《白毛女》。

10月

5日—10日 对《河北省老年优待办法》落实执行情况进行调研。

11日 选送舞蹈《俏夕阳》参加全国2005年重阳节大型文艺晚会。

11月

1日—30日 分别在11个设区市、部分县（市、区）和扩权县（市、区）召开了关于修改《河北省老年人权益保障条例（草案）》的座谈会。

7日 下发《河北省老龄工作委员会关于表彰全省老龄工作先进个人的通报》。表彰全省老龄工作先进个人100名。

20日—30日 《河北省老龄事业发展“十一五”规划纲要》草拟完成，下发各设区市和省老龄委各成员单位征求意见。

12月

2日—7日 省老龄办带领老年艺术团舞蹈队赴澳门参加“澳门长者舞蹈比赛”。

21日 召开省老龄委成员单位联络员会议。进一步加强与各成员单位的沟通联系，为共同推进全省老龄工作打下了良好基础。

山西省老龄工作大事记（2003—2005）

2003年

2月

18日 下午，省人大及其常委会2003年立法建议项目论证会在省人大1号会议室举行，会议听取了省民政厅厅长、省老龄工作委员会副主任郭有勤关于《山西省实施〈中华人民共和国老年人权益保障法〉办法》（草案）所作的说明报告，针对委员们提出的问题，省老工办负责人王进龙作了补充说明。省老工委顾问王继平、杜振民及老工办李喆、王亚舟和杨晨明三同志参加了论证会。

3月

5日 省人事厅经研究，以晋人字［2003］19号文批复同意省老龄工作委员会办公室列入依照国家公务员制度管理范围。

13日 省老龄办以晋老龄办字［2003］03号文转发全国老龄工作委员会办公室《关于开展“全国老龄新闻奖”评选活动的通知》。

31日 下午，省第十届人民代表大会常务委员会第三次会议分四个组审议《山西省实施〈中华人民共和国老年人权益保障法〉办法》。省老龄办负责人王进龙，省老龄办李喆、王亚舟和杨晨明分别列席了小组讨论会。

4月

11日—12日 全国省级老龄办主任会议在北京友谊宾馆召开，省民政厅厅长、省老龄办主任郭有勤，省老龄办负责人王进龙参加了会议。

17日 为预防非典型性肺炎，省老龄办成立防非典领导小组，组长：王进龙（老龄办负责人），副组长：李喆，成员：雷锡宝、杨晨明。

24日 上午，全国老年维权工作暨经验交流视频会议在北京召开。山西省分会场设在民政厅视频会议室，省老龄委办公室全体人员和部分成员单位代表参加了会议。

5月

13日 省老龄办下发《关于做好防治“非典”工作的通知》（晋老龄办字［2003］6号）和《关于开展老年人权益保障执法检查或执法调研工作的通知》（晋老龄办字［2003］7号）。

22日 山西省第十届人民代表大会常务委员会第四次会议表决通过了《山西省实施〈中华人民共和国老年人权益保障法〉办法》。

28日 省老龄办下发《关于宣传、贯彻山西省实施〈中华人民共和国老年人权益保障法〉办法的通知》（晋老龄办字［2003］08号）。

6月

6日 省老龄办组织全体人员集中学习了6月3日《中国老年报》刊登的国务院副总理、全国老龄工作委员会主任回良玉关于老龄工作的重要批示，并进行了认真讨论。

20日　省人大常委会和省老龄工作委员会联合在省人大主任会议室召开《山西省实施〈中华人民共和国老年人权益保障法〉办法》新闻发布会。新闻发布会由省人大常委会内务司法委员会主任委员杨季春主持，省老龄工作委员会24个成员单位和省旅游局等有关部门领导参加了会议。省委常委、常务副省长、省老龄工作委员会主任范堆相，省人大常委会副主任曹馨仪出席并作了重要讲话。

7月

1日　《山西省实施〈中华人民共和国老年人权益保障法〉办法》正式施行。

8月

11日　省老龄办下发《关于发放〈山西省老年优待证〉的通知》，即日起在全省范围内开始为老年人办理优待证。

15日　省老龄办对各市（地）57件报送参评新闻奖作品逐一进行了认真评审，共向全国老龄办推荐“全国老龄新闻奖”参评新闻作品11个。其中好新闻7篇，好栏目2个，好节目2个。

9月

28日　省委常委、常务副省长、省老龄工作委员会主任范堆相在《山西日报》发表了题为《立足全面小康目标，切实做好老龄工作》的署名文章。

山西省老年艺术团成立，省老龄办以晋老龄办字［2003］17号文下发通知。

同日，中国老年艺术团成立后的首场汇报演出——“金秋神韵”大型综艺晚会在全国政协礼堂隆重举行。山西省选送的地方小戏《七斤三两》由省老龄办孙雪梅带队赴京参加了演出。

29日　省老龄办、省直机关老龄办和省老年书画研究会在省老干部活动中心联合举办大型老年书画展。

2004年

2月

10日　省老年人体育协会、省老龄办、省妇联联合以晋老体字［2004］2号文下发《关于评选第六届健康老人的通知》。

4月

22日　老龄办负责人王进龙率办公室李喆、杨晨明和雷锡宝三同志深入到太原市杏花岭区的五个社区就创建老龄工作先进县（市、区）的工作进行了调研。

6月

1日—7月5日

由各市、地老龄办负责人组成的全省老龄工作先进县（市、区）检查考核组，在省老龄办负责人王进龙的率领下，历时35天，从南到北辗转检查了11个市、16个县（市、区）、13个单位、19个乡（镇）、11个街道办事处、26个老龄办公室、12个社区、34个行政村、9个敬（养）老院、37个老年活动室、38所老年大学，通过听取汇报，实地查看，召开座谈会，翻阅档案资料，当场提问和走访，比较全面地检查了各地的“创建”活动情况。

7月

30日　经老龄委研究，从全省各市推荐申报的27个老龄工作先进县（市、区）、45个先进单位中向全国老龄委申报8个“全国老龄工作先进县（市、区）”和12个“全国老龄工作先进单位”。

9月

13日—17日

全国老龄办副主任张志鑫率创建全国老龄工作先进县（市、区）活动抽查工作组来山西省检查指导。在省老龄办负责人王进龙的陪同下，检查组一行三人先后深入到太原市的杏花岭区、小店区、长治市城区、大同市南郊区对创建工作进行了检查指导。

25日　由省老龄办主办，珍奥集团山西办事处承办的首届“珍奥杯”全国银龄美大赛山西赛区决赛在太原煤炭大厦落下帷幕。参加决赛的15名选手是从全省各地推荐的98名参赛选手中经过一个半月的初赛筛选出来的。

决赛从健康生活、知识阅历、仪表仪态、文化才艺四个方面，通过声乐、器乐、模特、舞蹈表演和答题等形式进行综合考评，最终评出金奖1名、银奖2名、铜奖4名、优秀奖8名。

26日　上午九时在太原湖滨会堂召开庆祝老年节暨老龄工作先进县（市、区）和先进集体表彰大会。省委常委、常务副省长、省老龄工作委员会主任范堆相，省人大常务委员会党组书记、常务副主任纪馨芳，省政协副主席聂向庭以及部分省级老领导出席会议。大会为全省创建活动中涌现出来的27个“老龄工作先进县（市、区）”和44个“老龄工作先进集体”颁发了奖牌。会后，还为与会代表放映了电影《张思德》。

10月

20日　山西省老年艺术团的舞蹈《老戏迷》节目由省老龄办王亚舟同志带队，参加了中国老年艺术团在全国政协礼堂举行的“红叶风采”重阳文艺晚会。

11月

9日　经省人民政府第36次常务会议通过，任命省老龄办代理副主任王进龙为山西省老龄工作委员会专职副主任（晋政任［2004］55号）。

14日—16日　省老龄委专职副主任王进龙、省老龄办张强二同志参加了全国老龄办在浙江省宁波市召开的全国农村老龄工作座谈会。晋城市老龄办负责人任建林作为基层代表参加了会议，并在大会上作了典型经验交流。

2005年

1月

8日　由全国老龄委办公室、中宣部、教育部、共青团中央和全国妇联联合主办的全国敬老爱老助老主题教育活动在北京人民大会堂举行了表彰大会。山西省由刘书琴同志带队，全省11名获奖代表参加了表彰大会。山西省在这次表彰大会上获得“中华孝亲敬老楷模”特别奖1名、“中华孝亲敬老楷模”提名奖3名、“孝亲敬老之星”122名、“优秀组织者”1名、“敬老好文章”4名。

31日

民政厅在太原青年宫召开“保持共产党员先进性教育”动员大会，厅机关全体人员及下属各单位的全体党员参加了会议。山西省老龄办全体党员参加了会议。

3月

15日　省老龄工作委员会在省政府五号楼常务会议室召开第三次全体会议。省委常委、常务副省长、省老龄工作委员会主任范堆相出席会议并作了重要讲话，省政府副秘书长、省老龄工作委员会副主任王茂社主持会议。省老龄工作委员会副主任郭有勤、白秀平、王进龙和各成员单位的负责同志参加了会议。省委副秘书长、省老龄工作委员会副主任王进喜传达了回良玉副总理在全国老龄工作委员会第七次全体会议上的讲话和全国省级老龄办主任会议精神。省老龄工作委员会常务副主任兼办公室主任、省民政厅厅长郭有勤就2004年全省老龄工作情况和2005年工作安排意见作了报告。

30日　全省老龄工作会议在省职工活动中心召开。参加会议的有省直及各市老龄办主任、工作人员、各市老龄工作搞得好的县级老龄办主任、省老龄工作委员会24个成员单位联络员。省委常委、常务副省长、省老龄工作委员会主任范堆相作了书面讲话。

4月

24日—27日　由全国老龄工作委员会办公室、中宣部等五部委组成的全国敬老爱老助老主题教育活动组委会、山西省人民政府、中国老龄事业发展基金会指导，山西省老龄工作委员会办公室、中国合唱协会同中国老年报社联合主办的“2005年介子推中国介休绵山孝文化节暨全国中老年文化交流大会”在山西省介休市绵山举行。全国政协委员、中国老龄事业发展基金会会长李宝库，中华全国体育总会顾问、亚洲国际奥委会名誉主席徐才，山西省副省长宋北杉等人出席了开幕式。省老龄委专职副主任兼老龄办副主任王进龙参加了开幕式并作重要讲话。

5月

23日　省老龄办以晋老龄办字［2005］15号文向各市老龄工作委员会办公室、省直机关老龄工作委员会办公室下发《关于对老年人权益保障工作进行执法检查的通知》，省老龄办将协同省人大内务司法委员会对全省老年维权工作进行执法检查。

6月

10日　在省城太原市湖滨会堂隆重举行了敬老爱老助老“孝心进社区工程”启动仪式。

7月

5日　全国老龄委发出“创建活动”表彰决定，山西省5个县（市、区）、8个单位受到表彰。受表彰的先进县（市、区）：大同市南郊区、太原市杏花岭区、晋城市阳城县、太原市小店区、长治市城区；先进单位：晋城市老龄工作委员会办公室、大同市老龄工作委员会办公室、平朔煤炭工业公司、太原市万柏林区老龄工作委员会办公室、太原市清徐县老龄工作委员会办公室、太钢集团临汾钢铁公司、吕梁市柳林县老龄工作委员会办公室、运城市老龄工作委员会办公室。

8月

5日　山西省委组织部以晋组干字［2005］239号文件下发《关于调整山西省老龄工作委员会组成人员的通知》。

9月

20日　省民政厅厅长、省老龄办主任郭有勤和省民政厅人教处处长梁志青参加办公室全体人员会议，会上由梁志青处长宣布了续爱峰、李新两名同志的任职决定：续爱峰任老龄办副主任，李新任老龄办副主任兼综合处处长。

21日　省老龄办对内设机构进行了调整并明确了职责。经民政厅党组研究决定，省老龄办内设综合、宣教、权益三个处。综合处负责人李喆，宣教处负责人刘书琴，权益处负责人张强。

10月

9日—10日　由省老龄办主办的山西省老年才艺大赛在省城太原武警俱乐部举行总决赛。该大赛分六类（美术、音乐、舞蹈、戏曲、服饰、特色）进行，共评出金奖12名，银奖16名，优秀奖15名，单项奖12名，组织奖3名，优秀组织奖5名。

11日 由山西省老龄办和山西广电总台“老年福”数字频道在广电总台大演播厅联合举办了山西省老年才艺大赛颁奖晚会，省委常委、常务副省长、省老龄工作委员会主任范堆相出席晚会并作了重要讲话。

27日 省老龄工作委员会常务副主任、省民政厅党组书记、厅长郭有勤向省人大常委会作了关于贯彻实施《中华人民共和国老年人权益保障法》和山西省实施办法的情况汇报。

31日—11月5日 省人大内务司法委员会和省老龄办的主要领导和同志分两组分别对晋城、长治、运城三个市进行了重点执法检查，实地了解和掌握了各市对“一法一办法”的具体执行情况。

11月

16日 办公室工会成立。工会主席李新，委员刘书琴、周晓岚。

22日 省老龄办以晋老办字［2005］34号文下发《关于开展对高龄特困老人进行救助活动的通知》，决定对全省80岁以上高龄特困老人进行一次困难补助，补助费由省老年福利基金支出。全省救助600名高龄特困老人，每人一次性补助人民币300元。共计人民币18万元。

30日 省人大十届二十一次常委会对“一法一办法”的检查情况进行了分组讨论，省老龄委专职副主任王进龙、老龄办副主任续爱峰、李新及李喆、张强、刘书琴、闫鹏等同志参加了分组讨论。

12月

20日 全省省级老龄办负责人会议在太原市老龄办召开。会议议程：讨论、研究并安排2006年老龄通联工作；安排部署2005年老龄事业统计工作；安排部署2006年春节特困老年人救助工作；简要通报2005年老年执法检查情况；研究并安排2006年老龄工作人员培训事宜；通报各市《老年优待证》返款事宜；听取各市2006年老龄工作打算。

21日—25日 中国老龄科研中心学习考察组一行8人在省职工活动中心三楼会议室同省老龄办部分人员就老龄工作进行了座谈。随后，综合处闫鹏随学习考察组深入到长治市的潞城市入户进行了“中国城乡老年人口一次性抽样调查”的追踪调查。

内蒙古自治区2005年老龄工作大事记

3月 老龄委支部一行三人先后到四个社区街道办事处、居委会进行调研。召开了两次座谈会，撰写了题为《树立和谐社会思想　开展老龄工作调研》的调研报告。

4月 自治区老龄办下发了《关于开展“孝心进社区”活动的通知》，盟市所在地都开展了形式多样的活动。

5月 区老龄办和区老年杂志社联合举办全区老年知识竞赛活动。

5月 区老龄办和区北方日报社联合举办了全区老年骑协单车万里行活动。

8月4日—5日 由自治区老龄委主办，锡盟老龄委、民政局承办的全区第九届老年人“松鹤杯”书画赛在锡林浩特市举行。参加的领导有自治区民政厅副厅长杨吉良、老龄委专职副主任张玉忠、助理巡视员刘玉英、自治区文史馆兼文联副主席、国家一级美术师王德功、锡盟副盟长范金星、人大主任张雁卿、政协主席其木格、盟委秘书长周凤臻等。

这次书画赛有近600幅作品参赛，17个代表队参加，评出一、二、三等奖127名，蒙文书法一、二、三等奖23名，80岁以上老年人均获荣誉奖。大赛还评出优秀奖、组织奖。这次书画赛作品数量多、质量高、内容丰富、形式多样，对陶冶老同志的情操，增进友谊和交流，构筑和谐社会起到了积极的促进作用。

8月11—13日 由自治区老龄委主办，包头市老龄委、文化局承办的自治区中西部地区老年人风采大赛在包头市工人文化宫和阿尔丁广场分别举行。中西部8个盟市队参加，共49个节目，人数达600多人，大赛评出了一、二等奖24个，优秀奖10个。这次比赛充分展现了自治区老年人健康、向上的风采。

8月中旬 自治区老龄办和呼和浩特市老龄服务中心、社保中心联合举办了“老年社保在社区”舞蹈比赛。

8月24日 内蒙老龄办下发了《关于在老年节期间开展尊老敬老活动的通知》（蒙老工办发［2005］7号）。随后各地老龄办在当地党委和政府的领导下，积极主动地与各有关部门密切配合，广泛开展了尊老敬老爱老助老活动。

9月初 区老龄办和珍奥集团联合举办老年健身科普讲座。

9月27日 自治区老龄委和党委老干局联合举办了纪念抗日战争胜利60周年文艺汇演。

10月3日 通辽市老年艺术团赴北京参加全国老年文艺汇演。

10月 内蒙老龄办起草了关于“十五”社会发展规划的执行情况和“十一五”社会发展规划的基本思路的报告，上报民政厅和发改委。

12月 自治区老龄委、老年体协、总工会、妇联、党委老干局5家决定对全区第五届“健康老人”共53名进行奖励表彰。他们的年龄都在80岁以上，其中年龄最大的为包头市管代（女，111岁）。

黑龙江省老龄工作大事记（2003—2005）

2003年

1月

5日 印发《2003年全省老龄工作要点》。

3月

5日 省老龄办专职副主任杨铁生参加哈尔滨市老龄（退管）工作会议。

24日 省老龄办专职副主任杨铁生到佳木斯市参加佳木斯市老龄工作会议。

4月

8日 龙江夕阳红网站试运行。

11日—12日 省老龄办沈玉成主任参加全国省级老龄办主任会议。

5月

15日 在省政府306会议室召开省老龄委第三次会议，省老龄委主任、副省长王东华出席会议并讲话，会议通过了调整增补省老龄工作委员会组成人员、成员单位2003年办实事计划等事项。

16日 省民政厅党组印发《关于王刚同志任职的通知》，王刚同志任省老龄办副秘书长。

7月

14日 与新华人寿保险公司哈尔滨分公司联合开展“关爱老人，服务社会”系列公益活动。

23日—31日 全国人大内司委执法调研组到黑龙江省对《老年法》的执行情况进行调研。

8月

27日—31日 省老龄办专职副主任杨铁生到兰州市参加全国部分省市老龄办负责人座谈会。

31日 省老龄委、省老年协会在北方剧场举行庆祝2003年老年节文艺演出。

11月

18日 省委宣传部、省老龄委、省老科协联合举办的龙江论坛老龄问题研讨会，在黑龙江大学举行，省委副书记刘东辉、副省长王东华到会并讲话。

12月

10日 省老龄办根据中共中央办公厅、国务院办公厅关于报刊清理整顿精神，决定《老年学习生活》实行管办分离。

2004年

1月

5日—12日 省老龄办派4个组到地市检查老龄工作先进县（市、区）创建工作。

2月

3日 在哈尔滨市召开部分地市老龄办主任座谈会。

9日 省老龄办专职副主任杨铁生到青岛市参加全国省级老龄办主任会议暨创建先进县（市、区）会议。

18日 省老龄办专职副主任杨铁生到哈尔滨市老龄办参加老年人法律救助中心成立大会。

23日 修改省老龄办规章制度。

3月

5日 省老龄办专职副主任杨铁生到齐齐哈尔市参加齐齐哈尔市区、县老龄办主任会议。

31日 省老龄委第四次全体会议暨市地老龄办主任会议在哈尔滨召开，全国老龄办副主任袁新立，副省长、省老龄委主任王东华出席会议并讲话，省政府副秘书长、省老龄委副主任赵文洲主持会议并在会议结束时作了讲话。

4月

16日—25日 省老龄办工作人员及部分地市老龄办主任一行30人赴苏、浙、沪进行学习考察。

27日 省老龄办专职副主任杨铁生赴加格达奇市参加大兴安岭地区老龄工作会议。

5月

12日 省老龄办专职副主任杨铁生到佳木斯市

参加佳木斯市老龄工作会议。

6月

25日　完成CCTV“健康老人”电视大赛吉林赛区黑龙江省赛区评选工作。

7月

18日　接待浙江省老龄办赴黑龙江省考察团。

26日　省老龄办专职副主任杨铁生陪同省政府副秘书长、省老龄委副主任赵文洲到哈尔滨、牡丹江、大兴安岭地区检查“创建”工作。

8月

24日　完成“孝亲敬老之星”汇总推荐上报。

26日　省老龄办专职副主任杨铁生陪同全国老龄办副主任赵宝华到齐齐哈尔市检查“创建”工作。

31日　省老龄办专职副主任杨铁生到哈尔滨市参加庆祝老龄事业发展20周年大会。

9月

14日　黑龙江省选手获得CCTV“健康老人”电视大赛吉林赛区决赛银奖1名、三等奖3名。

25日—26日　举行首届“珍奥杯”全国银龄美大赛黑龙江赛区选拔赛。

25日　王喜元老人获CCTV“健康老人”电视大赛决赛第5名。

11月

13日　省老龄办专职副主任杨铁生到宁波市参加全国农村老龄工作座谈会。

2005年

1月

8日　全国敬老爱老助老主题教育活动表彰大会在北京隆重召开，黑龙江省李景荣获“孝亲敬老楷模”特别奖，谢焕江获“孝亲敬老楷模”提名奖，130人获“孝亲敬老之星”称号。

31日　全体机关党员干部到省社会福利院参加省民政厅保持共产党员先进性教育动员大会。

2月

2日　在省社会福利院参加王东华副省长保持共产党员先进性教育专题报告会。

25日　省老龄办专职副主任杨铁生参加在广州召开的全国省级老龄办主任会议。

3月

28日　省老龄委第五次全体会议暨地市老龄办主任会议在蕾博尔大厦召开，副省长、省老龄委主任王东华，省政府副秘书长、省老龄委副主任赵文洲出席会议，王东华副省长在会上作了重要讲话。会议审议通过了《2005年省老龄委成员单位办实事计划》。

4月

26日　省委印发《中共黑龙江省委关于沈玉成等同志任职的通知》（黑发干字［2005］102号），经2005年4月20日省委常委会议决定，沈玉成同志任省老龄委办公室党组书记、杨铁生同志任党组副书记。

6月

16日—17日　全省基层老龄工作推进会议暨经验交流会议在牡丹江市召开，全国老龄办副主任曹炳良、政研部副主任吴秋风、省政府副秘书长、省老龄委副主任赵文洲参加会议，曹炳良副主任、赵文洲副秘书长作了讲话。

23日　省老龄办被评为省直精神文明单位。

30日　省老龄办全体党员干部到省社会福利院参加省民政厅庆祝建党八十周年暨先进性教育活动总结表彰大会。

7月

18日—19日　接待中国老龄科研中心主任台恩普一行5人。

9月

24日　省委书记宋法棠在省老龄办工作汇报上批示：“我省老龄系统做了大量的工作，取得了较为显著的成绩，老龄工作需要给予人力、财力、必要的支持。所提问题请同战、东华、继纯、宗杰同志帮助解决。”

26日　省老龄办专职副主任杨铁生到齐齐哈尔市参加齐齐哈尔市基层老龄工作现场（经验交流）会议。

吉林省老龄工作大事记（2003—2005）

2003年

1月

22日　李斌副省长带领有关部门领导走访慰问老年人。在省老龄办常务副主任李树清和长春市副市长、市老龄委主任田中林、市民政局局长李旸、市老龄办副主任王兵印等领导同志的陪同下，走访了长春市二道区东站十委益寿院、吉林华康老年病医院，看望、慰问住在这里的老人们，还走访慰问了二道区南八道街的百岁老人谭文清，并通过他们向全省老年朋友致以羊年春节的问候。

2月

5日 长春市发布《老年活动站（室）管理暂行办法》。

20日 省老龄办常务副主任李树清同志带领有关人员，再次深入到对口帮扶点安图县永庆乡勇进村进行走访慰问。并将筹到的扶贫项目资金3万元人民币，亲手送到村党支部书记手中。

7月

8日—9日 召开全省市州老龄办负责人会议，总结上半年工作，安排下半年工作。省老龄办常务副主任李树清及九个市州老龄办专职主任参加了会议。

9月

1日 全省各地欢庆吉林省第五个老年节。由省老龄工作委员会办公室、省老年福利基金会主办，省华侨国际旅行社协办的全省欢庆第五个老年节庆祝大会，在长春市文化广场拉开序幕。

10月

21日—22日 全省社区老龄工作经验交流会在长春召开。全省各市、州老龄办主任和部分市（县）老龄办主任及典型单位的代表，共计70多人出席了会议。这次会议是吉林省第一次召开的专题研究社区老龄工作的会议，目的是交流社区老龄工作经验，进一步推动全省社区老龄工作的深入发展。

11月

下旬—12月上旬 省老龄办组成4个考核工作小组，分别到9个市州进行老龄工作年终考核。考核内容包括规划与投入、组织机构建设、宣传教育、老年维权、老年服务设施及队伍建设、调查研究、开展老年文化体育活动、助老工程等八个方面。

2004年

2月

26日 全省市州级老龄委办公室主任会议在长春召开。参加会议的有各市州老龄办负责人，部分县（市、区）老龄办负责同志和典型单位的代表，共20多人。会上，传达了全国老龄委第六次全体会议精神和副省长李斌同志在全省民政工作会议上有关老龄工作的讲话精神；9个典型单位介绍了开展老龄工作的先进经验；省老龄办常务副主任李树清同志总结2003年老龄办工作情况，并对2004年的老龄工作作出部署。

4月

8日 省老龄办常务副主任李树清等一行三人在吉林市老龄办杨晶副主任的陪同下前往吉林市船营区就社区老龄工作开展调研。

5月

13日 全省“青少年爱老义工服务”活动启动仪式在长春举行。出席启动仪式的领导有副省长、省老龄工作委员会主任李斌同志，省政府副秘书长、省老龄工作委员会常务副主任刘长生同志。省老龄委、省委宣传部、省文明办、省教育厅、团省委、省妇联等“爱老义工服务”活动主办单位的领导同志及省慈善总会的领导同志出席了启动仪式。参加启动仪式的还有长春市22中学、双丰小学、吉林体育学院、长春师范学院的师生600多人。启动仪式由省民政厅厅长、省老龄委副主任朱克民同志主持。

7月

20日—22日 东北三省第五届老年书画展暨吉林省第十三届老年书画展在长春举行。出席画展开幕式的有省政府副秘书长、省老龄委常务副主任刘长生，原省级老领导张凤岐、谷长春、徐元存、高文、方建宇等同志。省老龄办常务副主任李树清、黑龙江省老年书画研究会的领导也出席了开幕式。刘长生副秘书长代表省政府在开幕式上致词。此次展出老年书画700多幅。

9月

1日 吉林省第六个老年节庆祝大会在长春召开，李斌副省长出席大会并作重要讲话。老年节的主题是：“振兴吉林、老有所为，全民关怀、老有所乐”。参加庆祝大会的有副省长、省老龄委主任李斌，省政府副秘书长、省老龄委常务副主任刘长生，省民政厅厅长、省老龄办主任朱克民，原省级老领导张凤岐、任俊杰、高文，省老年基金会副会长高树山、张文生、谢洪义及省老龄办常务副主任李树清等同志。庆祝大会由朱克民同志主持。

21日—27日 国家抽查组完成对吉林省老龄工作先进县（市、区）的检查。全国老龄办副主任张志鑫、政研部副主任吴秋风、纪检组处长柏娟一行三人组成的创建活动抽查组，到吉林省对申报创建全国老龄工作先进县（市、区）的单位进行了检查。抽查组在省老龄办常务副主任李树清的陪同下，分别到长春市朝阳区、镇赉县、四平市铁西区、汪清县四个全国老龄工作先进县（市、区）的申报单位进行检查。每到一地，抽查组都感受到了当地党委、政府对老龄工作和创建工作的高度重视。抽查组着重对老年大学、老年活动中心、老年公寓等老龄工作硬件设施建设进行了实地检查。

10月

10日 庆祝国际老人节，全省开展慰问百岁老人活动。省老龄委、省慈善总会决定在全省范围内走访慰问226名百岁老人。

2005年

1月初—2月

全省开展救助特困老人慰问百岁老人活动。两节期间，全省老龄办、省慈善总会联合开展了“救助千名特困老人，慰问百岁老年人，为老年人送温暖”活动。春节前夕，副省长、省老龄委主任李斌同志在长春市副市长田中林同志及省老龄委办公室常务副主任李树清同志的陪同下，走访慰问了长春市两户特困老年人，拉开了吉林省老龄系统走访慰问救助特困老年人的序幕。

2月

11日 省老龄办、省慈善总会共同举办的“2005年救助全省千名特困老年人行动”在通化、白山两市正式启动。救助范围为全省城乡的特困老人，包括已享受最低生活保障的社会孤、老、残人员和农村中生活特别困难的五保老人，在生活就医等方面存在特殊困难的有子女老人。此次救助标准每个特困老人600元，所需资金由慈善总会从省“双日捐”捐款拨30万元及地方匹配30万元，共计60万元。

3月

17日 全省市州老龄办主任、省直联络员会议在长春召开。会议传达了回良玉副总理在全国老龄委第七次全体会议上的讲话精神和全国省级老龄办主任会议精神；省老龄办常务副主任李树清同志作了工作报告；表彰了全省老龄系统先进集体和先进工作者，还表彰了61个省级敬老文明社区（村）、乡（镇、街），58个省级基层老年人协会和58个老年人协会会长。各市州老龄办主任、省老龄委各成员单位联络员、先进集体和先进个人代表共70多人参加了会议。

5月

31日 吉林省“珍奥敬老爱老助老孝心工程”启动仪式在长春举行。“珍奥敬老爱老助老孝心工程”是按照今年全国老龄办组织开展的“孝心进社区工程”活动的部署，结合吉林省实际开展，由省老龄委办公室主办，珍奥集团吉林分公司承办。

8月

26日—9月1日 全国老龄办副主任赵宝华带领工作人员一行2人来吉林省就老龄工作开展调研。省老龄办常务副主任陈双喜汇报了吉林省的老龄工作情况，赵宝华副主任对吉林省城镇社区老年活动设施建设全省覆盖给予了高度赞扬，并对吉林省的老龄工作给予了充分肯定。在省老龄办工作人员陪同下，赵宝华副主任一行还先后到通化市、白山市和延边州，深入到部分社区、村考察了基层老龄工作，分别听取了各地老龄办及延边州老年人协会主要领导的工作汇报。

31日 吉林省第七个老人节庆祝大会在长春隆重召开。省政府副秘书长、省老龄委常务副主任刘长生及省老龄委成员单位的负责同志，原省级老领导冯锡铭、徐元存、任俊杰、高文同志，省老年福利基金会副会长高树山、张文生、谢洪义同志及各界老年人代表近1千人参加大会。大会由省老龄办常务副主任陈双喜主持。会上省政府副秘书长、省老龄委常务副主任刘长生作了重要讲话。

9月

19日 全省“青少年爱老义工服务”活动经验交流暨表彰会在长春举行。这次会议是由省老龄办、省委宣传部、省文明办、省教育厅、团省委、省妇联等6部门联合召开。参加这次会议的有副省长、省老龄委主任李斌，省政府副秘书长、省老龄委常务副主任刘长生，省民政厅厅长、省老龄办主任朱克民，省老龄办常务副主任陈双喜及省直有关部门的负责同志，各市州老龄办负责同志，典型经验单位代表，荣获爱老义工服务活动先进集体、先进个人、敬老好文章和优秀组织奖的代表共70余人。会议由刘长生同志主持。李斌副省长在会上作重要讲话。

10月

11日 10月11日是我国的重阳节，在这个传统的敬老节日里，副省长、省老龄委主任李斌，省老龄委办公室常务副主任陈双喜及省老龄办工作人员一行来到吉林华康老年病医院，对住院老年人进行了慰问，并与部分老年人、医护人员进行座谈。

31日 省老龄办常务副主任陈双喜同志向省人大内司委作了关于吉林省九年来贯彻实施《老年法》情况的汇报。各位委员对吉林省贯彻实施《老年法》的总体情况和取得的成绩，给予了充分的肯定，对汇报的情况表示满意，同时也提出了一些意见和建议。

辽宁省老龄工作大事记（2003—2005）

2003年

6月

23日—7月24日 省老龄办配合省人大内司委到丹东、锦州、阜新和鞍山4个市就贯彻执行《老年人权益保障法》情况进行调研。

7月

14日 省办下发2003年度市级老龄工作目标考核方案，对全省老龄工作实行目标管理考核，并于年终进行评比。

8月

15日 辽宁省“银龄行动”13名老年医疗专家赴青海进行医疗援助。

10月

18日 辽宁省“银龄行动”选派的13名医疗专家结束为期两个月的医疗援助活动。

11月

17日 下发创建全国老龄先进县（市、区）及省老龄工作先进乡、镇、街评比标准，正式在全省范围内开展创建活动。

2004年

5月

12日 副省长、省老龄委副主任闫丰主持召开了第27次省政府业务会议。会议决定省老龄办高配一名副厅级干部任专职主任；理顺省老龄办人事关系；从福彩中解决老龄活动经费；参照省里模式理顺各市老龄工作机构。

6月

10日 辽宁省人民政府发文《辽宁省人民政府关于加快养老产业发展的意见》（辽政发［2004］19号）。指出了充分认识加快养老产业发展的重大意义，制定了辽宁省养老产业发展的指导思想、发展目标、基本思路和采取的措施，促进了养老产业的发展。

8月

4日—5日 按照常务副省长、省老龄委主任许卫国指示，省老龄办主任孙艳华、副主任张仁民、沈阳市老龄办主任许振民、鞍山市老龄办主任李永江一行4人，对山东省老龄工作情况进行了全面学习考察，并向省委省政府写出了专题报告，推动了辽宁省老龄工作的不断发展和机构编制设置的进程。

15日—9月30日 根据全国老龄办、中宣部、教育部、共青团中央、全国妇联联合下发《关于在全国青少年中广泛开展敬老爱老助老主题教育活动的通知》（全国老龄办发［2003］8号），认真研究和部署活动的开展。省评委会对14个市上报的推荐单位和个人进行了认真评审，经报全国主题教育活动评委会批准，辽宁省获“优秀组织奖”单位1个，评出“孝亲敬老之星”88名。

17日 召开省老龄委第三次全体会议，即新一届老龄委调整后的第一次会议。会议通过了《辽宁省老龄工作委员会工作制度》和《辽宁省老龄工作委员会成员单位职责》。

9月

6日—8日 省老龄办在鞍山市台安县召开各市老龄办主任会议暨基层老年协会现场经验交流会。省老龄办主任孙艳华传达了省老龄委第三次全体会议精神，交流了基层老年人协会工作经验，并实地考察了台安县老年人协会建设和活动开展情况。

16日 省人事厅发《关于辽宁省老龄工作委员会办公室依照公务员制度管理的复函》（辽人函［2004］52号），确定省老龄办人员依照公务员管理。

27日 省老龄办在沈阳举办辽宁省首届“珍奥杯”银龄美大赛。参加决赛选手42人，评选出3人参加全国首届“珍奥杯”银龄美大赛。

10月

26日 省老龄办发《关于省老龄工作委员会办公室职能和机构编制的请示》（辽老龄办发［2004］29号），请省编委研究解决省老龄办机构编制，增加人员，增内设机构。

11月

11日 省老龄办汇报省老龄办的办公用房问题，得到了发改委的支持，决定2005年立项研究解决。

12月

10日 常务副省长、省老龄委主任许卫国听取省老龄办工作汇报和省老龄工作会议准备情况。许卫国常务副省长对省老龄办的工作给予充分肯定和高度评价。

2005年

1月

17日　以省政府名义召开五年一次的全省老龄工作会议。参加会议400人，全国老龄办常务副主任李本公专程到会讲话，常务副省长、省老龄委主任许卫国作重要讲话。会议表彰了109个老龄工作先进单位和133名老龄工作先进工作者。

2月

3日　由省老龄办组织，常务副省长、省老龄委主任许卫国和沈阳市领导，省民政厅领导走访慰问了百岁老人、特困老人和养老院老人。

3月

10日—11日　省老龄办在营口召开全省市级老龄办主任会议，传达回良玉副总理在全国老龄委第七次全体会议上的讲话和全国老龄办常务副主任李本公在全国省级老龄办主任会议上的讲话，讨论省老龄办2005年工作要点，部署各市落实全省两个老龄会议督察工作。

15日　省老龄委发《关于督办省老龄工作会议精神落实情况的通知》（辽老龄委发［2005］2号）。4月10日至5月15日，省老龄办分三组对14个市贯彻落实省老龄工作会议情况进行督办。督办后，向省政府写出了专题报告。

4月

3日　省老龄办主任与省财政厅研究解决2005年老龄活动专项经费；按每位老人提取0.5元作为老龄活动专项经费，已在福彩收益中列支保证。

12日　全国老龄工作委员会下发《关于表彰“全国老龄工作先进县（市、区、旗）”和“全国老龄工作先进单位”的决定》。辽宁省台安县、东港市、沈阳市和平区、沈阳市沈河区、鞍山市铁东区、营口市老边区被评为“全国老龄工作先进县（市、区）”；辽宁省民政厅、中共辽宁省委老干部局、沈阳市老龄办、鞍山市老龄办、阜新市老龄办、抚顺市老龄办、大连西岗区老龄办被评为“全国老龄工作先进单位”。

5月

31日　省老龄办会同省委宣传部、省教育厅等部门，举办向全省青少年赠送《中国敬老故事精华》一书活动。原省人大常委会主任、省老龄委顾问王光中参加启动仪式并讲话。

6月

29日—30日　省老龄办召开省老龄委成员单位和部分市老龄办主任会议，研究讨论国家《关于加强老年人优待工作的指导意见》。

7月

11日　常务副省长、省老龄委主任许卫国听取省老龄办主任工作汇报：全省14个市贯彻落实省老龄工作会议情况；修改《辽宁省老年人权益保障条例》和《辽宁省老年人享受优惠优待规定》进展情况。

19日—20日　省老龄办在丹东市五龙背召开工作会议，讨论修改《辽宁省老年人权益保障条例》。

28日—29日　省老龄办在沈阳召开省市级老龄办主任会议，讨论省老龄办关于《全省贯彻落实省老龄工作会议督察督办情况报告》；讨论修改《辽宁省老年人权益保障条例》；部署2005年下半年工作。

8月

24日—25日　省老龄办在丹东五龙背组织辽宁省“夕阳风采”老年人中国象棋、钓鱼大赛。有效地推动了全省老年人文化体育活动，丰富老年人文化娱乐生活。

9月

6日—7日　省老龄办在沈阳举办辽宁省首届夕阳风采文艺大赛。副省长、省老龄委副主任闫丰参加开幕式并讲话。1200名老年人参加预赛，283人参加决赛，大赛取得圆满成功。

11日　省老龄办召开部分市级老龄办主任会议，讨论研究国家老龄事业发展“十一五”规划。

19日　省老龄办向各市下发《关于报送老龄事业“十一五”发展规划的通知》（辽老龄办发［2005］31号），开始研究制定《辽宁省老龄事业发展“十一五”规划》启动工作。

22日　召开省老龄工作委员会第四次全体（扩大）会议。会议由副省长、省老龄委副主任闫丰主持，省老龄办主任孙艳华作《关于贯彻落实省老龄工作会议精神情况报告》和修改《辽宁省老年人权益保障条例》说明报告，会议通过了《条例》，并报省人大内司委立项。

28日—30日　省老龄办在沈阳举办辽宁省老年知识电视大赛。15个代表队参赛，6个代表队参加决赛。决赛实况在辽宁电视台“重阳节”黄金时间向全省播放。

10月

8日　省老龄办在沈阳举办“孝心进社区活动”启动仪式。副省长、省老龄委副主任闫丰和省老领导陈素芝、吕炳华参加启动仪式，省老龄办主任孙艳华到会讲话，组织4000多名老人观看了反映母爱的话剧《疯娘》。

14日　省民政厅会同省老龄办研究制定出台了《辽宁省实施“敬老行动”三年发展规划的意见》（辽委办发［2005］36号）。提出了开展“敬老行动”的重要意义，制定了“敬老行动”的指导思想、总体目标和主要措施。省委、省政府决定，从2005年10月起，利用三年的时间在全省城乡全面开展“敬老行动”，唱响养老工作，积极探索政府倡导资助、社会力量积极兴办和参与的养老产业发展道路，逐步建立同经济发展和社会需求相适应的社会养老服务体系、管理体制和运行机制，不断满足老年人日益增长的养老需求。

11月

14日 省老龄办主任孙艳华与省编办政府处田季处长研究省老龄办增编、增人问题，决定从军队转业干部中选调1名团职和营职干部到省老龄办工作。

24日 省老龄办在盘锦市召开市级老龄办主任会议。会议研究讨论《辽宁省老龄事业发展“十一五”规划》。

12月

9日 召开省老龄委成员单位联络员会议，讨论修改《辽宁省老龄事业发展“十一五”规划》。

15日 省老龄办召开辽宁省老龄产业协会成立大会。副省长、省老龄委副主任闫丰，原省政协副主席、省老龄顾问李国忠到会并讲话。60多个会员单位共200多人参加了成立大会。

22日—23日 省老龄办在铁岭市召开市级老龄办主任会议。省老龄办主任孙艳华做2005年工作总结；部署2006年工作要点；讨论制定辽宁省市级老龄工作先进单位评比标准。

江苏省老龄工作大事记（2003—2005）

2003年

1月

20日 江苏省老龄办向全国老龄办报送江苏省理顺地、县级老龄工作机构的情况。13个地级市成立了老龄工作机构，从事老龄工作的专职人员为68人（行政编制16人，事业编制52人）。108个县（市、区）中已成立老龄工作机构的有102个（徐州市5个区县、宿迁市1个区尚未成立）。从事老龄工作的专职人员为288人（行政编制138人，事业编制150人）。部分县（市、区）无专职人员。

2月

21日 省老龄办下发《关于加强社区老龄工作的通知》（苏老工办［2003］3号）。

24日 省老龄办向全国老龄办呈送《江苏省特困老人生活状况调查报告》（苏老工办［2003］5号）。

3月

11日 省老龄办发文各市，要求开展老龄调研工作。

4月

8日 省民政厅向省政府报告原省老龄问题委员会及其下属单位有关情况（苏老办［2003］2号）。

28日 省老龄办下发2003年工作要点。

30日 省老龄办转发民政部副部长、全国老龄办常务副主任李宝库在全国老年维权工作暨经验交流视频会议上的重要讲话和省民政厅厅长、省老龄办主任顾汉萍的发言。

5月

10日 省老龄办、省司法厅、省公安厅联合发文，转发全国老龄办、司法部、公安部《并于加强维护老年人合法权益工作的意见》（苏老工办［2003］10号）。

13日 省老龄办发函，征求《〈江苏省老龄事业发展“十五”计划纲要〉实施单位任务分解表》修改意见。

13日 省老龄办发出关于积极配合做好防治“非典”工作的通知。

24日 省老龄办转发全国老龄办《关于认真做好老年人权益保障和执法监督工作的通知》（苏老工办［2003］14号）

28日 省老龄办发函至省级机关事务管理局，商请确认老年公寓建设用地的问题。

6月

2日 省民政厅向南京市河西开发指挥部发函，申请江苏省老年公寓立项。

2日 省老龄办下发关于开展创建老龄工作先进单位和争当敬老先进个人活动的通知。这是省老龄工作委员会成立以来首次评选表彰活动，以后原则上每三年评选表彰一次。

2日 省老龄办发《关于加强老年群众文化组织建设开展基层老年文化活动的通知》（苏老工办［2003］16号）。并要求对老年文化艺术团体进行统计。

9日 省民政厅向省委办公厅呈送《关于调整省

老龄工作委员会组成人员问题的报告》（苏老办［2003］6号），建议增加团省委和省旅游局两个单位为成员。

24日　省老龄办发文要求各地推荐“全国老龄新闻奖”评选作品。

7月

17日　省老龄办发文转发全国老龄办《关于认真贯彻回良玉同志重要批示的通知》。

18日　省老龄办发文至南京、苏州、无锡、常州、常熟市老龄办，要求组织开展助老救灾捐赠工作。6月下旬以来，淮安、宿迁、盐城、扬州、泰州等地发生了严重的洪涝灾害，这是针对灾区广大老年人的救助活动。

30日　省老龄办发出通知，要求报送地县级老龄工作机构理顺情况、基层老年人协会基本情况。

8月

25日　省老龄办在南京召开全省老龄宣传协调工作座谈会。

9月

16日　江苏省老龄工作委员会办公室、江苏省委宣传部、江苏省教育厅、共青团江苏省委、江苏省妇女联合会联合发出《关于转发〈关于在全国青少年中广泛开展敬老爱老助老主题教育活动的通知〉的通知》。

26日　受蒋定之常务副省长、何权副省长委托，张大强副秘书长召开省老龄工作委员会第三次全体会议，听取2002年以来老龄工作汇报，研究部署当前及今后一个阶段的老龄工作。省老龄委各成员单位的有关同志参加了会议。

27日　省老龄办和南京市老龄办在南京鼓楼市民广场联合举办为老服务大型广场咨询活动。

29日　在南京召开全省创建老龄工作先进单位、争当敬老先进个人总结表彰大会。江苏省老龄工作委员会发出《关于表彰2002－2003年度江苏省老龄工作先进单位、敬老先进个人的决定》。共表彰老龄工作先进单位100个、敬老先进个人100名。省民政厅厅长、老龄办主任顾汉萍在会上作了关于全省老龄工作的报告，总结交流近年来全省老龄工作情况，部署了当前及今后一个阶段老龄工作任务。省政府常务副省长蒋定之作了重要讲话。

省老年艺术团重阳节赴京汇报演出。

2004年

1月

2日　江苏省老龄工作委员会以苏老龄委［2004］1号文，发出《关于调整省老龄工作委员会委员的通知》。调整后的委员名单如下：

杨承志、耿广平、陈尧、林一峰、顾传勇、姜映梅、凌航、周建、黄晓平、徐文宝、酆祥林、王慧芬、唐维新、黄信、李一宁、王传明、胡永辉、王爱国、戈雪芬、柏志英、李国华。这是老龄委成立以来由于人事变动和工作调整原因进行的第3次调整。

4月

1日　省老龄办下发2004年工作要点。

1日　江苏省老龄办根据全国老龄工作委员会关于在全国开展创建老龄工作先进县（市、区）活动的通知精神，在全省开展申报老龄工作先进县（市、区）的活动。申报采取自下而上的办法，由县（市、区）老龄委提出申请报告，报上一级老龄委。并印发了有关评选考核程序及标准。

12日—13日　在南京市召开全省各市老龄办主任会议。传达学习在青岛召开的全国省级老龄办主任会议暨创建老龄工作先进县（市、区）座谈会以及全国部分省、市、区老年基金组织负责人座谈会精神；传达贯彻2004年全省老龄工作要点；交流各市老龄工作。

26日　省老龄办请示省政府关于实施“银龄行动”的有关问题，并提交了江苏省“银龄行动”实施方案。

5月

20日　民政部下文表彰全国“星光老年之家”先进单位和“实施星光计划”先进个人的决定。江苏获表彰的单位为：南京市建邺区南苑街道兴达社区“星光老年之家”、丰县老年公寓、苏州市沧浪区葑门街道老年活动中心。获表彰的个人为：徐鸿（南京市秦淮区民政局局长）、费德炎（无锡市民政局社会福利和社会事务处处长）、徐卫国（镇江市民政局副局长）。

20日　省老龄办下发2004年老龄宣传工作的要点。

20日　省老龄办发文要求各地开展老龄调研工作。

24日—26日　省老龄办在江阴市召开基层老年人协会规范化建设座谈会。全国老龄办副主任赵宝华出席会议并讲话。

6月

4日　省老龄委下发《关于与云南曲靖、临沧市结对开展“银龄行动”试点的通知》。

22日　省老龄办转发全国老龄办关于开展老龄事业统计工作的通知。

7月

16日　省民政厅致函省发展和改革委员会，请求批准《江苏省老年公寓项目可行性研究报告》，该报告是委托上海华东建设发展设计有限公司制定的。11月22日，省发改委对此进行了批复，对项目的各项指标作出了具体规定。

8月

16日　省民政厅老龄办请示省国土资源厅对省老年公寓项目申请办理用地的预审。8月27日，经省国土资源厅预审，原则同意该项目通过建设项目用地预审，并提出相关预审意见。

20日　省老龄办向全国老龄办汇报了《关于创建全国老龄工作先进县（市、区）工作考核情况及推荐意见的报告》。同时附上江阴市等20个县（市、区）的申报名单。

9月

1日　省老龄办发文支持举办首届“珍奥杯”全国银龄美大赛。

9日　省老龄办下发关于加强基层老年人协会规范化建设的意见。对基层老年人协会的目标任务、规范化建设标准提出了具体要求。

10月

18日　江苏省委以苏委［2004］326号文，发出《中共江苏省委关于调整省老龄工作委员会组成人员的通知》。调整后的省老龄委主任为王湛，副主任为朱步楼、柯广坚、赵顺盘、陈凤鸣。

这是省委从老龄委成立以来由于人事变动情况和工作需要进行的第4次调整。

18日　省老龄办要求各市组织观看电视记录片《无声的革命——中国老龄行动报告》。

12月

10日　省老龄办转发全国老龄办常务副主任李本公同志在全国农村老龄工作座谈会上的讲话。

2005年

1月

8日　全国敬老爱老助老主题教育活动表彰大会在北京人民大会堂隆重举行。江苏省共有103人荣获“孝亲敬老之星”荣誉称号。南京市秦淮区法院副院长金丹捷荣获“中华孝亲敬老楷模”荣誉称号；江阴市华西村原党委书记吴仁宝荣获“中华孝亲敬老楷模”特别奖；常熟市支塘镇蒋巷村党总支书记常德盛荣获“中华孝亲敬老楷模”提名奖；江苏省老龄工作委员会办公室、镇江市团市委、盐城市盐都区教育局、丹阳市司徒镇等4单位荣获“优秀组织者”奖。

10日　省老龄办印发2005年工作要点。

12日　省老龄工作委员会表彰44个2003—2004年度江苏省老龄工作先进县（市、区）。

25日　在南京召开全省老龄办负责人会议。总结回顾2004年老龄工作的情况和经验，研究和部署2005年的老龄工作。

2月

21日　省老龄办发出在全省开展老龄调研工作的通知。

3月

16日　江苏省养老服务协会筹备组与中国老龄事业发展基金会国际合作交流委员会签定协议书，共同开展“中国国际老年休闲养生服务网络项目”合作。江苏省首批入网老年公寓为：无锡市老年休闲中心、常州溧阳天目湖老年福利中心。还有苏州市老年公寓、常熟市老年公寓已符合入网条件。

4月

2日　江苏省老龄办在常州市召开统一换发《江苏省老年人优待证》试点单位座谈会。南京、常州、徐州、淮安、盐城、泰州六市老龄办负责人参加会议并发表了许多建设性意见。

10日　根据省编办批复（苏编办复［2005］25号），江苏省老龄问题委员会已更名江苏省老年协会。同意撤消江苏省老龄问题委员会办公室，同时将其14名全额拨款事业编制划转7名给省老龄工作委员会办公室使用，另外7名予以核销。省老龄工作委员会办公室的全额拨款事业编制由12名增加至19名。

19日　江苏省老龄协会召开成立大会。选举凌启鸿为会长，王凤亭为秘书长。王湛副省长、民政厅赵顺盘厅长到会表示祝贺并讲话。

20日　省老龄办、省老年体协发文，支持珍奥集团江苏公司开展“敬老爱老助老孝心工程”活动。

29日　全国老龄委表彰“全国老龄工作先进县（市、区、旗）”和“全国老龄工作先进单位”。其中江苏省荣获先进县（市、区）称号的有江阴市等8个县（市、区）；荣获先进单位称号的有南京市老龄工作委员会办公室等10个单位。

5月

8日　全国老龄办表彰首批“银龄行动十佳老人”，原苏州市沧浪区教育文体局中高职称马治中获“银龄行动十佳老人”称号，原常熟市农林局农艺师何德旺获“银龄行动十佳老人提名奖”。

12日　召开省老龄委各成员单位联络员会议。主要交流各成员单位2004年的工作情况和2005年的工作计划，为省老龄委第四次全会作准备。凌航副厅长参会并讲话。

16日　省老龄办发文各市，要求上报《江苏省老龄事业发展“十五”计划纲要》和《江苏省实施〈中华人民共和国老年人权益保障法〉办法》执行情况等有关材料。

17日　省老龄办同福建万家旺油脂有限公司联合开展“敬老助老惠老”活动。

6月

22日　民政部确定首批全国养老服务社会化示范活动试点单位，其中江苏的的试点单位为：南京市秦淮区、苏州市金阊区、无锡市滨湖区、常州市武进区。

26日－7月2日　省老龄工作干部首期培训班在溧阳市天目湖虹枫老年休闲中心举办。

27日—28日　省老龄办在常州溧阳市召开全省老龄工作年中分析会，各辖市老龄办主持工作的副主任参加，全国老龄委办公室权益部主任张同春参会。省老龄办副主任王凤亭总结了上半年全省老龄工作并对下半年工作进行了部署。

7月

15日　省老龄办对做好重阳节期间系列敬老活动发出通知。

8月

10日—12日　按照王湛副省长批示，省民政厅副厅长凌航、省老龄办副主任王凤亭和省老年学会1名同志，先后到南通、泰州对民营养老机构的发展状况及运营层面上存在的问题进行调查研究，撰写调查报告报王湛副省长，并被省政府办公厅报国务院办公厅的内部刊物刊用，还被《中国老龄导刊》、《老龄问题研究》等刊用。

10月

11日—14日　江苏省首次举办“中国·南京老年文化艺术节暨2005’江苏老龄产业博览会”。省委副书记冯敏刚出席，副省长王湛致辞。

17日　省民政厅、省公安厅、省财政厅、省老龄委办公室发文，要求开展全省老年人口数据调查统计工作。

11月

2日　江苏省《老年周报》变更主管主办单位，由原省老龄问题委员会主管主办，改为省老龄工作委员会主管、主办。

9日　经民政厅党组研究决定，省老龄工作委员会办公室分管领导由副厅长凌航改为副厅长刘广哲同志。

牛飚接替仲锦任省老龄工作委员会办公室副主任。仲锦、孙青调离省老龄办。

22日　在镇江市召开长江沿岸大中城市第十四届老龄工作友好协作会。长江沿岸有20个地级以上城市、11个县（市、区）老龄委办公室及涉老部门的领导和代表参加了会议。

24日　省老龄工作年终分析会在镇江市召开。

12月

1日　省老龄办同意省妇女儿童活动中心成立江苏省老年女子大学。

7日　省老龄办转发全国老龄办关于报送《2005年老龄事业统计表》的通知。

23日　江苏省养老服务协会在南京正式成立。其主管部门为民政厅。民政厅副厅长陶礼仁任会长。

26日　省体育局、省老龄委办公室、省老年人体育协会联合发文，表彰江苏省老年人“走向十运”健步行活动先进单位共52家。

28日　江苏省老年公寓举行隆重的奠基仪式。省人大常务副主任张艳，副省长、省老龄委主任王湛，省政协副主席李仁，省慈善总会会长俞兴德等领导参加仪式。

浙江省老龄工作大事记（2003－2005）

2003年

1月

3日　省老龄工作委员会、省老年基金会在杭州新新饭店举行为革命老区特困老人送光明活动赠牌仪式，授予浙江大学附属第二医院、浙江省人民医院“为老服务贡献奖”荣誉称号，以表彰两所医院在2002年开展的为革命老区特困老人送光明活动中的无私奉献。

9日　省委副书记、常务副省长吕祖善对为老年人办实事工作做出重要批示：感谢省老龄工委各成员单位及老龄办为全省老人做了大量卓有成效的工作。望再接再厉，在今后几年再为全省老人实实在在地办几件实事。同时要发动各级老龄工委及有关老年组织一起来办实事。请老龄办提出计划，提交老龄工委讨论决定。对所做实事可在新闻媒体上做些宣传。

2月

17日　印度学者、加尔各答大学瑞佳（Raja）

教授来杭访问，与省老龄工委办公室进行人口老龄化问题学术交流，举行了“印度人口老龄化及其对中国的启示”学术报告会。

3月

12日　陈加元副省长听取老龄工作情况汇报，对全省老龄工作提出要求。

4月

7日—13日　经省政府批准，省政府副秘书长楼小东、省老龄委办公室主任黄永正、杭州市老龄委常务副主任方伯炎等5人代表团，同民政部副部长、中国老龄协会会长李宝库的特别助理苏京华同志，赴比利时首都布鲁塞尔，向国际老龄协会执委会陈述申办2004年国际老龄协会大会，并取得初步成功。

30日　陈加元副省长听取省老龄委办公室关于全国老龄办主任会议精神的汇报，决定召开省老龄工委第三次全体会议，研究贯彻落实意见。

5月

12日　省老龄工委办公室转发全国老龄办关于积极配合做好防治“非典”工作的通知，号召各地各级老年组织配合当地党委、政府和有关部门，做好“非典”防治工作。

20日　省委、省政府决定（浙委办［2003］22号），调整省老龄工作委员会组成人员。由陈加元副省长任省老龄委主任，副主任为吴桂英、楼小东、王培民、陈小恩、刘肇美。

27日　省委副书记、省长吕祖善，副省长、省老龄委主任陈加元，副省长巴音朝鲁在江山市调研五保老人集中供养工作，了解五保老人的供养和基本生活情况，看望慰问五保老人。

6月

23日　省老龄工作委员会召开第三次全体会议。副省长、省老龄工作委员会主任陈加元主持会议并作了重要讲话，省老龄委副主任楼小东（省政府副秘书长）、陈小恩（省劳动保障厅厅长）、刘肇美（省委老干部局局长）和各成员单位及省老龄委办公室的负责同志参加了会议。省老龄委副主任、省民政厅长吴桂英作了工作报告，省老龄委办公室主任黄永正传达了全国省级老龄办主任会议精神，劳动保障厅、民政厅、卫生厅、司法厅、体育局的负责同志汇报了本部门的老龄工作。会议研究议定了今后一个时期的重点工作。

25—26日　省老龄委在宁波市召开老龄宣传工作座谈会，省老龄委副主任、省民政厅厅长吴桂英出席会议并讲话，省委宣传部、省广电局及新闻单位的领导和工作人员参加了会议。

7月

1日　省老龄委成员单位联络员会议在萧山东方文化园召开。会议传达了省老龄委第三次全体会议精神，部署安排了下半年的工作。

8日—9日　省老龄委办公室在宁波镇海举办老龄事业统计系统软件应用试点培训班。

30日　省委副书记乔传秀对“三奖”评选表彰活动作出重要批示：此项活动很有意义，有利于推进老龄事业发展，更有利于进一步营造敬老爱老养老的良好社会氛围，也有助于社会文明。

8月

1日　省政府召开在杭州之江饭店召开全省老龄工作座谈会。副省长、省老龄委主任陈加元作重要讲话，省老龄委副主任、民政厅厅长吴桂英代表省老龄委作工作报告。老同志铁瑛、杨彬应邀参加了会议。省政府副秘书长、省老龄委副主任楼小东主持会议。11个市的政府领导和老龄办主任、省老龄委22个成员单位的负责同志参加了会议。

会议座谈交流了一年多来全省老龄工作的开展情况，研究分析了老龄工作面临的新形势和新任务，部署安排了今后一个时期全省老龄工作的重点。

4日—13日　省人大内司委、省老龄委办公室组成老年法执法调研组到温州、平阳、永嘉、湖州、南浔、长兴等地进行执法调研，省老龄办主任黄永正参加。

9月

23日—26日　由省老龄工作委员会、省文化厅、台州市人民政府主办，台州市老龄工作委员会、市文体局、黄岩区人民政府、路桥区人民政府承办的浙江省暨台州市第三届老年文化艺术周在台州市椒江、黄岩、路桥三地同时举行，24日晚在椒江开元广场举行开幕式。副省长、省老龄委主任陈加元宣布开幕，台州市市长瞿素芬致开幕词，赵金勇副市长主持开幕仪式。省老龄委副主任、省民政厅厅长吴桂英，老龄办主任黄永正及省文化厅、台州市有关方面的领导出席了开幕式。开幕式后举行隆重的首场演出。来自全省11个市及台州市9个县（市、区）、8个省直部门共28个老年代表团（队）的近1000名老年人，于24—26日晚上演出6场、90多个节目。

10月

4日　省老龄委组织省法律援助中心、省老卫生工作者协会、省老科技工作者协会、省老年书画研究会、省市青年志愿者协会联合在杭州市武林广场举办庆祝第十六个老人节活动。

12日　9名杭州手工艺老人参加澳门第十一届耆英手工艺展销会。

20日　由省老龄委、省老年基金会组织开展的为革命老区特困老人“送光明”行动启动仪式，在省人民大会堂东侧广场举行，副省长、省老龄委主任陈加元出席启动仪式并致辞。省政府副秘书长、省老龄委副主任楼小东，省老龄委副主任、民政厅厅长吴桂英，省老年基金会名誉会长铁瑛、会长杨彬等领导参加，省老龄委办公室主任黄永正主持启动仪式。送光明行动将为遂昌、开化、衢江、泰顺、磐安、武义等地的300名贫困老人免费治疗白内障。此项活动得到浙二医院、省人民医院和浙江移动通信有限公司的积极合作和大力支持。

23日—27日　国际老龄协会主席马盖瑞先生一行，在全国老龄办副主任、中国老龄协会副会长张志鑫的陪同下，来杭考察浙江省有关国际老龄协会2004年代表大会筹备工作情况。副省长、省老龄委主任陈加元会见并宴请了马盖瑞先生一行。省政府副秘书长楼小东、省民政厅厅长吴桂英、杭州市政府副秘书长冯俊、省老龄委办公室主任黄永正等同马盖瑞一行协议了会议时间、日程、场地、参观游览等重要事项。

11月

17日—20日　全省老龄事业统计系统软件应用知识培训班在杭州举办，11个市、85个县（市、区）的97名老龄工作人员参加培训。

26日—27日　老龄工作交流会在淳安召开，11个市级老龄工委办公室主任参加，省老龄办主任黄永正出席并讲话。

28日　省老龄办在杭州召开社区老龄工作“3587工程”座谈会，杭州市上城区、西湖区、江干区、萧山区，宁波市海曙区、慈溪市，湖州市吴兴区、衢州市江山市等县（市、区）老龄办负责同志和部分社区干部参加座谈。省老龄办主任黄永正、副主任钱小平参加座谈会并作了讲话。

12月

26日　省老年学会、省老龄科研中心在绍兴召开孝文化研讨会，30余名专家、学者和老龄工作者与会。

31日　14名省直部门和有关县市区的老龄工作干部赴联合国老龄问题研究所（马耳他），进行为期12天的培训。

2004年

1月

7日—9日　省老龄办主任黄永正率慰问组到定海、普陀、嵊泗慰问“五老”，并考察老年福利设施和基层老龄工作。

2月

18日　省老龄办召开老龄委成员单位联络员会议，传达全国省级老龄办主任会议暨创建先进县（市、区）座谈会精神，各成员单位汇报2004年度工作要点、办实事的措施和进度。

25日—26日　省老龄办在宁海县召开各市老龄办主任会议，传达全国省级老龄办主任会议暨创建先进县（市、区）座谈会精神，安排部署2004年的老龄工作。

3月

23日　省老龄办召开杭州、宁波、温州、台州市老龄办有关负责人会议，研究社会力量兴办养老机构运行机制课题调研工作。

29日　第八届中华不老城全国中老年体育健身文化交流风采展示大会在萧山东方文化园开幕，民政部副部长、全国老龄办常务副主任李宝库出席开幕式并讲话。

4月

9日　国际老龄协会秘书长蕾娜女士来杭州考察国际老龄协会第十六届大会的筹备情况。

30日　浙江省文史馆、省老龄工委、浙江安贤园、嘉兴市文联在浙江展览馆举行岳飞二十八世孙岳石尘先生遗作纪念展开幕式暨纪念雕塑揭幕仪式，省老龄办主任黄永正出席并讲话。

5月

24日—25日　省老龄办、省财政厅共同召开全省经济欠发达地区老年活动中心建设座谈会，研究部署有关工作。

26日—6月9日　省老龄办主任黄永正率团赴法国，向国际老龄协会汇报国际老龄协会第十六届大会的筹备情况，并到希腊参加国际老龄协会理事会会议。

6月

11日　省老龄办召集各市老龄办主任在杭州开会，交流各地开展创建老龄工作先进县（市、区）活动及考评工作的情况，研究下一步省级评审工作。

15日　由省老龄办和浙江在线新闻网站共同主办的东方老年网在省人民大会堂举行隆重的开通仪式。省长吕祖善发来贺信，副省长陈加元出席仪式并讲话。省老龄委副主任、民政厅长吴桂英，省老龄办主任黄永正等参加。省老龄办副主任钱小平主持开通仪式。

21日—30日　由8个省级部门派员组成的省老龄工作先进县（市、区）评审组，在省老龄办主任黄永正带领下，对瑞安市、路桥区、镇海区、慈溪市、绍兴县、义乌市、上城区、下城区、余杭区9个县（市、区）进行评审。

7月

6日—8日 省老年电大在舟山召开2004年工作会议，研究部署秋季招生工作。

9日—27日 省老龄办和浙江行政学院在省委党校举办全省老龄工作干部培训班，115名市、县（市、区）的老龄工作干部参加了培训。

8月

3日—5日 全国老龄办常务副主任、中国老龄协会会长李本公来浙检查创建老龄工作先进县（市、区）情况，考察国际老龄协会2004年代表大会在杭召开筹备工作。8月3日晚陈加元副省长会见了李本公一行。8月4日上午省老龄委副主任、省民政厅厅长吴桂英和省老龄办主任黄永正汇报全面情况。黄永正主任陪同李本公主任到下城、慈溪、萧山等地进行了考察和调研。

23日—26日 省老龄办在德清县召开农村老龄工作研讨会。

9月

6日—8日 中国社会科学院劳动与社会保障研究中心副主任张翼陪同台湾中央研究院朱瑞玲、于若蓉两位教授，来浙江省检查"家庭动态社会调查"工作。

21日—22日 省老龄办在新昌县召开全省老龄工作交流会，11个市的老龄办主任参加了会议。

10月

19日—23日 省老龄委承办了国际老龄协会第十六届大会。来自法国、比利时、智利、喀麦隆、美国、俄罗斯等13个国家的250余名外宾参加了会议。会议的主题是：今日中国之老年人——健康、参与和保障。吕祖善省长会见了国际老龄协会主席阿勒伯赫·马盖瑞等有关官员。副省长、省老龄委主任陈加元、国际老龄协会主席马盖瑞、联合国人口基金驻华代表西瑞·泰丽雅、中国老龄协会会长李本公等分别在会上讲话。会议期间，与会的代表和专家、学者，围绕"健康长寿"、"新技术与老年人"和"知识的传承"三个议题展开了学术研讨，提出了解决世界人口老龄化问题的对策建议；在孤山举行了千名"中外老年人大联欢"；实地考察参观了省老年活动中心、杭州西湖、桐乡乌镇等地。《人民日报》、新华社、《中国日报》、《中国老年报》、《浙江日报》、浙江人民广播电台、浙江电视台等30多家新闻媒体作了报道。吕祖善省长称赞"这次国际老龄协会大会在浙江召开非常成功，起到了促进交流、增进友谊、扩大宣传的效果"。

20日—26日 第四届浙江省老年文化艺术周在杭州举行，其主题是"讴歌神州美景，展示老年风采"。全国老龄委办公室常务副主任李本公、省委副书记乔传秀出席艺术周开幕式。本届老年文化艺术周推出"三展一会"：浙江老年书画大赛获奖作品展，浙江中老年摄影大赛获奖作品展，浙江省耆英集邮和工艺美术精品展以及"第十七个老人节电视晚会"。全省有4100余支老年文艺团体参与老年文化艺术周活动，参加活动的老年人达13.46万人。

11月

5日—13日 全国老龄办副主任袁新立来浙江省调研老龄产业的发展情况。

8日 省政府为老年人办实事工程之一——浙江老年关怀医院建成，当日举行了新大楼揭牌仪式。省长吕祖善发贺信表示祝贺，黄永正同志参加揭牌仪式。

9日 省老龄办召开2004年全省老龄事业年报统计工作会议。

12月

6日—7日 省老龄办在长兴召开成员单位联络员会议，总结2004年的老龄工作，研究提出2005年工作思路。

2005年

1月

26日 省老龄办主任黄永正随省委、省政府春节慰问组赴嘉兴慰问困难群众和困难企业。

2月

18日 省老龄办全体党员赴嘉兴开展保持共产党员先进性教育活动，参观了嘉兴红船、"一大"纪念馆，并听取了省荣军医院殷顺民同志的先进事迹报告。

3月

9日 省共产党员先进性教育督导组到省老龄办检查、指导保持共产党员先进性教育活动，省民政厅党组成员、省老龄办主任黄永正向督导组汇报了开展先进性教育活动的情况。

23日 省老龄办在四楼会议室召开省老龄委成员单位联络员会议。会议传达了全国老龄办主任会议精神，研究部署了老龄工作，征求了对省老龄办开展保持共产党员先进性教育活动的意见。

4月

12日 省老龄委在大华饭店召开第四次全体会议，副省长、省老龄委主任陈加元出席会议并作重要讲话，省老龄委副主任、省民政厅厅长吴桂英作关于2004年老龄工作基本情况和2005年工作安排意见的报告，省老龄办主任黄永正传达全国省级老龄办主任会议精神，会议研究部署了2005年的全省老龄工作。

省老龄委副主任、省政府副秘书长徐震主持会议。

26日　省老龄办在军供大厦召开全省老龄办主任会议，县以上老龄办主任参加会议。会议传达了全国省级老龄办主任会议、省老龄委第四次全体会议精神，部署了2005年工作任务。省老龄办主任黄永正作工作报告，省老龄委副主任吴桂英、徐震同志参加会议并作重要讲话。

5月

9日　省老龄办承担的联合国人口基金会专题干预研究项目——“农村老年人协会能力建设”，在宁波镇海区启动，并召开农村老年人协会能力建设座谈会，黄永正主任参加会议并讲话。

20日　省老龄办、省老年基金会在浙江移动大厦举行为农村困难老人“送光明”行动启动仪式，副省长、省老龄委主任陈加元出席并作重要讲话，省政府副秘书长徐震、省民政厅长吴桂英和老同志翟翕武、杨彬、宋少祥出席，黄永正主任主持启动仪式。

6月

1日—2日　全省老龄工作交流会在玉环县召开，11个市的老龄办主任参加。会议交流讨论了各地的老龄工作，明确了下半年的几项重点工作，黄永正主任参加会议并讲话。

13日—15日　联合国人口基金亚太地区代表Ghazy、联合国人口基金驻华办事处项目官员Lisa等一行5人，赴宁波对浙江省承担的联合国人口基金项目“农村老年人协会能力建设”进行中期评估，黄永正主任参加了评估活动。

7月

9日　敬老爱老助老主题教育活动暨浙江省珍奥敬老爱老助老孝心进社区工程启动仪式在杭州剧院举行，中国老龄事业发展基金会常务副会长兼秘书长张志鑫参加，省老龄办黄永正主任宣布启动仪式开始。

12日—13日　省老年电大在临安召开2005年秋季招生工作暨表彰会议。

8月

12日　为纪念中国人民抗日战争暨世界反法西斯战争胜利60周年，省老龄办在浙江音乐厅举行“一曲长歌”纪念演出会。省老龄委副主任、省政府副秘书长徐震，省老龄委副主任、省民政厅长吴桂英，省老龄办主任黄永正出席。

22日—25日　省老龄办在莫干山召开《浙江省老龄事业发展“十一五”规划》编制工作座谈会，各处室负责人参加。

28日　东方老年网经过一年的运作后，正式改版运行。

9月

14日　省政府出台《浙江省优待老年人规定》（浙政发［2005］48号），统一了全省的优待办法。《规定》对优待对象、优待范围、优待项目和落实优待工作的责任义务等作出了明确规定。

10月

10日　由省老龄办和省文化厅主办的浙江省第五届老年文化艺术周开幕式暨老年民间文体精品展演在杭州庆春广场举行，省老龄委主任、副省长陈加元出席并作重要讲话，省政协副主席徐鸿道、省政府副秘书长徐震、老同志翟翕武、杨彬出席。第五届老年文化艺术周还举办了全省中老年音乐舞蹈新作调演、经典电影展映和老年文化理论研讨会等。

11日　省老龄办主任黄永正会见并宴请专程来杭访问省老龄科研中心的爱尔兰国立科克大学应用心理学系主任、老年健康与咨询研究所所长额丽娜·欧丽芮教授（Eleanor O’ Leary），双方交流了人口老龄化状况及老龄问题研究项目，商谈了今后的合作意向。

20日　省老龄办在杭州市召开市级老龄办主任会议，研究贯彻《浙江省优待老年人规定》的意见，研究讨论《浙江省老龄事业发展“十一五”规划（草案）》，研究部署第四季度的老龄工作。

11月

23日—24日　省老龄办在安吉县召开全省老龄工作交流会，各市老龄办主任参加，会议集中讨论交流了落实老年人优待规定的有关问题。

12月

5日—9日　全省社区老龄工作规范化建设—“3587工程”检查验收工作启动，省老龄办主任黄永正、副主任钱小平分别带队赴基层检查验收。

30日　中国老龄事业发展基金会批复，浙江老年关怀医院、萧山老年颐乐园、金华市老年保健护理院、兰溪市老年医院四单位为全国爱心护理工程试点单位。另外，省荣军医院已在2004年度被批准为全国爱心护理工程试点单位。

江西省老龄工作大事记（2003—2005）

2003年

7月

22日　全国人大副委员长顾秀莲率全国人大内司委执法调研组到江西省南昌、九江、景德镇、婺源、井冈山等市（县）检查《老年法》执行情况。

24日　省委、省政府对省老龄委成员单位进行调整，增补了省高级人民法院、省公安厅、省人口和计划生育委员会、省旅游局四个成员单位。

8月

29日　省老龄办在乐平市召开全省农村老龄工作经验交流会。省长助理熊盛文、省民政厅长罗筱玉出席会议并讲话。

9月

8日　省老龄办在庐山召开全省部分大中型企业老龄工作研讨会。省老龄委办公室副主任刘煌榜出席会议并讲话。

16日　民政部副部长、全国老龄办常务副主任李宝库到江西省进行老龄工作情况调研。

10月

27日　全国老龄办副主任赵宝华到江西省考察基层老龄工作情况。

11月

5日　省老龄委下发《关于在全省开展创建老龄工作先进县（市、区）活动的实施意见》，在全省启动创建活动。

24日　省老龄办制定下发方案，首次对各设区市老龄工作实施目标管理考评。

12月

26日　省老龄委印发《江西省老龄工作委员会工作制度（试行）》。

2004年

3月

26日　省老龄委在省政府会议室召开第二次全体会议，总结部署年度工作。

7月

省人大内司委决定在全省进行为期一个月的老年法律法规执行情况检查。省人大常委会副主任孙用和率工作组到九江市进行了执法检查。

8月

12日　省老龄委在省政府会议室召开第三次全体会议，研究决定全省老龄工作先进县（市、区）表彰和推荐全国老龄工作先进县（市、区）名单。

9月

22日　全国老龄办副主任曹炳良率工作组到江西省考察创建工作。

2005年

1月

8日　经全国敬老爱老助老主题教育活动组委会批准，西湖公安分局副政委邱娥国被授予“中华孝亲敬老楷模”荣誉称号，赣州市宁都县田头镇民政所所长廖长春、上饶市信州区水南街道常青敬老院院长郑雪兰荣获“中华孝亲敬老楷模”提名奖，并进京参加了全国的表彰大会。会上江西省另有115名同志被评为“孝亲敬老之星”。

2月

22日　经全国老龄委第七次全体会议批准，乐平市、高安市、庐山区、万年县、龙南县被评为“全国老龄工作先进县（市、区）”，景德镇市民政局、萍乡市劳动和社会保障局、省老年人体育协会、南昌市西湖区广润门街道、昌河飞机（集团）有限责任公司、龙南县老干部局、奉新县赤岸村村民委员会、新余市渝水区城南街道被评为“全国老龄工作先进单位”。

4月

12日　省老龄委在省政府会议室召开第四次全体会议，总结部署年度工作。

6月

16日　省老龄办与珍奥集团江西办事处在南昌铁路文化宫举行了“孝心进社区”活动启动仪式。省长助理熊盛文、省民政厅厅长罗筱玉出席，省老龄办副主任刘煌榜讲话。

福建省老龄工作大事记（2003—2005）

2003年

1月

7日　在福州市召开全省设区市老龄办负责人碰头会。会议由省老龄办常务副主任李宗明主持，各设区市老龄办负责人在会上交流了2002年的工作情况，研究探讨2003年省老龄工作思路。

省老龄办由李宗明常务副主任及梅长青、张冀闽处长等带队分别深入全省9个设区市的基层部分村（居）慰问特困老人。

3月

13日　由省老龄办、省老年学学会联合主办的“老龄论坛”第一次研讨会在省老龄办会议室举行。会议的主题是“人口老龄化与全面建设小康社会”。副省长、省老龄委主任陈芸出席会议并作总结讲话。

4月

29日　省老龄委第四次全体会议暨全省老龄办主任会议在福州西湖宾馆召开。

5月

15日　省老龄办举行老年社团组织负责人座谈会。

16日　省老龄办与省老年学学会联合召开以“提高老年人生活生命质量，加强老年文化、教育、体育活动的服务与管理”为主题的“老龄论坛”第二次研讨会。汪毅夫副省长到会并讲话。

27日　陈芸副省长主持召开省政府专题会议，听取老龄工作情况汇报，研究老龄工作中存在的有关问题。

6月

3日　李宗明主持召开有关老年人权益保障和执法监督工作协调会。省人大常委会、省高级人民法院、省委老干部局、省劳动和社会保障厅、省司法厅、省民政厅、省人事厅的联络员参加了会议。

20日　省老龄办召开设区市老龄办主任会议，学习回良玉副总理的重要批示精神，研究部署“全省百村老年维权调研”工作、全省老年优待证的印制与发放问题及近期几项老龄工作。

30日　副省长、省老龄委主任陈芸在省老龄办报送的贯彻回良玉副总理批示的通知上指出：“回副总理的批示十分重要，其核心内容与指导意义在全国老龄办通知中均已概括和强调，对我省老龄工作的推进将给予新的推动。回副总理的批示特别强调发挥老龄委成员单位的职能作用，狠抓落实，形成合力，这就给老龄办加强协调和促进工作提出更高的要求。望予以进一步研究贯彻。”

7月

1日—13日　省老龄办与部分成员单位组成5个调研组，分别由李宗明、梅长青、张冀闽、邓清华、郭战平、赵福泉带队，赴全省9个设区市的20个县100个村，对老年人权益保障情况进行调研。

31日—8月3日　省老龄办组织各设区市老龄办主任及部分省老龄委成员单位联络员赴黑龙江省考察学习老龄工作。

8月

26日—9月3日　举办第三期全省老龄干部培训班。

9月

21日　由省老龄办等单位联合主办的福建省庆祝2003年老年节大会暨文艺晚会在福州芳华剧院举行。省政协副主席、省音协主席王耀华出席并讲话，部分省级老领导和省直单位老同志观看了演出。

23日　省老龄办和福州市老龄办等单位联合在福州市工人文化宫广场举行老年节为老咨询服务活动。

26日—28日　由省老年大学协会、省委老干部局、省老龄办、省老年书法艺术协会联合主办的第三届全省老干部、老年人书、画、诗、影联展在福州画院举行。

10月

10日　省老龄办和省老年学学会联合召开“老龄论坛”第三次研讨会，会议着重围绕“维护老年人的合法权益，加强《中华人民共和国老年人权益保障法》和《福建省老年人保护条例》的宣传力度，提高全社会维护老年人合法权益的法律意识”进行研讨。省人大常委会副主任曾喜祥出席会议并讲话。

13日—15日　李宗明、郭战平到建瓯市了解、指导开展创建老龄工作先进县（市、区）活动的情况，并走访慰问特困老人。

15日—17日　李宗明、郭战平到永安市、清流县、大田县、永春县就创建老龄工作先进县（市、区）工作进行调研，期间还走访慰问了9位70岁以上的特困老人。

23日　省老龄办邀请卫生部原副部长、朱德委员长的原保健医生顾英奇，贺龙元帅的原保健医生曾昭耆来福州作“红色保健”讲座。

31日—11月1日　李宗明、郭战平到福鼎市就创建全国老龄工作先进县（市、区）活动的情况进行调研。

31日—11月8日　省老龄办与省旅游公司联合组织老年人赴深圳、北海、南宁、桂林和越南旅游，此次旅游活动分别于10月31日和11月2日分两批从福州出发。

11月

18日—21日　联合国人口基金第五周期援华老龄项目研讨会暨老龄外事工作座谈会在福州举行。

26日—27日　全省老龄工作专题研讨会在福州举行。会议围绕老年维权、农村养老、各级老龄委的工作制度、省、设区市、县（市、区）三级老龄办的基本工作职责、老龄工作的统计体系和评价体系进行研讨。各设区市老龄办负责人、部分县老龄办负责人、部分论文作者及省老年学学会有关领导共40多人出席了研讨会。

12月

17日　李宗明参加省社区建设联席会议第三次会议，并在会上作题为《在推进社区建设中大力加强社区老龄工作》的发言。

2004年

1月

1日　陈芸副省长在省老龄办报送的《福建省老年人权益保障情况报告》上作出批示。批示部分内容如下：“省老龄办：这项调研活动开展得很好，覆盖面较宽，实行问卷与实地调查相结合，选题也能围绕着推动老龄事业当前的课题来安排。这项调研成果，既可以扩大宣传，引起全社会更加重视和支持老龄事业，又可以总结经验，发现问题，明确今后工作的重点和难点。对于工作的建议，总的是好的，可以逐步融会在工作中去。”

2月

19日　李宗明主持召开关于在全省青少年中开展敬老爱老助老主题教育活动的协调会，省委宣传部、省教育厅、省妇联、团省委的联络员及省老龄办的有关同志参加了会议。

3月

2日　省老年学学会二届三次理事会暨学术研讨会在福州举行。副省长陈芸，省级老领导伍洪祥、袁启彤、童万亨等出席会议。会议通过了童万亨任省老年学学会会长的决定。

12日　陈芸副省长在省政府会议室听取老龄工作汇报，黄炳泰、李宗明、梅长青等同志参加。会上传达了全国省级老龄办负责人会议暨创建老龄工作先进县（市、区）座谈会、全国老年基金会组织负责人座谈会精神，研究了福建省老龄委第五次全体会议及设区市老龄办主任会议等有关事宜。

15日　省老龄办和省消费者委员会在福州国际会展中心联合举行“关注银发消费”系列活动。

21日—29日　中国老龄科研中心老龄社会保障与产业研究室主任陶立群一行两人到福建省福州、厦门、泉州调研老龄产业发展情况。

26日　福建省老龄委第五次全体会议暨设区市老龄办主任会议在福州召开。陈芸副省长到会讲话，李宗明传达了全国会议精神，黄炳泰作工作报告。各设区市老龄办负责人、成员单位委员及联络员等共100多人参加会议。

30日—4月4日　民政部副部长、全国老龄办常务副主任李宝库来闽调研。李宝库先后深入到南平的建瓯、武夷山等地考察当地的福利服务设施等有关民政及老龄工作情况。4月3日下午，李宝库听取了黄炳泰厅长的关于福建省民政及老龄工作情况的汇报，对福建省的民政及老龄工作情况给予充分肯定。

4月

3日　福建省暨福州市青少年敬老爱老助老主题教育活动在福州师范二附小隆重举行。民政部副部长、全国老龄办常务副主任李宝库，福建省副省长陈芸出席启动仪式并讲话。启动仪式由省民政厅长、省老龄办主任黄炳泰主持，省政府副秘书长黄琪玉，省关工委常务副主任林均业，福州市副市长杨爱金，省和福州市主办单位领导及青年、学生代表等共300多人参加了启动仪式。出席启动仪式的领导和来宾还向青年、学生代表赠送《中国敬老故事精华》一书。

22日—23日　省老龄系统第二届运动会在厦门举行。来自全省老龄系统的137位运动员参加了6个项目的角逐。副省长、省老龄委主任陈芸出席了运动会开幕式。

29日　“老龄论坛”第四次研讨会在省老龄办会议室举行。会议围绕农村养老问题进行研讨，副省长刘德章出席并讲话。

5月

20日　黄炳泰厅长到省老龄办传达省委、省政府关于老龄办领导变动调整的通知。省委决定任命周扬基同志为省民政厅党组成员、副厅长、省老龄办常务副主任，免去李宗明同志省民政厅党组成员、省老龄办常务副主任职务，退休后享受正厅级干部待遇。

30日—6月12日　梅长青与部分设区市老龄办领导、成员单位联络员等赴马耳他参加人口老龄化与社会保障国际培训研讨会，并到意大利实地考察访问。

30日—6月3日　张冀闽担任老年艺术团的领队率泉州老年艺术团赴金门交流演出，受到当地群众的热烈欢迎。。

30日—6月　省老龄办与有关旅行社联合组织“夕阳红”旅游活动，共有200多位老年人参加。本次旅游活动有5条旅游线路供老年人选择。

6月

18日　周扬基主持召开省老龄办系统全体工作人员大会，对做好老龄工作提出如下意见：一要抓住机遇，促进老龄工作的全面发展；二要建章立制，全面加强自身建设；三要扎实工作，努力实现老龄办的各项目标任务。

25日　省直机关老年人优待证开始发放。

29日　周扬基在福州主持召开设区市老龄办负责人座谈会并作重要讲话。会议回顾了上半年的工作，交流了经验，提出了做好下半年工作的意见，对几项主要工作的开展进行了讨论。

7月

5日—13日　由省老年学学会会长童万亨带队的省老龄办和省老年学学会联合调研组，赴厦门、漳州、龙岩、三明、南平5市就农村新型合作医疗制度、农村养老等情况进行调研。

16日　陈芸副省长听取周扬基有关上半年福建省老龄工作情况的汇报。

8月

17日　全省敬老爱老助老主题教育活动内容之一的“敬老好文章”评委会在省老龄办会议室召开。评委会共收到经过各级评选推荐的敬老好文章96篇，共评出30篇获奖文章。

20日　省发改委向国家发改委提请审定《福建省老年服务业发展专项规划》（闽发改服务［2004］285号）。

25日—9月3日　省老龄办举办全省第四期老龄干部业务培训班。

9月

3日　福建省青少年敬老爱老助老主题教育活动演讲比赛在福州群众路小学举行，全省各地选送的30名青少年选手参加了比赛。经过角逐，评出一等奖3名，二等奖5名，三等奖8名，另有14位同学获得优秀奖。

29日　省老龄办向全国青少年敬老爱老助老主题教育活动组委会推荐“中华孝亲敬老之星”87名，并推荐泉州市丰泽区东湖街道东湖社区居委会主任苏建立等四位同志为“中华孝亲敬老楷模”人选。

10月

15日　2004年老年节新闻宣传座谈会在省老龄办会议室举行。《福建日报》、福建电视台等新闻单位的记者参加。

19日　副省长陈芸率省、市民政和老龄办领导，在福州市政府领导的陪同下，在福州市看望慰问百岁老人及福州市福利院老人，送去慰问金。

21日　省老龄办在省老干部活动中心举行“福建省庆祝2004年老年节茶话会”，陈芸副省长到会并讲话。会上还为省青少年敬老爱老助老主题教育活动征文、演讲比赛获奖者颁奖。

22日　《福建日报》第二版刊登省老龄委《致全省老年人的慰问信》，向全省380多万老年人祝贺节日。

22日　省老龄委和福州市老龄委在福州“五一”广场举行庆祝老年节大型法律、保健、义诊、志愿者服务等咨询活动。

26日—29日　省人大常委会内务司法委员会与省老龄办组成两个执法调研组，分别由周扬基、张铁军（省人大内司委副主任）带队，深入到莆田、龙岩两市，开展《老年法》及《福建省老年人保护条例》执法情况调研。

11月

14日—18日　周扬基、张冀闽到浙江宁波市参加全国农村老龄工作座谈会、全国省级老龄办负责人座谈会，周扬基在会上作题为《全面实施农村低保制度　加强农村贫困老年人救助工作》的发言。

26日—28日　由省老龄办主办的“2004福建中老年健康保健宣传活动周”在福州温泉公园举行。“活动周”以展览和论坛等多种形式向社会普及宣传老年常见病的防治及科学保健等知识，为广大老年群众提供服务。

12月

3日　福建省和福州市的团委、关工委、民政厅（局）、老龄办、少工委联合在鼓楼区第三中心小学举行“爱心助成长”志愿服务计划启动仪。

8日—10日　全省设区市老龄办主任座谈会及老龄工作课题研讨会在龙岩市召开。周扬基传达在宁波召开的全国农村老龄工作会议精神，对下一阶段的工作提出要求。

9日　省老龄办与省老年学学会在省老龄办会议室联合举行“老龄论坛”第五次研讨会。

2005年

1月

6日—7日　省委副书记黄瑞霖在省老龄办周扬基常务副主任的陪同下到屏南县慰问生活困难群众。

7日—10日　邓清华陪同福建省9位孝亲敬老楷模赴京参加全国敬老爱老助老主题教育活动表彰大会。8日上午，在人民大会堂隆重举行表彰大会，福建省泉州丰泽区东湖街道东湖社区居委会主任苏建立、泉港区界山镇槐山村的林宗明（海南三亚市林达公司董事长）2位同志获“中华孝亲敬老楷模提名奖”，任雪英等84位同志获“中华孝亲敬老之星”称号，厦门市老龄工作委员会办公室获优秀组织奖。

31日　省民政厅召开保持共产党员先进性教育活动动员大会，省老龄办全体党员参加会议。

3月

9日—11日　福建省农村养老保障体系学术研讨会暨省老年学学会第二届第四次理事会在我省漳州市举行，中国老年学学会会长张文范、副省长陈芸及有关领导出席会议。周扬基、张冀闽、陈友华参加会议。

15日　福建省老龄事业发展基金会第三届理事会全体会议在省老干部活动中心举行。全国政协委员、中国老龄事业发展基金会会长李宝库，副省长陈芸出席会议并讲话。会议产生了第三届理事会组成人员，童万亨为会长，李宗明为常务副会长兼秘书长，王汉艾、陈彩登为副会长，王乃金等23位同志为理事。会议聘请副省长陈芸为名誉会长。

30日　全省设区市老龄办主任会议在福州召开。会议传达学习了国务院副总理、全国老龄委主任回良玉在全国老龄委第七次全体会议上的讲话及全国省级老龄办主任会议精神。周扬基受黄炳泰厅长的委托，在会上回顾总结了2004年全省老龄工作，部署2005年老龄工作。

31日　周扬基到漳州市参加“亿万老年人健身活动”在福建省的启动仪式。

4月

14日—15日　周扬基到龙岩市参加福建省农村精神文明建设工作会议。

5月

7日　福建省老年活动服务中心（海峡颐乐园）开业，民政部领导、副省长陈芸等参加剪彩仪式。

9日　全省“明天计划”暨社会福利工作会议在福建省老年活动服务中心举行，周扬基、郭战平参加会议。

29日—6月8日　省老龄办会同有关部门联合组织老年人“夕阳红”旅游活动。此次旅游活动共有5条线路供老年人选择。

6月

8日　第十二次省老龄委成员单位联络员会议在省老龄办会议室举行，会议总结交流了成员单位落实《福建省老龄事业发展“十五”计划》情况，并征求了对制定福建省老龄事业发展“十一五”计划的意见和建议。周扬基在会上通报了近期省老龄工作有关情况。

7月

1日　省老龄办党员参加省民政厅保持共产党员先进性教育活动总结大会。

13日　陈芸副省长主持召开省政府专题会议，听取有关部门就构建家庭赡养、土地保障和社会扶持“三位一体”的农村养老保障体系的情况汇报。周扬基、张冀闽参加会议。

15日　“老龄论坛”第六次研讨会在省老龄办会议室举行。会议围绕“积极老龄化与构建和谐社会”这一主题进行研讨。副省长陈芸参加会议并讲话。

8月

18日　周扬基主持召开省老龄办系统全体工作人员会议。会上，省民政厅人事处领导黄又生代表省民政厅党组宣布梅长青同志任职的通知。根据闽民人［2005］343号文件，梅长青同志任省老龄工作委员会办公室副主任。

23日—24日　全省基层老年协会建设座谈会在福州长乐市举行。省政府副秘书长鄢一忠到会并讲话，周扬基在会上作报告。省委组织部部务会议成员陈秋雄，各设区市、部分县（市、区）老龄办负责人及省民政厅、省文明办的负责同志等共60多人参加了会议。

25日—9月4日　第六期全省老龄干部培训班在福州举行。

9月

22日　第十三次省老龄委成员单位联络员会议在省老龄办会议室举行。会议通报2005年省第十五个老年节的安排情况，交流各成员单位的老年节活动安排情况。

23日　省老龄办召开新闻记者通报会，通报福建省第十五个老年节活动的安排等有关情况。《福建日报》等新闻媒体记者出席通报会。

25日—27日　全国老龄办副主任吴玉韶在福州调研老龄工作。吴副主任先后到长乐市的漳港镇老年活动中心、沙尾村仁善老年公寓、百户村老年活动中心及福州鼓楼区鼓东街道庆城社区参观考察，对福建省基层老龄工作表示肯定。在榕期间，周扬基向吴副主任汇报了福建省老龄工作的情况，梅长青陪同调研。

10月

10日　陈芸副省长在省直及福州市有关领导的陪同下，到民办养老机构——福州市金秋老人护理院调研并慰问入住老年人。

11日　《福建日报》第一版刊登省老龄委致全省老年人的慰问信，在福建省第十五个老年节来临之际，向全省407万老年人致以节日的祝贺和良好的祝愿。

11日　省老龄办和福州市老龄办、省老年学学会联合在福州五一广场举办老年法律法规、医疗等大型咨询服务活动。

18日　2005年福建民政论坛暨社科界第二届学术年会民政分论坛在福州市举行。省老龄办选送三篇论文参加研讨，其中《民办养老机构发展探索》荣获二等奖。

21日—24日　周扬基、魏金鲜到上海参加第三届世界华人地区长期照护会议。

12月

6日—9日　梅长青到重庆参加华东六省一市及京津渝老龄工作联席会议。

14日—15日　全省老龄工作调研成果汇报（研讨）会在莆田市召开。周扬基在会上讲话，各设区市老龄办负责人及获奖论文作者等共60多人参加会议。

甘肃省老龄工作大事记（2003—2005）

2003年

1月

28日　省委副书记、省老龄工作委员会主任陈学亨慰问了顾子惠、高而富、顾寿贞三位百岁老人和老劳模窦天禄。省民政厅厅长、老龄工作委员会副主任黄续祖，省老龄办副主任刘柏林陪同慰问。

2月

8日　《甘肃日报》刊登了《中共甘肃省委、甘肃省人民政府关于进一步加强老龄工作的意见》。

4月

12日　省老龄办与省森林沙漠国际旅行社联合举办的陇原健康老人“夕阳红”旅游专列出行，700余名老年人参加了这一活动。

5月

22日　省老龄委在省委西八楼会议室召开第二次全体会议。副省长、省老龄委常务副主任罗笑虎主持会议，省委副书记、省老龄委主任陈学亨作了重要讲话。省老龄委副主任、省民政厅厅长黄续祖传达了李岚清同志在全国老龄委五次会议上的重要讲话，省老龄办副主任刘柏林传达了全国省级老龄办主任会议精神和贯彻意见及全省老龄工作情况督查调研情况报告。省老龄委副主任孙公平、朱志良、咸辉和各委员、联络员等60人参加或列席了会议。

6月

3日　省民政厅第7次厅长办公会议就陈学亨副书记指示甘肃老年之家建设事宜研究确定了落实方案。成立了以蒙炯明副厅长为组长、刘柏林副主任为副组长，厅、老龄办有关处室负责人和省社会福利服务中心负责人为成员的建设领导小组。

7月

1日—2日　全省市州地老龄办主任会议在兰州饭店举行。省委副书记、省老龄委主任陈学亨和副省长、省老龄委常务副主任罗笑虎参加了会议，并作了重要讲话。

8日　省委办公厅、省政府办公厅以省委办发［2003］56号文件，向各市、州、地委、各市、州、地人民政府，各行政公署，省直各部门发出《关于转发省老龄委〈关于全省老龄工作督查调研情况的报告〉的通知》。《通知》明确指出：“各级老龄办是老龄委办事机构，同时也是政府负责老龄工作的职能部门。”要求各市、县老龄工作机构在整建制划归民政后，要根据省委办发［2002］90号文件要求，并参照省编委《关于各级老龄机构归属和人员编制的通知》，分别按7—8人和4—5人核定编制，配齐人员，配备专职副主任。要求各级政府都应将老龄经费纳入同级财政预算，保证工作需要。

25—28日　全国老龄办副主任赵宝华一行三人到甘肃省调研贯彻落实全国老龄委《关于在全国开展创建老龄工作先进县（市、区）活动的通知》的情况。省委副书记、省老龄委主任陈学亨，副省长、省老龄委常务副主任罗笑虎分别与赵宝华副主任进行了座谈。赵主任一行先后参观了建设中的甘肃老年之家、省老龄办新旧办公场所，并赴平凉市、泾川县考察。

29日　甘肃省“银龄行动”启动仪式在兰州饭店隆重举行。省委副书记、省老龄委主任陈学亨发表讲话，全国老龄办副主任张志鑫专程前来送行并发表讲话，老知识分子代表、“银龄行动”参加者王吉庆代表甘肃省首批“银龄行动”专家组在仪式上发了言。

30日　由省林业厅、省旅游局、省老龄办联合主办，省森林沙漠旅游社承办的“2003首届夕阳红之旅老年朋友相聚官滩沟大型联欢活动”开始。全国老龄办副主任张志鑫应邀参加了活动。100多位老年朋友参加了此次活动。省歌舞团演员表演了精彩节目。

8月

27—31日　由全国老龄委办公室主持召开的全国部分省市区老龄办负责人工作座谈会在甘肃省兰州与嘉峪关两地举行。副省长、省老龄委常务副主任罗笑虎在会上讲了话。全国老龄办副主任张志鑫及20个省市区老龄办负责人、代表共50余人出席了会议，并赴敦煌进行了参观。

9月

12日　省老龄办牵头，由康辉国旅和森林沙漠旅行社分别承办的赴“三山一市”、“三峡桂林”两列夕阳红旅游专列，载着600多名老同志同日出行并于24、25日先后平安返回兰州。

20日　省政府第21次常务会议审议并原则通过了《甘肃省关于进一步对老年人实行优待的规定》。要求按会议提出的意见作局部修改后由省长签发执行。刘柏林作了简短说明。

24日　西部地区老英模国庆赴京观光团甘肃省代表潭世雄（国家科技先进特等奖获得者）、顾天祥（全国劳动模范）、王延常（全国劳模）、刘龙（全国“五一”劳动奖）、李文凯（全国优秀党务工作者）等五人前往北京参加活动。行前刘柏林同志会见并宴请了五位老英模。

30日　省老龄办在东方红广场举办迎国庆、庆老人节活动，宣布甘肃省青少年敬老爱老助老主题教育活动正式启动。

10月

13日　甘肃省人民政府以甘政发［2003］86号文件，向全省发出《甘肃省人民政府印发〈甘肃省关于进一步对老年人实行优待的规定〉的通知》。《规定》共十一条，重申了甘肃省实施老年法办法对老年人实行优待的七项内容。《规定》明确要求，按属地管理、分级负责的原则，政府对百岁及其以上的老年人，每人每年发放1000元的特殊生活补贴；对95—99岁的老年人，每人每年发放不低于500元的生活补贴；对90—94岁的老年人，每人每年发放不低于300元的生活补贴。对89岁及其以下的城乡特别困难的老年人，应优先给予资金和物资的救助。财政困难的地区，省财政在专项资金中给予适当补助。农村70岁以上老年人不承担村级举办集体公益事业出资义务。60—69岁丧失劳动能力或者有特殊困难的老年人，适当减免村级举办集体公益事业出资义务。《规定》从2003年10月1日起执行。

31日　《甘肃日报》刊登省委副书记、省老龄委主任陈学亨题为《全面推进老龄事业发展》的署名文章。

11月

9日—15日　为期一周的全省老龄工作干部首期培训班在省安全厅培训中心举办。来自全省14个市、州、地，部分县、市、区和大中型企业、单位的40多名老龄工作干部参加培训。

12月

1日　刘柏林同志参加全国老龄办组织的赴法、德等国为期12天的老龄工作考察活动。

4日　省老龄办参加了由省司法厅牵头组织的“全国法制宣传日”省城东方红广场宣传咨询活动。向群众散发《老年法》和甘肃省《实施〈老年法〉办法》及《甘肃省关于进一步对老年人实行优待的规定》5000多份，接受咨询服务的群众200多人次。

6日　在宁卧庄宾馆举行了由卫生部、国务院扶贫办、全国妇联、国家广电总局、全国老龄办主办，江苏扬子江药业集团承办的“关爱西部健康行动”三期活动捐赠仪式。扬子江药业集团向甘肃省贫困地区一次性捐资60多万元和价值100万元的药品。省上相关部门领导和受赠县代表、新闻媒体30多人出席仪式。

16日—17日　省老龄办同省建设厅、省文化厅、省卫生厅、兰州市老龄办等单位对兰州市贯彻落实《老年法》和《甘肃省实施〈老年法〉办法》等有关对老年人优待规定的情况进行了一次随机抽样检查。

2004年

1月

15日　省委组织部、省委老干部局、省人事厅、省老龄办在宁卧庄宾馆大礼堂举行“老干部迎春茶话会”。

省委书记、省人大主任苏荣在茶话会上致辞。省委副书记、省长陆浩，省委副书记马西林、陈学亨，省委副书记、省委组织部部长王宪魁，老同志李子奇、卢克俭、申效曾、赵拴龙、喇敏智、蔚振忠出席茶话会。会上演出了精彩的文艺节目。

2月

13日　在全省民政工作会议上，罗笑虎副省长强调：要切实抓好老龄工作。

3月

28日　省老龄办与省森林沙漠国际旅行社共同组织的赴庐山、南昌、武夷山、厦门、洛阳龙门石窟的夕阳红旅游专列乘载着近300名老年人出行。

30日　省老龄工作委员会第三次全体会议和全省市、州老龄办主任会议在宁卧庄宾馆召开。全委会由副省长、省老龄委常务副主任罗笑虎主持，省委副书记、省老龄委主任陈学亨作了重要讲话。会议传达了全国老龄委六次全会上回良玉副总理的重要讲话；传达了全国省级老龄办主任会议暨创建老龄工作先进县（市、区）座谈会精神。会议通过了省老龄办提出的贯彻意见和向全省老年人发放爱心求助卡的建议。省老龄委副主任黄续祖、孙公平、朱志良、咸辉出席了会议。参加全省市州老龄办主任会议的同志列席了省老龄委第三次全体会议。

31日　省老龄办与甘肃国旅组织的500多陇原中老年人赴云南、昆明、大理、丽江的夕阳红旅游专列开出兰州，开始了为期10天的云南旅游活动。

4月

8日　省老龄办、省卫生厅、中保财险甘肃分公司联合在宁卧庄召开发放“甘肃省老年保险爱心救助卡”新闻发布会暨首发仪式。

15日　中国老龄协会会长助理曹炳良、全国老龄办权益部副主任王珣从北京抵兰，开始为期6天的考察调研工作，黄续祖厅长设宴接待。

5月

18日　省老龄办刘柏林副主任在民乐县主持了2004年“银龄行动”启动仪式。

30日　省老龄办组织部分市、州民政局副局长、老龄办副主任赴山东、上海、浙江、江苏华东四省考察学习。

6月

2日　省老龄办、省司法厅、省公安厅联合下发了《关于加强维护老年人合法权益工作的意见》。就贯彻落实全国老龄办、司法部、公安部《关于加强维护老年人合法权益工作的意见》，根据甘肃省实际，提出了一些具体措施和要求。

7月

1日　省老龄委副主任黄续祖签发了省老龄委关于验收创建老龄工作先进县（市、区）的通知。

5日　刘柏林率验收组赴各市、州验收老龄工作先进县。

28日　省委副书记、省老龄委主任陈学亨、副省长、省老龄委常务副主任罗笑虎及黄续祖、孙公平、朱志良、咸辉等副主任先后审阅并批准省老龄办《关于推荐上报“全国老龄工作先进县（市、区）”和“老龄工作先进集体”的报告》。

8月

10日　省民政厅召开的全省民政局长座谈会，要求各地要继续抓好创建老龄工作先进县（市、区）活动，促使省老龄工作再上新台阶。

19日　省老龄办在金川公司召开甘肃省“银龄行动”优秀专家、先进工作者表彰会议，对省中医学院刘世琼教授等八位专家和王慎等十位工作人员给予表彰奖励。

9月

13日—15日　省老龄办和省老年体协在西北民族大学礼堂举办了全省老年文艺汇演。来自省内各地、各单位一百多支老年文艺队参加了为期三天的演出活动，展现了新时代甘肃省老年人的精神风貌。

19日—25日　全省第二期老龄工作干部培训班在兰州西北宾馆举办。省老龄委副主任、省政府副秘书长孙公平在开学典礼上讲了话。

24日　省卫生厅、省老龄办、珍奥集团公司联合在兰州西北宾馆举行珍奥健康知识进社区老年病健康教育活动甘肃社区启动大会。300多名老同志参加了大会和相关活动。

10月

12日　省老龄办、省老年体协在五泉山举行了兰州地区老年人重阳登山活动。兰州市一万多名老年人参加了活动。

22日　甘肃老年之家开业典礼在省老年之家多功能厅隆重举行，省委副书记、省老龄委主任陈学亨出席并讲话。省民政厅厅长、省老龄办主任黄续祖就老年之家筹备等情况作了简要汇报，省老年艺术大学组织表演了节目。

12月

5日　省老龄办组织的陇原老人港澳10日游专列从兰州开行，数百名老人踏上了愉快的旅途。

2005年

1月

7日　省老龄办与北京东方红航天生物技术有限公司联合在人民剧院举办首届迎新春“天曲杯”“百岁不是梦”有奖表演大赛。兰州地区13支中老年群众文艺队参加了比赛。

3月

28日　省老龄委召开第四次全体会议。省委副书记、省老龄委主任陈学亨主持，副省长、省老龄委常务副主任罗笑虎讲话。省老龄委副主任、省劳动和社会保障厅厅长朱志良，省老龄委副主任、省委组织部副部长咸辉和省老龄委各成员单位委员出席会议。成员单位联络员和出席全省市、州老龄办主任会议的代表列席了会议。会议传达了回良玉副总理在全国老龄委第七次全体会议上的重要讲话和全国省级老龄办主任会议精神，提出了甘肃省贯彻意见。省委组织部、宣传部等七个成员单位报送了2004年涉老工作情况和2005年工作安排，陈学亨最后强调了要进一步做好老龄工作的一些重要意见。

下午，全省市州老龄办主任会议继续在兰州宁卧庄宾馆举行。省民政厅副厅长沙仲才主持了结束时的大会，刘柏林作了总结。

4月

18日　省老龄办与有关旅行社联合组织的2005春季夕阳红旅游专列从兰州出发，300多中老年人踏上了重庆、贵阳、黄果树、张家界及重庆、三峡、宜昌、武当山愉快之旅。

21日—24日　国际助老会亚太地区发展中心高级项目官员约瑟夫和全国老龄办国际部主任肖才伟前来甘肃就欧盟中国中西部老龄扶贫项目选点工作进行考察。22日，副省长、省老龄委常务副主任罗笑虎会见并宴请了约瑟夫。省民政厅厅长、省老龄办主任梁国安和省外办副主任肖卫邦、省老龄办副主任刘柏林参加了会见和座谈。期间，肖才伟主任还专程赴定西考察了项目计划实施村点。

27日　省人大内司委组织了两个执法检查组。一组由内司委副主任王新中带队，省十届人大代表吴春兰参加，刘柏林等同志陪同在兰州市城关区检查；二组由内司委副主任田振玺带队，省十届人大代表孙兰向参加，内司委和省老龄办有关同志陪同在七里河区对兰州市贯彻落实《甘肃省实施〈中华人民共和国老年人权益保障法〉办法》第十六条优待老年人条款情况进行了执法检查，听取了兰州市政府和市上有关部门的工作汇报，并分片检查了辖区内优待服务窗口单位。

5月

9日　省民政厅厅长、省老龄办主任梁国安专门听取了省老龄办情况和工作汇报，刘柏林副主任介绍了省老龄办历史和近年做的主要工作，三个处室负责人从各处室职能入手，有所侧重地做了补充汇报。党总支汇报了支部主要工作并就今后老龄工作发展谈了意见和建议。

6月

26日　国际助老会亚太地区项目总监魏苏姆和项目经理约瑟夫及全国老龄办项目代表肖宏燕、张晓亚一行四人来到兰州。

27日　魏苏姆一行与甘肃省民政厅厅长、省老龄办主任梁国安、省老龄办副主任刘柏林、省卫生厅副厅长韩克茵、省扶贫办副主任李峰等举行工作座谈。省政府副省长、省老龄委常务副主任罗笑虎会见并宴请了魏苏姆一行。当日下午，魏苏姆一行去定西市安定区和白银市会宁县，考察了计划实施助老项目六个村中的四个村，对甘肃省老龄工作基础较为扎实感到满意。

29日　魏苏姆一行和甘肃省项目代表邵文云等同志乘飞机赴长沙参加项目洽谈会。

7月

4日—5日　全省创建老龄工作先进县（市、区）经验交流暨表彰大会在张掖市隆重举行。副省长、省老龄委常务副主任罗笑虎出席并讲了话。全国老龄办副主任赵宝华应邀出席会议并讲话。大会向14个被省老龄委命名表彰的全省老龄工作先进县（市、区）、33个先进单位、55名先进个人和"陇原十大杰出老人"颁发了奖品。与会代表参观了甘州区部分老年活动阵地和设施，交流了经验。大会分别由省委副秘书长张国斌和省老龄办副主任刘柏林主持，张国斌作了会议总结。

8月

3日　省民政厅厅长、省老龄办主任梁国安签发甘老龄办发［2005］14号文件《关于欧盟国际助老会甘肃项目实施有关问题的请示》，上报省政府办公厅，标志着该项目在甘肃省的启动拉开帷幕。

16日　甘肃省老年公寓落成开业庆典仪式隆重举行。省委副书记陈学亨、省人大副主任杜颖和原省政协主席申效曾、原省人大副主任饶凤翥、原省政协副主席韩正卿出席庆典仪式。省委副秘书长张国斌主持了仪式。省政府副秘书长孙公平代表省委、省政府表示祝贺。省老年基金会常务副会长苏度介绍了老年公寓筹建情况。省老龄办送礼致贺并派人参加了庆典。

9月

10日　在省广播电视、电影总台演播大厅隆重举行了甘肃省首届"庄园乳业杯"中老年人丰采展示大赛总决赛。从3000多名全省报名参赛的中老年人中脱颖而出的中老年人在此一决高低，他们中年龄最大的80岁。省老龄办副主任刘柏林、省广电总台台长孙伟、省委老干局副局长万鹏举等观看了演出并为获奖者颁奖。

12日　省老龄办和省老年体协在省城西北民族大学大礼堂联合举办了全省第八届中老年人文艺汇

演。来自全省各地的近千名中老年人为本次文艺汇演带来了40个精彩的节目，演出分两天进行，最后进行了评选表彰。

10月

15日—20日　全省第三期老龄工作干部培训班在省城交警大厦开班。来自全省各市（州）、县（市、区）和大专院校、大型企业老龄部门的工作人员67人参加了培训。

11月

10日　省老龄办向各市、州老龄办印发了《甘肃省老龄事业发展“十一五”（2006－2010年）规划》讨论稿，要求组织讨论，征求修改意见。

19日　省老年旅游办公室组织的夕阳红旅游专列满载着全省各地近500名老年朋友，踏上赴香港、澳门、珠海、深圳、广州的十日游愉快之旅。省老龄办派出6名同志跟团服务。

12月

4日　在全国法制宣传日，省老龄办在兰州东方红广场宣传了《中华人民共和国老年人权益保障法》和《甘肃省关于进一步对老年人实行优待的规定》等法律法规。

7日　全省老龄工作“十五”计划经验交流暨“十一五”规划研讨会在金川公司隆重举行。省委副书记陈学亨、全国老龄办副主任袁新立出席了大会并作了重要讲话。省委副秘书长张国斌、省民政厅厅长梁国安、金昌市委书记李建华、代市长郑玉生、副市长刘永堂和金川公司董事长、总经理李永军、党委副书记兼纪委书记邓少军、省老龄办副主任刘柏林等出席了大会。全省各市、州及部分省直机关、大专院校、大型企业老龄部门负责人共50多人参加了会议。

青海省老龄工作大事记（2003－2005）

2003年

2月

10日　省民政厅厅长克保同志出任省老龄工作委员会副主任并兼任省老龄工作委员会办公室主任。

25日　青海省老龄工作委员会办公室表彰“城乡贫困老人调研工作”先进单位。

4月

16日　青海省老龄工作委员会办公室“银龄行动”领导小组成立。

28日　青海省老龄办、民政厅、财政厅、司法厅、卫生厅等五部门在全省开展对特困老人的救助活动。

5月

30日　青海省创建老龄工作先进县（市、区）活动启动。

6月

13日　青海省老龄工作委员会第三次全体会议在西宁召开，省委副书记、省老龄委主任宋秀岩在会上作重要讲话。

20日—7月19日　青海省老龄工作先进县和先进单位创建评选工作验收。

7月

23日　青海省老龄办向省政府申请在全省开展老年法律法规执法督查。

8月

15日　首批参加“银龄行动”的辽宁省老专家到达西宁市。

9月

10日—19日　省人大内务司法委员会与省政府督察室、法制办、省老龄工作委员会办公室组成检查组对全省贯彻执行《老年法》和《青海省老年人权益保障条例》情况进行重点执法检查。

15日—20日　全国老龄办副主任袁新立率全国老龄办工作组到青海检查“双创”工作。

20日　省人大内务司法委员会发布《青海省老年人权益保障执法检查情况及建议》。

26日　青海省“迎国庆西部地区老英模参观团”成员赴京。

2004年

7月

6日　青海省政府副秘书长解源同志出任省老龄委副主任。

14日　青海省老龄工作委员会第四次全体会议在西宁召开，省委副书记、省老龄委主任宋秀岩在会上作重要讲话。

2005年

1月

28日 省老龄办召开2004年度青海“银龄行动”总结表彰大会，副省长、省老龄委常务副主任邓本太出席会议并讲话。

2月

3日 青海省2004年度“银龄行动”先进单位、先进个人表彰大会在西宁市召开。

4月

20日 《青海省老龄事业发展“十一五”规划》（成员单位征求意见稿）下发。

25日 省委组织部常务副部长郭汝琢同志出任省老龄工作委员会副主任。

6月

29日 青海省“孝心工程”正式启动。

7月

18日 青海省老龄工作委员会第五次全体会议在西宁召开，副省长、省老龄委常务副主任邓本太在会上作题为《积极做好老龄工作 努力共筑和谐社会》的讲话。全会决定表彰2004年青海省老龄工作委员会优秀联络员6人。

8月

24日 青海省老龄工作委员会命名表彰“青海省老龄工作先进县（市、区）”和“青海省老龄工作先进单位”。

9月

8日—11日 浙江省和陕西省老龄办考察组来青海考察老龄工作。

15日 海西州老年人法律援助工作站、老年人合法权益保护岗成立。

10月

10日 西藏自治区人大和自治区老龄委考察组来青考察老龄工作。

11日 青海省老年人“九九”重阳登高活动在西宁市南山公园举行。

11月

19日 省老龄办与甘肃老龄办组织2005年甘、青首届“夕阳红”老年旅游赴港澳专列启程。

12月

28日 青海省2005年度“银龄行动”总结表彰大会在西宁市召开。

河南省老龄工作大事记（2003—2005）

2003年

5月

河南省政府调整了省老龄委领导机构，由省委常委、常务副省长王明义任省老龄委主任，副省长刘新民任常务副主任。

河南省老龄办根据老年人这一弱势群体易受到“非典”侵害的特殊情况，下发了《积极做好“非典”防治工作的通知》，要求各级老龄部门认真抓好老年福利服务机构的“非典”防治工作。

河南省老龄委办公室转发全国老龄委《关于在全国开展创建老龄工作先进县（市、区）活动的通知》，决定在全省范围内开展创建老龄工作先进县（市、区）活动。

6月

省老龄办为进一步推动农村老有所养，在全省开展了农村老年人赡养状况调查。

7月

河南省老龄办联合省委宣传部、省教育厅、团省委等部门下发了《关于在青少年中广泛开展敬老爱老助老主题教育活动的通知》，开展各种评比活动，推广典型，促进老年法律法规的贯彻落实。

31日 河南省老龄委召开第二次全体会议，省老龄委副主任、老龄办主任、民政厅厅长孙培新传达了国务院副总理、全国老龄委主任李岚清在全国老龄委五次全会上的讲话，会议汇报了全省老龄工作会议以来老龄工作开展情况，成员单位交流了为老年人办实事、办好事的情况和经验，会议围绕下一步全省老龄工作的开展进行了讨论。

9月

河南省老龄办和省体育局、省老干局、省老年体协联合举办了河南省第九届老年人体育运动会。

河南省老龄办在老人节期间，联合省文化厅组织了以省人民会堂为主会场，各公园、广场等为分会场的老年服装表演、舞蹈、健身操等大型文化活动，该活动连续进行了三天，各老年代表队以极高的热情演出，烘托了老人节的气氛。

11月

28日—29日　河南省老龄办在安阳市召开了河南省“老年健康与积极老龄化建设”研讨会。会议收到论文70余篇，较为全面地论述了“健康老龄化”对全面建设小康社会、促进社会稳定、加快“三个文明”建设的重要作用，推动了老年理论研究和老龄工作的开展。

12月

2日　河南省老龄办召开了省辖市老龄委办公室主任会议，总结2003年度老龄工作，安排部署2004年度工作。

2004年

3月

河南省老龄办召开了省辖市老龄委办公室主任会议，传达贯彻省老龄委二次全会和全国省级老龄办主任会议精神，全面总结河南2003年老龄工作，安排部署2004年全省老龄工作。

4月—8月

河南省老龄办组织18个省辖市老龄办主任，对各地申报的全国老龄工作先进县（市、区）和先进单位创建情况进行互查、验收。

5月—12月

河南省老龄办根据全国老龄办部署，经和省卫生厅、省老科协协调，研究制定了“银龄行动”试点工作方案，组织老年知识分子对省内老区、山区、边远地区开展科技智力援助活动。

在邓小平诞辰100周年之际，河南省老龄办和省电视台联合组织了“纪念邓小平诞辰100周年紫荆山老年歌会”，省老干部合唱团、郑州铁路局老干部合唱团等8个老年文艺团体、近500位老年人参加歌会，收到了较好效果。

河南省老龄办联合省委老干部局、省文化厅、省慈善总会，在全省范围内组织开展老年才艺大赛，包括戏曲、歌舞、书法、绘画、诗词作品、手工艺作品，全面展示老年人才艺，并联合组织了颁奖晚会。

9月

河南省老龄办举办了河南省第四届中老年服饰大赛，展现了河南老人的形象和风采，受到老人欢迎。

河南省老龄办联合省委老干部局、省体育局、省老年体协开展健康老年人评选，向全国推荐健康老人25名，评出河南健康老人168名，促进了老年体育活动的开展。

10月

河南省老龄办联合省模特协会举办了河南省第四届中老年服饰大赛。

省老龄办联合省委宣传部、省文化厅、省记者协会开展发表在报刊、杂志、广播、电视等媒体的老龄好新闻评选，进一步调动了各新闻媒体宣传老龄工作的积极性，加大了老龄工作宣传力度。

2005年

河南省老龄办为完善老龄工作制度，推动老龄工作全面开展，先后研究制定了《关于进一步做好农村老龄工作的意见》、《关于进一步加强基层老年协会建设意见》、《河南省农村老年协会章程》示范文本、《敬老模范村创建标准》、《关于加强城市社区老龄工作的意见》等规范性文件。

5月

20日　河南省老龄办成立河南省养老机构委员会，通过了《河南养老服务机构服务质量标准》、《河南养老福利服务机构服务质量星级划分与评定标准》、《河南省养老服务合同参照文本》、《河南省养老服务机构委员会工作规则》等文件，切实加强了对社会办养老服务机构的指导、监督、管理和服务。

6月

17日　河南省召开省老龄委第三次全体会议及省辖市老龄办主任会议，贯彻全国老龄委七次全会和2005年全国省级老龄办主任会议精神。总结2004年度全省老龄工作，安排部署今后一个时期的老龄工作任务及推广市、县的典型经验。

9月

河南省副省长、省老龄委常务副主任刘新民，省政协副主席、省老年基金会会长郭国三，省老龄委副主任、民政厅厅长孙培新，省老龄委委员、办公室常务副主任刘保仓等省厅领导深入社区、老年公寓，看望慰问老年人。

联合省中老年服饰研究会，举办了“河南省第五届中老年服饰大赛”。

联合省老年基金会、河南电视台组织了河南省首届健康老年人风采电视大赛。活动取得很好效果，受到了老年人的欢迎。

湖北省老龄工作大事记（2003—2004）

2003年

2月

1日 经主任办公会议研究决定，正式启动湖北省老年科学技术咨询服务中心。

3月

20日 省老龄办、省司法厅、省公安厅联合发出通知，要求各地采取有力措施，认真做好维权工作，切实保障老年人的合法权益。

4月

1日—11月26日 经严格评审，在全省范围内评出了22名“党政领导重视老龄工作奖”、24名“老有所为贡献奖”、19个“敬老优待工作先进集体”、26名“敬老优待工作先进工作者”。

2日—12月29日 经各地认真评比、推荐，省人事厅和省老龄办研究同意，在全省范围内共评选出12个“老龄工作先进集体”、17名“老龄工作先进工作者”。

11日—12日 全国老龄办在北京召开了全国省级老龄办主任会议。湖北省老龄办主任、党组书记郭义友和维权调研处处长沈昭才参加了会议。

21日 由省老龄办和省疾病控制中心联合举办的“健康知识进社区”科普活动启动仪式在武昌举行。举办这一活动旨在倡导全民特别是广大老年人树立健康意识，掌握健康知识，培养健康行为，提高生活质量，并以此推动社区老龄工作的开展。省老龄办主任、党组书记郭义友在会上讲话。省老龄办副主任、党组成员申育卿参加了启动仪式。

24日 全国老龄办召开全国老年维权工作暨经验交流视频会议。湖北省分会场设在省民政厅。省老龄委有关成员单位、省公安厅的负责同志出席会议。

5月

18日—10月17日 省老龄办和省文化厅共同主办了湖北省首届老年书画、摄影作品大赛。在各地、各单位老龄工作部门、文化部门以及全省老同志的参与下，大赛办公室共收到各类作品741件。经评委会评定，共评出金奖31件、银奖60件、铜奖165件、优秀组织奖13个，大赛优秀作品还在省美术馆进行了展览。

6月

23日—7月9日 根据全国老龄办的要求，并经省政府分管领导同意，省老龄办副主任、党组成员申育卿率维权调研处处长沈昭才、助理调研员田莹组成检查组，先后对孝感市、咸宁市、省人事厅、省劳动和社会保障厅、省司法厅、省总工会、武汉钢铁（集团）公司、武汉重型机床集团公司、华中科技大学、华中师范大学等10个单位落实老年人权益保障制度情况进行了执法检查。

24日—11月18日 经省委宣传部同意，省老龄办、湖北人民广播电台、《楚天都市报》编辑部共同主办了湖北省首届“荆楚孝子”评选活动。根据敬老事迹，经广大听众和读者投票评选出“荆楚十大敬老好儿女”以及9名提名奖，并评选出组织奖、热心参与奖等奖项。被当选的“荆楚十大敬老好儿女”参加了孝感市政府承办的湖北首届“荆楚十大敬老好儿女”颁奖大会。省委宣传部副部长毕志伦，省老龄办主任郭义友、副主任申育卿，省广播电台台长沈汉明出席颁奖大会并讲话。

7月

21日—27日 全国人大内务司法委员会李新良同志率检查组到湖北省就《老年法》的贯彻落实情况进行执法检查。蒋大国副省长就湖北省贯彻落实《老年法》的情况向检查组作了汇报，省人大高瑞科副主任、省老龄办郭义友主任全程陪同。检查组先后对武汉市、武钢、黄冈市红安县、宜昌市、葛洲坝集团进行了调研检查。检查组对湖北省贯彻《老年法》的工作给予了充分肯定。

8月

14日 经省老龄委主任周坚卫、常务副主任蒋大国同意，调整郭义友同志为省老龄委副主任。

28日—11月20日 根据全国五部委的通知（全国老龄办发［2003］30号）要求，省老龄办、省委宣传部、省教育厅、团省委、省妇联联合发文，在全省组织开展“青少年敬老爱老助老主题教育活动”，指导青少年读敬老书、做敬老事、写敬老文。

9月

12日—22日 组宣处助理调研员徐桂云率12名市、州老龄工作部门的处级干部，前往北京参加全国老龄工作干部培训班学习。

26日　省老龄委召开第三次全体会议，传达贯彻全国老龄工作会议精神，部署2003年后几个月要着重抓好的几项工作。会议由副省长、省老龄委常务副主任蒋大国主持。会上，蒋大国同志宣读了《关于调整省老龄工作委员会领导成员的通知》；省老龄委副主任郭义友传达了全国会议精神并报告了近几年老龄工作情况；各成员单位的委员、联络员交流了2003年上半年为老年人办实事的进展情况和主要工作情况；省委常委、常务副省长、省老龄委主任周坚卫作了重要讲话。

10月

30日　经省政府同意，省老龄办和省邮政局联合在全省开展发行"关爱老年人·让夕阳更美好"公益明信片活动。

11月

3日　省政府以专题会议纪要的形式印发《湖北省老龄工作委员会第三次全体会议纪要》，分送省委常委会的各位领导，省长、副省长，省政府秘书长、副秘书长，省委办公厅和省老龄委及其成员单位。

18日—20日　全省老龄工作调研座谈会在武汉召开。会议收到论文50多篇。大会交流论文17篇，书面交流论文18篇，为评选出的2名一等奖、3名二等奖、5名三等奖和18名优秀论文奖得主颁发了奖杯和证书。

28日　省老龄委会同省邮政局在省委洪山礼堂组织召开了发行"关爱老年人·让夕阳更美好"公益明信片新闻发布会暨首发式。

12月

1日　"关爱老年人·让夕阳更美好"公益明信片正式在全省范围内发行。此次发行的"关爱老年人·让夕阳更美好"公益明信片共分三种类型：一套8枚（50元/套），一套5枚（30元/套），一套2枚双联片（6元/套）。该明信片以中华民族敬老故事为内容。为了给为老龄事业献爱心的认购者以真情回报，省老龄委的成员单位——省卫生厅、省建设厅、省新闻出版局积极配合，向社会承诺三个方面的优惠服务：一是认购者持明信片到部、省属医院及各市、州县第一人民医院（或中心医院）进行体检享受七折优惠；二是到国家级重点风景名胜区、省级风景名胜区旅游，享受门票优惠；三是到全省各地新华书店购书享受九折优惠。

24日　湖北省在"全国老龄新闻奖"评选中有2个获得"好栏目"、"好节目"二等奖，2个获得"好栏目"、"好节目"优秀奖，有3篇新闻获得"好新闻"三等奖，7篇获得"好新闻"优秀奖，省老龄办获得组织奖。湖北省获奖的等级和数量在全国处在靠前位置。

2004年

2月

9日—10日　全国省级老龄办主任会议暨创建老龄工作先进县（市、区）座谈会在青岛市召开。湖北省老龄办副主任、党组成员申育卿和组宣处处长陈东云参加了会议。

3月

4日—11日　维权调研处处长沈昭才陪同全国老龄办权益部部长张同春一行3人，到武汉、孝感、襄樊、宜昌、十堰、神农架等地进行调研。

3月

8日—10月14日　省老龄办与《老年文汇报》共同举办了"老有所为"征文活动。编辑部共收到征文400多篇，26篇征文获奖。

31日　省老龄委第四次全体会议在省政府办公厅召开。会议由副省长、省老龄委常务副主任蒋大国主持。常务副省长、省老龄委主任周坚卫出席会议并作重要讲话。会议听取了省老龄办主任郭义友关于全国省级老龄办主任会议精神的传达和湖北省2003年老龄工作情况的汇报，对2004年的工作以及省老龄办请示的有关问题进行了研究，各成员单位分别汇报了2004年的工作打算。

4月

8日—12月20日　经全国老龄委审查批准，湖北省赤壁市、大冶市、谷城县、江汉区、丹江口市等5个县（市、区）被评为"全国老龄工作先进县（市、区）"。省老龄办、武汉钢铁（集团）公司、省司法厅等8个单位被评为"全国老龄工作先进单位"。

21日—22日　全省老龄工作会议在武昌召开。省人大、省政协有关领导出席，蒋大国副省长主持会议并作重要讲话。会议表彰了老龄工作先进集体和先进个人，交流了典型经验，进行了分组讨论。各市州政府分管老龄工作的领导、老龄办主任，省直有关部门、部分大专院校、大型企事业单位分管领导、退管办主任以及有关新闻单位的记者共420余人参加了大会。会后，各地迅速传达贯彻会议精神。

5月

20日—21日　组织武汉、襄樊、黄石、咸宁、十堰等市及所辖的江汉区、谷城县、大冶市、赤壁市、丹江口市老龄办的主要负责同志共40余人，在大冶市召开了全省创建工作现场经验交流会，并向全省下发了《关于总结推广大冶市创建老龄工作先进县（市、区）活动经验的通知》。

30日—6月4日　来自各市、州、县（市、区）

老龄办、省直机关、大专院校、大型企事业单位老龄工作部门的99名干部在华中师范大学干部培训学院参加了培训。

6月

8日—17日 省老龄办综合处王建楷一行，对襄樊、十堰、荆门、荆州、孝感、黄冈、鄂州等市贯彻落实全省会议精神情况进行了检查，并将各地贯彻落实情况向全省进行了通报。

19日—27日 由申育卿同志带队，全国老龄办《老龄工作导刊》的执行主编李强等参加的湖北省创建工作检查组，对襄樊、谷城、丹江口、荆州、赤壁、武汉市江汉区的创建活动进行了检查验收。

10月

22日 省老龄办、省文化厅联合举办的湖北省首届中老年戏曲演唱大赛，共评出金奖6名、银奖12名、铜奖18名、优秀奖22名和若干优秀组织奖。全省近万名老年人参加了此次大赛。

11月

4日—18日 应法国法中友好协会和法国人才及技术交流协会的邀请，经罗清泉省长和蒋大国、韩忠学副省长批准，由郭义友同志带队，组织了有大型企业退管部门、省直机关和高校老干部门、市州老龄系统负责人等一行11人参加的考察团，赴法国和德国学习考察。

12月

27日—28日 省老年学学会第三届理事会暨学术研讨会在武昌召开。来自省直机关、大专院校、各市州县的学会会员代表、专家教授、老龄工作者100多人参加了会议。会上，蒋大国副省长作了重要讲话，学会常务副会长郭义友作了工作报告，学会会长徐晓春作了总结讲话。

云南省老龄工作大事记（2003—2005）

2003年

5月

28日 第十届省政府召开了省老龄工作委员会第一次全体会议。

6月

17日—18日 全省州市老龄办主任会议在昆明召开。

7月

16日—26日 省老龄办会同省委组织部、省委宣传部、省财政厅等17个成员单位30多人组成4个检查组对全省8个州市贯彻《中华人民共和国老年人权益保障法》和《云南省老年人权益保障条例》的情况进行检查。

8月

14日—15日 省老龄委办公室与省政协人口资源环境委员会在昆明联合召开云南省提高老年人生活生命质量对策研讨会。

15日—21日 全国老龄办副主任袁新立等领导到云南省就老龄产业进行专题调研。

10月

为庆祝第十六届敬老节，省老龄办及涉老部门以“执政为民，爱心献老人”为主题，组织开展了系列活动。

16日—20日 云南省召开农村和城市社区老年人体育工作经验交流会议。

11月

15日 省老龄办和省老年福利基金会组成慰问组赴昭通地震灾区进行慰问。

24日—30日 云南省第二期老龄干部培训班在建水举办。

12月

15日 省老龄办、省委宣传部、文化厅、教育厅、团省委、省妇联联合发起的云南省青少年敬老爱老助老主题教育活动正式启动。

2004年

3月

15日 省老龄委、省委组织、省人事厅、省编办、省民政厅、省财政厅联合下发了《关于切实加强老龄工作有关问题的通知》。

17日 省老龄工作委员会第二次全体会议在昆明召开。

18日—20日 全省州市老龄办主任会议暨“创建活动”经验交流会在曲靖召开。

4月

7日—9日 云南省老龄宣传工作（新闻）通讯员培训班在昆明举办。

20日—29日　省老龄办与省政协委员组成四个工作组赴全省8个州市就《中共中央国务院关于加强老龄工作的决定》和《云南省老龄事业“十五”计划纲要》颁布实施情况进行视察。

30日　云南省老年艺术团成立。

6月

16日　全国老龄办副主任赵宝华一行赴昆明、曲靖市就创建老龄工作先进县（市、区）、敬老先进村（社区）活动进行调研。

23日—7月2日　省老龄办组织8个组赴全省16个州市对“创建活动”进行检查验收。

8月

24日—28日　全省第三期老龄干部培训班在玉溪举办。

9月

22日—24日　全国“银龄美”大赛云南分赛区选拔赛圆满结束。

10月

10日—15日　省老龄办会同省广播电台举办了云南省第二届“滇荣绿佳杯”老年人卡拉OK大赛。

22日—26日　首届昆明·中国老年产品博览会在省科技馆举行。

24日　为纪念省老龄委成立20周年，省老龄办在2004年敬老节期间，举办了云南老龄工作20周年成果展。

30日　全国老龄办副主任曹炳良一行到五华区就“创建活动”进行检查。

2005年

1月

14日　省老龄工作委员会第三全体会议在昆明召开。

2月

25日　云南省第二次老龄工作会议在昆明隆重召开。

26日　省老龄办、省委宣传部、教育厅、文化厅、团省委、省妇联在昆明联合召开云南省敬老爱老助老主题教育活动总结表彰会。

3月

10日—15日　省民政厅党组成员、省老龄办专职副主任王建新到西双版纳州和思茅市就老龄工作进行调研。

6月

10日　省敬老爱老助老主题教育活动组委会在昆明举行了“孝心进社区工程”启动仪式。

14日　由省老龄委办公室、省委宣传部、教育厅、文化厅、团省委、省妇联六部门组成的云南省敬老爱老助老主题教育活动组委会向全省发出了《关于做好“云岭十大孝星”评选表彰工作的通知》。

7月

20日—23日　省老龄办在玉溪举办了首届基层老年人协会会长能力建设培训班。

9月

12日—13日　省老龄办、中国老年报社在昆明联合举办了全国首届农村老龄工作理论研讨会。

14日　省政府下发了《云南省人民政府关于进一步加强老龄工作的意见》。

22日—24日　省老龄办、省委宣传部、省委老干部局、省文化厅、省广播电视局、省军区政治部六单位联合举办了云南省老年文艺汇演。

10月

10日　省老龄委举办了云南省第十八届敬老节暨首届“云岭十大孝星”颁奖文艺晚会。

12月

14日—16日　省老龄宣传工作会议在昆明召开。会议期间举办了第二期老龄宣传工作（新闻）通讯员培训班。

贵州省老龄工作大事记（2003—2005）

2003年

6月

13日　召开省老龄工作委员会第一次全体会议，研究了贯彻落实全国省级老龄办主任会议精神的意见，提出2003年要抓好的十项主要工作。

7月

10日　召开全省市（州、地）老龄办主任会议，总结2002年工作和布置2003年工作任务，省委副书记孙淦、副省长肖永安到会并作重要讲话。

8月

组织评选“全省老龄新闻奖”。评出“好新闻”

18篇、“好栏目”2个，其中《激情燃烧的岁月》获全国“好新闻”奖三等奖，《生命的长廊》等4件作品获全国“好新闻”优秀奖，“老年论坛”等2个栏目获全国“好栏目”优秀奖。

9月

省老龄办组织贵州省老英模赴京参观。

2日 省委办公厅、省政府办公厅对省老龄工作委员会组成人员进行调整。

10月

对各地、省直有关部门贯彻实施《贵州省老龄事业发展“十五”计划纲要》情况进行检查调研。

11月

19日 在遵义召开全省社区和农村基层老龄工作经验交流会。

省老龄办对贵州省各地百岁老人情况进行统计。

2004年

3月

26日 召开省老龄工作委员会办公室第二次全体会议，会议传达了全国省级老龄办主任会议精神，总结了2003年全省老龄工作，安排布置2004年全省老龄工作。省委副书记孙淦作重要讲话。

4月

8日 召开全省市（州、地）老龄办主任会议暨创建老龄工作先进县（市、区）座谈会，总结2003年全省老龄工作，安排布置2004年老龄工作和创建老龄工作先进县（市、区）工作。

5月

省老龄办与省委组织部、司法厅等省老龄委成员单位组成检查评估小组，对全省各地贯彻实施《贵州省老龄事业发展“十五”计划纲要》情况进行全面检查。

6月

10日 省老龄办与贵阳市老龄办、省委宣传部、省教育厅、共青团省委、省妇联联合在贵阳举行“青少年敬老爱老助老主题教育活动”启动仪式。副省长、省老龄委常务副主任肖永安出席并作重要讲话。

7月

表彰“青少年敬老爱老助老主题教育活动”49名“孝亲敬老之星”，锦屏县潘前同志获“中华孝亲敬老楷模”提名奖，开阳县老龄办、余庆县龙家小学获“优秀组织者”奖。

组织CCTV《夕阳红》健康老人电视大赛贵州赛区比赛。

8月

4日 召开省老龄委第三次全体会议，研究评定出16个老龄工作先进县（市、区）和21个老龄工作先进单位。并从中选出4个先进县（市、区）和8个先进单位申报全国先进县（市、区）和先进单位评选。

9月

组织首届“珍奥杯”全国银龄美大赛贵州分赛。铜仁地区熊俊陵老人获“全国魅力老人奖”。

10月

正式组建贵州省老年艺术团。10月21日举办贵州省庆祝老年节暨省老年艺术团成立文艺晚会。

11月

举办全省老龄工作统计干部培训班。

2005年

2月

25日 召开省老龄工作委员会第四次全体会议，研究了贯彻落实全国省级老龄办主任会议精神的意见，副省长肖永安主持会议，省委副书记孙淦作重要讲话，民政厅厅长、省老龄办主任郭猛作工作报告。会议还审核了《贵州省优待老年人试行办法（初稿）》。

3月

30日 召开2005年全省市、州、地级老龄办主任会议，总结2004年全省老龄工作，安排部署2005年老龄工作。

6月

3日 省委办公厅、省政府办公厅出台《贵州省优待老年人试行办法》。

省老龄委对全省各地贯彻实施《贵州省老龄事业发展“十五”计划纲要》情况进行全面检查评估。

7月

4日 召开全省市（州、地）老龄办主任会议，总结上半年老龄工作情况、研究贯彻落实《贵州省优待老年人试行办法》的具体措施。

省老龄办组织人员对全省基层老龄工作开展情况进行调研。

8月

召开省老龄委成员单位联络员会议，征求对《贵州省老龄事业发展“十五”计划纲要》检查评估报告的意见。

23日 省老龄委向省政府和全国老龄委上报对《贵州省老龄事业发展“十五”计划纲要》执行情况进行检查评估的情况报告。

9月

省老龄委对全省各地《老年法》执行情况进行检查评估。

11月

贵州省老年学学会进行换届选举；

12月

8日　省委办公厅下发通知，任命原省人大主任张玉环、原省人大副主任梁明德为省老龄委顾问。

四川省老龄工作大事记（2004—2005）

2004年

1月

15日　省民政厅厅长、省老龄办主任姜保山，省老龄办常务副主任何保全、副主任渠崎到乐山市犍为县慰问了获得吉尼斯纪录的“世界最长寿老人”称号的118岁老寿星杜品华。

20日　省老龄办向省老龄委上报了《关于开展“银龄行动”方案的请示》。

2月

4日　省老龄办在成都召开“长寿之乡”测评指标体系座谈会，省统计局、劳动和社会保障厅、卫生厅、省计委、省环保局和省体育协会等7家单位的领导参加了座谈会。

8日—12日　省老龄办常务副主任何保全、调研处处长聂奎到青岛市参加全国省级老龄办主任会议暨创建老龄工作先进县（市、区）座谈会。

20日　经省民政厅批准，省老龄办任命何保全为四川老年大学校长（法人代表），免去李进先四川老年大学校长职务。

24日　省老龄办向省老龄委上报了《关于与重庆市老龄工作委员会办公室联合主办〈晚霞报〉的请示》。3月2日，张作哈副省长批示：“完全赞同这一方案。联合办报，资源共享，增加发行，抓紧协调。”

3月

9日　省老龄办、省卫生厅、成都市老龄办、成都市卫生局共同研究了四川省开展“银龄行动”的有关事宜。

23日—29日　省老龄办常务副主任何保全率领部分市州老龄办人员一行23人，到上海、浙江、江苏等地进行了工作交流及学习考察。

4月

1日　省老龄办常务副主任何保全陪同中国老年学学会会长张文范到都江堰考察“长寿之乡”。

17日　由省老龄办主办的“四川老龄网”开通试运行。

20日—29日　全国老龄办权益部主任张同春、处长魏强等来川调查农村老龄工作，先后到彭州市、安岳县、青神县调查，省老龄办常务副主任何保全、副主任渠崎、调研处处长聂奎先后陪同调查。

5月

9日　省老龄办答复了省政府督办室关于省政协九届二次会议第58号集体提案《关于农村老人赡养问题的建议》。

19日　省老龄办、省卫生厅、成都市老龄办、市卫生局共同研究确定了15名“银龄行动”志愿者，并确定了培训内容、编组情况、团长人选、出发时间等。

21日　省老龄办、省卫生厅在蜀兰大酒店举办“银龄行动”培训班，对即将赴巴中工作的15位志愿者进行了培训。

25日—28日　省老龄办调研处处长聂奎同志到北京参加全国老龄办召开的全国老龄产业理论与政策研讨会。四川老龄办的论文《养生长寿文化与老龄产业的关系》在会上进行了交流。

28日　省“银龄行动”欢送仪式在百花潭公园举行，全国老龄办副主任张志鑫、副省长张作哈、省政府副秘书长敖玉明及卫生厅、民政厅等领导到场送行。欢送仪式后，省老龄办常务副主任何保全带队将15名自愿者送到巴中。29日将志愿者送到通江。

6月

2日—8日　省老龄办副主任渠崎参加了省直机关对省政府办公厅、省政协办公厅、省高院、省检察院、省财政厅、省民政厅、省地矿厅、四川电力公司、四川石油局等单位创建敬老模范单位情况的检查验收工作。

8日　省老龄办常务副主任何保全，参加省政府第36次常务会议，就修改《四川省优待老年人规定》事项，接受咨询，会上原则上通过了省老龄办上报的关于修改《四川省优待老年人规定》的请示。

8日　四川省新闻出版局批复：“同意增加重庆市老龄办为《晚霞报》主办单位，报纸开版变更为四开十二版。”同时明确了四川省老龄办为《晚霞报》的主办单位。

10日 省老龄办向省老龄工作委员会报送了《关于四川省敬老模范县（市、区）考核验收工作方案的请示》。省老龄工作委员会第一副主任、副省长张作哈6月22日批示："原则同意。1. 老龄办只重点抽查；2. 检查内容突出重点，不要太多；3. 表彰仍按原决定由老龄工作委员会名义发文表彰。"

18日 四川老年大学在成都人民公园举行纪念邓小平诞辰100周年文艺演出，省老龄办常务副主任何保全同志到会讲话。

18日 省老龄办常务副主任何保全、副主任渠崎等与省卫生厅廖品义处长等一同检查省人民医院开展敬老活动的情况。

21日 省老龄办常务副主任何保全、副主任渠崎省直机关老龄委闵志全等同志检查《晚霞报》开展敬老活动的情况。

24日—26日 省老龄办副主任渠崎等到巴中市通江县、南江县进行创建敬老模范县工作验收检查，并看望和慰问了"银龄行动"的志愿者。

6月24日 省老龄办向省老龄委上报了《关于成立四川省老龄网站的请示》。

7月

3日—5日 省老龄办宣教处处长陶诚，赴京参加了由全国老龄办组织的"北京景山现象"座谈会。

15日 四川省首届夕阳风采电视大奖赛决赛在成都艺术中心剑南春剧场举行。省政府副秘书长敖玉明，省民政厅厅长、省老龄办主任姜保山出席，并为获奖选手颁奖。

15日—18日 全国老龄办朱萌处长率中国老年艺术团团长及编剧一行3人到成都、广元等地观看审查上调节目，确定广元市《晒太阳》参加由中国老年艺术团举办的2004年"红叶风采"大型文艺晚会。

22日—28日 由省委老干局、省老龄办、四川老年大学等16个单位联办的"四川省纪念邓小平同志诞辰100周年书画展"在省老干部活动中心举行，省委副书记陶武先出席开幕式并讲话。

24日 四川省2004年"银龄行动"试点工作在巴中市进行了总结，省老龄办常务副主任何保全等出席。25日，何保全率15名志愿者平安返蓉。

28日 召开省创建敬老模范县（市、区）检查验收组全体成员会议，评审出全省敬老模范县（市、区）36个，推荐7个参评全国老龄工作先进县（市、区）。

29日 省老龄办向省老龄委上报了《关于省级敬老模范县（市、区）检查验收情况报告》，8月23日，张作哈副省长批示："原则上同意。进一步做好准备，待老龄委全体会议审议通过。"

8月

2日 CCTV《夕阳红》健康老人电视大赛四川赛区决赛在四川电视台演播大厅举行，省政府副秘书长敖玉明、省民政厅厅长姜保山、省老龄办常务副主任何保全等同志观看了决赛并为获奖选手颁奖。

24日 省委老干局、省老龄办联合举行了全省老同志学习邓小平理论知识竞赛表彰会，表彰50个优秀组织、50个先进集体、650名优秀个人。省老龄办常务副主任何保全同志到会讲话。在为期4个月的知识竞赛中，全省有6万多名老同志参与。

24日—25日 省老龄办常务副主任何保全、副主任渠崎、晚霞报社骆德凯等到重庆，参加川渝老龄办联办的《晚霞报》的启动仪式。9月1日川渝联办的《晚霞报》正式发行。

26日—9月10日 何保全同志参加全国老龄工作考察团，赴巴西、智利考察和学习发展中国家在解决人口老龄化及老年人社会保障问题方面的先进经验，交流老龄工作。

9月

3日 四川省人民政府办公厅下发了《关于印发〈四川省优待老年人规定〉的通知》（川办函［2004］172号），此通知经省老龄办在征求各有关厅局意见和调研了省内部分风景区的基础上修改制定，历时一年多。

24日—27日 省老龄办副主任渠崎、秘书处马琼参加了全国老龄办在海南举行的老龄统计工作会议。

10月

8日 省民政厅党组研究决定，任命张晋川同志为省老龄办副主任（川民人［2004］336号）。

9日 四川省敬老爱老助老主题教育活动组委会下发《关于表彰敬老爱老助老主题教育活动优秀组织者、孝亲敬老楷模提名奖、孝亲敬老之星、敬老好文章的通知》，授予中共四川省委宣传部等50个单位主题教育活动"优秀组织者"称号；金乾秀等10名同志为"孝亲敬老楷模"；莫碧等12名同志获"孝亲敬老楷模提名奖"；史万太等173名同志为"孝亲敬老之星"；《敬老故事让我懂得敬老》等10篇文章为敬老好文章。

10日—15日 省老龄办常务副主任何保全、秘书处秦双振到云南丽江参加全国老龄办组织召开的全国"银龄行动"研讨会，会上何保全同志代表四川省老龄办介绍实施"银龄行动"的主要经验。

12日 省政府第47次常务会议通过了省老龄办《关于请求以省政府名义授予都江堰市"长寿之乡"的请示》，省老龄办副主任渠崎同志参加会议接受了咨询。

13日　省政府下发了《关于命名都江堰市为“长寿之乡”的批复》（川府函［2004］229号）。

15日—17日　由中国老年学学会、四川省老年学学会等主办的第二届全国健康长寿研究报告会暨首届都江堰·中国长寿文化节在都江堰市举行，张作哈副省长在会上向都江堰市授予了“长寿之乡”的牌匾，省政府敖玉明副秘书长宣读了省政府《关于命名都江堰市为长寿之乡的批复》。中国老年学学会会长张文范和省老龄办副主任渠崎等出席了会议。

18日　省政府下发了《关于命名彭山县为“长寿之乡”的批复》（川府函［2004］233号）。

19日　欧盟项目四川协调委员会第三次会议在宜宾市召开。

22日　省老龄办、省委宣传部、卫生厅、省体育局、团省委、省妇联等六家单位联合举办的“四川’2004重阳敬老节暨快乐健康行活动周”开幕式在成都市文化公园举行。

24日—25日　全国农村老龄工作小型座谈会在成都召开。全国老龄办副主任白桦、权益部主任张同春到会。

25日　由省老龄办主办的“四川老龄网”正式开通运行，全国老龄办副主任白桦、省民政厅厅长姜保山为网站揭牌。

31日—11月12日　省老龄办常务副主任何保全，参加了由国际助老会亚太地区发展中心组织在越南河内开展的“国际助老会地区会议暨欧盟—国际助老项目赴越南考察团”活动。

11月

30日　四川省2004年“银龄行动”试点工作总结表彰会在成都举行。省老龄办常务副主任何保全在会上作了总结。会上表彰了省卫生厅等10个先进单位，王道庄等15名优秀老专家，廖品义等10名先进个人。

12月

5日　省老龄委下发了《关于命名首批省级敬老模范县（市、区）的决定》（川老委发［2004］18号），命名了成都市金牛区等36个敬老模范县（市、区）；下发了《关于表彰省级老龄工作先进单位的通知》（川老委发［2004］19号），表彰了成都市公安局等50个老龄工作先进单位。

31日　张作哈副省长在《四川省老龄工作委员会办公室关于欧盟项目执行情况的报告》（川老委办发［2004］50号）上批示：“工作有成效，希望继续加强资金、项目的跟踪指导工作，工作经费问题，另专题报财政厅。”

2005年

1月

7日—9日　省老龄办常务副主任何保全率四川省代表团一行13人到北京，出席了全国敬老爱老助老主题教育活动表彰大会，大会8日上午在人民大会堂隆重举行。四川省王德彬荣获“中华孝亲敬老十大楷模”称号，金乾秀荣获“中华孝亲敬老楷模提名奖”，曹虹等193人被评为“孝亲敬老之星”。

18日　老龄办处以上干部列席四川省民政工作会议，会上张作哈副省长宣布：黄明全任民政厅厅长、党组书记。

23日，省老龄办在成都锦城艺术宫举办了新春慰问老人文艺晚会，会上张作哈副省长代表省委省政府宣读了致全川960万老年人的慰问信。

2月

4日　省老龄办全体党员参加民政厅保持共产党员先进性教育活动动员大会，听取黄明全厅长作动员报告。

5日　省老龄办向省老龄工作委员会各成员单位和市州老龄办发出了《省老龄办保持共产党员先进性教育活动征求意见函》。并请各单位于2月25日前将其意见寄回到老龄办先教领导小组。

26日—3月1日　省老龄办常务副主任何保全、副主任张晋川参加全国老龄办在广州市召开的全国省级老龄办主任会议。

3月

2日　省老龄办党总支全体党员参加民政厅保持共产党员先进性教育报告会。

4月

6日　省老龄工作委员会第四次全体会议在省政府一号楼一会议室召开，省政府副秘书长、省老龄工作委员会副主任敖玉明主持会议。会上，民政厅厅长、省老龄办主任黄明全向大会报告了2004年四川老龄工作情况和2005年工作安排，副省长、省老龄工作委员会第一副主任张作哈作了重要讲话。会议决定4月下旬召开全省省级敬老模范县（市、区）、省级老龄工作先进单位表彰大会。会议决定吸收省高级人民法院、省公安厅、省旅游局为省老龄工作委员会成员单位。

12日　全国老龄委下发《关于表彰“全国老龄工作先进县（市、区、旗）”和“全国老龄工作先进单位”的决定》（全国老龄委发〔2005〕3号）。四川省成都市金牛区等7个县（市、区）被表彰为“全国老龄工作先进县（市、区）”；四川省电力公司等10个单位被表彰为“全国老龄工作先进单位”。

12日　省老龄委下发《关于评选表彰全省先进老年人协会和优秀会长的通知》(川老委发〔2005〕3号)。

13日　省老龄委下发《关于评选表彰全省先进老年大学(学校)、老年教育先进工作者和优秀教师的通知》(川老委发〔2005〕4号)。

21日　省政协副主席何志尧，省政府副秘书长敖玉明，省老龄办常务副主任何保全、副主任渠崎参加了在彭山县举行的"中国长寿之乡"论证会。

28日　四川省敬老模范县(市、区)和老龄工作先进单位表彰大会在成都金牛宾馆召开，省政府副省长、省老龄委第一副主任张作哈、省政府顾问佘国华出席会议，大会表彰了成都市公安局等50个先进单位和成都市金牛区等36个敬老模范县(市、区)。28日下午，四川省2005年老龄办主任会议在成都金牛宾馆召开，会议总结了2004年的老龄工作，安排了2005年的工作任务。

5月

12日—16日　全国老龄办常务副主任、中国老龄协会会长李本公、全国老龄办副主任赵宝华等一行6人到四川省眉山市参加全国老年学学会第四届代表大会。省老龄办常务副主任何保全、副主任渠崎、调研处处长聂奎参加了会议。会后，李本公、赵宝华在省民政厅和省老龄办领导的陪同下分别到成都、西昌、阿坝等地进行了工作调研。

16日—17日　广东省、广西壮族自治区、内蒙古自治区老龄办领导到四川省老龄办考察交流老龄工作经验。

18日—20日　山东省老龄办褚庆观主任一行7人到四川省老龄办考察交流工作经验。

19日　省老龄办常务副主任何保全参加成都市"银龄行动"启动仪式。

25日　四川省老龄办、四川老年大学在成都新华公园举行了四川老年大学建校20周年庆典开幕式。省民政厅厅长黄明全受省政府副省长、省老龄委第一副主任张作哈的委托到会祝贺。省老龄办常务副主任何保全、副主任渠崎出席。

30日　省老龄委下发《关于第二轮创建敬老模范县(市、区)活动实施方案》(川老委发〔2005〕8号)。

6月

1日　四川省老龄办等四单位联合与乐山市市中区临江镇政府签订了《援助临江镇无公害茶叶生产"银龄行动"合作协议》；同日，援助方四川省老龄办、省老科协、乐山市老龄办、市老科协签署了《共同援助乐山市临江镇无公害茶叶生产"银龄行动"备忘录》。

15日—17日　中国老龄事业发展基金会常务副会长张志鑫同志到四川省成都市、泸州市考察拟参加全国"爱心护理工程"活动的单位，省老龄办常务副主任何保全陪同。

24日　省老龄办和省委老干部局主办，省老年书画研究会等15个单位联合举办的"四川省纪念中国人民抗日战争胜利60周年书画展览"在四川美术馆举行。开幕式上，省政协副主席李进致开幕词。省老龄办常务副主任何保全、副主任渠崎出席了开幕式。

7月

15日　晚霞报社在成都饭店举行"晚霞报社成立20周年庆典活动"。

16日　四川省老龄工作委员会下达《关于印发〈四川省创建老年大学(学校)示范校实施办法〉的通知》。

27日　省老龄办党总支全体党员参加民政厅保持共产党员先进性教育总结暨表彰大会。

8月

1日　四川省老龄办决定结束四川省青少年敬老爱老助老主题教育活动。该活动历时两年，经全省各级党政部门、群众团体和学校党团组织的认真组织、积极参与，使全省敬老爱老助老的传统美德发扬光大。

5日　省委副书记、省长张中伟在省老龄办《关于〈应对人口老龄化问题，加快制定老年事业发展战略〉提案办理情况的报告》上批示："老龄工作很重要，对面临的新情况和新问题，要认真研究，逐步解决。"

11日—13日　省老龄办常务副主任何保全、调研处处长聂奎到阿坝州出席"阿坝州老龄委成立20周年暨州级敬老模范县(乡、镇)表彰大会"。

15日　省老龄办向省老龄工作委员会呈送了《关于举办四川省第二届老年文化艺术节的请示》。

22日—24日　四川省老年学学会第四届二次理事会暨学术研讨会在雅安市召开，省老龄办常务副主任何保全，副主任渠崎、张晋川出席会议。

30日—9月5日　浙江省老龄办主任黄永正率杭州市老龄办、宁波市老龄办领导一行5人来四川省老龄办交流"银龄行动"的成功经验，考察推动省级间"银龄行动"工作的开展，并先后到乐山市、阿坝州等地进行了实地考察和调研。

31日　省老龄办、省直机关工委和省委老干局在成都组织召开了省直机关老干部处处长联席会议。

9月

5日　省委书记张学忠为全省老龄工作十五成果展题词：“大力发展老龄事业，努力构建和谐社会”。

21日　省老龄办常务副主任何保全、副主任渠崎参加在彭山县举行的健康长寿国际研讨会。

10月

8日—12日　省老龄办、省委宣传部、省直机关工委、省委老干局、省文化厅、省卫生厅、省体育局、省总工会、省妇联等9个单位在成都人民公园举办了“四川省老龄工作‘十五’成果展暨’2005重阳敬老节活动周”，共有106个单位参加老龄工作成果展，共计展出114块展板，2788幅图片。

11月

2日　四川省老龄工作委员会下发《关于表彰全省基层老年人协会建设先进集体和优秀会长的决定》(川老委发〔2005〕11号)。决定授予94个基层老年人协会“四川省基层老年人协会建设先进集体”荣誉称号；授予92名同志“四川省基层老年人协会优秀会长（副会长）”荣誉称号。

2日　四川省老龄工作委员会下发《关于表彰全省老年学校教育工作先进集体、先进工作者和优秀教师的决定》(川老委发〔2005〕12号)，表彰了46所老年大学（学校），91名教育先进工作者，96名优秀教师。

4日—7日　省老龄办宣教处处长陶诚同志到海南省参加全国老龄办2005年老龄宣传工作座谈会暨《中国社会导刊·中国老龄》通联会。

6日—9日　省老龄办副主任张晋川和王亚萍到南宁市参加全国老龄事业统计工作会议。

9日—21日　省老龄办常务副主任何保全率四川老龄学习考察团一行29人，到重庆市、湖北省、江西省、湖南省等地考察学习老龄工作先进经验。

22日　在宜宾市召开四川省老年教育工作表彰会和川渝片区老年大学联谊会暨四川省老年大学协会四届三次理事会。

25日　省老龄办下发《关于表彰2005年度工作先进市（州）老龄办的决定》（川老委办发〔2005〕31号）。

12月

1日—2日　省老龄办在成都蜀兰大酒店举办2005年老龄事业统计工作培训班，同时布置2005年度老龄事业和百岁老人统计工作。

4日—10日　省老龄办副主任渠崎到湖南省长沙市参加全国老龄办组织的欧盟助老扶贫工作经验交流会。

宁夏回族自治区老龄工作大事记（2003—2005）

2003年

4月

17日　自治区党委办公厅、人民政府办公厅发文调整自治区老龄工作委员会组成人员。自治区党委常委、组织部长傅思和任自治区老龄委主任；自治区政府副主席刘慧任自治区老龄委副主任；自治区老龄工作委员会办公室设在自治区民政厅。调整后的自治区老龄工作委员会由自治区党委宣传部等25个部门组成。

7月

28日—31日　受全国人大内务司法委员会的委托，自治区人大内务司法工作委员会会同自治区老龄委办公室、自治区老干部局等相关部门组成调研组，对全区贯彻实施《中华人民共和国老年人权益保障法》情况进行了调研。调研组形成了关于宁夏回族自治区贯彻实施《中华人民共和国老年人权益保障法》情况的执法调研报告，并上报全国人大内务司法委员会。

12月

16日　自治区人民政府办公厅发文对全区老龄工作进行督查（宁政办发［2003］243号)。

2004年

3月

30日　自治区老龄委在银川召开第三次全委扩大会议。会议回顾总结了2003年全区老龄工作成绩和基本经验，分析研究了面临的形势，安排部署了2004年的工作。自治区人民政府办公厅副主任黑智虎传达了回良玉副总理在全国老龄委第六次全体会议上的讲话精神。自治区副主席、老龄委副主任刘慧代表老龄委作了工作报告。会议讨论了《关于创建老龄

工作先进县(市、区)活动实施方案》、《关于组织开展老龄知识分子援助西部大开发(银龄行动)实施方案》

4月

14日 自治区老龄办发文(宁老龄办字[2004]12号)在全区开展老龄工作先进县(市、区)和敬老模范村(社区)评选表彰工作

14日 自治区举行全区老龄办主任会议。自治区民政厅党组成员、自治区老龄办常务副主任李广庆讲话。

6月

9日 厦门—宁夏“银龄行动”援助协议在福建厦门正式签订。

7月

13日 厦门市5位老专家来银,正式拉开了厦门—宁夏“银龄行动”的序幕。

9月

9日 《宁夏回族自治区老年人权益保障条例》由宁夏回族自治区第九届人民代表大会常务委员会第十二次会议通过并予公布,自2004年10月10日起执行。这是迄今为止宁夏最重要的老年人维权法规。《条例》分总则、赡养与扶养、保障措施、服务设施、优惠待遇、法律责任、附则共七章。

11月

16日 自治区老龄委(宁老龄委字[2004]05号)发文对银川市兴庆区等6个县区、银川市老干部局等24个单位、永宁县李俊镇古光村等59个敬老模范村、37个敬老模范社区进行表彰。

17日 自治区党委办公厅、人民政府办公厅发文调整自治区老龄工作委员会组成人员。自治区党委常委、组织部长傅思和任老龄委主任、刘慧任老龄委副主任。自治区民政厅厅长李志仁兼任办公室主任。

12月

7日 自治区人民政府发出关于认真贯彻《宁夏回族自治区老年人权益保障条例》的通知。文件要求:各级政府要把老年事业纳入当地国民经济和社会发展规划,并根据经济发展水平和老年人口规模,按人均每年不低于2元的标准安排老龄事业经费,并将其纳入财政预算予以保障。自治区财政部门要按照《条例》要求,在国家发行的彩票收益中,每年安排15%用于老龄事业。

23日 自治区老龄委召开贯彻实施《宁夏回族自治区老年人权益保障条例》座谈会,自治区副主席、老龄委副主任刘慧到会并作了重要讲话。

2005年

2月

1日 经自治区新闻出版局批准,自治区老龄委创办了彩色四封双月刊内部刊物《宁夏老龄工作》,这是宁夏老龄战线首次创办的反映老龄工作的指导性、附属性刊物。

4月

5日 自治区老龄委在银川举行第四次全体(扩大)会议。自治区民政厅厅长、老龄办主任李志仁做了关于全区老龄工作2004年基本情况和2005年工作安排意见的报告:自治区政府副主席、老龄委副主任刘慧主持会议;自治区党委常委、组织部部长、老龄委主任傅思和作了重要讲话。

27日 自治区老龄办发出关于印发《宁夏回族自治区基层老年人协会规范化建设标准》的通知,对基层老年协会加强指导和规范。

7月

11日 自治区民政厅、老龄办在联合调研的基础上,制定了《关于社区老年福利服务星光计划项目管理意见》(宁民发[2005]135号),上报自治区人民政府。

14日 自治区民政厅、财政厅、老龄办联合发出关于印发《百岁老人长寿保健费发放办法》的通知,明确了各级财政部门要及时将百岁老人长寿保障费列入本级财政预算,确保长寿保障费按时足额发放。

19日 自治区民政厅、自治区卫生厅、老龄办联合下发《关于转发〈“孝心进社区工程”组织实施方案〉的通知》(宁老龄办字[2005]15号),由陕西步长集团提供资助先期在银川市选择40个社区开展以“尊老、爱老、敬老”为主题的教育活动。

8月

21日 全区老龄法制宣传培训班在银川举行。

9月

28日 全区老龄宣传工作座谈会在银川举行,自治区党委宣传部及各新闻媒体的负责干部应邀出席了会议。

10月

10日 自治区党委常委、组织部部长、老龄委主任傅思和,自治区人民政府副主席、老龄委副主任刘慧慰问了百岁老人、公益老人、孤寡老人,并为他们送去了慰问金和慰问品。

12月

5日—21日 自治区老龄办组成两个年终工作检查组,首次对市、县(区)区老龄工作进行量化目标考核。

新疆维吾尔自治区老龄工作委员会办公室大事记（2003—2005）

2003年

1月

9日—10日　召开自治区2002年老龄工作总结暨落实《老龄事业发展“十五”计划纲要》工作会议：1. 总结自治区老龄工作；2. 汇报了落实《纲要》情况；3. 提出2003年老龄工作新思路。

23日　由老龄办领导和部分人员组成两个慰问组，在春节、古尔邦节期间，走访慰问机关离退休干部和原老龄委员会老领导及遗孀。

2月

10日—21日　自治区老龄办副主任宋海渭两次赴塔城地区，就老龄工作机构设置问题进行调研和督导。

4月

16日　自治区老龄工作委员会召开第三次全体会议。自治区党委副书记、老龄委主任胡家燕出席并讲话。

2004年

1月

2日　召开2003年度总结表彰大会，自治区老龄办牛国华副主任进行总结，贾帕尔·阿比布拉主任做重要讲话，表彰4个先进单位、11名先进个人、1个先进党支部、1名优秀党务工作者和3名优秀共产党员。

2日－9日　自治区老龄办与军区、兵团、自治区妇联、团委、总工会、卫生厅、人事厅、司法厅、劳动保障厅、老干局、宣传部、法制办协调落实自治区贯彻《老年法》协调领导小组成员的变动情况。

8日　向自治区党委组织部上报2003年干部教育培训工作总结和2004年干部教育培训计划。向各地、州、市老龄办发出通知，对全区县级老龄工作机构建设情况进行督察。

9日－16日　牛国华、宋海渭副主任带领工作组走访23位自治区老领导，慰问乌市6名百岁老人和机关6名离退休职工，征求同志对老龄工作的意见。

2月

16日－26日　同天津天士力集团合作开展大型公益活动——向成员单位及部分厅局的工作人员和离退休老同志赠送保健药品1174份。

3月

15日　协调自治区党委宣传部、团委、妇联、教育厅开展青少年敬老爱老助老主题教育活动，协调各地州市征订《中国敬老故事精华》1300多本。

15日－19日　起草自治区老龄委信访联络员工作制度，并向各地州市、自治区有关委办厅局下发通知，要求推荐信访联络员，共同做好涉老信访工作。

16日－19日　协调自治区司法厅，向各地州市老龄办、司法局下发《关于在各地州市老龄办设立法律援助机构、开展法律授助工作有关问题的通知》，要求各级老龄办和法律援助中心积极为老年人提供法律服务，切实维护老年人的合法权益。

24日　协调有关单位调整自治区贯彻《老年法》协调领导小组。

24日－26日　召开自治区地级老龄办主任会议。

30日　提出《自治区老龄事业发展“十五”计划纲要》评估检查定性、定量标准。提交自治区地级老龄办主任会议求意见，向各地州市下发通知，部署检查评估工作。

4月

2日　发出关于评选表彰自治区老龄工作先进单位的通知，安排在全区开展老龄工作先进单位评选表彰活动。

15日－21日　宋海渭副主任带领工作组前往阿克苏地区，考察“银龄行动”筹备工作，检查创建活动情况。

16日－20日　与上海市老龄办协商确定2004年“银龄行动”合作意向书和备忘录，制定2004年“银龄行动”实施方案，向试点地州发出通知，要求做好“银龄行动”试点工作，出刊第一期《“银龄行动”动态》。

20日－21日　宋海渭副主任带领工作组前往伊犁州奎屯市，参加自治区老年人体育工作会议，检查创建活动情况。

21日－27日　宋海渭副主任带领工作组前往昌吉州、米泉市和石河子市，就基层老年人协会建设情况进行调研，向全国报送基层老年人协会建设情况报告。

5月

10日　对伊犁州州直老年人协会、察布察尔锡伯族自治县农村老年人协会进行了调研。

13日 宋海渭副主任带领工作组前往吐鲁番参加地区老龄工作会议，检查创建活动情况。

21日 贾帕尔·阿比布拉主任、宋海渭副主任带工作组前往米泉市检查创建活动及社区建设工作。

21日－30日 举办自治区敬老爱老助老主题教育活动赠书仪式，新疆老年基金会向各地州市、县市区赠送《中国敬老故事精华》1000本，出刊《自治区“青少年敬老爱老助老主题教育活动”丰富多彩》简报。

25日－31日 宋海渭副主任带领工作组前往上海，迎接40名上海老专家。自治区举办“银龄行动”上海第二期老年志愿者来疆欢迎会。牛国华、宋海渭副主任带领工作组护送老专家分赴博州和阿克苏地区。

6月

9日 下发《关于参加CCTV〈夕阳红〉健康老人电视大赛的通知》，协调吐鲁番地区和昌吉州各送派1名健康老人参加由全国老龄办、卫生部、中央电视台联合举办的电视大赛陕西分赛区比赛。

11日－28日 向各地、州、市下发通知，要求做好老龄工作先进县（市、区）创建活动自查和总结工作，协调安排牛国华、宋海渭副主任带领工作组赴9个地州市的20个县、市、区进行老龄工作先进县（市、区）创建活动暨实施《自治区老龄事业发展“十五”计划纲要》情况检查评估工作。

7月

20日—30日 协同自治区人民政府法制办有关人员赴喀什地区和昌吉州，就《自治区优待老年人规定》的有关问题进行调研。

8月

2日－10日 宋海渭副主任陪同全国老龄办赵宝华副主任赴伊犁州、巴州、克拉玛依市、石河子市检查创建工作，进行老年协会建设调研。

13日 组织开展创建全国老龄工作先进县（市、区）及全国老龄工作先进单位的总结工作，向全国老龄办推荐上报先进县（市、区）、先进单位名单和总结材料。

25日 完成全区青少年敬老爱老助老主题教育活动总结评选工作，向胡家燕副书记报告全区活动情况，组织开展“敬老好文章”评选，向全国活动组委会推荐“孝亲敬老之星”和“中华孝亲敬老楷模”。

25日－30日 制定工作方案，报请胡家燕副书记批准，向各地州市下发通知，安排自治区第六个“敬老宣传月”活动，下发《自治区第六个“敬老宣传月”活动乌鲁木齐地区实施方案》，协调有关单位进行筹备工作，召开记者通报会。

2005年

1月

6日 自治区老龄办向各地、州，市老龄办下发关于交纳《老年人优待证》工本费的通知，做好老年优待证的收费管理工作。

7日 自治区老龄办副主任宋海渭带领维权调研处、宣教处处长参加新疆人民广播电台“新广行风热线”直播节目，回答老年人提出的有关老年人优待规定落实情况等热点问题。

19日 自治区老龄办副主任宋海渭、综合处处长张孝乾参加自治区保持共产党员先进性教育活动动员大会。

26日 自治区老龄办召开保持共产党员先进性教育活动动员大会。

2月

13日 应广大老年人要求，自治区老龄办再次参加了新疆广播电台“新广行风热线”直播节目，解答老年人关心的《自治区优待老年人规定》落实情况等问题。

4月

27日 自治区老龄委召开第四次全委会。

5月

9日 自治区老龄办副主任宋海渭参加乌鲁木齐市老龄办工作例会，对乌鲁木齐市老龄办在执行老年人优待规定工作中出现的问题进行分析指导。

12日 自治区老龄办组织筹备开展第三期“银龄行动”。

14日 自治区老龄办派迎接组前往上海迎接第三期“银龄行动”老年志愿者。

18日 自治区老龄办举办新疆—上海第三期“银龄行动”欢迎仪式，欢迎来疆进行医疗、教育、畜牧和考古援助的上海老年志愿者。自治区副主席贾帕尔·阿比布拉出席欢迎仪式并讲话。自治区老年大学老年艺术团的演员表演了精彩的文艺节目。

6月

12日 自治区老龄办派两个调查组分赴和田地区、喀什地区、克州、伊犁州、阿勒泰地区和塔城地区调查《老年人优待规定》、《自治区老龄事业发展“十五”计划纲要》、《老年法》和《条例》的贯彻落实情况。

28日 自治区老龄办和自治区老年保健协会共同举办庆祝建党84周年老年文艺演出。自治区副主席贾帕尔·阿比布拉观看演出并作重要讲话。

7月

7日　自治区老龄办向全国老龄工作会议推荐经验材料《党政主导，齐抓共管，做好优待老年人工作》。

7日－8日　自治区老龄办召开老龄工作座谈会，与甘肃省平凉地区老龄办进行座谈。

8日　自治区老龄办组织机关和直属单位部分人员参加区直机关工委组织的“优秀共产党员先进事迹报告会”。

13日－15日　自治区老龄办派调查组对乌鲁木齐市及其所属天山区、新市区、沙依巴克区、水磨沟区落实《优待规定》、执行“十五”计划纲要、贯彻落实《老年法》、《条例》情况及老龄机构建设情况进行调研。

14日　自治区司法厅法律援助中心对自治区老龄办法律援助工作进行调研。

19日－21日　自治区老龄办在克拉玛依市克拉玛依区召开自治区创建全国老龄工作先进县（市）经验交流会，自治区副主席贾帕尔·阿比布拉出席开幕式并作重要讲话。

27日　自治区老龄办派干部参加自治区发改委组织召开的自治区民政厅“十一五”规划纲要专家讨论会，听取专家对自治区老龄事业发展“十一五”规划纲要的修改意见。

8月

4日　自治区老龄办向各地州市发出通知，大力开展自治区第七个“敬老宣传月”活动。

8日　自治区老龄办在迎宾馆举办上海市党政代表团慰问上海—新疆“银龄行动”老年志愿者座谈会，张秀明副书记、贾帕尔·阿比布拉副主席和上海市委刘云耕副书记、周太彤副市长出席座谈会，宋海渭副主任在会上介绍了工作情况。

10日　自治区老龄办接待上海市第三期“银龄行动”慰问团，宋海渭副主任陪同上海市老龄办组织的慰问小组一行13人赴阿克苏、博州慰问老专家。

12日　自治区老龄办召开座谈会，与广西老龄委赴疆考察团进行座谈，交流工作经验。

18日　自治区老龄办派干部参加自治区老干部经济文化服务协会组织的纪念中国人民抗日战争及世界反法西斯战争胜利60周年庆祝大会。

25日　自治区老龄办召开座谈会，与山东省老龄办赴疆考察团进行座谈，交流工作经验。

26日－31日　自治区老龄办举办第五期老龄工作干部培训班。

9月

4日　自治区老龄办派工作人员陪同全国“银龄行动”新闻采访团分别赴阿克苏、博州进行实地采访。

自治区老龄办召开座谈会，与福建省泉州市老龄办赴疆考察团进行座谈交流。

20日　自治区老龄办派工作人员送“银龄行动”老年志愿者安全返沪。

10月

11日　自治区老龄办副主任宋海渭陪同自治区党委副书记、老龄委主任胡家燕和自治区副主席、老龄委常务副主任贾帕尔·阿比布拉前往民政公寓慰问老年人，和他们一起过重阳节，给他们赠送了慰问品。

14日　自治区老龄办和自治区老年大学等单位共同举办自治区老年文艺演出。

28日　协助自治区老年基金会举办金婚庆典。

11月

4日　转发关于表彰自治区“银龄行动”工作先进单位和先进个人的决定。

5日－9日　李青同志参加全国老龄宣传工作会议及《中国老龄》通联会。

10日－11日　老龄办召开自治区“银龄行动”工作座谈会。

广西壮族自治区老龄工作大事记（2003－2005）

2003年

1月

10日　广西老年学学会召开以“养老与社会保障”为主题的第七次学术研讨会，收到论文88篇，会上还表彰了玉林、柳州市老年学学会，柳州地区老龄办和柳铁离退处等先进集体。

12日　自治区党委、自治区人民政府下发《关于进一步加强我区老龄工作的意见》（桂发［2003］2号），标志着广西老龄工作进入新的发展阶段。

3月

中旬　自治区老龄办联合区党委老干局、广西老年基金会、广西人民广播电台联合举办为期 3 个月的“我看家乡新面貌”有奖征文活动,收到征文 600 多篇。

17 日　自治区老龄办齐白鸽、蒙春梅同志撰写的《广西老龄工作机构建设的现状及对策建议》获全国老龄工作优秀调研报告二等奖。

29 日—30 日　广西老年学学会骨质疏松委员会在桂林市召开成立大会，该委员会的成立，填补了广西骨质疏松病研究领域的空白。

4 月

16 日—20 日　广西老年大学合唱团参加 2003 年第四届中国昆明旅游节全国老年合唱大赛，荣获“高原明珠”金奖。

24 日　自治区民政厅副厅长、区老龄办副主任肖芳佐和部分老龄委成员单位联络员及自治区老龄办全体同志在广西分会场参加了全国老年维权工作暨经验交流视频会议。

5 月

12 日　自治区老龄办转发全国老龄办《关于积极配合做好顶防“非典”工作的通知》，要求各级老龄办认真做好老年人“非典”防治工作。

6 月

25 日　自治区老龄办转发全国老龄办、司法部、公安部《关于加强维护老年人合法权益工作的意见》。

7 月

3 日　自治区老龄委成员单位联络员第一次会议在南宁召开。

7 日　自治区老龄委转发了全国老龄委《关于在全国开展创建老龄工作先进县（市、区）活动通知》，决定在全区开展创建老龄工作先进县（市、区）活动。

7 日—10 日　广西老龄工作协作会在桂林市召开，10 个市及部分县（区）老龄办代表共 60 人出席会议。

9 月

25 日　自治区老龄办、广西区科协、广西老科协、广西老年基金会召开 2003 年科技寿星暨科普志愿者活动积极分子表彰大会，为 316 名老科技寿星祝寿并表彰奖励了 51 名科普志愿者活动积极分子。

26 日—28 日　自治区老龄办组织 4 位全国老英模代表赴北京参加由中国老龄协会主办的“西部地区全国老英模国庆观光”活动。

26—29 日　自治区老龄办、南宁市老龄办、广西老年基金会在南宁市大板二区、新竹社区联合举办文艺晚会，庆祝广西第十七届敬老节。

10 月

14 日—15 日　滇、黔、桂三省区十一州市老龄工作协作会在防城港市召开，自治区老龄办齐白鸽同志出席会议。

20 日　全区老龄办主任会议在南宁召开，研究部署创建老龄工作先进县（市、区）工作。区民政厅副厅长何军到会并讲话。

11 月

10 日　自治区老龄办、区党委宣传部、区教育厅、共青团广西区委、区妇联联合转发全国老龄办、中宣部、教育部、团中央、全国妇联《关于在全国青少年中广泛开展敬老爱老助老主题教育活动的通知》，要求各地在青少年中认真组织开展“敬老、爱老、助老”主题教育活动。

18 日　自治区老龄办制定并下发自治区创建老龄工作先进县（市、区）活动实施方案，明确了广西开展创建活动的步骤、评比标准和先进名额。

26 日—28 日　全区第九期老龄工作干部培训班在北海市举办，60 多名学员参加了此次培训。

29 日　自治区老龄办、老干部局、广西老年书画研究会在区博物馆联合举办了“纪念毛泽东同志诞辰 110 周年广西老年书画摄影艺术展”，在展出 5 天时间里有 5000 多人参观了展览。

12 月

17 日　经自治区司法厅批准，自治区法律援助中心老龄工作站在自治区老龄办正式设立。

2004 年

2 月

19 日　广西老年学学会在南宁召开“全面建设小康社会老龄问题研究”暨第八次学术研讨会，原自治区政府副主席梁成业到会并讲话。

3 月

16 日—17 日　经自治区人民政府批准，自治区老龄办主任会议暨创建老龄工作先进县（市、区）座谈会在桂林举行。会议传达了回良玉副总理在全国老龄委第六次全体会议上的重要讲话和全国省级老龄办主任会议暨创建老龄工作先进县（市、区）座谈会议精神，就广西创建老龄工作先进县（市、区）工作进行交流和部署。自治区民政厅副厅长、自治区老龄办副主任肖芳佐，桂林市副市长、桂林市老龄委主任王大平，自治区政府第六秘书处及全区各市老龄办、柳铁老龄办、部分县（市、区）老龄办负责同志共 68 人出席会议。

4 月

14 日—19 日　全国老龄办副主任赵宝华到桂林市进行为期 6 天的老龄工作调研。

6 月

7日　广东省老龄办与自治区老龄办在南宁签订了两广共同实施“银龄行动”合作意向书。全国“银龄行动”办公室主任王庆、自治区民政厅厅长张廷登、副厅长肖芳佐出席了意向书签订仪式。

14日—28日　自治区老龄委办公室组织3个检查组对全区申报自治区老龄工作先进的28个县（市、区）进行交叉检查考核评比。

7月

27日　自治区青少年敬老爱老助老主题教育活动组委会下发《关于做好青少年敬老爱老助老主题教育活动评选表彰推荐工作的通知》，要求各级老龄、宣传、教育、团委、妇联等部门认真做好青少年敬老爱老助老主题教育活动“敬老好文章”、“优秀组织者”、“孝亲敬老之星”和“中华孝亲敬老楷模”评选推荐工作。

8月

11日　11名“银龄行动”广东援桂专家乘飞机抵达南宁，开展为期三个月的援助工作。自治区政府副主席孙瑜、自治区民政厅厅长张廷登、副厅长肖芳佐等领导在专家入住的金悦酒店会见了援桂专家并和他们合影留念。

9月

1日—3日　自治区老龄办在宜州市举办了第十期全区老龄工作干部培训班，53名学员参加培训。

10月

19日　由自治区党委老干部局和自治区老龄办、广西电视台联合主办的“广西十大孝心人物”颁奖晚会在广西电视台演播厅举行，自治区党委副书记潘琦出席晚会。

11月

1日　广东“银龄行动”援桂专家离开南宁，宣告两广共同实施的“银龄行动”第一期试点工作圆满结束。

9日　自治区政府调整自治区老龄工作委员会成员，自治区政府副主席孙瑜担任自治区老龄委主任，增加自治区公安厅、旅游局为自治区老龄委成员单位。

23日—24日　自治区老龄办、广西老年学学会与自治区民政厅计财处联合在南宁举办了全区老龄统计工作培训班，来自全区各市老龄系统的25名学员参加了培训。

30日　由自治区老龄委主办的广西老年人文艺调演汇报演出在南宁隆重举行，来自桂林、百色等15个获奖单位代表队的200多名演员在南宁剧场为1700多名区直离退休老同志奉献了一场精彩纷呈的文艺演出。

12月

24日　自治区老龄工作委员会下发《关于表彰自治区老龄工作先进县（市、区）、先进单位的决定》，决定授予南宁市城北区、桂林市全州县、崇左市宁明县等23个单位自治区老龄工作先进县（市、区）称号，授予南宁市老龄工作委员会办公室、桂林市老龄工作委员会办公室、崇左市老龄工作委员会办公室、柳州铁路局、广西大学、广西玉柴机器集团等15个单位自治区老龄工作先进单位称号。

2005年

1月—6月

根据中央和自治区关于开展保持共产党员先进性教育活动实施方案的总体部署和要求，区老龄办严格按照规定要求完成了学习培训、分析评议、整改提高三个阶段的任务。

2月

27日—28日　区老龄办主任齐白鸽到广州参加全国省级老龄办主任会议。会议传达了国务院副总理、全国老龄委主任回良玉在全国老龄委第七次全体会议上的重要讲话和民政部部长、全国老龄委副主任兼全国老龄办主任李学举同志在全国老龄委第七次全体会议上的工作报告。

3月

29日—30日　自治区老龄委与广西社科联联合组织了50多名科技、医疗专家和文艺骨干到崇左市扶绥县开展“为老服务科普知识三下乡”活动，受到当地群众的欢迎。

4月

1日　全区市级老龄委办公室主任会议在南宁召开，自治区民政厅副厅长肖芳佐参加会议并作重要讲话。全区各市老龄办负责同志共20多人参加了会议，并在会议上汇报了各市2004年老龄工作情况和2005年的工作计划。会议传达了国务院副总理、全国老龄委主任回良玉在全国老龄委第七次全委会上的讲话及全国省级老龄办主任会议精神，总结了2004年全区老龄工作并提出2005年工作计划。

12日　全国老龄委下发了《关于表彰“全国老龄工作先进县（市、区、旗）”和“全国老龄工作先进单位”的决定》，南宁市城北区、全州县、宁明县荣获“全国老龄工作先进县（市、区）”的称号；桂林市老龄办、南宁市老龄办、崇左市老龄办、柳州铁路局、广西大学、广西玉柴机器集团荣获“全国老龄工作先进单位”的称号。

6月

14日—16日　自治区老龄办在南宁召开全区农村老龄工作座谈会暨基层老协骨干培训班。

29日　经自治区老龄委领导批准，下发了《关于评选表彰自治区先进老年人协会、先进老龄工作者的通知》，决定在全区评选60个先进老年人协会，60名先进老龄工作者。

7月

15日　广西老年学学会在南宁召开第四次会员代表大会暨第九次学术研讨会。会议选举产生了老年学学会第四届理事会，还通过了新的《广西老年学学会章程》。

29日　自治区老龄办在南宁召开自治区老龄委成员单位联络员会议，劳动与社会保障厅、财政厅、卫生厅等25个成员单位的联络员参加了会议。会议总结了上半年开展老龄工作的情况，通报了下半年的工作计划。各成员单位联络员也对为老服务的情况作了介绍，交流了工作经验。

8月

31日　广西“孝心进社区工程”启动仪式在南宁市隆重举行。自治区民政厅副厅长刘宗海、自治区老龄办、南宁市老龄办、珍奥集团领导与来自南宁市各城区的300多名中老年代表参加了启动仪式。

9月

6日　完成广西老龄事业发展“十一五”规划征求意见稿并向成员单位发函征求修改意见。

15日　由区老龄办与南宁市老龄办等多家单位联合举办的“纪念抗日战争胜利六十周年暨广西夕阳红合唱大赛”在南宁演出，来自全区各市的15支中老年合唱团参加表演。

19日—10月13日　自治区老龄办和民政厅民管局组织开展老龄基层组织建设调查。此次调查共分两个小组，分别到南宁、防城港、崇左、贵港、梧州等市进行调研，撰写了《关于我区基层老年人协会情况的调研报告》，并起草了《关于加强我区基层老年人协会登记管理工作的通知（征求意见稿）》。

10月

10日　广西与广东共同实施的第二期“银龄行动”工作正式在南宁启动，自治区老龄办及百色、玉林等地的领导参加了第二期“银龄行动”欢迎仪式，对专家们的到来表示欢迎。

11日　广西第19届敬老节，自治区老龄委等单位在南宁联合举办了广西2005年老科技寿星茶话会。

13日　全区地市老龄工作协作会在柳州召开，区老龄办及各市老龄工作者40多人出席了会议。

10月30日　由区体委、区老龄委、区老体协等单位联合举办的广西第四届老年人运动会在南宁隆重开幕。

29日—30日　广西区老龄委等单位在南宁市联合举办“茶色素杯”首府老年人才艺大赛。

11月

7日—9日　第二期全国老龄统计工作培训班在南宁开班，全国老龄办副主任吴玉韶、民政部财务和机关事务司何珊珊处长、自治区民政厅副厅长肖芳佐出席了培训班开班仪式。来自全国20多个省、市、自治区的50多名老龄工作者参加了培训班。

9日—13日　全国老龄办副主任吴玉韶到广西北海、钦州、柳州、桂林等市开展老龄工作调研活动。

10日　广东与广西第二期“银龄行动”圆满结束。在为期一个月的援助工作中，共接诊患者6525人次，开展学术讲座23次，受训人数达5000多人次，院内、科内讲课124次；为受援单位提出合理化建议90多条。

27日—12月3日　区老龄办派出工作组赴广东共同探讨“银龄行动”招募人才、开展工作的有关事宜，为2006年“银龄行动”工作打下基础。

12月

8日—17日　自治区老龄办派出两个检查组深入桂林、柳州、河池、钦州、防城港、宁明、崇左、玉林、贵港等地，开展老龄工作情况检查和调研工作。检查期间，检查组听取各地完成2005年度老龄工作情况和贯彻落实《老年法》情况汇报，深入基层老年组织，对申报自治区先进老年人协会和先进老龄工作者的单位和个人进行抽查。

西藏自治区老龄工作大事记（2003—2005）

2003年

6月　西藏自治区老龄办组织500多名老年人参加自治区体育局在拉萨举办的万人登山健身活动启动仪式。

10月　在中央和国家民政部的关怀下，投资3000万的西藏自治区综合性老年活动和社区服务中心正式建成并挂牌对外开放。

2004年

10月 拉萨市城关区俄杰唐等8个社区、居委会老年活动中心“星光老年之家”正式成立。

11月 为加强全区老龄工作，出台了《中共西藏自治区委员会、西藏自治区人民政府关于加强老龄工作的意见》（藏党发［2004］12号）。

11月 西藏旦巴等14名同志荣获全国敬老爱老助老主题教育活动“孝亲敬老之星”奖。

12月 拉萨市老龄工作委员会办公室、山南地区老龄工作委员会办公室被评为“全国老龄工作先进单位”，尼木县、达孜县被评为“全国老龄工作先进县”。

12月 西藏央桑等8位老人被评为第六届“全国健康老人”。

截至2004年底统计，西藏自治区60岁以上老年人达207136人，百岁老人62人；老龄工作机构25个，机构人员数33人，老年活动中心（站）28个，老年门诊部6个，接待来访来信老年人数18人次。

2005年

9月28日 西藏自治区人民代表大会常务委员会第二十次会议审议通过了《西藏自治区实施〈中华人民共和国老年人权益保障法〉办法》，2006年1月1日开始施行。

青岛市老龄工作大事记（2003—2005）

2003年

1月

6日 青岛市老龄委全体会议在市委1237会议室召开。会议审议通过了《2002年全市老龄工作总结》、《2003年全市老龄工作要点》和《〈青岛市老龄事业发展“十五”规划〉2003年度主要定量目标责任分解》，通报《青岛市老龄事业发展“十五”规划》2002年度定量目标完成情况，市委副书记、市老龄委主任黄学军同志作重要讲话。

10日 对全市百岁老人数据进行统计，截至2003年1月10日，百岁老人共351人。其中，七区151人，五市200人；男性65人，女性286人；女性百岁老人占81.5%。

16日 全市老龄工作会议在青岛市国际新闻中心召开。市老龄办主任亢清兰同志总结2002年全市老龄工作，部署2003年老龄工作任务，市委副书记、市老龄委主任黄学军同志作重要讲话。

29日 青岛市老龄工作委员会办公室、青岛市财政局、青岛市交通局联合下发了《关于印发〈老年人乘坐公共汽（电）车优待规定实施办法〉的通知》（青老办字［2003］7号），为65—69和70周岁以上的老年人分别实行乘坐公交汽（电）车半价和免费优待。

2月

14日 市编委印发《关于成立青岛市老年服务中心的批复》（青编字［2003］2号），明确青岛市老年服务中心为市老龄办管理的处级事业单位，核定事业编制5名，所需经费由市财政全额拨付。

3月

1日 市政府修订出台了《青岛市优待老年人规定》（青政发［2003］21号），此《规定》于2003年4月1日起施行。

20日 举办全市老龄工作干部培训班，学习市政府新修订颁布的《青岛市优待老年人规定》。

30日 以五四广场为主会场，在市北、四方、李沧区设分会场，进行了《青岛市优待老年人规定》宣传日活动。

4月

13日 任命朱书阳同志为机关专职副书记。

19日—23日 市老龄委副主任、市老龄办主任亢清兰同志带队赴成都市考察社区老龄工作。

5月

完成市老年人文艺协会、市老年书画研究会、市老摄影家协会和市老年学学会的年检工作。

6月

12日 在市级机关会议中心215会议室召开老年立法调研工作会议，研究部署《青岛市老年人权益保障办法》立法调研工作。成立了由市人大法制工作室、内务司法工作室、市政府法制工作办公室和市老龄办有关领导组成的老年立法工作领导小组。

17日 在市文化公园举行了由市老龄办主办，市老文协、市老体协、市文化公园承办的以“唱起来舞起来，抗击‘非典’争取胜利”为主题的老年人文体节目演出，庆祝青岛市抗击“非典”工作取得阶段性胜利。

24日 中共青岛市委办公厅、青岛市人民政府办公厅联合出台了《关于加强社区老龄工作的意见》。

7月

18日 市老龄委全体会议在市委组织部837会议室召开。会议审议通过了《2003年上半年全市老龄工作总结》，通报了《青岛市老龄事业发展“十五”规划》2003年上半年定量目标完成情况，市老龄委副主任、市老龄办主任亢清兰同志汇报了筹备召开全市创建敬老模范区市现场经验交流会情况，市委副书记、市老龄委主任张若飞同志作重要讲话。

25日 青岛市老年学学会心脑血管病防治专业委员会成立大会在华侨国际饭店召开。市老龄委副主任、老龄办副主任薛莉同志代表主管部门参加会议并讲话，市老年学学会副会长傅清沛代表市老年学学会讲话。

8月

7日 全市创建敬老模范区（市）现场经验交流会在市南区召开，市委副书记张若飞同志作重要讲话。

12日 在市政府1073会议室召开了落实老年人优待规定有关问题协调会议，市政府副秘书长、市老龄委副主任王振业同志主持会议，市老龄办、市民政局、市财政局、市交通局及市公交集团、市交运集团有关负责人参加了会议。会议就按时足额尽快拨付百岁老人长寿补贴金和落实70岁以上老年人免费乘车规定两项议题进行了研究讨论。

21日—25日 在省老龄办副主任高惠同志的陪同下，全国老龄办副主任张志鑫同志来青岛市考察基层老龄工作。张副主任对青岛市老龄工作予以肯定，特别是对近几年来市基层老龄工作给予称赞，并要求青岛市老龄工作部门认真总结经验，积极探索新形势下开展老龄工作的新路子，不断开拓老龄工作的新局面。

25日—27日 由省人大内司委副主任委员刘学德、省人大内司委副主任委员王庆才、省老龄办主任褚庆观、省人大内司委办公室副主任李华之和省老龄办秘书处处长徐洪华、副主任科员张岱俊等六人组成的执法检查组，对青岛市落实老年法律法规情况进行了执法检查。

9月

8日 青岛老龄办组团参加全省老年文艺会演并获优异成绩。有9个节目参加会演，其中，3个节目荣获最佳演出奖，4个节目荣获优秀演出奖，2个节目荣获演出奖，5个节目获创作奖，青岛市老龄办荣获优秀组织奖，总成绩在全省名列前茅。

9日 市老龄办与省老年学学会在市人民会堂联合举办21世纪现代科学养生报告大会，特邀全国著名养生保健专家齐伯力教授，为各界老年人代表传授了科学养生知识，受到老年人的欢迎。

27日 市老龄办与市老年人体育协会在五四广场共同举办了庆祝老人节活动。副市长臧爱民和部分领导与近万名老年人一起欢庆节日。

28日 在市级机关会议中心三楼礼堂召开了庆祝老人节暨“双先”表彰大会。会议由臧爱民副市长主持，市委副书记张若飞讲话。会上对50个老龄工作先进集体、75名老龄工作先进个人和100名模范老人进行了表彰，市领导为全市老龄工作先进集体、先进个人和模范老人代表颁奖。市老年人文艺协会进行了文艺演出。

10月

21日—23日 市老龄办副主任薛莉同志带领有关人员对青岛市34个医院、公园、景点、文化场所和体育场所等单位的服务窗口落实《青岛市优待老年人规定》情况进行了全面检查。

11月

18日 全市助老扶贫工作动员会议在莱西市店埠镇东庄头村召开。与会代表参观了东庄头老年协会兴办的8个经济实体，市老龄委副主任、市老龄办主任亢清兰就如何搞好青岛市助老扶贫工作作动员讲话，市老龄办副主任薛莉传达了全省开发式助老扶贫现场经验交流会精神，市老龄办副主任刘惊涛主持会议并就如何贯彻会议精神进行了具体部署。

12月

18日 市计委、市财政局、市建委、市老龄办四部门组成检查验收小组，对市内四区老年人活动中心进行了全面检查验收，并按各区投资比例拨付了以奖代补资金。

2004年

1月

2日 组织召开了市老龄委全委会，审议通过了《2003年青岛市老龄工作总结》、《2004年青岛市老龄工作要点》、《关于〈青岛市老龄事业发展“十五”规划〉2003年度定量目标完成情况的通报》、《〈青岛市老龄事业发展“十五”规划〉2004年度主要定量目标责任分解》。张若飞副书记、臧爱民副市长参加会议并发表重要讲话。

13日 市老龄办、市委宣传部、市教育局、团市委和市妇联等五部门在市直机关会议中心225会议室举行青岛市敬老爱老助老主题教育活动启动仪式。

2月

8日　山东省委、省政府，青岛市委、市政府在黄海饭店举行欢迎参加全国省级老龄委办公室主任会议暨创建老龄工作先进县（市、区）座谈会招待会，谢玉堂副省长、张若飞副书记分别代表省、市党委、政府致欢迎辞。

9日　全国省级老龄委办公室主任会议暨创建老龄工作先进县（市、区）座谈会在青岛市黄海饭店隆重开幕。民政部副部长、全国老龄办常务副主任李宝库，山东省副省长谢玉堂，青岛市委副书记、市长夏耕，市委副书记、市老龄委主任张若飞，副市长、市老龄委副主任宁经谋出席开幕式。谢玉堂副省长代表省委、省政府向大会致辞，全国老龄办张志鑫副主任传达了全国老龄委六次会议精神，夏耕市长代表市委、市政府向大会致辞，宁经谋副市长在大会发言介绍了青岛市开展创建工作的经验做法。

10日　大会进行总结，李宝库副部长作总结讲话，他强调指出，青岛的创建活动思路明确，措施有力，成效显著。青岛的经验表明，创建活动是加强薄弱环节，解决突出问题，推动老龄工作上台阶的重要手段。

3月

9日　市委副书记、市老龄委主任张若飞和市老龄办主任亢清兰参加了全省老龄工作会议。

17日　召开了全市老龄工作会议，传达了全国省级老龄委办公室主任会议暨创建老龄工作先进县（市、区）座谈会和全省老龄工作会议精神，总结了2003年全市老龄工作，部署了2004年老龄工作任务。

4月

5日—13日　举办了全市老龄工作干部培训班。市老龄委成员单位联络员、各区（市）老龄办工作人员及市老龄办工作人员共60余人参加了培训。

5月

27日—30日　成立了由宁经谋副市长任组长的检查验收工作组，对申报全省老龄工作先进县（区、市）的市南、市北、四方、李沧四个区进行了全面的检查验收。经市分管领导研究，推荐四方区、市南区、李沧区分别参评全国、省老龄工作先进区。

6月

9日　举行青岛市“银龄行动”欢送会，欢送21名具有一定业务、技术专长的老年知识分子志愿者分别援助菏泽东明县医院、东明县教育局等6家单位。

8月

12日和10月27日　省老龄办副主任刘爱民和省老年杂志社总编辑于振业分别来青考察全国和省老龄工作先进区创建工作。

9月

20日　召开了市敬老爱老助老主题教育活动组委会会议。会议审定了全市主题教育活动先进集体32个、先进个人46名、敬老好文章106篇、好事迹87件、小孝星101名，其中推荐参加省评选表彰的先进集体7个、先进个人7名、敬老好文章70篇、好事迹63件、小孝星70名。

25日　在五四广场隆重举行了青岛市首届“七彩夕阳”老年文化艺术节开幕式。省老龄办主任褚庆观、市委副书记张若飞、市人大副主任于锦初、副市长张元福、市政协副主席梁有新等领导以及千余名老年人参加。市委副书记、市老龄委主任张若飞和省老龄委副主任、老龄办主任褚庆观发表了热情洋溢的讲话。

10月

22日　在市电视台演播大厅隆重举行了青岛市庆祝老人节暨首届“七彩夕阳”老年文化艺术节闭幕式，市委副书记、市老龄委主任张若飞，市人大副主任于锦初，副市长、市老龄委副主任宁经谋等出席了闭幕式。市委副书记、市老龄委主任张若飞作了热情洋溢的讲话，向获得“优秀组织奖”的单位颁奖。

11月

11日—25日　以副市长、市老龄委副主任宁经谋为组长，市老龄委副主任、老龄办主任亢清兰和市老龄办副主任刘惊涛为副组长，市老龄委有关成员单位联络员和市老龄办有关工作人员共10人为成员的检查验收小组，对提出申请的胶南市、黄岛区、崂山区、莱西市、城阳区、胶州市的创建工作进行全面检查验收。经过严格的评选，胶南市、黄岛区、崂山区、莱西市、城阳区、胶州市被确定为2002—2004年度青岛市敬老模范区（市）。

20日　山东“银龄行动”表彰大会在菏泽召开，市老龄办副主任刘惊涛、助理巡视员孙学明和有关人员参加了会议。大会对先进单位、先进工作者和老年志愿者进行了表彰。市老龄办获“银龄行动”组织奖，2名人员荣获先进工作者称号，5名老年志愿者获突出贡献奖，17名老年志愿者获贡献奖。

12月

24日　《青岛市实施〈中华人民共和国老年人权益保障法〉若干规定》经市第十三届人大常委会第十七次会议审议通过。2005年1月15日，经省第十届人大常委会第十二次会议审查批准，自2005年7月1日起施行。

2005 年

1 月

17 日　青岛市老龄办成立保持共产党员先进性教育活动领导小组及办公室。

20 日　中共青岛市委、青岛市人民政府授予市北区、胶南市、胶州市等七个区、市“2002－2004年青岛市敬老模范区（市）”称号，并予以表彰通报。

25 日　市老龄办协调市财政局下发全市百岁以上老年人长寿补贴金 47.28 万元。

28 日　李雪华主任赴济南参加全省老龄办主任会议。

2 月

3 日　市老龄办召开了保持共产党员先进性教育活动动员大会。老龄办党组书记李雪华同志作了动员报告。

4 日　在邮电部疗养院召开各区、市老龄办主任会。

26 日　李雪华主任赴广州参加全国省级老龄办主任会议。

3 月

25 日　组织召开了市老龄委全体会议，审议通过了《2004 年青岛市老龄工作总结》、《2005 年青岛市老龄工作要点》、《关于〈青岛市老龄事业发展“十五”规划〉2004 年度定量目标完成情况的通报》、《〈青岛市老龄事业发展“十五”规划〉2005 年度主要定量目标责任分解》。张若飞副书记、宁经谋副市长参加会议并发表重要讲话。

31 日　青岛市委书记杜世成同志、山东省老龄办副主任高惠同志与青岛市老龄委各成员单位分管领导参加了青岛市老年服务中心启用仪式暨青岛老年艺术专修大学开学典礼，市委书记杜世成同志与省老龄办副主任高惠同志为中心揭牌。

4 月

7 日　召开了全市老龄工作会议，传达了全省老龄委办公室主任会议精神，总结了 2004 年全市老龄工作，部署了 2005 年老龄工作任务。

27 日　市老龄办、市老龄委有关成员单位与市文明巡访团成员、各新闻媒体组成检查组，对市南、崂山、黄岛 3 个区共 40 多个窗口单位落实老年人优待规定情况进行了执法检查。

30 日　市老龄办刘惊涛副主任参加珍奥孝心工程启动仪式。

5 月

8 日　市老龄办与市人事局联合下发了《关于评选表彰 2004—2005 年度青岛市老龄工作先进集体、先进个人和模范老人的通知》。

19 日　市老龄办在莱西市民政局办公楼召开签订家庭赡养协议书工作会议。

25 日　市老龄办与福建万家旺油品有限公司联合开展的“敬老惠老”活动在四方区正式启动。截至年底，累计售出油品 155 万元，优惠 39 万元，赠送油品 21 万元，受到老年人的欢迎。

6 月

18 日　市委副书记张若飞、市人大副主任于锦初、副市长张元福、市政协副主席闵祥超等领导出席了市老龄办和市文化局、市南区政府在五四广场共同举办的《青岛市实施〈中华人民共和国老年人权益保障法〉若干规定》集中宣传日活动。本次活动由政策咨询、文体活动、企业宣传和新闻采访等四大版块组成。其他 11 个区（市）分会场同时进行。

20 日　实施“爱心敲门”关爱空巢老人志愿者行动，在市南八大湖社区、市北延安路社区、四方嘉兴路社区、李沧兴华社区进行了试点。

7 月

1 日《青岛市实施〈中华人民共和国老年人权益保障法〉若干规定》正式实施。

4 日　召开了市老龄办保持共产党员先进性教育活动总结会。

14 日　市老龄办副主任刘惊涛、助理巡视员孙学明、助理调研员黄杰到胶南市对“敬老惠老”活动进行部署。

21 日　“七彩风”华龄志愿服务团正式成立。市老龄办李雪华主任参加了成立仪式并作了重要讲话。

8 月

16 日　全市老年文体活动示范点申报工作正式启动。

25 日　在市老年服务中心，市老龄办李雪华主任、薛莉副主任参加了市老年人文艺协会第二届理事会换届选举大会，李主任代表老龄办在大会上作了讲话。

9 月

13 日　青岛市养老护理员培训班开学典礼在市劳动就业训练中心举行。

16 日　青岛市财政局下发了关于拨付 2005 年度百岁老人长寿补贴资金的通知，从市社会福利金中拨付金额 47.28 万元。

16 日　在梦幻剧场举办了青岛市老年文艺调演，评选出“最佳演出奖”14 个，“优秀演出奖”18 个，“演出奖”19 个，22 个部门、单位获得“优秀组织奖”。

17日 李雪华主任、刘惊涛副主任参加了市老年书画家研究会在工人文化宫举办的纪念中国人民抗战暨世界反法西斯胜利60周年书画展。此次书画展共展出作品300余幅。刘惊涛副主任作了重要讲话。

24日—25日 市老龄办助理巡视员孙学明参加了省十大孝星表彰大会，青岛市青岛港（集团）有限公司总裁常德传荣获“十大孝星”称号。

26日—28日 市老龄办派出代表队参加了山东省老年曲艺大赛。群口相声《有事您就说》获得金奖。

10月

8日—11日 邀请了奥地利红十字会专家Sabine女士和Christian先生为青岛市养老护理员培训班学员上课，促进了青岛市养老护理工作与世界的接轨，提升了青岛养老护理培训工作水平。

11日 市老龄办与市委宣传部、青岛日报报业集团、市广播电视局联合举办了以“关注老龄社会，共建和谐家园”为主题的老龄问题论坛。中共山东省委副书记、青岛市委书记杜世成和中共青岛市委副书记、市长夏耕联合发出贺信，向全市老年人祝贺节日，标志着“老龄问题论坛”正式启动。

11日 全市老人节庆祝大会暨“双先”表彰大会在市人民会堂隆重举行。50个老龄工作先进集体、99名老龄工作先进个人和101名模范老人荣获表彰。市委副书记、市老龄委主任张若飞作了讲话。

13日 市老龄办保持共产党员先进性教育活动结束。

25日，在二七剧场举行了青岛市老年文艺调演颁奖典礼，并进行了文艺演出。

11月

2日 全市基层老龄组织建设现场经验交流会在李沧区召开。3个单位进行了发言，14个单位进行了书面交流。市老龄委副主任、市政府副秘书长王振业出席会议并作讲话，市老龄办主任李雪华对全市基层老龄组织建设情况进行了总结部署。

7日 青岛市老龄工作委员会办公室被市档案局评为机关档案工作优秀等次。

7日—11日 市老龄办与青岛国际旅行社合作，组织30名老年人赴韩国旅游。

8日—15日 举办全市老龄工作干部培训班，邀请了中国老年学学会常务副会长赵宝华同志讲话，集中培训学员112名，组织57名老龄工作干部赴河南学习考察。

9日 在崂山区金家岭社区老年文化活动中心进行了首批“青岛市老年文体活动示范点”挂牌仪式，全国老龄办原副主任赵宝华和中国老龄科研中心专家萧振宇、原野出席仪式，市老龄办主任李雪华作了讲话。

11日 在音乐广场举办了“七彩风”奥运华龄志愿队成立暨奥运华龄行动启动仪式，市老龄办刘惊涛副主任出席并作了动员讲话。

11日 李雪华主任赴济南参加省老龄委主任会。

24日 青岛市老龄工作委员会办公室被市委办公厅、市政府办公厅表彰为“我为青岛发展献计策”市民月活动优秀组织单位。

12月

15日—16日 组织12区市和22个市老龄委成员单位召开了青岛市老龄事业发展“十五”规划执行情况汇报会议。市委副书记、市老龄委主任张若飞，市人大常委会副主任于锦初，副市长、市老龄委副主任宁经谋，市政府副秘书长、市老龄委副主任王振业分别听取了汇报，并分别发表重要讲话。

宁波市老龄工作大事记（2003—2005）

2003年

3月

5日 宁波市人民政府办公厅下发了《转发市老龄工委、旅游局关于70周岁以上老人免费参观游览全市所有园、馆、庙等旅游景点（区）报告的通知》（甬政办发［2003］38号），决定从5月1日起，对70周岁及以上的高龄老人参观浏览全市所有（含今后新开发）园、馆、庙等旅游景点（区）实行免费。

19日 宁波市人民政府办公厅下发了《关于做好宁波市农村特困老人医疗救助工作的通知》（甬政办发［2003］53号），确定农村特困老人医疗救助政策。

31日 经宁波市人民政府批准，宁波市城市管理局下发了《关于在本市中心城区实行高龄老人免费乘坐公共汽车的通知》，宁波市中心城区从5月1日起，对70周岁以上高龄老人乘坐市公交总公司所属的所有无人售票公交汽车实行免费。

4 月

25 日　宁波市老龄工作委员会召开全体会议。常务副市长、市老龄委主任邵占维作重要讲话。24 个老龄委成员单位委员出席。会议听取了 2002 年全市老龄工作汇报，研究确定了 2003 年老龄工作要点，审议并通过了《宁波市老龄工作委员会成员单位职责》。

6 月

9 日　宁波市老龄办制订下发《宁波市老龄工作目标考核实施方案》，决定每年对各县（市）、区老龄工作进行年度考核。

26 日—27 日　浙江省老龄宣传工作会议在宁波市召开。会议总结了全省老龄宣传工作情况，明确了今后老龄宣传工作的任务，并对获得"浙江省老龄新闻奖"的单位和个人进行了表彰。宁波市 1 个节目、1 个栏目和 3 篇涉老新闻获奖

9 月

19 日　庆祝浙江省第十六个老人节暨表彰大会在宁波市人民大会堂隆重举行。市委常委、组织部部长郁义康和有关部门领导及 600 余位老年人参加了会议。会议对获得"敬老养老爱心奖"、"支持老龄事业功德奖"、"老有所为奉献奖"的 9 家单位和 41 位个人进行了表彰。

29 日　老人节前夕，市领导郁义康、郑杰民、成岳冲、陈云金和有关部门负责人一起，分成两组，深入到社区和福利院慰问老人。

10 月

18 日　宁波市政府办公厅出台《关于 2003 年—2005 年为老年人办实事的意见》（甬政办发［2003］230 号），决定在圆满完成 2001—2002 年为老年人办 14 项实事计划的基础上，在"十五"后三年期间再为老年人办 18 项实事。

2004 年

1 月

5 日　宁波市常务副市长、市老龄委主任邵占维在市老龄办报送的《宁波市农村老年活动室现状及对策建议》上作出批示，要求加强农村老年活动室建设。

3 月

24 日　浙江省老龄办主任黄永正对奉化市民办养老机构——99 老人乐园的建设、软硬件设施及服务管理等情况进行了实地考察。

4 月

9 日　宁波市老龄委下发《宁波市创建老龄工作先进乡镇（街道）活动方案》（甬老工委［2004］2 号），决定在全市范围内开展老龄工作先进乡镇（街道）创建活动。

28 日　市老龄办与市财政局联合下发了《关于加强农村老年活动室建设的通知》，决定从 2004 年起，对无老年活动室的经济薄弱行政村建造老年活动室，由各级财政给予一定资金扶持。市财政计划首批资助 50 个村，每村补助 1 万元。

6 月

4 日—6 日　全国老龄办副主任白桦等一行在宁波市考察农村老龄工作。

24 日—25 日　浙江省创建老龄工作先进县（市、区）评审组对镇海区、慈溪市创建全国老龄工作先进区（市）情况进行考评。

7 月

4 日　宁波市政府办公厅下发《关于贯彻浙政办发［2003］67 号文件精神进一步加强社区老龄工作的意见》（甬政办发［2004］132 号），提出力争通过 3 年努力，使全市 85％以上的社区基本达到浙江省老龄工作规范化社区的标准。

8 月

4 日　全国老龄办常务副主任、中国老龄协会会长李本公等一行到慈溪市考察老龄工作，对慈溪的工作给予了高度的评价，并欣然题词"老龄工作堪称楷模"。

16 日　宁波市老年体育活动中心一期工程竣工并通过验收，即日起正式投入使用。该活动中心占地 14700 平方米，一期工程投资 2000 多万元，建筑面积 6000 平方米，是一个集健身、培训、比赛、娱乐、休闲于一体的综合性老年文体活动场所。

10 月

12 日　由宁波市老龄委、市委老干部局和市文化局联合举办的庆祝第十七个老人节"激情永恒"大型老年文艺展演在宁波逸夫剧院隆重上演。

14 日　宁波市委常委、组织部部长郁义康、市人大常委会副主任陈豹年和有关部门负责人，分两组到宁波市社会福利院、市光荣院以及伤、残、病、孤寡老人家慰问。

11 月

14 日—15 日　全国农村老龄工作座谈会在宁波市召开。全国老龄办常务副主任李本公、全国老龄办副主任赵宝华、白桦、袁新立、曹炳良，浙江省副省长陈加元，宁波市委副书记、常务副市长邵占维，宁波市副市长陈炳水及各省、自治区、直辖市、计划单列市老龄委（办）领导共 120 余人参加了会议。

12 月

3 日　宁波市老龄办、老年学学会联合召开居家

养老研讨会。会议围绕构建居家养老服务体系、推进居家养老服务工作存在的困难及对策建议等进行了探讨交流。

2005年

1月

21日　经全国老龄工作委员会同意，联合国人口基金项目“农村老年人协会能力建设”在镇海区实施。

3月

14日　浙江省老龄办主任黄永正及省老龄科研中心的专家到镇海区指导联合国人口基金人口老龄化干预项目“农村老年人协会能力建设”具体实施情况。

16日—17日　宁波市老龄办召开县级老龄办主任会议，安排部署全市2005年老龄工作。

4月

29日　全国老龄工作委员会发出了《关于表彰“全国老龄工作先进县（市、区、旗）”和“全国老龄工作先进单位”的决定》，慈溪市、镇海区被评为“全国老龄工作先进市（区）”，宁波市老龄办被评为“全国老龄工作先进单位”。

5月

9日　浙江省老龄办在镇海区举办“农村老年人协会能力建设”座谈会，来自镇海、余姚、鹿城、武义、缙云、海宁的老龄办主任以及省老龄科研中心和宁波大学的专家就如何加强农村老年人协会能力建设交流了经验，并对“农村老年人协会能力建设”项目组提出的“农村老年人协会工作指标”评估体系（草案）提出了建设性的意见和建议。

6月

14日　宁波市市委副书记、市长毛光烈作出批示，要求民政部门认真研究总结海曙区的居家养老服务工作，积极推进全市居家养老服务。

14日　由联合国人口基金亚太地区代表Ghazy、联合国人口基金驻华代表处项目官员Lisa以及全国老龄办国际项目合作办有关人员组成的联合国人口基金项目评估组一行对在镇海区实施的“农村老年人协会能力建设”项目进行中期评估。

7月

8日　宁波市政府办公厅下发《关于推进建立我市老年人应急求助信息系统的通知》（甬政办发[2005]号），确定了建立老年人应急求助信息系统的具体政策和措施。

9月

12日　宁波市政府办公厅下发《转发市老龄委关于搞好2005年老人节庆祝活动意见的通知》（甬政办发[2005]203号），确定在老人节期间举行11项庆祝活动。

23日　宁波市民政局、市老龄委召开居家养老服务工作情况分析会，全国老龄办政研部吴秋风主任、党俊武处长等参加会议。

28日　宁波市老龄办、市民政局在江东区举行“一键通”话机赠送暨“365关爱”行动助老仪式，向20名困难老年人代表赠送了应急求助“一键通”电话机和“365关爱”助老卡。

10月

10日　浙江省省委常委、宁波市市委书记巴音朝鲁等四套班子领导分两路走访慰问城区老年人。

24日—28日　宁波市老龄委组织部分成员单位，对21家申报宁波市老龄工作先进乡镇（街道）的单位的老龄工作进行了考评。

11月

15日　由全国老龄办有关官员组成的联合国人口基金项目评估组一行对在镇海区实施的“农村老年人协会能力建设”项目进行终期考核评估。

12月

6日—7日　由浙江省老龄办主任黄永正带领的省老龄工作规范化社区考评组对奉化市、北仑区部分社区进行了实地考评。

28日　宁波市老龄委召开全委会。会议听取了2005年全市老龄工作情况，审议了2006年老龄工作要点，讨论确定了宁波市老龄工作先进乡镇（街道）名单。宁波市委副书记、常务副市长、市老龄委主任邵占维出席会议并讲话。

中国老龄事业发展基金会

李宝库会长在2006年全国老年基金会工作会上讲话

中国老龄事业发展基金会是民政部和全国老龄办领导下的为全国老年人服务的民间慈善组织，是独立的社团法人。它的前身是中国老年基金会，成立于1986年5月。本届理事会是2003年10月选举产生的。理事会聘请了全国人大常委会副委员长司马义·艾买提、中央军委原副主席迟浩田、全国人大常委会原副委员长彭珮云、全国政协副主席马万祺为名誉会长。全国政协委员、民政部原副部长李宝库同志担任本届理事会会长。

中国老龄事业发展基金会的宗旨是：帮天下儿女尽孝，给世上父母解难，为党和政府分忧，以老年人为本，全心全意为老年人服务，并呼吁社会共同尊重、关心和帮助老年人；行动理念是：孝道、行善；工作任务是："一个中心，两个重点"，即以弘扬敬老爱老助老的中华民族传统美德为中心，以为贫困老年人雪中送炭、为健康老年人锦上添花为重点。近三年来，遵循"取之于社会，用之于老龄事业"的原则，在党和政府及海内外各界的关心、支持下，共募集资金5831万元，通过采取专项资助或开展专项活动等多种方式，共支出4954万元，推动了中国老龄事业的健康发展，使老年人得到了实惠。

几年来，本会承办了全国老龄办、中宣部、教育部、团中央和全国妇联主办的"全国敬老爱老助老主题教育活动"，即2004年和2006年两届珍奥杯 "中华孝亲敬老楷模"、"孝亲敬老之星""敬老好文章"和"优秀组织者"四项评比活动。积极宣传中华孝道文化，编写并出版了30万册《中国敬老故事精华》。作了多场"弘扬中华孝道，构建和谐社会"的专题报告，并制成光盘广为宣传。在全国积极推动实施了"爱心护理工程"的试点工作，目前，已建立了上百家爱心护理院。这项活动得到国务院领导同志的充分肯定和社会各界的热烈欢迎。组织领导了中国老年艺术团"红叶风采"国内外的一系列演出活动，传播中华文明，增进了与各国人民的友谊；组织开展了全国银龄美大赛（选拔全国老年形象大使、魅力老人等）；宣传推广了景山公园老年群众歌咏活动，进一步活跃全国老年群体的文化生活；和《人民政协报》合作举办了主题为"和谐、绿色、健康、生命"的全国老年书画艺术大赛；进一步活跃全国老年群体的文化生活，建立了中国国际老年休闲养生服务的网络；举办了2005和2006两届中国老龄产业国际论坛和老年产品博览会；和珍奥集团共同开展了"孝心进社区工程"；在庆祝《中华人民共和国老年人权益保障法》颁布十周年之际，与浙江昆山多威体育用品有限公司联合推出 "关爱老人，始于足下"向老年人献爱心的活动，为9900位老红军、抗日老战士、老劳动模范、老科学家、老艺术家、老教育工作者、英雄烈士的父母等方面的老人捐赠价值人民币199万元的保健运动鞋；开展了一系列国际合作交流活动，学习先进的服务理念和技能，不断提高自身为老服务的质量。先后组织考察团到澳大利亚、新西兰、英国、日本、韩国和美国等国家的老年用品展览和养老服务机构进行了学习考察，开阔了眼界，学到了经验。同时先后建立了"爱心护理基金"、"老年健康基金"、"慈航基金"和"长青科技基金"最近，由民政部和外交部批准，我会正式加入了国际住房和服务协会。

中国老龄事业发展基金会全体同志的心愿是，努力为全国的老年人办实事、做好事、行善事，当好天下老年人的孝子。

北京市老龄工作委员会办公室

▲2003 年北京老年艺术团赴澳演出，获得成功

▲2005 年开始针对郊区开展教育、医疗、文化三下乡活动。图为老艺术家在社区指导老人合唱

▲各级法律援助中心耐心接待老年人的来访来电

▲吉林副市长重阳节看望百岁老人

▲北京市在西城区开展居家养老服务试点工作。图为西城区居家养老服务中心养老护理员为老人服务

▲2005 年 10 月 11 日“我陪父母看演出亲情陪伴活动”中，老年人把写好的亲情卡挂在树上

▲与市 120 急救中心合作，为有需求的老人安装应急救助呼叫系统

北京市门头沟区老龄办

区领导到门头沟区大峪街道永新社区检查“一法、一条例”贯彻落实情况，正在看宣传橱窗

北京市门头沟区总面积1455平方公里，其中山区面积占98.5%。下辖9个镇，4个街道办事处，126个社区居委会和177个村委会。户籍人口23.8万人，其中60岁以上的老年人口4万人，占17%。

各级政府高度重视老龄工作，三级老龄组织机构和网络健全。区和街道、镇两级政府建立了老龄工作委员会。各居（村）委会有专（兼）职领导分管老龄工作。126个社区居委会和158个村委会成立了老年人协会组织。“十五”期间，三次被评为“北京市老龄工作先进单位”。

门头沟区采取五项措施，提高基层老龄工作的规范化管理水平。一是编印了《门头沟区基层老龄工作手册》；二是印发了《门头沟区社区居（村）委会老年人协会章程》；三是统一制作下发了“一卡十册”；四是建立和完善了居（村）委会和老年人协会的各项工作制度和管理制度；五是连续九年坚持开展“双创建”评选表彰活动。落实敬老优待政策和措施，大力为老年人办实事、解难事。老年人社会保障制度不断完善。城镇职工的养老医疗保险覆盖面均达到100%。建立了城乡低保制度。门头沟区成立特困老人助养协会，开展助养活动的经验得到全国老龄工作委员会的充分肯定，并通过《老龄工作简报》向各级老龄组织广泛宣传。

区老龄办主任王进亮会同助养单位永定镇冯村为雁翅镇特困老人送助养款

加快城乡老年福利服务设施建设，为老龄工作的开展搭建平台。2001年至2003年，投资1607.9万元，建成城市社区“星光老年之家”120个，各类服务设施总面积5.5万平方米。为了解决农村地区老年福利服务设施严重缺乏、城乡老龄工作发展不平衡问题，区政府将扶持农村老年活动站建设列入“民心工程”。2004年和2005年，投入资金240万元，建成农村老年活动站22个，设施总面积1.1万平方米。2006年是北京市实施“山区星光计划”的第一年，33个村列入实施计划。市区、村各级投入资金总计744万元，建成设施总面积9522平方米，目前已全部完成。为老服务设施建设的加快，为城乡开展丰富多彩的老年活动提供了良好的条件。

我区全国“孝亲敬老之星”杨兴淑夫妇入户看望特困老人，并送上助养款

区老龄办为农村老年活动站送棋牌等文化用品

门头沟区大峪街道南路二社区居委会正在进行老年人协会换届选举

健全老年维权体系，做好维权保障工作。《老年人权益保障法》列入全区“四五”普法计划。结合“司法进社区”活动，完善了区、街道（镇）和居（村）三级老年维权体系。成立了区老年人法律援助中心，开设了老年维权法律服务热线。建立了基层法律宣传援助工作站65个，居（村）配备了257名法律援助服务联络员。为60岁以上的老年人发放了《法律援助服务卡》。2001年至2005年，共接待老年人法律咨询2100多人次，代书82件，提供法律援助20件。区法院审结涉老案件920件，对有困难的老年人减免案件受理费10多万元。全区几年来未发生严重的涉老侵权案件。

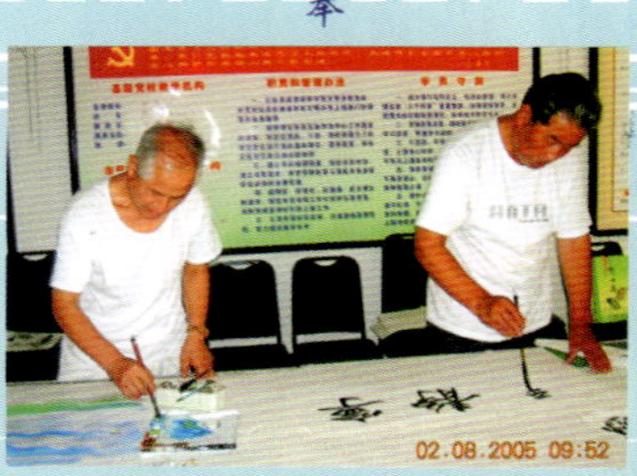

老人们正在“星光老年之家”的文化活动室绘画、写字

坚持“三个面向”

推进山区老龄事业不断发展

崇文区老龄工作委员会办公室

“十五”期间，崇文区老龄工作在区委、区政府的领导下，紧紧围绕“六个老有”的奋斗目标，广泛动员社会力量，大力开展老龄工作，全面发展老龄事业。

（一）老年经济供养体系逐步健全

1、五年间，养老保险征缴从2.8亿元增加到5亿元，共收缴养老保险基金18.9亿元，支出养老保险35.4亿元，涉及参保人员18.57万人；

2、离退休人员基本养老金正常调整政策得到落实，基本养老金按时足额发放；

3、全区建立了每年一度的敬老爱老评比表彰制度，充分发挥家庭在老年人经济供养、生活照料、精神慰藉方面的作用。

（二）医疗保障水平不断提高

1、健全了以基本医疗保险为基础的多层次医疗保障体系，保障了离退休老年人的基本医疗需求；

2、完善了老年医疗服务网络。到2005年，已经建立5个社区卫生服务中心、17个社区卫生服务站，已经基本覆盖了全区人口的100%；

3、继续开展为65岁以上老年人建立健康档案工作，现实际建立健康档案26000份，建档率已达95%以上。

（三）社区为老服务工作更加规范

1、2004年，占地面积3000平米，具有综合服务功能的区级社区服务中心建成并投入使用；

2、多种形式的社区为老服务开展。各类社区服务实体积极开展为老年人优惠服务、低龄老年人为高龄老年人服务社区志愿者定期、定户、定项上门为老服务活动；

3、依托社区信息网络，加快建设社区为老服务呼叫系统，96156社区服务网络于2001年建成并正式投入使用。

（四）老年精神文化生活丰富多彩

1、为加强改进老年人的思想政治工作，积极发挥了基层党组织在老年思想政治工作中的重要作用；

2、发挥了区老龄大学的示范作用，各街道分别结合市民学校实际，建立了街级老年学校或学习班，满足老年人的学习愿望；

3、体育部门对老年健身活动的引导与指导力度加强，定期举办各种类型、适合老年人参加的老年健身活动。

（五）老年权益保障体系逐步建立和完善

1、全区全年利用各种渠道，广泛深入宣传维护老年人权益的法律法规，不断提高群众的法律意识和老年人自身依法维权意识；

2、现区、街、居三级老年维权组织完善，能够积极配合公、检、法等部门查处侵犯老年人权益案件，及时妥善地处理好老年人反映的问题；

3、司法部门建立和推行了涉老案件的优先立案、优先审理、优先执行的“三优先”制度。

（六）老年人社会参与领域拓宽

1、区人事局于2005年建立了老年人技术人才信息库，并多次举办老年人才交流会和培训班，为老年人实现老有所为提供机会；

2、积极组织和引导老年人积极参加公益性活动，提高老年人自我教育、自我服务、自我管理的意识和能力；区老年学学会、社区老年协会发挥自身作用，积极引导老年人参与社区各类老年活动；全区过半的老年人积极参与到维护民族团结、社会治安、交通秩序、环境卫生等方面的社会工作中。

天津市老龄事业

李学举部长（左三）在天津市副市长、市老龄委主任只升华（左二）的陪同下视察我市老年公寓

天津市委副书记、市长戴相龙（右一）在市老龄委名誉主任鲁学政（右二）的陪同下视察市老年大学

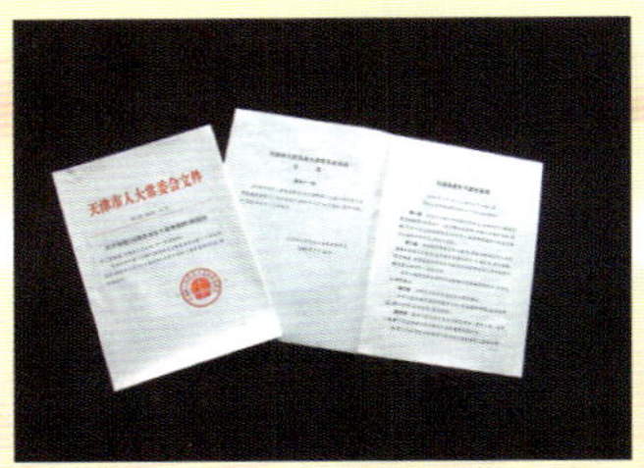

2002年7月18日，《天津市老年人教育条例》正式颁布实施，这也是我国第一个地方老年教育方面的法规

天津市老年人积极发挥余热，为和谐社会作出自己贡献。图为部分老教授、老专家参加银龄行动

天津市隆重庆祝老年节

截止到“十五”末期，天津市户籍总人口为939.31万，其中60岁及以上老年人口有142.42万，老年人口占全市总人口的比例达到15.16%。“十五”期间，在天津市委、市政府领导和社会各有关方面支持下，全市老龄事业取得新进展。

城镇基本养老保险制度更加完善，社会保险覆盖范围稳步扩大，基金实力不断增强，确保了110万企业离退休人员基本养老金按时足额发放，离退休人员的基本生活得到保障。出台《天津市被征地农民社会保障试行办法》，启动失地农民养老保障制度；有条件的村，积极推行并建立了农民退养补助制度，尤其是新四区有62%的村发放农民退养补助金，有近78%的老年农民按月领取退养金。20945名60岁以上老年人享受最低生活保障。农村五保供养和农村特困户生活救助制度进一步规范，五保供养老人年生活补助金平均3150元。

完善了城镇职工基本医疗保险制度，建立了困难企业退休人员医疗救助制度，25万困难企业退休人员可以享受大病住院和特殊病门诊医疗待遇。8个区县进行了新型农村合作医疗制度试点，受益农民117.61万，老年人是最大的受益者。在城区，建立了由9个社区卫生服务指导中心、70个社区卫生服务中心、470个社区卫生服务站为主体的社区卫生服务网络。在农村，形成了县、乡、村三级卫生机构组成的医疗预防保健网络，并启动了农村乡镇卫生院标准化建设。

大力推进老年福利服务设施建设，全市各类社会福利养老机构285家，床位15678张，达到千名老人有11.4张床；完成了“社区老年福利服务星光计划”，共建成“星光老年之家”579个。

社区为老服务工作水平显著提高，初步建立了社区（村）老龄工作运行机制，围绕经济供养、生活照料、医疗保健、文化教育和权益维护等五项内容开展为老年人服务，为老年人居家养老创造了有利条件。全市共有社区服务中心108个，为老服务志愿者队伍3133支、志愿者33万人。

老年教育事业蓬勃发展，市和区县两级示范性老年大学已经建立，市、区县、街和乡镇、社区和村四级老年教育网络初步形成。全市共有老年大学103所，在校学员38300人。2002年7月18日，市人大常委会通过了全国第一部老年教育地方性法规《天津市老年人教育条例》，把我市老年教育纳入法治轨道。

老年人的合法权益得到有效维护。各级人民法院对涉老案件优先立案、优先审理、优先执行。面向全社会设立的“12348”法律服务热线为老年人提供免费的法律咨询。市和区县两级建立了法律援助中心，为特别困难的老年人提供法律援助。加强了市、区县、街（乡镇）、居（村）委会四级老年维权组织建设。五年来，市和区县两级维权服务中心共接待老年人来信来访上万余件。

——天津市老龄事业“十五”发展成绩

天津市塘沽区老龄工作

塘沽区地处天津市滨海新区中心，全区面积859平方公里，辖11个街、1个镇、83个居委会及34个村。常住人口56万人，其中60岁以上户籍老年人口66918人，占总人口的14.48%，是我市人口老龄化发展较快的地区之一。“十五”期间，我区老龄事业在区委、区政府的正确领导和社会各有关方面的支持下，取得了新进展。

一、老有所养得到基本保障。城镇基本养老保险制度更加完善，社会保险覆盖范围稳步扩大，实现了企业退休职工社会化管理，离退休人员养老金足额发放，无当期拖欠，特困老年人实现了应保尽保；完善了城镇职工基本保险制度，实施了困难企业退休人员医疗保险；建立了8个社区卫生服务中心和45个社区卫生服务站为主体的社区卫生服务网络，推行了农村住院医疗保险；推行新型农村医疗制度试点；以家庭养老为主、集体养老为辅的农村养老保障体系不断完善。

二、大力推进老年福利服务设施建设。全区各类养老机构9所，床位810张，达到每千名老人12.7张；完成了社区老年福利服务星光计划，共建成“星光老年之家”64个；全区新建和扩建老年大学、老年人健康指导中心、老年体育健身中心、老干部俱乐部等大型活动场所8780平方米；街（镇）、社区老年人活动场所总面积达到17500平方米，不断满足老年人物质文化生活需求。

三、社区为老服务水平显著提高。建立了社区（村）老龄工作运行机制，围绕经济供养、生活照料、医疗保健、文化教育和权益维护等五项内容开展为老年人服务，为居家养老创造了有利条件。全区共有社区服务中心12个，志愿者队伍425支，志愿者1.07万人；在全区实施了70周岁以上老年人优待服务政策，免费乘车三年投入180万元，为5400名老人免费镶牙投入240万元，服务成效显著。

四、老年教育事业蓬勃发展。区、街（镇）两级老年大学已经建立，区、街（镇）、社区（村）三级老年教育网络初步形成。全区有老年大学示范校1所，街道社区老年大学8所，社区（村）老年学校16所，在校学员1270人，入学率接近2%。建立了207支老年人文化、娱乐、体育、健身组织，有7000多名骨干队员，老年教育参与率达到13%。

五、老年人的合法权益得到有效维护。人民法院对涉老案件优先立案、优先审理、优先执行；面向全社会设立的“12348”法律服务热线为老年人提供免费法律咨询。建立了塘沽区老年人法律援助中心，为特别困难的老人提供法律援助；建立了街（镇）、社区（村）维护老年人合法权益领导小组。各级维权组织接待涉老来信来访2318件次，树立宣传敬老典型850个，有效营造了全社会尊老、敬老、助老氛围。

六、老有所为作用有效发挥。全区老年人以高度的政治责任感和使命感，充分发挥智力、经验优势，1万多名老年志愿者在社区建设、环境保护、维护公共秩序、关心教育下一代、医疗保健、科技服务、老帮老等方面发挥了重要作用，“振兴塘沽，余热生辉”建言献策，充分调动和展示了老年群体“爱我城市，建我家园，我为塘沽作奉献”的不老情怀，取得了很好的社会效益。

区委书记刘长喜强调要重视老龄工作，解决好老龄工作中的热点、难点问题

区委书记刘长喜慰问生活困难的老年人

社区老年人到大沽炮台凭吊

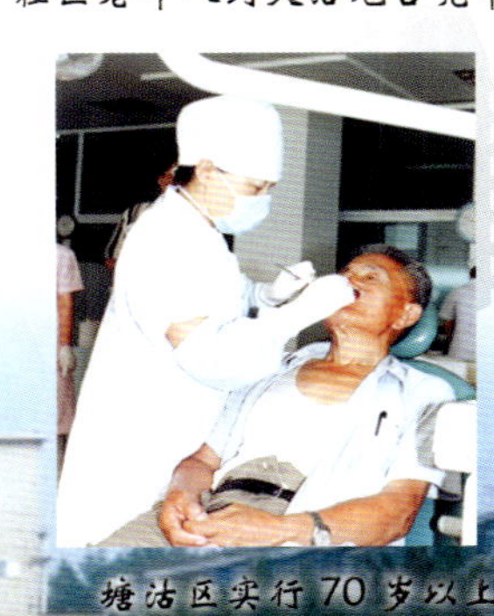

塘沽区实行70岁以上老年人免费镶牙

天津市和平区老龄工作委员会

前进中的天津市和平区老龄工作

和平区是天津市政治文化商贸中心，地域狭小，老龄化程度高、发展快，60岁以上老年人口8.8万人，占全区总人口数的19.58%。多年来，该区老龄工作在国家和市老龄委的指导下，在区委、区政府全力支持下，以科学发展观统领老龄事业发展思路，自觉围绕党的中心工作和经济社会发展需要，探索解决新时期老龄工作的新问题；坚持“立足社区、扎根基层”的重心摆位，突出老年弱势群体的生活照料和社会服务，促进养老服务基础设施建设，依法维护老年人合法权益，努力构建区域性养老保障和服务体系，不断提高老年人生命生活质量，使地区老龄工作与经济社会协调发展、同步推进。

2005年和平区社区建设指导委员会、老龄工作委员会全体会议

和平区庆祝老年节暨第二届老年人健身活动展示大会

该区老工办于1991年落实副处级规格和5个全额事业编制，内设协调联络、宣传调研、文化教育、内部管理等四个岗位；作为政府单列单位独立开展工作，直接收受区四大机关下行文件，经费独立预决算；忠实履行“调查研究、督促检查、参谋助手” 社会职责和“政府主导、社会参与、全民关怀”的老龄工作基本方针，负责起草全区老龄工作“五年计划纲要”、年度计划总结及指令性文件，并以区政府名义行文全区，贯彻执行；始终坚持了“区老龄委例会制度”、报请区人大监督执行的“委员单位执法责任制制度”、“联络员工作制度”、“依法维权联席工作制度”、“街道老龄工作管理考核制度”等行之有效的工作机制；依法对老年社团及涉老单位形成监督指导关系，指导区老年协会依法设立、民主自治、照章活动，完善了三级组织网络，积极参与基层老龄工作和其它社会公益活动。

该区始终坚持把构建地区养老保障和服务体系作为长期发展目标：1990年组织开展了对“无固定收入老年人”生活状况的调查，试行了“街道、居委会重点关照”、“驻街单位定点扶持”、“机关单位捐款救助”等救助办法。1993年推行辖区单位与退休孤老签定协议方式，落实“一助一定时入户服务”。 1994年借助志愿者社区服务经验，组织老年协会普遍开展了以“生活照料、精神慰籍、维权服务”为主要内容的社区老年人“自助互助”服务。1995-2002年逐步推广完善了针对“退休孤老、自养孤老、高龄老人、不能自理老人、独居老人、经济困难”等六种困难群体的特需服务。2005年借助民政部“养老服务社会化创建活动试点区”契机，探索实行了财政补贴民营企业创建养老机构、街道社区建立“日间关照服务站”、“邻里互助托养”、政府买单送家政服务等社会化养老服务新模式。

该区老龄工作始终保持积极进取、持续上升势态，取决于明确务实的发展思路和科学有效的工作理念。在地区经济社会发展链条中，找到了科学准确的切入点和落脚点，解决了部门职能定位和工作重心摆位，使该区工作始终居于全市前列，并为全国所注目：1990年荣获“全国老龄工作先进地区”；1997年被评为全国“社区助老服务先进典型”；2001年被列为全国社区老龄工作10个试点城区之一；2005年通过参与养老服务社会化创建活动，使地区老龄事业步入了社会化、产业化的发展新阶段。

养老服务社会化发展目标

为和平区老龄工作注入了新的活力

根据国家民政部的要求，该区作为全国41个试点地区之一，集中开展了为期三年的“养老服务社会化示范区创建活动”。该区以此为契机，积极推进老龄事业社会化、产业化前进步伐，使养老保障和服务事业与地区经济社会协调发展、同步推进。

和平区老年大学首届校园艺术节

该区将创建活动纳入地区经济社会发展规划、重点政务目标、地区财政计划；组成了由分管区长牵头，包括民政局、劳动保障局、卫生局、财政局、街道办、老工办等单位负责同志在内的工作班子，统一组织协调全区创建活动的深化发展。区老工办充分发挥了督促检查、综合协调的参谋助手作用：

1、抓紧抓好各类社会化公益性助老服务活动，完善基层老龄、老协组织建设，创新服务形式和内容，争取更多老年人的参与和投入。

2、年度提供120万元，为1500名孤老、独居、低保及遭遇突发性变故的老年家庭提供生活服务、解决实际困难，并做好监督和扩面工作，保证专项资金“用得准、花得值”，确保老年人充分受益。

3、监督指导各类文化、体育公共场所，依法向老年人免费或优惠开放，不断丰富老年人的物质文化生活。

4、指导区老龄委成员单位分工负责创建目标，适时向区人大常委会专题汇报工作，争取更多的社会支持。

5、培养造就了一支60人的以40-50人员为主的业务过硬、态度端正的专职服务队伍，与老年协会、志愿者协会、养老机构和商业服务网点建立稳定的社会联系，坚持公益服务和有偿服务并举，福利性和市场化兼容，打造宽松和谐的社会养老氛围。

目前，该区初步建成了以贯彻落实老年人政策法规为基本保证，以“居家养老”为基本模式，以老年弱势群体为主要服务对象，以机构养老、日间关照服务、家庭互助养老和公益性服务为重要依托，重点项目突出、基本功能到位的区域性养老服务体系；探索建立了部分与之相配套的规章制度、监督和管理办法，创建了几种符合该区区情的养老服务新模式：

1、支持引导一家民营企业兴办“中环颐和”老年公寓，床位90张，并设日托项目，使全区机构养老床位数达到了18‰的要求。

2、区、街已建立了7所以日间照料为基本内容的“为老服务站”，具备娱乐、健身、午休、心理疏导、提供餐饮服务等基本项目，理发、修脚、按摩、理疗等特需项目，以及就近就便、价格优惠的医疗、商业辐射服务。有条件的服务站也增设了“日托”服务项目。

3、以政府买单方式，对各类老年困难群体和做出过突出贡献的荣誉老人提供家政服务、解决生活难题、提高生活质量。受益者目前已达到1500人。2007年6月将突破2000人。

4、以财政补贴方式，宣传引导6户社区老年家庭开展了“邻里互助托养服务”。即由住房宽裕、具备条件并愿意提供护理陪伴、代购代买、餐饮照料等项服务的家庭，与缺少生活照料的老年人，经过自愿平等协商，形成互助或托养关系，用来解决孤寡老人生活难题。

天津市和平区老龄工作委员会

老年协会成为发展老龄事业的重要力量

和平区老年人协会第五届会员代表大会

和平区老年人协会于1989年4月8日成立，并依法注册为法人社团。现有单位会员91个，个人会员近2万人。多年来，在区委、区政府的领导和区老工办的指导下，坚持依法自治、服务社会、服务老人、实践创新的原则，确立了抓基层、抓落实、抓实效的“三抓”工作思路，建立了区、街道和社区“老协组织”、“维权工作”、“老年教育”三级组织网络，在创建先进老龄工作城区、推进养老服务社会化创建活动、基层老龄老协规范化建设等各项工作中，都作出了突出的贡献，取得显著的成效，充分发挥了基层老龄工作的“载体”和“抓手”作用。多次被评为和平区最佳社团、天津市十佳社团，并荣获“全国老龄工作先进单位”称号。徐铭锡会长被评为市级“会长标兵”，并入编《中国精神文明大典》、《中国专家人名辞典》等辞书。

和平区老协工作能够与时俱进、不断创新，主要做法和经验是：

一、解决了“三个定位”。即解决了老协组织定位，2003年按照社团管理登记的规定，将全区的85个社区老年协会作为所在街道老协法人社团的分支机构依法注册登记，使老协建设与活动走上法制轨道；解决了老协职能定位，通过试点明确了社区老协承载社区老龄工作职能，落实老龄工作的“八项任务”、“七项标准”；明确了老协工作定位，即“维护老年人合法权益、为老年人服务”。

二、完善了“1543”工作机制。“1”是依法建立一个社区老年协会，负责组织推动、落实服务；“5”是成立5个职能组，即自我管理组、维权工作组、老年教育组、生活服务组、文体活动组，履行各自的职责，有效地开展活动；“4”是建立“维权、办学、照料服务、文体活动”四支骨干队伍，成为社区老龄工作的主体力量；“3”是开展好经常性的维权护老、精神赡养、生活照料三项重点服务活动。

三、抓好特色工作，提高服务质量。维权工作抓得实、成效好，区老协的依法维权经验入编《全国老年维权工作暨经验交流会议专辑》。老年教育重点抓社区、抓落实，有32818位老年人就近参加学习，普及率达63.78%。组织老协会员采取多种形式，为数千个老年家庭提供自助互助服务。重视理论研究，指导实践创新，多篇论文被中国老年大学协会评为优秀论文奖，其中《社区老年文化初探》一文，2004年被世界文化艺术研究中心和世界华人交流协会评为国际优秀论文奖。

老年协会为普及深入老龄工作作出了突出贡献，老龄工作的深化发展，又为老年协会提供了良好的发展空间。实践证明，老年协会大有作为、大有可为，是发展老龄事业、开展基层老龄工作的重要力量。

鹤
童

上海老年人社区生活剪影

上海市积极开展独居老人结对关爱工作，努力为 16.6 万独居老年人提供关爱服务。通过指导、推动各区县依托社区，根据独居老年人的不同服务需求，提供多种内容、多种形式的服务，如广泛告知、经常问候、热线咨询、安全检查、应急求助和老年所需的其他社区服务。

独居关爱

上海市积极发展老年紧急呼叫装置。2005 年底，已发展固定装置用户 4.5 万户，移动装置用户 2.3 万人，使老年人不出家门就能得到医疗急救、防盗报警、家政服务等便利的服务。

上海市不断深化“扶老上网”工程，“扶老上网”内容不断出新，知识性、趣味性不断增强，老年人的兴趣与参与的积极性不断增高。到 2005 年底，已完成了 7 万名老年人上网学习培训任务。

紧急呼叫

为了让独居老人愉快地欢度元宵佳节，体现党和政府以及社会对独居老人的关心和爱护，上海市老龄办连续两年举行了“关爱在行动——上海千名独居老人庆元宵”活动。

扶老上网

庆元宵

上海市老年基金会金山办事处

上海市老年基金会金山办事处是上海市老年基金会下设于上海市金山区的一个分支机构，它代表市老年基金会为金山区的老年事业开展筹集资金和提供资助活动。

1997年原上海市金山县拆县建区。在区委、区府的直接关心和支持下，1998年11月金山办事处就正式批准成立，从此金山的老年慈善事业进入了一个新的阶段。

年轻的金山区座落于上海市的西南部位，濒临杭州湾畔，是一座美丽的滨海城市。现有总人口55万，其中60岁以上老年人占总人口的17%。是一个早已进入老龄化的城市，由此可见发展老年事业，做好关心老年人的工作，任务十分繁重。

老年人是国家和社会的宝贵财富，党和政府历来对老年人十分关心，我区历届领导都十分重视老年事业，关爱老年人群。每年都投入相当大的财力物力，用以改善老年福利设施，帮助解决老人生活、医疗等方面的实际困难。

由于历史的原因，我区原先的地域经济发展比较缓慢，建区后虽然审时度势，抓住了难得的历史机遇，使金山的经济迅速走上持续发展的轨道，实现了经济总量三年翻一翻的目标，但总的来说，有限的财力总难满足各项事业发展的需要，对老年事业也是如此。所以，动员社会力量共同努力来关心老年人，支持推动老年事业的发展，显得尤为重要。

上海市老年基金会金山办事处的建立，为我区老年事业的发展增添了一份新的力量，也替政府在为老年人排忧解愁方面起到一种拾遗补缺的作用。

8年来，我们千方百计采取多种形式、多个渠道，积极宣传、广泛发动，动员全社会力量捐钱捐物。在各级党政领导关心下，在社会各界和企事业单位大力支持下，也通过我们几年来的不懈努力，目前已经积累了一定量的基金，为支持老年事业建立了初步的物质基础。在资金积累的同时，我们及时地用以支持我区的老年事业。针对不同老年群体在物质生活和精神生活两个方面的不同需求，给予力所能及的资助。优先帮助那些生活有特殊困难的老年人群。到2005年底资助总额已达500余万元，在实现老有所养、老有所医、老有所教、老有所学、老有所为、老有所乐等方面作出了一定的贡献。

随着老年人口的逐年增长，作为从事老年慈善工作人员的我们感到光荣，同时深感责任的重大。我们将进一步总结经验，努力工作，继续为全社会展示关爱老年人之心架好平台，为弘扬尊老敬老的中华传统美德发挥应有的作用，争取新的成绩。

上海市老年基金会金山办事处主任沈光照为老年人送温暖

河北省老龄工作委员会

2005年9月20日，河北省副省长、省老龄委主任柳宝全（中）接见舞剧《白毛女》演职人员并作重要指示。

2005年9月15日，举办河北省首届老年人健康知识竞赛。

河北省是一个人口大省，也是一个老年人口大省。截至2005年底，全省总人口6851万，其中60岁以上老年人口781万，占全省总人口的11.4%，且以年平均3%左右的速度持续增长，人口老龄化日趋严峻。3年来，全省老龄工作牢固坚持"党政主导、社会参与、全民关怀"的方针，围绕实现"六个老有"的目标，扎实打基础，全面求发展，老龄工作呈现出蓬勃、快速发展的良好局面，全省老龄事业取得了新的进步和新的发展。

确立全省老龄事业发展思路，认真调研、起草、拟制《河北省老龄事业发展"十一五"规划纲要》，为推动我省老龄工作的快速、和谐发展起到纲领性作用。建立健全了全省老龄工作机构，从而为老龄事业发展奠定坚实的组织基础。2005年1月省政府颁发了新的《河北省老年人优待办法》，省老龄办又下发了一系列的办法和通知，受到了广大老年人和全社会的一致称赞，有力地维护了老年人的合法权益。

开展丰富多彩的老年精神文化生活。2003年9月举办省老年书画展；2004年10月，举办全省老年艺术团汇报演出；2005年9月，举办纪念抗日战争胜利60周年暨迎重阳慰问演出。同月，又举办河北省首届老年人健康知识竞赛。每年重阳节各地都组织开老年文体活动。3年来全省共组织了老年人文体活动420余场，直接参演参赛老年群众超过260万人次，有效地提高了老年人的生活质量。

2003年与《燕赵都市报》联合开展"寻找百岁老人、见证社会变迁"活动；2004年与石家庄报业集团经过共同努力，创办了《燕赵老年报》，为全省广大老年朋友提供了一道丰富的精神大餐。同年6月在全省开展"孝亲敬老之星"评选活动，又与黑龙江老年日报社共同开辟了《老年日报·河北老龄》专版。通过各种形式的广泛宣传，使全社会关心支持老龄工作氛围加浓加厚，遵老爱老助老社会风尚逐步形成。2003—2005年共举办了3期老龄工作培训班，使老龄工作干部队伍整体素质得到了提高。2005年底河北省有6个县（市、区）被全国老龄委评为全国老龄工作先进县（市、区），有8个单位被评为"全国老龄工作先进单位"。

2005年9月20日，河北省举办纪念抗日战争胜利60周年暨庆重阳节慰问演出，将老年版舞剧《白毛女》搬上舞台。

2004年10月20日，河北省举办"庆重阳河北省老年艺术团汇报演出"。

2005年12月13日，河北省舞蹈《俏夕阳》节目参加澳门2005年国际长者节——全澳长者舞蹈比赛。

辽宁省老龄工作委员会

◀2005年1月17日，五年一次的辽宁省老龄工作会议在沈阳召开，会上表彰了先进个人和先进单位。全国老龄办常务副主任李本公应邀出席会议。（右六为李本公，右五为省老龄委顾问、原省人大常委会主任王光中，右七为省老龄委主任、常务副省长许卫国，右八为省老龄委顾问、原省政协主席孙奇，右四为省老龄委副主任、副省长闫丰，右一为省老龄办主任孙艳华）

▶辽宁省老龄工作委员会自2004年重新组建以来，在省委省政府的领导下，辽宁省老龄工作有了长足的进步，受到上级领导的表扬和肯定。（图为辽宁省老龄办主任孙艳华）

◀2005年9月28日，辽宁省“珍奥杯”老年知识电视大赛在沈阳举行，图为领导与获奖代表队合影。（前排左三为省老龄委顾问、原省人大副主任陈素芝，左四为省老龄委顾问、原省政协副主席李国忠，左二为省老龄办副主任曾凡彪，左五为省老龄办副主任岳龙飞）

▲2006年4月7日，省政府召开了各市主管领导、省老龄委成员单位领导及各市老龄办主任会议，传达贯彻全国第二次老龄工作会议精神。（前排左六为常务副省长、省老龄委主任许卫国，左五为省老龄委副主任、副省长闫丰，左四为省老龄委副主任、原省政协副主席吕炳华，左三为省老龄委副主任、省民政厅厅长薛恒，左二为省老龄办主任孙艳华）

辽宁省老龄工作年中会议

▲2006年8月10日，辽宁省老龄办在鞍山召开了辽宁省老龄工作年中会议。（图为办有关人员正在研究工作）

山西省老龄工作委员会办公室

2005年，全省各级老龄组织和广大老龄工作者坚持以邓小平理论和“三个代表”重要思想为指导，树立和落实科学发展观，以“六个老有”为目标，以贯彻落实《老年法》和《山西省实施＜老年法＞办法》为重点，以开展丰富多彩的文体活动为载体，统筹安排，整体推进，全省老龄工作取得了可喜成绩。

一、认真开展先进性教育活动，积极推进老龄组织建设

根据省委的统一部署，各级老龄组织和全体党员扎扎实实地开展了先进性教育活动，进一步增强了为老年人服务和做好老龄工作的责任感和使命感。一是推进了学习型组织建设。各级老龄组织把政治理论学习和老龄工作理论研究摆在了突出位置。以“老年人与社会和谐”为主题，深入开展研究，形成了建设学习型老龄机关的良好氛围。二是促进了老龄工作机构建设。省老龄办健全了领导班子，增加了编制，内设综合、宣教、权益三个处。大同、朔州、忻州、吕梁、长治、晋城等市老龄办工作人员依照公务员进行管理。大同、忻州、吕梁、晋中、阳泉、晋城等市老龄办已取得行政执法主体资格。三是推动了老龄干部的作风建设。各级老龄办以制定完善各项规章制度为切入点，狠抓作风建设，内强素质，外树形象，提升了规范化管理水平，提高了办事效率，使工作出现了新的变化和气象。

二、突出重点，统筹兼顾，全面做好各项工作

定盘子，召开全省老龄工作会议部署工作。3月30日，在省城太原召开了全省老龄工作会议。省委常委、常务副省长、省老龄工作委员会主任范堆相做了书面讲话。会议回顾总结了2004年全省老龄工作，安排部署了2005年工作任务，代全国老龄委为我省在全国“敬老爱老助老主题教育活动”中的获奖单位和个人颁了奖。

基层老龄工作进一步加强。省老龄办在推进基层老龄工作中确定了18个老龄工作示范县（市、区）、19个老龄工作重点县（市、区），各市也相继确定了老龄工作示范乡、村，重点乡、村。使农村、社区老龄工作规范化建设在数量上不断扩大，在质量上不断提高。其中，晋城、太原市社区规范化建设达标率分别为100%和90%，农村达标率分别为30%和45%。

深入基层，认真开展调查研究。省老龄办经过多次深入基层的调查研究，先后起草了《山西省老龄事业发展“十一五”规划》、《山西省老龄工作先进县（市、区）创建和管理办法》。各市县也加强了调查研究工作。

认真组织《老年法》和《山西省实施〈老年法〉办法》执法检查，全力维护老年人合法权益。在各市人大、老龄办组织力量对所属各县老年维权工作进行全面检查的基础上，10月31日到11月5日，省人大内司委、省老龄办组织检查组分赴长治、晋城、运城等市进行抽查，先后深入到9个县（市、区）、20个乡（镇、街道）对全省贯彻实施“一法一办法”的情况进行了执法检查和调研。

山西省老龄工作委员会办公室

省老龄办在全省开展了助困活动，为600位特困老人每人救助300元，晋城市及城区、泽州、阳城、沁水、长治市沁源县、太原市等市县老龄办也开展了救助特困老人活动，体现了党和政府的关爱，温暖了老年人的心。

三、全面落实老龄工作“十五”发展规划，促进老龄事业健康发展

老年人的基本生活得到了保障。全省离退休人员的基本养老金得到了按时足额发放，符合退休年龄的劳动模范领取双份养老金，全省养老保险参保人数不断增加。符合条件的乡镇企业职工，区别不同情况，按照不同标准，开始参加养老保险；经济条件好的村，为60岁以上老年人每月发放生活补助金。农村“三无”老人、“五保”老人作为低保工作重点，做到了应保尽保。晋城、大同、长治市沁源县等建立了农村特困老人救助机制，保障了困难老年人的基本生活。

老年人的医疗保健水平不断提高。全省机关事业单位离退休人员和按规定缴纳基本医疗保险的退休人员，按照有关规定就医看病，享受医保待遇。在农村逐步推行新型合作医疗制度，79个试点县（市、区）和26个城市建立了医疗救助制度，设立了大病医疗救助资金，其中受益最大的是老年人。

老年福利服务设施建设有了新的发展。在政府投资、“星光计划”投入、资源共享等政策推动下，县（市、区）、乡（镇、街道）、社区、农村老年公寓、养老院、敬老院等福利服务设施大幅增加，并形成了良好的发展态势。

老年文化体育活动设施大幅增加。老年活动室（站）和体育活动场所不断增加。老年大学（老年学校）适应老年人求知求学的需要，越办越好，丰富了老年人的生活，提高了老年人的生活质量。

四、以敬老文化活动为载体，大力弘扬尊老敬老传统美德

积极推进“孝心进社区工程”。6月10日，省老龄办在湖滨会堂举行了山西省敬老爱老助老“孝心进社区工程”启动仪式。省政协主席刘泽民为“孝心进社区工程”授旗，珍奥集团山西办事处首次为全省20个社区投放价值50万元的理疗仪器、文体用品、健康知识书籍等。活动开展以来，累计举办健康知识讲座300余场，参加老人达到2.4万人次，为老年人提供理疗服务50万人次，在全省各地组织巡回放映电影话剧《疯娘》100余场。

隆重举办“中国介休绵山孝文化节暨全国中老年文化交流会”。来自全国各地的60多个代表团、1500名老年人参加了“孝文化论坛”、中老年太极拳表演赛、合唱表演赛、太极养生健康辅导讲座、登山等活动。全国政协委员、中国老龄事业发展基金会会长李宝库、中华全国体育总会顾问、亚洲国际奥委会名誉主席徐才、副省长宋北杉等领导出席了开幕式。参加交流会的全国十大“中华孝亲敬老楷模”联合向全社会发出《弘扬孝道文化，共建和谐社会绵山倡议书》，收到了弘扬敬老文化、宣传山西的综合效果。

沈阳市老龄工作委员会办公室

在振兴老工业基地和构建和谐社会中开拓创新

2005年3月7日，沈阳市召开老龄委全体会议，市委副书记苏宏章（中）做重要讲话。

市民政局副局长、老龄办主任许振民在十佳健康老人颁奖大会上致词。

小学生学雷锋敬老先进代表在谈敬老体会。

沈阳市作为东北老工业基地和辽宁省省会城市，人口老龄化具有基数大、发展快、高龄人口多和超前于经济社会发展等特点。1990年，60岁及以上人口超过总人口的10%。2005年，65岁及以上人口为80.1万，占总人口的10.82%。2007年，80岁以上人口将达到16万人，占老年人口总的15%，标志着沈阳市开始进入高龄化社会。多年来，面对人口老龄化日益严峻的趋势，沈阳市老龄委在市委、市政府的领导下，以“三个代表”重要思想为指导，以科学发展观为统领，全面贯彻老龄工作方针，大力推进“六个老有”，老龄工作和老龄事业在振兴老工业基地和构建和谐社会中持续健康发展，100多万老年人的生活质量明显提高。其中，和平区、沈河区被评为全国老龄工作先进区；市老龄办被评为全国老龄工作先进单位；“夕阳红”旅游专列活动、实施“星光计划”、开展居家养老和加强社区老年人协会建设等项工作先后在全国城市老龄工作联席会议上介绍了经验。

一、 创新载体，完善机制

在加强基层老龄工作建设中做了大胆的探索和实践，提出了“抓住四个载体，巩固三个阵地，开展三项活动”工作方案，即在基层实施老龄工作的“433工程”。“四个载体”是指：老年人协会、老年大学、老年志愿者队伍、老年文体团队。全市现有老年人协会3170个，并基本做到了“一个确立，四个统一”，即：确立老年人协会的社团合法地位，统一“老年人协会”的称谓、统一发展模式、统一基本职能、统一工作制度。建有老年学校612所，平均每年都有25万多人次的老年人走进课堂学习新知识。有各类老年文体团队908个，近50万老年人经常参加活动。老年志愿者队伍发展到12万人，他们在加强社区建设、关心下一代、传播科技知识、交通协勤、维护社会治安等方面发挥了不可替代的作用。“三个阵地”是指：以社区星光老年之家为主体的老年活动室、养老机构、养老基地。“三项活动”是指：助老工程活动、宣传教育活动、维权活动。

二、 加大投入，完善设施

加大扶持力度，创新服务模式，不断完善养老服务社会化体系。全市养老机构已发展到176家，床位12237张。其中，国办养老机构146家、床位9720张，民办养老机构30家、床位2517张；建有托老所31个，为5304户老人提供了居家养老服务；建有养老基地1.8万亩，年收入近700万元。一个以居家养老服务为基础，社区福利服务为依托，机构养老为示范，养老基地为补充的社会化养老服务体系基本形成。

三、 注重宣传，崇高敬老

牢固树立“大老龄”思想，充分调动和发挥成员单位的积极性，民政、劳动、卫生、文化、体育、司法、人事、教育、妇联、共青团等部门结合本部门特点开展老龄工作。在全市开展了三年一次的“敬老养老金榜奖”、“助老服务功勋奖”、“老有所为奉献奖”“三奖”评选活动，到2006年已进行六次，有1560个单位或个人受到表彰；开展了“敬老十大标兵”、“十佳健康老人”、“十大孝子”、“敬老好儿女”等评选活动。

从1995年开始，全市城乡普遍开展家庭赡养协议活动，到目前为止，全市签订协议近20万份。从2000年开始组织开展了“夕阳红”旅游专列活动，这项活动对进一步活跃老年人精神生活、树立老龄部门良好形象、探索发展老年产业起到重要作用。5年来，先后组织了26个专列，有13670名老年人参加。市政府对百岁老人每月实行100元生活补贴，春节、重阳节两大节日给百岁老人各补贴200元。部分区、县（市）在此基础上分别对90-99岁和100岁以上老人每人每月发放50—200元不等的生活补助。对老年人在乘公交车、游览、就医、诉讼、娱乐等方面实行优待，有40多万老年人受益。以维护老年人合法利益为内容，以市、区法律援助中心为主体，以社区（村）老年人维权站为依托的老年法律援助体系正在良性运转。

四、 健全制度、完善措施

编制了全市“八五”、“九五”、“十五”、“十一五”老龄事业发展规划，下发了《关于加强老龄工作的意见》，明确各级老龄委是《老年法》的执法主体，制订了《沈阳市老年人优待规定》、《沈阳市老年人优待补充规定》，起草了《沈阳市实施〈中华人民共和国老年人权益保障法〉细则》。制定了市老龄委职责、老龄办职责、各成员单位职责、联络员职责、信息宣传员职责。建立了市老龄委会议制度、老龄办主任会议制度、老龄委联络员会议制度、沈阳市老龄事业发展基金管理使用办法、老年法律援助联络部工作制度、“星光计划”项目管理使用暂行办法、社区（村）老年协会章程、百岁老人生活补贴发放制度、老年证办理制度等工作制度。

沈阳市老龄事业的持续健康发展，既为全市100万老年人创造了福祉，也促进了沈阳老工业基地的加速振兴和社会和谐。

大连市养老事业

DALIANSHIYANGLAOSHIYE

大连市养老事业“十一五”展望

“十一五”期间，大连市将继续坚持社会福利事业社会化的发展方向，通过加大投入力度，落实民办公助政策等措施，推动全市社会福利事业快速发展，完成建筑规模 70 万平方米、总投资 10.2 亿元的大连老年福利园区建设；投入资金 2.6 亿元，将全市 103 所敬老院合并建设成 61 所区域性中心敬老院；全市新增养老床位 10000 张。大力发展居家养老，每年投入 1500 万元为特困老人提供货币化养老服务，不断满足全市老年人的养老需求，让老人们享受人生最美好的生活。

近年来，在国家民政部和省委、省政府的领导下，大连市委、市政府高度重视老龄化社会问题和老年福利事业发展，不断加大政府推动力度，加快改革创新步伐，充分挖掘、调动各方面有利因素，努力为养老服务社会化提供政策支持、资金保证，创造发展空间和舆论氛围，不断解决老龄化社会带来的社会化养老问题。将发展养老事业纳入社会经济发展和城市建设发展规划，每年都把建设老年福利机构、增加养老床位列为政府为百姓办实事项目。“十五”期间，全市各级政府共投入建设资金 3 亿多元，用于老年福利服务设施的改造和建设，增加养老机构床位近 10000 张，建设老年活动场所 500 多个，安装老年健身器材 10000 多件，不断满足全市老年人的社会化养老服务需求。“十一五”期间，全市以全国养老服务社会化示范活动为契机，按照省委、省政府开展“敬老行动”的具体要求，以增加养老服务供给为着眼点，以点带面，强力推进。加大养老福利机构建设力度，积极推动市老年福利产业园区和农村区域性中心敬老院建设，推广 10 种养老服务模式，完善居家养老服务体系。加大养老事业宣传力度，全面推进大连社会福利社会化发展。民政部李学举部长批示：“大连市的做法值得重视。多种养老形式，适合中国国情，要认真总结、推广。我们的工作导向、政策导向、扶持导向，要注意多种养老形式的需要。”

全市老年人口数 单位：万人

养老床位数 单位：张

每千名老人平均拥有床位数 单位：张

入住老年数 单位：人

平均入住率 单位：%

鞍山市老年公寓

鞍山市老年公寓于1996年7月4日落成，隶属于市政府老龄工作办公室。公寓地处鞍山东山风景区与千山风景区之间，占地面积34,000平方米，建筑面积15,000 平方米，总投资3,600万元。共有九栋楼组成，其中别墅楼6栋，宾馆式居住楼3栋，共220床位，可安排220名老年人入寓生活。公寓地理位置优越，距市中心2.5公里，距千山风景区13.5公里，咫尺之遥是玉佛苑、东山风景区、二一九公园。

公寓采取封闭式管理，服务功能齐全，配套设施完善。设有活动室、游艺室、报刊阅览室、健身房、医务室、商店、理发室、公共食堂，室内全部装修，配有家俱、浴盆、淋浴器等，住寓老年人可享受方便、快捷、周到的服务。满足老年人的特殊需要，使老年人老有所养、老有所学、老有所医、老有所乐、老有所为得到可靠保证，无忧无虑，颐养天年。

近年来鞍山市老年公寓从小到大，从单一型收养自理养员，到现在的“爱心护理工程”为主要内容，实现了跨越式发展，在全市乃至全国都受到老年人及业内人事的好评，为解决我市养员入住难做出了一定的贡献，是一座集住寓、餐饮服务、文化娱乐、医疗保健于一体的现代化老年公寓。

辽宁省营口市老边区人民政府

老边区是辽宁省营口市下辖的一个行政区，全区总人口 20 万人，其中老年人口为 27,200 人，占全区总人口的 13.6%。多年来，在营口市委、市政府的正确领导下，在省、市老龄委的大力指导下，区委、区政府始终坚持以邓小平理论和“三个代表”重要思想为指导，认真贯彻落实党和国家关于老龄工作的方针政策和法律法规，以实现“六个老有”为目标，以建立健全各级老龄工作机构为重点，全心全意为老年人办实事、办好事，全面开展了各项老龄工作，较好地维护了老年人的合法权益，不断拓展了老龄工作和老年事业的发展空间，进而使全区老龄工作整体水平也得到全面提升。2005 年 4 月 13 日，区委、区政府被全国老龄工作委员会授予“全国老龄工作先进区”荣誉称号。

区四大班子主要领导参加区老龄工作会议，区委书记孙刚作重要讲话

我们的主要做法是：

一、加强组织领导，强化舆论宣传，奠定老龄工作坚实基础

近年来，随着老年人数量的增加、老龄化步伐的加快，老龄工作适时提上了政府的议事日程，老年事业被纳入全区社会发展总体规划之中予以实施。区财政每年按全区 60 岁以上的老年人数、每人每年 7 元的标准，足额拨付给区老龄委，作为老年事业的工作经费。

区委书记孙刚为老年学员作《落实区第 11 次党代会精神辅导报告》

二、完善机制，落实政策，切实维护老年人的合法权益

（一）落实优待政策。区政府修订完善了《关于优待老年人的规定》。对符合最低生活保障条件的老人，我们全部及时纳入保障范围，目前有 297 名老年人享受最低生活保障，年发放保障金 46 万多元。对符合五保条件的老人，在五保供养方式上，我们充分尊重老年人的意见，对 150 多名在乡镇敬老院集中供养的老人，提供医、食、住等全方位的优质服务。

区育才小学学生学习《老年法》

（二）加强司法援助。我们设立了老年法律服务网点 11 个，对老年人开展法律援助，保证了全区老年人都能就地、就近、及时地得到法律服务和法律保护。对涉老案件实行 “三个优先”、“一个优惠”，即优先立案、优先审判、优先执行，对困难老人优惠减免诉讼费，有效地依法维护了老年人的合法权益。

三、“养医”并重，“学教为乐”并举，“六个老有”齐头并进

我们把着眼点放在“养好、医保”上，把着力点用在为老年人服务上，把侧重点确定在办好事、办实事上。

“老有所养”：我们全力落实养老基本政策和建立养老基地。

“老有所医”：全区各镇、街都相应建立了老年医疗服务网络，为老年人就地、就近就医提供便利。

“老有所乐”：目前，全区已设有老龄活动中心 1 处，老年健身场所 5 处，活动站、活动室近百家，成立了 22 支秧歌队，3 支舞剑队，5 支太极拳队，1 支民族舞表演队。

“老有所为”：在全区的民营企业中，“老有所为”典型韩广珍、吴德贵、刘连双等兴办的晟泰耐火材料有限公司、辽南橡胶厂、营口大维制衣有限公司等企业，为老边区的经济发展做出了重大而卓有成效的贡献。

“老有所学、老有所教”我们成立了老年大学、市民学校，区委书记孙刚同志亲自到市民学校授课。尽管我区的老龄工作取得了一定成绩，但与先进县市区的先进经验相比还有一定差距，离上级要求和老年人的愿望也有一定距离。我们将认真贯彻落实省老龄工作会议及第二次全国老龄工作会议精神，进一步加大工作力度，强化工作措施，全面抓好全区老龄各项工作的落实，切实维护好老年人的合法权益，促进全区老龄工作再上新台阶。

与时俱进 开拓创新

吉林省老龄工作委员会办公室

2006年5月15日，吉林省副省长、省老龄委主任李斌在第二次全省老龄工作会议上做重要讲话。

2006年春节前夕，吉林省副省长、省老龄委主任李斌慰问百岁老人，并送去慰问金。

2003年末，我省65岁以上老年人口的比例已达7.05%，开始进入老龄化社会。2004年比例达到7.45%，人口老龄化形势越来越严峻。我省人口老龄化的特点是老年人口基数大、老龄化速度快、人口老龄化超前于经济社会发展水平，加大了老龄化对社会发展的压力。为更好地应对人口老龄化带来的各种问题，全省老龄工作在省委、省政府的高度重视和正确领导下，围绕“六个老有”的工作目标，积极贯彻“党政主导、社会参与、全民关怀”的工作方针，使全省的老龄事业得到了全面发展，取得了显著成绩。全省社会保障体系不断完善，基本养老、基本医疗等保障制度得到建立、完善和落实，使老年人的基本生活得到保障。社会救助措施进一步建立，城乡低保政策进一步完善，城市28.8万、农村9.33万贫困老年人纳入了低保，保障标准逐步得到提高。以社区、“星光计划”的实施为标志，全省为老服务设施和服务网络建设取得突破性进展。全省兴建“星光计划”项目1794个，实现了城市社区的全覆盖。“星光老年之家”成为社区老年组织的阵地、老年文体活动的主要场所。老年维权工作力度不断加大，通过宣传老年法，开展法律援助和司法救助、老年法贯彻落实情况的检查和调研等工作，使老年人的合法权益得到了保障。助老扶困工作较为显著。各级老龄办积极协调有关部门、单位，动员社会力量，开展“爱老义工服务”、“敬老、爱老、助老主题教育”、“孝亲敬老之星”、“十佳”敬老好儿女、“救助千名特困老人”、“爱心慈善助老年”、“孝心进社区”等活动，体现了党和政府以及全社会对老年人的关怀。通过开展老龄工作先进县（市、区）、敬老文明乡（镇、街）创建活动，推动了基层老龄工作发展。长春市朝阳区、镇赉县、汪清县、四平市铁西区被评为“全国老龄工作先进县（市、区）”。老年文化活动更加活跃。各地、各部门积极开展丰富多彩的老年文体活动，极大地丰富了老年人的晚年生活，促进了精神文明的发展和社会的和谐。

2006年春节前夕，吉林省老龄办常务副主任陈双喜慰问养老院并送去慰金。

2006年1月25日，吉林省老龄工作记者协会成立仪式。

黑龙江省老龄工作委员会

▲2006年10月27日，中国老龄事业发展成就展在北京举行，中共中央政治局委员、国务院副总理、全国老龄工作委员会主任回良玉（右一）到黑龙江省展厅视察。

▲黑龙江省副省长、省老龄委主任王东华（右一）与参加全国十四届老年骑游健身文化展示大会的代表热情握手，并祝愿老人身体健康。

▲『八一』建军节前夕，黑龙江省委副书记、省长张左已（右一）看望抗联老战士。

▲2006年7月，全国第十四届老年骑游健身文化展示大会在黑龙江大学体育馆开幕。

▲黑龙江省文化厅定期举办大型老年文体活动，丰富老年人的精神文化生活，陶冶了老年人的情操。图为周末大舞台的合唱表演。

▲在保持共产党员先进性教育活动中，黑龙江省老年人大学组织老党员重温入党誓词，牢记党的宗旨，发挥老党员余热，全心全意为人民服务。图为老党员参加歌咏比赛。

▲全国老龄办常务副主任李本公，副主任曹炳良、吴玉韶，中国老龄事业发展基金会会长李宝库，亲切接见参加中国老龄事业发展成就展的黑龙江省代表团，并与黑龙江省代表团合影留念。

前进中的哈尔滨老龄事业

市委书记杜宇新（中）看望特困老年人

市老龄办党组书记李忠杰(中)，副主任所俊婷（右）、陈久民（左）深入基层，指导老年人协会基地建设。

老年人在老年艺术节上用舞姿展示她们火红的生活

哈尔滨是镶嵌在天鹅项下的一颗璀璨的明珠，素有“冰城”之称。全市辖8区10县（市），5.3万平方公里土地，974.8万人口。哈尔滨市人口年龄结构已于1997年进入老龄化发展阶段，现有60岁以上老年人口113.9万，占总人口的11.69%，并将以较快的速度增长。

哈尔滨市于1984年建立了老龄工作机构。2001年，成立了由市委常务副书记担任主任、主管副市长担任常务副主任，组织部、财政局、劳动和社会保障局、民政局等33个成员单位参加的市老龄工作委员会。市老龄工作委员会办公室为正局级单位，有31名财政拨款编制，人员依照公务员管理；内设综合处、调研指导处、维权处、事业处、联络处和机关党委等“五处一委”；下设老年活动指导中心、老年法律救助中心、老年基金会办公室和老年医院等四个直属事业单位。老龄办工作经费列入财政预算，财政每年拨给老龄办专项工作经费200万元。哈尔滨市委、市政府对人口老龄化问题高度重视，特别是“十五”期间，相继出台了《哈尔滨市老龄事业发展“十五”计划纲要》、《关于贯彻落实〈中共中央、国务院关于加强老龄工作的决定〉的意见》、《哈尔滨市老年人权益保障办法》和《哈尔滨市老年人优待办法》等相关政策和法规。

目前，哈尔滨市养老保险事业快速发展，多层次老年医疗保障体系初步形成，社区为老服务网络初具规模，养老服务设施和老年活动设施日趋完善，助老工程蓬勃发展，老年教育扎实推进，“创建活动”效果显著，老年文体活动丰富多彩，全市老龄工作整体水平不断提升，老龄事业呈现出良好的发展态势。2005年，哈尔滨市老龄工作委员会办公室被全国老龄委授予“全国老龄工作先进单位”荣誉称号。

势若朝阳的牡丹江市老龄事业

全国老龄办副主任曹炳良（中）、省老龄办主任杨铁生（右）在牡丹江市检查指导农村老年人协会的建设

老年文化活动丰富多彩

牡丹江市的老龄机构始建于1984年，在全省，我市属于较早建立老龄机构的城市。1996年机构改革后，市老龄办定为市政府直属的正处级单位，独立党组，由民政局代管。20多年来，在各级党委、政府及社会各界的关心和支持下，老龄工作稳步推进，老龄事业取得了长足的进步，连续多年获省级老龄工作先进单位称号，2005年，荣获国家老龄工作先进单位称号。

老年社会保障体系不断完善。1、到2005年年末，养老保险覆盖面达98%以上，医疗保险覆盖面达70%，养老金发放率达100%。部分经济条件较好的农村实行了养老金制度、合作医疗制度。2、通过纳入低保、一对一帮扶、临时救助等措施，全市贫困老人生活状况得到一定改善。3、老年福利设施建设步伐逐年加快，到2003年年末，我市市级的老年活动中心、老年公寓、老年大学已全部建成，穆棱市、宁安市、绥芬河市老年公寓，东安区社区服务中心，丁香阁老年人养护中心等一批县（市）、区级的老年福利设施在全省堪称一流。

基层老龄工作实现了新突破。2003年，按照李岚清副总理“老龄工作在社区、在基层”的指示精神，市老龄办和市精神文明办联合开展了为期三年的“创建敬老、爱老、助老模范县（市）、区”活动。经过两年多的努力，到2005年年末，基层老龄工作呈现出可喜变化：一是基层领导的老龄意识、“党政主导”意识、老龄事业与经济社会协调发展的意识有了明显增强，二是制定出台了指导基层老龄工作的《牡丹江市社区老龄工作规范化建设的意见》、《牡丹江市农村老龄工作规范化建设十条标准》，为基层老龄工作提供了操作性较强的“样本”。三是建立和完善了三级老龄工作组织，消除了老龄工作的“中梗阻”现象。四是各地总结、积累了一些典型性、指导性较强的经验，得到省和全国老龄委的好评。爱民区、海林市分别被评为省和国家老龄工作先进区、市。

社会化维权工作深入开展。1、由市老龄办牵头，公、检、法、司5部门联合建立了市级维权网络，明确各自职责，形成维权工作的联动机制。在媒体上开通了维权热线电话，方便老年人投诉。2、建立了医疗、法律、宣教、文体、帮扶5支市级的志愿者服务队伍，为老年人解决了许多实际问题。由市老龄办、市精神文明办联合命名的20家市级助老单位实行挂牌服务，使老年人得到了优质、优惠的服务。3、1995年，我市出台了《关于优待老年人若干规定》，为了落实好优待老年人的各项政策，市老龄办联合法制办、传媒集团对全市敬老优待政策的执行情况开展了经常性的明查暗访，并在媒体上进行情况通报。2004年以政府名义对全市88所公厕挂公示牌，公开对老年人免费上公厕的承诺。2006年年初，70岁以上老年人免费乘车政策在我市得到落实。

老龄问题的调查研究成果显著。每年，我市都有调研文章在全国的老龄问题研讨会上获奖，三年来，有4篇论文被编入国家级刊物，有3篇论文入选世界性的老龄问题研讨会。自上而下的老年学学会组织不断壮大，为我市老龄问题的调查研究提供了组织保障。我市老龄问题的调查研究已步入了一个新的发展阶段。

老龄事业，势若朝阳。尽管前面的路还很漫长，还有许多困难和阻力，但有牡丹江市委、市政府的重视，有社会各界的支持，有各级老龄工作者的不懈努力，我市的老龄事业一定会继往开来，向更高的高峰攀登。

“《老年法》进万家活动”中，全市组织了老年法知识竞赛活动

丰富多彩的老年体育活动

社区老年学校的老人们

蓬勃发展的黑龙江省鸡西市老龄事业

黑龙江省委书记钱运录（左2）和省民政厅厅长沈玉成（左3）在鸡西市委书记邱玉泉（右3）陪同下视察城市和农村两处养老院

鸡西市老龄办主任孙国栋（左2）看望108岁老人

民营企业家苏秀娟为百岁老人捐款

黑龙江省鸡西市位于黑龙江省东南部，辖六区三县（市），全市总面积2.4万平方公里，总人口200万，其中，60岁以上老年人口22万，占总人口的11%，百岁以上老年人17人。

鸡西市老龄办成立于1984年。2001年，成立了党组，独立开展工作。市委市政府高度重视老龄工作和老龄事业，坚持把老龄事业纳入到全市国民经济和社会发展规划当中统筹安排，并提出了对老龄事业特事特办的要求，不断加大组织领导、资金投入和机制创新力度，取得了可喜的成绩。落实敬老优待政策、基层老年协会建设、老年社会福利机构和设施建设及落实“星光计划”、农村五保老人集中供养等多项工作走在了全省前列。

截至2006年，全市有各种类型的老年协会组织2700多个，有各种形式的老年文体组织4987个，60个老年秧歌队，284个老年门球队。全市国办、民办和集体办的老年公寓、托老所70家，总床位数达1830张，其中，国办鸡西市社会福利院规模较大。全市拥有11个老年活动中心，老年活动站（室）565个，老年门球场300多个，老年社区服务站9个，各种老年义务诊所20余个。还开辟两个媒体宣传栏目，建立了一支由60多人组成的，配有“义务监督员”证的老年法律义务监督队伍。

各级老龄工作机构、老年协会组织、老年文体组织及老年民间团体、社团，在市委市政府、各级党委、政府的领导和支持下，积极开展工作和活动，为实现“六个老有”，为地方物质文明、精神文明及政治文明的建设，为构建社会主义和谐社会和建设社会主义新农村贡献了力量。

组织机构：鸡西市老龄办主任党组书记　孙国栋
副主任　党组成员　王淑梅
鸡西市老龄委秘书长　陈庄华

市政府动员社会一切力量先后建成城市和农村养老院。

大庆市让胡路区老龄工作委员会

开拓创新　构建和谐

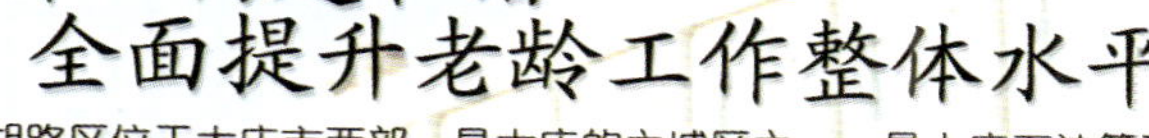

全面提升老龄工作整体水平

2005年3月21日中共中央政治局常委、国家副主席曾庆红到让胡路区乘风街道东湖第四社区居委会参观、视察社区工作

让胡路区位于大庆市西部，是大庆的主城区之一，是大庆石油管理局、大庆油田有限责任公司、大庆炼化公司三大著名中直企业所在地。区域面积1394平方公里，人口50万人，其中城市人口35万人，60岁以上的老年人32114人。几年来，我们始终把老龄工作作为一项民心工程来抓，大力夯实硬件建设，积极兴办老年福利事业，不断完善社区助老服务体系，建立了以社区为依托、以实现“六个老有”为目标、以开展老年服务为重点的老龄工作格局，使我区的老龄工作步入了健康发展轨道。2005年，让胡路区被国家老龄委授予“全国老龄工作先进区”荣誉称号，连续多年保持全市老龄工作标兵单位称号。

第一，加强组织领导，是实现工作协调发展的重要前提。

多年来，我们坚持把老龄工作和老龄事业纳入全区经济社会发展整体规划，高度重视，通盘考虑，确保老龄工作与经济社会协调发展。根据新形势下老年人实际需求，我们及时调整工作思路，不断完善老年福利、生活料理、医疗保健、体育健身和法律服务等内容的老年服务体系。为保障各项工作的实施，我们在全区建立区、街（镇）、居（村）三级组织网络，配备专、兼职老龄工作人员70人，形成了上下联动、协调发展的老龄工作组织保障体系。同时，把老龄工作纳入全区工作总体目标管理，实施一把手工程，严格落实《老龄工作职责》等各项工作制度，确保老龄工作沿制度化、规范化轨道不断向前发展。

让胡路区委、区政府领导慰问百岁老人陈王氏

第二，营造敬老氛围，是推进老龄工作的基础环节。

大力宣传爱老、养老、助老事迹，不断强化全社会孝心意识、养老意识和维护老年人合法权益的法律意识。坚持每年都在全区开展“孝心进社区”活动，以“孝亲敬老”为主题，组织宣传月和助老服务周活动，选树先进典型进行通报表彰，从而教育引导广大群众尤其是青少年尊重老年人，礼让老年人，使社会关注老年工作和关心老年生活的程度得到普遍提高。

2004年8月30日，全国老龄办副主任赵宝华一行视察让胡路区老年大学

第三，落实各项政策，是维护老年人权益的主要途径。

我们始终高度重视保护老年人的合法权益，认真组织贯彻实施《老年法》，成立区老年人法律援助中心，负责协调处理涉及老年人合法权益的事务。建立“两级组织、三级网络”的维权机制，通过热线电话等多种途径，为辖区老年人提供经常性的维权服务。在街道社区事务受理中心开设“148”法律服务热线，开展“法律进社区”活动，定期组织律师志愿者服务队义务进行普法知识讲座，切实提高了老年人的维权意识。

第四，加大各项投入，是健全硬件设施的必要保障。

我们采取政府直接投入、整合社会资源投入、引进市场机制多元投入等方式，大力推进“星光老年之家”工程，不断强化老年福利设施建设。几年来，区政府在财力有限的情况下，共拿出4000多万元用于老年福利设施建设，先后建成区老年活动中心等一批上规模、上档次的老年福利设施；协调企业投资近1亿元，建设社区老年活动中心69个，建筑面积达10万平方米，可同时容纳1.2万老年人活动；引导社会投入700万元，建成面积5000平方米的全市首家安康老人院；鼓励喇嘛甸镇新华村投入20万元，建成村老年活动中心，丰富了农村老年人业余文化生活。

2005年9月26日，老石油艺术合唱团在“铁人队伍永向前”主题歌曲演唱会上的精彩表演

第五，完善服务功能，是全面提高为老服务的有效措施。

我们以改善老年身体健康为基点，以全面提高老年生活质量为目标，逐步在医疗卫生、文化娱乐、生活护理等各个方面深入开展老年服务工作。利用辖区各大中医院的卫生资源，建立三级卫生医疗服务保障体系，成立4个社区卫生服务中心和37个社区卫生服务站，实现社区老年人“小病不出社区，大病就近治疗”的目标。通过创办老年大学和社区老年学校，开设书法、绘画、卫生保健等课程，积极为老年人学习创造条件。目前，全区共有各类老年学校22个，各老年图书室总藏书量达到10万余册。大力发展社会服务组织，重点培育为老服务中心社会服务组织和助老服务中心169个，推出社区托老等32项服务项目；支持鼓励社会人员创办托老收养中心和托老院，发展社会为老服务志愿者11210人，逐步完善了老年社会化服务保障体系。

2004年8月30日，让胡路区庆祝老年节“同声共唱夕阳红、同心共创夕阳美”主题晚会上老年京剧团表演京剧节目

第六，开展多种文化活动，是保证老年精神生活健康愉悦的重要内容。

为提高老年人的生活质量，我们充分发挥社区工作人员和老年协会作用，引导老龄群体积极组建文化团队，大力营造健康、活泼、向上的老年文化氛围，根据老年人的特点和爱好，因地制宜地组织多种形式的文化娱乐活动。目前，全区共有社区艺术团、健身操队、太极剑队等社区老年文艺团队近200个，参加人数达8500多人。

哈尔滨老年人大学

老年大学领导班子

哈尔滨老年大学丰富多彩的老年活动

温馨的生态园

哈尔滨老年人大学坐落于美丽的松花江南岸，创建于1984年4月，是全国创建最早的老年大学之一。由黑龙江省和哈尔滨市政府联合办学，是目前国内唯一的一所由省、市政府联合办学，以市管理为主的多学科、多学制、多层次、综合型的老年高等学府。20多年，经过几代“老年大学人”的不懈努力，哈尔滨老年人大学各项事业得到长足的发展。学校已经拥有7,974平方米的12层教学楼和两千多平方米的操场。教学楼内设有计算机室、语音室、钢琴室、电子琴室、古筝室、装裱室等36个标准（专业）教室和多功能厅、健身区、生态园。学校内设党委办公室、校办公室、教研处、教务处、招生办等5个处室和舞蹈、音乐、书法、美术、保健、计算机、语言文学、生活艺术8个系，开设有99个专业的课程，319个班级，在校生12030名，同时学校还拥有一支由专家和学者组成的高水平师资队伍。多年来，学校多次参加国际学术交流，有5000多人分别荣获国家、省、市各种奖项。现已成为省、市老年教育中心、老年教育科研中心、老有所为研究中心。先后荣获“全国老有所为创新奖”及“全国老龄工作先进单位”、“省级文明单位”、哈尔滨市第三十届、第三十一届劳模大会先进单位等称号，并被市委授予哈尔滨市先进党委光荣称号。

目前，学校在邓小平理论和“三个代表”重要思想的指引下，坚持科学发展观，遵循老年教育规律，统筹好关系学校发展全局的各项重要工作，不断提高教学、科研、社会服务质量和办学水平，强化为老年教育事业发展作贡献的责任感和使命感，坚定不移地推进创建国内一流老年大学的步伐，致力于重点突破，争取跨越式发展办老年人满意的大学，为构建社会主义和谐社会作出贡献。

山东省老龄工作委员会

弘扬中华民族尊老敬老的传统美德　热情关爱老年人　大力发展老龄事业

山东省委书记、省人大常委会主任张高丽看望老年人

山东省老龄办领导班子向省政府分管领导汇报工作

山东省政协到基层视察老龄工作

山东省政府召开《山东省优待老年人规定》新闻发布会

山东省老龄委第十七次全体会议

国际老年产业博览会在济南举办

中华孝文化论坛在济南举办

济南市老龄工作委员会

省委副书记、济南市委书记姜大明看望慰问老年人并为老年人题词

济南市委常委、副市长、市老龄委主任郭作贵检查农村老年活动基地建设情况并与老年人亲切交谈

在"关爱父亲母亲"启动仪式上 济南市老龄办主任于敏与老年人在一起

济南是山东省的省会，是全省政治、经济、文化、科技、教育和金融中心，是国务院公布的历史文化名城，也是国家批准的副省级城市和沿海开放城市。"四面荷花三面柳，一城山色半城湖"是对这个城市独特自然环境的真实写照，济南因泉水众多又称"泉城"。总面积 8177 平方公里，总人口 597 万人，其中 60 岁以上的老年人口 80 余万人，占全市总人口的 14.5%。多年来，市委、市政府十分重视老龄工作，将其列入各级党委、政府的议事日程，认真贯彻落实"党政主导、社会参与、全民关怀"的老龄工作方针和中共中央、国务院《关于加强老龄工作的决定》，积极倡导在社会广泛开展尊老、敬老、爱老、助老活动，不断加大对老龄工作的宣传力度全社会的尊老、敬老意识明显增强。制定并实施了济南市老龄事业发展规划，把老龄事业纳入经济社会发展的总体规划。颁布和实施了优待老年人规定和保障老年人权益的法规。老龄事业得到了健康快速发展。

["老年人权益保障年" 活动] 以《中华人民共和国老年人权益保障法》颁布实施 10 周年为契机，组织开展了以"一切为了老年人，用我们的爱心托起泉城 80 万老年人幸福的晚年"为宗旨的"老年人权益保障年"活动。通过新闻媒体公开承诺的 80 项活动开展得有声有色，受到了各级领导的高度评价，也受到了广大老年人的欢迎。

[标志品牌评选] 2006 年 3 月，在全国率先公开征集老龄工作标志和老龄工作品牌，共收到应征作品 407 件，作者遍布全国 20 余个省、市、自治区。经过 5 轮评选，将评出的前 3 名在《济南日报》、《济南时报》和"泉城老龄网"上公示，投票参加选的人数近 3 万人。

[万名农村老年人免费游泉城] 为了让广大农村老年人亲眼目睹泉城济南的新变化，共享经济社会发展成果，提高他们的生活生命质量，充分体现党和政府及社会各界对老年人的关心，2006 年 8 月 11 日开始，组织开展了"万名农村老年人免费游泉城"活动，近万名农村老年人游览了美丽的泉城。

[农村老年活动基地建设] 利用农村闲置房屋建设老年活动基地，对构建和谐社会、建设社会主义新农村、丰富老年人精神文化生活具有十分重要的意义。2006 年，在全市农村建设了 141 个符合"三室一场地"（学习教育室、文化娱乐室、健身室和室外活动场地）要求的农村老年活动基地。

[老龄宣传] 制定下发了《关于进一步加强和改进全市老龄宣传工作的意见》，并纳入了全市老龄工作目标考核。开通了泉城老龄网站，在《济南日报》开办"泉映晚霞"老龄工作专版，每半月一期。编辑出版《济南老龄工作简报》，每周一期。举办了"泉映晚霞"书画、摄影展，展出书画、摄影作品 180 余幅。

[全国 34 城市第 19 次老龄工作联席会议] 全国 34 城市第 19 次老龄工作联席会议于 2006 年 9 月 11 日至 14 日在济南市舜耕山庄隆重召开。全国老龄办副主任曹炳良，中共济南市委副书记徐长玉，山东省老龄办副主任高慧，济南市政府特邀顾问、原副市长陈国栋出席了会议。会上 12 个城市进行了大会发言，其他城市进行了书面交流。观看了沈阳市、济南市老龄工作电视专题片。印发了《全国 34 城市第 19 次老龄工作联席会议材料汇编》。会议期间还组织代表观看了"泉映晚霞"专场文艺演出，参观了我市"泉映晚霞"书画摄影展、齐鲁软件园、农村老年活动基地、章丘市老年人健身中心和明水敬老院。游览了趵突泉、大明湖、百脉泉公园。

青岛市老龄办

近年来，青岛市老龄办坚持以“三个代表”重要思想为指导，牢固树立科学发展观，认真落实“党政主导、社会参与、全民关怀”的老龄工作方针，秉承“一切为了老人”的服务理念，开拓进取，真抓实干，充分发挥老年社团作用，精心打造了“七彩华龄”公益服务品牌，组建了“七彩华龄”志愿服务团、“七彩华龄”艺术团等多支老年队伍，成立了青岛市老年服务中心和老年艺术专修大学，组织了“关爱老年人精神家园、呼唤全社会爱心奉献”和“关注老龄问题、共建和谐社会”老龄问题论坛，推出了“牵挂你的人是我”专题广播节目，积极维护老年人合法权益，广泛开展对外合作交流，大力推进老龄产业和老龄事业发展，推动全市老龄工作再上新台阶。2005年，青岛市老龄办被授予“ 全国老龄工作先进单位”称号。

主任　李雪华

青岛市委书记杜世成与省老龄办副主任高慧为青岛市老年服务中心揭牌

青岛市委书记杜世成走访夕阳红老年公寓与老人亲切交谈

青岛市老龄办班子成员

在“七彩风”珍奥之夜大型文艺晚会上，艺术团全体亮相，向全市观众展示了精湛的艺术水平

王文华副书记在“牵挂你的人是我—岛城志愿者与老年人共度元宵佳节活动”现场与老年人同乐

山东科技大学

求实创新稳步前进中的学校离退休工作

九九老人节庆祝大会

山东科技大学现有离退休干部职工 900 名，分布在泰安、济南、青岛三地五校园。学校历来重视离退休工作，及时调整公布离退休工作领导小组，坚持全校工作会议制度，建立与原工作单位联络组织，积极促进成果共享，党建与思想政治工作健全有力，服务和管理工作规范有序，老有所为工作取得实效，老有所乐活动丰富多彩。经过多年努力，贯彻执行了党和国家有关方针政策，较好实现了“六个老有”方针，离退休工作已经步入健康、协调、持续发展的轨道。

2003 年主要工作：

1 月，校党委发出《关于进一步加强关心下一代工作的意见》。4 月，将离退休工作处党总支更名为分党委。6 月，老教授报告团举办了“诚信为本”专题报告。9 月，调整公布了领导小组；乒乓球队夺得泰安市运动会老年组团体冠军。10 月，隆重举行“九九老人节”庆祝大会；50 名老同志受聘担任人生导师。11 月，公布了《关于调整老年体育协会成员的通知》；老教授协会进行了换届改选。12 月，隆重召开了第二次离退休工作会议，全面总结了工作，对 68 个尊老敬老先进集体和先进个人进行了表彰奖励。年内组织老党员参加保持共产党员先进性教育试点。至年底离退休职工为 822 名。

赴莒南县大店镇参观

2004 年主要工作：

3 月，学校根据办学布局调整，充实了各校园办公室人员力量；新增建 180 平方米活动室，增拨 8 万元购置活动器械设备；下发了《关于在离退休职工中开展向先进典型学习，为建设“平安科大”做贡献的意见》等 4 个文件；成立了信息工作委员会；建立了工作网站。5 月，开展 “慈善一日捐”活动，有 156 名老同志捐款 7940 元。9 月，处党政联合下发《关于加强和改进工作作风的意见》。10 月，隆重举行“九九老人节”庆祝大会及重阳登高活动；在泰安市老年人台球赛上获得团体第二名。至年底离退休职工为 839 名。

老同志座谈会

2005 年主要工作：

4 月，泰安校区党委发出了《关于加强和改进校区离退休工作的实施意见》；调整公布了校区领导小组名单；有五名老教授被省、市聘为“五老”报告团成员。4 月，成功承办了山东省第三届高校离退休干部研究会年会。5 月，参加青岛开发区第八届老年人乒乓球比赛并夺得男子团体冠军。9 月，举办了“来者勿忘”——纪念抗日战争胜利 60 周年报告会，颁发纪念章和慰问金；隆重举行了“九九老人节”庆祝大会和重阳登高活动；李永庆的《西部日记》正式出版，并签名售书。10 月，承办了山东省老教授协会常务理事会年会。至年底离退休职工为 872 名。

学校第二次离退休工作会议

学校坚持每年按照就地、就近的原则组织离退休人员参观考察。校区间“健康杯”乒乓球赛，“情趣杯”象棋赛等活动坚持每年举办一届，效果良好，受到老同志的欢迎。

学校的离退休工作多次得到了上级和学校的表彰奖励，继 1998 年离休党支部被山东省委、省政府授予全省“离休退休干部先进集体”、2002 年离退休工作处被山东省教育厅授予全省教育系统 “先进单位”、学校被泰安市授予“敬老模范单位”、“先进活动站”之后，2003 年，一名老教授被山东省高校工委授予“山东省离退休工作先进个人”；2004 年，两名老教授被授予全省“老教授事业贡献奖”；2005 年，老教授协会被中国老教授协会授予全国“协会工作先进单位”。

纪念抗日战争胜利 60 周年报告会

蒸蒸日上的即墨老年大学

山东省即墨市老年大学创办于1988年3月，为全额拨款事业单位，现有8名专职工作人员，26名兼职教师。学校拥有2200平方米的教学办公大楼和4800平方米的室外活动场地。现开设书法、国画、摄影、声乐、戏曲等21个专业，56个教学班，实有学员2048人，编班人数4120人。

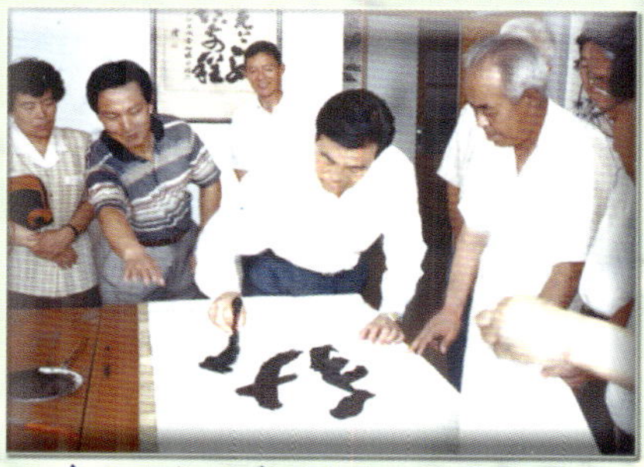

中国老年大学协会会长张文范为即墨老年大学题字

办学18年来，即墨市老年大学硕果累累：先后荣获"青岛市区、市老年大学标兵单位"、"山东省老年教育工作先进集体"、"老年大学省级示范校"等十项青岛市级以上荣誉称号。1997年5月，山东省老年大学（学校）经验交流会在该校召开，推广了该校的办学经验。更为重要的是，学校为广大老年人提供了老有所学、老有所乐、老有所为的平台，使他们在这里尽情地享受人生的快乐与晚年的幸福，许多人得以实现了自己的人生价值。2002年以来，据不完全统计，该校学员有300多人次在国家、省、青岛市各级各类比赛中获奖。其中，学员邓桂兰2002年参加中国书协举办的全国第三届妇女书法、篆刻大赛，被评为"全国百名女艺术家"，并应邀出席"巾帼建功——中华各界妇女杰出代表新年座谈会"。

市委书记王怀岳主持召开校委会

2003年以来，该校步入了发展的快车道。办学规模迅速膨胀，教育质量明显提高。2003年3月，新教学大楼的启用标志着教学条件的显著改善，使今后学校的发展有了较充足的空间。同年，该校荣获"老年大学省级示范校"称号，是山东省首批获得这一荣誉称号的20所老年大学之一；2004年，市委为老年大学配备了一名专职副校长和一名副局级干部，进一步加强了老年大学的力量；2005年，市委决定在老年大学加挂市委老干部党校的牌子，负责全市离退休党员干部的教育培训工作；2006年，市委、市政府将老年教育工作列入三个文明建设考核。综合以上积极因素，该校再接再厉、乘势而上，创新工作：一是为解决老年人居住地离校远，交通不便，想学学不成问题，及时创办了通济、环秀、开发区三处分校；二是成立了老年大学诊所，定期为学员免费查体，方便了学员就医；三是大力推广了电化教学，先后投资10多万元为每个教室配备了电视、VCD，学校还购买了投影仪、音响等设备，从而提高了办学水平；四是坚持学用结合、"走出去"与"请进来"相结合，增强了学员学习的兴趣，提高了教学质量。进一步推广了民主办学。今年，该校采纳教师学员的意见，新成立了秧歌腰鼓、合唱团等五个班，新增学员200多人。学校还察纳雅言，在市中心公园广场成功举办了"庆五一老年大学大型游园活动"，近千名老年大学的教师学员大展才艺，赢得了阵阵喝彩，市委、市人大、市政府、市政协的领导与4万多名各界群众参与游园，有关部门给予了大力协助，仅公安局就出动100名警察帮助维持秩序。活动的圆满成功，充分展示了老年学员的风采，扩大了老年大学在社会上的影响。

山东省老年大学（学校）经验交流会在即墨老年大学召开

目前，即墨市老年大学正昂首阔步向全国一流老年大学的目标迈进。

安徽省老龄工作委员会办公室

省委省政府领导十分重视老龄工作

安徽省是我国东部临江近海的一个内陆省份，全省总面积 13.96 万平方公里，行政区划为 17 个市，61 个县（市），44 个市辖区。1998 年进入了“老年型”省份。2004 年底全省常住人口为 6461 万人，居全国第 8 位。其中 60 岁以上和 65 岁以上人口分别达 870 万人和 599 万人，占总人口的 13.49% 和 9.3%。多年以来，在党中央、国务院以及我省各级党委、政府高度重视和正确领导下，各有关部门、社会各界和老龄工作战线同志们深入贯彻“党政主导，社会参与，全民关怀”的老龄工作方针，紧紧围绕“老有所养、老有所医、老有所教、老有所学、老有所为、老有所乐”的工作目标，统筹加强城乡老龄工作，从我省的实际情况出发，共同努力、辛勤耕耘，我省的老龄事业有了较快发展。养老保障体系逐步建立，企业离退休人员的基本生活得到保障；基本养老金水平逐年提高，养老保险覆盖面不断扩大；医疗保险制度改革建设加快，医疗救助制度初步建立；老年权益得到有效维护；老年人物质和精神文化生活日益丰富；老年福利、教育、文化、体育事业有了较大发展，敬老、养老、助老的道德风尚进一步形成；省及市、县老龄工作体制基本理顺；老龄工作有效开展。

省人大副主任高福明一行到省老龄委办公室进行《老年法》调研

常务副省长、省老龄工作委员会主任任海深在省老龄工作委员会第三次全体会议上作重要讲话。

省政府法制办、省老龄办举办《老年法》行政执法资格培训班。

省老龄委召开第三次全体会议研究部署 2006 年老龄工作

安徽省怀远县老龄工作委员会

加强领导 求真务实 努力开创老龄工作新局面

县政协主席、老龄委主任年汉东（前排左2）代表全省老龄工作先进县（市、区、旗），赴北京参加第二次全国老龄工作会议，受到回良玉副总理（右二）的亲切接见。

为了在全县开展争创全国老龄工作先进县活动，县委、县政府于2004年春，召开“争创”工作大会，学习国家老龄委“争创”活动文件，部署全县争创工作，市、县老龄委领导出席了大会。

全国老龄办钟长征同志（右一）深入敬老院进行调研。

我县地处淮河中游，是农业大县，也是老龄人口大县。其中60周岁以上的老人近14万，占总人口的11.3%。在县委、县政府的支持重视下，我们坚持“党政主导，社会参与，全民关怀”的方针，以“六个老有”为目标，切实维护老年人合法权益，脚踏实地为老年人办好事、办实事、解难题，促进了全县老龄工作深入开展。2005年，我县被评为“全国老龄工作先进县”，2006年县政协主席、县老龄委主任年汉东荣获全国“孝亲敬老楷模”提名奖， 县老龄办荣获全国“敬老爱老助老主题教育活动优秀组织者奖”。

一、 加强领导，健全组织，建立上下贯通、管理有序的老龄工作体制

（一）建立健全老龄工作机构网络。县乡（镇）老龄工作机构在机构改革中不断加强。2002年底，在机构改革中，县老龄工作委员会由县政协主席任主任，由一名副县长任常务副主任。县老龄办由县编委正式下文定为正科级事业单位，正式编制3名，全县19个乡（镇）全部成立了老龄委。县直各单位老龄机构得到了充实和加强。

（二）不断加大老龄事业的经费投入。近年来，全县投入老龄事业资金共达1093万元。

（三）加强对老龄工作的检查、指导。县政府成立了老龄工作督查组，定期对各部门、各乡（镇）和村（居）的老龄工作开展情况进行督查，督查结果及时通报，表扬先进、激励后进。各乡（镇）也成立相应组织，深入检查指导老龄工作。

二、贯彻法规，维护权益，把养老保障、优待老人等各项措施落到实处

（一）采取多种形式，认真宣传贯彻老龄工作政策法规，切实维护老年人的合法权益。一是将《中华人民共和国老年人权益保障法》和《安徽省实施〈中华人民共和国老年人权益保障法〉办法》列入“三五”、“四五”普法计划。二是司法部门在县司法局设立老年人法律援助中心。三是医院、交通等服务性窗口均悬挂、张贴了老年人优待标志，并规定了优待内容。四是为全县60岁以上老人发放《老年人优待证》。五是认真落实国家优待老年人的各项政策。

（二）采取各种措施，切实做好养老保障工作。我县有90%以上的老人生活在农村，为解决他们的养老问题，我们采取的措施是：1、在全省率先推行家庭赡养协议书签订工作。2、加大对农村“五保”老人和城镇“三无”老人基本生活的保障力度。3、确保离退休人员养老金按月足额发放，并优先解决其医保费用。

三、增加投入，办好实事，建设方便适用、管理规范的老年服务设施

（一）老年活动设施建设不断加强。近几年，累计投入190余万元用于老年活动设施建设，设施条件不断改善。县建有设施齐全的老年活动中心，19个乡（镇）分别建有老年人活动站，400个村（居）委会建有老年活动室。全县建有“星光老年之家”6所。县城建有大型文化休闲广场，修建、开辟晨练点6处。全县组建老年大学（学校）20所（不含村老年学校），在校学员3600人。县老年大学由于办学成绩突出，被省、市评为办学先进单位。

（二）养老服务机构建设不断规范。县城建有老年公寓一所，每个乡（镇）都建有敬老院，集中供养“五保”老人。

四、大力宣传，提高认识，营造尊老、敬老、爱老、助老的社会氛围

（一）开展形式多样的老龄宣传工作，弘扬中华民族敬老、养老、助老传统美德。县成立了由45名通讯员组成的老龄宣传报道队伍， 经常在各级报纸、刊物、电台、电视台发稿。县电视台开办了老年专题节目《相约夕阳》，定期播放反映老年人活动的节目。

（二）组织广大老年人开展丰富多彩的文体活动。县老龄委组建了“夕阳红”艺术团，编排各种涉老文艺节目20多个，公开演出累计达46场。

（三）在青少年学生中开展尊老、敬老、养老、助老活动和老年法规政策宣传。团县委组织了一支长期为老年人服务的青年志愿者队伍；中小学校定期组织广大学生向老人“献爱心，送温暖”。

（四）积极开展争先创优评选表彰活动。近年来，我县开展了对敬老、养老的“五好家庭”、“好儿女”、“好媳妇”、“敬老孝星”、“模范老人”等评选活动，每年还召开老龄工作先进单位、个人表彰奖励大会。使创先争优表彰活动规范化、制度化。

景德镇老年大学

景德镇老年大学成立于 1987 年 9 月，其前身为景德镇老同志大学，2000 年 11 月更为现名。2003 年成为中国老年大学协会成员单位。

学校坚持以人为本的科学发展观，走出了一条“社会化办学、办学社会化”的“开门办学”之路，学校现有面积 3700 多平方米，拥有 9 个通用教室和电脑、钢琴、电子琴、古筝、烹饪等 5 个专用教室，设置了书画室、排练厅、瓷乐演奏厅等功能场所。另外，还在陶瓷历史博览区、瑶里风景区等 12 个历史、文化旅游景点建立了总面积达 320 万平方米的校外老年教育活动基地。

中组部老干部局副局级调研员陈亚舟，中共江西省委组织部副部长、老干部局局长冯桃莲等到学校视察

学校现有学员 1456 人次（1245 人）。开设有政文电脑、书画艺术、戏曲舞蹈、声乐器乐、老年保健等 5 个系，陶瓷美术、钢琴、电子琴、古筝、京剧、越剧、政治经济理论、英语、电脑、根雕、烹饪、丝网花艺等 25 个专业，51 个班级。在此基础上，组建了老年大学艺术团、书画院、诗词社、瓷乐队、教育研究会等社团。近几年来，学员参加社会演出、展出达 2 万多人次，观众达 16 万多人，在各级各类竞赛活动中获得国际奖 7 项，国家级奖 124 项，省市级奖 117 项。

校长杨启村在英国考文垂市参加 TALS 国际研讨会

学校积极参加各类国际、国内会议，校长杨启村的多篇论文先后在 3 次国际会议、3 次全国会议、4 次华东地区会议上宣读，其中三篇获全国老年教育论文最高奖。2005 年 10 月，杨校长被授予“海内外杰出爱国人士”荣誉称号。

近几年来，中组部老干部局副局级调研员陈亚舟，全国老龄办副主任、中国老年大学协会常务副会长袁新立，中国老年大学协会专职副会长刘平生，中国老年大学协会基金工作委员会副主任孔令俊，中共江西省委组织部副部长、省委老干部局局长冯桃莲，省委老干部局副局长肖春云等先后来校视察指导，对我校的发展给予了充分肯定和高度评价。

中国传统文化促进会、中共景德镇市委宣传部、景德镇市文化局、景德镇老年大学联合主办第二届中华京剧票友艺术节

瓷乐队在校友大联欢上表演

全国老龄办副主任、中国老年大学协会常务副会长袁新立，中国老年大学协会专职副会长刘平生等来校视察

学校与市妇联在社区联合开展“知荣辱、创和谐、促发展”宣传演出

江苏省老龄工作委员会

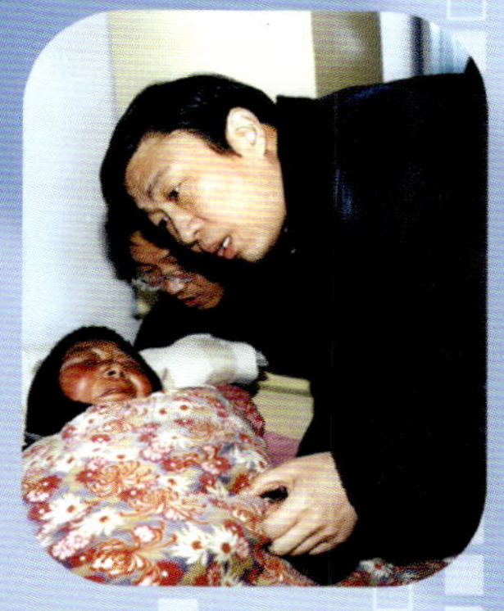

▲省委书记李源潮看望卧床老年人

▲省长梁保华深入基层检查老龄工作

◀江苏省副省长王湛在"中国·南京老年文化艺术2005'江苏老龄产业博览会"会上致开幕词（2005年10月11日）

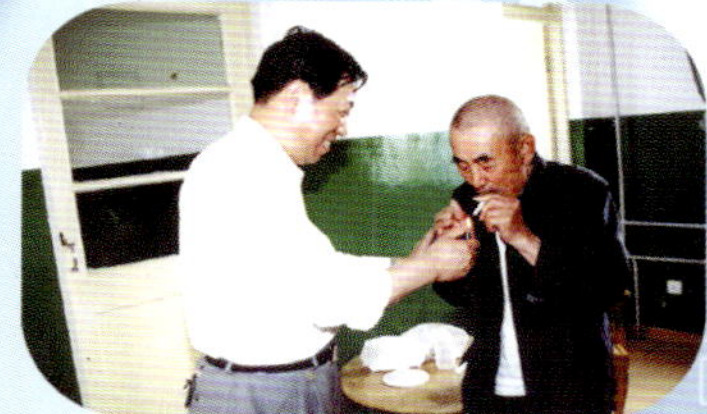

▲省民政厅赵顺盘厅长看望敬老院老人

▲江苏省副省长王湛在江苏省老龄协会成立大会上作重要讲话（2005年4月19日）

▲"中国·南京老年文化艺术节暨2005'江苏老龄产业博览会"主席台上领导有江苏省副书记冯敏刚、副省长王湛、原南京军区司令员向守志、原省书记韩培信、原省人大副主任何冰皓、原副省长凌启鸿等。

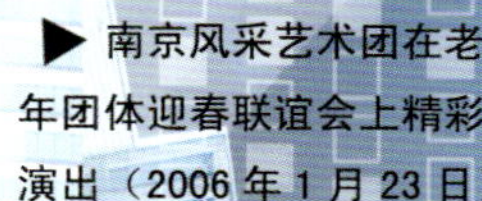

▶南京风采艺术团在老年团体迎春联谊会上精彩演出（2006年1月23日）

▲2005年12月23日，江苏省养老服务协会成立。省民政厅厅长赵顺盘、副厅长陶李仁、副厅长刘广哲等领导与参加会议的代表一起合影留念。

▶南京风采艺术团在老年团体迎春联谊会上精彩演出（2006年1月23日）

◀2003年9月，江苏省政府副省长蒋定之、副省长何权参加全省老龄工作先进单位、争当敬老先进个人总结表彰大会。并与参加大会的先进单位代表和先进个人代表一起合影留念。

▲2006年1月23日省政府副省长王湛、省政协副主席陆军参加老年团体迎春联谊会

◀"中国南京老年文化艺术节暨2005江苏老龄产业博览会"会场上老年表演队的现场（2005年10月11日）

江苏省老龄协会

江苏省老龄协会成立于 2005 年 4 月，由江苏省老龄问题委员会更名而来。省老龄协会的成立，是江苏省委、省政府贯彻落实《中共中央、国务院关于加强老龄工作的决定》的一项重要举措，标志着江苏省老龄工作迈上了一个新阶段。省老龄协会是联系省内广大老年人、老年组织的自愿结成的全省性、联合性、非营利性的社会团体组织。其宗旨是，坚持党的路线、方针、政策，以邓小平理论、“三个代表”重要思想和科学发展观为指导，遵守国家法律、法规，团结全省老年人和老年组织，反映老年人要求，维护老年人合法权益，为老年人服务，为发展老年事业服务，为构建社会主义和谐社会服务。

江苏省老龄协会会长由省政府原副省长、省人大常委会原副主任凌启鸿担任，省委原书记、省人大常委会原主任韩培信、省人大常委会原副主任、原省老龄问题委员会主任何冰浩担任名誉会长。省政协原秘书长卜承祖、省委宣传部原副部长葛韶华、省民政厅原副厅长陶礼仁、省对外贸易厅原副厅长陆健担任副会长。秘书长由省老龄工作委员会办公室副主任王凤亭担任。

江苏省是我国最早步入老龄化社会的省份之一。省委、省政府对老龄工作高度重视。省老龄协会成立以来，认真贯彻党的老龄工作方针，积极当好党和政府在老龄工作方面的参谋和助手，架起老年人与政府之间桥梁，在反映老年人要求、维护老年人合法权益、为老年人服务等方面，做了大量工作，取得了可喜成绩。

2005 年 4 月 19 日，江苏省老龄协会正式成立。江苏省政府王湛副省长出席会议并讲话，江苏省政府原副省长、江苏省人大原副主任凌启鸿当选为江苏省老龄协会会长。图为江苏省老龄协会成立大会会场。

江苏省老龄协会成立大会主席台。

2005 年 11 月，江苏省老龄协会举行一届一次常务理事会，凌启鸿会长主持会议。图为常务理事会会场。

江苏省老龄协会

2005年，是江苏省全社会人口老龄化二十周年。省老龄协会抓住这一契机，卓有成效地开展多种形式的活动。尤其是“首届中国南京老年文化艺术节暨2005江苏老龄产业博览会”的成功举办，产生了广泛的社会影响，大大提高了省老龄协会的社会地位。这次活动是由省老龄工作委员会办公室与省老龄协会联合举办的。整个活动盛况空前，内容丰富，成效显著。有3800多老年人参加演出和演练，1594人接受老龄产业调查，2800多老年人参加老年法律知识竞赛，共有3万多老年人参与活动。这次盛会，主要有江苏老龄事业成果展、老年书画展、老年摄影展、重阳节老专家名医大型义诊、老年文体广场汇演、老龄产业博览及老龄产业调查、老年法律知识大奖赛等七项大型活动。几十家媒体对此作了连续报道，各项活动都收到了令人满意的效果。

省老龄协会成立以来，在协助省老龄工作委员会办公室开展工作、与省有关老年团体和组织联合开展活动等方面做了大量工作，取得了积极成效。协助省老龄工作委员会办公室开展养老服务业及养老机构的调查，并参与省老龄事业发展“十五”计划实施情况的评估和“十一五”规划的起草工作；与有关单位和组织联合举办“中国南京—全球健康颐年高峰会”、“敬老主体教育进社区”活动；参与筹建省慈善总会，召开全省老年教育信息交流会。同时，积极开展对外交流，与香港、澳门有关老龄组织联合举办第三届世界华人养老照护研讨会，并参与发起成立世界华人养老照护协会。与此同时，省老龄协会还切实加强自身建设和老年组织的网络建设。

今年以来，省老龄协会着重围绕《老年人权益保障法》开展工作，配合省人大、省政协进行《老年人权益保障法》贯彻实施情况视察调研活动，举办一次大型法律咨询活动；协助省老龄工作委员会办公室完成全省老龄事业发展“十一五”规划编制工作；举办省第十九个敬老日大型文艺汇演；筹建省老年人才开发研究中心、省老年法律服务中心；参与举办第四届世界华人养老照护研讨会；加强组织网络建设，推动市、县成立老龄协会组织，等等。

江苏省委副书记冯敏刚、江苏省政府副省长王湛、江苏省委原书记韩培信、南京军区原司令员向守志为“中国·南京老年文化艺术节暨2005′江苏老龄产业博览会”剪彩。

2006年春节前夕，江苏省老龄工作委员会办公室与江苏省老龄协会联合举办“江苏省老年团体迎新春联欢会”。南京市老年风采艺术团演出了精彩的文艺节目。图为省老龄办和省老龄协会领导在演出结束后与演员合影留念。

江苏省江阴市人民政府

江阴市域面积 988 平方公里，人口 118 万，其中 60 周岁以上老年人 18.3 万，占总人口的 15.6%。多年来，我市以科学发展观为指导，高度重视老龄事业与经济社会的协调发展，积极开展争创全国老龄工作先进市活动，提升全市老龄工作水平，2005 年跨入了全国老龄工作先进市的行列。我们的主要做法是：

国务院副总理回良玉接见参加第二次全国老龄工作会议的江阴代表周美娣

一、老年人基本生活保障水平明显提高

近年来，我市更加重视老年人生活水平和生活质量的提高，农村养老保险工作已于 2005 年 10 月份在我市全面启动，全市所有无保障的老年农民和城镇“无保”的老年人全部纳入新农保范围，每人每月发放 80 元补贴。从 1997 年起，生活水平处于低保线以下的老年人，全部实现应保尽保。从 2005 年 7 月 1 日起，低保对象中的孤寡老人和 70 岁以上的老人低保标准提高 20%。农村老人每年只需交纳 30 元，即可享受门诊补贴或最高 6 万元的住院医疗费补偿，为老年健康撑起了一把“保护伞”。2004 年 8 月，我市建立历次被征地农民基本生活保障制度，对女性 50 周岁以上，男性 60 周岁以上被征地农民，按月发放养老金 200 元，较好地解决了失地农民的后顾之忧。

全国老龄办副主任赵宝华视察江阴老龄工作，江阴市民政局局长季三宝陪同视察

二、老龄事业基础设施建设速度加快

通过几年来的努力，全市老年基础设施得到较大改善。各镇建有面积不少于 500 平方米的老年活动中心和 200 平方米以上的室外场地，村（社区）老年活动室都在 150 平方米以上。积极推进镇级敬老院第二轮改建、扩建和新建工作，近五年中，市、镇两级投入近亿元，新建 7 所和改建 22 所敬老院。被市政府列入 2005 年为民办“十件实事”之一的江阴市老年文化活动中心和江阴市夕阳红康乐中心两项工程，总投入超 1.7 亿元，占地约 120 亩，建设面积近 10 万平方米，目前正处在紧张的建设中。

江阴市市委书记朱民阳为荣获全国“中华孝亲敬老之星”的严国忠佩带奖牌

三、老年文化、教育、体育事业蓬勃发展

自 1998 年开始，我市开展了创建老年文化先进镇活动。市每两年举行一次老年体育运动会，组织一次老年文艺汇演，每年开展各类老年健身比赛活动。市、镇、村（社区）三级 300 余所老年学校（或分校）对全市老年人开放，老年人接受多种学科的学习和教育。我市已先后举办老年运动会九届，参赛人数累计 3 万余人次。

荣获全国“敬老楷模特别奖”的江阴华西村老书记吴仁宝慰问百岁老人

切实加大老龄工作力度　推动老龄事业蓬勃发展

联系人：江苏省江阴市老龄委办公室　周加云　秦建国

联系电话：（0510）86861533　E-mail：86861533@163.com

近年来，市每年都要围绕一个主题开展系列活动，2002 年开展了“万名老人看江阴，同心喜庆十六大”活动，13000 多名老年人游览了步行街和华西村等景点，激发了老年人热爱祖国、热爱家乡的自豪感和责任感。 2003 年开展了“万名老人学太极拳，千名老人参加比赛”活动，引导广大老年人加入到科学、文明的健身方式中去。2004 年开展了敬老爱老助老主题教育活动，以学校为阵地，组织发动广大青少年“读一本敬老书，做一件敬老事，写一篇敬老文”主题教育活动，同时开展万名志愿者为老服务活动，培养青少年良好的思想道德品质，弘扬中华民族优良传统。2005 年开展了创建老龄工作先进镇、老龄工作示范村（社区）活动，开展了老龄工作 20 周年和第十八个敬老日系列活动。

江阴市市长王锡南接受爱国华侨顾铁华夫妇为江阴市老年文化活动中心捐款 500 万元

四、老年人合法权益受到有效保护

多年来，我市一直重视做好老年人的维权工作。一是强化法律法规宣传。结合普法教育，认真贯彻实施《老年法》，全市共发放《老年法》小册子 20 万份，开展《老年法》知识竞赛，每逢五周年举办一次老龄事业成果展，至今已举办四次。去年，还首次出版江阴市老龄工作 20 周年纪念册《二十年历程》。评比表彰尊老敬老助老先进典型，组织老年文艺宣传队深入基层宣传演出，建立老年通讯报道队伍，在青少年中开展敬老、爱老主题教育活动等。二是制定出台政策措施。为切实做好老年人优待服务工作，市政府于 1998 年、1999 年、2005 年先后三次下发文件，明文规定全市 60 岁以上的老年人在乘坐公交车、游览公园与文化景点、就诊挂号等多方面实行免费或优惠。三是实施法律援助、法律服务和司法救助。市、镇两级构建了为老年人服务的法律援助网络，认真接待和处理老年人来信来访，妥善调处涉老纠纷，对需要法律援助但经济困难的老人给予法律上的援助。2002 年以来，全市涉老纠纷调解率和结案率达 100%，免费或减费办理各类案件 1000 多件次，对侵害老年合法权益情节严重的，由司法部门依法进行查处，切实维护了老年人的合法权益。

江阴市政府召开老龄委成员会议

江阴市市长、老龄委主任王锡南看望百岁老人

五、老龄管理工作日趋规范，老年组织发挥作用突出

坚持每五年制定江阴市乡镇老龄事业发展规划，每年市政府对老龄工作有专门的目标考核，做到老龄工作任务明确，年初有目标，年中有检查，年终有考核。对 19 个镇老年协会和 377 个村（社区）老年协会，加强了规范化建设，统一制定老年协会章程，狠抓台帐建立、软件配置和制度订立三项工作。目前各老年协会普遍建有“三簿两册”：会议记录簿、活动记录簿、调解纠纷记录簿和老年人花名册、老年人健康档案册。各老年活动室做到管理制度上墙公布，各镇还把老龄工作资料和老龄人口状况资料输入电脑、进行老龄工作信息化管理。

江阴举行千名老人太极拳比赛

无锡“十五”期间老龄事业全面协调发展

无锡市1983年进入了人口老龄化城市行列。目前，全市60岁以上老年人79.4万，占全市户籍人口的17.7%，其中70岁以上老人占老年人的48%，80岁以上老人占老年人的15.1%，百岁老人299名。

“十五”期间，无锡经济社会快速发展，全市认真贯彻老龄工作方针，紧紧围绕“六个老有”工作目标，按照“统一思想、形成共识；齐抓共管、形成合力；突出重点、形成特色；社会参与、形成氛围”的工作思路，抓住机遇，开拓进取，推动了老龄事业与经济社会的协调发展。

城镇基本养老、基本医疗制度日趋完善，农村养老保险体系框架已经形成，新型农村合作医疗得到有效推进，老年人的养老、医疗保障水平不断提高；完善社会救助制度，困难老人生活得到了有效保障；为老服务设施建设加快，形成了多种形式养老机构共同发展的格局；出台新的优待政策，提高了老年人优待服务水平；老年人的合法权益得到有效维护，进一步营造了敬老养老助老的社会氛围；老年教育、文化、体育等事业快速发展，丰富了老年人的精神文化生活。

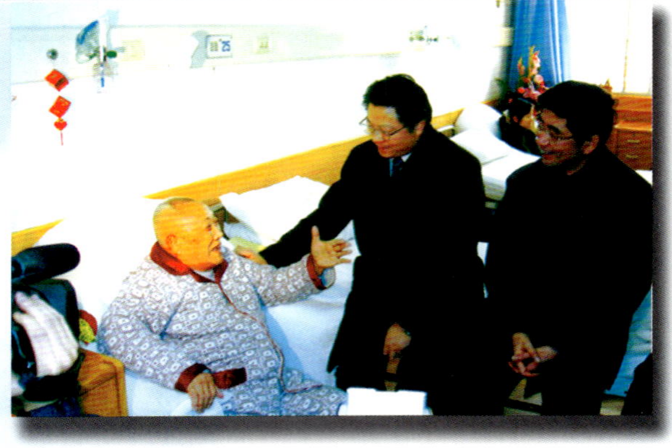

△ 市领导杨卫泽、毛小平看望慰问老红军

△ 召开无锡市老龄委全体会议，市领导王咏红、王国中出席会议

△ 无锡市社会福利中心，总投资1.1亿元，占地7万平方米，总建筑面积4万平方米。其中老年休养中心拥有400张床位。

老年福利设施不断增加。基本形成了以居家养老为基础、社区服务为依托、机构养老为补充的养老服务体系。全市共有养老福利机构134家，床位总数11513张。2005年起我市对新增的社会办养老床位每张给予一次性2000元的资助。

△ 2005年开工建设的新的市老年大学和老干部活动中心，占地25亩，建筑总面积约2.5万平方米。

老年教育事业快速发展。实施《无锡市老年教育工作意见》。全市现有老年大学（学校）804所。开办了空中老年大学，在社区设立了96个空中老年大学辅导站。2005年开播了市“老干部银屏党校”，使老同志能够足不出户接受教育。

无锡“十五”期间老龄事业全面协调发展

老年人积极参与社会发展。全市有关工委组织2961个，形成四级工作网络。组织老年人才资源的二次开发，每年举办老年人才开发洽谈会。建立了老年人才资源库，进行日常交流服务。充分发挥老年群众团体作用，建立了老年学学会、老年书画协会、摄影协会、老年体协、老科技工作者协会、离退休医务工作者协会等组织，为经济社会发展贡献力量。

△ 举办老年人才开发免费招聘会

老年文体活动丰富多彩。全市现有老年活动中心（室）1743个，实现了社区（村）都有老年活动室。全市有各类老年文化体育团队1315个，文化体育活动骨干3.9万余人。从1997年开始无锡市财政按每位老人每年2元标准划拨老年活动经费，确保了老年文体活动的广泛开展。

△ 无锡市老年活动中心面积5800多平方米，多功能的活动设施每天接待老年人2000人次，在全市起到了阵地、窗口和示范作用。

◁ 开展敬老日庆祝活动

老年人合法权益得到保障。市和各市（县）、区均设立了老年人法律援助中心，维权网络逐步向基层延伸，使老年人能够就地、及时得到有效的法律服务。《老年法》纳入“四五”普法规划，普及教育面已超过80%。新的优待政策，使老年人在游览公园、景区，乘坐公交车，医疗就诊，社会救助等方面得到更多的优待。

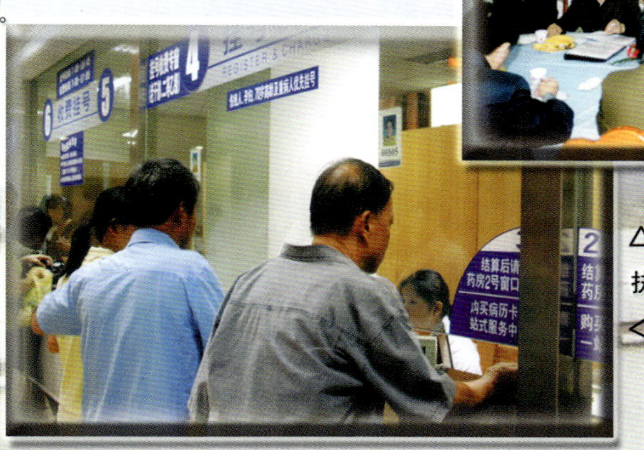

△ 市人大多次组织对《老年法》执法情况进行检查

◁ 老年人医疗就诊享受优待

跨越发展武进老龄事业

武进区老龄委办公室

全国老龄办副主任赵宝华视察武进老龄工作

全国老龄办副主任袁新立调研武进区老龄产业

区委沈瑞卿书记、区政府徐伟南区长关心老龄事业发展规划

常州市武进区人民政府副区长、老龄委主任丁冠健

武进区老龄办的全区老年人统计数据显示，全区现有60岁以上老年人15.5万（其中包括70岁以上的高龄老人8万），占全区总人口的16.5%，且每年以约5000人的速度递增。

区委、区政府高度重视老龄工作，关心老龄事业发展。近年来，在区委、区政府的正确领导下，全区坚持以邓小平理论和“三个代表”重要思想为主导，深入贯彻《中共中央、国务院关于加强老龄工作的决定》和“党政主导、社会参与、全民关怀”的老龄工作方针，与时俱进，开拓创新，贯彻两个率先，力争老龄事业与经济社会同步协调发展，推动全区老龄事业取得新进展。

我区召开区老龄委全体会议，调整加强了区老龄委力量；会后，经区政府办公会议讨论通过并颁布了常州市武进区老龄事业发展规划；区政府又召开全区老龄工作会议，将老龄工作列入全区各级政府的重要议事日程，并号召全区上下要进一步关心、支持并抓好老龄工作；制定全区老龄工作目标考核责任制和区老龄委成员单位职责、议事规则等；加强基层老龄工作组织建设；出台部分老年人社会优待服务政策，真正地确立起“执政为民”的服务意识。

为庆祝国际老年人节（10月1日）和省市敬老日（农历九月初九），弘扬中华民族“尊老、敬老、爱老、助老”的传统美德，进一步深化全区对加强老龄工作重要性的认识，营造全社会关注、关心、关怀老龄事业的良好氛围，推动全区老龄事业与全面建设小康社会协调发展，区老龄办按十六大关于“发展要有新思路，改革要有新突破，开放要有新局面，各项工作要有新举措”的要求，积极发动，狠抓落实，努力工作，实现了武进老龄事业跨越发展。

地址：常州市武进区行政中心四号楼

邮编：213159

电话：0519--6310697　　6312659

荣誉榜

区创建全国老龄工作先进区业务培训

区基层老年文化活动

区老龄工作会议

江苏常州武进

区创建全国老龄工作先进区动员大会

武进区老年茶文化交流座谈会合影

常州市老龄工作

常州市现有老年人口55.9万，占总人口15.9%。20年来，各级坚持以人为本，认真贯彻老龄工作方针，积极制定政策措施，全面落实"六个老有"，不断推进老龄事业发展，逐步提高老年人生活生命质量。

市委领导带头尊老敬老，市四套班子领导和有关部门负责人，在敬老日和重大节日对百岁老人、老劳模、老红军、特困老人和老年大学、老年公寓等福利单位走访慰问，把党和政府的温暖送到老人心坎上

一、规范老龄机构老年组织建设。建立完善老龄组织网络和工作机制。1985年成立常州市老龄委及办公室，2001年将老龄办设在市民政局，2002年市委市政府调整老龄委班子，明确成员单位职责，老龄委建立了议事规则和联络员制度，对辖市区加强指导与考核。指导成立老年学会、老龄协会、夕阳红艺术团等老年组织，用政策指导制度规范工作，相继出台系列文件，引导老年组织发挥作用。全市1000多个老年文体组织活跃在基层，60%老年人参与体育健身。

二、巩固老年经济供养体系。对企业退休人员社会化管理，老年服务体系逐步健全，市政府政策扶持，低保标准自然增长，资金纳入财政预算，建立特困老人救助制度，五保和"三无"对象集中供养。社区832个尊老服务组、335支志愿者队伍、8500名志愿者为老人提供服务。扶持居家养老，给服务中心、养老床位补助，为低保老人埋单送服务。

市委市政府高度重视老龄工作，加强领导力量，制定政策措施，出台系列文件，召开全市老龄工作会议，开展争先创优活动，全面推进老龄事业发展，老年人生活生命质量逐步提高。钟楼、武进区被评为全国老龄工作先进区，金坛市被评为省老龄工作先进市

三、完善老年医疗保障体系。退休老人实行医疗保险，农村实行新型合作医疗，建立健康档案，"三无"对象住院全额救助，为农村老人体检，街道、社区有康复场所和器材。

四、推进老年福利设施建设。建立老年活动场所1773个，85%镇（街）有100平方米的活动室，88%村（社区）有80平方米的活动室，总面积15万平方米；有健身场160处，健身点200个，实施"星光计划"投资总额9230万元，鼓励多形式投资老年设施发展老龄产业，各种养老机构114家，床位7003张，占12.53‰。

五、发展老年文化教育。建成四级老年教育网络。市老年大学建校20年，开设28个专业、99个班级，招收学员3056人次，累计入学42578人次，毕结业11533人次，与国外开展学术交流；辖市区老年大学8所、镇（街）87所、村（社区）998个，在学70000余人，老人受教率12.7%。多数辖市区按每位老人1元落实教育经费。市政府决定将占地5500平方米，建筑面积7500平方米，有地下停车场1500平方米，有中央空调的某机关搬迁后改为市老年大学，市财政核拨200万元改造经费。

市政府积极推进老年福利服务设施建设。鼓励多种形式投资和创办老年福利设施，发展老年产业，数量逐年增多，规模不断扩大。2005年底由个人投资2000万元的钟楼新龙老年公寓落成，市长王伟成等领导出席开业仪式。

六、开展老年优待服务。市政府1992年在全国率先给70岁、1999年给60岁以上老人发《优待证》。把落实老人优待作为民办实事项目，写进工作报告。市老年基金会资助特困老人；1993年起市公交总公司为70岁以上老人提供免费和优惠乘车；市老年活动中心开办讲座、旅游、婚介、娱乐、健身、展览等系列服务；各级老龄组织指导老人健康活动；涉老部门联合举办文艺汇演、书画展览；公安部门会同文化部门和街、镇、社区，确保老年活动秩序良好。

七、维护老人合法权益。开展《老年法》辅导培训和知识竞赛，建立四级维权网络。市和辖市区老龄办法律援助站，市老年活动中心和镇街设法律咨询点，村和社区老年人协会设维权组。农村落实家庭养老，《家庭赡养协议书》签订率达89.3%。老年人每月享有退养金80—380元。给失地老人每月200元补贴。创建敬老型社区，宣传敬老典型，表彰孝亲敬老个人。不赡养老人案件发生率低于1.5/万户，为1.07/万户。

八、老人生活质量基本达到小康水平。老人收入和生活水平稳步增长。2004年，城镇老人收入9600元以上的占老年人总人数的83.4%。退休职工月养老金821元，位省内前列。农村老人年均收入3000元以上占40%、5000元以上占20.5%。76.5%老人不要子女补贴。城市老人均有住房72平方米，2—3间占64%。74%的城市老人和98%的农村老人对住房满意。长寿老人逐年增多，2005年预期寿命76.8岁，百岁老人117位。尊老爱老观念深入人心，只有2%的老人认为子女不孝。城市老人对生活基本满意、比较满意和非常满意比例之和达89.2%，农村老人高达97%。

九、鼓励和引导老人参与经济社会发展。市开设二次人才开发市场招聘老年人才，老科协千名会员近五年开展技术咨询项目、科普宣传，中医院老专家传帮带，金坛老人集体编写《农民致富》书，各地老年志愿者为治安、绿化、计育、助残、帮困、调解纠纷、文娱宣传、协助土地征用、房屋拆迁作贡献，"五老"参与网吧监督管理和为青少年做万件好事。69.8%城镇老人参加社会公益活动，31%农村老人进入专业合作组织和经济互助组织。

徐州市老龄工作

徐州市位于江苏省北部，是国务院批准的历史文化名城，是淮海经济区的中心城市，也是两汉文化的集萃地，辖11个县（市）区，面积11258平方公里。全市总人口916万，其中60岁以上老年人口121万，占总人口的13.2%。2004年底，全市国内生产总值跃上1000亿元新台阶，财政收入首次突破100亿元，实现了“双超”目标。在构建繁荣、文明、和谐新徐州的进程中，徐州市委、市政府以科学发展观为指导，坚持“党政主导、社会参与、全民关怀”的老龄工作方针，围绕“六个老有”的目标，制定政策，强化措施，开创了全市老龄工作的新局面。

省委副书记冯敏刚（左二），副省长王湛（左一）听取徐州市老龄工作汇报

老年人社会保障体系进一步完善。至2005年底，全市城镇企业职工养老金发放率达100%；农村新型合作医疗覆盖面达80%以上；“三无”和五保老人供养率持续巩固在100%；城乡最低生活保障制度向老年人倾斜，全市百岁老人普遍享受每月100元长寿补贴。老年社会照料服务体系进一步健全。近年来，新增各类养老机构241所，新增床位1.6万张；新建、扩建农村敬老院112所；成立为老服务志愿者队伍210个，社区和家庭相结合的养老模式得到稳步推行。老年教育事业进一步发展。全市现有各级各类老年大学40余所，在校生增加近2万人，设置专业30多个；徐州市彭城老年大学荣获“全国老龄工作先进单位”称号。老年精神文化生活进一步丰富。全市80%以上的社区成立了老年文体活动团体，新建老年活动场所229处，新增活动面积近20万平方米，全市各类老年活动场所能同时满足7万多名老年人开展文体活动。基层和农村老龄工作进一步加强。以社会主义新农村建设为契机，在全市农村普遍开展《家庭赡养协议书》签订工作，为农村90万老年人提供了养老和医疗保障；深入开展创建老龄工作先进县（市）区、先进镇（街）活动。尊老、敬老、助老道德风尚进一步形成。《老年人权益保障法》得到认真贯彻执行，老年人的合法权益得到有效维护；近几年，免费为全市老年人办理敬老证、优待证、乘车证、120爱心卡累计20万人次，对老年人就医、出行、游览等普遍实行优待；有11名同志被评为“全国孝亲敬老之星”，全社会关爱、优待老年人的意识不断增强，有力促进了家庭和睦、代际和谐和社会稳定。

市委书记徐鸣（左一）等市领导视察彭城老年大学

省民政厅副厅长刘广哲（左一）调研指导市社区（村）养老服务及设施建设

副市长、市老龄委副主任朱勤虎（左三）慰问百岁老人

夕阳红女子舞龙队

江苏如皋市老龄工作办公室

如皋市委、市政府作出决定：当老人跨入百岁时，市四套班子的负责同志前往祝寿，赠送彩电等礼品。图为市委书记陈惠娟向百岁老人祝寿。

江苏省老龄办副主任王凤亭、如皋市市长周铁根、副市长陈冬梅在如皋老龄办检查指导老龄资料档案工作。

中共如皋市委常委、常务副市长、老龄委主任潘建华。

享有中国长寿之乡美誉的江苏省如皋市，位于长江三角洲北翼，与苏州隔江相望。全市面积1477平方公里，人口145万，其中60岁以上的老人有29万，占全市总人口的20%。100岁以上的老寿星242位。近年来，我市认真贯彻《中共中央、国务院关于加强老龄工作的决定》精神，紧紧围绕“六个老有”目标扎实推进老龄工作，老龄事业得到了长足发展。

老龄工作三级网络健全。自1985年以来，我市高度重视市、镇、村居三级老龄组织机构建设：成立市、镇两级老龄工作委员会及其办公室，常务副市长、镇党委副书记分别担任老龄委主任；村居建立老年协会。市委、市政府每年将老龄工作列入部门工作考核内容，将老龄工作责任到科室。

敬老宣传教育广泛深入。全市各级领导和社会各界在春节和重阳节期间，广泛开展慰问走访、庆祝表彰、助老解难等活动。在中小学生中深入开展以尊老敬老为主题的传统美德教育，大力宣传本市乡村137条邮路上的邮递员关心孤寡老人的“爱心邮路”事迹，引导推动全社会都来关心老年人。

老龄政策不断拓展。我市在2002年来又出台了《关于进一步做好老年人优待和服务工作的通知》，提出了“八个一”敬老工程：对百岁以上老人实行长寿补贴，对新跨入百岁的老人赠送一台彩电，对95岁以上的老人每人每天免费供应一瓶牛奶，每年组织90岁以上的老人进行一次体检等。在全市20个镇和两个开发区都设立了老年人维权服务站。

养老保障做法多管齐下。一是高度重视城乡养老保险。到目前为止，全市城镇养老保险对象达到7.3万人；农村养老保险对象达到12.2万人。二是切实做好城乡低保工作。将城乡生活困难的老人纳入低保对象。全市有3680名老年人被列入低保对象，其中70岁以上老人的补助标准还提高了20%。三是全面启动助老工程。把加强农村敬老院建设和帮助农村老人实行草危房改造列为政府为民办实事工程。四是大力实施“百村万户”帮扶工程。全市从市级机关到乡镇有10543名干部与10694户农村贫困户实行一对一帮扶，其中56%是老年人户。五是广泛推广农村老年协会独创的“六有二查一公布”做法，确保农村老人老有所养，使赡养工作进一步落实到千家万户。六是积极推行农村新型合作医疗制度。从2001年7月至今的5年间，参保农民统筹基金逐年提高，参保人数逐年增加。

老年服务设施进一步完善。目前全市拥有老年公寓、老年大学、老年活动中心各一所，全市20个镇和两个开发区均建立了老年活动场所和老年学校，49个社区居委会和248个农村村委会建立了老年活动室（老年之家）。市建筑公司投资一亿多万元兴建了一所集休闲、娱乐、托老为一体的怡园老年公寓。上海阳光集团在家乡林梓镇捐资400万元兴建了一所阳光老年公寓。

老年人晚年生活丰富多彩。政府积极为老年人“老有所为、老有所乐”创造条件。全市有老年体协、科协、教协、书画协会等18个老年专业协会，老年会员达到4.9万余人，涌现出一大批老有所为的先进典型。各镇、各部门积极为老年人开辟学习和活动场所。市老年大学拥有9个专业，12个班级的办学规模，现有学员800多名。各镇老年学校学员达到2500多人，市老年长跑队、老年文艺队、老年门球队、老年太极拳队等文体队伍在各级各类比赛中屡获佳绩，我市老年体协被授予“全国老年体育先进单位”称号。

我市把荣获“全国老龄工作先进市”称号作为老龄工作的新起点，今后将再接再厉，扎实工作，让长寿之乡涌动的敬老浪潮，一浪更比一浪高！

江苏省昆山市老龄工作

利用流动现场会的形式，进一步推动全市老龄工作的全面发展。

对新当选的老协会长进行岗位培训。

占地 60 亩的玉山福利院：一期工程建筑面积 1.1 万平方米，180 张床位；投资 2500 万元。

昆山市是江苏省的东大门，全市拥有土地面积 921 平方公里，下辖 10 个镇、1 个国家经济技术开发区。2003、2004、2005 年，全市实现国内生产总值分别为 430、570、730 亿元，财政收入为 66.25、85.83、116.82 亿元。全市有常住人口 65 万，其中 60 岁以上的老年人达 11 万多，约占总人口的 16.9% 以上。昆山市是一个经济发达、且人口老龄化程度较高的地方。

三年来，市委、市政府为了在经济发展的同时，切实解决人口老龄化问题，首先推出了《昆山市农村基本养老保险试行办法》。《办法》规定：凡本市未进机关事业、企业单位工作的，男性 60 周岁、女性 55 周岁，具有本市户籍的农民，可每月领取 120 元的养老金；70 岁以上的老年人可以领取 150 元的养老金。仅此，全市市、镇两级财政三年年均补贴金额达 1.2 亿元以上，有 10.8 万名老人（其中包括 55 周岁以上女性）领取了养老金，养老金领取率为 99%，由此使广大老年人的晚年生活有了充分的保障，家庭养老的各种经济矛盾和纠纷基本堵绝，所以，广大老年人高兴地说："人民政府比我子女还好，共产党比我子女还亲。"

2004 年，昆山又在全市范围内全面实施了农村医疗保险制度，使农村居民也能象城镇在职职工一样，享受基本医疗保障，较好地解决了农村老年人的就医问题。在社会敬老优待工作方面，全市在进一步做好免费进公园、健身点、优惠旅游景点门票等内容的基础上，不断延伸老年人社会优待内容；特别是市公交系统为方便广大老年人出行，将全市市区公交 1、2、3、5、6、7、8、18 路公交线路的所有运营车辆，全部纳入对 70 岁以上老年人免费乘坐的范围。为了在全社会积极倡导尊老、敬老美德，市政府还定期召开老龄工作先进表彰大会。

2005 年 10 月 9 日，市政府在多功能会议厅，召开 2004—2005 年度老龄工作先进表彰大会。会上表彰了全市范围内的老龄工作先进集体和先进个人，以及"十佳孝星"和"十佳寿星"。与此同时，2003 年，市老龄委又成立了昆山市夕阳红志愿者协会。2004、2005 年市老龄委还在第七届居民委员会和第八届村民委员会换届选举的基础上，全面开展了村（居）第四届老年协会的换届选举和岗前培训。为切实维护老年人的合法权益，市老龄委在建立健全老年法律援助站，建立老年法律援助基金的基础上，又在各镇、各街道建立了 21 个老年法律援助分站，同时，市老龄委还与司法局联合拍摄"法治昆山"系列电视专题片《让夕阳更美好》，用发生在人们身边的事例教育全社会，提高全社会依法养老的意识和尊老敬老的社会公德。在老年教育工作方面，全市创办老年学校 270 个，其中市老年大学充分发挥示范带头作用，开办了电脑、钢琴、英语、书法、绘画、烹饪等 12 门课程 16 个班级，有学员 800 名，教学工作成效显著，被评为江苏省优秀老年大学。此外，市、镇、街道、村（居）老龄组织为丰富广大老年人的文化生活，还建立了 390 个老年文体组织，这些文体组织在自娱自乐的同时，还经常配合党的中心工作深入农村、社区、旅游景点进行巡回演出。除此之外，各镇老年事业的发展形势也十分喜人，三年来，全市新建、改建敬老院 16 个，老年活动中心 258 个，总投入约 1.46 亿元。如玉山镇在近三年中，投资新建、改造老年活动室 25 个，易地新建敬老院 1 个，新建、改造门球场 8 块，总投资金额达三千万元以上。

彭城老年大学

徐州市委书记、彭城老年大学董事会名誉董事长徐鸣在彭城老年大学第四届一次会议上讲话。

省民政厅副厅长、省老龄委办公室主任刘广哲受全国老龄委的委托，为我校颁发“全国老龄工作先进单位”匾牌，常务副校长杨裕华代表学校接匾。

徐州市人大常委会主任、彭城老年大学校长王希龙向澳大利亚大丹德农市政府代表团赠送礼品。

2006年5月1日前夕，主持学校全面工作的副校长唐朝双与来校联欢的市下水道四班的全国和省市劳模交谈。

彭城老年大学深入社区开门办学，先后为27个校外辅导站授旗，成为没有围墙的老年大学。

彭城老年大学创建于1986年，经过20年的艰苦创业和积极探索，学校已从建校之初的5个专业，6个班级，300多名学员发展到今天的32个专业，115个班级，6000多名学员。校舍建筑面积5500平方米，濒临公园、远山近水、环境优美，是一个多层次、多学科、多功能的新型老年学府。

学校坚持“全面提高素质，促进身心健康，推动社会和谐”的办学宗旨和“学、乐、为、教”相结合的方针，造就与时俱进的自尊、自立、自强的新一代老年群体。在专业设置上，既有传统的书法、绘画、文学、诗词、摄影、舞蹈、声乐、古筝、二胡、京剧、中医、养生、卫生保健、太极拳等专业，满足了老年人审美情趣和强身健体的要求，又有英语、微机、钢琴、电子琴、数码摄影、旅游文化等专业，满足了老年人追求新知识、新科技、新潮流的要求，各专业既设了初级班，又设了高级班和各种研究会、研究院和艺术团，满足了老年人不同层次的要求和展示才华的机会。学校经费以政府拨款为主，以社会赞助和个人缴费为辅。学校设施齐全，现代化教学水平越来越高。学校聘请70多名教师，80%以上具有高级职称。学校管理宽严适度，紧张有序，到处呈现出文明和谐、好学上进的氛围。

20年来，学校已有2万多名学员毕业，他们通过学习，身心素质和服务社会的能力普遍提高。其中，学书画、摄影、诗词的学员有近千人被市级以上老年有关协会吸收为会员。有60多位书法学员通过考级被市书法家协会吸收为会员，正式步入书法家的行列。我校艺术团每年在校内外演出30多场，成为全市文艺宣传的一支重要力量，并在全国、省和市各项比赛中获得多次奖励。特别是健身舞队，连续五次在全国老年健身秧歌大赛中获得第一名。学员还自动组织27个校外辅导站，联系数以千计的群众，把学习的新文化、新知识、新技艺传播给广大社区和家庭，促进了全市三个文明建设，被称为不设围墙的老年大学。学校还坚持对外开放，积极参加校际间和国际间的学术、信息交流。近几年我们多次接待了德国、法国、奥地利、澳大利亚和日本等国代表团，展现了我市老年教育的成果和中国老年人的风采。1992年荣获全国和省“老有所为先进集体创新奖”，1999年被省授予“江苏省优秀老年大学”称号，2005年被全国老龄工作委员会评为“全国老龄工作先进单位”。

目前，全校师生员工，在市委市政府的领导下，继往开来，锐意创新，努力创建一流老年大学，为构建和谐美好徐州作出新贡献。

浙江省老龄工作委员会

省老龄办黄永正主任在湖州出席《老年优待证》首发式

副省长陈加元到荣军医院看望老军人

第五次艺术周陈加元副省长看望演员

第五届浙江省老年文化艺术周演出

省政府副秘书长徐震、民政厅厅长吴桂英到老龄办看望工作人员

宁波市镇海区老龄委

全国老龄办常务副主任李本公，全国老龄办副主任赵宝华、白桦、袁新立、曹炳良，以及来自全国36个省、直辖市、自治区和计划单列市的120余名老龄工作者到镇海区骆驼街道民联村考察农村老年活动室和老年协会建设情况。

社会助老气氛围浓厚，每年助老资金均在100万元左右。图为区老龄办主任胡金红在接受宁波市台资企业协会副会长尤伯东先生代表落户镇海的台资企业捐助的爱心款。

宁波市镇海区共有老年人3.3万，占总人口的15%。该区按照建设和谐社会的要求，不断加强老龄工作，以实际行动谱写着老龄工作的新篇章。

一、“党政主导”落实在具体行动上

镇海区老龄委始建于1987年，目前有20个成员单位，常务副区长任老龄委主任，聘请了五名区级离退休老干部为顾问，下设办公室，配备6名工作人员，老龄办作为区政府直属单位，编制、经费和工作独立。各镇（街道）均设立老龄委，配有老龄专干。各村（社区）均成立了老年人协会，入会率95%以上，全区老龄工作组织网络健全。

二、“社会参与”着力构建大老龄格局

镇海区委区政府按照老龄工作的目标任务将老龄工作分成五大块，成员单位按照职能分成五组，各成员单位把老龄工作做为份内事，既有分管领导，又有联络员，形成了横向到边的工作网络，使涉老工作事事有回音，件件有着落。各镇（街道）以创建宁波市老龄工作先进镇（街道）为契机，注重“点”上的提升，建立了纵向到底的工作网络，使老龄工作扎根基层。

三、“全民关怀”形成了浓郁的敬老氛围

镇海深厚的文化底蕴和快速发展的经济，为社会助老提供了有力保证，侨乡和大型企业云集的优势使得镇海的社会助老方兴未艾。近年来，民营企业逐渐成为社会助老的主力，他们有的资助老年活动室建设，有的长期结队助养困难老人，有的为老年福利基金捐资捐物，每年社会助老资金近100万元。成立于1989的区老年福利基金总额已经突破600万元，仅2005年就募集社会资金230万元，这当中既有50万元以上的大笔捐赠，也有1000元、500元的绵绵爱心，体现了浓浓的助老之情。

由于全面落实了“党政主导，社会参与，全民关怀”的老龄工作方针，该区老龄事业始终保持健康发展，曾多次被评为浙江省老龄工作先进单位，2005年被评为全国老龄工作先进区。较好地实现老年人共享社会发展成果、老龄事业与经济社会同步发展的和谐社会建设要求。

为晚霞增辉 促社会和谐

每年定期召开全区性老龄工作会议

敬老院工作人员视老人为亲人，为孤寡老人过生日

每年老人节期间都为金婚、钻石婚老人拍照留念

LG甬兴化工有限公司韩方总经理孙玉东每年春节带领职工慰问老人

全国老龄办副主任白桦参观全国星光老年之家先进单位——贵驷社区星光老年之家

金丰宁波精密机械有限公司总经理王南历从1999年开始长期资助10户困难老人，每年春节上门看望

宁波市、镇海区老年艺术团经常送戏下乡

镇海区老年诗词书画协会每年举办书画作品展

绍兴县老龄工作委员会

古越大地夕阳红

图为县委常委、副县长、县老龄委主任章生建在全县老龄工作会议上作重要讲话。

绍兴县地处浙江富庶的宁绍平原西部，北濒杭州湾，西连杭州市，东接宁波港。全县面积1130平方公里，总人口70.41万，其中60周岁以上老年人口102641人，占总人口数的14.6%。

县老龄委由县委副书记徐林土同志、县人大常委会主任李会鹏同志任名誉主任，县委常委、副县长章生建任主任，共有22个成员单位。

养老保障水平不断提高。绍兴县是养老保险试点县，1994年在福全、杨汛桥、华舍三个镇（街）试点的基础上，1995年就在全县推开，经过三年的努力，到1998年就全部实现离退休人员养老保险社会化发放，使“两个确保”连续7年实现100%按时足额发放。

失地农民有保障走进《焦点访谈》。“三农”问题随着工业化、城市化进程的逐步加快而呈现出新的矛盾和特点，绍兴县不适时机地在农村推行“三有一化”（有保障、有股份、有技能、社区化）改革，大力开展被征地农民的养老保障工作，出台了《绍兴县失地农民基本生活保障暂行办法》。

城镇“三无”和农村“五保”对象全部集中供养。为切实解决分散居住的城镇“三无”人员和农村“五保”对象的生活困难，绍兴县对开展集中供养工作非常重视，把它列入县政府2003年的重点工作和实事工程。

农村老年人享受养老补贴。为使广大农村老人共享经济和社会发展成果，绍兴县从1992年开始，就依靠村级集体经济为农村老年人发放养老补贴，最高的每人每月180元（柯岩街道独山村），一般的50-60元／月，最低的也有30元／月，至今，全县302个行政村中，已有110村实施了这一政策，有31000多人享受到这一待遇，分别占总数的30.64%和30.7%。年发放养老补贴金达1860万元以上。

困难老人得到有效救助。从2000年开始，绍兴县就开展特困老人救助活动，把全县1849位特困老人全部纳入低保，做到应保尽保。还通过慈善济贫、民政救济、老龄委救助和镇（街）筹资帮助等途径，着力解决困难老人的生活问题。

老年合法权益得到进一步保障。县普法领导小组把《老年法》和《实施办法》纳入“三五”、“四五”普法教育计划。建立了老年人权益保障协调小组，每年组织一次自下而上的执法检查，各类涉老纠纷基本做到发现一次，调处一次。

老年服务设施进一步健全和完善。多年来，由于绍兴县的“有县无城”，全县总人口的90%和老年人口的89.8%生活在农村乡下，绍兴县的老龄工作重点必须放在农村基层和社区。全县19个镇（街）、302个行政村和112个社区（居委会）都建起了老年活动中心（室），占地百亩，投资近亿元的县老年颐乐园工程正在按计划建设中。

老年精神文化生活丰富多彩。绍兴县三年中每年举办主题鲜明的老年文化艺术周活动，坚持每三年召开一届全县老年人体育运动会，每年不定期开展县、镇（街）老年门球、气排球、太极拳、健身秧歌舞大赛等活动。

尊老敬老社会氛围更加浓厚。绍兴县的尊老敬老具有历史承传，上至县领导下到普通群众已蔚然成风。绍兴县坚持每年春节、老人节层层开展敬老慰问活动。由县慰问百岁老人、镇、（街）慰问九旬老人、村（居）慰问60岁以上老年人已形成制度。

绍兴县的老龄工作取得了较大的进展，也得到了上级组织的肯定和赞扬。“基层老年活动阵地建设”、“建立农村养老保障合作基金会”等项工作，多次在全省老龄工作会议或专题会议上作典型介绍；县老龄委和办公室也先后被省老龄委、省人事厅评为先进单位；县老年电大分校两次被评为先进办学单位。

全县有3.8万名失地老年农民享受每月220元的养老金。图为县委副书记、县长冯建荣（右一）为失地老年农民发放养老金。

图为在兰亭镇老年人书协成立大会上，全县老年书法爱好者正在泼墨挥毫。

图为老年电视大学县教育系统分校举行开学典礼。

图为县老年太极拳协会在全县中老年大型文化体育活动展示会上，表演太极功夫扇。

厦门大学离退休工作处服务工作

厦门大学现有离退休教职工2027人，其中离休124人，退休1903人。按照分工，除离休干部由我处服务管理外，退休工作实行各院各单位二级管理制度。目前，老干部年龄最小72岁，最大90岁，80岁以上41人，平均78.8岁。面对“双高期”，为了把中央对老干部特殊政策落在实处，进一步巩固扩大先进性教育活动成果，在校党委的领导下，我处在创新服务内容与方式上下功夫，为老干部多办实事、多做好事，取得了明显成效，主要亮点如下：

1、加强干部队伍建设，打牢服务工作基础。2004--2005年由于人员退休等原因，我处7人中缺编4人。为此，处务会坚持进人条件：热心老同志工作；身体健康、40岁以下；大专以上学历；有一定计算机水平。新同志的加盟，有力促进了干部队伍“四化”进程，顺利完成新老交替，确保了新时期各项服务工作的开展。

2、创新服务方式，把中央特殊政策落在实处。面对“双高期”，我处主要措施：一是将离休干部分成四组，实行服务责任到人，为老干部排忧解难。二是2005年9月成立“应急小组”，由处长兼任组长，利用电话网络，建立初级紧急呼叫系统，保证每天24小时为急、重病老干部派人派车，辅助解决业余时间可能碰到的救助问题。三是认真接听、记录下班后离退休老同志的电话来访，做到“问题有记录、结果有反馈”。

3、借助计算机技术，提高管理工作水平。我处在建立和完善离休干部与全校退休教工两个数据库的基础上，还建立老干部健康档案、文书档案等多个数据库，为提高管理水平创造良好条件。2004年5月教育部离退休干部局来校验收离休干部信息管理系统建库工作，我处获得98.8分，为学校争得荣誉。2004--2006年间，还完成调研课题8项，为校领导和上级部门制定政策提供参考。

4、加强各涉老社团组织平台建设，构建和谐校园。近年来，学校从人力、经费等方面加大对老年大学、老年体协、离退休联合会、老教师合唱团、离退休活动中心的建设力度。我处以此为载体，指导协调各涉老社团组织开展丰富多彩的活动，为老同志“求健、求学、求为、求乐”构建平台。据统计，仅2004－2006年间，离退休教职工参加户外活动10000多人次，先后组团组队参加比赛100多次，获奖40余项。其中2005年老年大学被评为“全市老年教育先进集体”，厦大老年舞蹈团在香港参加“金紫荆花”中老年艺术大赛中荣获表演、编导等五项金奖，尤其引人注目。此外，2006年1月，老体协还成功承办福建省高校第三届老年运动会。各涉老社团组织平台建设的进一步加强，为我校深化改革，安定团结局面作出了重要贡献。

2006年4月何天华处长陪同吉林大学离退休处杜学信处长一行参观校园

2006年8月厦大离退休联合会新一届全体委员

2004年10月厦大老教师合唱团参加“纪念陈嘉庚诞辰130周年”演出

2005年12月底厦大老年舞蹈团参加香港“金紫荆花”中老年艺术大赛表演

老年体协参加万人竞步走

武汉市老龄工作委员会办公室

武汉市老龄工作委员会全体会议

38 路公汽“敬老线”授牌仪式

武汉市坐拥长江、携汉水、辖 13 个区，全市总人口 800 余万，是中国中部特大城市。武汉市 60 岁以上老年人口 977082 人（其中男性 469094 人，女性 507988 人，男女比例 1：1.08），占全市总人口 8013612 人的 12.19%。我市老年人口以平均每年 2 万人的速度递增，“银发”浪潮扑面而来。

武汉市老龄工作按照市领导“遵循规律、把握特点、分类指导、开展活动、办好实事”的指示精神，以争创全国、全省老龄工作先进县（市、区），加强基础、基层社区老龄工作，维护老年人合法权益，丰富老年人精神文化生活为重点，真抓实干，开拓创新，取得了新的发展和进步，为全市三个文明建设作出了贡献。

为了充分体现党和政府以人为本、构建和谐社会的宗旨，进一步提升大城市尊老文明形象，2002 年，经市委、市政府同意，市老龄办会同市委宣传部、市文明办等单位向全市发出了“武汉市尊老爱老十多”倡议；2003 年我市隆重举办了“金色晚霞大本营活动”，为千名年满 60 周岁的老年人代表祝寿，中央电视台等新闻媒体进行了报道，社会反映良好，受到了各方的好评；2004 年，我市老龄工作部门组织开展了“寻访双星社会关爱老人（孝星和寿星）”系列活动，几十位摄影爱好者参与比赛，他们深入社区，抓拍“双星”美的瞬间。

2005 年，全市各级老龄部门共看望慰问老年人 120957 人次，慰问和开展活动中为老年人赠送物品等折合 671.5 万元；广泛开展各类文体活动 4974 次，有 46 万人次的老年人参加，较好地凝聚了老年群体；老年人免费乘车、高龄津贴等优待进一步拓展，市中心医院推出了多项老年人就医优惠项目，在老年人就医就诊方面给予优惠和减免。

2005 年，武汉市各级党委和政府进一步加强了对老龄工作的领导、老龄工作逐渐被纳入议事日程，有的区还将老龄工作纳入区政府目标管理，加强了对老龄工作的管理。全市组织开展了创建模范老龄工作区、街和模范居（村）委会老年人协会（简称“三模”）活动，提出了实实在在、简单明了的《创建标准》，印发了《考核办法》。老龄工作的基础得到进一步夯实，老龄工作机制有了进一步完善，全市老龄工作出现了你追我赶的良好局面，江汉区最近被授予“全国老龄工作先进市、县（区）”荣誉称号。

全市老龄工作条件进一步改善，已有 6 个区先后建立了按辖区老年人数每人每年 2 元、3 元、5 元提取老龄事业经费的机制。市政府明确决定每年出资 600 万为高龄生活困难的独居老人购买年 365 小时的养老护理服务。全市老龄战线干部职工想方设法为我市广大老年人办实事、做好事、解难事。江汉区通过发放 3 万余张“敬老扶助卡”、设立老年法律咨询中心给老年人更多的关爱；武昌区成立“老年人心理咨询中心”，发放“老年援助卡”，把党和政府的关怀送给广大的老年人；汉南区组织退休医师到农场进行 2 天义诊，400 多名老人受益；东西湖区政府拨出专款为 90 岁以上老人和福利院老人安装了 450 台空调。市老龄办特邀全国著名心血管专家洪昭光教授在武汉剧院举行了“关爱老人健康、共享美好生活”大型报告会。1500 多名老年人聆听了专家教授的精彩演讲，掌声阵阵，反响热烈，10 多家新闻媒体及时进行了报道，社会反响较大，深受老年人欢迎。市老龄办组织了“武汉市老年群众性文体比赛决赛”。包括大合唱、舞蹈、服装表演、太极拳、腰鼓等五大类文体节目精彩纷呈，集中展示了我市老年人的精神风貌，为筹备“武汉老年艺术团”奠定了基础。各区、各大单位也根据自身特点组织开展了大量丰富多彩、适合老年人的各类文化活动，丰富老年人的精神文化生活。目前，全市拥有各类老年文体团队 1160 个，开展各类文体活动 4974 次，吸引了 46 万人次的老年人参加，成为凝聚老年群体、服务老年人非常重要的载体。

市老龄办领导非常重视信访工作，建立了领导信访接待日和领导干部阅批办理来信以及督查制度。全市老龄系统共接待来信来访 2562 件，市老龄办接待来信来访 25 件，对信访工作做到热情接待、认真办理，积极妥善地处理了涉老投诉，处理率 100 %，维护了老龄领域的稳定和和谐。在市司法局的支持下成立了武汉市法律援助中心老年工作部，增添了为老维权、服务的新手段。在《长江日报》开辟空巢老人论坛，营造尊老爱老氛围。组织市社科院、市民政局、武汉大学等单位的专家学者撰写相关文章，2005 年 6 月 24 日，《长江日报》“圆桌”栏目用整版刊出，展开论坛，取得了较好的宣传效果。同时，《武汉电视台》、《武汉晚报》等媒体也就空巢老人现象进行连续报道，进一步营造了尊老氛围。

市老龄办通过几年来采取一系列活动，强化了社会宣传，老年人、老龄工作、老龄事业等概念得到各级党委、政府和社会的广泛关注，促进了全市老龄工作的健康发展。

不断开拓创新 努力发展老龄事业

十堰市老龄工作委员会办公室

十堰市老龄办主任、党组书记毛光全同志出席第二次全国老龄工作会议

团结奋进的领导班子

十堰市位于鄂西北边陲，截止到2006年底，全市60岁以上老年人口已逾40.1万人，占人口总数的11.4%。面对当前和今后人口老龄化的严峻形势，市委、市政府从改革、发展、稳定的大局出发，坚持以人为本，用科学的发展观统领老龄工作，在组织领导、机构建设、经费投入等各方面给予高度重视与大力支持，从而使老龄事业一直保持着良好的发展势头。2005年，我市老龄工作在过去成绩的基础上，又实现了四个创新，取得了新的成效。

一是地位影响创新。首先是市委、政府高度重视老龄工作，加强了对老龄工作的组织领导。成立了十堰市老龄工作委员会，老龄委主任、副主任分别由市委常委、常务副市长和分管市领导担任。市委书记赵斌、市长陈天会分别到市老龄办调研或现场办公，帮助解决老龄工作中的实际问题，指导工作开展。其次是市老龄办通过扎实有效的工作，使我市老龄工作取得了显著成效，赢得上级组织的充分肯定和社会广泛认可。市老龄办被市委、市政府命名为“2004—2005年度文明单位”，被全国老龄委评为“全国老龄工作先进单位”。

二是活动内容创新。为进一步营造尊老敬老助老的社会氛围，提高全社会对做好老龄工作重要性、必要性的认识，在2005年“九九”重阳节和国际老人节期间，市老龄办组织举办了十堰影响较大的“车城大讲坛”专栏，邀请了部分抗日时期、解放战争时期、经济建设时期的老领导讲历史、话传统。该讲坛在十堰电视台连播两周，得到了全市上下广泛称赞。为拓展老年人活动领域，2006年5月中旬，我们组织了千名老年人赴港澳参观旅游，使老同志对“一国两制”和深圳、珠海等经济特区的建立有了新的认识，开阔了视野，更新了观念。

三是工作思路创新。在老龄工作实践中，市老龄办从改革、发展、稳定的大局出发，坚持以人为本，用科学的发展观和创新理念统领老龄工作，突出工作重点，建设和谐社区，提出了老龄工作进社区的工作思路。开展调查研究，制定工作方案，组织示范创建，用以点带面的方式，探索新规律，总结新经验，寻找新途径，全面推进社区老龄工作。

四是工作环境创新。1、宣传舆论环境创新。在“四五”普法中，市老龄办会同有关部门，将老年法律法规编入市里“四五”普法的专门教材，且一并考核验收。2、老龄工作氛围创新。通过新闻媒体等多种形式的广泛宣传，在全市营造了良好的社会氛围。同时，在日常工作中，加强了组织协调和检查督办，充分发挥各级各部门的职能作用，从而形成了上下联动，部门协调，齐抓共管的工作格局。3、老年活动环境创新。为创新老年活动环境，提高服务质量，近几年，狠抓了全市老年活动基础设施建设。在市委、市政府的关心重视下，并通过我们的自身努力，先后筹资150多万元对市老年人活动中心、老年大学活动场所进行了维修改造和设施更新，使老年人在良好的环境和条件下，身体得到锻炼，情操得到陶冶。

在今后的工作中，我们将按照“党政主导、社会参与、全民关怀”的老龄工作方针，切实履行老龄部门“参谋助手、综合协调、督促检查”的工作职能，认真组织实施《十堰市老龄事业发展“十一五”规划》，坚持把工作重点放在社区，放在基层，积极主动地为老年人提供优质高效的服务，使老年人养有保障，医有条件，教有提高，学有收获，为有成果，乐在其中，让全市老年人与和谐十堰共融，与和谐十堰共享。

湖北省大冶市老龄工作委员会办公室

大冶市作为全国老龄工作先进市，近年来立足新起点，采取新举措，进一步推进了老龄事业与经济建设的协调发展。

黄石市市委常委、大冶市市委书记曹立明在全市老龄工作会议上讲话

大冶市团结奋进的领导班子

目前，大冶市60岁以上的老年人口达9.1万人，占全市总人口的10.1%，而且以每年3%左右的速度递增。2003年以来，开展了争创“全国老龄工作先进市”的活动，通过全市人民的共同努力，2005年被全国老龄工作委员会授予“全国老龄工作先进市”荣誉称号。一是健全组织机构。调整和充实了由市委、市政府主要领导担任主任、副主任，各个职能部门一把手任成员的市老龄工作委员会，全市16个乡镇（街办）、365个村、34个社区都建立了老龄工作办公室和老年人协会，形成市、乡镇（街办）、村（社区）三级老龄工作网络，实现了老龄工作网络化、经常化。二是营造敬老氛围。制定实施了《大冶市老年人享受优待服务实施细则》，为3.5万名老年人发放了《老年人优待证》，落实了各项优惠政策。同时，将“敬老教育”纳入了大冶市公民道德建设和基础教育体系。在市内公共场所设置老年人优待优先标志牌265个，刷写宣传标语2000多条，创办墙报500多期，编辑《大冶市老龄工作简报》15期1500份。翻印《老年法》10万本、湖北省政府181号令5万份，编印《老年政策法规》6万本，分发到各基层单位和老年人手中。三是提供温馨服务。我市以实施“福星工程”为契机，以乡镇为主体，对14个乡镇（街办）福利院进行了改造，总投资超过2600万元。目前，全市有福利院19所，市区有敬老院、光荣院、干休所、老年公寓、老干部活动中心、老年人康复医院各1所，老年门诊3个，老年病床124张，老年药店4个，城镇基本养老保障覆盖面在全省处于领先地位。全市1855名五保老人老有所养、病有所医、死有所托。四是创新工作载体。坚持立足基层，立足社区，广泛深入开展了系列主题活动和创建活动。目前全市近4000名离退休干部职工身退志不休，在市区和农村集镇创办老年人活动室、老中医诊所、“夕阳红商店”等各类服务场所共1200多个；农村16000多名老人利用他们掌握的种养殖经验和传统工艺，带领当地群众脱贫致富；3000多名老干部、老战士、老专家、老教师、老模范积极投入关心下一代工作。市六中退休教师吴炳才20年坚持深入乡镇中小学办法制宣传展览，作法制报告，先后被授予“全国关心下一代工作先进个人”、“全国教育系统关心下一代先进个人”和2005年“中国十大法制人物”称号。

做好老龄工作　构建和谐社会

武汉市江汉区老龄工作委员会办公室

▲省人大、省老龄办、市老龄办领导来江汉区调研老龄工作，视察老年活动中心时观看剪纸协会老同志的现场表演。

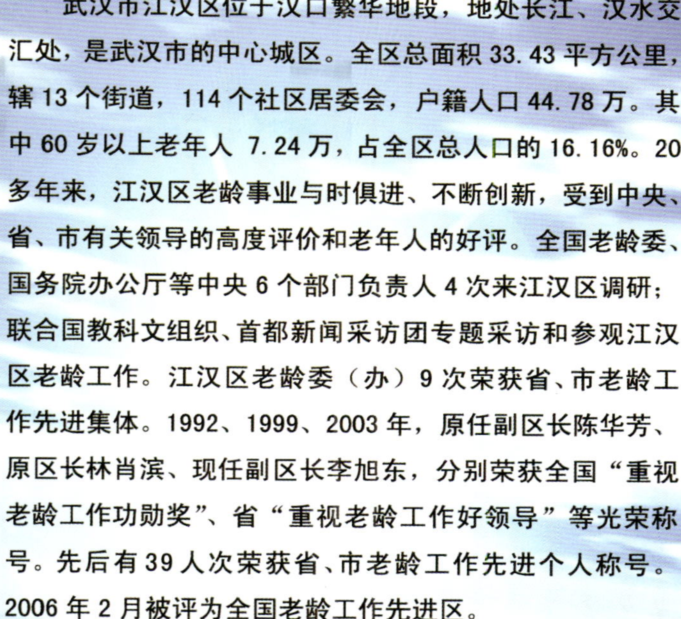

武汉市江汉区位于汉口繁华地段，地处长江、汉水交汇处，是武汉市的中心城区。全区总面积33.43平方公里，辖13个街道，114个社区居委会，户籍人口44.78万。其中60岁以上老年人7.24万，占全区总人口的16.16%。20多年来，江汉区老龄事业与时俱进、不断创新，受到中央、省、市有关领导的高度评价和老年人的好评。全国老龄委、国务院办公厅等中央6个部门负责人4次来江汉区调研；联合国教科文组织、首都新闻采访团专题采访和参观江汉区老龄工作。江汉区老龄委（办）9次荣获省、市老龄工作先进集体。1992、1999、2003年，原任副区长陈华芳、原区长林肖滨、现任副区长李旭东，分别荣获全国“重视老龄工作功勋奖”、省“重视老龄工作好领导”等光荣称号。先后有39人次荣获省、市老龄工作先进个人称号。2006年2月被评为全国老龄工作先进区。

▲创建全国老龄工作先进区表彰大会暨“健康寿星”颁奖大会上，省、市、区等领导为“健康寿星”祝寿。左二为省老龄办主任郭义友，中为区委书记黄楚平，右为市老龄办主任舒汉明。

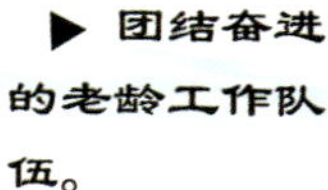

▶团结奋进的老龄工作队伍。

▲区政府副区长殷玉梅一行赴北京领奖载誉归来。

◀老年文化艺术节在万松街公园社区拉开序幕。

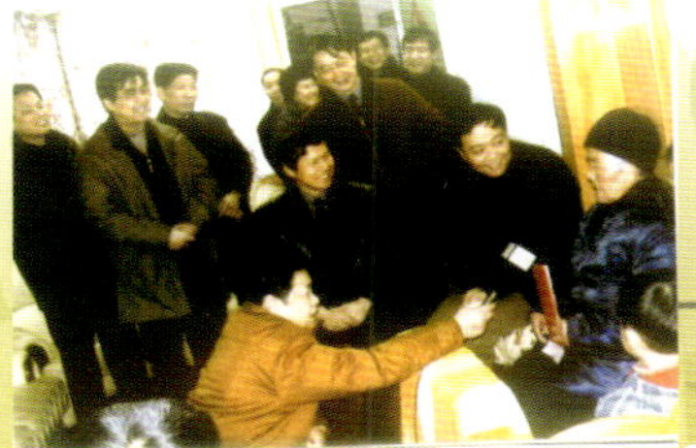

▲江汉区政府区长张平（右二）等领导上门看望并慰问高龄老人。

▲江汉地区第二十一届“寿星乐”暨“珍奥杯”金婚银婚庆典仪式上，老人穿着婚纱喜洋洋地步入婚庆殿堂的情景。

▲前进街老龄委举办《中华人民共和国老年人权益保障法》知识竞赛，纪念该法颁布实施10周年，辖区老年人踊跃报名参加。

新乡市老年干部大学

“全国老龄工作先进单位”检查验收组组长李本公在观看了艺术团的演出后，高兴地上台接见了全体演员并发表了热情洋溢的讲话。

2004年3月，在杭州第八届“中华不老城”全国中老年体育健身文化交流大会风采展示大会开幕式后，时任中国老龄协会会长、民政部副部长、组委会主任李宝库接见了新乡代表团负责人窦永才、王炜东等。

2004年9月，新乡市老年干部大学应邀赴北京在全国政协礼堂常委会议厅为第二届中国老年文化书画艺术交流会暨颁奖大会开幕式作了专场助兴演出，图为演出结束后全国老年学会会长张文范等多位领导为艺术团颁发奖杯和证书，并接见了全体演员。

新乡市老年干部大学创建于1987年3月，在市委、市政府的关怀重视下，校委会认真贯彻“增长知识、丰富生活、陶冶情操、促进健康、服务社会”的办学宗旨和“学、乐、为”相结合的办学原则，坚定正确的政治办学方向，教学质量和办学水平不断提高。19年来共培养学员10000余名，目前在校学员2400人（不含分校），设有三个系，33个专业课程，50多个班级。05、06年新乡市老年干部大学先后荣获“河南省老年干部大学先进单位”、“全国老龄工作先进单位”和“河南省老龄工作先进单位”荣誉称号。

办学特点：学校积极探索老龄事业服务于党的方针政策的宣传落实，走老年事业服务于社会、服务于基层的发展之路，办好老年干部大学以带动教育事业的发展，从而促进全市老年事业的发展。学校坚持政治办校和课堂学习与社会实践相结合的办学特色：请市委、市政府领导来校作时事政治报告；请学者、教授举办养生保健知识讲座；组织学员参观工农业生产、市政建设，积极参与社会公益活动，为“三个文明”建设做贡献；每年举办春、秋两季校办运动会；校内设立的鹊桥联谊会已为近百名老人牵线搭桥；由39名党员组成的“市老年干部大学关工委”，在市区、农村中小学进行大型传统道德展板的巡展，向乡村学校赠送优秀影片，先后为近万名小学生举办树立“八荣八耻”社会主义荣辱观、“结合长征精神，学雷锋、树新风”等报告会，受到了社会各界及师生、家长的好评。

校艺术团自2002年成立以来，始终坚持以正确的政治思想和先进的文化方向为指导，深入企业、部队、监狱、建设工地、乡村等基层义务慰问演出近百场，并在全国、省市及国际的比赛演出中取得了较好成绩：时装队在河南省时装模特大赛中荣获“六连冠”，在上海大赛中获“白玉兰金奖”、“梅花金奖”，时装表演《又见茉莉花》在上海“国际模特奥林匹克”大赛荣获团体季军和最佳音乐选配特别奖，在新加坡获大金奖和编导大金奖。2006年9月赴大连参加“全国中老年服饰艺术模特选拔赛”，《又见茉莉花》再获金奖，大型时装表演《岁月》获银奖；大型时装《华夏风情》被澳中文教协会选中组团赴法国巴黎参加“时装周”演出，获得成功；合唱队在昆明、杭州、山西等地多次获得金奖，被生茂等艺术家誉为“新乡飞出一个金凤凰”，06年11月，合唱队在全国首届老年大学文艺汇演中再次夺得最高奖—“金牡丹奖”；中央电视台曾三次派记者来校对艺术团进行采访报道，并在央视一、二、七、十套等频道播出。

动力所在：市老年干部大学今天所取得的成就，与市委、市政府领导的关怀、重视，以及市委组织部、老干局、老龄办、财政局等部门的热情支持分不开；与年过七旬，常年带病忘我工作，无私奉献，全身心地投入老年事业的领头人分不开；也与有一个真抓实干、艰苦创业、勇于创新、兢兢业业的校委会工作班子分不开。

新乡市老年干部大学至今还没有正规完善的校舍和教学设施，与“先进示范校”还有很大差距。但我们坚信在市委、市政府的关怀下，在市委组织部、老干局等部门的支持和全校师生员工的共同努力下，新乡市老年干部大学一定会在“构建终身学习的学习型社会”的道路上作出更大的贡献。

湖南省老龄工作委员会

2003年7月30日，国际助老扶贫项目在湖南省正式启动。图为欧盟国际助老项目官员对我省财务人员进行培训。

图为岳阳市爱心护理院挂牌仪式场景。

根据省委、省政府《关于加强老龄工作的决定》要求，省老龄委在三年内对全省的老龄工作干部进行了培训。图为省老龄委聘请老龄问题专家在老龄工作干部业务培训班上授课。

2004年8月，省人大内司委下发通知，对全省各市州进行执法检查。图为省人大内司委领导听取湘西自治州贯彻执行《老年法》和《实施办法》情况汇报。

2004年6月12日—10月22日，省老龄委在省会长沙举办湖南省首届老年艺术节。图为老年艺术节开幕式前老年锣鼓队表演“威风锣鼓”，喜迎宾客。

图为省老龄委艺术团在庆祝省老龄委成立二十周年文艺演出中表演节目。

广州市老龄工作

广州市委、市政府重视老龄工作，规定一名副市长主管老龄工作。图为广州市副市长、市老龄委主任苏泽群同志主持召开2006年广州市老龄委全体会议。

广州市老龄委注意发挥老龄委成员单位的作用，目前我市有33个老龄委成员单位。图为市老龄委办公室副主任吴云华同志主持召开每季度一次的市老龄委成员单位工作会议，各单位互通信息。

关爱老人是广州市委、市政府一贯的务实作风。图为广州市副市长、市老龄委主任苏泽群同志深入群众，到老百姓家里慰问百岁老人。

广州市现有60岁以上老年人96万多人，占总人口的12.8%，按照国际通行标准从1992年起已进入了老龄化社会，成为一个未富先老的城市。广州市委市政府高度重视老龄工作，认真贯彻“党政主导、社会参与、全民关怀”老龄工作方针，贯彻落实“老有所养、老有所医、老有所教、老有所为、老有所学、老有所乐”的老龄工作目标，积极为老年人办好事，办实事。

广州市老龄委成立于1986年10月3日，经过20年的发展，组建了现在的由市委组织部、市委宣传部、市劳动和社保局、市民政局等33个市直成员单位参加的市老龄工作委员会，各区、县（市）和街道（乡、镇）都建立了老龄工作机构，形成了上下贯通、左右协调的老龄工作体系。

2001年《广州市老年人优待办法》以市政府令的形式在全市颁布实施，它明确规定老年人在社会生活许多方面可以享受形式多样的优待政策。凡年满60周岁的广州市民都可以在公交、医疗、进入公园和文化、体育场馆等方面享受优待。《广州市老年人优待办法》的实施，获得社会各界如潮好评，被评为2001年度广州十大新闻之一，也是广州市老龄工作务实创新，努力开拓的成果，标志着广州市老龄工作迈上了新台阶。一直以来，广州市都是围绕“六个老有”开展老龄工作：

1. 老有所养　广州市现有社会福利机构184家，老年人床位19024张，基本形成了国家办的社会福利机构为示范，其他多种所有制形式办的社会福利机构为骨干，社区福利服务为依托，居家养老服务为基础的社会福利服务网络。

2005年5月，广州市民政局印发了《关于推进我市社区居家养老服务工作的意见》，在越秀、荔湾、海珠、天河等4个区17条街道开展了社区居家养老服务试点工作，进一步拓展了社区养老服务体系，使社区居家养老呈现出良好的发展前景。

2. 老有所医　广州市已建立起以社区卫生服务网络为主、各级医院为依托的老年医疗保健服务体系。各社区卫生服务机构普遍建立了24小时值班制度。

3. 老有所学、老有所教　目前，广州市有各类老年大学（学校）92所，在校学员6.1万人，占全市老年人口的6.3%，各乡镇（街道）教学点的教育工作做得扎扎实实，有声有色。

老年教育是做好老年人思想政治工作的基本出发点和落脚点。广州市各级老龄机构坚持做到开展“政治坚定，思想常新，理想永存”教育，实现老年人奋斗的目标。

4. 老有所为　近年来，广州市各级老龄机构积极倡导老年人参与社会活动，发挥老年人的经验和智慧，为社会作出新的贡献。组织了老年护工、老年治安巡逻队、老工程师协会，开展了“银龄行动”，老年人已成为稳定社会、教育后代、促进经济发展和科技进步、加强社会主义两个文明建设的一支重要力量。

5. 老有所乐　广州市委市政府十分重视老年人的工作，为老年人解决后顾之忧，落实老年人养、医问题，为老年人创造良好的生活环境。现在，广州市老年人不仅注重道德修养，讲究精神健康，而且注重生命、生活质量的提高，积极增加晚年生活的情趣，真正做到其乐融融。

广州市重视全民健身活动。图为由广州市老龄委、市体育局、市老年人体育协会在广州天河体育中心联合举办中老年人太极拳、太极扇表演大赛的场面。

深圳市老龄办

2004 年 9 月 29 日，原市政府秘书长张绮文在深圳市召开敬老好儿女颁奖大会上讲话，市民政局局长刘润华（左三）、市民政局原副局长李少梅（左二）等领导出席会议。

深圳市召开老龄工作第四次全体扩大会议，梁道行副市长（左二）张绮文副秘书长（左一）、刘润华（左三）等领导参加会议。

2005 年 12 月 8 日，深圳市召开优秀基层老年群众组织经验交流会。

2005 年 4 月 1 日，深圳市召开老龄工作委员会第四次全体扩大会议，共商老龄工作大计。

2004 年 9 月，市民政局原副局长李少梅和市老龄办、龙岗区等领导慰问 108 岁的江朋娇老人。

2004 年 9 月 29 日，原市政府秘书长张绮文在深圳市召开的敬老好儿女颁奖大会上讲话，市民政局局长刘润华（左三）、市民政局原副局长李少梅（左二）等领导出席会议。

举行"共建和谐"老年文艺汇演。

2005 年 12 月 26 日，深圳市首届"健康杯"老年人风筝大赛开幕仪式现场，市民政局副局长邱展开致开幕词。

2005 年 9 月 29 日，深圳市召开十大老有所为奉献奖颁奖大会，图为获得者领奖合影留念。

老年人在风筝比赛中。

广州市荔湾区老龄工作委员会

荔湾区位于广州市西部，俗称“西关”，常住人口 70.6 万，其中 60 岁以上老年人口比例达 18.5%，约有 13 万人，是典型的老城区。成立了全国文昌慈善会；开办岭海老年大学；开办区级慈善医院，并率先开设社区卫生医疗站和慈善门诊；率先探索穗港合作开展为老服务项目等。近年来，我区坚持以“三个代表”重要思想为指导，不断完善老龄工作网络，大力开展老龄活动，进一步改善为老服务环境，老龄事业广泛、深入、持续发展，2004 年被评为“广东省老龄工作先进区”，2005 年被评为“全国老龄工作先进区”。

一、加强领导，不断完善老龄工作网络

荔湾区历届政府十分重视老龄工作，围绕提高老年人生活质量，不断完善老龄工作网络，切实维护老年人的合法权益。

二、慈善带动，不断营造社区敬老氛围

我区充分发挥区、街慈善会的感召力和凝聚力，吸引社会力量参与慈善事业。率先倡导认养和开展助养孤老、特困老人活动，签订“一对一”帮扶协议。建立“社区服务热线呼叫网络”，为社区独居老人安装应急求助电铃。开办区慈善捐助超市，困难老人可凭卡免费领取生活用品。积极发展义工组织，在全市率先开通区级社区服务网，启动义工网上报名服务网。

三、加大投入，不断改善为老服务环境

近几年，我区财政用于老龄事业的资金投入达上亿元。先后筹措资金 5410 多万元，建成 22 条街道社区服务中心、2000 平方米的区退休职工管理服务中心、500 多平方米的区退休干部活动中心；投入 1200 多万元，扩建和改善荔湾颐乐园、街道敬老楼等福利设施建设；投入 3000 多万元，建设“星光老年之家”项目 92 个；投入 80 多万元，在社区建设健身路径和体育设施。同时，投入了 4000 多万元，建设中医药特色的社区卫生示范区，使老年健康保健在社区得到更好的体现。我区还按照“家庭养老为主，社会养老为辅”的思路，构建社区居家养老服务体系。成立了居家养老服务部，对全区养老服务工作进行指导，22 条街道社区设置了为老服务窗口，开设日托、上门照料、送餐、陪护等服务。

四、学养结合，不断丰富老年人生活内涵

我区着眼于提高老年人的生活文化水平，坚持办好社区老年学校。目前，共有老年大学 2 所、老年学校 13 间，老年人活动中心（站）179 个。开设书画、曲艺、舞蹈、插花、英语、计算机操作等课程，累计办学 32 期，学员 21000 多人次，带动和促进了全区老年文化教育事业的开展。我们还充分调动社会力量发展多元化老年教育，支持岭海老年大学，目前该校已发展成为拥有 2100 多平方米的教学大楼，设 15 个学科，有 72 个学班，常年学员达 3700 多名的综合性老年人大学，累计教育学员 51000 多人次，成为我区和广州市的一个重要老龄教学阵地。为综合展示老龄教育成果，我区连续 5 年举办老年教育展览，分别以“荔湾夕阳无限好、社区教育展风采”、“情暖夕阳、爱满荔湾”、“迎新春、颂晚情”、“敬老展风采、情暖长者心” 为主题，开展敬老爱老系列活动，收到良好社会效益。

坚持弘扬“西关文化”，开展社区文体活动。荔湾民间文化底蕴深厚，“西关文化”氛围独特。各街道在社区服务中心、“星光老年之家”、社区文化场所设有老年人专场。目前，民间乐社“私伙局” 40 个，聚集了粤剧、粤曲艺术爱好者，已成为广州老年人粤曲团体代名词，传播着西关民间曲艺。区老干部艺术团、区退休职工艺术团、区教育局教工之家等经常组织专题文艺演出。其中“万年青”老人艺术团、区军休所老干部“八队二组”文体队，在省市各项文艺活动中赢得不少荣誉。区老龄办和各街道老龄机构适时组织游园、登高、一日游、法律咨询、社区体育等活动。积极组队参加省市各类老年人运动会，多次取得优异成绩，社区文体活动已成为我区新的社区风景线。

五、落实维权，为老年人撑起一片生活的“蓝天”

区老龄办和区法律援助中心合作成立区老年人法律服务部，22 条街道依托司法所成立了老年人法律服务点，193 个社区全部建立了社区老年人法律服务联络员制度，形成区、街、社区三级老年人维权服务网络。接待老年人涉法咨询，处理老年人各类纠纷，有效维护老年人合法权益。同时，做好《优待证》办、发放工作，办结率 100%。

一直以来，我区老龄工作在省、市老龄工作部门和各级领导的大力支持和精心指导下，坚持探索创新思路，注重培养品牌，形成荔湾自身发展特色；坚持狠抓基层组织建设，扎实开展工作，规范管理制度并提升管理水平；坚持整合社区资源，统筹老龄工作合力，形成浓厚的社会敬老氛围。今后，我区将继续探索老龄工作新路子、新方法，研究和解决工作的问题和困难，积极进取，力争不断取得新佳绩。

开创荔湾老龄事业新局面

▲ 2005年9月11日下午，国务院总理温家宝在广东省委书记张德江、省长黄华华、广州市委书记林树森、市长张广宁等省市领导以及区委书记、区人大主任向东生、区长刘平等区领导的陪同下，视察荔湾区逢源街耀华社区。

▲ 广州市副市长、市老龄委主任苏泽群同志（右1）在荔湾区刘平区长（左2）的陪同下到荔湾区孤寡老人家中探访慰问。

▶ 花地街在“星光老年之家”开展老年人曲艺活动，让老年人在活动中互动沟通，营造和谐的社区环境。

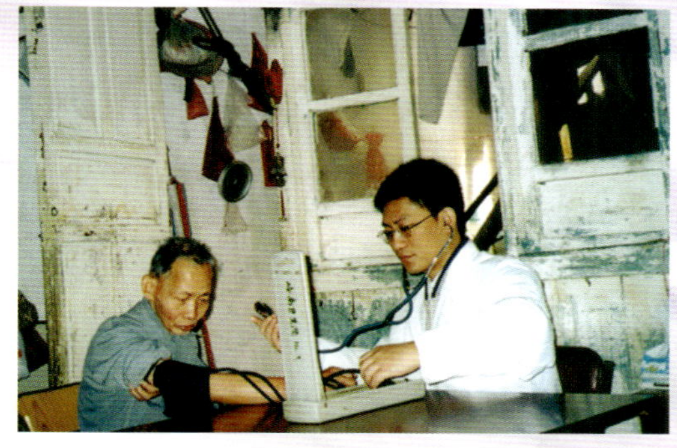

◀ 荔湾区华林街社区医院定期上门为孤寡老人体检。

◀ 荔湾区逢源街组织的“文昌慈善会长者、残疾人士游花街”活动。

立足区情 求真务实

深圳市罗湖区老龄工作

罗湖区老龄工作委员会和办公室成立于2001年12月。6年来，罗湖区老龄工作在区委、区政府和市老龄委领导和关心下，坚持“党政主导、社会参与、全民关怀”的老龄工作方针，以落实“六个老有”为工作目标，区老龄委充分调动各方面积极性，有力地推动了我区老龄工作的全面发展，取得了较好的成绩，2005年被全国老龄委评为“全国老龄工作先进区”，区社会福利中心被全国妇联授予“国家级巾帼文明岗”，10个社区的老年协会被评为“深圳市优秀基层老年群众组织”。

全区建立健全了区、街道、社区居委会“两级机构、三级网络”的老龄工作组织架构，配备了专兼职的老龄工作人员251名。完善了基层老年组织和老年协会的组织架构，社区成立了老年协会，充分发挥老年协会的组织作用，实现了老年人“自我管理、自我教育、自我监督”的活动原则和工作目标。

区委、区政府高度重视老龄工作，把老龄工作经费纳入区财政预算，确保了老龄工作协调发展。每年区财政投入老龄工作经费200多万元，并且每逢老年工作活动时，及时批拨专款。截至2005年底，全区建成160个“星光老人之家”，总投入资金共4110万元。

加强基层基础建设，建立了老年人活动场所。“星光老人之家”建设项目的实施，为老年人提供了一个良好的学习、娱乐环境。全区建立“星光老人之家”160个，“星光计划”建设总面积为34,843平方米。“星光老人之家”基本上都设置了维权室、健身室、棋牌室、图书阅览室、舞蹈室、桌球室、乒乓球室、电脑网络室和培训室等活动设施，集学习、健身、娱乐于一体，为辖区老年人“老有所乐、老有所学、老有所为”提供了优质服务场所，深受辖区老年人的欢迎。

落实服务政策，大力维护和保障老年人合法权益。落实老年人优待政策，实行每季度为老年人办理一次优待证的工作机制；落实养老救助政策，全区基本养老保险和基本医疗保险覆盖率100%，老年人晚年生活有了保障；落实社康服务保障体系，为辖区600个老人建立了健康档案，定期进行保健；落实社区居家养老服务工作，选择桂园街道为试点单位，积极开展社区居家养老服务工作；落实老年人维权工作，区老龄办下设区老年人权益部，负责协调处理涉及老年人合法权益的事务，给老年人提供法律援助，加大了老年人合法权益的保障力度。

开展健康向上的文化娱乐活动，活跃老人文化生活。每个社区均分别组建了“夕阳红合唱队”、“巾帼舞蹈队”、“金秋时装表演队”等多种文体队伍，经常开展丰富多彩的文体活动。充分发挥社区老年人余热，实现“老有所为”。组织社区老年人开展“志愿者服务队”和“关心下一代”工作等活动，现参加社区义工联（志愿者）的老年人有1950名，收到良好的社会效果。

鹏兴社区老龄书画协会2002年成立，图为协会举行书画展览，他们的作品曾获得过全国、市、区的多个奖项。

2006年春节，区委书记刘学强、区长鲁毅、副区长康雅丽、区民政局局长方海明到罗湖区社会福利中心检查指导工作并亲切慰问老人。

2005年罗湖区“老人节”暨“老有所为”奉献奖先进代表座谈会现场。

东门书院街社区老年人晨练活动。

全国妇联书记处书记甄砚，在罗湖区委副书记曾节、副区长康雅丽、区民政局局长方海明、区妇联主席戚泽彦的陪同下，到罗湖区社会福利中心参观指导工作。

社区退休老年人发挥余热，成立义务巡逻队保卫社区的安宁。

海南省老龄工作委员会办公室

海南省是一个老年人口增长较快的省份。

省委、省政府采取积极措施，加强和完善社会保障体系，将自由职业者和灵活就业者纳入社会养老保险范围。目前，各类企业全部参加社会统筹，覆盖面达100%，统筹基金收缴率达到97.8%。农村养老保障取得了新进展，截至2006年上半年统计，全省18个市县、245个乡镇（街道）、3607个村（居）委会已开展农村社会养老保险工作，累计27.65万人参保。

省委副书记、省长卫留成听取陵水县委关于老龄工作的汇报，并在省委常委、统战部部长王守初，陵水县委书记陈建春，县长王雄，陵水县委副书记、县老龄委主任杨海洋陪同下慰问特困老人。

以建立健全最低生活保障制度为重点，从制度上进一步加强老年人社会养老保障体系。省委、省政府在社会主义新农村建设中坚持以提高贫困农民收入水平为重点，下大力气，加大投入，健全和完善社会保险、社会救助、社会福利、慈善事业相衔接的覆盖城乡居民的社会保障体系，在各项社会保障体系中，受益的半数以上是老年人。截至2006年底，全省纳入居民最低生活保障共有16.21万户，31.57万人，其中纳入农村居民最低生活保障的有8.64万户，15.34万人；农村五保供养22160人；自2006年7月1日始，为百岁以上老人发放长寿保健补助金，所需资金全部纳入省级财政预算。

不断扩大基本医疗保险覆盖面，城乡医疗救助制度取得初步成效。截至2006年底，全省累计农村医疗救助人数达18.9万人，医疗救助资金支出997.33万元。城市实施医疗救助513人，累计救助资金支出94.7万人。目前，全省参加社会医疗保险人数达81万人，其中退休人员23万人，占参保人数的23.39%。

2005年2月28日，海南省人民政府副省长符桂花会见全国老龄委办公室常务副主任李本公，就发展我省养老服务事业交换了意见。

离退休退休人员社会化管理工作稳步推进。截至2005年4月，全省建立社会化管理服务机构665个，其中459个社区实行社会化管理服务的退休人员达到26.9万人，其中社区管理人数13.3万人，社会化管理服务率达到90%，纳入社区服务率49.4%。

加大老年服务设施建设力度。“十五”期间，我省各级政府紧紧抓住实施“星光计划”的机遇，加大老年服务设施的力度。全省累计投资10312万元，建立老年活动中心（室）236个，总建筑面积62201平方米，可容纳15519人同时参加活动，日均活动人数有9420人；全省有农村敬老院175所，共有床位2334张，并成为具有社会福利、养老托老、文化娱乐、体育健身、科普中心教育、社区服务多功能的农村社会福利中心和老年人活动中心；2001年以来，海口市秀英区、东方市先后建起19所村敬老院，与镇敬老院相配套，形成了农村养老福利服务体系，使老年人能就地、就近得到供养保障；社会福利事业进一步发展，截至2004年年末的统计，全省福利性收养床位共有3535张。其中，政府兴办收养性床位668张。

海南省民政厅副厅长、老龄委办公室主任黄栋国和全省各老年服务机构负责人座谈养老服务业的发展。

基层老年卫生服务网络为老年人就近、优惠提供医疗保健服务。全省已建立社区卫生服务机构68个，乡镇都建有卫生院，部分行政村（居）设有卫生所（室），为老年人开展疾病预防、医疗护理和家庭病床等卫生保健服务。

民办养老服务业初步形成。全省具有一定规模和影响的民办老人服务机构共有6家，投资总额共2752万元，占地面积13.9万平方米，建筑面积17.1万平方米，床位总数约1100张，年均接待2.08万人次。

基层老年文化活动极大地丰富了老年人的文化生活。我省城乡老年文化活动广泛开展，“积极老龄化、健康老龄化”的科学生活方式在老年人中蔚然成风。

志愿者在为老人理发

为孝之道，须常慎护老人。米铺老人公寓护理员悉心照顾老人

琼海市老龄工作委员会办公室

全国老龄办常务副主任李本公（右三）在省民政厅副厅长、省老龄办主任黄栋国（左三），市委副书记、组织部长、市老龄委主任刘春梅（左一）陪同下深入社区检查老龄工作

琼海市位于海南岛东部，现辖有12个镇、203个村（居）委会，总人口46.3万人，其中60岁以上老年人6.7万人，占总人口的14.47%。市委、市政府高度重视老龄工作，坚持“党政主导、社会参与、全民关怀”的工作方针，围绕“六个老有”工作目标，积极创新载体，充分发挥职能部门的作用，有力地促进了老龄事业的发展。

2005年，琼海市被评为“全国老龄工作先进市（县）”。

一、建立领导机制和工作机制。市委、市政府把老龄工作当作关系国计民生和社会稳定的大事，纳入全市经济社会发展规划，统筹安排，切实加强对该项工作的领导。建立健全市、镇、村三级工作机构。

二、健全养老保障体系，切实解决老年人生活难题。认真贯彻落实《老年人权益保障法》，制定了一系列政策措施，不断健全养老保障制度，在生活、医疗、服务等方面对老年人实行优先优惠。此外，还建立了老年人法律援助、咨询服务机构，为老年人提供无偿服务。

三、加强基础设施建设，完善社会服务体系。我市以市级为示范，乡镇为主体，民办为补充，多元化发展社会福利事业。目前全市有光荣院1所、福利院1所、敬老院27所，其中13所镇敬老院被评为省级先进敬老院，大路镇敬老院是海南省唯一的“全国模范敬老院”。

全国老龄办原副主任白桦（右一）在市委副书记、组织部长、市老龄委主任刘春梅（右二）、市政协副主席、民政局局长、市老龄办主任陈徽娥（左一）陪同下慰问社区老人

四、发动社会力量关心支持老龄工作，积极为老年人办好事办实事。我们把尊老、敬老、爱老、助老纳入全民道德教育体系，加大宣传，加强教育，使家家有老人、人人都要老、关爱今天的老年人就是关爱明天的自己等道理深入人心，努力营造尊老、敬老、爱老、助老的社会氛围。

五、搭建平台，充分发挥老年人的余热。市委、市政府不定期召开离退休老干部座谈会，倾听他们对琼海发展的宝贵意见和建议，并积极为老有所为者设岗开绿灯，成立了关心下一代工作委员会、老年人体育协会、老干部书画协会，聘请老干部当督察员、监督员、巡视员等。老干部们退而不休，劲头不减，甘当“孺子牛”，成为老年人发挥余热的带头人。

市委副书记、组织部长、市老龄委主任刘春梅

市老年人健身队在庆重阳节晚会上表演健身球

市政协副主席、民政局局长、市老龄办主任陈徽娥（左三）和市老年人代表队在庆“八一”军民联欢晚会上表演舞蹈《我给解放军送草鞋》

中国工程物理研究院老年大学

——全国企业老年大学示范校

中国工程物理研究院（简称中物院）创建于1958年，是以发展国防高科技为主的理论、实验、设计、生产综合型科研单位。中物院老年大学创建于1997年。由院主办，实行校务委员会领导下的校长负责制。行政上由院政治部主管，院党委老干部局具体管理协调，业务上接受院人教部指导，院老科协协办，聘请离退休老同志具体运作。

校长尚林盛

目前，从建校初期的3个班几十个学员发展到今天900余人（1800多人次），占我院在绵阳市科学城辖区离退休职工的12%。学校开设了14个专业，39门课，52个教学班，建立了老年书画研究会和艺术团。设一所分校，两个办学点。

2002年，学校提出奋斗5年创建全国企业老年大学示范校的目标。在全院各级领导和广大职工的关心和支持下，全体工作人员和师生经过3年多的努力，经中国老年大学协会企业校委员会评审验收合格，于2006年5月24日被授予“全国企业老年大学示范校”。

“全国企业老年大学示范校”授牌仪式

中物院老年大学是中国老年大学协会会员校、全国企业校委员会副主任单位的成员校、四川省老年大学协会理事校、川渝部分老年大学协作联谊会成员校。

现与省内外50余所老年大学保持资料交流信息联络。累计已有17篇老年教育、办学经验论文或文章被中国《老年教育研究文集》、中国《老年教育》杂志等刊物录用。

热烈欢迎中国老年大学协会企业校委会领导莅临我校指导工作

——我校学员累计有1965人次参加省市大型文艺演出活动，共获12块奖牌和6面奖旗、2个奖杯。被誉为“活跃在科学城里的文艺轻骑兵”。

——我校学员累计有767幅书画摄影作品在全国、省、市、院级展览中展出。其中国家级展览53幅，获奖34幅；省级34幅，获奖15幅；市级100幅，获奖10幅；院级580幅，获奖92幅。

——我校学员现有64人被国家、省、市各级书画、摄影家协会吸收为会员。

电子琴教室 乒乓室 电脑教室 练功房

云南省老龄工作委员会

由云南省老龄办、中国老年报社共同举办的全国首届农村老龄工作理论研讨会 2005 年 9 月 12 日 --13 日在昆明召开

副省长、省老龄委主任李汉柏（右一）为首届“云岭十大孝星”颁奖

2005 年 2 月 25 日，云南省第二次老龄工作会议在昆明隆重召开

《云南省老年人权益保障条例》立法调研会 2005 年 11 月 17 日在昆明召开

2005 年 6 月 10 日，云南省“孝心进社区工程”启动仪式在昆明举行

2003 年 9 月 29 日，省主题教育活动组委会召开“我为贫困老人捐献一元钱活动”新闻发布会，图为省老龄办王建新副主任发布新闻

民政部原副部长李宝库（左）在省老龄办副主任王建新陪同下参观云南省老龄事业二十周年成就展

云南省老年文艺汇演 2005 年 9 月 22 日 --24 日在昆明举行

曲靖市老龄工作

市老龄办主任翟应江

曲靖市现有老年人64.4万人，占总人口的11%，其中城镇老人8.89万人，农村老人55.5万人，百岁老人73人。市委、市政府历来重视发展老龄事业，分别在老龄工作机构、人员编制、财政投入、老年活动服务设施建设等具体方面出实招、办实事、求实效，努力向“六个老有”的目标迈进，营造了老龄工作的良好环境：

一是老龄组织形成网络。市、县、乡三级和815个机关、企、事业单位自下而上建立了老龄组织。行政村和城市社区已建基层老龄协会1595个，占应建数的92%。经民政登记注册由老龄办管理的老年社团17个。形成横纵交叉、专群结合的

二是老龄工作机制建立。从2003年开始，曲靖市在全省率先实行老龄工作目标管理责任制，市政府副市长、老龄委主任刘海芳同志与成员单位签定了年度目标责任书，明确了成员单位的职责；市老龄办与各县（市）区老龄办签定了年度目标责任书；各县（市）区老龄委将老龄工作列入对各乡镇的年度目标考核，老龄工作经费列入同级财政预算，并据老年人口增长数逐年增加。

团结务实的市老龄办领导班子

常务副市长、老龄委主任刘海芳主持召开市直成员单位会议，共谋老龄事业大局

三是老年活动阵地健全。建成有人员编制、有事业经费的老年活动中心14个，100平方米以上的老年活动室967个，老年人专用羽毛球场96块，网球场32块，门球场249块，地掷球场112块，气排球场49块，乒乓球桌160张。成立县级老年大学3所，乡村设老年学校。老年人活动健康有序，丰富多彩。

四是“创建”活动成效显著。2003-2005年，全市按照创建“敬老先进村（社区）”“七个一”标准，已有238个村（社区）获得市政府挂牌，3个县（区）获省级“敬老先进县（区）”称号，12个村（社区）被评为省级“敬老先进村（社区）”。2005年，麒麟区荣获“全国老龄工作先进区”、市老龄办荣获“全国老龄工作先进单位”称号。

开展敬老爱老助老活动启动仪式

五是尊老敬老氛围浓厚。2005年，市人民政府首次设立“敬老奉献奖”，共表彰了23个捐资助老典型，鼓励、激发了全社会关心、支持老龄事业的积极性，涌现出师宗县雄壁镇陈永明等48位共捐资1000万元（其中个人捐资上50万元的有6人），建盖了13个老年活动中心（室）的“爱心人士”先进典型，全县老龄事业累积接受社会捐资2000余万元。同时，全市启动“助老工程”，开展助养百岁寿星和救助特困老人活动，营造出良好的敬老环境，老龄工作不断焕发出新的生机和活力。

■老年人文体活动遍及城乡

库尔勒市老龄工作

2006年7月17日，全国老龄办副主任吴玉韶（左二）亲临市第一人民医院看望上海“银龄行动”专家，与上海市杨浦区中心医院副主任医师方迅良亲切握手。

近几年来，库尔勒市各级老龄组织及老龄办在保障老年人合法权益，提高老年人生活水平和生活质量，落实老年人精神文化生活，加强老年人娱乐活动等方面做了大量工作，为全市三个文明建设做出了重要的贡献。

我们统一思想，树立信心，增强对老龄工作重要性的认识。老龄问题涉及政治、经济、文化和社会等诸多领域，关系国计民生和国家长治久安，关系全面建设小康社会和社会主义和谐社会的构建。

认真编制和实施市老龄事业发展“十一五”规划。在城市，要突出体现完善基本养老保障制度，落实城市最低生活保障制度，积极推动医疗保障制度改革，加快老龄事业基础设施建设和加快养老服务业发展，不断提高老年人的生活和生命质量。在农村，进一步加强家庭养老保障的基础作用，积极探索建立社会养老保险制度，大力推进新型合作医疗，创造条件建立健全农村最低生活保障制度，切实解决老年人的基本养老和基本医疗问题，解决他们的后顾之忧。

州委常委、组织部长、州老龄委主任岳秀诚同志（右一）和州委常委、市委书记赵青（左二）一起到建设街道康都社区调研老龄工作。

突出重点，狠抓落实，全面做好各项老龄工作。一要加强基层老龄工作。农村老年人的生活状况不容乐观，解决老有所养、老有所医等基本生存保障问题是第一位的，最重要的是我市因地制宜、因势利导、实事求是地做好农村老龄工作；在城镇积极探索建立与社会主义经济体制适应的城市社区老龄工作体系和运行机制，依托社会发展老年服务业，完善社区老年服务体系，不断提升社区养老功能，建立了一支专兼职和志愿者相结合的老龄工作队伍，使社区老龄工作有人抓、 有人管，老年人的困难有人帮助解决。二是加快老年服务业建设，丰富老年人物质和精神文化生活。正在兴建的市老年活动中心，是吸引老年人开展各类活动的场所，争取把它办成示范性、样板型的老年人活动阵地。加大社区基层老年活动场所建设力度，采取“为老服务”资源的有效整合，依靠社会各界的支持、帮助，集中力量抓好基层老年活动场所建设，使老年人就近开展各项活动。三是切实维护老年人合法权益。我们以纪念《中华人民共和国老年人权益保障法》颁布10周年为契机，进一步推动全社会大力弘扬中华民族敬老、养老的传统美德，积极维护老年人的合法权益。四是积极开展“银龄行动”工作。我们精心组织，认真实施，挖掘区内、州区、市内的老专家志愿者发挥余热，到基层服务，使“银龄行动”向纵深方向发展。

2006年9月13日，库尔勒市召开第二次老龄工作会议暨“银龄行动”总结表彰大会，市委副书记、市长麦尔丹·木盖提（左五）作重要指示，州、市有关领导参加会议。

我们坚持“党政主导、社会参与、全民关怀”的老龄工作方针，形成了党政加强领导，老龄委组织协调，有关部门齐抓共管，全社会共同努力的老龄工作新格局，努力巩固好“全国老龄工作先进市”的光荣称号。

2006年9月13日，库尔勒市政府召开第二次老龄工作会议暨“银龄行动”总结表彰大会，市委副书记、市长麦尔丹·木盖提（左二）为十佳“老年恩爱夫妻”哈吾力·买买提等夫妇颁发荣誉证书。

市老龄办主任殷富秀（右一）亲切看望上户镇大墩子村百岁老人霍加·艾合买提。图为霍加·艾合买提老人百岁生日，殷主任为他过生日的场面。

2005年9月18日，市老龄办在风帆广场举办纪念中国人民抗日战争胜利60周年老年音乐会，图为市老年大学合唱团自编自演配乐诗朗诵《不能忘记》。

发展中的阿克苏地区老龄工作

阿克苏地处新疆维吾尔自治区西南部，位于天山南麓，塔克拉玛干沙漠北缘，总面积13.25万平方公里，辖库车、沙雅、新各、拜城、温宿、阿瓦提、乌什、柯坪8县和阿克苏市、阿拉尔市及新疆生产建设兵团农一师所属16个团场。总人口226.49万人，其中维吾尔族占74.6%，汉族占24.1%，其他民族占1.3%，是一个以维吾尔族为主体、36个民族聚居的地区。全地区现有60岁以上老年人约19.9万，占总人口的8.78%。

2002年2月，阿克苏地委、行署根据国家、自治区关于理顺老龄工作领导体制的要求，设立由地委和行署的21个工作部门和职能部门为成员单位的地区老龄工作委员会。地区老龄工作委员会为地区老龄工作议事协调机构，下设办公室（正县级），配专职副主任一名，办公室设综合科、维权调研科、宣传信息教育科3个职能科室，核定事业编制9名，现有在职工作人员8名，人员依照公务员管理，马建新同志现任专职副主任兼任民政局党组成员，老龄办和民政局属同一个党组。2005年以来，实行经费预算管理，开展活动经费不足时进行追加申请。地区老龄办现有办公室5间，配有电脑、打印机、复印机等自动化办公设备，有一辆桑塔纳2000型工作用车。2005年上海老龄委为我地区“银龄行动”工作捐赠专款购买了一辆商务车，专用于“银龄行动”工作。办公条件逐年改善。各县市均有相应的工作机构，并配备了专职领导，有2—5名工作人员，县（市）合计编制32个，实有工作人员33名。各县市均有一定的工作经费，有固定的办公场所，有基本的办公条件，9县市目前有3个县解决了交通工具问题。地区老龄办监管指导地区老年体协等6个涉老协会，组织指导他们开展各项活动。

几年来，阿克苏地区老龄办在地委、行署的领导下，在自治区老龄办的指导下，坚持“党政主导、社会参与、全民关怀”的工作方针，做了一些卓有成效的工作：一是积极开展了“创建老龄工作先进县（市）活动”，促进了基层老龄工作，推动了地区老龄事业的发展；二是从2003年开始连续四年开展了“银龄行动”试点工作，共引进97名上海老年志愿者来我区开展以传、帮、带、教、培为主的智力援助活动，对我区医疗卫生、教育、畜牧事业的发展起到了积极的促进作用；三是认真贯彻落实《自治区优待老年人规定》，扎实有效地做好了《老年人优待证》的发放工作和落实《自治区优待老年人规定》的督促检查工作；四是认真贯彻落实《阿克苏地区老龄事业发展“十五”计划纲要》，并做好定期评估检查工作，基本完成了《纲要》规定的各项指标；五是加大老龄宣传工作力度，通过编辑老龄工作简报、编发信息、向各新闻媒体投稿，积极联络各新闻媒体参与地区各项老龄工作的宣传报道，加大了对外宣传的力度，全面反映地区老龄工作开展情况。积极开展了“全国敬老爱老助老主题教育”活动、自治区“敬老宣传月”活动，增强了全地区尊老敬老爱老的社会氛围，对应对人口老龄化和发展老龄事业起到了积极的作用；六是为老年人办好事、办实事，维护老年人合法权益。几年来，地区及各县市大力开展各项敬老助老活动：慰问救助特困老人、百岁老人、孤寡老人；发放百岁老人生活补贴；举办法律咨询、保健讲座；签订“家庭赡养协议”；开展老年文体活动。由于阿克苏地区老龄办工作扎实有效，得到了上级的好评，先后被评为自治区老龄工作先进单位、全国自治区“银龄行动”工作先进单位、自治区贯彻《优待规定》工作先进单位。

今后我们将进一步贯彻落实全国老龄工作会议精神，继续加大开展老龄工作的力度，逐步完善老年人维权保障、生活照料、医疗保健、文体生活等方面的服务，不断开拓老龄工作的新视野，把地区老龄工作和老龄事业提高到一个新水平。

克拉玛依区老龄工作委员会办公室

抓住机遇 乘势而上 构建克拉玛依老龄工作新格局

自治区老龄委副主任、老龄办副主任宋海渭等一行10人来到天山路街道老年人活动中心参观。

区委书记田清生、区人大常委会主任李浩华、区长张虎、副书记杨娅君、副区长荣立克上门为克拉玛依区第一位百岁老人韩玉华奶奶庆祝生日。

区老年协会经常组织一些有益身心健康的比赛活动。老人们聚精会神地注视每一步棋，谁也不示弱，旁边的观众也为他们加油助威。

克拉玛依区深入开展居家养老服务工作，建立“敬老室”、签订“助老帮困结对协议”。每逢节假日，党员义工和志愿者们陪同体弱多病的老人出游，老人们看到风景如画的人民广场、宽阔整洁的步行街，脸上露出了幸福的笑容。

克拉玛依区以创建“全国老龄工作先进区”为抓手，按照“抓管理、促服务、树典型、促发展”工作要求，积极探索管理、服务的最佳途径，逐步形成了面向社会、辐射全区、特色鲜明的老龄工作格局。

一、健全三个机制，奠定良好基础

1、健全组织领导机制。坚持以人为本，做到了“五个到位”，即组织领导到位、思想认识到位、人员配置到位、具体措施到位、经费保障到位。

2、健全长效保障机制。重视老龄工作，做到了“三纳入”、“三经常”。领导小组经常深入基层调研，坚持重大问题及时决策、重大活动准时参与、重大任务亲自督办、难点问题亲自协调的工作作风。

3、健全管理运行机制。抓管理，重规范，做到了“三抓”：狠抓三级组织管理网络建设、资源整合、制度建设，实现了微机化、规范化管理，健全老龄工作网络体系，形成了协作联动，齐抓共管的良好局面。

二、立足基层，拓展工作平台，构建老年服务体系

以社区为依托，以服务为手段，不断完善具有社区特色、功能齐全的老年服务体系，为老年人居家养老提供了全方位多层次的社会化服务。

1、完善养老保障体系，实现老有所养。

2、拓展医疗保障服务，实现老有所医。

3、创建学习型组织，实现老有所教、老有所学。

4、搭建平台，实现老有所为、老有所乐。

三、突出重点，切实维护老年人合法权益

1、制定优待政策，强化保障措施。

2、实施法律服务，加强司法援助。三级维权网络进一步健全，区老年法律援助中心通过“12348”法律服务专线，64个法律服务网点，为老年人提供就地、就近、及时的法律咨询服务。

3、加大执法力度，确保落实到位。区人大常委会经常组织人大代表对落实情况进行视察，针对政策落实过程中的难点、热点问题进行专题研究，及时解决老龄工作中的各种难题。

四、大力开展宣传，营造良好的社会氛围

敬老、爱老、助老是中华民族的传统美德，不断加大老龄工作宣传力度，积极倡导全社会提高敬老、爱老、助老意识。

1、舆论宣传到位。充分利用广播电视台、新疆石油报、区政府网站等媒体大力宣传老龄工作，切实做到了电台有声音、电视有图像、报刊有文章，营造了浓厚的舆论氛围。

2、狠抓政策法规宣传教育。将《老年法》、《条例》、《规定》纳入“四五”、“五五”普法教育内容和年度干部培训内容，在全区范围内进行了广泛深入的宣传教育。

克拉玛依区将以荣获“全国老龄工作先进区”荣誉称号为契机，坚持以邓小平理论和“三个代表”重要思想为指导，认真贯彻党的十六大精神，落实“党政主导、社会参与、全民关怀”工作方针，与时俱进，开拓创新，为克拉玛依经济发展、社会稳定和老龄事业的全面发展做出新的贡献！

克拉玛依区老年协会

新疆老年康乐报社

▲社长 总编辑 刘志诚

《老年康乐报》创刊于1986年7月5日。20年来，报纸从四开四版的半月报、旬报、周报，发展到四开八版、十二版、全彩印刷的周二报；从名不见经传的专业小报，发展为办报质量、发行量、广告创收都位居全国老年类报纸前列的强势媒体。报纸深受广大读者的喜爱，被新闻界誉为“《老年康乐报》现象”。

20年来，《老年康乐报》始终把全心全意为老年人服务作为办报宗旨，确立了“旗帜鲜明、短小精悍、内容丰富、富有情趣、图文并茂、格调高雅”的办报风格，不断强化服务功能，增强报纸的实用性、贴近性，凸显了《老年康乐报》在宣传老年人、老龄工作方面的权威地位，形成了报纸海纳百川的全国视角。

1991年，编辑出版了新疆第一部反映老龄工作发展成就的文集《崛起的事业》。同年，维文版《新疆老年报》创刊。1996年，报纸发行量突破10万份大关；1994年至2006年，发行量达13万份，连续14年位居新疆各邮发报刊第一位。报纸连续两届荣获自治区党委宣传部、自治区新闻出版局、新疆记者协会授予的 “新疆双十佳报刊”称号。2005年，报社荣获全国老龄委授予的“全国老龄工作先进单位”称号。

报社社长、总编辑刘志诚被国家新闻出版总署评为全国报纸经营先进个人，同年，被自治区党委宣传部、新疆记者协会评为“二十佳新闻工作者”。

本报记者在新疆及全国各类好新闻评比中多次获得一、二、三等奖。

▲在报社员工中开展“凝聚工程”、“温暖工程”活动，激发员工爱岗敬业精神。

▲“品牌决定价值”、“品味成就地位”，报纸的大发行量引来了大商机，为报社的发展插上了腾飞的翅膀。

追求卓越 勇创一流

▲全体采编人员打造精品栏目，创造特色版面，记录老年人激情岁月，展现老年人时代风采。

▲2006年5月1日复刊的维文版《老年康乐报》，图文并茂，内容丰富多彩，带着清新墨香，深受维吾尔族老年人的欢迎。

宁夏老龄工作剪影

2005 年 4 月 5 日，自治区老龄委第四次全体（扩大）会议在银川召开，自治区人民政府副主席、老龄委副主任刘慧（右一）作工作报告，自治区党委常委、组织部部长、老龄委主任傅思和（中）作重要讲话

自治区党委常委、组织部部长、老龄委主任傅思和（左二），自治区人民政府副主席、老龄委副主任刘慧（右一）看望慰问 12 年如一日义务宣传法律知识的回族老人陈志明

自治区老龄办常务副主任李广庆（左一）检查指导吴忠市社区老龄工作

自治区老龄办上街宣传《老年法》及《宁夏老年人权益保障条例》

形式多样的老年文体活动，丰富了老年人的精神文化生活，老年人也已成为社区文体活动的主力军

2005 年开展的“孝心进社区”启动仪式

石嘴山市老年大学的老人们享受到了旅游景点免门票的优惠政策

清真寺的老人们正在学习 2004 年 10 月颁布实施的《宁夏回族自治区老年人权益保障条例》

青海老龄事业

在完善中求发展

国家民政部部长、全国老龄委办公室主任李学举等领导亲切看望"银龄行动"志愿者

第七届全省老年书法大赛现场

全国老龄委办公室副主任袁新立一行到大通县检查老龄工作

随着我省社会经济的发展和人民生活水平的提高，老年人口增长也将进入高峰期。预计到2010年，全省60岁以上老年人口达到55.72万人，占到全省总人口的10%。届时，我省将在省委、省政府的重视和领导下，以科学发展观统领老龄工作，进一步增强责任感和紧迫感，因地制宜，开拓进取，扎实工作，不断推动青海省老龄事业健康有序发展，为构建和谐社会作出应有的贡献。

青海省副省长穆冬升深入贫困山区慰问孤寡老人

千名老年人共同参加太极拳表演

省老龄委副主任兼办公室主任、省民政厅厅长克保正在果洛州向牧民老人发放补助款。

青海省副省长、省老龄委常务副主任邓本太经常听取老龄工作汇报，关心青海老龄事业的发展。

西藏老龄工作委员会

2006年7月19日，西藏自治区党委代理书记张庆黎同志在昌都地区调研时看望十八军老战士

2006年1月1日西藏自治区党委代理书记张庆黎同志在工布江达县与老干部多吉亲切握手交谈

2005年春节，藏历年座谈会上，老人代表发言

为参加庆祝西藏自治区成立40周年老年文艺调演，西藏日喀则地区老年人艺术团成员正在紧张地排练节目

2005年9月23日，昌都地区老龄办副主任桑邓曲培组织老年人到拉萨参加自治区成立四十周年暨九九重阳节老年文艺汇演

2003年春节藏历年前，西藏自治区政府副主席、自治区老龄工作委员会主任白玛赤林在西藏自治区民政厅厅长、自治区老龄办主任丹增珠扎和西藏日喀则地区行署副专员喻达瓦陪同下慰问西藏贫困老人

齐鲁石化公司离退休工作

老干部党校培训班在上课

【综述】

2003年以来，齐鲁石化公司离退休工作在公司和公司党委的领导下，在企业改革改制不断深化，新情况、新问题层出不穷的新形势下，从解放思想，转变观念入手，遵循“规范管理、热情服务、抓好稳定、促进和谐”的工作方针，紧密围绕“六个老有”开展各项工作，公司的离退休工作稳步推进，取得了较好成绩。2003年，公司离退休职工管理部荣获“山东省离退休干部先进集体”荣誉称号；2004年，公司离退休职工管理部荣获“全省老年体育工作先进单位”荣誉称号；2005年，公司老龄委办公室被授予“山东省老龄工作先进单位”，公司离退休职工管理部被评为中石化集团公司“离退休工作先进单位”。

公司老年趣味运动会开幕式

【落实两项待遇】

一是政治上更加关心和尊重老同志。公司和各单位坚持按规定组织离退休职工阅读文件、听报告，参加重要会议、重大活动；定期通报情况、走访慰问；组织老干部就地就近参观；定期召开老干部形势报告会。二是生活上更加关心和照顾老同志。按照山东省和中石化文件规定，及时为离休干部、退休人员调整了养老金，规范了企业补贴；修订下发了《齐鲁石化公司优待老年人规定》；坚持离退休职工健康查体制度，下发了《关于老干部及离退休女职工健康查体经费列支问题的通知》和《齐鲁石化公司离休人员医疗费管理补充规定》等文件；解决了离退休人员的住房补贴；坚持老人节对特困离退休职工实施救济制度，坚持老人节、春节走访慰问公司老领导及其遗属、异地安置老干部、高龄孤寡特困老人；加大为老服务的力度，开展了“亲情服务年”和助老济贫送温暖等活动。

参加山东省离退休干部合唱比赛

【加强离退休党建工作】

公司现有离退休内退职工15000人、离退休内退党员5700名，建有离退休党委1个，党总支25个，党支部111个，党小组439个。所有党员全部纳入党组织的教育管理之中，对散居和长期在外的党员区别情况，分类管理，不留死角和空白。为了进一步加强对离退休党员的规范化、制度化教育，2004年，公司成立了老干部党校，定期举办离退休党员骨干培训班。2006年，在公司离退休、内退人员中间深入开展了“老有所为，奉献社会”活动。

老年大学摄影班外出采风

【开展老年文化活动】

1、文体活动：一是活动方式有了新转变，把过去以集体比赛为主转变为集体比赛与协会组织、群众性活动和工会活动有机结合，进一步拓宽了活动的空间。二是活动的理念有了新转变，倡导“重在参与，健康为本，快乐为先”的活动新理念。公司成立了老龄协会和15个文体专项协会，吸收会员3000多人。

参加山东省健身秧歌比赛

2、老年大学：2003年，公司老年大学被山东省老年大学授予“全省老年示范学校”。2004年，老年大学合唱队荣获“爱我中华——首届大都市中老年合唱比赛”菊花金奖。2005年，公司老年大学被评为“全省老年教育工作先进集体”。2005年，老年大学共开设有22个长期班，693名学员毕业，25个短训班，767名学员结业，在校学员达到1828人。

3、老年活动场所建设：近几年来，公司加大了对老年活动设施场所的投入力度。2003年，投资50多万元加盖了公司两个门球场的顶棚，新建了闻韶地掷球场；2004年，投入50万元用于蜂山老年活动室改造，老年大学电教设备配备和干休所办公楼屋面防水处理；2006年，投资350万元，对公司老年活动中心进行改造扩建。

公司老年时装队荣获全国中老年广场舞蹈大赛一等奖

崛起中的中国老龄产业商贸平台——万盛广场

——记万盛广场及其开发经营者

提起万盛广场，很多人都知道那是一个专门从事老龄产业开发的商贸平台。第一届中国老年产品博览会、第一届中国老龄产业国际论坛、第一个专门从事老年产品交易的万盛国际老年产品交易中心……在中国老龄产业发展史上，一个个具有划时代意义的大事件，就发生在广州的万盛广场。万盛广场已经作为中国老龄产业的代名词，被社会各界广泛认同。作为万盛广场的投资所有人——广州市嘉德实业有限公司，以其民营企业身份，参与中国老龄产业的开发，勇于挑起推动中国老龄产业发展的重担，其高瞻远瞩的战略眼光、仁者无惧的经营魄力，以及对社会发展的高度责任感，使它能在众多的实力企业中脱颖而出，成为中国老龄产业的先行者和领跑者。

在“2005中国老龄产业国际论坛”上，广州市嘉德实业有限公司总经理王磊先生就曾经提及，中国的老龄产业现状是不容乐观的，政府对老龄群体、老龄工作一直采取补贴、扶持的政策，这使人们形成了一种固定的思维模式，即认为老龄工作就是支出，福利政策才是解决老龄问题的方式。其实这是一种政策定位弱势。他认为，解决老龄化问题的同时也能产生很大的经济效益，偌大的老龄市场空白对企业来说是机遇，企业介入老龄事业，政府对多方工作进行扶持，这样完全可以触发新的经济增长点，全面增加政府收入，可以使政府对老年工作由过去的财政补贴、福利支持的被动状态，转为主动引导、政策扶持、带动社会共同参与，变支出为收入，从而实现老龄工作的可持续发展，并带来社会的繁荣和稳定。所以“政企合作”不失为解决中国老龄化问题的良策。

▲ 广东省市领导现场视察万盛广场

广州嘉德实业有限公司敢为人先，以创新的经营模式，提出了做中国第一家“老龄产业开发商”的理念，抓住了中国老龄产业发展的大机遇，以构建老龄产业商贸平台作为切入点，打造集研发、生产、销售、展示、物流、服务为一体的，横跨第一、二、三产业的，世界规模最大、最专业的老年用品交易中心。

▲“2005中国老龄产业国际论坛暨第一届中国老年产品博览会”新闻发布会在北京人民大会堂举行

▲“2005中国老龄产业国际论坛”实况

▲ 广州市嘉德实业总经理在“2005中国老龄产业国际论坛”作主题报告

▲ 盛大的“第一届中国老年产品博览会”开幕典礼

▲ 在万盛广场举办的“第一届中国老年产品博览会”盛况空前

- 2004年3月30日，广州市嘉德实业有限公司旗下的万盛广场正式破土动工。
- 2005年8月8日，万盛广场举行“第一届中国老年产品博览会”挂牌仪式，广州市相关政府领导人都位临了挂牌仪式现场。
- 2005年10月11日-12日，“2005中国老龄产业国际论坛”在万盛广场隆重举行，标志着中国老龄事业发展进入一个全新的阶段。
- 2005年12月9日-11日，由中国老龄事业发展基金会、广州市人民政府主办，从化市人民政府、广州市嘉德实业有限公司协办的“第一届中国老年产品博览会”在万盛广场胜利举办，获得巨大成功。第一届的博览会，其展览面积达1万多平方米，进场观众达10万人次，专业观众1万多人，博览会期间签定销售合同金额达5000万元，达成意向合同的金额 15000多万元，现场零售金额近1000多万元。
- 2006年1月8日，万盛广场被中国老年产品博览会组委位正式定为“中国老年产品博览会”的永久会址。

  2006年3月，万盛广场项目启动了“万盛老龄产业商业联盟”计划，目前已经联合了从事老年及相关产品生产的上游厂家达500多家，汇集的老年类产品达10000多个。
- 2006年6月，万盛广场启动了“万盛老年产品连锁加盟”计划，在全国范围内大力拓展老年用品专卖的连锁终端系统，计划在全国10大片区建立1000家的老年用品专卖店。
- 2006年12月16日-18日，规模更大、专业性更强的“第二届中国老年产品博览会”，在万盛广场隆重举行。

济南铁路局离退休管理处

济南铁路局地处京沪、京九两大干线的中段，是一个具有点多线长、半军事化特点和离退休老同志多的特大型企业。全局现有离退休职工48063人。近年来，我们坚持以人为本、融入中心、规范管理、亲情服务，开拓创新，真抓实干，各项工作都取得了显著成绩。铁路局先后获得了“全国老龄工作先进单位”、“全国关工委工作先进集体”荣誉称号，铁路局离退休管理处（老干部部）被铁道部政治部、山东省委、省政府授予老干部工作先进集体称号，被省委老干部局授予老年教育工作、老年活动场所建设、老干部党校建设先进称号。

铁路局局长陈功、党委书记柴铁民看望铁路局老领导

坚持融入中心，自觉服务大局。坚持在指导思想和重点工作的确立上融入中心，自觉把老龄工作置于全局改革发展稳定的大局中去审视和把握。坚持在具体工作安排和活动开展上服务大局，努力为全局改革发展鼓劲加油，积极组织引导老同志在重大改革中自觉维护大局，围绕中心工作，开展技术咨询、提合理化建议等活动，有效地发挥了老同志的作用。

铁路局党委副书记王辉看望离退休老同志

坚持亲情服务，全面落实两项待遇。一是加强宣传教育，全面落实政治待遇。严格执行定期通报情况、组织老同志参加重大活动等制度，定期组织政治理论学习，每年都举办形势教育报告会。二是支持以人为本，认真落实生活待遇。坚持“特事特办”和“从优、放宽”的原则，积极争取执行有关政策，每年为离休干部报销医药费近千万元。三是坚持真心关爱，共享发展成果。在全局实施“暖心助老”工程，建立了特困离退休职工档案和领导干部联系困难老同志制度。每逢重大节日，都对老红军、老战士、离退休职工进行走访慰问和救济补助。

坚持与时俱进，不断创新发展。一是适应体制变化，强化基础建设。针对铁路管理体制的变化，建立实施了《离退休工作首问负责制实施办法》、《离退休管理服务标准》等制度，全局所有单位都建立健全了离退休工作领导小组和责任制。二是适应任务要求，强化队伍素质。在全局离退休系统开展了以“贴近、热情、周到服务”为主要内容的集中教育，形成了“敬业爱岗、甘于奉献、团结协作、争创一流”的系统精神和工作理念。三是适应形势发展，强化工作创新。坚持每年突出一个主题、每年都有“亮点”，创新工作载体，先后组织开展了“争创学习型党支部，争当学习型党员”、“共建和谐企业，展示老年风采”等活动。加强老年活动阵地建设，成立了老年艺术团合唱团，组织开展形式多样的文体健身活动。针对老同志进入“双高期”的特点，创新服务方法，在全局实施了“亲情服务联系卡”，开通了被誉为“离退休职工110”的服务热线，以“儿女之情”提供真诚服务，受到了路局领导和广大老同志的高度评价。

自觉融入中心 满腔热情服务

全面做好老龄工作

铁路局成立老干部党校举办离退休党支部书记培训班

老年文体活动丰富多彩，多次在铁道部和省、市比赛中获得优异成绩

中国第一汽车集团公司离退休人员管理部

一汽集团公司离退休人员管理部孙福有部长在离退系统工作会议上发表讲话

离退休老干部党支部工作会议

街区离退休工作站党小组在个人家组织学习

吉林电视台《人间晚情》栏目组采访街区离退休工作站老年志愿者服务队

中国第一汽车集团公司离退休人员管理部系中国第一汽车集团公司的职能管理部门之一，前身是中国第一汽车集团公司离退职工管理处（老干部处），成立于 1982 年。2001 年，更名为离退休人员管理部。中国第一汽车集团公司本部现有离退休人员 37438 人，其中离休干部 695 人。离退部下设综合管理室、老干部管理室、退休人员管理室等 3 个管理部门，还设有一个老年大学及 25 个街区离退休工作站，专兼职离退休管理人员 80 人，负责集团公司本部所属离退休人员的管理、服务及活动。离退部现有室内办公、活动场所 32 个、室外门球场 10 多个，总面积达到 15050 平方米。

在集团公司党委历届领导班子的关心重视下，离退休人员管理部紧密围绕“离退人员在心中，满意服务在行动”的管理服务理念，打造满意工程。离退管理、服务工作取得了长足的发展和进步，曾先后多次荣获省、市老龄工作先进单位的荣誉称号，2005 年荣获“全国老龄工作先进单位”光荣称号。

管理服务概况：

为了加强和改进离退休管理工作，近年来先后开发设计了离退休人员基础信息和养老金数据库，编制了《离退休管理文件汇编》和《离退休管理手册》，实现了数字化、规范化管理。建立健全了党、政、协会三级管理服务网络。现有 15 个文体专项协会、503 个活动小组。

不断提高离退休人员生活品质和生命质量，认真落实党和国家各项离退休政策，从未发生“两费”拖欠现象，离休干部的医疗费按政策规定实报实销，退休人员除参加正常医保外，集团公司还为他们办理了补充医疗保险和商业医疗保险。几年来，坚持开展“离退人员在心中，满意服务在行动”的满意工程活动。坚持执行“五必访”制度和志愿者义务服务制度。还结合工作实际创办了“四个中心”（老年文化教育中心、老年家政服务中心、老年健康服务中心、老年文体活动中心），并不断丰富其内涵。一汽老年人大学成立于 1985 年，现教学楼面积 3300 多平方米，开设计算机、电子琴等 19 个专业、35 个班，在校学员 1100 多人。

为了使基层党组织和离退休党员的作用得到充分发挥，离退部设立党总支，党总支下设 42 个党支部，319 个党小组，有离退休党员 6477 名。坚持在党内开展“让党旗在街区飘扬”和“创建五好党支部”竞赛活动。保持共产党员先进性教育活动开展以来，有 60 多名离退休老同志向党组织递交了入党申请书。建立健全党内各项学习、活动制度，做到组织活动经常化、制度化。在保持共产党员先进性教育活动中，实现了“不让一名离退休党员掉队”的目标，使教育活动取得了突出成果。参加了集团公司向国资委先进性教育巡检组的汇报。吉林省委先进性教育活动督导组专门为一汽离退党总支先进性教育情况刊发了一期简报。离退部党总支还荣获一汽集团公司党委 2005 年度模范党总支的称号。

在新的形势下，中国第一汽车集团公司离退休人员管理部积极贯彻国家、省、市老龄工作的方针政策，积极进取、勇于创新、求真务实，不断开创离退管理、服务工作的新局面。

胜利石油管理局离退休职工管理中心

胜利石油管理局离退休职工管理工作起步于 1978 年。在近 30 年的发展中，逐步形成了一级设处、二级设科、三级设站、四级设岗的四级管理体制，形成了横管到边、纵管到底的管理服务网络。探索出了“统一领导、分级管理、单位负责、区别待遇”的十六字管理方针。近年来，我们紧紧围绕油田的中心工作，创新思路，强化管理，细化服务，各项工作取得了显著成绩；先后被授予“中国石化集团退休工作先进单位”、“山东省老干部工作先进集体”等荣誉称号。

管理局党委书记王立新同志为文体活动比赛获奖单位颁奖

离退休老同志两项待遇落实到位。各级党政领导对离退休职工管理工作高度重视，业务部门紧紧围绕工作实际，采取了切实可行的措施，做了大量卓有成效的工作。始终坚持“基本政治待遇不变，生活待遇略为从优”的原则，工作力度逐年加强，确保了油田离退休职工“两项待遇”落到实处；在落实政治待遇方面，始终做到“五坚持、五保证”；在落实生活待遇方面，各单位和部门坚持为老同志办好事、办实事；离退休职工的“两费”和企业补贴做到了按时足额发放和按规定报销，非生产性福利达到甚至超过了同级在职职工水平，油田对 60 岁以上的老年人实行了“就医免费挂号，市内免费乘车，公园免费游览”，定期为老同志安排健康疗养和健康查体等。

管理局党委副书记、工会主席李忠华同志参观指导老年书画展

离退休职工党组织网络健全。本着“便于管理、便于教育、便于活动、便于联系”的“四便于”原则，及时调整完善基层老年党组织，保证每个党员都生活在党组织之中。每年都举办离退休职工党支部书记、离退休党员培训班，利用座谈会、党课辅导、外出参观考察、重温入党誓词等活动，加强党员教育工作。为更好地发挥党员的先锋模范作用，认真落实“三会一课”、“党员责任区”、“党员谈心日”和“党员联系户”等制度，积极实施党员承诺和《非在职党员组织生活登记证》等制度，创新开展了“家庭组织生活”、“户外组织生活”和“网络组织生活”，确保了各项制度的落实。截至目前，全局共建立离退休职工基层党委 16 个、党总支 57 个、党支部 535 个、党小组 1988 个，基本上做到了全员覆盖，全员管理。

组织离退休职工党员实地参观考察，重温入党誓词，不断强化党性观念，永葆党员先进性

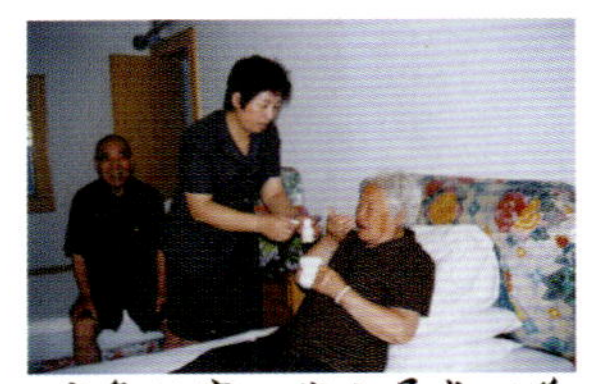
老年公寓工作人员热心为老同志服务

加强离退休职工文化阵地建设，丰富老同志晚年生活。目前，全油田已建有老年活动室 211 处，总面积达 17 多万平方米，其中千平方米以上的活动室 56 处。截至目前，油田已有 92 家老年活动室达到“局级示范老年活动室”标准，初步完成了“创百佳”三年工作目标，油田老年活动室建设呈现出环境优美、秩序优良、服务优质的良好态势。老年教育体系逐步完善，按照“构建终身教育体系”的目标，局老年大学不断扩大办学规模，提高办学质量，取得了显著的社会效益。目前，油田老年大学已达到总校 1 所、分校 34 所、三级老年学校 14 所，拥有在校学员 14000 多人次，累计毕业学员 8 万多人次，基本形成了三级办学网络。老年体育事业蓬勃发展，全油田先后成立老年人体育协会 136 个、老年文体分会 1000 多个、成立老年艺术团、合唱团、锣鼓队等 400 多个，门球队、掷球队、太极拳队 600 多个；油田老年代表参加省部级以上比赛屡创佳绩。油田老年文化活动的深入开展为锤炼老年队伍、叫响胜利品牌提供了广阔的舞台，老年队伍已成为油田精神文明建设的一支重要力量。

目前，油田离退休职工管理系统正在积极开展“创五好、争四优”活动，并且与油田开展的“思想作风建设年”、“三联系”活动，以及在离退休职工管理系统中开展的“双学双建”活动相结合，有力地促进离退休工作的顺利开展。

广州华龄美老年服务有限公司

广州华龄美老年国际旅行社有限公司

本公司由现任董事长兼总经理、广东省军区退休老干部、广东省军区梅花园干休所原党委书记、政委王应隆老人创办，是我国民营老年服务企业著名品牌、典范。

广州华龄美老年国际旅行社创建于1984年（原名发源旅行社），是我国第一家集食、住、行、乐、游、购、娱于一体的老年国际旅行社。王董事长根据老年人身体的特殊性，从提高旅游保障水平，丰富旅游文化，改善服务环境，策划适合老年旅游的线路，促进老年健康水平等因素下功夫，专业化、规范化、系统化解决老年旅游难的问题。培养了一支尊老、爱老、敬老、德才兼备的员工队伍，高度重视质量和安全，以高科技电脑自动化实行子女式为老人服务。2002年，牵头组织成立了"全国老年旅游联合体"，使全国形成了史无前例的专业老年旅游网。"华龄美"当选为理事长单位。

广州华龄美老年服务有限公司创立于1993年1月，有一个二星级的托老所——华龄美大酒店，以优雅的环境，优质的服务，解决中外老人住宿的困难。设立了两家老年保健中心，引进世界享有盛名的若石健身法，给老年人保健提供方便，特别有利于对患有高血压、心脏病、糖尿病、中风后遗症、风湿性关节炎、颈椎、腰椎、骨质增生的老人康复保健，解除患病老人的痛苦。开了一间老人餐厅——华龄美绿色休闲餐厅，提供老人四时养生佳肴，食补食疗。研究老龄人如何吃得科学、吃得舒心、吃得健康、吃得长寿。开了一间机动、手动兼有的不夜天麻将棋牌屋。在中国大酒店经营了一所五星级的卡拉OK。在风景秀丽的海峡两岸，广东省汕头市南澳（岛）县的云澳镇青云路148号，正在建立南澳"慈航传统文化院"宫观旅游景区，提供老人选择常住、托老、旅游度假（候鸟式的度假）科学欢度晚年生活。度假村在孔庙式的建筑艺术的基础上，又辅以国内外传统和现代化艺术风格，汇聚中外名佛一万尊，崇尚佛教文化，让来这里旅游度假参观的老人饱尝眼福，又使精美动人的佛教艺术千古流芳。

公司全体员工认真奉行王应隆董事长制定的"全心全意为中华老龄人创造美好生活"的宗旨，以科学发展观为指导，坚持对内实行"同舟共济、奋发图强、群策群力、共创高效"，对广大公众实行"宾客至上、讲求诚信、文明服务、优惠老人"的双16字方针，总结运用立业宗旨、企业规范、分配原则、诚信规则、思想建设、增收节支、企业经营、质量管理、防险防范、人力资源、危机管理等十一个方面的经验，不断创新，科学发展老年产业，办得很出色。旅行社组织了120多万名老人旅游，都能顺利游览、安全回家，创造了零事故、零投诉的奇迹，被广大老年人誉为"老年旅游之家"，"老年人自己的旅行社"。国家旅游局先后授予"全国三十强旅行社"，"全国五十强旅行社"称号，最先被中国保护消费者基金会树为"全国保护消费者权益示范单位"。广州华龄美老年服务有限公司被广州市企业评价协会授予"最具诚信企业上榜单位"。

党和国家政府、新闻媒体、广大老年人高度赞扬；广东省军区梅花园干休所的军队离休老干部送来锦旗："服务周到，关心老人"，"尊老敬老，德兴业兴"。广州军区原代司令员刘存智中将称赞公司："发扬尊老爱老的光荣传统"。梁灵光老省长生前曾多次祝福华龄美，赞扬王应隆"爱戴耄耋心，诚筑华龄美"。1994年9月，王应隆同志应邀光荣出席国家老龄委在北京召开的国际家庭年活动会议，老一辈革命家王首道、曾志及国家老龄委王照华主任亲切接见，《中国老年》杂志1994年第九期发表了"老年事业的开拓者——王应隆"的文章。2004年又两次出席了全国老龄工作会议，并在会上介绍了创办老年服务民营产业的先进经验。全国老龄办常务副主任，中国老龄协会会长李本公亲切接见。2005年全国政协中国公共关系协会授予王应"讲诚信，反欺诈"的模范荣誉。2006年，中国国际经济文化发展研究中心邀请王应隆担任高级研究员，同时授予他"中国百名管理创新杰出人物"称号。中华全国工商业联合会授予王应隆"全国诚信经营企业家"称号之后，中国专家委员会鉴于王应隆同志在中国老年旅游行业工作中所取得的成绩及为社会主义物质文明和精神文明建设所做出的突出贡献，增选他为专家委员会委员，并授予"著名专家"称号，颁发了职称和荣誉证书。接着，王应隆又应邀光荣出席了中国民（私）经济研究会和中国社会科学院中小企业研究中心在人民大会堂举行的中国诚信企业高峰论坛会，广州华龄美老年服务有限公司被授予"中国诚信示范单位"称号，广州华龄美老年国际旅行社有限公司被评为"质量、服务、诚信ＡＡＡ级企业"。

地址：广州市广园东路１９３３号华龄美大酒店

邮编：510500

电话：020-87798838——3688　　87717838

传真：020-87717838

手机：13602722208

如皋市邮政局

“爱心邮路”全国重大典型

2006年4月26日，国家邮政局隆重召开表彰大会，授予“爱心邮路”全国邮政系统先进集体称号

如皋，长江三角洲北岸的一个县级市，是苏中老区，革命军属烈属较多。目前属于经济相对欠发达的大县。如皋还是全国闻名的“长寿之乡”，长寿老人多。全市145万人口中，百岁以上的老人有200多人，80岁以上的老人有5万之众。其中有不少的长寿老人无儿无女、无亲无友，是一个特殊的弱势群体。

1998年以来，如皋市邮政局利用乡邮投递邮路连接千家万户的优势，精心组织137名乡邮员在投递邮路上，怀着对困难群众的深厚感情，开展帮扶孤寡老人活动。137名乡邮员在7300多公里的乡间邮路上坚持不懈地为孤寡老人做好事、办实事。老人生病时为他们求医问药；农忙时帮他们插秧收稻；雨雪时替他们上房堵漏；卧床不起给他们擦身洗脚，担水扫屋、烧火做饭、代购物品、小修小补、搬运重物更是经常不断。特别是逢年过节和老人遇有困难时，乡邮员们尽管收入不高，都能慷慨解囊送出慰问品，帮助老人解决困难，老人们感动得热泪盈眶。8年多来，乡邮员们先后帮扶了160户210多位孤寡老人，其中年龄最大的102岁。8年多来，乡邮员们就是这样默默无闻地把党和政府的温暖送到困难群众家，把党的政策和致富信息及时送到千家万户，以实际行动谱写了一曲社会主义精神文明的时代颂歌。人民群众亲切地称他们是“爱心邮路”。

2003年以来，“爱心邮路”先后被评为南通市第26届文明新风典型、南通市行业形象代表，光荣地当选为江苏省第7届精神文明建设新人新事、江苏省十大优质服务品牌。江苏省委宣传部和中宣部把“爱心邮路”确定为全省、全国重大典型，省级媒体和中央媒体集中进行了采访，连续宣传报道。国家邮政局隆重召开表彰大会，授予“爱心邮路”全国邮政系统先进集体称号，国家信息产业部王旭东部长和国家邮政局领导亲切接见乡邮员代表。全国总工会授予“爱心邮路”全国五一劳动奖状。中央文明委授予如皋市邮政局“全国文明单位”称号。

国家信息产业部王旭东部长亲切会见“爱心邮路”乡邮员代表

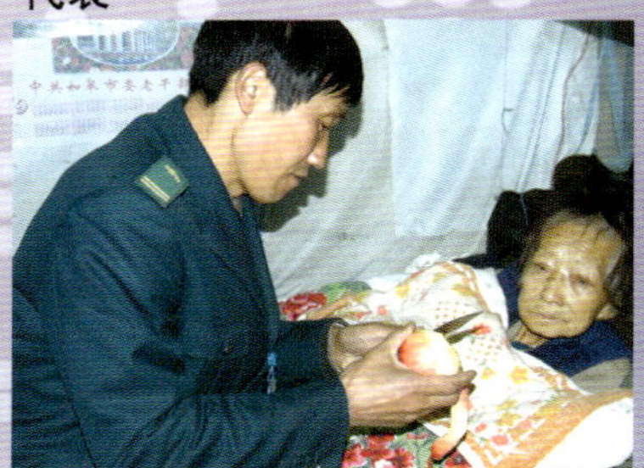

在张兰英老人病重弥留之际，乡邮员姚泽民为她端茶接汤喂水果

乡邮员赵颖东一有空闲时间就去章瑞兴老人家，帮助老人做家务，并与老人下棋解闷

下雨天，乡邮员李加健为杨本凤老人修房堵漏

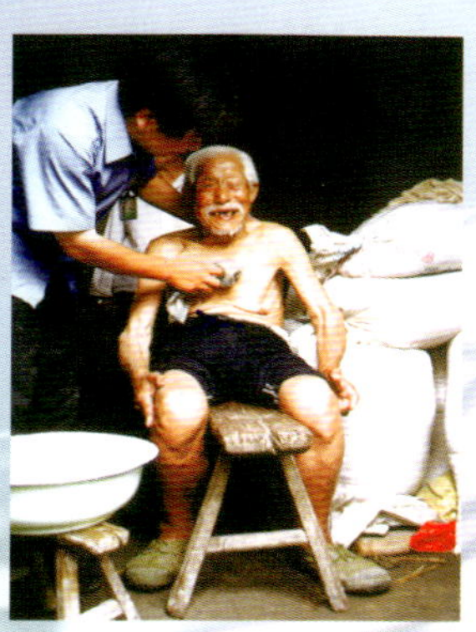

乡邮员黄海波精心照顾新四军战士缪永寿老人，为他洗身擦澡

红云集团昆明卷烟厂离退休“三自管理”工作

红云烟草（集团）有限责任公司（简称“红云集团”）是一个以卷烟生产经营为主，在中国烟草行业首家建立现代产权制度和现代企业制度的现代化大型国有企业。集团于2005年11月授牌成立，资产总额243亿元，生产规模240多万箱，品牌市场规模近300万箱。集团拥有昆明卷烟厂、曲靖卷烟厂、会泽卷烟厂、昆明卷烟分厂、乌兰浩特卷烟厂五个生产工厂，控股山西昆明烟草有限责任公司，参股内蒙古昆明卷烟有限责任公司，职工近2万人，离退休职工6000多人。

集团领导朱绍明等为“五好老人”颁发证书

昆明卷烟厂现有离退休职工2000多人，约占集团离退休职工的三分之一多，在实践探索中，红云集团昆烟在离退休管理工作中总结、创新的“三自管理”工作模式，干出了亮点，干出了特色，收到了良好效果，促进了离退休管理工作的全面开展。2005年度被评为“全国老龄工作先进单位”。

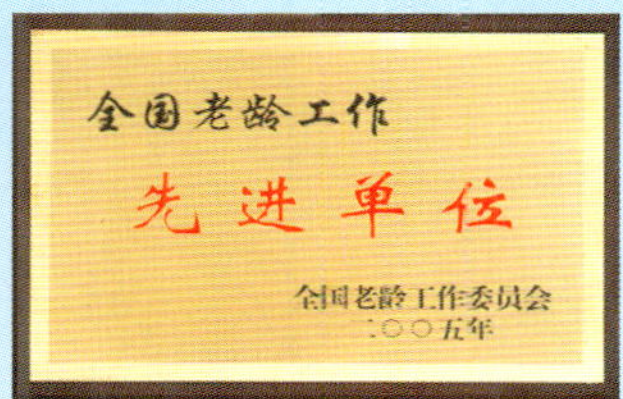

2005年荣获“全国老龄工作先进单位”称号

一、自我管理

1、建立健全四项管理制度，做到年前有计划、年中有检查、年终有总结。2、推行党小组长、片长负责制，按照分区划片原则成立党小组，实行党小组长负责制，保证过好组织生活；按属地区域划分片区，实行片长负责制，把每一位离退休人员都纳入组织管理之中。3、实现全面微机管理，变静态管理为动态管理。

二、自我教育

1、抓好全面学习，提高思想觉悟，使老同志们知国情、明厂情、议厂事、参厂政，为企业的发展出谋划策。2、开展先进性教育活动，不断提高离退休党员的思想政治素质，培养了一支团结、稳定、和谐、老有所为的离退休干部职工队伍。3、坚持“四项制度”，共享改革成果，企业各部门全力支持配合离退休党总支部、管理委员会工作，形成了共同发展、协调进步的良好局面。 4、寓教于乐，发挥老年活动中心教育阵地作用，在开展各类宣传、教育、文体活动中，以点带面，以骨干带多数。2005年，昆烟老年艺术团在澳门参加全国中老年“金莲花”艺术比赛，获得两个舞蹈金奖、一个组织金奖，门球队在云南省捧回“阳光杯”、“大型企业杯”两个冠军杯。

第十届敬老节开幕式现场

三、自我服务

1、坚持“五必须”制度，让老同志真正感受到了组织的关怀、企业的温暖。2、做好医疗保健工作，从经济和措施上最大限度地让老同志们有好的身体，安度晚年。3、加强企业型特色社区建设，在行业内率先实现了以地域性为特征、以认同感为纽带，具有企业型特色的社区化管理。4、积极参与社会活动，在抗洪救灾、扶贫助残、抗击非典、富民兴滇、海啸飓风捐助等公益事业中，积极组织、支持广大离退休干部职工、党员捐款捐物，得到社会的广泛好评。

昆烟创新、坚持的“三自管理”管理模式，能结合老同志关心的热点、难点问题开展工作，更能贴近老同志、关心老同志、管理老同志，使党委对离退休工作的组织领导落到实处、见到成效。昆烟的离退休工作得到了行业内外高度评价，多次被国家省市行业评为先进单位，成为全国离退休工作的一面旗帜。

集团领导和昆明卷烟厂领导与荣获“好儿女”的职工合影

集团领导在敬老节期间与参加演出的老同志合影

参加庆祝全民健身10周年万人步行活动

中国兵器内蒙古第一机械集团公司

老龄工作

集团公司领导研究布置老龄工作

集团公司领导慰问看望困难退休职工

退休党支部新党员发展大会

中国兵器内蒙古第一机械集团公司隶属于中国兵器工业集团公司，是国家“一五”期间156个重点建设项目之一，是全国500强企业之一。现有离退休职工万余人，由自治区社保局委托企业管理。

进入新世纪以来，一机集团经营收入以每年10余亿的增速扩张，实现了跨越式发展并取得连续28年盈利的骄人成绩。多年来，一机集团认真贯彻党和国家老龄工作和离退休工作的政策、方针，积极落实离退休职工政治、生活和娱乐等方面的待遇，在企业发展的同时，为离退休职工增加企业生活补贴、提高医保金比例和福利待遇，让老同志共享企业发展成果；广泛开展的“建大后勤，建大后方，奉献余热”的“两建一献”、“夕阳情志愿者”爱心互助益民活动，为离退休职工搭建起老有所为的平台；现有12所总面积3000多平方米的老年活动中心和老年大学，宣传组、书画研究会、老年艺术团、体育协会等丰富和活跃了老同志的精神文化生活。离退休党支部坚持每月党日活动，街坊退管委的活动形式多样。由退休职工宣传组主办的《退休职工管理简报》已出刊38期，成为倾诉老同志心声和自我教育的载体，使“老有所乐、老有所教、老有所学”得到落实。

一机集团把坚持以人为本的思想贯彻于老龄工作全过程，使老龄工作深入发展，实现了“六个老有”的要求，稳定了生产经营大局，促进了集团公司“两个文明”的建设。先后被集团公司和上级授予“老龄工作先进集体”荣誉称号，2005年被评为“全国老龄工作先进单位”。

保持共产党员先进性教育离退休党员集中党课辅导

一机集团老年大学揭牌

退休职工夕阳情志愿者爱心互助益民活动

“庆七一、颂党恩”退休职工千人激情广场大家唱

武钢老干部管理服务中心

▶武钢总经理邓崎琳同志登门看望老红军包正堂同志

◀武钢党委书记王炯同志登门看望老红军张超然同志

▶武钢老干中心主任余振东同志登门看望老红军林维同志

◀由公司老领导组成的第一党支部正在过组织生活

武钢老干部管理服务中心的前身为武钢党委老干部处，成立于 1983 年 10 月，1998 年 10 月更名为武钢老干部管理服务中心。在前几任处领导的辛勤工作下，打下了坚实的基础。1995 年 10 月，余振东同志任武钢党委老干部处处长，十多年来，他始终坚持以创新思路，开拓进取的精神，认真做好武钢老干部工作。以增强创造力、凝聚力和战斗力为着力点，进一步加强离退休干部党支部建设；以切实解决老干部遇到的重点、难点和疑点问题为落脚点，进一步落实老干部生活待遇；以积极引导和组织老干部发挥优势为切入点，进一步做好企业关心下一代工作；以不断满足老干部文化生活需求为出发点，进一步加强老干部活动阵地建设；以加强老干部工作队伍能力建设为基本点，进一步提高整体工作效能。通过长期以来卓有成效的工作，武钢老干部工作基本实现了“老干部满意、基层单位满意、公司党委满意”的目标。

十多年来，武钢老干部工作积极配合各个时期的形势和任务，曾先后开展了“讲形势、议责任、我为武钢献余热”、“三想”、“企业有困难，老干部怎么办？”和“武钢的昨天、今天、明天”、“党章在我心中”等一系列形式灵活多样、内容丰富多彩的主题活动，以企业健康和谐发展为目标的老干部工作管理创新，取得了满意的成绩和效果。广大老干部带头维护稳定，不仅支持企业改革与发展，而且，还为在职领导在重大决策中出谋划策、当好参谋作出了积极的贡献。武钢老干部工作曾多次受到上级部门的肯定和表彰。分别获得全国、省（部）、市级“老干部工作先进集体（单位）”等荣誉称号 30 余项（次）。武钢老干部象棋代表队每年参加省市比赛均获得团体前三名的好成绩。武钢老年大学办学经验分别在中组部和省、市交流和推广。积极组织老同志开展丰富多彩的文化娱乐活动，很多活动项目分别在湖北省和武汉市组织的大赛中获奖。2005 年，武钢关工委被授予“全国关心下一代工作先进集体”荣誉称号。

为了不断适应新形势发展的需要，武钢老干部管理服务中心从全局和战略的高度认识和把握老干部工作，提出了“信息沟通率 100%、矛盾调解率 100%、走访慰问率 100%、扶贫帮困率 100%、服务满意率 100%”的新目标，以切实增强做好老干部工作的责任感和使命感，紧紧抓住落实老干部政治、生活待遇这条主线，认真扎实地做好各项老干部工作，不断提高武钢老干部工作管理服务水平。

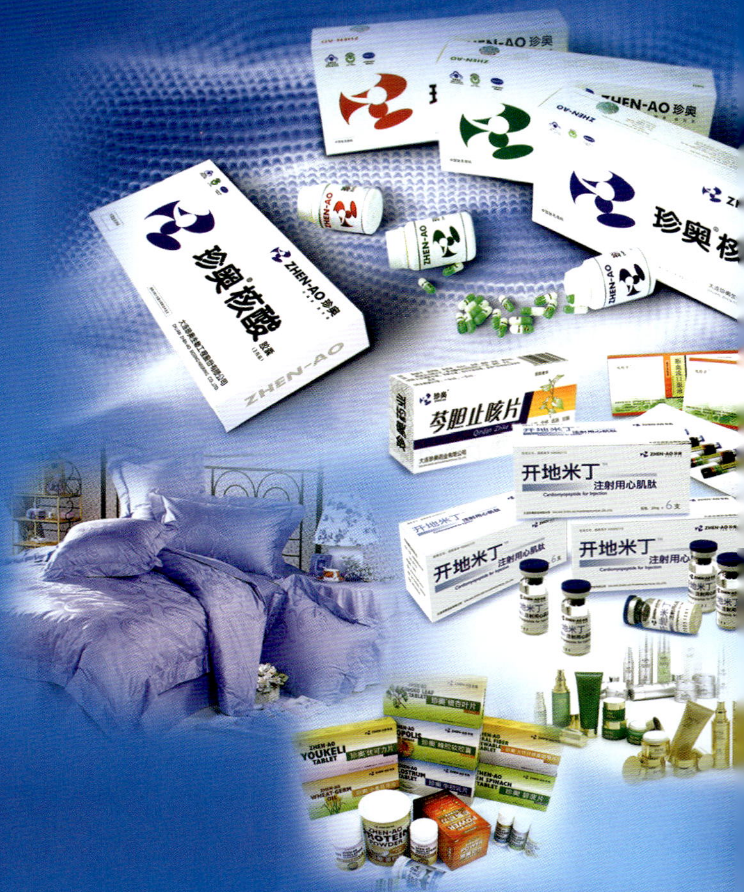

PROGRESSING ZHEN-AO GROUP

珍奥生命园：珍奥集团总部所在地，占地面积60万平方米，目前建成的一期工程包括现代化科研综合大楼、药品GMP和保健食品GMP厂房、科技馆及国际会议中心等。珍奥生命园近临黄海，园内绿化面积达50%以上，以其独特的工业旅游资源吸引着全国各地的中老年朋友前来参观，2004年12月27日，珍奥生命园被全国工业旅游示范点评定委员会评为全国工业旅游示范点。

珍奥生命园二期工程已于2005年4月奠基，规划占地面积将近30万平方米，建筑面积将近9万平方米。

珍奥生命园二期工程

珍奥科技馆：采用当今世界最先进的电子全息投影技术、全自动电脑控制技术、虚拟演播技术和工业级电脑互动技术，展示生命科学的奥秘。所有设备均从美国、意大利、日本、荷兰等国购进，其演示技术的先进程度、专业水准和密集程度，在国内首屈一指。

珍奥科技馆用严谨的态度和超前的理念，把握科学发展脉搏，准确定位展示内容，以核酸原理作为切入点，从分子水平上诠释生命演化的进程，全面剖析生老病死的根源，从而在有限的时间和空间内，为参观者创建了一个进入生命科学的新通道。

珍奥科技馆

珍奥GMP厂房：公司拥有一流的生产设备硬件和先进的生产管理软件。目前，公司已按照药品和保健品生产质量管理规范（GMP）建立了完善的生产管理体系，超过1万平方米的生产车间，由固体制剂车间和液体制剂车间组成，成为保健品行业为数不多的拥有GMP生产车间的企业。

公司按照国家卫生部门审批标准制定了产品企业技术标准，按照国际质量管理体系标准进行规范的生产经营活动。

GMP 工厂

科技引领进步

SCIENCE LEADS PROGRESS

目前，珍奥已建立起多学科、多专业的科研管理体系，并建成国内领先的现代生物工程科研中心，拥有一大批国内学术领先、技术精湛的研发人员，拥有可从事生物活性物质、动物实验模型等研究的先进实验室，配备最新的现代生物工程仪器设备和高精仪器。公司还聘请了国内外知名科学家作为公司的常年顾问，并与国内外一些著名的科研所建立了广泛的联系与紧密的合作关系，并被批准成为辽宁省博士后科研基地。

2003年4月28日，历时两年的珍奥核酸系列保健品人体临床研究结果，通过中国预防医学会食品卫生学分会与辽宁省科技厅组织的专家鉴定。这是一次重大突破，是中外保健食品、功能食品试验史上的首例。

SCIENCE LEADS PROGRESS

❶2004年6月18日，珍奥集团董事长陈玉松与诺贝尔奖得主罗尔夫·青克纳格尔博士在人民大会堂签约，正式启动合作深入研发珍奥核酸项目

❷用于人体实验的珍奥产品接受公证处取样公证

❸珍奥研究所所长、著名核酸专家乔宾福教授

❹珍奥研发人员

①
② ③ ④

敬老爱老 公益楷模

RESPECTING & LOVING ELDERLY PEOPLE PUBLIC WELFARE MODEL

如果说科学技术是珍奥实现品牌跨越的发动机，大爱文化是实现珍奥品牌之路的护航仪，那么公益事业就好比翅膀，使珍奥品牌得以飞向高峰。

一直以来，珍奥在公益之路上，大力配合政府部门推进中国老龄事业的建设，并主动回馈消费者，热心回报社会，为建设和谐社会作出积极的贡献。

“社会公益事业是大爱的事业，倘若能够尽我们的绵薄之力，把想到和做到只当作一个过程，不需要结果也不需要回报，那么这个过程比任何结果、任何回报都更具意义和价值”，——这是董事长陈玉松及其领导的珍奥事业坚持的原则。

RESPECTING & LOVING ELDERLY PEOPLE PUBLIC WELFARE MODEL

❶2006年6月16日，陈玉松被授予“中国公益事业十大功勋人物”称号

❷2006年9月29日，陈玉松被授予“中国最具社会责任企业家”称号

❸2005年1月，陈玉松董事长被中华慈善宣传年组织委员会评为“爱心中国”首届中华慈善人物

❹2004年7月，中国老龄协会、中国老龄事业发展基金会向珍奥颁发“敬老爱老公益楷模”牌匾

❺2004年12月，陈玉松董事长被国家民政部评为全国“爱心捐助奖”先进个人，国务院副总理回良玉和全国人大副委员长热地为其颁奖

1

3

4

2

5

珍奥孝心工程

ZHEN-AO FILIAL DEVOTION ENGINEERING

全国敬老爱老助老主题教育活动是由中宣部、共青团中央、教育部、全国妇联、全国老龄办联合发起的，于2003年9月在北京正式启动。珍奥孝心工程是全国敬老爱老助老主题教育活动的一部分，是为贯彻落实中共中央下发的《公民道德建设实施纲要》，大力弘扬中华民族敬老爱老助老的传统美德，由中国老龄事业发展基金会、中华慈善总会、珍奥集团股份有限公司共同组织的。

2005年1月8日，全国敬老爱老助老主题教育活动组委会在人民大会堂举行仪式，正式将2005年的全国敬老爱老助老主题教育活动交由珍奥集团承办。珍奥孝心工程全国启动唤起了全社会对老年问题的关注，也促进中华传统美德在精神文明建设中的回归。

2006年，珍奥续写孝心工程，把这一长期性、全国性的活动继续深入开展下去，继续扩大受益人群，为老年人打造优良的养老环境，真正实现老年人老有所依、老有所养、老有所学、老有所乐，为中老年人找到了一片新的天地，一个新的家园。

ZHEN-AO FILIAL DEVOTION ENGINEERING

●2006年11月，珍奥集团董事长陈玉松被评选为2006十大“中华孝亲敬老楷模”

←

●全国敬老爱老助老主题教育活动珍奥孝心工程在全国各地启动

↓

内蒙古

四川

湖北

ZHEN-AO FILIAL DEVOTION ENGINEERING

❶2004年,珍奥成功举办了首届“珍奥杯”全国“银龄美”大赛

❷在全国各地举办的珍奥保健操大型会操表演，反响强烈

❸珍奥人在如皋中国长寿节为百名百岁老人祝寿

❹“珍奥万名消费者大连游”吸引了来自全国各地的中老年人

❺2005年，由珍奥出资，中国老龄事业发展基金会根据同名小说改编的舞台剧《疯娘》在全国50多个城市巡演100余场，观看观众近30万。这台以歌颂母爱、唤醒孝心的舞台剧一时间成为风靡全国的经典的剧作

❻2006年7–10月，历时四个月的“珍奥杯”《老年法》知识竞赛在全国举行，珍奥因在老年维权普法宣传工作中贡献突出，由全国老龄办、全国总工会、共青团中央、全国妇联联合授予珍奥集团“《老年法》普法贡献奖”

❼2006年10月，在中国老龄事业发展成就展上，民政部授予珍奥集团“支持中国老龄公益事业突出贡献企业”及陈玉松董事长“支持中国老龄公益事业突出贡献企业家”的称号

5

6

3

1

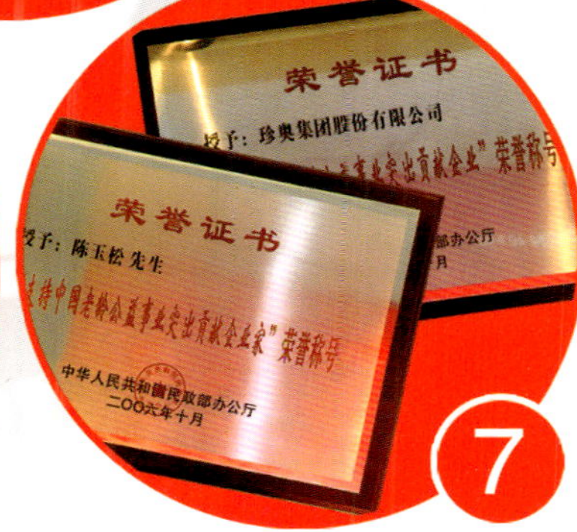

7

4